▲1937年底,广东各界民众在广州举行抗战巡行

▲广东戏剧工作者在街头演出抗日剧

▲1937年8月31日,广州首次遭日机轰炸。一年内,受日机多次轰炸,广州市民死亡2 972人,受伤7 081人,房屋被毁5 202间

▲日机轰炸广州市仓边路,使商铺变成一片瓦砾

▲广州珠江上被日军飞机炸毁的民船

▲1938年10月12日,日军在未遇重大抵抗的情况下,在大亚湾登陆

▲1938年10月21日,广州沦陷。沦陷前,市民惊惶逃离广州

▲1938年10月21日,日军冲进广州市政府

▲1938年10月21日，日军侵入广州市区惠爱路（今中山四路）一带

▲1938年10月21日，日军占领省政府后狞笑欢呼合影

▲1938年10月,日军在增城县东门桥搜捕中国军民

▲广州沦陷后,日军在市内遍设岗哨,搜查过往行人。图为日军在海珠桥上搜查行人

▲1939年2月,日军侵入海南岛后,向海口市行进

▲抗日战争时期,广东各地建立了很多民众抗日武装队伍。图为广东民众自卫团的战士们

▲东江纵队的抗日战士在行军途中

▲1939年冬和1940年夏，中国军队在粤北地区对日军进行过两次胜利的大战役。图为在战役中缴获日军的武器

▲琼崖独立游击纵队的女战士们

▲1945年9月16日,华南中国军方在广州中山纪念堂举行接受日军投降仪式。图为受降地点门外现场

▲日军华南派遣军司令田中久一在投降书上签字

▲1947年3月27日，作恶多端的日本战犯田中久一被押赴广州流花桥刑场执行枪决

▲东江纵队由沙鱼涌登船北撤

▲东江纵队北撤人员抵达山东烟台,受到民众的热烈欢迎

▲1946年底北平发生美军强奸中国女学生一案,激起全国人民义愤。1947年1月7日,广州高等学校学生举行抗议美军暴行的示威大游行

▲1947年5月31日,广州学生举行"反内战,反饥饿,反迫害"示威游行,抗议国民党政府发动内战

▲1949年，因粮食恐慌，广州市民排队等候购粮

▲1949年10月，国民党当局在撤离广州前，悍然将海珠桥炸毁

▲1949年10月14日,人民解放军进入广州市区

▲广州人民涌上街头庆祝解放

▲1949年11月11日,广州各界群众隆重集会,人民解放军举行盛大的入城仪式。图为叶剑英等领导人在检阅台上

▲广州人民举行欢庆解放的集合游行

▲解放大军登陆海南岛

▲1950年4月,解放大军与琼崖纵队在海南岛胜利会师

方志钦
蒋祖缘 主编

广东通史

现代下册

本册主编
（第一编）沙东迅
（第二编）郑应洽

本册撰稿人
（按内容先后为序）
（第一编）
郑可益　沙东迅
林俊聪　左双文
王　涛　王付昌
李燊芳
（第二编）
郑应洽　卢　宁
杜应娟　张晓辉

广东高等教育出版社
· 广州 ·

图书在版编目（CIP）数据

广东通史. 现代下册/方志钦，蒋祖缘主编；沙东迅，郑应洽本册主编. —广州：广东高等教育出版社，2014.12
ISBN 978-7-5361-5112-3

Ⅰ.①广… Ⅱ.①方…②蒋… Ⅲ.①广东省-地方史-现代 Ⅳ.①K296.5

中国版本图书馆 CIP 数据核字（2014）第 086772 号

广东高等教育出版社出版发行
地址：广州市天河区林和西横路
邮编：510500　　电话：(020) 87553335
广东信源彩色印务有限公司印刷
850 毫米×1 168 毫米　32 开本　45.875 印张　18 彩页　1 100 千
2014 年 12 月第 1 版　2014 年 12 月第 1 次印刷
定价：198.00 元

序　言

　　一个国家如果没有自己的有系统记载的历史，它便不知道自己的来龙去脉，不能很好地总结自己的历史遗产和吸收历史经验教训。这不能不说是一大憾事。值得深为庆幸的是，中国有着光荣的历史传统，有着世界上最丰富的典籍。对此，我们应引以自豪。

　　过去，史学界研究地方史的成果较少，而广东通史更是空白。随着我国社会主义物质文明和精神文明建设的飞跃发展，随着改革开放的日益深化，人们更需要深入了解中国的国情、省情和地情，为当前所用，同时还要更广泛、深入地进行爱国主义教育，弘扬祖国的光荣传统，振奋民族精神。于是，地方志、地方史的修纂，在全国各地开展起来。

　　中国幅员广大，纵横960万平方公里，约相当于欧洲的面积。她现在拥有12亿人口，约占全人类的1/5以上。她的每一个省都抵得上欧洲的一个大国或中等国家，都有其局部的发展史，而其内涵则远较欧洲的任何一个国家为丰富。由于欧洲的国家众多，故有许多国别史著作，令人眼花缭乱。又由于欧洲许多国家资本主义发展的历史最早，影响及于全世界，故西方史学家有"欧洲中心"之说。我国以往有些学者和人们受此说的影响，对欧洲的历史不无向往之情，对英吉利、法兰西、德意志、意大利、俄罗斯的历史和文化备加推崇，甚至推而至于上古史，言必称希腊、罗马，反而对自己祖国的历史不屑一顾。近来，在少数人中也颇有崇洋媚外、颠倒历史之风，似乎无论西方的什么东西，都比中国的好，中国要发展，就得走西方的老路。甚至有少数学者认为，近代中国人反对西方的侵略都是徒劳和多余的，如果中国人不搞那么多的反侵略、反封建斗争和起义、改革、革命，老老实实地向西方学习，也许中国的近现代化还要来得快捷。于是有革命不如改良，改良不如洋务，洋务不如洋治，起义不如绥靖，抗战不如求和的怪论。这种人不仅对中国历史是无知的，而且对他们所津津乐道的西方历史和世界历史也是无知的。他们似乎不知道近代西方殖民主义为害之惨烈，被害地区和人民的"亡国灭种"之痛。我们在学习中国历史的时候，深深地庆幸，正因为我们祖国有着光荣的历史传统，有着敢于和善于斗争的伟大人民，才能顶住西方世界的巨大压力，不致亡国灭种，终于争得了国家的独立、新生和发展。要认识世界，就必须学习世界史。要认识中国，就必须学习中国史。要深刻认识中国，还必须学习中国的区域史。中国的幅员太大了，要全面了解中国，就得分区进行研究，而研究历史和现状都是同等重要的。研究历史是研究现状的钥匙。

过去，人们对地方史的研究不大重视，认为地方史只是中国历史的局部，没有普遍的意义；还认为全国性的许多问题都来不及研究，哪来的工夫去研究区域性的问题！有的学者则认为，研究地区性问题，不能引起全国或世界学者的注意，很难"问鼎中原"、"走向世界"，故不愿为此付出精力。我们这本书的编写只有一种探求未知领域的欲望，不敢有扬名海内外的奢望，功名利禄早已置诸度外。然而话又得说回来，须知研究区域史是深入研究中国史所必需的。现存的各种中国通史，虽经史学前辈诸老的努力提倡，现已颇具规模，但对许多问题仍语焉不详或未曾涉及，对中国各大行政区和省的叙述则基本上是空白的。这是因为缺乏省史或区域史的研究。中国是由各个区域组成的，如果缺少区域性的研究，整部中国通史必然是不够充实的和缺乏区域特性的。以往中国历史给人的印象要么是皇朝的兴替、内乱外祸的演变和帝王将相的轮番登场，要么是宫廷斗争、官场斗争、党派斗争加群众斗争，多不及其余。其所以如此，是因为只有几条粗线的纵向研究，而没有或缺乏横向和点、面研究。要改变这种状况，光靠几个专家不断对中国通史进行修订和改编是无济于事的，必须动员全国各省的史学工作者分头去研究各省的历史，甚至是省以下各地区的历史，加以充实。我们感到欣慰的是，现在各省都在组织人力写各省的通史，若干年后，将陆续有大部头的各省通史问世。在各省编成通史的基础上再组织专家重新编写的中国通史，其面目将会为之一新。在这个意义上说，编写区域史就不仅是某一个地区的事情。再者，就各省历史的悠久、地域的广大和社会现象的多样而言，不见得会比欧洲任何一个国家逊色，这就赋予各省通史以重大意义。比方说，研究宇宙的起源，固然是科学界都关注的课题，但对作为生命起源的单细胞生物的研究，何尝没有重大意义呢！国史和省史乃至地区史的研究，只是分工的不同罢了，其重要意义当然是不分伯仲的。

广东省现有面积18万多平方公里，人口6 000余万。其面积为法国的1/3弱，西班牙的1/3强，德国的1/2，意大利和英国的大半，分别超过或大大超过希腊、葡萄牙、奥地利等20余国。其人口超过除俄、德外的欧洲每个国家。鉴于偌大的一省尚无全省通史之作，我们乃自告奋勇，不避浅陋，勉为其难，于1987年编写出版了一部《简明广东史》，作为尝试。《简明广东史》是第一部系统介绍广东古今历史的专著，凡约60万字，费去了11位同人的几年心血。该书问世以来，颇多好评。但由于篇幅所限，简明则过之，深广则不足，故我们决定再接再厉，写一部六卷本约350万字的《广东通史》，为人们了解省情提供详细的历史依据，为填补中国通史中的广东地区的空白竭尽绵力。

广东是中国的南疆，濒临南海，自古以来，素称海上交通发达，是中国对外的海上门户，其历史和地理位置之重要，非内地一些省份可比。从这个方面看，广东的历史不仅具有全国性的意义，而且有世界意义。要深入研究中外交通史和中外经济、文化交流史，就非研究广东史不可。

广东是受西方资本主义侵略最早和反侵略最早的地方，与此同时，也是最早学习西方先进科学技术和经济、政治、学术的地方。进入近代以来，广东一反过去在历史风云中的相对沉寂状态，在全国反帝反封建的斗争中，一直处于领先地位，为全国和全世界所瞩目。许多震动中外的事件在广东发生，许多全国性和有世界影响的领袖群伦的人物在广东成名或成长。其中在中国近代史上享有历久不衰的盛誉者，有林则徐、洪秀全、康有为、梁启超、孙中山等。至于可列入全国性的近现代明星级人物则更不胜枚举。这比之于古代广东的全国著名人物寥若晨星，数千年间只有赵佗、葛洪、惠能、张九龄、余靖、崔与之、陈白沙、湛若水、海瑞、屈大均、袁崇焕等人大不相同。近现代广东的历史，在某种意义上说是全国历史的缩影,其重要性当远远超出区域史的范围之外。要深入研究中国近现代史,就非研究广东近现代史不可。

我们认为,通史之所以为通史,应上下古今相通,经济、政治、文化相融相通,不能只限于写政治史,所以决心将广东通史分类详述,篇幅比《简明广东史》扩大约六倍,共分成三部六册:古代部分上下二册,上册自史前至元代,下册自明代至清代鸦片战争以前;近代部分上下二册,上册自鸦片战争至洋务运动,下册自维新运动至护法运动;现代部分上下二册,上册自五四运动至土地革命,下册自抗日战争至解放战争。古代部自上古至鸦片战争前,只占全书的1/3,而近现代两部110年的历史却占全书的2/3,可谓"厚今薄古"了。所以如此,并非我们对广东近现代史有所偏爱,而是根据广东历史发展的特点来决定的。

古代广东比中原和长江流域地区开发较晚,较为落后,故周秦以前记载甚少,无可大书特书者;秦汉三国以来,受中原经济、政治、文化影响较多;两晋以逮隋唐,中原人士逾岭南徙者日增,广东逐渐向中原追赶,差距日见缩小,且以对外开放和交流之故,独占海上交通鳌头,有所谓"海上丝绸之路"东方起迄点广州在焉,历史地位渐形重要;两宋以来,广东乘中原战乱频仍之际,急起直追,其发展速度颇快;及于明清,追赶势头更猛,以致社会经济在许多方面居于全国领先地位。然而就整体而言,古代广东比之于国内一些经济、文化发达的地区尚属后进,故给予全书1/3的篇幅(一百余万字)应属恰当。再者,由于宋元以前的广东史料甚为贫乏和零散,搜集殊为困难,即便将有关者全都用上,也不可能扩充许多篇幅；何况叙事贵精炼和条理，忌繁复和拖沓，亦无必要有文必录，令人生厌。古代部分的篇幅虽短，而我们搜集、整理、筛选史料的时间却很长。有的史料搜求，如大海捞针，虽片言只语之引用，而检索的时间却以年月算，翻阅过的书刊的厚度则以尺计。这种情况，愈古而愈甚。有的因无文献可依，只能依赖于历年考古出土之物，用哑巴来说话。

若论史料搜集之难，以古代部分为最；若论史事之复杂性、多样性和多变性则以近现代部分为最。

广东近现代史，确是波澜壮阔、异彩纷呈、日新月异，令人目不暇给。因其人其事多与全国有直接关联，多为中国通史所乐道，所以许多史实，对省内外读者来说并不陌生。正因为如此，取材立论，亦难免与中国近现代史雷同。如若完全雷同，则无自身的特色，即无个性，价值也不大。所以写广东近现代史之难，不在无所遵循，而在有所突破。编写同人有鉴于此，故在编写过程中刻意创新。要而言之，一是中国近现代史各书中叙述过的广东史事，简略者详述之，讹误者订正之，分析不当者商榷之，遗漏者补充之；二是事关重大而中国现近代史各书略而不录者补叙之；三是注意地方特色和地理、人文环境的交代和分析。至于关乎社会经济方面的工、农、商各业以及文化、教育、民族、华侨等问题，本书尤为重视，力求作较详尽的论述，以补过去同类书籍的空白或不足。在政治方面，则力求全面反映各种政治力量、派别的错综复杂的关系，以别于以往出版的中共党史、国民党史、中国革命史等书籍，从而显出通史的全面性。香港、澳门原属广东，近代始为英、葡管治，但与广东仍息息相关，故本书对港澳问题亦有所论述。

　　经过五六个寒暑的奋斗，《广东通史》古代部分上册终于交付出版了，其余五册或接近完成，或正着手编写，以后将陆续面世。我们愿借此机会，对长期甘于寂寞和清苦的撰稿人们表示感谢和致敬。时人说"时间就是金钱"；名人说"时间就是生命"。本书的撰稿人已年逾半百，且有几位已年逾花甲，今后时日无多了。更有一位已于数年前逝世，不及见此书的出版。他们毫不犹豫地为本书的写作献出了最值得珍惜的，甚至是最后的时光，好几位已是"白头搔更短，浑欲不胜簪"了。也有不少正当"而立"和"不惑"之年的丁壮，为此书奉出了黄金的年华。他们默默耕耘，不计报酬，不慕荣利，为的是给史学界和广东人民留下一套可供查阅的长篇巨著。他们深知，要完成这一套"前无古人"的巨著，光靠一两个人的力量是绝对办不到的，要靠集体的努力，分工协作。须知他们中的每一个，如果在同样的时间内，付出同样的劳动，写出个人单独署名的专著是完全可以办到的，或者可以写出许多篇有分量的学术论文，确保名利双收的立竿见影之效。但是他们为了事业的长远利益，宁愿作出牺牲，义当衔石填海的精卫鸟。谚云"善有善报"，我衷心希望，他们的善举能得到社会的鼓励和表彰。而最好的鼓励和表彰便是阅读这部书。

　　不参与撰稿可能不知著此书之艰难。我们的一位可敬的史学前辈却是深知其艰的。他在许多年前，即我们编写《简明广东史》之前，曾善意告诫我们：现在编写系统的广东史的条件还不成熟，应先从专门史着手，待各专史有研究成果之后，才可作全面综合的研究。此说不无道理，但是当时根本就没有人力和时间去分门别类地研究广东的各项专史，即使有条件，也不知完成于何年何月。为了早日让人们了解广东的历史概貌，我们不能等了，于是写出了《简明广东史》，接着又不自量力撰写这部《广东通史》。我们认为，无论如何，有一部《广东通史》总要比没有好。虽然我们没有编出各项专门史的资料，也没有写出各种专门史的著作，但是都不同程度地对史料进行过分门别类的搜集和整理，并对许多课题作了专门研究。如果我们这部书质量不高，就让后人把它作为一条初辟的泥土小径走过去吧，在这个基础上可以扩充成一条混凝土的康庄大道。那末，我们就可以"筚路蓝缕"相告慰了。

唐代史学家刘知几认为：史家应兼备"史才"、"史学"、"史识"三长，而以"史识"为重。我们不敢自封三长兼备，更不敢以"史识"自诩，但是我们都有一颗献身史学的赤诚之心，有为广东修通史的不移之志，才、学、识虽有所不逮，但确信勤能补拙，"精诚所至，金石为开"。要是这部书能暂且填补广东通史研究的空缺，在图书馆的书架上占一席之地，于愿足矣。

主　编

1995年2月于广东省
社会科学院历史研究所

目 录

第一编 抗日战争时期的广东

第一章 广东抗日战争的爆发……………………（1）

第一节 "七七"事变后广东各界的抗日救亡活动
………………………………………………（2）
　一、广东人民群众的抗日活动………………（2）
　二、广东党政军当局对抗日的态度…………（8）
　三、国民党当局在粤的应变措施 ……………（16）
　四、广东共产党组织的恢复发展及其抗日决策 …（28）

第二节 日军袭扰广东与广东军民的抵抗………（35）
　一、日机轰炸广东与广东军民的抗击 ………（36）
　二、日军侵扰广东沿海地区与沿海军民的反击 ……（48）
　三、广东城市居民的疏散与工厂、学校的迁移 ……（68）

第三节 广东抗日救亡运动的高涨 ………………（79）
　一、第二次国共合作与广东抗日统一战线的建立
………………………………………………（79）
　二、广东抗日救亡团体的成立与群众救亡运动的勃兴
………………………………………………（89）
　三、广东"八一三"抗日救亡献金运动 …………（98）

第四节　港澳同胞与海外华侨对广东抗战的支援
……………………………………………………（102）
一、道义上的声援……………………………（102）
二、经济上的支持……………………………（109）
三、人力上的支援……………………………（114）

第五节　南澳之战………………………………（121）
一、日军侵占南澳……………………………（122）
二、义勇军收复南澳…………………………（126）
三、南澳再度沦陷……………………………（134）
四、南澳抗战的意义…………………………（135）

第二章　广州沦陷与日伪政权的建立……………（140）

第一节　日军大举侵粤…………………………（141）
一、日本御前会议的决定……………………（141）
二、日军在大亚湾登陆………………………（146）
三、惠州失守和增城之战……………………（154）
四、广州及附近地区失守……………………（160）

第二节　日伪统治的建立与日军的暴行………（167）
一、广东伪政权的建立及其统治措施………（168）
二、日军在粤的残暴统治……………………（184）
三、侵华日军在粤进行生物战与化学战……（194）

第三节　广东沦陷区人民的对日反抗斗争……（216）
一、国民党领导的斗争………………………（217）
二、共产党领导的斗争………………………（227）
三、群众自发性的斗争………………………（239）

第三章 省会北迁后的粤省局势……（243）

第一节 李汉魂主持粤政与国民党广东组织的重要活动……（244）
一、广东省政府北迁……（246）
二、国民党广东组织的重要活动……（263）
三、国民党统制下的广东社团组织及其重要活动……（276）
四、国民党统制下的广东工人运动……（286）
五、国民党统制下的广东农民运动……（298）
六、国民党统制下的广东商人运动……（303）
七、国民党统制下的广东妇女运动……（309）
八、国民党统制下的广东青年运动……（331）

第二节 张发奎、余汉谋主持两广军事……（353）
一、重新划分战区与抗日战略方针的制定……（354）
二、侵粤日军、广东守军的建制与配置……（359）
三、转进粤北后广东守军的夏季攻势……（366）

第三节 广东省临时参议会的成立及其活动……（370）
一、广东省临时参议会的成立……（371）
二、广东省临时参议会的活动……（374）

第四节 中共广东省委北迁……（382）
一、中共广东省委北迁与统战工作的进一步开展……（383）
二、八路军驻韶关办事处的活动……（390）
三、中共西南、东南和东江特委的建立……（396）

四、中共南方工作委员会的成立及其机关被破坏
　　　　……………………………………………………（398）
　　五、粤北省委事件…………………………………（404）
　　六、中共东江军政委员会和广东省临委的活动
　　　　……………………………………………………（408）

第五节　日军扩大侵略与汪精卫的诱降阴谋………（415）
　　一、日军侵占琼崖………………………………（416）
　　二、日军侵占汕头及袭扰沿海各地……………（427）
　　三、汪精卫诱降阴谋的破灭……………………（439）
　　四、日军进攻广州湾……………………………（445）

第六节　粤北战役……………………………………（453）
　　一、第一次粤北战役……………………………（454）
　　二、第二次粤北战役……………………………（461）
　　三、第二次粤北战役后广东战场的重要战斗……（466）
　　四、第三次粤北战役……………………………（471）
　　五、广东省政府的东迁…………………………（478）
　　六、河源、和平与赣南战役……………………（482）

第四章　广东人民抗日武装斗争与华南抗日根据地的建立和发展……………………………………（488）

第一节　人民抗日武装的建立与发展………………（488）
　　一、东江人民抗日武装…………………………（489）
　　二、琼崖人民抗日武装…………………………（500）
　　三、珠江人民抗日武装…………………………（506）
　　四、韩江两支人民抗日武装……………………（519）
　　五、中区人民抗日武装…………………………（526）

六、南路人民抗日武装……………………………（538）
　　七、农工党抗日青年团………………………………（546）
第二节　华南抗日民主根据地的建立和发展…………（551）
　　一、东江根据地………………………………………（551）
　　二、琼崖根据地………………………………………（562）
　　三、珠江根据地………………………………………（571）
　　四、其他根据地………………………………………（577）
第三节　人民抗日武装对反共逆流的抗击……………（584）
　　一、国民党顽固派掀起反共逆流……………………（584）
　　二、中共广东组织的巩固与调整……………………（593）
　　三、敌后军民的艰苦斗争……………………………（600）
第四节　人民抗日武装在香港的活动和对国际人士
　　　　的支援…………………………………………（607）
　　一、香港沦陷…………………………………………（608）
　　二、港九大队的建立和发展…………………………（614）
　　三、抢救文化界人士和爱国民主人士………………（622）
　　四、营救国际人士，支援英、美等盟军……………（627）
第五节　抗战时期的广东少数民族和琼崖白沙起义
　　　　…………………………………………………（636）
　　一、抗战时期的广东少数民族………………………（636）
　　二、琼崖的白沙起义…………………………………（648）

第五章　抗日战争的胜利……………………………（659）

第一节　广东人民抗日武装力量的壮大………………（659）
　　一、东江纵队…………………………………………（660）

二、琼崖纵队……………………………………（670）
　　三、珠江纵队……………………………………（676）
　　四、广东人民抗日解放军………………………（685）
　　五、韩江纵队……………………………………（691）
　　六、南路抗日武装………………………………（699）
第二节　广东军队的反攻和日军的投降……………（706）
　　一、国际、国内形势的变化……………………（708）
　　二、人民抗日武装力量向粤北发展……………（712）
　　三、第二方面军反攻两广的计划………………（719）
　　四、侵粤日军的投降……………………………（723）
　　五、广东抗战胜利的原因及其伟大意义………（731）

第六章　抗战时期的广东社会……………………（736）
第一节　战时的广东经济状况………………………（736）
　　一、广州沦陷前的广东经济……………………（737）
　　二、广东沦陷区经济……………………………（751）
　　三、广东国统区经济……………………………（761）
　　四、广东敌后抗日根据地的经济………………（784）
　　五、战时的广东人民生活………………………（796）
　　六、战时广东经济的特点和历史教训…………（812）
第二节　战时的广东文化教育卫生等事业…………（813）
　　一、战时广东当局的民众动员和宣传舆论工作
　　　…………………………………………………（814）
　　二、战时的广东文学艺术………………………（821）
　　三、战时的广东教育……………………………（847）

四、战时广东国统区的体育运动……………………（866）
五、广东日伪统治区的教育…………………………（873）
六、战时的广东卫生防疫工作………………………（880）
七、战时的广东兵役…………………………………（891）
八、战时的广东赈济…………………………………（899）

第二编　解放战争时期的广东

第一章　国民党在广东统治的恢复……………………（904）

第一节　张发奎、罗卓英还治广东………………（904）
一、抗日战争胜利后的广东…………………………（905）
二、广东军政领导机构的重建………………………（909）
三、广东省参议会的选举与建立……………………（913）
四、中国国民党广东省党部…………………………（920）

第二节　广东省政府的复员还业活动……………（925）
一、恢复与健全各级行政机构………………………（925）
二、接受日军投降，接收敌产，审判日本战犯
　……………………………………………………（928）
三、检举与惩处汉奸，编遣伪军和游杂部队………（937）
四、修桥铺路，恢复交通……………………………（943）
五、宣布豁免农业税和"二五减租"，减轻民负，
　　恢复农业生产……………………………………（945）
六、复员文教事业……………………………………（953）
七、宣慰海外华侨……………………………………（958）

第三节　国民党广东当局的善后救济工作………（964）

一、广东灾情的严重性和善后救济工作的迫切性
　　　　……………………………………………………（964）
　　二、善后救济总署广东分署的成立及其演变……（967）
　　三、善后救济总署广东分署的善后救济工作……（972）
　　四、国民党广东当局善后救济工作的若干问题……（985）
　第四节　率先发动内战，反复"清剿"人民武装
　　　　……………………………………………………（996）
　　一、竭力"围剿"人民武装 ………………………（997）
　　二、撕毁重庆谈判协定，阻碍东江纵队北撤 …（1001）
　　三、肆意篡改重庆协议，"围剿"琼崖独立纵队
　　　　……………………………………………………（1010）
　　四、实行"清乡"、"集训"，迫害留粤人民武装人员
　　　　……………………………………………………（1015）

第二章　张发奎、罗卓英主政下的广东………（1022）
　第一节　镇压人民民主力量，推行反动统治……（1022）
　　一、镇压人民革命力量 …………………………（1023）
　　二、摧残进步文化，实行思想禁锢 ……………（1027）
　　三、召开四大会议，强化专制统治 ……………（1032）
　　四、强行"三征"暴政，激化社会矛盾 …………（1045）
　　五、官吏贪污成风，政府威信扫地 ……………（1063）
　第二节　百业萧条，经济倒退，民不聊生………（1074）
　　一、农业生产日趋萎缩，走向崩溃 ……………（1074）
　　二、民族工商业破产倒闭，日益萧条 …………（1078）

三、侨汇逃港，内地侨汇锐减……………………（1084）
四、金融风暴接连爆发，物价狂涨………………（1088）

第三节 加强特务统治，镇压学生运动………………（1093）
一、加强特务对文化事业的统治…………………（1094）
二、镇压爱国学生运动……………………………（1096）

第四节 社会危机的加深，人民武装的发展…………（1110）
一、社会危机日益加深……………………………（1110）
二、人民武装斗争的恢复发展与国民党当局的
　　"剿匪"活动…………………………………（1117）
三、罗卓英、张发奎被免职………………………（1136）

第三章 宋子文主政下的广东……………………（1139）

第一节 人民解放战争转入战略进攻，宋子文临危
　　　　受命………………………………………（1139）
一、人民解放战争转入战略进攻…………………（1140）
二、宋子文主粤和广东省政府的改组……………（1142）
三、宋子文的施政方针与工作重点………………（1146）

第二节 广东当局穷于应对天灾人祸…………………（1147）
一、修复堤围，防止洪灾…………………………（1148）
二、采购粮食，计口配售…………………………（1149）

第三节 "改革县政"与"整饬吏治"…………………（1156）
一、调整县政………………………………………（1156）
二、清查贪污积案，不了了之……………………（1162）
三、订颁县政"改革"方案………………………（1165）

第四节　乏善可陈的经济建设和失败的货币改革
………………………………………………………（1168）
　　一、乏善可陈的经济建设 ……………………（1169）
　　二、币制改革失败，经济加速崩溃 …………（1174）
第五节　扩充保安团，"清剿"人民武装 ………（1185）
　　一、更换军事长官，强化指挥系统 …………（1185）
　　二、扩充全省保安团，增强反共兵力 ………（1189）
　　三、大搞"动员戡乱"，"清剿"人民武装 …（1192）

第四章　国民党在广东统治的终结 ……………（1206）

第一节　中国人民解放军各边区纵队的建立 ……（1207）
　　一、琼崖纵队和琼崖临时人民政府的成立 …（1208）
　　二、粤赣湘边纵队和东江人民行政委员会的建立
………………………………………………………（1211）
　　三、闽粤赣边纵队和潮梅行政委员会的建立 …（1214）
　　四、粤中纵队的建立 …………………………（1217）
　　五、粤桂边纵队的建立 ………………………（1220）
　　六、粤桂边区部队的建立 ……………………（1222）
第二节　余汉谋、薛岳接掌广东军政大权 ………（1225）
　　一、国民党统治的全面危机与蒋介石下野 …（1225）
　　二、余汉谋、薛岳临危受命及其治粤措施 …（1228）
第三节　国民政府南迁广州及国民党统治的总崩溃
………………………………………………………（1239）
　　一、四分五裂的国民政府南迁广州 …………（1240）
　　二、国民党统治全面崩溃 ……………………（1257）

三、中国人民解放军发起广东战役与广东大陆的解放 ………………………………………………（1269）

第四节 海南岛和沿海岛屿的解放，国民党在广东统治的终结 ……………………………………（1290）

一、海南岛的解放 ………………………………（1291）

二、沿海岛屿的解放——国民党在广东统治的终结 ………………………………………………（1306）

第五章 解放战争时期广东的经济与文化 …………（1315）

第一节 封建官僚制度沉重剥削与压迫下的农业 ………………………………………………（1315）

一、封建土地制度原封不动，"二五减租"束之高阁 ………………………………………………（1316）

二、田赋和苛捐杂税繁多，农民负担沉重 ……（1318）

三、农业生产政策及其措施难以奏效 …………（1320）

四、农田水利失修，水旱灾害频仍 ……………（1323）

五、土地荒芜，生产萎缩，农民流离失所 ……（1325）

第二节 外资排斥和内战影响下的工矿业 ………（1329）

一、政府各个部门对"收复区"企业的接收 ………………………………………………（1329）

二、省营工业的恢复生产 ………………………（1331）

三、美国资本大量渗入广东 ……………………（1334）

四、资源委员会经营重点南移广东 ……………（1336）

五、民营工矿业经营步履维艰 …………………（1338）

六、风雨飘摇中的各行各业 ……………………（1341）

第三节　落后的交通运输与邮电通信业 …………（1355）
　　一、处境艰难的铁路运输 …………………………（1355）
　　二、通车里程萎缩的公路运输 ……………………（1357）
　　三、短暂繁盛的水路运输 …………………………（1358）
　　四、短暂复苏的民用航空 …………………………（1362）
　　五、发展不平衡的邮电通信 ………………………（1363）
第四节　日渐萧条的商业和对外贸易 ………………（1364）
　　一、畸形发展的商业 ………………………………（1364）
　　二、政府管制下的对外贸易 ………………………（1367）
　　三、粤港间走私泛滥失控 …………………………（1376）
　　四、粤港正常贸易渐陷困境 ………………………（1379）
第五节　陷于崩溃的财政与金融 ……………………（1382）
　　一、入不敷出的财政税收 …………………………（1382）
　　二、侨汇侨资锐减与逃离 …………………………（1388）
　　三、金融体制从混乱到崩溃 ………………………（1391）
第六节　文化教育与体育卫生 ………………………（1404）
　　一、广东省政府的文化政策 ………………………（1405）
　　二、广州的报业及文化事业单位 …………………（1408）
　　三、学校教育和社会教育 …………………………（1412）
　　四、医疗与体育事业 ………………………………（1420）
征引书目 …………………………………………………（1424）
后记 ………………………………………………………（1445）

第一编　抗日战争时期的广东

第 一 章

广东抗日战争的爆发

1937年7月7日，日本侵略军以制造"七七"事变为起点，发动了全面侵华战争。中国守军奋起抵抗，全国性的抗日战争开始。

在中国共产党的积极倡导下，国共两党抗日民族统一战线正式形成。

抗战爆发后，日军封锁中国南大门，对广州、汕头等港口城市进行狂轰滥炸，并加紧进犯华南的准备。

在中华民族面临生死存亡的危急关头，广东抗日救亡运动蓬勃发展，港澳同胞和海外华侨抗日救国的热情高涨，对广东抗战大力支援。此时，广东党政军当局做出比较开明的姿态，对抗战的态度比较坚决，并采取一些应变措施。广东中共组织得到恢复和发展，为领导抗日武装斗争做准备。在抗日民族统一战线的影响下，广东中共的各级组织积极对广东国民党军政当局开展统战工作，推动广东抗日统一战线的建立，从而促进了广东的抗战。广东军民抵抗日军对广东沿海的袭扰，抗击日军对南澳的侵犯。南澳抗战，打击了日军的气焰，成为广东军民合作抗敌的范例。

第一节 "七七"事变后广东各界的抗日救亡活动

抗日战争是中国人民抵抗日本帝国主义侵略的伟大民族战争。广东地处祖国南大门，"七七"事变后，广东各族人民在中国共产党倡导的抗日民族统一战线的旗帜下，利用与港澳毗邻华侨众多的特殊环境和条件，发扬爱国主义精神，以高度的民族责任感，积极开展抗日救亡运动，在为宣传、动员和组织各种社会力量投入轰轰烈烈的抗日斗争中做出了重要贡献。

一、广东人民群众的抗日活动

（一）广州等地民众声援卢沟桥守军抗战

1937年7月7日，日本侵略军在北平卢沟桥附近以"军事演习"为名，向卢沟桥一带中国驻军发动攻击，开始了企图灭亡中国的全面侵略战争。中国驻军第二十九军何基沣旅吉星文团奋起抵抗，北平、天津、保定等地的人民群众纷纷起来支援第二十九军的爱国行动。"七七"事变成为中国全国抗战的起点。8月13日，日军大举进攻上海，中国驻军张治中率部奋起抗击。中国全民性的反对日本帝国主义侵略的民族解放战争进一步展开。

广东人民富有爱国的革命传统，早在 1931 年"九一八"事变后，广东各地群情激愤，青年学生发挥了先锋作用，在全省各地组织游行、示威、集会，发表通电，建立抗日团体，反对日本帝国主义的侵略。1935 年"一二·九"运动传到广东以后，在中国共产党的影响下，全省学生和各界群众纷纷行动起来，响应北平学生的爱国运动。广州各大、中学校的进步学生，以中国青年抗日同盟（简称"中青"）和"突进社"等组织成员为核心，形成一股强大的抗日洪流，举行了大规模的示威游行等一系列抗日救亡活动。全省各市、县也举行抗日集会、示威游行，成立爱国社团等，掀起群众性的抗日救亡活动。

"七七"事变的消息传到广东后，广东人民群众进一步被抗日的怒火点燃，各界民众纷纷开展了声援第二十九军的活动。

1937 年 7 月 12 日，（广东八和粤剧协进会）当夜起在广州海珠戏院义演筹款劳军，以全部收入作慰劳驻北平第二十九军全体抗战将士之用。①

15 日，中山大学、广雅中学、市立一中等广州主要大、中学校爱国师生发出通电，声援卢沟桥中国驻军的抗战。同时，各大、中学校代表联席会议做出决议：电请中央出师抗敌及发布告全国民众书；发起组织广州学生华北抗敌后援会；组织广州学生华北前线服务团等。

17 日，广东各界联合举行广东民众御侮救亡大会，会后

---

① 《国华报》，1937 年 7 月 13 日。

成立了有各界群众参加的"广东民众御侮救亡会"。该会以团结全省民众,集中力量协助政府御侮救亡为宗旨,办理宣传、调查、筹募、慰劳、防护及战时一切服务事项,并通电全国:"百粤民众义愤填膺……誓以热血同赴艰危,且望全国同胞,一起奋起,力挽危局,并慰勉将士","百粤民众,誓为后盾"。① 当晚,广州市各民众团体以及壮丁队、妇女队、少年先锋队、市民自卫队等7万多人举持火炬游行。

7月中旬,广州市各职业工会,省、市商会以及广州市郊区农会等也发电慰问前方抗敌将士。

25日,广州各界群众15万人举行御侮救亡示威大游行,群众性抗日救亡运动开始掀起新的高潮。

(二)广东各界和各阶层人民进行抗日救亡宣传活动

"七七"事变后,文化界、教育界、医务界、商界、产业工人、妇女界和各阶层人民群众也纷纷行动起来。

广东文艺作家协进会致卢沟桥守军慰问电云:"暴日侵凌,贵军奋勇抗战,薄海同钦,尚望仍秉中央意旨,坚持到底,卫我疆土,本会暨百粤文化同仁,誓为后盾。"② 广东八和粤剧协进会积极进行义演筹款慰劳前线抗日将士。锋社话剧团深入到工厂、学校、农村以及城镇街头,上演抗日救亡话剧。艺协剧团、蓝白剧社、广州儿童剧团等的义演筹款也十分活跃。广州艺术工作者协会以诗歌、小说、绘画等艺术形式进行抗日救亡宣传活动。广州有影响的新闻媒介如《中山日报》、《珠江日报》、《广州日报》等大力宣扬抗日救

---

① 《中山日报》,1937年7月17日。
② 《中山日报》,1937年9月9日。

亡活动。广东文化界抗敌救亡运动表现出了前所未有的活跃。上海"八一三"事变后，大批文化人南下，汇集于广州。他们和广州的文化工作者一道，开展新闻、戏剧、美术、歌咏等活动。为了使文化界的抗日救亡运动大踏步向前迈进，文化界纷纷成立文化团体，如广东戏剧协会、广东文学会、华南绘画界救亡协会、歌咏团协会、国际协会、广州新闻界从业员抗敌协会、社会科学研究会等，组织了广大文化工作者投身到抗日救亡运动中来。①

广东的其他地区，在"七七"事变后，文化界的抗日救亡运动也逐渐兴起。如在中区成立新会流动剧团，共有60余人，采取流动的方式在各地演戏剧，宣传抗日救国，激发民众抗日救国的热情。它是抗战初期中区最活跃、最有影响的团体之一。

"七七"事变后，中山大学、广雅中学、市立一中等大、中学校的师生，组织宣传队分赴广州市内大街小巷及省属各县、市广泛进行抗日宣传，唤醒民众。他们到街头、工厂、乡村演讲，演抗日话剧、出墙报、散发传单。中、小学校的师生也行动起来，成立了"广州儿童剧团"，其成员年龄仅在12～15岁，由小学教师何承蔚（又名谈星）率领，走上街头宣传抗日。

珠江三角洲的中、小学校爱国师生纷纷走出学校，到工厂、乡村、街道演剧、演讲、出墙报、开办民众夜校，广泛进行抗日救亡宣传。中区的新会部分小学教师组成的"咱们

---

① 《中山日报》，1937年7月13日；陈遐瓒：《省港抗战文化活动概述》，见中共广东省委党史研究室编：《省港抗战文化》，3页，广东人民出版社1994年。

剧社",江门成立"怒吼剧社",演出抗日戏剧。

中山大学尚仲衣教授开设抗战课目,参加选修的学生非常踊跃,使整个课堂洋溢着同仇敌忾的爱国热情。1937年11月,在尚仲衣教授的主持下,组织了"抗战教育实践社",创办了新启蒙班,中、高级自修班和特种训练班,讲授了"抗战理论与实践"、"战时民众组织与训练"等课目。[①]

广东各界妇女纷纷涌向街头,积极开展抗日宣传活动。其中最活跃的是女学生,特别是省立女中、中山大学附中、省立女师、执信中学等校的女学生。她们组织宣传队、戏剧队、演讲队、美术队等,在大街小巷唱抗日救亡的歌曲、演抗日救亡的戏剧、画抗日救亡的漫画、做抗日救亡的演讲……潮汕、兴梅、粤西等地区的女学生还大批走向农村,向妇女宣传抗日救国的道理。

广州妇女会、广州基督教女青年会还多次举办妇女识字班和妇女夜校,进行抗日救亡宣传教育,还征集劳军物品,开展文艺义演和社会募捐活动。

广东各地妇女开展了轰轰烈烈的募捐活动,以支援前方将士。在妇女界出现了许多动人的事迹。如佛山镇(今佛山市区)有位老妇人,把一生中省吃俭用的积蓄全部捐献出来,支援抗战,并致函宋庆龄:"暴日侵凌,举国共愤,我虽妇人,爱国之心,不敢后人,兹特将数十年所积之国币

---

① 陈遐璿:《省港抗战文化活动概述》,见中共广东省委党史研究室编:《省港抗战文化》,4页,广东人民出版社1994年。

1 000元汇呈政府,以作抗敌救国之用……"①

工人群众积极行动。广州市配盐工会、屠猪肉业职业工会、石印业产业工会、鞋业职业工会等,发电慰问前方抗敌将士:"全体工人,誓为后盾,国族存亡,在此一举,引领燕云,无任翘企。"② 全省工人阶级发扬革命传统,团结战斗,为抗敌而工作。省民船工会根据会员的请求,拒绝起卸日货,为了应对抗战需要,决定组织航海救护队。省航业工会及汽车业工会决定:如战时政府需要交通器具运输,全体工人集中待命。印刷工人、榨油工人、烟草工人、纺织工人、橡胶工人、公共汽车工人、人力手车工人等也积极行动起来,参加抗日斗争。1937年8—9月间,广州榨油工人等举行了几次大规模的抗日示威游行。

广州市郊农民在"七七"事变后,即发电慰问前方将士:"电讯传来,群情感奋,尚望益加奋勉,歼彼丑虏,百粤民众,誓为后盾。"③ 他们表示有钱出钱,有力出力,支援抗战。各县农民努力生产,加紧储粮,支援前线。广州南郊还组织十三乡救亡工作者协会,农民踊跃参加。中山大学一批师生还深入农村,举办农民夜校和农民识字班,借此组织农民参加抗日斗争。

广州医务人员组成北上救护大队,随即出发华北。

1937年7月中旬,广东省商联会与广州市商会联合商界人士组织抗敌后援会,专门募集作战物资,如医药用品、军队生活用品,寄发抗敌前方。

---

① 《中山日报》,1937年9月9日。
②③ 《中山日报》,1937年7月17日。

二、广东党政军当局对抗日的态度

(一) 广东当局坚决要求抗日

日军侵华全面扩大,其铁蹄从东北至华北、华东,使中日民族矛盾上升为主要矛盾,国内阶级矛盾已降为次要矛盾。所有不愿当亡国奴的人们,坚决要求抗日救国。日军的入侵也威胁着执政的国民党当局,他们中的绝大多数在民族存亡、国难当头和自身的生命财产受到严重威胁的时候,也表示了奋起抗敌、救亡图存的决心。

"七七"事变和"八一三"事变后,广东国民党党政军当局的态度与国民党中央相一致,从反共内战转变到联共抗日,有开明的倾向,并有抗战的要求和行动。

1937年7月12日,广东绥靖公署、第四路军总司令部在广州中山纪念堂举行纪念周,少校以上军官均参加,第四路军总司令、广东绥靖公署主任余汉谋报告华北形势和国难严重情形,并做抗日动员。① 其后,余汉谋多次发表坚决抗战的言论。② 第四路军副总司令香翰屏也在福建漳州发表谈话:为抗日救亡,四路军枕戈待命。③

第四路军总司令部于14日在广州发表《告将士书》,表示:"当此民族战争开始发动之时,我们当前的急务惟在如何淬厉奋发,加紧抗敌的准备,期以我们最后的一滴血,为

---

①② 《中山日报》,1937年7月13日、29日,8月4日、11日,12月25日。

③ 《中山日报》,1937年7月14日。

国家民族挥洒于战场,收复东北失地,打倒帝国主义,完成国民革命。"①

17日,广东国民党党政当局主持的广东民众御侮救亡会在广州召开成立大会,大会通电谓:"百粤民众,誓以热血同赴艰危",誓为抗战的后盾,并请中央抗战及慰劳在华北抗战的第二十九军。当天晚上,广州市各民众团体共7万多人举行保卫广东的火炬示威大游行。19日,该会决定由广东国民党负责人余俊贤、方少云分任正、副主任,并分函各团体派定代表充任委员。②许多共产党人和爱国进步人士加入,使之成为一个广泛的抗日救国的统一战线组织。其后,全省各县、市纷纷建立御侮救亡组织,开展轰轰烈烈的抗日救亡运动。

21日,国民党广东省党部公布广东民众御侮救亡会工作团组织大纲。要求在统一计划指导下普遍增进工作效率,将全省民众组织起来并实施训练。③次日,省党部常会后,党政军长官共商御侮救亡大计。接着,广东省各界御侮救亡会开始办公,设总务、宣传、筹募、调查、组织等部④,其中包括不少共产党人和进步人士参加各部工作。广东的抗日救亡组织工作从此进入了一个新阶段。

在此期间,中共广东省组织遵照中共中央的指示,加强开展对国民党上层人士的统战工作,共商国共两党在广东具体合作事宜,国共合作取得新的进展(详见后文)。

国民党当局为了动员一切抗日力量,对反蒋抗日的军政

---

①②③④《中山日报》,1937年7月14日、15日、20日、22日、23日。

界人士如李济深、陈铭枢等分批撤销了通缉令,使他们能参与抗日大业。①

在广东党政军当局的认可支持下,广东各县组织民众抗日自卫团,全省共分12个区分管。② 在尔后各地开展的抗日斗争中,部分民众抗日自卫团发挥了作用。7月28日,广东民众御侮救亡会致电中央,务请即日动员并召集工农团体开会,研究发动工农群众参加抗日救亡的工作。同日,余汉谋致电第二十九军军长宋哲元,表示愿为其后盾;又致电蒋介石委员长,条陈抗敌救亡意见多项。③ 7月31日及8月1日,日本驻汕头领事中村两次要求中国军队退出汕头。省政府坚决拒绝,并饬令驻军严防,表示誓死守土。④ 31日,国民党中常委兼国立中山大学校长邹鲁在《中山日报》上发表致南京电文,请蒋介石对日宣战。⑤

8月2日,广东各界在中山纪念堂举行联合纪念周,有4 000余人参加。余汉谋、吴铁城、罗卓英均报告华北问题。余汉谋要求大家一齐奋起,实行自卫。抗战空气弥漫全场。广东省、广州市国民党党部电请国民党中央动员抗战,集中力量驱除暴敌,复我失地,誓率百粤民众听候驱策。⑥ 各地区行政专员到省请示非常时期之政事措施,谒

---

① 广东省立中山图书馆编纂:《民国广东大事记》,559页,羊城晚报出版社2002年。

②③ 《中山日报》,1937年7月26日、29日。

④ 广东省立中山图书馆编纂:《民国广东大事记》,557页,羊城晚报出版社2002年。

⑤ 《中山日报》,1937年7月31日。

⑥ 《中山日报》,1937年8月3日。

见省主席吴铁城后分别离广州返各地区安排抗日救亡工作。① 第四路军副总司令香翰屏发表书面谈话，表明汕头驻军不容外人有任何要求。②

8月6日，吴铁城召集行政专员训示行政区筹办联防。此后吴发表了多次坚决抗战的讲话和文告。③ 7日，驻潮汕的第一五五师师长李汉魂决心守土御侮，巩固潮汕国防。④ 13日，广州市市长曾养甫对全市保长训话，要积极准备抗敌救国。⑤

国民党广东省党部机关报《中山日报》也多次发表社论和文章，号召奋起参加各项抗战工作，坚决保卫大广东。⑥

"八一三"事变后，余汉谋陆续奉中央军委令，派第八十三、第六十四、第六十六各军共6个师，由副总司令香翰屏及邓龙光、李汉魂等率领北上，参与淞沪、南京、陇南诸役抗战。⑦

8月15日，汕头市国民党党部开会商讨策动四郊农民救亡。⑧ 19日，广州铁甲车队开始出巡。连日拿获汉奸10余人。⑨ 22日，吴铁城发表《告粤民众书》，号召全省人民起

---

①②④ 《中山日报》，1937年8月3日。

③ 《中山日报》，1937年8月7日；《越华报》，1937年8月10日；《国华报》、《越华报》，1937年11月16日；《中山日报》，1938年2月8日；《广东省政府公报》，第394期，1938年2月20日。

⑤⑥ 《中山日报》，1937年8月14日，9月16日，12月16日、21日、22日、31日。

⑦ 黄仲文编：《民国上将余汉谋年谱》，台湾商务印书馆1990年。

⑧⑨ 《中山日报》，1937年8月16日、20日。

而抗战救亡。① 第四路军总部举行在乡军人登记②，准备动员在乡军人参战。广州市国民党党部加紧抗战宣传工作，又决定组织非常时期党员服务团。③ 至9月25日，各县、市国民党党部开展抗战工作，党员报到多已办竣。④ 第四战区动员委员会录取1 000余名青年干部（按：大部分是共产党人和进步爱国青年），20日入营集中训练，不日即出发前线工作。⑤ 22日，余汉谋、吴铁城、曾养甫等致电各县加紧劝募救国公债。⑥ 8月22日—9月15日，第四路军举行在乡军人登记，在乡军人多有请缨抗日者。⑦ 到11月上旬，第四路军总部起用在野军官达七八百人。⑧

（二）广东省党政军联席会议组成及其重要活动

粤当局奉中央训令，组织本省党政军联席会议，每周开会一次，主席由余汉谋、吴铁城担任。至此撤销省救亡会，各县、市救亡会则归该会议统辖。⑨ 11月24日，省党政军联席会议开始工作，主席余汉谋、副主席吴铁城。此为非常时期广东最高权力机关。⑩ 12月初，省党政军联会筹备组织全省民众，拟办全省民众训练班。⑪ 5日，省党政军联会民运部制定工作纲领，统一全省民众抗敌组织。⑫

---

① 《国华报》，1937年8月23日。
② 《中山日报》，1937年8月23日。
③④⑥ 《中山日报》，1937年8月22日、26日，9月26日，10月23日。
⑤ 《广州日报》，1937年10月20日。
⑦ 广东省立中山图书馆编纂：《民国广东大事记》，560页，羊城晚报出版社2002年。
⑧⑨⑩ 《越华报》，1937年11月6日、10日、25日，12月9日、10日。
⑪⑫ 《中山日报》，1937年12月2日、6日。

7日，国民党广东省、广州市党部发表《告民众书》，策动民众救国。① 省党政军联会宣传部成立后，扩大救国宣传。② 宣传部主任钟天心（继余俊贤任国民党省党务特派员）决定在文艺组内设编辑、戏剧、电影、音乐等4股，积极开展抗日救亡宣传工作。③ 9日，省主席吴铁城告诉英国路透社记者：若南京陷落，华南拟加倍努力，拥护中央政府。广州市市长曾养甫也说：吾人为中央政府之一部分，准备追随中央，抗战到底。④ 12月中旬，省当局组织全省抗战自卫团。⑤ 省党政军联会民运部决定开放民运，增强力量。⑥ 20日，省党政军联会决定推动农村动员。又推定粤省将领陈铭枢、蒋光鼐、蔡廷锴、李福林、徐维扬暨第四路军副总司令香翰屏主持其事，发动全民抗敌。⑦

1938年1月21日，省党政军联会宣传部扩大抗日自卫宣传，订定宣传要点，各县、市遵照执行。⑧ 3月18日，省绥靖署、省府连衔印发《告全省工友书》，勉励全省工友抗战。⑨ 19日，省党政军联席会议奉令改组为省动员委员会，由余汉谋担任主任委员，吴铁城、香翰屏、曾养甫等为委员。⑩ 各县、市党政军联席会议改组为动员委员会分会。⑪

---

① 《国华报》，1937年11月8日。
②③ 《越华报》，1937年11月10日、25日，12月9日、10日。
④ 广东省立中山图书馆编纂：《民国广东大事记》，570页，羊城晚报出版社2002年。
⑤⑥ 《越华报》，1937年12月12日、15日。
⑦ 《中山日报》、《越华报》，1937年12月21日。
⑧⑩⑪ 《中山日报》，1938年1月22日，3月20日、22日，7月6日、7日、24日，8月3日、10日。
⑨ 《越华报》，1938年3月19日。

4月5日，省市党部电中央党部表示遵守国民党临时全国代表大会决议宣言，余汉谋、吴铁城通电拥护临时全国代表大会决策。① 23日，余汉谋总司令、香翰屏副司令发出《告第四路军前线抗敌将士书》，号召坚持抗战到底。② 24日，省政府令各区执行肃清汉奸资匪办法。③ 4月下旬，省动员会拟订清奸绝仇计划。④ 5月9日，广州各界举行雪耻大会，吴铁城阐述雪耻及兵役的意义。⑤ 次日，省动员委员会公布肃清汉奸办法。⑥

在日军发动进攻南澳岛之后，6月24日，第四路军总司令部发出布告，号召发扬广东精神，粉碎暴敌的残酷威胁。⑦ 为纪念"七七"抗战，广东省国民党党部发表《告民众书》、《告同志书》；第四战区司令部政治部发《告民众书》，号召民众和国民党员起来投身抗战。⑧ 为纪念"八一三"抗战一周年，广东成立"八一三"献金会，聘余汉谋、吴铁城、曾养甫为会长。共产党人也积极投入实际工作，在全省及港澳地区开展了轰轰烈烈的爱国献金运动，取得很好的成绩。⑨ 8月，广东当局发布《广东省开放民众运动的决议案》，接着又公布了《广东民众武装五项保证》⑩，表示要开

---

①②⑧⑨ 《中山日报》，1938年1月22日、3月20日、22日、7月6日、7日、24日、8月3日、10日。

③⑥ 《越华报》，1938年4月25日、5月11日。

④⑦ 《国华报》，1938年4月28日、6月24日。

⑤ 《越华报》、《中山日报》，1938年5月10日。

⑩ 陈传钢编：《动员纲领与动员法令》，20页、87页，桂林新知书店1939年再版。

放民众运动，允许人民拥有枪支，实行自卫等。此外，还有释放政治犯，取消邮电新闻检查，允许民众组织救亡团体，招收数百名青年组成抗日救亡宣传政治大队，成立广东民众抗敌自卫团统率委员会，等等。

总的来说，上述种种事实在一定程度上表明，从1937年"七七"、"八一三"事变以来，广东国民党党政军当局在外敌进犯、国难当头之际，对团结一致、共同对敌的抗日态度是鲜明坚决的，也有实际行动。这一时期也是广东国共合作、共同发动各阶层人民大力开展抗日救亡运动的最好时期，这是应该充分肯定的。① 但也不能不指出，表面表态的讲话、文章多，落到实处少。广州失守后有人一针见血地指出："粤省在日军登陆以前，虽然外表轰轰烈烈，口头慷慨激昂，俨然为全国抗日最坚强的堡垒。然而知道内情的人就说过，那完全是纸老虎。粤省的政治是一国三公（按：指第四路军总司令余汉谋、广东省主席吴铁城、广州市市长曾养甫）。这三公在一切抗战国防要务上，不但不能合作，反而时常互相掣肘，互相竞争。如各开国际宣传机关数个；又如一方面委任许多'民军司令'，另一方面则一饷一弹不发，结果是'司令多于兵，兵多于枪，枪多于弹'，讲什么'武装群众，保卫大广东'！"②

----

① 谌小岑：《抗战初期我在广州的见闻》，见广东省政协文史资料研究委员会编：《广东文史资料》，第50辑，5页，广东人民出版社1987年。
② 《导报》社论：《血的教训》，1938年10月25日。

三、国民党当局在粤的应变措施

(一) 从反共内战转变为联共抗日政策

"七七"事变发生后,中国全国性抗战开始,全国形势发生了急剧的变化。在大敌当前、亡国灭种的危急关头,在中共民族抗日统战政策的推动下,国民党从"先安内后攘外"的反共内战转变为联共抗日。广东国民党党政军当局的方针政策也随之转变,并采取了一些应变措施。对抗日的准备虽仍有许多不足之处,但比之前已有较大的进步。

(二) 国民党广东当局的应变措施

第一,在政治上,国民党当局开始实行一些局部开明的政策,对中共和民主党派的态度比较开明,为争取民心,做出了团结抗日、开放民主的进步姿态,初步开展抗日救亡活动,组织抗日救亡团体,允许共产党和民主党派参加合作,释放政治犯,发动大、中学生到各地宣传抗日,成立第四战区动员会,允许广东青年抗日先锋队等进步抗日救亡团体到工农群众中做抗日宣传,等等。

"七七"事变后不久,国民党中央当局于7月16日在江西省庐山牯岭举行谈话会,召集人是汪精卫、蒋介石,被邀人士共168人出席,由汪精卫主持。[1] 广州地区的大学校长、部分教授应邀赴庐山出席,发表对国是的意见。之后,广东军政高级官员余汉谋、叶肇、邓龙光等,以及各大报社的社长,也相继应邀赴庐山,商谈国是。[2]

---

[1] 广东省立中山图书馆编纂:《民国广东大事记》,555页、556页,羊城晚报出版社2002年;《国华报》,1937年8月5日。

[2] 《国华报》,1937年7月9日、17日。

7月中旬，国民党中央委员、侨务委员会副委员长周启刚到广州、汕头、江门、四邑、港澳视察侨务，8月初回南京。25日，日本驻广州总领事中村丰一访省府秘书长欧阳驹，请求制止工人拒卸日货。欧阳驹答以人民有自由，政府无权干涉。①

8月2日，国民党广东省广州党部电请中央全国动员抗战，并吊唁在华北战场牺牲的佟麟阁、赵登禹两将军殉国。②8月4日，广东省府指令加派各县、市长兼任各该县市社训总队长。③省政府积极规划编组全省保甲。④当局为筹划维持治安，饬转令各乡举办联防。⑤

8月上旬，省政府主席吴铁城召集各行政专员，命行政区筹办联防。⑥为维护地方治安，省府要求各县组织民团，根绝烟赌祸。⑦8月10日，行政院下令危险地区之工厂、学校迁西北、西南大后方。⑧省教育厅开会协商推进战时教育。⑨9月下旬，外交部两广外交特派员定日内赴南洋劝销公债，并宣传国内战事情形⑩，以动员广大爱国华侨支援祖国抗战。

8月3日，余汉谋到南京述职并参加国防会议。7日，国防会议在南京召开。会议听取了军事报告。会议制定的最高战略方针是持久消耗战略，避免大规模作战。⑪

---

① 广东省立中山图书馆编纂：《民国广东大事记》，555页、556页，羊城晚报出版社2002年；国华报，1937年8月5日。

②⑪ 广东省立中山图书馆编纂：《民国广东大事记》，557页，羊城晚报出版社2002年。

③ 《广东省政府公报》，第378期，1937年9月10日。

④⑨ 《国华报》，1937年7月9日、17日、8月5日、20日。

⑤⑥⑦⑩ 《中山日报》，1937年8月6日、7日、8日、9月29日。

⑧ 广东省立中山图书馆编纂：《民国广东大事记》，558页，羊城晚报出版社2002年。

加强防奸工作。如1937年8月中旬，连日于广州捕获汉奸10余名。9月15日，中央军委会颁布《惩治汉奸条例》。①16日，7架日机空袭广州市郊。当局捕获放火球向敌机指示目标的汉奸数名。②广州定1937年10月4—10日为肃清汉奸宣传周。③以后多次捕获和处决汉奸。在潮汕等地也开展了类似的活动，多次处决了成批汉奸。④

为了加强航空建设，8月9日，航空建设协会广东分会成立，会长吴铁城。⑤为统一战时船舶的调度，广东省成立船舶总队部，总队长为徐景唐。⑥1938年4月22日，国民党中央执行委员兼行政院副院长张群奉命南下抵广州，访余汉谋、吴铁城，报告中央最近前线抗战之意旨及会商各种要务。⑦7月28日，中央军委会政治部副部长黄琪翔抵粤，布置战时政治工作。⑧8月，国民党中央派遣以周启刚为队长的广东工作队来粤协助工作，至1938年5月才调回武汉。⑨9月3日，国民党中央民众动员视察指导员第十四团（50余人）抵粤，分赴广东各地工作。⑩9月上旬，中央军委会政治部筹设广州战地

---

①②④⑥　广东省立中山图书馆编纂：《民国广东大事记》，562页，羊城晚报出版社2002年。

③　广东省立中山图书馆编纂：《民国广东大事记》，559页、564页，羊城晚报出版社2002年。

⑤　广东省立中山图书馆编纂：《民国广东大事记》，558页，羊城晚报出版社2002年。

⑦　《越华报》，1938年4月23日。

⑧　《中山日报》，1938年7月29日。

⑨　广东省立中山图书馆编纂：《民国广东大事记》，560页，羊城晚报出版社2002年。

⑩　《中山日报》，1938年9月8日。

文化服务分处①，以加强战时文化宣传工作。

第二，广东国民党军政当局在军事方面做出积极的反应和准备。如抗战爆发后，广东当局通令各县市成立壮丁队和模范壮丁队，施以军事训练；②抵抗和回击了日军小规模的军事进犯和挑衅；把第四路军扩编为6个军；招收进步青年建立第四战区政治大队，开展国民党军队的政治工作；发行救国公债以修筑国防工事，在广九铁路、虎门要塞、大亚湾沿海、惠阳、淡水、平山、博罗、增城、从化及广州郊区，构筑永久性与半永久性的防御工事，特别是对广九铁路做了重点布防；加强了虎门要冲及其他口岸的军备等。

1937年8月8日，广州行营代参谋长罗卓英北上向蒋介石报告华南防务情况。③ 18日，缪培南被任命为广州戒严司令，于23日就职，由余汉谋监誓。④ 20日，中央军委会公布重新划定战区，以何应钦为第四战区司令长官，余汉谋为副司令长官，统辖两广军事。余汉谋又兼第四战区第十二集团军总司令。⑤ 28日，余汉谋令部队严密警戒厦门、汕头迄广东之全部海岸线，并授予李汉魂岭东防卫指挥之全权。⑥ 9月10日，广州市义勇壮丁总队成立，总队长为广州市市长

---

① 《中山日报》，1938年9月8日。
② 广东省立中山图书馆编纂：《民国广东大事记》，557页，羊城晚报出版社2002年。
③ 《中山日报》，1937年8月9日。
④ 《国华报》，1937年8月20日。
⑤ 《国民革命军发展序列》，61~62页，解放军出版社1987年。按：广州沦陷前一般仍沿用第四路军称号。
⑥ 广东省立中山图书馆编纂：《民国广东大事记》，560页，羊城晚报出版社2002年。

曾养甫。① 为适应新形势的需要，13 日，广东师管区筹备处结束，以后全省设 5 个师管区，即粤海、岭南、潮惠、高钦、琼崖。省设军管区，下设 18 个团管区。②

中央军委会为加强广东的空防力量，派飞机队到广州③，不久又调桂机来粤协防。④ 9 月底，省府饬令各县政府督促建设防空壕并派员宣传防空常识。11 月 1 日，省府令各地对消极防空应有所准备。⑤ 11 月中旬，中央军政部在粤设军需局。12 月 1 日，该部在韶关设立办事处（在韶州师范内）。⑥

早在 1938 年 4 月初，余汉谋就接到中央军委会的第一次情报，说日军正在台湾集结陆海军 8 万余人，即将大举向广东进犯，广东当局大为震动。第四路军总部和广东省政府准备必要时迁往翁源，并在翁源构筑防空地下室备用。余汉谋也遵照蒋介石的战略，制订了一个第七号防御计划。余汉谋还遵照蒋介石的作战战略，组织参谋旅行，侦察地形，确定阵地，在广州近郊沿珠江口东岸自番禺至东莞、宝安，沿大亚湾海岸至淡水、惠阳、增城、从化各地布防，部署军队。第四路军还成立了国防工程委员会，从香港采购了大量钢铁、水泥，支援各阵地修筑国防工事，俨然准备抗战。但事隔不久，中央军委会又来了一次情报，说日军已改变战略，将 4 个师团调至长江地区作战，准备先打下武汉。这样一来，广东军政当局就松懈下来了。当局还以"准备抗战"

---

① 广东省立中山图书馆编纂：《民国广东大事记》，561 页，羊城晚报出版社 2002 年。

② 广东省立中山图书馆编纂：《民国广东大事记》，562 页，羊城晚报出版社 2002 年。

③④ 《国华报》，1937 年 8 月 20 日、25 日，10 月 1 日。

⑤ 《广东省政府公报》，第 386 期，1937 年 11 月 30 日。

⑥ 《广东省政府公报》，第 393 期，1938 年 2 月 10 日。

为名发行国防公债300万元,但被人浑水摸鱼,不少钱被挪作他用,真正用于国防建设的为数实在有限。①

5月21日,蒋介石派西南行营参谋长程泽润到广州,会晤第十二集团军正、副司令余汉谋、香翰屏,广东省政府主席吴铁城,商讨保卫华南计划,程泽润后继罗卓英任广州行营参谋长。②

驻汕第一五五师师长李汉魂于1937年7月23日向广州行营代参谋长罗卓英报告防务。③

9月28日,中央军委会因见日舰增开南海,饬令余汉谋加强防务,并召广州行营参谋长程泽润北上,面授机宜。④

为了增强广东抗战空军的力量,航空建设协会广东分会于1937年8月9日正式成立(会长吴铁城)⑤,并筹设各县市支会。⑥ 8月18日,4架日机出现于虎门上空,首次试探北上袭广州市,中国空军出发截击,广州发出空袭警报,敌机逃遁。⑦ 余汉谋即令第四路军参谋长缪培南兼任广州市警备司令,林时清任警备司令部参谋长。⑧ 19日起,全省实行

---

① 卜汉池:《增城防御战回忆》,见广州市政协文史资料委员会编:《广州抗战纪实》,118~119页,广东人民出版社1995年;李洁之:《从蒋、余矛盾说到广州弃守》,见广东省广州市委员会文史资料研究委员会编:《广州文史资料》,第2辑,21~45页,广东人民出版社1961年。

② 广东省立中山图书馆编纂:《广东民国大事记》,590页,羊城晚报出版社2002年。

③⑥⑦ 《中山日报》,1937年7月24日、8月2日、19日、20日、27日。

④ 梅嘉、求实编:《抗日战争时期的广东战场大事记》,见广东省政协文史资料研究委员会编:《广东文史资料》,第50辑,225页,广东人民出版社1987年。

⑤ 《国华报》,1937年8月10日、31日。

⑧ 《广东省政府公报》,第377期,1937年8月30日。

警戒灯火管制，各县市与省会一致进行。①

为了防备日机轰炸广东，加强防空工作，省府于8月25日聘请张惠长任省防空协会副会长（会长吴铁城），代行会长职权，专职负责防空工作。② 广州市举行灯火管制③及联合防空演习。④

8月31日，6架日机首次袭广州，在白云机场投弹，中国军队英勇抵抗，击落敌机2架，重伤1架。同时，3架日机飞韶关。日机又企图袭击汕头。余汉谋向空军将士嘉勉。⑤ 中国空军在东莞击落敌机1架，毙敌军5名，击伤敌机2架。⑥ 全省各重要县市同时实行灯火管制。省府令各地迅速成立救护分会。⑦

为了增强空防力量，11月16日，由余汉谋、吴铁城发起的广东人民购机委员会成立⑧，并筹设各县分会。⑨省军事当局令各县组织步哨队。⑩1938年3月初，中央军委会嘉奖粤防空。⑪ 为了解决广东的国防经费之不足，3月份，国民政府批准广东发行国防公债。⑫ 7月初，全省防空司令部成立，余汉谋、吴铁城分别兼正、副司令，进行防空建设。⑬ 8月31日，日机首袭广州后，广州各机关组织疏散，并赶筑防空壕、室。之后在广州市郊积极增建防空壕、室，郊外挖

---

①③《中山日报》，1937年8月20日、27日。

② 《广东省政府公报》，第377期，1937年8月30日。

④ 《国华报》，1937年8月10日、31日。

⑤ 《国华报》，1937年9月1日。

⑥ 《中山日报》，1937年9月2日。

⑦ 《广东省政府公报》，第378期，1937年9月10日。

⑧⑨⑩ 《越华报》，1937年11月17日、24日、23日。

⑪ 《越华报》，1938年3月3日，5月22日。

⑫ 《广东省政府公报》，第397期，1938年3月20日。

⑬ 《中山日报》，1938年7月4日。

第三,加紧战时经济建设。首先抓紧粮食生产。广东历来缺粮,抗战时期粮食问题更为严重。为促进粮食生产,当局决定1937年度暂贷款1 000万元③,施行100万元蚕农贷款④,又贷款1 000万元拨作杂粮生产建设费。⑤ 1937年12月初,战时粮食贷款处成立。⑥ 中央批准贷款以发展粤省农村生产。⑦ 1938年4月下旬,省银行贷款部成立,举办春耕贷款,放款额可增至500万元。⑧ 5月下旬,吴铁城决定增加农村贷款额,蚕农贷款200万元,蔗农贷款100万元⑨,其他农业贷款90余万元。全年共有农业贷款390余万元,加上中央贷款70万元,共460余万元。⑩ 这些贷款,对促进农业生产起了一定作用。

省调节民食会为商定购运粮食应付非常时期,呈请省府令各县协查民食。⑪ 我国每年购入舶来粮食约1 200万担,粤省占700余万担,约占60%。⑫ 省府令继续严禁谷米等出省出口⑬,又颁发了督种杂粮管理办法。⑭ 省府要求各县储

地洞限1个月竣工。① 至9月10日左右,全省购机捐款已达1 000万元。②

---

①②④ 《中山日报》,1938年9月7日、11日,10月19日。
③ 《国华报》,1937年7月9日。
⑤⑥ 《国华报》,1937年11月6日,12月6日。
⑦⑧⑩ 《中山日报》,1938年3月20日,4月26日,6月30日。
⑨ 《越华报》,1938年3月3日,5月22日。
⑪⑭ 《国华报》,1937年7月27日、25日,8月27日。
⑫ 《中山日报》,1938年3月21日。
⑬ 《广东省政府公报》,第377期,1937年8月30日;《国华报》,1937年9月7日、12日。

粮，并派员督种杂粮，强迫冬耕。① 省府通令各县储粮备荒，每人应囤15市斤，每县最少囤1 000市担。② 计划成立粤粮食会，由吴铁城兼任该会主席。③ 为防止奸商以粮资敌，9月22日，省府令发《食粮资敌治罪暂行条例》。④ 为了增加粮食产量，农林、地政两局召开垦荒会议。省府又拟订移垦计划⑤，并组织桂米粤盐互运，令各县成立储谷仓、储粮备荒，禁止酿酒，停止种蔗一年，改种粮稻。⑥ 1937年早造丰收，但晚造歉收，省府特组设战时粮食委员会。农林局督种杂粮，提倡冬耕，成绩优异。⑦ 华南米业公司共购洋米100万担，调节本省粮食。其后，粤省又再免洋米税，购75万公担洋米运粤。⑧ 4月初，省府会议通过提倡粮食生产节约。⑨

为救济粤粮，本省设农产促进会，各县成立分会，并推广优良稻种。⑩ 省主席兼任省粮食委员主任。5月3日，粤、湘、赣、桂四省国米营运公司正式成立⑪，当局规定邻省运粤农产品免征入口税。⑫

---

①② 《国华报》，1937年8月7日、8月11日。
③⑤ 《中山日报》，1937年9月16日，10月31日。
④ 《广东省政府公报》，第380～381期，1937年10月10日。
⑥ 《国华报》，1937年11月16日；《越华报》，1937年11月21日、22日、24日。
⑦ 《中山日报》，1937年8月8日，12月15日；《越华报》，1937年12月29日。
⑧ 《中山日报》，1938年2月19日；《越华报》，1938年4月8日。
⑨ 《国华报》，1938年4月5日、7日；《中山日报》，1938年4月10日。
⑩⑫ 《中山日报》，1938年4月16日，5月3日、7日、19日。
⑪ 《越华报》，1938年5月3日。

5月份广东各处干旱，米价奇涨，省发放存粮1/2。① 7月上旬，本省设立粮食管理处。② 7月中旬，当局推行全省垦殖，省农林局改良稻种产量甚丰。③ 9月上旬，省银行组织战时农村服务团，从事农业技术指导。④

5月2日，中央财政部贸易委员会在广州设立办事处，顾翊群为主任，杨润德为副主任，筹备成立开始办公。⑤

9月19日，省主席决定提前举行强迫冬耕运动，饬令主管机关遵办，并筹办本省冬耕水利贷款1 000万元。⑥ 省府公布督种杂粮管理办法。

在金融方面，当局采取了若干措施。1938年5月24日，中央经济委员会常委宋子文由汉口抵广州，与余汉谋、吴铁城、曾养甫等商谈稳定金融办法。⑦ 中央银行、中国银行、交通银行、农民银行等四大银行在广州成立联合办事处，准备推销救国公债。⑧ 本省银行界集资400万元储备粮食。⑨ 救国公债劝募会广东分会成立，各县市劝募支会亦先后成立。粤省销售公债2 000万元，准备1/4为省防之用。⑩ 前第五军军长李福林奉命去南洋募集抗战资金及组织华侨救国

---

① 《中山日报》，1938年5月19日。
②③ 《中山日报》，1938年7月7日、11、21日、22日。
④ 《国华报》、《中山日报》，1938年9月10日。
⑤ 《国华报》，1938年5月9日。
⑥ 《中山日报》，1938年9月20日、28日。
⑦ 广州市文史研究馆编：《广州百年大事记》，下册，495页，广东人民出版社1984年。
⑧ 《中山日报》，1937年8月25日。
⑨ 《国华报》，1937年8月25日。
⑩ 《国华报》，1938年10月6日，9月7日、17日。

军。①

中央银行、中国银行、交通银行、农业银行拨毫券1 000万元调剂券币比率，再进一步调剂港汇。省银行发行毫券5 000万元，调剂国币、毫券供求。7月中旬开始筹备纪念"八一三"献金运动，各县市设献金台。在国共两党和粤港澳人民的共同努力下，献金运动取得巨大成绩。

在工业、交通、电讯等方面，粤省当局亦有所措置。中央资源委员会广东钨矿业管理处扩大组织，积极开发矿藏。②钨锑是战略物资，省府饬令严缉偷运出口资敌。③

非常时期积极推进蚕丝事业，举办100万元蚕农贷款。粤省生丝畅销安南（今越南）。④日货绝迹后，广州小工业复兴。⑤建设厅拨款100万元，增加省营工业出产品，还计划在湘、桂、鄂、赣四省设推销处。⑥

上海沦陷后，广州成为与国外交通贸易的主要商埠，地位日益重要。⑦根绝仇货、经济绝交两会同于1937年12月7日开始检查日货⑧，广州市面仇货渐见绝迹。⑨财厅为了防止

---

① 广东省立中山图书馆编纂：《民国广东大事记》，561页，羊城晚报出版社2002年。

② 《广州日报》，1937年7月9日。

③ 《广东省政府公报》，第386期，1937年11月30日；《国华报》，1937年9月7日。

④ 《中山日报》，1938年7月5日，10月24日。

⑤ 《广州日报》，1937年10月24日。

⑥ 《中山日报》，1938年2月14日、21日；《广东省政府公报》，第393期，1938年2月10日。

⑦⑨ 《越华报》，1937年11月24日，12月27日。

⑧ 《国华报》，1937年12月7日。

敌方吸收内地资金,开征日侵占区货物入口特税。① 上海失守后,本省对外贸易激增。②

为了备战的需要,省公路处加紧修筑公路,1937年度筑路费仍为300万元。③ 本省统制交通车辆委员会成立④,对省内交通实施战时统制。

鉴于战时电讯十分重要,省府决定本省无线电话改归国营,有线电话仍由省办。建设厅赶速完成各县长途电话,以应战时之用。⑤

总之,"七七"、"八一三"事变后,国民党当局在广东做出了一些抗战的应变措施,对于动员全省军民起来抗战做了一些准备,比之前大有进步。但由于国民党当政者普遍认为广东靠近香港,英国、法国在广东均有利益关系,对当时英国的力量也做了过高的估计,认为日本会有所顾忌,未必会很快进攻广东。蒋介石又不断从广东抽调部队到华中战场(直到9月份还把王德全师调去),实际上驻扎在广、惠间的部队仅得6万人左右,分布在长达300公里的战线上,面对强大的日本海、陆、空之军的联合进攻,是难以应付的。他们认为,战争只在华北、华中进行,日本尚没有力量向广东进攻,故有麻痹侥幸思想。而蒋介石也认为,日军如果向广东进犯,其目的只不过在切断我广九线深圳—石龙一段的陆上交通和宝安—太平一段的海上交通,敌人的主力必然使用

---

①② 《中山日报》,1938年4月1日,8月6日。
③ 《中山日报》,1937年8月13日,9月16日。
④ 《中山日报》,1937年8月28日。
⑤ 《中山日报》,1937年8月6日、7日。

在虎门要塞地带进攻，而在大亚湾附近只是一种佯攻，以牵制我兵力而已。蒋介石还以为敌方攻粤只有海军、空军和陆战队，兵力不会很大。蒋介石早就以确保广九线为他的作战的主旨，一再指示余汉谋切实执行，不许擅自变动。① 更由于国民党当局有片面抗战的指导思想，不想也不敢放手发动和武装广大群众，特别是广大工农群众，准备与日本侵略者作一决战，也没有一个全盘的、周密的、切实可行的防御计划与部署，所以当日军于1938年10月12日从大亚湾发动进攻时，就显得惊慌失措，仅10天时间就使广州失守了。

四、广东共产党组织的恢复发展及其抗日决策

（一）抗日战争爆发前广东中共组织状况

华南是中共最早创建地方组织的地区之一。在土地革命战争时期，以蒋介石为代表的国民党顽固派的血腥镇压和中共内部"左"倾错误的危害，使得广东的中共组织遭到严重破坏，除琼崖、闽粤边、赣粤边、湘粤边仍有少数基层组织和红军游击队坚持斗争，以及在广州、香港等地有少数与党组织失去联系的中共党员各自以不同的方式坚持活动外，其他地区的中共组织基本停止活动。

早在1935年华北事变后，随着民族危机的加深，一些与党组织失去联系的中共党员开始在广东各地组织抗日救亡团体，这为后来广东中共组织的恢复和发展打下了良好的

---

① 李洁之：《从蒋、余矛盾说到广州弃守》，见广东省广州市委员会文史资料研究委员会编：《广州文史资料》，第2辑，广东人民出版社1961年。

基础。

1936年4月，原在中共上海临时中央局秘密刊物工作的王均予与中共中央北方局（简称北方局）接上组织联系，6月到广州开展建立党组织的工作。同时，北方局派薛尚实（又名罗根，原名梁华昌）到香港进行恢复和发展南方中共组织的工作，9月，薛尚实在香港成立了中共南方临时工作委员会（简称"南临委"）。

抗日战争爆发前，广东中共组织虽然有所恢复，但党的领导力量仍很薄弱。随着日军进一步扩大对中国的侵略，发展和加强中共组织是广东抗日准备的迫切需要。

（二）抗日战争爆发后广东中共组织的恢复和整顿

抗日战争爆发以后，1937年9月，中共中央派张文彬（张纯清）来广东。中共中央指示张文彬到广东的任务是：迅速恢复和发展广东的党组织；发展广泛的抗日民族统一战线；建立各阶层各界人民群众的抗日团体；推动国共合作进行抗日战争。[①] 张文彬到广东以后，立即开展党员审查、组织整顿，调查和处理南临委与"中共广州市委员会"（简称"广州市委"）之间的矛盾，实际上是南临委负责人薛尚实与广州市委书记王均予之间的矛盾。

同年10月中旬，根据中共中央的指示，在香港召开了南临委和广州市委干部联席会议。针对广东省党内存在的问题，为了加强南临委的工作，健全南临委下属的各级党组织，改组了南临委，正式成立了中共南方工作委员会（简称

[①] 尹林平：《纪念张文彬同志》，载中共广东省党史办编：《广东党史通讯》，1984年第5期。

"南委")。南委机关设在香港（1938年2月迁至广州），直属中共中央领导，1937年12月后改由中共中央长江局（简称"长江局"）领导，张文彬任书记，薛尚实任副书记兼组织部部长，饶彰风任宣传部部长，麦蒲费（后林平，即尹林平）负责外县工作委员会，梁广为委员。南委下辖党组织有：中共广州市委、中共香港市工作委员会（简称"香港市工委"）、中共香港海员工作委员会（简称"香港海员工委"，也称海委）、中共琼崖特别委员会（简称"琼崖特委"）、广西省工作委员会（简称"广西省工委"），以及贵州、昆明等地的中共组织。南委成立时，根据中共中央指示，将原南临委领导的闽粤边特委、厦门工委、闽中工委和广东省潮梅地区的党组织归中共闽粤赣边省委员会（简称"闽粤赣边省委"）领导，由张鼎丞任书记，谢育才任副书记兼组织部长。

南委成立以后，抽调一些党员骨干充实南委及其下属党组织，建立和健全各级领导机关，并对各级党组织进行改组；迅速恢复和发展党的组织，加强党员的教育和培训工作。[①]

1937年10月，将中共广州市委改组为广州市工委，由罗范群任代理书记。到同年12月，广州市内已建立了中共支部16个，党员96人，广州以外的珠江地区各县党组织，包括东莞、宝安、台山、顺德、新会、高要、惠阳、开平、南海等县建立中共支部14个，党员150名。香港、澳门地

---

① 中国人民解放军历史资料丛书编审委员会编：《华南抗日游击队》（上），8~9页，军事科学出版社2008年。

区建立了中共支部18个，党员100人。香港海员工委建立了中共支部4个，党员92人。南委成立后，派人到琼崖巡视，进一步健全了琼崖的党组织。此外，东江区建立中共支部5个，党员25人；西江区建立中共支部6个，党员24人等。① 至1937年12月，广东共有中共党员900人以上。

在潮汕、兴梅地区，1938年2月，闽西南红军改为新四军第二支队，由张鼎丞、邓子恢等率领北上抗日，闽粤赣边省委召开第一次执委扩大会议，调整省委领导人员，并将闽粤赣边省委改为闽西南潮梅特委，方方任书记，管辖闽西南、闽粤边和广东潮梅地区的党组织。同时，闽粤赣边省委决定撤销韩江工委，分设中共潮汕中心县委和中共梅县中心县委。潮汕中心县委由李平任书记，管辖汕头、澄海、潮安、饶平、揭阳、丰顺、潮阳、普宁、惠来等地的党组织；梅县中心县委先后由李碧山、伍洪祥任书记，管辖梅县、蕉岭、大埔、兴宁及江西省武平等地的党组织。②

南委在组织整顿，发展党组织，建立健全各级领导机构时，中共中央和长江局为了加强广东中共组织的领导工作，从1937年底起，先后派李大林、梁广、黄松坚、张越霞（张月霞）等到广东工作。1938年1月，长江局又派黄文杰到广东工作。

---

① 《张文彬：南委报告》（1937年12月11日），见《中共广东省组织史资料》，第1辑，232页，广东省档案馆等1986年。
② 中共广东省委组织部、中共广东省党史研究室、广东省档案馆编：《中国共产党广东省组织史资料》，上册，288页、292页，中共党史出版社1994年。

(三) 中共广东省委成立及抗日决策

随着抗日战争形势发展的需要，改进广东中共组织形式已提到日程上来。4月18日，南委干部扩大会议在广州召开，参加会议的有南委成员和广州市委、香港市工委、香港海员工委的负责人。会议总结了南委建立以来的工作，并根据中共中央、长江局的指示精神，撤销南委，成立中共广东省委员会（简称"广东省委"）。省委机关驻广州，张文彬、薛尚实、梁广、林平、张越霞为常委，李大林、罗范群、冯白驹、吴有恒为委员，饶彰风、曾生、麦蒲费、孙康为候补委员，张文彬任书记，薛尚实（后李大林）任组织部部长，饶彰风任宣传部部长，梁广任职工委书记，林平任军委书记，麦蒲费（后吴济生，即吴华）任青委书记，张越霞任妇委书记。

中共广东省委随即召开第一次执委扩大会议，会议总结了南委期间的党组织审查整顿、群众运动的各项工作，分析广东地区的抗日形势，根据中共中央《关于大量发展党员的决议》和长江局要求广东党组织发展5倍党员的指示精神，从广东的抗日形势和广东中共组织的力量还比较薄弱的状况出发，决定集中全力抓党的建设工作，大力发展党员。会议还制定了广东中共组织的工作总方针：埋头苦干，积聚力量，切实地建立起强大的群众性的党的实力，准备在敌人进攻华南与持久战进入最后阶段时，能有力量积极参加保卫华南的战争。会议还确定了广东中共组织当前的工作任务：第一，以建党为中心，切实地做好建党工作。由点到线到面地发展，使广东中共组织发展成为强大的群众性的党。第二，大力开展群众运动,争取群众团体的合法地位或派人到以当局名义组织的群众团体中去任职,以便有利于开展抗日工作和掩护党的发展。第三,利用广东当局部分上层人士比较开明的有利条件,以余汉谋、谌小岑、钟天心为主要对象,积极开展广东抗日民族统一战线工作。第四,积极参加自卫团,领导地方群众抗日武装。①

为了确保各地党组织的发展工作,中共广东省委采取了积极的措施:第一,清除党内在建党工作中"左"的错误思想,克服关门主义倾向;第二,确定以城市为重点,面向工农群众,以城市转向农村、由点到面建党;第三,通过知识分子的桥梁作用发展党的组织;第四,通过公开合法的形式开展抗日救亡运动,从中建立和扩大党的组织。②

4月,中共广东省委决定撤销香港市工委,成立中共香港市委员会,吴有恒任书记。同月,在中共广东省委的领导下,广州党的积极分子会议在广州召开,选举产生新的中共广州市委员会,李大林任书记。8月,中共广东省委和中共广州市委又进行了人事调整,李大林调至省委任组织部部长,罗范群任广州市委书记。

8月21日,中共广东省委召开第三次执委扩大会议,总结省委成立4个月来的工作。会议充分肯定了省委在贯彻中

---

① 中共广东省委党史研究室编:《中共广东党史大事记》(新民主主义革命时期),184~185页,中共党史出版社1993年。
② 广东省委党史研究委员会征集研究一处:《广东省委在抗日战争前期的几项工作》,见中共广东省委党史研究室编:《广东党史资料》,第9辑,125页,广东人民出版社1987年。

共中央的路线，开展抗战宣传的活动，积极领导群众运动，努力发展党组织，使党的组织向全省范围内发展等方面所取得的成绩。同时，提出"建立强而大的群众性的广东党"和"发展一万个新党员"、"要完成广东省10万个党员"[①]的号召。会议根据广东抗日形势的发展，制定了党的建设、宣传工作、群众运动、武装工作等工作方针，强调要把武装工作放在第一位。

由于中共广东省委正确地把中共中央、长江局的决定和广东的具体实际结合起来，因而，广东各级党组织发展很快。至8月，除广州、香港、琼崖的党组织外，先后建立了中共中山县委、南（海）顺（德）工委、东莞中心县委、东江临时工委、海陆丰区工委、五龙和支部（和平、龙川、五华、兴宁）、四邑工委（开平、台山、新会、恩平）、阳江中心支部、遂溪中心支部、合浦中心支部、北江工委、北江五县支部（花县、从化、佛冈、清远、新丰）。在西江的广宁、四会、郁南、高明也分别建立了中共组织。[②] 琼崖特委也先后调整和建立了琼山、文昌、琼东、定安、澄迈、临高、儋县、昌感、崖县和海口的县市工委等。至1938年10月广州沦陷前夕，全省（潮梅地区未计入）共有党员7 500余人。[③]

[①]《中共广东省委四个月的工作总结报告》（1938年8月），见中央档案馆等编：《广东革命历史文件汇集》，甲36卷，216页，1987年印行。

[②]《中共广东省委组织部报告》，见中央档案馆等编：《广东革命历史文件汇集》，甲36卷，237~238页，1987年印行。

[③] 中共广东省委组织部、中共广东省委党史研究室、广东省档案馆编：《中国共产党广东省组织史资料》，上册，274页，中共党史出版社1994年。

中共广东省委在大力发展共产党员的同时，把武装工作放在首位。同年8月，中共广东省委组织部长李大林、省委军委书记林平在广州召开军事工作会议，研究如何贯彻省委的军事工作方针问题。东莞、增城、南海、顺德、从化、花县、三水等县的负责人参加会议。会议决定各地共产党组织的军事工作要以地方群众自卫队工作为中心，利用各种合法形式，组织群众抗日武装，加紧推动国民党举办抗日自卫队的军事训练，各地党组织要派共产党员参加国民党当局成立的各种自卫队。会议要求全体共产党员努力学习军事，积极响应广东省委提出的"党员军事化"的号召，为进行抗日武装斗争做准备。

在这期间，中共广东省委拟定在日军入侵广东时以博罗县的罗浮山、桂山为抗日游击战争的根据地，坚持游击战，八路军参谋长叶剑英对此曾做了赞同的批示。

第二节 日军袭扰广东与广东军民的抵抗

日军对广东的侵袭首先从对广州的轰炸开始。（日机空袭规模大、范围广、时间长，为害甚烈，其空袭的密度仅次于当时的陪都重庆市。）中国空军和民众做了英勇的抵抗，取得不少的战果，但也付出了许多牺牲和损失。

日军还不断侵扰广东沿海地区，我沿海军民给日本侵略者予英勇的反击，卫海保家。由于敌我空军、海军力量对比悬殊,我方处于被动挨打的劣势处境。

日机轰炸广州、汕头等地后,市民即开始大批逃离。众多的工厂、学校也纷纷内迁或迁去港澳。外迁的学生们在所在地坚持上课和开展抗日救亡宣传工作。

一、日机轰炸广东与广东军民的抗击

自1937年"七七"至"八一三"事变,日军主要大举入侵华北、华东、华中地区,日寇的魔爪尚未伸向华南。但日军频繁轰炸广东沿海地区和珠江三角洲,以配合华北、华中战事。

(一)日机对广东的侵袭

日军当时拥有绝对的空中优势,有作战飞机2 700多架,而中国只有305架,约为8.8∶1。日机可随时从台湾、南海各岛屿和航空母舰上起飞进攻袭击。日机的轰炸以广州为重点,珠江三角洲以及粤东、粤西、粤北的县城也是其攻击的目标。

1937年8月31日,6架日机首袭广州。在广州白云机场投下大量的炸弹,欲毁广东空军基地。同日,3架日机袭击粤北韶关。[①] 2架日机侦察粤东汤坑、隰隍等地,并投弹数枚。[②] 此后,日机除日间经常侵袭外,有时夜间也来空袭。9月22—27日,日机多次轰炸广州,投弹59枚,其中中山

[①] 《中山日报》,1938年8月1日。
[②] 王琳乾等编:《汕头大事记》,上册,175页,汕头市地方志编纂委员会办公室1988年。

纪念堂5枚，黄沙车站3枚，中山大学16枚。①

1938年1月下旬开始，日机大肆轰炸粤汉、广九、广三铁路和沿线各站场，轰炸广州近郊工厂。当月25日，日机轰炸东山一带，波及意大利领事馆、欧美国家的天主教堂、教会学校。② 2月28日，日机一次出动50余架，分10批轰炸广州市区、黄埔、军田、惠州等地。3月1日又轰炸广州机场和中山大学。27日又出动54架飞机轰炸广州和军田等地。4月中旬起，日机集中轰炸广州。10日，一枚50磅的燃烧弹击中广州西关宝华路的大利车衣厂，该厂3栋楼房被焚毁。次日在该地挖出尸体98具（其中车衣女工60余人），120多人重伤。③ 17日，轰炸广州大北、小北一带，多间中、小学校被炸，死伤200多人。5月后，日机几乎天天来袭，5月28日投弹150多枚，当场炸死600多人，炸伤近1 000人，炸毁房屋600余间。次日，又炸死炸伤市民500余人，炸毁民房300多间。31日，日机又袭广州，毁屋数十间，伤亡100余人。④ 5月28日—6月9日，日机连续轰炸广州，13天内达30余次，共出动飞机340余架，炸死炸伤居民5 000余人，炸毁房屋3 000余间。特别是黄华塘（今黄华路一带）全村近乎被炸平，死亡100余人，现场惨不忍睹。战后

---

① 广州市政府：《广州市民房被敌机轰炸损失调查统计表》，1937年9月22日至27日。广州市档案馆全号401，目录号6，案卷号1970。

② 张洁：《七七事变后的广州》，见广州市人民政府参事室编：《广州八年抗战记》，18~19页，1987年7月印刷。

③ 《广州市社会局关于战时物资损失的调查》，1938年4月11日。广州市档案馆全宗号401，目录号194-2。

④ 《中山日报》，1938年6月1日。

人们立碑（上刻"血泪洒黄华"，现尚存）纪念。6—7月间，日机连续10多天狂炸广州，每天数十架飞机对市区实行地毯式的轰炸，大学、公园、酒店、医院和市场均成为轰炸的目标，连珠江上的船只都不能幸免，尸浮江面。仅6月4日、6日，日机出动100多架、投弹200多枚，炸死炸伤市民4 000多人，炸毁房屋900多间，连岭南大学、石室天主教堂等一些涉及欧美利益的设施亦遭袭击。6月5日，中山大学校长邹鲁通电，称该校迄今被炸10次，遭投弹50枚，死5人，伤数十人。[①] 6月8日，西村电厂被炸，令全市夜晚一片黑暗，广州实际上已处于瘫痪状态。[②]

据不完全统计，1937年8月31日至1938年6月7日，日机空袭广东达1 400余次，其中轰炸广州800余次，投弹1万多枚，炸毁民房数千栋，死伤民众5 000人以上，血肉横飞，惨不忍睹。[③]

1938年7月2日至8月上旬，日机又炸死炸伤广州市民2 000余人，尤其是广州新亚酒店（在今人民南路）被炸，死伤市民近千人，到处是残肢断体，血肉模糊。[④]10月上中旬，日机每天出动100多架次轰炸。据《广州市被炸点标示图》[⑤]，从1937年8月31日至1938年8月9日，广州市区

[①] 广东省立中山图书馆编纂：《民国广东大事记》，591页，羊城晚报出版社2002年。

[②④] 张洁：《七七事变后的广州》，见广州市人民政府参事室编：《广州八年抗战记》，19页，1987年7月印刷。

[③] 广东民众抗日自卫团统率委员会编：《倭寇侵华简史》，1938年印。

[⑤] 《广州日报》，1995年7月7日。原件存广州市档案馆。

被炸点共达300多个。① 轰炸的目标集中在市中心的越秀、荔湾地区。可见,广州是当时受日机轰炸最严重的城市之一,其密度仅次于当时的陪都重庆。当时在广州主编《救亡日报》的夏衍1938年6月8日写下了《广州在轰炸中》一文,留下十分真实的记录。② 广州的黄金时代终结,遍地焦土、尸骸、残砖,沦为一座"死城"。

日机对正常的民航机也不放过,1938年8月24日,中国航空公司民航班机由港飞渝,途中被日机截击,乘客12人罹难。③

日机对粤省其他各地的轰炸也触目惊心。

珠江三角洲地区:据记载,至1939年底,日机在东莞投弹2 200多枚,在花县投弹1 500多枚,在番禺投弹960多枚(其中1937年9月30日,有3个乡村被敌机炸死数百人)④,在从化投弹600多枚。1938年,日军在中山县三灶岛机场建成后,中山、佛山、四邑各地频繁遭袭。1938年5月4日,中山县城7 000多名学生举行纪念"五四"大游行,日机突袭游行队伍,当场炸死20人,炸伤33人。新会被炸7次;鹤山被袭38次,共遭投弹430多枚,死伤410多人,毁屋540多间;开平、台山多次遭袭,分别死伤200多

---

① 广东全省防空司令部:《广东省空袭损失统计表》,广东省档案馆401全宗号,目录号6,案卷号194-3。
② 另见夏衍:《回忆〈救亡日报〉》(广州版),见中共广东省委党史研究室编:《省港抗战文化》,185~186页,广东人民出版社1994年;夏衍著:《夏衍杂文随笔集》,16~19页,生活·读书·新知三联书店1980年。
③ 《中山日报》,1938年8月25日。
④ 《中山日报》,1937年10月1日。

人、800多人,炸毁楼房554间,炸沉船艇43只。①

粤东地区:1937年9月3日,日机开始轰炸汕头市,8日又轰炸汕头、潮安。16日轰炸揭阳,炸死20余人,毁屋数十间。② 1938年夏,日军对粤东的空袭更加频繁。至1939年6月汕头沦陷,进袭汕头市的日机共803架次,投弹804枚,炸死261人,炸伤580人,毁屋484间。③ 其间,日机空袭潮安200架次以上,投弹超过400枚,其中1938年8月13日轰炸有名的湘子桥,死伤70多人。日机对饶平的轰炸至少15次,其中1943年1月8日投弹60多枚,死伤60多人。此外,日机还对揭阳、潮阳、普宁、惠来等县进行了频繁的轰炸。1939年9月7日轰炸惠来神泉镇,炸死24人。1942年12月31日在揭阳榕城投弹数十枚,炸死34人,伤46人。

惠州、兴梅地区:抗战头三年,日机在惠阳、博罗投弹640多枚。1938年2月9日惠州渡船被日机轰炸,乘客六七十人被炸死;日机在梅县、兴宁、五华、蕉岭、丰顺等县投弹共650多枚;在河源、龙川、紫金、和平、连平等县投弹共700多枚,仅在河源就炸死50人,炸伤34人,毁屋135间。日机还炸毁了龙川大桥,破坏粤东交通。

粤北地区:广州沦陷后,韶关成为广东的临时省会,为

---

① 刘达之:《抗战八年的台山》,3页,1946年6月初版,1987年重印。
② 王琳乾等编:《汕头大事记》,上册,175~176页,汕头市地方志编纂委员会办公室1988年。
③ 《汕头市警察局关于汕头市遭敌机空袭的报告》,1946年2月27日。广东省档案馆全宗号11,目录号1,卷号272。

粤省政治经济文化中心，从此成为日机轰炸的重点。其中韶关（曲江）、乐昌、南雄、英德、翁源、清远、佛冈等粤汉铁路沿线几个县受炸最严重，仅1937—1939年在这几个地方落弹就有8 500枚以上。1943年1月5日，20多架日机轰炸韶关市风度路（闹市区）一带，韶城一片火海。此为该市在空袭中损失最惨重的一次。连地处粤北西北部的连山县，也于1944年10月23日受过日机的袭击。1945年8月中旬日本投降前夕，日机连穷乡僻壤的阳山县境内小北江沿岸的渡口和城镇也不放过，炸沉船只数艘，死伤20多人。①

西江地区：从1938年1月至1943年10月，日机轰炸肇庆市区55次，投弹1 244枚，炸死242人，炸伤597人；轰炸高要县200多次，投弹3 000多枚，炸死1 150人，炸伤1 822人，房屋店铺被毁5 000多间。1939年1月30日，日机在高要一天就投弹230多枚，炸死83人，炸伤269人。日机还频繁轰炸三水、四会等地。其中1940年底轰炸三水芦苞镇，投下了百磅巨型炸弹，造成极其惨重的损失。②

南路和钦廉地区：1938年10月，日机轰炸设于阳江县城的广东省立两阳中学，此后日机常常空袭阳江。1943年秋，日机轰炸阳江下壕，死伤30多人。阳春县城也遭空袭。日机空袭化州达7次之多。1938年9月11日，日军侵占涠洲岛，在该岛修筑飞机场，停泊小型航空母舰，并以此为基地，轰炸雷州半岛和钦廉各地。仅1939年，日机就7次轰

---

① 中共阳山县委党史研究室提供的资料。
② 王玉棠：《九一八事变后粤西地区的反应及抗战末期日军进犯西江的实况》，见《抗日战争与中国历史》，213页，辽宁人民出版社1994年。

炸海康县城。从 1939 年秋至 1944 年夏，日机轰炸廉江安铺共 3 次，炸死 230 多人，毁屋 400 多间。日机还轰炸了灵山、徐闻、合浦、钦县和防城（除徐闻外，今均属广西），其中 1938 年 9 月 13 日在灵山县城投下了 14 枚重型炸弹。

据 1941 年出版的《广东年鉴》统计，从 1937 年 8 月 31 日至 1941 年底，日机袭粤共 19 281 架次，投弹达 33 857 枚，炸死民众 7 153 人，炸伤 11 836 人，毁屋 18 021 座。这个统计有遗漏不确之处，也没有反映 1942 年以后广东被炸的情况，但这些数字足以证明，日机对广东的轰炸是极其残酷的。广东遭受轰炸之县（市）达 76 个以上（未计海南）；遭受轰炸时间长，是全国受日机轰炸最严重的省份之一。

综上所述，日机所轰炸的目标并非军事区域，而是不设防的城市和乡村，没有武装的平民和妇孺，包括学校、医院、庙宇、教堂、红十字会、居民区、商业区、民用工业企业和水陆交通设施等。如 1937 年 10 月 6 日，36 架日机袭击粤北，狂炸广州到武昌的载客火车，致乘客死伤 200 余人。[①] 事实表明：日机对广东的轰炸，严重违反了国际公法，是对和平与人道正义的无耻践踏。[②] 日军这一历史罪行是永远抹杀不了的。

（二）广东军民对日机空袭的抵抗

面对日机的狂轰滥炸，广东军民进行了坚决的抗击，谱写出可歌可泣的一章。

---

① 《中山日报》，1938 年 3 月 29 日。
② 转引自曾庆榴、官丽珍：《侵华战争时期日机轰炸广东罪行述略》，载《抗日战争研究》，1998 年第 1 期。

为了抵御日机的空袭、增强广东防空力量，除了成立前述的广东省航空建设分会外，余汉谋还令第四路军参谋长缪培南兼任广州市警备司令，林时清为参谋长，以加强广州防务。从1937年8月19日起，全省实行警戒及灯火管制。继而，省政府聘请张惠长为省防空协会副会长，专职负责防空工作。

1937年8月31日，6架日机首袭广州。当时广州空军力量十分薄弱，只有1个飞机队，9架美国霍克–3型战斗机。9架中国军机马上起飞迎战，地面高射炮亦猛烈对敌机射击。经过激烈空战，中国空军邓从凯、黄绍濂各击落敌机1架，另有人重伤敌机1架，在东莞又击落敌机1架、击伤2架，焚毙敌军5名，给侵略者当头一击，中国空军没有损失。[①] 捷报传开后，人心大快，广大市民纷纷前往慰劳。广东当局对于击落日机者给予每架1 000元的奖金，并送去大量慰问品。[②] 当日省政府令各地迅速成立救护分会。

9月底，省政府饬令各县政府督促建筑防空壕并派人宣传防空常识。为增强防空力量，11月16日，由余汉谋、吴铁城发起的广东人民购（飞）机委员会成立，并筹设各县分会。省军事当局令各县组织递步哨队。

---

① 《中山日报》，1937年9月1日；黄绍濂：《我参加的对日空战》，见广州市政协文史资料委员会编：《广州抗战纪实》，84页，广东人民出版社1995年。

② 黄绍濂：《我参加的对日空战》，见广州市政协文史资料委员会编：《广州抗战纪实》，84页，广东人民出版社1995年。

9月5日，1架日机飞往汕头侦察，被中国炮火击中负伤逃去。① 次日，日机到汕头投弹，其中1架被我方击中落海。② 同日，中国4架军机在汕头外海炸伤敌航空母舰"能登吕"号。③ 8日，日机两度袭潮汕，2架被击落，1架受重伤。余汉谋嘉奖有功人士。④ 10日，韶关发现2架敌机向市区开机关枪扫射，驻韶关飞机队起飞迎击。13日，广州湾外海日舰被我方飞机击沉。⑤ 15日，我空军飞汕头海面，炸沉敌方巡洋舰1艘，余舰负伤远遁。⑥

9月20日，广州空军刘保生在市郊上空独战5架日机，击毁、击伤敌机各1架，自己受伤降落后被救出。⑦ 23日，3架日机袭击广州，我陆、空军击落日机2架，俘虏敌机师2名。⑧ 28日，我空军击落企图轰炸乐昌、曲江两大铁桥的2架日机，另有1架重伤。⑨ 30日，日机6次袭广州鱼珠等地，我"海周"舰中弹，击毁日机1架。合计9月份共有7架日机在广州地区被击落，日机师伤亡26人。⑩ 10月2日，日机又3次来犯虎门，1架被我方击中败逃。⑪ 7日，我空军共击毁日机4架，我方两分队队长英勇殉国。⑫ 同日，我方在曲江击落日机2架。⑬ 10日，我方击落日机2架。⑭ 15日，我方高射炮击落日机1架。24日，我方飞机在海南岛海面炸

---

①②④⑤《中山日报》，1937年9月6日、7日、9日、11日、21日、24日、29日。

③⑥ 当时没有公布。《中山日报》（梅县版），1938年11月5日。

⑦⑧⑨ 《中山日报》，1937年10月6日、12日。

⑩ 《中山日报》，1937年10月1日。

⑪ 《中山日报》，1937年10月3日、8日、9日、12日。

⑫⑬⑭ 《中山日报》，1937年10月3日、8日、9日、12日、15日。

伤敌航空母舰"龙骧"号。①

在这段时间,驻广州等地的防空部队也取得战绩。1937年冬,我方在沙河击中敌机1架,使之坠落在杨箕村,机毁人亡。1938年春,敌机3架侵袭石龙铁桥,被我方击落1架,另一架受伤后,飞到虎门外,坠入海中。以后,敌机对广州市的侵袭都在高空飞行,不敢低飞。②

11月2日,日军水上飞机两度袭击广九路,被我方击落2架。③ 27日,日机空袭广州市郊,被我方击伤2架。④ 12月3日,12架日机分袭广九路、粤汉路,企图炸毁石龙桥,遭我方击溃。⑤ 12月中旬,日机被我方击毁1架,毙日机师2名,另一架日机被击中重伤失踪。⑥

1938年2月4日,广州近郊空战,我方毁日机3架。⑦ 24日,13架日机犯南雄,我方空军出击予敌以重创,歼4敌机,2架失踪(一说击落6架,一说击落8架),仅余7架南窜出海。⑧ 吴铁城、余汉谋嘉奖有功人员。⑨ 2月份共击落

---

① 《中山日报》,1937年10月3日、8日、9日、12日、25日。
② 《中山日报》(梅县版),1938年11月5日,据10月26日香港报载的路透社汉口电。
③ 陈天量:《抗战初期广州地面防空部队建设和作战》,见广州市人民政府参事室编:《广州八年抗战记》,34页,1987年7月印刷。
④ 《国华报》,1937年11月3日。
⑤ 《越华报》,1937年12月1日。
⑥ 《国华报》,1937年12月4日。
⑦ 《中山日报》,1937年12月16日。
⑧ 《中山日报》,1938年2月5日。
⑨ 《中山日报》,1938年2月25日;《越华报》,1938年2月25日;《中山日报》,1938年3月4日。

敌机12架。① 3月4日报载：德庆一艘柴船上的壮丁队在日机空袭时，用土炮击落日机1架，省府令奖1000元。② 3月初，国民政府中央军委会嘉奖粤防空工作。③

3月，为解决广东国防经费之不足，国民政府批准广东发行国防公债1 500万元。7月初，全省防空司令部成立，余汉谋、吴铁城兼正、副司令，广州市郊积极增建防空壕、室，郊外地洞限一个月内竣工。至9月10日左右，全省购机捐款已达1 000万元。中央也曾先后派人、派飞机到广州筹划加强华南地区防务，将之纳入整个正面战场防御体系，对增强防空力量起了积极作用。④

广东人民还以各种方式揭露声讨日军滥炸的暴行。中山大学、岭南大学、广州大学的教授们于1937年10月15日联名致电欧美文化界，揭露日军滥炸的暴行，请求各国主持正义，严厉制裁侵略者。1938年8月21日，宋庆龄在广州向在美国纽约召开的世界青年大会发表广播演说，愤怒谴责日军对广州的野蛮轰炸。⑤

1938年4月2日，我方空军击伤日机3架。⑥ 7日，梅

---

① 《越华报》，1938年2月26日，3月2日。
② 广东省立中山图书馆编纂：《民国广东大事记》，582页，羊城晚报出版社2002年。
③ 《越华报》，1938年3月2日、3日。
④ 参见沙东迅：《民国时期广东党政军当局对抗日的态度及其应变措施》，载广东省方志办编印：《广东史志》，1999年第1期。
⑤ 张洁：《七七事变后的广州》，见广州市人民政府参事室编：《广州八年抗战记》，20页，1987年7月印刷。
⑥ 《越华报》，1938年4月3日。

县方面，击落日机2架。① 13日，36架日机又袭击广州等地，中国空军和苏联空军志愿队共18架飞机迎战，击落敌机7架，我方亦被毁3架。② 中旬，省政府致电粤空军祝捷。③ 22日，广东省各界追悼空军阵亡烈士（10名）。④

在日机夜袭广州时，被日本驻广州领事馆收买的一些汉奸放火箭为日机指示目标，经周密侦察，广东宪兵司令部逮捕汉奸多人，最后将罪大恶极者处决。⑤

截至1938年5月，驻粤空军击落及损坏的日机已有五六十架之多。⑥ 1938年5月11日，我空军派出机队4批，先后赴沿海搜索敌踪，炸毁2艘敌艇、击落3架敌机。⑦ 6月3日，我空军击落日机1架。⑧ 16日，粤北空战中，取得重大战果，击落日轰炸机5架，击伤4架。⑨

同年夏天，数十架日机轰炸广州，中国空军在广州东北上空击落日机2架，追击到粤北时又击落日机1架，并击伤日机多架，重创敌人。我方损失战机2架，被创2架。⑩

8月22日，日机四度侵扰广东各地，1架在增城新塘被我方击落。8月31日、9月10日、9月27日、12月7日，我空军在粤北韶关、乐昌、南雄等地区空域与敌机搏斗，共

---

① 《中山日报》，1938年4月8日。
② 《中山日报》，1938年4月14日。
③④ 《国华报》，1938年4月14日、16日。
⑤ 《国华报》、《中山日报》，1938年4月23日。
⑥⑦ 冯湛泉：《日机空袭广州目击记》，见广州市政协文史资料委员会编：《广州抗战纪实》，81～82页，广东人民出版社1995年。
⑧ 《越华报》、《中山日报》，1938年6月23日。
⑨ 《中山日报》、《国华报》，1938年6月17日。
⑩ 《国华报》，1938年6月17日。

歼敌机 20 余架，创空前未有之战绩。空军战士陈其伟（原已有脚伤）在韶关上空单独与敌 3 机缠斗，卒将敌机 2 架击毁，最后阵亡殉国。① 9 月 9 日，日机两度犯粤，我机在瑶台、虎门击伤日机两架。②

综上诸役，中国英勇牺牲者有空军大队长吴汝鎏及黄元波、梁国朋、陈顺南、关万祝、吴伯钧、李嘉鸣、谭天让、陈其伟等，受伤者更多。广东空军在抗战初期，创造了许多可歌可泣的战绩。③ 他们的英勇抗敌精神和牺牲精神将永载史册。但由于敌我力量对比悬殊，我方多处于挨打的劣势地位。

二、日军侵扰广东沿海地区与沿海军民的反击

（一）日军侵扰粤海，广东军民卫海保家

在广惠战役爆发前，日军已不断侵犯骚扰广东沿海地区。

广东濒临南海，海岸线长、岛屿众多，物产丰富，地理位置重要，日军早已觊觎甚久。当时中国缺乏海军，海防空虚。日军不仅从空中侵袭广东，而且还依仗其海军对中国海军的绝对优势，对广东的沿海地区进行了猖狂的侵扰，企图截断广东与香港及国外的联系，由此给沿海人民造成很大的

---

① 《中山日报》，1938 年 8 月 23 日。
② 《国华报》，1938 年 9 月 10 日。
③ 陈晋：《回忆抗日空战中广州粤北诸役》，见广州市人民政府参事室编：《广州八年抗战记》，108~109 页，1987 年 7 月印刷。

祸害，因而激起了广东沿海军民的强烈反抗。

"七七"事变后，日军虽尚未对广东沿海地区采取公开的进犯行动，但在汕头、东江均有日舰活动。省府即令驻军严密防范，并通知广州沙面各国领事馆，3艘以上外舰不得擅自进港。①

上海"八一三"事件爆发后，1937年8月25日，日本蛮横地宣布从当晚起封锁扬子江至汕头的海面，所有中国船只均一律没收。② 28日，余汉谋令部队严密警戒厦门、汕头迄广东之全部海岸线，并授予李汉魂以岭东防卫指挥之全权。③从9月初起，粤省轮船被迫中止出海，潮汕线全部停航。④

上海沦陷后，日军对中国南大门虎视眈眈，日舰经常开至珠江口开炮轰击，日机轰炸更为频繁，敌人掌握着制空、制海权，随时都有登陆的可能。当时广东海防兵力严重不足，只有千吨以下的大小舰艇20余艘，江防部队官兵千名左右。面对强敌，时任粤桂江防司令部少将司令的黄文田当机立断，全力设防和布雷封锁江河要道，把废旧舰艇和折价征用的大量民船沉放堵塞虎门至黄埔的航道，并在广西柳州设立雷械修造所，通过香港向外国购买TNT炸药，在短短的一年内自制水雷2000多个，还募集离职海军士兵归队组成

---

①③ 广东省立中山图书馆编纂：《民国广东大事记》，556页、560页，羊城晚报出版社2002年。

② 中国第二历史档案馆编：《抗日战争正面战场》，上册，268页，江苏古籍出版社1984年。

④ 《中山日报》，1937年9月8日。

11个水雷组,与原有的3支水雷中队一道,完成了多处江口的布雷任务。①

9月5日,粤海关缉私艇在香港外海被日军击沉1艘,俘去1艘,洋人被释放,华人被掳去。同日,日海军第二、三舰队司令宣布封锁从秦皇岛到北海(当时属广东,现属广西)的中国海岸线。日海空军袭击虎门。我军封锁珠江口,禁船只外海航行。6日,香港界域以外、属中国政府管辖的东河岛上的电台及瞭望哨被日海军强占。日海军炮击香港附近宝安县之赤湾,我军予以反击。此后日舰"常川"号活动于珠江口和香港邻近之海面。日军占领伶仃岛,大铲海关70余名工作人员被掳去。② 9日,日军海、空两路夹击汕头、潮安,战斗激烈。13日,日舰炮击后,日本海军陆战队在大鹏湾登陆骚扰。③ 14日,我方"海周"、"肇和"两舰在虎门外大角炮台与由舢板洲开来的3艘日战斗舰发生海战。"海周"舰官兵同仇敌忾,向日舰狠狠回击。"肇和"舰舰长方念祖贪生怕死,不敢抵抗(后被判处枪决)。"海周"舰被击中,死6人,伤多人。我方派飞机赶来助战,日舰逃

---

① 广东省立中山图书馆、珠海市政协编:《广东近现代人物辞典》,443页,广东科技出版社1992年;陈予欢编著:《民国广东将领志》,374页,广州出版社1994年;卜松竹:《黄文田:从武状元之后到海军名将》,载《广州日报》,2014年5月10日

② 广东省立中山图书馆编纂:《民国广东大事记》,561页,羊城晚报出版社2002年;《国华报》,1937年9月7日。

③ 《国华报》,1937年10月6日;广东省立中山图书馆编纂:《民国广东大事记》,562页,羊城晚报出版社2002年;黄里:《广东抗日第一次海战中的"海周舰"》,见广州市人民政府参事室编:《广州八年抗战记》,23页,1987年7月印刷。

去，途中有 1 艘被虎门炮台击沉，2 艘受伤。"海周"号被拖回广州新洲尾停靠，后被日机炸沉。① 15 日，我空军两次空袭汕头妈屿口海面日舰，伤其 1 舰。② 20 日，广州湾（现称湛江）硇州岛 4 艘渔船在澳门附近海面遇到日巡洋舰追打，我渔船被迫开枪自卫抵抗，结果全被日舰击沉，数十渔民全部罹难。同日，番禺三乡村被敌机轰炸，死伤数百人。③ 25 日，敌机犯虎门，我机应战击毁敌机。④ 27 日，敌海空军再犯虎门，1 艘敌舰被我方击伤逃外港。国际联盟通过谴责日本议案后，28 日，敌机又 4 次袭粤，飞袭虎门、黄埔、长洲、鱼珠各地，轰炸"肇和"、"海周"、"海虎"、"坚如"舰。⑤ 29 日，敌机四度袭驻虎门、黄埔各舰，其中 1 架受伤逃遁。30 日，敌机六度袭鱼珠，发生海空大战，"海周"舰中弹，4 名水兵受伤，我方击毁敌机 1 架，使其坠于大石乡。⑥ 9 月份，日海、空军进犯海口市 3 次，但均未得逞。沿海渔民组织自卫队。⑦ 从 9 月 30 日起，我方暂行封锁虎门，禁止船舶往来。日军为切断广州—香港运输线，疯狂空

---

① 广东省立中山图书馆编纂：《民国广东大事记》，562 页，羊城晚报出版社 2002 年；黄里：《广东抗日第一次海战中的"海周舰"》，见广州市人民政府参事室编：《广州八年抗战记》，23 页，1987 年 7 月印刷；《国华报》，1937 年 9 月 15 日。

② 广东省立中山图书馆编纂：《民国广东大事记》，537 页、556 页、562 页、566 页、569 页、571 页、572 页，羊城晚报出版社 2002 年。

③ 《中山日报》，1937 年 10 月 4 日。

④ 《国华报》，1937 年 9 月 26 日。

⑤ 《国华报》，1937 年 9 月 29 日。

⑥ 《中山日报》，1937 年 10 月 1 日；《国华报》，1937 年 10 月 1 日。

⑦ 蒋纬国主编：《国民革命战史》第三部，见《御侮抗日》，第 4 卷，台湾黎明文化事业公司 1978 年。

袭黄埔、鱼珠、番禺、顺德等地，炸死数百人。我方击落日机1架。

10月1日起，广东封锁虎门、横门、崖门等。省港航轮暂停，以避免日本军舰袭扰。2日，敌机又三度犯虎门，我方飞机迎击，1架敌机被击中败逃。一批日机轰炸了南路水东、梅菉。3日，日军在中山县荷包岛及台山县广海登陆，被我方击退。4日，6艘日舰占领澳门对岸我方管辖之横琴岛，并开辟机场。10日，因第六十四军李汉魂部守土（主要在粤东沿海地区）有方，被当局嘉奖，给予奖金一万元。同日，日军占领了中山县荷包岛；海南崖县、文昌海面日舰击沉我方渔船20余艘，致使100余人死亡，粮食尽被抢去。中山县渔民亦有被日军杀害者。近1个月内，日军焚烧及击沉广东渔船200余艘，渔民死5 000人以上，致使停靠在香港的我方渔船6 000艘不能出海作业，失业渔民达4万人之多。① 10月15日，日舰队犯赤溪县（现属台山），被我军奋勇击退。同日，敌机炸伤"坚如"舰。② 18日，日军在北海登陆被击退。③ 21日8时起，敌舰用小艇满载敌兵驶进合浦县涠洲港口，企图登陆，但被我方防守警兵及壮丁击退。敌舰水机2架起飞，向商铺袭击，共

---

① 《中山日报》，1937年10月3日、10日；广东省立中山图书馆编纂：《民国广东大事记》，563~565页，羊城晚报出版社2002年；《国华报》，1937年10月2日。

② 《国华报》，1937年10月16日。

③ 广东省立中山图书馆编纂：《民国广东大事记》，556页，羊城晚报出版社2002年。

开 16 炮，我方总计损失 5 000 余元。① 10 月下旬，沿海各县奉令组织海岸纠察队，严缉奸宄接济敌人。② 日舰迭向渔民肆虐，渔民纷纷要求杀敌报仇。10 月份，日舰再犯虎门要塞，我方将受重伤的"海周"舰的新炮拆装到虎门要塞，加以伪装。当敌舰至近距离时，我军发炮，击中敌舰，使其负伤狼狈逃去。③

11 月 13 日，又有 2 艘日舰驶近南澳，并派小汽艇驶近岸边拍摄地形，被我军击退。④ 中旬，日军侵占斗门、三灶、澳门三地附近的高澜岛。因入侵华南日军物资缺乏，其军舰在我国沿海到处抢粮，搜掠金属等军用物资，并套购汽油。⑤ 下旬，海丰马宫计歼敌艇。⑥ 23 日，敌舰企图进犯斗门被我军击退。⑦ 26 日，上川岛保安队、壮丁与日军展开激战。⑧ 28 日，日军又占领台山上川、企头沙等岛及中山县三灶岛并抢掠物资，上川岛保安队顽强抵抗。⑨ 11 月底，日军扩大封锁我沿海，驻有敌舰共 30 艘。⑩

12 月初，日军又强占北海的斜阳岛（现属广西）。⑪ 12

---

①④⑦　《越华报》，1937 年 11 月 1 日、14 日、25 日。

②　《中山日报》，1937 年 10 月 25 日。

③　马廷伟：《抗战初期的第一次海战亲历记》，广州市人民政府参事室编：《广州八年抗战记》，21 页，1987 年 7 月印刷。

⑤　广东省立中山图书馆编纂：《民国广东大事记》，556 页、560 页，羊城晚报出版社 2002 年。

⑥　《中山日报》，1937 年 10 月 16 日、11 月 24 日。

⑧　《越华报》，1937 年 12 月 29 日。

⑨⑩　《中山日报》，1937 年 11 月 29 日、30 日。

⑪　《中山日报》，1937 年 12 月 2 日。

月1—2日，我军痛击进犯上川岛的日军。① 2日，日军在台山各孤岛扩大肆虐，并在赤溪登陆，占据三象岛。② 上旬，上川岛守兵抗敌壮烈牺牲。③ 12月初，中山二浪、三浪岛被日军盘踞，日水兵奸淫掳掠，居民纷纷逃避。④ 3日，我军增援上川岛，收复枫香塘。⑤ 4日，暴敌毒杀上川岛壮丁，惨死者不下200余人。⑥ 5日，我军在上川岛反攻，再克东北坑。我军又据险抗击登陆暴敌。⑦ 6日，我方渔船在台山海边与敌激战。⑧ 7日，日军在上川岛纵火反致自焚；上川岛失陷。⑨ 8日，敌犯下川岛，我方保安队仍据险抗战。⑩ 9日，日军3次企图在下川登陆而未得逞。⑪ 10日，敌舰炮轰下川岛，利用火箭焚山林，掳劫小孩运往台湾。⑫ 12日，日本水兵撤出上川岛。⑬ 同日，多艘日舰泊于北海、涠洲岛、上下川岛、三灶岛，日军已增兵至数千人。⑭ 日海、空军犯下川岛，企图在北风湾登陆，卒被我方警队击退。⑮ 14日，日

---

①⑦ 《越华报》，1937年12月4日、6日、7日。

② 《中山日报》，1937年12月3日；广东省立中山图书馆编纂：《民国广东大事记》，570页，羊城晚报出版社2002年。

③④⑤ 《中山日报》，1937年12月5日、6日、7日。

⑥ 《中山日报》，1937年12月5日。

⑧⑩⑪⑫ 《国华报》，1937年12月9日、16日、22日。

⑨ 《越华报》，1937年12月8日。

⑬ 广东省立中山图书馆编纂：《民国广东大事记》，569页，羊城晚报出版社2002年版；《中山日报》，1937年11月29日。

⑭ 广东省立中山图书馆编纂：《民国广东大事记》，556页、560页，羊城晚报出版社2002年。

⑮ 《中山日报》，1937年12月13日、15日、16日、22日、24日、25日。

海、空军大举进犯下川岛，企图登陆而未得逞；日船舰断我交通。① 敌机狂炸台山县城，造成惨剧。② 22日，日军犯下川岛又失败。我方壮丁据险坚守，混战数小时，敌终不获逞。③ 日军还在中山、台山海岛掳去大量幼童运往台湾。④23日，上川岛敌军四出劫掠。敌放弃中山县三灶岛。⑤24日，敌放弃中山县各小岛。⑥26日深夜，在上川岛退避大山深林之壮丁、警察痛击占据上川岛的日军。28日，上川岛、三灶岛日军次第撤退。⑦

为了加强全省，特别是沿海的自卫防御工作，27日，省党政军联席会议决定组织各县、市联乡自卫，请陈铭枢、蒋光鼐等负责领导。又将沿海划为7个联防自卫区，其余各县划为12个普通区，统限于1938年1月1日成立。⑧ 至1937年底，日军先后占领了东沙、伶仃、高澜、三灶、上下川、横琴等岛，敌舰昼夜在沿海侵扰。

1938年1月9日，惠阳渔民痛歼日本武装渔船。⑨ 1月14日，敌犯海南文昌被我守军击退。⑩ 17日，广东省民众自卫团统率委员会成立并宣誓，主任为余汉谋，副主任为吴铁

---

① ④ ⑤ ⑥ 《中山日报》，1937年12月13日、15日、16日、22日、24日、25日。

② 《国华报》，1937年12月22日。

③ 《越华报》，1937年12月3日、4日、5日、6日、7日、10日、23日、29日。

⑦ 《中山日报》，1937年12月29日。

⑧ 广东省立中山图书馆编纂：《民国广东大事记》，556页、560页，羊城晚报出版社2002年。

⑨ 《越华报》，1938年1月11日。

⑩ 《越华报》，1938年1月17日。

城、香翰屏。在沿海地区设立14个自卫区，区设主任。① 19日，日水兵企图在海南榆林港登陆，当地守军还击，毙敌80余人，击沉敌电船、民船数艘。至21日晨，3艘敌舰相率遁去。② 中旬，日军占西沙群岛，修筑飞机指示灯塔。25日，日舰炮击宝安县西乡，并企图登陆宝安未逞。敌水兵窥固戍乡海岸，偷测地形，结果被我方击毙10余名，后不得不溃退。③

2月1日，虎门要塞守军击退来袭2艘日舰。④ 4日，6艘日舰炮轰虎门、宝安，两度袭虎门均被我守军击退。同时，日军企图向宝安登陆亦未得逞。⑤ 同日，日海、空军两度进犯潮汕未得逞，国民政府防军表示与汕头共存亡。⑥ 5日，日3艘军舰进攻虎门、宝安败退。敌装甲渔船1艘沉没，船内敌水兵10余人溺毙。⑦ 6日，日舰再袭虎门、宝安未得逞，犯唐家湾被我方击退，崖口及淇澳岛亦被扰，各路敌水兵均有死伤。⑧敌第十一舰队司令大熊少将因进犯沿海失败，甚为羞愤，6日，特由金门岛乘旗舰抵粤海，召集各舰长指示侵略机宜及亲自策划，是日敌舰再次大举向虎门进

---

① 广东省立中山图书馆编纂：《民国广东大事记》，577页，羊城晚报出版社2002年。

② 《中山日报》，1938年1月20日、21日、25日；《越华报》，1938年1月22日。

③ 《中山日报》，1938年1月26日；广东省立中山图书馆编纂：《民国广东大事记》，578页，羊城晚报出版社2002年。

④⑤⑥⑧ 《中山日报》，1938年2月2日、5日、7日、8日。

⑦ 《中山日报》，1938年2月6日；广东省立中山图书馆编纂：《民国广东大事记》，579页，羊城晚报出版社2002年。

袭，但仍遭惨败。① 2月11日报载：惠阳属渔船失踪150余艘，渔民死亡300余人。② 14日，日海、空军犯虎门，负创溃退。③ 17—18日，敌企图扰赤溪被击溃。④ 20日，敌舰犯虎门，我守军迎击，3艘敌舰负伤溃逃，敌23号驱逐舰倾侧入水。⑤ 22日，日海、空军联合进攻虎门要塞，被击退。23日，日军再犯虎门亦未得逞。⑥ 28日，日海军再次占领中山县高澜岛。⑦ 2月，日兵残酷蹂躏三灶岛，又辟该岛为临时机场。⑧

3月3日，1艘日驱逐舰炮击虎门要塞，我方还击，日舰退去。日军洗劫中山县高澜岛渔民。5日和7日，日机两次袭击海口市及秀英炮台。6日，日机轰炸虎门、下横档。⑨ 13日报载：本省较大海岛屿共20余个，被敌占去10余个。⑩ 13日，三灶岛民奋起杀敌，击毙敌陆战队数人后，该岛壮丁游击队随即安全退出。⑪ 18日，三灶岛壮丁突袭日军，19日晚，袭敌机场。⑫ 至3月25日止，三灶岛民毙伤敌共200余名。⑬ 20日夜里，中山县荷包岛民击伤敌20余人。⑭ 21日，日军两艘航空母舰"龙骧"号、"能登吕"号

---

①③④ 《越华报》，1938年2月8日、15日、19日。
② 《中山日报》，1938年2月11日。
⑤ 《中山日报》，1938年2月21日。
⑥ 《中山日报》，1938年2月23日；《越华报》，1938年2月24日。
⑦⑨ 广东省立中山图书馆编纂：《民国广东大事记》，581页，羊城晚报出版社2002年。
⑧ 《中山日报》，1938年3月2日。
⑩⑪ 《越华报》，1938年3月13日、15日。
⑫ 《越华报》，1938年3月20日、22日。
⑬⑭ 《越华报》，1938年3月26日、25日。

停泊于中山县唐家湾及崖门,作为轰炸广东的海上基地。是日及次日,日舰炮轰宝安西乡。大约25日,日军在三灶岛强征壮丁,有13名被强征者在行进中夺枪杀敌,毙日兵7人。日军援兵到,13志士殉国。27日,日海、空军300人袭击中山县乾雾圩。我壮丁队起而抵抗,最后全部殉国,日军竟血洗该岛。同日,中山县壮丁联合毙伤三灶岛敌兵几十人。① 28日,停泊九洲洋的日舰洗劫由香港开往澳门途中的盐船,抢去食盐10余万斤。②

4月1日晨,1艘敌舰扰中山,搁浅自困遭我方痛击。③ 2日、4日、5日,敌屡犯大亚湾惨败,传敌增派航空母舰来粤。④ 6日,敌舰陆战队犯唐家湾后环,我防军迎头痛击,敌卒溃逃,移时由铜鼓角进扰亦未得逞。⑤ 4月上旬,日舰滋扰沿海要区均失败。⑥ 4月初,余汉谋总司令嘉奖电白征兵杀敌战绩。⑦ 同时,为了抵抗日军的侵扰,广东90余县积极组编自卫团,已有民械六七十万枝(一说80万枝)。⑧ 台山民众武力组织成绩冠全国。⑨ 10日,中山县大、小琳岛壮丁队30人(一说57人)夜袭三灶岛敌营,毙伤敌三四十人,我方死2人、伤4人(一说伤1人)。壮丁队平安退往大、小淋岛。后

---

①② 广东省立中山图书馆编纂:《民国广东大事记》,583页,羊城晚报出版社2002年,《国华报》,1938年4月1日。

③⑨ 《国华报》,1938年4月2、11日。

④⑤⑦ 《中山日报》,1938年4月5日、7日、8日、30日。

⑥ 《国华报》,1938年5月19日。

⑧ 《中山日报》,1938年4月7日、18日。

省主席吴铁城赏给全队1 000元,死者100元,伤者50元。①中山、赤溪等及沿海壮丁,集中准备与日军拼命者数千人,常组敢死队袭击占我孤岛之日兵。14日夜,我壮丁队又袭击荷包岛敌机,击毙守兵10多人,当即炸毁日机3架。② 23日,中山县烈女张秋霞为报祖父仇,化装挺入敌营,以白刃、炸药对敌,旋自杀,民众闻风奋励。③ 4月某日,从江门到澳门的客轮"胜利"号在航行途中被日舰击沉,死伤100余人。敌在大铲岛秘密筑成炮垒,迫我壮丁600余名服劳役后即予枪杀。日又增兵三灶岛并掳去男童20余名。④

5月6日,日军犯中山企人石,登陆后被守军击溃,敌死伤堕水者数十人,但民房多被敌轰毁。⑤ 同日,日舰炮轰海丰牛尾山,又在汕尾掳我渔船4艘。8日,日军侵犯大亚湾东涌被击退。9日,3艘日军舰炮轰虎门50余发。10日,4艘日舰侵犯宝安西乡及虎门。11日,中、苏联合机队出击万山群岛,炸毁三灶岛、荷包岛上的日军机场,击沉1艘日军舰;空战中,在中山莲石湾上空击落日机2架,又伤其2艘军舰。12日,中山县鸡头角大茅岛两船渔民与日舰遭遇发生战斗,打死日兵数名,渔民全部殉国。14日,日军侵占中山县文湾岛。15日,赤溪至石岐的"利民"渡被日军舰艇炮击沉没,死数

---

① 广东省立中山图书馆编纂:《民国广东大事记》,585页,羊城晚报出版社2002年;《中山日报》,1938年4月27日;《国华报》,1938年4月13日。
② 《中山日报》、《国华报》,1938年4月17日。
③ 《中山日报》,1938年4月30日。
④⑤ 《中山日报》,1938年5月2日、7日。

十人。① 12—13日,我方续派飞机出海扫敌。② 14日,日舰、日机联合炮轰海丰马宫港。16日,日舰犯潮阳海门湾,又炮轰马宫、麒麟沙、中山糖厂。③ 16日晚,台山渔船击沉敌船、击伤敌舰、敌艇各1艘。④ 17日,日军犯新会崖门、阳江海陵、中山鹤洲均失败。⑤ 同日,日舰炮轰荷包岛及大、小淋岛;在中山乾雾乡大冲口炸沉行驶江门—南水的"泰源"渡。⑥沿海各岛民众自动武装起来抗战,16~45岁壮丁均参加。⑦ 20日,三灶岛民毙敌队长喜田及兵士10余名。⑧ 24日讯:上川岛被日军洗劫。同日,我壮丁队在中山县鸡啼门打沉来犯之日艇。⑨ 24—30日,汕头举行"保卫潮汕运动宣传周"⑩。25日,日军企图在马宫港登陆,被守军击退。⑪ 28—29日,日舰犯虎门遭痛击溃退。⑫

6月初,日军扰台山县广海被守军击退。⑬ 从6月起,日机、舰大举骚扰潮汕各地,又多次侵扰海口。2日及4日,日军两次在赤溪登陆,为我壮丁队、保安队击退。⑭ 4日,

---

① 广东省立中山图书馆编纂:《民国广东大事记》,589页,羊城晚报出版社2002年。

②⑫ 《越华报》,1938年5月15日、30日。

③⑥ 广东省立中山图书馆编纂:《民国广东大事记》,586页,羊城晚报出版社2002年。

④⑧⑩ 《国华报》,1938年5月19日、23日、27日。

⑤ 《越华报》,1938年5月19日。

⑦⑨ 《中山日报》,1938年5月18日。

⑪ 《越华报》,1938年5月26日。

⑬ 《国华报》,1938年6月6日。

⑭ 广东省立中山图书馆编纂:《民国广东大事记》,591页、593页,羊城晚报出版社2002年。

敌舰在海南岛附近袭击中国渔船，并做登陆试探。① 10 日，日军在阳江登陆未得逞。② 13 日，日军侵犯台山、阳江、惠阳均不逞。③ 据 15 日报章报道，近日我方七八艘货船在台山三峡口与日汽船遭遇，日军开炮，我方反击，日军将货船劫去，我方渔民跳水逃脱上岸。15 日，在大亚湾的 5 艘飘浮渔船上，发现被日军杀害的渔民死尸多具。16 日，我方渔船与日舰在琼州海峡海角嘴发生战斗，我方 1 船沉没，渔民 3 人遇难。④ 同日，阳江县海陵岛渔民击沉敌艇 1 艘，渔民死 2 人、伤 5 人，船受轻伤。⑤ 17 日，海口白沙敌我激战。⑥ 18 日，日军犯海康、徐闻未得逞。⑦ 19 日，日海、空军联合轰击海南岛西北海岸要塞；日巡洋舰 3 艘轰击潮阳海门尖山。同日，日军又登陆徐闻，被我壮丁队击退。日军还攻打我秀英炮台。日军在琼崖新盈港登陆未得逞。⑧

6 月 21 日至 8 月，进行了广惠战役之前最大的一战——南澳之战（详见后文）。此后，日军进攻华南的行动，便一步一步紧迫起来。6 月 21 日，日军袭扰北海市冠头岭外海，毁民船 21 艘，杀死 50 余人。⑨ 23 日，北海守军击退侵犯博

---

① 龚辉主编：《中国抗战画史》，香港欧亚文化事业公司 1969 年。
② 《越华报》，1938 年 6 月 12 日。
③ 《越华报》，1938 年 6 月 15 日。
④⑧ 广东省立中山图书馆编纂：《民国广东大事记》，591 页、593 页，羊城晚报出版社 2002 年。
⑤⑥ 《国华报》，1938 年 6 月 22 日、26 日。
⑦ 《中山日报》，1938 年 6 月 19 日；《国华报》，1938 年 6 月 21 日。
⑨ 广东省立中山图书馆编纂：《民国广东大事记》，593 页，羊城晚报出版社 2002 年。

迈日寇。① 24 日，18 艘日舰进攻海南岛，日水兵企图在海口市登陆，被击退。同日，日军犯澄海南港之大莱芜岛、乳尖山岛，发生激战。② 25 日，日军在汕尾马鬃海面登陆，被击退，次日，又企图在牛尾山登陆，未得逞。③ 日军扰合浦白龙，被我女壮丁击退。④ 30 日，大亚湾壮丁队击退登陆之敌。⑤ 6 月总计，日舰焚毁我民船达 300 余艘，屠杀渔民 200 余人。⑥

7 月 1—2 日，日舰、日机连续两日进犯潮汕，日舰炮轰汕头妈屿与澄海南港。日机轰炸潮汕铁路，潮安、汕头市区，在崎碌旧机场炸死美侨 2 人，致平民 500 余人伤亡，毁民房 40 间。⑦ 3—4 日，日军企图在阳江东平港登陆，被我军民迎头痛击。⑧ 3 日，日军企图在阳江溪头乡马村登陆失败。同日，日机又轰炸宝安、南头。4 日，日舰炮击阳江县沙扒、上洋；日军登陆澄海北港一荒岛。13 日，日舰炮轰汕尾香炉山、饶平柘林及澄海之南、北港。15 日，日舰袭扰海南陵水三亚湾。18 日，日军侵占西沙群岛之林岛；日军炮击海南文昌铺前港，死伤渔民多人。19 日，日舰炮击惠来；中山县渔船亦被轰击，造成伤亡。22 日，日海、

---

① 《越华报》，1938 年 6 月 24 日。
② 《中山日报》，1938 年 6 月 25 日；广东省立中山图书馆编纂：《民国广东大事记》，593 页，羊城晚报出版社 2002 年；《国华报》，1938 年 6 月 26 日。
③ 广东省立中山图书馆编纂：《民国广东大事记》，593 页，羊城晚报出版社 2002 年；《中山日报》，1938 年 6 月 26 日。
④ 《中山日报》，1938 年 6 月 28 日、30 日。
⑤⑥⑧《中山日报》，1938 年 7 月 4 日、5 日、14 日。
⑦ 广东省立中山图书馆编纂：《国民广东大事记》，594 页，羊城晚报出版社 2002 年；《中山日报》，1938 年 7 月 3 日。

空军扰南澳，毁房百余栋。26日，日军进犯陆丰湖东港未得逞。28日，日军进犯中山唐家后环未得逞。

8月1日，日舰在陆丰碣石击沉我渔船6艘，渔民40多人死亡；日军进犯饶平柘林，其船艇2艘被我击沉，死多人。① 2日，停泊在阳江海面的敌舰炮轰沙扒，被我方击退。② 5日，日舰轰击澄海沙洲、惠来神泉、饶平柘林、南澳及北海。10日，日舰袭击饶平大澳。12日，日舰炮击海口秀英炮台。同日，惠阳港口4艘渔船在赤湾尾海面，用土炮打沉日船1只，日军溺死10余人。14日，日舰进犯台山广海，我方击毙日军数人。15日，日舰袭击南澳猎屿与水东县放溪。16日，电白"马记洪"货船行至阳江沙扒，遭遇日舰袭击，奋勇抵抗，毙敌20余人，我船员均壮烈殉难。21日，日军再占领中山县高澜岛，又轰击饶平海山、宝安西乡、惠阳小漠港小学及澄海。25日，日舰6艘、水兵100余人3次登陆中山道生围，我方伤其1艇，打死打伤敌30余名。30日，日舰艇企图登陆中山县淇澳的小瓜岛时搁浅，日军下艇推舟，我军乘机开枪，击伤其船艇6艘，打死日兵20余人。③

9月1日，日舰炮击潮阳海渡门、饶平大澳、柘林涌以及香洲。3日，日舰犯饶平侣洲，我军还击，日军死伤10余人。同日，日军又再犯中山道生围。5日，日舰袭击饶平柘

---

①③ 以上见广东省立中山图书馆编纂：《民国广东大事记》，595~600页，羊城晚报出版社2002年；《中山日报》，1938年8月16日、18日。

② 《中山日报》，1938年8月10日。

林下涌、阳江三镬岛、惠阳三门关,并掳去渔民 10 多人;强占中山三角洲、电白莲头岛及饶平柘林大澳、万山岛、东澳岛,以及虎门、中山淇澳、宝安西乡。7 日,日舰炮轰海丰竹仔澳、饶平晋山,在晋山交火中,日军伤亡多人。中山三角洲、青洲、大碌、小碌亦被炮轰。①

9 月 7 日,日本大本营御前会议决定在攻占武汉的同时攻占广州。之后,日军以优势的海军封锁中国沿海地区,进行侦察、骚扰和炮击,企图截断广州与香港的联系。省江防司令部将各航道堵塞,并敷布水雷封锁,还派出舰艇分赴各地警戒,准备还击。9 日,日水兵在中山白藤岛登陆,被我方击毙 20 余人。同日,日舰又在阳江闸坡洗劫我方渔民财物,但登陆未得逞。10 日,宝安沙井捕蚝船在赤湾遭遇日舰艇,遂设计诱敌进入我方火力圈,我方军民开火,打死日水兵 8 名。② 13 日,日海军强占了我北部湾的涠洲岛和斜阳岛。同日,日舰轰击大鹏湾。14 日,4 艘日舰攻击虎门炮台,激战 48 分钟,守军击沉日舰 1 艘,余舰仓皇遁去。此后,日军改用飞机向中国各舰艇轰炸,炸沉舰艇多艘。我军先后在三灶岛、横门、珠江口等处布雷或用漂雷袭日舰,炸沉敌舰艇多艘。③ 15 日,日舰进犯中山企人石,被击退。16 日,日舰进犯台山赤湾、宝安东塱,我方反击,歼敌 10 余人。19 日,省民众自卫团统率委员会嘉奖台山赤湾自卫团。

---

① 广东省立中山图书馆编纂:《民国广东大事记》,601~603 页,羊城晚报出版社 2002 年。

②③ 蒋纬国主编:《国民革命战史》第三部,见《御侮抗日》,第 4 卷,台湾黎明文化事业公司 1978 年。

该团在烽火角击退登陆日兵,歼敌数十人。① 日军在全面进攻广东之前,已经占领了南澳、三灶、涠洲等岛,并在三灶、涠洲岛建立空军站(飞机场),作为骚扰两广的根据地。② 27日,日舰在陆丰碣石镇乌坭村洗劫"荣利"号渔船、"恒昌"号货船,我方20多名渔民被掳去,下落不明。28日,日军向海南增派军舰,军委会令余汉谋加强防卫,又召广州行营参谋长程泽润北上面授机宜。③

10月初,3艘日舰骚扰大鹏湾。11日晨,敌扰海南三亚湾,企图夺取粮水,被我乡民壮丁联合出击,与敌战1小时,卒将敌兵数名击毙,敌舰始仓皇逃去。该日下午,大铲关敌舰突增,但报上仍认为"不外(是)一种虚张声势"的"惯技",认为"拜亚士湾(即大亚湾)安谧如常"。广东绥靖公署11日也电告:"华南敌舰无异动,传敌军集中图登陆不确。"④ 而真实的情况是,日军早有预谋地秘密调动大量的舰艇船只集中于大亚湾,准备向广东发动蓄谋已久的、全面的、大规模的进攻了。

广州沦陷后,广东海军江防舰队退守西江,司令部设在广西梧州。日军沿广三铁路推进,占领了三水、河口等地并开始高筑炮垒。1938年10月26日,江防司令黄文田果断率领六舰,乘敌人脚跟尚未站稳之际向其猛攻,与驻扎于思源窖、马口山上的日军展开了长达两个小时的激烈炮战,摧毁

---

①③ 广东省立中山图书馆编纂:《民国广东大事记》,591~593页、601~603页,羊城晚报出版社2002年。
② 《中山日报》,1938年9月19日。
④ 《国华报》,1938年10月12日。

敌军炮垒4座。当各舰正冲击金利马口岗时，日军的岸上炮台突然猛烈向舰队发炮，同时派出飞机对舰队进行轰炸，担任旗舰的"执信"舰不幸被敌炮击中，毁沉江底，兵员死伤逾半，舰长李锡熙受重伤后殉国，其他舰艇也有损伤。由于力量悬殊，黄文田遂命令撤退。1939年10月，黄文田在肇庆桃溪村召开阵亡将士追悼大会，由水雷队队长黄韬负责修建"海军马口抗日阵亡将士纪念碑"，全体官兵捐资、施工，1940年5月建成。纪念碑至今仍矗立江滨，为肇庆唯一留存至今的海军抗战纪念碑。马口战斗结束后数日内，日军飞机对西江各舰实施轮番攻击，除"平西"炮艇外，其他舰艇被尽数炸沉，至此，广东海军的作战舰艇基本上损失殆尽。从1939年开始，我海军对日作战转入了"以发展水雷战为中心"的新阶段，布雷封锁成为中国海军对日作战的主要形式。广东海军并未放弃战斗，海军官兵或上岸作战，或组成水雷队，继续扼守羚羊峡、高要一线，遏制日军溯江西进。日军始终无法打通西江入侵广西，进窥西南大后方，中日双方在这条战线上一直相持到1944年9月。1943年，黄文田指挥在顺德马宁河水面布雷，把日伪"协力"号和一炮舰炸沉，当场击毙伪海军广州基地司令陈皓，活捉伪广东海军司令萨福畴、军需处处长何典燧等7名高官，黄命令将他们押解重庆审判、在重庆执行枪决，大快人心，大壮军威。1944年春，黄文田派水雷队在顺德李家河布雷5个，把日伪押运储备券开往江门的"南海丸"炸沉，船上70多名日寇全被炸死。此后，水雷队又在新会、天河、三娘庙等河道相继炸毁日军运输轮"若泰丸"、"海刚丸"等舰艇。弱小的广东海军竭尽所能拖住日军的入侵步伐，为中国陆军在粤桂黔的作战争取了宝贵的回旋空间。在豫湘桂会战中，黄文田率官兵担负起狙击日军的重任。1945年对日反攻作战开始后，中国海军各支布雷队改成扫雷队，以保证反攻部队水运安全和恢复正常航运。新中国成立后，黄文田还为汕头港口和珠江口扫雷做出了重要贡献。①

（二）发动群众，捉拿、严惩汉奸

广东爱国军民，不仅在领空和沿海前线英勇地反击日军的侵扰，而且对极少数贪图私利，出卖国家、民族利益的汉奸进行了缉拿和严惩。如1937年8月19日，广州铁甲队开始出巡，连日拿获汉奸10余人。②8月下旬，广州又连日捕获汉奸多名。③9月15日，中央军委会颁布《惩治汉奸条例》。16日，7架日机空袭广州市郊，我方捕获放火球向敌机指示目标的汉奸数名。④18日，汕头防军枪决汉奸7名，人心大快。⑤广州定10月4—10日为肃清汉奸宣传周。⑥同月11日，广州处决日机空袭时放火球、火箭为日机指示轰炸目标的汉奸6名；13日处决

---

① 广东省立中山图书馆、珠海市政协编：《广东近现代人物辞典》，443页，广东科技出版社1992年；陈予欢编著：《民国广东将领志》，374页，广州出版社1994年；卜松竹：《黄文田：从武状元之后到海军名将》，载《广州日报》，2014年5月10日。

② 《中山日报》，1937年8月20日。

③ 《国华报》，1937年8月25日。

④ 广东省立中山图书馆编纂：《民国广东大事记》，562页，羊城晚报出版社2002年。

⑤ 《国华报》，1937年9月19日。

⑥ 广东省立中山图书馆编纂：《民国广东大事记》，562页、564页、565页、567页、586页、589页，羊城晚报出版社2002年。

8人，17日又处决8名（含女汉奸1名）。处决前均游街示众。①31日，广州枪决汉奸5名。②1938年4月20日，汕头召开肃清汉奸宣传大会，到会3 000余人，会后举行火炬游行。③5月1日，劳工界在省民众教育馆开五一劳动节纪念及讨逆肃奸运动会，到会1 000余人。④7日，广州处决汉奸1名。⑤6月初，广州成立"反汉奸联盟"，会员有4 000多人。⑥8月15日，国民政府废止《食粮资敌治罪暂行条例》，代以公布《修正惩治汉奸条例》19条。16日，广州枪毙1名刺探军情的汉奸。⑦全省各地，特别是沿海地区，纷纷建立防止汉奸破坏的组织，处决了一批汉奸。

三、广东城市居民的疏散与工厂、学校的迁移

1937年8月31日日本开始轰炸广州后，市民即开始大批逃离，9月17日后的连续轰炸，更使得一段时间"全市关门，居民十分之八回了乡"，留在广州的，也大多集中到较为安全的河南一带。⑧为躲避空袭，市内各大中学校纷纷迁移郊外，如仲恺农工学校、执信女子中学、省立女子师范学校就于全面抗战开始时迁校于南海西樵。

（一）工厂内迁的计划及实施

日军的空袭对广东的工商业也构成了极大的威胁。这些

---

①②③④⑤⑦ 广东省立中山图书馆编纂：《民国广东大事记》，562页、564页、565页、567页、586页、589页，羊城晚报出版社2002年。

⑥ 梅嘉、求实编：《抗日战争广东战场大事记》，见广东省政协文史资料研究委员会编：《广东文史资料》，第50辑，225页，广东人民出版社1987年。

⑧ 《中共广州市委工作报告》（1937年11月），见中央档案馆、广东省档案馆编：《广东革命历史文件汇集》，甲39卷，45页，1987年印行。

工厂基本上不具备防空袭能力,工厂附近没有防空壕,工厂本身没有防空设备,一部分工厂在工作时间锁闭工厂,部分工厂在晚上休工时间锁闭工人宿舍,工人也缺乏组织。到1938年4月,顺德、东莞、新造、市头的糖厂和广州大利军服厂先后被炸,损失惨重。为了保卫工厂,广东省在1938年上半年发起了一个"工厂安全运动",4月24日正式成立了"全省工会抗敌联合会",工人参加各项救亡活动的热情较高,人数也在迅速增长。

据粤省银行发表的数字,由于8月底开始的轰炸,广州9 625家工商企业中,到1937年11月还在停业的有1 507家,10万商业职员中,有1.3万人失业,手工业停业者占1/3以上。①

对于政府举办的省营工厂,抗战爆发后,为避免集中于我国沿海地区的工业毁于战火,国民政府决定将沿海工业内迁。由于粤省省营工厂占全省工厂总资本的2/3以上,且战时其产品对满足军需民用具有不可忽视的作用,省营工业的内迁问题遂提到议事日程上来。1937年底,国民政府军政部建议粤省省营糖厂酒精部和硫酸苏打厂迁移内地安全地带,省营工厂内迁的筹划由此拉开序幕。省建设厅省营工业管理处、广东省工业监理委员会等机构及省营工厂的负责人对省营工厂的迁移问题进行了调查和研究,提出各种初步的迁移意见。1938年2月8日,经济部部长翁文灏致函广东省银行

---

① 杜达:《抗战开始后广州工运工作的总检讨》(1938年4月28日),见中央档案馆、广东省档案馆编:《广东革命历史文件汇集》,甲39卷,369页,1987年印行。

行长顾翊群,"粤省工业夙较内省发达,公营事业亦较有规模,但所设厂址均濒海滨,以战氛渐近华南,即使不致遽有兵灾之虞,而空袭频繁,殊难全免危险,为今之计,自应及早筹帷,以避免无谓之损失,而各厂如糖厂之类,尤为内地所需,如为一劳永逸起见,不如妥择安全地域迁地复工"。军事委员会委员长广州行营也指令余汉谋、吴铁城、曾养甫筹备粤省工厂迁移事宜,并派员与资源委员会、工矿调整委员会商议工厂迁移之原则与办法,同时请经济部迅派干员到粤办理工厂内迁。

1938年3月敌机轮流轰炸省营市头、新造、顺德糖厂,各厂电机、锅炉、工场、宿舍均受损严重而停产。解决省营工厂的安全问题更为迫切。粤省当局遂饬令各有关机关对工厂内迁问题拟具意见,然而各机关意见分歧。工业监理委员会建议从速制定工厂迁移原则,组织"迁厂委员会",负责办理迁厂事宜。但省政府工商股和建设厅省营工业管理处以迁移耗资巨大,生产停顿,迁移后设备原料及运销困难为由,提出相反意见。4月7日,经济部部长翁文灏致电省主席吴铁城,提出工厂迁移的几点建议:(1)可迁移的工厂从速迁移。例如造纸厂可迁湘西南,糖厂可择要移四川或广西。(2)可以与英美合办的工厂,尽早实行。(3)重要地方例如士敏土厂等必须增加防空设备者,由省府商同军事机关酌量实行。(4)工厂迁移具体办法,由经济部派工矿调整处组长林继庸赴粤面商。4月8日,经济部工矿调整处派曾负责办理上海、武汉等沿海沿江工矿内迁的林继庸到粤,月中翁文灏又亲自赴粤,与省主席吴铁城、广州市市长曾养甫、建设厅厅长徐景唐商议粤省工厂迁移问题。翁还建议粤省将新造糖厂和市头糖厂让售给四川省政府。当时两糖厂相距仅十余里，市头糖厂日榨蔗量在新造糖厂的5倍以上，布局未尽合理，让售工厂之后，将来在南路或琼崖重新设厂，或许更好，因此，粤省同意出售新造糖厂。1938年5月，省营工厂管理处就此与四川省政府代表沈镇南数次磋商，终因粤方要价过高无果。

虽然国民政府力主粤省省营工厂内迁，但粤方却迟迟按兵不动，原因是：（1）如按经济部的建议将省营工厂迁至西南地区，则省营工厂的所有权必将变更，粤省将失去这一丰厚的经济来源。（2）省营工厂赢利丰厚，虽然"七七"事变后各厂迭遭轰炸，但产品收入每月尚达百余万元。且由于抗战后敌人封锁沿海各港口，舶来品输入减少，内地对国货需求增加，省营工厂产品供不应求，当局宁可增设防空设备，而不愿因工厂搬迁停产。（3）迁移工作存在种种实际困难。各厂中只有硫酸苏打厂拆卸运输比较容易，其他如肥田料厂、纸厂、士敏土厂等机器笨重，拆迁困难，交通工具奇缺，迁移费庞大。此外，当局对日军是否南犯抱有侥幸心理，以为在近期内不会进攻广东。故虽然国民政府屡次敦促，粤省当局仍一味拖延，幻想依赖外国来保证各厂安全。其做法是将工厂改组为有限公司，加入外资，工厂悬挂外国国旗，雇用外籍名义厂长，负责对外交涉。

1938年10月21日，当日军在大亚湾登陆，除有外债关系的市头糖厂、顺德糖厂及纸厂附属的电力厂外，其他省营工厂如新造糖厂、士敏土厂、肥料厂、硫酸苏打厂、饮料厂、纺织厂、纸厂等仅能将轻便而贵重的机件匆匆运走，其余机器设备按照"焦土抗战"政策，被广州警备司令部在撤离广州前的10月21日上午炸毁。由于时间仓促，各厂的破坏并不彻底，其后为日军所占夺。

广州沦陷后，省营工厂中，仅余揭阳糖厂和梅菉麻袋厂。1939年初，当局决定将麻袋厂机器拆卸运至法属广州湾保存。1939年3月，潮汕形势紧张，省政府决定将揭阳糖厂重要的机器设备拆卸运至汕头，再转运香港，但机器仅运一半，日军已在汕头登陆，只能把未及运出的机器藏匿到附近乡村。其后有部分机器运往韶关，分配到各新建工厂继续使用。[①]

自全面抗战开始后一年（1938年），我省东江及潮汕地区即有战事发生，广州市屡被敌机轰炸。1937年九、十两个月间，时局渐形紧张，各校为避免牺牲及使学生安心求学，各中等学校有就近择比较安全地方授课者计有私立大中二十余校。迁港澳授课者计有私立真光女中学校十余校。1938年时局愈形严重，省政府决意北迁，教育厅依照预令计划，密令珠江三角洲、东江潮属及西江下游各校分别暂行停课，或迁校授课，先后迁校授课者有省立庚戌中学等六十九校，暂行停课者有省立广雅中学等四十校，其余各校均在原日地址照常授课。[②]

（二）学校的辗转迁徙

据澳门《华侨报》报道，1937年11月份广东受到日空

[①] 以上有关省营工厂部分引自黄菊艳：《抗战时期广东省营工业的损失与重建》，载《民国档案》，2000年第2期。

[②] 广东省教育厅秘书室编辑股主编：《广东教育概况》，42页，1941年12月出版，韶关建国印刷铸字二场承印。

军猛烈轰炸后,大批难民开始拥进澳门,既有个人,也有团体。如浸信会广州瞽目院的负责人率领数十名师生到澳门。广州许多中小学也纷纷迁址澳门,如岭南学校、协和女子中学、广中中学、培正中学小学部、执信中学等。澳门一时聚集了数十间中小学校。这导致澳门人口迅速增加。战前15万人口的澳门,在抗战爆发3个月后增加了3.8万人。广州被炸后人口迁澳更为明显。1937年12月28日至30日的3天内,难民进入澳门的官方统计数字即达1.14万人。在不足半年内澳门人口增加了1/3达20万人,后更增至30万,最高峰达45万。当然,这些人并非全部来自广东,但无疑主要是来自广东。①

1. 大学类的内迁。

抗战开始后,中山大学石牌新校舍因目标显著,曾遭敌机轰炸,学校搬回文明路旧校舍及惠福路国民大学分教处上课。1937年底,中山大学为使书籍仪器不被破坏,决定内迁。此决定曾引起一些进步人士的反对,认为"少数人为了维持一己地位与安全的迁校,会直接打击到广州全部的救亡工作"。"我们并不反对将古书古籍古物搬到安全的地方,但我们应该坚决地反对把整个学校搬到安全的地方。"② 到1938年5—6月间,日机轰炸更为严重,中山大学常为敌机

---

① 陈锡豪:《抗日战争期间的澳门》,29页、31页,华南师范大学历史系硕士论文打印稿。(日)《今井武夫回忆录》,中国文史出版社1998年。
② 岐锋:《关于中山大学迁校问题对中山大学同学的一个紧急号召》(1937年12月23日),见中央档案馆、广东省档案馆编:《广东革命历史文件汇集》,甲39卷,197页,1987年印行。

所炸，师生安全和教学工作受到更为严重的影响。到9—10月间，有情报说，敌将从惠州、博罗方面登陆。10月14日，广东军政当局通知疏散市民，预备撤退。国民政府教育部也通知中山大学，即行迁校。中山大学为此成立了迁校委员会，由萧冠英主持。学校最初决定迁往罗定县，10月19日、20日，分批乘船将人员及1 200余箱公物抢运出广州。这批仅占当时全部校产1/3的公物，于10月底运抵罗定。这时广州已沦入敌手。11月初，中山大学开始在罗定办公，到月中正准备复课，忽接教育部电以汇款不便，指示在桂、滇两省另觅地方迁校，遂又择定广西凭祥、上金、宁明各县为校址。正在筹备启运之际，又接教育部电告，日敌谋在北海登陆，接近龙州，指示速迁往云南，遂改变计划，于12月1日出发，溯西江而上，1939年1月19日到龙州，然后从龙州走滇越铁路赴云南，2月中旬全部抵达云南澄江，随即于3月1日复课。

  1940年夏，日敌侵迫越南，威胁滇境，时局变得紧张。6月间，许崇清出任代理校长，决定将中山大学又迁回广东军政当局所在的粤北。到1940年12月，经滇、黔、桂、湘辗转数千里迁回坪石。校本部、研究院及文、理、工三学院设于坪石及附近的铁岭、塘口、三星坪等地；医学院设于乐昌县；法学院、师院设于乳源县；农学院设于湖南宜章县。1941年1月复课。1945年1月，又因敌情严重而分迁梅县、连县、仁化等地，抗战胜利始逐步迁返广州。[①] 由于数次播

---

  ① 周鼎培：《中山大学工作三十九年见闻》，见《过去的学校》，322页、325页，湖南教育出版社1982年。

迁，图书仪器的损失极为严重，据统计，迁徙中共丢失仪器、标本、模型等达604箱，散失图书杂志等20多万册。①

广东勷勤大学于1938年8月一分为三：工学院并入中山大学工学院，商学院改为广东省立法商学院，教育学院改为广东省立教育学院。教育学院在广州沦陷后数度迁徙，历尽千辛万苦，初迁广西梧州，二迁藤县，三迁融县，四迁粤北乳源，五迁连县。其间又曾与商学院合并，后又易名为广东省立文理学院，院长为著名教育家林砺儒。学院对所迁地区的民众教育和社会教育做出了许多贡献。初迁梧州时，"学生们课余协助各乡镇村街的国民基础学校，推行民众战时教育"；二迁藤县时，学生们"也分道向村民宣传抗战局势，唤起他们对最后战胜的信心"；三迁融县时，帮助一些乡镇"办理儿童教育和民众教育"；在乳源、连县，都开设了文化补习班和民众夜校。1942年春，迁校于曲江，由黄希声任院长。1945年初，曲江沦陷，该院猝不及防，遭到重大损失，先在连县收容逃难师生，继在罗定复课，并另在兴宁与广东法商学院合设分教处。勷勤大学的商学院在抗战爆发后成立广东省立法商学院，初迁广西融县，续迁遂溪，三迁信宜；1941年迁曲江，曲江沦陷后，再迁信宜。

抗战期间广东迁入香港的大学有4所，其中较为完整迁港的有私立岭南大学、私立广东光华医学院。岭南大学在战时迁徙的高校中，算是搬迁较为顺利的。该校于1938年10月18日退出广州，在香港大学的支持赞助下迁香港，11月

---

① 梁山等：《中山大学校史》（1924—1949），98页，上海教育出版社1983年。

14日在港复课,农学院二、三、四年级另在九龙、新界实习,医学院五、六年级在曲江实习。光华医学院在香港沦陷后停办,学生疏散到内地医校借读。部分迁港的,一是私立广州大学,该校在广州战事起后,搬迁计划一变再变,先迁开平赤坎,后因空袭紧急而回返港、澳方向,终因中山沦陷,而一部分择址台山,另一部分到香港设分教部。在迁徙时,其图书仪器、文件册籍,因"有难言之痛"而"决然舍去",其学校房舍"部分被焚",其余部分"为日军占有"。1941年冬迁曲江,1944年敌扰粤北,迁粤西罗定和连县,1945年1月迁连平,再迁粤东兴宁。另一所是私立广东国民大学,从广州迁往开平,并在香港设分教处,中学部迁校于台山。香港沦陷后大学部迁曲江,1944年迁粤西茂名,后迁粤北和平。①

岭南大学师生迁港后,"无不以未能直接参与抗建工作及与内地人民共同甘苦为憾","因此对于爱国工作,员生均踊跃参加"。这所仅六七百人的高校在抗战头3年,就先后两次组织人员回内地"慰劳战士及为伤兵难民服务",3次参加捐献和认购建国储金券,并为前方战士筹募到相当数量的寒衣。香港沦陷后,岭南大学迁回曲江,医、农两学院分在韶关、乐昌等地授课,1945年春再迁梅县,抗战胜利后,1945年秋返回广州原址。

此外,还有广东省立体育专科学校从广州迁到云浮,1940年10月,合并于省立文理学院,设为体育专修科,抗

---

① 徐国利:《关于"抗战时期高校内迁"的几个问题》,载《抗日战争研究》,1998年第2期。

战后复校。省立艺术专科学校（1940年春于韶关成立）于1942年5月迁曲江，1944年底因粤北紧张，先迁连县，后在罗定设址上课，抗战胜利后迁广州。广州协和神学院迁往云南大理。① 光汉中医专科学校迁往顺德陈村。

2. 中专中师类的内迁。

省立广州女子师范学校，在抗战开始时迁于南海西樵简村，广州沦陷后一度停办，1940年6月在韶关市郊复校，1942年6月迁连县，兼办国民教育短期训练班。省立广州高级工业职业学校，于抗战开始后迁顺德大良，广州沦陷后，先后迁于澳门、中山、乐昌、云浮等地，1944年改校名为广东省立工业专科学校。省立仲恺高级农业职业学校，抗战初迁校于南海西樵官山，1939年8月迁中山，1940年2月迁澳门，复迁粤北乐昌，1944年6月迁新兴县，不久又迁云浮、贺县、罗定等地。

3. 中学类的内迁。

省立广雅中学于抗战爆发后迁顺德，广州沦陷后迁茂名，1939年3月，改办为省立南路临时中学，再迁信宜，1941年恢复原校名，抗战胜利后迁回广州。省立执信女子中学，于1937年迁南海碧村，1938年10月迁澳门，1941年12月迁乐昌，1944年底，乐昌沦陷，迁仁化，1945年迁回广州。省立第一女子中学，于抗战爆发后迁顺德，广州沦陷后停办。省立庚戌中学，抗战爆发后迁罗定，1944年迁新兴，复迁郁南，抗战胜利后未迁回广州。省立仲元中学，广州沦陷后迁韶关，1945年迁回广州。私立南武中学，于广州

---

① 余子侠：《抗战时期高校内迁及其历史意义》，载《近代史研究》，1995年第6期。

沦陷后迁香港九龙，香港沦陷后，港校停办，不久，由粤北的校友在韶关复办，后迁回广州。私立教忠中学，广州沦陷后，迁澳门南湾，另在郁南设分校，后迁回广州。私立知用中学，广州沦陷后迁澳门，不久迁至粤北，继迁湘南，后迁回广州。另有私立金陵中学迁新会，私立长城中学迁罗定，私立知行中学迁香港，私立大中中学迁开平，私立复旦中学迁香港，私立广中中学迁澳门，私立越山中学先后迁台山、开平、澳门、开平，私立培桂中学迁藤县、平南、容县。私立学校中教会办的中学中，培英中学迁香港，真光女子中学迁香港，培道女子中学迁香港、澳门、坪石，培正中学迁鹤山、澳门、坪石，中德中学迁澳门，青年会中学迁韶关，协和女子中学迁台山、澳门，兴华中学迁开平、香港，岭南大学附中迁香港、曲江，等等。①

1939年初，日军进攻潮汕的迹象日益显露，潮汕地区在独立第九旅旅长兼潮汕警备司令华振中指挥下，开始加紧疏散与破坏工作。"潮汕方面坚决强制汕头、澄海、潮安及沿海人员、物资疏散，向内地及游击据点内迁移。这工作经一月来之劝导、强制及敌机不断袭击潮汕之实际教训，汕头市之疏散尚有成绩，人口、物资、工厂机器已大部撤退（而且华司令之疏散汕头市物资正是接受我们新华日报提出的"焦土抗战"的办法和步骤，这也可说是进步的地方）。梅县、兴宁各城市也正计划疏散。"②

---

① 广州市政协文史资料委员会编：《广州近百年教育史料》，1983年内部发行。

② 《中共闽西南特委给南方局的报告》（1939年5月20日），见中央档案馆、广东省档案馆编：《广东革命历史文件汇集》，甲43卷，238页，1987年印行。

被敌人暂占或有被侵扰危险的市、县的学校（如广东省立两阳中学、阳江县立中学等），也纷纷由城镇迁往农村地区坚持上课和开展当地的抗日救亡运动。

第三节 广东抗日救亡运动的高涨

建立抗日民族统一战线，掀起广东抗日救亡运动的高潮，是广东抗日斗争取得顺利发展的一个关键。广东各级中共组织，积极开展多层次的统一战线工作，尤其是争取团结国民党广东军政当局和地方实力派，广泛建立抗日救亡团体，把群众性的抗日救亡推向一个新阶段。

一、第二次国共合作与广东抗日统一战线的建立

（一）第二次国共合作的建立

早在1935年12月，中共中央政治局瓦窑堡会议通过了《关于目前政治形势与党的任务决议》和毛泽东在会上所做的《论反对日本帝国主义的策略》的报告，确定了中国共产党关于抗日民族统一战线的策略方针。为此，中国共产党各级组织一方面积极推动全国抗日救亡运动，另一方面积极开展对国民党当局及其军队的统一战线工作，为促进第二次国共合作的建立做了准备。

1937年"七七"事变的第二天，中共中央向全国发出《中国共产党为日军进攻卢沟桥通电》，指出："平津危急！华

北危急！中华民族危急！只有全民族实行抗战，才是我们的出路！"号召"全中国同胞，政府与军队团结起来，筑成民族统一战线的坚固长城，抵抗日寇的侵掠！国共两党亲密合作抵抗日寇的新进攻！驱逐日寇出中国！"①中共中央于7月中旬，将《中共中央为公布国共合作宣言》的文件提交给国民党中央。

8月1日，中共中央发出《中央关于南方各游击区域工作的指示》，分析了抗日战争开始以后的国内形势，对取消苏维埃制度、停止没收地主土地、改变红军番号、加强党的组织、群众工作和对国民革命军的工作等做了原则说明。要求红军和游击队中较大的部队，在保存和巩固革命武装、保障党的绝对领导的原则之下，与附近的国民党驻军和地方政权进行谈判，改变番号与编制以取得合法地位。但必须严防对方瓦解与消灭我们的阴谋诡计与包围袭击。并强调："必须在党内外解释，在建立民族统一战线中，上述这种改变的必要。但同时应该指出，同国民党求得和平妥协，需要我们长期忍耐的工作和不屈不挠的艰苦斗争。"②

在中国共产党的正确主张和全国人民抗日救亡运动高潮的压力下，9月22日，国民党中央通讯社发表了延搁两个多月的《中共中央为公布国共合作宣言》。23日，蒋介石被迫发表了实际上承认中国共产党在全国合法地位的谈话。至此，以第二次国共合作为基础的抗日民族统一战线正式形

---

① 中共中央档案馆编：《中共中央文件选集》，第11册，274页，中共中央党校出版社1991年。

② 中共中央档案馆编：《中共中央文件选集》，第11册，300页，中共中央党校出版社1991年。

成。国共两党重新结成统一战线,将给予中国革命以广大的深刻影响,对打败日本侵略者产生决定性的作用,开始了中国革命的一个新时期。

(二)中共广东组织对广东国民党上层的统战工作

广东中共的各级组织,在中共中央的领导下,在抗日民族统一战线的方针政策指引下,积极对广东国民党当局和军队开展统战工作。

广东国民党各政治派系间的关系是复杂的,作为广东上层地方势力代表的余汉谋(第四路军总司令兼广东绥靖署主任,第四战区副司令长官,第十二集团军总司令)和第四战区司令张发奎(1940年第四战区转移到桂林),与蒋介石及其嫡系存在着矛盾。"七七"事变后,蒋介石势力逐步渗入广东。余汉谋等广东地方实力派对于蒋介石在广东势力的增长深感不安。他们为了巩固自身的利益,企图利用抗日这个时机,联合抗日民主进步力量,抵制蒋介石中央势力在广东的扩张。1938年,张文彬在给中共中央的报告中指出:"广东统治阶级不统一,派别分歧,中央和地方之间的矛盾又大,中央之插足广东时已是抗日救亡运动开展时,各人都要以前进的口号团结群众特别是(余汉谋)[1] 企图联合我们,拒绝中央势力的增长,我们在这矛盾中是非常顺利进行工作的。"[2]

---

[1] 原文中明显漏了名字,编者将名字标明。
[2]《张文彬关于广东工作给中共中央的综合报告》(1938年),见中国人民解放军历史资料丛书编审委员会编:《华南抗日游击队》(上),183页、191~192页,军事科学出版社2008年。

为此，在抗战爆发初期，随着第二次国共合作的建立，余汉谋以及国民党广东省党部书记长谌小岑、第四战区政治部主任李煦寰、国民党广东省党部特派员钟天心等，都做出比较开明的姿态，对抗战的态度是比较积极的。

中共南委（后改为中共广东省委）充分地分析了广东国民党当局上层实力派的地位和政治态度，根据中共中央的抗日民族统一战线的政策，结合广东的政治环境，确定了广东共产党的组织在抗战初期开展统一战线工作总的策略方针是：在抗日民族统一战线的条件下，估计广东所处的特殊条件与地位及自己力量的薄弱，使广东党组织成为群众的党，放手开展群众运动，向开明人士靠拢，以公开合法的形式积极参加国民党当局领导的群众团体，建立和扩大抗日统一战线。[1]

1937年10月，张云逸奉中共中央指示到广州与国民党广东当局谈判合作抗日问题，取得了余汉谋等的同意，在广州建立八路军办事处。1938年1月，广州八路军办事处成立，由云广英任办事处主任。

1937年12月，中共中央派廖承志、潘汉年到香港筹建八路军办事处。1938年1月，周恩来在武汉会晤英国驻华大使卡尔将军，协商在香港成立八路军办事处事宜。经过香港总督批准，同月，八路军驻香港办事处成立。办事处对外称"粤华公司"，廖承志为总负责人，日常具体事务由连贯负责

---

[1] 《张文彬关于广东工作给中共中央的综合报告》（1938年），见中国人民解放军历史资料丛书编审委员会编：《华南抗日游击队》（上），183页、191~192页，军事科学出版社2008年。

处理。廖承志同时参加广东省委，他以中共代表身份与国民党广东当局和各阶层接触，进行统一战线工作。

八路军驻广州办事处和驻香港办事处以公开合法的名义，协助广东中共地方组织对国民党广东当局进行统战工作，积极开展抗日救亡运动；团结各民主党派、爱国人士和推动广大人民群众参加抗战；向华侨和港澳同胞及国际友人宣传党的抗日民族统一战线的方针和政策，负责筹集华侨和港澳同胞支援祖国抗战的物资经费，组织华侨和港澳的进步青年回祖国参加抗战。中共南委先后通过八路军驻广州办事处向国民党当局交涉，争取无条件释放关在国民党监狱中的共产党员和进步人士共300多人。

中共南委和八路军驻香港、广州办事处还积极发动青年，组织抗日团体，派出一批中共党员推动和支持国民党当局组织抗日团体的工作，邀请国民党中的官员担任抗日团体的负责人，成功地争取了国民党广东省党部、广州市党部的支持，使抗日救亡团体取得合法地位。如广东抗日青年先锋队，由国民党广东省党部书记长谌小岑任指导。这一抗日团体的成员中有中共党员、国民党政府官员、爱国进步人士以及广大的青年群众，成为广泛的、综合的、统一的青年团体。

各种抗日团体的建立，体现了民族的大联合，是一种新型的统一战线的组织形式。广东中共组织则利用这些团体的合法地位，扩大党的影响，达到发动广大民众投入抗日救亡运动之目的。这是中国共产党抗日民族统一战线政策在广东青年运动中成功的范例。

广东中共各级组织，根据中共中央和毛泽东关于最普遍地推动友党友军进步的方针，采取多种方式和通过各种渠道，大力推动国民党政府和支援国民党军队的抗战，并派一批中共党员和爱国青年进入国民党军政部门，做好统一战线工作。

1938年春夏，日军对广州等地狂轰滥炸，使军民伤亡很大。中共广东省委指出应对轰炸的中心工作是救护、慰问抚恤以及捉拿汉奸，并提出建立青年的、文化的、妇女的战时服务团、战时工作协会、战时工作联席会等统一战线的领导工作机关。① 针对在日军大轰炸下，急需大批战时医务人才的问题，中共广东省委林平和八路军驻广州办事处主任云广英曾多次向国民党中将、军医总监陈汝棠建议训练军事医务人员。陈汝棠接受建议，并力促余汉谋同意，成立了"第四路军看护干部训练班"，陈汝棠任主任。广东中共地方组织先后派李守纯、李云、宋绿漪等党员干部到护士班协助工作，动员一批进步青年学生参加训练，并在各县建立农村救护网。

1938年初，国民政府军委会政治部成立，各战区也相应将政训处改为政治部。1938年夏，第四战区政治部成立，李煦寰为主任，并任命左恭（秘密共产党员）为政治部主任秘书。中共广东省委派石辟澜、叶兆南（孙大光）、刘向东（刘潜迅）、司马文森、黄新波、郁风等一批中共党员到第四

---

① 《张文彬关于广东工作给中共中央的综合报告》（1938年），见中国人民解放军历史资料丛书编审委员会编：《华南抗日游击队》（上），193页，军事科学出版社2008年。

战区政治部开展工作,并趁李煦寰要招考青年学生成立第四战区政治大队之时,动员了一批党员报考政治大队。李静筠等12位共产党员被录取。

同年10月,第四战区司令长官部战时民众动员委员会(简称"动委会")成立,钟天心任主任。中共广东省委书记张文彬要求党组织团结余汉谋、谌小岑、钟天心等,以公开合法名义积极开展党领导的抗日救亡运动,还派区白霜(区梦觉)、石辟澜、叶兆南、刘向东等到动委会参加领导工作,并动员了大批青年参加战时工作队。动委会领导下的战时工作队最初人数为1 600人,后缩编为850人,其中"抗先"队员有450人。① 战工队在各地进行政治宣传工作,提高官兵和民众的抗日热情,促进国共合作抗日。

广东中共组织还充分注意到各妇女团体的特点,对国民党原有妇女组织的负责人和国民党的上层妇女做好统战工作。1938年2月,正式成立了"广东妇女抗敌协会"(又称广东妇女抗敌同志会),李峙山、陈明淑分任正、副主席,中共党员伍坤顺任常务理事,掌握实权,并在其中秘密建立中共小组。同时,广东中共组织派区梦觉、杨谨英、张妙灵、杨蕴芬(杨行)等中共女党员,到国民党广东省主席李汉魂夫人吴菊芳所领导的"广东省新生活运动促进会妇女工作委员会"开展统战工作,促进了抗日的妇女运动的发展。②

---

① 广东省人民武装斗争史编纂委员会编著:《广东人民武装斗争史》,第三卷,21~22页,广东人民出版社1994年。
② 广东省人民武装斗争史编纂委员会编著:《广东人民武装斗争史》,第三卷,23页,广东人民出版社1994年。

（三）中共广东组织对地方势力和军队的统战工作

在南路地区，原第十九路军爱国将领张炎，在抗日爆发以后，回到南路参加抗日工作，被任命为广东省民众抗日自卫团统率委员会第十一区委员会主任。广东中共组织根据周恩来的指示，派陈信材、彭中英（均为大革命时期南路特委成员，当时还未恢复组织关系）与张炎联系，还派周明（原名周济，北伐战争时期的中共党员），周曼青（北伐战争时期的社会主义青年团员）到张炎统率的委员会工作。通过周明和周曼青的关系，南路中共地下组织与张炎取得了联系。南路的中共地下组织先后派黄景文、梁弘道、王国强、叶春、杨子儒等与张炎联系，推动和支持张炎组织抗日武装。广州沦陷后，张炎被任命为广东省第七区行政督察专员兼保安司令和国民党第十一区游击司令部司令。1938年11月，他到香港会见廖承志和连贯，要求共产党派干部帮助南路的抗日工作。12月，中共东南特别委员会（简称"东南特委"）先后派出以共产党员为骨干的回乡服务团100多人到南路。回乡服务团成员被安排到各县、各部门工作。共产党员刘谈锋、黄洛思（黄秋耘）为政治教官。张炎采纳共产党员的建议，从各县招收进步青年300多人，成立"第十一区游击司令部抗日救亡乡村工作团"。1939年2月，服务团推动张炎组建"第七区专员公署战时工作队"，高州六属每县1个队，每队100人左右。7月，张炎又招收了一批进步青年，把战时工作队扩充为"第四战区南路特别守备区学生队"，中共组织动员南路各县及香港的大批共产党员和进步青年参加，全队共1 000人左右，张炎任总队长，陈次彬

（后为中共党员）为副总队长，聘用共产党员刘谈锋、黄洛思、阮明、陆新、李康寿等任教官，对队员进行政治、军事训练。聘用陈信材、彭中英为高级参议。学生队经过学习政治和军事训练后，分赴南路各地进行抗日救亡工作，推动南路抗日救亡运动的向前发展。①

在潮汕地区，驻有国民党军第一五五师。抗战初期，该师师长李汉魂的抗战态度比较积极，中共韩江工作委员会（简称"韩江工委"）和中共汕头市工作委员会（简称"汕头市工委"）派共产党员曾应之、陈华、王勖等，与第一五五师进步青年军官、政训员张其光取得联系，并通过张争取李汉魂的支持，组成"汕头青救会第一五五师随军工作队"，共30多人，经集训后分赴潮汕各县开展抗日救亡工作。1938年2月，第一五五师调防，由第一五七师接防，潮汕中共组织取得第一五七师师长黄涛的支持与合作。黄涛同意以"青年抗敌同志会"（简称"青抗会"）的名义，组成"战地服务团"。青抗会与该师建立密切的合作关系，促进了潮汕地区抗日救亡工作的开展。11月，第一五七师调防后，中共潮汕中心县委员会（简称"潮汕中心县委"）②派杜桐、徐扬以青抗会领导人的公开身份与新驻军独立第九旅（简称"独九旅"）旅长华振中取得联络，推动其支持青抗会和抗日救亡运动，取得一定效果。

琼崖红军是长期坚持孤岛斗争保存下来的。抗日战争爆

---

① 中共湛江市委党史研究室编著：《南路人民抗日解放军史》，22~23页，广东人民出版社1995年。

② 1938年撤销韩江工委，分设潮汕中心县委和梅县中心县委。

发后，中共琼崖特委根据中共中央关于抗日民族统一战线的策略方针，主动向国民党琼崖当局提出停止内战、团结抗日的主张，并于1937年8月派乐万县县委书记李黎明到府城同国民党琼崖当局谈判。国民党琼崖当局提出一系列无理的要求，使谈判毫无结果，并在谈判期间公然逮捕了琼崖特委书记冯白驹及其夫人曾惠予，企图以此迫使琼崖特委在谈判中做出让步。由于中共中央和南委向国民党当局的反复交涉，以及各阶层人民和琼侨的强烈呼声，国民党琼崖当局被迫于12月25日无条件释放冯白驹夫妇。此后，冯白驹作为琼崖特委代表同国民党琼崖当局进行艰难曲折的谈判。由于广州沦陷，琼崖形势日益紧张，国民党琼崖当局被迫接受琼崖特委提出的原则，于1938年10月22日，琼崖国共双方达成协议。其主要内容是：（1）琼崖国共合作的根本目的是共同抗日；（2）琼崖红军编为"广东民众抗日自卫团第十四区独立队"，在政治上、组织上保持独立自主；（3）独立队为一个大队建制，下辖3个中队，冯白驹任独立队队长，独立队和3个中队的副职由国民党选派，但须共产党同意；（4）独立队设政训处（或室），人员由共产党选派；（5）国民党按1个营的编制每月发给独立队军饷。[①]

琼崖国共双方经过一年多的谈判，终于达成了合作抗日的协议，琼崖抗日民族统一战线正式形成。

---

① 琼崖武装斗争史办公室编：《琼崖纵队史》，96页，广东人民出版社1986年。

二、广东抗日救亡团体的成立与群众救亡运动的勃兴

(一) 广州抗日救亡团体的成立及抗日活动

早在1931年"九一八"事变后,富有爱国革命传统的广东青年,就开始奋起反对日本帝国主义的侵略。以广州为中心的各大中学校的进步学生,举行了大规模的示威游行等一系列的抗日救亡活动,并组织抗日团体。在"七七"事变前,广东各界抗日救亡组织有不下六七十个。"七七"事变后,广东青年进一步被抗日救亡的怒火点燃,在广东中共各级组织的推动下,抗日救亡团体如雨后春笋般纷纷成立,在广东开展了汹涌澎湃的抗日救亡运动。

"七七"事变后,日本进一步侵略中国,使国民党的利益受到威胁。在全国抗日活动蓬勃发展的形势下,国民党在广东的各派政治势力出于各自的动机,表现出了某些开明的姿态,表示支持群众的抗日运动。广东国民党当局为了标榜抗日和借此机会扩大自己的势力,于1937年8月发布了《广东省开放民众运动的决议案》,对抗日青年的组织也表示某种程度的容许和支持,还出面组织一些青年抗日组织。广东中共组织坚决执行中共中央的抗日民族统一战线的政策,把做国民党广东当局的统战工作和群众抗日救亡运动紧密结合起来,动员和组织大批中共党员和进步青年,积极参加国民党当局举办的抗日团体,以青年进步组织的公开合法地位,团结广大的爱国群众进行抗日救亡运动。

在抗战爆发前,国民党广东省党部特派员余俊贤企图通过勷勤大学的学生薛超、姚中雄等组织一批青年成立广东青年群众文化研究社(简称"广东青年群社"),但工作迟迟

无法开展，后求助于勤勤大学黄玄（中共地下党员）。中共广州市委通过黄玄，在抗战爆发后，先后派出一批中共党员参加该社的筹备工作。12 月，广东青年群社正式成立，社长为余俊贤，其领导机构由 10 人组成，中共党员占了 8 人。该社内各项抗日救亡工作的开展基本上是在中共组织领导下进行的。中共广州市委在其中建立了党支部，王磊、谭丕桓、陈中夫、李琼英等先后任支部书记。该社成员遍及广州各学校及工会团体，仅在广州就有成员 700 多人。阳春、阳江、梅菉、廉江等地也成立了分社。它成为中共组织团结青年，开展抗日救亡的一个公开合法阵地。广东青年群社先后出版《青年群》、《青年战线》等刊物，积极开展各种抗日宣传活动。[1]

广州学生抗敌后援会成立于 1937 年 3 月，同年 7 月改名为广州学生抗敌救亡会，由国民党广州市党部主办。中共广州市委先后派学生中共党员陈能兴、陈恩、吴凤珠、周羡芬、黎良志等到其中活动，逐步在其宣传、组织等主要部门任职，陈能兴当选为该会常委。到年底，广州学生抗敌救亡会名义上由国民党市党部主办，但实际工作已由中共所掌握。中共广州市委在这个团体中建立了党支部，由陈能兴任书记。[2]

抗战爆发后，国民党广东省党部书记长谌小岑在政治上

---

[1] 中共广州市委党史研究室编著：《中共广州地方史》（新民主主义革命时期），217～218 页，广东人民出版社 1995 年；卢权主编：《广东革命史辞典》，7 页，广东人民出版社 1993 年。

[2] 中共广州市委党史研究室编著：《中共广州地方史》（新民主主义革命时期），216 页，广东人民出版社 1995 年。

比较开明，他积极组织成立"广东青年救亡同志会"。广东中共组织对谌小岑此举采取积极支持和合作的态度，派中共党员和进步青年虞焕章（杨康华）、龙世雄、黄泽成、王万吉等参加该会，并被选为筹委。但是，该会因国民党广州市党部的邢心洲等人反对，不准在市党部立案。于是，谌小岑就由广东青年救亡同志会的筹委等组成"救亡呼声社"。8月14日，救亡呼声社正式成立，社长为谌小岑，社员总人数达三四百人，有一批中共党员和进步青年参加。其政治成分包括国共两党党员以及民主党派和无党派人士。该社的总务、研究、出版等部门及《救亡呼声》旬刊由中共党员实际负责。该社通过各种形式积极开展抗日宣传活动，对推动和指导广东省各界抗日救亡活动起了积极作用。① 不久，在东莞、佛山、南海官山等地也成立了分社。

广东文化界救亡协会，于1937年12月4日成立。在该协会的推动和组织下，广东戏剧协会、广东文学会、广东新闻界从业员抗敌协会、社会科学（工作）者抗敌协会、国际协会、华南绘画界救亡协会、歌咏团协会等文化界抗日救亡组织相继成立，逐步形成广东文化界抗日救亡统一战线组织，国民党广东上层人物也参与其中。1938年2月，广东文化界救亡协会改为广东文化界抗敌协会。这个组织包括了国民党、共产党、第三党和无党派人士在内，是一个具有广泛的统一战线性质的救亡团体，会员达1 000多人。在该团体

---

① 广东青运史研究委员会、共青团广东省委员会合编：《广东青年运动史》，237~238页，广东高等教育出版社1994年。

中起骨干作用的多为共产党员。①

抗敌教育实践社,于1937年11月21日成立。钟天心任常务理事会主席。实际工作由中山大学进步教授尚仲衣(1939年加入共产党)主持。广东中共组织派共产党员叶兆南、刘向东、石辟澜、梁威林、陈文信等参加该社工作,并逐步成为主要工作骨干,社员有1 000多人。该社先后举办多期抗日救亡运动骨干培训班,学员有2 000多人,并出版《新战线》周刊,宣传抗日救亡。1938年,该社组织流动工作团,由共产党员刘向东率领,在珠江三角洲的中山、东莞等地宣传抗日。②

在此前后,还组织了广州学生抗敌联合会、广东妇女抗敌同志会、广东民众御侮救亡会。从北平、天津回粤的流亡学生组成了"平津同学会"。从日本回国的中国留学生组成"留东同学抗敌后援会"。中山大学附属中学成立"中大附中青年抗日先锋队"。中山大学学生成立"中山大学抗日先锋队"。

(二)青年抗日统一战线"抗先"的成立

中共南委面对蓬勃发展起来的抗日救亡团体,根据中共中央的抗日民族统一战线的方针政策,分析了广东青年运动的状况,认为必须通过一定的方式把全省的青年运动统一起来,进一步推动广东抗日救亡运动向前发展。1937年12月,

---

① 中共广东省委党史研究室著:《中国共产党广东地方史》,第1卷,394页,广东人民出版社1999年;中共广州市委党史研究室编著:《中共广州地方史》(新民主主义革命时期),221页,广东人民出版社1995年。

② 黄建新、莫振山、袁小伦:《省港抗战文化大事记》,见中共广东省党史研究室编:《省港抗战文化》,341页,广东人民出版社1994年。

广州学生纪念"一二·九"运动两周年时,中共南委提出"建立学生抗日统一战线"的口号,并决定仿效共产党在北方建立中华民族解放先锋队(简称"民先")的做法,建立适合广东具体情况的青年群众组织,取名为"广东青年抗日先锋队"①。

1938年1月,在中共南委的领导下,广州学生抗敌救亡会、救亡呼声社、青年群社、平津同学会、留东同学抗敌后援会、中山大学抗日先锋队、中大附中青年抗日先锋队、青年抗日先锋团等8个团体联合发起,成立广东青年抗日先锋队(简称"抗先")。1月1日发表了《广东青年抗日先锋队组织大纲草案》和《广东青年抗日先锋队发起宣言》。宣言阐明"抗先"是"建立巩固的富于战斗性的青年统一战线",为"动员工农群众,武装工农群众,保卫大广东,支持全国抗战的顺利开展,保证抗战最后胜利的获得"② 而开展工作。它还成立了临时工作委员会,统一领导广州地区各界青年的抗日救亡运动,由邓明达任队长,谌小岑等任指导员,下设秘书、组织、训练、宣传、服务等部门,创办《先锋队报》,其成员多数为共产党员。

10月27日,"抗先"在四会县凤翔山举行临时代表大会,成立广东青年抗日先锋队总队部,选出了33名委员,

---

① 中共广东省委党史研究室著:《中国共产党广东地方史》,第1卷,392页,广东人民出版社1999年。
② 《广东青年抗日先锋队发起宣言》(1938年1月1日),见中央档案馆、广东省档案馆编:《广东革命历史文件汇集》,甲39卷,102~103页,1987年印行。

邓明达任总队长，梁良嘉（梁嘉）、陈恩任副总队长（均为中共党员）。会议决定"抗先"部分成员加入第四战区战时民众动员委员会工作队。不久，总队部迁至韶关。"抗先"和其他群众团体组成40个工作队，奔赴东江、珠江三角洲、北江、西江、潮汕、中区和南路，深入农村、工厂、学校等，开展抗日救亡的宣传和战时服务工作。"抗先"将工作范围从青年学生逐步扩展到工农群众，使其队伍从城市发展到农村，推动全省抗日救亡运动的发展。①

（三）广东各地抗日救亡团体的成立及抗日活动

在东江，"七七"事变后，香港惠阳青年会回乡救亡工作团在淡水成立惠阳县第二区抗敌后援会和惠阳县淡水文化界救亡工作团。在该团的影响下，文化界救亡工作团、农民抗敌后援会等抗日救亡团体纷纷成立，积极开展抗日救亡工作。

1938年12月，"抗先"东江区队，在区队长谭家驹，副区队长林耀族、刘汝深的带领下到达东江地区。该队与原来成立的抗日团体相配合，掀起抗日救亡的热潮。河源、紫金、龙川、惠阳、增城、东莞等地都成立了"抗先"的基层组织。同时，青年抗敌同志会（简称"青抗会"）在东江各县纷纷成立，进一步促进了东江地区抗日救亡运动的开展。②

---

① 中共广东省委党史研究室著：《中国共产党广东省地方史》，第1卷，392~393页，广东人民出版社1999年；卢权主编：《广东革命史辞典》，7页，广东人民出版社1993年。

② 广东省人民武装斗争史编纂委员会编著：《广东人民武装斗争史》，第三卷，10页，广东人民出版社1994年。

珠江三角洲地区毗邻广州，抗日救亡更加如火如荼。在抗日战争全面爆发后，广州市部分抗日救亡团体纷纷到佛山走街串巷，开展各种形式的抗日救亡工作。

1937年8—9月间，日机疯狂轰炸广州。广州市私立仲恺农工学校、省立女子师范学校、执信女子中学迁到南海县西樵官山、简村、吉水。在这些地区，以这些学校的青年学生为骨干，联合当地的进步人士、爱国青年，先后成立了"救亡呼声社官山分社"、"南海县民众抗敌御侮后援会特种宣传团"。这些抗日团体在南海县、顺德县积极开展抗日的文艺宣传活动。

1937年12月，教忠中学中共党支部书记张江明带领宣传队到顺德，与迁到该县碧江乡的广州广雅中学一起，在顺德的路尾围、西海、碧江、陈村和番禺县的韦涌、古坝等地开展救亡宣传活动。1938年2月初，张江明带领教忠中学的"抗先"队员10多人，又到西海、路尾围开展抗日救亡工作，并组织"农民抗日同志会"，推动农民的抗日斗争向前发展。

中山县先后建立教师临时服务团、中山别动队、青年抗日救亡工作团、抗敌御侮后援会等各种类型的抗日团体。为了适应中山县抗日救亡运动深入发展的需要，1938年12月，正式成立了"抗先"中山县队。他们积极开展抗日救亡的宣传工作，还组织医疗队、救护队、担架队、慰劳队、运输队等，支援前线抗战。

中区，在江会（江门、新会）中共组织的领导下，以春天读书社的成员为基础，成立了新会流动剧团。这是抗战初期江会地区最活跃、最有影响的抗日团体,同时,中区各县也纷纷成立"抗先"组织。1939年5月20日,"抗先"中区队在台山风采中学(今属开平)成立。此外,还成立青抗、妇抗、青年群社、学联等抗日群众组织。这些抗日组织深入农村、乡镇开展抗日救亡工作。①

潮梅地区在抗战爆发前已经组织了各种救亡团体。1937年8月13日,这些团体联合成立"汕头青年救亡同志会"(简称"青救会")。随后,在潮汕各地中共组织的领导下,潮安、澄海、潮阳、揭阳、普宁、惠来、南山、饶平、丰顺各县及兴梅地区,纷纷成立了青救会,有力地推动了潮梅地区抗日救亡运动的发展。1938年1月15日,各地青救会代表大会在汕头市召开。会议决定将青救会改为"青年抗敌同志会"(简称"青抗会")。为了取得合法地位,于2月下旬,成立了"岭东各地青年抗敌同志会通讯处",并公开出版了《抗敌导报》。从此,岭东各地青年抗敌同志会通讯处成为岭东各县青抗会的统一领导机关。其主要负责人为曾应之、徐扬、杜柏深。青抗会在潮梅各地党组织的领导和关怀下,高举抗日旗帜,积极宣传中国共产党的抗日救国主张。他们深入工厂、街道、农村,建立了夜校、识字班,进行抗日宣传教育。在青抗会的影响和推动下,还建立了"学生抗敌同志会"、"工人抗敌同志会"、"教师抗敌同志会"、"妇女抗敌同志会"等抗日团体。潮梅各种抗日团体相继成立,

---

① 广东省人民武装斗争史编纂委员会编著:《广东人民武装斗争史》,第三卷,12页,广东人民出版社1994年。

把广大群众发动起来,积极投入抗日斗争。①

在南路,先后成立了青抗会、抗先、妇抗会等抗日救亡团体。1938年8月,在法租界广州湾,许乃超(晨光小学校长,大革命时期中共党员)发起成立遂湾联合抗日宣传工作团,出版《救亡》、《怒吼》等刊物,积极宣传抗日救国。②

在海南岛,琼崖特委坚决贯彻中共中央的指示,一方面提出实现国共合作团结抗日,另一方面动员和领导群众开展抗日救亡运动。抗战爆发后,琼崖陆续出版《抗日呼声》(后改为《新琼崖》)、《前哨》周刊等宣传抗日的刊物。有的地区开办大众书店、时代书店,推销马列主义书籍和中国共产党抗日救亡书报。这对于动员琼崖人民群众的抗日救亡活动起着重要作用。在琼崖各级党组织的影响和带动下,琼崖各县、市先后成立青年抗敌后援会、前哨社、教师同志会、工人救国会、农民救国会、青年救国会等抗日救亡团体。他们深入农村,广泛进行抗日救亡宣传,促进琼崖抗日救亡运动的发展。③

此外,在西江、北江等地区,也分别成立抗先、青抗会

---

① 广东省人民武装斗争史编纂委员会编著:《广东人民武装斗争史》,第三卷,12~13页,广东人民出版社1994年;中共汕头市委党史研究室、中共梅州市委党史研究室合编:《韩江纵队史》,15页,广东人民出版社1995年。

② 广东省人民武装斗争史编纂委员会编著:《广东人民武装斗争史》,第三卷,13页,广东人民出版社1994年。

③ 《欧照汉给中央青年部报告》(1938年10月17日),见中央档案馆、广东省档案馆编:《广东革命历史文件汇集》,甲40卷,27~28页,1987年印行;琼崖武装斗争史办公室编:《琼崖纵队史》,90~91页,广东人民出版社1986年印行。

等抗日团体。至 1939 年 5 月，全省的抗先队员发展到 1 万多人，各地青抗组织也发展到约 2 万人（其中潮梅地区达 1.2 万多人）。通过抗先组织起来的妇女团体的成员达 7 000 多人，建立农民抗敌同志会约 3 000 人，自卫团有 2 000 多人。全省有 60 多个团体，有组织的民众约 5.63 万人（不包括香港）。①

广东各地抗日救亡团体的建立和抗日救亡运动的蓬勃开展，大大地促进广大人民群众的觉醒，对动员群众积极投入抗日斗争具有重大的意义。

三、广东"八一三"抗日救亡献金运动

（一）国共合作推动献金救亡运动

为了纪念淞沪抗战一周年，进一步激发广大民众的爱国热情，促进广东抗日救亡运动的发展，在国共两党的推动下，广东各界人士于 1938 年 8 月 13 日掀起声势浩大的献金救亡运动。这是在国共合作团结抗日情况下的一次爱国群众运动。

7 月 15 日，广东成立纪念"八一三"献金运动筹备委员会，推举第十二集团军总司令余汉谋为会长，广东省主席吴铁城和广州市市长曾养甫为副会长，由第四战区政治部第三组负责献金运动的实际工作。战区政治部第三组成员中大部分是共产党员，他们在献金运动中起着骨干的作用。

---

① 《广东青年工作报告》，见中央档案馆、广东档案馆编：《广东革命历史文件汇集》，甲 38 卷，116 页、118 页、119 页，1987 年印行。

中共广东省委、中共广州市委和八路军驻广州办事处为此做了具体的部署，省、市各抗日团体分头发动。

这次抗日救亡献金运动从8月13日开始，至19日结束，历时一周。广州、香港两地献金运动尤为热烈。

广州市分别在六二三路、西濠口、中央公园（现称人民公园）前、文昌路、大南路（永汉路警察分局前）、河南（海幢警察分局前）等搭起多个献金台。13日是献金的第一天，从国民党省、市党政军的主要人物到市民，从机关团体职员到学校师生员工，从工人到郊区农民，以"天下兴亡，匹夫有责"、"有钱出钱，有力出力"为共同心声，群情激昂，慷慨解囊。余汉谋代表第四路军献金2.8万元，吴铁城代表省政府献金7万元，曾养甫代表市政府献金3万元。接着，各机关团体代表相继献金。①

8月13日晚，全市举行10万人的声势浩大的献金游行，把抗日救亡献金运动推向高潮。

8月15日，八路军驻广州办事处与新华日报广州分馆在西濠口献金台举行献金大会。廖承志亲自做动员报告，大力宣传中国共产党团结抗日的正确主张，宣传八路军、新四军艰苦奋斗和对日作战的英勇事迹，号召共产党员带头献金，爱国群众积极献金，以实际行动支援前方将士作战。挤满献金台前的逾千群众，听罢情绪十分激动。之后，八路军办事处和新华日报社工作人员当即带头献金，台下群众纷纷踊跃

---

① 胡提春、陈永阶：《国共合作团结抗日的义举》，见广州市政协文史资料委员会编：《广州抗战纪实》，46～47页，广东人民出版社1995年。

献金。①

(二) 省、市妇女的献金活动

广东妇女界的献金是全省规模大、活动时间长、发动最深入的一次运动。根据党的指示,省妇抗会中的共产党员在献金运动之前就开展了对妇女献金运动的发动工作。她们组织了献金队、献金团、预约献金、集体献金等工作队。这些工作队的队员,特别是中共党员,废寝忘食地深入工厂、商店、学校、居民住家以及郊区农村等,开展抗日救亡献金运动的宣传工作。

7月28日,在妇女团体联席会议上,省妇抗会中的中共党员,力主在全省发动广大的妇女同胞踊跃参加献金运动。在会上成立了广东妇女献金运动工作委员会,推选陈明淑、区白霜、李峙山(国民党广东省党部书记长谌小岑夫人)、雷励琼、廖阮渠、伍坤顺(中共党员)、俞福亲(中共党员)、邓贞子(中共党员)、梁薇娟(中共党员)等15人为该工作委员会委员。

8月2日,召开了由妇女界名流,各团体、机关、学校等妇女代表30多人参加的扩大献金工作委员会会议。会上选举陈明淑为主席,并讨论决定:起草告同胞书和宣传大纲;派李峙山、雷励琼、廖阮渠赴香港、澳门发动妇女献金运动;选派代表参加广东各界纪念"八一三"献金运动筹备委员会工作。

广州市妇抗会、市妇女会、女青年会等妇女团体也深入

---

① 胡提春、陈永阶:《国共合作团结抗日的义举》,见广州市政协文史资料委员会编:《广州抗战纪实》,49页,广东人民出版社1995年。

各工厂、各区做献金宣传、动员工作。锋社剧团还深入到南海县五区显纲活动,帮助组织"八一三"妇女献金会,推动显纲妇女献金。省妇女联合会也请省政府令各县长夫人、保长夫人、甲长夫人协助动员妇女献金。

妇女团体中中共党员的推动,省、市各妇女团体的宣传和动员,对全省妇女的献金运动起了积极推动作用。增城县妇抗会全体会员分为10个队,下乡开展募捐献金活动。江门水上妇抗会组织流动献金船。三水县学校女生组织献金晨呼队,每天早晨在县城、河口等地高唱抗日歌曲,发动群众献金。

经过各妇女团体广泛、深入的宣传发动,8月13日,全省、市妇女,无论是官太太、小姐们,还是贫穷的劳苦妇女,参与献金活动都十分积极。

是日8时许,在广州中央公园前的献金台,区白霜的弟媳罗次梅把自用汽车献出,陈明淑献出100元、银筷两双、汉玉碗一只。紧接着,一个个献金队、献金团以及个人络绎不绝地跑到台上献金,其中,省女中的学生更将筹募所得白银800多元全部献出。

各县妇女组织同时举行献金活动,河源妇女李瑞仪把伴随自己耕田种地糊口的一头牛献出,其他县妇女献金也很多。据不完全统计,全省妇女献金达100多万元,还有金银珠宝、玉器首饰一批。①

省、市妇女的献金活动,掀起了全省各地各界献金高

---

① 伍坤顺:《在广东"妇抗会"的战斗岁月》,见中共广东省委党史研究室编:《广东党史资料》,第13辑,118页,广东人民出版社1988年。

潮。全省献金运动到19日基本结束。但在妇女界、文化界、青年界联合组织继续献金运动的机构,既继续发动民众献金,也发动民众投票选举富人献金。

这次献金运动由于中共党员的模范作用,使中国共产党的声誉在社会上得到很好的提高,扩大了中国共产党和八路军、新四军的政治影响,有人称此为"无产阶级领导富人献金救国"①。

第四节 港澳同胞与海外华侨对广东抗战的支援

目睹日本帝国主义大举侵犯祖国,秀丽的河山遭受日军铁蹄蹂躏,广大同胞被残害,中华民族处在生死存亡的关头,具有深厚爱国爱乡传统的港澳同胞与海外华侨挺身而出。他们的大力支援和参加抗战,对广东的抗战做出了巨大的贡献。

一、道义上的声援

(一)港澳同胞和华侨素有爱国爱乡的优良传统

早在抗日战争爆发前,素有爱国爱乡优良传统的广大港

---

① 《张文彬关于广东工作给中共中央的综合报告》(1938年),见中国人民解放军历史资料丛书编审委员会编:《华南抗日游击队》(上),185页,军事科学出版社2008年。

澳同胞和华侨就十分关心祖国的前途和命运。"九一八"事变后，他们曾为反对日军侵占我国东北三省开展了抗日救国的斗争。1935年"华北事变"后，香港的青年学生和进步分子，在中国共产党抗日民族统一战线方针政策的影响下，积极参加抗日活动，在公开报刊上大力宣传中国共产党的政策和主张，宣传抗日救亡。具有革命斗争传统的香港海员，洋务、铁路、码头、纺织等产业工人中的进步分子，发动香港同胞，组织各种形式的抗日团体。同年12月，"香港救国会"成立，开展救亡活动，并发动工人、青年学生声援广州等地的抗日救亡运动。接着，香港爱国青年学生纷纷成立抗日救亡团体。

侨居各国的华侨也纷纷组织抗日团体，与国内的抗日爱国运动相配合。如在美国成立了"华盛顿华侨抗日后援会"、"纽约华侨抗日救国协会"、"旧金山中华民族武装自卫会"、"美洲反帝大同盟"等救国团体。在新加坡成立的"中华民族自卫会"和马来亚（今马来西亚）成立的"和平保障会"，联合发动了反日反内战的大示威运动。1936年1月，在法国成立了"中华民族抗日自救会"，旅法侨胞在抗日救国的伟大旗帜下，实现了大联合。接着，在欧洲的德国、英国、比利时、瑞士、瑞典、荷兰等地侨胞也先后联合起来。①1月中旬，美国纽约侨领司徒美堂和陈光润发出全侨大联合、组织抗日救国战线的呼吁。于是，纽约各界华侨抗日救国协会成立。之后，华盛顿、芝加哥、旧金山的华侨社团也先后实行了大联合②，促进了抗日救国活动的开展，有力地

---

① 法国《救国时报》，1936年2月4日。
② 法国《救国时报》，1936年1月19日。

声援和配合国内的抗日救亡运动。

（二）"七七"事变后港澳同胞掀起抗日救亡运动

抗日战争爆发以后，港澳同胞和海外侨胞更加心向祖国、家乡。他们以高昂的爱国热情，掀起了更大规模的抗日救亡运动。

香港纷纷成立赈济祖国、家乡难民的组织。1937年9月，由香港大学学生会发起，成立了一个全港性的香港学生赈济会（简称"学赈会"），先后有600多间大、中、小学的学生参加，人数达到10万人，由44人组成最高执委会，以香港大学的李政耀为主席，以学校为组织单位，聘请香港大学副校监、基督教会督何明华，大律师罗文锦等为顾问。学赈会确定以"扶危救灾"为宗旨，以慈善机构的名义进行抗日救亡运动。青年学生利用合法地位，在香港掀起声势浩大、形式多样、生动活泼的抗日宣传活动。他们在大街小巷和乡村宣传、演抗日戏剧，如演出《放下你的鞭子》、《在生死线上挣扎》等。学赈会属下的儿童团演唱抗日歌曲，在孔圣堂举行的一次儿童抗日歌咏比赛，对全港青少年大唱抗日救国歌曲起了推动作用。各青年团体还在香港各报刊撰写文章，揭露日本帝国主义加紧进攻华北、华南，妄图灭我中华民族的狼子野心，宣传祖国抗日军民英勇抗日的英雄事迹等。学赈会主编的《学生呼声》，为青年学生宣传抗日救国提供了阵地，在香港同胞中扩大了影响，有力地支援了祖国、家乡的抗日斗争。

在此前后，香港还建立了惠阳青年会、西江同乡会、琼崖同乡会、南路同乡会、恩平同乡会、清远同乡会、会宁同乡会、宝安青年会、台山青年会、海陆丰同乡会、余闲乐社、青年记者学会、基督教青年会、青年同乐社、晨钟体育社等。同时，香港文化界相继成立了中华艺术协进会，举办文化界座谈会等；妇女界成立了基督教女青年会、妇女救灾筹赈会、妇女新生活运动会、妇女慰劳会，并在此基础上成立了妇女团体联席会，作为香港妇女抗日工作的最高领导机关。

香港工人的抗日救亡运动也有新的发展。香港海员工会以抗日救国为中心任务，联合余闲乐社等团体，发动反日罢运斗争：要求在日本船上做工的中国海员自动离船；在其他国家船上做工的，拒绝载运任何军用物资给日本；对原来航经日本的船只，要求公司改变航线。香港海员工会还加强与广州等地区海员的联系，并致信美国等国的海员，共同制止对日交通，抵制运载物资赴日。香港海员的罢运斗争，不仅得到了中国大陆海员的响应，而且得到外国海员的支持。日本轮船公司的中国海员3 500人全部离船回国。英国昌兴公司4艘"皇后号"轮船就有845名中国海员为反对运载物资赴日本而罢工离船。据不完全统计，从"七七"事变至1937年年底的5个多月中，参加反日罢运斗争的中国海员就有5 479人。香港海员工会发动的罢运斗争，直接干扰和破坏了日本在海上的运输线，给资源缺乏的日本侵略者以有力的打击，以实际行动反抗日本帝国主义对祖国、家乡的侵略。①

---

① 《香港职运工作报告——1936年6月至1939年11月香港工人的生活概况、职工组织和反日斗争等情况》，见中央档案馆、广东省档案馆编：《广东革命历史文件汇集》，甲44卷，16页，1987年印行。

澳门在"七七"事变后，于1937年8月12日，由学术界、音乐界、戏剧界、体育界组成"澳门四界救灾会"，通过组织章程，发表成立宣言，推选出理事会成员陈少伟为主席，廖锦涛（中共党员）等为理事。此外，还先后建立澳门焚苦文艺研究社、炎青读书会、呐喊文艺研究社、澳门各界救灾会、中国青年救护团、文化协会、绿光剧社、起来剧社、前锋剧社、晓钟剧社、妇女互助社等抗日救亡团体。它们以救灾扶危为宗旨，在澳门宣传抗日救亡的主张和内地军民抗日的英勇事迹，揭露日本帝国主义侵略中国、蹂躏家乡的罪行，与祖国、家乡的抗日斗争密切配合。①

（三）华侨组织抗日团体救国救乡

侨居海外的侨胞，在全面抗日战争爆发之后，纷纷致电国共两党，坚决拥护国共合作，"共同御侮，共同建设独立、自由、幸福的新中国"②。同时，他们在侨居国以高昂的爱国热情，组织各种形式的抗日救亡团体，支援祖国、家乡的抗日斗争。马来西亚华侨组织抗敌后援总会，拥有广大会员；新加坡以及雪兰莪、柔佛、马六甲、吡叻、槟城等州市也分别成立抗敌后援会的组织。在广大侨胞的推动下，侨居马来亚的著名爱国华侨陈嘉庚，以"新加坡中华总商会"的名义，倡议华侨组织救亡团体，并于1937年8月15日在新加坡召开侨居大会，成立"马来亚新加坡华侨筹赈祖国伤兵难民大会委员会"（简称"筹赈会"）。筹赈会设委员32人，

---

① 中共广东省委党史研究室著：《中国共产党广东地方史》，第1卷，449页，广东人民出版社1999年。

② 《新华日报》，1938年5月20日。

陈嘉庚被选为主席。该会的宗旨是：发动华侨以最大牺牲，协助祖国抗战；为祖国的伤兵难民筹赈。筹赈会是新加坡、马来亚地区华侨联合抗日的开端。在筹赈会的推动下，马来亚12个区也相继成立了筹赈会。

在缅甸，广东公司、福建公司、云南会馆等93个华侨社团于7月25日在仰光成立"缅甸华侨救灾总会"。此外，旅居菲律宾、安南（今越南）、暹罗（今泰国）、荷属东印度（今印度尼西亚）等东南亚各国的侨胞也相继成立各种以"筹赈"、"慈善"为名的抗日救亡组织。①

随着祖国抗日战争的发展，东南亚华侨的抗日救亡运动也进入新的高潮。为了统一各地的抗日筹赈运动，建立华侨抗日救亡斗争的统一战线，在侨领陈嘉庚等的倡议下，东南亚各地60多个华侨团体代表，于1938年10月10日，在新加坡南洋中学成立"南洋华侨筹赈祖国伤兵难民总会"（简称"南侨总会"），作为东南亚地区华侨抗日救国运动的最高领导机关。该会发表了宣言，并确定了抗日救国的任务，号召东南亚各地爱国侨民，各尽所能，各竭所有，自策自鞭，自励自勉，踊跃慷慨，贡献于祖国。②

此外，旅居欧洲的华侨成立"全欧华侨抗日联合会"，旅居美国的91个华侨社团成立"旅美华侨统一义捐救国总会"。华侨以各种名义组织的抗日救国团体，如雨后春笋般

---

① 黄慰慈、许肖生著：《华侨对祖国抗战的贡献》，32页、35页，广东人民出版社1991年。
② 广东省人民武装斗争史编纂委员会编著：《广东人民武装斗争史》，第三卷，16页，广东人民出版社1994年。

地出现在世界各地。

1938年10月，日军入侵广东以后，海外粤侨更加义愤填膺，纷纷表示要立即行动起来，救国救乡。

10月中旬，新加坡惠州会馆发出召开南洋惠侨代表大会，共商救乡大计的倡议。10月30日，在马来亚雪兰莪州首府吉隆坡成立了南洋英、荷两属惠州同侨救乡委员会（简称"南洋惠侨救乡会"），推举爱国侨领黄伯才为主席，戴子良、孙荣光为副主席。该会的宗旨是募集义款，救济惠州十属受难同胞。决定统筹统汇、长期募集救济义款，实行积极赈灾和积极救乡两大原则。英属的雪兰莪、森美兰、马六甲、新加坡、霹雳、彭亨、怡保、槟榔屿、荷属的棉兰等地也纷纷成立了南洋惠侨救乡会分会。南洋惠侨救乡会成立后，把分布在南洋英、荷两属各地的10多万惠侨组织起来，形成了惠侨联合抗日救乡的集体力量。①

东江下游和广州以及珠江三角洲沦陷之后，日军准备进犯海南岛。琼籍侨领周文治和王谟仁等建议在香港召开海外琼崖华侨代表会议，商讨救国救乡大计。在东南亚各地琼州会馆和琼籍侨胞的响应和支持下，于1939年1月20日，来自新加坡、马来亚、暹罗、安南和中国香港地区的代表80余人，在香港召开琼崖华侨代表大会。会议决定成立琼崖华侨联合总会（简称"琼侨总会"），确定了救国救乡的主要措施是：设立战区难民救济委员会和战时难民垦殖委员会；组织琼侨回乡服务团和救护队；各地琼侨会馆募款救乡等。

---

① 东江纵队史编写组编：《东江纵队史》，35～36页，广东人民出版社1995年。

7月15—17日，琼侨救乡代表大会在新加坡举行，决定成立琼崖华侨联合总会救济委员会（简称"琼侨救济总会"），并在南洋各地设立分会。琼侨总会和琼侨救乡总会的成立，把南洋各地的琼侨组织起来，形成琼侨联合救乡的抗日运动。①

其他侨居国的粤侨也以各种形式组织救国救乡的抗日团体。

海外华侨组织的抗日团体，推动了抗日救亡运动的开展。他们在宣传、动员和组织广大华侨声援祖国、家乡的抗战方面都发挥了重要的作用。

二、经济上的支持

（一）大力捐输支援抗日武装

抗日战争爆发后，各地华侨和港澳同胞，在各地抗日救亡团体的领导下，慷慨解囊，踊跃捐输，支援祖国、家乡抗战。

华侨和港澳同胞，为了从经济上支援抗战，不少富商巨贾，不吝金钱；贫寒劳工，节衣缩食，倾尽血汗，感人至深。筹赈运动持续不断，抗日捐款名目繁多，有月捐、难童捐、救灾捐、购机捐、寒衣捐、劳军捐和认购债券等。广大华侨和港澳同胞认识到：助赈捐输是对祖国、家乡尽"匹夫之责"。

日军侵占广东部分地区以后，旅居世界各地的侨胞和港澳同胞，更加踊跃地开展筹赈运动。除了月捐和临时性专项

---

① 黄慰慈、许肖生著：《华侨对祖国抗战的贡献》，41~42页，广东人民出版社1991年。

捐款外，还采用劝募，举行游艺会、音乐会，举办球赛、书画展览，以及演剧、舞龙舞狮、放电影、卖花等形式筹款。如南洋惠侨救乡会把侨居南洋英、荷两属的惠侨10多万人组织起来，开展声势浩大的宣传和募捐活动。吉隆坡组织的"马华蜜蜂歌剧团"和加影华侨组织的"前卫剧社"，到马来亚各地进行义演捐款。特别引人注目的是中小学的学生，成群结队，组织卖花捐款。①

据广东省银行对粤侨、港澳同胞支援祖国抗战的汇款统计，1937年为3.8亿元，1938年为5.1亿元，1939年、1940年各为10.2亿元；② 1941年7月，香港华商总会募债款1 000万元；③ 1937—1941年，海外华侨认销公债、航空献金等约为18亿元，投资6.8亿元。④

华侨和港澳同胞在开展"援八（八路军）、援四（新四军）"运动的同时，还开展了对华南敌后人民抗日武装的援助和赈济广东受难同胞的活动。

1938年冬，华南敌后抗日游击战开展之初，人民抗日武装无固定军费和粮饷，经济非常困难。中共中央书记处关于琼崖工作给广东省委指示：经费主要"依靠人民筹给，并可求助于华侨"，"你们要把琼岛创造为争取九百万南洋华侨的中心根据地"。⑤ 中共广东省委也指示："在广东游击战的发

---

① 广东省人民武装斗争史编纂委员会编著：《广东人民武装斗争史》，第三卷，95~96页，广东人民出版社1994年。

②③④ 《广东一月间》，1941年11月号，1941年7月号，1941年8月号。

⑤ 《中共中央关于琼崖工作给广东省委的指示》（1940年1月26日），见中共中央档案馆编：《中共中央文件选集》，第12册，245页，中共中央党校出版社1991年。

展上，必须很大的争取与依靠华侨的物质和精神的帮助。"①当时，人民抗日武装的经费来源，除依靠当地群众自筹外，主要来自海外华侨和港澳同胞的支援。

在东江，中共组织积极动员华侨和港澳同胞支持东江人民抗日游击队。南洋惠侨救乡会、美洲纽约惠州工商联合会和香港的余闲乐社、惠阳青年会、惠坪乐善公所、宝安青年会等抗日救亡团体和华侨学校的师生，通过募捐、义演、卖花劝捐等活动，筹款支援曾生领导的东江人民抗日武装。1939年初，海外华侨寄给宋庆龄转交曾生部队的捐款就达港币20万元，以后还多次捐款援助，并捐赠被服、军鞋、药品等物资。②南洋惠侨救乡总会组织回国的东江华侨回乡服务团（简称"东团"）文森队（爱国侨领官文森独资组织）、两才队（爱国侨领黄伯才、张郁才出资组织）和吉隆坡队，带着广大华侨捐献的布匹、衣服、药品等一大批物资支援东江人民抗日部队。1939年2月25日，南洋惠侨救乡总会第二次代表大会决定：把惠侨捐款助战和救济款项的40%献给新四军，40%献给惠（阳）宝（安）人民抗日游击总队，20%作为惠州难民救济费。③ 在美国纽约一带，惠侨人数仅有300人左右，且多属贫困，他们除分担救国捐款和公债外，于1939年下半年汇回国币5 000余元、港币6 000元，

---

① 《张文彬关于广东工作给中共中央并南方局的综合报告》（1940年3月7日），见中国人民解放军历史资料丛书编审委员会编：《华南抗日游击队》（上），299页，军事科学出版社2008年。

②③ 《新加坡南洋商报》，1939年2月28日。

支援曾生部队和东团的抗日斗争。①

华侨对琼崖人民抗日武装也有重大的经济援助。广大海外琼侨，组织了"援冯（白驹）委员会"、"琼崖华侨联合总会救乡委员会"等抗日爱国团体，通过各种渠道募捐大批款项、物资支援琼崖人民抗日武装。1939年5—6月间，琼崖华侨联合总会救乡委员会通过廖承志转给冯白驹领导的琼崖人民抗日武装的捐款国币4万元、医药一批，以后还每月给该部汇款国币6 000元，一直到太平洋战争爆发为止。马来亚琼侨一次就捐助叻币1万余元。②

1940年4月，中共琼崖特委就华侨支持琼崖人民抗日武装的情况，向中共中央做了报告："我们独立队与海外侨胞的关系，在广州湾方面我们有一个半公开的办事处，在香港也有一个半公开的代表，主要的任务是联络海外琼侨。在这之前，我们也曾派代表到暹罗、新加坡两地去访问和募捐，结果颇得琼侨欢迎，并募得2万元以上。现在新加坡方面，已有'援冯会'的组织，经常捐款接济独立队，而香港的海员方面也有经常的月捐，这两部分每月的捐款，有五六千元。此外，我们还与琼侨联合总会方面联络，而各地琼侨返乡服务团，也全在我们领导下。这两个团体曾给我们以药品、军毡、卫生衣等许多帮助，并捐予我们4 000元法币。"③

（二）粤侨和港澳同胞赈救家乡难民

1938年10月，广东东江地区沦陷后，南洋惠侨救乡总会

---

①② 中国人民解放军历史资料丛书编审委员会编：《华南抗日游击队》（上），31～32页，军事科学出版社2008年。

③ 《李吉明关于琼崖抗战情况的报告》（1940年4月10日），中央档案馆、广东省档案馆：《广东历史革命文件汇集》，40页、79页，1987年印行。

号召广大惠侨捐款献物。据不完全统计，该会所筹集的捐款用于支持祖国抗战和救济受难同胞的国币约1 000万元。11月，南洋惠侨救乡总会还派遣黄适安（原名何友狄）、钟醇生和黄赫群等回国施赈。他们到达香港后，一方面与旅港惠属团体接洽，筹设施赈机构；另一方面派员进入东江地区，调查战祸灾情，开展施赈救灾工作。12月22日，"南洋惠侨救乡会驻港施赈办事处"成立，随即派员携带广大惠侨的捐款回到惠阳、博罗一带，并购买粮食运往灾区，施发给难民；同时，购买大批医疗药品，派出救护队到各乡施药。1939年初，东江华侨回乡服务团正式成立后，赈济灾民的工作由东团负责。①

1939年2月起，海南岛逐步沦陷。琼侨救乡总会及时组织广大琼侨捐输，救济琼崖难民，并派侨领郭新、王兆松、王谟仁3人回琼崖视察，组织救灾工作。此时正是严冬时节，当务之急是解决灾民的冬衣被盖问题。琼侨救乡总会即刻购买和赶制军毡5 000条、棉被3 000床、寒衣1.8万件、背心1万件、毛巾1万条，运回琼崖救济难民。以后，又不断捐献现款、衣物、药品等赈济家乡同胞。从1939年底开始，琼侨赈济灾民的具体任务由琼侨华侨回乡服务团负责。②

此外，赈济潮汕难民，救济四邑（台山、开平、恩平、新会）灾民等也是粤侨救乡运动的一项重要活动。

1938年底，马来亚潮侨救乡总会在南洋各地开展晒饭干救济潮汕饥民的活动。他们把晒成的饭干，汇集成包，运往潮汕地区。次年，派王文生、黄芹生、麦仲文等组成"马潮

---

①② 黄慰慈、许肖生著：《华侨对祖国抗战的贡献》，96~99页，广东人民出版社1991年。

救乡总会救济家乡难民代表团",深入潮汕视察灾情和办理救灾事宜。代表团随即在香港购买1.65万港币药物运回潮汕地区赈救灾民。1940年,潮汕粮食奇缺,潮侨救乡会和香港潮胞社团先后筹款30万元,购买大批米粮赈济难民。

1940年,四邑除惨遭战祸外,又碰上严重的自然灾害,侨乡大众流离失所。海外四邑侨胞,为救济家乡同胞,尽了巨大的努力。①

太平洋战争爆发后,米价暴涨,米荒蔓延广东全省。1942年,世界各地粤侨竭尽全力开展筹赈活动。纽约华侨专门为广东难民举行"七七"纪念日献金运动,于7月电汇国币100万元回粤,救济家乡难民。波士顿在"七七"纪念日为难民筹赈,共得国币150万元,其中45万元救济全国伤兵难民,105万元汇回广东,救济广东难民。②

在八年抗战中,香港、澳门同胞多次把募捐的金钱、衣物、药品带回广东,支援抗日部队和赈济家乡难民。

总之,粤侨和港澳同胞的捐资助战、赈济桑梓,其规模之大,时间之长,范围之广,实为罕见的爱国爱乡伟大壮举,为祖国以及华南抗日斗争做出不可磨灭的贡献。

三、人力上的支援

(一)组织回乡服务团参加抗日斗争

华侨和港澳同胞除募捐财物救国助战外,还组织爱国青年

---

①② 黄慰慈、许肖生著:《华侨对祖国抗战的贡献》,96~99页,广东人民出版社1991年。

回国回乡投入抗战的行列,甚至直接参军参战,出现了父母送儿女、妻子送丈夫、家长带领全家回乡参加抗战的热潮。

"七七"事变后,回国参加抗战的华侨和港澳同胞,其足迹遍及全国各个抗日战场。有的参加保卫祖国领空和领土的作战;有的参加抗日救亡、赈济伤兵难民工作;有的在战场和后方抢救伤病员;有的担负运输战略物资的重任;有的参加后方和敌后抗日根据地的生产建设工作。

在华南战区,从1937年8月开始,香港的惠阳青年会、海陆丰同乡会、恩平同乡会、清远同乡会、西江同乡会、南路同乡会、会宁同乡会等组织,以及澳门"四界"救灾会,先后组织了回乡救亡服务团,回到广东的东江、西江、四邑、南路和海南等地,参加抗日救亡运动。

1937年8月至1938年11月,在香港先后有3批共104名爱国青年,参加中共香港市委和海员工作委员会组织的"香港惠阳青年回乡救亡工作团",在严尚民、叶锋、刘宣率领下,回到广东惠阳、宝安沿海地区参加抗日斗争。1938年3月至10月,香港海陆丰同乡会回乡救亡工作团,先后组织了90多名共产党员和爱国青年,由吴禄、朱英等率领,分批回到海陆丰和惠阳地区开展抗日救亡运动。①

1937年11月,马来亚华侨"槟城救伤队"50名队员,在广东受训后,即被派往全粤各地开展战地服务。他们随军出发,转战珠江、西江和北江地区,既救护受伤将士,又救护伤病难民,并参加战斗。1938年8月,由林鹭英率领回国

---

① 东江纵队史编写组编:《东江纵队史》,33页,广东人民出版社1995年。

的安南青年童军服务团66名男女团员,在广州受训后,被派往驻惠州的第一五一师服务。可以说,国民革命军第十二集团军的各路部队,基本上都有华侨青年从事战地服务。①

1938年10月,日军入侵广东以后,海外的爱国华侨和港澳同胞,更加义愤填膺,激发起爱国爱乡的热情。他们立即行动起来,组织各种救亡团体,到广东各地参加救国救乡的抗日斗争。

从12月起,香港学生赈济会组织的青年学生回乡服务团和慰问团(队),先后有4批共242人回到茂名、电白、信宜、江门、新会、鹤山、高明、高要、广宁、韶关、怀集、清远、阳山、连山、乳源、曲江、翁源、中山、番禺、南海、顺德、汕头、揭阳等地。他们的任务是:做国民党部队的工作,促使国民党部队坚持抗战;做抗日救亡的宣传工作;组织民众抗日武装。他们的工作重点放在南路,以茂名为中心。"学赈会"服务团在广东各地开展各种抗日救亡工作,尤其在南路推动张炎成立了学生队,从而奠定了南路人民抗日武装斗争雄厚的基础。②

澳门"四界"救灾会在抗战初期,也组织了回乡服务团。从1938年10月到1940年6月,先后动员了共155人,组成11支队,由廖锦涛率领,回到广东的南路、西江、中区和珠江三角洲等地开展抗日救亡运动。③

---

① 黄慰慈、许肖生著:《华侨对祖国抗战的贡献》,136页,广东人民出版社1991年。

②③ 广东省人民武装斗争史编纂委员会编著:《广东人民武装斗争史》,第三卷,89~90页,广东人民出版社1994年。

日军在惠阳大亚湾登陆后，南洋惠侨救乡委员会的代表黄适安等在香港与惠州籍的团体商讨组织东江华侨回乡服务团等事宜。1939年1月中旬，在惠阳县的淡水圩正式成立"东江华侨回乡服务团"（简称"东团"），团长叶锋，副团长刘宣。东团成立后，在中国共产党的领导下，国内外青年踊跃参加，很快成立了惠阳、海陆丰、博罗、紫金、河源、龙川、和平7个分团（9月改为队）和东（莞）宝（安）、增（城）龙（门）、两才队、文森队、吉隆坡队共5个队，以及一个东江流动剧团。其人数迅速发展到500余人，活动范围遍及惠阳、博罗、东莞等13个县和惠州市。他们在东江地区开展了广泛的抗日救亡运动。至1940年初，通过他们组织起来的群众达1万人，并组织抗日自卫队和抗日随军杀敌队，为东江人民抗日武装的建立和发展，为东江地区抗日游击战争的开展打下了良好的群众基础。①

琼崖的爱国华侨和琼籍的港澳同胞，在日军进攻华南后，于1939年1月26日成立了"琼崖华侨联合总会回乡服务团"（简称"琼团"），范世儒为团长，符思之为副团长。同年2月，日军入侵海南岛后，海外琼侨纷纷参加服务团，回国参加抗战。1939年夏，回乡服务团在符克、符思之、陈琴、梁文墀的率领下，先后分4批共240多人回到琼崖。6月19日，4个服务团合并，在琼山县树德乡成立"琼崖华侨联合总会琼崖华侨回乡服务团总团"（简称"琼侨回乡服务团总团"），总团长符克（1940年8月牺牲，由符思之接

---

① 广东省人民武装斗争史编纂委员会编著：《广东人民武装斗争史》，第三卷，92~93页，广东人民出版社1994年。

任),副团长陈琴、梁文墀,特支书记符思之。总团分成若干工作队和医疗队,还成立有三四十人的歌剧队,奔赴琼崖各地开展抗日宣传、救济灾民,为军民送医药等抗日救亡活动。①

会宁(四会、广宁)华侨回乡服务团(简称"会宁团"),是在香港会宁同乡会回乡服务团的基础上组织起来的。1938年4月,会宁同乡会回乡服务团扩大为华侨回乡服务团,团长孔令淦,副团长陈子贤,共有团员50多人,分为四会队和广宁队。4月下旬,会宁团回到四会、广宁地区,开展抗日宣传,组织抗日武装,并帮助恢复重建四会、广宁的中共组织,为西江地区的抗日斗争做出了贡献。②

此外,还有潮汕华侨回乡服务团、清远华侨回乡服务团、增城华侨救护队等。从抗战爆发起,海外华侨、港澳同胞回国回乡服务团约有30个。据国民政府广东省侨务委员会1946年的统计,抗战期间,回国参加抗战的粤籍华侨有4万多人,仅东南亚各地的粤侨就约有4万人,美洲和澳洲的粤侨1 000人左右。③ 其中,很大部分参加了广东各地的抗日斗争。

(二) 回国回乡参军参战

华侨和港澳同胞除了参加华侨回乡服务团开展抗日救亡

---

① 中共广东省委党史研究室著:《中国共产党广东地方史》,第1卷,455页,广东人民出版社1999年。

② 中共广东省委党史研究室著:《中国共产党广东地方史》,第1卷,455~456页,广东人民出版社1999年。

③ 《华侨先锋》,第9卷,1~2期合刊,69页,1947年。

斗争外，还动员和组织爱国青年回国回乡直接参军参战，抗击日军。华侨和港澳的爱国青年回国回乡抗日者，绝大部分参加了东江、珠江、琼崖、韩江、粤中和南路等地区的抗日游击队。有不少的华侨飞行员回国后奔赴前线，在空战中抗击日军侵略军，做了很大的贡献和牺牲。

1938年10月下旬，曾生等在惠阳坪山建立了人民抗日武装之后，香港中共组织在20天内动员了200余名爱国青年回到东江。从香港回来的大批爱国青年，成为曾生等组建惠宝人民抗日游击总队的基本队伍和主要骨干。如香港女教师李淑桓把6个儿女先后送回东江参加人民抗日武装。

1940年前后，广东各地的华侨回乡服务团相继被国民党广东当局取缔，被迫停止活动。1940年春，东团被迫解散后，其团员绝大部分先后参加了曾生、王作尧部的人民抗日武装。在东团的南洋爱国青年90人中，有63人直接被编入曾生和王作尧的抗日部队。

据不完全统计，从东江人民抗日武装建立起，直到1941年12月太平洋战争爆发前，先后参加东江人民抗日武装的华侨和港澳同胞的爱国青年有1 000多人。其中，东团吉隆坡队73名队员中，有52人直接被编入惠宝人民抗日游击总队。[①]

香港沦陷后，港澳地区的中共党员和爱国青年纷纷回东江敌后和广东各地参加人民抗日游击队。在香港、九龙地区成立的广东人民抗日游击队港九大队，以港九、新界的工

[①] 广东省人民武装斗争史编纂委员会编著：《广东人民武装斗争史》，第三卷，97页，广东人民出版社1994年；《华声报》，1985年8月27日。

人、农民青年为主体,其人数达400人。此外,仅香港中华书局和大东书局,就有70多名工人和中共党员集体到东江游击区加入广东人民抗日游击队第五大队。

琼崖华侨回乡服务团276人中,参加琼崖独立总队和抗日民主政权工作的达95%以上。①

各抗日游击队和抗日民主政权,根据华侨青年的特长和抗日斗争的需要为他们安排工作,有的在民运队从事发动群众支援抗日游击队战斗的工作;有的在部队医院从事救死扶伤的工作;有的从事部队的给养、后勤工作;有的参加敌后武工队,深入敌后杀敌锄奸;还有大量的青年参加战斗部队,战斗在敌后抗日战场上。

华侨和港澳同胞的青年,在参加东江、琼崖等地的人民抗日武装以后,在中国共产党的培养和教育下,经过长期艰苦斗争的训练,许多人加入了中国共产党,不少人还成为广东各地人民抗日游击队的领导骨干。在组建抗日武装的初期,惠宝人民抗日游击总队队长曾生,政委周伯明,主要军事干部彭沃、叶基,政治干部谢鹤筹、叶锋、刘宣等都是从香港回来的。惠宝人民抗日游击总队副总队长兼参谋长郑晋(郑天保)是从南洋回来的。他们大部分后来都成了东江纵队各级的领导骨干。东江纵队有9个支队和1个自卫总队,除北江支队外,其余支队和大队的领导骨干大都是海外华侨和港澳同胞中的爱国青年。不少华侨和港澳的女青年在战争中经受考验,成为英勇的战士和出色的指挥员,如东江纵队

---

① 《华声报》,1985年8月27日。

港九大队市区中队长兼指导员方兰、东江纵队政治部政工队长欧中雄、广东人民抗日解放军司令部直属党委书记林玩等，都是港澳、华侨姑娘。

返回琼崖参加抗日斗争的青年，不少成为琼崖人民抗日武装和地方政权的领导骨干。琼侨回乡服务团特支书记、第二任总团长符思之，后来成为琼崖北区地委书记、专员；琼侨回乡服务团副总团长梁文墀，后来成为琼崖独立总队军医处长；马来亚华侨学生抗敌后援会负责人陈青山，回琼崖参加抗战，后任琼崖纵队第四支队政委……

在长期的抗日斗争中，还涌现了一批华侨的英雄人物，如泰国归侨林文虎等，作战勇敢，屡立战功，表现出大无畏的革命精神和出色的军事才能。还有许多华侨和港澳青年，为了救国救乡把热血洒遍南粤大地，浇灌了民族解放的鲜花，如东江华侨回乡服务团两才队队长、敌后武工队队长黄志强，马来亚吉隆坡归侨、短枪队队长叶风生，澳门"四界"救灾回国服务团团长廖锦涛，暹罗华侨、东江纵队独立第三大队主力中队队长陈廷延，琼侨回乡服务团总团长符克，琼侨回乡服务团总团副团长陈琴，爱国华侨汕青游击队分队长许英，飞行员陈其伟等无数爱国华侨、港澳青年，为广东的抗战光荣地献出了自己年轻的生命。

第五节 南澳之战

南澳之战是惠广战役前广东抗战中的最大一仗。收复南澳，表现了广东军民英勇不屈的爱国主义战斗精神，具有重要的历史意义。此战之失利，也给我们留下了贫穷落后必然处于被挨打地位的沉痛教训。

一、日军侵占南澳

（一）南澳概况

南澳是孤悬在粤东潮汕海面的岛屿县份。它北望饶平，西临澄海，主岛面积为106.2平方公里（至20世纪90年代为128.35平方公里），周围有22个小岛，全县总面积为109.12平方公里（至20世纪90年代为130.91平方公里）。抗日战争前，全县人口约3.2万人。南澳是我国南太平洋中的天然堡垒，西南离汕头港44.4公里，西北距饶平县海山岛7.2公里，东南离台湾高雄港296.5公里，是广东离台湾最近的县份。它孤悬于闽粤交界的海面上，战略地位重要，环岛四周港湾曲折，海岸线长77公里，岛内山多林密，形势险要，实为"潮汕屏障，闽粤咽喉""东南之门户"，华南海防要地，也是一个美丽富饶的岛屿。民国元年（1912年）10月，南澳结束了闽粤共管的历史，成了一个县，归属广东省。

自明朝起，倭寇屡犯南澳。南澳岛与我国历史上著名的三位民族英雄——戚继光、郑成功、刘永福的名字相联系。这里的人民有着优良的爱国主义传统。

由于南澳岛具有重要的战略地位，日军早就对其虎视眈眈。"九一八"事变前后，日寇派遣多名浪人、特务潜入岛内探察，测量地形。日军的测量舰，也常游弋于南澎、澳海海面，试探水深和海湾形势，为以后侵略做准备。

"七七"事变后，驻潮汕的第一五五师师长兼东区绥靖主任李汉魂发表宣言："抗战不分党派，除奸不分亲友。"

1937年7月29日，中共闽西南军政委员会和红军代表邓子恢、谢育才直接与驻厦门的第六十二军第一五七师师长兼厦门警备总司令黄涛的代表练惕生等在龙岩谈判，签订了合作抗日协定。第一五七师从师部到连部，都有中共地下工作人员在官兵中做抗日宣传发动工作，为该师从思想上、军事上做好了抗日的准备。①

9月23日，在中共党员曾应之、陈光、钱东等的率领下，35人组成的"汕头青抗会一五五师随军工作队"开往第一五七师师部驻地潮安报到并受训，后赴潮州、揭阳、普宁、惠阳巡回活动，从事抗日备战的工作。

1938年2月，第一五五师调防时，李汉魂把随军工作队转到接防的黄涛第一五七师设于汕头市的政训处工作。

自1937年12月和1938年5月福建的金门和厦门先后沦陷后，潮汕形势顿时紧张起来。1938年1月，汕头市及潮州、澄海、饶平、南澳成立了第九区民众抗日自卫团，各县也成立自卫团（团长由县长兼任），南澳也成立了由近百人组成的抗日自卫中队，并加紧训练。

厦门失陷后第6天，即5月19日，徐州国民政府撤退，日军酋松井主张积极进攻华南，但是鉴于华南抗日意识特别

---

① 李友庄：《我在海山指挥南澳之战》，见中共南澳县委党史征集领导小组办公室编（林俊聪执笔）：《孤岛血战》，1987年印行。

强，兼之对英、法两国利益有所顾忌，故日军台湾军事会议决定"三分军事七分政治"的侵略策略，没有马上进攻广东。

6月中旬以后，日机、日舰不断窥伺、肆扰潮汕沿海一带，并炮击潮阳、惠来、澄海、饶平等沿海地区，其目的在于试探我国海防虚实，图谋进攻南澳岛。

日军攻占战略要地南澳的目的，是把它作为进犯潮汕及广东的跳板，配合北线南下的日军，骚扰华南，妄图以此涣散我国民众的抗战精神，同时对英、法两国做进一步的试探，牵制广东的实力，以配合夺取武汉的战略。

早在1936年，有一位广东爱国青年、摄影师沙飞（原名司徒传，开平人）就察觉日军有意在广东先吃掉南澳岛的侵略野心。他于是年6月亲自上南澳调查了解该岛情况，特别是日本浪人、特务的踪迹，拍摄了数十个镜头，以《南澳岛——日人南进的一个目标》为题，选择了20幅专题照片发表在邹韬奋主编的《生活周刊》第26期（1936年11月29日出版）上，后又多次在各地展出照片，以唤醒国人的注意和警惕。

1938年6月，广东军政当局电令潮汕防军，密切加强戒备，一方面加紧肃清汉奸，另一方面动员民众，壮大抗日自卫团，枕戈待旦，实施武装保卫潮汕。

（二）日军进犯南澳

6月20日，日军调集华南沿海舰艇20多艘和飞机4架，轰炸南澳。

南澳形势火急，南大门万分危险！此时的潮汕海防非常薄弱,没有战舰、飞机,故驻汕防军当局无法火速救援南澳,而南澳本身防军单薄,独力难支,更何况县长昏庸,军官胆怯。

21日凌晨3时,日海军陆战队300余人,在飞机轰炸和军舰的炮火掩护下,从县城西部的钱澳一带登上南澳岛。守军地方保安营营长罗静涛率300多名官兵与敌稍作交战,却未尽守土之责,即全部撤退,逃往饶平县的柘林。县长兼自卫团团长林捷之也以久病为由,弃职逃往大陆。南澳自卫中队仅二三十人,缺乏武器弹药,抵挡不住日军的攻势,或撤往饶平县海山,或藏在岛上。于是,难民四散内迁。日军长驱直入,轻易地占领了县城隆澳,南澳遂告沦陷。①

潮汕防军最高长官,第一五七师师长黄涛很快将畏敌潜逃的罗静涛、林捷之扣押,呈准驻广州第四路军总司令余汉谋,将罗静涛公审枪决,将林捷之押解到广州总部囚禁,10月21日判有期徒刑5年。②

南澳沦陷后,日军在县城迅速组织起维持会,建立傀儡政权,并把该岛作为进一步侵犯潮汕的根据地。

3万多岛民,一下子沦于敌手。日军在南澳气势汹汹,实行封海,使渔民无法出海捕鱼,船夫无法驾船运输,完全断绝了生活来源。日军兽兵,随意劫掠杀人,奸淫妇女,无

---

① 郭少音:《南澳血战记》,19~20页,汕头启明书店、香港青年救亡出版社1938年。
② 广东省立中山图书馆编纂:《民国广东大事记》,603页,羊城晚报出版社2002年。本目除注明出处外,主要转引自林俊聪著:《孤岛喋血》,汕头群众艺术馆1996年印行。

恶不作，南澳成了人间地狱！

哪里有压迫，哪里就有反抗！孤立无援的南澳人坚强不屈。他们虽手寸无铁但利用编写的民谣唱衰日军，鼓舞抗敌意志。如有的民谣唱道："现在只有两条路，不是抗战是投降，谁人愿做亡国奴？谁人愿去做汉奸？除非无知个猪狗，除非无耻个臭人。""南澳老小受遭殃，此仇唔（不）报不是人！""日本鬼子敢逞凶，就是看俺弱可欺，俺举桨棍做刀枪，勇敢杀敌勿迟疑。"

二、义勇军收复南澳

（一）我军民部署收复南澳

南澳的沦陷，引起了潮汕和全省军民的痛心和愤慨。在华北、华中各地人民抗日热情的鼓舞下，在民族义愤、爱国热情的感召下，潮汕驻军和人民群众决心给侵澳日军以坚决的反击，收复失地，拯救深陷水深火热之中的南澳同胞。

1938年7月初，爱国抗日将领黄涛师长从师部所在地的丰顺县汤坑到汕头，连夜紧急召开军事会议。汕头市长何彤，第九区抗日民众自卫团统率委员会主任刘志陆、副主任陈卓凡，第八区抗日民众自卫团统率委员会主任翁照垣、副主任林先立，第一五七师参谋长李宏达和该师3位团长等军政警察要员10余人出席会议。

黄涛首先将南澳沦陷之事做了介绍后指出，南大门已被日寇打开缺口，我们要发扬"广东精神"，乘敌立足未稳，出其不意，渡海收复失地。与会者纷纷表示决心尽一切力量收复南澳。第九四〇团团长李友庄主动请战，誓死收复失地。会议决定：派遣第九区抗日民众自卫团第四大队洪之政部为先锋队（队员来自澄海、饶平、潮安等地），该师第四七一旅第九四〇团第一营长吴耀波率领第二连为主攻部队，以饶平县海山岛为反攻基地；洪部、吴部登陆南澳后，统一由吴耀波指挥，一律称"义勇军"，不暴露原部队番号，力争在 7 月 10 日夜以洪部便衣队率先偷登，立住脚跟后，接应吴部、洪部全体官兵偷登南澳袭敌。

汕青抗会的中共地下党员得悉第一五七师准备派兵收复南澳，甚为赞赏。他们又增派临时性的 7 个随军工作队，由中共党员曾应之、周礼平、吴楚人（即吴南生）等率领，分别深入到南澳岛对岸的海山、樟林、柘林等地向军民宣传抗日救亡，鼓舞军民誓死收复失地，为守卫祖国南大门而战。

7 月初，刘志陆和义勇军先锋队来到海山，受到爱国乡绅和民众的热烈欢迎。为配合收复南澳，按照刘志陆的部署，海山区成立了抗日战地运输委员会，乡绅刘国忠、朱进廷分任正、副主任。该会全力以赴，负责安置义勇军，雇用船只、水手，从事运军、载粮等战地支前各项工作。

在海山岛的数十名南澳自卫队员，更是摩拳擦掌，恨不得马上飞过海面，返回家乡把日本军队赶出去！

刘志陆在海山黄隆乡刘氏祖祠设立指挥所，调度指挥辖下洪之政自卫大队，雇用征调船 50 多只，技术过硬的舵公、水手共 150 多人和大批准备抢运粮弹的民工，全部进入临战状态。

（二）我义勇军渡海光复南澳

7 月 10 日下午 2 时，洪部便衣队员 40 余名在中队骨干陈序明、陈澄清、吴大柴、杨俊清的率领下，由南澳自卫中队正、副队长李居甲、吴承绵等人做向导，悄悄向着东南面的南澳岛出发，晚上8时许在南澳小猴澳海滩登陆，与在此等候的南澳县自卫队骨干会合，经山间小道，偷袭县城隆澳（即后宅）。当时隆澳正流行霍乱，数百名日军怕被传染而退驻旧县城深澳，夜间多返回兵舰。隆澳只由维持会维持。便衣队当夜顺利地把正在睡梦中的以维持会主席黄麒麟为首的汉奸11人一网打尽。便衣队从汉奸口中探明了敌情之后，连夜由分队长李鉴等把俘虏押渡到海山，转至潮州市，交给第九区抗日自卫团统率委员会主任办事处。后经呈余汉谋核准，汉奸们于7月21日被就地枪决，大快人心。①

7月13日，第九四〇团团长李友庄率领一个特务班从汕头到海山，吴耀波率加强连官兵约160人（内有高射机关枪排40人，师部无线电班、工兵班20人）也由澄海来到海山黄隆乡。20日，第一五七师参谋长李宏达也来到海山。义勇军指挥部设在黄隆的刘厝祠，吴耀波是一位勇敢的爱国军官，行伍出身。他对李宏达表示，这次收复南澳，不成功便成仁！在他的影响下，战士们斗志昂扬，誓死把日寇赶出南澳岛。②

7月14日晚，首批义勇军渡海之前举行誓师大会，李友庄团长做训话鼓舞，义勇军进行宣誓：中国必胜，日寇必

---

① 李鉴口述、林俊聪整理：《孤岛血战历险记》，载《汕头日报》，1995年7月17日。

② 李友庄：《我在海山指挥南澳之战》，见中共南澳县委党史征集领导小组办公室编（林俊聪执笔）：《孤岛血战》，1987年印行。

败！收回南澳，誓雪国耻！精忠报国，有我无敌！生当人杰，死为鬼雄！①

当晚，吴耀波率部下20余人，洪之政大队长、陈汉英副大队长率部下150名先行渡海。李友庄用无线电话指挥战斗，并与汕头的黄涛师长保持联系。

洪之政表面上信誓旦旦，实则暗施诡计，收买副大队长陈汉英，由陈做假证，自己假进岛实逃跑。他带了8人于夜间渡海半途逃回海山又转青岚洞藏身，自此不敢公开露面，直到南澳战役结束，才出来冒功领赏。②

7月15日夜间，吴部第二连连长陈永宸率领全连和机枪排及自卫团一部偷渡南澳成功。

7月16日夜，师部的无线电班和工兵班，虽遇到麻烦，但最后也渡海成功。偷登上岛的义勇军皆隐蔽山中。吴部官兵左胸佩戴布章，上写有"不怕死，不贪财，爱国家，爱百姓"12个字。洪部官兵短衫左臂佩戴白底布章，上写蓝字"游击队"。

7月17日拂晓，吴耀波率领约150人（内有护送人员4人），洪部约180人，南澳县抗日自卫中队约30人，共约360人，在吴耀波的统一指挥下，由南澳本地人李居甲、吴承绵等引路，从黄花山区出发，挺进10余公里，出敌不意，一举占领县城隆澳（当时日军不在此处）。吴耀波即用无线电话向李友庄报捷。至此，沦陷了20多天的南澳岛又回到

---

① 林俊聪整理：《李鉴等忆述》，载《汕头日报》，1995年7月17日。
② 幸存者李鉴、刘奕春及李友庄等均证实洪之政半夜逃回。详见林俊聪著：《孤岛喋血》，汕头群众艺术馆1996年印行。

了中国军民手中,开创了粤省收复失地之先声,震动全中国。南澳人民热烈游行庆祝。消息传开,海内外祝捷电报、信件似雪片飞来,潮汕各地欢呼游行庆祝,《义勇军进行曲》等响彻潮汕大地。东南亚华侨、港澳同胞,闻讯踊跃捐款捐物,支援南澳义勇军。蒋介石、孔祥熙、何应钦、陈诚、周恩来、张发奎、余汉谋、李汉魂等,从中央到省的国共两党党政军要员,以及各个群众团体,港澳、华侨团体都发来贺电、贺信,慰勉有加。

7月17日夜,李友庄在海山再派遣4只小船、14名船工,运载弹药、枪械、大米、药物去支援守军,但不幸在海上被日舰发现,在密集的机枪扫射下,人亡船沉,仅1名船工遇救生还,刘正塘等13名船工被日军枪杀牺牲。他们不愧是渔家的好儿子,是海山人民的光荣与骄傲!

义勇军收复县城隆澳之后,吴耀波指挥部署在各个要口驻扎,之后即带一部分队伍,向西退至山下既是中心又隐蔽的长畔小村设立临时指挥部。吴在此召开了骨干会议,决定当晚乘敌不备,派便衣队奇袭日军驻地深澳。17日夜,便衣队60多人在中队长吴大柴率领下,由李居甲、吴承绵带路,袭击深澳日军。但在夜色朦胧中,一小队长误将稻草把当成日军哨兵而擅自开枪,过早暴露了自己,遭到敌人从陆地、舰上炮火的猛烈轰击,队伍只得撤回。

(三)日军反扑,我军民浴血奋战

日军占领南澳不足一个月,没想到竟在中国没有海、空军支援的情况下,被义勇军一举克复县城,成为"皇军"的奇耻大辱。日军当局恼羞成怒,乃将指挥侵犯华南的敌酋海军少将大熊吉政召回东京，改派台海陆战队司令佐藤前来指挥，连夜用无线电调集沿海、大小舰艇30多艘（后来最多时大、小舰船达93艘），严密封锁南澳岛，并以汽艇和武装渔船，截捕进出南澳的船只、竹排，企图将义勇军封锁在岛上，再行歼灭。

7月18日，日寇对南澳实施残酷的轰炸和炮击，重点是隆澳，使南澳岛笼罩在硝烟火海之中。岛上渔民赖以谋生的工具船只、竹排等，均被炸沉或被炸散。

19日黄昏，日军派兵舰载陆战队1 000余人，企图从后江湾登陆，但见我方有备，未敢冒进。

20日晨，日舰炮击沿海阵地，飞机数架投弹数十枚，意在炸毁义勇军的防线。狂轰滥炸一番之后，日军在宫前后山出现了。一场血战，即将开始。

日军的兵力、火力，明显地占了绝对优势。当时义勇军使用的武器是"七九"步枪、驳壳枪、木柄牛根的手榴弹，数量很少的轻、重机枪及高射机关枪，而日军有威力强大的飞机、军舰、迫击炮，数量较多的轻、重机枪，先进的步枪和手榴弹，而且有1 000多人（后增至2 000余人），义勇军仅有360人。但义勇军们为中华民族的生存而战，为正义而战，个个壮志报国，同仇敌忾，没有一人当逃兵，人人誓与强寇决一死战。

吴耀波与骨干们密商，并用无线电话请示海山指挥所李友庄团长同意，做出了针对日寇从后江、宫前而来，我方分五路御敌的守岛作战方案，各路都由吴部、洪部及南澳自卫队的官兵联合搭配组成。

吴耀波营长召开了全体义勇军大会，公布了作战方案与官兵分工后，斗志激昂地进行战地动员，他说："义勇军兄弟们，我们要同南澳岛共同存亡，要以死报效国家。即使杀不退日寇，也要拼死沙场！……一五七师加强连和抗日民众自卫团要紧密团结，同生共死，誓与日寇血战到底！"会后各路人马，进入阵地。南澳岛不少居民（包括妇女）努力支援前线，不顾酷热，冒着危险煮饭、煲冬瓜汤送到阵地上，为勇士们解饥渴。

20日中午，日军出动近2 000人，分3路进攻黄花山，震动中外的广东首次抗日大仗的枪声，终于在南澳岛打响了！当日下午，在广州的第四路军总司令余汉谋，亲自用无线电话与吴耀波对话，慰勉有加，并委任吴耀波为南澳警备司令，洪之政为南澳县长。当夜，汕头市民举行火炬游行，声援南澳义勇军。但由于日寇人数多，又配有迫击炮，海陆空并进，义勇军人少力弱，只得于杀伤一部分敌人后，边战边退，从隆澳撤往黄花山上。

21日拂晓时，义勇军又分成新的五路布防，全部进入山地，严阵以待。天一亮，吴耀波用无线电话向海山岛李友庄团长请求从广州派军舰、飞机来支援，但广州总司令部给出的答复却是无法派出战舰、飞机参与战斗。南澳孤军只能用血肉之躯筑起御敌的长城了。不久，义勇军的无线电台被日军炸毁，与大陆的联系中断，处境更为艰难。

22—24日，在黄花山群峰上，敌我双方继续血战，战况异常惨烈，处处火海焦土。各路义勇官兵，冒着酷暑，忍着饥饿，在枪林弹雨中，拼命阻击，甚至与敌肉搏，日寇死伤惨重。我方阵地受到日军的飞机投弹、军舰排炮和迫击炮轰炸，摧毁甚剧，官兵壮烈阵亡也多。

日军在围攻西半岛义勇军的同时，为清查义勇军和防止岛民援军，残暴地对县城隆澳实行大烧乡。在赤日酷暑的天气里，强迫1万多名居民跪地两个昼夜，有的人不堪此苦而跳海身亡，有的孕妇在众目睽睽之下痛产婴儿。日军又随意抓了9名平民，诬为"义勇军嫌疑犯"当众枪杀。还严禁渔民出海，焚烧渔船、竹排、网具，使整个隆澳火光冲天，哭声震地。有的日军强奸妇女，不分老少，奸后还用刀刺死，比禽兽还凶残！日寇烧乡两天，无辜平民死伤数十人。

23日，吴耀波营长下令集中4挺高射机关枪齐射，把1架日机击中，最后坠落在饶平县柘林海面。次日晨起日机低空轰炸，倾投了大量炸弹，义勇军阵地和高射机枪多被摧毁，伤亡惨重，粮尽援绝。日军控制了全岛，义勇军幸存者只好转入山洞，只在夜间出来寻找地瓜、花生充饥，并游击袭击敌人。敌我多次发生遭遇战。李友庄团长不断派出人员冒险划着竹排、小船运来物资并设法救回义勇军，但屡遭失败，派去的同志甚至牺牲在海上。

在南澳之战中，义勇军以弱战强，英勇搏斗，视死如归，涌现了许多可歌可泣的英雄事迹。如在后江港，陈标击毙日军联队长而英勇牺牲；在内埔山，杨俊清光荣成仁；在大尖山上，陈永宸壮烈殉国；在麒麟峡，女护士与敌同归于尽；吴承绵在日舰英勇就义；李居甲夜渡死拼；陈序明南海洒血；陈澄清文祠尽忠；15岁的勤务兵刘南茂拉响手榴弹，与跟踪的两个日兵同归于尽；负伤的张奎标炸死日军联队长；

等等。

三、南澳再度沦陷

（一）义勇军奉命撤出南澳

坚持到8月初，吴耀波营长派炊事兵陈水源扶着锅盖，泗水到海山岛向李团长报告险情，请派援军来南澳。李友庄团长请示黄涛师长，黄涛指示，他们已完成了消耗战的任务，让他们统统撤回来，陈水源又冒险泗海返回南澳传达撤退的命令。吴耀波营长即组织寻找分散在各山洞的幸存人员，在当地居民（包括妇女）冒着生命危险的大力帮助下，80余人分批在黑夜避过敌舰，撤回大陆。南澳再度陷于敌手①，南澳人民又陷入水深火热之中。

（二）义勇军的战绩与军民的损失

南澳之战，自7月20日隆澳交火至8月初吴耀波营长奉命撤离，历时10余天，其中7月20—23日为血战期。日军共出动约2 000人，伤亡逾500人，其中两名联队长（团级）山野次郎和田太一郎被毙，1架飞机被击落，耗炸弹300余枚，炮弹上万发，所消耗弹药等价值超过250万日元。

我方约360名义勇军中，壮烈殉国者265人，其中有吴部连长陈永宸，排长高强、林乡；洪部中队长陈序明，副中队长杨俊清、陈澄清，小队长陈标；南澳县中队长李居甲，副

---

① 李友庄：《我在海山指挥南澳之战》，见中共南澳县委党史征集领导小组办公室编（林俊聪执笔）：《孤岛血战》，1987年印行；《中山日报》，1938年9月2日。

中队长吴承绵；另有在海上运输牺牲的海山岛水手13人、殉职南澳籍水巡员1人、保安员1人。整个战役我方没有一人投降，即使被俘也自杀殉国，坚贞不屈，至今仍为人们传颂。

交战期间，日寇杀戮、烧死无辜岛民近100名，焚烧民房、商店、学校、医院、教堂、祠庙等4 000余间。烧毁渔船、竹排462只，使渔、农、盐、运输业遭受极严重的摧残，成为南澳空前的浩劫。

10月9日，第一五七师第四七一旅全体将士在旅部所在地丰顺县汤坑隆重举行追悼南澳之战阵亡烈士大会。据统计，加强连约150人，牺牲了130人。余汉谋下令对参战者分别犒赏，并提升两级官衔。吴耀波营长被提升为团长，并荣获国民政府军委会授予抗战时期最高勋章——青天白日勋章。

当时，南澳县群众和政府先后给牺牲者建墓立碑纪念。1985年抗战胜利40周年时，南澳县举行纪念大会。连长陈永宸、中队长李居甲、副中队长吴承绵被评为烈士。1995年抗战胜利50周年时，南澳县人民政府在黄花山龟埔上建立起有义勇军民塑像的"中国义勇军南澳抗日牺牲将士纪念碑"。1997年在碑后兴工建立抗日纪念馆，并拟把这一带建为"黄花忠魂"景点，永远纪念抗日阵亡烈士，让爱国卫国精神发扬光大。

四、南澳抗战的意义

（一）公众舆论对南澳抗战的高度评价

在全国奋起抗战的怒潮中，在以国共合作为基础的全民族统一战线旗帜推动下，南澳军民打响了广东抗战首次大仗，在我国抗战历史上写下可歌可泣的光荣一页，表现了伟大的广东精神与南澳民气之不可侮，受到了当时国民政府的嘉奖，在全省乃至全国、港澳同胞、东南亚的华侨中引起了很大的震动，被誉为"南澳抗战精神"。

中共的《新华日报》、国民党的《中央日报》、汉口的《大公报》、广东的《中山日报》、香港及东南亚的华侨报纸，都连续报道这场义战。其中，汉口《大公报》于当年7月28日发表社论《南澳抗战精神》指出："南澳这种抗战的精神，真是我们全国的抗战模范。"

中共高层领导机关对南澳抗战十分重视。《新华日报》自1938年7月2日至8月21日转载的中央社有关南澳抗战的电讯稿多达29条。重要的有《南澳岛民遭浩劫》、《我克服南澳》、《南澳逮捕大批汉奸》、《敌舰18艘围困南澳》、《南澳附近敌我激战中》、《苦战收复南澳》、《敌舰在粤沿海骚扰》、《南澳孤军与敌战》、《南澳敌我正在激战中》，等等。

1938年9月，汕头青抗会会员、特约记者郭少音撰写的《南澳血战记》一书，先后由汕头市启明书店、香港青年救亡出版社出版，向海内外发行，大力宣扬了南澳之战的爱国卫国精神，影响较大。

（二）南澳抗战的意义

南澳之战，具有重要的历史意义。

第一，开创了广东抗日收复失地的先声。在此仗之前，在广东沿海地面、海面和领空，与日本侵略者都曾打过一些小仗,而南澳战役是全省首次较大规模的战斗,也是收复较大失地(一个县)的先声。此战克服了部分军民的畏敌心理,振奋了民心士气,成为全省及全国军民抗战的模范,产生了巨大深远的影响。

第二,体现了中华民族不可欺辱的精神。虽然南澳最后还是落入敌手,但日军自1937年占热察、克山西、陷北平、取保定、夺济南、血洗南京、攻陷厦门、威逼武汉等一系列"辉煌胜利"之后,即目空一切,以为夺取南澳岛易如囊中取物,却不料被一个小小的南澳岛给予沉重的打击。这正是:"中华自古多志士,敢舍头颅挫桀锋。"当时日本法西斯是世界一等的海军强国,以陆、海、空军的绝对优势,猛犯南澳。南澳义勇军们,满怀国恨家仇,以身殉国,冒死出征,不仅使暴敌迭遭重创,且使之意识到广东人民的勇敢牺牲精神而不敢轻视华南。这个战役,我方没有一人投降;勇士们杀伤敌人后,与敌人同归于尽;宁可饿死于山洞,也不出来自首;不幸被捕,经受酷刑,坚贞不屈,怒斥顽敌,从容就义;或为保守机密而自杀殉国。真是"生为长城,死为国殇",惊天地而泣鬼神!一个敌酋对南澳汉奸哀叹道:"真想不到攻打一个小小南澳岛,我们付出了很惨重的代价。假如中国各地都像南澳这样至死抵抗,我们日本是不敢来打中国的。"

第三,树立了军民合作抵抗外寇的范例。国民政府正规军吴耀波加强连是该战主力,战绩可歌。民众抗日自卫队是该役劲旅,密切配合吴部作战,毙伤大批暴敌。还有许多南澳、海山民众,在运输、侦察、向导、救护、送饭送水、冒险掩护、载兵潜渡等方面,都做出了非常重要的贡献,有的民众为此负伤或者牺牲。义勇军总指挥吴耀波深有感触地为《南澳血战记》一书题词"军民合作"。义勇军在南澳抗战中,又得到了潮汕和全省人民、港澳同胞和华侨的大量支援。广州市民众抗敌后援会在8月初,发起捐集物资劳军活动,并发了慰问电报。广东文化界抗敌协会在8月4日也做出了3项决定:(1)发慰劳通电;(2)发动文人写稿登上报刊,表扬南澳义勇军伟绩;(3)赠旗。① 海外华侨和港澳同胞纷纷支援南澳抗战,他们募捐的成批衣、物、药等由货轮两次载来汕头港,再运至海山等地送给义勇军和难民,使逃难于黄冈、海山和南澳的人民穿用不完。当克复南澳县城告捷时,各地人民及华侨港澳团体,纷纷发来电报祝贺,电文装满一筐。② 如此等等,都给了南澳、海山军民以极大的鼓舞。

第四,推迟了日寇侵犯潮汕大陆的计划。日军妄图先占南澳作为跳板,紧接着侵犯潮汕大陆,配合北下敌军夹攻华南,以夺取全中国。故出动驻粤海、空军2/3以上的军力,调集海军陆战队及金门壮丁、东北及台湾伪军,最多时2 000人,以5倍于我方的兵力和优越的武器装备,妄图一口吞没弹丸之岛南澳,但却遭到意想不到的顽强还击,损失惨重。这样,原拟在南澳兴建机场、海军码头的计划落空,不得不推迟侵犯潮汕大陆的步伐。

当然这场战役中我方还存在着一些弱点和问题:补充兵力和后勤支援很不够;在作战部署和军事指挥上还不够周

---

① 《中山日报》,1938年8月5日。
② 林俊聪根据刘奕春1938年的回忆材料调查整理。

密，未能充分发动和组织民众；对日军能够迅速调集大批军舰、军队包围进犯估计不足。由于当时我海空军力量、综合国力还很薄弱，未能对孤岛抵抗进行及时有效的增援，使义勇军孤军作战，粮尽援绝，力竭而殉国者甚众，不能给侵略者以更大的打击。此役也给我们留下了贫穷落后总是处于被动挨打地位的沉痛教训。

第 二 章

广州沦陷与日伪政权的建立

日军入侵华南蓄谋已久。1938年10月12日凌晨，敌第二十一军在海军协同下在大亚湾登陆，以余汉谋为首的广东地方当局疏于防范，抵抗不力，10月21日，日军攻占广州并迅即占领珠江三角洲各要点。

日军为巩固战果，加紧扶植伪政权，成立了由彭东原任会长的伪广东"治安维持会"。汪精卫也积极到广东活动，并派其妻弟陈耀祖与彭东原等争夺对广东伪政权的控制。1940年5月10日，以陈耀祖为主的伪广东省政府和以彭东原为主的伪广州市政府正式成立。

日军在广东占领区烧杀、强奸、贩毒、劫掠，加强特务统治，推行奴化教育，还秘密进行惨无人道的生物（细菌）战与化学（毒气）战，肆意对广东人民以及香港返回广东的难民进行蹂躏。面对日军的侵略，广东沦陷区民众进行了各种形式的反抗斗争。

为此，国民党成立了广东省民众抗日自卫团统率委员会，建立和收编了若干支地方武装团队和游击部队。他们在沦陷区积极活动,打击日伪。国民党地下人员也开展了对沦陷区日伪当局的骚扰。中共在沦陷区开展了各种形式的斗争:建立敌后武装,打击日伪;潜入敌区,建立据点;进行反日宣传;策动日伪反正;等等。沦陷区人民的自发性斗争也此起彼伏,各具特色。

第一节 日军大举侵粤

日军入侵华南蓄谋已久,1938年9月7日,日本御前会议正式决定攻占广州。日第二十一军在海军第五舰队协同下,于10月12日凌晨分三路在大亚湾登陆。以余汉谋为首的广东地方当局疏于防范,除在福田、正果、增城等地略有抵抗外,许多地方一触即溃。10月21日,日军攻占广州并迅速占领广州附近地区和珠江三角洲各要点。

一、日本御前会议的决定

1937年7月"七七"事变爆发后,日军对华北、华东发动了强大攻势,企图一举灭亡中国。中国军队奋起抵抗,分别在华北和华东组织了忻口会战和淞沪会战,给敌人以很大打击,粉碎了日本侵略者3个月灭亡中国的幻想。由于中日两国实力相差悬殊,中国军队的英勇抵抗未能阻止敌人的入侵,上海、南京相继失守。日军攻陷上海、南京后,紧接着积极部署向华中、华南进攻。1938年6月,日军分五路进犯武汉，中国方面组织了90个师，约120万人进行抵抗。在武汉方面的作战约4个月后，日军又悍然发动了对华南的攻击。

（一）日军谋划侵粤

日军入侵华南的野心由来已久。广州当时人口约120万人[1]，是南中国最大的城市，它不仅是广东省省会、省政府的所在地，也是华南政治、经济、军事、交通、文化的中心，地理位置十分重要。尤其是全面抗战爆发后，广州成了国民政府军与海外联络的要地，在输入战略物资、培养抗战力量方面占有重要地位。特别在日军占据华北、华东许多战略要地和切断海上交通后，华南地区广九、粤汉两铁路的香港—广州—内地区间这一路线就成为中国的主要对外交通线，有大量的战略物资经由这一路线运抵中国的抗日战场，其补给量约占当时进口军用物资总量的80%。[2] 这样，广州和华南地区的战略地位就更加突出。

早在1937年11月，日军大本营就有入侵华南、攻占广州、切断我国这一最大外援路线，以削弱中国继续抗战意志的意图，并制定了代号为"A作战"的攻略广州的作战计划。"A作战"预定于1937年12月26日在大亚湾发动，但至12月22日所有作战准备工作一律中止。其主要原因是12

---

[1] 1937年11月24日，广东省会警察局发表广州市人口统计数字：共235 679户，1 216 112人。其中男性672 136人，女性543 976人。见广州市文史研究馆编：《广州百年大事记》，下册，489页，广东人民出版社1984年。

[2] 日本防卫厅防卫研究作战史室编：《中国事变陆军作战史》，田琪之译，第二卷第二分册，1页，中华书局1980年。

月12日进攻南京的日军在芜湖地区封锁长江时，击伤了英国的军舰和商船，击沉了美国的炮艇"巴纳"号，随之英美政府向日本提出了强烈抗议，这两国的舆论亦为之鼎沸，日本在外交上非常被动。日本政府为避免引起英美猜疑，决定暂停对与英美有着重大利益关系的华南地区的进攻。①

由于"A作战"的中止，以广东和香港为基地的援华活动益加活跃，日本方面认为攻占广州的必要性比以前更为紧迫。1938年5月底，日方在决定攻占武汉的时候，日军大本营就曾考虑早日完成军事行动，同时实施攻占广州较为有利。但由于海路运输资材不足，以及进攻武汉还需要预备兵团，所以决定"待攻占汉口后再实施"②。6月24日，鉴于武汉会战未能速战速决，日本提出了"集国家力量，以在本年度达到战争目的"的指导方针。7月，充作广州作战用的海路运输资材准备完毕，日军大本营陆军部遂决心同时实施对广州作战。为慎重起见，陆军部与海军统帅部，陆海军省及外务省进行了周密协商。8月10日，日苏签订停战协定，"张鼓峰事件"的解决，解除了日军在北方的威胁，这更增强了其实施广州作战的决心。9月7日，日本召开大本营御前会议，做出了攻占广州的正式决定③，并于当日下令组建实施广州作战的第二十一军司令部。

---

① 日本防卫厅战史室编：《日本海军在中国作战》，309页，中华书局1991年中译本；王辅：《日军侵华战争》，第2册，940页，辽宁人民出版社1990年。

②③ 日本防卫厅防卫研究作战史室编：《中国事变陆军作战史》，田琪之译，第二卷第二分册，1页，中华书局1980年。

日大本营陆军部从1938年8月中旬就已经开始着手准备攻占广州。作战军主要幕僚日军大佐藤室良辅等研究了攻占广州的具体计划，最后日军大本营做出了作战军主力由大亚湾登陆的方案。预定参加作战的第五师团自8月下旬至9月下旬陆续集结于青岛；第十八师团从杭州转至上海，9月下旬集结于上海北部；第一〇四师团也于同时集结于大连。各师团都根据实战需要进行了登陆战斗训练和改编建制与装备。9月16日，日第二十一军司令部组编完成。19日，日军大本营下达攻占广州的命令。

此次华南作战，日军参战兵力约7万人，舰船500余艘，飞机200余架。

日军于武汉会战尚未结束之时就急于开辟华南战场，其原因主要有四：第一，控制广九铁路和粤汉铁路，切断香港—广州—内地区间这一中国最重要的外援补给路线，从而削弱中国军民的抗战意志；第二，通过进攻华南来牵制中国军队，阻止华军北援武汉，以利于其武汉方面作战；第三，直接占领华南这一富庶地区，掠夺资源，达到"以战养战"的目的；第四，打通粤汉铁路，使南北日占区连成一片，造成全面西进的姿态，向迁移重庆的国民政府施加压力，促使其投降。

（二）大战前夕的广东守军

在抗战开始后广东被划为第四战区，驻粤之国民党军战斗序列为：

广东分区指挥官、第四路军（广州沦陷后改为第十二集

团军)①

　　总司令　　余汉谋
　　第六十二军　　军长　张　达
　　　第一五一师　师长　莫希德
　　　第一五二师　师长　陈　章
　　第六十三军　　军长　张瑞贵
　　　第一五三师　师长　张瑞贵（兼）
　　　第一五四师　师长　巫剑雄（后为梁世骥）
　　第六十四军　　军长　邓龙光
　　　第一五五师　师长　陈公侠
　　　第一五六师　师长　邓龙光（兼）
　　第六十五军　　军长　李振球
　　　第一五七师　师长　黄　涛
　　　第一五八师　师长　曾友仁
　　　第九十三师　师长　甘丽初（属六十六军）
　　独立第二十旅　旅长　陈勉吾
　　独立第二团
　　虎门要塞　司令　郭思演
　　广东保安团、驻粤空军、广东江防司令部、广东警宪部队②

---

①　不少史著（如《抗日战争正面战场》，下，1 541 页，江苏古籍出版社1987年）称在广州沦陷之前，余汉谋任第十二集团军总司令的任命日期为1937年12月4日，但台北出版的《民国上将余汉谋年谱》42页称，1939年3月，第四路军才奉命改编为第十二集团军。原任第四路军总司令部少校作战参谋的陈一林的回忆为"广州沦陷后，第四路军总部撤往翁源三华，改为第十二集团军"。粤系将领在有关惠广战役的回忆文章中，也都用第四路军番号，故广州沦陷前，应当尚未启用第十二集团军番号。

②　王辅：《日军侵华战争》，第2册，944~949页，辽宁人民出版社1990年。

余汉谋的第四路军，主要是由大革命时期的国民革命军第四军第十一师的部队发展起来的，官兵大部分都是广东人。它在十年内战时期，曾在两广、湖南、江西打过不少仗，有一定的作战经验。在陈济棠时期，曾利用广东政治、经济上的优势向德国、捷克购买不少新式武器，一般说来，它的装备在当时全国军队中是属于第一流的，有些甚至比蒋介石的嫡系部队还好。经过两次整编后，实力虽比陈济棠时期有所减弱，仍不失为一支10万人以上的大军。但由于主力部队不断被调离广东，内部又有派系分歧，官兵走私贩私，贪享安逸，其战斗力实际上已大打折扣，这些缺点在惠广战役中暴露无遗。

二、日军在大亚湾登陆

（一）粤军的布防

大亚湾位于广州东南面，水深可泊万吨巨舰，海面宽广，便于舰艇展开；登陆后，又有公路通淡水、惠州，进军便利，且地形不复杂，适合大兵团作战，是理想的登陆地段。

日军为确保在大亚湾登陆成功，做了周密的准备工作。敌人认为当第二十一军进攻广州时，中国空军将会利用广东和福建的机场，对其舰队和登陆部队进行轰炸，因而在登陆前几天重点对广东和福建地区的机场进行了侦察和攻击轰炸，使中国空军无法在短期内使用这些基地。为了解作战地区的实际情况，敌第二十一军还派人与海军协同，在大亚湾附近海域进行了侦察。①

日军精心策划的进攻已迫在眉睫，而国民党广东军政当局对此却没有足够的认识和妥善的应对。自国民党第四路军总司令余汉谋以下各级官佐都处于松懈状态，军事上没做认真戒备。其实早在1938年4月初，余汉谋就接到中央军事委员会的第一次情报，说日军现在台湾集结陆军4个师团，海军舰艇约90艘，合计兵力8万余人，即将大举向广东进犯。这对当时的广东当局确实产生了不小的震动，第四路军总部和广东省政府已准备必要时迁往翁源，并在翁源构筑了防空地下室备用。余汉谋也遵照蒋介石的战略，制订了第七号防御作战计划，在广州失陷前半年发至各军军部，各军部大体上按照该计划执行，分别进入了阵地，构筑工事，准备作战。②

第四路军还成立了国防工程委员会，从香港采购了大量钢铁、水泥分拨各阵地。但事隔不久，军事委员会又发来一次情报，说日军已改变战略，将原准备侵粤的部队调至长江地区作战。这样一来，广东军政当局就开始松懈下来。

至1938年10月日军入侵前夕，国民党广东部队的调出和驻防情况如下：

调往参与淞沪、武汉等会战的有李汉魂部第一五五师、第一八七师，叶肇部第一五九师、第一六〇师，另有第一五

---

① 王辅：《日军侵华战争》，第2册，950页，辽宁人民出版社1990年。
② 卜汉池：《增城防御战的回忆》，见广州市政协文史资料委员会编：《广州抗战纪实》，118～119页，广东人民出版社1995年。

六师调往武汉，第一五七师调往福建漳州。①

在粤部队驻防情况为：

莫希德一五一师，何联芳旅驻惠州澳头、淡水，温淑海旅驻深圳龙岗；

张瑞贵一五三师，驻深圳宝安一带；

曾友仁一五八师，驻新塘、黄埔一带；

李振一八六师，驻龙门、永汉、增城一带；

张简荪独立第九旅，驻防中山，后调回广州；

陈勉吾独立第二十旅，原驻高要准备调往武汉，临急调往增城一带；

梁世骥一五四师，驻防花县；

陈章一五二师，驻防海南岛，后调回紫金；

陈崇范炮兵旅，辖两个团，驻防广州市郊夏茅；

战车部队一个营，驻防燕塘；

高射炮部队，第一连驻广州漱珠岗，第二连驻萧岗，第三连驻黄花岗；

独立炮兵第一连和高射炮机关枪营，驻石龙、石滩铁桥；

独立第二团，驻广州沙河；

税警总团，驻广州市河南一带。②

---

① 姜克夫编著：《中华民国史资料丛稿：民国军事史略稿》，第三卷上册，83页、184页，中华书局1991年；陈一林：《广州失陷的片断回忆》，见广州市政协文史资料委员会编：《广州抗战纪实》，111～112页，广东人民出版社1995年。

② 陈一林：《广州失陷的片断回忆》，见广州市政协文史资料委员会编：《广州抗战纪实》，111～112页，广东人民出版社1995年。

1938年10月4日,余汉谋再次接到中央军委会的情报,说日军已在台湾集结陆军2个师团,海军舰艇约30艘,空军各种飞机约80架,即将进犯广东。广东军政要员对此将信将疑,以为日本不会过分刺激英国,暂时还不会入侵华南。余汉谋等高级将领也不重视这次情报,疏于防范,甚至任由所属各级官佐离开防地前往广州、香港等地游玩。① 前线部队甚至在敌登陆前夕仍然缺乏足够的警惕。时任第一八六师师长李振追述道:"10月10日,我海防部队在大亚湾海面发现有三四艘日舰游弋。因为长期以来日军为了封锁我海上交通,有日舰出没是经常的事,不认为有登陆企图。至当日下午,敌舰增至十七八艘。八十三军军长兼一五一师师长莫希德判断敌有登陆企图,遂即以电话报告第四路军总司令部,……我于11日零时到达惠州军部。与莫军长研究结果,认为日军确有登陆企图,主张变更部署,加强第一线兵力。当即向总部建议:将深圳防务交一五三师,大鹏湾一带留少数部队警戒;以何联芳旅任平山、下冲(今霞涌——编者注)之守备,温淑海旅任澳头守备,师部及直属部队推进淡水;惠州防务请总部另派得力部队接替。当日黄昏前,日舰船再增四五艘,前有航空母舰一艘,判断敌人总兵力有4万人左右。莫军长将此情况报告总部,并要求按我们所提建议,迅速变更部署,加强第一线,准备迎击敌人。但总部参谋长王俊指示:敌人不会在澳头登陆,勿为敌人佯动所迷

---

① 李洁之:《从余汉谋投蒋说到广州弃守》,见《粤桂黔滇抗战》,14~15页,中国文史出版社1995年。

感,部队非有命令不准移动。"① 王俊乃何应钦的亲信,蒋介石在战前数月派他来任参谋长,"实际是指定王俊负责指挥作战和监控余汉谋。因为那时军委会已有命令,规定师以上的作战命令,都要参谋长签署,不得由主官一人擅断"②。

敌人的间谍活动也十分猖獗。日本利用广州毗邻港澳和沙面是外国租界的条件,于抗战前后在广州设立谍报机构频繁活动。此种活动还深入到余汉谋部的心脏部分,如余总部的少将工兵指挥郭尔珍、少将高参李某(东北人)均是潜伏的汉奸。这两人系在抗战开始后由余汉谋的前任参谋长徐景唐以日本陆军士官同学关系介绍进来的。当时第四路军全部集训工兵、广州等处的防御工事设计和阵地组织图纸都归他们掌握。余总部本身和蒋介石军统局派来的反谍人员固属不少,但对郭、李活动一直未能发觉,直至广州沦陷前两天,即10月19日,郭潜逃香港后,才被发觉。又如日本派来的女间谍,在"七七"事变开战后不久潜来广州做交际花,至1938年夏虽曾被反谍人员捕获,但用尽一切方法都无法破获其间谍组织,反而被假供迷惑,搞得满城风雨,草木皆兵。③

(二) 日军在大亚湾登陆

1938年9月29日,日军第二十一军司令部从日本门司出港,10月2日到达澎湖列岛之马公。日各师团分别从上海

---

① 李振:《广州失守的追述》,见广州市政协文史资料委员会编:《广州抗战纪实》,115~116页,广东人民出版社1995年。

② 卜汉池:《增城防御战的回忆》,见广州市政协文史资料委员会编:《广州抗战纪实》,119页,广东人民出版社1995年。

③ 曾其清:《抗战中的惠广战役》;张大华:《工兵指挥部在广州中的一些情况》,见《粤桂黔滇抗战》,24~25页、75页,中国文史出版社1995年。

（第十八师团）、青岛（第五师团）、大连（第一○四师团）各港登船，于10月7日秘密至马公集结，护卫舰队也在此前到达马公。敌大本营为了和第二十一军取得密切联络，派末次中佐、雍仁亲王（秩父宫中佐）、解良七郎大尉、松谷诚少佐组成大本营派遣班，于10月8日到达马公，随第二十一军司令部一起行动。为了协同作战，陆海军在该地缔结了"关于乙作战波集团长与护卫舰队指挥官间的协定"①。各师团长也和海军方面各护卫队指挥官之间分别缔结了现地部队间的协定。

登陆前，日军先派了一支部队占领三门岛，断绝从珠江口通向粤东的海面交通，封锁消息，拦截过往船只，将船拖至焚船角（现名）烧毁，把船上的人全部拉到杀人崖（现名）杀掉推入海中。

一切准备就绪，敌华南派遣军第二十一军司令官古庄干郎率领波集团主力船团——满载着3个师团的基干人员、武器、军需品等的106艘大船，在第五舰队的护卫下成两列纵队按其预定航路行进，未受任何妨碍，于10月11日黄昏到达大亚湾海面。接着，在驱逐舰施放的烟幕中进入湾内。日军的先头舰艇已于前一天进抵大亚湾附近海面。为确保顺利登陆，日军在汕头方面实行了佯攻。

蒋介石在此以前对敌情判断错误，以为日军短期内不会大举入侵华南，因而不重视华南防务，一再抽调第四路军部队到外省作战，以致广东兵力空虚。蒋介石还认为敌人如果

---

① 日本防卫厅战史室编：《日本海军在中国作战》，311页，中华书局1991年中译本。

进攻华南，其目的只不过在切断广九线深圳—石龙段的陆上交通和宝安—太平这一段的海上交通，敌人主力必然使用在虎门要塞地带，在大亚湾只是一种佯攻以牵制我军兵力而已。所以蒋的战略是以确保广九线为主旨。根据这样的判断，守军就更加忽略了大亚湾地区的防务。当时戍守惠州、坪山、淡水和大亚湾沿海地带的国军第一五一师下辖两个旅：温淑海旅驻龙岗、深圳和广九线上；何联芳旅守备惠（州）、坪（山）、淡水、澳（头）。该旅罗懋勋团团部和两个营驻淡水一带；澳头驻一个营，营部驻亚妈庙；土湾驻步兵第八连；黄鱼涌的禾里巴驻第一步兵连；禾堂头驻机炮第三连。以这样的兵力与几万日军对抗，实力相差悬殊。中国守军对敌军的登陆计划一无所知，直至10月11日晚上，当守军发现海面出现日本军舰时，才打电话到广州和香港，通知正在那里游乐的军官赶快回防。当时各电影院的银幕上突然出现"一五一师官兵迅即归队"的字幕，弄得人们莫名其妙。

12日凌晨，日军开始分三路登陆。右翼由第一〇四师团和第九旅团担任，他们兵分两支，一支在平海的碧甲沿海沙滩登陆，到稔山后沿西北方向继续进攻平山，沿途未遇抵抗；另一支在霞涌圩以东登陆。驻霞涌的国民党海军陆战队一个营，在沙公坳略作抵抗，即向盐灶背方向溃退。这支日军也在天黑前进抵平山。担任中路和左翼的日军第十八师团，其左路在澳头圩西南约5公里的倒装湾小桂登陆，然后由汉奸引导，绕过澳淡公路沿线的钢筋混凝土工事，于当日下午占领淡水镇。淡水附近原驻有莫希德师第四五一旅旅部和罗懋勋团团部及两个营,但在敌人尚未接近时,未放一枪便弃城向惠州溃退。中路是日军的主攻部队,登陆地点在澳头圩以东5公里的官溪(现在的东联管理区)的马涌至霞涌以西的桂米涌。这里是一片长达七八公里的海岸沙滩。登陆后经新桥、芬墩,出大径与左路配合占领了淡水镇。

新桥是座古石桥,约1米宽,20多米长,桥下水深2米多,水流湍急,是通往淡水的必经之路。当中路一队日军在凌晨5时左右经过新桥时,遭到守桥部队第一五一师何联芳旅步兵第八连王排长率部分士兵的顽强阻击。守军在桥西三四十米处一个小山坡下的水泥碉堡及两旁的散兵壕内向企图过桥的日军射击,打退了敌人几次冲锋。天亮以后,敌人飞机掩护其步兵冲桥,守军不支,至早晨7时多,新桥失守,守军全部壮烈牺牲,残暴的日军将王排长剖开胸膛,吊在树上![1]

与此同时,粉石坳也在激战。一股日军企图经该地奔袭淡水,何联芳旅第八连大部分士兵在此阻击。由于罗懋勋指挥无能,汉奸又将通信线路毁坏,以至于形成各连各自为战的局面。守军既无坚固工事,又受到日军的多面夹击和敌机的低空扫射,早晨7时多,粉石坳阵地也告失守。该连连长仅率十余名士兵突出重围。

敌人进攻新桥、粉石坳的时候,原黄鱼涌驻军两个连进入企岭、石岩仔等地的水泥工事内埋伏。12日上午10时,日军向企岭发动进攻,守军利用防御工事给敌人以猛烈打

---

[1] 黄贵煌等:《日军在大亚湾登陆纪实》,见《粤桂黔滇抗战》,86页,中国文史出版社,1995年。

击。日军又以飞机掩护地面部队进攻,守军只有跳出碉堡,手托机枪或在树上用步枪对空射击,对敌威胁不大。最后因孤立无援,只好撤出阵地向双罗溪方向退却。在双罗溪再次与敌交锋,战斗一直持续到晚上8时左右,守军战死过半。逃难民众待敌军行进后,下山将烈士遗体掩埋。日方死尸则被日军砍伐灌木立即就地火化,为此阵地附近的灌木几近被砍光。

日军在大亚湾登陆后,一天之内就占领了从平山至淡水、澳头的大片领土,巩固了阵地,为长驱直入攻占广州扫除了头一个障碍。

三、惠州失守和增城之战

(一) 惠州失守

日军占领澳头、淡水后,兵分两路合击惠州。一路沿淡水至永湖直扑惠州;另一路沿稔山至平山向惠州进攻。准备攻下惠州后即沿广汕公路,经博罗、增城直扑广州。

当时国民党军队在从澳头、淡水、惠州至博罗这样重要的战线只驻有3个步兵团的兵力,而在增城实际上也仅有一个步兵师,在蒋介石和余汉谋的心目中,以为这样有利于节节抵抗,实际上这恰恰给了日军以各个击破的机会。

蒋介石得到日军在大亚湾登陆的消息,立即命令余汉谋从中山、琼崖、花县等地调兵增强广州防务。又于1938年10月13日电令张治中部预备兵团增援广东。第四战区司令长官部于同日宣布封锁珠江口,并限令广州老、幼、妇、弱市民及公务员家属于两日内疏散。国民党中央和余汉谋亦分别发表《告全省军民书》和《告广东同胞书》,呼吁全省同胞一致奋起抗日,保卫广东。但由于国民党军事当局缺乏足够的准备和部署,军队组织松散,虽调兵遣将,但为时已晚。

日军不顾天气炎热,于10月14日到达惠州南郊。惠州前临大亚湾,背靠东江,实为广州东南的第一道门户。当日夜间,日军第十八师团侦知防守惠州的为第一五一师一个团及装备较好的独立第二十旅之一部。敌第十八师团长久纳诚一估计中国方面会再向惠州增调部队,因而决定以先到的第二十三旅团当夜即向惠州发动进攻,并令第三十五旅团急速赶至。日军在当晚的大雷雨中开始攻城,守军利用已构筑好的工事进行顽强抵抗,双方激战至第二天(15日)上午10时,惠州城被日军完全占领。日军乘胜前进,于16日傍晚攻占了博罗县城。至此,余汉谋等人才意识到敌人的主攻方向不是虎门,其目的也不仅仅是切断广九线,还要占领广州,遂决定在博罗至增城一带阻击日军,以掩护广州的大撤退。并调原驻宝安的第一五三师钟芳峻旅到福田,原驻东莞的陈勉吾独立第二十旅到增城东北的正果圩,还有一些炮兵也被调来以增强火力。但是,这些兵力再加上原驻增城的第一八六师,相对于日军优势兵力来说仍然是很单薄的。余汉谋不敢亲自去指挥这次作战,其他官佐也相互推诿,所以直到作战前一天才任命第六十五军军长李振球为前敌总指挥。由于时间紧迫,李振球匆忙带领几个参谋副官于19日赶到增城朱村设立指挥所,可是仅半天时间,作战部队就全部溃散了。

10月17日，敌军先遣队1 000余人在空军的掩护下，沿博罗至增城公路搜索前进。奉命从广九铁路东调的国民党军第一五三师钟芳峻旅两个团于当日深夜进入福田布防。第二天凌晨，敌人到达福田，钟芳峻当即指挥本部及林君勋团、李振第一八六师叶植楠团（后未及时赶到战场），协同夹击敌人。日军向守军阵地发起攻击，守军一部分隐蔽在小树林里，待敌接近，才出其不意地迎头痛击，打得敌人乱作一团。战斗持续约1小时，将敌击退。不久敌后续部队赶到，在坦克、飞机的协同下向守军展开疯狂反扑，守军利用简陋的工事与敌激战。至12时左右，守军伤亡惨重，钟旅黄志鸿团长受伤不能指挥，撤向后方由团副徐毅民接任继续坚守阵地。战斗至下午2时，该团弹尽援绝，后方混乱不堪，一切给养都无法送上阵地。钟芳峻旅长见部队孤军奋战，已陷于三面包围之境地，为避免全军覆灭的命运，乃下令部队后撤。但撤退时没有组织好，士兵各自逃命，秩序混乱，完全暴露了目标，任由敌方飞机、大炮扫射、轰炸，又牺牲不少。

守军一部分撤往公路以北的罗浮山，一部分撤往公路以南的石龙、石滩。当钟芳峻退至新塘附近时，因部队战败，悲愤异常，拔枪自杀，以谢国人。

福田之战国民党军虽然最终战败溃散，但这一次战斗却是日军自大亚湾登陆以来遇到的第一次较有规模的顽强抵抗。

（二）增城之战

敌军自与守军钟旅交战后，不敢继续冒进。敌之先头部队一个大队于19日上午到达增江东岸高地，发现增城城内守军不多，当即集中兵力攻占了该城。同时，敌方步炮联合队伍，300余人向我方独立第二十旅正果圩阵地发起进攻，被我方守军击退。

独二十旅是1938年3月刚成立的部队，辖3个步兵团，1个特务营，最初是想建成机械化部队。该部队装备较好，军官大多是军校出身的年轻军人，但士兵却全是新兵，一般是入伍半年左右，少的只有3个月，训练不足。第二天，敌主力几千人到达，凭其优势火力，在空军的配合下，向独二十旅阵地疯狂进攻。独二十旅担负主阵地守卫的是第三团，第一、第二团分别置于右翼和左翼。旅指挥所也设于三团后面。战斗打响不久，第二团失去联络，第三团受敌压迫后撤，团长张琛临阵脱逃。形势已相当危急，旅部作战参谋黄韬远临时赶至前沿阵地，组织配合独二十旅作战。正往后撤的炮兵第三营第九连（连长吴应朝）向正在山间狭道上朝守军追来的日军纵队轰击。敌猝不及防，来不及展开，又无处躲藏，伤亡较大。守军士气大振，步、炮兵协同作战，向敌人发起猛烈进攻，正在后撤的部队也转过身来奋勇迎敌。守军两侧部队迂回过来，给敌人以很大威胁。敌人逐步后撤，守军勇猛追击，又杀伤不少敌人。布防老虎石山顶的第三团黄植虞营官兵，英勇抗击数倍于己的日军，打退敌人数次进攻，毙伤日军160多名，其中还包括一名联队长。黄营也付出沉重代价，伤亡200余人。至下午3时半，战斗基本结束，独二十旅官兵停止追击，撤回正果圩，休整待命。

正果之战是惠广战役中国民党官兵配合较好、抵抗效较好的一次战斗，守军独立第二十旅部分爱国官兵在上级指挥失当、最初受挫的情况下，发扬积极主动的精神，奋勇杀敌。后来日方广播也说："皇军此次从澳头、淡水登陆，进攻广州，如入无人之境，只是在增城正果附近被蚊子咬了一口。"战后群众为了纪念抗日阵亡的将士，在白面石村附近建了一座纪念亭，亭内石碑上刻有"黄种图存，群英抗日；沙场战死，烈士留芳"一副对联，至今犹存。①

当晚，独立二十旅陈勉吾旅长下令部队向西北沿派潭、从化退往广州方向，但由于侧翼没有布置相应掩护部队，陈旅受已占领北面永汉的日军骑兵的冲击，部队大部被冲散，旅指挥所与部队失去联系，重武器、伤员、辎重等多有丢失，仓皇退至从化附近，发现从化已被日军占领，只好又转向良口方向撤退。

就在正果之战前夕，第四路军总部曾召开过一次军事会议，由惯于纸上谈兵的参谋长王俊制订了一个盲目的歼敌计划。这个计划要求第六十三军军长张瑞贵率部由三汊圩向增城前方的福田进发，作为右翼包围攻击敌人；驻正果的独立第二十旅南下福田作为左翼包围攻击敌人；以总预备队之一部，即四六三旅九二二团增援。王俊称这个计划为"球状战术"，即把敌人置于中间，你踢、我踢，大家一起踢破它。

王俊制订这样一个计划的主要依据是第一八六师师长李振曾承诺能守住增江西岸的主阵地，而其他部队也都要能击退敌人的进攻，并及时赶到攻击阵地。可是实情却并非王俊

---

① 黄植虞：《忆增城正果之战》，见广州市人民政府参事室编：《广州八年抗战记》，65~66页，1987年7月印刷。

所想象的那样乐观。第一八六师是新成立的师，兵额不足，又未受过严格训练，该师叶植楠团仍留在罗浮山，所以实际只剩下3个步兵团，却防守着长达数十里的战线，这是很难抵挡住强敌进攻的。而隶属第六十三军的钟芳峻旅在福田抵抗一阵后被击溃，独立第二十旅虽在正果之战中取得胜利，但是第二天也被敌骑兵冲散。

几乎与正果之战开始的同时，日军向增江西岸第一八六师阵地发动了进攻。敌人在强大炮火和飞机、坦克的配合下，沿交通线两侧采取快速进攻、猛追猛打、中央突破的战术，直扑守军阵地。战斗异常激烈，下午4时左右，守军阵地被突破。陈绍武旅长率潘标团沿广汕公路向南溃退，其余部队向从化、翁源方向撤退，增城附近主阵地完全失守。王俊的计划已根本无法实现。

在增城附近配合第一八六师作战的中央重炮兵旅（缺1个团）以及第四路军的炮兵一部，因第一线部队已被摧垮，且受敌机轰炸扫射威胁，炮兵威力不能发挥，以至于溃散逃跑。所有炮兵武器全部丢掉，损失惨重。炮兵旅长改穿便装，只身逃到第一五四师四六○旅旅部请求收容，其余溃散官兵经收容后退至翁源。原为总预备队的第一五四师撤往良口，第一五二师邓琦昌旅向源潭撤退，第一五八师向花县撤退，独立第九旅向清远撤退，税警团向三水、四会撤退。

日军从10月12日在大亚湾登陆到21日广州失陷前这短短的10天时间，长驱直入，连破守军数道防线。虽然守军部分官兵在福田、正果、增城等地曾有较为顽强的抵抗，但整个部队惊慌失措，互不协调，部分将领贪生怕死，指挥失误，使本来就处于劣势的力量不能有效发挥，在整体上对日军根本不能构成威胁。增城主阵地的失守，使广州失去了最后一道屏障。

四、广州及附近地区失守

（一）日军侵占广州

日军为了将中国守军围歼于广州附近，其二十一军司令部命令一〇四师团从较远的广州东北面迂回，以切断中国守军的退路。21日中午，日军司令部接到其空军送来的情报：（1）早晨以后未受到来自广州附近原有阵地的射击；（2）有约600辆汽车沿广州—从化公路北进中；（3）在广州南面的珠江上聚集着无数的帆船和小汽船；（4）广州市内数处起火。据此判断国民党军将放弃广州。日军司令据此遂在下午3时发布如下命令：（1）第十八师团在攻占广州双层阵地后进入沙河地区，监视广州，同时将主力集结在龙眼洞、沙河、石牌之间；（2）第一〇四师团向太平场附近急进，首先尽快切断敌之退路后，继续执行原来任务。①

早在日军进犯惠州时，广东省政府和广州市政府就已打算撤离广州。广东省主席吴铁城偕省政府机关人员于10月14日退至翁源，广州市市长曾养甫和市政府迁至广宁。后来曾养甫在广宁组织了西江八属游击指挥部，自任总指挥。广州市的大撤退工作进行得很仓促，当敌军在10月15日继续

---

① 日本防卫厅防卫研究作战史室编：《中国事变陆军作战史》，田琪之译，第二卷第二分册，24页，中华书局1980年。

北犯的时候，第四路军司令部反而渲染为大捷，炮制了一大堆战报，广州各报纸便据此大肆宣传，使人们对严重的敌情仍十分麻痹。17日，敌情确实已非常严重，第四路军总部才着了慌，急急忙忙叫警察局通知市民疏散。①

敌第十八师团追击队之先头部队从增城镇龙圩出发，沿镇龙圩—广州公路向广州东面地区前进，在新塘与独立第二旅、独立第二团遭遇，守军被击退。敌独立装甲车第十一、五十一中队甩开沿途守军一直突进，于21日15时冲进广州，并扫荡了通向珠江江岸的各主要公路，广州沦陷。

敌一○四师团则采取大迂回战略，从增城出发向广州以北的太平场攻击前进，在福和附近击退了守军一部的抵抗，此后就没遭到大的抵抗，于22日进入太平场附近。随后又奉命"向从化追击"，23日18时进入从化。

敌十八师团之及川支队，于10月12日登陆后，14日到达惠阳东北横沥圩，15日渡过东江北进，16日经茶径、三径圩、杨村至显村圩，18日到达龙华圩，21日到达永汉圩、径口时，得知敌第十八师团其他部队已占领广州，遂继续向西，23日上午占领从化。日军沿途所经过的桥梁、道路，守军及当地民众均予以破坏，以阻滞敌进。日军在龙华圩、永汉圩、径口等地都遭到过守军的抵抗。

为配合占领广州作战，敌二十一军司令官决心提前实施珠江方面作战。10月21日下令"安藤兵团（第五师团）应在X+Y日（10月21日）从现驻港口出发到珠江湾，首先

---

① 李洁之：《从余汉谋投蒋说到广州弃守》，见《粤桂黔滇抗战》，17～18页，中国文史出版社1995年。

迅速攻占虎门要塞,然后从珠江及其以西水流地带向广州方向突进,以利于我(日)军的主力作战"①。当日夜间,由海军第五舰队护航,敌第五师团主力从大亚湾出海,第二天早晨7点进入伶仃洋和内伶仃岛附近之锚地,随即在海、空军机群的护航和导引下,对珠江两岸的炮台发动进攻。我海岸警备部队的炮、步兵对日军船队和登陆步兵不断进行射击,致敌军遭受不小伤亡。但在日军陆、海、空协同的猛烈轰击下,守军阵地几乎被摧毁殆尽。23日傍晚,虎门要塞两岸的炮台全部被敌占领。

22日,在珠江西岸登陆的敌四十一联队当晚沿水路到达顺德东南地区。23日在顺德北部的陈村与千余守军遭遇,经短暂战斗后,第二天占领佛山以南的澜石。敌第五师团长安藤利吉因而决定继续扩大战果,令部下相继占领三水、佛山,其另一部于29日抵达广州市西南的货仓,与敌第十八师团会合。

(二)粤省当局的败退

20日傍晚,当日军进至广州城郊时,第四路军总部召开了广州失陷前的最后一次军事会议,余汉谋及蒋介石派往余部的参谋长王俊等人对守卫广州已失去信心,但感到责任重大,不敢独自承担这个责任,乃打电话到武汉向蒋介石请示。蒋指示他们将广州附近的部队转移至粤北重新部署。余便在21日清晨4时,下令总司令部沿广花公路向清远撤退。由于当时军事当局乱成一团,许多事情都来不及处理,甚至连一些后勤直属机关都未通知。战局至此,为了实行所谓焦土抗

---

① 日本防卫厅防卫研究作战史室编:《中国事变陆军作战史》,田琪之译,第二卷第二分册,26页,中华书局1980年。

战的策略。广东省主席吴铁城在10月21日发表《告同胞书》，宣布日军已逼近省城，所有机关公署、重要工厂、公共设施都要实行爆破以免落入敌手。一时间城内爆炸声连连，烟尘四起。关于疏散的通知下达后，市内谣言纷起、人心惶惶，广大市民成群结队，扶老携幼逃向乡间避难。由于撤退的秩序混乱不堪，又没有防空设备和隐蔽措施，致使四处奔逃的难民不断受到敌机的扫射与轰炸，生命财产遭受惨重损失。

关于撤退前的混乱情况，据当时任第四战区兵站总监的李洁之记载："那时市面上一片慌乱，市民们多半向西北方向奔跑。我们到达荔枝湾，看到有一百多部汽车等待着渡江。那里的渡船能力有限，每小时只能渡4部车子。于是我们立即折往黄沙码头，找到一艘自备的电船，撤往清远。""当我道经黄沙时，回头看到市面行人已经不多，珠江河面小艇已向西走避一空。远望河南士敏土（水泥）厂附近，东山天河机场附近，三元里白云机场附近，都冒出了浓黑的火烟，还传来一阵阵的爆炸声，大概是在烧毁一些搬不走的军用物资了。在佛山、西南沿途看到无数扶老携幼、拖男带女的难民，他们沿着广三铁路线向西奔跑，不断受到敌人飞机分批袭击。死者暴尸，伤者喊救，生者抢路，惨状难言。我们沿途触目惊心，联想到国家养兵是为了卫国保民，现在敌人还没有到来，我们这一批人便纷纷各自逃命，撇下老百姓不顾，把广州就这样放弃了，作为一个中国现役军人，大敌当前却怯懦至此，抚躬自问，宁不愧死！"①

---

① 李洁之：《从余汉谋投蒋说到广州弃守》，见《粤桂黔滇抗战》，21页，中国文史出版社1995年。

关于撤退前广东当局弃人民于不顾的做法及撤退时的景象，当时在广州主编《救亡日报》的夏衍在他的《广州最后之日》一文中做了最好的记录：

10月19日下午："当局好像早已决心放弃这个中国仅有的富庶的城市了。警察无秩序地在驱逐市民，在仓皇地逃避了的市民后面，他们就从容地收拾了他们剩下的东西！对于战事任何机关都守口如瓶地不发表一点消息，而一切公用机关，邮政、电报、银行都已经自动地停止工作了。整个广州像被抛弃了的婴孩似的，再也没有人出来过问，'保卫大广州'的口号也悄悄地从那些忙着搬家眷的人们嘴里咽下去了。"

10月20日中午："中央社早已不发稿了，广州的晚报，一律停刊了，电讯断绝了，要发稿的时候，除开欧阳山兄（《救亡日报》在前线的特派记者——编者注）的战地报告外，什么战事消息也没有，打电话问，什么地方都没有人接。"

21日凌晨1点以后："远雷似的炮声，大家听到了，有风的时候，还夹杂着煮豆似的机关枪声音……接着，是广州已经几个月不曾有过的夜间警报，警报未完，机声已经在头上了，满街是汽车的声音，远远的火车机关车的吼声，炮声，铁甲车碾地的那种可怕的声音……全市漆黑，没有月亮，也没有星光。"[1]

日军发动广州作战，目的之一即为配合对华中武汉的攻

---

[1] 夏衍著：《夏衍杂文随笔集》，23～27页，生活·读书·新知三联书店1980年。

势，使中国军队首尾难顾，结果竟是出乎意料的顺利。广州沦陷，华中已是几面受敌，面对出乎预料的有利军事局面，日军对广州的战事，也就此匆匆收场。

这次日军轻而易举攻陷广州，损失甚微。其作战兵力约7万人，共战死173名，伤493名。投入战马2.7万匹，只报废和死亡1 069匹。① 广东部队与我方其他地方的部队比较，一般说来装备较好，有相当数量的炮兵、装甲兵、坦克兵配合，轻武器中连发武器较充足。但战前有6个师和几个补充团被抽调北上参加武汉会战，这时留驻广东的部队约为6万人。在日军进攻面前，未能有效发挥战斗力，损失惨重。据日方公布的数字，此役共缴获中国军队步枪2 371支，轻重机枪214挺，火炮134门（不包括珠江沿岸的要塞炮53门），战车及轻装甲车21辆，汽车151辆，俘虏1 340名。②

（三）广州迅速失守的原因

这次战役造成中方惨败的原因是多方面的，除了中国军队相对于日军武器装备太差、战斗力不足等客观原因外，主观原因主要有四个：

第一，国民党最高军事当局对敌情判断失误，认为日军在短期内不会大举进攻华南，所以抽调了大批精锐部队北上参加武汉会战，共计约占广东总兵力的一半，使广东实际兵力仅为6万人左右，严重削弱了华南地区的防御力量。日军进攻开始后，蒋介石又没有派一架飞机支援华南战场，所以制空权完全操纵在日军手里。

---

①② 日本防卫厅防卫研究作战史室编：《中国事变陆军作战史》，田琪之译，第二卷第二分册，31页，中华书局1980年。

第二，战前广东军政当局麻痹大意，疏于防范，前沿阵地的官兵根本没有进入战备状态，有的甚至还在广州、香港等地玩乐，以至于在日军的突然袭击下，措手不及，被动挨打。

第三，广东地方军政当局指挥不灵，处置不当，各部之间不是密切协同、相互支援，而是互不配合、联络失灵，许多部队在战场上都是孤军奋战，以至于被日军各个击破。

第四，间谍、汉奸活动造成极大危害。除前述事例外，驻防淡水一带的国民党部队走私严重。"他们经常派大卡车多部偷运赣南的钨矿出口赴港；同时又在香港购办大批洋货运入内地倾销，……而日军正好利用这种机会，有计划地派便衣特务一批又一批乘搭他们的走私车混进淡水圩，预先控制淡水一带的市镇乡村，并在登陆前截断各县的电话线，破坏我通信设备，接应敌人大部队登陆。因此，日军登陆后消息隔绝。"[①] 又如"在惠博战事进行中，最活动和最能给人们威胁的，要算敌人的空军和汉奸"。"在博罗城以西沿公路的各乡镇电话，实际上于10月13日即被汉奸完全破坏，致各级地方机构尽失联络。由于通信障碍，汉奸即乘机渗入难民队里乱造谣言，进行捣乱。如14日敌机轰炸长宁时，就有汉奸乘机砍伐公路电杆，……又15日敌机轰炸福田公路木桥时，亦有汉奸以红布一块铺置桥面，指示目标，……凡系单独行动的敌方部队，均带有汉奸同行，在敌部队之前，逐步刺探。……在10月16、17日，由仍图经显村进攻龙门

---

① 冯湛泉：《广州沦陷前后见闻》，见广州市政协文史资料委员会编：《广州抗战纪实》，152页，广东人民出版社1995年。

之敌，亦系汉奸带路，……闻这些汉奸，多系过去惠、博一带私枭，他们经常携带禁品，避开关卡检查，习惯于走羊肠山径，敌即收买他们为其向导。故敌踪所至，无论荒村僻路，均如识途老马。"[1]

日军侵占广州后，即迅速加强对广州的控制，利用汉奸建立广州统治秩序，以便利其殖民统治和掠夺，并作为进一步侵略中国的据点。广州这座昔日美丽富饶的华南大都会，从此竟在日本法西斯的铁蹄下呻吟了将近7年。

广州在短短10天即告失守的消息传出，海内外为之哗然，各界人士纷纷谴责。驻美大使胡适致电蒋介石，谓"广州不战而陷，国外感想甚恶"。广东旅渝同乡会致电余汉谋、吴铁城，责问广东当局"准备年余，何以不及十天，广州遽陷？"人民群众对广东军政要员的表现尤为不满，"余汉无谋，吴铁失城，曾养冇谱（甫）"的讽刺民谣也从此不胫而走。[2]

第二节 日伪统治的建立与日军的暴行

日军为巩固对广州地区的占领，加紧扶植伪政权，以达到"以华治华"之目的。1938年12月10日，成立了由汉奸彭东原、吕春荣分任正、副会长的伪广东"治安维持会"。大汉奸汪

---

[1] 钟凛之等：《惠博沦陷亲历记》，见《粤桂黔滇抗战》，81～83页，中国文史出版社1995年。

[2] 张洁：《从日军在大亚湾登陆到广州沦陷》，见广州市人民政府参事室编：《广州八年抗战记》，56页，1987年7月印刷。

精卫也积极到广东活动,并派其妻弟陈耀祖与彭东原等争夺对广东伪政权的控制。1940年5月10日,以陈耀祖为首的伪广东省政府和以彭东原为主的伪广州市政府正式成立。配合日军加强对占领区的军事控制、经济掠夺和推行奴化政策。

日军在广东占领区烧杀、强奸、贩毒、劫掠,加强特务统治,秘密进行细菌战与毒气战,肆意对广东人民与从香港返回的难民进行蹂躏。

一、广东伪政权的建立及其统治措施

(一)伪治安维持会的建立

日军攻占广州后,军事上,一方面在广州外围的顺德、黄埔、增城、佛山、三水及西江、北江、东江沿岸各要点设置重兵,构筑工事,加强守卫;另一方面又北犯从化、花县,并集中力量企图消灭活跃在珠江三角洲一带的抗日武装,巩固其对广州的占领。在政治上,日军则积极扶植汉奸,组织傀儡政权,以便利其对广东人民的统治,实行所谓"以华治华"、分而治之的政策。

日军为使广州成为其向华南各省进攻的基地和向南太平洋进攻的跳板,不断增兵华南。同时加紧扶植汉奸,建立伪组织和伪政权。1938年12月10日,在日军策划和扶植之下,成立了伪广东"治安维持会",作为广东占领区的临时最高行政机构。[①] 由汉奸彭东原、吕春荣分任正、副会长,

---

[①] 陆满:《广州沦陷后汪伪群丑之争》,见广东省政协文史资料研究委员会编:《广东文史资料》,第7辑,广东人民出版社1962年。

会内设置秘书、治安等处,潘芸阁为秘书长,吕春荣兼治安处长。关于该维持会的成立,有学者认为,由于日军对广东的长期轰炸等原因,"故广东人对于日本的侵略与极恶毒式的贩毒活动,敌忾之心最深,而痛恨日本人的情怀似乎较之福建人远为强烈"。"一般在日军占领后的中国城市经常所迅速成立起来的'汉奸'组织治安维持会,在广州则在拖延了50天之久之后的1938年12月10日,才由无多大社会地位的彭东原与吕春荣组织起来。"① 该会一成立,立即遭到广东民众的唾弃。另外,在日本海军的支持下,孙承泗等汉奸串通组织了一个所谓"民船公会",管理水上交通船只,在行政系统上归治安维持会管辖。在番禺市桥一带有敌伪组建的护沙大队,由李辅群为大队长。在东莞、增城一带也有以曹荣为首的护沙大队。

其后,彭东原趁伪广东省政府尚未成立之机,要求日军全力支持他,把治安维持会改组为"伪广州市公署",以把持将来的伪省政府。伪广州市公署成立后,彭东原获任伪广州市市长,下设秘书处、财政处、司法处、警务处等。原维持会副会长吕春荣因与彭东原矛盾重重,此时便另立旗帜,自行组建"和平救国军"总司令部,自任总司令,但因实力不够,为时不久即告瓦解。伪广州市公署成立后,汉奸们为了敛财,在市内开设妓馆征收花捐,并派人包揽烟赌,为虎作伥。汉奸们又组织伪市商会,以植子卿为会长,纠集一批奸商开设米店、金铺,操纵米粮,炒卖金银。

---

① 李恩涵:《日本在华南的贩毒活动,1937—1945》,(台北)《中央研究院近代史研究所集刊》,第31期,153页,1999年。

关于日军占领广州前期伪政权的特点，一位学者认为："日军占领下的广州与其周边地区，由于没有在政治上与在社会上够分量的广东耆宿肯出任当地伪政府的领导工作，其伪政府本质上甚至无法与华北的王克敏伪政府与华中初期之维新政府的梁鸿志政府相颉颃，其所能实行的统治政策，只能大略如他们在华北与华中低层次的县、乡、镇较小地区的统治一样，实行赤裸裸地利用地痞流氓和土匪之流的人物以掌握地方权力，以华制华；一方面给予这些人'维持治安'的权力，一方面则给予他们开设烟馆、赌馆、卖米、兑换钞票等经济特权，以谋取大利。所以，当地社会的糜烂，是可想而知的。"①

（二）汪伪势力侵入广东

广东治安维持会成立后的第8天，汪精卫偕同其妻陈璧君及亲信离开重庆经昆明出逃河内，走上了叛国投敌的道路。汪精卫为了建立他的叛国投敌基地，壮大他的投降势力，从而在日本人面前抬高身价，于1939年7月23日乘专机由南京飞抵广州。汪精卫到达广州后，即与时任日本华南派遣军司令官的安藤利吉密谈，乞求日军支持成立伪中央政府，并策划在广州建立伪政府和对广东地区的军队进行诱降活动。汪精卫还召集广州地区的汉奸头目了解情况和布置成立伪政权的具体任务。②

---

① 李恩涵：《日本在华南的贩毒活动，1937—1945》，（台北）《中央研究院近代史研究所集刊》，第31期，159~160页，1999年。

② 张洁：《日军铁蹄下的广州七年》，见广州市人民政府参事室编：《广州八年抗战记》，216页，1987年7月印刷。

汪精卫在广州的卖国活动，得到了日军的支持。8月11日，日本华南派遣军司令部发言人发表谈话，声称日汪意见已经完全一致，日军不仅支持汪精卫广播讲话，而且愿意尽量给予援助。日汪达成了如下协议：第一，汪精卫在建立中央政府的同时，也在华南建立华南政权；第二，华南政权建立后，日军即把占领地区的治安、警卫、行政、经济等权力移交该政权；第三，对国民党将领的诱降活动，首先把重点放在张发奎、邓龙光等人身上，并须秘密与李汉魂、吴奇伟、薛岳联络。对余汉谋，以分化其部属为主。①

根据汪精卫与日本华南派遣军关于筹建华南政权的协定，1939年9月16日，伪国民党中央执行委员会改组为伪广东省党部执委会，汪精卫以其妻弟陈耀祖出任主任委员，以在广东扩张势力。伪广东治安维持委员会会长彭东原对此虽有不满，但知道汪系处于伪中央的地位，难于与之抗衡，于是先将收入最丰的广州市据为己有，并趁伪广东省政府尚未成立，于11月18日宣布撤销维持会，而于20日成立伪广州市公署，自任市长。彭东原分别将伪广东治安维持会所属各处接管，以其爪牙潘芸阁、许少荣、欧大庆、李道轩分任秘书处、财政处、复兴处、公安处处长。同时，彭东原还组设广东省政务委员会筹备处，自任主席，与汪派的陈耀祖等人相对抗。

汪精卫广州之行后，广州地区的汉奸更加嚣张，其汉奸活动更趋公开和频繁。1939年11月15日，原国民党第一军

---

① 《汪精卫与华南派遣军协商事项》（1939年8月16日），见黄美真、张云编：《汪精卫国民政府成立》，163页，上海人民出版社1984年。

军长兼闽粤边防军总指挥黄大伟率部投敌,被委任为伪和平建国军第一集团军总司令。① 日伪当局为了全面控制广州,还胁迫各行业建立各种"公会",如米业、轮船业、航运业、酒楼茶室业等公会,分别由汉奸担任头目。此外,日伪还成立了"满族留粤会"、"华南体育协会"、"妇女会"等伪组织。日伪企图通过这些办法,使广大民众都成为服服帖帖的"顺民"。

1940年3月30日,汪精卫赴南京建立伪国民政府。但由于日本推行"分治合作"的政策,汪伪中央政府的实际管辖范围很小,因此汪精卫很想把广东纳入其实际控制之下。早在1939年冬,汪精卫就派其妻陈璧君以党政军特派员身份从南京到广州筹建伪政权,提出由陈耀祖任伪广东省主席,极力削弱彭东原的伪市府权限。但日本华南派遣军头子认为陈耀祖资望不够,有意支持彭东原出任,并提出原维持会全班人马在省市政府成立时照原级录用。汪精卫因彭东原非其嫡系,坚决不愿接纳,乃于1940年4月12日亲自出马,与其干将林柏生、周隆庠、陈耀祖等飞抵广州。下午5时,汪精卫谒见安藤利吉,商谈伪广东省政府成立及省长人选。13日,汪精卫在中山纪念堂对伪省市官员发表讲话,要求"发挥和平反共救国真义",并于晚上发表广播讲话,宣扬投降卖国理论。由于日军坚持原议,汪精卫只得同意由汪伪中央立法院院长陈公博兼任伪广东省政府主席,在陈未到广州前由陈耀祖代理,而广州市伪市长职位则让与彭东原。

---

① 蔡德金、李惠贤:《汪精卫伪国民政府纪事》,34页,中国社会科学出版社1982年。

4月23日，汪伪国民政府行政院正式决定伪广东省政府组成人员。省政府主席由陈公博兼任，陈耀祖代理（兼建设厅厅长和保安司令），委员有周应湘（兼秘书长）、汪宗准（兼财政厅厅长）、王英儒（兼民政厅厅长）、林汝珩（兼教育厅厅长）、彭东原（兼广州市市长）、周秉三（兼外交特派员）、李道轩（兼警务处处长）、黄子美、周之桢。5月10日，伪广东省政府和伪广州市政府举行成立典礼，沐猴而冠。①

1940年2月1日，日军大本营为使两广成为向中国内地进攻的策应地区和进窥东南亚的基地，决定成立华南方面军，安藤利吉任司令官，直辖敌第十八、敌第三十八、敌第一〇四、敌第一〇六师团和独立飞行队，另辖驻南宁的敌第二十二军。敌第二十二军由第五师团、台湾混成旅团组成，师团长为久纳诚一。

1940年10月，安藤利吉因在指挥部队入侵越南的过程中采取了若干与日本政府意图不符的行动，被撤职。10月3日，由后宫淳中将任华南方面军司令官。

1941年11月，后宫淳任中国派遣军总参谋长，驻广州日军番号改为敌第二十三军，司令官为酒井隆中将，辖敌第三十八师团（宝安）、敌第五十一师团（佛山）、敌第一〇四师团（增城）、敌第十九旅团（潮州）、敌独立敌第一步兵队。1942年7月后，敌第五十一师团调出，敌独立第一步兵队改编为独立混成敌第二十二旅团（驻中山）。

---

① 以上汪伪广东政权成立部分见郑泽隆：《汪精卫与广东伪政权》，载《广东党史》，1998年第4期。

1943年3月,田中久一中将接任敌第二十三军司令官,成为后期日军在华南的最高指挥官。1944年2月,该军增辖新编独立步兵敌第八、敌第十三旅团和敌第二十二师团。1944年9月,该军主力两个师团、两个旅团进入广西参加打通湘桂线作战,只留下敌第八、敌第十三旅团在广州地区。到1945年6月,日本中国派遣军为准备对付美英的进攻,决定收缩战线,指令:敌第二十三军,以敌第一〇四师团(末藤知文中将,司令部驻惠州)、敌第一二九师团(鹈泽尚信中将,驻惠阳淡水)、敌第一三〇师团(近藤新八中将,驻新会,后移驻番禺)、敌独立混成第二十三旅团(下河边宪二少将,驻广州中山大学旧址)、敌独立步兵第八旅团(加藤章少将,司令部设新街)、敌第十三旅团(川上护大佐,驻广州)、香港防卫队(冈田梅吉少将)为基干,迅速将分散各地之部队,收缩集中之意至广州附近,以确保广州、香港周围之要域。至7月末要大体完成广州、香港地区对美英作战之准备。此一态势基本维持至日军投降。①

(三) 日伪控制广东的措施

伪广东省、广州市政府建立后,极力强化其统治。

首先,进一步加强对省内占领区的军事控制。广东敌占区范围十分有限,仅限于广州、珠江三角洲和部分沿海地区,并在各抗日力量的威胁之下。为加强控制,1940年5月15日成立了伪广东省保安司令部,5月27日成立了伪广东省江防司令部。其后在保安司令部下面又建立了一个特务总

---

① 王辅:《日军侵华战争》,第4册,2 820页,辽宁人民出版社1990年。

队。1941年4月,日伪当局又增设广东省警防司令部,统辖所占区的警察局、保安队和自警团。① 1941年9月,汪伪政府又成立伪广州绥靖公署,任命陈耀祖为主任,统辖驻粤伪军。但不论日伪采取何种措施,伪政权军政当局也时刻处于恐惧不安之中。因害怕游击队的袭击,广州到江门的轮船,广三、广九以及粤汉各铁路沿线,都要由军舰或大批军警护航护路。

  由于广州市郊及各地抗日游击队活动日益活跃,1943年春日伪试图通过"清乡"来稳定其统治。但是由于日伪在乡村既无真正听其驱使的基层机构,又无群众基础,"清乡"往往并不成功。为加强效果,汪精卫于1943年5月1日特派在南京、上海一带疯狂"清乡"的伪江苏省长兼警政部长李士群来广东指导"清乡",并于年底任命伪广州绥靖公署参谋长黄克明为伪广州清乡事务局长,随后在东莞、宝安、中山、新会、南海、顺德等地开展以掠夺战略物资为主要目的的"清乡"运动。

  1943年3月17日,为了加强对广州的控制,伪广州绥靖公署在市内增设了警务临时指挥部,统一指挥全市伪警,同年11月又增设伪宪兵第四大队。1944年6月,日伪当局又乞灵于保甲制,成立伪省市保甲委员会。8月,伪广州市保甲会还对广州市户口进行清查,但由于广州市民的抵制,加上战时流动人口多,日伪当局从未查清广州市民户口,乡村户口更查不清,所谓保甲制不过徒具形式而已。

---

  ① 张洁:《日伪在广州的罪恶活动》,见广州市政协文史资料委员会编:《广州抗战纪实》,432页,广东人民出版社1995年。

其次，加强对粮食和财政金融的控制。自日军攻占广州后，粮食就极为缺乏。因日军实际控制范围不大，郊县农民弃田外逃，本省粮源更加不敷供应，日军只能依靠从日本、泰国或台湾地区购进粮食，运输途中又经常受到抗日武装的水陆袭击，供应十分紧张，加上日伪大小官员贪污成风，广州市民经常处于饥饿之中。1941年7月之后，因日军舰包围，香港粮价猛涨，大批居民离港返穗或经穗回乡谋生，12月份日军占领香港后，返穗港人更是超过46万人。1942年6月22日，伪广东省政府开始实行计口售粮和食盐凭票供应。①

随着粮油价格的飙升，广州金价也一路疯涨。1944年伪广东省政府对所有金铺全面实行登记，企图加以抑制，但毫无效果，无奈之下，伪警务处于7月底开始派出大批警员坐镇所有金铺监视，并曾拘捕20余人。8月11日，伪广东省政府更勒令全市金铺停业6天，也以失败告终。对于日益贬值的汪伪"中储券"、"中央银行储备券"，1944年5月4日，伪广东省财政厅出示布告严禁市民"歧视中储券"，但市民依然千方百计予以拒用而暗中使用法币。由于财源枯竭，日伪政权便开征名目繁多的苛捐杂税，1944年5月又增收所谓"通行税"20%，乘车坐船也要缴纳重税，市民更是苦不堪言。②

---

① 张洁：《日军铁蹄下的广州七年》，广州市人民政府参事室编：《广州八年抗战记》，225页，1987年7月印刷。
② 张洁：《日军铁蹄下的广州七年》，广州市人民政府参事室编：《广州八年抗战记》，227页，1987年7月印刷。

再次，日伪还在文化、教育、宗教等方面推行奴化政策，以麻醉占领区的民众，妄图以之维持其长期统治。

日军在占领区内设立各种宣教机构，如敌第二十一军司令部设立了宣抚部，师团设宣抚处，联队设宣抚班，其主要任务是在占领区内设点公开宣传所谓"中日亲善""日满支友好"。在新闻通讯方面，则设立了由情报部门和日军随军记者组成的报导部。稍后，日本兴亚院设置广东派遣员事务所，对伪广东政权进行"比较长远"的指导，其中包括宣教政策的制定和监督。附属于日军的一些日本文化人也组织所谓文化教育团体"共荣会"，其头目是久居中国的"支那通"岩井武男。该会设有专门的出版机构广州协荣印书馆，出版图书多以宣传"东亚共存共荣"的反动理论为主，并出版《新亚》、《华南公论》等期刊。该会还设有"共荣印刷所"和话剧团"纸芝居"。[①] 日伪当局也设置出版机构来出版图书，如新亚印书馆、亚细亚印务局等。

日本占领军对新闻舆论的控制极为严密，将新闻部门视为情报机构，所有新闻的保密、控制、检查和配给纸张等，均由日本南支派遣军司令部报导部直接管理。报纸头版的所有电讯，不论属于国内、国际、军事、政治、司法、公安等，都由报导部直接交待下来或者从日本"同盟通讯"中选出。伪广东省政府设有宣传处，但实为报导部的附庸，伪政权对其机关报，只是在名义上领导而已，最高职权还是操纵在报导部之手。

广州沦陷时，旧有报馆全部歇业。日军报导部于1938

---

① 郑泽隆：《日伪政权在广东的奴化宣教概述》，载《广东史志》，1999年第3期。

年12月首先开办《广东迅报》,主编为台湾籍日本特务唐泽信夫,以宣传所谓"东亚和平"、"皇军威力"。《广东迅报》先为5日刊,两个月后改为3日刊,不久又改为日报。此外,还开辟了一个为日本人、台湾人服务的日文版专栏,后扩充为一份日文版的报纸《南支日报》,但仍附属于《广东迅报》。这两份报纸是日军在华南统治时期的主要喉舌。

伪组织主办的报纸,一份是1939年1月创办的《民声日报》,由彭东原主持的伪广东省治安维持会津贴开办,但重要职位都由日军报导部派台湾人出任,次要职位人选也要经报导部同意。社长是台湾人叶锦灿。治安维持会改为伪广州市政府后,该报又成为伪广州市政府的报纸。另一份是1939年11月1日创办的《中山日报》,是汪伪派系的报纸。汪伪在广州设立"中央电讯总社广州分社",附设于日本"同盟通讯社"内,先后由冯节、陈璞为社长。该社以宣传汪伪政权的"亲日"、"反共"政策为主,伪广东省政府成立后,改归伪省政府管理。《中山日报》以汪伪通讯社的电讯为基础,版面内容与南京出版的《中华日报》相同,打着孙中山的旗号,鼓吹所谓"大亚洲主义",同时贩卖汪精卫媚日反共的理论,社长由伪教育厅厅长林汝珩兼任。该报销路曾一度超过《广东迅报》。

广州沦陷后,日军军部"广东放送局"占用原广州播音台的设备设立广播电台,用粤语、国语、日语播音,成为侵粤日军的又一舆论工具。①

---

① 广州市地方志编纂委员会编:《广州市志》(广播电视志),卷十六,1 028页,广州出版社1999年。

日伪还策划建立了"广州新闻记者协会",由报导部派日本人、台湾人担任重要职务,实行控制。太平洋战争爆发后,改名为"广东新闻记者协会",名义上由伪广东省政府接管,省内沦陷区的各报记者也参加,同时所有日系、台系记者退出。① 为欺骗舆论,制造假象,日伪发起在广州召开"东亚新闻记者大会"。汪伪政府对此十分重视,会前汪精卫以及伪中央宣传部部长林柏生专程赴广州。1941年8月4日,东亚新闻记者大会召开,汪精卫等在会上要记者为"东亚新秩序"摇旗呐喊。为进一步控制广东各地报纸,利诱更多记者替日伪政权涂脂抹粉,日伪当局于1941年9月10日筹组广州新闻记者赴日考察团,由各报社派人参加。②

日军为实行文化侵略和文化控制,于1939年8月8日和伪广东治安维持会联合成立"华南文化协会",发起召开所谓"中日文化恳谈会",由伪民政处处长欧大庆任主席,派学生到日本留学,蒙骗广东人民。1940年1月,由日伪扶植的各"民众团体"在广州开会,并于2月4日成立"华南各界促进和平联合会",打着"中日两国共存共荣"的招牌。

1940年12月,日本文艺界久米正雄、中野实、真杉静枝、吉川晋等到广州配合策划"和平运动"。1941年1月,汪伪广东政府与日本驻粤各机构在广州成立中日文化协会广

---

① 郑广忠:《沦陷时期敌伪报业》,见广东省政协文史资料研究委员会编:《广东文史资料》,第18辑,33~47页,广东人民出版社1980年。

② 张洁:《日伪在广州的罪恶活动》,见广州市政协文史资料委员会编:《广州抗战纪实》,434页,广东人民出版社1995年。

州分会,陈耀祖、林汝珩分任名誉理事长和理事长,日本特务矢崎勘什、岩越季寒,总领事阪田富雄等任名誉理事,会员中有文化界汉奸80名,日本人38名。① 1941年6月,又有所谓日本文化界"华南慰问团"到广州活动,广州地区一些汉奸文人与之座谈,大谈所谓"中日亲善"。

日军占领广州前后,广东省立和市立图书馆的典籍藏书经炮火战乱,损失惨重。1940年7月25日,伪省教育厅在广州朝天路再设省图书馆,派人四处搜罗各种中外图书刊物。同年9月,又设立所谓"民众教育馆",以便"宣传和平真义","积极推进各种社会教育事业"。除了赤裸裸地灌输奴化思想,日伪当局又利用文学艺术有娱乐性、潜移默化的特点,推行汉奸文艺,将"和平反共建国"的思想注入其中,炮制了大量的颓废庸俗、消弭意志的作品。广州的电影院大半是由日本人操纵,影片的供应由共荣会和中华电影公司代办,内容多为宣传建立"东亚新秩序"和占领当局的"德政",如《东亚和平之路》等,另有不少恋爱、色情、恐怖片。在剧团方面,以共荣会主办的兴亚剧团和伪市政府的市民剧团最为卖力。在音乐方面,汪伪广东当局强迫中小学生唱"和平运动"歌曲,并在占领区上演"和平歌咏运动"的闹剧。

日军对教育进行了渗透和控制。日军侵粤后,就在广州和各驻防地开办日语学校,由日军军官任教。当局还强令敌占区内各级学校复课,以向学生灌输卖国媚日思想,并在初

---

① 郑泽隆:《日伪政权在广东的奴化宣教概述》,载广东省方志办编印:《广东史志》,1999年第3期。

中以上强制实行日语教学,"定日语为主要功课,考试如日语不及格者不能升级",其目的在于通过日语的推广,使沦陷区民众"了解日本、日本人及日本的文化,进而树立东亚共荣观念","统一东亚人的精神"。1940年3月7日,日本政府派遣"东洋妇人教育访问团"来广州为奴化教育出谋献策。为笼络广州各小学校长,并使之崇拜日本教育制度,日伪当局还选派多人到东京"考察教育"。7月26日,伪广东省政府召开第十八次"省务会议",提出选派学生赴日本留学,以便"沟通中日文化,促进善邻友好关系",并决定设立一所"广东大学",以培养上层奴才。9月25日,伪广东大学举行开学典礼,林汝珩兼任校长。日本一些所谓名流学者如中村孝也等也亲赴广州,开设"王道精神之研究"、"日本明治维新史"等特别讲座,毒化和麻痹青年学生。[①]为严格控制各校学生,日伪当局先后成立了伪广东大学学生自治会、伪广东省教育会、伪全省学生联盟等,并强行集中广州地区大、中学生进行"军事训练"。1942年1月,又将受过军训的学生编为"青年团",后又改为"青少年团",分别由伪省长、伪教育厅厅长担任正、副团长。

1940年9月9日,汪伪发起所谓"东亚联盟运动",在广州成立"东亚联盟协会",恶意歪曲孙中山的三民主义,宣称要以东方的"王道主义"代替西方的"霸道主义"。林汝珩任东亚联盟协会广州分会书记长,宣称"要教育中国民众爱中国,爱东亚,同时要爱日本,爱满洲国","将中国民

[①] 张洁:《日伪在广州的罪恶活动》,见广州市政协文史资料委员会编:《广州抗战纪实》,435页,广东人民出版社1995年。

族意识和建设东亚新秩序的意识,打成一片"①。广州分会除召开座谈会、演讲会,创办《东亚联盟》等刊物外,还在广州开办青年团干部训练班和地方行政人员训练所加以推广。

继"东亚联盟运动"之后,汪伪中央又发起所谓"新国民"运动。1942年2月起,伪广东省宣传处、省党部和东亚联盟广州分会等为配合日寇发动太平洋战争,先后在广东各占领区进行"思想清乡",推动"新国民"运动。陈耀祖、林汝珩等汪伪政要除就"新国民"运动的目的和方针发表演讲外,还利用《中山日报》、《协力》和广播电台等舆论工具,散布所谓"新民族观"、"新国家观"、"黄种人的共同意识"等理论,要求沦陷区人民"贡献要大,享受要少",与日本"同甘共苦",从物质上、精神上与日军"协力"完成"大东亚战争",而不能有任何反抗意识。其间大量印刷美化日本历史和肆意歪曲中日版图的地理以及《新国民运动讲授大纲》等奴化宣传课本和书籍,学生的练习簿上都要印上汪伪政府的政纲和标语。1943年3月12日,又按照汪伪中央宣传部的部署,仿效德国希特勒的做法,在广州上演所谓"新国民运动万众签誓"丑剧,企图以封建主义道德和法西斯意识规范沦陷区人民的思想,泯灭南粤人民的民族意识。②

---

① 汪伪行政院宣传部:《东亚新闻记者大会实录》(1941年8月);《广东省地方行政人员训练所特刊》(1941年9月)。转引自郑泽隆:《日伪政权在广东的奴化宣教概述》,载广东省方志办编印:《广东史志》,1999年第3期。

② 《中华日报》,1942年2月11日。转引自郑泽隆:《日伪政权在广东的奴化宣教概述》,载广东省方志办编印:《广东史志》,1999年第3期。

第二章　广州沦陷与日伪政权的建立

日伪当局对广州地区的宗教界也加紧渗透和控制，千方百计地利诱和胁迫宗教界头面人物为其服务。1940年12月2日，日军在广州成立"国际佛教协会华南支部"，诱使广州六榕寺住持铁禅任支部长，另一汉奸谢为何任副支部长。日本东亚共荣会、兴亚院广东派遣员事务所、中日文化协会广州分会等机构经常向铁禅等佛教败类提供经费，并面授卖国卖教机宜。1942年3月9日，铁禅与广东佛教居士林代林长沈文兴、副林长谢为何等在六榕寺商谈，决定组织为日本侵华效劳的"东方文化学院"，"培养"亲日分子。同年4月间，铁禅受日伪之命赴香港活动，名为宣传佛教，实则为日伪推行"和平运动"。为扩大伪化佛教的影响，"国际佛教协会华南支部"按照日军的旨意设立所谓"平民学校"，并刊印《华南新少年》，内有"爱国爱家爱同种，新少年应与日本互相连"的内容。① 日伪当局于1943年6月派铁禅、谢为何参加日本"大东亚佛教大会"，并到东京等地参观寺庙，他们返回广州后，更卖力地鼓吹"日华亲善"，堕落为帮助日本侵华的帮凶。

此外，是对抗日文化的严密禁制，强化法西斯汉奸文化专制。1939年3月，侵粤日军为防止对日伪政权不利的报刊和其他出版物从外埠进入，发出严禁此类出版物入穗的通知。同年9月，伪民政处颁布条例，规定不论以何种文字出

---

① 张洁：《日伪在广州的罪恶活动》，见广州市政协文史资料委员会编：《广州抗战纪实》，435页，广东人民出版社1995年；《广东肃奸志》，1946年。转引自郑泽隆：《日伪政权在广东的奴化宣教概述》，载广东省方志办编印：《广东史志》，1999年第3期。

版的出版物,凡未经该处同意不得印刷和销售。1940年11月,伪省警务处查封了广州500多家书档,并命令各地警署严查旧书本包物和旧报纸包装邮件。太平洋战争爆发后,广东伪政府加强对传媒和文艺事业的控制,授权伪省宣传处从1942年6月22日起对广州的报刊、图书、标语、戏剧、歌曲等进行严格审查。1943年1月汪伪中央对美英"宣战"后,伪省宣传处又规定7管以上短波收音机限期改造,取消收听短波功能后方能领证使用,防止市民收听所谓"敌性宣传"。同年6月,汪伪广东当局又根据伪中央制定的"战时文化宣传体制",颁布《战时文化宣传基本纲要》,将文化宣传完全纳入战时轨道,先后制定《广东省出版品检查规程》、《广东省出版社组织规程》、《广东省印刷所登记检查规程》、《广东省戏院娱乐场所营业许可规程》和《广东省戏剧电影技术表演检查规程》等7个章程,并经常通过卡断纸张供应的办法来威胁和限制他们认为"不够驯服者"。

二、日军在粤的残暴统治

日军占领广州及其附近地区后,又于1939年2月至6月攻占了琼崖、潮汕等沿海地区。日军铁蹄所到之处,杀人放火,无恶不作,对广东沦陷区人民实行残暴统治。

(一)日军的劫掠

1938年10月21日下午,日军占领广州。从22日下午始,日军伙同汉奸开始在城内进行大规模的劫掠,所有大商店门窗悉被击破,大批商品被掠走。23日始,广州市内浪人、汉奸四处纵火,"每小时均有新火头发生"。东堤一带,火势蔓延数里,大批歹徒乘乱抢劫先施公司。沙面附近、黄沙等处火势甚烈,西关一带火势延及十七甫及十八甫之东段,大火一直燃烧了四五天。城西之繁华区域,几有一半被焚,70%的商店被烧掉,黄沙一带被烧成一片焦土,东堤也成一片废墟。全市至少有数十条街道被焚毁。广州市繁华的商业区顿成一片瓦砾场。全城店户悉被抢掠,抢劫者初为汉奸,其后则为日人。源昌街、兴隆街、德兴街、靖远街、同兴街、十三行及杉木栏东段与西堤遭同一命运,残垣断壁,随处皆是。东山一带,日军在各民房内大肆抢劫食品、家具及被褥。① 在中小商店被抢掠的同时,日军强行占夺了中华书店、商务印书馆、中华百货公司、新华酒店、新亚酒店、爱群酒店、新华戏院、半瓯茶室、甘泉茶室、兰溪茶室等大商号。② 广州市内劫后所余的新式省营、民营工厂也难逃劫运,几乎全部为日军占据或劫迁。繁华的广州形同一座死城。当时美国驻广州总领事曾在其报告中描述了劫后广州的情形:"1938年10月下旬,在日本占领广州之前,实际上大部分人都逃走了,'焦土'政策破坏了整个城市。在此后的几个月里,广州变成一个只剩下几千苦力、乞丐和社会最下层人员居住的'鬼城'。"③ 粤海关税务司的情报也记载了广

---

① 《广州市陷入混乱》、《广州成火焰地狱》、《广州火势未衰》,载《申报》,1938年10月24日、25日、26日。
② 广东经济年鉴编纂委员会编:《广东经济年鉴》,第十五章,1~2页,广东省银行经济研究室发行,广东省银行印刷,1941年。
③ Consular Office Records,美国国家档案馆藏,RG84 Box 2。

州沦陷时所遭的劫难:"人们会回想起,去年(指1938年)10月中国军队撤退后不久,本市好几处,特别是沙面附近的商业中心被火烧了,加上刮季风,熊熊大火连续烧了整整三天,结果造成了本市空前的财产损失。"① 由于"焦土政策"施行于前,日军蹂躏于后,广州所受损失甚为严重。

为了对付广州郊区的抗日游击队,日军一到晚上7时就宣布戒严,严禁市民通行,并经常在市内突击搜查,稍有可疑者即被日军逮捕杀害。在黄埔港附近,日军设立了宪兵大本营,每日均有大批同胞被日军押解至此审讯,酷刑拷打之声及惨叫声日夜不绝。刑讯之后日军便将人运至黄埔牛山脚下枪杀,将尸体扔进废旧的炮坑。仅此处被残害者就有万人以上,日积月累,尸骨满坑,臭气熏天,被附近人民称为"万人坑"。在黄埔大沙路口的一棵百年榕树下及其他地方,日军吊打残杀过无数群众,并将死者尸体悬树示众,以至于人们经过此地时都心惊胆战,不敢驻足。② 日军在向城北进犯时,沿途捉住南村、园下村村民15人,全部捆绑拉往水塘边枪杀;后又抓住其他村民20多人,在被迫为日军拉回大炮后,日军竟残忍地用长剑斩断头颅,人头滚地,鲜血喷射,惨不忍睹。③ 在广州东郊,日军采用斩头、打活靶、活埋、电击、集体枪杀等手段,杀害了大量无辜群众。一次日

---

① 《各项事件传闻录》(粤海关英文档案资料),广东省档案馆藏,94-1-1591。

② 黄晨光:《日军杀我同胞的牛山"万人坑"》,见广州市政协文史资料委员会编:《广州抗战纪实》,395~396页,广东人民出版社1995年。

③ 刘侣剑:《日军在广州近郊的暴行》,见广州市政协文史资料委员会编:《广州抗战纪实》,385页,广东人民出版社1995年。

军抓住30多名村民，强迫他们站成一排，用铁丝穿过每个人的两只手掌，再把铁丝绑在村旁两棵树上，然后开枪逐一杀害。日军为恐吓村民，还逼迫其余村民前往观看。① 日军侵入增城后，到处烧屋杀人，在缸瓦村制造了杀人大惨案，日军用刀劈枪刺，杀害村民128人，烧毁房屋110多间，一时之间，该村成了悲惨的人间地狱。②

除上述之外，日军在从化、花县、阳江、广州湾、潮汕、琼崖等地区，也极其残暴地制造了许多杀人纵火惨案。如日军占领阳江县南鹏岛后，强迫群众为其开钨矿，稍不顺从，即行杀害。矿工每天做苦工12小时以上，生病得不到医治，病重的往往被抛下海或活埋，7年中死于日军之手者近4 000人。在潮汕地区，澄海庵埠一村庄被日军屠杀4 000余人。在琼崖地区，据不完全统计，抗战期间死于敌人暴行虐政者20余万人，被毁屋宇5万余间。其中在定安县果村，男女被活埋者逾千；南渡江口被杀女尸长流数月；琼民冒险偷渡琼州海峡，被杀害者在3 000名以上。③

日军所到之处，兽性大发，奸淫抢劫，无恶不作，甚至肆意拘捕良家妇女充当军妓，不从者即予杀害。日军军纪败坏，无论白天夜晚，随时都会闯入民房抢掠财物，强奸妇女。1938年11月8日，日军出动数百人对增城西洲村进行

---

① 樊积龄等：《日军在广州东郊的罪行》，见广州市政协文史资料委员会编：《广州抗战纪实》，390页，广东人民出版社1995年。
② 钟源深：《日军在增城缸瓦村大屠杀纪实》，见广州市政协文史资料委员会编：《广州抗战纪实》，402页，广东人民出版社1995年。
③ 蒋祖缘、方志钦主编：《简明广东史》，836页，广东人民出版社1993年。

骚扰，见人就刺，见屋就烧，见东西就抢，捉到妇女就强奸，共强奸妇女20多名，上至老妇，下至10余岁的女童都未能幸免。① 1939年11月17日，广州日军拘捕良家妇女2 000余人，关押在黄德光医院编为"姑娘慰问团"，分送前线充当军妓，拒绝者多被残杀。② 日军在广花公路各处交通要道设立哨卡，任意杀戮群众，侮辱妇女。1942年春某日，日军凌辱3名青年村妇，脱光她们的衣服，其中一名妇女反抗，被当场以刺刀刺破腹部杀害。③ 在花县农村，日军勾结汉奸，经常强迫或诱骗农妇到日军营中当军妓。④ 日军在占领区经常三五成群四处抢掠财物和强奸妇女。为了逃避敌兵，妇女一听日军入村就四处躲藏，有的蓬头垢面避人耳目，有的则钻入地窖。在粤西的雷州城，日军不仅四处奸淫妇女，甚至还闯入寺庵强奸尼姑30多人。⑤

1939年，日军在广州组建了细菌战机构——波字第8604部队（对外称"华南防疫给水部"），部队长为佐藤俊二军医大佐，配属有1 200余名专业人员。大本营设在广州现称中山二路的原中山大学医学院内。该部除担负侵粤日军防疫给水保障任务外，主要是从事细菌及各种传染病的研究

---

① 《日军蹂躏增城西洲村纪实》，见增城党史丛书：《增江怒涛》。
② 张洁：《日军铁蹄下的广州》，见广州市政协文史资料委员会编：《广州抗战纪实》，377页，广东人民出版社1995年。
③ 刘侣剑：《日军在广州近郊的暴行》，见广州市政协文史资料委员会编：《广州抗战纪实》，385页，广东人民出版社1995年。
④ 陈寄鸣等：《日军在花县的暴行》，见广州市政协文史资料委员会编：《广州抗战纪实》，412页，广东人民出版社1995年。
⑤ 中共湛江市委党史研究室编著：《南路人民抗日解放军史》，58页，广东人民出版社1995年。

和实施细菌战。在部队长佐藤俊二指挥下，采取食物撒菌、人体注射和带菌蚊虫、跳蚤、老鼠传播等手段，秘密杀害香港和广东军民，留下严重的疫情后果。①

（二）日伪的贩毒活动

日本在广东进行了疯狂的贩毒活动。早在1938年2月，日军占领位于珠江口外的上川岛、下川岛后，便用炮艇运输大批红丸（海洛因）、鸦片等到这两个小岛上，以极低贱的价格售。如在台山由政府专卖的鸦片，每两7~8元，日本在上川岛、下川岛则只卖2.5元，每百粒红丸只卖5角。由于毒品很便宜，毒品大盛行。广州被占以后，在日本人的蛊惑和汉奸的利诱下，鸦片烟馆和赌馆在市内林立，甚至街道上的走廊、人行道都可随意设立海洛因摊、红丸摊、牌九色仔赌摊，吸引路人前来吸毒赌博。初时毒品价格低贱，鸦片1角多1钱，红丸1角可购二三十粒，以引诱一般无知的市民上当，受毒瘾的控制。鸦片烟馆也成为伪广东治安维持会的经济来源之一。

1939年3月，与华南日军特务机关关系密切的日籍台人陈思齐在广州设立福民堂（至1943年5月止），囊括了广州的鸦片专卖权，由陈一次交纳20万元军票给广州日军特务机关，另每月再交1 000元（军票1元=0.010 4美元）。此后又以月交50万元（约合黄金1 000两）取得对广东全省的鸦片专卖权。福民堂初期在广州设立"售吸所"70多家，分销处6个，其余向福民堂交纳一定费用而开设的大小烟馆

---

① 广州市地方志编纂委员会编：《广州市志》（军事志），卷十三，69~70页，广州出版社1995年。后面第三目详揭此事。

近 350 家。在广州附近的南海（包括佛山镇）、番禺、顺德、新会、三水等地设有 7 个福民堂的专卖分处，总销量与广州市区的大体相同。日军占领佛山之初，当地劣绅黎垣、罗安等即合组得利公司，以每天向当地日军宪兵队交 800 元为条件，垄断了烟、赌二业。花县则强制成立了一家福民堂鸦片生产中心，专事海洛因生产。日本对广州当地流氓的控制采取"以流氓制流氓"的办法，许他们以维持治安的特权，给予他们开设烟馆、赌馆、售米、售卖兑换钞票等特权，让他们互斗互杀，互相牵制，但也要他们负责其控制区内的基本秩序。

广州鸦片的来源，由日本公司或日军船艇直接或间接运自伊朗，而福民堂的鸦片，则大部分自伪满洲国购来，由日本军用船只运输，在广州本地煮成烟膏出售。赢利除每月交日军特务部 50 万元外，福民堂也不能独吞其余数十万元，其中之绝大部分仍须上交日军特务部，为日军的特殊财源之一。至 1940 年之后，才考虑拨出一部分给伪政府使用。

为保障鸦片供应，自 1939 年下半年起，日伪即开始在广州附近的从化、番禺种植罂粟，据说在番禺即种植了 3 400 多亩，收获之后，每亩收税 40 元。广州周围其他各县也多有私种罂粟的。日军甚至在潮安等地公开张贴告示，鼓励人民种植罂粟。1941 年 12 月之后，广州市郊及附近各县种植罂粟更为普遍。市郊如嘉禾、龙门、人和、南村、北村、竹料、钟落潭一带生产的鸦片，俗称"禺北土"；沙河、西坑、天平架、同安、同和、榕树头、长湴、龙眼洞一带所生产的鸦片，俗称"禺南土"；石牌、员村、程界、车陂、棠下、珠村、黄村一带生产的鸦片，俗称"黄埔土"。东莞生产的鸦片称"东莞花叶"；其他还有从化、花县，以及四邑（开平、新会、恩平、台山）所产的鸦片。1944年，日本强迫广东、福建沿海各县的农民，每户至少要有1亩地种罂粟，福建金门、晋江和广东南澳，至少要各有鸦片田6 000亩。规定农民每少种1亩要交罚款30元。

太平洋战争爆发后，日本的海上运输几乎被切断，中国东北的"大连土"无法用船艇南运。1941年，为应付广州方面对鸦片的急需，日军竟将生鸦片装在机油桶内用轰炸机运至广东，由负责日军给养的"国策公司"出面售卖。日军司令部内则经常另储有60公斤的生鸦片四五包，随时准备售出。为贩毒牟利，无所不用其极。①

（三）日军的特务统治

日军为加紧对广东的控制和搜集情报，在广东建立了多个情报机关，实行军事占领和特务统治相结合。这些机关包括：

第一，敌第二十一军参谋部情报科（第二科）。该军下属师团、旅团、联队参谋部内均设有一个情报室，情报室下有由汉奸组成的侦谍队及多个情报点。

第二，广东特务机关。1939年设于广州永汉路（今北京路），首任特务机关长矢崎勘什中将。内有日本特务30余人，汉奸50余人。设有政务班、军事班、经济班、特高班、庶务班。政务班的任务，是控制汪伪广东省政府的机关团体和监视汉奸大员；军事班的任务，是控制伪军、伪警；经济

---

① 以上有关日军贩毒部分转摘自李恩涵：《日本在华南的贩毒活动，1937—1945》,（台北）《中央研究院近代史研究所集刊》，第31期，1999年。

班的任务，是统制物资和掠夺物资；特高班的任务，是指挥汉奸特务搜集情报和镇压抗日活动。其外围特务机关有4个，即设于广州太平南路（今人民南路）的"长利行"，设于广州沙面的"兴亚会馆"，设于德政中路的"水野联络所"，设于吉祥路的"东亚研究所"。该机关掌握许多宗教帮会组织，如回教协会、佛教协会、青帮组织等，利用它们进行谍报谋略活动。占领当局的广东特务机关下面还设有惠州分机关和汕头分机关。

第三，广州菊机关。1942年4月设立，机关长为菊池信中尉，他原名竹田信。后来他又另外组成一个"广州竹田机关"。广州菊机关的活动范围包括广州、南海、三水、新会、高要、花县、惠阳、博罗、东莞等9个县市，主要任务有：一是收买网罗土匪兵痞，组织武装特务队；二是搜集日军封锁线前沿地区情报；三是对中国军队及其地方游击队进行诱降。菊机关有日本特务10余人，初设时有汉奸140人，最多时达560余人。下面设有4个支局和1个特务队。1942年7月，菊机关将它们合并为"北江工作总队"，下设庶务、宣抚2个班。1943年3月，又另外成立了一个"曲江工作总队"。1945年2月成立的"广州竹田机关"，任务则是专门对付中共的东江游击队。

第四，广东宪兵队。属"南支那派遣军宪兵司令部"，地址设于广州市广大路，任务是搜集情报，镇压中国人民和侦缉抗日活动，下设东、南、西、北、中区、水上、江南芳村7个宪兵分队。

此外，还有1939年设立的广州松机关，1944年6月设立的广州吉野机关、湛江高杉机关、广州加加美机关、广州三角机关、广州林机关、广州原机关、海南海军特务部、海南宪兵队,等等。①

上述情报、特务、军宪机关与日伪军一起,在广东地区形成了一个庞大的军警宪特统治网,肆意对广东人民进行蹂躏。

日军在占领区还大肆搜刮资财:截断侨汇、发行军票、盘剥工农、摧残实业,造成占领区各地工厂倒闭、田园荒芜、商业凋零、饿殍遍地。日军为了榨取商业财富,胁迫兴办由华人出资、日人入空股的合作社,从而瓜分利润、操纵物价。日货充斥广州市场,据估计,月夺资金达3 000万元。② 广东各地人民挣扎在死亡线上,因饥饿而死者随处可见。潮汕等地区竟有食人肉充饥者,甚至有歹徒杀人取肉而佯称马肉贩卖于市月余的事情发生。在不长的时间内,汕头附近的乌桥一带饿死400余人,潮阳县1941年3—10月,每日平均饿死40人以上。③ 在日军铁蹄之下,占领区人口日益减少。战前1937年11月24日广东省会警察局统计公布广州人口120余万人。1940年5月,伪广州市公安局透露:广州市人口已由沦陷前的170万人锐减至90万人左右。1943年8月,伪广州市政府清查户口,全市只有120 361户④,40余万人。

---

① 逄复主编:《侵华日军间谍特务活动纪实》,178~193页,北京出版社1993年。
② 《无限沧桑话汕头》,载《广东一月间》,1941年7月号。
③ 卢淼:《记澄海伪军苏斌反正》,载《广东一月间》,1941年10月号。
④ 广东省立中山图书馆编纂:《民国广东大事记》,569页、647页、721页,羊城晚报出版社2002年。

三、侵华日军在粤进行生物战与化学战

秘密进行生物（细菌）战与化学（毒气）战，是日本最高当局蓄谋已久的战略决策。生物武器（亦称"细菌武器"）是一种具有大规模杀伤破坏力的武器，其作用原理是利用生物战剂的致病特性。"毒气战"现称化学战，是一种残酷的战争手段。国际上早已禁止使用生物与化学武器，但是，日军置国际协定与道义于不顾，冒天下之大不韪，在日本最高当局的大力支持和部署下，秘密地策划罪恶的生物战和化学战，在二战时期犯下了滔天的罪行。

（一）日军在粤进行生物（细菌）战

1931年"九一八"事变后，日军即在日本组织侵华细菌部队。1933年8月在哈尔滨市平房地区建立石井（四郎）细菌部队。1938年在哈尔滨平房建立731部队，同时，在北平成立了甲字第1855部队。

1939年，波字第8604部队（对外称"华南防疫给水部"）正式在广东编成，为师团级单位，是华南地区细菌部队。同年，荣字第1644部队在南京编成。至此，中国境内有4支细菌部队。1942年日军占领新加坡，冈字第9420部队编成，负责南太平洋地区的细菌战。[①] 这5支细菌战部队

---

① 详见日本人吉思义明、伊香俊哉著：《日军的细菌战——来自陆军总部的真相》的《旧日本军细菌部队关系图》，载日本《战争责任研究》，1993年总第2号，易雪颜、沙东迅译，4~5页，见沙东迅著：《揭开"8604"之谜——侵华日军在粤秘密进行细菌战大曝光》，8~9页，花城出版社1995年。

都由石井四郎统率，总共万余人，各队规模为 1 000～3 000 人。

日军研制细菌武器有 5 项优越条件：（1）日军细菌部队是奉天皇裕仁多次密令建立的；（2）秘密给予充裕的经费；（3）备有最先进的设施；（4）使用"活人试验和活人解剖"的研究方法；（5）集中了大批科学家。借此，日军的细菌武器研制在短期内得到了迅猛的发展。石井四郎认为："制造生物武器既省钱、省料，又具有不可估量的杀伤力，这对经济危机、钢铁缺乏的日本帝国来说，是一举两得的大好事。"他还承认，他"除指挥关东军细菌部队外，还指挥华北、华中、华南和南太平洋方面的细菌部队"。日本战俘内丰笔供说："日本的敌人不仅是中国，还把美国及其他许多国家作为战争的对象，随着战线的扩大，兵力愈感不足，用细菌战即可以寡胜众、以少胜多，这是一个最好的方法。"①

1. 侵粤日军细菌战的大本营设在原中山大学医学院内。

8604 部队创建于 1938 年 9 月 7 日，组建于日本大阪市，当时称"第 21 野战防疫部"，以井上少佐为首，约 150 人。10 月 12 日，该队随侵华日军在广东大亚湾登陆，于 31 日抵达广州，在原中山大学医学院（当时该校已撤离）设置本部，作为华南派遣军司令部直辖部队，兵力逐步增加，后更名为"波字第 8604 部队"，首任部队长是田中严军医大佐，以后是佐佐木高行、佐藤俊二、龟泽鹿郎。除本部外，还将兵力分派到广东各地及华中除州（按：原文如此。似为江苏

---

① 以上引自郭成周等著：《侵华日军的细菌战》，载《军事史林》，1992 年第 6 期。

省滁州)、福建省、广西省、香港（九龙）等地区，打着为中国人防疫、救护等和平旗号，秘密进行细菌战。①

日军在东北、华北、华中进行细菌战早已被揭露出来，可是由于日军有意严加掩饰，它在华南地区秘密进行细菌战的情况一直被掩盖了50余年，直到1993年，原波字第8604部队班长丸山茂在东京参观731部队的罪行展览后，良心受到很大的震动，才首次在东京揭露此事。

丸山茂说："当时我是广州波字第8604部队第一课细菌检验班兵长，部队对外称是华南防疫给水部，部队长是佐藤俊二（军医大佐）。该机构较为庞大，是配属1 200多名专业人员的师团级单位。本部下设立了4个课及总务、器材供应等共6个课。其中专业将校100人（根据内山武彦的战地日记，不包括兵区医院的人数）。其中第四课，从事鼠疫培养和病体解剖，渡边军医中佐任课长。该课是用铁丝网围起来的，禁止与外部人员一切交往。食、住等一切生活都在里面进行，很可怕。只有晚上点灯时才能看到里面的一些情况，里面的棚子里挤满了石油罐。有时从外面运来很大的行李，连哨兵也不能看到里面装的是什么东西。"② 丸山茂又说："第四课地下有很多用福尔马林浸的尸体，第四课课长每天都进行解剖。石油罐里面盛着收集到的作鼠疫实验用的

---

① 日本8604部队战友会执行委员本田幸一：《编印名录的通告》，载《日本华南派遣军波字第8604部队战友名录》，易雪颜、沙东迅译，见沙东迅著：《揭开"8604"之谜——侵华日军在粤秘密进行细菌战大曝光》，16页，花城出版社1995年。

② 丸山茂著，军事医学科学院郭成周教授提供。

老鼠。"①

根据丸山茂两次提供的地图与原中山医学院有关知情人员核实，其本部及6个课均在现为中山大学医学院图书馆旧楼及其附近地方，包括现中山大学医学院附属一院部分地方。虽然过去了60余年，但在中山大学医学院仍发现有原日军8604部队曾用过的、写有日文"係長室用"的旧木椅和从东京运来广州使用过遗留下来的医用铁柜两个（均有写明为日本东京出产的金属商标）。

广州的李俭当时在广州惠爱路（即现中山四、中山五、中山六路）看到，自从太平洋战争爆发后，他就发现侵华日军每晚向日本商店和日本人居室发放捕鼠铁笼，每天上午由身穿白大褂的日本军人用军车收集，一车一车活老鼠从惠爱路（现称中山路）向东运去（按：当时及至今中山大学医学院就在这个方向上），从那时起，已经流传着日军搞细菌战实验的说法。②

8604部队除其本部占用原中山大学医学院外，其防疫给水部分还占据了原设在广州北郊江村的民国时期的第四路军野战医院和军医学校旧址长达3年之久，主要从事防疫（侦察水源收集疫情）、病源检验、验水、消毒检诊、净水等作业，直接为日本军队和日本人啤酒工厂服务。③

---

① 载日本《新潟日报》，1994年11月6日，易雪颜、沙东迅译。
② 见《广州读者李俭的来信》，沙东迅保存原件。
③ 日本陆上自卫队卫生学校编：《大东亚战争陆军卫生史》部分有关内容，易雪颜、沙东迅译，见沙东迅著：《揭开"8604"之谜——侵华日军在粤秘密进行细菌战大曝光》，20~21页，花城出版社1995年。

8604部队花了很大的人力、财力对华南地区（主要是广东、广西、福建及港澳等地）的传染病史进行了甚为详细认真的调查，并编列了有关的图表，包括《敌地区急性传染病统计表》（1939—1941年）、《两广地区（及港澳）鼠疫疫情一览表》（1867—1929年）、《广西地区急性传染病统计表》（昭和十年、十一年，即1935年、1936年）、《传染病发生概见图》等，由"波字防疫"即"波字防疫给水部队"于1944年编印。①

2. 8604部队在广州难民收容所杀害大批省港难民。

广州南石头难民收容所前身是广州惩戒场，建于民国元年（1912），面积47亩多，后改名"惩教场"，并逐步扩充。1922年，每月收犯人在1 200人以上。内有作业工厂6座，建于犯房四角及两旁。②

日军侵占广州后，日伪决定在广州南石头旧址恢复惩教场③，在惩教场的西北边设立粤海关海港检疫所。④该所所长是日本人岛义雄，曾任台湾总督府医院院长。该所共有78人，其中日本人12人。⑤1941年12月，日军发动太平洋战争，并侵占香港等地，数十万香港难民被遣返回广州。1942

---

① 详见广州市档案馆广西敌伪临2-1-1889卷、临2-1-403卷，易雪颜、沙东迅译，见沙东迅著：《揭开"8604"之谜——侵华日军在粤秘密进行细菌战大曝光》，20～21页，花城出版社1995年。

② 广州市政厅编：《惩戒场沿革及进行概说》，载《广州市政概要》，1922年。

③ 伪《广东省政府公报》，1940年第4期。

④ 广州市档案馆敌伪33宗1-523卷。

⑤ 见汪伪《粤海关海港检疫所职员表》，存南京中国第二历史档案馆，卷号：敌伪679-1338。

年初，伪广东省政府将惩教场改设为广州南石头难民收容所。

8604部队为了维护日军在广东的统治，在这偏僻荒凉的南石头难民收容所里，秘密地使用细菌武器，屠杀了大批来自香港以及广东本地的难民，惨绝人寰。此事被有意地严密掩盖了半个世纪。原8604部队日兵班长丸山茂于1993年在日本东京第一次公开揭露说："为了不再出现侵略他国的情况，我再三考虑，决定把不为人知的'大量屠杀香港难民的细菌战'披露出来。"（按：据查，被害死的还有广东本地的难民）披露内容如下：

"昭和十七年（1942）2—5月。在中国广东省广州市河南滩（南）石头难民收容所。受害者——由于日本军攻占香港而造成的香港难民中，由水路逃到广州的大部分人。加害者指挥官——波字第8604部队（华南派遣军防疫给水部，简称南水部）部队长佐藤俊二军医大佐。实施者——南水部第一课细菌检验班的场守喜卫生伍长。整个工作直接听命于部队长。""昭和十七年（1942）4月……我等3人被派到滩（南）石头作疟疾调查。……在这里见到了的场守喜……的场守喜把我带到屋外，走到珠江边没人的地方，很郑重地对我说：'我告诉你我正在做的事，但为了你自己的安全，这事一辈子也不能说出去。军方为了保证广州市区的治安，把来广州的难民安置在滩（南）石头收容所，但由于香港来的难民太多，收容所已人满为患，命令南水部，用细菌杀死他们。很不幸，任务落到了我的头上。我直接听取部队长的口头命令，并发誓不把事情对外张扬，小心完成任务……部队长派飞机去（东京）军医学校取来肠炎沙门氏菌（副伤寒菌），投放在饮用的汤水中……当晚就出现了患者……死亡率很高，死者不断出现，死者由（伪）省政府负责埋葬，在先埋尸体上不断重叠放上新来的尸体，到最后，连掩盖尸体的土也没有了.'"丸山茂还听说："要把收容所的200多难民转移到北江上游占领区以外地区。听说给他们发了数量不少的法币、粮食、衣服。被送到占领区以外的人大概是感染了肠炎沙门氏菌未发病，或是发了病，但病较轻而幸免于死的人们，他们都是'带菌者'。这是（日本）军方坏到骨髓的战法，他们连那些幸存下的人都不放过，把他们当作'菌种'在敌方阵地展开细菌战。"丸山茂还指出：当时按日军的规定，在前线作战3年以上者，可分批返回日本，可是的场守喜和清水清都不能返回，这大概由于他们参与了滩（南）石头细菌战而要封住他们的嘴巴吧！"①

丸山茂回日本后，多次查找的场守喜，但一直没有找到。后来他听说战后的场守喜回到日本，为了安全起见，已改名换姓，不敢回到自己的故乡，客死异乡。

在原南石头难民收容所做过难民的肖铮、冯庆章（冯奇）、梁某、胡苏、何琼菊、冯芳标、冯锋（后三名从香港坐轮船返回广州而船被日军扣在南石头难民所附近）及附近的几个村子知情的老居民吴伟泰、陈娴、何金、肖永光、钟瑞荣等都提供了大量第一手的见闻资料，证实丸山茂所揭露

---

① 详见丸山茂著：《铁的史实，血的控诉——侵华日军在粤进行细菌战，屠杀香港、广东难民的证言》，沙东迅、易雪颜译，原标题是：《不管多么堂皇的藉口，走向战争都是罪恶的》，摘要载于广州《亚太经济时报》，1994年12月18日。

的都符合当时情况。幸存的广东难民和知情人估计，被日军细菌战害死的无辜粤港难民有成千上万人。

伪粤海关海港检疫所公开是一个检疫机关，但暗地里却是秘密进行细菌试验和细菌战的场所。曾在该所工作了4年（1941—1945）的检疫员廖季垣及当地老居民肖永光、吴伟泰等都揭露了当时的情况。①

战后，日本陆上自卫队卫生学校编写的《大东亚战争陆军卫生史》中也谈到上述情况，除了掩盖难民死亡原因、难民死亡数字被大大缩小之外，其他基本情况与丸山茂和中国知情人所谈的情况大体是一致的。

1942年广州主要流行疫症首要是伤寒②，这也证实了上述丸山茂所揭露的情况。8604部队长佐藤俊二下令用沙门氏菌（引起伤寒病）大批杀害难民，由于大批尸体被草草浅埋与日军有意让200多名带伤寒菌的难民带菌离开难民所赶往粤北，而导致此病在广州、粤北等地的严重流行。其时间、地点、疫情、病症等都与丸山茂所言十分吻合。

3. 省港难民尸骨被叠埋在邓岗。

广州南石头难民死亡众多。日军为了掩盖罪行，先令难民收容所建了两个并排在一起的化尸（骨）池，用于化尸灭迹。每个20余平方米，高约4米，体积80多立方米，两个共160多立方米。因死人太多仍来不及处理，而且有腐尸奇

---

① 详见沙东迅著：《揭开"8604"之谜——侵华日军在粤秘密进行细菌战大曝光》，花城出版社1995年；该书的补充新版，由中国文史出版社2005年出版。

② 见广州市档案馆敌伪33－1－941卷。

臭的气味外溢，日军只得又令难民所出面雇用了6名抬尸人，分3张帆布床，加上1辆板车（另雇2名拉车人）来赶运难民尸体到附近的邓岗（即现在南箕路一带，属广州造纸厂的土地）掩埋。当地许多老年人如萧铮、吴伟泰、梁檬、范有生、何金、黄有等都曾亲眼见到，甚至有的病人还会喘气也被活埋了。

20世纪50年代和80年代广州造纸厂两次搞基建，有关基建负责人梁时畅和沈时盛及工人曹秀珍、何金等人也证实在抗战时期从南石头难民所运来填埋的尸体绝大部分来自南石头难民所的粤港难民，而且数量惊人。① 后在增城市小楼镇秀水村马屎忽山找到了部分移葬的难民尸骨。②

为了纪念被日军用细菌武器秘密杀害的粤港难民，广州造纸厂在邓岗建造粤港难民之墓，1995年11月5日，丸山茂自费来广州主动认罪，跪拜粤港难民之墓。③ 广州市人民政府批准原中山大学医学院旧图书馆为侵华日军细菌战广州大本营旧址，确定为广州市文物保护单位，立碑永志，此恨不忘。

4. 8604部队在广东各地进行细菌战。

日军不仅在广州，还在广东各地进行细菌战，当时广东省临时省会韶关及粤北地区是其进行细菌战的重要目标。如

---

① 详见沙东迅著：《揭开"8604"之谜——侵华日军在粤秘密进行细菌战大曝光》，花城出版社1995年。
② 《羊城晚报》，1997年5月19日头版，沙东迅的报道；沙东迅：《寻找粤港难民尸骨记》，载《阳江日报》，1997年5月25日。
③ 详见《南方日报》等，1995年11月6日。

1939年6月1日，中国铁道运输司令钱宗泽致电重庆卫戍司令部说："敌派汉奸冒充难民携带热水瓶，内藏霍乱、伤寒、鼠疫菌，潜入粤、桂、滇、蜀，散发于我军阵地水源中。其派往重庆、桂林、西安、金华、韶关等地的已出发，第二批不久即赴长江各地。"1939年10月，顾祝同致蒋介石电文说："敌派细菌、化学战专家30余人转往晋、鄂、粤等省任指导。"① 1939年4月，8604部队派出15人到海南岛定安县进行鼠疫调查②，为其进行细菌战做准备。

1941年5、6月间，日军派汉奸到广东后方，冒充沿海逃难的难民，偷偷地将细菌药物放进水缸、食物、水井等处，使很多群众中毒死亡。投放的细菌有霍乱、肺病、疟疾、痢疾等，传染性很强，流行快，死亡率高，当时在医院的几百人都是受害者。每晚都不停听到埋葬受害者的爆竹声，野外四五公里远的地方都是新坟墓地。这是日军在乐昌进行细菌战犯下的滔天罪行。③

1942年，中国军政部军医署第八防疫大队发现日机撒放麦粒到粤北翁源一带，麦粒中有跳蚤，但因没有培养基，查不出是什么细菌。④ 1938—1939年中间，日机常轰炸阳江

---

① 中央档案馆等编：《细菌战与毒气战》，376～378页，中华书局1989年。

② 见易雪颜、沙东迅译：《大东亚战争卫生史》（部分），见沙东迅著：《揭开"8604"之谜——侵华日军在粤秘密进行细菌战大曝光》，花城出版社1995年。

③ 见《蔡满天的来信》——致沙东迅，见沙东迅著：《揭开"8604"之谜——侵华日军在粤秘密进行细菌战大曝光》，花城出版社1995年。

④ 沙东迅：《访问陈安良的记录》，见沙东迅著：《揭开"8604"之谜——侵华日军在粤秘密进行细菌战大曝光》，46页，花城出版社1995年。

县，有几次并未丢炸弹，扔下来的是含粘胶的棉花……原来是含有霍乱菌的。到1943年夏天，霍乱流行，阳江因霍乱而死的不下千人。后有阳江老人张重华、沙业统证实。①

日军"为防止我游击队蔓延，早有广散传染病细菌于战区之计划。1939年由东京运沪大批菌苗……共分鼠疫、霍乱、伤寒、白喉、赤痢之5种，制成雪茄烟式之蓝黄两色玻璃管，已分送华中、华南各前方。令放弃阵地时，投置于河井及民房中"，或"派遣汉奸散布各游击区内"。②

日寇进行细菌战，不仅为害当年，而且祸延到战后若干年。据查，1951年广州约有500人患恙虫病。1952—1953年进行疫情调查时，发现广州大石街及小北一带，恙虫病人较多。据当时大石街的老居民反映，日军占领广州后，大石街三巷西边的广东女子师范学校（按：现为省政府后大半部分）里驻过日本军队，有人看见日军养了不少广东黑色老鼠，还养了许多马，又常捉中国人，这些可能与日军进行细菌战有关。日本有恙虫病，对此病很有研究。③ 1946年春，在广州收治回归热病人50例以上，不久又发现天花流行，夏季霍乱流行达千例以上。1947年仍有天花、霍乱流行。1948年夏秋，发现恙虫病流行，20世纪50年代在珠江三角

---

① 陈顺洤：《日寇用细菌残杀华南同胞，我就是证人》，载《南方日报》，1951年4月8日；《访问张重华的记录》，沙东迅、周璇记录，另有《沙业统的证明》，均为未刊稿。
② 广东省政府1939年5月20日训令，存广东省档案馆2（2）-8。
③ 《访问钟之英的记录》，沙东迅记录，见沙东迅著：《揭开"8604"之谜——侵华日军在粤秘密进行细菌战大曝光》，47页，花城出版社1995年。

洲有暴发流行（即一次发生数十例）。①

曾两次来广东做过实地调查的日本人糟川良谷根据原日军第二十三军司令部军医部军医、8604部队成员、香港占领地总督部副部长、731部队第三部部长江口丰洁所著《防疫给水和香港的卫生行政》一书指出，近年来在原（东京）军医学校旧址发现的大量人骨也极可能就是从广东送过去的"检验体"。江口还记述了南石头难民所修建的两个让尸体自然腐败的"构筑物"，就是现场证词中的"化骨池"。糟川良谷指出，死亡的难民以南箕路为中心，被任意丢弃。当时东京军医学校对包括沙门氏杆菌在内的肠炎杆菌的研究已颇有成果并进入实验阶段。据华南防疫给水部的报告提到，他们饲养了1万只老鼠，每月可生产出10公斤鼠疫跳蚤，后又增加到2万只老鼠。在中山大学医学院图书馆附近的第四课已进行了鼠疫跳蚤的培育，并从白云和天河机场用飞机运走，其撒播的目标是昆明、丽水、玉山、衢县、桂林、南宁6个地区。糟川还指出，更值得注意的是，由沙东迅在广州市档案馆发现的华南防疫给水部所作的《传染病发生概见图》（1944年制成）是经该部调查班调查后作为《兵要卫生志》的图示。这与"恰当"的细菌战是紧密相关的。因为只有充分把握当地的地方病史，才可以做到逐步实行细菌战，扩大鼠疫，恰似天然流行的样子来欺骗世人。1942年、1943年广东省内鼠疫的急剧发生，明显是由日军的细菌战造成的。8604部队1941年参与福州战役，并于事后掘起尸体

---

① 《施复晋来信》——致沙东迅，见沙东迅著：《揭开"8604"之谜——侵华日军在粤秘密进行细菌战大曝光》，48页，花城出版社1995年。

做了鼠疫鉴别检查。1941—1942年该部参与了香港战役,另外和南方军防疫给水部(新加坡)一起进行人员转移的事实都得到证实。①

5. 日军进行鼠疫战有关当事人的证言。

原日军波字第8604部队另一成员井上睦雄也向访问者糟川良谷等人揭露了该部队的情况:"我当时在该部队第四课所属的病理解剖班,开刀者是桥本,助手有井上睦雄等人。""桥本解剖尸体内脏时,我们共同切开头盖骨。""每天大概解剖1.5具尸体","抗日游击队员或间谍","有时即使被子弹击中会引起脑震荡但不至于死。(虽然我不大想说)确切地说,那不是尸体,而是活体。心脏仍在跳动……","装在坛子或大瓶子里的头颅、内脏标本很多……确实在50个以上"。他又说:"1944年,我调到鼠疫跳蚤生产部门,那里饲养了50万只老鼠,有100个左右的石油罐(每个18立升)饲养老鼠,每月鼠疫跳蚤需要10公斤,就得生产15公斤。""如果美军不久在中国南海岸登陆,据说这种鼠疫战将发挥最大作用。"井上睦雄还说:"当时曾经认为第四课昆虫班培养生产鼠疫蚤的情况是昆虫班的中国苦力向外泄漏的……我发现了苦力偷藏起波字8604部队的示意图并捉获苦力,从而被授以勋章('殊勋乙级')。后来那苦力被如何处置不得而知,但可想象到。日本战败时我烧毁了那枚勋章。""1945年6月24日,8604部队(驻中山大学医

---

① 以上见糟川良谷:《日军在广东的细菌战》,1995年,王海燕、沙东迅摘译。日文稿已在日本发表,中文译稿见沙东迅著:《揭开"8604"之谜——侵华日军在粤秘密进行细菌战大曝光》,56~57页,花城出版社1995年。

学院）的一栋老鼠饲养舍和鼠疫跳蚤的培养设施（混凝土建筑物），被（美军）二十五六架 B-29 型战机编队炸毁。"

糟川良谷在此份证言补记中指出："通过井上证言，波字 8604 部队进行鼠疾战的实况更加明了。""井上的证言是实际参与生产者的证言，是一丝不苟的证言，极为可贵。""井上证言中所指的切断的头盖骨曾在（东京）军医学校旧址发现过。""8604 部队生产的鼠疫跳蚤可能在对重庆、昆明等内陆地轰炸时使用过。"

原 8604 部队长佐藤俊二在远东军事法庭审判时也承认，从 1941 年 12 月到 1943 年 2 月间，他领导广州波字第 8604 部队，1943 年 2 月到 1944 年 3 月又领导过南京荣字第 1644 部队时，都曾从事研究和大批生产过用以攻击中国军民的致命的细菌。①

（二）日军在粤进行化学战

日军侵华期间，不仅在粤秘密地进行过生物（细菌）战，而且也曾在粤进行过化学（毒气）战，无论是在战场上还是在后方，都使用过化学武器，大量伤害中国官兵、战俘和无辜民众。日本侵略者使用化学武器的罪恶行径是日本侵华史上最阴险、最残忍的一页，给中国人民留下了深重的创伤，而且至今还在威胁着中国人民。

据日本 1990 年出版的《化学战史》一书的不完全统计，日军曾在广东用毒 20 次（其中 1938 年 1 次，1939 年 4 次，

---

① 以上见《井上睦雄的证言》及补记，糟川良谷记录，沙东迅、陈艳玲译，孙耀珠校，香港《联合报》，1995 年 10 月 6 日、7 日全文发表；《南方日报》，1995 年 10 月 10 日以《既解剖活体，又空投鼠疫》为题摘要发表。

1940年10次，1942年2次，1943年3次)①，但没有详列具体内容。

实际上，日军在广东用毒远不止20次。仅从保存不全的书刊报纸档案等的资料中，就有40多起日军在粤进行化学战杀伤大量广东军民的事实，证据确凿。从1937年9月至1945年7月，日军用毒的地点包括广东省内多个城镇和乡村，重点是广州及珠江三角洲和粤北战场等地。②

从当前已查到的资料看，侵华日军最早于1937年9月27日就在广东东莞投放毒气弹。当日，6架日机飞至虎门要塞附近之东莞县城厢外投弹，居民觉有恶性气味，旋昏眩，手足疲软，显见敌机所投为毒气弹。③

同年10月8日，日机在广州附近的江村投放毒气弹。④10月12日，日机飞江门撒毒粉。⑤11月3日，日机轰炸广（州）武（昌）快车并投放毒瓦斯弹。⑥11月7日，3架敌机在广九铁路投弹并散播白、绿、黄各色药粉，经当局搜集研究，全系毒质。⑦

11月中旬报载："近日拾获击堕之敌机，皆有毒瓦斯一罐，罐高约二英尺，口径约四英寸，锑质，刻曰毒瓦斯，昭

---

① 纪学仁主编：《日本侵华战争的化学战》，251页，军事谊文出版社1995年。
② 以上见纪道庄、李录主编：《侵华日军的毒气战》，61页，北京出版社1995年。
③ 沙东迅著：《广东抗日战争纪事》，33页，广州出版社2004年。
④⑤ 《中山日报》，1937年10月9日、13日。
⑥ 《国华报》，1937年11月8日。
⑦ 中央档案馆等编：《细菌战与毒气战》，376页，中华书局1989年。

和某年造，并有日本平假名字母。"① 12月4日报载：台山县上川岛守兵抗敌壮烈牺牲。敌粮绝以毒糖换米。② 12月14日，日军毒杀上川岛壮丁，惨死者不下200余人。③

1938年5月28日，敌机飞花县放毒丝。④ 6月3日下午，日军飞机飞临广州上空时在沙面投放毒物。当时避难西堤一带的市民都目睹了这一情形。有一海关工友被毒物击中面部，当场中毒，皮肤溃烂。据参与施救的德国药房药师称，该项药物含有酸质等。⑤ 6月间，中山县发现敌人将毒物混入火柴。⑥ 6月13日，日军飞机在广州市沙河分驻所警界外附近投下报纸包裹内含有白色石灰粉的毒品一包，经转送市卫生局化验，证实含有砒霜和防己毒素，严重危害居民生命安全及影响河涌水质量。⑦ 7月21日，日机在防城县（当时属广东，现属广西）投毒气玻璃球，有乡民3人中毒毙命。⑧ 8月7日，在惠（阳县）属稔山的日舰散放玻璃毒球。⑨ 8月9日，敌机经中山县散放毒粉。⑩

在战场上使用毒气是侵华日军的通行战法。例如日军第二军司令官东久迩宫和第十一军司令官冈村宁次就分别在

---

① 《越华报》，1937年11月20日。
② 《中山日报》，1937年12月4日。
③ 《越华报》，1937年12月15日。
④ 《越华报》，1938年5月29日。
⑤ 《中山日报》、《国华报》，1938年6月4日。
⑥ 管雪斋编：《抗敌一年》，汉口华中图书公司1938年。
⑦ 广州市档案馆编著：《侵华日军在广州暴行录》，173页，中国档案出版社2005年。
⑧ 《中山日报》（梅县版），1938年7月24日。
⑨⑩ 《中山日报》，1938年8月11日、17日。

1938年8月16日和20日给各师下达了使用各种毒气的命令。在第十一军的命令中，关于"特种烟"（即窒息性毒气）的使用原则指出：以局部使用为主，根据情况，也可以大规模地集中使用。① 9月2日，敌骑劫掠货船，掳我商人、船员注毒针。② 9月4日，敌机袭中山，散放毒素。③ 9月10日，日机在花县军田上空时低飞放下毒粉一团，状若皮球，后在空中散开。狮岭圩民袁煜被染少许于肩部，马上发淤肿溃，随即由防军医官敷药治疗。经检验证实，这些毒粉含有芥子毒质。④ 10月2日报载：三灶岛敌兵毒杀岛民。⑤ 10月8日，敌机在（广州郊区）江村投毒弹。⑥

1938年9月19日，日军准备进攻广东之际，日本大陆指第285号命令第二十一军司令官古庄干郎在作战中可使用红筒、红弹（按：均为毒弹、毒筒的别称）和毒气。⑦

1938年10月广州、武汉失守后，抗战进入了相持阶段。日军进行化学战进入了全面、经常使用的阶段。

同年农历8月，在增城新塘镇雅瑶塘边村，由于当地汉奸黄显中向日军告密，说当地村民藏匿枪支，日军进村搜索。先是放火烧房，再把村民男女老少几百人驱赶到光明厅

---

① 纪道庄、李录主编：《侵华日军的毒气战》，60页，北京出版社1995年。
② 《国华报》，1938年9月9日。
③ 《中山日报》，1938年9月5日。
④ 《中山日报》，1938年9月13日。
⑤ 《国华报》，1938年10月2日。
⑥ 《中山日报》，1938年10月9日。
⑦ 粟屋宪太郎、吉见义明著：《毒气战的真相》，载日本《世界》杂志，1985年9月号。

(祠堂)熏毒气。毒气是白色的烟雾,又呛又辣,非常难受。熏到人们受不了时,日军就把人放出来喝水,然后继续逼供、打人、强奸,把人放在火里烧,放在水里淹,甚至生剖,如果不交出枪,又继续关起来熏毒气。村民被困了7天,前后死亡200人。死者年纪最大的70多岁,小的仅七八岁。①

同年11月下旬,被日军俘获的壮丁、士兵都被杀毙或注毒针。②

日军陆军参谋总长闲院宫载仁于1938年12月2日给华北方面军司令官杉元山、华中方面军司令官畑俊六和华南第二十一军司令官安藤利吉下达了大陆指第345号命令:"在华各军可以使用红弹、红筒和绿筒。"1939年5月13日,日军参谋总长给华北方面军司令下达了"军事绝密,大陆指第452号"命令,要求"在现占领地域内使用黄剂等特种资材,并研究其在作战上的价值"。这一指令是按"大陆指第241号"发出的,是经过日本天皇裕仁批准的。随后,日本大本营发出通令,要求"华北、华中、华南各师团、联队,限7月底,各特选士兵120名,组织毒气中队,训练一个月后,派出参战。并由大阪化学兵工厂调技师120名来华担任教官"。此后,日军在师团、联队中普遍建立了临时毒气中队,在部分队伍中经常配备毒剂、弹筒。③毒气战扩大到整

---

① 《增城雅瑶村民座谈会记录》,现存中共广州市委党史研究室。
② 《中山日报》(梅县版),1938年11月29日。
③ 粟屋宪太郎、吉见义明著:《毒气战的真相》,载日本《世界》杂志,1985年9月号;日本《朝日新闻》,1994年8月13日刊登了该命令的原件照片,转引自纪学仁主编:《日本侵华战争的化学战》,122页,军事谊文出版社1995年。

个中国战场，广东也未能幸免于难。

1939年4月16日，日军派汉奸冒充难民携带毒菌自海南岛、厦门、汉口、温州出发，前去韶关、重庆、桂林等地放毒。6月1日，中央军委会令各地严密查察。[①] 同年10月16日，广州有妇女被日军迫打毒针。[②]

在广东中日之间最大的一次战役——第一次粤北战役——日军称为翁（源）、英（德）作战中，日军也使用了化学武器。配属于近卫混成旅的独立山炮第二联队在1939年12月20日至1940年1月5日，在太平场—南阳围—望到底—佛冈转战过程中，发射94式山炮"赤B弹"10发和"黄B弹"（毒气、路易氏混合毒剂炮弹）294发。[③]

1940年1月9日，我军围攻清远城，敌人于古城施放毒气，我方攻击乃遭顿挫。[④] 次日，张君嵩部不断攻击清远城及后冈圩等之敌，遭敌反噬及受大量毒气与轰炸，死亡尤烈。[⑤] 11日，我方暂以八师主力1000余人攻入清远城。残余日军依靠飞机施放毒气大举反扑，我方伤亡颇重，致使南门复被突破。[⑥] 17日，日机终日在潮汕八塘上空盘旋投弹，且施放毒气。[⑦] 26日，我军第一七五师等将侵入罗定县镇南

[①] 广东省立中山图书馆编纂：《民国广东大事记》，621页，羊城晚报出版社2002年。

[②] 《中山日报》（韶关版），1939年10月17日。

[③] 《独立山炮第二团翁英作战战斗详报》，转引自粟屋宪太郎、吉见义明著：《毒气战的真相》，载日本《世界》杂志，1985年9月号。

[④⑤] 第四战区司令部作战日记节录，见中央档案馆等编：《细菌战与毒气战》，632页，中华书局1989年。

[⑥⑦] 第四战区司令部作战日记节录，见中央档案馆等编：《细菌战与毒气战》，633页，中华书局1989年。

之日军包围，6架日机轮番向附近投弹，并施放催泪性毒气，我军一部伤亡殆尽，该高地被敌占领。① 3月，日军又由日本横滨调来了第一独立毒气营（驻广州）和第二独立营（驻汉口）。②

3月7日，潮安、汕头方面日军在厘石圩施放催泪瓦斯弹。③ 同日，日军向潮汕我军全线扫荡，汕头青抗会武装游击队在青麻山与敌激战，敌人用毒气炮猛攻，自7日下午战至8日下午，在几次击退敌人进攻后，于8日晚撤至林（麟）畔。④ 8日，敌以5架飞机向我狮子岩阵地投弹数十枚，炮击数十发，施放毒气，我工事全被毁，官兵伤亡惨重，即退至下浦山。⑤ 同日，进犯潮安青麻山之日军，向青麻山放毒气，我守军几乎全数牺牲。日军继续向浮冈猛攻，数度施放毒气，我军官兵伤亡甚重。⑥ 9日，敌复增援，使用催泪瓦斯，我官兵伤亡甚重，不得已乃将（潮安县）登岗放弃。⑦

在第二次粤北会战时期（1940年5月13日、6月12日），由于日军施放毒气弹，我军退至亚姨山。⑧

---

① 第四战区司令部作战日记节录，见中央档案馆等编：《细菌战与毒气战》，633页，中华书局1989年。
② 《抗战八年来敌军用毒经过报告书》，国民政府军政部1946年印行。
③ 吴奇伟致蒋介石1940年3月11日电，见中央档案馆等编：《细菌战与毒气战》，中华书局1989年。
④ 《在党领导下的一支抗日武装游击队——汕头青抗会武装游击队活动简介》，汕头市档案馆资料F1.2067，12~18页。
⑤⑥⑦ 吴奇伟致蒋介石1940年3月11日电，见中央档案馆等编：《细菌战与毒气战》，中华书局1989年。
⑧ 广东省立中山图书馆编纂：《民国广东大事记》，644~645页，羊城晚报出版社2002年。

据 1940 年 6 月 5 日《抗战旬刊》报道："（番禺县）市桥日寇藉名防疫，强迫我各地同胞赶（赴）市桥打针……有打五六针的，有打眼眉及额头的，连日惨死已达 4 人。传说此类毒针有断种的，有癫痫的，有急性的，有慢性的，不一而足。一般同胞甚为恐慌，多不敢到市桥，故市桥异常冷淡。"①

1940 年夏，日军飞机在增城的正果一带活动，降下沾有毒物的棉状物质。村民刘秋菊上山打柴，右腿膝盖被树枝刺伤，后伤口感染了不明有毒病菌，致使伤口大面积溃疡糜烂，露出骨头，最后不治身亡。②

1941 年 6 月 9 日，日军听信汉奸告密，认为增城西洲村民藏有枪支，于是包围了西洲村，在对村民进行了毒打之后，把百余名村民分青壮年和妇孺分别关到祠堂内两间房子里，向房内灌了三瓶毒瓦斯。一时间，房子里毒气弥漫，发出难闻的呛人味道。被困村民涕泪横流，肠胃绞痛，心如火烧，口水、鼻涕齐流。日军这天放毒气好几次，其间还对村民毒打、浸水、灌水，并用竹竿踩肚子。经过一天折磨，西洲村民当天死亡 20～30 人，此后受害者陆续死去，前后共死亡 200 多人。那一段时间里，西洲村多家奔丧，棺材卖光。③

同时，增城东洲村死亡 200 余人，白江村死亡 100 多人。他们有的是被毒气熏死，有的是遭受毒打致死，也有的

---

① 广东省档案馆馆藏资料 C2.17。
② 增城正果村民访问记录，原件存中共广州市委党史研究室。
③ 《增城西洲村民座谈会记录》，现存中共广州市委党史研究室。

是在被熏毒气过程中与日军搏斗而死，还有的是遭毒气烟熏之后身体虚弱或得病致死。①

1942年某月（原件不清）15日，潮阳县第八区泸西乡杀敌队在缴获日军的物品中，发现一罐烟幕药（按：实为毒剂）。16日，日军又发射喷嚏毒气弹，意图摧毁我军民的战斗精神。②

同年6月12日，在（英德县）源潭受重创的日军，竟用了毒瓦斯弹。③ 到1942年，日本在中国战场上，化学战部队的兵力已达8个团。④

直至1945年7月中下旬，日军还在战场上使用毒气。是时，日军水陆3路进攻开平县赤坎，遭到司徒氏四方自卫队的奋起抵抗。日军进攻南楼碉堡7个昼夜，不能攻下，最后施放毒气，结果7名壮士中毒昏迷被俘，遭受毒刑后被杀害。⑤

战后，侵华日军在广东使用毒气屠杀中国军民的证据仍在不断地被发现。如1985年8月4日，在从化县江埔镇牛牯的农田中挖出8枚炸弹，弹长40厘米，周长28厘米，头部有雷管，尾装6片风叶，弹身标记"十（±）15.10"，经鉴定均为日本的毒气弹。⑥

---

① 《增城东洲、白江村民座谈会记录》，现存广州市委党史研究室。另见增城县新塘镇人民政府编：《新塘镇志》，11页，广东人民出版社1993年。
② 汕头市档案馆：民国档案1-1-195卷。
③ 《中山日报》（韶关版），1942年6月15日。
④ 纪学仁主编：《日本侵华战争的化学战》，军事谊文出版社1995年。
⑤ 广东省立中山图书馆编纂：《民国广东大事记》，766页，羊城晚报出版社2002年。
⑥ 周圣英主编：《浴血雄风》，53页，花城出版社1995年。

又如1994年2月5日，番禺市人民武装部在销毁56枚旧炸弹和炮弹时，闻到大蒜的怪味，后经化验证实其中有侵华日军留下的芥子毒气弹。据查，这些旧炮弹是由吸沙船在珠江口吸沙作业时从江底吸上来的。据有关人士分析，50年前，日军失败仓皇撤离华南地区，临出海时把大批炮弹和炸弹沉入珠江口。番禺莲花山下海心村的一位个体修船厂厂主，就曾把约1.5吨旧烂炮弹卖给一个收购烂铁的小贩。这里面有一部分是日制的芥子毒气弹。①

铁的事实证明，日本侵略者曾在广东广泛使用过化学武器，还留下大量的毒气弹、毒气筒和毒剂在中国的领土上，仍然严重地威胁着中国人民，给中国人民留下无穷的后患。日本政府理应正视历史和现实，根据国际公约的规定，尽早履行自己应承担的义务，查清并彻底销毁在中国遗留的化学武器。

第三节　广东沦陷区人民的对日反抗斗争

面对日军的侵略，广东沦陷区人民进行了各种形式的反抗斗争。国民党成立了广东省民众抗日自卫团统率委员会，建立和收编了若干支地方团队和游击部队，其中伍观淇、汤平化、吴勤、彭秋平等领导的斗争较为有名。他们在沦陷区积极活动，打击日伪。国民党地下人员也开展了对沦陷区日

---

① 李辉：《毒气弹，半世纪后引爆》，载《南风窗》，1994年第8期。

伪当局的骚扰，其中在港澳的情报活动尤有成效。中共在沦陷区开展了各种形式的斗争：建立敌后武装，打击日伪；潜入敌区，建立据点；进行反日宣传；发动群众，组织群众团体；策动伪军反正；等等。沦陷区人民的自发性斗争也此起彼伏，各具特色。

一、国民党领导的斗争

（一）国民党组织的游击活动

"七七"事变之后，广东省成立了民众抗日自卫团统率委员会，余汉谋任主任委员，香翰屏、吴铁城、蔡廷锴、蒋光鼐任副主任委员，驻粤各军、师长和一些社会名流任委员。全省分为12个区，其中第二区统率委员为伍观淇，负责训练指挥番禺、花县、从化、增城的民众抗日自卫团。

统率委员会在南海官山举办培训抗日自卫团骨干的干训班，预定训练时间为3个月，因日军在大亚湾登陆，被迫提前结束。伍观淇负责的第二区就派了禺北100多名学员参训。毕业时，干训班将9挺机枪、100多支步枪交给禺北学员带回参加抗日。当时，第四路军在禺北北村和花县平山设有军械库，存放着大量武器弹药和通信器材。广州即将沦陷时，北村军械库的武器和平山军械库的武器都来不及运走，余汉谋下令就地炸毁。伍观淇听到此消息，十分焦急，立即命令第二区自卫团官兵连夜赶赴北村进行抢救。设在北村一大宗祠的军械库，头进已起火，官兵们冒着随时会爆炸的危险，一边救火，一边搬军械，一共搬出轻机枪70多挺、七九步枪 300 多支、驳壳手枪 10 支及弹药一大批。伍观淇又命令南浦村和花县松柏村团队赶到花县平山圩会合当地团队到均和军械库搬运军械和通信器材。搬了两天两夜，重要的军械和器材都及时搬走了，后来这批军械全部缴交第四战区司令部。伍观淇又派人组织抢运第四路军存放在高塘同凤社的粮食，及时把几百吨粮食运到赤坭和三水鹿和。后来第二游击区部队靠这批粮食维持了相当长的一段时间。

广州沦陷后，1938 年 10 月 28 日至 11 月 7 日，伍观淇率领由广州城北及花县民众组成不久的第二区民众抗日自卫团数千武装群众在流溪河沿岸英勇抗击日军，打死打伤敌人 200 多人，击沉敌汽艇、橡皮艇 20 多艘，俘获日军军曹久保田等 3 人。自卫队员牺牲 61 人，负伤 38 人。[①]

1939 年 12 月 23—29 日，第二游击区第二纵队番禺集结队第一大队在番禺鱼窝头迎战前来扫荡的日伪军，毙伤日伪军 150 余人，缴获机枪 2 挺及一大批弹药。31 日，伍观淇第二游击司令部属下第四支队二大队在大队长叶湘指挥下，有 160 多人参加，在番禺良田村袭击伪军绥靖大队据点，毙敌少佐顾问川田定月、军官深町为勇等 10 余人，生俘日军中尉顾问深町为雄、伪大队长高培等，消灭伪军数十人，缴获轻重机枪 6 挺，步枪 100 多支及弹药武器一批。[②]

---

① 伍子芳等：《回忆伍观淇痛击日军的经过》，见广州市人民政府参事室编：《广州八年抗战记》，171～178 页，1987 年 7 月印刷。
② 黄奕平：《鱼窝头反扫荡之战》及梁伟针：《良田全歼日伪记》，见广州市政协文史资料委员会编：《广州抗战纪实》，223～228 页，广东人民出版社 1995 年。

1937年，原黄埔军校第四期毕业生汤平化奉广州市市长曾养甫之命，在广州河南区训练壮丁2营，后成立广州市自卫团，汤平化兼任第一团团长。当日军侵占广州后，汤平化率领所部出现在广州市区，并在河南区帮助难民10余万人向东郊、西郊、白鹤洞一带疏散。汤平化又派队潜入河北区，在海珠桥脚及惠爱路、东堤等处阻击敌人，伤毙敌军10余名。汤平化的队伍曾与有铁甲车掩护的敌步骑兵300余人在晓港路激战。敌人以海、空军向该队围攻，该队粮尽援绝，乃突围分驻平洲、三山、龙眼洞、容奇一带，后派一队化装潜回广州活动。从1938年10月21—28日，该队与日军作战20余次，毙伤敌军200余名，击沉敌艇3艘，该队阵亡200余人。该队撤出广州后，奉总指挥曾养甫之命改为广州区游击别动队，汤平化任司令员，共有数千人，分驻广州市区内外和平洲、三山、龙眼洞、容奇、江门、佛山一带，从事游击战。1939年1月27日，别动队袭击伪广州市警察局局长练演生，当场将练演生击毙。2月1日，又在广州市郊袭击日伪军，救出被虏妇女多人。另有50多人潜入白云山脚，计划炸天河机场未遂，但刺死敌兵2名。从1月至4月，出击30余次，毙伤敌100余人，击沉敌船5艘，焚毁敌机5架。别动队有6人因伤被俘，受严刑逼供不屈，英勇就义。①

1940年1月20日，国民政府方面的游击队在广州市区散发传单，并乘机袭击郊外敌营。2月24日，便衣队夜袭广

---

① 云实诚：《粤战场》，见《大公报》，曲江分馆1943年印。转引自蒋祖缘、方志钦主编：《简明广东史》，867~868页，广东人民出版社1993年。

州天河的日军航空修械厂，将之焚毁并毙敌几十人后安全撤出。1940年5月上旬，广州市中心区游击队活跃，敌遍设木闸防阻无效。①

在粤中，曾在西北抗日同盟军当过师长的彭秋平，在广州沦陷后被开平家乡父老推为"圯海镇13乡抗日自卫委员会"主任委员，自1939年1月起，先后轮训民兵逾万人次，经常集合在开平以西塘口的战士300多人，不久第四战区给予"第五游击区开平自卫集结大队"番号。1939年12月，彭秋平率自卫队700多人开赴新会大泽，展开对敌伪的进攻，毙日军500多名，争取伪军联队长钟炎如、政工主任关定宇等率部起义，伪军陈碧泉部也相继倒戈。1940年，彭秋平所属部队改属第七战区挺进第七纵队，在潭江北岸之新开公路、新鹤公路沿线作战。挺七纵队还与以马景泉为队长的台山自卫大队，以谭国贤、谭卓天为队长的开平自卫大队，熊华为队长的恩平自卫大队，何德胜为队长的新会自卫大队，何二柏为队长的鹤山自卫大队协同作战。1941年3月3日，江门新会一带日军5 000多人向台山、开平一带扫荡，占领台城，"挺七"司令彭林生率各部迎敌，给日军以重大杀伤，并迫使日军撤出台城。②

2月5日，在中山县第八区大赤坎乡大黄杨山（现属珠海市斗门区），国民政府挺进第三纵队用密集机枪火力击落日军运输机一架。内有新任日军南洋联合舰队司令、海军大

---

① 《中山日报》（韶关版），1940年1月21日，2月28日，5月8日。

② 彭秋平：《粤中区抗日战争七年亲历记》，见广东省政协文史资料研究委员会编：《广东文史资料》，第50辑，广东人民出版社1987年。

将大角岑生与同僚少将须贺彦郎等10人全毙命，并检获敌军绝密文件等，从而获悉了日本准备南进发动太平洋战争的计划，随即向美国通报。大角岑生是抗战时在中国战区被毙命的日本海军最高级别者。省主席李汉魂为此特奖该纵队1万元。

但有另一说，飞机坠落前没有听到枪声，是因飞机引擎失灵，在大雾中撞山而坠落，这一说有当时的一线记者和当地三位亲历老人证实。① 笔者倾向后一说。

汪伪海军"协力"驱逐舰，原为国民政府广东要港司令部旗舰。1943年3月27日，该舰在顺德县马宁河触上我军布的水雷，爆炸沉没，舰上的汪伪海军中将、汪伪海军部长萨福畴及其7名随员被游击队俘虏，在重庆枪决。②

在增城福和，一些抗日民众组成了六十三军杀敌队第一大队，有200多人，由魏友相任大队长，钟冠英任副大队长，在增城、从化、番禺交界一带袭击敌人。福和是敌人重点驻军的地区之一。1940年，华南日军主力进犯粤北，福和守敌相对空虚，六十三军杀敌队与我军四五九团部队一个营及翁源县大刀队一部在这年中秋节前夕率部伏击福和官塘守敌，消灭日军上百人。

（二）国民党地下情报人员的活动

国民党军统人员也开展了对沦陷区的骚扰。如由葛肇煌

---

① 刘黎平：《1941年日本飞机广州坠落真相：疑引擎失灵被击落》，载《广州日报》，2013年6月1日。
② 贾君鹏老母：《抗战时伪政权的海军：鲜为人知的凶残敌人》，全球军事网，2009年10月22日。

任大队长、大队部设驻三水芦苞镇的军统西江独立行动大队，就经常派出人员收集日方情报，曾炸毁日方军用汽车，炸沉日浅水舰"川丸"号。1944年4月4日，该队还在广州文德路伏击了伪广东省长陈耀祖，将其重伤死于医院。①

1940年10月，军统人员刘炽、刘文楷受军统韶关站派遣，到番禺策反汪伪二十师四十旅少将旅长李辅群，得到李辅群的掩护，在市桥附近的沙头乡（后在鱼窝头）设置秘密电台；李辅群在1944年秋曾决定反正，但因国民党方面改变计划而终止。②

国民党情报人员在香港十分活跃。香港沦陷后，军统将香港区改为香港站，下设4个情报组、1个行动组、1个交通队和3个电台。1943年下半年，军统香港站奉命搜集香港气象情报和日军舰艇在港活动情报，以供美国驻华空军空袭香港之用。该站人员将港九船坞、码头及海面各浮筒的位置，分成A、B、C、D等区域，一发现日军舰群驻泊港九海面，就以预先编制的密码电告重庆总台，通知盟军飞机前来轰炸，致使日军伤亡惨重。

此后，日军舰艇为了隐蔽停泊位置，免遭空袭，改而停泊在远离港岛市区的外海。军统香港站便吸收一位香港渔民作为谍报人员，派他以出海捕鱼为掩护，侦察敌舰泊靠位置，引导盟军飞机轰炸敌舰。在一次猛烈的轰炸中，那位渔民不幸中弹，成为以身殉国的无名英雄。

---

① 王正之：《西江间谍战》，广州华美文化艺术研究社1946年。
② 刘帜：《我在广州沦陷区策反李辅群反正的经过》，见广州市人民政府参事室编：《广州八年抗战记》，200～203页，1987年7月印刷。

1943年3月24日，公开身份为香港德明中学教师而实际担任军统香港站及国民党驻港澳总支部交通员的江清白，在携带秘密文件时突遇日伪宪警盘查，随即被押解到香港总督府宪兵队本部刑讯。日本宪兵队根据搜获的文件，加紧跟踪其他"重庆分子"，并严刑拷问江清白。5月19日，江清白在宪兵队监狱中伤重而逝，成为国民党方面在香港抗战的第一个牺牲者。

同年4月19日，日本宪兵队根据多日跟踪与无线电监听，一举破获军统香港站的第三电台，逮捕负责人袁洪范和成员孙柏年、欧铭等3人。此后数天，又陆续逮捕杨炳雄等国民党在港谍报人员20多人。上述人员在被刑讯之后，或被斩首惨杀，或因伤重病死狱中。其中袁洪范是国民党香港支部干事，实际为国民党驻港党务与谍报机关的领导人之一。他在香港坚持领导将近两年的谍报活动，"其间对敌伪军事之调动，政治之设施，以敏锐眼光，精慎窥察，作灵速之情报，游动之袭扰，使敌伪寝食不安"。杨炳雄抗战期间在香港喇沙书院读书，加入国民党。日军占领香港后，他打入日军宪兵队，刺探敌伪情报，通过袁洪范及其领导的电台，报告国民党方面。"举凡敌人之阴谋动向及在港之军事设施，无不冒险摄取。"粤港日军几度策划夹击在广东惠阳地区的国民党军队，事前都被杨炳雄侦知相关的进攻计划和兵力调配情况，及时发出情报。为了配合在华美军空袭香港，破坏日军的海上运输，杨炳雄后来有意出任香港港务局职员，积极窃取日舰进出香港的情报。

此外，国民党还有一些谍报人员因在香港接应援华抗日的美军而献身。

1945年1月16日,援华美军"飞虎队"空袭香港。其中一架飞机被日军击落,飞行员跳伞,降落在香港。国民党九龙支部第三分部成员、香港渔业工人苏权将这名美军飞行员藏匿在货仓里,准备帮助他逃出香港,不料被日军侦知,两人很快被捕并当即被处死。

同年初,国民党在港谍报机关为配合美军一度考虑实施的在港登陆作战计划,调集一些军事人员潜入香港,组织秘密武装。其中有曾任国民党独立第二别动队司令、粤江防舰队陆战队营长等职的广东南海人潘达民,广东海丰人蔡南,曾任新会警察局警长及保安队中尉的广东新会人朱卓云。日军宪兵队经过侦察,发现潘达民等人形迹可疑,便于4月23日采取逮捕行动,蔡南在奔逃中被打死,潘、朱二人被捕后在狱中备受折磨,先后牺牲。

据统计,国民党情报人员在日占香港期间被日伪宪警杀害者共有33人。①

国民党地下人员在澳门的活动也很频繁,除搜集情报外,还进行了数起袭扰活动。1941年9月,伪广东省警务处副处长李式曾在澳门被击毙。汉奸黄家聪经营的国华电影院放映日军宣传片,受到手榴弹袭击。1945年2月2日,日本驻澳门总领事福井保光被刺身亡。

在广州,1944年9月25日,伪广州要塞司令何瀚澜途经大新路时被枪击,身中3枪,至27日毙命。同年11月6日,伪广州太平分局警长范慕陶深夜在仁济路被击毙。

---

① 以上内容据莫世祥、陈红:《日落香江——香港对日作战纪实》,258~262页,广州出版社1997年。

（三）中美空军对日伪据点的轰炸

抗战时期，中国空军和盟军美军的飞机对广州日伪不时进行空袭，沉重打击了日伪的统治，鼓舞了广东军民的抗战信心。

据有关记载，1939年3月16日，中国空军首次轰炸了广州白云机场，22日再次轰炸，毁日机10余架。5月7日，中国空军一大队轰炸广州天河机场日军事目标，投弹数十枚。6月5日，中国空军轰炸广州西村等日军阵地。9月29日，中国空军轰炸广州白云机场，毁日军仓库10余座及日机10架。

1941年2月20日，中国空军轰炸广州天河机场，毁日机5架。11月27日，盟军飞机袭击广州，在黄埔炸沉日军载重7 000吨的运输舰1艘。

1942年7月4日，盟军飞机轰炸广州白云机场，停在机场的20余架日机仅5架幸免，其余均被炸毁。6月18日，盟军飞机再次轰炸广州日伪据点。在盟军的频频空袭之下，日伪广州当局倍感威胁。8月9日，伪广州警防司令部组织临时防空指挥部，由伪广州警防司令郑洸薰兼任指挥官。1943年5月15日，伪广州绥靖公署设立防空指挥部，下设6个指挥区。8月26日，盟军美机空袭广州、香港，击落日机10架。10月26日，盟军美机轰炸了广州、香港日伪军事目标。

1943年5月8日，7架盟军美机轰炸广州日伪据点，投弹数十枚。7月7日，20余架盟军美机轰炸黄埔附近的日军军事目标。12日，再炸黄埔并进行低空扫射。8月26日，10余架盟军美机又炸广州日伪据点。9月2日，19架盟军飞机分袭广州、香港。两天后，22架盟机再袭广州，与日机展开空战。5天后，10余架盟机又袭广州，与日军发生空战，日航空兵团长中苇被击毙。12月间，盟军飞机于16日、23日、24日3次袭击广州日伪据点，与日机展开激烈空战。

1944年2月1日，伪广州市防空指挥部布告，由是日起严厉实行灯火管制，违犯者停止供电。2月11日，27架盟军飞机轰炸广州、香港及广九铁路沿线敌军事目标，并与日机展开空战，日伪损失重大。7月5日，20多架盟军飞机轰炸广州黄埔飞机场等目标区。19日，20余架盟军飞机再袭广州，与日机展开激烈空战。8月31日，10多架盟军飞机夜袭广州各处军事目标。6天后，盟机深夜再袭广州。9月30日，盟军美机夜袭广州各军事目标，投弹数十枚。10月3、6、15、17日，美机先后轰炸广州日伪军事目标，并与日机在广州上空展开空战。12月22日，10余架盟军飞机分袭广州、香港，并与日机展开空战。27日上午，16架盟军飞机再袭广州，在白云、天河机场和黄埔空战中，击毁日战斗机9架，伤7架，毁地面日机1架。

1945年1月15日，70余架盟军飞机于上午9时36分起轰炸香港、广州、汕头达1小时，下午1时52分起再次袭击上述各地达半小时。3月10日，因空袭频繁，伪广州市保甲委员会饬令各保甲长，加紧挖掘防空壕。4月2日，数架美机轰炸广州日伪机场及其他军事设施。4月12日，美机袭击广州，在河南军事目标区投弹，日伪损失甚重。13—15日，美机继续轰炸广州河南、东山等目标区，日机未起飞应战。4月21日夜10时，由澳门开来广州之"民国丸"号轮在莲花山附近被盟军飞机击沉。4月28日凌晨,盟军飞机袭击广州河南。5月10日,一批美机空袭广州,在河南投弹10余枚。12日,由菲律宾起飞的20架美B-29型机及10余架P-38型机空袭广州、香港日军事机场。13日,约60架B-24型机再袭广州。15日夜,一批盟军飞机又轰炸广州东山日伪目标。6—7月间,盟军飞机更是频频轰炸广州日伪目标,侵粤日军及汉奸走狗已处于日夜不安之中,侵略者覆亡的日子就要到了。①

据原波字8604细菌部队的老兵井上睦雄揭露:1945年6月24日,美机B-29战机突袭日军在广东细菌战大本营——原中山大学医学院内的设施,把细菌部队的老鼠饲养舍和鼠疫培养设施炸毁。②

二、共产党领导的斗争

广州沦陷前,中共广东省委对日军进攻广州的严重性缺乏足够的认识和思想准备。1938年10月18日,当广州即将沦陷时,省委才会同广州市委在八路军驻广州办事处召开紧急会议,决定将多数干部撤离广州,分散各地,省委机关撤往粤北,成立中共西南特委、东南特委和东江特委。此时,张文彬到延安参加中共六届六中全会,由李大林代理省委工

---

① 以上内容据广州市地方志编纂委员会编:《广州市志》(大事记),卷一,广州出版社1999。
② 沙东迅著:《揭开"8604"之谜——侵华日军在粤秘密进行细菌战大曝光》(补充新版),125页,中国文史出版社2005年。

作。会后，李大林到西江，尹林平到东江，梁广到香港，加强对各地党组织和抗日活动的领导。10月24日，东南特委在香港成立，下辖中山、番禺、南海、顺德、惠阳、东莞、宝安、广州、香港、澳门等地的党组织。

广州沦陷后，中共中央组织部于11月1日致电广东省委，其中要求：（1）在广州及其他敌占区进行秘密工作；（2）在广州及其他敌占区组织游击队，开展游击战争，广泛组织自卫军。① 遵照中央指示，中共广东党组织领导沦陷区人民奋起反抗，开展各种形式的斗争。

（一）利用各种有利条件，建立敌后抗日武装

1938年10月22日，吴勤在佛山市郊发起成立抗日义勇队。吴勤是大革命时期的中共党员、农运骨干，这时从南洋回国抗日，组织了一支有五六十人的义勇队。义勇队在南海县平洲伏击日军运输船，袭击小塘火车站，破坏日军交通线。不久，抗日义勇队编为广州市区游击第二支队，吴勤为司令。游击队很快增加到200多人，枪100多支。二支队成立前后，吴勤亲赴韶关和香港，分别与张文彬、廖承志会面，要求共产党派干部去他的游击队并接受中共领导。中共广东省委决定，把吴勤游击队改造成为党领导的抗日武装，为在珠江三角洲开展敌后游击战争打下基础。中共派刘向东等一批干部和党员充任游击队骨干。1940年12月投入西海战斗，击败了前来偷袭的日军。

1938年10月下旬，中共南顺工委委员林锵云、黄云耀

---

① 以上内容据中共广东省委党史研究室著：《中国共产党广东地方史》，第1卷，411页，广东人民出版社1999年。

等带领部分党员，在顺德龙眼、众涌开展抗日活动，并在顺德西海、路尾围、大洲等地，筹建抗日武装。林锵云等于1939年2月19日在顺德大良成立了顺德抗日游击队，并通过统战关系，取得了国民党第四区直属广东第一游击区第二支队游击司令部特务中队的番号。1940年10月初，编为广游二支队独立第一中队，不久投入沙湾战斗，首战获胜。

1938年11月，中共中山县委召开武装工作会议，决定举办训练班，培养骨干，建立由县委领导的抗日武装。会后，县委着手组织县别动队，部分区委着手建立区、乡别动队。至1939年1月，县别动队有300多人，其中共产党员有100多人。4月9日，中山县委召开第二次武装工作会议，要求各区党组织加紧建立抗日武装。会后，各区农民自卫队、乡警队、别动队相继建立。

此时，中共在广东敌后建立抗日武装，有一些有利条件：国民党还继续抗战，要求发展游击战，态度比较开明；人民群众抗日积极性很高；海外侨胞也以各种方式参加和支援抗日。因此，中共在沦陷区的武装逐步建立起来，东莞、惠阳游击队积极活动于沦陷区。

1939年6月，日军进攻潮汕地区，汕头、潮州、澄海相继沦陷，韩江、榕江、练江出海口被日军控制。中共闽西南潮梅特委遂决定在潮（安）、澄（海）、饶（平）、汕（头）地区动员、组织群众，开展游击战争。7月7日，在潮汕中心县委领导下，成立潮汕青年抗日游击大队，对外称汕头青抗会武装大队，有成员70余人。8月，与国民党独立第九旅谈判，取得"独九旅游击队"番号，后开赴潮安县北厢地区，取得了伏击日伪的"莲塘初捷"。

1940年12月，中共增城中心县委为加强对广州外围抗日游击战争的领导，成立沦陷区工作委员会。次年2月，中共东江特委组织小分队挺进增城和广州外围地区，开展游击战争，于4月初成立广东人民抗日游击队增（城）从（化）番（禺）独立大队，全队100多人，卢伟良为大队长。独立大队以油麻山为基地，在增城、永和、福和一带活动，并扩展到广州市郊的萝岗及从化的太平场。① 1942年8月，该部由增城转移至东莞，编入广东人民抗日游击总队主力大队。

（二）深入敌占区，建立据点

中共广东省委撤离时本来布置广州市委组织部部长陆新带领一些党员留下坚持斗争，但日军进城后，陆新等人也仓促撤到粤中，致使中共在广州的工作中断了近两年。

1940年6月，中共南（海）番（禺）区委派员至广州，先后在中华中路（今解放中路）、云台里、惠福路、广东大学等处建立秘密据点。1941年初，中共北江特委派王磊为广州特派员和一批党员干部潜入广州，以洪门小学、省立二中、广东大学为据点发展党组织。随后，中共粤南省委、粤北省委、珠江抗日游击队、东江抗日游击队等先后在广州市内或市郊设立联络站或工作组，有党员60余人。

1943年12月，广东省临时工委负责城市党组织的负责人梁广也进入广州，在十三行路以开"华昌京果药材行"做掩护，设立领导机关，开展活动。1944年冬，中共中央南方

---

① 据中共广东省委党史研究室著：《中国共产党广东地方史》，第1卷，419～425页，广东人民出版社1999年。

局通知梁广转移到东江游击区，省委派陈翔南接替梁广。1945年2月，陈翔南抵达广州。中共不同系统在广州的这些据点和工作组（站），出于当时斗争形势的需要，实行单线联系，各系统之间没有横向组织联系，但梁广及其继任者陈翔南分别与各系统负责人有联系，如梁广与东江纵队的陈坤，珠江纵队的郭静之、崔楷权，北江特委的王磊、何君侠，以及打入国民党军统内部的张心吾、邓俊贤等3人[①]，陈翔南与东纵的麦任，原粤南省委系统的余美庆、曾珍，以及郭静之、何君侠等均有联系。

潜入广州的中共党员利用各种社会关系，以职员、教师、商人、小贩、车夫等职业为掩护，有的还打入了汪伪广东高等法院、广东妇女会等机构，承担着发展组织，接送来往人员及传送文件、指示，搜集敌人军事、政治情报，散发宣传品等任务，如曾绘制了大汉奸陈璧君、林汝珩、汪宗淮等人的住地地图，提供给游击队准备采取捕捉行动，后因形势变化而未果。[②] 东江纵队广州交通站为部队传递文件、提供情报、协助购买日本军用药品，并先后护送党员、干部和战士100多人到东江游击区。交通站还派人深入工厂，发动工人进行各种斗争，如到日伪办的一间化工厂，破坏敌人的炸药原料生产。[③]

[①] 梁广：《沦陷时期广州地下工作片断》，见中共广州市委党史办编：《沦陷时期广州人民的抗日斗争》，3~8页，1985年。

[②] 郭静之：《沦陷时期珠江纵队驻广州联络站情况》，见中共广州市委党史办编：《沦陷时期广州人民的抗日斗争》，85页，1985年。

[③] 马禧：《沦陷时期我参加广州地下工作的回忆》，见中共广州市委党史办编：《沦陷时期广州人民的抗日斗争》，197页，1985年。

(三) 打击日伪，惩处汉奸

驻粤日军为巩固其对广东的殖民统治，在沦陷区普遍设立"维持会"、"绥靖军"等傀儡组织。1939年6月，吴勤、何福海等在番禺县大石乡组织了抗日俊杰同志社（简称"俊杰社"）。共产党员严尚民、徐云、李冲等在该社指导工作。该社以禺南为支点，向南海、顺德、三水和广州市郊发展，成为拥有52个分社、社员数千人的具有抗日民族统一战线性质的半武装群众团体。俊杰社于同年7月奔袭广州市郊东朗和南海盐步伪军据点，攻打禺南员岗乡伪维持会，消灭了经常欺压百姓的地税队。9月，俊杰社芳村分社在三山至大石间河面伏击日寇，缴获日军汽船两艘，毙伤、俘虏敌数十名。俊杰社积极活跃于沦陷区，与广游二支队密切配合，给日伪以很大威胁。

1938年12月，琼崖红军游击队改编为"广东民众抗日自卫团第十四区独立队"，由冯白驹任队长。日占海南岛后它又改编为独立总队，由300人迅速发展至1 300余人，活动范围扩展至澄迈、临高、儋县、琼东、定安、乐会、感恩等县，先后进行了罗板铺伏击、奇袭永兴、攻击那大等战斗，到1939年底共毙敌500余名。

1940年春，中共南路特委领导北海、廉州、灵山、钦县、防城等地群众，开展反对运粮资敌和"反汪肃奸"斗争，取得不小成绩，合浦白石水地区的战绩尤为突出。

1938年5月，在中共党员徐可生的积极推动下，由李东林、魏友相等一批进步青年在增城福和地区组成一支抗日救亡自卫队，开展抗日宣传活动。10月，增城福和被日军侵占后，该队坚持在福和附近山区不时袭击日军，破路毁桥，消灭汉奸。1939年春，在大鱼头伏击前来扫荡的日军，后转至增西国统区。1940年，中共增城县委成立，为扩大抗日力量，派魏友相加入国民党组织，充任福和区区长和国民党区党部书记。同时将自卫队200余人改编为福和地区杀敌大队，并在该队建立中共支部，以魏友相为大队长，李南为支部书记。随后以第六十三军随军杀敌大队的名义，在增、番、从地区进行游击活动。9月，该队会同翁源大队1个中队和国民党一五二师四五九团一部，夜袭福和官塘日军据点，一举歼灭日军指挥官冈田以下官兵260余名。

1941年7月，林锵云领导的人民游击队独立第一中队与广游二支队合编，成为共产党直接领导的抗日武装，队伍发展到300人，下辖4个中队、1个手枪队，以西海地区为根据地开展游击战争。1941年10月11日凌晨，伪军2000多人向西海抗日根据地发起进攻，广游二支队在谢立全指挥下，与敌激战至下午4时，击毙伪军前线总指挥祈宝林以下200余人，俘敌110余人，缴获轻机枪5挺，步枪400多支，手枪50支，子弹1万多发。游击队仅伤亡1人。1942年5月，吴勤被国民党杀害，中共广东省委即任命林锵云为代司令，罗范群为政委。1943年2月，成立珠江地区武装指挥部，直接领导和指挥广游二支队和珠江地区的人民抗日游击武装，使之不断发展壮大。

1943年初，中共台山县委把莘村、浮石、鹿坑、岭背等地的群众动员起来，建立武装抗日自卫队，反抗日伪的统治。

1943年6月，为加强东江北岸抗日武装斗争，广东人民抗日游击总队抽调兵力组成小分队，挺进增城、博罗地区。10月，在增城、博罗中共地方组织的支持下，成立广东人民抗日游击总队独立第二大队，阮海天任大队长，李筱峰任政委。12月，该队改为广东人民抗日游击队东江纵队独立第二大队。该大队成立后，活动在博罗西部、增城及广州东北郊，先后歼灭铁场伪警察中队、石滩伪联防队和警察所、新塘伪绥靖军一个连、龙眼洞伪军一个连，袭击长宁源头茹村和均和日军据点，在油麻山、黄旗山重建抗日根据地。1944年夏，该大队会同东江纵队挺进粤北，9月9日，袭击清远县城。10月中旬，该大队返回增城，于11月11日晚，由副大队长郑卫灵、政训部主任杨步尧率100余人夜袭新塘火车站，生俘日军物资供应站长阿南中佐及翻译等，将敌仓库焚毁，毙俘日伪军30余人，缴获长短枪30余支，使日军控制的广九铁路半个月不能通车。不久，又解放永和圩。12月，增城永和区抗日民主政府成立，又成立东江纵队第四支队，以永和为中心，在增城、禺北、广州近郊、从化、花县一带坚持抗日斗争。[①]

1943年，中共珠江部队决定建立广州郊区工作组，派卢德耀、卫国尧等人以广州河南的沥滘镇为基点，在广州郊区和市区不时活动。1944年4月，他们与部队里应外合，活捉了在沥滘一带为虎作伥、恶贯满盈的汉奸"十老虎"中的8"老虎"和伪联防队员9人，为当地民众除了大害。6月，

---

① 广州市地方志编纂委员会编：《广州市志》（军事志），卷十三，91~92页、162页，广州出版社1995年。

又抓了驻广州河南石榴岗的日军翻译罗芳嘉。①

1944年6月23日，珠江地区武装指挥部副指挥谢立全率广游三支队禺南、顺德、南海大队共300余人，袭击番禺新造镇敌伪据点。新造位于广州东南，驻有敌伪400余人。晚上9时，袭击开始，经两小时激战，毙俘番禺县伪第二区长冼尧甫以下100余人，缴获机枪3挺、长短枪200余支及军用品一批。

6月26日，谢立全又率广游二支队禺南、顺德、南海大队及民兵700余人，夜袭番禺市桥。市桥驻有日军300余人和伪军李辅群第四十旅1000余人。经3小时激战，游击队攻占了第四十旅部，打垮伪军3个连，毙俘敌100余名，缴获长短枪190余支、子弹1万余发及物资一批。

7月26日，广游二支队新编第二大队200余人在番禺植地庄被日军500多人包围，经过一天多的激战，打退了日军的进攻，毙伤日军70余名，新编第二大队大队长卫国尧以下48人牺牲，22人受伤。

1945年1月，珠江地区武装指挥部所属部队成立广东人民抗日游击队珠江纵队。3月间，珠纵一部在番禺进行为期半个月的反扫荡战斗。5月，组成600多人的挺进西江大队，进至西江北岸。②

1944年6月，日军大举向粤汉铁路沿线进攻，不久，清

---

① 卢德耀：《向广州市郊进军》，见中共广州市委党史办编：《沦陷时期广州人民的抗日斗争》，1985年。
② 广州市地方志编纂委员会编：《广州市志》（军事志），卷十三，60页、90页、163页，广州出版社1995年。

远沦陷。中共北江特委领导建立了清远人民抗日游击队，对外挂"北江第二挺进纵队第三大队第九中队"番号。1945年春，第九中队首次出击，活捉了回乡探亲的伪军大队长何秋及其部下14人，缴获长短枪和弹药一批。1945年5月，又与中共掌握的北江第二挺进纵队第二大队五中队配合，对清远南门街的日军据点发动夜袭，打死日军数人。不久，两支队伍合编为"清远人民抗日同盟军"，何俊才为大队长，朱小仲为政委，有200多人，6挺机枪。①

（四）组织群众团体进行抗日宣传

日伪在敌占区实行法西斯野蛮统治，严禁任何反日团体和言论。为冲破日伪的严密统治，中共地下人员冒着生命危险，在沦陷区组织群众团体，开展各种斗争。如在广州等地成立了"读书会"、"游击之友"和"抗日大同盟"等外围组织。"读书会"要求不高，主要是吸收一些有爱国思想的青年参加，活动内容是通过阅读进步书刊进行思想教育。"游击之友"要求比"读书会"高，经秘密串联、审查考验后才吸收，并举行宣誓仪式，成员是单线联系，每周接头一次。它的成员有时也直接参加一些实际行动，如协助印刷秘密文件，张贴、散发抗日传单等。他们把从东江纵队、珠江纵队带出的宣传品如《前进报》、新华社社论等翻印后，以各种方式散发到广大群众中去。1945年6—7月间，广州地下党发动了一次全市规模的宣传攻势，动员了几乎全市的地下党员和外围组织"游击之友"参加，约定时间统一行动，

---

① 何俊才：《我在清三花四边区及清远县委工作的情况》，见中共广州市委党史办编：《沦陷时期广州人民的抗日斗争》，274~278页，1985年。

一夜之间将4 000多份东纵、珠纵《告全市同胞书》撒遍广州的主要马路干线和一些横街小巷。[1]

潮梅地区的中共党组织建立了有数万群众参加的青抗会、学抗会、妇抗会等抗日团体，并以此为基础，成立了护乡队、巡逻队、工作队。仅潮安县，参加这些组织的就达1 000多人。抗战进入相持阶段后，为在新形势下坚持斗争，中共组织充分利用合法民间组织，改换名称，继续工作。如妇抗会利用国民党的合法团体"妇女会"、"新生活促进委员会"；潮阳妇抗会以"新运妇委会"名义坚持到1944年，利用办"女社训队"团结了一万多名妇女群众。青抗会被解散后，普宁、潮阳、揭阳、梅县等地建立了小学教师教育会、座谈会、生活促进会等新的组织，以及利用同乡会和文化娱乐团体，工作重心由校外救亡转向校内，后来还成立了地下学联。到1941年底，潮梅中共党组织所掌握和领导的小学有400所，中学有30所。在农村，则普遍利用潮梅地区民间组织和活动场所，如兄弟会、姊妹会、父母会、拳馆、闲间、婆娘会等，密切联系群众。中共潮普惠揭党组织派出一批党员在参加有关的训练班后，即在其中开展工作。[2]

中共南路党组织重建后，加强了对抗日救亡运动的领导。党组织团结爱国将领张炎，共同开展抗日救亡活动，协助其训练军事、政治干部。中共广东省东南特委还应张炎的

---

[1] 陈翔南：《抗战后期的广州地下党》，见中共广州市委党史办编：《沦陷时期广州人民的抗日斗争》，12~16页，1985年。

[2] 谢毕真：《潮梅党组织执行"隐蔽精干"方针概述》，见中共广东省委党史研究室编：《广东党史研究文集》，第3册，42页，中共党史出版社1993年。

要求，以香港学生赈济会名义派回国服务团近百人到高州，由张炎安排到各县、各部门工作。钦廉党组织争取到驻军一七五师政治部主任林增华的支持，组织合浦青年抗日先锋队200多人。遂溪青抗会组织下乡工作队，普遍创办农民夜校进行群众性的军事训练。

日军侵占海南岛后，中共琼崖特委及时做出了"积极发展民众组织，以增强抗战的力量"的指示，在各地建立起青抗会、妇救会、农救会、儿童团等民众抗日组织。据1942年9月统计，全琼共有县级民众抗日团体9个、区级16个、乡级198个，参加人数达55 700多人。各地组织的锄奸团、民运队、救护队、情报站、交通站等，均发挥了积极作用。特委和中共游击队改编的"广东民众抗日自卫团第十四区独立队"（1939年3月改为独立总队）创办《抗日新闻》、《每日要电》、《战斗生活》、《南路堡垒》等报刊。其中《抗日新闻》每3~5天出一期，发行数量很快增至2 000份，成为最受琼崖民众欢迎的报纸，对宣传团结抗战发挥了重要作用。①

（五）策动日伪反正，开展反战工作

1942年春，香港的中共组织在进行大营救的同时，组织留港人员打进日伪机构各部门，长期埋伏，等待时机，以图发展。同年8月，有一连伪军反正，投奔到东江游击区。1943年，中共琼崖特委也把"发动伪军反正"作为一项中心工作，并制定颁发奖励条例和反正证；要求各地党组织充分利用矛盾，通过伪军家属做争取工作，注意接收自发反正的日伪军。

---

① 唐昆宁等：《琼崖抗日民主政权的建设》，见中共广东省委党史研究室编：《广东党史研究文集》，第3册，297~299页，中共党史出版社1993年。

经过策动，驻各地的台湾籍日军和伪军不断哗变、反正。仅1944年10—12月，台籍日军携械投奔琼崖抗日根据地的就有3起。1945年2月，中共琼崖特委决定，将各地反正的台籍士兵集中起来，成立台湾士兵解放委员会，有组织地开展瓦解敌军工作。1944年春，东江纵队在港九地区同港九中共党组织联系，引带投诚过来的日本反战人员潜入香港，与该部分人员秘密联络和开展反战工作。1945年夏，东江纵队在对日伪军俘虏改造教育的基础上，先后在战俘中建立了台湾人民解放同盟、日本人民反战同盟华南支部、朝鲜人民独立同盟华南支部等反战组织。① 这些组织主动到前沿阵地向日伪军开展反战宣传攻势，瓦解日伪军。一些伪军军官在作战中被东江纵队俘虏，经过教育释放，返回广州后愿为抗日效力，如伪军新兵营白营长、陈璧君警卫连张连长、伪绥靖公署高参萧维扬等。萧维扬曾获取日军进攻禺南根据地的作战计划及日军军用地图，及时送交给珠纵部队。② 1945年春，珠纵二支队派王兰化装进入广州，利用她在伪方任职的亲戚，弄到子弹万余发，并由其亲戚设法将子弹送到游击队手中。

三、群众自发性的斗争

珠江三角洲地区人民素来具有爱国反帝精神，散失民间

---

① 黄振位：《中共广东党史概论》，208~210页，广东高等教育出版社1994年。
② 麦任：《抗日战争后期广州地下党生活的回忆》，见中共广州市委党史办编：《沦陷时期广州人民的抗日斗争》，25~28页，1985年。

的枪支也较多，具有群众自发斗争的基础。有资料估计，不算旧式的杂枪，中山县至少有3万支好枪，东莞县还要多一些，惠阳县有1万~2万支。广州失守后，这些地方的民间武装（有些是土匪武装）十分活跃，不少还挂起了各种游击队的牌子。

日军当初在惠阳登陆时，霞涌附近一个村有七八十名壮丁奋起抵抗，全部战死。东莞的袁华照部众有1 000多人，刘发愚部众有约600人，他们都曾向日军发起进攻。中山的吴发仔以20余人泅水30余里到三灶岛袭击敌营，杀死40余人。在南海、顺德、禺南等地，各乡都有联防，十几个或几十个村子组织起自卫团，立下栅闸，日夜站岗放哨。这些自卫团时常杀死敌伪收税、稽查人员。[①]

广州沦陷前，广州工商航业无限公司董事长朱克勤即以公司所属"模范"、"平等"、"自由"3艘拖轮及船上护舰武装，组成"抗日护市团"，一些民众团体组织及志愿青年参加。广州沦陷后，该团先撤至江门，江门沦陷，又掩护江门各线轮渡疏散，撤退至台山、开平三埠。1939年，3艘轮船改装成炮艇，经余汉谋批准，成立了江防义勇游击司令部，但兵员、枪械、经费全部自筹自给。1939年的一个月夜，在新会银洲湖面，正在湖上巡弋的"模范"艇与敌5艘汽艇遭遇，撞沉敌艇1艘，击沉1艘，其余3艘负伤逃走。此役得到战区司令长官部及重庆中央军委会嘉奖。1940年三埠陷敌，朱克勤遂将所属船只全部沉埋，遣散所部。至此，

---

① 《吴有恒关于粤东南特委工作给中央的报告》，见中央档案馆、广东省档案馆编：《广东革命历史文件汇集》，甲41卷，77~80页，1987年印行。

原工商航业无限公司资产，全部奉献给了抗战事业。①

增城、从化的山区，有一个会道门组织，称为"神打会"，宣称烧符念咒可以刀枪不入，参加的徒众不少。该会道门的头子之一李汉英，在广州沦陷时拉起一支队伍，号称"抗日别动总队"，李汉英为总队长。日军进犯增城、从化时，该队在狮头岭与日军打了一仗。李汉英部有七八十人，时而驻从化鸡笼岗，时而驻增城东洞，依山防守，斗志旺盛。神打会的徒众，多是贫苦农民，能脱产者只有几十人，且是轮番更替。李汉英时常通过他在沦陷区的徒众，抓了不少维持会的汉奸，还抓过一个日军俘虏。李部在1939年底被伍观淇收编为国民党第二游击区别动大队。②

在海南崖县，民众的表现也很突出。据载："崖县民众，素有组织，在敌未登陆之前，已有苗、黎数千名宣誓歃血抗敌，现据情报，自动参加之苗、黎已达二万余众，各酋长、峒长、总带，皆携出极犀利之器械云。藤桥之役，苗、黎大建殊勋。"③

1940年2月8日，据报载，汕头敌伪警备副队长东谷、伪拓抚司令兼保安团长黄汉中被我义民击毙，汕市动荡，义民活跃，敌伪恐慌。④

1943年初，中山县第九区农民1 000余人和番禺八沙农

---

① 陈廉中：《一支抗日的炮艇队》，见广州市政协文史资料委员会编：《广州抗战纪实》，278～280页，广东人民出版社1995年。

② 何君侠：《在第四战区第二游击区的活动和斗争》，见中共广州市委党史办编：《沦陷时期广州人民的抗日斗争》，331～336页，1985年。

③ 中央档案馆、广东省档案馆编：《广东革命历史文件汇集》，甲36卷，406页，1987年印行。

④ 《中山日报》（韶关版），1940年2月17日。

民300余人，先后奋起，武装反抗征收所谓护沙捐。

1944年5月12日，日军由增城向龙门进犯，龙门县江厦群众商量决定，老幼上山躲避，青壮年组成战斗队，共60多人，拿起武器，分两路迎击敌人。一路由谭仙公庙正面迎击，一路由新庄坳小山侧面迎击，与日军先头部队交战一个多小时，打死敌军官1名。1945年5月16日，日军进犯到龙门县茅岗乡石墩村，该村村民在县参议员刘其敬的发动和领导下，以刘全安、刘柄光、刘日槐、刘应石等为骨干，奋起守卫村庄。他们以20多支长短枪、1万多发子弹为武器，依托护村围墙，与敌激战，打死日军多名，刘其敬等骨干全部壮烈战死。日军攻进村庄后，疯狂报复，烧杀一空。①

日伪政权在各地建立后，群众以各种方式与之进行斗争。伪东莞县维持会会长搜罗流氓充当间谍，逼迫民众服军役，强征乡民参加伪自卫队、联防队、便衣队、绥靖军，并向石龙、莞城、太平征收治安费，向莞太路、莞龙路及河流孔道勒收行税，激起群众公愤。东莞厚街、赤岭附近各乡村的群众奋起反抗，杀死日伪军多名。东莞抗日军民还惩处了石龙、中堂圩、茶山等地伪维持会会长或秘书长。

广东沦陷区民众的自发斗争有分散的，也有有组织的，以自卫队、壮丁队、联防队等形式建立起来，有些则是由土匪武装改变而来。自发斗争是起伏变动、不稳定的。随着抗日斗争的发展，有的旋聚旋散，有的获得了国民党的委任，有的接受了共产党的改造，有着各不相同的结局。

---

① 中共广州市委党史办编：《沦陷时期广州人民的抗日斗争》，374～377页，1985年。

第 三 章

省会北迁后的粤省局势

广州及珠江三角洲其他地区沦陷后,省政府初迁连县,李汉魂任省政府主席。省府从连县迁韶关,韶关成为广东临时省会。中共广东省委和八路军驻广州办事处也随之迁入韶关。

国民党省党部实际上握有民众团体组训之权。在国民党统治下,国共两党开展了广东工人、农民、商人、妇女、青年抗日救亡运动。

中共广东组织根据形势发展变化,先后建立过各级组织,深入发动和引导广大人民进行抗日救国。

根据中央政府决定,广东成立省临时参议会。该会在一定程度上推进了地方民主政治的进步。但它只有建议权和一定的监督作用,权力不够,作用有限。

李汉魂主政期间的本届省政府,为广东民国时期困难最大、政绩最好的一届政府。

广州、武汉失守后,广东、广西仍划归为第四战区,由张发奎出任战区司令长官,余汉谋为副司令长官,主持两广军事。

张发奎、余汉谋在粤北组训大批军政干部,招收青年学生组织政工队，并组训粤北10县壮丁。从1939年4月开始，广东军事当局发动了"夏季攻势"。

1940年5月，广东划为第七战区，余汉谋出任战区司令长官。

日军大规模入侵广东后，侵粤日军是第二十一军，司令官为安藤利吉中将，占据广州及珠江三角洲其他地区、潮汕、海南等地。

自1940年5月，汪精卫在广东建立傀儡政权后，共建立了以4个师为主力的伪军，驻守在广州及珠江三角洲等地区。

汪精卫亲自来粤开展诱降活动，广东各界进行反汪运动，汪精卫的诱降阴谋破产。

广东守军在粤北对日军进行了规模较大的三次战役，取得不少的战绩，但也付出很大的牺牲。

1945年5月，日军发动赣南战役。5月底，日军占领河源。6月初，省政府及有关部门东迁平远县大柘，并开展了河源、和平与赣南战役。8月，抗战胜利结束。

第一节　李汉魂主持粤政与国民党广东组织的重要活动

日军侵占广州及珠江三角洲其他地区，省府初迁连县。中央军委命李汉魂率部回师救粤，后中央政府任命李汉魂为广东省新一届政府的省主席。

1939年2月，省党政军机关逐步汇集韶关办公。韶关成为广东临时省会,为全省政治、经济、文教的中心。中共广东省委和八路军驻粤办事处也迁入韶关,省委决定"以支持十二集团军余汉谋部队并推动其进步为中心"。

日本发动太平洋战争后,省政府和广东人民在极其困难的条件下,接待了数十万香港同胞和南洋侨胞,帮助他们顺利地回到家乡,受到好评。

由于大敌当前,面临着亡国亡党灭种的严重威胁,广东国民党当局遵从国民党中央从"攘外必先安内"的政策转变为联共抗日的政策,开展抗战工作。

中共广东省委大力发动群众参加抗日救亡组织,形成了以国共合作为主体的抗日民族统一战线,公开的领导者是广东国民党的当权者,许多共产党人和进步人士负责重要的实际工作,此为广东国共合作的"黄金时期"。

国民党省党部实际上握有民众团体组训之权。在国民党统治下,国共两党开展了广东工人、农民、商人、妇女、青年抗日救国运动。

但国民党在抗战时期具有两面性,即既有爱国抗日的一面,又有排斥、打击共产党和民主党派,限制和统制工农及其他群众的一面。特别是1939年1月国民党的五届五中全会后,广东的国民党顽固势力限制和打击抗日群众团体,逮捕、杀害共产党员和抗日分子。在此前后,国民党当局撤销了国共合作的"琼崖党政督导处",取消了"琼崖独立总队"的番号,下令解散广东青年抗日先锋队、岭东青年抗敌同志会等。大多数抗日救亡团体及华侨、港澳同胞回国回乡服务团也被迫解散。此外,还发生过"南委事件"和"粤北省委事件"。

一、广东省政府北迁

侵粤日军从大亚湾登陆后,向广州进攻,国民党广东党政军当局纷纷向北、向西撤退转移。面对日军的进攻,国民党当局既没有组织强有力的抵抗,也没有有序地组织广州市民撤离。连日来广州市民纷纷出逃,难民不绝于途。广州市民由130万人骤减至40万人。市内大火数日,抢劫者乘机作案。[1] 当日军进逼广州时,广东党政军当局一度非常混乱,1938年10月19日,省府主席吴铁城率省府人员北撤至翁源,其属员多逃往香港;广州市市长曾养甫率广州市府人员向西撤至广宁,在此组织西江八属游击总指挥部,自任总司令,并收缴余汉谋部溃兵的枪械,后改为广东省政府西江行署,但不久被撤销。广东国民党书记长余森文率领国民党省党部迁去云浮,再迁连县、韶关。省党部划全省为东、南、西、北、中和琼崖6个党务督导区,还成立了战时党务督导团。[2]

10月21日,广州弃守。凌晨4时,余汉谋奉蒋介石之命,下令第四路军总司令部沿广花路向北撤至清远[3],随后

---

[1] 广东省立中山图书馆编纂:《民国广东大事记》,607页,羊城晚报出版社2002年。

[2] 广州市文史研究馆编:《广州百年大事记》,501页,广东人民出版社1984年。

[3] 广州市地方志编纂委员会编:《广州市志》(军事志),卷十三,155页,广州出版社1995年;黄国健等:《抗战时期的广东战场》,见广东省政协文史资料研究委员会编:《广东文史资料》,第50辑,广东人民出版社1987年。

再迁翁源县三华圩。

广州不战而失，使广东人民对国民党广东党政军当局非常不满，曾以"余汉无谋，吴铁失城，曾养冇谱（甫）"的民谣讥讽之，国内外舆论反响强烈，纷纷谴责、抨击广东党政军当局。广州失守当日，吴铁城发表《告同胞书》，说日军临近，省府迁地办公，号召全省人民出钱出力，从军服役共保家乡，驱敌出境。22日，国民党中央决定由吴铁城兼任国民党广东省党部主任委员，曾养甫兼任国民党广州市特别党部主任委员。① 余汉谋在广宁设绥署行营西江办事处，致电曾养甫谓："你是广州市长，既自称游击司令，请到广州去打游击。"广东一时形成"各霸一方，各行其是，互相拆台"的局面。② 25日，余汉谋致电海外侨胞，说他正在整顿部署，策划反攻，以达护国卫民之天职，希望侨胞不要气馁。同日武汉失守。

25—26日，日机连日跟踪我撤退的军民滥施轰炸，军民遇难者甚多。清远、翁从新公路、梅坑、官渡、连县、三华均被炸。29日，省政府及吴铁城由翁源县迁到连县三江镇办公，并在东江、西江设立办事处。同日，广东江防司令部派"执信"、"坚如"、"仲恺"等6舰去三水河口、思贤抗击日军，与日军发生激战，毁日炮台4座。"执信"舰中弹沉没，舰长李锡熙及副舰长以下24人阵亡，伤15人。11月5日，

---

① 广东省立中山图书馆编纂：《民国广东大事记》，608页，羊城晚报出版社2002年。

② 《张文彬关于广东工作报告》（1940年4月23日），见中央档案馆、广东省档案馆编：《广东革命历史文件汇集》，甲37卷，151页，1987年印行。

"坚如"舰被日军炸沉。①

10月26日,日军陷佛山、三水,并以主力集中于广花路之人和圩。自28日起,侵占广州的日军继续北犯,至江(村)高(塘)地区时,企图强渡流溪河,遭到伍观淇率领的广东第二游击区第四支队和禺北、花县、清远民众抗日自卫武装的阻击,交战历时10余天。中方共动员了7 000余武装群众参加,毙伤日军200多人(一说100余名),击沉敌汽艇、橡皮艇20多(一说30余)艘,击伤日机1架。自卫团伤亡(一说牺牲)99人。此战打乱了日军北进计划,为我军队顺利北撤和重新部署防御赢得了时间。② 此后,自卫团队开往三水、赤坭,改编为第七战区第四游击挺进纵队,与日军相持在花县、岐山一带。③

(二)省府初迁连县期间中日间的攻防

11月3日,省府在连县布告全省民众,继续领导抗战,并连日举行省政府委员会临时会议,决定在西江、南路、东江等地设临时办事处。通告向敌完税者以通敌论。④ 4日,我军反攻,收复三水,旋失守;19日,再次收复三水。同日,日军在飞机、坦克掩护下攻清远,我敢死队1 000余人将其击退。5日,日军500余人自东莞县太平犯怀德,东莞

---

① 广东省立中山图书馆编纂:《民国广东大事记》,608~609页,羊城晚报出版社2002年。

② 《中山日报》(梅县版),1938年11月13日;《广州地区抗战大事记》;《广州市军事志》,89页、156页。

③ 广东省立中山图书馆编纂:《民国广东大事记》,608页,羊城晚报出版社2002年。

④ 《中山日报》(梅县版),1938年11月5日。

团队的参议邓赋棠、邓迈千,大队长麦定唐率部抵御,附近乡民亦出击助战。日军又调500余人来援,激战终日后被击退。是役,邓赋棠、邓迈千等60余人牺牲,日军伤亡亦众。同日,东江民团袁华兴部与茶山自卫团夹攻石龙的日军,经激战毙敌270余人。8日,我军收复佛山、博罗。9日,我军自东江、西江、粤汉路三路出击广州。一路由银盏坳进抵广州郊区江村。10日,余汉谋通电即将大举反攻,誓死雪耻。12日,我军攻克从化县城。

15日,中央军事委员会处分惠广战役失败有关人员:余汉谋指挥失当,革职留任;第八十三军军长兼第一五一师师长莫希德革职查办;第一八六师师长李振、第一五四师师长梁世骥各记过1次;广东宪兵司令李江先行撤退、畏罪潜逃,通缉归案法办;旅长叶植南、李如枫扣留;旅长陈勉吾、何联芳撤职留任;虎门要塞司令郭思演、工兵指挥郭汝津通缉归案法办。

18日,我军攻击至广州白云山和黄沙车站。20日,日军自石龙犯东莞,何煜坤部人民自卫团奋勇抵抗,激战4天,何部不敌,东莞失守。22日,石龙又陷敌。同日,黄涛第一五七师攻克增城县福和圩,日军向广州退去。为巩固广州外围,日军回师扫荡,虎门又陷落。

当时尚未沦陷的潮汕地区广大军民也纷纷行动起来。20日,潮汕抗敌后援会号召举行市民总宣誓,并签名于誓书上,宣誓誓死卫国,下午又把查封的日货焚烧。

22—30日,中日进行了深圳之战。22日,日军5 000余人由大鹏湾和南头登陆,攻陷大鹏城。25日,日军又以坦克为前导，骑兵600人、飞机98架为掩护，分三路猛攻深圳，深圳失陷。4天内，10万名难民逃往新界栖身。26日，日军占深圳圩。27日，中央赈济委员会委员长许世英到新界视察难民。28日，日军占沙头角。29日，英、日代表在粤港边界就日占深圳事进行谈判，英方要求日军尊重英国主权。30日，第一五三师张瑞贵部开进深圳，日军沿广九铁路北撤，同时对东莞、惠州、宝安地区实行扫荡。

23日，省政府决定设立3个行政公署：东江公署驻兴宁，主任陈耀祖（后不久投降日军）；西江行署驻广宁，主任曾养甫；南路行署驻茂名，主任胡继贤。后于1939年1月4日撤销行署。同年11月16日，仅恢复南路行署，主任罗翼群。1940年12月17日，南路行署再撤销。[①]

（三）李汉魂奉命回师救粤及省府改组

正当广州及珠江三角洲其他地区陷入敌手，广东面临着全面沦陷的危急关头，原粤军将领李汉魂奉中央军委之命率部回师救粤。早在1937年"七七"事变后，李汉魂已升任第十二集团军第六十四军军长兼第一五五师师长。李汉魂部当时驻守在粤东海防前线，一向抗日态度坚决，主动请缨抗战，还预立遗嘱，表示抗战到底的决心。爱国将领冯玉祥曾写诗称赞过他。1938年5月后，李汉魂奉令从粤东率部先后赴陇海、南浔前线与日军激战，屡立战功，不断升迁，至11月已升任为第八集团军副总司令兼第二十九军团长。11月

---

① 以上见广东省立中山图书馆编纂：《民国广东大事记》，609页、613页，羊城晚报出版社2002年。

14日，李汉魂奉命率部由赣北回师救粤。①

11月25—28日，中央军令部在湖南南岳召开军事会议并调整了战区，决定第四战区司令长官蒋介石（12月25日任命张发奎为代司令长官），副司令长官余汉谋、蒋光鼐（兼参谋长）统辖两广军事。

叶挺于11月到香港为新四军筹措经费、物资，被余汉谋委任为东江游击指挥。12月，叶挺在深圳组成了指挥部，并在惠州、东莞、宝安组建一支人民武装，称为警卫连。后叶挺返回新四军，把警卫连交给曾生接管。

12月7日，蒋介石到韶关、西江视察，次日在桂林召开军事会议，讨论两广战局，9日返重庆。中旬，白崇禧、陈诚也到韶关视察后离去。9日，第一五三师温淑海旅攻惠阳，战2小时，日军1500人退博罗，温旅进入惠阳。我军于10日收复博罗、宝安，16日克淡水、平山。②

当时省政府财政十分困难。广州市及滨海、滨河富裕县份多数先后沦陷，税源大大减少。战前1937年，广东税收为3 000万余元，1938年减为1 300万余元③，仅为原来的四成多。为了解决战时财政开支，省财政厅视察员电各县加紧征解一切税收。④ 11月22日，省府会议通过广东非常时期处理财政临时办法。12月13日，省府会议通过广东省非

---

① 韦燕徽主编：《李汉魂将军北伐、抗日实录》，吴川县政协出版1988年。
② 以上见广东省立中山图书馆编纂：《民国广东大事记》，609页、613页，羊城晚报出版社2002年。
③ 《战时广东省财政》，载《广东一月间》，1940年1月号。
④ 《中山日报》（梅县版），1938年11月9日。

常时期各县市局地方财产行政处理办法①,设法解决财政的严重困难。

面对一度混乱的广东局面,国民政府于1938年12月23日重新改组广东省政府,吴铁城、曾养甫等被免职,另安排工作。此时吴铁城仍任国民党广东省党部主任,后调任国民党中央海外部部长;曾养甫调任滇缅公路督办,后任中央交通部部长。正式任命李汉魂、顾翊群、许崇清、王应榆、胡铭藻、曾养甫、朱晖日、何彤为广东第九届省政府委员,李汉魂为广东省政府主席兼民政厅厅长,顾翊群兼财政厅厅长、王应榆兼建设厅厅长、许崇清兼教育厅厅长、胡铭藻兼秘书长。此后,委员、厅长任职陆续有变化。如李汉魂不兼民政厅厅长,由何彤兼民政厅厅长,后又派黄元彬、郑丰继任建设厅厅长,张导民任财政厅厅长,黄麟书任教育厅厅长,胡铭藻兼西江、南路行署主任,李汉魂后又兼广东省军管区司令、省保安司令、第三十五集团军总司令、省党部主任委员等职。②

(四)广东军事当局混乱局面的结束

24日,第四路军正式改编为第十二集团军。余汉谋为第四战区副司令长官兼第十二集团军总司令,副总司令叶肇、王俊,第六十二军军长张达(后黄涛),第六十三军军长张瑞贵,第六十四军军长陈公侠,第六十六军军长叶肇。另有

---

① 《广东省政府公报》,第416~440期合刊,1939年6月1日。
② 黄仲文编:《民国上将余汉谋年谱》,台湾商务印书馆1990年印行;广州市文史研究馆编:《广州百年大事记》,504页,广东人民出版社1984年;广东省立中山图书馆编纂:《民国广东大事记》,613页,羊城晚报出版社2002年。

第九、第十六、第三十五集团军。第九集团军总司令吴奇伟，副总司令香翰屏，第四军军长欧震，第六十五军军长黄国梁（后调去湖北）。第十六集团军总司令夏威，副总司令蔡廷锴，第四十六军军长夏威（兼）、副军长何宣，第三十一军军长韦云淞。以上各集团军总计18个师、2个独立旅（独九旅、独二十旅）及特种部队。后又增加第三十五集团军，总司令李汉魂（后邓龙光）。广东民众抗日自卫团统率委员会撤销，改编为7个挺进纵队，分驻在接敌部。① 广东军事当局的混乱局面至此才暂告结束。

1939年1月1日，张发奎就任第四战区代司令长官（后升为正职），李汉魂任广东省政府主席兼军管区司令。②

（五）李汉魂治粤政纲

李汉魂等"受任于败军之际，奉命于危难之间"（1939年1月至1945年8月）。此时，省府及民政、教育两厅在连县，建设厅在曲江。李汉魂1月到连县任省主席职，并发表要精诚团结、励精图治、赈济难民、发展经济等宣言。1月4日，省府第九届委员会在连县举行首次会议，由李汉魂主持。会议决议委任张虞韶为汕头市市长，并通过《战时救济事业纲要》③，决定撤销3个行署。1938年12月，国民党中央副总裁汪精卫公开叛国投降日本。1月1日中执委决议开

---

① 广东省立中山图书馆编纂：《民国广东大事记》，613页，羊城晚报出版社2002年。
② 广东省立中山图书馆编纂：《民国广东大事记》，615页，羊城晚报出版社2002年。
③ 《广东省政府公报》，第416~440期合刊，1939年6月1日。

除汪精卫党籍。5日,张发奎、余汉谋等在前线通电拥护开除汪精卫党籍,并要求将汪通缉归案。6日,省主席李汉魂暨全体委员通电指斥汪精卫媚敌主和罪迹昭著,请中央下令通缉。这表明了他们反对投降、坚持抗战的政治态度。9日,我军进入广州市郊,克复石牌车站。① 1月,日军退出惠州后,第四战区在惠州设立挺进纵队东江指挥所,主任香翰屏。1940年,又调香任第四战区闽粤赣边区总司令,司令部设在兴宁。②

1月25日,新上任的省主席李汉魂发表了经省政府会议通过的《告广东各界同胞书》指出:当以"抗战高于一切"为前提,作为各方面之发动,做到"人人抗战,处处抗战","以保持我独立之主权",要"加紧政治动员,以协助军事收回失地",并提出当务之急是:"褒扬忠义,选用贤能,铲除贪污土劣,肃清汉奸土匪,以及厉行禁烟禁赌";"成立省赈济会,……从事难民难童救济,失业失学救济,以及疾病灾害救济";又明确指出,抗战至此阶段,"决胜已不在都市而在乡村,主力已不在士兵而在民众",所以必须"一方面从事乡村经济之建设,一方面从事于人民之组织与训练"。李汉魂表示:"锋镝余生之汉魂",决心"卧薪尝胆,沼吴有日,目的所在,不达不休"。③

---

① 广东省立中山图书馆编纂:《民国广东大事记》,615页,羊城晚报出版社2002年。
② 广东省立中山图书馆编纂:《民国广东大事记》,617页,羊城晚报出版社2002年。
③ 广东省政府编译室编:《战时粤政》,广东省政府编译室1945年印。

抗战八年，广东省政府五迁连州（1938年11月，1938年冬天，1941年秋天，1942年7月至8月，1944年6月）。①

（六）韶关成为广东临时省会

由于连县地处偏僻，办公不便，1939年2月份，李汉魂将省府人员迁到韶关，合署办公。第四战区长官司令部、国民党省党部、省军区司令部及各党政机关，报刊、团体、学校也逐步汇集韶关。韶关成为广东临时省会，为全省政治、经济、文教的中心。以此为起点，广东政治环境出现了短暂的"坚持团结、抗战、进步的新气象"。②

第四战区代司令长官张发奎在曲江宣誓就职，并发表了坚持抗战的《告军人书》，强调"团结、整军、惩贪、民运、进步"。接着对第十二集团军总司令部（驻翁源）发表训示："张入粤并非为了争官要地盘，而是来协助余总司令振军经武。"此时，余汉谋因广州失守而备受社会舆论谴责，正为挽回名誉，恢复实力而埋头整顿，并表示要"复兴四路军"、"明耻教战"，号召部下："广州在广东军人手上失掉，要在广东军人手上收回。"③

（七）广东国共合作进入新阶段

在省府迁移韶关的同时，中共广东省委和八路军驻粤办

---

① 《广州日报》，2005年8月16日。
② 《张文彬关于广东工作报告》，1940年3月7日，见中央档案馆、广东省档案馆编：《广东革命历史文件汇集》，甲37卷，81～88页，1987年印行。
③ 李洁之：《抗战时期四、七战区交接始末》，见广东省政协文史资料研究委员会编：《广东文史资料》，第55辑，86～87页，广东人民出版社1988年。

事处也于1939年初进入韶关。根据上述广东政治环境的变化，特别是曲江新气象的出现，中共广东省委认为，战争在全省范围内展开，将迫使广东当局进步，刺激民众运动的发展，推动民族觉悟的提高，因此决定进一步加强抗日统战工作。鉴于余汉谋急欲摆脱被动局面，大力整训部队，招收进步青年，建立部队政治工作，中共广东省委决定"以支持十二集团军余汉谋部队并推进其进步为中心"开展工作。中共组织了800多名青年（其中共产党员200多名）参加第十二集团军政治工作总队，动员了抗先队员400多人加入第十二集团军政治补训队。① 由此，广东国共合作进入新阶段。

第三党（农工民主党）广东临工委（负责人张梦醒，后杨逸棠）也迁往韶关，并派多个成员进入第十二集团军政治部工作。他们创办《时间报》、《朝报》。该党的抗日青年团团员100多人，还由钟岱、黄桐华率领，编为第六十五军别动部队。②

（八）李汉魂治粤政绩

当时以李汉魂为首的广东省政府所面对的广东形势确实非常严峻。全省原有97县3市3局，共103个行政单位。但到1943年7月，完整地控制在省府手中的仅有58县1市3局，共62个单位，已全部沦陷或局部沦陷的占1/3强，且

---

① 《张文彬关于广东工作报告》，1940年4月23日，见中央档案馆、广东省档案馆编：《广东革命历史文件汇集》，甲37卷，152～153页，1987年印行。

② 广东省立中山图书馆编纂：《民国广东大事记》，607页，羊城晚报出版社2002年。

多是大中城市、珠江三角洲、沿海等富庶之区。国统区占2/3，且多为贫穷落后的地区。① 在陈济棠执政时期刚刚建立起来的工业、交通、财政金融、邮电通信、文教卫生等设施，都受到敌人的严重破坏。日军到处烧杀淫掠，人民流离失所，四处逃难。但大敌当前，李汉魂等发扬了民族气节，没有在强敌和频繁的天灾面前屈服，克服了许多前所未有的困难，在任内做了不少艰巨的工作，取得卓越的政绩，为广东人民所称道。

战时广东省政府的建制仍是民政、财政、建设、教育四厅、秘书长等。此外，李汉魂为了加强抗战力量，在组织上陆续增加行政效率委员会、行政干部训练学校、统计处、侨务处、田粮处、救济处、盐务局、妇女联合会、社会救济院、华侨农场等，建制完备，效益显著。特别是设立广东省临时参议会，以发扬民意。同时，对兵员补充、训练，亦很出色，为粤北两次会战的胜利，以及广东部队参加第二方面远征军（赴越南），直至抗战胜利，打下了良好的基础。

省政府在粤省国统区行使权力。当时广东省内存在着三种政权，即国民党系统的政权，沦陷区敌伪汉奸政权和逐步成长壮大的，以东江、琼崖地区为主的中共领导的抗日民主政权。

省政府在民政方面做了不少工作。李汉魂整饬吏治，惩办贪污，战前在粤西北区工作时已驰誉全国。李汉魂就职省主席后即颁布了公务员五守约：（1）不得营私舞弊、贪赃枉

---

① 李汉魂：《本省政务在抗战时期中所受影响及最近状况和今后设施》，1943年7月17日。

法；（2）不得庇护烟赌；（3）不得擅加人民负担；（4）不得玩视政令；（5）不得擅离职守。又颁布六守则：（1）除弊急于兴利；（2）实干重于理论；（3）责任重于权力；（4）气节重于生命；（5）求己重于责人；（6）严谨优于宽容。①另颁发施政纲领六则给各机关、各厅局处，工作亦逐步踏入正轨。

1939年3月1日，省府核准《广东省政府政务研究会章程》和公布《省政府设计委员会组织规程》。11日，省府又公布《广东省各县市赈济会规程》。②

9月12日，省府令派何彤兼代广州市市长，原市长曾养甫另有任用。③但此时广州市已被日军占领，这个职位仅仅是不承认广州市敌伪政权的一个象征。行政院和广东国民党当局为了控制南路，监视张炎的联共抗日爱国活动，特设立广东省南路行署，委任国民党中央执行委员兼第四战区党政会委员罗翼群为行署主任，并于1939年11月29日首途赴任。④

12月中旬，中央监察院为整饬两广吏治，监察各地民众，特设两广监察使署，并派刘侯武为两广监察使。⑤

1939年冬，粤北第一次会战时，日军逼近韶关，省府机关迁往连县等地，会战结束后，又迁回韶关。⑥

自省政府迁到粤北后，行政区域有所调整变化，全省改

---

① 广东省政府编译室编：《战时粤政》，广东省政府编译室1945年印。
② 《广东省政府公报》，第416~440期合刊，1939年6月1日。
③ 《广东省政府公报》，第446~447期合刊，1939年9月16日。
④ 《中山日报》（韶关版），1939年11月30日。
⑤ 《中山日报》（韶关版），1939年12月13日。
⑥ 广东省政府编译室编：《战时粤政》，广东省政府编译室1945年印。

为西江、东江、南路、琼崖4个行政区,设置行政公署。1939—1940年4个行政区先后撤销。1941年复设置9个行政督察专员公署至1946年。

自1939年省治北迁,粤局初定,以地方自治为建国的基础,亦为抗战之急要工作。确定各县自治经费每年9万元,省库、县府自筹各半,并训练400余人分赴各县区协助办理,地方自治工作略具雏形。

1940年,按照中央政府的要求实施新县制。按面积、人口、经济、文化、交通等状况,将全省97个县分为五等,一等18个县,二等29个县,三等39个县,四等8个县,五等3个县。至1942年底止,除战地县份外,全省共68个县均已实施新县制。

8月26日,李汉魂在省府扩大纪念周上以《广东政治新阶段》为题做训词,提出"目前加紧推行的要政"是:(1)解决粮食问题;(2)加强经济作战;(3)建立人事制度;(4)切实推行新县制;(5)推广国民教育;(6)整理税制;(7)兵役改进;(8)维持治安;(9)救济义(难)民;(10)加紧动员民众。

李汉魂对县长的任用异常重视而且谨慎。在中央派人来韶宣传讲述新县制后,李汉魂即大力推行,以曲江等7县做新县制试点,并经中央考试院批准,于1942年在曲江举行第一届广东省县长考试,李汉魂奉派为典试委员长。应考者700多人,结果只取录8人,先后派任县长,以推行新县制。

广东省政府为救济香港同胞和南洋侨胞做了很大的努力。1941年12月,日军发动太平洋战争,侵占香港和东南亚。日军以香港粮食不足为由，强迫疏散70万香港人回乡（当时香港约180万人口，90%以上的人家乡在广东）。因粤省所受摧残特多，威胁特大，难民特众，救济也特感困难，但广东省政府和广东人民视香港受难同胞和南洋难侨为亲人，尽力救援。韶关各界和机关团体组织成立"紧急救港侨委员会"（按：当时误称港胞为港侨）。1942年1月，订定《救济港侨工作大纲》，要点如下：（1）凡归侨经过的地方，无论县城、市镇应即成立"救侨办事处"和"归侨招待所"，负责招待归侨膳宿；（2）归侨回乡，每人每日发给旅费2元；（3）其无家可归或愿意留韶关参加抗战工作的应妥善安置。当时，香港同胞每日经淡水等地，背负行李、拖男带女而回者不下千人。李汉魂即饬令沿途各市镇设立办事处及招待所，照章招待并发给旅费；并严饬各地团队认真搞好治安，保护港胞安全回到自己的家乡，受难港胞无不感泣，谓李主席爱民如子，真不愧为民之父母。为了紧急救济，李汉魂发起"出钱救侨运动"，李汉魂即时捐助1万元，余汉谋亦捐1万元，各厅、处长以及各界人士亦纷纷捐助，再加上省政府捐助50万元，省银行捐助30万元，共捐得100万元。至此工作结束时，其支销除中央拨来1 000万元、救侨运动捐助100万元以外，尚略有不足，后由省赈济款内报销。[①] 省政府和港胞所经地区人民在极其困难的条件下，接

[①] 朱振声编纂：《李汉魂将军日记》，上集第一册，333页，香港联艺印刷有限公司1975年；关志昌：《李汉魂的一生》，载台北《传记文学》，第51卷第3期；陈利克、廖新强：《李汉魂》，载《民国高级将领列传》，第4集，解放军出版社1989年。

待了数十万香港难民,帮助他们顺利地回到家乡,受到好评。

省政府还提出整饬厉行禁政(禁烟、禁种罂粟、禁赌、禁酒、禁娼等),改善狱政,改良风俗,建忠烈祠,倡集体结婚,设立公墓,改革婚丧铺张、早婚、童养媳及迷信风水等陋习,以及建醮游神之迷信举动等。但这些禁政在当时的历史条件下,只在部分地区部分做到,根本不可能全面彻底贯彻执行。

1942年1月,省政府根据行政院的指示,设社会处,主管业务是办理人民团体组训、社会运动、社会福利、社会救济等事项。1949年3月1日裁撤。

1943年,国民政府对地方政府提出管、教、养、卫四项任务。李汉魂撰文解释说:"包括乡镇一级政权机关在内的地方政府之任务,在'管'方面,力求健全基层组织,充实地方力量,严肃社会纪律,坚强社会组织;在'教'方面,促进三民主义运动及国防科学运动,并重德育、体育的锻炼;在'养'方面,完成经济建设,发展农业生产,谋粮食的自给自足,整顿财政金融,贯彻开源节流原则,充实战时经济力量;在'卫'方面,注意维持治安,肃清奸伪,使地方秩序长治久安。"

1943年省政府订定"本省各县完成新县制促进地方自治案",尤其注重于基层组织之健全与民意机关(临时参议会)之建立。

关于事业方面,以推行乡镇造产为首要工作,各县各乡设1个造产委员会,有51个县、952个乡镇成立。据报已实施有成绩者22个县，造产80 789市亩，什粮农场44处，林场41 158市亩，市场、菜场12所，其他矿产、鱼塘、水碾等均有举办，开展一保一塘运动，对促进生产、改善生活均有裨益。

1943年全省大旱，抗旱救灾成为全省压倒一切的中心任务。全省行政会议特别指出，"以解决粮食为当前急务"①。省府颁布《修正救济民粮发放办法》，要求各县发放救济民粮，其用途分配比例为：举办平粜占50%，举办施粥占20%，收养难婴、难童占15%，其他救济占15%。由于省政府采取了一些有力的措施，减少了旱灾造成的一些损失。总的来说，国统区的情况比沦陷区好些，但当时本省各地在战争、灾荒双重打击下，大批群众逃荒，都由于筹粮不易，"平粜"难以推行，加上原有的经济基础甚差，严重的灾害所造成的损失还是巨大的。

1945年1月，粤北战局紧张，韶关弃守，省府迁驻粤东的龙川，不久又迁到平远的大柘，至抗战结束才迁回广州。

李汉魂于同年5月在国民党"六大"被选为中央执行委员，7月获得国防最高委员会颁发的"耕工竞赛"第一名奖状。8月13日，得悉国防最高会议已通过准李汉魂辞广东省政府主席职、派罗卓英为广东省政府主席，省政府委员又有很大的变动。14日，日本正式投降。18日，中央军委任命李汉魂为第三战区副司令长官（余汉谋为司令长官，驻浙江衢州）。9月1日，李汉魂发表《留别广东各界同胞书》，告

---

① 李汉魂：《本省政务在抗战时期中所受影响及最近任务和今后设施》，1943年7月17日。

别广东。①

二、国民党广东组织的重要活动

(一) 广东国民党向联共抗日国策转变

由于日军全面侵华，特别是侵占了上海、南京等国民党统治的最重要的中心地区，已直接危及当时的执政党国民党在中国的统治，国民党党员也面临着亡国亡党灭种的严重威胁。在全国军民强烈要求全国一致团结抗日的强大压力下，国民党中央已从"攘外必先安内"的错误政策转变为联共抗日的正确政策。广东国民党的方针政策也随之改变。

1937年8月，国民党广东省党部和广州市党部联合发表《为发扬民众潜力共同御侮救亡宣言》，表示："凡能真诚一致，确为国家独立民族利益而奋斗，将不问其过去之派别如何，均愿共披赤诚，……发动英勇之民众运动，以适应大规模持久战之需要。"广东当局无条件地释放了中共党员和进步人士区白霜（区梦觉）等数十名"政治犯"。②

1937年7月17日，广东省国民党党部召集广东各工会、大中学校及各界人民团体代表200人在广州的省党部召开广东御侮救亡大会，余俊贤（广东省国民党特派员）任主持。会上推定41个团体筹备成立"广东御侮救亡会"，以省、市

---

① 除注明出处者外，以上均参见广东省政府编译室编：《战时粤政》，广东省政府编译室1945年印。
② 中共广东省委党史研究室著：《中国共产党广东地方史》，第1卷，386页，广东人民出版社1999年。

党部为正、副主任单位。大会通电全国称："百粤民众誓以热血同赴艰危。"又致电前方将士称："百粤民众誓为后盾"，并电请中央抗战及慰劳第二十九军。

（二）广东民众御侮救亡会等的成立及其重要活动

广东民众御侮救亡会（后改称为抗敌后援会）于19日成立，广东国民党当局决定余俊贤、方少云分任正、副主委，分函各团体派定代表充任委员，并办有《御侮救亡》周刊。此会为发动全省民众抗日救国之总枢纽，并策动全省各县、市成立分会。共产党人和进步人士也纷纷参加此会工作，使该会实际上成为以国共合作为基础的抗日民族统一战线的群众组织。同日，广东省、市、县国民党党部电请中央抗战。[1]

广东救亡运动蓬勃开展，防空、救护、民众组训、抗日宣传工作启动。[2]

省御侮救亡会于22日开始办公，设总务、宣传、筹募、调查、组织等部。[3] 25日，该会发动组织广州15万群众参加御侮救亡示威大游行。[4] 28日，该会电中央务请即日动员抗日并召集工农等团体开会。[5] 29日，省党部御侮救亡工作

---

[1] 《国华报》，1937年7月18日、20日；广东省立中山图书馆编纂：《民国广东大事记》，555~556页，羊城晚报出版社2002年。

[2] 《国华报》，1937年7月21日；《中山日报》，1937年8月3日。

[3] 《国华报》，1937年7月23日。

[4] 广州市文史研究馆编：《广州百年大事记》，487页，广东人民出版社1984年。

[5] 《中山日报》，1937年7月29日，8月16日、22日、26日，9月16日、18日、26日。

团成立。① 31日，广州特别市党部成立御侮救亡工作团。② 8月2日，国民党省、市党部电请全国动员抗战，并吊唁在华北抗日殉国的佟麟阁、赵登禹两将军。③

广州救亡呼声社于15日成立，该社是在国民党省党部书记长谌小岑发起组织的广东青年救亡同志会筹备会的基础上成立的，谌兼任社长，许多共产党员和进步青年也参与其中，并成为主要骨干。谌小岑还于15日在香港组织了总工会。④

汕头市国民党党部于15日开会商讨策动四郊农民救亡。⑤

8月中旬，广州市党部加紧抗战宣传工作。⑥下旬，又决定组织非常时期党员服务团。⑦

29日，广东民众御侮救亡会又组织了一次10万余人参加的抗敌大巡行。先由广州市市长曾养甫向2万人的防护团授旗，然后由余俊贤检阅御侮救亡会的工作团，最后由李煦寰领队循规定路线大巡行。8月，国民党中央派遣以周启刚为队长的广东工作队来粤协助工作，至1938年5月才调回武汉。⑧

国民党广州市党部于9月1日发表《告全市党员书》，号召有钱出钱，有力出力。⑨中旬，广州市党部建议根绝仇（日）货。⑩

---

①② 《国华报》，1937年7月30日、8月1日。
③④⑧⑨⑩ 广东省立中山图书馆编纂：《民国广东大事记》，557～561页，羊城晚报出版社2002年。
⑤⑥⑦ 《中山日报》，1937年8月16日、22日、26日、9月16日。

省、市党部发动民众于9月18日纪念"九一八"事变6周年而素食1天劳军。① 下旬，各县、市党部集中部署抗战工作，党员报到多已办竣。②

由于日机不断狂轰滥炸广州，商店多已关门停业。广州市党部召集商界领袖谈话，劝导照常营业，维持市面繁荣。各商店纷纷复业。③

省、市党部于10月中旬合办救护干部训练班，即开始招生500名，连日各地报名者甚踊跃。④

11月1日，广东省民众御侮救亡会奉令结束，另成立广州市民御侮救亡会，选出委员99人，以蔡昌、伍智梅、金曾澄等9人为常务委员。6日，该会在省民众教育馆正式成立，由蔡昌主持大会。⑤

省、市党部于12日举行孙总理诞辰72周年纪念会，并发表《告民众书》，号召广东民众起来参加抗战。⑥

20日，省党部特派员钟天心（接余俊贤职）出面组织的抗战教育实践社成立，并兼理事会主席，中山大学教授尚仲衣（后于1939年加入中国共产党）主持日常工作，叶兆南（孙大光）、石辟澜、梁威林、左恭、陈文信、刘向东等共产党员和进步青年是骨干分子。其机关刊物是《新战线》周刊。

---

①② 广东省立中山图书馆编纂：《民国广东大事记》，557～561页，羊城晚报出版社2002年。

③ 《中山日报》，1937年9月26日；《国华报》，1937年10月10日。

④ 《中山日报》，1937年10月17日。

⑤ 广东省立中山图书馆编纂：《民国广东大事记》，567、568页，羊城晚报出版社2002年。

⑥ 《越华报》，1937年11月13日。

该社曾开办过救亡运动干部培训班，培训干部2 000余人。①

广东文化界救亡协会于12月4日成立（1938年2月改称为广东文化界抗敌协会），到会文化界人士1 800余人，成员团体有20多个，会址设在省民教馆。国民党省党部负责人之一谌小岑担任主席，选出龙世雄、钟天心、罗海沙、欧阳山、蒲风、吴康、虞焕章（杨康华）、李伯球等共产党人和进步人士共33人为理事。随后广东戏剧协会等也相继成立。②

（三）广东省党政军联席会议的成立及其重要活动

1937年11月上旬，省当局奉中央训令，组织本省党政军联席会议。③ 24日，该会议开始工作，主席余汉谋、副主席吴铁城，省党部特派员钟天心任宣传部主任。此会为非常时期广东最高机关。④ 1938年3月中旬，国民党中央又指示将省联席会议改组为广东省动员委员会，指定余汉谋担任主任委员。⑤ 自1937年11月后，国民党省党部的主要活动已融入此联席会议及后改名的动员委员会的活动中，单独组织的活动就大大减少了。

1937年12月7日，省、市党部发表《告民众书》，策动民众救国。⑥ 12日，广东省青年群文化研究社（简称为"青年群"）成立。社长是国民党省党部特派员余俊贤。10位理事中，

---

① 广东省立中山图书馆编纂：《民国广东大事记》，569页，羊城晚报出版社2002年。
② 广东省立中山图书馆编纂：《民国广东大事记》，570页，羊城晚报出版社2002年。
③④ 《越华报》，1937年11月10日、25日。
⑤ 《中山日报》，1938年3月20日。
⑥ 《中山日报》，1937年12月8日。

8位是中共党员。30日，广州学生抗敌联合会成立，广州市党部书记长陈宗周任理事长，理事会由27所大中学校的代表组成。①

1938年2月28日，省、市党部举行纪念周，由黄范一讲演《怎样保卫大广东》。② 3月16日，省党部成立青年救国先锋队，总队长褟光中。③ 4月26日，省、市党部派代表北上劳军并发表《告第四路军前方将士书》。④ 6月，广州市党部举办工会工作人员训练班，内容为宣传抗战、教唱歌、识字、讲国内外时事等。为纪念"七七"抗战节，广东省党部发表《告民众书》、《告同志书》。⑤

8月下旬，广州市党部设战时工人教育队，加紧民众动员抗敌工作。⑥ 各县、市党部征求党员，并办理党员总报到。⑦ 省党部还组织渔民运动工作队，担任组织及训练沿海渔民工作，以海丰、惠阳、中山为试办区。⑧

广东国民党当局发布《广东省开放民众运动的决议案》，接着又公布了《广东省民众武装五项保证》。9月下旬，广州市国民党党部决定扩大工人运动宣传。⑨

至9月份，全省各地国民党党报、直属党报共60余家，新闻宣传网遍布全省。⑩ 10月中旬，广州市国民党党部举行扩大保卫华南宣传。⑪ 10月16日，国民党中央执委会发表

---

① 广东省立中山图书馆编纂：《民国广东大事记》，573页，羊城晚报出版社2002年。

② 《中山日报》，1938年3月1日。

③④ 《越华报》，1937年11月13日，1938年4月27日。

⑤⑥⑦⑧⑨ 《中山日报》，1938年7月7日，8月27、28日，9月23日。

⑩ 广东省政府广东年鉴编纂委员会编：《广东年鉴》，广东省政府秘书处编译室1941年。

⑪ 《国民报》，1938年10月16日。

《告广东全省党员书》，说民气之勇，广东甲于全国，要求广东党员追踪数十年来光荣革命之史迹，全体一致，剑及履及，同时奋起，发动民众组织，协助军事工作。①

广州沦陷后，1939年6月15日，国民党广东省党部致电国民党中央和国民政府，拥护通缉公开投敌叛国的大汉奸汪精卫。②

（四）广东国民党抗战时期的两面性

国民党在抗战时期具有两面性，即既有爱国抗日的一面，又有排斥、打击共产党，限制和统制工农及其他群众的一面。

如1938年1月11日，由国民党中央宣传部管理的、实为广东省党部机关报的《中山日报》发表了伍重光的《建立统一的三民主义的思想武器》一文，大骂"共产党徒"是"国内的敌人"、"'左'倾幼稚病的匪徒们"，诬蔑中共"收买群众"，"离间民族团结"，要将中共排斥出抗战阵营。随后又在该报刊出了几期《民族统一战线理论建设》专刊，著文大骂国民党内的"变节者"，说他们随声附和共产党，并大肆鼓吹"一个政府，一个领袖，一个主义"。中共党员虞焕章（杨康华）、李仲才、龙世雄等撰文予以反击。后来中共南方工委党刊《大路》发表文章，主张团结大多数。1月底论战停止。③

---

①② 广东省立中山图书馆编纂：《民国广东大事记》，607页、624页，羊城晚报出版社2002年。

③ 《中山日报》，1938年1月11日；广东省立中山图书馆编纂：《民国广东大事记》，576页，羊城晚报出版社2002年。

为了限制工人的进步活动，广州市国民党党部下令印刷工会以后不准召开全体工厂组长会议，并派国民党省党部民运科干事到该会监视工人活动；又收买工会理、监事，每月发给津贴，通过他们控制工人。① 4月，广东省党部成立秘密的3人防止共产党活动的委员会。广东省、广州市党部派工作人员到各群众团体考察，进行特务活动。② 6月5日，国民党广州市党部和警察局以及特务机关派军警武装人员和便衣队100多人，分批围搜广州大小书店，没收进步书刊。③ 9月某日，广州市的国民党顽固派在报上大做反共文章，但该报主笔遭到该报工人的批驳。④

9月4日，国民党当局封闭《新华日报》广州分馆，后经廖承志的公开揭露和中共的交涉及工人们的坚决反对而迫使国民党当局取消决定。⑤

广州及珠江三角洲其他地区失守后，国民党省党部及各县、市党部则加强国民党掌握和控制的民众武装的组织训练工作，以维护自己一党专政的统治。

---

① 唐章：《广州市工运报告》（1941年下半年），中华全国总工会中国工运史研究室资料40221卷。

② 《张文彬关于广东工作的综合报告》，见中央档案馆、广东省档案馆编：《广东革命历史文件汇集》，甲36卷，301页，1987年印行。

③ 《广州大事记》，广州市地方志编纂委员会编：《广州市志》，卷一，240页，广州出版社1999年。

④ 唐章：《抗战时期我党在广州印刷工人和其他产业工人中的一些活动情况》，载中共广州市委党史研究室：《广州党史资料》，1982年第10期。

⑤ 《张文彬关于广东工作的综合报告》之二，载中共广州市委党史研究委员会办公室编印：《广东青年工作报告》（1941年1月17日），省档108号卷；唐章：《抗战初期我党在广州印刷工人和其他产业工人中的一些活动情况》，载中共广州市委党史研究室：《广州党史资料》，1982年第10期。

广州刚失守，1938年10月22日，国民党中央派吴铁城任广东省党部主任委员，曾养甫为广州特别市党部主任委员。[①] 11月中旬，国民党省党部迁云浮办公[②]，旋奉命改制，由省特派员制改为主任委员制，各县市党部特派员制亦随之改为书记长制。县书记长领导全县党务，为党部委员会议主席，对会议决议有提出复议之权。[③] 省党部后又迁连县三江镇办公。12月初，省党部颁布非常时期党员信约，由所属党部严切执行。省党部改主委制。

1939年1月，国民党的五届五中全会进一步确定以"军事限共为主，政治限共为辅"的方针。

3月30日，新一届国民党省党部在韶关宣誓就职，主任委员李汉魂，执委余汉谋、丘誉、余森文（兼书记长）、高信、黄麟书、伍智梅、蔡劲军、姚伯龙、孙甄陶、缪培基、邹洪等。[④]

1939年4月，国民党中央秘密颁布《限制异党活动办法》。[⑤] 5月，国民党五届五中全会的反共方针开始在广东得到贯彻，在第十二集团军和第四战区各部队司令部、政治部中的中共党员、进步青年开始受到打击排挤。各种抗日团体也受到限制和刁难。[⑥]

1939年冬至1940年春，国民党顽固派掀起了第一次反共高潮。1939年冬，广东的国民党顽固派势力，贯彻国民党

---

①②③ 广东省立中山图书馆编纂：《民国广东大事记》，608页、612页，羊城晚报出版社2002年。

④⑤⑥ 广东省立中山图书馆编纂：《民国广东大事记》，619页、621页、623页，羊城晚报出版社2002年。

中央的反共指示，限制和打击抗日群众团体，逮捕、杀害共产党员和抗日分子。① 据当时的中共广东组织负责人张文彬报告说："总计一年来，被捕中共党员与干部连琼崖在内共约16名（释放4名），被暗杀中共党员与干部共4名，被解散群众团体约7个，合计会员群众约在2万人以上，被封报馆1个，杂志3个，被围缴的民众抗日武装中山一队，200人。"② 在此前后，广东国民党顽固派强行解散广东各地华侨、港澳同胞回国服务团，又强行解散"抗先"、南路学生总队和潮梅的"青抗"等抗日救亡团体，全省大多数的群众救亡团体陆续被解散。③

1941年1月，国民党顽固派制造"皖南事变"，在全国掀起第二次反共高潮。中共广东省委机关刊物《新南方》于当年4—5月间被国民党广东当局封闭。6月，反共顽固派制造"廖锦涛事件"，逮捕澳门"四界"救灾会回乡服务团团长、第十二集团军政工总队中共总支书记廖锦涛，将廖迫害致死。1942年5—6月间发生"南委、粤北省委事件"，李大林、饶卫华、廖承志、张文彬、涂振农等先后被捕。张文彬于1944年8月牺牲于江西泰和狱中。④

---

① 中共广东省委组织部等合编：《中国共产党广东省组织史资料》，上册，264页，中共党史出版社1994年。

② 《张文彬关于广东工作报告》（1940年4月23日），见中央档案馆、广东省档案馆编：《广东革命历史文件汇集》，甲37卷，162页，1987年印行。

③ 广东青运史研究委员会办公室编：《广东青运史》，51页，1985年第4期。

④ 详见中共广东省委党史研究室著：《中国共产党广东地方史》，第1卷，498~500页，广东人民出版社1999年。

(五) 广东战时党政委员会成立及其重要活动

1939年4月,吴铁城奉准辞主任委员职(吴铁城已于1938年12月被免去省主席职),国民党中央当局改派李汉魂接任(李汉魂于1939年1月正式接任省政府主席职)。4月1日,李汉魂正式接任省党部主任委员职,书记长为余森文(同年10月奉调浙江)。省党部从连县随省政府同时迁移韶关。① 4月6日,广东战时党政委员会成立,张发奎为主任委员。②

6月底,国民党中央秘密颁发《共党问题处置办法》。③ 7月3日,国民党中央制定《组织民众肃奸网及办理联保连坐切结办法》。④ 9月,国民政府公布《县各级组织纲要》,规定实行"以党透政"、"党政层级完全配合"的新县制,规定必须由国民党员担任县长、乡镇保甲长及同级国民兵队长和中心学校校长,并强化保甲组织。10月14日,新任省党部委员袁晴晖兼代书记长职。⑤ 12月,国民党撤销了国共合作的"琼崖党政督导处",取消了"琼崖独立总队"的番号,进行反共分裂活动。⑥

---

① 《广东省政府公报》,第416~440期合刊,1939年6月1日。
② 梅嘉、求实编:《抗日战争时期的广东战场大事记》,见广东省政协文史资料研究委员会编:《广东文史资料》,第50辑,广东人民出版社1987年。
③④ 广东省立中山图书馆编纂:《民国广东大事记》,624页、625页、628页,羊城晚报出版社2002年。
⑤ 《中山日报》,1939年10月16日。
⑥ 广东省立中山图书馆编纂:《民国广东大事记》,635页,羊城晚报出版社2002年。

1940年3月,国民党将抗日运动团体统一于动员委员会和抗敌后援会后,遂下令解散广东青年抗日先锋队、岭东青年抗敌同志会、南路青年抗日同志会、南路学生总队等。同年春,国民党广东省党部改组,执委有李汉魂(主任委员)、袁晴晖(书记长)、郑丰、余森文、高信、李伯鸣、李伟光、胡文灿、冼家锐、陈协中、曾集熙、余建中等12人。省党部决定大量发展党员。党务督导区增至9个,所有机关、团体、学校都成立了党部。

此外还成立了省文化运动、民众运动、妇女运动3个委员会。出版的刊物有《中山日报》、《民国日报》、《党员通讯旬刊》、《民族文化月刊》、《党务周报》、《文化新闻》、《广东党务月刊》、《大众生活半月刊》、《广东民众半月刊》等,还开办了中国文化服务社。[①]

5月11日,国民党中央嘉奖广东省党部民运工作"优良"[②],然而,省党部却"优良"地压制民运。5月,国民党解散了东江华侨回国服务团(简称"东团"),逮捕其总部留守人员10人,又下令通缉该团团长叶锋,逮捕该团惠阳队曾文等20人。在此前后,大多数抗日救亡团体及华侨、港澳同胞回国回乡服务团也被解散。[③] 6月4日,袁晴晖正式接任省党部书记长。[④] 1941年2月20日,国民党省党部

[①][②] 广东省立中山图书馆编纂:《民国广东大事记》,641页、642页、644页,羊城晚报出版社2002年。

[③] 广东省立中山图书馆编纂:《民国广东大事记》,647页,羊城晚报出版社2002年。

[④] 《广东省政府公报》,第471期,1940年6月8日。

令军警查封了出售进步书刊的曲江生活书店、岭南书店和光明书店，并责令《新华南》（当时以抗战统战面目出现的广东共产党领导的刊物）、《青年知识》停刊。① 3月1日，省党部在韶关成立了民众动员委员会，选出常务委员余建中，专任委员冯镐、林爱民。②

1942年10月14日，国民党中央党、政、团等共10多个单位成立"防谍肃奸宣传委员会"。这些单位又分别通知各省县市相应的下属组织如省党部、三青团支团部和省县市政府等，要他们组织相应的防谍除奸机构。③

1943年3月2日，国民党粤省党部成立政治研究会，分为民政、财政、教育、建设4个部，以协助国民党政治的推行。④1944年3月，李汉魂奉准辞省党部主任委员职（仍任省府主席等职）。国民党中央于3月11日委派其中央执行委员方觉慧任粤党部主任委员，王叔陶任党部书记长。⑤ 方于3月20日到韶关，4月1日接任视事。

1945年1月，日军侵入曲江，省党部与省政府东迁平远县大柘。8月，方觉慧奉准辞职，国民党中央改派其中央执行委员余俊贤于8月6日接任省党部主任委员视事。不久抗战胜利，省党部于9月12日从大柘迁回广州办公。⑥

---

①②③④ 广东省立中山图书馆编纂：《民国广东大事记》，662页、663页、702页，羊城晚报出版社2002年。

⑤ 广东省立中山图书馆编纂：《民国广东大事记》，735页，羊城晚报出版社2002年。

⑥ 余俊贤：《中国国民党广东省党部工作总报告》（1937—1946年），中国国民党广东省执行委员会秘书处编，1946年印，存广东省档案馆党团类新卷68；广东省立中山图书馆编纂：《民国广东大事记》，771页，羊城晚报出版社2002年。

三、国民党统制下的广东社团组织及其重要活动

（一）广东民众抗日救亡团体的发展

广东为中国民主革命的策源地，群众团体一向较为发达，抗战前已有2 690个。全面抗战开展后，广东同胞更是同仇敌忾，共赴国难。为发动民众参加抗战，也为与共产党争夺群众，国民党广东当局一面指导广州各大民众团体内迁，一面督饬各县、市加紧控制、健全及发展民众团体组织，这样民众团体较战前略增。①

"七七"事变爆发后，广东知识青年抗日救亡团体涌现，其原因，既有中共广东组织运用抗日民族统一战线政策，积极推动青年学生运动从秘密走向公开的因素，也有国民党当局在亡国灭种灭党的生死存亡关头，不得不开放民众运动，但因为不同政治势力各树旗帜，以争夺群众，形成群众团体复杂，各行其是的状况。

（二）广东国民党内部矛盾对民众团体的影响

1936年7月，国民党中央势力赶走以陈济棠为首的地方势力，进入广东，但与余汉谋为首的新的广东地方势力存在矛盾。全国抗战爆发后，抗日救亡运动高涨，广东国民党当局感到不能逆形势而行，也开始注意领导民众运动。

其时，在广东，掌握民众运动领导权的，主要是国民党省、市党部的C.C.派，负责人是省党部主任余俊贤、书记

---

① 广东省政府编译室编：《战时粤政》，广东省政府编译室1945年印。

长谌小岑、广州市党部书记长陈宗周；此外，省政府主席吴铁城，接近孙科的省党部特派员钟天心，地方实力派军人余汉谋的亲信李煦寰，都各自建立自己控制下的青年群众组织。形成了陈宗周控制的学抗会，余俊贤筹办的青年群社，谌小岑组建的救亡呼声社分立的局面。各派政治势力出于其政治利益的考虑，工作方法各有不同，彼此之间也有矛盾。有的力图通过组织群众团体，包办、限制群众运动；有的则主张积极领导，从而树立在群众中的领导权。"对抗战的态度，地方军人实力派余汉谋是坚决主张抗日的；省政府吴铁城是动摇的；孙科、钟天心比较开明。C.C.系为了抗衡地方势力，争取群众基础，巩固他们在民众运动方面的领导权，在建立青运组织上，比较地方势力更加放手去干。"[①]由于上述原因，一些主要的青年团体政治背景各有不同，有派系矛盾，因国民党当局未能组成全市、全省统一的青年组织，难以形成统一的步调。[②]

"七七"事变后不久，国民党当局于7月19日组织了广东民众御侮救亡会（后改名为广东省各界抗敌后援会），各县、市设分会，办有《御侮救亡周刊》，并通电拥护蒋介石17日的演说，提出信任主义、服从领袖、牺牲个人利益三点要求。广东省、广州市党部，广州市商会整理委员会，广州市学校教职员联合会，青年救亡同志会等也发出类似通电。

---

  ① 吴华：《抗战初期广东青年运动的回忆》，见《抗先研究》，180页，广东人民出版社1989年。

  ② 广州青年运动史研究委员会编：《广州学生运动史》，206~207页，华南理工大学出版社2002年。

25日，广州市15万民众举行御侮救亡示威大游行。①

（三）中共南临委发动其领导的组织参加抗日救亡团体

8月初，中共南方临时工作委员会对辖下的广州等地组织提出了发动所有组织参加广东民众御侮救亡会、支持余汉谋（国民革命军第四路军总司令）、香翰屏（副总司令）发表的抗日主张，与民众联合、组织各种抗日救国团体等10项部署。②其总的精神是，把全广东的民众组织起来投身抗战。

广东各界民众代表于11月1日在省民教馆开会，国民党中央侨委会委员长周启刚到会。广东省民众御侮救亡会奉令结束，另成立了广州市民众御侮救亡会，选出委员99人，以蔡昌、伍智梅、金曾澄等9人为常务委员。③

12月20日，广东各界12万人在中山纪念堂广场集合，多个工会整理委员会或抗敌后援会及学生抗敌后援会等国共领导的群众社团均参加。省党部特派员罗伟疆任主席，市长曾养甫发表了讲话。大会发表了《为抗战自卫告全国民众书》、《告全省民众书》，通过了拥护中央长期抗战等决议。会后举行市民自卫运动大巡行。④

上述组织是广东以国共合作为主体的抗日民族统一战线

---

① 广东省立中山图书馆编纂：《民国广东大事记》，556页，羊城晚报出版社2002年。

② 《中共南方工作委员会给中央的报告》（1937年9月1日），广东省档案馆藏。

③④ 广东省立中山图书馆编纂：《民国广东大事记》，567页、572页，羊城晚报出版社2002年。

的组织，公开的领导者是广东国民党的当权者，但许多共产党人和进步人士负责重要的实际工作（当时为广东国共合作的黄金时期），作为发动广东民众抗日救国之总枢纽。各县市均成立分会。各组织对组训民众、募捐慰劳、打击汉奸、宣传抗战理论等，均有重大贡献。

3月20日报道：广东省党政军联席会议改组为广东省动员委员会。主任委员余汉谋，委员有吴铁城、曾养甫、香翰屏、李煦寰、许崇清、余俊贤、钟天心等16人，秘书长兼委员欧阳驹。[①] 广东各抗日群众社团市在其统制下开展抗日救亡活动。

3月29日为广州黄花岗起义纪念日，广东各界在中山纪念堂召开纪念革命先烈及全国阵亡将士、死难同胞大会，由吴铁城主持。会后又去黄花岗七十二烈士陵园公祭先烈及阵亡死难军民，还有宣传队做街头演说并演出街头剧，晚上举行火炬游行。[②] 28—30日还公演集体创作的《黄花岗》一剧。

4月9日，广州市民众抗敌后援会同多个社会团体先后发表声明，声讨南北两伪政府及温宗尧、陈锦涛两名广东籍（在外地）汉奸。

10日，在中山纪念堂前举行"拥护两总裁（蒋介石、汪精卫——当时还未公开投敌）、临全大会宣言、抗战建国纲领及台儿庄祝捷大会"，到会10万人，吴铁城主持大会，余汉谋讲话。大会通过拥护总裁电、慰问李宗仁及前方将士

①② 广东省立中山图书馆编纂：《民国广东大事记》，583页，羊城晚报出版社2002年。

电。晚上30万人提灯巡行。①

国际反侵略运动大会广东总支会于4月下旬成立，它是由广州国际协会改组而成立的，选出钟天心（秘书长）、余俊贤、左恭、尚仲衣、李煦寰等11人为常务理事。②

5月24—30日，汕头举办"保卫潮汕运动宣传周"③，动员潮汕民众做好保卫潮汕的准备。

（四）国际上对广东抗日的支持

1938年2月12—13日，国际反侵略运动大会在英国伦敦召开，有来自22个国家的800多名代表出席。中国顾维钧（代表宋庆龄）、蔡元培等19人参加。13日，1 000多人在省民众教育馆召开响应国际反侵略运动大会，晚上有2 000多人举行火炬游行。广州还开了反侵略展览会。23日，汕头市数万群众在中山公园举行声援国际反侵略大会，由市长黄炳勋主持。24日，广州市抗敌后援会等20多社团组成了慰劳伤兵委员会。3月19日，汕头各社团开展肃清仇货运动。④

广州市抗敌后援会于6月2日致电各国际团体，请其鼎力制裁日军暴行。⑤ 由于广东各民众团体和知名人士不断揭

---

① 广东省立中山图书馆编纂：《民国广东大事记》，585页，羊城晚报出版社2002年。

② 广东省立中山图书馆编纂：《民国广东大事记》，587页，羊城晚报出版社2002年。

③ 广东省立中山图书馆编纂：《民国广东大事记》，590页，羊城晚报出版社2002年。

④ 广东省立中山图书馆编纂：《民国广东大事记》，580页、582页，羊城晚报出版社2002年。

⑤ 广东省立中山图书馆编纂：《民国广东大事记》，591页，羊城晚报出版社2002年。

露日军暴行和呼吁各国际组织和人士制裁日军暴行，各国主持正义的组织和人士纷纷响应。如6日，法国驻日大使亨利就日机轰炸广州事，向日本政府提出抗议；9日，美国政府以岭南大学被炸，而该校属美国教会财产，特向日本政府提出抗议；10日，法国议员118人组织"援助中国委员会"，抗议日军轰炸广州暴行，并呼吁各国政府制止此类暴行；11日，美国总统罗斯福说："自日机大肆轰炸广州后，美政府已设法制止美国飞机售日。"① 20日，英国民众举行反日示威游行，美国记者会决议抵制日货。21日，国际反侵略总会讨论援华案。②

7月5日，国际反侵略运动大会抗议日本轰炸广州及不设防城市，呼吁世界舆论一致谴责，并吁请各国政府一致向日本提出抗议。③

7月7日，"七七"事变一周年，广东各界纪念抗战建国节日及追悼抗战阵亡将士、死难同胞大会在广州举行，到会万余人。会前在长堤海珠公园旧址为抗日阵亡将士纪念碑举行奠基礼，然后开会。大会由余汉谋主持，吴铁城、曾养甫、邹鲁发表讲话，通过了致国民政府及前方将士慰问电。会后又向余汉谋、吴铁城、曾养甫献旗献剑。全市人民中午12时默哀3分钟，军民全天素食，节约款捐作慰劳金。繁华

---

① 广东省立中山图书馆编纂：《民国广东大事记》，591页，羊城晚报出版社2002年。
② 《抗战周年纪念特辑》，（中央）军事委员会印行，1938年。
③ 广东省立中山图书馆编纂：《民国广东大事记》，594页，羊城晚报出版社2002年。

街口设祭坛,供民众公祭,还派员慰问伤兵。文艺团体化装巡行,云广英、郭沫若、夏衍等也参加了巡行,群众还呼喊了"保卫华南、保卫广东、保卫广州"的口号。各县、市也召开了类似的纪念会。①

国际反轰炸不设防城市大会于7月23日在巴黎召开。7月23日,国际反轰炸不设防城市大会在巴黎召开。广东各界代表也开会响应,会议由市党部特派员黄文山主持,姜君辰演说。会议电慰空军将士及蒋介石。同日,广东文学会致电法国文学界表示支持反轰炸大会;广九铁路员工也致电巴黎大会,揭露日军暴行。同日,国际反侵略运动广东支会致电国际友人,揭露日军暴行。②

8月9日,广州10万名青年致书世界青年和平代表大会(8月15日在纽约召开),要求各国制止日军侵略、拒用日货、不供给日本军需品、抗议日军暴行及援助中国抗战。③

8月15—23日,华侨抗敌动员总会第二次代表大会在广州开幕,有南洋各地华侨代表120人,来宾上千人参加,由李煦寰主持,余汉谋、宋庆龄、曾养甫均出席,吴铁城代表蒋介石致词,随即由华侨代表向余、吴、曾献旗。大会选举宋庆龄、林森、蒋介石、汪精卫等人为名誉会长,吴铁城、李煦寰分别为正、副会长,通过动员华侨抗战决议案30多

---

①② 广东省立中山图书馆编纂:《民国广东大事记》,595页、596页,羊城晚报出版社2002年。

③ 广东省立中山图书馆编纂:《民国广东大事记》,597页,羊城晚报出版社2002年。

件。宋庆龄为此发表了文章。大会闭幕后,还派出代表25人于25—28日去三灶岛慰问抗敌军民。①

(五) 国民党省党部统掌民众团体组训权

广州沦陷后,10月14日,省动员委员会改组为省民众动员委员会,以李煦寰为主任,钟天心为秘书长,左恭、谌小岑、蔡劲军等为委员。民众社团均统一由该委员会领导。②

广东国民党组织为了统制本省各抗日民众团体,特设本省特有的上述民众动员委员会。其任务是网罗全省工商等各界名流,共同参加国民党的民运工作。该会设常务委员7人,以驻会常委1人执行职务,下设总干事1人,组长3人,分掌调查、统计、组训、宣传及总务事项,干事5人,助理干事2人,另设专任委员1人。

由于广州沦陷后一段时间内广东政局变化很大,该会陷于解体之境地,至1940年经国民党中央批准恢复建制。国民党省党部实际上握有民众团体组训之权。

国民党广东省党部建立民运小组以代替党团活动。1940年后,设立曲江工运小组、农运小组、商运小组等。小组组员以各工会、农会、商会中重要的忠诚于国民党的人担任,人数在20人以下,组织严密。1940年5月11日,国民党中央嘉奖广东省党部民运工作优良。③ 1941年,民运小组解

---

① 广东省立中山图书馆编纂:《民国广东大事记》,602页、603页,羊城晚报出版社2002年。
② 广东省立中山图书馆编纂:《民国广东大事记》,607页,羊城晚报出版社2002年。
③ 广东省立中山图书馆编纂:《民国广东大事记》,644页,羊城晚报出版社2002年。

散,另以团体为对象,组织党团。1941年3月,省党部在韶关成立了省民众运动委员会,选出常务委员余建中,专任委员冯镐、林爱民。①

国民党广东省党部认识到抗战时期民众训练十分重要,故省民众运动委员会向来均督促各县市党部认真办理。1940年,选拔农会、商会、工会等骨干,送入中央训练团社工班训练,以培植高级干部,并在省干训团附近设社工班,调训各社团骨干分子或书记,贯彻国民党党义,并注意实际工作技术之改造。又设立民运俱乐部,加强人事联络。

(六)民众团体工作由党部移归同级政府主管,省社会处执行国民党的意志

自1942年1月社会部从国民党中央改隶行政院后,社会行政由党部转移到同级政府,国民党人民团体组训工作即移归同级政府主管,民众运动委员会由行政上公开之领导转移到核心小组之领导,故组织亦略有变更。开始在人民团体中组织党团,即国民党的民运工作仍以党团方式办理,借以透过人民团体机构,执行国民党的意志。中央设置党团指导委员会,省民运委员会业务受其指导。同年,因民运干部缺乏,省党部民众运动委员会即配合省社会处办理人民团体之组训工作,尤其注意于农工及渔民之组训工作。先后在省干训团举办社工班两班,调训各级团体理监事100余人。

1942年1月,广东省政府成立社会处,依照中央社会部

---

① 广东省立中山图书馆编纂:《民国广东大事记》,663页,羊城晚报出版社2002年。

指示工作方针,特以民众组训为中心工作,接管省党部人民团体组织许可事项,派出民运工作指导员10人分区督导省县级人民团体,派遣省县(市)级职业团体书记共91人,通饬各县(市)局举办人民团体总登记。施行以来,团体及会员逐年增加。省级团体组织,经省府社会处派员督导先后组织成立的,有省商联会、省农会、省渔民联合会、省教育会等等;在筹组中的有省邮务工会、省妇女会、省建筑业工会等等。社会处派遣重要工商团体书记41人,划定始兴等6县市分别为农会、工会、商会等示范县份。履行总登记的县份有韶关、台山等58县(市)。1942年登记团体2 238个,会员19.3万余人,1944年登记团体2 764个,会员25万余人。

省府社会处依照中央社会部颁发的训练纲要,办理各级人民团体会员训练,共训练社政人员3期共150名。各人民团体办理会员职员的训练,共3 584人。

1945年初,韶关失守,战地动员委员会人员疏散东江。当时共产党积极开展活动,国民党当局特分区指挥"民众团队",以从事"剿共"工作,由各委员率领分赴前线,担任情报联络,指挥潜伏在各小学校及乡公所等处之"细胞"(按:实为特务),并担任团队之组训工作等。①

---

① 广东省立中山图书馆编纂:《民国广东大事记》,607页、643页、644页,羊城晚报出版社2002年;《战时粤政》,广东省政府编译室1945年印。

四、国民党统制下的广东工人运动

(一) 广东工人积极支持抗日

"七七"卢沟桥事变发生刚过5天,即1937年7月12日,远在广州的广东八和戏剧工会就在广州海珠戏院义演粤剧筹款劳军,13日又通电宋哲元军长慰勉第二十九军抗日将士。16日,粤汉铁路员工慰劳守土将士办事处成立,决定全路员工捐薪1日,以慰劳前方将士,并致电慰勉宋哲元军长。

广东各工会、大中学校和各界人民团体代表200人于17日在广州的省党部召开"广东各界民众御侮救亡大会",余俊贤主持。会上推出41个团体筹备成立"广东民众御侮救亡会",以省、市党部为正、副主任单位。大会通电全国称:"百粤民众誓以热血同赴艰危。"又致电前方将士称:"百粤民众誓为后盾",并请中央抗战及慰劳在卢沟桥抗战的第二十九军。广东各界民众御侮救亡会于19日成立,中共党员参加了该会的工作。各县也随之成立了御侮救亡分会(后改称为抗敌后援会)。①

广东各行业工人纷纷行动起来。7月中旬,广州旅业工人捐资救国。② 23日,汕头舢板公会(含工与商)拒卸日货,各县、市及广州船民随后响应并效仿。③ 广州民船工会

---

① 以上参见广东省立中山图书馆编纂:《民国广东大事记》,554页、555页,羊城晚报出版社2002年。
② 《国华报》,1937年7月17日。
③ 《国华报》,1937年7月24日;广东省立中山图书馆编纂:《民国广东大事记》,556页,羊城晚报出版社2002年。

轮渡部全体万余会员决议,从7月26日起一致开始拒载日货,并组织航海救护队。广东海员等各业工人亦议定每月捐薪1日,输财助军。①

7月底,广东省河(按:即珠江)民船船员工会发表拒载仇货宣言。②设在广州的全国海员工会发起全体工友捐资救国。③8月初,日商行华工总部人员决定辞职。④广东海员工会组织御侮救亡团。广州全市店员参加御侮救亡。机器工会组织敢死队。广州工商救亡团纷纷成立。广州、江门等船户工人一致拒运卸日货。⑤中旬,广州手车工会发表《告工友书》,呼吁工友誓不载日人、日货。广州茶居工会救亡工作团成立。广州车业表示不得受雇于日本人,开展训练救护,编组战时交通运输队。⑥

随着抗日斗争形势的不断发展,9月中旬,本省工会组织随军服务团,分期训练团员⑦,以便更直接地参加抗日战争。当日军在大亚湾登陆并向广州进逼的时候,广州劳工进行宣誓动员,有的协助警察维持社会治安,有的协助组织市民疏散。⑧

---

① 《国华报》,1937年7月28日;广州市地方志编纂委员会编:《广州市志》,卷一,234页,广州出版社1999年;广东省立中山图书馆编纂:《民国广东大事记》,556页,羊城晚报出版社2002年。

② 《国华报》,1937年7月30日。

③④ 《中山日报》,1937年8月1日、3日。

⑤ 《国华报》,1937年8月8日;广州市地方志编纂委员会编:《广州市志》,卷一,234页,广州出版社1999年。

⑥ 《国华报》,1937年8月14日、15日。

⑦ 《中山日报》,1938年9月11日。

⑧ 《广州日报》,1938年10月20日。

从"七七"事变至广州沦陷前,在广州的全省性的工会组织有机器工会、轮渡工会、邮务工会、榨油业工会、印刷工会、铁路工会以及劳工训练班班友会,筹建中的有码头苦力工会、手车工会。其中,为中共所领导的有榨油业工会、印刷工会。在劳工训练班班友会中已建立起共产党组织。在轮渡工会中,共产党有相当的领导力量。邮务工会、洋务工会、戏院工会、染布业工会、海员工会以及其他青年工人、学徒的组织有19个,均受共产党组织领导。

各县开始组织汽车工会与手工业工会,大多以工人夜校或工人剧社的方式团结教育工人。这在中山、东莞、阳江、合浦等县均有相当成绩。①

由于国民党当局没有组织武装保卫广州的战斗,使广州很快落入敌手。随着广州的沦陷,大部分劳工亦陆续撤离广州。年轻力壮的,有的参军,有的参加政工队,协助部队开展战地宣传服务工作。大部分工人回原籍,或在此之前随工厂转移到香港(仅广州迁港的工厂就约有20家,有机械、五金、纺织、玻璃等厂)、澳门等地。更多的工人陆续或随迁工厂,或自行转移辗转到达粤北大后方去。②

广州及珠江三角洲其他地区相继沦陷后,工人们因国破家亡,离乡别井,失业流亡。他们一面寻找工作,以便养家糊口;一面继续奔走呼号,努力救亡。

1939年韶关工会组织的情况是:广州沦陷后,由于有些工厂迁到韶关或新开办,使韶关工人增1倍以上,约为3万

---

① 见中华全国总工会中国工人运动史研究室资料40221卷。
② 《申报》,1939年3月20日。

人，其中产业部门的包括铁路、汽车、煤厂、机器、海运、印刷等有七八千人，非产业部门的包括缝纫、酒楼茶室、旅业、理发、运输、手车夫等2万多人。抗战前，韶关只有民船工会、粤汉铁路工会。1939年组织起来的工会有印刷工会、机器工会、旅业工会、酒楼茶室工会等。①

当时广东省工会除省机器修造职业工会联合会（机器工会）及其各级支分会之组织外，并筹组省邮务工会、省建筑业职业工会。县工会成立9个。各职业工会已成立者有252个。另有许多计划由于韶关沦陷而未能完成。②

（二）省劳工统制委员会成立及其重要活动

广东省劳工统制委员会于9月14日成立。③ 当日，全省工界团体组织工界劝募公债会，以每人捐薪1天购公债为原则。④ 23日，广东劳工统制会决定实施工人军训，由香翰屏兼任训练主任。⑤ 10月1日，广东省机器总工会发表《告全世界工友书》，揭露日军罪行，称中日工友利害相同，全世界工友应共同抗日，保卫和平，并电请世界工友援助我国。⑥中旬，广州市劳工加紧训练。全市已有工会257个，入会工友10.4万余人。⑦ 21日，工人开始战时训练。⑧ 24日，广东

---

① 以上均见中华全国总工会中国工人运动史研究室资料40221卷。
② 广东省政府编译室编：《战时粤政》，27页，广东省政府编译室1945年印。
③④ 《国华报》，1937年9月14日。
⑤ 《中山日报》，1937年9月23日。
⑥ 《国华报》，1937年10月11日；广东省立中山图书馆编纂：《民国广东大事记》，563页，羊城晚报出版社2002年。
⑦⑧ 《中山日报》，1937年10月20日、22日。

省河民船工会、广州邮务工会吁请世界工团制裁日本。① 一连几日,各工会或工会整理委员会致电中央实业部,要求制裁日本。② 11月1日,粤汉铁路广东段工人和广九铁路工人联合组成广州铁路工人抗敌后援会,筹募各种物资支援前方。③ 12月初,海员抗敌后援会通告员工,务请长期捐输抗日。④ 下旬,蒋介石奖励广大铁路员工,铁路工人将奖金拨购棉衣赠前方将士。⑤ 20日,广东各界12万人在中山纪念堂广场集合举行大会,多个工会整理委员会或抗敌后援会及学生抗敌后援会均参加。大会发表了《为抗战自卫告全国民众书》、《告全省民众书》,通过了拥护中央长期抗战等决议案。会后举行市民自卫运动大巡行。⑥ 31日,广州辗谷米业工会成立,通电拥护抗战到底。⑦

(三)广东国民党当局对工运采取一些开明政策

全国抗战爆发后,由于民族矛盾上升为主要矛盾,阶级矛盾下降为次要矛盾,大敌当前,国民党当局也采取了一些较之前开明开放的政策。1937年底至1938年初,广东各地工会组织陆续恢复。广州各行业工会如轮渡、邮务、榨油、印刷、铁路、码头、苦力、草席、沽票员等工会先后恢复成

---

① 《国华报》,1937年10月25日、26日。
② 广东省立中山图书馆编纂:《民国广东大事记》,566页,羊城晚报出版社2002年。
③ 广州市地方志编纂委员会编:《广州市志》,卷一,236页,广州出版社1999年。
④⑤ 《中山日报》,1937年12月2日、29日。
⑥ 广东省立中山图书馆编纂:《民国广东大事记》,572页,羊城晚报出版社2002年。
⑦ 《中山日报》,1938年1月2日。

立，积极投身抗日救亡工作。由于资方克扣榨油工人参加抗日游行的工钱，1 000余工人到国民党市党部请愿，取得了胜利。①

1938年1月10日，汕头工会联合会办事处在汕头升平戏院成立，到会3 000余人，并举行抗敌联合总宣誓，通电拥护蒋介石委员长抗战的主张，之后巡行示威，要求抗日。②1937年下半年至1938年春，潮汕铁路资方借口企业亏损，解雇了100名工人。工人团结一致，进行复职斗争达1年之久，最后在全国各行业工人支援下，取得了胜利。③1938年1月中旬，广州榨油业罢工潮由广州市社会局调处解决，工人获得胜利。④

至1938年1月，在1927年"清党"时被解散的部分工会开始恢复组织。工人们拒绝装卸日本的货物、军火、汽油，拒印日伪文章。有的工人因参加抗日活动而被东家开除，其他工友立即罢工声援，直接推动了华南的抗日救亡运动的发展。⑤

广东省工界于2月9日致电（伦敦）国际反侵略大会，揭露暴日残杀中国人民的罪行。⑥2月下旬，全省工界发起

---

①③ 广东省立中山图书馆编纂：《民国广东大事记》，573～574页，羊城晚报出版社2002年。

② 广东省立中山图书馆编纂：《民国广东大事记》，576页，羊城晚报出版社2002年；《中山日报》、《越华报》，1938年1月15日。

④ 《广州日报》，1938年1月15日。

⑤ 广东省立中山图书馆编纂：《民国广东大事记》，579页，羊城晚报出版社2002年。

⑥ 《越华报》、《中山日报》，1938年2月10日。

募购飞机款10万元。① 3月3日，广东工会抗敌联合会决定加入全国抗敌总会（由前上海工会主席朱学范等发起）。② 中旬，广东省工会抗敌联合会议决：（1）全省工会工界均随时随地注意汉奸及敌方间谍活动情形，报告政府或密告本会；（2）全省工人不得使用及起运仇货，并不得替贩卖仇货的商人工作。③

省当局也表示支持广东全省工人的抗日正义要求。3月18日，省绥靖公署（主任余汉谋）、省政府（主席吴铁城）连衔印发《告全省工友书》，勉励全省工友参加抗战。④

在省当局的支持下，广东劳工训练班于4月1日成立，将续训第4期劳工，名额2 500名。⑤ 中旬，全省工界商讨抗敌。⑥ 下旬，广州工人争得了敌机空袭时停工疏散的权利。⑦

5月1日，全省劳工界举行"五一"劳动节纪念及讨逆肃奸运动会，到会1 000余人，李德轩主持大会，刘石心及省、市党部代表发表讲话，通过多案交广东工会抗敌联合会办理。同日，广东机器总工会第七次全省代表大会召开，主席李德轩，省党部余俊贤讲话，会议于5日闭幕。⑧ 6日，出席国际劳工会议的中国代表团朱学范等抵达香港，广州工

---

① 《中山日报》，1938年3月1日、4日。
② 《越华报》、《中山日报》，1938年2月10日。
③④ 《越华报》，1938年3月12日、19日。
⑤⑥ 《越华报》，1938年4月6日、13日。
⑦ 《中山日报》，1938年4月26日。
⑧ 广东省立中山图书馆编纂：《民国广东大事记》，588页，羊城晚报出版社2002年；《中山日报》，1938年5月2日。

界代表往晤递交议案，反映意见。①

广东工人动员会于6月17日在广州成立。②6月，国民党广州市党部举办工会工作人员训练班，由各行业工会在属下工厂每期抽出2人参加训练，另吸收一些知识分子参加，每周活动一次，内容为宣传抗战、教唱歌、识字、讲国内外时事等。同时，广东国民党党政军联席会议又开办全省劳工训练班（实际只有广州各业工人参加受训）。该班每期训练时间两个月，每天两小时，由各行业工会依照比例抽调人员参加，训练内容除政治常识外，还有军事常识，如防空、防毒常识等。该班班主任为李洁之、副主任曾其清。每期参加人员有两三千人，由1938年6月开始，共办了4期，参加者约1万人，至广州危急时才停办。后又组织了班友会。8月下旬，广州市国民党党部设战时工人教育队（即广州工人护市特务团），加紧民众动员抗敌工作。

8月22日，开办广州市劳工干部训练班。③9月下旬，余汉谋派代表去广州市劳工干部训练班宣读他的讲话。这个班的教官、队长和学员有许多是由中共广东省委从军事干部和工会积极分子中抽调派去的，培养了一批工人抗日骨干。④

（四）广东国民党当局对工运的控制和限制

对于方兴未艾的抗日救亡运动，国民党当局为了与中共

---

① 广东省立中山图书馆编纂：《民国广东大事记》，589页、603页，羊城晚报出版社2002年。

② 《国华报》，1938年6月18日。

③ 《中山日报》，1938年8月27日；广东省立中山图书馆编纂：《民国广东大事记》，597页，羊城晚报出版社2002年。

④ 广东省立中山图书馆编纂：《民国广东大事记》，603页，羊城晚报出版社2002年。

争夺对工运的领导权，必须对工运加以控制和限制。如广州市国民党党部下令印刷工会以后不准召开全体工厂组长会议；派国民党民运科干事到该会监视工人活动；收买工会理、监事，每月发给津贴，通过他们控制工人。

8月22日，国民党广州市社会局颁布战时劳资守则，规定劳资纠纷由社会局及广东工人抗敌后援会会同派员调解。但此规定实际并没有认真执行，国民党当局往往袒护资方，随意开除工人。8月24日，国华报社开除10名工人，印刷工会根据战时劳资守则请广州市社会局调解，但社会局拖延不决。印刷工会发动五六百人到社会局请愿，并发传单，又开记者招待会。周钢鸣（中共地下党员）作为《救亡日报》记者，在报上连续报道了此事，有力地支持了工人的斗争。资方被迫让步，答应多补半个月工资给被开除的工人，但因该报馆经济困难，无力再雇请他们，结果由别的印刷厂另行安置。同一时期，承印《救亡日报》的印刷厂和其他印刷厂也发生资方克扣或停发工人工资的事件，中共党员工人率领工人们对资方进行说理斗争，取得胜利。其他工厂也多采取说理斗争的方法，求得解决。①

广东省各政府机关迁到韶关后，国民党广东当局对工人运动的态度有两面性：一方面是对工人运动的顽固态度有了一些改变，比以前较为开明开放；另一方面是对工人运动继续采取限制和控制的态度，如收买工会干部，监视工人活

---

① 见中华全国总工会中国工人运动史研究室资料40221卷。

动,下令工会职员一律要加入国民党等。印刷工会原定每周开一次各工厂的小组长会议,讨论有关改善工人生活的问题,但开了几次之后被国民党市党部下令停止。国民党中央宣传部所办的中山日报社与省政府办的大光报社,互订协约压迫工人,规定凡被中山日报社辞退的工人,大光报社不能雇用;工人要求改善生活,即诬之为"汉奸破坏宣传",并派兵来监督工人做工。中山日报社还要求全体工人加入国民党。

1939年7月,曲江国民党当局派便衣队30人,乘生活书店职工参加"七七"两周年纪念活动之机,对该店进行非法搜查。中共西江特委办的《三罗日报》也被查封。①

国民党当局为了控制当时广东省战时省会韶关市和该市所在的曲江县的工运,于1941年1月15日成立曲江县总工会。②

据1942年3月统计,经广东介绍往中央及各地国防工业部门工作的技术工人有1万多人。有些技术人员按其专长和意愿,组织生产合作社,给予贷款并做技术指导。③

1942年5月1日,韶关市各公(工)会工友纪念劳动节,电请全国劳工扩大工作竞赛。④此时,国民党把工会改称为公会,淡化了工会是工人联合的组织性质,甚至把工人

---

① 见中华全国总工会中国工人运动史研究室资料40221卷。
② 《中山日报》,1941年1月16日、5月2日。
③ 《新华日报》,1942年7月29日。
④ 《中山日报》,1942年5月2日。

和资本家、小业主等混同在一个组织里。国民党中央社会部视导室主任钮长耀于6月30日视察广东机器总公会及印刷公会后称："粤省公会组织，日臻严密，至堪嘉许，工作推进，亦著成效。"① 由此也可看出，国民党当局已把工会组织变成一个由其严密控制的阶级调和与混合的组织。

9月间，粤社会处加强工会组织（按：又将公会改称为工会）。② 10月中旬，机工总会认捐滑翔机两架。③ 10月下旬，韶关总工会响应文化劳军。④ 11月下旬，香港工团设驻韶关办事处。⑤ 12月30日，韶关总工会为拥护物价管制发出通电。⑥

1943年"五一"国际劳动节工人不放假，不给加班费。只有韶关50多个工人团体派200多个代表开纪念会，由省机器总工会李德轩主持。会后致电向林森、蒋介石致敬。⑦ 11月30日，省机器总工会和韶关市总工会、农会等团体致电慰问余程万师长和抗战将士，勉慰其在湖南常德保卫战中苦战11天，称："百粤民众，誓为后盾。"⑧

省府于12月25日令发布国民政府的《工会法》。⑨

---

① 《中山日报》，1942年7月1日。

② 《中山日报》，1942年9月30日。

③④ 《中山日报》，1942年10月14日、25日。

⑤⑥ 《中山日报》，1942年12月1日、31日。

⑦ 广东省立中山图书馆编纂：《民国广东大事记》，714页，羊城晚报出版社2002年。

⑧ 广东省立中山图书馆编纂：《民国广东大事记》，728页，羊城晚报出版社2002年。

⑨ 《广东省政府公报》，第997期，1944年2月7日。

1944年5月1日，300多人在韶关开"五一"国际劳动节纪念会，机器总工会李贻盈任主席。各机关代表发言，并致电向蒋介石、前方将士及国际劳动大会致敬。① 6月中旬，韶关市组织战时基干队，印刷职业示范工会动员会员参加，男女会员报到者数百人。② 广东省、韶关市组织劝募，工人们也积极参加，仅鞋匠、铁匠慷慨解囊，就得捐款13.98万余元。③ 8月初，省机器工会组织战时工作队。④ 9月中旬，省府决定1945年社会行政的中心工作是：加强工会基层，发展社会救济事业。⑤ 从11月起，全省各同业公会（按：又把工会改称为公会）发动职业青年从军，一批批工人先后入伍。⑥

　　国民党当局为控制广东省工会，除加强省机工总会及其各级支分会之组织外，并筹组省邮务工会、省建筑职业工会，至1944年，各职业工会已成立者252个。⑦ 但由于1945年1月韶关失守，广东国民党党政机关迁往粤东，工人组织陷于瘫痪状态，活动极少，广东工人运动又进入低潮。⑧

---

① 广东省立中山图书馆编纂：《民国广东大事记》，738页，羊城晚报出版社2002年。
②③ 《中山日报》，1944年6月13日、21日。
④ 《中山日报》，1944年8月6日。
⑤ 《中山日报》，1944年9月14日。
⑥ 《中山日报》，1944年11月21日。
⑦⑧ 广东省政府编译室编：《战时粤政》，广东省政府编译室1945年印。

五、国民党统制下的广东农民运动

（一）广东农民积极支持抗战

占人口最多的农民（包括渔民、盐民）群众，积极参加抗日救国运动。从"七七"事变后，广大农村精壮志士积极从戎，保国卫家。① 1937年7月，广东省当局通令各县市成立壮丁队、模范壮丁队（均以农民为主），施以军事训练。② 广州市郊各乡壮丁，组织抗敌救亡总队。③ 8月中旬，广州市郊170余乡发起组织义勇队。④ 9月10日，广州市义勇壮丁总队成立，总队长由广州市市长曾养甫兼任，召集各乡长宣布行动大纲。⑤ 8月15日，汕头市国民党党部开会商讨策动四郊农民救亡。⑥ 9月上旬，省府派员检阅各县社（会）训（练）壮丁。⑦ 后规定各县壮丁训练6周。⑧ 11月中旬，沿海渔民组织自卫队，反击日军的侵扰。⑨ 12月6日，台山海边我渔船与敌展开大激战。⑩ 少数民族农民也不落人后，如12月22日，琼崖黎、苗族壮丁献血抗敌。⑪ 1938年元旦，省党政军联席会议决定组织战时渔民指导会，全省渔民总数

---

① 《国华报》，1937年7月25日。
② 广东省立中山图书馆编纂：《民国广东大事记》，557页，羊城晚报出版社2002年。
③④ 《中山日报》，1937年8月9日、11日、16日。
⑤⑥ 《中山日报》，1937年9月11日。
⑦⑧ 《国华报》，1937年9月10日、18日。
⑨ 《越华报》，1937年11月16日。
⑩ 《国华报》，1937年12月16日。
⑪ 《越华报》，1937年12月23日。

达50余万人。① 3月21日,广州市郊组织农民义勇团,成年农民一律须加入农会。广东自卫团统率会赶编沿海自卫团。② 5月中旬,沿海各岛民众自动武装起来抗战,16~45岁壮丁均参加。③ 8月中旬,为增强抗战力量,余汉谋令准备县、市农会恢复活动,令第四战区政治部派员指导一切。④ 8月下旬,国民党广东省党部组织渔民运动工作队,担任组织及训练沿海渔民,以海丰、惠阳、中山为试办区。⑤

1938年10月,日军进犯番禺南部,千余农民群众自发抗击日军。

除了一部分青壮年农民参军参战外,广大农民(包括渔民、盐民和少数民族农民等)坚持农副业及渔、盐业生产,不仅开展春、秋两季的耕作,还大力进行冬耕冬种,垦荒扩种,将大量的农副渔盐等产品用于支援前方抗日将士和城镇人民的生活。

(二)吴勤、汤平化、伍观淇等领导的广东农民抗日武装斗争

曾经参加过大革命时期农运的吴勤,从海外回来后,于1938年10月从广东当局取得广州游击第二支队(简称"广游二支队")的番号。吴勤被任命为司令。⑥ 此后广游二支队经常在广州市郊、南海、番禺和顺德一带袭击日伪军。

---

① 《中山日报》,1938年1月2日。
② 《中山日报》,1938年3月22日。
③ 《中山日报》,1938年5月18日。
④⑤ 《中山日报》,1938年8月19日、28日。
⑥ 广州市地方志编纂委员会编:《广州市志》,卷一,243页,广州出版社1999年。

1939年5月，吴勤、何福海等在中共组织的指导下，在禺南大石乡组织了统战性质的半武装群众团体"抗日俊杰同志社"（简称"俊杰社"），吴勤任社长。该社以禺南为基地，向南海、顺德、三水、花县和广州南郊发展。该社下设52个分社，社员有两三千人，其中农民基干武装有三四百人。该社先后出击广州市郊东塱和南海盐步的敌伪据点，并在禺南攻打员岗敌伪维持会，开展锄奸工作。[①] 后吴勤等被国民党顽固派杀害，广游二支队为中共所领导，继续向前发展。

1938年秋，汤平化（黄埔军校第四期生）奉广州市市长曾养甫之命，在广州河南区训练壮丁队逾万人（以农民为主），成立广州市自卫团。汤平化任团长。11月，该团改名为广州市区游击队别动队，汤任司令，共有数千人，分布在市区和郊区，不断打击日伪军，取得不少战绩。[②]

10月，当日军占领广州并继续北侵时，广州在乡旧将领伍观淇率领广东民众抗日自卫集结队在广州北郊流溪河一线阻击日军15天，毙伤日军多人，并打乱了日军的进攻计划。[③]

（三）国民党加紧农民的组训工作

在日军的步步进逼下，从11月下旬起，国民党加紧农民组织训练工作，各县乡农会已成立300余处。[④] 12月上

[①] 广州市地方志编纂委员会编：《广州市志》，卷一，245页，广州出版社1999年；广东省人民武装斗争史编纂委员会编著：《广东人民武装斗争史》，第五卷，131页，广东人民出版社1995年。

[②][③] 广州市地方志编纂委员会编：《广州市志》，卷一，242～243页，广州出版社1999年。

[④] 《中山日报》，1939年11月26日。

旬，省党部发动粤东沿海地区渔、盐民，组织工作队。① 中旬，蒋介石指示：推行精神总动员应求切实，尤须注意农村。粤省府奉令饬属遵行。② 1940年3月上旬，省党部指示农运工作，订定10个要点，饬所属党部遵照，尽量发动农民、妇女加入农会。③ 4月22日，粤北江、惠梅两区各县党部书记长会议开幕，以组训农民为讨论中心。④ 下旬，省党部订定农运主要工作为生产建设与自卫肃奸。⑤ 省府又加紧组训渔、盐民，沿江海各县限期设立渔会。⑥ 省党部联络各方推进农运。始兴成绩优良，被传令嘉奖。⑦ 5月下旬，省党部执委会通过组设农运设计委员会组织规程，省县各级限6月底完成。⑧ 8月初，始兴县农会组织成立。⑨ 6日，省府令发广东省农业建设联席会议办法。⑩ 同日，省党部设立农运设计委员会，聘袁晴晖为设计会常委，10日，开会讨论推进农运。⑪ 到5月中旬，在省党部推进下，全省已有55个县建立农会，其中有乡农会487个，县农会14个，农民入会者87 846人，内有国民党员5 056人⑫，占5.76%。

1940年9月16日，增城县魏友相杀敌大队、翁源县大刀队与国民政府军第一五三师第四五九团一部协同作战，夜

---

① 《中山日报》，1939年12月9日。
② 《中山日报》，1939年12月15日。
③ 《中山日报》，1940年3月6日。
④ 《中山日报》，1940年4月23日。
⑤⑥⑦⑧ 《中山日报》，1940年5月1日、11日、14日、23日。
⑨⑪ 《中山日报》，1940年8月6日、7日。
⑩ 《广东省政府公报》，第524期，1940年8月9日。
⑫ 《中山日报》，1941年5月17日。

袭增城官塘村及其附近日军，共歼敌260余人。①

1942年，国民党规定2月5日为农民节，是日，粤各界在韶关举行第一届农民节纪念会。② 至1945年，成立县农会40个，乡镇农会643个，并召开全省农民代表大会。为了解决其经费困难，并建立农村经济合作基础，广东当局饬各县转饬各级农会迅与合作社切实配合推进，成立合作社431个；为求发展各级农会组织，除督饬曲江、南雄、始兴等县示范农会积极工作外，并派员分赴各县督导，加紧完成各级组织。韶关失陷后，工作颇受影响。③

（四）省农会、省渔联会成立及其重要活动

1942年10月11日，省府令发渔业合作推进办法。④ 中旬，粤省选出曲江、南雄、始兴三处为示范农会。⑤ 1943年2月5日为第二届农民节，韶关市召开庆祝大会。⑥ 1943年11月1日，省农会筹备处开始办公。⑦ 在省党部安排下，11月15日，全省农会代表大会行开幕礼，次日召开首次会议，18日选举理监事，省农会成立，下午闭幕。⑧ 21日，省农会常务理事会决议修正大会宣言，定下月上旬商讨解决高利贷

---

① 广州市地方志编纂委员会编：《广州市志》，卷一，248页，广州出版社1999年。
② 《中山日报》，1942年2月6日。
③ 广东省政府编译室编：《战时粤政》，广东省政府编译室1945年印。
④ 《广东省政府公报》，第878期，1942年10月15日。
⑤ 《中山日报》，1942年10月20日。
⑥ 《中山日报》，1943年2月6日。
⑦ 《中山日报》，1943年11月2日。
⑧ 《中山日报》，1943年11月15～19日、22日、26日。

问题。① 25日，中央社会部电粤农会指示工作方针：健全组织，训练民权行使，加强合作，扩充农民福利。② 12月1日，省农会开座谈会讨论防止高利贷问题。③ 1944年2月5日为纪念第三届农民节，粤各县开会、农林局分赠优良种子。④

为加强渔民组训及办理福利救济工作，省府社会处督饬各县成立县渔会。已成立者有海丰等17县。⑤ 1944年6月6日，在省党部安排下，省渔联会筹备处在韶关成立，许培柏任主任。省渔联会于6月10日在韶关正式成立。⑥ 11日，省渔联大会通过要案后闭幕。⑦ 其后，该会经常派督导人员分赴各县协助举办渔贷及渔民福利工作。

1945年1月韶关失守，广东国民党党政机关迁往粤东。因时局危急，组织瘫痪，农民（包括渔民、盐民）运动又进入低潮。⑧

六、国民党统制下的广东商人运动

（一）广东商人从经济上支持抗战

日本帝国主义侵略中国，对中国民族资本主义也是一个严重的打击。面临亡国灭种、经济破产的民族资产阶级也投

---

①② 《中山日报》，1943年11月15～19日、22日、26日。
③ 《中山日报》，1943年12月2日。
④ 《中山日报》，1944年2月5日。
⑤⑦⑧ 广东省政府编译室编：《战时粤政》，广东省政府编译室1945年印。
⑥ 《中山日报》，1944年6月11日、12日。

身到抗日救亡运动中去，特点是从经济上支持抗战。

"七七"事变后不久，1937年7月21日，广州市商业整理委员会负责人就职，筹议御侮救亡工作，次日通电表示拥护蒋介石委员长的抗战主张，并电请北平宋哲元坚持到底。① 24日，广州全市商人助饷，准备应战情绪激昂。② 次日，广州工商界踊跃捐输，赶紧制造防毒面具。③ 30日，广州市商界组织根绝日货销运委员会。④ 翌日，广州市商整委员会成立御侮救亡工作团，开展根绝日货运动。⑤ 8月5日，广州市商整会讨论齐一商人应战步骤，领导全市商人救国。⑥ 上旬，全省各地工商救亡团纷纷成立。⑦ 省市商会严检改装仇货。⑧ 15日，省商联会开会讨论加紧督促各属商会，组织各业商民御侮救亡工作团，维持金融。车业表示不得受雇于日本人，训练救护，开始编组战时交通运输队。⑨ 19日，广州市商整会议决定统一救国捐输。⑩ 下旬，本省筹组救国公债劝募分会，银行界全体表示协助劝募。⑪ 广州全市商界决定发起缩食救国。⑫ 9月上旬，本省推销救国公债，广州市商店派销国币500万元，全省商店700万元。⑬ 广州市商会举办仇货总登记。⑭ 8日，该商会筹组根绝仇货委员会。⑮ 14日，广州市商人救国公债劝募会成立，省主席吴铁城、市长曾养甫致训词。⑯ 次日，省市商会筹组商民自卫团。⑰ 9月下

---

①②③④ 《国华报》，1937年7月23日、25日、26日、31日。
⑤⑥⑦⑧⑨⑩ 《国华报》，1937年8月1日、6日、8日、10日、16日、20日。
⑪ 《中山日报》，1937年8月26日。
⑫⑬⑭⑮ 《国华报》，1937年9月1日、6日、7日、9日。
⑯⑰ 《中山日报》，1937年9月15日、16日。

旬，粤银行界认销公债525万元。① 10月26日，广州商人根绝仇货信息会成立，各县纷起仿照组织。② 11月5日，广州各工商团体通电各国法团请主持正义，制裁暴日。③ 11月中旬，广州商界销公债500万元，预计本月内当可汇集。④ 11月下旬，广州全市商店节省捐输。⑤ 12月7日，广州商人宣誓拒绝仇货。当时广州全市共有商业同业公会123个。⑥

1938年2月7日，广州市商会根绝仇货委员会促商人努力根绝仇货。⑦ 5月8日，广州市商界领袖举行推销本省国防公债大巡行。⑧ 8月10日，余汉谋、吴铁城、曾养甫招待各界商讨推行献金运动，广州市商人认献50万元。⑨

（二）商人朱克勤组织抗日护市团抗日

除了从经济上大力支持抗战外，也有个别商界人士直接参加武装抗日斗争。如在日军占领广州前夕，广州工商航业无限公司董事长朱克勤不顾个人生命财产的安危，以该公司所属的3艘拖轮和武装护航人员为基础，吸收一些自愿参加的青年，组成"抗日护市团"，共80人。广州沦陷后，该团驶往江门，后至开平县的三埠，将拖轮改装为炮艇。国民党当局任命苏浴尘为团长、朱克勤为副团长，担负掩护国民党军队人员、物资输送任务。1939年，该团多次袭击日军船

---

① 《中山日报》，1937年9月23日。
② 《国华报》，1937年10月30日。
③④⑤ 《越华报》，1937年11月6日、15日、30日。
⑥ 《越华报》，1937年12月8日。
⑦ 《越华报》，1938年2月8日。
⑧ 《越华报》，1938年5月9日。
⑨ 《中山日报》，1938年8月11日。

艇，击沉日船1艘，击伤3艘，第四战区司令长官和国民政府军委会予以嘉奖，并给朱颁发了奖章。1940年，开平三埠陷落，朱将船弄沉，解散队伍。①

(三) 国民党当局对商会进行改组或整理

省府转到粤北后，广东当局为健全各县市商会组织，通饬各县、市切实协行会员强制入会及限制退会办法之规定，对有关组织或有与法未合者，一律予以改组或整理。经改组者有恩平等县商会及同业公会共28个，经整理者有阳山等县同业公会共9个。全省县市乡镇商会共有847个。②

1939年10月中旬，粤新生活运动委员会订定守则，推行商人"新生活"，协同政府对敌进行经济反攻。③ 1940年6月下旬，全省商联会加聘委员推进会务，何辑屏留韶关积极开展工作。④ 该会组织战时商业促进会⑤，又组设各区分事务所，呈请政府救济游击区受难商人，组织战时商业促进会。⑥ 1940年，广东党政当局根据行政院条例，确定汕头、潮安等47个县、市的商会维持现状，其他一般不得成立商会，亦不得改选。此时省商会徒有虚名，地方商会也仅为国民政府分摊各种公债捐献，促使商人完税而设。⑦

广州及珠江三角洲、汕头等地沦陷后，商民纷纷内迁。

---

① 广州市地方志编纂委员会编：《广州市军事志》，89页；《广州市志》，卷一，242页，广州出版社1999年。
② 广东省政府编译室编：《战时粤政》，广东省政府编译室1945年印。
③ 《中山日报》，1939年10月19日。
④⑤⑥ 《中山日报》，1940年6月22日、24日、29日。
⑦ 广东省政府《广东年鉴》编纂委员会编：《广东年鉴》，广东省政府秘书处编译室1941年。

粤北、兴梅、西江一带商业骤增，畸形发展。1941年，南雄商户由战前数百家增至1 250家；梅县由战前200多家增至497家；新兴县由100多家增至1 035家；特别是韶关，自省政府迁入后，人口由六七万增至30多万，商号由1934年2 670多间增至7 000多间，客艇增至650多艘，成为全省的商业中心。①

（四）省商联会成立及其重要活动

1942年1月20日，全省商民代表大会在韶关开幕，议决要案多宗，24日闭幕，选出执监委员，次日选出常委，以何辑屏为主席。② 10月下旬，韶关市各茶楼酒家一致表示遵守节约法令。③ 11月12日，省商联会通电拥护管制物价。④ 12月下旬，省府会商实施物价管制，对物价、运价、工资均详加讨论，由省商联会协助实施。⑤ 1943年1月下旬，韶关商会令商人切实奉行管价。⑥ 3月5日，工商界在韶关举行限价座谈会。⑦ 中旬，省府为加强各业团体组织，决定强迫各业人士加入公会等三项步骤。⑧ 因全省旱灾饥荒，6月15日，粤各商业团体开会座谈决定捐米救荒，以每人每月捐1市斤为原则。⑨ 下旬，韶关市商会发动直属会员响应救荒。⑩

---

① 广东省商业厅《广东商业志》编纂委员会编：《广东商业志》，上册，15页，广东省商业印刷厂1992年印刷。
② 《中山日报》，1942年1月21—26日。
③ 《中山日报》，1942年10月24日。
④ 《中山日报》，1942年11月12日。
⑤ 《中山日报》，1942年12月22日。
⑥ 《中山日报》，1943年1月22日。
⑦⑧ 《中山日报》，1943年3月5日、11日。
⑨⑩ 《中山日报》，1943年6月16日、29日。

并进行沿门劝献。① 至7月16日止,商界捐米救荒共得1万余元。② 12月中旬,为加强商会组织配合管制物价,省府订颁布办法饬属办理。③ 1944年1月下旬,省政府限令各县普遍组织工商团体。④ 4月中旬,梅县各卷烟厂商热心捐助赈款24万元。⑤ 6月中旬,省慰劳会讨论推进慰劳工作,全韶关市小贩继续义卖。⑥ 省、市商会劝募劳军逾12万余元。有几间商店拒捐输,被省、市商会警告。⑦ 省、市商会召开各公会理事长会议,研究劳军劝募,又开会决定惩处抗拒劳军商号。据统计,首批捐款达45万元。⑧

6月下旬,日军进逼粤北,省商会配给趸船便利物资疏散,经开会决定使用办法。⑨ 8月下旬,粤商联会在东江老隆设分事务所。⑩ 9月中旬,韶关小商贩举行义卖,献金劳军。⑪ 11月下旬,曲江商会成立募债会,筹募同盟胜利公债(配额为1 600余万元)。韶关商号应征利得税总额3 000余万元,由各业公会分别评议分担。⑫

1945年1月韶关失守,广东国民党党政机关迁往粤东,时局十分危急,商人运动陷入低潮。⑬

---

①② 《中山日报》,1943年7月1日、17日。
③ 《中山日报》,1943年12月18日。
④ 《中山日报》,1944年1月24日。
⑤ 《中山日报》,1944年4月14日。
⑥⑦⑧⑨ 《中山日报》,1944年6月17日、19日、22日、26日。
⑩ 《中山日报》,1944年8月27日。
⑪ 《中山日报》,1944年9月18日。
⑫ 《中山日报》,1944年11月25日。
⑬ 广东省政府编译室编:《战时粤政》,广东省政府编译室1945年印。

七、国民党统制下的广东妇女运动

（一）国共合作促使广东妇女运动居全国前列

从"七七"事变至广州沦陷前，由于广东国共两党团结合作，发动各阶层、各行业广大妇女参加抗日救亡运动，加上当时暂寓居香港的宋庆龄、何香凝（当时均为国民党中央委员）和中共妇运领袖邓颖超也常来广东指导和发动广东妇女爱国救亡运动，所以广东当时的妇女爱国运动取得了前所未有的成绩，居于全国前列。

广州沦陷前，广东广大妇女已积极投身抗日救亡运动。如1937年7月26日，广东省妇女工作委员会拟由各县组织一救护队，以备前方或空袭时征用。① 同月中下旬，各县市组织妇女救护队，每县组织1个支队，下分4个小队，限期成立，1个月内开始训练。② 7、8月间，中共广州市妇女支部安排一批党员到广州妇女会工作，并建立了党小组。她们团结广东妇女会理事长郭顺清开展合法的妇女群众工作，组织两个各约100人的战时工作团，从事抗日救亡工作。③ 8月4日，广州妇女界联合会组筹慰劳抗敌将士分会。同日，

---

① 广州市地方志编纂委员会编：《广州市志》，卷一，234页，广州出版社1999年；广东省立中山图书馆编纂：《民国广东大事记》，556页，羊城晚报出版社2002年。
② 《中山日报》，1937年7月26日。
③ 广东妇女运动历史资料编纂委员会编：《广东妇女运动历史资料汇编》，见吕惠绩：《抗日战争时期广东妇女运动大事记》，1988年12月印行。

广东女界联合会广东民众御侮救亡工作团举行成立典礼。① 中旬,广东省新生活运动妇女工作会备战储蓄运动开始。② 粤省妇女奋起救国,慰劳分会积极筹备,中国妇女慰劳会广东分会于8月16日在广州成立,通过了组织大纲,选出上官德贤(余汉谋夫人)为主席。该会号召全国爱国女同胞一致奋起负担救国工作,发动各市县妇女界组织慰劳支会。③ 各妇女慰劳分会征集慰劳物品,劝告妇女捐金银首饰。④ 广州市的尼姑也组织救护队。⑤ 广州孀妇冼松柏毁家纾难,捐赠10余万元资产。⑥

9月,中共组织推动陈明淑(广东妇女会常务理事,陆宗骐夫人)在三元里组织广州市民众抗敌自卫团,由陈明淑任团长,还组织了不少农村妇女参加妇女队。⑦ 10月中旬,广东省新生活运动促进会妇女工作委员会在省新生活运动促进会改组裁员时被取消,暂停工作。其工作由省新生活运动委员会直接处理。⑧ 10月,广东妇女团体征集、赶制冬衣万件赠前方忠勇将士。⑨ 同月,中共广州市临委建立妇女部(部长黄梅棣),以便进一步推动妇女救亡运动。广州抗战教育实践社成立妇女组,并与男同志组织流动工作团,建立中

---

①②③④⑤ 《中山日报》,1937年8月5日、11日、17日、26日、28日。

⑥ 《中山日报》,1937年9月22日。

⑦ 广东妇女运动历史资料编纂委员会编:《广东妇女运动历史资料汇编》,吕惠莲:《抗日战争时期广东妇女运动大事记》,1988年12月印行。

⑧ 《中山日报》,1937年10月16日;广东妇女运动历史资料编纂委员会编:《广东妇女运动历史资料汇编》,见吕惠莲:《抗日战争时期广东妇女运动大事记》,1988年12月印行。

⑨ 《中山日报》,1937年10月9日、18日。

共党支部。该团一直工作到广州沦陷。

1937年秋,广州妇女会主办的《妇女》月刊改为《妇女知识》半月刊,由梁薇娟(中共党员)负责编辑,每期向全国各地发行几千份,还销至港澳。11月,中共还注意到发动宗教团体和教徒参加抗日救亡运动,并派邓贞子、邓戈明到广州基督教女青年会工作,使该会变为妇女抗日救亡工作的阵地。① 11月下旬,顺德县茶涌自梳女组织三八救亡团。② 当时,妇女会动员为完成寒衣20万件的工作而积极赶制。③

12月4日,广东妇女界联合会成立战时妇女工作委员会,推选上官德贤等15人为委员,并组织了战时妇女服务团,还筹办保育院及女警班。10日,在广州的省、市各妇女团体及各界妇女在女青年会举行救亡工作讨论会。推举陈明淑为临时主席。会议座谈了妇女救亡工作问题。④ 同时,本省妇女界积极筹组广东妇女救亡协会。⑤

(二) 广东妇女团体联席会议成立及其重要活动

当时,广东省、广州市有多个妇女组织,很不统一,力量分散,必须建立一个统一性的组织。12日,根据中共指示,在中共党员的推动下,在穗各妇女团体举行代表会议,

---

① 广东妇女运动历史资料编纂委员会编:《广东妇女运动历史资料汇编》,见吕惠莲:《抗日战争时期广东妇女运动大事记》,1988年12月印行;广州市地方志编纂委员会编:《广州市志》,卷一,238页,广州出版社1999年。

②④《越华报》,1937年11月28日。

③ 广东省立中山图书馆编纂:《民国广东大事记》,570页、576页,羊城晚报出版社2002年。

⑤《中山日报》,1937年12月11日。

研究筹备成立广东妇女团体联席会议，以协调抗日救亡的行动。12月，广东妇女团体联席会议成立，参加单位是省、市妇女抗敌同志会、省女界联合会、市妇女会、女权大同盟、车衣女工会、中山大学女同学会、市基督教女青年会等，办公地点在女青年会。领导人是郭顺清、陈明淑、李峙山（谌小岑夫人）、区白霜（即区梦觉，中共广东省组织妇运领导人）等，机关刊物是《妇女大众》。该组织成立后，在协调各妇女团体、抗日宣传、募捐献金、医护慰劳、救济收容难民难童等方面做了大量工作，发挥了重要的作用，并在广州各界组织的募制寒衣慰劳前方将士委员会中起了主导作用，把10余万件寒衣及时送上了前线。它还组织了战时服务团，开展有关工作。[1]

1938年1月4日，广东省妇女团体联席会议发表《告全省女同胞书》，号召为"保卫华南、保卫祖国而血战到底"。9日，广东妇女团体联席会议召开座谈会，100多人参加讨论训练妇女壮丁的问题。会后，派出代表到广州市社训总队提出举办妇女武装的要求。后来，社训总队成立了妇女队，分期组训妇女。[2] 11日，省妇女团体联席会议请政府会同省、市妇女团体训练妇女壮丁，与男子一起参加抗战。[3] 12

---

[1] 广东妇女运动历史资料编纂委员会编：《广东妇女运动历史资料汇编》，见吕惠莲：《抗日战争时期广东妇女运动大事记》，1988年12月印行；广东省立中山图书馆编纂：《民国广东大事记》，573页，羊城晚报出版社2002年。

[2] 广东妇女运动历史资料编纂委员会编：《广东妇女运动历史资料汇编》，见吕惠莲：《抗日战争时期广东妇女运动大事记》，1988年12月印行；广州市地方志编纂委员会编：《广州市志》，卷一，238页，广州出版社1999年。

[3] 《越华报》，1938年1月11日。

日，广东妇女联合会战时服务团开始集训，随即深入民间，宣传抗战。①

在广东妇女团体联席会议的影响推动下，1938年1月中旬，广东女权运动大同盟动员全省妇女参加救亡工作，协助政府抗战到底。② 1月，潮汕驻军负责人李汉魂的夫人吴菊芳（原为中山大学农学院学生）和共产党人合作，筹建了汕头市抗敌同志会。2月2日，广东妇女抗敌协会（又称同志会）成立，到会500余人，由李峙山主持。协会发表了成立宣言，通过10件提案，选出李峙山、陈明淑、郭顺清，以及中共党员区白霜、伍坤顺等15人为干事，推举国民党妇女界上层人士李峙山、陈明淑为正、副主席，伍坤顺等为常务理事（掌握实权，并在其中秘密建立中共党小组）。主要骨干为中共女党员伍坤顺、林玩、汪梅、朱慕湛等人。出版刊物《妇女大众》。后会员发展到600余人。会址设广州珠玑路36号。她们在女工中做抗日救亡工作和妇女工作。不久又建立广州市妇女抗敌同志会。③ 中旬，省女联会组织妇女服务团，推动全省妇女救亡工作。④

2月，广州妇女抗敌同志会成立（有国、共女党员参

---

① 广东省立中山图书馆编纂：《民国广东大事记》，570页、576页，羊城晚报出版社2002年。

② 《广州日报》，1938年1月15日。

③ 广东妇女运动历史资料编纂委员会：《广东妇女运动历史资料汇编》，见吕惠莲：《抗日战争时期广东妇女运动大事记》，1988年12月印行；广州市地方志编纂委员会编：《广州市志》，卷一，238页，广州出版社1999年；广东省立中山图书馆编纂：《民国广东大事记》，579页，羊城晚报出版社2002年。

④ 《越华报》，1938年2月14日。

加),选出理事11人,以何巧生为主席。其他各市、县也纷纷建立了妇抗会,广泛开展抗日救亡活动。①

3月8日,本省妇女界举行庆祝"三八"节活动,上午晋见余汉谋总司令并献旗,旗上缀有"守土卫国"4字;正午在省民教馆开会,由黄翠凤主持,5 000余人参加集会。大会号召不买日货、献金购机,鼓励壮丁从军,并通电全国,表示百粤妇女誓死抗战的决心,又致电蒋介石及前方将士表示慰问。会后巡行,慰劳伤兵。晚间游艺,扩大抗战宣传。中共广州市委妇女部部长黄梅棣参加了这项工作。②

同日,潮汕妇女界纪念"三八"节,有1 000多名妇女参加纪念会并通电拥护蒋介石委员长,慰劳防军。③ 15日,广州童子军召开中国童子军节纪念大会,到会1 000余人,由曾养甫主持并致开幕词,教育厅厅长许崇清等讲话,随即举行宣誓典礼。会后童子军及妇女上街推销购买飞机纪念章。④

中旬,省妇女辅导队续赴沿海各县策动妇女战时组织。⑤ 4月3—4日,广州妇女会举行儿童节联欢大会,同时扩大抗敌宣

---

① 广东妇女运动历史资料编纂委员会编:《广东妇女运动历史资料汇编》,见吕惠莲:《抗日战争时期广东妇女运动大事记》,1988年12月印行。
② 《中山日报》、《越华报》,1938年3月9日;广州市地方志编纂委员会编:《广州市志》,卷一,239页,广州出版社1999年;广东省立中山图书馆编纂:《民国广东大事记》,582页,羊城晚报出版社2002年。
③ 《中山日报》,1938年3月16日、11日。
④ 广东省立中山图书馆编纂:《民国广东大事记》,582页,羊城晚报出版社2002年。
⑤ 《中山日报》,1938年3月11日、16日。

传。① 11日，广东妇女抗敌会通电吁请世界妇女共讨倭寇。②

21日，广东妇女团体领袖几十人开会商讨怎样执行抗战建国纲领。会上，伍智梅、陈明淑、区白霜、郁风等做了发言，要求妇女救亡工作深入农村，开展妇女运动。③

22日，中国妇女慰劳自卫抗战将士总会儿童保育会广东分会成立。推定上官德贤、吴菊芳等17人为常务理事，区白霜、何巧生等5人为候补常务理事。④

次日，中山县烈女张秋霞为报祖父仇，化装潜入敌营，以白刃、炸药对敌，旋自杀，民众闻风奋励。⑤

4月，国民党广东省第八区民众抗日自卫团统率委员会在普宁洪阳举办妇女干部训练所，公开招考知识妇女103名，女共产党员蔡瑜等4人以青抗会会员身份进所受训，建立党支部，在潮普惠中心县委直接领导下开展工作。⑥

5月19日，省妇女抗敌会慰劳虎门要塞将士。⑦ 27日，广州成立妇女壮丁训练队，训练妇女壮丁骨干。⑧ 6月13日，广州市妇女抗敌会组织战时服务团。⑨ 19日，广州妇女

---

① 《越华报》，1938年4月5日。
② 《国华报》，1938年4月13日。
③ 广东妇女运动历史资料编纂委员会编：《广东妇女运动历史资料汇编》，见吕惠莲：《抗日战争时期广东妇女运动大事记》，1988年12月印行。
④ 《广州日报》，1938年4月23日。
⑤ 《中山日报》，1938年4月30日。
⑥ 广东妇女运动历史资料编纂委员会编：《广东妇女运动历史资料汇编》，见吕惠莲：《抗日战争时期广东妇女运动大事记》，1988年12月印行。
⑦ 《中山日报》，1938年5月20日。
⑧ 广东省立中山图书馆编纂：《民国广东大事记》，590页，羊城晚报出版社2002年。
⑨ 《中山日报》，1938年6月14日。

界联合会等妇女团体致电世界反侵略大会、反对飞机轰炸不设防城市大会（23日在法国巴黎举行），请其制裁日本。随后广东多个团体发出类似通电。①

6月，广州妇女团体等组联合战时服务团，分设工作队参加抗战工作。② 26日，广东省广州市妇女团体在女青年会召开联席会扩大会议，讨论推动妇女界抗敌工作问题，出席代表60余人，主席何巧生。郁风报告了抗战形势，李峙山报告了汉口妇女的战时工作，区白霜做了一年来广州市妇女工作的检讨。③ 次日，省市妇女界召开抗战救亡会，讨论对参政会贡献意见。④

7、8月份，在南澳之战中，南澳妇女不畏艰险，勇赴国难，积极支前。当义勇军陷入困境时，岛上民众（包括妇女们）英勇救援，冒着生命危险，帮助80多名官兵安全离岛。⑤

（三）宋庆龄、邓颖超指导广东妇女运动

7月20日，宋庆龄在邓颖超等的陪同下从香港抵穗，广东省主席、广州市市长及各妇女团体代表200余人到码头热烈欢迎。宋会晤了余汉谋，慰问了伤兵、难民，参观了中山大学和黄埔开埠工程，致祭了七十二烈士墓园，接见了国民

---

① 广东省立中山图书馆编纂：《民国广东大事记》，596页，羊城晚报出版社2002年。
② 《中山日报》，1938年6月20日。
③ 广东妇女运动历史资料编纂委员会编：《广东妇女运动历史资料汇编》，见吕惠莲：《抗日战争时期广东妇女运动大事记》，1988年12月印行。
④ 《中山日报》，1938年6月28日。
⑤ 林俊聪：《孤岛喋血》，汕头群众艺术馆1996年印行。

党广州市党部特派员，检阅了社训总队、模范团和女壮丁队。21日，宋庆龄在广州对在纽约召开的世界青年大会发表英语广播演说，指责美国将军火供给日本侵略中国，并指出美国政府抗议日本轰炸中国不设防城市只是一种伪善。她号召各国青年援华，抵制日本。① 22日，由广东妇女团体联席会议召开有1 000余名妇女参加的欢迎宋庆龄大会，宋庆龄、邓颖超等发表讲话，指明了广东妇女工作的方向。

25日，宋庆龄检阅救护队、妇女连等，还接见了省、市妇女团体代表，给予赞扬和鼓励。同日，广东妇女团体联席会议开会讨论继续开展献金募捐问题，成立劝捐运动委员会，区白霜、伍坤顺等被推选为常务理事，并发表了《告同胞书》。② 月底，广东妇女慰劳分会定期募捐棉衣10万件。③

7月28日，成立广东妇女献金运动工作委员会，选举陈明淑、区白霜、李峙山等15人为委员。决定发动妇女献金运动。8月5日，省市妇女团体召开代表座谈会，讨论"八一三"慰劳工作，对慰问工作做了具体的分工。

8月，广州社训总队在营模范团设立了妇女连，并建立了中共党支部。9月13日，"游击队之母"赵老太太（东北著名抗日游击队英雄赵尚志的母亲洪文国）由香港来广州。参加欢迎的有广州市政府代表、省党部书记长谌小岑，妇女

---

① 广州市地方志编纂委员会编：《广州市志》，卷一，241页，广州出版社1999年；广东省立中山图书馆编纂：《民国广东大事记》，598页，羊城晚报出版社2002年。

② 广东妇女运动历史资料编纂委员会编：《广东妇女运动历史资料汇编》，见吕惠莲：《抗日战争时期广东妇女运动大事记》，1988年12月印行。

③ 《中山日报》，1938年8月31日。

代表郭顺清、陈明淑、区白霜等。当晚,妇女界公宴赵老太太,郭顺清致欢迎词,区白霜提议为援助游击队募捐,当场捐得200多元。①

(四) 广东妇女抗敌工作协进会成立及其重要活动

9月14日,宋庆龄再次从香港来广州,出席华侨抗敌动员总会第二次代表大会,并在广州召集各妇女团体代表座谈广东妇女抗日救亡工作问题。余汉谋夫人上官德贤主持会议,邓颖超、廖梦醒、区白霜、李峙山、陈明淑、伍智梅等出席。大会决定组织广东妇女抗敌工作协进会,以取代之前成立的妇女团体联席会。② 15日,妇女团体为宋庆龄举行盛大欢迎会。主席上官德贤致欢迎词,宋庆龄做了训话,赵老太太、邓颖超发表了讲话。席间讨论妇女救亡问题。③ 18日晚,广东妇女团体代表开会,商讨建立统一的妇女组织问题。会议由宋庆龄、邓颖超指导召开。代表们决定组织广东统一的妇女团体,定名为广东妇女抗敌工作协进会,废去妇女团体联席会议,由19个妇女组织组成,开展筹备工作。④

---

① 广东妇女运动历史资料编纂委员会编:《广东妇女运动历史资料汇编》,见吕惠莲:《抗日战争时期广东妇女运动大事记》,1988年12月印行。
② 广州市地方志编纂委员会编:《广州市志》,卷一,241页,广州出版社1999年;广东省立中山图书馆编纂:《民国广东大事记》,602页,羊城晚报出版社2002年。
③ 《中山日报》,1938年9月16日;广东妇女运动历史资料编纂委员会编:《广东妇女运动历史资料汇编》,吕惠莲:《抗日战争时期广东妇女运动大事记》,1988年12月印行。
④ 广东妇女运动历史资料编纂委员会编:《广东妇女运动历史资料汇编》,见吕惠莲:《抗日战争时期广东妇女运动大事记》,1988年12月印行;广州市地方志编纂委员会编:《广州市志》,卷一,241页,广州出版社1999年。

次日，广东妇女抗敌工作协进会举行成立典礼，聘宋庆龄为名誉会长。理事会由参加筹备会各团体派代表组成。①

10月1日，广东各界募制寒衣委员会成立，宋庆龄捐献5 000元。② 3日，该会发表成立宣言，指出此会是"发动和联络全广东妇女团体的中心组织"，是"广东妇女由下而上的统一组织和发动机关"。次日，该会召开第二次理事会，决定从孙夫人（宋庆龄）的捐款中拨出3 000元缝制棉衣和购防毒面具赠送前方将士。③

广州沦陷后，广东抗战的重心转到了粤北。初期原有的各种妇女团体，因受战事影响，相继停顿。④ 后来国共合作下的广东妇女运动继续坚持，并有所发展，在极其困难的条件下取得了更大的成绩。

(五) 省妇委会和省妇运会的成立及其重要活动

省政府为协助妇运，于1939年3月8日，重新在韶关成立广东省新生活运动促进会妇女工作委员会（简称"省新运妇委会"），主任委员为刚上任不久的省主席李汉魂的夫人吴菊芳。陈明淑、李崎山等为委员。中共广东省委先后选派、动员了区白霜、杨瑾英、杨衡芬（杨行）等100多名女

---

① 《中山日报》，1938年9月20日。

② 广东省立中山图书馆编纂：《民国广东大事记》，604页，羊城晚报出版社2002年。

③ 广东妇女运动历史资料编纂委员会编：《广东妇女运动历史资料汇编》，见吕惠莲：《抗日战争时期广东妇女运动大事记》，1988年12月印行；广州市地方志编纂委员会编：《广州市志》，卷一，241页，广州出版社1999年。

④ 广东省政府《广东年鉴》编纂委员会编：《广东年鉴》，第6册，广东省政府秘书处编译室1941年。

党员和进步女青年入该会及其下属单位工作，区白霜任总干事。该会办有《广东妇女》半月刊，举办妇女干训班、识字班、妇女战时工作队、妇女生产工作团等做战时妇女组训工作，并到前线抢救难童、妇女，建立保育院，积极推动女子参加抗日运动。① 1939年5月，因反共逆流，区白霜撤回，但仍继续秘密领导该会的中共组织。

5月23日，在中共东南特委派出的香港学生赈济会回乡抗日服务团的协助下，郑坤廉（张炎夫人）在高州县成立了妇女队总队，郑任总队长，张越（即袁惠慈，中共党员）任总干事。中共派几名党员协助开展工作。妇女队以宣传抗日为主，同时开展战时服务工作，办有工厂和保育院，收容沦陷区孤儿几百人。5月，省新运妇委会成立一支妇女战时工作队，队长关景霞、副队长刘凤岐（均是中共党员），中共党支部书记余志生。下设4个队，每队10人，分别到英德、曲江、清远、四会等地工作。战工队的主要任务是动员群众团结抗战，组织群众性的妇女会，至1940年11月被迫解散。

开平县妇抗会周老太太（即方玉莲，66岁）带领着一班侨眷老妇女，带着慰问品，步行几十公里，到新会、鹤山古劳前线慰劳抗日将士，又步行到恩平县城慰问伤员。同年冬，她与同志们一齐到香港募捐，带回8 000港元的药物，送到抗日部队去。

---

① 广东妇女运动历史资料编纂委员会编：《广东妇女运动历史资料汇编》，见吕惠莲：《抗日战争时期广东妇女运动大事记》，1988年12月印行；广东省立中山图书馆编纂：《民国广东大事记》，618页，羊城晚报出版社2002年。

6月间，省新运妇委会开始举办妇女干部训练班，培养从事抗日工作的妇女干部，共招收学员80人，每期3个月。该班训练计划由中共广东省委妇女部部长区白霜草拟后交杨衡芬到会争取实现。

9月14日，省新运妇委会属下的广东省妇女生产工作团战工队、妇干班等8个单位在韶关中山公园广场举行成立典礼，生产工作团团长陈明淑、秘书伍坤顺协助团长主持全面工作。团员由初期200余人发展到700多人。各组组长均由中共党员和进步人士担任。① 17日，全国妇女慰劳抗敌将士总会主席宋美龄致电吴菊芳等各省主席夫人和妇女工作委员会等，发起征募棉衣50万件运动。② 年底，省新运妇委会主办妇女干部训练班，负责人为吴菊芳，先后举办两期，参加训练的妇女干部共约300人，毕业后派到各地担任妇女、儿童的工作。③ 1940年1月下旬，广东妇女训练班参加战地服务。④ 在第一次粤北会战爆发后，广东省新运妇委会组织了300多人分成5个慰劳工作团，投入支前和抢救工作。从1月1日至3月21日止，先后将战区受难妇孺4 200余人送到韶关，然后按年龄分进儿童保育院、儿童教养院、妇女生产工作团等处教养。省新运妇委会的支前工作受到全国新运

---

① 广东妇女运动历史资料编纂委员会编：《广东妇女运动历史资料汇编》，见吕惠莲：《抗日战争时期广东妇女运动大事记》，1988年12月印行。
② 广东省立中山图书馆编纂：《民国广东大事记》，628页，羊城晚报出版社2002年。
③ 《古大存、区梦觉给中央的报告》（1941年1月），见中央档案馆、广东省档案馆编：《广东革命历史文件汇集》，甲38卷，3~4页，1986年印行。
④ 《中山日报》，1940年1月29日。

妇委会来函嘉奖。① 至2月下旬，粤收容难童达8 000人，吴菊芳积极筹措教养费。② 至3月3日，粤妇女会工作会募得寒衣代金20余万元，分别拨支抗战将士制衣。

1940年2月，国民党广东省党部之妇女运动委员会（简称"妇运会"）亦告成立，以吴菊芳、郭顺清、陈明淑、雷励琼、林宛文等6人为委员，吴兼主任委员，下设指导、调查、编纂三组。旋为集中妇女人力物力起见，省妇委会与妇运会特共同组织联合办公处，设主任1人，仍由吴菊芳兼任。自两会成立，粤省妇运，遂有策动之中心；自两会联合办公处成立，妇运工作，遂有统筹之机构。各县、市地方妇委会与妇运会联合办公处相似，唯规模稍小而已。粤省妇委会之组织，比妇运会庞大。妇委会之工作，比妇运会具体。妇委会之事业，比妇运会多，故其经费与事业费之支出，亦较妇运会为多。

自1939年以来，妇委会向以动员妇女、训练妇女干部、推广妇女文化事业、开展妇女战时工作、扩充妇女生产事业及推行妇女生产辅导（包括儿童保育）六项为中心工作。

在干部训练方面，妇委会着重于各县妇运工作之开展。1939年"三八"节至1941年"三八"节之间，办理妇女干训班两期：第一期182人，训练内容为政治、军事、妇运事业，毕业后派往各县组织妇委会；第二期78人，与省干训团合办，训练内容如同前期，派回原籍工作。

---

① 广东妇女运动历史资料编纂委员会编：《广东妇女运动历史资料汇编》，见吕惠莲：《抗日战争时期广东妇女运动大事记》，1988年12月印行。
② 《中山日报》，1940年2月23日。

1941年"三八"节后，省妇委会为遵照全国妇女工作会议决定，1941年度妇女工作以发展生产事业为中心，并为迅速使全省老少妇女觉醒，贡献人力、财力于民族国家，乃于1941年8月召开全省妇女工作会议，决定训练第三期妇干与本省干训团第五期协同举办，以技术、军事、政治训练为主，使其在短期训练中获取实际工作之知识。其在各县会之训练工作，亦以生产技术及家事习作为中心科目，毕业后，即就地组织生产工作队及妇女工作队（至1941年有10余县成立）。

广州沦陷以后，省妇委会即负起文化动员工作之任务，首先启发妇女增强国家民族的意识，坚定其抗战建国胜利之信念。妇委会文化中心工作，以推广妇女识字运动为中心，而以研究、出版、教育三项为施行原则，具体实施如下：

（1）研究工作。召开各种（如宪政、国际时事、募药、节储、妇女职业等）妇女座谈会；举办妇女文化研究会、读书研究会等；在各妇女团体内，设立图书阅览室。（2）出版工作。出版《妇女群》、《生产妇女》、《妇女时事简报》等，均为通俗刊物。后因物价高涨，刊物有所变更，以后经常出版的有《广东妇女》月刊等。（3）教育工作。办妇女识字班，约700班，人数约为5万人；办民众学校，学生约5 000名；办水上学校，学生600余名；注重学校教育，大学女生有500余人，中学女生9 500余人，师范女生1 200人，小学女生19万余人；在各地设立教育实验区、教育示范班，共计女生约2 000人；推行社会教育，由省教育厅开展社教运动，全省受教育妇女6.8万余人。

妇委会还做了大量的战时工作，分述如下：

其一，抢救妇孺。不畏艰难险阻，共将各地1.1万余名难童、难妇抢救到后方。香港及南洋各地沦陷后，妇委会派出两组人员参加抢救，救回韶关及各地落难者不下数千人，还设班训练，授以谋生技能。

其二，慰劳将士。1939年冬，妇委会共征募寒衣代金23万余元。1940年春，粤北会战期间，除募集大批猪牛、毛巾等物及慰劳金15万元劳军外，还组织6个慰劳团，出发至前线各地为部队服务。

其三，协助抗属。经常慰问抗战军人家属、优待收容抗属受难者，还创办儿童教养院、保育院、妇女生产工作团，以安抚孤苦流离的抗战军人家属。

其四，战地服务。无论是在正规军驻地还是游击区，均有妇女工作队员实行战地服务，如政治宣传、搜集情报、救护伤兵、抢救难童等。1939年冬粤北大会战后，妇委会组织妇女200余人，抬子弹300余万发往前方接济；征购米粮数万担、工具8 000余件，支援前线；救护伤兵8 000余人；掩埋战场死尸800余具；设立难民收容所及疏散站；设立军民合作站，维持治安。在各地驻军开赴前线时，广东妇女生产工作团中曾受过军训之职员、学生共200余人，在坪石、星子一带200余里之僻静崎岖山道上，日夜荷枪实弹保护难民达1个月之久。此为广东妇女集体武装保卫国家之先例。

其五，生产事业。1939年5月广东妇女生产工作团在曲江县马坝成立后，与省赈济会和新运妇女工作委员会合作，收容沦陷区无家可归之难妇、抗战军人家属和农村贫苦无依之妇女，教以生产技术，使其自食其力。又协助政府从事战时后方生产。最初接受由连县来曲江之西江行署妇孺98名，后陆续在沦陷区抢救一批妇女及抗战军人家属共700余名。1939年5月至1940年3月，该团在马坝只有草鞋、车衣、工艺3个工场。1940年3月以后，该团迁曲江之转水，团员增加300多名，设立车缝、织布、毛巾、铁轮机、工艺、农业等部门。1941年4月以后，该团重新调整生产部门，设铁机织布、木机织布、毛巾、工艺、车缝、农业6部，另设技术人员训练班，设托儿所、医务所、中山室、合作社、工余补习学校等。此外在各县推广妇女生产事业。已建立生产事业组织之县份有：曲江、连县、南雄、始兴、乳源、阳山、乐昌、仁化、潮阳、普宁等，其组织形式为妇女生产技术训练班。

其六，扫盲工作。已成立各县妇女识字运动实验区，妇女识字夜校网，妇女识字班700余个，人数5万多，举行各县扫盲运动。①

（六）广东妇女参政的开端与妇女运动继续开展

1940年4月30日，为争取妇女参政、议政的权利，全国妇女竞选会广东分会成立，选定吴菊芳等11人为理事。②4月间，省新运妇委会为配合推行新县制，以曲江县为组训妇女实验区，作为全省的示范。中共组织安排了杨衡芬等9位中共党员和一些进步分子共39人，到曲江县进行实验区

---

① 以上转引自广东省政府秘书处编译室编：《广东年鉴》，第6册，1941年。

② 《中山日报》，1940年5月1日。

的筹备工作。4月17日，曲江县新运妇委会成立，主任委员丁瑾，总干事杨衡芬，后是冯娱修等人，她们均是共产党员。实验区在曲江县17个乡镇办妇女训练班，每期40人，时间3个月。训练的内容有：文化、政治、抗战常识、妇女问题常识、救护知识、军事术科及手工业生产技术。5月，中共组织在省新运妇委会内建立党总支部，属北江特委妇女部领导，杨衡芬任书记，关景霞任宣传委员兼妇女生产工作团党支部书记，冯娱修任组织委员兼曲江县新运妇委会党支部书记。翌年11月，杨衡芬、关景霞调离，总支部不存在，会内所有共产党员均为单线联系。① 6月29日，广东妇委会决定发动节食劳军。② 7月13日，中央赈济会以粤省儿童教养院院长吴菊芳工作努力，特颁发考成奖状。14日，曲江县政府遵令首创提出妇女参政案，任用一女士为黄岗乡乡长。③ 这在当时是很罕见的事情。19日，省府电发广东少年、妇女组织训练暂行实施纲要。④ 8月中旬，曲江县组训妇女实验区结束，全部工作人员被分配到曲江、河源等11个县，筹建县一级新运妇委会。根据中共北江特委的意图，中共党员重点分配在省府所在地曲江和省府大后方连县。

8月，在韶关成立广东省妇女运动委员会，设于曲江县之转水村，主任委员吴菊芳。该会与省新生活运动妇女工作

---

① 广东妇女运动历史资料编纂委员会编：《广东妇女运动历史资料汇编》，见吕惠莲：《抗日战争时期广东妇女运动大事记》，1988年12月印行。
② 《中山日报》，1940年6月30日。
③ 《广东省政府公报》，第507期，1940年7月20日。
④ 《广东省政府公报》，第516期，1940年7月31日。

委员会联合办公，创办妇女福利社、妇女生产工作团、黄岗托儿所，协助政府收容难童，并从事宣传工作。① 9月23日，吴菊芳被选为省妇委会主任委员。② 10月23日，省新任妇委会主任吴菊芳发动全省妇女节约储蓄，特设家庭节储队，自行兼任队长。③ 12月26日，广东妇女会、省新生活运动促进委员会妇女工作委员会、省党部妇女会机关实行合并，成立广东省妇女会联合办事处，并公开办公。④

1941年3月，"三八"妇女节纪念会在曲江戏院举行，陈明淑主持开会，通过保障妇女职业、贷款给妇女参加生产、编印妇女读物、抢救战区妇孺、不得歧视已婚妇女等议案。省妇女协助军人家属委员会同时成立，主委吴菊芳。⑤ 4月，何香凝视察省新运妇委会并讲话，还撰写了《论妇女要求解放应有的认识》，登载在《广东妇女》上，鼓励妇女工作者要为大众做事，求自由幸福，一定要抗日救国，收复失地，推翻法西斯。⑥

5月下旬，粤妇委会推行妇女识字运动。⑦ 6月19日，省新运妇委会成立生活改进委员会。⑧

9月上旬，吴菊芳锐意扩展妇女生产团，成立三大工

---

①⑥ 广东妇女运动历史资料编纂委员会编：《广东妇女运动历史资料汇编》，见吕惠莲：《抗日战争时期广东妇女运动大事记》，1988年12月印行。

② 《广东省政府公报》，第567期，1940年9月28日。

③ 《广东省政府公报》，第590期，1940年10月26日。

④ 《广东省政府公报》，第648期，1941年1月4日。

⑤ 广东省立中山图书馆编纂：《民国广东大事记》，663页，羊城晚报出版社2002年。

⑦ 《中山日报》，1941年6月1日。

⑧ 《广东一月间》，1941年6月。

场，投入资金达200万元。① 省行政会议决定集中人力、财力统一妇运机构，还决议：厉行举发杀婴、租妻、重婚及买卖妇女，并取缔童养媳等恶习；准妇女团体参加各级行政会议。②

1942年3月下旬，粤妇委会增办手工业训练班。③ 4月10日，韶关筹备成立妇女会。④ 8月下旬，中赈会嘉奖吴菊芳主办儿教院成绩优良。⑤ 广东妇运努力发展生产事业。⑥ 9月上旬，粤妇委会发动筹募滑翔机"妇女"号。⑦ 11月下旬，粤新运妇委会募机成绩优良。⑧

1943年1月下旬，妇女慰劳会粤分会响应元旦劳军，呈献万人签名名册。⑨ 至3月中旬，粤省儿教院开办4年来教养难童逾万人。该院院长吴菊芳奉中央电令增设分院3所，并将招考教师。⑩ 8月中旬，省妇女工作委员会主任委员吴菊芳召开妇运座谈会。⑪ 9月下旬，广东妇女福利社扩大征求社友。⑫ 下旬，广东妇女响应元旦劳军。⑬

---

① 《广东一月间》，1941年9月。
② 《中山日报》，1941年9月7日。
③ 《中山日报》，1942年3月24日。
④ 《中山日报》，1942年4月13日。
⑤ 《中山日报》，1942年8月26日。
⑥ 《中山日报》，1942年8月28日。
⑦ 《中山日报》，1942年9月9日。
⑧ 《中山日报》，1942年11月28日。
⑨ 《中山日报》，1943年1月28日。
⑩ 《中山日报》，1943年3月14日。
⑪ 《中山日报》，1943年8月15日。
⑫ 《中山日报》，1943年10月1日。
⑬ 《中山日报》，1943年10月24日。

1944年2月，吴菊芳辞省妇委会主任之职，由邓惠芳接任。① 2月中旬，粤省妇女界为扩大纪念"三八"节，筹备捐"美龄"号飞机，总额60万元，由3月1日起始劝募。② 3月初，妇女生产分团成立。③ 3月8日，1 000多名妇女代表在韶关青年馆举行"三八"妇女节纪念会，由吴菊芳主持，高信、邓惠芳等讲了话。大会致电向蒋介石、宋美龄致敬。晚上开游艺会。④ 4月下旬，省新运妇委会热烈研讨宪政。⑤ 5月6日，举行省参议会宪政座谈会，提出要对妇女儿童特别保障，国民代表男女各占1人的主张。⑥ 21日，省妇女宪政研究会开会员大会，同时行成立礼，选出理、监事，会员已达800余人。⑦ 6月，省妇委会从韶关疏散到坪石，即发动联合中山大学、岭南大学、培正三校筹备歌剧，慰劳荣誉军人；又奉紧急令，疏散赴连县，联合各界成立慰劳会，策动"七七"各界献金，沿门劝募，创连县劝募之新纪录，深得社会人士的嘉许。⑧ 7月上旬，新运妇委会组织战士队。⑨ 8月下旬，由梅县妇委会、妇女会主编的《梅县

---

① 余俊贤：《中国国民党广东省党部工作总报告》（1937—1946年），中国国民党广东省执行委员会秘书处编，1946年印行。
② 《大光报》，1944年2月18日。
③ 《大光报》，1944年3月8日。
④ 广东省立中山图书馆编纂：《民国广东大事记》，735页，羊城晚报出版社2002年。
⑤ 《中山日报》，1944年4月26日。
⑥ 《大光报》，1944年5月7日。
⑦ 《中山日报》，1944年5月22日。
⑧ 余俊贤：《中国国民党广东省党部工作总报告》（1937—1946年），中国国民党广东省执行委员会秘书处编，1946年印行。
⑨ 《中山日报》，1944年7月5日。

妇女》第一期出版。① 10月，省妇委会奉令迁回韶关。11月，该会筹设妇女免费治疗所，策动知识青年从军，举行妇女演讲比赛，策动妇女参政员竞选。② 11月下旬，省妇运会全体职员报名参军。③ 12月下旬，粤妇女团体联名反对恢复公娼，发动各界取消曲江县参议会通过之私娼改充公娼的议案。④

1945年1月初，粤女青年从军服务征集额300名。⑤ 当月，日军进攻韶关，省妇委会又奉令疏散东江，沿途策动各界欢送从军青年，召集当地妇女庆祝"三八"妇女节；到达平远县大柘后，成立大柘妇女生活互助社，策划庆祝"四四"儿童节，奖励健康儿童，举行妇女座谈会，设立妇女识字班，成立广东省妇女会，筹设妇女免费留产所，办理慰劳抗属等事宜。⑥

总的来说，抗战时期的广东妇女运动，在大敌当前，国共合作的前提下，全省发展良好，为前所未有。广东的广大爱国妇女们不分党派、不分阶层、不分职业，为坚持持久艰苦的抗战，付出了巨大的努力和牺牲，取得了很大的成绩，在全国名列前茅，屡受嘉奖。广东妇女的社会地位和参政、

---

① 《中山日报》，1944年8月26日。
② 余俊贤：《中国国民党广东省党部工作总报告》（1937—1946年），中国国民党广东省执行委员会秘书处编，1946年印行。
③⑥ 《中山日报》，1944年11月27日。
④ 《中山日报》，1944年12月31日；余俊贤：《中国国民党广东省党部工作总报告》（1937—1946年），中国国民党广东省执行委员会秘书处编，1946年印行。
⑤ 《中山日报》，1945年1月5日。

议政意识也比以前有所提高，在妇女运动史上揭开新页。但是由于执政的国民党广东当局贯彻执行片面抗战的路线，对下层工农妇女发动不够，限制了妇女运动更广泛深入的发展。

八、国民党统制下的广东青年运动

（一）抗战初期广东青年运动蓬勃开展

"七七"事变后，为了挽救祖国危亡，广东青年与全国各地青年一样，纷纷表示奋起抗日救亡的决心，抗日救亡组织如雨后春笋般地出现和发展。如1937年7月12日，广州学生抗敌救亡会致电第二十九军军长宋哲元和宋部全体官兵，望"本伟大牺牲之精神，拒敌到底"①。15日，中山大学、广雅中学、广州市一中等广州市主要大、中学校爱国师生发出通电，声援卢沟桥中国驻军抗战。②17日，广州各大、中学校和各工会联合举行广东各界民众御侮救亡大会，会后成立了有各界群众参加的广东民众御侮救亡会，并电请中央抗战及慰劳在卢沟桥抗战的第二十九军。③18日，广州青年筹组救亡同志会，并电请（国民党）中央政府颁发总动员令，同时电勉第二十九军将士。20日，广州医务界组成北

---

① 广东省立中山图书馆编纂：《民国广东大事记》，554页、556页，羊城晚报出版社2002年。
② 广州市地方志编纂委员会编：《广州市志》，卷一，233页，广州出版社1999年。
③ 《国华报》，1937年7月19日。

上救护大队,随时出发华北,参加战时救护工作。学生们又发通电,要求抗敌救亡。① 22日,广州学生界召开御侮救亡大会,宣告成立暑期工作委员会。25日,广州各界群众(以青年为主)15万人联合举行声势浩大的御侮救亡示威大游行。之后,全市先后组成了大小抗日救亡团体数十个,开展抗日救亡运动。次日,广州市举行中等以上学校校长会议,决定由各校通知离校学生限期返校,出发宣传抗日救国。②

在全国抗日形势蓬勃发展的推动下,广东国民党当局既因受亡国灭种的威胁,又有感于人心之不可违,对开放民众运动做出了新的决策。7月26日,第四路军总司令余汉谋提出了四项主张:开放民众运动,释放政治犯,废除苛捐杂税,废除新闻检查。在蒋介石发表谈话,实际承认中共的合法地位之后,8月,广东当局发布《广东省开放民众运动的决议案》和《广东省民众武装五项措施》,表示开放民众运动,允许人民拥有枪支以实行自卫等。一些政要人物如钟天心、曾养甫、湛小岑等也纷纷发表文章或讲话,主张"开放人民一切言论自由,出版、集会、结社之自由"③。在这种形势发展下,广东的国民党各派政治势力各树旗帜,组织抗日团体,以此争取青年,扩大自己的政治力量;或以此把持

---

① 《国华报》,1937年7月21日。
② 广东省立中山图书馆编纂:《民国广东大事记》,554页、556页,羊城晚报出版社2002年。
③ 湛小岑:《立即开放人民一切言论自由,出版、集会、结社之自由》,载《救亡呼声》,第1卷,第10期,1937年11月21日。

群众组织，控制群众抗日运动。

1937年8月底以后，日机开始对广州实行疯狂的轰炸。日本帝国主义惨无人道，激起了广州人民无比的愤怒，一批又一批的学生组成抗日宣传队、演讲队、歌咏队、演剧队、救护队，走向街头奔赴农村，开展抗日救亡活动。

在中国共产党和广大群众的推动下，广东国民党当局做出了抗日的姿态，成立广东省各界民众御侮救亡会，组织讨论应付敌机轰炸，开展抗日宣传等问题。广州教育当局也顺应时势，开展战时教育工作，组织全市高中学生进行军事训练，男生学军事，女生学救护。集训结束后，一部分同学组织起来下乡开展抗日救亡宣传工作。

在广东的民主党派也开展了青年工作。如1937年8月，中国农工民主党广州抗日青年团成立，团员1 000多人。秋天，中华民族解放行动委员会成员梅日新、黄中广、杨朴如、杨启祥等人积极参加抗日御侮救亡委员会的活动，组织抗日救亡实践社，联络各方面抗日力量，还出版《抗战农村》、《抗战妇女》、《抗战青年》、《抗战华侨》等刊物在广州宣传抗日救国。[①]

8月14日，救亡呼声社在广州成立。21日，社刊《救亡呼声》创刊发行。该社是国民党广东省党部书记长谌小岑出面组织的抗日救亡群众团体，以谌小岑为社长，实际工作由邓明达（其后不久参加中共）负责。其所设总务、研究、

---

① 广州市地方志编纂委员会编：《广州市志》，卷一，243页，广州出版社1999年；广东省政府广东年鉴编纂委员会编：《广东年鉴》，第6册，广东省政府秘书处编译室1941年。

出版3个部及《救亡呼声》编委会，基本上为中共党员所掌握，并派员到两阳（阳江、阳春）等地发展。

12月9日，广州各大、中学校学生代表及部分教员、工人、文化人等共2000多人在广州文明路中山大学附中礼堂隆重集会，纪念"一二·九"运动两周年，著名文化界人士郭沫若、章乃器到会并先后演讲及参加游行，谌小岑、陈宗周等国民党省、市党部要员也应邀出席。大会向全国发出通电，拥护政府抗战到底，提出："有了坚固的团结，才有坚强的力量，有了统一的步伐，才有健全的行动。"并决议成立广州学生抗敌联合会，作为广州学生抗日救亡运动的统一领导机构。①

30日，广州学生抗敌联合会宣告成立，由广州27所大、中学校代表组成理事会。建立广东青年抗日救亡统一组织的意图，首先在广州学生中得到了实现。该会由国民党广州市党部书记长陈宗周出面主持，但实际工作为中共党员所掌握。

12月，原广州留东（日本）归国学生工作团改组为留东同学抗敌后援会。广东省青年群文化研究社（简称"青年群"）正式在穗成立，社员达700多人。该社由国民党广东省党部特派员余俊贤出面组织并任社长，但实际工作为理事会所掌握。由10人组成的理事会中，2人是国民党员，8人是中共党员，故该组织实际为中共所掌握。

同月，广州各学校举行联席会议，建立广州学生救国联

---

① 广州市地方志编纂委员会编：《广州市志》，卷一，234页、241页，广州出版社1999年。

合会，统一广州学生运动，并大力宣传中共的抗日民族统一战线政策。①

虽然广州市的学生运动有了初步统一的组织，比以前有所进步，但是全省青年运动的统一组织还没有建立，必须及时解决。

中共广东组织根据全国抗战爆发后迅猛发展的抗日形势，总结了过去工作的经验教训，对"从事青运工作的同志进行克服'左'倾关门主义的教育"，在党的抗日民族统一战线指引下，仅几个月的时间，全省成立的各种公开抗日团体已有六七十个，而人数较多、影响较大的，是八大青年抗日团体，即广州学生抗敌救亡会、救亡呼声社、广东青年群文化研究社、平津同学会、留东同学抗敌后援会、中山大学抗日先锋队、中山大学附中青年抗日先锋队、青年抗日先锋团。②

（二）广东青年抗日先锋队的成立及其重要活动

随着抗战形势的发展，特别是在1937年12月上海、南京相继失守，华南局势日益紧张的客观形势之下，中共中央长江局和中共广东省委根据抗日民族统一战线政策，针对广东青年运动由于缺乏统一领导，力量分散，加上一些青年工作者的关门主义、宗派主义作风尚未彻底清除，各青年团体之间常常各自为政，以致影响救亡工作开展等问题，指示党

---

① 广州市地方志编纂委员会编：《广州市志》，卷一，234页、241页，广州出版社1999年。
② 广州青年运动史研究委员会编：《广州学生运动史》，201～206页，华南理工大学出版社2002年。

的青年工作干部要通过推动各青年运动的领导，更好地发挥广大爱国青年在抗日救亡运动中的作用，提出了"争取统一组织的建立"① 的任务。

以什么名义建立全省青年抗日统一战线组织，经过一批青运骨干（多为中共党员）的考虑，决定应用符合广东地方实际的名称，以争取当局同意立案，成立公开合法的青年组织。这个意见由吴华向中共南委书记张文彬汇报，并获得同意。于是，决定建立广东青年抗日先锋队（简称"抗先"）。

对于建立广东青年运动的统一组织，国民党广东省、广州市党部初时表现冷淡，认为省、市党部可以控制包办。但在广大青年群众的推动下，加上"接到国民党军事委员会第六部的命令，要加强国民党对青运的领导"，"省、市党部余俊贤、谌小岑、陈宗周三巨头达成谅解，想以他们名义上领导的救呼社、青年群社、学抗会为基础，成立统一性组织去统一其他青年团体"。② 国民党当局这种策略上的转变，客观上为广东青年运动的统一组织的建立提供了有利条件。③

12月14日，由负责筹备"一二·九"运动两周年纪念大会的广州学生抗敌救亡会、救亡呼声社、青年群社3个广东青年团体代表参加会议，讨论青年工作问题。针对上海、南京失守，华南局势日趋紧张的情况，进行了热烈的讨论，

---

① 《广东青年工作报告》，1938年11月，原件存广东省档案馆。
② 吴华：《抗战初期广东青年运动的回忆》，见《抗先研究》，180页，广东人民出版社1989年。
③ 吴华：《广州"一二·九"运动两周年纪念游行示威大会检讨》，载《救亡呼声》，1937年12月16日。

决议组织广东青年抗日先锋队,作为领导全省青年运动的统一组织,并选出21名筹备委员组成筹委会,负责从速组织。12月24日,中山大学抗日先锋队,27日,中山大学附中抗日先锋队,在全省率先公开打出青年"抗日先锋队"的旗帜。

1938年1月1日,广州学生抗敌救亡会、救亡呼声社、青年群社、平津同学会、留东同学抗敌后援会、中山大学抗日先锋队、中山大学附中抗日先锋队、青年抗日先锋团共8个青年团体,联名公开发表了《广东青年抗日先锋队发起宣言》和《广东青年抗日先锋队组织大纲草案》,宣告广东青年抗日先锋队成立。

中共广东省委在筹建抗先的过程中,始终坚持统一战线的原则,主动邀请谌小岑等国民党上层人士在抗先指导委员会中担任职务,接受当局给予的经济资助,同时接纳各阶层爱国青年参加。2月20日、23日,抗先先后得到国民党广东省、广州市党部批准立案,成为公开合法的青年抗日团体。[①]

当时中共领导的抗日群众组织在北方有抗日民族解放先锋队等,在南方有青年抗日先锋队等,在全国各地以至海外都有很大的发展,影响也越来越大。

(三) 三青团广东支部的建立及其重要活动

但是以蒋介石为首的国民党中央,出于其所代表的阶级和统治集团的政治要求和利益考虑,对此并不感到高兴和支

[①] 以上主要转引自广州青年运动史研究委员会编:《广州学生运动史》,200~210页,华南理工大学出版社2002年。

持，而感到这是对其统治的一种严重威胁。为了控制全国青年运动，与中共争夺青年，扼杀中共领导的青年抗日救国的组织，使青运纳入其维护国民党独裁专制统治的轨道，1938年3月29日，蒋介石在武汉发起，后由国民党临时全国代表大会决定建立一个公开的全国性的青年组织——三民主义青年团（简称"三青团"），图谋以之控制全国青年运动，以维护其独裁统治。4月6日，国民党五届四中全会通过《三民主义青年团组织要旨》案。6月16日，蒋介石以三青团团长的名义发布《告全国青年书》，同时公布三青团团章。7月9日，三青团中央团部在武汉正式成立。在中央团部之下，省设支团部，县设分团部，行政区设区团部。三青团在国统区、战区、沦陷区都建立了组织机构。①

本来三青团是在国共合作的形势下建立起来的，中共为建立全国青年抗日民族统一战线，曾多次向国民党、三青团提出"使三民主义青年团成为各阶级各党派广大青年的民族联合团体"。广东抗先也据此精神做了大量工作。但是，国民党、三青团顽固坚持一党（国民党）一团（三青团）控制全国青运的错误政策，拒绝把三青团办成各阶级各党派革命青年的民族联合体，要求解散其他青年救国团体。

在广东，国民党当局要求解散抗先和青抗（即青年抗敌联合会，主要在潮梅地区活动），要上述组织成员加入三青团，企图以此手段实现对青运的控制。对此，抗先根据中共

---

① 《三民主义青年团第一届中央干事会工作报告》，160页；朱琼书、卢伟林：《三民主义青年团广东团务忆往》，（台湾）《广东文献》，第14卷，第2期，29页，台北市广东同乡会1971年印行。

广东省委指示，坚决反对解散抗先和青抗，拒绝抗先总部领导人参加三青团组织，并进行了有理、有利、有节的斗争。

1938年8月上旬，广州青年团体工作协进会成立，由每一青年团体派代表3人组成。它是一个协调机构，是青年统一战线的组织。① 但这一组织看来是临时凑合的，后来也没有报道过有什么活动渐而销声匿迹了。下旬，南路青年抗敌同志会（简称"青抗会"）在遂溪县雷州师范学校成立。后发展至四五千人。他们在遂溪、廉江、广州湾一带积极活动，开展抗日救亡工作。②

9月，广东省高中以上学生集中军事训练总队成立，总队长邹洪，副总队长李节文、许崇清。下分7个区团，于10月10日集中受训。广州沦陷时部分学生离队，部分学生随总队迁至连县星子镇，编入省地方行政干部训练所。共产党员100人也参加了集训。③

10月，广州沦陷前后，中国农工民主党广州地区负责人李伯球、黄桐华、司徒卫中、梅日新等率领广州市150余名抗日青年赴新丰，以国民党第六十五军前敌总指挥部别动总队番号进行抗日斗争。同年冬天，中华民族解放行动委员会成员司徒卫中组织农民数百人成立抗日游击队，自任司令，

---

① 广州市地方志编纂委员会编：《广州市志》，卷一，243页，广州出版社1999年；广东省立中山图书馆编纂：《民国广东大事记》，597页，羊城晚报出版社2002年。

② 广东省立中山图书馆编纂：《民国广东大事记》，600页，羊城晚报出版社2002年。

③ 广东省立中山图书馆编纂：《民国广东大事记》，604页，羊城晚报出版社2002年。

在番禺、龙门、从化一带开展游击活动。一直坚持到1940年，司徒卫中到曲江联系工作，被国民党当局逮捕，游击队亦被迫解散。①

至1939年，广东省青年组织及各县市分支单位之组织共256个。②

1939年1月，国民党召开了以防共反共为主要内容的五届五中全会，通过了蒋介石提出的"限制异党活动办法"。会后国民党在全国范围加强它的法西斯统治，发动第一次反共高潮，解散一切革命组织和抗日爱国进步团体，逮捕大批爱国人士，把10余万青年囚禁在集中营里。与此同时，大肆宣扬"一个主义（三民主义）、一个政党（国民党）、一个领袖（蒋介石）"的独裁思想，封闭进步书店和报馆，剥夺民众的言论出版自由，在大、中学校向青年学生灌输法西斯思想，与共产党争夺青年。这样，国民党统治区的青年运动面临着极其困难的处境，这在广东地区也很突出。

国民党五届五中全会后，"中统"分子高信带回反共决议，先到广东的西江、中区煽风点火，撤换掉西江各县一些支持抗先活动的国民党书记长；对广宁县抗先造谣中伤，勒令其停止活动；又取缔南路合浦县的抗先队。同年夏天，国民党广东当局首先集中矛头对准共产党领导的抗战最积极的抗先队。为了控制抗先，他们提出抗先总队部的成员都要加

---

① 广州市地方志编纂委员会编：《广州市志》，卷一，244页，广州出版社1999年；广东省政府广东年鉴编纂委员会编：《广东年鉴》，第6册，广东省政府秘书处编译室1941年。

② 广东省政府广东年鉴编纂委员会编：《广东年鉴》，第6册，广东省政府秘书处编译室1941年。

入国民党。对此，抗先总队部进行抵制。后来，中共广东省委根据中共中央"五四决定"，布置个别共产党员加入国民党。同时，考虑到抗先可能被国民党解散，必须预做准备，指示抗先队员应与群众在一起建立读书会、兄弟会、姐妹会、学生会等，以使抗先解散后能继续保存组织力量。①

7月中旬，三青团中央正式任命张发奎、李汉魂为粤三青团指导员，蔡劲军（第四战区政治部副主任）为总干事兼主任，李国俊（第四战区政治部副主任）为干事兼书记，余森文、邹洪、高信、钟天心、缪培基、冯菊坡为干事，筹备组织三青团广东支团。1939年秋以后，国民党当局在全省各地掀起了反共高潮，到处扼杀抗先、青抗和华侨回乡服务团。上述组织逐步被排斥或强行解散。②

1939年9月1日，三民主义青年团正式成立，团长蒋介石，书记长陈诚③，以加强国民党对青年运动的控制和垄断。国民党广东省党部为统一控制青运，要求一切青年组织均自动取消原有的组织，除学生自治会外，以后一般青年团体，概不准重新组织。④ 11月2日，由国民党中常委会议通过的

---

① 广东青运史研究委员会、共青团广东省委员会合编：《广东青年运动史》，广东高等教育出版社1994年。

② 《中共广东省委青委给中央青委的报告》（1939年11月），见中央档案馆、广东省档案馆编：《广东革命历史文件汇集》，甲36卷，449~500页，1987年印行；广东省立中山图书馆编纂：《民国广东大事记》，626页，羊城晚报出版社2002年。

③ 《中山日报》，1939年10月24日；广东省立中山图书馆编纂：《民国广东大事记》，627页，羊城晚报出版社2002年。

④ 以上见广东省政府广东年鉴编纂委员会编：《广东年鉴》，第6册，广东省政府秘书处编译室1941年；广东省立中山图书馆编纂：《民国广东大事记》，631页，羊城晚报出版社2002年。

《党团关系及实施办法》中规定，嗣后国民党征收党员应以征收年满25岁以上者为原则，在16~25岁者征收入三青团；"党部对于团务有所指示时团部自应接受"，"党部与团部从事同一工作时应由党部召集具体商定分工办法"。三青团团长蒋介石说："三青团就是中国国民党系统之下的三青团"，"团员与党员……信仰的主义是一个，领袖是一个。"①

广东三青团骨干，军统、中统分子蔡劲军、李国俊从中央团部干训班学习回来后，就开始着手筹建广东支团工作。1939年11月12日，在韶关建立了三青团广东支团筹备处，指导员张发奎、余汉谋、李汉魂，主任蔡劲军，干事兼书记李国俊，还印发了《告广东青年书》，公开号召青年加入三青团。

1940年颁发了《统一广东青年运动实施办法》。② 三青团广东支团部初期提出了以统一青年运动、普遍发展组织、训练干部人员、救济失学失业青年及协助政府推行要政为五大中心工作。

3月，国民党将抗日运动团体统一于动员委员会和抗敌后援会，遂下令解散广东青年抗日先锋队、岭东青年抗敌同志会、南路青年抗日同志会、南路学生总队等。这些抗日团体成员只好转入地下，或去抗日人民武装部队、合法团体继续做抗日工作。粤北有的人改用"抗日青年同盟"名义来团

---

① 见广东省档案馆6-3-66卷。
② 广东省政府广东年鉴编纂委员会编：《广东年鉴》，第6册，广东省政府秘书处编译室1941年；广东省立中山图书馆编纂：《民国广东大事记》，631页，羊城晚报出版社2002年。

结抗日青年。

三青团广东支团部建立后，以梅县、河源、合浦、中山、罗定等县为中心建立5个区团部，在兴宁、始兴等13县建立分团部，但因没有群众基础，参加者不多。因此三青团广东支团部采取统制、欺骗等手段来发展组织，不择手段地在政治上打击最有权威的青年团体抗先，说抗先不合法，召集两次青年座谈会，大骂过去青运的错误，要求各团体自动解散。青年群、青年前卫团、学抗会等一些被收买的分子，声明自动解散，加入三青团，以孤立抗先。省党部高信等顽固分子，三次召集抗先总队部的负责人谈话，要求抗先自动解散。但抗先总队部始终坚持，至4月13日，国民党广东省党部书记长高信、三青团广东支团部筹备处主任蔡劲军与广东青年抗日先锋队总队部代表谈判破裂。

15日，抗先总队部发出《为各级队部被解散告社会人士书》，宣布抗先实际上已被强行解散。至4月，消极的统一已告结束。

同月，李国俊辞职，陈玉符（岭南大学历史政治学教授）继任三青团广东支团部干事兼书记。[①]

5月4日，广东各界青年数千人在韶关曲江县立中学开会，纪念青年节，由三青团蔡劲军主持并讲话。会后巡行，并通电声讨大汉奸汪精卫，及向林森（时任中华民国政府主

[①] 三青团广东支团部编：《六年来广东团务概况》，（韶关）文化印刷服务社1945年印行，存广东省档案馆党团类新卷号171；《中山日报》，1940年4月26日；广东省立中山图书馆编纂：《民国广东大事记》，641~642页，羊城晚报出版社2002年。

席)、蒋介石致敬。5月11日,国民党中央嘉奖广东省党部民运工作优良。①

三青团由于没有群众基础,许多地方不是用个人申请,而是用宣布的方式去发展团员,有的学校(如粤秀中学)不告诉学生本人,由学校代全班学生填写参加三青团申请表。②

基于上述情况和广东抗战的特殊环境,广东共产党组织对三青团采取了一些灵活的方针政策:(1)对三青团的态度是推动它进步,但在政治上进行批评。在三青团广东支团部成立时,抗先发表了《告抗先全体同志书》和《致三青团书》,希望共同努力推动广东青年运动走向统一的道路,同时,坚持正确立场,反对取消一切青年团体。(2)除对三青团采取坚定的立场与批评的态度外,还积极主动地布置未暴露的青年参加,到内部去推动其进步。

1940年初,国民党在广东掀起第一次反共高潮。4月,国民党广东当局宣布解散抗先,并准备逮捕抗先总队部全体人员,扬言要以"非常手段"对付抗先一些主要负责人。由于中共广东省委事先做了部署,转移了人员,全部安全脱险。与此同时,国民党广东当局对于青抗会、青抗后援会和学抗会等也进行打击和解散,又解散了潮汕青年抗日同志会组成的潮汕青年抗敌游击队和艺宣队。一些华侨港澳回乡服务团也遭到迫害。12月,余汉谋、李煦寰(第四战区政治

---

① 广东省立中山图书馆编纂:《民国广东大事记》,644页,羊城晚报出版社2002年。

② 朱醒良:《广东青年工作报告》(1941年1月17日),载《广东区党、团研究史料》(1937—1945年),下册,387页,1988年。

部主任）被召至重庆。他们回粤后开始排斥和迫害政工队这批进步爱国青年，或令他们离队自寻出路。① 12月21日，三青团粤支团筹备处干事会奉命改组，指导员先后为张发奎、余汉谋，主任由李汉魂兼任②，干事兼书记为李国俊。

1941年2月，蔡劲军辞职，该临时干事会奉命改组，指导员为余汉谋，主任由李汉魂兼任，干事兼书记为李国俊，干事有高信、郑彦棻、黄麟书等9人。

三青团组织系统，中央团部以下分支团、区团、分团、区队、分队等5级，并得按产业、职业、机关及其他特殊性质之部门或区域，设备直属组织。在筹备期间，组织发展暂以地区学校、机关为单位，配合行政区分，择要建立分团，并于非分团所在地选派通讯员、组织员或建立直属区队及于省立高中以上学校，或有全省性之机关团体，酌建直属区队，以普遍开展团务。至1941年计有曲江等地方分团16个，直属分团2个，直属县组织员6个，直属县区队4个，直属学校区队15个，直属训练班区队2个，直属机关区队5个，直属分队7个，分团所属区队291个，分团及直属区队所属分队1 938个。此外，地方分团之改组为正式分团部的有兴宁等4个分团；奉准改组将定期正式成立者有琼崖分团；筹备工作业已完成，呈中央团部核准后即可改组者有台山、清远2个分团。

1941年5月4日，1万名青年在韶关中山公园举行纪念

---

① 广东青运史研究委员会、共青团广东省委员会合编：《广东青年运动史》，广东高等教育出版社1994年。

② 《广东省政府公报》，第643期，1940年12月28日。

"五四"青年节和扩大青年运动大会。大会向余汉谋、李汉魂献旗,并致电向蒋介石致敬。大会还致电朱德、毛泽东,说什么要他们"翻然改悔,服从中央军令政令之统一"之类的话。会外还举行演说比赛,演出剧本《张自忠》,有300多名三青团员宣誓入团。基督教青年会另开纪念"五四"运动会,郑彦棻出席。①

从1942年5月1日起,三青团广东支团(筹备处)在韶关搞"青年周"活动(1—7日),分为劳动日、军事日、胜利日、娱乐日等7个名目开展。7月26日至8月23日,粤三青团挑选150名团员参加由粤、桂、湘、赣4省主办的"南岳青年夏令营",全营共800余人。广东队由粤三青团书记李国俊领队,闭营后,部分夏令营参加者组织访问团来韶关访问。

11月1—2日,三青团中央团部在蒋介石住宅召开最高干部会议,蒋介石、陈诚、张治中均出席。会议就非国民党系诸党派的反政府活动进行讨论,决定用来对付共产党的《限制异党活动办法》,也适用于对付其他民主党派的反政府活动。同时还通令韶关等地的三青团组织要加强弹压这类活动。②

1943年2月25日至3月18日,三青团广东省第一次代表大会在韶关召开,到会代表93人,李汉魂主持大会,中央团部派程思远出席指导。指导员余汉谋到会讲话,指导员

---

① 广东省立中山图书馆编纂:《民国广东大事记》,666页,羊城晚报出版社2002年。

② 广东省立中山图书馆编纂:《民国广东大事记》,693页、694页、698页、703页,羊城晚报出版社2002年。

张发奎做了书面训词,各分团都在会上汇报了工作。大会通过议案36条,发表了《宣言》,选举李汉魂(干事长)、李国俊、高信、吴菊芳、郑丰等11人为干事,另候补干事5人;选举黄麟书、袁晴晖、陈洪范等5人为监察,另候补监察3人;又选出李国俊、高信、陆宗骐等15人为代表出席3月29日在重庆召开的三青团第一次全国代表大会。此次全国代表大会定3月29日为中国青年节①,但当年广东仍以5月4日为青年节,并在韶关中山公园召开纪念大会,到会青年万余人。是日晨,由青年代表晋见余汉谋、李汉魂。国民大学学生荣乃光主持大会,先检阅队伍,后由余汉谋、李汉魂、李煦寰、李国俊讲话,再通过致电向林森、蒋介石、中央团部致敬。会后举行军队式巡行。5日晚,在中山公园开"青年不夜天"游艺活动,到场7万余人,李汉魂亦参加。6日拂晓,举行"精神堡垒"(纪念塔之类)奠基礼。6月9日,粤三青团发起"第三次青年大结合运动",成立了工作委员会,以三青团等团体为常务委员。②

1943年9月,粤三青团筹备处改组为正式支团部,干事有李汉魂、李国俊等。③ 10月1日,1 000余名三青团团员在韶关青年馆召开三青团广东支团部成立大会(原三青团筹备处撤销),选举理、监事并宣誓就职。干事长李汉魂,书记李国俊,干事有高信、陆冠莹、黄铮、谢玉裁、陈鲁慎、

---

① 广东省立中山图书馆编纂:《民国广东大事记》,710页、712页,羊城晚报出版社2002年。
② 广东省立中山图书馆编纂:《民国广东大事记》,715页、717页,羊城晚报出版社2002年。
③ 《中山日报》,1943年9月7日。

戴振魂，监事有陈洪范、袁晴晖、朱琼书。还发表《告广东青年书》，参加"青年堡垒"揭幕。①

1944年1月31日至2月6日，韶关三青团开办青年冬令营，余汉谋到营做精神讲话，李国俊主持营务。② 2月21日，中央军委会政治部部长兼三青团中央书记长张治中等4人抵韶关。蒋光鼐等1 300人往迎。张此行目的为视察三青团团务和军队政治工作。23日，他出席了欢迎大会，还参观了生产团、省立文理学院、仲元中学，游览了南华寺。③ 3月23日，三青团广东支团部拨出200万元用于奖励在学的优良团员。④ 发动募印《三民主义》（孙中山著），并举行研读及论文竞赛。4月15日，三青团广东支团认印《三民主义》10万册（后证实为8万余册）。当时共有4万多团员，平均约为每人认购2册。⑤ 12月中旬，本省童子军理事会奉令移交三青团接办，即由三青团负责童子军工作。⑥

为了加强宣传工作，该支团部成立广东青年出版社，出版《广东青年》月刊（1940年5月2日创刊）和《文化新闻》周报。外围组织有三民主义研究会、青年服务社、广东青年剧社、青年招待所等，并成立战时青年服务队，以参加各种活动。该支团接收乐昌青年书店及指导各分团成立青年出版社，督促各县、市成立文化服务社、青年剧社，遍设中正室及书刊发行站；经常参与广东图书杂志审查委员会、电

---

① ② ③ ④ 广东省立中山图书馆编纂：《民国广东大事记》，724页、725页、732页、734页、736页，羊城晚报出版社2002年。

⑤ 广东省立中山图书馆编纂：《民国广东大事记》，737页，羊城晚报出版社2002年；《中山日报》，1944年9月14日。

⑥ 三青团广东支团部编：《六年来广东团务概况》，（韶关）文化印刷服务社1945年印行，存广东省档案馆党团类新卷号171。

影戏剧审查委员会、兵役宣传委员会、征募慰劳委员会、军委会新闻检查所、文化界国民月会等，以决定共同中心工作，齐一宣传步骤；还印刷发行大量的宣传小册子和各种定期刊物、壁报等；硬性规定今后不准再组织青年团体。从1944年起，青年节由5月4日改为3月29日，每年都有纪念庆祝活动。

该支团开展战时各种宣传运动，因"成绩优异"奉令嘉奖。如庆祝团长（蒋介石）寿辰献机运动（预定捐款12万元，已超额完成），宣传节储运动（奉令规定5万元，突破定额），开展战时公债劝募运动（额定5万元），征求伤兵之友运动（征得社费9 200余元），办理青年出钱劳军运动（共得1.5万余元），办理青年演讲、论文竞赛及各种座谈会、展览会，办理慰劳壮丁、荣誉军人及访问抗属、助耕等工作，开展青年文艺、文体活动，青年运动周，募捐书刊等。经常性的各种纪念日、运动日，或其他各种重要的宣传工作都有进行，取得一定的成效。①

该支团开展社会服务工作。一方面发动团员为青年服务，如青年升学就业之辅导，战时失业失学青年之招致；另一方面组织青年为民众服务，如普遍设立青年服务社、服务队之组织，成立青年和民众招待所，以推广社会服务、生产劳动服务及实施战地服务、节省救荒运动等。还建立了青年馆、体育会、游泳场、食堂、宿舍、合作社、补习学校、中正堂、诊疗所等机构，经常办理各种社会服务事项。有的还与省党部一起组织党、团员服务队慰问征属、难属及举行清

---

① 《中山日报》，1944年12月15日。

洁运动，还与省赈济会合办小本贷款。①

该支团响应发动知识青年从军运动。1941年2月5日，三青团中央传令嘉奖广东支团部筹备处办理青年从军运动"成绩优异"②。1942年4月，该支团筹组入缅服务队。③1943年7月，国民政府中央军委会政治部嘉奖广东省学生兵役宣传。④ 12月27日，韶关市三青团分团部发起知识青年从军运动。⑤ 1944年10月8日，国民党省党部主任委员方觉慧谈话称：此次10万名知识青年从军后，均按远征军待遇。广东分配名额，党员、团员各4 000名。凡18~28岁的党、团员均可参加，非党员、团员也可应征。16日，全国知识青年志愿从军指导委员会分配给广东的征集知识分子从军名额为2 000~3 000人。⑥ 至1944年12月中旬，广东从军青年登记已逾万人。⑦

此外，该支团在女青年工作方面亦加以注意，组训女青年参加战时工作。⑧

---

① 广东省政府广东年鉴编纂委员会编：《广东年鉴》，34~36页，广东省政府秘书处编译室1941年；广东省立中山图书馆编纂：《民国广东大事记》，631页，羊城晚报出版社2002年；《中山日报》，1942年2月20日。

② 《广东省政府公报》，第678期，1941年2月15日。

③ 《中山日报》，1942年4月30日。

④ 《中山日报》，1943年7月3日。

⑤ 广东省立中山图书馆编纂：《民国广东大事记》，730页，羊城晚报出版社2002年。

⑥ 广东省立中山图书馆编纂：《民国广东大事记》，747~748页，羊城晚报出版社2002年。

⑦ 《中山日报》，1944年12月27日。

⑧ 三青团广东支团部编：《六年来广东团务概况》，（韶关）文化印刷服务社1945年印行，存广东省档案馆党团类新卷号171。

1945年9月中旬，抗战胜利结束后，粤支团书记李国俊等驰赴收复区协助展开工作。①

三青团为巩固和发展组织，进行了新、旧团员之征求与登记，指导考核、干部训练和团员入团训练等，还注意加强女青年的工作。1940年，实有团员25 235人；1941年共有团员27 863人；1942年39 293人；1943年32 108人；1944年52 175人；1945年61 849人。团员中以男性、17岁、中学学历、学生为最多。②

6年来，共吸收团员6万余人。在训练方面，举办团务班、工作人员训练班、教导主任班及派往中央青干班、中训团党政班受训，6年来培养的干部有1 500多人，并办夏令营、冬令营及入团训练与经常训练。③

三青团广东支团的大权完全掌握在坚决反共的"军统"、"中统"分子手里，维护国民党的独裁统治，特别是在反共逆流到来之时，它的反动性越发明显。事实证明，三青团只不过是国民党的一个御用工具而已。

在抗战时期，它与国民党一样具有两面性，即既有爱国抗日的一面，也有反共、反人民的一面。

综上所述，在抗战时期由广东国民党当局统制的民众运动（主要包括工、农、商、妇、青运）和民众抗日团体，经

---

① 《中山日报》（梅县版），1945年9月12日。
② 三青团广东支团部编：《六年来广东团务概况》，（韶关）文化印刷服务社1945年印行，存广东省档案馆党团类新卷号171。
③ 《中山日报》，1941年5月5日；1942年4月8日，7月1日，9月24日等。

历了从低潮转向高潮又走向低落的阶段。

至抗战结束时,由广东省国民党当局统制的抗日民众团体主要有省农会、省商会联合会、省机器总工会、中华海员工会广州分会、省妇女会、三民主义青年团广东支团部、省渔民联合会、文艺协会、戏剧协会、邮电工人团体等十几个较大的群众组织,其中均建立党团,而各党团中,又以机器总工会及海员工会最为重要。机器总工会拥有会员9 362人,海员工会有会员1.2万人,已为国民党的省民众运动委员会掌握,切实健全其党团机构。①

从总结历史的经验教训来看,当时国民党广东当局在民众运动的高潮阶段,如能从国家、民族的共同根本利益出发,继续贯彻执行抗日民族统一战线政策,与共产党和民主党派及一切爱国抗日的力量团结起来,充分发挥各阶层、各抗日民众团体的作用,就会形成一个巨大的凝聚力,那么,广东的抗日救国运动就会扩大发展,整个抗战局势便会大为改观,即使遇到困难、挫折,其损失也会大大减少,最后的结果会更好;反之,不继续坚持贯彻执行抗日民族统一战线政策,就会发生摩擦和矛盾,造成一个巨大的分裂力量,使抗战形势走向低潮,给国家、民族和人民带来极大的损害。这也说明,合则有利,分则有损。这对今天仍有重要而深刻的启迪意义。

---

① 余俊贤:《中国国民党广东省党部工作总报告》(1937—1946年),中国国民党广东省执行委员会秘书处编,1946年印行。

第二节　张发奎、余汉谋主持两广军事

1938年1月,全国重划战区,广东被划为第四战区,作战辖区为两广方面,由总参谋长何应钦兼任司令官,下辖第八军团和第十二集团军。10月,广州、武汉弃守后,蒋介石令余汉谋"戴罪图功,复仇雪恨"收回广东。余以"明耻教战"、反攻广州为号召就任第四战区副司令长官。广州沦陷后,广东和广西仍划为第四战区,由张发奎出任战区司令长官,余汉谋为副司令长官兼第十二集团军总司令。从1939年4月开始,广东军事当局发动"夏季攻势"。

张、余将广东作战防守区域"分为东南西北四区,每区以一个集团军任之"。在粤北轮训大批党政军干部,同时整顿和组织了游击武装和地方武装;开办了游击训练班。部署开展敌后游击战,成立了广东游击指挥所,把沦陷区及其附近划为6个游击区,并组训粤北10县壮丁。

第二次粤北战役后,战区调整,广东划为第七战区,余汉谋为司令长官,继续实行以"防备为主"的战略方针。1945年初,日军派遣第四十师团、波雷和波潮部队南下,打通粤汉线,占领从潮汕到四邑沿海要地,侵粤日军一度增至6个师团3个旅团,还有近5万兵力的海军及其陆战队。同年5月,美军放弃在华南登陆的计划,进攻冲绳。侵粤日军部分北调。

第三次粤北战役后,曲江、韶关已失,第七战区布防重

点在江西三南和粤东。海南岛一直由琼崖守备司令王毅率领的守备两个团和保安两个团负责防守。

一、重新划分战区与抗日战略方针的制定

（一）军政长官的调整

1938年1月，国民政府最高统帅部根据战局的变化，在全国重划战区。各战区统辖本区的军民财政，在国民政府最高统帅部的领导下，具体组织本战区的抗战。[①]

当时，广东被划为第四战区（作战辖区为两广方面），由总参谋长何应钦兼任司令官，下辖第八军团和余汉谋等部（余汉谋所辖第四路军改称第十二集团军）。[②]

同年10月，广州、武汉弃守。国民政府最高统帅部召集了"长沙、南岳、西安各次会议"，总结了前一时期对日作战的经验，根据新的敌我态势，决定第三期作战的指导方针是：发动敌后游击战；开展有利条件下的"局部攻势或反击"，消耗敌人。同时抽调部队整训，做好反攻准备。[③] 这次把全国划分为10个战区，广东和广西仍划为第四战区，由张发奎出任战区司令长官，余汉谋为副司令长官，陈宝仓为战区参谋长，丘誉为政治部主任。

1939年1月1日，张发奎在韶关就职，组建第四战区长

[①②] 何应钦：《八年抗战之经过》，载浙江省中国国民党历史研究组编印：《抗日战争时期国民党战场史料选编》，59~69页、87~94页。

[③] 何应钦：《八年抗战之经过》，载浙江省中国国民党历史研究组编印：《抗日战争时期国民党战场史料选编》，59~69页、87~94页。

官司令部。不久，国民政府最高统帅部成立桂林行营，统辖西南军政，广西部分地区划分桂林行营管辖。因此，第四战区统辖的区域为广东及广西的一部分。

对出任此职，张发奎既高兴又感到担子沉重。他回忆说，高兴的是能为桑梓的抗战出力，对两广的情况比较熟悉和了解，对指挥作战有很多便利。同时，又感到要负责战区党、政、军等多方面的工作，处理历史上遗留下来的封建关系，确保华南战局，争取抗战胜利而责任重大。上任之初，张发奎即与余汉谋、李汉魂等广东主要军政要员召开会议，了解情况，"研究交换战术上的意见"①。

当时，侵粤日军是第二十一军，司令官为安藤利吉中将，辖第十八、第一〇四师团、台湾旅团、第一独立步兵队、第四飞行团等部。日寇除占据广州及其附近花县、从化、增城、东莞、番禺、南海、三水等一部分地区外，还于1939年2月侵略海南，3月侵入顺德、江门、新会，6月攻略潮汕，9月侵占深圳和中山（不久退出中山，翌年3月又重新占领中山）。日军侵粤的战略目标主要是截断华南对外通道（华南为当时中国的主要对外通道），断绝中国对外经济物资联系和援华物资的供应，以扼杀中国的抗战能力。

（二）广东抗日战略方针的制定

按照国民政府"最高统帅部的战略指示"，及根据驻粤主力第十二集团军新败、"残缺不堪"的情况，张发奎、余汉谋制定了持久抗敌的战略方针，决定："稳定第一线和整

---

① 张发奎：《抗日战争回忆录》，见广东省政协文史资料研究委员会编：《广东文史资料》，第55辑，43~47页，广东人民出版社1988年。

顿后方","在作战方面,以确保粤北、占领英(德)翁(源)既设阵地为守势作战方针,以加强阵地工事,调整部署,训练部队和整理其他地方上与后方诸业务,为作战准备的工作"。① 同时,根据侵粤日军兵力不足,以固守占领地为主要战略的特点,张发奎、余汉谋又决定:侦察掌握敌情,寻找敌人防备薄弱之处,"出击反攻,以求小胜","积小胜为大胜";同时,扰乱敌人,使敌人不得安宁。②

张发奎、余汉谋将广东作战防守区域"分为东南西北四区,每区以一个集团军任之"。惠州、潮州和兴梅一带划为东区,由吴奇伟第九集团军防卫;清远、翁源、从化、佛冈和新丰及其以北为北区,由余汉谋第十二集团军镇守;肇庆、四邑、阳江等一带为西区,由新组建的李汉魂第三十五集团军防守;高州、雷州、钦州和琼崖为南区,由夏威的第十六集团军守卫。

张发奎在粤北南雄的修仁设立了第四战区干部训练团,轮训党政军干部;从部队中挑选优秀军士给予"士官训练",以补充和储备部队下级指挥官;还成立政治干部训练班,招收青年学生施以军事、政治训练,分配各部队做政治工作和组织训练地方民众。干训团先后训练干部4 000余人。③

同时,部署开展敌后游击战。"七七"事变后,广东军政当局成立广东民众抗日自卫团统率委员会,在各地建立抗

---

①③ 张发奎:《抗日战争回忆录》,见广东省政协文史资料研究委员会编:《广东文史资料》,第55辑,44~45页,广东人民出版社1988年。
② 王俊:《广东方面抗战经过及其感想》,载《阵中文汇》,第2卷,第1、2期合刊,1941年。

日武装。日寇入侵广州时，广州近郊的地方武装发动游击战，伏击、袭击小股日军。1938年冬，国民政府最高统帅部召开的南岳会议，决定把游击战作为重要的军事斗争形式。为此，张发奎对广东游击战做了新部署，成立了广东游击指挥所，以香翰屏为主任；把沦陷区及其附近划为6个游击区。起初，全省划分为23个游击区。1939年初，依行政区域合并为9个游击区。后来国民政府最高统帅部规定沦陷区及其附近才能设游击区，广东遂划了6个游击区：以南海、顺德、三水、花县为第一游击区，李福林为游击队司令；以番禺、增城为第二游击区，伍观淇为游击队司令；以惠州、博罗、紫金、河源为第三游击区，骆凤翔为游击队司令；以宝安、东莞为第四游击区，王若周为游击队司令；以新会、开平、鹤山为第五游击区，古鼎华为游击队司令；以中山为第六游击区，吴飞为游击队司令。后有变化。① 整顿和组织了游击武装和地方武装；开办了游击训练班。②

镇守广东的主力为余汉谋第十二集团军。该部退往粤北后，蒋介石令余汉谋"戴罪图功，复仇雪恨"。余汉谋以"明耻教战"为号召，补充兵员，整训部队。在翁源南浦设军官补训团，轮训中下级军官。训练的主要内容是：灌输民族主义和爱国精神；学习战略战术和军事技术，如讲解战例、"各种兵器的使用"，等等。③ 招收青年学生组织政工队，开展粤

---

① 香港《工商日报》，1939年1月5日、12日、15日。
② 《新军》（创刊号），5~8页，1939年。
③ 王俊：《广东方面抗战经过及其感想》，载《阵中文汇》，第2卷，第1、2期合刊，1941年。

北民兵组训工作：组织训练粤北10县壮丁，即对适龄壮丁进行国民军训，对民众开展"空舍清野"的教育和训练。①

（三）余汉谋出任第七战区司令长官

1940年1月，张发奎奉令到广西指挥桂南战役，广东战场由余汉谋负责。同年5月，广东划为第七战区（高州、雷州和钦州等广东南路部分地区则划给第四战区管辖），辖广东大部和赣南部分地区，余汉谋出任战区司令长官，蒋光鼐为副司令长官，王俊为参谋长，李煦寰为政治部主任。

余汉谋主持战区工作后，根据防守地域变化和守军减少的情况，对防卫做了调整：以第十二集团军防守粤东、粤北，其中以重兵防卫粤北；以第三十五集团军镇守西江、四邑和两阳地区；继续实行以"防备为主"的战略方针；在乐昌设立第七战区军官训练团，调训中下级军官和编余人员；同时将游击队整编为5支。第一游击队司令（不详）；第二游击队司令伍观淇；第三游击队司令骆凤翔；第四游击队司令翟荣基；第五游击队司令彭林生。后又有变化，如1945年前后编为6个纵队：挺进第一纵队司令林朱梁；挺进第二纵队司令莫雄；挺进第三纵队司令伍番；挺进第四纵队司令伍观淇；挺进第五纵队司令周汉铃；别动第一纵队司令翟荣基。②

第二次粤北战役后，日寇在较长的一段时间内，在广东

---

① 云实诚：《粤战七年》，2~3页，前锋报社1946年；余汉谋：《广东一年来之军事及今后展望》，载《阵中文汇》，第1卷，第1期附册，24~26页，1941年。

② 第七战区长官司令部编：《第七战区抗战纪实》附录，见广东省政协文史资料研究委员会编：《广东文史资料》，第55辑，217页、220~221页，广东人民出版社1988年。

未发动大规模的进犯，只是不时出动数千兵力进袭沿海及西江、北江、南路，主要目的在于截断华南对外通道和抢掠物资；有时则是为了配合华中战役，而出兵北犯，以牵制粤北守军。由于广东战场相对平静，1943年夏天以后，国民政府最高统帅部相继将第十二集团军的主力第六十二军和第三十五集团军之第六十四军调往湖南、广西作战。这样，广东守军的力量更为单薄，余汉谋遂实行消极防备、维持现状、保存实力的战略方针。

二、侵粤日军、广东守军的建制与配置

（一）早期侵粤日军的驻守

从1938年10月23日日军大规模入侵广东起，到1939年底，日寇占据了广东各主要口岸、珠江三角洲富庶之区和海南岛。

日军占领广州后，在外围筑起一道防线。该防线东起东莞的太平、石龙、增城及其福和，北至从化的太平场、神岗、花县的两龙、清远的军田，西迄三水的芦苞一线。

起初，侵粤日军的番号为第二十一军，先后辖第十八、第一〇四师团，台湾混成旅团，第一独立步兵队和第二十一独立飞行队（原为第四飞行团）。以第十八师团和第一〇四师团一部占据广州及其近郊、珠江三角洲；第一〇四师团另一部盘踞潮汕；台湾混成旅团据守钦廉；第一独立步兵队占领海南。1939年10月，日军又从国内调遣第三十八师团侵粤，驻扎佛山、三水、江门和新会等地；11月又派遣近卫混

成旅团入粤，参与进犯粤北。①

（二）前期广东守军的配置

最早负责广东防卫的是余汉谋统率的国民革命军第四路军，共5个军，有12万~13万人，后被调两个军北上参加华东、华中抗战。

1938年底，参加武汉会战后的外调部队和第九集团军总司令部返粤。这时，张发奎出任第四战区司令长官，负责两广防卫。其指挥的第四战区共有3个集团军18个步兵师、20个步兵旅及一些特种部队。不久，张发奎得到国民政府最高统帅部同意，以第六十四军为基础组建第三十五集团军。这样，第四战区分别以第九、第十二、第三十五、第十六集团军防卫广东的东、北、西、南四区。各集团军的配置大致如下。

第九集团军总司令吴奇伟，辖第六十五军（军长缪培南、副军长黄国梁、参谋长陈克强）3个师（第一五八师师长林廷华，第一八七师师长孔可权，预六师师长吴德泽），1个独立旅（独立第九旅旅长华振中）。第一五八师和第一八七师驻防增城、惠阳和宝安、东莞一带；独立第九旅和预六师驻守兴宁、梅县和丰顺、揭阳前线。

第十二集团军总司令余汉谋，副司令王俊，参谋长张达，指挥3个军1个独立旅。第六十二军（军长黄涛，参谋长叶敏予）辖第一五二师（师长陈章），第一五七师（师长

---

① 日本防卫厅防卫研究作战史室编：《中国事变陆军作战史》，田琪之译，第三卷，第一分册，4页、7~8页，中华书局1983年；耿成宽、韦显文：《抗日战争时期的侵华日军》，70~71页，春秋出版社1987年。

练惕生）驻防源潭至佛冈之线；第六十三军（军长张瑞贵，参谋长何经绍）辖第一五三师（师长彭智芳）、第一五四师（师长梁世骥）、第一八六师（师长赵一肩），分别驻守清远城至滃江、从化的良口、牛背脊附近阵地；第六十六军（军长叶肇）辖第一五一师（师长林伟俦）、第一五九师（师长官祎）、第一六〇师（师长宋士台），分别驻扎龙门、新丰及始兴、南雄等地。独立第二十旅（旅长张寿）是集团军直属部队。粤北守军以龙门的地派、从化的牛背脊、佛冈的水头、清远的滃江一线为主阵地构筑防线，以龙门的永汉、增城的东洞、从化的良口、佛冈的鳌头、清远的源潭为前线阵地，做纵深配置。

第三十五集团军总司令李汉魂（后为邓龙光），副总司令朱晖日，参谋长张弛，指挥两个军和省税警总团。第六十四军（军长邓龙光，后为陈公侠），辖第一五五师（师长邓鄂，后为张弛）、第一五六师（师长王德全）、暂二军（军长邹洪），辖暂七师（师长王作华）、暂八师（师长张君嵩），防卫四会、肇庆、四邑等地。

第十六集团军总司令夏威，指挥第三十一、第四十六军，负责防守广东南路和部分桂南要地，其中新九师和第一七五师分别驻防钦县和北海。[①] 上述各集团军的编制和驻防

[①] 日本防卫厅防卫研究作战史室编：《中国事变陆军作战史》，田琪之译，第三卷，第二分册，30～31页，中华书局1983年；张发奎：《抗日战争回忆录》、《抗日战争时期国民党部队番号及各级长官姓名表》，见广东省政协文史资料研究委员会编：《广东文史资料》，第55辑，44～51页、207～213页，广东人民出版社1988年。

地，在不同时期有一些变化。

1939年11月，第九集团军总司令吴奇伟调广西参与指挥桂南作战，其所辖第六十五军改为第四战区预备队调往曲江；预六师拨归第三十五集团军指挥，独立第九旅调拨第十二集团军指挥，继续驻防粤东。接着，叶肇第六十六军扩编为第二十七集团军（陈骥接任军长），开赴桂南作战。后因叶肇在桂南会战中被认为贻误战机，受到严厉处分，第二十七集团军及所属第六十六军番号被撤销，所辖第一五九师和第一六〇师分别拨归第六十四军和第六十五军。①

同年12月，日军向粤北进攻，国民政府最高统帅部调第五十四军（军长陈烈，下辖第十四师，师长阙汉骞；第七十六师，师长王凌云；第一九八师，师长王育英）驰援粤北。该军被第四战区"控制于韶关附近为总预备队"。第二次粤北会战后撤离粤北。

（三）后期侵粤日军和伪军的布防

1940年后，侵粤日军的番号及布防亦有一些变化。是年2月，日本撤销第二十一军番号，成立华南方面军，编入中国派遣军战斗序列。7月，华南方面军又拨归大本营直辖。年底，调来近卫师团和独立混成旅团，分驻中山和潮汕。

1941年7月，日寇撤销华南方面军建制，成立第二十三军，再次编入中国派遣军序列。其近卫师团、第十八师团先后调离广东，调来第五十一师团盘踞中山等地。年底，日寇

---

① 李洁之：《蒋介石分化余汉谋粤系部队史实》，见广东省广州市委员会文史资料研究委员会编：《广州文史资料》，第6辑，91~102页，广东人民出版社1962年。

发动太平洋战争,侵粤的第三十八师团也开往南洋作战。

1942年7月,因太平洋战场吃紧,日寇再由粤调第五十一师团增援。同时,以新编的独立混成第二十二旅团侵占广州湾,该部编入侵粤的第二十三军。

1944年4月,日寇发动豫湘桂战役。后又将第二十三军编入第六方面军,第二十三军主力由广东开赴广西作战。同时以第二十二师团、独立步兵第八旅团、第十三旅团、独立混成第十九、第二十二、第二十三旅团,编入第二十三军。其中以独立步兵第八旅团"警备广州地区",独立混成第十九旅团占领潮汕,独立第十三旅团盘踞中山。①

自1940年5月起,汪精卫在广东建立傀儡政权后,共建立了4个师为主力的伪军,其布防大致如下:第二十师先后驻守番禺、顺德、新会和东莞等地;第四十三师驻扎广州和中山;第四十四师据守潮汕;第四十五师布防于宝安、东莞。② 后有变化。

(四)后期第七战区的防卫

第二次粤北会战后,重新调整战区,广东划为第七战区,余汉谋为司令长官。负责第七战区防卫的只有第十二、第三十五集团军和地方武装。正规军按照上级指示进行整编,"各师将两旅四团制,缩为取消两旅部直属三团制"。③

---

① 耿成宽、韦显文:《抗日战争时期的侵华日军》,198~200页,春秋出版社1987年。

② 在不同时期,驻防有一些变化。

③ 李洁之:《蒋介石分化余汉谋粤系部队史实》,见广东省广州市委员会文史资料研究委员会编:《广州文史资料》,第6辑,91~102页,广东人民出版社1962年。

此后第七战区布防有如下变化:

以预六师和暂二军为战区直属部队;把预六师(师长吴德泽)、第一八六师(师长李卓元属第六十三军建制)部署在粤东;后成立闽粤赣边区总司令部,香翰屏为主任,负责兴梅潮汕等地防卫;调独立第九旅驻防惠州、博罗一带;1941年后又设立惠淡守备区,由第六十五军第一八七师驻防,并以该师师长张光琼为守备区司令。

仍以第十二集团军(余汉谋任总司令,王俊调走后,徐景唐、张达为副总司令)主力守卫粤北。以第六十二军(军长黄涛)辖第一五一师(师长林伟俦),第一五四师(师长张浩东),第一五七师(师长练惕生)守卫佛冈、翁源和英德东部一线;第六十三军(军长张瑞贵)辖第一五二师(师长陈章),第一五三师(师长欧鸿)防卫从化、龙门及新丰一线。战区直辖第六十五军(军长黄国梁)指挥第一五八师(师长林廷华)、第一六〇师(师长莫福如)驻防翁源、新丰;独立第二十旅驻防曲江。①

以暂二军(军长邹洪)指挥暂七师(师长王作华)、暂八师(师长张君嵩),防卫四会、广宁等地。第三十五集团军(总司令邓龙光)之第六十四军(军长陈公侠,后为张弛),指挥第一五五师(师长张弛)、第一五六师(师长王德全)防守西江、南路一线。

1944年夏,长(沙)衡(阳)会战告急,蒋介石急调第十二集团军之第六十二军和暂二军入湘参战。此后第六十

---

① 在此一时期,各军的驻防都有一些变化。

二军转归第四战区张发奎指挥。桂柳会战时,第三十五集团军又奉令驰赴广西参战。

1945年初,美军计划在华南登陆,日军得到情报,企图垂死挣扎,派遣第四十师团、波雷和波潮部队南下,打通粤汉线,占领从潮汕到四邑沿海要地,加强华南防卫。侵粤日军一度增至6个师团3个旅团,还有近5万兵力的海军及其陆战队。其布置是:第一〇四师团驻守潮汕海陆丰一线;第一二九师团集结于惠州附近;第四十师团布防于新会、台山一线;第一三〇师团(由原驻潮汕和独立混成第十九旅团为骨干组成)移驻番禺等地,第一三一师团据守韶关和江西赣州等地处;独立步兵第八旅团据守广州湾;海军屯集海南岛。

同年5月,美军放弃在华南登陆的计划,进攻冲绳。侵粤日军部分北调。①

针对战争形势的变化,第七战区做了新布防,除重点在既设粤北阵地外,还组成曲江守备军负责曲江韶关防卫;成立乐(昌)仁(化)乳(源)守备军、北江西岸指挥所和西江南路指挥所防守各地。

第三次粤北战役后,曲江、韶关已失,第七战区布防重点在江西三南(全南、龙南和定南)和粤东。②

孤悬海上的海南岛,一直由琼崖守备司令王毅统率守备

---

① 日防卫厅战史研究所战史室著:《昭和二十(1945)年的中国派遣军》,天津市政协编译委员会译校,第1卷,第1分册,1~4页、112~117页,第2分册,1~24页;第2卷,第1分册,8~9页,第2分册,12页,中华书局,1982年。耿成宽、韦显文:《抗日战争时期的侵华日军》,春秋出版社1987年。

② 《第七战区指挥系统表》(1)、(2),见广东省政协文史资料研究委员会编:《广东文史资料》,第55辑,附表,广东人民出版社1988年。

第一、第二团和保安第六、第七团负责防守。

三、转进粤北后广东守军的夏季攻势

（一）"惠广战役"失利后的"明耻教战"

1938年10月，"惠广战役"失利，其后广东重要区域珠江三角洲被日寇占据，广东进入持久抗战阶段。改组后的广东军政领导人决心对广东军政进行一些改革。张发奎发表了《告军人书》，号召广东守军广大官兵奋勇抗敌，洗刷丢失华南重镇——广州的耻辱。李汉魂表示要"精诚团结，励精图治，赈济苦难，发展经济"。余汉谋提出"复兴四路军"、"广州在广东军人手上收回"的口号，对所部官兵开展所谓"明耻教战"。

随着军政领导人的振作和政治的一些刷新，"民众的抗战情绪、军队的杀敌精神，一般均形提高"。为打击日寇，并振奋抗日精神，广东军事当局决定实施"先从易攻易胜之处入手，出击反攻，以求小胜"，"积小胜为大胜"的战略。从1939年4月开始，有计划、有组织地出动部分兵力袭击日伪军。

（二）广东守军开展夏季攻势

4月上旬，防守东江一带的第九集团军一部和游击队骆凤翔部袭扰增城日军。他们攻占增城外围据点荔枝坳后，沿增江两岸向增城进逼。同时，第十二集团军之第六十二军一部由北向南出击敌据点福和，9日占领福和，后再进击朱村、中新，形成三面包围增城之势。增城之敌急电广州日军驰援，并撤往新塘、石滩。15日，突击部队攻入增城，"将守城日军及汉奸丑类扫荡无余"。闻讯，广州日军数千来袭，18日，广东守军放弃增城。

在以第九集团军为主的突击部队攻击增城及其附近之敌的时候，粤北守军第六十二军第一五七师等部队组织突击队，分路向花县、从化等地敌据点出击。6日凌晨，一队沿粤汉铁路"向新街石角、杨村等处进攻"，后又进袭江村、官堂；另一路袭击从化狮前市、狮洞日军。连日激战，予敌重创。①

接着，粤北守军第一五三师、第一八六师等部又"组编突击队若干部"，每队"配有小钢炮轻重机枪"，每人配有"多量手榴弹"。经过较充分的准备，从5月16日起"实行钻隙攻击，深入敌后"，"向增城、从化、花县各处猛攻，克服据点多处，敌凭坚强工事、猛烈炮火死守"。这次作战历时两旬，分别袭击了增城的朱村、中新的敌据点，从化的太平场、神岗等敌据点，位于花县的龙翔以及江村和蚌湖等敌据点，炸毁铁路、桥梁和敌军用之设备一批。②

6月21日，日军从广州等处调兵，由海路入寇潮汕。为牵制日军，粤北守军向广州外围之敌发起进攻。26日，第十二集

---

① 陈宝仓：《华南一年来军事的概述》，载《新建设》，第1卷，第3期，44~46页，1940年；《阵中文汇》，第2卷，第1、2期合刊，5页，1941年；《香港工商日报》，1939年4月8日、10日、16日、19日。

② 据当时广东军事当局说，此次袭击，共毙敌1 200多名，焚毁敌军械库3座、车辆50多部，破敌新街以南铁路20余里、大小桥梁10余座。见陈宝仓：《华南一年来军事的概述》，载《新建设》，第1卷，第3期，44~46页，1940年1月版；亦见《香港工商日报》，1939年5月18日、19日。

团军第一五一、第一五三、第一五四师等突击队在游击队的配合下，向粤汉路南段和从化神岗等地之敌发起攻击。次日，第一八六师收复新街，后又分兵袭击象山、江村、钟落潭。广州日军千余人增援，双方在花县城南十八岭一带和龙口庄激战。

第一五四师实行围点打援的战术，在"太平场河西之木棉毙敌百余，夺获步枪卅余枝"。

28日，粤北守军便衣队"冲进广州市郊龙眼洞、燕塘、沙口（疑为沙河——编者）一带袭击敌军"。7月1日夜，游击队200余人乘佛山日军主力外调，"攻入佛山，一由车站，一从中山公园、电灯局冲入市内"，毙伤日军30余人，凌晨2时顺利撤退。11日，广东守军出击部队更"将敌千余包围于平山、两龙一带"，予以痛击。此次出击，毙伤敌多人，俘敌数名。①

8月下旬，粤北守军再一次向广州外围日军进攻。22日晚，第一五三师反攻部队袭击神岗之敌，"由岗岭三坟地东北两地齐攻，敌顽抗"，进攻部队数次冲锋，于凌晨攻入神岗，"与敌白刃战，敌由太平场增援"，并派飞机助战。反攻部队派兵一团分兵向太平场、钟落潭两地出击，予以牵制。

同时，第一八六师也向"粤汉、广花两线之日军出击"，将广州至江村等处桥梁、通信线路毁坏。日军增援，并出动飞机轰炸。敌我双方在平山、两龙、回龙一带混战。反攻部

---

① 陈宝仓：《华南一年来军事的概述》，载《新建设》，第1卷，第3期，44~46页，1940年1月版；《阵中文汇》，第2卷，第1、2期合刊，5页，1941年；《香港工商日报》，1939年6月20日、21日、28日，7月2日、3日、5日。

队在予敌一定打击后撤退。对这次出击作战,当时广东军事当局的总结是:"血战五昼夜,敌伤亡四千以上。"①

9月,德国入侵波兰,欧战爆发,世界形势出现新的变化。为"使国际人士了解中国抗战的决心及强韧性",国民政府最高统帅部部署反攻作战。据此战略,广东守军向宝安、深圳之日伪军发动了进攻。25日,第一六〇师之四七八旅由东江西下,在第四区游击队的配合下,实施了这次反攻计划。事先游击队主力分散潜入深圳及宝深线集结隐蔽。30日,战斗打响,主力部队一部从梅林坳斜出宝深公路,击灭黄岗乡据点之敌,截断宝深公路。这时,南城之敌出援,但为事先埋伏的游击队所阻。而南头海上的日舰"因黑夜不敢开炮",帮不上忙,干着急。同时,反攻部队主力由"平湖、龙岗两地分兵两路转向布吉、深圳、沙头角进攻",内应游击队则在罗湖村内四处放火骚扰,日军摸不清反攻部队的底细,"退至沙深、宝深两路南面湖背、黄背岭、蔡屋围、海关一带"。布吉、沙头角和深圳大部分地方无敌踪。次日,南头海上日舰飞机前来轰炸助战。反攻部队及时退出。是役歼敌七八百名。②

年底,国民政府最高统帅部部署全国性反攻。华南日军因

---

① 陈宝仓:《华南一年来军事的概述》,载《新建设》,第1卷,第3期,44～46页,1940年1月版;《阵中文汇》,第2卷,第1、2期合刊,5页,1941年;《香港工商日报》,1939年6月20日、21日、28日,7月2日、3日、5日。

② 陈宝仓:《华南一年来军事的概述》,载《新建设》,第1卷,第3期,44～46页,1940年1月版;《香港工商日报》,1939年8月25日、28日;10月2日。

不堪广东守军反攻袭扰，策划向粤北发动大规模进犯，企图消灭粤北守军主力，于11月中旬开始沿粤汉路北犯。第四战区司令部调数个师阻击反攻。是为第一次粤北会战的序幕战。

在这一年，守卫粤东、西江和海南岛等地的广东守军及游击队也时有袭击敌人。如汕头、潮州等地沦陷后，独立第九旅及当地游击队常常夜袭潮安、彩塘、云步等敌据点，并打破了汉奸黄大伟欲在福建诏安建立伪政权的企图。守卫西江一带的第三十五集团军和游击队多次出袭江门、新会的日伪军，壮大了广东守军反攻作战的声势。

虽然广东守军的反攻作战的实际战果可能不大。① 但它积累了对日军作战的经验，锻炼了守军，也使他们逐渐养成"不怕敌之精神"，给日伪军以一定的打击，对敌方造成相当的压力。

第三节 广东省临时参议会的成立及其活动

1938年3月，国民党临时全国代表大会决定成立国民参政会。因广州沦陷，广东推迟至1939年5月才在韶关召开首届省临时参议会。第二届于1942年6月召开，任期到抗战胜利后。

省临时参议会的主要活动是召开会议，提出议案，做出决议。省临时参议会可以监督省政府的决策、政策及其施

---

① 当时军事当局的统计和报刊报道均有夸大战绩之嫌。

行，其决议对省政府有一定的约束力。省临时参议会还通过驻会参议员敦促、检查省政府各部门执行决议案的情况，有时还组织视察团或慰问团，到各地考察施政，到前线慰劳抗日将士。

省临时参议会在反映民情民意、团结各界民众、增强抗战力量方面起了一定作用，对省政的兴革起了促进和监督的作用，在一定程度上推进了地方民主政治的进步。它具有地方议会的雏形，并开展活动达7年之久，是广东地方民主政治发展中前所未有的重要事件。但它只有建议权和一定的监督作用，它不是立法机构，没有立法、任免等权，因"权力不够"，它所起的作用是有限的。

一、广东省临时参议会的成立

(一) 省临时参议员的产生

"九一八"事变后，中日民族矛盾逐渐上升为最主要的矛盾。中国各界有识之士，一方面主张坚决武装抗日，另一方面要求国民政府推行民主政治，开放民众运动，以有效地动员民众，集中全国力量抗战。"七七"事变后，日寇大举入侵，全国各阶层人民，尤其是政治精英们要求政治改革的呼声进一步高涨。在这种形势下，于1938年3月召开的国民党临时全国代表大会决定成立国民参政会，"俾集中全国贤智之士，以参与大计"。4月，国民政府公布《国民参政会组织条例》。7月，国民参政会成立，作为全国性民意机关。国民参政会做出了关于"设立省县参议会的决议"。9月26日，国民政府公布了《省临时参议会组织条例》，并通令各省成立省临时参议会，以促进地方政治的改善。

根据国民政府的指示，各省临时参议会应在1939年1月成立，但因日寇大举侵粤，广州沦陷，广东的准备工作拖延，未能按时成立。广东省军政机关迁往粤北曲江（韶关）后，指定民政厅派员筹办，拟定于1939年4月成立省临时参议会。国民政府规定广东省第一届临时参议会参议员名额为50人，"由省内重要文化团体或经济团体服务人员中遴选20名，由各县市住民中遴选30名"。按规定，参议员的产生办法是：由国民党广东省党部和省政府联席会议按资格条件推选候选人100名，呈送国民政府圈定。

1939年3月，国民党广东省党部和广东省政府联席会议决定候选人分两部分产生：一部分由省内各重要文化团体、经济团体推出候选人，联席会议再从其中确定40名；另一部分由各县、市政府在"征询该县、市党部及地方团体意见"后，各推定2名候选人送省汇总，联席会议从中确定60名。

4月初，"国民政府简派郑丰为广东省临时参议会秘书长"。16日，国民政府公布吴鼎新为广东省临时参议会议长，黄枯桐为副议长，并公布了广东省临时参议会参议员46人的名单（空缺4名为海南岛名额，因日寇于当年3月攻陷琼州，该地未能及时推出候选人名单送省城）和候补参议员21人的名单。21日，成立省临时参议会秘书处，加紧筹备召开第一次大会。①

---

① 《香港工商日报》，1939年3月13日、19日，4月18日、20日、21日，5月2日；广东省政府广东年鉴编纂委员会编：《广东年鉴》，第3编，第4章，5~12页，广东省政府秘书处编译室1941年。

（二）省临时参议会宣布成立

经过各方努力，5月15日，广东省临时参议会首次大会在战时省会韶关开幕。出席会议的有省临时参议会正、副议长及参议员23人（后陆续到会的参议员还有14人），第四战区司令长官张发奎、副司令长官余汉谋、广东省政府主席李汉魂，国民党在粤中央执行委员罗翼群、陆幼刚、邓青阳也参加了开幕式。会议由议长吴鼎新主持，张发奎、余汉谋、李汉魂等军政首长分别致辞祝贺。省政府主席李汉魂在发言中特别讲述了省政府与省临时参议会之间的关系，并希望各位参议员能够尽量反映民意，提出"省政兴革"的意见，表示省政府将"无条件接纳，务使民众得到实惠，适应抗战需要"。① 会议通过了多项决议案，并郑重发表了宣言，宣告广东省临时参议会的成立，表示广东人民将不惜"任何牺牲"，"与顽敌搏斗"到底；并代表广东人民向在前方浴血奋战的将士致敬；向省当局致以"最热烈之愿望与信任"，期望"当局一洗以往积习，从惨痛经验中谋划时代之刷新，不姑息，不苟安"，"铲除贪污，廓清积弊，积极扶植人才，实施建设"；最后表示省临时参议会将负起职责，"举民间愿望与疾苦掬诚沥陈"，与"当局共谋彻底之兴革"。②

广东省临时参议会第一次大会的召开，标志着它的正式成立。

广东省临时参议会设秘书处负责日常事务，由秘书长主持，配有两名秘书。设议事组和总务组，各设主任1人，组

---

①② 《香港工商日报》，1939年5月31日，6月6日。

员2~4人，办事员3~5人，"除小部专责人员外，均由民政厅派员兼任"。省临时参议会闭会期间，推选7~9人为驻会代表，监督决议案的执行。

第一届广东省临时参议会参议员任期原为1年，后受战争形势等原因影响，经国民政府两次批准，延长了两年。

第二届广东省临时参议会于1942年6月组成，议长林翼中，有省临时参议员共55人，任期到抗战胜利后。①

广东省临时参议会参议员多属"社会名流"，"各界英俊耆硕"。第一届议长吴鼎新是广州国民大学校长，副议长黄枯桐为国立中山大学农科系教授；著名的华侨领袖蚁炎光、许观之是参议员；女界名人吴菊芳、陈明淑亦名列其中。② 第二届省临时参议会议长林翼中，历任国民党第4~6届中央执行委员，曾任国民政府农林部政务次长等职。

二、广东省临时参议会的活动

（一）省临时参议会的职责及其重要活动

《省临时参议会组织条例》规定："国民政府在抗战期间，为集思广益，促进省政兴革起见，特设临时参议会"，"在抗战期间，省政府之重要之施政方针，于实施前，应提交省参议会决议"，"省临时参议会对于省政之兴革，得提出建议于省政府"。可见，省临时参议会对省政具有建议权和一定的监督权，可以代表各界民众向省当局反映要求和意

---

① 林翼中：《三年来之广东省临时参议会》，载《大光报》，1946年1月1日。
② 《香港工商日报》，1939年5月31日。

见。省临时参议会还可以监督省政府的主要决策、政策及其施行,其决议对省政府有一定的约束力。如省临时参议会组织条例规定:"省政府主要之施政方针于实施前,应提交临时参议会决议。参议会休会期间,遇有特殊紧急情形,须为紧急处置时,应呈行政院核准,并应于参议会次期集会时报告于省临时参议会。"

"临时参议会通过之议案,省府认为不能执行时,至迟应于次期集会复议。如超过三分之二赞同原案,或对原案予以修正时,省府对临时参议会复决之决议,除呈行政院免予执行者外,应予执行。"但省临时参议会还不是代议机关,不具有立法权,对省政府的监督也不具有强制力,其主要职能是为省政府当局的决策提供信息和方案。省政府主席李汉魂在省临时参议会第一次大会开幕致辞时,就直截了当地把省临时参议会和省政府之间的关系概括为"协助"和"合作"关系,他说:"眼前省临时参议会,则纯粹站在协助政府的立场推动省政",它"与省政府之关系其合作精神可谓超越一切"。

省临时参议会的主要活动是召开会议,提出议案,做出决议。第一届省临时参议会每半年召开1次大会,共召开大会6次。每次会期约两个星期。第一次大会由1939年5月15—28日召开,到会的参议员近40人;第二次大会在同年12月1—15日举行,时值第一次粤北会战,会址移至曲江某镇,莅会40余人;第三次大会召开于翌年6月1—14日,30余人出席,因正值第二次粤北会战期间,为避日机轰炸,会址选在韶关附近一个偏僻村庄;第四、第五次大会分别于

1940年11月和1941年7月上旬举行，到会参议员均在30～40人；第六次大会则延至1942年1月中旬以后举行。

第二届广东省临时参议会，由于经费缺乏和战事关系，未能按组织条例规定每半年举行1次会议，但到1945年10月仅召开过3次大会。前两次大会均在粤北举行。在这段时间，因粤北形势数度紧张，省临时参议会曾两次迁往连县和粤西北的封开。第三次大会是在抗战胜利声中召开于粤东平远的大柘。抗战胜利后，省临时参议会迁回广州。1945年10月，奉令将任期延至正式省参议会成立之时。①

省临时参议会会议内容之一是听取省军政各机关的工作报告。第一届第一次大会，省政府、保安处、财政厅、建设厅、会计处及省军管区、邮政管理局、赈济会，还有省高等法院等部门负责人均到会做工作报告。第二次大会首先听取了李汉魂关于省临时参议会成立以后5个多月来的施政报告及关于1940年的施政纲要。接着，省政府有关部门，如地税局、印花酒税局、粤闽统税局、盐务管理局和省军管区、绥靖公署、高等法院、高等检察院负责人先后在会上做了工作报告。第四次大会共有19个部门做了工作报告。这些工作报告最长的为省政府的工作报告，达150分钟，最短的在15～20分钟。有时省政府及有关部门负责人还就紧急问题向省临时参议会做特别汇报，如在第四次大会上，李汉魂专门向省参议员们做了省政府解决粮食问题的报告，回答省参议员对粮食问题的关注。②

---

① 林翼中：《三年来之广东省临时参议会》，载《大光报》，1946年1月1日。
② 《香港工商日报》，1940年11月22日。

省参议员就施政问题向省军政当局有关官员询问、质询，提出批评，也是会议的重要内容。参议员在大会上踊跃提问，了解省政府多方面的施政情况。其中参议员刘平在"每一位机关首长的报告完毕"后"询问最多"，被冠于"询问专家"的头衔。参议员们也往往直言不讳地质问和批评。如副议长黄枯桐是被誉为"最敢说"之人。他也承认在中山大学就有"铁颈"之称。他在会上公开批评"省与县的联系还只是形式联系"，"一切政治无推进"，"县长人选多半不能尽人意"，等等。议长吴鼎新同样敢于指出省军政当局对地方基层民众的"组织工作做得十分不够"。他举例说，日军窜扰各地时，"很多地方不但没有抵抗，而且做出屈辱的举动来，这完全表露一种无组织无训练的散漫现象"。①

讨论和表决议案是省临时参议会会议的主要内容。这项活动，先由参议员联名提出议案，然后分设审查小组，对提案进行审查，最后将小组通过的提案交大会讨论表决。如第一届第二次大会，共收到提案108件，小组审查和大会审议时撤销20件，最后通过88件。第一届第三次大会，分设政治、经济、教育和特种4个小组审查提案，最后提交大会讨论通过了63件。

第一届省临时参议会先后共通过决议案452件。② 第二

---

① 《香港工商日报》，1941年7月8日。
② 广东省政府广东年鉴编纂委员会编：《广东年鉴》，第3编，第4章，5~12页，广东省政府秘书处编译室1941年。《香港工商日报》，1939年5月16日、30日、31日、6月2日、6日、8日、12月9日、10日、15日、17日、20日；1940年6月18日、20日、21日、11月2日、3日、7日、9日；1941年7月3日、5日、8日、12日、17日、20日。

届共通过272件决议案。① 议案的内容多种多样，关于抗战、吏治、民政、治安、经济、财税、建设、交通、教育文化、妇女和侨务等均有。如第一届第二次大会通过的决议案中"关于民政自治保安者19宗，关于财政经济建设者42宗，关于教育文化者13宗，关于司法救济暨其他特种提案者14宗"②。第二届第一次大会通过的决议案内容分别是"民政18宗，财政18宗，经济40宗，教育文化19宗，特种30宗"。③在众多的决议案中，抗战、吏治和民生问题是参议员们关注的焦点。关于抗战问题，他们提议改革兵役制度、改进征兵办法、"彻底整训游击队"，健全基层组织，"发动民众，扩大救护伤兵工作"，"安置残废伤兵"，"救济出征军人家属"，等等。关于吏治问题，他们要求"严行肃清贪污"，严办借抗战之名违法勒收、敲诈的官吏，迅速惩办违法者，公开财政，清理献金和防空收支，公布经募的救国公债和国防公债，禁止现职军政人员经营商业，等等。关于民生问题，他们建议奖励垦荒、推行农村合作社、扩大低利（息）贷款、推广优良稻种、兴修水利。同时，他们敦促政府采取措施防止奸商操纵米价，平抑物价，赈济安置难民，等等。④ 这些议案都是针对当时比较严重的弊政和急需解决

---

①③ 林翼中：《三年来之广东省临时参议会》，载《大光报》，1946年1月1日。
② 《香港工商日报》，1939年12月20日。
④ 广东省政府广东年鉴编纂委员会编：《广东年鉴》，第3编，第4章，5～12页，广东省政府秘书处编译室1941年；《香港工商日报》，1939年5月16日、30日、31日、6月2日、6日、8日、12月9日、10日、15日、17日、20日；1940年6月18日、20日、21日、11月2日、3日、7日、9日；1941年7月3日、5日、8日、12日、17日、20日。

的问题而提出的。如兵役制度的腐败严重败坏了社会风气，严重挫伤了广大民众的抗战积极性。① 再如吏治相当败坏，有的借抗战之名巧立名目勒索收费，有的贪污受贿，有的包庇烟赌，有的参与走私。这些腐败现象不但使人民对当局不满，而且严重影响民众对抗战前途的信心。

省临时参议会一方面做出紧迫问题、重要问题的决议案，另一方面为议案的实施提出了步骤或办法。例如，针对当时产妇生产时婴儿死亡率高的情况，省临时参议会提出训练产科医生，分配各区乡，借减少婴儿死亡的议案，同时提出了具体办法是：（1）由卫生处训练产科医生，训练费用由省库拨充；（2）招揽专业人才，分发各地使用；（3）扩大选送中央卫生机关训练的名额，毕业后由卫生处分配各地；（4）区乡增设产科医生，经费由省库、区乡镇卫生事务所经费中提取，并酌收费用。②

第二届省临时参议会第三次大会召开时，正值日本宣布无条件投降之际，因此，这次大会的决议案内容是"着重战后救济、复员、建设、弘扬宪政等问题"。

省临时参议会还履行了选举出席国民参政会参政员的职责。国民参政会参政员的产生，部分是由中央指定的，部分则由各省选举。第一届省临时参议会第四次大会，通过无记名投票，选出金曾澄、陆宗骐、黄范一和李仙根等4人为广东出席第二届国民参政会的参政员。吴鼎新议长在宣布选举

---

① 庞济：《建军中改进兵役之商榷》，载《阵中文汇》，第3卷，第1、2期合刊，1942年。

② 《香港工商日报》，1940年11月2日。

结果时，还"勉当选四位不要作猪仔议员"①。

后来，广东省出席第三、第四届国民参政会的参政员均由该会选出。第二届省临时参议会第二次大会选举出席第四届国民参政会参政员时，在程序上还规定了先由候选人做竞选演说的环节，使选举程序更完善。②

省临时参议会还履行对省政府及各机关的施政进行监督的职责。这主要通过驻会参议员敦促、检查省政府各部门执行决议案的情况去实现。驻会参议员定期召开会议，"请各机关主管人员到会，报告施政情形"③。

驻会参议员也接受民众对军政部门及其有关人员违法的检举、投诉或建议。如第一届第三次大会后，驻会参议员收到的检举、投诉案有"税务局违法贪污八宗"、"法官违法渎职四宗"、"县长及员役渎职七宗"、"盐务局勒索虐民有一宗"等。收到的请求和建议有"减轻税率有二宗"、"协助政府加强抗战力量及推进社会事业者计八项"等。④ 驻会参议员收到各项投诉、检举或民众的吁请后，即把它转交省政府及有关部门处理。

省临时参议会还组织视察团或慰问团，到各地考察施政情况，到前线慰劳抗日将士。如第一届第一次大会后，省临时参议会组织了5个慰问考察团，分别前往东江、南路、粤西、粤北和粤中去慰劳当地守军，"并沿途考察政治及赈济

---

① 《香港工商日报》，1940年11月9日、13日。
②③ 林翼中：《三年来之广东省临时参议会》，载《大光报》，1946年1月1日。
④ 《香港工商日报》，1940年11月8日。

概况"①。第四次大会还决定组织5个考察团到省内外考察。在考察中，参议员们了解到实际情况后，即向省政府及有关部门反映，请求处理。如朱克勤参议员告发西江某些军政人员包庇走私；叶镇中参议员在广宁考察时发现地方法院、检察官及书记官、区长及吏员作弊，毅然提出弹劾。② 由此，一些贪官污吏受到惩罚。

（二）对省临时参议会的评价

广东省临时参议会不是一个地方立法机关，不具有地方立法权，而主要是一个反映民意的机关，是为集思广益、兴革省政而依法成立的。虽然其组织条例规定它有监督和制约省政府及其各部门施政的职权，但它难以起到这方面的作用，主要反映在它通过的数百件议案，大多数没有真正落实，省政府及其各部门主要还是按照自己的判断、意愿去施政。当然，其原因也是多方面的，其中客观条件是一个重要方面，但最主要的是在实际运作中，省临时参议会的监督缺乏强制力。它不是立法机构，没有立法、任免等权。对此，当时参议员中就有人指出省临时参议会"权力不够"。③ 从这个角度看，广东省临时参议会所起的作用是有限的。

虽然广东省临时参议会主要是一个反映民意的机关，但它的成立和活动仍具有一定的积极意义：它在一定程度上集中了社会各界精英的智慧，团结了社会各阶层，增强了抗战力量。省临时参议员大多数是各界的知名人士，又有一定的代表性，他们许多人在任职期间，努力履行职责，向省政府及有关部门反映民众的疾苦和要求，反映社会现实情况，为

---

① 《香港工商日报》，1939年6月8日、19日。
②③ 《香港工商日报》，1941年7月5日。

抗战和改善省政出谋划策。这些活动使省政府及其有关部门对民意民情有一些了解,施政会比较符合实际情况;再就是通过省临时参议会的中介作用,拉近了省军政当局与民众的距离。这对于团结各界群众、缓和社会矛盾、增强抗战力量起了一定作用。

它对省政的兴革也起了促进作用。两届广东省临时参议会共通过了724件议案,内容涉及抗战、吏治、民政、治安、经济、财税、建设、交通、教育、文化、卫生、妇女和侨务等方面。[①] 这些决议案的提出为省政府及有关部门的决策和施政创造了有利条件。它对省政府及其各部门的工作也有一定的监督作用。省临时参议会参议员们到各地巡视、了解情况,听取省政府及其各部门的工作报告,对他们的工作进行询问或质问,通过了许多决议案,使省政府及其工作部门的活动处于省临时参议会的一定监控之下。

广东省临时参议会的成立及其活动,还在一定程度上推进了地方民主政治的进步。因为它具有地方议会的雏形,并开展活动达7年之久,是空前的事件,是广东地方民主政治发展中的重要事件和重要历史阶段。

第四节 中共广东省委北迁

日军在惠阳大亚湾登陆后,主力部队分两路向广州进

---

① 广东省政府广东年鉴编纂委员会编:《广东年鉴》,第3编,第4章,5~12页,广东省政府秘书处编译室1941年;林翼中:《三年来之广东省临时参议会》,载《大光报》,1946年1月1日。

逼。针对抗日战争形势的发展，中共广东省委机关和八路军驻粤办事处北迁，并成立各地的中共特别委员会。中共广东各级组织利用各种形式和条件，积极开展抗日统战工作。由于国民党顽固派在广东掀起反共逆流，使中共广东组织受到严重的损失。为了克服困难，粉碎日伪军的进攻和国民党顽固派的反共摩擦，中共广东组织制定了各项方针和政策，为开创广东抗战新局面创造了条件。

一、中共广东省委北迁与统战工作的进一步开展

（一）中共广东省委北迁和工作任务的确定

日军在惠阳大亚湾登陆以后，兵分两路直逼广州。在日军大规模进犯广州之前，1938年10月13日，国民政府发表《告广东全省军民书》，号召团结一致抗击日军，保卫广东。第四战区司令长官部也一面发表《告广东同胞书》，呼吁保卫广东，一面决定后撤。国民党第四战区司令部及广东省政府撤退到翁源，后又转到连县，其军队大部分撤向粤北，在英德至河源一带防守。

因此，广东形势起了急剧变化。为了应对广州沦陷的险恶形势，1938年10月18日，中共广东省委在广州召开紧急会议。会议决定：保存干部，撤离广州，分散各地，开展中共广东组织的党的工作和群众工作，中共广东省委机关迁往粤北；成立中共西南特别委员会（简称"西南特委"）、中共东江特别委员会（简称"东江特委"）和中共东南特别委员会（简称"东南特委"），在全省范围发展党的组织，开

展前线和沦陷区的抗日游击工作；省委领导人分赴各地加强领导。① 此时，张文彬到延安参加党的六届六中全会，由李大林代理中共广东省委书记。

随后，中共广东省委大部分领导成员分散撤到粤北的翁源、连县等地，年底在韶关（曲江）汇合，韶关就成为中共广东省委机关的所在地。与此同时，李大林到西江，林平到东江，梁广到香港，加强对各地中共组织和抗日斗争的领导。

11月1日，中共中央组织部电示广东省委，指出广州沦陷后中共广东组织的工作任务是：（1）必须在广州及其他敌占区进行秘密工作；（2）在广州及其他敌占区附近组织游击队，开展游击战争，并在游击战术和政治工作上帮助友军开展游击战争；（3）在东江、海陆丰等地建立抗日根据地，并要利用国民党政府的命令到处组织自卫军，发展人民抗日武装。② 电报还对广东党的统战工作、党的教育工作、群众工作等方面做了具体指示。

1939年1月，中共广东省委在韶关召开第四次执委扩大会议。会议由张文彬主持，博古代表中共中央南方局（简称"南方局"）出席会议。会上由博古传达中共六届六中全会的决议。会议根据中共中央的精神，总结了中共广东省委成立以来的工作和分析当前广东抗日战争的形势，制定广东党

---

① 罗范群：《关于广州党组织恢复和重建的回忆》，见《广州外县工委史料》，36页，广东人民出版社1988年。
② 中共中央组织部地方党部资料：《对广东工作的意见》，复制件，现存广东省档案馆。

组织工作的基本方针,即在战争的过程中积极积蓄力量,准备在抗战最后阶段起决定性的作用。从这一方针出发,会议确定了中共广东组织的任务是:(1)广泛开展敌后游击战争,配合正规军打击敌人;(2)扩大动员组织群众;(3)建立统一战线的模范;(4)建立强大的党的基础。会议明确规定首先把工作中心放在东江;其次在中区;再次注意西江、南路的工作;最后注意北江;琼崖可起主导的作用。[①]根据会议的布置,即把东江、琼崖两地区作为支持长期抗战的重要根据地。会议根据中共中央的指示,改组了中共广东省委,由张文彬、李大林、涂振农、古大存、张越霞任常委,廖承志、黄文杰、冯白驹、林李明、吴有恒、林平、梁广、罗范群、区梦觉、吴华为委员,饶彰风、曾生、孙康为候补委员。张文彬任书记,李大林任组织部部长,涂振农任宣传部部长,古大存任统战部部长,张越霞(后为宋维静、区梦觉)任妇委书记,张文彬兼抗战动员部部长,吴华任青年部部长,张越霞(后为王均予)兼任秘书长。[②] 会议还要求建立和健全各地特委机关。中共广东省委直属于南方局领导。

(二)统战工作进一步开展

中共广东省委第四次执委扩大会议以后,把扩大党的抗

---

① 《广东工作报告摘录及谈话记录》(1940年6月11日),见中央档案馆、广东省档案馆编:《广东革命历史文件汇集》,甲37卷,270页,1987年印行。

② 中共广东省委组织部、中共广东省委党史研究室、广东省档案馆编:《中国共产党广东省组织史资料》,上册,274~275页,中共党史出版社1994年。

日民族统一战线,广泛开展抗日救亡运动作为实现广东党组织中心任务的重要方面。

广州沦陷以后,国民党广东省党部、省政府、第四战区司令部、第十二集团军司令部以及许多学校都迁到韶关。韶关成为战时广东省的临时省会和政治、军事、经济、文化中心。

中共广东省委分析了广州失陷后的广东政局,认为战争在全省范围内展开以后,将迫使国民党广东当局采取开明姿态,刺激民众运动的发展。因而,广东中共组织进一步贯彻党的抗日民族统一战线的方针和政策,积极做好对广东国民党军政部门的团结、争取工作。

1939年1月,张发奎、李汉魂、吴奇伟入粤上任,广东中共组织通过各民众团体,欢迎张发奎、李汉魂、吴奇伟等入粤,并开展推动他们进步的一系列活动。

张发奎赴韶关就任第四战区司令时,原第八集团军战地服务队也随张发奎入粤。战地服务队内建立中共特别支部(简称"特支"),其中成员有左洪涛、刘田夫、何家槐、孙慎、杨应彬、沈振黄、柳清、王河天、郑黎亚等。中共广东省委通过在第四战区司令部的中共特支,做了许多统战工作。

第一,利用在战区长官部工作的特殊身份,推动张发奎坚持团结抗战。服务队成员在中共特支的领导下,在第四战区各部队中积极宣传抗日,推动官兵坚持抗日到底。尤其对张发奎司令长官,特支成员一方面努力工作,取得他的信任和支持,另一方面运用抗日民族统一战线的策略,推动他开放民主、坚持团结抗日。通过特支和服务队成员的有效工作，张发奎一直坚持团结抗日。如他接受特支成员的建议，以长官部名义，在韶关发动群众举行声势浩大的声讨汪精卫卖国的火炬游行；在"皖南事变"后，他一直保持中立态度，并在一定程度上遏制了国民党顽固派肆意破坏民主和团结抗战的行径。

第二，特支配合中共广东省委开展各种形式的政治宣传活动，做各阶层人士的团结争取工作。特支以战区长官部工作人员的特殊地位，会同陈汝棠、潘允中创办卫生人员训练班，在训练班中主持政治理论教育，开展抗日的政治宣传；协同国民党广东省党部书记长和代理省党部主任委员余森文创办《北江日报》（这是以联共抗日，反对投降为宗旨的日报），并协助进步团体活动，建立抗战文化团体和创办抗战报刊，开展抗日救亡宣传活动；协助第四战区东江游击纵队指挥所的香翰屏、顾问张文、作战科长李一之（地下中共党员），在惠阳地区创办游击干部训练班和游击基干大队，特支成员何家槐担任副教育长，王河天、孙慎、沈振黄、张明之任教员，杨应彬、郑黎亚等任指导员。①

广州沦陷后，余汉谋被日军夺去广东富庶地区，又遭到国民党内部的排斥，其生存受到了一定的威胁。余汉谋为企图恢复实力而隐忍埋头整顿。中共广东省委认为余汉谋是广东统战工作的主要对象，积极开展支持第十二集团军余汉谋部，以推动其进步的统战工作。八路军驻粤办事处主任云广

---

① 中共广东省委党史研究室著：《中国共产党广东地方史》，第1卷，433页，广东人民出版社1999年。

英向余汉谋、李煦寰（第十二集团军政治部主任）建议，在部队中要大胆任用青年，开展政治工作。余汉谋表示欢迎中共组织成员到他的军队工作。1939年2月，中共广东省委动员了800多名青年，其中中共党员200多人，参加第十二集团军政工总队，接受军事训练。政工总队内建立了秘密的中共工作委员会，廖锦涛为书记，陈中夫、陈中源为委员，在各中队中设立了党支部或小组，由中共广东省委青年部部长吴华直接领导（后由梁嘉、陈能兴负责）。第十二集团军中的中共组织向进入总队的全体党员提出：要努力学习，掌握军事知识，改造旧军队；要求中共党员团结和带动非党员群众，模范地完成政工总队对队员提出的要求。

是年8月，政工总队训练班结业，队员被派到第十二集团军所属的部队。每个师、团都有一个政工队，每个政工队都有中共党员做骨干。为了有效地领导各政工队，中共广东省委及时地将第十二集团军中的工作委员会改为总支，在各政工队设支部。此外，政治特派员室还以政工总队的独立队为基础，成立有80人的政治大队。第十二集团军中的政工队员，深入开展部队政治工作和驻地群众工作，对于推动国民党军队的进步，动员官兵抗击日军的侵略，起着积极的作用。

1939年12月和1940年5月，日军两次进攻粤北，由此在粤北地区有了两次会战。第十二集团军参加了这两次会战。该集团军中的政工队转入战时工作。在战斗中政工队员冒着枪林弹雨在前线鼓励官兵杀敌，协助连、排长指挥战斗和联络工作，抢救伤员，组织群众支援前线，输送给养，有的还直接参加战斗。日军撤退后，政工队负责收容伤病员，掩埋尸体。政工队员们在这两次战役中，均发挥了重要的作用。①

同时，中共广东组织还积极做好粤北国民党地方部队莫雄的统战工作。

莫雄早年曾加入同盟会，追随孙中山。抗战开始后，他先后任南雄县县长、第二十三区游击队司令，负责南雄、始兴、乐昌、仁化等县治安防卫工作。② 1939年春，莫雄任韶关地区行政督察专员兼保安司令。1940年1月，第四战区北江挺进纵队（简称"北挺"）成立，莫雄为司令。此时，他曾表示希望共产党派干部到他的部队工作。中共广东省委分析了莫雄的情况，指示中共北江特别委员会（简称"北江特委"）做莫雄的团结争取工作。北江特委先后派饶东、邝达、林名勋、谢永宽、廖方明、朱小仲等60多人到北挺工作。饶东任政训室少校秘书（党内任特派员），邝达任政治大队大队长。政治大队建立特别支部，先后由邝达、廖方明、林名勋任书记。饶东、邝达等进入北挺后，以政训室、政治大队的名义加强部队的政治工作，开展了抗日宣传活动。针对北挺政治素质低的情况，饶东等取得莫雄的同意，举办训练班，由政治大队中的中共党员讲课，并对该部队进行整顿、改造，使部队的政治、军事素质有了大的提高。

---

① 中共广东省委党史研究委员会：《战斗在第十二集团军政工总队内的中共地下党组织》，见中共广东省委党史研究室编：《广东党史资料》，第14辑，149~150页，广东人民出版社1988年。

② 李学林：《我党的老朋友莫雄先生》，见中共广东省委党史研究室编：《广东党史资料》，第7辑，184页，广东人民出版社1986年。

1940年7月,国民政府军第四战区机关迁往广西,国民党顽固派为了限制莫雄力量的发展,把北江挺进纵队改为北江挺进队干部训练所(简称"干训所"),莫雄任主任。农工民主党的黄桐华被莫雄任命为政训组中校组长。黄桐华在工作中对中共地下组织采取合作的态度,后加入中国共产党。从此,中共北江特委充分利用黄桐华特殊身份的作用,进一步做莫雄的统战工作。干训所结束后,莫雄任第七战区挺进第二纵队(简称"挺二纵队")司令,黄桐华为挺二纵队副司令兼政治部主任。在莫雄部的中共党员,帮助莫雄加强部队的政治思想教育,提高部队战斗力。同时,中共组织通过莫雄的关系,营救被捕的共产党员和红军战士近700人[1],筹措活动经费,掌握敌特情报,为建立中共领导下的人民抗日武装创造了条件。[2]

二、八路军驻韶关办事处的活动

(一) 韶关办事处及其主要任务

广州沦陷前夕,八路军驻广州办事处的工作人员分批撤至翁源,不久迁至韶关。八路军驻广州办事处改名为八路军驻韶关办事处。曾在韶关办事处工作的有办事处主任云广英,秘书陈健、萧力克(萧明),办事人员有陈英、邱松、

---

[1] 刘黎平:《广东"大哥"(按:即莫雄)智救七百被囚红军》,载《广州日报》,2014年2月15日。
[2] 广东省人民武装斗争史编纂委员会编著:《广东人民武装斗争史》,第三卷,25~26页,广东人民出版社1994年。

李汉、张玉声、黄丽容、赖仰高、黄惠珍、邓球、陈明等。办事处对外统战工作由云广英出面。

办事处在韶关的主要任务是：（1）公开广泛宣传中国共产党抗日民族统一战线的路线、方针和政策，宣传八路军、新四军的战绩，提高共产党的政治影响；（2）做国民党广东军政上层人物的统一战线工作，掩护中共广东省委和各地地下党的革命活动；（3）向国民党广东军政当局交涉解决限共、反共事件和释放"政治犯"事宜；（4）组织和团结党的外围进步组织，介绍工人、农民、青年和知识分子等赴延安学习或参加革命抗日队伍；（5）为中共中央、中共广东省委搜集情报和购买作战物资。①

（二）对广东国民党上层和民主人士的统战工作

办事处正确地执行了中国共产党的抗日民族统一战线的方针和政策，做了大量的争取国民党上层和社会民主进步人士的工作。

广州沦陷后，国民党第十二集团军司令长官余汉谋、政治部主任李煦寰深感其军队缺乏战斗力，要求共产党帮助其加强政治工作，表示欢迎共产党派人到他们军队工作。八路军驻韶关办事处协助中共广东省委动员各地爱国青年参加第十二集团军举办的政工总队。这对于改善第十二集团军的政治工作，推动军队的进步共同抗日起了一定的作用。

---

① 云广英：《抗日战争时期的八路军广州（韶关）办事处》，见中国人民解放军历史资料丛书编审委员会编：《八路军新四军驻各地办事机构》（四），656～657页，中国人民解放军出版社1999年；韶关市博物馆：《八路军驻韶关办事处活动概况》，见中共韶关市委党史办公室编：《粤北抗战资料选编》，53页，中共韶关市委党史办1985年印行。

第四战区司令长官张发奎入粤后,新任广东省府主席李汉魂在韶关就职,余森文任国民党广东省党部书记长和代理省党部主任委员。八路军驻韶关办事处与张、李、余等多次接触,做了大量的统战工作。如1939年1月,余森文到韶关就职后,在政治上靠拢共产党,中共组织遂派潘允中会见余森文,商定以国民党省党部的名义,创办《北江日报》。办事处对该报大力支持。该报发表一系列国共联合抗日、反对投降的文章。余对共产党的活动予以配合。他利用国民党派系矛盾,掩护了在该报工作的中共党员和进步文化人士。[1]

莫雄是北江地区的地方实力派。早在莫雄任南雄县县长时,八路军驻广州办事处主任云广英就曾写信给他,提请他设法释放在十年内战期间被关押在南雄监狱的近700名中共方人员,莫雄表示无条件释放。[2] 从此,云广英与莫雄保持经常性接触,并取得莫雄的信任。八路军驻广州办事处撤到韶关以后,进一步加强对莫雄的争取团结工作。1939年冬,莫雄在任第四战区北江挺进纵队司令之前,曾找云广英和中共广东省委统战部部长古大存商谈过,要求派人帮助其部队做政治工作并保证他本人不反共产党。莫雄还不断把当时敌伪活动的情况,提供给云广英转给中共广东省委,使省委了解敌情。同时,为了方便地下党员的活动,顺利通过国民党在各地所设的重重关卡,云广英利用与莫雄的关系,得到盖

---

[1] 余森文:《我在国民党广东省党部的一段经历》,见中共广东省委党史研究室编:《广东党史资料》,第20辑,82页,广东人民出版社1992年。
[2] 刘黎平:《广东"大哥"(按:即莫雄)智救七百被囚红军》,载《广州日报》,2014年2月15日。

有专员公署印鉴的空白通行证，转交中共广东省委，供地下党员使用。为了更好地开展北江地区的抗日民族统一战线工作，北江特委先后派一批中共党员进入北挺，协助莫雄建立政治大队，还在莫雄挺二的名义下，建立了中共领导的抗日武装。①

办事处还积极做好中下层爱国人士、开明人士和民主党派的统战工作。如早年官费留学日本的黄开山深信中国共产党的抗日救国主张，积极支持其胞弟黄涛及其他有志青年秘密赴陕北投考延安抗日大学，并将自己珍藏的《向导》、《新青年》等珍贵革命文献赠给八路军驻粤办事处。广州沦陷后，黄开山回家乡湛江组织人民抗日，成立联升乡抗日自卫委员会，训练民众武装，支持其胞弟黄劲秋（地下共产党员）发动进步青年，组织"抗日战时服务团"。八路军驻韶关办事处徐青等通过黄劲秋的关系，对黄开山做统战工作，使他积极支持中共领导的"抗先"进入湛江活动，推动当地抗日、救国运动的发展。②

（三）协助中共广东省委开展工作

1939年春，办事处主任云广英与余汉谋磋商，取得国民党军政机关的同意，在办事处公开设立了电台，使省委与中共中央及各地中共组织取得紧密联系。电台原安放在办事处

---

① 韶关市博物馆：《八路军驻韶关办事处活动概况》，见中共韶关市委党史办公室编：《粤北抗战资料选编》，54~55页，中共韶关市委党史办1985年印行。

② 梁尚任：《爱国开明人士黄开山先生》，见《粤北抗战资料选编》，217~275页，中共韶关市委党史办公室编印，1985年印行。

所在地西河的安园，因同年底国民党顽固派不断制造反共事件，为了防备国民党的突然袭击，于12月趁日军进逼韶关纷纷撤退疏散之机，把电台秘密转移到南雄，成为中共广东省委的地下电台，终于保持安全、畅通，完成了通信联系任务。①

中共广东省委所在地设在韶关，有时要召开各地负责人会议。他们的安全多由八路军驻韶关办事处负责。1939年1月，中共广东省委召开第四次执委扩大会议，由办事处协助进行准备、接待。由于组织工作严密，采取了许多安全措施，保证了全省各地负责人和中共南方局派来参加指导的博古的安全，使会议能顺利举行。

办事处还协助中共广东省委举办各种训练班。为了培养从事党组织工作的干部，适应抗日战争发展的需要，中共广东省委曾先后在韶关、曲江、马坝、南雄举办几期党员干部训练班。第一期党干训练班于1939年3月在韶关附近农村开学，学员有30多人，学习政治形势、党的建设、统一战线、游击战争、工人运动、农民运动、青年运动、妇女运动等课程。办事处主任云广英有时亲自前往讲课。②

1939年初，中共广东省委决定办机关刊物《新华南》，以之宣传中共中央的路线、方针、政策，高举抗日、团结、进步的旗帜，刊登动员民众抗日，报道各地军民英勇抗敌事

---

① 韶关市博物馆：《八路军驻韶关办事处活动概况》，见中共韶关市委党史办公室编：《粤北抗战资料选编》，53页，中共韶关市委党史办1985年印行。
② 谢永宽：《在省委党干班的学习生活》，见中共韶关市委党史办公室编：《粤北抗战资料选编》，68~69页，中共韶关市委党史办1985年印行。

迹。《新华南》创刊以后，受到广大民众，尤其是爱国青年的欢迎，每期都被抢购一空，销数之大，超过当时韶关出版的任何刊物，因而引起国民党顽固派的注意。他们制造种种借口，进行破坏，阻止印刷和发行。韶关办事处为争取抗日言论自由，同国民党顽固派进行斗争。由于国民党顽固派的破坏，《新华南》不能在韶关印刷，云广英介绍其到湖南衡阳，请中共南方局设法解决印刷问题。在《新华南》发行受阻的情况下，办事处还是想方设法把党报秘密送到各地。①

从1939年下半年起，广东国民党顽固派就在广东掀起反共逆流，把枪口对准鏖战在敌后的广东人民抗日游击队和其他抗日力量。1940年1月30日至2月2日，他们悍然制造"东团"博罗队事件。逮捕"东团"队员23人押送韶关。在国民党第七战区"芙蓉山军法监狱"中，关押了不少"东团"队员、"抗先"队员和地下中共党员。办事处在中共广东省委的领导下，一方面与广东国民党当局进行交涉，另一方面组织国内外社会进步力量对狱中的革命者进行慰问和营救，通过公开合法的斗争，于7月20日、27日先后把23名被捕的博罗队队员营救出来。同时，其他革命者也逐步得到保释、营救。②

1940年下半年，国民党顽固派掀起第二次反共高潮，办

---

① 谭天度：《抗战时期华南人民的喉舌》，载《南方日报》，1984年8月31日；邓重行：《"新华南"与石辟澜同志》，见中共广东省委党史研究室编：《省港抗战文化》，254页，广东人民出版社1994年。

② 东江纵队史编写组编：《东江纵队史》，47页，广东人民出版社1995年；中国人民解放军历史资料丛书审委员会编：《八路军新四军驻各地办事机构》（四），596页，解放军出版社2009年。

事处按中共中央指示结束公开活动，并准备撤退。在撤退前，办事处发出紧急通知，揭露国民党顽固派破坏抗日民族统一战线、妄图投敌反共的罪行，并将通知分发给各抗日民主党派、抗日群众团体，以及国民党广东当局。办事处撤销后，云广英调往延安工作，其他人员由中共广东省委分配到本省各地，继续开展抗日斗争。

三、中共西南、东南和东江特委的建立

1938年10月18日，为了应付广州沦陷后的形势，加强对全省抗日武装斗争的领导，在中共广东省委的紧急会议上，决定成立中共西南特别委员会、中共东南特别委员会、中共东江特别委员会。

（一）西南特委成立

10月20日，西南特委在开平县赤坎正式成立，罗范群为书记，冯燊为副书记，周楠为组织部部长，邓健今（杜俊君，后脱党）为宣传部部长，冯杨武为武装部部长，张靖宇为青年部部长，谭婉明为妇女部部长。西南特委管辖珠江三角洲以西、西江以南的粤中和粤西南地区党组织，机关驻开平县。翌年1月，中共广东省委决定将西南特委领导的部分党组织分别划给西江临工委、高雷工委领导，西南特委改为中区特委。特委成员除组织部部长改为陈春霖，青年部部长改为陈能兴，民运部部长改为周楠，妇女部部长改为谭本基外，其余成员任职不变，增补谢创、陈翔南为委员。特委领导新会、台山、开平、恩平、鹤山、阳江、阳春、高明等县

的中共组织和抗日斗争。①

(二) 东南特委成立

1938年10月24日,中共东南特委在香港成立,梁广为书记,梁广、吴有恒、杨康华(虞焕章)为常委,梁广、吴有恒、杨康华、黄宇为委员,潘汉夫、钟明、何潮为候补委员,吴有恒为组织部部长,杨康华为宣传部部长,钟明为青运部部长(后为余化),曾珍(曾莉芳)为妇运部部长,黄宇为职运部部长。东南特委管辖香港、澳门、南海、顺德、中山、番禺、东莞、惠阳、宝安和广州等地的党组织,机关驻香港。1939年11月,东南特委撤销,其管辖的惠阳、东莞、宝安党组织划给东江特委领导;南海、番禺、中山、顺德的党组织划归中区特委领导;香港、澳门的党组织由中共广东省委直接领导。②

(三) 东江特委成立

1939年2月,东江特委在紫金县古竹成立,林平任书记,林平、饶卫华、饶彰风、陈森(陈力生)为常委,饶卫华为组织部部长,饶彰风为宣传部部长。东江特委管辖增城、龙门、博罗、海丰、陆丰、紫金、河源、五华、连平、和平、龙川、新丰等县的党组织,机关在紫金、河源、龙川等地流动。

1939年夏,东江特委领导成员进行了调整:林平任书记,林平、饶卫华、饶彰风为常委,林平、饶卫华、饶彰

---

①② 中共广东省委组织部、中共广东省委党史研究室、广东省档案馆编:《中国共产党广东省组织史资料》,上册,278~280页,中共党史出版社1994年。

风、郑重、李健行、张直心、黄宇（1940年初起任）为委员，饶卫华任组织部部长，饶彰风任宣传部部长，饶璜湘任青委书记，陈婉聪任妇委书记。①

为了加强东江敌后前线地区抗日武装斗争的领导，中共广东省委决定将东江特委属下的惠阳、东莞、宝安、海丰、陆丰等县另成立东江前线特委（简称"前东江特委"）。1940年8月，前东江特委成立，机关驻惠阳县。林平任书记，黄宇任副书记兼组织部部长，陈祥任宣传部部长，张持平任青运部部长，余惠任妇运部部长。1941年2月，东江特委属下的和平、紫会、河源、五华、新丰、龙门、连平等县的党组织，建立东江后方特委（简称"后东江特委"），机关在龙（川）紫（金）五（华）河（源）边境流动。梁威林任书记，张直心任组织部部长，饶璜湘任宣传部部长，李汉兴（后张日和）任青运部部长，李静音（后徐英）任妇委书记。至此，东江特委的任务结束。②

四、中共南方工作委员会的成立及其机关被破坏

（一）南方工委的成立及其中心工作

为了适应国民党顽固派反共活动日益加剧的形势，使党的组织能巩固下来，以保证各项工作的开展，中共广东省委于1939年11月在韶关召开第五次执委扩大会议。会议决定

---

①② 中共广东省委组织部、中共广东省委党史研究室、广东省档案馆编：《中国共产党广东省组织史资料》，上册，281~282页，300页，中共党史出版社1994年。

以巩固党的组织为中心任务,以及相关的方针和斗争策略,强调提高反逆流斗争和民主斗争的精神,要求克服右的倾向和防止"左"的言论。① 1940年4月,中共中央对广东发出指示:必须认识时局的严重性,纠正对广东环境特殊的乐观估计,迅速采取办法,以保存党的力量;目前的责任是沉着的决心的安然的退却,以保存干部,积蓄力量,而不是战斗的退却。② 南方局根据中共中央的指示精神,为了适应形势发展的需要,统一南方各地党组织的领导,决定在南方局之下成立中共南方工作委员会(简称"南方工委")。

1940年11月,南方工委成立。它是南方局的派出机关,代表南方局领导江西省委、粤北省委、粤南省委及湖南省的湘南特委(1941年8月,湘南特委与南方工委失去联系,复归湖南省委领导)、广西工委、琼崖特委、闽西特委、闽南特委和潮梅临时特委(后改为潮梅特委)、大埔县委和闽粤边委(1942年2月成立)。南方工委由方方、张文彬、涂振农、王涛、郭潜等5人组成,方方为书记,张文彬为副书记兼组织部部长,郭潜任组织部副部长(后任组织部部长),涂振农为宣传部部长、王涛为委员(兼闽西特委书记),姚铎为秘书长。

南方工委机关初驻广东梅县,后移驻大埔县樟北(即西

---

① 广东省人民武装斗争史编纂委员会编著:《广东人民武装斗争史》,第三卷,102页,广东人民出版社1994年。
② 中共中央书记处:《关于时局逆转与党的应付措施给粤委的指示》(1940年4月1日),见南方局党史资料征集小组编:《南方局党史资料》,第二册(党的建设·历史文献),17~18页,重庆出版社1986年。

河黄沙)。为了确保机关的安全,机关驻地常常转移。不久,机关迁到大麻恭州,再转移到高陂镇。1941年9月,机关又迁往埔东地区。南方工委在广东省曲江县设有交通站,在福建省平和县长乐设有电台,负责联系南方局和南方工委下属各级组织。

南方工委成立后,根据南方局关于一切工作以巩固党组织为当前中心工作的指示,为保存革命力量,在国民党统治区撤退和转移已经暴露的干部和党员,有的被送到新四军和延安等地,有的在本地区进行交流;组织中共党员利用各种社会关系和机会,广泛打入国民党的政府、文化教育、生产和武装保卫部门,把国民党统治区的党和群众工作的中心,放在"合法斗争"方面,密切联系人民群众,长期埋伏。

1941年1月,国民党顽固派制造"皖南事变",并于同年春在闽西地区、潮梅地区迫害进步力量,取消进步团体,逮捕共产党员等事件。南方工委为了切实做好隐蔽工作,改变活动方式,决定改变党的领导体制,即由党委负责制改为特派员负责制,实行单线联系。

同时,南方工委进行认真审查党员、干部的工作。规定逐级普查至区一级,把有自首行为的人和敌对、堕落腐化分子清除出去,与觉悟不高、消极的分子不再联系,并加强党员的革命气节教育。经过审查,纯洁了党的组织,使革命队伍更加精干,更有利于应付突发事变。

南方工委还根据中共中央关于老苏区、老游击区工作方针的指示精神,积极加强对武装斗争工作的领导。此时,南方工委所属的东江、琼崖、珠江和潮汕等沦陷区的敌后抗日游击战争正在蓬勃发展，闽西南等老苏区、老游击区继续坚持武装斗争。南方工委对各地坚持和发展武装斗争都做了具体的指导，并领导各地进行有理、有利、有节的反顽斗争，及时地打击了国民党顽固派的气焰，为保存党的力量，坚持抗日武装斗争起了积极的作用。

（二）南方工委机关被国民党顽固派破坏

自从中共江西省委被破坏后，江西省委代理书记颜福华及电台全体工作人员已被国民党中央调查统计局（简称"中统局"）设在江西的特务机关所控制。江西特务机关一方面对南方工委严密封锁消息，将在江西原中共人员与南方工委有联系的家属全部拘捕；另一方面命原江西省委的电台人员，仍照过去的信号、波长、密码对南方工委电台呼叫，以骗取南方工委的信任。1942年4月，南方工委向江西省委发出通知，要江西省委派人到曲江与南方工委来人联系。通知发出后，南方工委派组织部部长郭潜赴曲江准备与江西省委来人接头。5月26日，郭潜在韶关被捕。郭变节投敌，于6月引领中统特务10余人，专程奔向粤东大埔企图破坏南方工委机关。由于南方工委领导人已得知江西省委被破坏的情况，对粤北形势有所警惕。南方工委书记方方召开会议，做出应变计划，主要是：（1）通知在大埔角的南方工委机关干部，立即转移到百侯隐蔽待命。（2）彻底清理文件档案。（3）加强电台的保卫工作，准备疏散转移。（4）确定主要干部撤退路线和去处，安排南委副书记张文彬经兴梅往东江，宣传部部长涂振农经饶平去潮汕；方方先转移到百侯，亲自指挥整个机关的转移撤退，情况如有变化即向福建方向转移,并电示郭潜立即从曲江撤退。为了不致引起混乱,一切撤退工作均秘密进行。方方在安排好南方工委主要干部及电台人员的转移、安置工作之后,于6月6日离开百侯,安全撤退到埔北山村隐蔽。

6月6日,中统特务在叛徒郭潜的引领下到达大埔高陂镇。南方工委宣传部部长涂振农偕交通员王亚华,由于临时改道往饶平途经高陂,在轮船码头被捕。接着南方工委高陂交通站负责人杜国宗和地下党区委书记黄道生被捕。同日下午,南方工委副书记张文彬在高陂德和旅店被捕。当天晚上,这伙武装特务在郭潜引领下,逼着涂振农的交通员王亚华带路,直扑大埔角方方在新村的住址。新村群众发现情况,立即鸣锣吹号,点起火把,大呼"土匪来了!"特务不明虚实,仓皇撤退。7日晚,中统特务押着张文彬、涂振农、杜国宗等乘船离开高陂。

南方工委机关另一驻地墩背,很快得知大埔角的情况,立即转移。随后,姚铎、蔡瑜、张子房等按原计划经饶平疏散到潮汕,刘永生、黄月英安全转移到闽西。南委机关的另一个驻地百侯,大多数人员在事变发生期间先后撤离。

(三)南方工委事件后中共的应变措施

南方工委机关被破坏后,南方局和周恩来曾电告中央,同时电示南方工委,采取紧急措施:安全第一,防止事态的继续扩大;要求南方工委书记方方立即停止工作,转移到安全的地区去;南方工委所属各省党组织,必须继续贯彻长期埋伏,积蓄力量,以待时机的方针;坚决彻底地撤退一切已暴露的干部到游击区,其余干部找社会职业做掩护;割断与放弃暴露地区的组织；除沦陷区外，暂停组织活动；每个党员都实行勤业、勤学、勤交友；交通站重新建立，立即斩断与上层的公开关系；进行武装斗争的干部，不能同时领导秘密党组织，做秘密工作的干部，更不能同时领导武装斗争。①

南方工委事件发生后，潮梅特委委员张克受组织派遣到重庆，将南方工委被破坏情况向周恩来等汇报。周恩来等向张克指示采取三项紧急措施：（1）设法找到方方并把他隐蔽起来，等有安全保障的条件下，方方应撤退到重庆；（2）南方工委所管辖的组织暂时停止活动，上下级不要发生组织关系，党员之间互相不发生组织关系，何时恢复组织活动，等待通知决定；（3）撤退和疏散干部，首先是已暴露的干部。

9月上旬，方方根据张克带来周恩来的指示精神，结合南方工委被破坏后的实际情况做了具体补充和部署：（1）撤退不是"卷土而走"，要留根子（即观察员）。党组织停止活动后，原有支部或小组都必须留一条"根子"。要求"根子"政治上可靠，政治面目没有暴露，能联系群众，其任务是了解党员在停止组织活动期间的言行和思想工作状况，为将来恢复组织做好准备。（2）撤退并非溃退，要有组织、有准备地进行，先撤退已暴露的干部，后撤退外地机要人员。（3）停止工作，组织分散，但对下属要做好具体安排。对撤退路线、路条、路费以及隐蔽地点都应做具体部署。方方还根据各地区的斗争实际指出：沦陷区党组织及其领导机关继续保持活动和对敌开展武装斗争，以支持群众，保护群众利

---

① 南方局党史资料征集小组编：《南方局党史资料》，第二册（党的建设·综述），18页，重庆出版社1986年。

益；闽西南已开展武装斗争的特殊区域，应继续采取"人不犯我，我不犯人，人若犯我，我必犯人"的方针，以保存和积蓄革命力量。

根据南方局和南方工委的部署，南方工委所属的各级组织逐级传达贯彻，切实做好撤退工作，从而保存了各级党组织和大批干部。方方在部署南方工委所属各级党组织撤退后，即转移到梅县桃源，以商人身份隐蔽在地下中共党员家中，后又转移到闽粤边峰市（属福建省永安地区）。同年9月21日夜，他被当地土匪绑架，后经组织营救赎出，后去延安参加党的七大。①

五、粤北省委事件

（一）广东省委分设粤北省委和粤南省委

随着国民党顽固派不断在广东掀起反共逆流，1940年6月，中共广东省委在南雄召开执委会议。会上，张文彬传达了中共中央指示：要将党组织管辖的范围划小。这既有利于加强党的领导和加强武装斗争的开展，也防止在发生突然事变时受到过大的牵连。中共中央要求将广东省委划分为粤北省委和粤南省委。12月，中共广东省委撤销，中共粤北省委和中共粤南省委正式成立，均隶属中共南方工委。中共粤北省委委员李大林、饶卫华、黄康、林平，候补委员黄松坚、

---

① 中共广东省委党史研究委员会办公室编：《中共南委、粤北省委被破坏的经过及中共中央南方局的应变措施》，见中共韶关市委党史办公室编：《粤北抗战资料选编》，88～89页，中共韶关市委党史办1985年印行。

陈能兴，李大林任书记，饶卫华任组织部部长，黄康任宣传部部长，饶彰风任统战部部长，陈能兴任青年部部长，朱瑞瑶任妇女部部长。下辖西江特委、前北江特委、后北江特委、前东江特委、东江特委（1941年2月改为后东江特委）、赣南特委和南雄中心县委，省委机关设在韶关。中共粤南省委委员梁广、王均予、石辟澜，梁广任书记，王均予任组织部部长，石辟澜任宣传部部长，邓戈明任妇女部部长。下辖中共香港市委、香港海员工委、南路特委、中区特委、南番中顺中心县委、粤桂边工委。省委机关设在香港。①

(二) 粤北省委被破坏

1941年，国民党顽固派在全国掀起第二次反共高潮。1942年5—6月间，中共粤北省委、南方工委先后被破坏。这是国民党顽固派制造的又一严重反共事件。

1941年夏，谢育才携妻离南方工委去江西接任中共江西省委书记职务时被叛徒出卖被捕。国民党中央执行委员会调查统计局设在江西的特务机关妄图诱迫谢育才叛变，以便进一步破坏南方工委。谢育才不动摇。于是，江西特务机关诱捕了江西省委代理书记颜福华。颜被捕后叛变，致使江西省委电台被破坏，省委机关和电台全体工作人员被捕。国民党特务破坏江西省委后，又策划破坏南方工委及其下属组织。

谢育才在狱中，发现特务利用江西省委电台与南方工委联系，报告假情况，意识到南方工委将受破坏。1942年2

---

① 中共广东省委组织部、中共广东省委党史研究室、广东省档案馆编：《中国共产党广东省组织史资料》，上册，296~298页、300页，中共党史出版社1994年。

月,谢育才为应付敌人、争取出狱向南方工委报告而填写了自首书,然后利用软禁戒备不严的有利时机,4月29日深夜越狱逃跑,于5月22日到达福建省平和县南方工委交通站所在地。

谢育才夫妇的逃跑,打乱了敌人破坏南方工委的阴谋部署。敌人便把破坏南方工委的唯一希望,寄托在已被骗的谢育才赴广东曲江与郭潜会晤上面。5月上旬,国民党特务共10多人,由特务头子庄祖芳率领,前往曲江,会同设在广东的中统调查统计室及广东军宪警,妄图对南方工委及其下属组织进行全面破坏。

庄祖芳一伙到达韶关后,即与中统广东调查统计室主任谢璋和国民党广东省党部执委余建中密谋,利用骗到的郭潜地址,打着中共江西省委名义与南方工委设在韶关的接头地点联系。几经周折,终于和南方工委交通员取得联系,按约定接头的时间地点,事先做了逮捕郭潜的部署。5月26日,郭潜在街上活动,偶然被叛徒孔昭新、罗卓明发现。他们便立即报告庄祖芳前往追踪。当郭潜到韶关花园酒家吃饭时,立即被逮捕。接着交通员曾平、陈二叔和南方工委交通站负责人司徒丙鹤夫妇也先后被捕。郭潜被捕后,经不起敌人的威逼利诱,终于成了可耻的叛徒。从此,郭潜死心塌地为国民党特务卖命。

27日凌晨,由郭潜引领特务到韶关市郊粤北省委书记李大林家中,逮捕了李大林夫妇、弟妹、译电员、保姆等7人。是日早上,郭潜和特务从李大林家中出来路经五里亭车站附近,正巧遇到从东江老隆回来的粤北省委组织部部长饶卫华，以致饶也被捕。5月30日，郭潜又向特务头子庄祖芳告密：廖承志住在附近的乐昌县。在郭潜的引领下，特务将廖承志秘密逮捕，于6月5日押往江西太和马家州集中营。

（三）粤北省委被破坏后中共的紧急措施

5月28日，即粤北省委被破坏后的第二天，粤北省委秘书长严重（陈志华）采取了紧急措施：（1）立即派人分别通知各部和有关同志转移隐蔽；（2）通知省委电台电告南方工委和方方；（3）向南方局周恩来报告粤北省委被破坏的情况，请示应变办法。按照紧急部署，省委各部负责人饶彰风、黄康、李殷丹、陈能兴、张江明等，及省委电台和下属组织的人员，都分别安排撤退到东江部队中和粤北、西江、桂林等地隐蔽。省委秘书长严重则留在韶关做善后工作。

中共中央南方局书记周恩来，从粤北省委来电获悉省委被破坏消息后，于6月8日致电方方对南委行动做了指示：（1）南委同江西、粤北党组织断绝一切来往，负责同志立即分散隐蔽；（2）南委同廖承志及香港归来的一切公开关系完全断绝；（3）为避免波及，停止派人往桂林取款；（4）立即斩断一切上层的公开关系；（5）南委直接管辖的下级党部暂停止活动；（6）立即停止与江西电台联络。[①] 8月，南方局又向广东党组织负责人林平发出电报指示：除敌占区、游击区党组织照常活动外，国民党统治区党组织一律暂时停止活动；已暴露身份的党员干部一律转移到游击区工作，其余干部应利用教书、做工、做小商贩等各种社会职业做掩护，

[①] 中共中央文献研究室编：《周恩来年谱》，533页，中央文献出版社1998年。

实行勤学、勤职、勤交友等"三勤"活动。何时恢复组织活动,等待中央指示决定。林平迅速传达南方局的指示到他所知道的党组织。

南方局的指示下达后,各地党组织迅速进行传达贯彻。严重、陈能兴、张江明、王炎光、欧新和各特委负责同志冯燊、梁嘉、黄松坚、刘田夫、梁威林等分头到粤中、北江、西江和湛江等地传达贯彻,认真做好安全转移和隐蔽工作。①

六、中共东江军政委员会和广东省临委的活动

(一) 东江军政委员会成立

1941年12月8日,太平洋战争爆发。日本为了支持太平洋战争,在中国继续推行其"以战养战"的方针,对中国共产党领导的人民抗日武装和敌后抗日根据地以军事打击为主,对沦陷区加紧掠夺,对抗日根据地更加残酷地"扫荡",而对国民党仍然执行以政治诱降为主、军事打击为辅的政策。在日本的诱降政策的影响下,国民党顽固派的反共投降活动更加猖狂。中国共产党领导的敌后抗战出现了严重的困难。在这新的形势下,1941年12月17日,中共中央发出《关于太平洋战争爆发后敌后抗日根据地工作的指示》,指出:"敌人为供应太平洋战争,其榨取在华资源,

---

① 中共广东省委党史研究委员会办公室编:《中共南委、粤北省委破坏的经过及中共中央南方局的应变措施》,见中共韶关市委党史办公室编:《粤北抗战资料选编》,81~88页,中共韶关市委党史办1985年印行。

巩固占领地之心更切，因此敌人对敌后抗日根据地的'扫荡'仍旧是可能的，而对根据地财富之掠夺，对根据地经济之封锁亦必更强化与残酷，同时敌人必更加控制伪军伪政权，增强其特务活动与破坏工作。"① 因此，要求各抗日根据地军民，既要坚持抗战争取胜利的信心，也要充分认识困难，在精神上、物质上、在各方面的工作上做好准备，去战胜困难。

为了克服困难，认真总结对敌斗争的经验，1942年1月，中共南方工委副书记张文彬到东江视察广东人民抗日游击队。在视察期间，张文彬在宝安阳台山抗日根据地白石龙村主持召开了干部会议。会议肯定了三年来开展敌后抗日游击战争的成绩，总结东莞大岭山事件的教训，对当前抗战形势、任务、方针、游击战争的战略战术，以及部队的军政建设等问题进行了认真讨论，明确要坚持敌后游击战，灵活运用游击战术，避敌锋芒，攻敌弱点，避免打硬仗和消耗仗。会议还指出，只要依靠党，依靠群众，定能冲破敌伪军的夹攻和顽军的反共摩擦，迎来更大的胜利。

会议又指出：香港沦陷后，广东沿海包括珠江三角洲、潮汕平原等广大地区已经沦为敌占区，共产党领导的敌后战场也随之扩大。为了加强和统一东江和珠江三角洲敌后游击战争的领导，会议根据中共南方工委的指示精神，决定将广东人民抗日游击队改称广东人民抗日游击总队，并决定成立东江军政委员会。2月，东江军政委员会成立，林平任军政

---

① 解放军军事科学院军事历史研究部编著：《中国人民解放军战史》，第二卷，309~310页，军事科学出版社1987年。

委员会主任,梁鸿钧、曾生、王作尧、杨康华、黄宇等为委员[1],领导东江下游地区和珠江三角洲的军政工作。

2月,南方工委决定撤销中共粤北省委和中共粤南省委,粤南省委所辖的南(海)番(禺)中(山)顺(德)中心县委及其抗日武装和粤北省委所辖的前东江特委及其抗日武装,由东江军政委员会领导,其余的党组织则合并重组为中共广东省委(后由于粤北省委遭到破坏,重组广东省委未能实现)。7月后,由东江军政委员会领导广东内地和港澳地区党的工作,实际上是代行了广东省委的职能。

(二)广东省临委成立

白石龙会议后,广东人民抗日游击队总队主动出击敌伪。但国民党顽固派又集中兵力向广东人民抗日游击总队进攻。东莞大岭山区和宝安阳台山区抗日根据地在日伪顽固派的夹攻下,形势十分严峻。1942年12月底,南方局和周恩来给东江军政委员会主任林平发来电示指出:任何时候都要准备好,对付顽固派及日寇方面可能进攻的形势;成立中共广东临时委员会,东江军政委员会统一领导、指挥东江和珠江三角洲部队的工作。[2]

1943年1月,遵照中共中央、南方局的指示,中共广东临时委员会(简称"广东省临委")成立,林平任书记,梁

---

[1] 历史档案提及谭天度为东江军政委员会委员,但未得到谭天度本人和其他当事人的证实。黄宇于1943年2月离任,同时增加罗范群、林锵云为委员,1944年11月又起任梁嘉、刘田夫为委员。

[2] 广东省人民武装斗争史编纂委员会编著:《广东人民武装斗争史》,第三卷,223页,广东人民出版社1994年。

广、连贯为委员。梁广负责城市工作,连贯负责联系国民党统治区内的党组织和统战工作。在南方局直接领导下,省临委管辖除潮梅、琼崖地区以外的广东党组织。临委机关设在东江抗日游击区内。

(三) 省临委和东江军政委员会的工作任务

2月,广东省临委和东江军政委员会在香港新界沙头角乌蛟腾村召开联席会议,出席会议的有林平、连贯、梁广、梁鸿钧、曾生、王作尧、罗范群、杨康华、李东明等。会议期间,南方局周恩来又给林平电示指出:国民党顽固派在全国虽趋向政治解决,但对东江"势在必打,志在消灭",必须采取一切必要步骤,应付险恶环境。[①] 周恩来的指示又一次给广东中共组织和人民抗日武装指明了斗争的方向。会议学习周恩来的指示,结合东江和珠江三角洲抗日斗争的实际,认真总结经验和教训,认为:一年来,广东人民抗日游击队坚决执行中共中央及上级领导的指示,坚持敌后抗日游击战争,使党和人民抗日武装的威信得到提高。但是,由于对国民党广东地方实力派的反共反人民的反动本质认识不够,对国民党顽固派的大举进攻估计不足,人民抗日武装陷入被动地位,给部队和抗日根据地带来了损失。

为了粉碎日伪军的残酷进攻和国民党顽固派的反共行径,迅速改变被动地位,争取局势的好转,会议经过认真讨论,决定今后的工作任务是:

第一,统一领导两区的军政委员会及各级成立的指挥

---

① 中共中央文献研究室编:《周恩来年谱》,550页,中央文献出版社、人民出版社1989年。

部，加强各级干部，使各大队能起战略单位的作用。精兵简政，精简上层机关，充实下层，加强连队，改变领导方式与工作作风。

第二，调整部队，加强主力及敌后兵力。加强部队思想政治工作和部队阶级斗争教育，进一步认清广东国民党顽固派反共反人民的本质，清除对广东国民党当局的不切实际的幻想，鼓舞斗志，以提高部队的质量和战斗力。进一步深入敌后，发展新区，扩大部队的回旋地区，积极寻找日伪军的弱点，歼灭敌人。必须时刻警惕国民党顽固派的军事进攻，对顽军的进攻，坚决还击。

第三，加强党的建设，加强党的领导作用。加强党性锻炼，改造干部思想意识，端正思想作风。组织干部业务教育，并加强时事政治理论教育，提高工作质量和水平，使党的组织工作和教育工作都得到进一步的加强。

第四，发展武装的重心放在建立外围武装和组织民众武装，派遣干部去加强领导。

第五，加强政治形势与政治宣传，广泛地系统地解释广东人民抗日游击队的主张。

第六，广泛组织群众，提高群众的抗日积极性。

第七，广泛开展抗日民族统一战线工作，克服过"左"的政策，多交朋友，团结各阶层抗战力量，最大限度地孤立国民党顽固派。

第八，加强敌伪工作，从长期打算布置工作。

第九，经济财政工作，做长期打算，坚持自力更生的方针，厉行节约，开源节流，尽可能进行生产事业。

第十，建立保卫组织，粉碎日伪顽密探的内线暗杀阴谋，正确执行中共中央的锄奸政策，克服过"左"的毛病。①

这次会议，具体贯彻执行了中共中央的指示，制定了各项方针和政策，对改变广东人民抗日武装的被动地位，开创惠（阳）东（莞）宝（安）地区抗日游击战争的新局面具有重大意义。

2月25日，南方局周恩来在来电中，批准东江军政委员会名单：林平、曾生、王作尧、梁鸿钧、杨康华、罗范群、林锵云等7人为委员，林平为主任。东江军政委员会领导和指挥东江、中区和珠江三角洲的人民抗日武装。

由于敌伪军加紧对东江、珠江地区的"扫荡"，广东省临委指示各级党组织力求隐蔽精干，准备在最艰苦环境下继续坚持独立工作，要求东江地区党组织把重点放在巩固方面，珠江地区党组织力量薄弱，且全处敌后，应着重发展。3月，广东省临委决定：撤销东（莞）宝（安）工委，成立东江前线临时工作委员会，黄宇任书记，郑重任副书记，领导原前东江特委下辖的党组织；撤销南（海）番（禺）中（山）顺（德）中心县委，成立南番中顺临时工作委员会，罗范群任书记，陈翔南任副书记。12月，又撤销南番中顺临工委，成立中共珠江特别委员会，梁嘉任书记，领导南海、

---

① 《林平关于东江、珠江三角洲两区工作总结及今后工作方针致中共中央转周恩来电》（1943年2月21日），见中国人民解放军历史资料丛书编审委员会编：《华南抗日游击队》（上），529页，军事科学出版社2008年。

番禺、中山、顺德、新会县党组织。①

1944年7月25日，中共中央对开展广东敌后游击战争，给广东省临委和军政委员会做了具体指示："打通粤汉路仍势在必行，你处工作应一本开展敌后游击战争之方针加紧进行。"②

8月，广东省临委和东江军政委员会及各地区负责人在大鹏半岛的土洋村召开联席会议（简称"土洋会议"）。会议深入讨论了中共中央的指示和战略部署，分析了当时广东抗日斗争的形势，一致通过《关于今后工作的决定》，指出：要放手发动群众，开展全省抗日游击战争，把武装斗争作为当前的中心工作，以巩固现有的游击根据地。

土洋会议是广东人民抗日武装发展的转折点，为广东人民抗日武装的全面发展指明了方向。

为了党组织能更好地配合和领导抗日武装斗争，担负起解放华南的重大责任，广东省临委于10月中旬召开会议，总结省临委成立以来的组织建设工作，决定广东省中共组织全面恢复活动，抽调一批党员、干部到部队工作，加强部队的建设，并抽调大批党员、干部到部队进行军事训练，然后派往各地发动抗日游击战争。

（四）广东区委的成立

1945年7月6日，遵照中共中央关于建立中共广东区委

---

① 中共广东省委组织部、中共广东省委党史研究室、广东省档案馆编：《中国共产党广东省组织史资料》，上册，305页、307页，中共党史出版社1994年。

② 中共中央档案馆编：《中共中央文件选集》，第14册，297页，中共中央党校出版社1991年。

员会的指示，广东省临委在罗浮山召开干部扩大会议。出席会议的有广东省临委委员、东江军政委员会委员、各特委和部队的领导，以及东江纵队各支队等代表。会议的主要内容：（1）讨论和研究贯彻党的七大决议；（2）总结抗战以来的经验教训；（3）建立广东党的统一领导机构。会上，林平代表广东省临委、东江军政委员会做了《目前形势与斗争任务》的报告，并决定撤销广东省临委和东江军政委员会，成立中共广东区委员会。会议推选林平、梁广、曾生、王作尧、杨康华、林锵云、梁鸿钧①、刘田夫、罗范群、周楠、黄松坚、连贯、梁嘉、黄康、饶彰风等为委员，林平为书记，梁广为组织部部长，饶彰风为宣传部部长兼新华分社社长，连贯为统战部部长，黄康为城市工作部部长。最后，林平做了题为《为创造强大巩固的抗日民主根据地而斗争》的总结报告。这次会议在中共广东组织的历史上具有重要的意义，为今后斗争的胜利奠定了基础。②

第五节 日军扩大侵略与汪精卫的诱降阴谋

日军侵占广州后，广东当局北迁粤北，与日军对峙。日军为进一步切断中国沿海的进口通道，接连发动了对广东沿海各要地的侵占。1939年2月，敌第二十一军、台湾混成旅团及海军第五舰队攻占海南岛，并谋求长期占领和统治，岛

---

① 当时梁鸿钧已牺牲，但会议未获得确切报告，仍选他为委员。
② 广东省人民武装斗争史编纂委员会编著：《广东人民武装斗争史》，第三卷，419~422页，广东人民出版社1994年。

上军民、特别是中共领导的琼崖武装坚持了长期英勇的抵抗。

1939年6月,敌第二十一军第一〇四师团所属第一三二旅团及部分海军协同攻占汕头,守军华振中独立第九旅进行了较为顽强的抵抗。潮汕民众也进行了各种形式的反对占领军的斗争。

1939年7月,汪精卫飞抵广州,谋求侵粤日军对在华南建立伪政权的支持,并对粤系国民党将领进行诱降,遭到张发奎、余汉谋、李汉魂等粤系将领的严词痛斥。广东各地开展了声势浩大的反汪运动。

1943年2月,日军攻占了广州湾。广东南路军民与日军进行了坚决的斗争。

一、日军侵占琼崖

攻占广州后的日军,在切断我"主要的补给干线"后,获知我国仍通过南海沿岸的香港、九龙、澳门、汕头、广州湾等口岸以及越南等地"继续进行物质的补给"。为此,日军大本营在1938年10月、12月,曾先后下令驻广州的第二十一军设法切断我国沿海的进出口通道。

敌第二十一军在1939年"以切断补给路线为主要目的"的作战,包括2月间攻占海南岛,3月底向西江地区的江门、新会出击,6月攻占汕头、潮州,8月间占领九龙以北的深圳,11月攻占钦州湾和南宁等地。

(一)日军计划侵琼

日军侵略海南岛的目的在于:以该岛作为"对华南航空

作战及封锁作战基地"和向东南亚伸展的据点,并"切断河内和缅甸援蒋通道"。此外,海南岛还是"天然资源宝库",特别是"世界良质铁矿(含铁量57%)",是"建造舰艇用最好的钢铁原料",且"海军表示特别关心获取海南岛的地下资源"。①

1939年1月13日13时,日本御前会议做出进攻海南岛的决定。1月19日,日军大本营向驻广州的第二十一军下达了与海军协同攻占海南岛的命令。

此时敌驻广州地区的部队有所变化:原驻佛山一带的今村均第五师团,已于1938年11月29日调回青岛;原在武汉地区的台湾混成旅团,于1938年11月19日调至广东;新任台湾混成旅团长为驻山西太原第一军原参谋长饭田祥二郎少将;原第二十一军的司令官古庄干郎,于1938年11月9日调出,由第五师团长安藤利吉接替。

敌进攻海南岛的部队,陆军为台湾混成旅团,即台湾步兵第一、二联队,台湾炮兵联队;海军有近藤信竹中将指挥的第五舰队所属担任护卫的第五水雷战队,第四根据地队,第三联合航空战队(辖"赤诚"号航空母舰),横须贺第四、吴港第六、佐世保第八特别陆战队。其进攻之计划为:(1)陆军的台湾混成旅团,由珠江口的虎门出海,经万山群岛向西至海南岛北部的澄迈湾附近登陆,然后向东迂回攻占

---

① 日本防卫厅防卫研究作战史室编:《中国事变陆军作战史》,田琪之译,第二卷第二分册,101页,中华书局1980年;另见王伯符译编:《日本帝国主义侵琼内幕》,见中共广东省委党史资料征集委员会编:《琼崖抗日斗争史料选编》,327页,1986年10月印行(内部发行)。

海口、琼山以及文昌、定安和清澜港。（2）海军的攻击部队，由雷州半岛南部的竹山海岸附近出航，经海南岛以西的海域，至该岛南部的榆林、三亚附近登陆，攻占榆林、三亚、崖县。（3）预定台湾混成旅团于2月10日拂晓在澄迈湾登陆，海军攻击部队于2月14日拂晓在三亚登陆。

据载："在广州失陷后，驻扎琼崖的正规军一五二师陈章部，就奉命离开琼崖调往广东南路一带布防，留在琼崖的军队只有保安十一团、保安十五团、各县壮丁常备队（约有1 000人）和民团（名义上约万人，但实际上只有4 000~5 000人）以及我们的部队——琼崖抗日自卫团独立大队。敌寇对于这种情形是很清楚的。"① 这是因为敌人的情报活动相当猖獗："许多年前，敌谍已在琼崖活动，胜间田是海口的敌药商，敌国的海南通。他居海口数十年，借着行商的假面具，到处去侦察地方情形，联络当地的土豪、失意军人、官僚政客、烂仔地痞。敌侵琼时，他随军抵崖，为敌国派遣海南岛海陆军的总顾问，去年他曾派汉奸詹逆松年赴琼活动，及后，又有汉奸田有德赴琼活动，田逆是北平人，在海口设立国语讲习所，借以掩护，他会描绘，常到军事要区去写生，曾被海口警察局逮捕两次，均为某员力保释放。及敌侵琼，他便在海口内应。"②

日本情报机关在进攻之前已了解到：（1）武汉失守前，

---

① 中共广东省委党史资料征集委员会编：《琼崖抗日斗争史料选编》，81~82页，1986年10月印行（内部发行）。

② 中央档案馆、广东省档案馆编：《广东革命历史文件汇集》，甲36卷，401~402页，1987年印行。

驻于海南岛的守军约1500人，之后，即相继撤到大陆。1938年11月23、24日，张达第六十二军所属陈章的第一五二师利用暗夜分乘帆船离开海南岛进驻至大陆的西江地区；(2) 关于目前岛上守备部队的编成和兵力，海南岛守备司令兼第五旅旅长王毅，副司令杨永仁。保安第一团团长文华胄，计3个营约900人。保安第二团团长龙驹，约700人。独立大队大队长冯白驹，约300人。新编守备部队7个营，约1750人。海口以西的秀英炮台守备部队，约250人。海南岛游击司令为云振中。

（二）日军攻占海南岛

2月10日拂晓，按预定计划，台湾混成旅团1万余人在第五舰队30余艘舰艇和50余架飞机的配合下，在琼山天尾港、马裒港登陆。天将黎明时，敌舰10余艘驶近了秀英炮台西北岸。炮台守军奋起开炮还击。敌机连续轰炸，秀英炮台守军大半殉难。接着敌机30余架轰炸海口、府城、潭口。登陆日军分左右两翼向前突击；左翼队以台湾混成旅步兵第二联队为主力，向海口突击，守军稍作抵抗，随即溃退，海口沦陷；右翼队以台湾混成旅步兵第一联队为基干，向琼山县府城突击，很快占领了府城。

海军第五舰队于2月13日0时由琼州海峡北岸的竹山出航，14日拂晓到达了三亚湾。5时，海军陆战队3队约2550人，开始登陆，因未遇到抵抗，于当日中午占领了三亚、榆林和崖县。

占领海口、琼山方面的日军，于19日起，先后占领了定安、文昌、嘉积、乐城、新州、那大等重镇，继续向全岛推进。海南各县城，除白沙县城外，其他交通要道、重镇、沿海港口等先后沦陷。

日军占领了海南岛的南部榆林港和北部的海口后，即由海军的太田泰治少将的第四根据地队在该地进行海军和空军基地的建设，在海口附近"建立起一大飞机场"，又在文昌的潭牛、临高的加来、崖县的三亚，以及北黎港附近分别各建一个机场，使之与澳门西南的三灶岛、台湾、北部湾的涠洲岛（于1939年2月1日建成）各建机场，使各机场构成有机联系。日机不时从这些机场起飞，轰炸两广等地。这些机场将作为向东南亚进攻的跳板。与此同时，日军还整备港湾，兼及其他。如在榆林港"建筑潜水艇根据地"，以及在岛上各地广修碉堡等。

为了对海南岛进行统治，日本陆军大臣板垣征四郎、海军大臣米内光政、外务大臣有田八郎，于4月21日共同决定了"海南岛政务处理暂行纲领"。其方针为"首先应置重点于完成作战和确保治安，同时应适应我国资源不足的急需，尽力调查和获取重要资源"。陆海军及外务部门共同组织海口联络会议，负责对海南的管治。

原在海口的台湾混成旅团，于7月下旬返回广州，担任佛山附近的警备。海口防务由第二十一军编组的海南岛派遣部队接替，部队长为马渊久之助大佐，以4个步兵大队、1个山炮大队为基干。

日军占领海南岛之后，于3月30日宣布：南沙群岛亦为日本之领土，并归台湾的高雄市管辖。随之即在这些岛屿上开采磷肥。

世界各国对日军侵占海南岛一事反响强烈，认为这是"日本要南进"。对此特别关注的法国、英国政府，通过其驻日大使，先后向日本提出了质问。日本外相有田八郎对此答复说："攻占海南岛，是出于加强华南沿岸的封锁，加速蒋政权崩溃的军事上的需要。"

对日军进攻海南岛，国民政府军队没有进行过稍微有力的抵抗，基本上是采取自动放弃以观国际反应的策略。2月12日，蒋介石在会见外国记者时，将此事称为"太平洋上的满洲事变"，说战争已扩大到太平洋方面来了。

（三）日军在海南的统治

日军在军事占领海南岛后，对海南做了长期统治的打算。

在行政方面，计划将全岛划为13县，置警察署、监狱署，在基层"整备确立保甲制度"，作为地方行政的辅助机关，并组织伪警察队，"协助日军的警备和维持治安"；在黎族聚居地区特设"抚黎署"，另行制定对待黎族的"理蕃方针"。日本在制定岛上居民申请取得日本国籍的许可制度的同时，另行制定了日本人往该岛移民的计划。还计划不时派遣"宣抚班"，"纠正排日思想"，设置"简易日语讲习所"，彻底普及日语，"实施亲日教育"，企图以此使岛上居民全盘"皇民化"，使海南岛10年内达到当时在台湾已经达到的殖民统治程度。[①]

根据1940年的一份报告，日军在海南实施"政治进攻"

[①] 宓汝成、王礼琦：《日本侵占海南岛和海南岛人民的抗日斗争》，载《抗日战争研究》，1992年第1期。

的主要做法有:一是设法分裂统一战线,挑拨国共关系。"它利用公开的汉奸傀儡,到处做反共反独立队的宣传。它们的宣言、传单、布告、画报、《海南迅报》、小册子等,主要是强调反共。"二是实行诱降。"利用汉奸们的各种社会关系,以私人名义用一套汉奸理论暗地里通信给一般动摇的反共的军政长官或绅士名流,引诱他们降敌。这类诱降的信,被我们截得者有数十封之多。"三是建立伪组织。"敌人占领的县城,都已有伪维持会的组织,占领的区乡也有一部分成立伪维持会。近来敌人又利用赵仕恒为伪专员,琼山、文昌已有伪县长出现。以詹松年为伪自卫军司令。据去年底的估计,全琼伪军组织已有千人之多,但大部分都在琼山、儋县——这两县有五六百伪军,其余各县数量较少,差不多都是一些伪警察的组织。在海口、府城方面,敌人又组织反共青年团、赴日视察团及俱乐部之类,而建设琼崖新政权的运动,也和汪逆中央政权呼应着。"四是实行欺骗宣传和怀柔政策。宣扬"皇军是海南岛的救星","皇军秋毫不犯","只要不和皇军敌对者,就可以安居乐业","领良民证者可得皇军绝对保护",威胁"勾结共匪者绝不容恕"。日军将抢劫来的粮食和钱给"顺民"。被逮捕的民众只要乡绅出保就行释放。"但是敌军纪律腐化到极点,不仅奸淫掠劫一般的民众,就是'顺民'他们也是奸淫掠劫的。所以做'顺民'、当维持会长而反省者甚多。"①

---

① 《李吉明关于琼崖抗战情况的报告》(1940年4月10日),见中共广东省委党史资料征集委员会编:《琼崖抗日斗争史料选编》,89~90页,1986年10月印行(内部发行)。

在经济掠夺方面，日军侵入海南后，即从国内和台湾派遣大批"技术人员"到海南，对全岛各种资源进行调查。日军设立"经济局"、"产业试验所"、"植物检查所"等机构，并组织大批日本商社来海南，进行所谓"经济开发"。这些"商社"，依据统制经济方针，受权划地经营。

日方掠夺的重点，首先是矿业。日方人员估计：海南的石碌矿山，埋藏矿量数亿吨，含铁量60%；田独矿山埋藏矿量约500万吨，含铁量63%；羊角岭矿山和位于海南—香港间的南鹏岛上，也蕴藏高品位的钨矿。日方主要对上述四矿进行开发，采出的矿石，绝大部分被运往日本本土。

其次是对农业资源的"开发"。日军强迫当地民众从事各种劳役，以生产日本国内当时甚为短缺并属必需的物资，如棉花、黄麻、油料作物等。

再次是金融掠夺。日军在海南滥发军用票，强迫流通，并禁止法币流通，以军用票"回收"法币，所定价格，远远低于实际价格或市场价格；然后将回收的法币以及银元、铜元、毫洋，或辗转运往中国大后方，套购物资，或运回本土大部熔化为军需原料。日本为谋求"统制"全岛经济，还对海南的林业、水产、盐业、畜产、工业（包括机械、水泥、制铁、造船、烟草、电力等）各个方面，都做出了具体计划，并策动本国一些相关公司前来"开发"。

最后是统制流通领域。凡重要军需民用物资，日军皆实行直接控制，其他则由日军当局确定收买机构——日本洋行及其代理商行，以及敌伪组织的合作社等掌握。

下面是一份日军占领海南一年多之后经济状况的描述。

战后受影响最大的是商业,因为大城市的失陷,大商人不是逃跑去海外,便是寄居乡下。过去兴旺的对外贸易,在敌人的封锁下,就变停顿。以前繁荣的市场,有的沦入敌手,有的变为焦土,而公路线上中小市镇,也毁坏殆尽,就形成商业上惨淡之况。现在维持乡村间贸易关系的,大都是重新建立起的新市场。

农业和土产原料的手工业,好像受战争的影响比较轻微。在土地耕种上,就在敌人据点两三里地的田园,农民也于夜间偷偷地耕种和收割了。去年整个年头雨水既足,又无风灾,所以夏秋两季,都是近年来所未有的丰收,每逢收割和耕种时,我党便发动农民们的互助合作运动,故在农作上少受敌人摧残,因之农产品甚丰富,价格大都比战前低廉。……至于手工业生产,除依靠外来原料的生产部门外——如五金业受多少影响外,其余部门大都能在农村继续生产,在市场上也不感缺乏。

渔业在敌舰的暴行下,渔船被烧,渔民被杀害者甚多,因之较大规模的深水渔业,几乎都停业了。但沿海一带的小规模的浅水的渔业,仍是继续作业。内地——如定安,鱼价较前为贵,但沿海一带鱼价有许多地区反较战前便宜起来。盐业有些地方也遭敌人蹂躏,但很快地又复业起来了。琼崖四方皆海,差不多地方都能产盐,所以盐比任何地方都便宜。

敌人破坏我们经济的手段,是无限地劫掠家畜、粮食,及金属器具,利用奸商廉价收买他所需要的一切,利用奸商贩卖仇货;制造伪币来混乱金融,扰乱民众耕种和收获,但是敌人"军用票"在中小市镇及农村中是不能通用的。[①]

（四）海南军民的抗日活动

对日军的占领，岛上军民并未屈服。海南岛是我国沿海的大岛之一，虽然四面环海，但由于面积大且中部以南的黎母岭、鹦哥岭、霸王岭、猕猴岭、尖峰岭、五指山等，海拔均在1 400米以上，山高林密，连绵不断。岛上的抗日军民，即利用这些有利条件，坚持了长期的抗日游击战争。

日军占领海口之初，中共部队改编的广东省民众抗日自卫团第十四区独立队，在队长冯白驹的领导下，积极开展游击战争，在海口以南南渡江的潭口渡首次出师阻击敌军，接着在琼文公路又打了好几仗。3月中旬的罗牛桥一役，截击满载敌人的军车1辆，全歼20余敌，其中少将1名，振奋了民众的抗日信心。很多青年学生、工人、农民、小商人以及侨胞子弟，纷纷要求参加独立队。"一些进步分子领导下"的地方势力，也携带枪支，自愿编到独立队。独立队不断壮大，一个月内，迅速由300人发展到1 300余人。活动地区由最初的琼山、文昌两县扩大到澄迈、临高、儋县、琼东、定安、乐会、万宁、昌江、感恩等县，成为岛上抵抗力量的主力。日军在海南的有效占领地域，时大时小，总的说来，只限于沿海平原一带（即使在这一带的广大农村，也未能完全控制）。至于面积占该岛一半的中部山区，则一直控制在岛上抗日军民手中。整个岛上，形成了抗日根据地、游击区

[①] 《李吉明关于琼崖抗战情况的报告》（1940年4月10日），见中共广东省委党史资料征集委员会编：《琼崖抗日斗争史料选编》，93~94页，1986年10月印行（内部发行）。

和敌占区3个地带。

抗日武装袭击日军、破坏日方所设的工厂、矿山,使其"开发"计划受到阻碍。抗日民主政府明令规定:"代敌寇汉奸购办或运输军用品者",以危害抗议战罪论处;"运货资敌或运牛猪出口"、"或运仇货返回内地者",予以没收。民众也经常组织起来破坏公路、桥梁,以阻敌物资运输;为拒绝使用军用票,宁肯以物易物。抗日军民的斗争,使日军不得安宁,无法为所欲为地扶植伪组织。[①] 这从日军频频发动"扫荡"和"蚕食"作战的目的即可看出:继1941年11月日军发动"丫五作战"和1942年6月发动"丫六作战"之后,1942年11月又发动"丫七作战"。其原因在于:"10月间盘踞在岛内东北部一带的敌共产军行动活跃起来,不断发生对环岛道路及其附近的日军阵地及军用卡车袭击事件,为对付共产党的游击队,达到歼灭其目的。"上述各战役以失败告终后,1943年12月,日军的"丫八作战"又开始。这次则是针对"共产军积极对日军行动,袭击日军部队、军用卡车、民间株式会社(股份有限公司)"的情况,"为断绝扰乱治安之敌"而发动的。[②]

[①] 参见宓汝成、王礼琦:《日军侵占海南岛和海南岛人民的抗日斗争》,载《抗日战争研究》,1992年第1期。

[②] 王伯符:《日本侵略军在琼岛的垂死挣扎》,见中共广东省委党史资料征集委员会编:《琼崖抗日斗争史料选编》,333~336页,1986年10月印行(内部发行)。

二、日军侵占汕头及袭扰沿海各地

(一) 日军攻占汕头

汕头在华南是仅次于广州的大港口,外国商船出入较多。广州失陷后敌人侦知,中国把汕头作为对外联系的重要地点,经潮韶公路运送了大量军用物资进内地。汕头地区还是大多数东南亚华侨的出生地,侨汇款额很大,是"滋润中国抗战力量的源泉"。因此,日本又把侵略魔爪伸向了潮汕地区。

在正式进攻之前,日军进行了连续几个月的袭扰。经常派军舰游弋,逮捕、劫掠我渔船,搜查扣留进口轮船及用飞机在沿海侦察、轰炸各重要交通线(潮汕铁路、内河轮船等)。4月中旬起,日军在潮汕澄海有过几次小规模的登陆试探,5月以来更在汕头、潮安(今潮州市)、揭阳、潮阳大肆轰炸,"尤以汕头轰炸最烈,市区、码头、海面船只均遭轰炸,伤三四百人;潮汕铁路虽屡炸屡修,始终未中断行车,但所有车厢已悉遭轰毁"①。

1939年6月6日,日军大本营下达了攻占汕头的命令,提出"攻占汕头一带的目的,是为了加强对华南一带的封锁,并使该地成为谋略上,尤其是对华侨进行工作的一个据点"②。

---

① 《中共闽西南特委给南方局的报告》(1939年5月20日),见中央档案馆、广东省档案馆编:《广东革命历史文件汇集》,甲43卷,235~236页,1987年印行。

② 日本防卫厅防卫研究作战史室编:《中国事变陆军作战史》,田琪之译,第二卷第二分册,107页,中华书局1980年。

此时，日军驻广州安藤利吉的第二十一军，驻北平的杉山元华北方面军，驻南京的山田乙三华中方面军，仍由其大本营直接指挥。第二十一军接到攻占汕头的命令后，即指定滨本喜三郎的第一〇四师团所属第一三二旅团长后藤十郎少将，率领步兵第一三七联队、独立步兵第七十六大队，山炮兵2个大队，工兵2个中队，轻型坦克兵1个小队，1个渡河中队，由海军协同，进攻汕头。

协同近藤信竹的海军第五舰队进攻汕头的海军部队还有：海军第九战队，第五水雷战队，第十二、第二十一扫海队，第四十五驱逐队，第三联合航空队轰炸机24架，水上侦察机9架，佐世保第九特别陆战队及其他特设舰。

日军进攻前掌握的中国军队在汕头地区的驻防情况为：华振中的独立第九旅主力在潮安，一部在汕头。汕头和潮安周围各驻有1个保安团，在沿岸的主要村庄有若干自卫团队。另遵照余汉谋的命令，驻在翁源南面的陈勉吾独立第二十旅于13—14日两天乘汽车向汕头一带开进。

6月14日，进攻汕头的后藤支队在广州东南的黄埔上船，16日前在澎湖的马公港集结完毕，并进行换乘舟艇的训练。为了保密，日军在黄埔上船后只让将校知道是实施攻占汕头作战，因此出现了返回国内的风声。

6月20日，日军攻击部队从马公港出海，预定于次日，即中国的农历五月初五端午节，中国人沉浸于节日喜悦之时，正式发起攻击，于21日天亮前到达了汕头港外投锚，约3 000人在汕头附近登陆；凌晨2时20分，左侧部队在汕头港南岸的达濠岛登陆。主力以1个大队在新津港附近登陆，其余沿韩江支流西溪溯江而上，于 8 时 30 分在汕头以东地区登陆，从东、北方向迂回攻击汕头市，于 22 日拂晓完全占领了汕头。接着附近澄海等县相继被日军占领。此时，我驻潮汕的部队有独立第九旅，保安第四、第五团，以及各县自卫队武装和汕头市的警察。在独九旅旅长兼潮汕警备司令华振中的指挥下，面对日军的进攻，曾进行了抵抗，但在遭受较大伤亡后撤退。国民党潮安县县长、澄海县县长仓皇而逃，后被撤换。"惠来的、潮阳的、揭阳的诸县长，大家都同样暂时避开过，事后看没有事了，大家才回来。此事华振中在警备司令部未取消前，曾召集一个各县长、书记长会议，有'此次战事发生，军是动了，民也是动了一些，政呢？党呢？都没有动！'的愤慨之语。"① 敌第一三二旅团于 6 月 25 日攻向汕头以北约 40 公里的潮安，于 26 日进至潮安西南郊区的枫溪，遭到守军独立第九旅较为顽强的抵抗后，于 27 日上午占领潮安。虽然这次作战天气不好，但敌陆空军轻轰炸第三十一战队仍冒着恶劣天气支援了其地面部队作战，狂轰滥炸汕头市附近各县。②

7 月中旬，前线部队反攻潮安城，士兵冒着枪林弹雨由北门冲入，与日军展开激烈巷战，日军伤亡惨重。汕头日军派出增援部队，我军才退却。据载："当我军反攻潮城时，潮城附近之民众都很踊跃地出来帮助军队，送破衣（化装之

---

① 《中共闽西南特委报告》（1939 年 9 月 1 日），见中央档案馆、广东省档案馆编：《广东革命历史文件汇集》，甲 43 卷，276 页，1987 年印行。
② 王辅：《日军侵华战争》，第 2 册，1 119～1 120 页，辽宁人民出版社 1990 年。

用)、送茶水、送饭、抬伤兵,甚至愿带路。而当我军被包围在潮安城内时,城内的民众很多把我们伤兵藏匿起来,有的把我军带从小路逃了出来。"①

(二) 日军对潮汕的统治

日军占领潮汕地区后,为强化法西斯统治,大肆烧杀抢掠,扰乱当地经济。仅汕头市金砂乡,日军进乡当天就至少杀害300人,还有700多名青壮年被拉去当劳工。日军把50多名农民,用铁丝穿过每个人的掌心,连成一串,用军刀活活挑死。② 日军第二次攻陷澄海县城时,又屠杀群众700多人。"在一些地区,老百姓积极帮助军队的乡村,或治安不宁的乡村,敌寇是非常残酷地报复屠杀的。例如桑浦山的红岗、下城、鸟叫、蛟龙、埔尾、狗头几乡,全乡都被烧光,人民都被屠杀……又例如潮揭边的官硕乡亦因为协助军队,去年(指1942年——编者)年末敌人把(村民)全部杀死。死400余人,内中很多老翁、小孩和妇女,整个池塘都是死尸。又例如土尾、双港的伪乡长被国民党便衣队掳去之后,次日敌人就下山来把全乡4个保长都砍头了,说因为他们'串通'的缘故。"③

"敌人在汕头、庵埠、潮安、澄海等地积极建筑工事并

---

① 《中共闽西南特委报告》(1939年9月1日),见中央档案馆、广东省档案馆编:《广东革命历史文件汇集》,甲43卷,280页,1987年印行。

② 夏琢琼等:《日军在粤暴行》,见禹硕基等主编:《日本帝国主义在华暴行》(集体分工撰文),246页,辽宁大学出版社1989年。

③ 《潮汕的一般情况——敌占区的扩大、敌伪动态和国民党情况》(1943年),见中央档案馆、广东省档案馆编:《广东革命历史文件汇集》,甲43卷,533页,1987年印行。

几次地扫荡××山边的游击队来巩固其占领支点；对于沿海沿山各重要乡村、后方城市圩镇不断轰炸、恫吓来扰乱秩序，动摇人心；对于东津、枫溪、莲阳、黄冈、揭阳等地的试探突击；对于奸细、土匪的扶植，企图造成纷乱局面，以便利其占领和掠夺。""在澄海、潮安等处各种私货络绎于途，如豆饼、田料、火柴、鸦片、香烟、脯料等物，而销路几遍于全潮；敌人利用奸商来吸收未沦陷区的粮食，收买桐油、麻袋等；提高敌军用币的价值，吸收国币，对于华侨汇款的控制和汕头海关的夺取等等也同样积极地进行。"

日寇又玩弄怀柔手段，建立维持会和伪政权，进行欺骗宣传，并施以小恩小惠以笼络人心。"敌人占领了汕头、潮安、澄海之后，积极地建立伪维持会，并在占领地分区召开会议，建立伪政权；敌人经常用飞机散发传单，写信，及汉奸联络组的活动来引诱一般绅士和民众投降，在粤东报上经常不断地刊载着各种挑拨离间的谣言；在占领地和战区，敌人常常发米、发火柴，散发报纸、画报……给民众来实施其怀柔欺骗的阴谋；在占领地，敌人公开地贩毒、赌博，宣传复古，开办日语训练班，组织伪和平救国青年团、妇女群众运动等组织，来麻醉和消灭我民族思想。"[①] 潮汕之间的庵埠（今属潮安县）为日军占领后，烟赌、妓院、小偷充斥，日军强迫使用军用票，"积极从事于奴化教育，准备复办昔日所有的学校，而日语学校的敌人，更以每个小孩上学每天

---

① 里予：《目前潮汕形势与潮汕青运的任务》（1940年1月1日），见中央档案馆、广东省档案馆编：《广东革命历史文件汇集》，甲42卷，481页，1987年印行。

给予3个铜仙、一只麦包来引诱小孩和民众,敌宣抚班亦以物赠送民众,从中宣传"①。

敌人在潮汕的主要驻兵地点为汕头、潮安、庵埠,尤以庵埠为中心,经常保持有两三个中队的兵力,建有若干兵营。兵营周围绕以铁丝网与环沟工事,重要路口则筑有小堡垒。另在澄海、潮阳、南海岸一些重要乡镇驻兵。其装备情况,在进驻潮汕之初,步兵配有大炮、小钢炮、平射炮、迫击炮,还有几辆中小型坦克与少数骑兵。一个中队约有小钢炮或迫击炮一两门,重机枪一两挺,轻机枪几挺。敌人还重新修筑了汕头附近的机场,将原潮汕铁路路基改建为军事公路干线,修通了连接韩江支流的水渠,以便利敌橡皮艇和小汽艇的调动。②

日敌的入侵给潮汕民众的生活造成了极大的损害:"不仅直接受到战争的侵害,同时什么东西都马上飞涨起来,现在米、糖、火柴……日用品、必需品都比战前要贵上三倍的价钱了。而相反地,他们的农产品由于不能出口而廉价也卖不出去,……而在战争状况底下,一些意外的摊派,比方应付过境的军队、抬伤兵、带路都必须出钱,由乡公所另外雇人,又多些支出。有些地方因为米本来就不多,给军队在那里买了食了,他们在担心饥饿……加之敌机滥炸,他们间又有些悲观起来,他们说:'打多几个月大家都饿死了。'""沦陷后米每元只3斤多,柴每元30斤,洋火每盒涨至1角

---

① 吴启燕:《受辱的庵埠》,载《新华南》,第2卷第6期,1940年6月1日。
② 《潮汕敌伪情况与地理形势》(1945年),见中央档案馆、广东省档案馆编:《广东革命历史文件汇集》,甲43卷,578~582页,1987年印行。

多，土产不能出口（如大埔碗工20 000多人失业，竹木不能出口，洋米不能入口），南洋来款困难，渔民盐民不能出海，……征兵与捐税的不合理压迫"等等。①

日军侵占潮汕后，潮汕中共党组织即建立了汕头青抗会武装大队（简称"汕青游击队"），开展武装斗争。1939年11月14日，日军又以大队兵力，在飞机的掩护下向潮汕铁路两侧进行扫荡。中共领导的汕青游击队驻防于潮安的枫溪与乌羊山之间的高田村。战斗打响后，汕青游击队配合国民党驻汕部队，凭蔗林做掩护，主动出击，把队伍推进到英塘，并派出小部队侦察，接近敌羊头村迫击炮阵地，出其不意，以猛烈火力向敌人射击。日军猝不及防，被打死打伤多名。乌羊山守军向日军发动进攻，汕青游击队就侧击敌人，以分散其火力。不久，日军集中兵力攻占了乌羊山，汕青游击队立刻奔袭敌防守空虚的云步镇。这两次作战，游击队与国民政府军互相配合，合作良好。

在南路地区，1940年2月，日军为确保邕钦公路（南宁至钦县）交通运输和联络的安全，以第十八师团1 600人向邕钦线东侧灵山、太平地区进犯。灵山青年抗日游击队、南路游击队第三司令部、灵山民众抗日自卫大队等抗日武装，配合驻守当地的我第一七五师第五二四团奋起抗击，与日军激战3昼夜，毙敌中队长吉田三郎以下300多人，伤80多人，中共领导的抗日武装和守军290多人牺牲。

---

① 《中共闽西南特委报告》，1939年9月1日，1939年12月16日，见中央档案馆、广东省档案馆编：《广东革命历史文件汇集》，甲43卷，280～281页、335页，1987年印行。

(三) 日军攻占南宁、深圳等地

早在1938年11月,蒋介石在南岳召开军事会议,宣布以防御为主的第一期抗战结束,着手调整战区,将全国划为南北两大战场,撤销重庆、广州、西安三行营,另设桂林、天水两行营,以统一督导南北两战场之作战。白崇禧出任桂林行营主任,指挥长江以南的第三、第四、第九战区。华南对日作战即由桂林行营和张发奎第四战区负责。其所辖余汉谋第十二集团军5个军对占据广州的日军第二十一军作战,所辖夏威第十六集团军的两个军布防在南宁地区,即新由地方民团组编的第二十一、四十六两军,不仅装备差,而且缺乏作战经验。

1939年4月和6月,日本的海军和陆军曾先后提出过进攻南宁的设想。日方认为,"中国虽已丧失华南沿海主要港口,但仍能自法属安南及缅甸方面获得补给,而广西公路成为中国之主要补给线,其输入量,每月约达4 000～6 000吨,占输入额的30%"[①]。日海军且认为占领南宁地区后,还可利用南宁的机场攻击中国大后方贵阳等地以及轰炸河内通往昆明的铁路,航程较武汉、广州为近,可"直接切断沿南宁—龙州敌联络补给线路,并强化切断沿滇越铁路及滇缅公路敌补给联络线路之海军航空作战"[②]。

1939年10月16日,日本大本营下达了进攻南宁的第375号作战命令。日本方面以第二十一军司令官安藤利吉中

---

① 蒋纬国编著:《国民革命战史》,第三部,见《御侮抗日》,第7卷,9页,台湾黎明文化事业公司1978年。

② 《日本军国主义侵华资料长编》(上),499页,四川人民出版社1987年。

将为此次战役的最高指挥官,参战兵力为今村均第五师团和在广州的台湾混成旅团(司令官盐田定七少将),并派近藤信竹中将的海军第五舰队、山县正乡少将的海军第三联合航空队协同,共3万余人,舰艇70余艘、飞机100多架。规定进攻的部队在11月10日前,到达海南岛南部的三亚港。

当时安藤利吉为协助汪精卫策划建立以广州为中心的伪政权,正指挥久纳诚一、浜本喜三郎两师团及近卫混成旅团,发动以夺取韶关为目的的对余汉谋第十二集团军的作战,10月初接到攻占南宁的密令后,即积极着手准备,一面缩小在粤作战规模,将部队集结到翁源、英德一线,以便转用到南宁方面,一面派员侦察登陆地点,在钦州湾测量水位,做登陆前的准备。

日军筹划的侵桂行动虽然诡秘,但其舰队在北部湾集结的情报已为英美侦悉,预见到"对南宁作战不久似将开始"[①]。英美及时通报国民政府军事情报部门,第四战区司令长官张发奎在11月9日已完全清楚日军这次行动的企图。但当时中方在桂南的兵力十分空虚,实际第四战区在敌登陆的钦州湾附近,仅驻有第四十六军的第一七五师、新编十九师和独立步兵第一、第二团。

1939年11月15日,及川源七率日军第五师团第九旅在海、空军掩护下于8时左右强行登陆。由于中方对敌登陆地点判断失误,加上部队调动部署尚未就绪,兵力薄弱,故从作战开始就陷入被动。尽管守军进行了顽强抵抗,但日军仍

---

① 王辅:《日军侵华战争》,第2册,1 231页,辽宁人民出版社1990年。

于16日攻占防城，17日攻占钦县，之后从东南、南、西南三面形成了对南宁的包围，24日攻陷南宁。

南宁失陷后，中国军队调兵遣将，集合15万多人，在桂林行营主任白崇禧、第四战区司令长官张发奎等指挥下，以杜聿明第五军为主力，于12月18日起对敌军发起反攻，至13日取得了攻克南宁东北部要隘昆仑关。歼敌4 000多人的昆仑关大捷，击毙敌第五师团第二十一旅团长中村正雄。日军为保住南宁，又增派第十八师团、近卫旅团到桂南，于1940年2月2日迂回攻陷南宁北部重镇宾阳，3日再度攻陷昆仑关，中国军队损失惨重。之后双方处于胶着对峙状态。1940年9月23日，日军入侵越南北部，从越南进入我国广西的战略通道已被截断，日军遂决定放弃南宁。为防止日军在撤离南宁前对占领区的破坏，中国军队尾追截击，于1940年10月30日重新收复南宁。

日军通过一年多的作战，扩大了在华南的占领区，封锁了华南沿海的主要港口，使我国接受外援的困难更大。日军占领广州，主要目的之一即是阻断我国从香港进口物资的通道，所以十八师团曾派出一部兵力占领了深圳及附近地区，海军则封锁了香港东、西附近海岸及珠江口，但不久该师团又将部队撤回。

敌通过侦察得知，由深圳地区还有相当的物资输入。第二十一军司令官安藤利吉根据大本营的指示，于1939年8月中旬命令第十八师团再派出部队，长期占领深圳、沙头角一带的边境地区。为此，日军曾事先通知英国当局说："日军将在中英国境方面进行作战，希不要妨碍我军的行动和供给中国军队使用英国租借地。"①

敌第十八师团派出步兵第一一四联队主力、步兵第一二联队的1个大队及炮、工兵的一部分进行了作战。

8月13日,敌军在黄埔上船,顺珠江到虎门集结。接着,于13日夜从虎门起航,14日拂晓在宝安附近登陆,一直向深圳挺进。守军第一五三师、第一五九师不战而退,日军于当日占领深圳,15日占领了沙头角一带。

敌得手后,以步兵第一二四联队的1个大队为基干部队驻留,大部置于深圳,小部置于沙头角一带,政府军主力仍返回原驻地。

9月30日,我军独立第二十旅向深圳之敌发起猛烈进攻,敌军固守待援,第十八师团急派第一一四联队(缺1个大队)前往增援。该敌于10月1日半夜从黄埔起航,2日在宝安登陆,企图从北面较远的地方迂回以围歼中国军队。4日,中国军队8 000余人在天堂围附近与日军展开激战。当敌军进至黄洞附近时,中方发起反攻,歼敌一部。敌在飞机大炮的支援下向中方反扑,6日到达深圳,独立第二十旅退回原地。

1941年初,敌华南方面军为达到既封锁我国沿海港口,又可通过登陆,锻炼将来至东南亚作战的部队,决定按照其大本营2月26日关于封锁我国东南沿海的命令,进一步采取军事行动。这时东南沿海的情况是:敌华南方面军虽然封锁了香港及越南的海防、鸿基港口,但仍有相当数量的物资

---

① 日本防卫厅防卫研究作战史室编:《中国事变陆军作战史》,田琪之译,第二卷第二分册,110页,中华书局1980年。

由中、小型船只甚至木船运载从香港以东及以西沿岸之中小港口上陆转运入内地。对此，敌华南方面军曾经以空军进行侦察和攻击轰炸，但效果不大。2月4日敌华南方面军第十八师团第三十五旅团长川口清健少将率4个步兵大队在大亚湾登陆，攻占了惠阳县的淡水镇；藤井洋治中将的第三十八师团之步兵团长末藤知文少将指挥3个步兵大队对深圳、大鹏湾一带进行策应。这次封锁作战，有不少物资被敌抢走，但以后进出口并未因此而中断。

根据日军大本营的命令，后宫淳的华南方面军决定以15个步兵大队在广东、广西沿海登陆：近卫师团的9个步兵大队，在广海、阳江、电白登陆（每点3个大队）；第四十八师团的6个步兵大队，在海康、北海登陆（每点也为3个大队）。完成登陆后，再转用兵力至以东的汕尾、甲子港、汕头一带登陆，进行封锁。

3月3日拂晓，近卫师团、第四十八师团在海军第二遣华舰队的配合下，在上述五处进行登陆后，抢走该地区尚存的大部分物资，至3月15日返回其原驻地。

日军于2月初在大亚湾登陆攻占淡水并封锁大鹏湾后，发现在大亚湾以东的红海湾、碣石湾和汕头以南的潮阳、汕头以北的潮安附近，仍是中国粤东沿海出口的重要地区，且有不少第三国船只驶入海丰县以南的汕尾港。驻于汕头、潮安的独立混成旅第十九旅团，从1939年6月以来，也未能阻止中国在汕头一带的进出口。

敌华南方面军在结束了广海、阳江、电白、海康、北海的登陆作战后，即转移兵力，进攻、封锁香港以东的我国沿海地区。

3月23日,敌独立混成旅第十九旅团一部在海军第二遣华舰队的配合下,由潮安登陆后,抢走了不少进出口物资。

4月10日,敌近卫步兵团长小林隆少将率步兵3个大队,由汕尾地区登陆,经战斗后占领了该地并抢走物资。以后日军即进驻汕尾、潮阳。

4月中旬,配合敌第四十八师团进攻福州的近卫师团步兵第三联队多贺勤少佐的第二大队,在从福清县海口镇撤回广州地区时,根据命令于5月1日在陆丰县以东的甲子港突然登陆而占领该地。5月4日,又在陆丰以南的碣石湾登陆,将这些地区的物资劫走或销毁后,于6日撤回广州附近。①

三、汪精卫诱降阴谋的破灭

(一) 汪精卫在粤的诱降活动

汪精卫在1938年底出逃之前,曾指派高宗武、梅思平为代表与日本影佐祯昭、今井武夫等在上海举行"重光堂会谈"。汪的代表向日方提交了《中国方面的行动计划》,得到日本方面同意。其中提出:"撤出一部分日本军队,使广东、广西两省成为加入新政府的地盘。"他们一厢情愿地以为,"广东军队和在其他战线的军队,同情这一运动(即汪的所谓'和平运动'——编者)的也不少"②,满心指望广

---

① 王辅:《日军侵华战争》,第3卷,1 461~1 462页,辽宁人民出版社1990年。
② 《今井武夫回忆录》,88~89页,中国文史出版社1987年。

东方面能加入他们的叛国阵营。

汪精卫出逃,发表"艳电"后,自以为与广东地方实力派过去关系较深,便把广东作为其诱降的重要目标。汪"并以沈崧(汪的外甥)熟悉广东军人,指定他负责运动军队,随时汇报陈公博决定"①。日本情报部门也做了类似的估计。他们认为:与汪联系较多或对蒋没有好感的军人,首推云南的龙云,其次是四川的潘文华、邓锡侯、刘文辉,以及桂系李宗仁、白崇禧,但都很难说就一定能站到汪一边;"张发奎是现在最有可能成为汪的势力的人。他同汪自国民党左派时代就关系密切,以后虽然政治立场不同,但个人之间仍保持着亲密的关系。张现在率领着4个师驻扎在广东一带,虎视眈眈地等候着机会"②。

汪精卫为了建立他的叛国投敌基地,壮大他的投降势力,从而在日本主子面前抬高其身价,于1939年7月23日,亲自出马乘专机由南京飞抵广州,大肆进行诱降活动。他与日本华南派遣军司令官安藤利吉商定要建立日伪合作的华南政权。据1939年8月16日的《冈崎总领事报告》,《汪精卫与华南派遣军协商事项》要点如下:

一、汪精卫一方面推进建立中央政府工作,同时为建立华南政权工作而迈进。因此,汪精卫在广州对华南工作研究必要措施后,将派同志到广东继续工作,其本人暂回上海。

---

① 黄美真、张云编:《汪精卫集团投敌》,47页,上海人民出版社1984年。
② 日外务省情报部第三课:《汪精卫路线的进展和抗日势力的现况》(1939年8月)。转引自黄美真、张云编:《汪精卫国民政府成立》,7页,上海人民出版社1984年。

在国民党全国代表大会结束后,如有必要再来广州。

二、华南政权,不是单纯的政治机关,主要是促使地方实力派,树立反共,保境安民,使其与日本军之间实行局部停战和必要的合作协助,并使之扩大至华南5省,从而迫使蒋介石下野,实行推翻重庆政府。为了便利这一工作,须建立华南政权。

三、华南政权如果成立,日军占领地区的治安、警备、行政、经济,将由日军手中逐渐移交该政权。

四、拉拢实力派的工作,目前首先置重点于张发奎和邓龙光,并须秘密与李汉魂、吴奇伟、薛岳联络。对余汉谋,以分化其部属为主。

陈济棠和许崇智,暂时缺乏挺身而出的决心,因而可使陈济棠的旧部黄质文与汪精卫合作,使其进行拉拢陈济棠旧部军队。

对李宗仁和白崇禧,有待和知鹰二特务机关长的措施。但汪精卫也要与之直接联系。

五、须建立保安队。目前派廖轰(中文原译文如此)在博罗、惠州、宝安附近收容零星的汪派军队。其他,在广州市附近也要进行建设。

六、为进行连接华南政权的准备工作,须在广州建立政务委员会。政务委员会由汪精卫的同志、张发奎和邓龙光的联络人、黄质文、张永福、金章和广州治安维持会会长等组成,预定以汪精卫的同志为首长。①

---

① 黄美真、张云编:《汪精卫国民政府成立》,163~164页,上海人民出版社1984年。

接着，汪"又召集香港方面的同志，并对于今后和平运动作了恳切交谈"，参加者达数十名。

实际上，想在日本人面前极力自抬身价的汪精卫，在这方面并没有多少资本。真正愿意死心塌地追随他叛国投敌的并不多。汪极力拉拢的张发奎、陈济棠等均不为所动。

1939年8月9日，汪精卫在广州发表了一篇《怎样实现和平？》的广播讲话，骂抗日是要把全国"变成瓦砾，变成灰烬"，蒋介石抗日，是"奉共产党的教条"。妄图使地方实力军人摆脱"蒋介石的钳制"，公开赞成"和平"。他厚颜无耻地声称："现在我在广州与安藤最高指挥官会晤，关于怎样实现和平，彼此互相披沥诚意。其结果使我确信，如果广东方面的军队，有和平反共的表示，安藤最高指挥官，必能以极友好的态度考虑实现以下几件事，即是：不仅对于这种军队立即停止攻击，而且更进一步将日本军队已经占据的地方，所有治安警备，以及行政经济，都从日本军队手里，次第交还中国。因此我今日敢公开约束：如果广东方面的行政当局和军队，能赞成我的和平主张，则我必能得安藤最高指挥官的同意，先在广东做起部分的停战，而以次及于全国，使全国和平得以完全恢复。尤其是对于广州市民，我敢说在最短期间，必能以广州市还之广州市民之手，使广州成为比较去年10月以前更有秩序，更有幸福的地方。"他的这篇讲演，是由日本军方拟定要点，经日军司令官认可后才发表的。据日军代理华南特务部长原中一大佐在给军令部第一部长宇垣少将的电报中称："竹内（汪精卫代号）在8月9日20点0分作题为《怎样实现和平？》的广播。预定要点如下……上述是根据竹内的自立的印象，在独自的立场上进行。其内容业已由军司令官负责承认。"① 这无可争辩地表明，他在广州所上演的，恰是一场地地道道的傀儡戏罢了。

(二) 广东各界的反汪运动

汪的可耻行径激起了广东各界的极大愤慨。中共广东党组织动员群众发起了一场反汪运动。广东省委通过机关刊物《新华南》发表评论和文章，揭露汪精卫集团叛国投敌的罪行。1939年9月号编发了"讨汪特辑"，3名主编均参与撰稿，即石辟澜的《三民主义乎？"三反主义"乎？》、任毕明的《捉拿卖假药的棍徒》、何家槐的《打狗》，随刊附送，并在正刊上发表了正诚的《反汪讨论大纲》。石辟澜在文章中指出："以华制华——是敌人灭亡中国的重要策略的一部分。汪逆窜粤，在现阶段，就是这重要策略的具体之执行"，是配合日寇对华南实施政治诱降的行动。必须揭露汪逆"反蒋"、"反共"、"反抗战"的"三反主义"的媚敌投降本质，加强抗日民族统一战线的团结，警惕抗日阵营内部新的投降危险。② 1940年6月，《新华南》又编发了"关于汪逆登台及怎样反汪"专辑，收入了谭天度《对汪逆伪组织的认识与反汪运动》及思慕、李筱峰等的文章。在曲江出版的柳倩等编辑的《持久战》以及《新建设》、《新军》等刊物也将反汪反投降作为这阶段刊物的重要宣传内容。钟天心主编的

---

① 黄美真、张云编：《汪精卫国民政府成立》，192～196页，上海人民出版社1984年。

② 洪流主编：《石辟澜》，广东党史资料丛刊专刊编辑部，392～398页，1993年。

《新军》2卷4期（1940年3月出版）推出"讨汪特辑"，发表了编委、张发奎部少将参议黄中廑的《扑灭汪逆要肃清无形汉奸》、叶兆南（即孙大光）的《桂南大捷与反汪》等文，以及耕石的《反汪与提高民族义务感》、史汉的《反汪运动的群众化》等文章。

中路地区纷纷举行集会，开展反汪签名运动。东江地区举行反汪座谈会，并通过《河源青年》、《增城青年》、《抗日小报》、《战地青年》等各县报刊，开展反汪、反投降活动。西江地区的四会、广宁等县，在所有的狗身上都挂上"汪精卫"的字样，使反汪宣传家喻户晓。

汪的广播发表后，第四战区司令长官张发奎表示要坚决给予反击。张发奎发表了由在他的部队工作的共产党人草拟的广播词，以后又发表了反汪文章，并在韶关举行了声势浩大的火炬游行。8月14日，广东省政府主席李汉魂发表广播讲话，号召全省民众一致起来"捕杀汪精卫"。15日，广东省临时参议会对汪精卫通电声讨。16日，张发奎、余汉谋、蒋光鼐、黄旭初、李汉魂、蔡廷锴、香翰屏等又联名通电驳斥汪的劝降谬论。原国民党粤系在野的军政官员许崇智、陈济棠、李福林等亦于28日联名通电声讨汪精卫，指斥其为"民族败类"、"头号汉奸"。[1]

反汪运动也推展到香港。国民党发动了香港3家汪派报纸《天演日报》、《南华日报》、《自由报》三报馆的"八一三"反汪罢工斗争，并给予3 000元经费支助，使报纸停版

---

[1] 张洁：《日伪在广州的罪恶活动》，见广州市政协文史资料委员会编：《广州抗战纪实》，430页，广东人民出版社1995年。

两天,一个星期才恢复正常。但工人罢工实现后,国民党却撒手不管了。为使这场反汪、反投降斗争坚持下去,共产党接过了领导权,通过文化界和香港印刷工会,发起募捐,使斗争进一步发展,发行了反汪刊物,发表了宣言,并组织了反汪回国服务团,于1940年回到内地,先后在惠州、韶关、桂林、重庆等地进行反汪宣传,扩大了反汪运动的影响。①

1940年3月,汪精卫在南京成立伪国民政府,张发奎接受在所部工作的中共人士建议,由左洪涛、何家槐以他的名义起草了一篇讨汪檄文,在《救亡日报》、《广西日报》、《柳州日报》上发表。②

上述各种形式的反汪运动,揭露了汪伪集团的可耻面目,提高了群众的觉悟,使"和平运动"的汉奸理论无法立足,日伪的诱降阴谋不能得逞。

四、日军进攻广州湾

(一) 日军进犯粤西

日军在进攻广州湾之前,先已进犯钦廉地区。那里是广东南路的南端,有钦州湾、北海等深水港,北面是桂南重镇南宁。早在1938年9月11日,日军为了配合攻占广州的作

---

① 《张文彬关于广东工作报告》,见中央档案馆、广东省档案馆编:《广东革命历史文件汇集》,甲37卷,178~179页,1987年印行;《唐克等关于香港反汪工友回国服务团的报告》,见中央档案馆、广东省档案馆编:《广东革命历史文件汇集》,甲44卷,47~69页,1987年印行。

② 中共广东省委党史资料征集委员会、中共广东省委党史研究委员会编:《特支十年》,97页,广东人民出版社1988年。

战,曾派出一股兵力约200人侵犯涠洲岛。次年1月2日,数百名日军在海空军掩护下攻占涠洲岛。日军占领该岛后,为长期占据,修筑机场,作为轰炸粤桂后方的基地,以破坏中国西南国际交通。[①] 广州、武汉失陷后,中国对外交通线多被切断,而由南宁到越南的国际交通线仍然畅通无阻。1939年秋,日军计划在钦廉沿海登陆,占领南宁,切断桂越交通线。日军集结兵力约4万人,于11月13日从海南岛三亚港出发,15日从钦州湾登陆,很快占领钦廉一带。

广州湾当时属法国租借地,是深水良港。因法国在华利益受到日本的威胁,对中国抗战一度持同情态度。当日本占领钦廉地区后,广州湾成为华南沿海唯一仍可自由通航的国际口岸,虽然日军严密封锁琼州海峡,但仍有大量军用物资从广州湾进口。太平洋战争爆发后,日军大本营为了进一步切断中国海上交通和掠夺粮、盐等物资以支持太平洋战争,决定占领广州湾,控制雷州半岛。[②] 日军作战部队为独立混成第二十三旅团之山田联队、小岛海军陆战队一部,总4 000余人,指挥官为渡左近少将。1943年2月16日凌晨2时,日军一股1 600余人,在5艘军舰和8架飞机掩护下,分乘汽艇,于雷州半岛东海岸的通明、下岚两港登陆,分路袭击海康县城(今雷州市)。我守军只有省保安第四团的第二大队,略加抵抗即退守客路。日军于当日上午10时占领

---

① 中共湛江市委党史研究室编著:《南路人民抗日解放军史》,29页,广东人民出版社1995年。

② 中共湛江市委党史研究室编著:《南路人民抗日解放军史》,56页,广东人民出版社1995年。

海康县城。17日晨，日军沿雷州至安铺的公路追击，很快占领客路。19日晨，日军分兵进犯遂溪洋青和遂溪县城，省保安第四团稍事抵抗后败退廉江良垌一线，遂溪县城被日军占领。在通明、下岚登陆的另一股日军500余人，于17日晨进犯广州湾西营（今湛江市霞山区），随后攻击麻章，与进犯遂溪的日军遥相呼应。20日下午4时，日军由麻章袭击法国广州湾租借地边界寸金桥。法方惊慌妥协，与日军签订"共同防卫广州湾"的协议。规定军事上由日军掌管广州湾，负责境内防卫；行政上仍由法国管理广州湾，并支持日军的作战行动。① 2月21日，日军全部占领西营市区，从寸金桥方向攻击的日军同时占领赤坎市区，广州湾即告沦陷。日军举行了所谓"和平进驻广州湾"仪式。21日晨，小股日军在吴川县黄坡登陆，侵入高岭、鸡屋等地。雷州半岛沦陷后，半岛北面的廉江及相邻的化县、吴川等地成了抗日前线。

日军占领广州湾后，于所到之处，大肆烧杀抢掠，无恶不作。在雷州城，日军把3名青年解押到西门谢公亭杀害，碎尸几段后挖出心肝下酒，甚至强奸庵内尼姑和60多岁的老妇。侵占遂溪的日军，强迫几千名青壮年修建飞机场，一项工事完工后，便将参加修建的民工枪杀，其中一次就杀害85人，投入头岭村的"杀人坑"②。日军为了巩固其占领，

---

① 中共湛江市委党史研究室编著：《南路人民抗日解放军史》，57页，广东人民出版社1995年。

② 中共湛江市委党史研究室编著：《南路人民抗日解放军史》，58页，广东人民出版社1995年。

一方面保留广州湾的法国殖民政权和军队，另一方面收买汉奸、土匪，建立伪军和伪政权拼凑了"三雷和平救国军"，由汉奸符永茂为"高雷警备司令"，并委任汉奸吕春荣、王英儒为"广东南路军副总司令"，委任汉奸阳江四为"南路第七区司令官"。

日军侵占雷州半岛、广州湾后，因兵力所限，停止了对我军队的追击。为确保对雷州半岛的占领，日军以辎重兵大队和高射炮队约700人驻守西营，以步兵大队和特种兵部队约700人驻守赤坎，以部分步兵和骑兵、炮兵共约1 000人驻守遂溪及其附近，同时以部分兵力控制从遂溪、城月、客路、海康城、英利至海南岛的交通线。由于日军兵力不足，实际上控制的只是部分重要圩镇和主要公路交通线。

日军占领广州湾后，虽然法国殖民当局的行政机构和军警仍保留，但日军是"太上皇"，为所欲为。日军经常到附近村庄圩镇掳掠烧杀。1943年7月下旬，日军在赤坎捕捉100多名青壮年连同从雷州其他地方抓来的1 000余人，运到香港为日本人做苦役。① 经济上，日军大肆搜刮，强行使用"军用票"购买大批物资，并强迫商人、市民使用汪伪政权发行的"中储券"，进行经济掠夺。日军还放纵邪恶犯罪，以至娼赌盛行、走私猖獗，拐卖人口时有所闻。

（二）粤西军民的抗日斗争

在日军进攻广州湾时，我军在这里的兵力很有限，只有省保安第十团和第四团分别驻守钦廉、遂溪、海康；另各县

---

① 邱炳权：《法国广州湾租借地概述》，见《列强在中国的租界》（集体分工撰文），469页，中国文史出版社1992年。

只有少数训练差的自卫团队。因此在日军进攻下,守军稍事抵抗便败退,地方政府官员也随之而逃(如海康县县长王光汉、遂溪县县长王辉等放弃职守,带领家眷逃走)。日军在几乎没有遇到任何抵抗的情况下,5天内就控制了雷州半岛和广州湾。第四战区司令长官张发奎在获悉日军进攻广州湾后,调整了在雷州半岛和南路地区的兵力部署,调第一五五师主力加强茂名防卫,调原驻广西玉林的广西独立第三团加强廉江的守备力量。这样的兵力分布于广阔的南路地区,仍然是不敷使用的。因而在雷州半岛和广州湾一带,中共领导和发动人民群众进行的抗日斗争,就占了重要的地位。

早在香港沦陷后,中共南方工委即派粤南省委组织部部长王均予到南路加强领导。1942年春,王均予到广州湾后,认为日军必然入侵雷州半岛,即与南路特委书记周楠布置各地中共地方组织,加紧建立抗日武装的准备工作,建立广州湾至各地的交通线。当日军入侵、国民党军队撤退时,中共南路特委决定:(1)以武装抗日作为南路中共地方组织的中心任务,要大胆地建立和发展人民抗日武装队伍,加强敌后和前线地区的领导。中共南路特委从广州湾转移至廉江,王均予、周楠等建立指挥中心。温焯华也从高州转到吴川,加强吴川、化县、梅菉等前线地区的工作。陈恩全面负责雷州半岛工作。(2)国统区的中共地方组织,要广泛发动群众支援前线和敌后斗争,同时发展秘密抗日武装,建立游击小组,准备一旦成为敌后,能开展敌后游击战争。(3)积极开展抗日民族统一战线工作,派陈信材、梁弘道同爱国将领张炎联系,推动张炎组织在南路的第十九路军旧部武装抗日。

日军入侵雷州半岛后，由于兵力不足，只能占领海康县城、客路、城月、洋青、遂溪、广州湾沿线及东海岸地区。至于广州湾沿线以西和西北地区，日军只派兵骚扰而未分兵常驻，成了前线边缘地带。中共南路特委决定派一批干部和动员学校的共产党员，深入遂溪、海康、徐闻三县的广大农村，根据不同情况，采取多种形式，组织群众抗日自卫武装。在日军占领区，以中共支部、小组为核心，建立抗日游击队、游击小组；在日军占领区边缘和日军力量薄弱地区，以共产党员或倾向抗日的进步分子为骨干，发动各阶层群众，建立抗日联防区和抗日联防队；派共产党员、进步分子推动国民党地方武装积极抗战，打入伪军进行分化瓦解。经过努力，以抗日联防为主要形式的武装斗争逐步展开。[①]

1943年3月，以遂溪县金围、西岭、南坪等地的村抗日自卫队为基础，建立了界炮乡抗日联防自卫队。接着，中共遂溪县组织又先后在山家、山内、老马等地建立了抗日联防队和联防区。抗日联防队建立后，曾打退日伪军的多次进犯，还与活跃在日军占领区内外的游击队密切配合，开展打击日伪活动。10月，老马游击队处决了汉奸、伪军团长周之墀，1944年春节后，张世聪、黄其伟等率领界炮、杨柑部分抗日联防队和卜巢游击中队共200多人，奔袭杨柑伪军，活捉伪军代团长。

1943年6—7月间，中共遂溪县中区党的领导人沈汉英、李晓农争取到地方开明绅士卜登勋的支持，成立深泥塘村民

[①] 本段及以下内容，摘自广东省人民武装斗争史编纂委员会编著：《广东人民武装斗争史》，第三卷，287~291页、361页，广东人民出版社1994年。

众抗日自卫队，共有脱产队员70多人，半脱产队员400多人，联防区由原来的5个自然村逐渐扩展至遂、廉边境的三四十个村庄，人口7 000多人，并成立了半脱产的抗日常备队。1943年11月初，驻洋青的日伪军200多人分3路进犯深泥塘，联防区军民出动堵截，使日伪军无法深入，不得不折回据点。1944年春，驻洋青的日伪军联合其他据点400多人，配合大炮和两辆装甲车，兵分3路夜袭深泥塘，联防队、常备队积极抵抗，击毙日伪军10多人，伤10多人，敌不得不撤退。

1943年3月，中共遂溪县各级组织根据中共南路特委在卜巢山建立抗日游击队的指示，从东区、中区调了一批党员骨干和从全县各地吸收了一批抗日青年40多人，建立中共直接领导的卜巢山抗日游击中队，后发展到近百人。不久，日军从广州湾基地和麻章、城月调集数百人前来围攻，根据中共南路特委分散发展的指示，10月，实行化整为零坚持斗争，大部转移到洋青与中区抗日武装汇合。

日军侵占海康后，中共海康县地方组织在农村建立了抗日联防队和地下游击小组，共200多人。同时，中共还派出一批党员加入进步青年廖培南组织的"抗日政治工作队"，使活跃在海康三区的这支队伍，实际成为中共领导的半军事性质的抗日组织。该队后争取到合法地位，整编为海康三区联防抗日自卫队，有120多人，多次打退日伪的进犯。1943年11月，国民党爱国军人陈展在遂溪海康边境曲港成立"海遂边境联防自卫大队"。中共南路特委将所掌握的陈其谋中队同陈展大队合并。1943年冬，该联防大队进攻江洪纪家的日伪军，取得胜利。

在雷州半岛抗日前线——廉江、吴川、化县、梅菉地区，中共南路特委同张炎、詹式邦为代表的国民党爱国民主力量合作，建立和发展抗日群众武装。张、詹均是吴川人。詹原是国民党第六十二军第一五二师第九〇七团团长，参加过粤北战役。1943年3月，张炎通过李济深向国民党广东省政府力荐詹式邦任吴川县县长。詹就任后，与中共人士合作，成立吴川县战时联防委员会，组织了3个抗日联防大队，共400多人。张炎旧部文邵昌任化县抗日自卫总队副后，致力于发展民众抗日力量，将原来的1个自卫大队扩建为600多人的两个大队。

1944年8月，日军占领廉江县城。同年秋，日军进行豫湘桂战役，驻雷州半岛的日军，除派一个旅团进攻广西外，其余兵力频频向吴、化、廉、梅边地区进犯，妄图扩大占领区。在此形势下，中共南路特委决定加紧建立人民抗日武装，首先在遂溪沦陷地区举行起义，开展敌后武装斗争。同时，准备在日军进攻高州地区时，发动各地起义，配合中共武装攻打高州。1944年10月，中共人士与詹式邦联合在吴川高岭召开吴、化、廉边地区乡绅会议，进一步发动群众建立各区联防队，准备抗击日军的进犯。

1944年11月23日，日伪军袭击吴川湍流村，并向石门乡进犯，吴廉边人民抗日游击队在钩镰岭堵截敌人，张炎闻讯，即令詹式邦率队出击。此役击毙中村分队长以下日军10多人。

1945年1月，中共在吴、化、廉、梅地区发动抗日武装起义,起义队伍共编成7个大队、1个独立中队、1个政工队,约2 700人。随后,詹式邦、张炎相继起义,接受中共领导。起义部队占领了吴川全境。1月19日,"高雷人民抗日军"宣告成立,张炎任军长,詹式邦任副军长,曾伟任政治部主任。中共起义部队则成立了"南路人民抗日解放军",周楠任司令员兼政委,李筱峰任参谋长,温焯华任政治部主任。下辖两个支队3 000余人。①

第六节 粤北战役

日军为了消灭广东守军,扩大占领区,打通中国大陆的交通线,集结主力向粤北发动了三次进攻。广东守军以第十二集团军的主力迎战。守军和地方武装进行了节节的英勇的抵抗,政工队发动民众给予支持配合,取得一定的战果,粉碎了日军欲歼灭守军主力的阴谋,第一、第二次粤北战役收复了原有阵地,保卫了粤北,但也付出很大的牺牲与损失。第七战区当局以保存实力为宗旨,处处分兵被动防守,不敢集中主力,重创一路来敌,这是一个大失误。

第二次粤北战役以后,广东战场处于相持状态。此后至1944年夏,日军不断地小规模出兵袭击沿海及东江、西江、北江的商路和重要通道,抢掠物资,破坏广东经济,以削弱

---

① 中共广东省委党史资料征集委员会等编:《南路特委领导吴化廉梅边地区抗日武装斗争的回顾》,见中共广东省委党史研究室编:《广东党史资料》,第16辑,28~31页,广东人民出版社1990年。

广东的抗战能力。

1944年6月,日军决定打通中国大陆的交通线,发动豫湘桂战役。省政府决定东迁。经国民政府批准后,李汉魂将省政府部分机关分置于平远等地。

1945年1月,第三次粤北战役,日军合击韶关时,第七战区军政当局决定全市疏散,日军侵占韶关。月底,省政府正式在龙川办公。5月,日军发动赣南战役,省政府及有关部门再迁往平远县大柘。第七战区长官司令部则移驻赣南安远的公平。

1945年夏,在盟军放弃华南登陆作战的计划以后,日军将部署在华南沿海的兵力部分北调,并乘机攻击第七战区的赣南基地。5月后,守军与日军进行了河源之战、和平战斗、赣南之战,第七战区并以赣南和粤东地区为基地,继续坚持抗日斗争。不久抗战胜利结束。

一、第一次粤北战役

(一) 第一次粤北战役的经过

1939年,广东守军向盘踞在广州及其附近的日军发动"夏季攻势",给日军一定的打击。侵粤日军对日益活跃的广东守军有如芒刺在背的感觉,"痛感必须使余汉谋军陷于崩溃",遂决定向粤北大规模进犯,企图"在翁源以南地区捕捉"广东守军主力给以毁灭性打击,"瓦解广东守军,摧毁广东守军的主要根据地(韶州)","扩大占据地区(到英德、翁源)";并"促使汪精卫派离间重庆军队将领的工作受(得)到效果"。经过紧张的密谋准备,同年11月15日,日军大本营批准了进犯粤北的计划,"拨来了大量的兵站物资器材,并从国内新派遣了近卫混成旅团编入第二十一军战斗序列"①。

这次北犯,日军集结了驻广州及附近的第一〇四师团、第十八师团和由日本调来的近卫混成旅团共6万余兵力。②以第一〇四师团为左翼,出花县、清远,沿粤汉路北进;以近卫混成旅团为中路,由从化太平场北击佛冈、翁源;以第十八师团为右翼,从增城向龙门、新丰一线进攻。

参加这次粤北战役的广东守军是第十二集团军的第六十二军、六十三军和六十六军以及战区预备队、第六十五军等部共12万兵力。③第六十三军主力防守清远城至滠江口一线,其第一八六师布防于从化牛背脊附近阵地;第六十二军守卫源潭至佛冈之线;第六十六军之第一五一师等部防卫龙门的吕田、地派一带阵地;第六十五军和六十六军一部为预备队。④

此次进犯,日军采用了声东击西的战术,先以左路兵力频频发起进攻,造成主攻假象,以吸引粤北守军,伺机由中

---

① 日本防卫厅防卫研究作战史室编:《中国事变陆军作战史》,田琪之译,第三卷第一分册,69~70页,中华书局1983年。

② 余汉谋:《广东一年来之军事及今后之展望》,见第七战区司令长官部编纂委员会编:《阵中文汇》,1941年第1卷第1期册《回顾与展望》,14~15页,新建设出版社(曲江)1941年印行;亦有说日军有7万兵力者和4万兵力者,分别参阅林廷华:《抗日战争时期粤北第一次大捷的真相》,见广东省政协文史资料研究委员会编:《广东文史资料》,第4辑,广东人民出版社1961年,以及张发奎:《抗日战争回忆录》,见广东省政协文史资料研究委员会编:《广东文史资料》,第55辑,广东人民出版社1988年。

③ 林廷华:《抗日战争时期粤北第一次大捷的真相》,见广东省政协文史资料研究委员会编:《广东文史资料》,第4辑,广东人民出版社1961年。

④ 会战期间,粤北守军的防守阵地有变化。参阅卜汉池:《抗日战争时期的第一次粤北战役》等文,见广东省政协文史资料研究委员会编:《广东文史资料》,第11辑,13页、28页,广东人民出版社1963年。

路、右路突击北进,迂回包围粤北守军主力。11月20日夜,日军第一〇四师团西山支队从新街附近沿粤汉路北犯,并"一路修补道路和敷设粤汉线",造成将沿粤汉路大规模进攻的模样。第一次粤北战役随即展开。

第四战区长官司令部未能窥破日寇的阴谋,计划调重兵防卫。缪培南出任守军前敌总指挥,指挥第六十二军之第一五二、一五七师在银盏坳一线阻击。广东守军英勇抵抗,节节抗击。日军在战车、飞机的配合下,攻势凶猛。在王子山阵地,守军两个连与日军"血战竟日,反复肉搏","全数牺牲,营长阵亡"。[①] 12月中旬,日军逼近源潭。第四战区长官司令部为重创敌人,打击日军的嚣张气焰,"决心以主力制敌先机的战术行动,对敌实行机动的攻击",调战区预备队第一五八师和第一八七师等部围攻该路日军;并令东江和西江广东守军向广州及其附近日军压迫,配合粤北守军的进攻。[②]

根据战区的部署,第一八七师由潖江口沿铁路向源潭附近之日军发起攻击;驻扎在清远的第一五八师东渡北江,攻占银盏坳及其南面的三兜松,截断敌后路,对敌形成包围之势。但担负正面攻击的第一八七师未能击退敌人,截敌后路的第一五八师因情况不明,在坚持数日后退回北江西岸。[③]

这时,日军第一〇四师团主力、近卫旅团和第十八师团已经秘密"集结在发动攻势的位置上"。24日,日寇左中右

---

① 余汉谋:《广东一年来之军事及今后之展望》,见第七战区司令长官部编纂委员会编:《阵中文汇》,1941年第1卷第1期附册《回顾与展望》,16页。

② 张发奎:《抗日战争回忆录》,见广东省政协文史资料研究委员会编:《广东文史资料》,第55辑,49页,广东人民出版社1988年。

③ 林廷华:《抗日战争时期粤北第一次大捷的真相》,见广东省政协文史资料研究委员会编:《广东文史资料》,第4辑,广东人民出版社1961年。

3路同时发起猛攻，出动大批战机狂轰滥炸曲江和翁源三华等地军政重要机关及人口稠密地区，制造恐怖气氛，打击广东军民的抗战信心。

日军近卫混成旅团在飞机的配合和掩护下，向从化良口及以北广东守军的阵地猛攻。守军第一八六师挡不住敌人的攻势往后撤退，"张泽琛旅逐次抵抗退至沙田"，其余部队都狼狈退往后方。同日，防守龙门的昌田、地派等地的第一五一师，在日本第十八师团强大火力的压迫下也溃败了，丢失了第一线阵地。

当得到日军向从化、龙门等地大举进犯的消息后，第四战区长官司令部和第十二集团军总司令部，调遣正在休整的第六十二军第一五二师驰援，并急令第六十三军主力第一五三、一五四师开赴梅坑一带占领第二线阵地。第六十二军在军长黄涛率领下由佛冈水头圩出发，向从化牛背脊、良口突击前进。27日，第一五七师出其不意攻至日军牛背脊临时据点，敌猝不及防，伤亡惨重，狼狈溃逃。此次突袭，第一五七师"俘虏敌兵二名、山炮二门、汽车数十辆、粮弹不计其数"。第一五二师则将留守良口之敌压得不能动弹。同日，开赴梅坑占领第二线阵地的第一五三师在石马附近与窜至该处的一部分日军相遇，激战一场，29日夜撤出战斗。次晨在昌尾头又与一部分日军遭遇，激战一天。① 日军突破第一线阵地

---

① 卜汉池：《抗日战争时期的第一次粤北战役》，林廷华：《抗日战争时期粤北第一次大捷的真相》，见广东省政协文史资料研究委员会编：《广东文史资料》，第11辑、第4辑，广东人民出版社1963年、1961年；余汉谋：《广东一年来之军事及今后之展望》，见第七战区司令长官部编纂委员会编：《阵中文汇》，1941年第1卷第1期附册《回顾与展望》，16~17页；王俊：《广东方面抗战经过概况及其感想》，见第七战区司令长官部编纂委员会编：《阵中文汇》，1942年第2卷第1、2期合刊。

后，向前急窜，于26日"钻过梅坑"，前锋抵达翁源新江。"粤汉线之敌，亦混合改编为藤井兵团，在湛江附近渡河，进犯英德河头。"当日，日军因"南宁方面战况突然告急"，需转兵广西战场，决定把进攻粤北的目标修改为攻占翁源。①

而此时，粤北守军"情况特别险恶，守既不能，退又不可，左右联络为敌中断破坏"，前方部队或是各自为战，或是避退。前敌总指挥缪培南率第一五八师和第一八七师从湛江转移到牛背脊西北约50里处，与第六十二军等部接上联系，决定"向青塘北上之敌采取攻势决一胜负"。第六十二军、第六十五军和第六十三军之第一五四师遂分头北击。②这时，奉令从湖南驰援的陈烈第五十四军抵翁源，前锋在新江与日军先头部队发生了遭遇战。

日军于29日和30日分别占领翁源和英德，因转兵桂南，无心恋战，偷偷快速后撤。1941年元旦，广东守军前敌总指挥部得悉日军撤退的消息，急令各部队分头追击。粤北守军和地方武装尾追袭扰退敌，打死打伤日军数百人。③日

---

① 日本防卫厅防卫研究作战史室编：《中国事变陆军作战史》，田琪之译，第三卷第一分册，70～71页，中华书局1983年。

② 卜汉池：《抗日战争时期的第一次粤北战役》，见广东省政协文史资料研究委员会编：《广东文史资料》，第11辑，21～22页，广东人民出版社1963年。

③ 卜汉池：《抗日战争时期的第一次粤北战役》，林廷华：《抗日战争时期粤北第一次大捷的真相》，见广东省政协文史资料研究委员会编：《广东文史资料》，第11辑、第4辑，1963年、1961年；余汉谋：《广东一年来之军事及今后之展望》，见第七战区司令长官部编纂委员会编：《阵中文汇》，1941年第1卷第1期附册《回顾与展望》，16～17页；王俊：《广东方面抗战经过概况及其感想》，见第七战区司令长官部编纂委员会编：《阵中文汇》，第2卷第1、2期合刊。

军撤退神速,至1月3日已退回原阵地。粤北守军也逐步恢复了原防线。

(二) 对第一次粤北战役的评价

此次会战,粤北守军一些部队将士们视死如归,英勇抗击日军的猛烈进攻,在会战中"整个营、连与阵地共存亡者凡四五处"①。一些部队敢于主动攻击敌人,如第六十二军之第一五七师穿插到从化牛背脊,痛击了日军后勤部队。

政治工作发挥了一定的作用:政工人员做群众工作,沟通军民关系;组织群众"空舍清野,破坏敌交通";鼓舞士气,发动群众为前线部队"送茶送水,送饭送菜,运伤兵";"抢修工事","慰劳将士",甚至配合部队作战。② 这些有力的配合,为守军创造了有利的抗敌条件,使第一次粤北战役取得一定战果。③

这次会战也暴露了不少问题:军事当局情报工作差,如

---

① 陈宝仓:《粤北会战的胜利》,见胡雨林编辑:《战地文化》,1941年第1卷第5、6期合刊,104页,江西吉安文化印刷合作社1941年印行。
② 叶兆南:《军队政治工作的一年》,载新军杂志社编:《新军》,1940年第2卷第1期,曲江,1940年。
③ 此次战役,广东守军的伤亡及战果均有不同的记载:关于守军伤亡,余汉谋说"达六七千之众",载《阵中文汇》,1941年第1卷第1期附册《回顾与展望》,18页;日方说死16 312人,被俘1 196人,见日本防卫厅防卫研究作战史室编:《中国事变陆军作战史》,田琪之译,第三卷第一分册,71页,中华书局1983年。关于粤北守军的战果:一说日军"官兵伤亡一万七千余人",见余汉谋:《广东一年来之军事及今后之展望》;二说毙日军"一千余",俘日军官数人和士兵58人,见张发奎:《抗日战争回忆录》;三说日军伤亡五六千人,见《张文彬广东工作报告》(存广东省档案馆);四说俘日军官4人、士兵58人,毙日军官236人、士兵9 860人,伤日军官87人、士兵3 721人,见云实诚:《粤战七年》,28页,载《前锋报社》,1946年。

日军大规模在中路和东路集结都不知道，致使战前不明敌人的意图和部署，战斗中也不知道敌人撤退；特别是某些部队战斗意志差，指挥官畏敌如虎，避战怯战；①组织救护伤病员的工作不力，如一些救护人员贪生怕死，不负责任，伺机逃跑，"一担担的药物丢在路旁"，"许多伤病员被遗弃"，致使"在前方的每个角落都可以看见变成叫化子一样的伤兵"；再就是一些部队军纪差，骚扰百姓，如强借，甚至强抢老百姓的东西，随意指骂老百姓为汉奸，有的地方因军民关系差，落后群众杀害落伍官兵，抢劫财物。②凡此等等使粤北军民合作抗战效果远未发挥。

此役粤北多县遭日寇严重洗劫：英德被劫15乡，被杀365人，被烧房屋2 746间；清远受害21乡，被杀758人，失踪28人，被烧商店618间、民房3 489间，"灾黎逾十万"；佛冈被劫7个乡，被杀110人，毁房屋812间；新丰受灾8个乡，被杀317人，毁民房7 486间；从化共24个乡镇，只有5个乡镇未遭蹂躏，被杀857人，"损失之巨冠全战区"；龙门被杀民众176人，伤120人，被烧毁民房6 105间；翁源被杀民众155人，伤81人，被毁民房7 666间，被焚粮食25 742担。③

---

① 林廷华：《抗日战争时期粤北第一次大捷的真相》，见广东省政协文史资料研究委员会编：《广东文史资料》，第4辑，广东人民出版社1961年。
② 宋绿伊：《粤北胜利中所得到的经验教训》，马特：《粤北大捷的经验教训——一个参加这次战役的政治工作者的所见所闻》，见新军杂志社编：《新军》，第2卷第2、3期合刊，曲江，1940年。
③ 《香港工商日报》，1940年3月6日、11日。

二、第二次粤北战役

(一) 第二次粤北战役的经过

1940年5月,侵粤日军在战略上"为策应宜昌战役",牵制防卫广东和湖南的中国军队,并企图乘机摧毁驻防粤北的第十二集团军主力,又一次集结兵力,大规模向粤北进犯。以第十二集团军为主力的粤北守军进行了英勇的抵抗,是为第二次粤北会战。

这次进攻,日军做了充分的准备,以入粤不久的第三十八师团为主力,以第十八师团和第一〇四师团配合进攻,还调集了30多架飞机和数十辆战车助战。5月7日,第三十八师团从三水等处秘密调遣到从化的太平场一带阵地,担任中路进攻,该路部署兵力约2万人。同时抽调驻防广州及附近的第一〇四师团和第十八师团各数个步兵大队分别担负左右两翼进犯,再配以部分伪军,共布置兵力万余人。①

第一次粤北战役后,张发奎受命负责广西军事,广东战场由余汉谋主持。余汉谋对粤北防卫的部署是:以第六十三军之第一五二师及第一八六师守卫龙门的地派至从化的牛背脊一线阵地;以第六十五军之第一五八师、第一六〇师守备清远的潖江口至佛冈的水头一线阵地;以第六十二军所辖之

---

① 余汉谋:《广东一年来之军事及今后之展望》,见第七战区司令长官部编纂委员会编:《阵中文汇》,1941年第1卷第1期附册《回顾与展望》;赵一肩:《良口之战》,罗雨农:《记良口战役和从化民众协助军队抗敌事迹》,见新军杂志社编:《新军》,第2卷第9期《良口之战特辑》,曲江,1940年。

第一五一、一五四及一五七师为总预备队，配置于翁源青塘一带，并从事整训。其中，第一五一师及第十二集团军教导团等部守备韶关，并准备对付敌伞兵空降部队。4月下旬至5月上旬，广东军事当局得悉日军调动集结兵力的情报，但不完全清楚其番号、兵力数量及其企图，因而未有积极进行后方的疏散准备工作。①

5月10日，日军第三十八师团第二二九联队由从化的太平场向北进犯。这次进攻，日军计划采用"锥形战术"，即先攻占良口及其以北一带地方后，把粤北守军"诱出主阵地予以消灭"。② 13日，日军在粤北门户左边的阶石"鸡笼冈与守军第一五二师所部接战"。日军志在必得，在飞机和大炮掩护下，分数路猛攻。粤北守军很顽强，利用山地和既设阵地抵抗，战斗十分激烈。因为日军有空军支援，炮火强大，18日，且战且退的守军转战到温泉米埗间的烽火岭、蜈蚣山等处阵地。日军在飞机大炮的掩护下，不停地进攻，敌机轮番疯狂轰炸，守军"阵地尽毁"。22日，日军进占良口，守军退守良口以北山地，即"牛背脊南五公里的黄牛山、茶亭坳、分水坳等地区"。

与此同时，日军连日出动飞机轰炸曲江、韶关。左翼以第一〇四师团3 000～4 000人由新街沿广花路北犯，于17日进抵坪山圩一带。守军第六十五军第一五八师迎击，战至

---

① 黄涛等：《第二次粤北战役》，见广东省政协文史资料研究委员会编：《广东文史资料》，第11辑，广东人民出版社1963年。
② 日本防卫厅防卫研究作战史室编：《中国事变陆军作战史》，田琪之译，第三卷第二分册，30～31页，中华书局1983年。

20日，日军锋芒受挫。右翼日军以第十八师团3 000人由增城出发，进攻派潭一线，被守军第六十三军一部拒阻于派潭。左右两翼日军的进攻意在牵制守军，并未投入大批兵力，所以其攻势遭到守军的遏阻。

余汉谋见中路双方在良口一带相持，认为是破敌的好时机，急令守军第六十二军之第一五七师、第六十五军之第一八七师等部前往助战，从侧翼向望到底、石铺等处日军反击。接着，第六十二军之第一五三、一八六师也加入战斗，从侧后钳击良口和良口以北的敌人。25日，粤北守军克复分水坳，把黄牛山之敌包围。

这时，日军以为已把粤北守军诱出主阵地，遂于28日投入第一〇四师团主力及第十八师团一部，以飞机轰炸为先导，再向守军猛扑过来。粤北守军在良口及其以北一带与日军展开拉锯战，良口再陷，牛背脊亦被侵入。守军伤亡惨重，渐渐不支，但仍节节抵抗，在撤离被攻陷的阵地后，又继续"占领有利地形，调整队伍，迎击敌人"。

在守军强韧的抵御之下，兵力不足的日军渐成疲态。攻击至6月2日，日军未能打破守军正面的节节阻挡，而且随着战线的拉长，两侧遭到守军的"腰击"，态势不利，不得不下令撤退。守军发觉后，跟踪追击，紧追不舍。第一五二师从正面向良口退敌追击；第一五七、一五八师和第一八六师等部，分别从左右两侧向退敌进击。

第一五二师在良口附近一个村庄里包围掉队的10余个日军，喊话叫他们投降，日军顽抗到底，追击部队即集中火力把他们消灭了。第一五三师补充团攻入从化温泉日军前线指挥所，缴获一大批罐头、纸烟和其他军用品，发现锅中米饭仍热气腾腾。

第一五七师在佛公坳俘敌1名，缴获战马数匹，13毫米机关枪1挺，并看见"敌遗留一大堆骨灰和未及处理的敌尸体"①。

先是，日军以第三十八师团一部断后，掩护撤退，后来因不堪粤北守军紧紧追蹑，急调数千兵力，北进街口风院及鸡笼冈附近一带，向佛子坳、石坑、石洞一带左翼阵地反攻，掩护败兵撤退，守军不为敌人反攻战术所迷惑，勇敢与敌对峙，及日军撤退时又继续追击。至12日，粤北守军完全收复原有阵地。②

（二）第二次粤北战役的意义

这次战役，从总的态势看，广东守军不再是完全被动了。虽然，守军在正面仍挡不住日军的攻势，但是他们退而不溃，比较有力地阻滞了敌人的进攻。两翼守军也能见机反攻，压迫敌人，配合正面守军的阻击，战略战术比较成功。最终粉碎了日军欲歼灭守军主力的图谋，保卫了粤北。日军退却时，守军

---

① 黄涛等：《第二次粤北战役》，见广东省政协文史资料研究委员会编：《广东文史资料》，第11辑，广东人民出版社1963年。

② 云实诚：《粤战七年》，29~30页，前锋报社1946年；王俊：《广东方面抗战经过概况及其感想》，载第七战区司令长官部编纂委员会编：《阵中文汇》，1941年第2卷第1、2期合刊，14~15页；罗雨农：《良口战役和从化民众协助军队抗敌事迹》和赵一肩：《良口之战》，载新军杂志社编：《新军》，第2卷第9期《良口之战特辑》，曲江，1940年。日本防卫厅防卫研究作战史室编：《中国事变陆军作战史》，田琪之译，第三卷第二分册，30~31页，中华书局1983年。

又能较勇敢地追击，扩大了战果。此次战役，除伤毙大批日军以外，还生俘日军官兵10余人，虏获大炮4门，轻机枪28挺，步枪300余支，其他战利品300余担。①

此次战役，广东守军表现较好，余汉谋曾总结说："我将士叠（迭）经会战，行阵攻守，益当经验。"军队的政治工作也有改进。当时有人记述说："无论男女政工同志，都日夜在火线"，或鼓舞士气，或发动组织群众带路运输，指挥民众疏散和防止汉奸，"使军队感到很多便利"。②

军民合作也进一步加强。战前，民众的空舍清野来得更加彻底，使敌人入侵时得不到财物；在战斗中，民众或协助警戒或作战，或担任向导，运输粮食弹药，抢救伤兵、掩埋死尸，或破坏敌交通；等等，有力协助配合了守军的作战。③民众的支持还直接鼓舞了士气。这些都是第二次粤北战役取得较好战果的原因。

---

① 此役战果也有不同说法，有谓获"大炮四门，重机关枪十余挺，轻机关枪二十八挺，步枪六〇四支，其他杂件百数十件，击毁敌机一架，俘敌顾问、伪军司令共二名，敌兵二十四名"；"已知敌官兵死亡之数四千余名，死伤合共在八千以上"，见赵一肩：《良口之战》，载新军杂志社编：《新军》，1940年第2卷第9期《良口之战特辑》，曲江。此役伤毙俘日军亦有多种记载：一谓日军被俘10余人，损失6000余人，见余汉谋：《广东一年来之军事及今后之展望》，见第七战区司令长官部编纂委员会编：《阵中文汇》，1941年第1卷第1期附册《回顾与展望》；二谓俘敌5人，毙敌3300多人，见云实诚：《粤战七年》，31页，前锋报社1946年；日方记载：日军战死251人，伤548人，广东守军被俘67人，牺牲3978人，见日本防卫厅防卫研究作战史室编：《中国事变陆军作战史》，田琪之译，第三卷第二分册，30～31页，中华书局1983年。

②③ 郭弼昌：《良口战役中的军队政治工作》，敬文：《粤北二次大战中的民众动员》，载新军杂志社编：《新军》，第2卷第9期《良口之战特辑》，曲江，1940年。

三、第二次粤北战役后广东战场的重要战斗

1940年6月第二次粤北战役以后，日军因为兵力不足，又调兵太平洋战场等原因，在4年多的时间里未能再集结大批兵力向粤北进犯。广东守军也没有组织较大规模的反攻作战，双方处于相持、拉锯之态势。然而，这一时期，较小规模的战事仍连绵不绝。主要是日军不断出兵袭击沿海及东江、西江、北江的商路和重要通道，意在抢掠物资，破坏战时的广东经济。

日军袭扰的商路和重要通道主要是在广州沦陷之后形成的。后来，因为香港沦陷，这些商路又有一些变化。广州沦陷后，从香港经过广州到内地的通道被切断。但是，香港和内地之间仍然需要物流通道。广东的海岸线很长，香港和内地有许多通道可以选择。于是，香港与内地之间很快形成一些重要的商路：香港—淡水—惠阳—河源—老隆（龙川）—韶关；香港—水藤—沙口—沙坪—韶关；香港—广州湾—广西的玉林。1941年底，香港被日寇占领后，澳门成为许多商品的中转站和始发站，又形成了澳门—广州湾—梅菉（吴川）—高州—信宜—罗定—德庆—肇庆—四会—清远—英德—韶关的商路和通道。此外，还有经过汕尾—海丰—河源—老隆—韶关，经过广海—台城—三埠，再到其他地方的商路和通道。①

---

① 陈醒吾：《抗日战争期间我在华南转运物资的回忆》，李年棠：《沦陷时期的沙坪封锁线》，见广东省广州市委员会文史资料研究委员会编：《广州文史资料》，第29辑，广东人民出版社1983年；彭秋平：《粤中区抗日战争七年亲历记》，见广东省政协文史资料研究委员会编：《广东文史资料》，第50辑，91~92页，广东人民出版社1987年。

日军这一阶段进犯的目的是：抢掠物资，取得补给；切断广东的物资运输线，破坏广东已困难的经济，削弱广东的抗战力量；伺机打击广东守军；配合其他战区作战，牵制粤北守军。广东守军和地方武装主要采取防御战略，在少数情况下也会袭扰日军。

1940年8月下旬，在日军放弃上川岛和下川岛后，我挺进第七纵队部分武装渡海收复了上川岛和下川岛。

翌年2月，日军第十八师团之第一一四联队和伪军一部分1 300余人袭击淡水、惠阳；与此同时，日军第一〇四师团之第一六一联队等部共2 000余人北犯三水县的芦苞，以上两次袭击后日军均在抢掠大批物资后退去。

从3月3日起，日军调集6 000余人，分乘炮艇、汽艇，分别从台山的广海迄电白一线沿海的主要口岸登陆，进犯粤西南沿海要地。其中一路3 000余人，分头从广海登陆，在飞机、炮艇的支援下，袭击台城，担负当地防卫的挺进第七纵队与敌"在响水桥井根一线，激战一日二夜，弹尽粮绝，伤亡过半，仍坚守阵地，一面抵抗，一面向有利阵地转移，继在将军山，中、上交峰，石船山，学堂山一带山地，机动出击，阻敌前进"。台城、单水口先后陷落。不久，日军撤退，挺进第七纵队在彭林生的指挥下，组织了几支敢死队乘机反攻台城，消灭了一部分日军。① "此次敌寇陷四邑，大肆残杀淫掠，劫夺物资等不少"，四邑元气大伤，国民政府

---

① 陈醒吾：《抗日战争期间我在华南转运物资的回忆》，李年棠：《沦陷时期的沙坪封锁线》，见广东省广州市委员会文史资料研究委员会编：《广州文史资料》，第29辑，广东人民出版社1983年；彭秋平：《粤中区抗日战争七年亲历记》，见广东省政协文史资料研究委员会编：《广东文史资料》，第50辑，91~92页，广东人民出版社1987年。

为此拨款1 000万元救济,并派粤籍中央执行委员马超俊回籍慰问。①

3月下旬,日军3 000余人突袭粤东汕尾、海丰、陆丰商路,抢掠物资。同时,汕头之敌2 000余入寇潮阳。在守军和当地游击武装的袭扰下,日军待不到两个星期,劫掠大批物资后撤走。

同年5月初,日军出动第十八师团、第三十八师团各一部共数千人,分两路进犯博罗、惠阳,攻击刚从潮梅地区调防惠州的独立第九旅。事前,该旅得到情报,部署第六二七团设防惠州飞鹅岭一带高地,从正面抵御敌人;以第六二五团布控于柏田、林村一带,为预备队;第六二六团担负博罗一带的防卫,抵抗从该方向进犯的敌人。面对强敌,独立第九旅决定不与日军硬拼,采取灵活的战术。10日,日军分路来攻。在博罗,守军在阻击敌人后顺利地转移;惠州守军第六二七团英勇抵御了日军一天的猛攻,给敌人一定的杀伤后撤出,分别向梁化、大岗转进。日军以飞机配合,侦察追击。守军舍弃走公路而攀登高山密林,从小路昼伏夜行。日军追至上义,不见守军踪影,只得收兵撤退。是役,独立第九旅毙伤日军200余人。②

7月初,在飞机支援下,驻汕头的日伪军2 000余人,由6艘舰艇和汽艇运载,偷袭饶平的黄冈。

9月20日,日军第三十八师团等部5 000余兵力分数路

---

① 云实诚:《粤战七年》,4页,前锋报社1946年。
② 白韦:《略忆独九旅在惠州抗日》,见广东省政协文史资料研究委员会编:《广东文史资料》,第55辑,广东人民出版社1988年。

再犯四邑。守卫四邑的第三十五集团军之第六十四军第一五六师和地方武装据险抵抗。在北线，守军在学堂山与敌激战了半天；在南线，保安第一团等部在斗山、冲蒌抵抗了一阵。日军来势凶猛，不到两日，台城、单水口和三埠等市镇都先后沦陷。日军恣意烧杀，在劫掠大量物资后遁去。

与此同时，为配合华中战事，牵制粤北守军，日军第三十八师团另一部和第一〇四师团第一六一联队等步骑兵4 000余人，以飞机轰炸为前导，沿粤汉铁路向北猛攻，27日陷清远，大有直扑曲江之势。曲江、韶关军政机关和居民急忙疏散。但日军意在牵制粤北守军，占据清远后，未再北进，数日后撤回原阵地。

1941年12月7日，日寇发动太平洋战争，同时进攻香港，香港形势危急。第七战区司令部奉令派出独立第九旅就近支援英军，并从粤北急调第一六〇师驰援。独立第九旅将司令部设在樟木头，以第六二六团为先头部队支援香港英军。当该团前锋抵布吉与日军交火时（25日），英军抵御已经失利，港英总督杨慕琦向日军投降。独立第九旅遂奉令退回惠州，维持地方秩序，保护从香港逃难的民众。

日军深感驻惠州的独立第九旅威胁其侧背，欲除之而后快，于1942年1月底，调集第四十八师团步骑炮兵共2 500余人，由飞机配合，分两路再犯惠州、博罗。独立第九旅设指挥部于惠州城郊，令第六二七团据守飞鹅岭、挂榜山之线，第六二六团从淡水撤回，扼守丝线吊金钟一带高地。26日，一路日军攻陷博罗，但另一路日军在飞鹅岭受阻，激战中，日军联队长被击毙。日军恼羞成怒，集中大批兵力，在猛烈炮火的掩护下猛扑过来,守军予敌打击后乘夜撤离,放弃惠州,向马安、平潭、梁化转进。日军进入惠州后,大肆烧杀抢掠进行报复,近千人惨遭残杀,蹂躏至2月7日才撤走。

2月,日军第四十八师团之山田联队及海军陆战队一部共4 000多人,从海上分路进犯雷州半岛的海康、徐闻、遂溪、廉江及吴川,当地守军和地方抗日武装阻击失利。日军焚烧劫掠一番后退回海上逸去。

同年6月,日军为配合其湘北的战事,牵制粤北守军,又以第一〇四师团步骑兵千余人,由飞机配合,分两路北犯,2日陷源潭,3日陷云台山。同时,第一〇四师团另一部2 700余人偷袭芦苞。守军分兵抵御,与日军相持月余。到8月下旬,日军撤退,守军次第收复源潭、云台山和芦苞。

1943年2月,日军又调兵分头侵袭北江和西江重要商路和口岸。12日和13日芦苞和沙坪分别被占领。但迫于守军的压力,一星期后,日军抢掠大批财物后退走。后来日军还发动了一些小规模的进袭,如4月初占龙门的派潭,8月犯佛冈的石角,均几日后撤离。[①]

其时,广东守军也有一些出击。如9月中旬,粤东守军主动出击,曾一度收复潮安。

---

① 以上参见云实诚:《粤战七年》,4~5页,前锋报社1946年;何应钦:《八年抗战之经过》,见浙江省中国国民党历史研究组编印:《抗日战争时期国民党战场史料选辑》,1986年;彭秋平:《粤中区抗日战争七年亲历记》,见广东省政协文史资料研究委员会编:《广东文史资料》,第50辑,广东人民出版社1987年;白韦:《略忆独九旅在惠州抗日》,见广东省政协文史资料研究委员会编:《广东文史资料》,第55辑,广东人民出版社1988年。

1944年夏，日军发动豫湘桂战役时，为牵制粤北守军，又集结兵力北犯。曲江再一次紧急大疏散。但日军因兵力所限，不久攻势便停止了。

　　9月，日军第一〇四团等部沿西江进犯广西，参与桂（林）柳（州）战役，西江一带被劫掠。① 此一时期，广东战场战事较为沉寂。但这是暴风雨来临前的平静，1944年初，日军又出动大批兵力分别从南北夹击粤北，第三次粤北战役打响。

四、第三次粤北战役

（一）第三次粤北战役前双方军事部署

　　自1942年6月的中途岛海战惨败后，日军在太平洋战场上开始节节败退。至1944年初，日本至南洋和印度支那的海上和空中通道已被美国为首的盟军切断。日军为开辟新通道，取得战略物资，并挽救孤立在印度支那的军队的灭亡命运，决定打通中国大陆的交通线，做垂死挣扎，为此，制订了豫湘桂战役的计划（称为一号作战）。该计划的胃口相当大，还打算乘机占领广东省军政机关所在地曲江、韶关，

---

　　① 以上参见云实诚：《粤战七年》，4～5页，前锋报社1946年；何应钦：《八年抗战之经过》，见浙江省中国国民党历史研究组编印：《抗日战争时期国民党战场史料选辑》，1986年；彭秋平：《粤中区抗日战争七年亲历记》，见广东省政协文史资料研究委员会编：《广东文史资料》，第50辑，广东人民出版社1987年；白韦：《略忆独九旅在惠州抗日》，见广东省政协文史资料研究委员会编：《广东文史资料》，第55辑，广东人民出版社1988年。

摧毁第七战区军队主力。① 后来,日军攻占粤北的计划因兵力不足而搁浅。

同年冬,日军得悉盟军准备在中国华南沿海登陆,决定增兵华南予以阻击,并乘调兵之际攻占韶关和粤北要道,"毁灭"第七战区主力部队和南雄的航空基地。② 组织实施此计划的是侵华日军第六方面军(司令部设在汉口),它以第二十军之第四十师团主力由湖南南下,以第二十一军之第一〇四师团、独立步兵第八旅团各一部由广州等处北上,向粤北夹击。日寇知道粤北是多山之地,为实施这次进攻粤北的计划,进行了爬山作战训练。③

至1944年秋,防守广东的第七战区的军队因不断外调作战,只剩下不足5万的兵力。④ 对这次日军的进犯计划,余汉谋事先得到情报,其部署是:把第六十三军和第六十五军主力布防在龙门的吕田、地派,从化的良口、牛背脊,佛冈的水头,清远的滃江口一线阵地,阻拦北犯之敌;把第十二集团军补充团及总部教导团作为预备队,布控在曲江。10月,以第六十五军之第一八七师、第十二集团军野战补充第

---

①② 日本防卫厅战史室编:《昭和二十(1945)年的中国派遣军》,天津市政协编译委员会译,第一卷第一分册,1~4页、17~20页,中华书局1982年。

③ 林廷华:《粤北乐昌战役回忆》,见广东省政协文史资料研究委员会编:《广东文史资料》,第11辑,39~45页,广东人民出版社1963年。据何应钦的《八年抗战之经过》所述,还有日军第六十八师团沿粤汉路南下进攻粤北。第七战区长官司令部政治部编:《第七战区抗战纪实》,1945年。

④ 李洁之等:《蒋介石分化余汉谋粤系部队史实》,见广东省广州市委员会文史资料研究委员会编:《广州文史资料》,第6辑,96页,广东人民出版社1962年。

一团、宪兵第十六团和曲江城防军等部组成的曲江守备军，以李振为指挥官，加强曲江的防卫；成立乐（昌）仁（化）乳（源）守备区，任林廷华为司令，指挥第六十五军之第一六〇师及保安第三大队等部守卫乐昌，阻截日军南下。

1945年1月11日，余汉谋接到蒋介石关于"不得已时除按既定计划守备曲江外，向东争取主动，并以三南、连平、和平为主根据地"的指示，即着手建立三南基地；对南线防卫做了新的布置：以第六十五军一部在清远的潖江和佛冈一线布防，拒敌北进；调第六十二军一部占领始兴的司前、坝子之线，阻敌东犯；把独立第九旅主力置于坝子附近为机动部队，令独立第二十旅第二团和独立第九旅之第六二五团开赴江西的龙南建立基地。

(二) 第三次粤北战役的经过

这次粤北战役打得比较激烈的是坪石、乐昌之战，清远、佛冈阻击战，韶关保卫战和南雄、始兴阻击战。

1945年1月上旬，盘踞湖南道县、零陵等地的日军第四十师团分成4个挺进支队南侵，进犯广东，于中旬侵入粤北。17日，乐仁乳守备区第一〇六师之第四八〇团在连县的星子东南的禄面塘发现一股日军，即以优势兵力截击。该股日军抵抗一阵后退入一个大山洞顽抗，守军用火攻等办法将之消灭。接着，多股日军在坪石西南的狮子岩、三拱桥，乳源的沙坪圩等处出现，守军分兵堵击。其中，第四七八团和第四八〇团一部合力围攻一股退入狮子岩的日军。日军凭借有利地形顽抗。不久，另一股日军占领罗家渡，从侧翼威胁第四七八团等部。守军处于不利阵势之下，当夜转移阵地。

19日，不断增兵的日军压向乐昌。守军急忙退守乐昌城及其附近阵地。① 在此过程中，因为组织不力，退却仓皇，守军原准备好破坏铁路的计划也未来得及实施。日方记载：坪石以北的铁路及其各种"设施虽都完好无损，但经调查，都已装上炸药，只差点火而已"②。

20日，日军向乐昌城进攻。据守长塘、岗湾等外围阵地的守军英勇抵抗，一度重创来犯日军；而固守张溪祠附近之604高地的第四八〇团一部，与日军搏杀一阵后失利，被迫转移。战至22日，日军已从三面包围乐昌城，并强行攻城。守军分头抵御，但在敌人强大的火力之下力渐不支。至翌日晚，城内守军探得日军第四十师团主力已抵达坪石，一部已越过乐昌城向韶关急进，认为乐昌已处于极不利形势之下，固守乐昌以阻敌南下的计划已经失败，遂于当晚乘黑撤出乐昌城。日军随即将之占据。③

当南下日寇侵入坪石、乐昌之时，日军第一〇四师团之第一六一联队一部、独立步兵第八旅团一部5 000余人也沿粤汉路及北江向粤北进犯。对韶关、曲江形成南北夹击之势。21日，一部日军窜至滃江南岸狐洞山，与该地守军警戒部队驳火。守军第六十五军之第一五四师第四六一团警戒部

---

① 林廷华：《粤北乐昌战役回忆》，见广东省政协文史资料研究委员会编：《广东文史资料》，第11辑，39～45页，广东人民出版社1963年。据何应钦的《八年抗战之经过》所述，还有日军第六十八师团沿粤汉路南下进攻粤北，见第七战区长官司令部政治部编：《第七战区抗战纪实》，1945年。

② 日本防卫厅战史室编：《昭和二十（1945）年的中国派遣军》，天津市政协编译委员会译，第一卷第一分册，1～4页，17～20页，中华书局1982年。

③ 第七战区长官司令部政治部编：《第七战区抗战纪实》，1945年。

队急忙退回北岸防守。不久，日军集结部队强渡滃江，并以猛烈的炮火轰击守军阵地。守军第二连据江北阵地开火阻击，经过一阵激烈的战斗，守军阵地尽毁，伤亡惨重。当晚，日军渡过滃江后，又突破大松岗等地守军既设阵地。翌日凌晨，第四六一团第一五四营向日军反击失利。这时，另一部日军从北江西岸渡江，向大岭守军进攻。在日军强大炮火之下，连长黄伟强、排长李世表及该部守军大部分阵亡，阵地失守。日军占领大岭阵地后连夜出击，一夜之间，守军又丢失大岭头、网形顶等多处阵地。23日，来势汹汹的日军，更是四处进击。守军四处招架，无心恋战，且战且退。第四六一团、第四六二团和独立第二十旅之第一团先后退守大坝、大塘、佛冈石角等地。这时，南下及北上的日军主力正在夹攻韶关，守军阻击敌人的计划已经失败，为保存实力，余汉谋下令第一五四师和独立第二十旅第一团等部向翁源的坝子、陂头转移。①

24日，南面日军主力越过守军阻击，进抵韶关外围阵地，韶关保卫战随之打响。曲江守备军最高指挥官李振的布防是：以城防指挥张泽琛所辖第十二集团军总部教导团、韶关市武装警察和曲江自卫大队等部守卫市区；调第一八七师主力防守市郊北面阵地；以第一八七师之第五五九团防卫市郊南面和东面阵地；令第十二集团军野战补充第一团和宪兵第十六团守市郊西面阵地。

日军第一〇四师团第一六一联队和独立步兵第八旅团斋

---

① 第七战区长官司令部政治部编：《第七战区抗战纪实》，1945年。

藤大队等部在飞机的支援下,向守军南面第一线阵地莲花山进攻。日军先以飞机和炮火向守军阵地猛炸猛轰,然后以步兵冲锋。守军第五五九团第一营顽强抵抗,一次又一次地击退敌人,使日军攻击不能按预计进展,陷于苦战。① 当晚,日军集结兵力再次猛攻,并以一部迂回进攻火车站。因态势不利,守军第一营撤往韩家山等处阵地。翌日,日军继续攻击。守军得到预备队第四七二团一部的支援,再坚守了一天。入夜,在日军猛攻之下,守军无力支持,先是火车站东北高地和火车站相继失守,后是自力山、老蟹山又告失陷,最后河东阵地全部丧失。

当日军在东南面阵地强攻之际,其便衣队企图从河西偷袭市区,被第一线守军第四七二团警戒部队发现阻止。日军偷袭不成改为强攻,相持一天后,增兵至1 000余人再猛扑大芙蓉山、狗头山等阵地,又血战竟日,守军不支,撤往屋背岭等地继续抵抗。

25日,南犯日军开始进攻北郊乌石岭。翌日,双方在皇岗山、金坪、马鞍山等阵地反复争夺。在激战中,守军第五六一团副团长黄远谋、连长赖甲钺、排长蓝振明、黄振廷和许多将士先后阵亡。日军也伤亡不少,一名少尉被击毙。②

在日军主力从东西北三方面围攻韶关之时,一部分日军溯江由南向市区进攻,以强大的炮火将守军的一个班压得不能动弹,最后该班战士全部阵亡。日军得寸进尺,守军极力

---

① 日本防卫厅战史室编:《昭和二十(1945)年的中国派遣军》,天津市政协编译委员会译,第一卷第一分册,23~34页,中华书局1982年。
② 第七战区长官司令部政治部编:《第七战区抗战纪实》,1945年。

抵抗。战至26日下午,日军再增兵攻入市南区,双方展开激烈巷战。日军受到来自后面碉堡的正面射击,无法从市内马路上前进,有时占领一间屋子需要几个小时。日军突进市中心时,守军仍然顽强抵抗,并多次反攻:在中央大街上与日军进行了一个多小时的白刃战。[①]直至晚上,市区大部已为日军占领,坚守已难以为继,守军奉令乘夜撤离。

日军占领韶关后,转兵向始兴、南雄进犯。30日,其前锋第四十师团一部在茶松山与守军第四五九团接火。多路日军分头向始兴、南雄进击。守军第六十三各部凭借匆忙修筑的阵地抵御,从韶关市区撤出的第一八七师亦赶往南雄布防。2月1日,守军第一五三师多处阻击失利,奉令转移,日军占领始兴。接着,守军与来犯日军在苍石、园墩顶、古篆等地对垒,并将一股日军包围于苍石,日军增援反包围,守军连夜突围。3日,日军占领南雄。不久,占领始兴、南雄日军撤往江西。

第三次粤北战役后,广东省军政首脑机关分别迁往江西三南和粤东地区,并以此为基地继续坚持抗日斗争。

(三)对第三次粤北战役的评价

第三次粤北战役历时半个月左右,广东守军进行了节节抵抗,一些部队表现英勇,打得顽强,取得了一定战果。[②]

[①] 日本防卫厅战史室编:《昭和二十(1945)年的中国派遣军》,天津市协政编译委员会译,第一卷第一分册,23~24页,中华书局1982年。

[②] 第七战区当时的统计是:日军伤亡2 030人,守军伤亡2 464人,见第七战区长官司令部政治部编:《第七战区抗战纪实》,1945年;日方统计:在韶关的攻守战中伤亡60人,广东守军阵亡500人,被俘70人,见日本防卫厅战史室编:《昭和二十(1945)年的中国派遣军》,天津市政协编译委员会译,第一卷第一分册,23~34页,中华书局1982年。

但是，余汉谋为保存实力，没有坚决抗敌的决心，在战略上又处处分兵防守，结果处处被动，未能在有利的地方、有利的时机，相机集结优势兵力，重创分兵冒进的日军，这是一个大的失误。

五、广东省政府的东迁

（一）迁往粤北后的广东省政府

广州沦陷后，广东省政府迁往粤北，开始是迁至连县。李汉魂主持广东省政后，深感连县局促一隅，交通不便，信息不灵，施政困难，遂将广东省政府及其工作部门和其他所属机关迁往曲江、韶关。但为了以后日军侵犯曲江、韶关时有地方转移，仍然把连县作为省政府的第一基地，以罗定、信宜为第二基地，留部分物资在连县，以预防不测。广东省政府迁移到粤北后，在李汉魂的主持下，广东省政府的施政工作逐渐得到开展。

1943年5月，根据国民政府的要求，为了提高政府的办事效率，广东省政府实行了合署办公制度。这时，除省政府和民政厅还设在黄冈外，其余的机关如财政厅、建设厅及其下属单位、教育厅、田粮管理处、地政局等其他部门均设于五里亭。其时，省军政机构已比较健全，施政也比较正常。

战时的广东省军政机关所在地曲江、韶关，虽然地处粤北崇山之中，敌兵锋不及，但是，因为中国国力衰微，缺乏空军，没有制空权，所以日寇恃其空军不受威胁，可以扬长而来、扬长而去，大概三五天便来轰炸一次。这样，曲江、韶关便难得安宁。1943年1月初，曲江、韶关遭受了抗战期间最惨痛的轰炸。当月4日，一大群日机突然飞来，狂轰滥炸，共炸毁民房200余间，炸死19人，炸伤21人，其中官坝遭灾最重。翌日中午，日机24架再来轰炸，五里亭、十里亭、志锐中学及市中心区，均落弹似雨，四处燃烧，尤以黄田坝受害最巨，共被炸死74人，炸伤300余人，毁损房屋2 000余间。①

外有战事的影响，局势飘摇；内有政潮的影响，人心难安。外患内忧，造成广东省政府曾迁徙数次。

1939年12月，日军第一次大规模进犯粤北，眼看曲江、韶关难保，李汉魂决定由其带领随从秘书数人留韶继续处理政务，省政府及其各部门马上迁往连县，至当月31日匆匆迁移完毕。翌年1月9日，北犯日军全部退回广州及其附近阵地后，局势有所稳定，广东省政府及其有关部门又陆续从连县迁回。

1940年5月以后，广东大部分地区和赣南一部分地区划为第七战区，余汉谋升任第七战区司令长官。由于"军政分统，各有部属"，以及历史上形成的派系的影响等原因，广东军政首脑的龃龉日深。至1942年6月5日，正值李汉魂巡视南路之际，余汉谋在韶关主持召开党政军联席会议，做出了限省政府于该月底前迁移连县的决议。李汉魂获悉，急忙赶回韶关交涉，认为连县交通、联络不便，将对政府施政造成困难，要求军事当局重新考虑，并电中央求助。国民政

---

① 朱振声编纂：《李汉魂将军日记》，上集，第1册，396页，香港联艺印刷有限公司1977年。

府行政院以折中办法解决，同意省政府及民政、财政、建设和教育4厅及秘书处、会计处、粮食局、保安司令部等重要机关留在韶关，其余机关迁往连县，由省政府拨200万元作为迁徙费。

(二) 省政府的东迁

1944年6月，日寇发动豫湘桂战役，大举进犯长沙、衡阳。粤北震动，急需疏散。广东省政府又一次面临迁移的抉择，起初决定省政府机关向西迁徙，而由李汉魂率必要人员东迁。至9月初，湘南日军向西进犯及打通粤汉路的企图日益清楚，李汉魂与省政府各委员再议省府迁移问题，考虑到连县、罗定俱受威胁，遂决定省政府向东迁移，同时向国民政府行政院呈报将省政府迁往龙川，以及设西江、南路两行政公署，以便粤西施政的计划。月底，省政府东迁和设两行署的计划得到批准。李汉魂决定将省政府部分机关先分置于平远、和平及黎咀，省军区设五华，保安司令部置柳城，财政厅、田管处和公路处等重要机关则暂留韶关，必要时才迁龙川。[1]

1945年1月中旬，日寇南北两面夹攻韶关，第七战区军政当局决定从20日起全市疏散，5日内疏散完毕。后因日军攻势甚急，守军阻击乏力，复令22日疏散完毕。23日，南线日军已到大坑口，余汉谋离开韶关。次日凌晨李汉魂等撤离韶关，先到始兴，后经和平，再到龙川。月底广东省政府正式在龙川办公。这次疏散迁移，因为考虑不周，时机选择

---

[1] 秦庆钧：《抗战期间李汉魂出长广东和省政府的播迁》，载广东省方志办编印：《广东史志》，8～10页，1988年第4期。

过迟，公文和物资均损失惨重。如省政府用6条船运载的公文档案到大坑口地段时遇到敌人，押运员狼狈逃避，弃之不顾，所运公文档案遂不知去向。有一部分公文物资甚至未及抢运，失散在韶关。只有机关职员随身携带的一小部分公文物资才保存下来。①

省政府东迁龙川后与地处江西三南的军方关系更为疏远。军方越权行使省政，如下令撤免南雄县县长职务，令边区境内所有部队及武装团队概由军方指挥调遣，并令国库、省库收入及征实征借粮食非有军方命令不准动用。同时，国民政府行政院也越过省政府任命汕头市市长和广州市市长，致使政令分割。广东省政府的施政进入一个更加困难的时期。

5月，日军发动赣南战役。月底，日军占领河源。龙川开始疏散。6月初，综合各方面情报，敌有进犯龙川的趋势，省政府及有关部门再迁往平远（大柘）。因日军合围赣南，第七战区长官司令部移驻赣南安远的公平，第七战区军政机关之间又一度失去联系。考虑到迁往平远的省政府及有关机关可能还会受军事影响，广东省政府决定"届时除极简之首脑部，仍保持整体外，令决定分散各处，且以西移为原则"②。

省政府迁平远后，第七战区的军政机关隔阂更深。不

---

① 秦庆钧：《抗战期间李汉魂出长广东和省政府的播迁》，载广东省方志办编印：《广东史志》，8～10页，1988年第4期。

② 朱振声编纂：《李汉魂将军日记》，上集，第1册，216页，香港联艺印刷有限公司1977年。

久，风闻中央有改组广东省政府之议。李汉魂接受了余汉谋关于自动提请省政府改组的建议，并开始准备改组工作。随后，日本投降，国民政府令罗卓英主政广东。①

六、河源、和平与赣南战役

（一）日军入侵河源、和平

在盟军放弃华南登陆作战的计划以后，日军感到置重兵于华南已无用武之地，遂于1945年夏将部署在华南沿海的兵力部分北调其他战场，并企图借其军队北上之机合击第七战区的赣南基地，攻占遂川机场。为此，其部署是：以驻华南的第二十七师团、波雷部队和第一〇四师团一部由南往北进攻，以驻江西赣州的第一三一师团一部向南进犯，南北夹击。遂有河源、和平与赣南战役。对此，余汉谋指挥第七战区的主力部队及地方武装对日军进行了阻击和牵制作战。

第三次粤北战役后，余汉谋对第七战区的防卫做了调整，以战区主力部署在韶关以东的地区和江西三南地区（全南、龙南和定南）：第六十三军之第一五二师驻防澄江圩，第一五三师主力驻扎南径圩，其中一个团担负司前、坝仔一带警戒；第六十五军之第一五四师集结于南浦圩，第一八七师主力驻防坪田圩，第一六〇师由战区直接掌握，控制在信

---

① 本目有关资料参见朱振声编纂：《李汉魂将军日记》，上集，第1册、第2册，香港联艺印刷有限公司1977年；秦庆钧：《抗战期间李汉魂出长广东和省政府的播迁》，载广东省方志办编印：《广东史志》，8～10页，1988年第4期。

丰的万隆地区；独立第二十旅主力和第九旅作为预备队及机动部队，分别驻防在龙南、全南一带。

第七战区还撤销了曲江守备军及第三十五集团军之北江西岸指挥所和西江南路指挥所。新设立粤桂边区总指挥，以古鼎华任之，下辖第六预备师、别动军第一纵队，担负北江西岸和西江北岸地区的防卫。设广阳守备区，以李江为指挥官，指挥第一五八师、挺进第五纵队，守卫五邑和两阳（阳春、阳江）地区。设广东绥靖公署东江行署，以缪培南为副主任，下辖惠淡守备区的武装部队（指挥官宋士台）、第十二集团军教导团、第一五三师之第四五九团，防守河源、惠阳、博罗等地区。设闽粤赣边区总司令部，以香翰屏、欧阳驹分别任正、副总司令，下辖第一八六师（师长张泽琛）、海陆丰守备区（指挥官唐拔，指挥保安第二团、挺进独立第一大队）、梅蕉平埔守备区（指挥官黄任寰，挺进第一纵队司令林朱梁）等部，负责兴梅、潮汕和海陆丰等地区的防卫。[①]

这次攻守战由下面一系列战斗组成，但主要是河源之战、和平之战和赣南之战。

河源之战。5月23日，日军第二十七师团和波雷部队一部从惠阳等地出发北犯，于25日在石坝、埔前圩与广东守军保安第二、五大队接触。驻龙门的第十二集团军教导团奉命驰赴保卫河源。翌日，日军先头部队抵河源南面，与从龙门赶来的第十二集团军教导团第三营在七星岗激战。日军从

[①] 第七战区长官司令部政治部编：《第七战区抗战纪实》及第七战区指挥系统表（二），1945年。

右翼迂回，守军退回东江北岸印岗岭。27日，教导团主力赶到，反攻驱敌于七星岗。接着，在日军源源增援的攻击下，守军退回城南。随后连日大雨滂沱，日军偷渡亦被拒止。30日，日军多路渡江强攻，在章田、亚婆岭等处过江，守军形势不利，抵挡一阵后奉令放弃河源城，退守天香硐一带阵地。日军占领河源后，筑工事，架浮桥，做好攻守的准备，至4日，已集结3 000余人。

6月6日，日军分路进攻天香硐等阵地，守军第八连等部抵御失败后撤退。日军源源而至，沿大道向灯塔袭来。守军第三营等部在分水坳、大斗崇等地节节抵御，但亦连连失利，转进石马。8日，留守灯塔的保安第三团曾国柱大队不堪日军一击，败走。当晚，灯塔被日军占领。①

和平之战。9日，灯塔之敌北向进犯和平。这时，由从化、新丰北进之日军第一〇四师团约千余之众亦进抵兴隆圩，分兵一路与翁源之敌配合攻陷连平，另一路则沿忠信北上，配合灯塔之敌进攻和平。守军方面，担负和平防卫的独立第九旅也由全南开赴和平南面御敌。

10日，日军便衣数十人和先头部队百余人由绣缎圩出发向佛前坳进袭，遭第六二六团第三连伏击，歼敌小队长和士兵数人。日军摆开阵势进攻数小时无进展，继续增兵至七八百人，分路包抄守军。其中一路与守军第二营在眼坑激战。至晚，守军三面受敌，遂撤往合水圩附近。次日，日军又分路来犯，守军分头抗击。激战至午，船潭被陷。日军继而攻

---

① 第七战区长官司令部政治部编：《第七战区抗战纪实》及第七战区指挥系统表（二），1945年。

进合水，与第三营展开激烈巷战。在鱼潭之敌亦进击合水之背，守军被迫向汤湖坝转移，日军乘势攻陷和平。①

12日，日军分头向大利坝、油竹坝和石陂头进犯。在敌军强大的火力之下，第六二七团第四连守卫的石陂头阵地首先被毁，残部转移至枫树角附近阵地。在大利坝、高义邱阵地，第三连被绕出羊头寨之敌包围。该连英勇抵抗，在激战中，连长黄雄才、排长郭新南阵亡。傍晚，日军后续部队分向431、322高地及排石、沥岭阵地进攻，第六二六团第一营和第六二七团与敌激战至天黑，多处阵地不保。守军转移到上下庄、黄草嶂、鹅公嶂和曾公坑一线。翌日凌晨3时，日军分路向守军猛扑过来，第六二六团、第六二七团凭险在鹅公嶂、笠麻嶂、竹山下、乐归坳等地逐次抵抗了一整天，至晚，被迫向定南老城方向撤退。②

（二）广东守军在赣南的抗战

赣南之战。当南线日军由南往北进犯之时，驻赣州的日军第二十七师团一部1 000余人在伪军赖绍棠部的配合下南向攻击信丰。6月7日，逼近信丰城郊，并多处架桥渡江攻城，守军极力阻击。第二天拂晓，日军集中火力向西门外阵地进犯，第六十五军第一六〇师之第四七九团第九连屡次将敌击退，在激战中连长李剑重伤殉职。在3256（军事地图

---

① 第七战区长官司令部政治部编：《第七战区抗战纪实》，11~25页，1945年。亦参见朱振声编纂：《李汉魂将军日记》，上集，第2册，香港联艺印刷有限公司1977年。

② 第七战区长官司令部政治部编：《第七战区抗战纪实》，11~25页，1945年。亦参见朱振声编纂：《李汉魂将军日记》，上集，第2册，香港联艺印刷有限公司1977年。

编号）高地，敌我双方展开肉搏。战至下午，日军从西南面突入城中，守军与日军展开巷战，不久失利，向东岸撤退，信丰失守。次日，敌军主力沿桃江西岸而下，守军第四七九团趁信丰空虚，组织突击队一度攻入城内。

10日，第六十五军第一七八师组织主力第五五九团、第六五一团，向刚抵达金钟山阵地的日军反击，战况空前激烈，阵地得而复失者数次。后因第一六〇师未能及时配合，反攻失利。当晚，守军转移至新田、铁石口、龙头和隘高之线。此后一个星期，攻守双方在龙头、隘高一带对峙和反复争夺。20日，日军撤退。第六十五军跟踪追蹑，7月2日收复信丰。①

日军在南北夹击和平、信丰的同时，其第二十七师团一部3 000余人由韶关出翁源三华、龙仙。第一三一师团一部由始兴南下，经顿岗南犯，合击三南（龙南、全南、定南）。事前，第七战区综合各方面情报，判断敌有合击三南的企图，遂将战区长官司令部迁移至江西安远、寻乌，令第六十三军移师天花寺、鹤子，留一部于鲁溪、垫头和小寨，并向坝仔方面警戒。6月12日，日军一部由松塘向鲁溪进犯，一部向小寨进击，守军第四五七团第三连和第四五八团第二连与敌略事接触后向东撤走。次日，由和平北窜之敌犯定南，于14日与守军第四五七团在老城附近激战。另一部日军在汶龙（定南西）、丘屋、花园下与第一

---

① 见第七战区长官司令部政治部编：《第七战区抗战纪实》，11～25页，1945年。亦参见朱振声编纂：《李汉魂将军日记》，上集，第2册，香港联艺印刷有限公司1977年。

五二师第四五四团激战,守军且战且退。是晚定南失陷。16日,定南日军主力窜向龙南。第一五二师之第四五五团向定南搜索前进时与日军后卫部队接战一阵,后收复定南。20日后,日军陆续从龙南、全南撤兵北窜,守军衔尾追蹑,收复三南等地。①

这次战役前后历时月余,日军计划周密,分5路合击第七战区主力及其基地。第七战区守军和地方团队分头阻击,一些部队打得英勇,并敢于主动反攻日军,也取得了一定战果。② 但第七战区当局以保存实力为宗旨,被动防守,不敢集中主力痛歼一路来敌,致使守军在此战役中仍显得处处被动,处处失利。

这次战役,日军也未能达到聚歼第七战区主力的目的。

---

① 见第七战区长官司令部政治部编:《第七战区抗战纪实》,11~25页,1945年。亦参见朱振声编纂:《李汉魂将军日记》,上集,第2册,香港联艺印刷有限公司1977年。

② 根据第七战区的统计,是役伤毙日伪军1 500余人,俘日伪军9人;守军伤亡1 500余人,其中军官60余人。第七战区长官司令部政治部编:《第七战区抗战纪实》,1945年。

第 四 章

广东人民抗日武装斗争与华南抗日根据地的建立和发展

日军在大亚湾登陆后,广东大片领土相继沦陷。广东各地中共组织以及农工民主党利用各种可能的条件,创建了多支不同形式的人民抗日游击武装,后来发展为广东人民抗日游击队东江纵队、广东琼崖游击队独立纵队、广东人民抗日游击队珠江纵队、广东人民抗日游击队韩江纵队(潮汕)、抗日游击队韩江纵队(梅埔)、广东人民抗日解放军、南路人民抗日解放军,以及农工民主党抗日青年团。

广东人民抗日武装建立后,在坚持敌后游击战争中得到发展,创建了各地抗日根据地,建立抗日民主政权。

广东人民抗日武装坚持长期抗战,开辟敌后战场,成为全国敌后三大战场之一。

第一节 人民抗日武装的建立与发展

广东人民抗日武装是在开展抗日救亡运动和建立抗日民

族统一战线的条件下,由广东各地民众抗日武装或工农红军逐步建立和发展起来的。它分别在中国共产党和农工民主党的领导下,坚持敌后抗日游击战争。这些武装(除农工民主党抗日青年团外)由小到大,由弱变强,成为广东抗击日伪军的一支重要力量。

一、东江人民抗日武装

(一)惠宝人民抗日游击总队成立

1938年10月13日,日军在惠阳大亚湾登陆的第二天,中共中央电示广东省委和八路军驻香港办事处:要在东江敌占区后方开拓游击区。广东省委坚决贯彻中共中央的指示精神,确定今后的工作中心放在东江、琼崖两个地区,并在各地发动群众,组建抗日游击队,开展敌后抗日游击战争。

10月中旬,八路军驻香港办事处总负责人、中共广东省委委员廖承志,在香港召集了香港市委[①]书记吴有恒和香港海员工委(简称"香港海委")书记曾生等开会。廖承志在会上力主迅速在华南建立抗日游击武装,深入敌后,发动群众抗战。会上研究在东江开展敌后游击战争的具体问题,并决定派曾生、周伯明(香港市委组织部部长)和谢鹤筹(香港市委组织干事)等带领一批中共党员和积极分子到惠阳县组织人民抗日武装。

10月24日,曾生、周伯明、谢鹤筹带领一批共产党员、

---

① 1937年12月,中共香港市工委召开扩大会议,改组成立中共香港市委员会(简称"香港市委")。

进步工人、青年和学生共 60 多人到达惠阳县坪山（现属深圳市宝安区）。随后，香港市委和香港海委又动员共产党员和进步青年 68 人，以香港惠阳青年会回乡救亡工作团（简称"惠青工作团"）名义，由刘宣率领也回到坪山。30 日，曾生在坪山主持召开了一次有香港惠青工作团和坪山、淡水、沙鱼涌等 12 个中共支部的代表参加的干部会议，正式宣布成立中共惠（阳）宝（安）工作委员会（简称"惠宝工委"），受中共东南特委领导，曾生任书记，谢鹤筹任组织部部长，周伯明任宣传部部长。同时，会议做出了组建惠宝人民抗日游击队和广泛发动群众、组织群众抗日自卫队的决定。

惠宝工委充分利用统战关系，由惠青工作团以自卫需要为理由，做国民党驻军第一五一师温淑海旅和国民党地方部队罗坤支队的统战工作，向他们借了 17 支步枪和一批子弹。后又从地方中共组织拿来 10 多支步枪和驳壳、左轮等。此时，东南特委选派彭沃等 10 人到坪山，淡水地区中共组织又选送 10 多人，加强了队伍的力量。这样，惠宝人民抗日游击队组建起来了。曾生等经过与驻军温淑海旅部谈判，使温部同意给予"惠宝人民抗日游击总队"的番号。队伍在坪山、龙岗、横岗一带活动。

11 月下旬，占领广州的日军为了巩固其占领区，对国民政府军队和人民抗日游击队进行回师扫荡。国民政府军虽然做了某些抵抗，但很快溃退，除第一五三师第九一三团和第九一四团残部撤到宝安的观澜山区，经共产党地方组织派人做工作基本稳定下来外，其余大部分撤到深圳、沙头角边境，被英军缴械，溃散瓦解。此时，曾生领导的人民抗日游击队在碧岭抗击日军后，由周伯明带领武装人员在沙头角边界坚持活动，其他非武装人员由曾生率领经九龙到香港。曾生立即向八路军驻香港办事处请示汇报。廖承志指示曾生领导的抗日武装马上返回敌后，开展抗日游击战争。

11月26日，曾生带领四五十名惠青工作团团员到沙头角和周伯明率领的武装队伍汇合，准备返回惠阳的淡水开展游击活动。

根据中共广东省委和东南特委的指示，12月2日，曾生领导的抗日游击队，在淡水附近的沙坑周田村，正式成立惠宝人民抗日游击总队，共100余人，曾生任总队长，周伯明任政治委员，郑晋（郑天保）任副总队长兼参谋长。

7月，占领淡水的日军撤出，惠宝人民抗日游击总队在民众抗日武装的配合下，进入淡水城，惩办汉奸，逮捕匪徒，铲除伪政权。10日，在淡水祖庙召集了有500多人参加的群众大会，成立了东江地区第一个抗日民主政权——惠阳县第二区临时行政委员会（1939年春改为第二区区署），由严奎荣（严尚民）任主任。

12月中旬，国民党地方部队罗坤支队又开回淡水驻防，要惠宝人民抗日游击总队让出淡水地区。为了顾全大局，惠宝人民抗日游击总队返回坪山，以坪山为基地，发展抗日武装，不断出击敌人。

惠宝人民抗日游击总队返回坪山之后，狠抓部队的军政训练，提高指战员的政治素质和军事技术，增强部队的战斗力，并抓紧党的建设，健全和加强各级党的组织。与此同时，大力开展群众工作，部队派出大批政工队员和地方中共组织相结合，在各乡村广泛开展抗日救亡工作，建立和发展群众抗日武装，为开辟敌后抗日游击基地打下了扎实的基础。

12月下旬，根据东南特委的指示，将叶挺指挥部警卫连（以东莞模范壮丁队为基础建立）70余人和九龙大同淘化罐头厂工人18人，编入惠宝人民抗日游击总队。1939年春，惠阳的中共地方组织从淡水、坪山、坑梓、坝岗、麻溪、蔡溪子等地，动员了一批共产党员和抗日自卫队队员参加曾生部队。到1939年4月间，部队有了很大发展，共有200多人，120支长短枪，先后编成第一中队、第二中队和特务队，在惠阳、宝安沿海地区开展抗日游击战争。①

（二）东宝惠边人民抗日游击大队的组建

东莞是广州外围一个重要的县份。广东、广州的中共组织非常重视东莞地区的抗日救亡和建立抗日武装的工作。为了适应抗战新形势，1938年初，中共广州市工委派王作尧〔共产党员，广东军事政治学校（又称燕塘军校）毕业，东莞厚街镇人〕回乡组建人民抗日武装，担任中共东莞中心支部（后改为中共东莞中心县委）军事部部长。

王作尧回到东莞以后，在东莞中心县委的直接领导下，通过中共党员、干部的各种社会关系，利用"民众抗日自卫团统率委员会"的名义，举办自卫团军事训练班和国民军事干训班，选派共产党员和抗日青年参加军事训练，培养军事

---

① 广东省人民武装斗争史编纂委员会编著：《广东人民武装斗争史》，第三卷，45页、47~48页，广东人民出版社1994年。

骨干。东莞中心县委还千方百计做国民党社训总队的统战工作，委任何与成（共青团员，后为中共党员）为社训总队政训员。7月，成立了东莞常备壮丁队。东莞中心县委动员了共产党员和进步青年118人，组成东莞常备壮丁队第二中队。中队长、政训员和班、排干部均由中心县委派人担任。

东莞中心县委又通过何与成和县社训总队副队长颜奇商议，以县社训总队的名义，于10月15日成立东莞抗日模范壮丁队，王作尧任队长，袁鉴文任政训员，全队共有150多人。16日晨，队伍在王作尧和袁鉴文的率领下，向大岭山飞鹅村进发。12月上旬，中共东（莞）宝（安）边工委委员黄木芬通过统战工作，组建了一支由中共直接掌握的抗日武装，共有30多人。中旬，中共东宝边工委，在章阁村建立东宝边人民抗日游击队，分为两个游击大队：第一大队以黄木芬为大队长，在章阁、白花洞等地活动；第二大队以蔡子培为大队长，张松鹤、赖锦章为副大队长，在清溪、凤岗一带活动。[①]

在增城，中共组织利用"增城县抗日民众自卫团"的名义，于1938年2月建立了增城县抗日民众自卫团仙村大队和雅瑶大队。10月，两大队合并为"广东民众抗日自卫团增城县第三区常备队"，共100多人，由广东民众抗日自卫团增城县统率委员会第三区指挥部主任单容沛兼任队长，共产党员阮海天负责指挥，共产党员杨步尧任政训员。[②]

---

① 东江纵队史编写组编：《东江纵队史》，18页、24页，广东人民出版社1995年。
② 广东省人民武装斗争史编纂委员会编著：《广东人民武装斗争史》，第三卷，34页，广东人民出版社1994年。

12月下旬,根据东南特委的指示,东宝边人民抗日游击队第一大队和王作尧带领的东莞抗日模范壮丁队,以及各区地方中共组织动员来的武装人员共200多人,集中在东莞县的苦草洞进行整编。1939年1月,在这些武装人员中挑选120人,重新组建东(莞)宝(安)惠(阳)边人民抗日游击大队,王作尧任大队长,何与成任政训员,黄高阳为大队总支书记。队伍在广九铁路中段和宝(安)太(平)公路沿线开展敌后游击战争。[①]

(三) 东江两支抗日游击队的改称及其发展

1939年春,日军为了加强广州和沿海重要据点的防守,以巩固占领区,遂撤出惠州等城镇和东江部分占领区。这时,在已潜逃的原守军又重返东江地区,在惠州设立第四战区游击纵队指挥所(简称"游击指挥所"),香翰屏为主任,并在惠阳、博罗一带成立第四战区游击纵队指挥所第三挺进纵队,在东莞、宝安、增城一带成立第四战区游击纵队指挥所第四挺进纵队。[②]

根据中共中央南方局和广东省委的指示精神,基于斗争策略的需要,以利于部队的生存和发展,东江地区这两支人民抗日武装,不宜公开使用共产党领导的名称,而应采用爱国青年和华侨港澳同胞自发组织的民众抗日武装的面目出现,去争取国民党军队的番号。经过一系列的统战工作,4月,东宝惠边人民抗日游击大队改称为第四战区游击纵队

---

① 东江纵队史编写组编:《东江纵队史》,26页,广东人民出版社1995年。
② 广东省人民武装斗争史编纂委员会编著:《广东人民武装斗争史》,第三卷,50页,广东人民出版社1994年。

指挥所第四挺进纵队直辖第二大队（简称"第二大队"），王作尧为大队长，何与成为政训员，下辖两个中队，在宝安的乌石岩、龙华建立抗日游击基地。东南特委又从增城将阮海天指挥的抗日武装100多人调到东宝地区，编为第二大队第三中队。5月，惠宝人民抗日游击总队改称为第四战区游击纵队指挥所第三挺进纵队新编大队（简称"新编大队"），曾生为大队长，周伯明（后卢伟良）为政训员，郑天保为副大队长，下辖两个中队（同年秋又建立第三中队），一个特务队、一个民运队和一个医疗队，在坪山建立抗日游击基地。

曾、王两部队虽然改变了番号，但仍然保持共产党组织和部队编制的独立性，在作战行动、军政训练、干部任免和经济上完全独立自主。

中共中央和广东省委十分重视东江人民武装的建设和敌后游击战争的开展。1939年4月，中共中央派梁鸿钧（曾任过延安警备区参谋主任）、卢伟良（曾任过南方局干部）和李振亚（曾任过南岳游击干部训练班教官）到东江地区，加强敌后游击战争的领导。5月，在坪山成立东江军事委员会（简称"东江军委"），成员有梁广、梁鸿钧、曾生、王作尧、何与成。梁广为书记，梁鸿钧负责军事指挥。

东江军委成立后，曾、王两支部队在中共的统一领导下，在敌后游击战争中不断得到发展。至1940年春，新编大队发展到500余人，加上机关、宣传队和后勤人员共有700人左右，活动范围从坪山扩展到蔡涌、龙岗、沙湾和深圳一带。第二大队也发展到180人，在宝安县的乌石岩、龙华一带活动。曾、王两部初步打开了东江敌后抗日游击战争的新局面。

（四）"五八指示"后东江两支游击队重返敌后

第一次反共高潮蔓延到广东以后，东江国民党当局立即行动，发动了对曾、王两部的军事进攻。曾、王两部被迫东移海陆丰，遭受严重损失。从1940年3月上旬到5月间，仅两个多月时间，曾、王两部减员骤至100余人，在政治上、军事上陷入被动地位，处境十分困难。在这紧急关头，5月8日，中共中央对曾、王两部发了电示（即"五八指示"），指出："我必须大胆坚持在敌后抗日游击战，同时不怕摩擦，才能生存发展。""曾、王两部仍应回到东、宝、惠地区，在日本与国民党矛盾间，在政治与人民优良条件下，大胆坚持抗战与打摩擦仗。曾、王两部决不可在我后方停留。不向日寇进攻，而向我后方行动的政策，在政治上是绝对错误的，军事上也必归失败。"① 在中共中央"五八指示"的指引下，曾、王两部克服重重困难，重返惠东宝敌后。

为了贯彻执行中共中央"五八指示"，确定东江人民抗日游击队今后的发展方向、方针和任务，中共东江特委②于9月中旬在宝安县布吉乡上下坪村召开了新编大队和第二大队的干部会议。会议决定：坚持在惠（阳）东（莞）宝（安）敌后地区，放手发动群众、武装群众，发展人民抗日

---

① 《中共中央关于曾生、王作尧两部应回防东莞、宝安、惠阳地区及行前应注意事项的指示》（1940年5月8日），见南方局党史资料征集小组编：《南方局党史资料》，第4册，46页，重庆出版社1986年。

② 1939年11月，中共东南特委撤销，其管辖的惠阳、东莞、宝安县党组织和抗日斗争归中共东江特委领导。

第四章 广东人民抗日武装斗争与华南抗日根据地的建立和发展

武装，开展独立自主的敌后游击战争，建立抗日游击区和根据地的基本方针。

上下坪会议后，决定分别取消曾、王两部原来的第四战区游击纵队指挥所第三挺进纵队"新编大队"和第四战区游击纵队指挥所第四挺进纵队直辖"第二大队"的番号。部队整编为两个大队，即广东人民抗日游击队第三大队和第五大队。东江特委书记林平兼任两个大队的政治委员，梁鸿钧负责军事指挥。第三大队大队长曾生，副大队长邬强，政训员卢伟良，下辖2个中队、1个短枪队。第五大队大队长王作尧，副大队长周伯明，政训员蔡国梁。部队的整编，为建立惠东宝抗日根据地和人民抗日游击队打下了坚实的基础。

1941年2月，东江特委为了加强广州外围的抗日游击战争，决定从第三大队和第五大队抽调卢伟良等20多名干部和战士，挺进增城及广州外围敌后。3月初，卢伟良率领的小分队与增城人民抗日游击队基干队会合，4月成立了广东人民抗日游击队增（城）从（化）番（禺）独立大队，共40余人，卢伟良任大队长兼政治委员，郭大同、肖光生任副大队长。独立大队以油麻山为基地，除在增城、永和、福和一带活动外，还伸展到广州市郊的萝岗、从化的神岗和太平场一带，开展敌后游击战争。

在上下坪会议后的一年时间里，东江人民抗日游击队在斗争中得到迅速的发展，部队从100余人发展到1500余人，其中第三大队从70余人发展到800余人，下辖3个中队和1个短枪队；第五大队从30余人发展到600余人，下辖3个中队；增从番独立大队也从40余人发展到100余人。此外，还组织了抗日武装兵民共1 000余人。东江人民抗日游击队抗击着东江地区的大部分日军和伪军，成为东江地区抗击日伪军的主要力量。①

（五）东江纵队成立

1941年12月太平洋战争爆发后，日本为变其在中国的占领区为进行太平洋战争的后方基地，把中国共产党领导的人民抗日武装力量和敌后抗日根据地作为打击重点。在新形势下，1942年1月下旬，中共南方工委副书记张文彬在宝安召开了白石龙会议，决定成立东江军政委员会，并决定成立广东人民抗日游击总队，总队长梁鸿钧，政治委员林平，副总队长曾生，副总队长兼参谋长王作尧，政治部主任杨康华，参谋处处长邬强（邬强未到任，4月由周伯明任参谋主任）。部队进行了整编，成立1个主力大队和4个地方大队：在原第五大队基础上成立主力大队（仍称第五大队），大队长王作尧（兼），副大队长周伯明，政治委员卢伟良；东莞地区部队仍为第三大队，大队长曾生（兼），副大队长翟信，政治委员陈志强；惠宝边地区部队编为惠阳大队，大队长彭沃，副大队长高健，政治委员谭天度；宝安地区部队编为宝安大队，大队长曾鸿文，副大队长阮海天，政治委员何鼎华；港九地区部队编为港九大队，大队长蔡国梁，政治委员陈达明。②

---

① 广东省人民武装斗争史编纂委员会编著：《广东人民武装斗争史》，第三卷，142页、208页，广东人民出版社1994年。
② 广东省人民武装斗争史编纂委员会编著：《广东人民武装斗争史》，第三卷，142页、208页，广东人民出版社1994年。

白石龙会议后不久，东江特委向中共中央、南方局报告，为了有利于对外工作，提出广东人民抗日游击总队由曾生任总队长，林平任政治委员，王作尧任副总队长，杨康华任政治部主任，梁鸿钧任参谋长。周恩来批复同意。

广东人民抗日游击总队成立后，部队经过整编，建立和健全各种制度，为后来人民抗日武装的发展和敌后游击战争的深入开展奠定了基础。

1943年开始，世界反法西斯战争发生了根本性的变化，盟军开始了战略反攻。中国共产党领导的敌后解放区战场在一些地区开始了对日伪军的攻势作战。在国内外有利的形势下，根据中共中央关于敌后抗战要集中力量打击日伪军，巩固、扩大敌后抗日根据地和抗日武装的战略方针，广东各人民抗日武装陆续改称番号，成立抗日游击纵队，公开以中国共产党领导的人民抗日军队的面貌出现。

1943年12月2日，遵照中共中央的指示，改变广东人民抗日游击总队的番号，成立广东人民抗日游击队东江纵队（简称"东江纵队"），公开宣布接受中国共产党的领导。东江纵队司令员曾生，政治委员林平，副司令员兼参谋长王作尧，政治部主任杨康华。下辖7个大队，共3 000余人。[①]

东江纵队成立后，集中力量打击日伪军，扩大敌后游击战争，成为蜚声海内外的一支抗日游击队，是华南抗战的一面光辉旗帜。

[①] 中国人民解放军历史资料丛书编审委员会编：《华南抗日游击队》（上），82页，军事科学出版社2008年。

二、琼崖人民抗日武装

（一）"云龙改编"与独立队阻击日军东进

琼崖人民抗日武装是在土地革命战争时期琼崖工农红军游击队的基础上发展起来的。1936年，琼崖特委将聚集起来的工农红军，编成琼崖工农红军游击队，朱运泽任司令，王白伦任政治委员，有30多人。1937年，红军游击队发展至60多人，不脱产的工农红军有200多人。

抗日战争爆发后，琼崖特委遵照中共中央关于抗日民族统一战线的策略方针，主动向琼崖国民党当局提出停止内战、团结抗日的主张，与国民党琼崖当局进行了长达一年多的谈判，终于达成了协议。1938年12月5日，琼崖红军集结在琼山县云龙圩举行红军改编暨抗日誓师大会，将琼崖红军改编为广东省民众抗日自卫团第十四区独立队（简称"琼崖独立队"），冯白驹任独立队队长，马白山、刘振汉（国民党派来的）为独立队队附，张兴为政训室主任，黎民为政训员，谢李森、陈玉清为独立队副官，吴健为参谋主任，共有300余人，编成3个中队和1个特务小队（短枪队），黄大猷、黄天辅、张瓒薪（后为吴克之）分别任第一、二、三中队长。① 这就是琼崖抗战史上著名的"云龙改编"。琼崖红军的改编，是海南人民革命斗争的转折点。从此，独立队在琼崖特委的领导下，在国共合作共同抗日的条件下，坚持独立自主原则，

---

① 琼崖武装斗争史办公室编：《琼崖纵史队》，96~97页，广东人民出版社1986年。

不断地发展壮大,成为琼崖抗战的重要力量。

"云龙改编"之后,独立队立即转入紧张的军事训练和政治教育。同时,独立队还到驻地附近农村边劳动边做群众的抗日宣传和组织发动工作。

1939年2月10日,日军台湾混合旅团第一独立步兵队在第二十一军司令官安藤利吉中将的指挥下,在海军第五舰队30余艘舰艇和50余架飞机的配合下,共1万余人,在琼山县天尾港、马衮港登陆。守军只进行微弱的抵抗,便仓皇夺路逃窜。在此关键时刻,独立队在琼崖特委的领导下,紧紧依靠人民群众,挑起抗战的重任。

日军占领海口之后,即驱兵东进。为阻击日军东进和掩护群众撤退,独立队第一中队挺进南渡江潭口渡口,阻击了东进的日军。此战鼓舞了人民群众的抗日斗志,提高了独立队的威望。随后,独立队转入敌后,积极发动和组织群众,开展抗日游击战争。

从琼崖敌我军力对比来看,琼崖独立队是很弱小的。中共中央和广东省委曾多次指示琼崖特委,要从琼崖的实际出发,放手发动群众,独立自主地发展壮大人民武装,建立抗日根据地,坚持长期抗战。

琼崖特委根据中共中央和广东省委指示精神,决定独立队转到农村活动,并组织随军工作团,大力开展抗日的宣传和发动工作。独立队撤离云龙转到农村后,广泛宣传群众,发动群众,武装群众,建立群众抗日团体和地区性的抗日武装组织。此时,许多爱国青年纷纷报名参加独立队;部分国民党区、乡行政人员主动与独立队联系抗日;一些民众抗日自卫武装要求独立队收编；比较进步的国民党军官也主动同独立队联络，商讨共同抗日大计。

(二) 独立队扩编为独立总队

随着琼崖人民抗日情绪日益高涨，为了适应形势发展的需要，琼崖特委决定扩编独立队。为此，琼崖特委向琼崖国民党当局提出扩编独立队和建立琼崖统一政治机关的建议。琼崖国民党当局迫于当时形势的需要，采纳了琼崖特委的意见。

1939年3月，独立队正式扩编为广东省民众抗日自卫团第十四区独立总队（简称"琼崖独立总队"），下辖3个大队和1个特务中队。冯白驹任独立总队总队长，马白山、符振中任总队队附。总队设参谋室、政训室、军需室以及直属医院、军械厂等。参谋室主任吴健（原国民党军官，日军侵琼时参加独立队，后自动离队），政训室主任黎民，军需室主任谢李森。第一大队长黄大猷，大队附吴定中，政训员莫逊。第二大队长吴克之，大队附林诗耀，政训员李汉。第三大队长由马白山兼任（后为黄振亚、张开泰），大队附符英华，政训员张兴。独立总队共有11个中队，人数从原有300多人枪发展到1 000多人枪。每个大队有1个短枪班，部分中队也有1个短枪班，总队部设立特务中队。①

与此同时，正式成立琼崖战时党政处，以便进行抗日总动员，发动群众，建立群众武装，扩大抗日部队，全面开展抗日游击战争。独立总队派具有政治工作经验的王业熹、王均（王高天）、刘秋菊等参加党政处工作。在琼崖特委、独

---

① 琼崖武装斗争史办公室编：《琼崖纵队史》，102~104页，广东人民出版社1986年。

立总队的积极建议和推动下,党政处颁布了动员群众、组织群众和坚持长期抗战的《保卫琼崖动员委员会组织条例》,并做出关于在抗日军队中建立政治工作制度的有关规定。此后,琼崖各县、乡的保卫琼崖动员委员会纷纷成立,不少中共党员参加各级保卫琼崖动员委员会工作,各地广泛发动群众,建立抗日武装。①

独立总队建立后,主动出击,开展敌后游击战争,创建了琼(山)文(岛)抗日根据地,从而打乱了日军的战略部署,阻延了日军向海南岛内纵深发展的行动,琼崖抗日形势出现了新的局面。

(三) 独立总队部西迁

1939年夏,国民党琼崖当局积极制造反共摩擦。琼崖特委面对着抗日的复杂形势,于12月召开琼崖特委第八次扩大会议,集中讨论、研究关于创建敌后抗日根据地问题。会议认为:琼文抗日根据地虽然群众基础好,但由于地处海南岛东北面,是敌人争夺的重要地方。为了有利于指导和坚持琼崖的长期抗战,必须创建一个进能攻、退能守的接近五指山区的坚固抗日根据地,会议决定:特委和独立总队部机关西迁,向临高、儋县、白沙交界的纱帽领山区转移,创建新的抗日根据地;抽调第一大队的第一中队和第二大队的第六中队,以及原特务中队合编组成特务大队(朱克平为大队长,符荣鼎为政训员),和第三期随营军政干部训练班一起,护送领导机关西迁;第一大队、第二大队主力仍留在琼文地

---

① 琼崖武装斗争史办公室编:《琼崖纵队史》,102~104页,广东人民出版社1986年。

区活动,成立东路指挥部(符振中为指挥,陈乃石为政治委员),统一指挥东路各部队的行动,并向琼东方向发展。

1940年1月,中共中央书记处在对琼崖工作的指示中指出:"冯白驹与琼崖特委应与全岛为对象,广大(泛)发展党,发展武装,发展民运,设法争取各县政权,不顾国民党的任何阻碍,坚决组织全岛人民的抗日战争。""你们要把琼岛创造为争取九百万南洋华侨的中心根据地,制造为党在南方发展广(扩)大影响的根据地,创造为培养干部的根据地。"① 同月,琼崖特委、独立总队根据中共中央的指示精神和特委第八次扩大会议的决议,开始西迁,开创了美合抗日根据地。为了加强对西路部队的统一领导,1940年7月,成立了西部指挥部,马白山为指挥,符荣鼎为政治委员,统一指挥第三大队、第五大队(以第三大队第八中队为基础编成)。7月至9月,中共中央先后派富有作战经验的庄田、李振亚和覃威到琼崖,加强独立总队的领导。在庄田离开延安前,刘少奇、陈云、李富春等中央领导同志同他谈话。他在重庆时,周恩来对琼崖的工作做了重要指示,指出:琼崖是一个具有重要战略意义的地方。但是,琼崖远离党中央,交通不便,外援困难,斗争十分艰苦,要取得斗争的胜利,还要做出艰苦的努力。周恩来特别强调:"冯白驹同志是琼崖人民的一面旗帜,中央的意见还是要他当特委书记,兼我党领导的抗日游击队的总队长和政治委员,对琼崖的革命斗争,

---

① 《中共中央关于琼崖工作给广东省委的指示》(1940年1月26日),见中共中央档案馆编:《中共中央文件选集》,第12册,245页,中共中央党校出版社1991年。

实行一元化领导,你把这个指示转告给琼崖特委。"①

根据中央领导同志的指示精神,1940年9月,琼崖特委和独立总队的领导班子进行了调整,冯白驹重新任琼崖特委书记,林李明为副书记。独立总队由冯白驹任总队长兼政治委员,庄田任副总队长,李振亚任参谋长,王业熹任政治部主任,根据抗日形势的发展以及斗争的需要,决定撤销东、西路指挥部,成立支队建制。把坚持在琼文抗日根据地开展斗争的第一大队和第二大队合编为第一支队,支队长吴克之,副支队长林伯熙,政治委员陈乃石,政治处主任陈石,下辖2个大队和警卫连(内有1个女子排)。第一大队长黄大猷,政治委员林豪。第二大队长王锋(王少钦),政治委员符树义。在澄(迈)临(高)儋(县)开展游击战争的第三大队和第五大队合编为第二支队,支队长马白山,政治委员符哥洛,政治处主任莫逊,下辖2个大队和警卫排。第一大队长李定南(后覃威),政治委员符日恒。第二大队长符英华,政治委员冯安全。独立总队部还成立了直属特务大队和第四大队。特务大队长朱克平,政治委员吴文龙。第四大队长兼政治委员张开泰。到同年冬,独立总队已发展到3 000多人,部队的活动遍及琼山、文昌、澄迈、临高、儋县、感恩、万宁、琼东、乐会、安定等11个县。②

(四)独立总队改称为琼崖纵队

太平洋战争爆发后,日军为了使琼崖作为支撑其太平洋

---

① 庄田:《琼岛烽烟》(革命回忆录),9页,广东人民出版社1979年。
② 琼崖武装斗争史办公室编:《琼崖纵队史》,121页、176页,广东人民出版社1986年。

战场的中转站和供给基地，从1942年5月至1944年春，对琼崖独立总队和抗日根据地进行疯狂的"蚕食"和"扫荡"。琼崖独立总队在长达两年的反"蚕食"、反"扫荡"的艰苦斗争中，经受了严峻的考验，队伍发展到约4 000人，建制除以上两个支队外还扩建了第三、第四、第五支队。

1944年秋，为了加强各部队及各地区抗日战争的领导和指挥，根据中共中央的指示，决定琼崖独立总队改称为广东省琼崖游击队独立纵队（简称"琼崖纵队"），司令员兼政治委员冯白驹，副司令员庄田，参谋长李振亚，政治部主任王白伦。纵队下辖4个支队，12个大队，队伍4 000多人。①

琼崖纵队在琼崖特委的领导下，更加团结一致，克服一切困难，积极开展敌后抗日游击战争，以争取抗日的最后胜利。

三、珠江人民抗日武装

（一）广游二支队的组建及发展

1938年10月21日，在广州沦陷的同时，日军第五师团开始实施珠江方面的作战。随后，珠江三角洲大部分地区相继沦陷。

珠江三角洲人民，先后采取不同的形式，组织人民抗日武装，抗击日军的侵略。

早在1937年冬，吴勤（大革命时期的中共党员，广州

---

① 琼崖武装斗争史办公室编：《琼崖纵队史》，121页、176页，广东人民出版社1986年。

起义失败后转移到香港、新加坡，与党失去联系）在中共香港市委的帮助和指导下，返回内地参加抗战，取得国民党广东省民众武装自卫团统率委员会上校督导员的身份，在广州市郊和南海、顺德、番禺等县宣传抗日，并在南海县山紫村建立农民自卫团，发动农民参加抗日斗争。1938年10月22日，吴勤在中共广东省委、八路军驻香港办事处总负责人廖承志的指导下，在广州市郊崇文二十四乡组织广东人民抗日义勇队，有队员五六十人。义勇队在南海县平洲伏击日军运输船，袭击广（州）三（水）铁路小塘火车站的日军，破坏日军交通线。吴勤为了使抗日义勇队取得合法地位，以便得到给养和武器弹药，与国民党设在广宁的广州游击司令部取得联系。11月，驻广宁县的广州市市长兼西江"八属"总指挥曾养甫为了扩充实力，将吴勤领导的广东人民抗日义勇队编为广州市区游击第二支队（简称"广游二支队"），吴勤为广游二支队司令，冯君素（大革命时期的中共党员，后失去组织关系）为政训室主任。队伍发展到200多人，枪100多支。此外，未脱离生产者也有四五百人。① 后来，队伍很快发展到10多个大队共有数千人，在番禺大谷围一带活动。

广游二支队组建后，吴勤表示依靠共产党，先后与中共广东省委、东南特委和八路军驻香港办事处联系，请求共产党派干部到广游二支队工作，以加强领导。中共广东省委、

---

① 《张文彬关于广东工作给中共中央并南方局的综合报告》（1940年3月7日），见中国人民解放军历史资料丛书编审委员会编：《华南抗日游击队》（上），295页，军事科学出版社2008年。

东南特委和八路军驻香港办事处非常重视广游二支队的发展。12月下旬，廖承志派澳门"四界"救灾会回国服务团廖锦涛、冯剑青、李苏、崔楷权（崔佳）等到广游二支队工作。1939年1月，中共广东省委派刘向东到番禺沙湾与吴勤会面，了解广游二支队的情况。刘向东向吴勤传达了中共广东省委以及廖承志的指示。刘向东详细了解情况后，到香港向张文彬、廖承志和东南特委梁广、连贯等汇报。张文彬做了重要指示：一是要把广游二支队改造好，使其成为共产党领导的革命部队，为珠江三角洲敌后发展抗日武装打好基础；二是要对广游二支队直属队进行整编，动员工人、农民参加部队，消除不良成分，把它改造成以工农为主体的队伍。并决定派刘向东到广游二支队工作。同时，根据中共广东省委指示，中山县委派黄柳言，东南特委派严尚民和林锋等一批干部到广游二支队工作。

刘向东到广游二支队以后，任政训室主任。随后他与吴勤商定：在番禺沙湾附近的石涌村整编广游二支队直属队。直属队六七十人整编为1个中队，陈恒才为中队长，黄柳言为政训员，冯剑青、吴德堂、陈侠光、张日清负责政治工作。中队下辖2个小队和1个机枪班。直属队在整编中，在顺德大良动员了七八个失业打石工人，在石涌和中山县九区南头也动员了20多名农民参加直属队，并把那些不良分子送往别处，留下一部分比较好的战士。直属队整编后有60多人。为了加强共产党在部队的领导作用，直属队还成立秘密的中共支部，刘向东为书记。8月，在广游二支队和番禺地方工作的共产党员已有20多人。他们在石涌成立了广游二支队直属队中共总支委员会，刘向东任书记，严尚民、黄柳言为委员，直属东南特委领导。11月，广游二支队的中共组织和部队归中区特委领导①。此后，在部队开展政治和军事教育，把树立工农红军的革命优良传统和密切联系群众的作风作为重要的教育内容来抓，使部队的军政素质不断提高。

为了动员更多的人民群众参加抗战，广游二支队在禺南建立阵地以后，于1939年夏，由吴勤出面，在番禺、顺德、南海等县和广州南郊组织抗日俊杰同志社（简称"俊杰社"）。吴勤为社长，林俊兴、何文灿为副社长，何福海、戴启棠、黄成、李公侠为委员，何福海为秘书长。俊杰社的总部设在番禺县大石留春园，下有52个分社，社员两三千人，其中农民基干武装有三四百人。这是一个半武装性质的抗日群众团体。为了广泛团结群众、武装群众进行抗日斗争，应吴勤的请求和委托，在广游二支队中的中共组织先后派严尚民、徐云（原中共中山县委宣传部部长）、李冲（原中共高明县委负责人）等代表吴勤在俊杰社工作，加强领导。

俊杰社成立以后，积极开展对敌斗争。1939年7月，俊杰社社员600多人，攻打驻广州市郊东塱和盐步的伪军，在禺南攻打员岗乡维持会，消灭员岗伪地税征收队。9月，俊杰社广州西郊芳村分社在三山、大石附近伏击日军船只，毙伤和俘房日军数十人，其中俘房日军山本正男少尉，缴获日

---

① 1938年10月，成立中共西南特委，1939年1月改为中共中区特委。11月，中共东南特委撤销，其管辖的南海、番禺、顺德、中山县的党组织和抗日斗争归中区特委领导。

军汽艇2艘和枪械一批。

广游二支队在抗日斗争中迅速扩大。为了加强领导,中区特委陆续派干部和共产党员到该队工作。该队大部分中、小队级干部和班长都是共产党员,在部队中起了坚强的领导作用,使部队在抗日斗争中继续向前发展。至1939年底,该部队已在禺南大谷围大部分地区初步建立起敌后抗日游击区。①

(二) 顺德抗日游击队的成立及其活动

1938年下旬,中共南顺工委委员林锵云、黄云耀等带领部分党员,在顺德的龙眼、众涌开展抗日活动。11月中旬,林锵云发动了龙眼、西海抗日同志会的骨干,在西海、路尾围、大洲等地筹建人民抗日武装。经过积极的活动,动员了10多名共产党员和农民,于1939年2月19日,在顺德县的大良北门蓬莱小学成立了顺德抗日游击队。此时,第四战区属下的广东第一游击区第二支队的游击司令部在顺德活动。顺德抗日游击队通过统战关系,取得了第四战区直属广东第一游击区第二支队游击司令部特务中队的番号(称顺德抗日游击队),并向游击司令部领取经费。中队长对外是以蓬莱小学教师罗永坚挂名,实际总负责人是林锵云,由中共南顺工委直接领导。

不久,范志远(中共南顺工委书记)在南海理教动员和组织了10多名青年先后参加顺德抗日游击队,队伍发展到30多人。2月下旬,中共广东省委将延安派来的干部邓桂林

---

① 珠江纵队史编写组编:《珠江纵队史》,28~30页,广东人民出版社1990年。

分配到顺德县，任南顺工委军事负责人、顺德抗日游击队副中队长。中区特委、东南特委分别派党员干部何干成、方群英、孙正川到顺德抗日游击队工作。何干成任政治指导员，加强了顺德抗日游击队的领导。澳门"四界"救灾会回乡服务团第四、第五队到顺德开展抗日救亡工作，其中有队员14人参加顺德抗日游击队，加强了顺德抗日游击队的战斗力。

1939年3月12日，日军第二次攻占大良镇以后，顺德抗日游击队从大良转移到龙眼、众涌一带活动。此时，游击司令部停止对顺德抗日游击队的供给，该队自动取消了特务中队的番号。8月间，出现了副中队长邓桂林擅自脱离南顺工委和顺德抗日游击队事件。这给顺德抗日游击队带来很大困难。

为了解决顺德抗日游击队给养困难问题，巩固和发展抗日队伍，林锵云于1939年10月带领10多名队员从龙眼转移到路尾围。通过统战工作，顺德抗日游击队取得了第四战区挺进第三纵队（简称"挺三纵队"）第十六中队的番号，中队长周祖，政训员李少松，下辖2个小队，顺德抗日游击队编为该中队的1个小队，由南顺工委直接领导。在给养有所解决的情况下，顺德抗日游击队很快扩大到三四十人。[1]

林锵云领导的顺德人民抗日游击队，在人数不多、武器简陋、给养十分困难的情况下，仍能坚持敌后抗日的游击活动，多次组织队员潜入大良镇袭击敌军，博得人民群众的敬佩。

---

[1] 珠江纵队史编写组编：《珠江纵队史》，31～35页，广东人民出版社1990年。

(三) 中山县抗日游击队的组建

1938年11月中旬,中共中山县委在县城石岐镇召开第一次武装工作会议。会议研究、部署中山抗日武装斗争问题,决定举办训练班,培养骨干,建立一支中共中山县委直接领导的抗日武装,并批准第九区区委以取得国民党地方团队番号的形式,建立中共领导的抗日武装的主要计划。

会议之后,中共中山县委把组织别动队作为抗日武装的主要形式,着手组织县别动队,部分区委也着手组织区、乡别动队。至1939年1月,全县别动队已有300多人,其中共产党员有100多人。同时,第九区区委派人与国民党广东第六游击区司令部之黄礼大队联系,取得了黄礼大队属下的一个"别动小队"的番号,由第九区区委书记梁伯雄任小队长,共产党员郭定华(郭苏永)和吴二根任副小队长,共13人枪。同年初,梁伯雄小队取得第四战区挺进第三纵队潘惠大队(也称"民利公司"①)属下的一个中队番号。3月,又扩编为第四战区挺进第三纵队第一支队第三大队,大队长梁伯雄,副大队长陈军凯(共产党员),大队副官杨日韶(共产党员),下辖第七、八、九中队。

11月,为了开展敌后抗日游击战争,中区特委和中山县委决定建立中共直接领导的抗日游击队。1940年春,通过在石岐的第四战区直属广东第一游击区②司令部政训室工作的

---

① 民利公司是由中山县第九区的地主和部分"捞家"组织的地方实力派武装,兼做投机倒把生意,取得第四战区挺进第三纵队番号。
② 1939年10月,第四战区直属广东第六游击区司令部与第一游击区司令部合并,称第一游击区司令部(后改为第七游击队)。

黎民惠（马启贤）、董世扬等弄到一部分枪支。同年5月，以挺三纵队第一支队梁伯雄大队新建小队的名义，取得合法番号，成立抗日游击小队，小队长郑刚拔（后叛党），党代表欧初，队员有13人，在第九区大南沙活动。6月，中山县委又将第四区区委书记谭桂明带领的崖口乡警队10余人，第一区区委委员黄江平带领的长洲乡警队10多人，加入抗日游击小队。中山县委根据队伍的发展和抗日斗争的需要，决定将抗日游击小队扩大为中山抗日游击中队，并成立了中共支部。中队长杨日韶，党代表谭桂明，政训员欧初，中共广东省委派来的卫国尧负责军事，队伍发展到四五十人。随后，中山抗日游击中队从大南沙移防到牛角沙，组织学习军事技术，开展群众工作，铲除奸伪，开展敌后抗日游击战。①

中共中山县委还利用国民党中山县部分区政府及有影响的人组建抗日武装的机会，派共产党员参加其武装，或设法取得其番号，逐步掌握或建立、发展人民抗日武装。

（四）珠江三角洲抗日游击队的统一领导

随着抗日斗争形势的发展，为了加强珠江三角洲武装斗争的领导，1940年6月，中共广东省委决定成立中共南（海）番（禺）中（山）顺（德）中心县委，罗范群任书记，统一领导这4个县的人民抗日武装。根据中共广东省委的请求，中共中央从延安派来"抗大"三分校大队政委谢立全和大队长谢斌等到珠江三角洲参加敌后抗日游击战争的领

---

① 广东省人民武装斗争史编纂委员会编著：《广东人民武装斗争史》，第三卷，59~60页，广东人民出版社1994年；珠江纵队史编写组编：《珠江纵队史》，68页，广东人民出版社1990年。

导。谢立全、谢斌到达珠江三角洲后，任中心县委委员，负责军事工作。

南番中顺中心县委遵照中共广东省委的指示精神，决定利用广游二支队的名义，建立以八路军、新四军为榜样的人民军队，在广游二支队中加强共产党的领导，使之改造成为共产党领导的人民抗日武装。同时，以林锵云领导的顺德抗日游击队为基础，从中山、番禺抽调一批共产党员和进步青年组成独立第一中队，编入广游二支队。独立第一中队共有50余人，中队长林锵云，政训员黄柳言，下辖2个小队，成为广游二支队的骨干武装。中心县委并派谢立全（化名陈明光）任广游二支队司令部教官，谢斌（化名刘斌）任广游二支队司令部参谋。

广游二支队独立第一中队成立后不久，便投入了反击伪军进攻沙湾和涌边的战斗。在取得沙湾战斗的胜利之后，独立第一中队、中共南番中顺中心县委和广游二支队司令部先后进驻西海，以西海作为抗日游击基地，开展敌后游击战争。

1941年1月，中共南番中顺中心县委决定，将中山县第八区区委从中山县划出来，由中心县委直接领导。4月，中心县委将第八区区委领导的抗日游击队改为中山八区抗日游击大队，对外称为挺进第三纵队第七支队第二大队。大队长陈中坚，党代表兼副大队长郑少康，下辖1个中队，3个小队。同年7月，第八区区委委员曾谷在东澳乡草朗村组建了东澳乡人民抗日义勇游击队独立小队，小队长练金，副小队长周扩源，政训员梁超。

同月，广游二支队第一大队和独立第一中队合编为3个中队和1个警卫小队，即独立第一中队，第一、二中队和警卫小队，共300余人，由中共南番中顺中心县委直接领导。从此，广游二支队完全成为中国共产党直接领导的人民抗日武装。

1942年4月，中心县委决定将进入中山五桂山区的部队进行整编，组建为中山抗日游击大队，大队长卫国尧，政治委员谭桂明，下辖3个中队，共120人。谢立全代表南番中顺中心县委直接领导中山抗日游击大队。

珠江三角洲人民抗日武装深入开展敌后抗日游击战争，坚决粉碎日伪军的"扫荡"，以及站在自卫的立场上反击国民党顽军的军事进攻。他们放手发动群众，武装群众，扩大人民武装。各部队从1940年7月的300多人，到1942年12月发展到800多人。珠江人民抗日武装在敌后游击战争中发展壮大。①

1943年，在世界反法西斯战争节节胜利的形势下，珠江三角洲敌后抗日游击战争也出现了新的局面。2—3月，广东省临委和东江军政委员会根据周恩来关于"领导游击区及秘密党的组织和人员均须区分开"②的指示，为应付日伪对南番中顺游击区的疯狂进攻，实行部队与地方党组织分开的原则，对珠江三角洲中共组织和部队领导机构做了重新调整。

---

① 珠江纵队史编写组编：《珠江纵史队》，107页，广东人民出版社1990年。
② 中共中央文献研究室：《周恩来年谱》，533页，中央文献出版社1998年。

2月，在珠江三角洲敌后成立南番中顺游击区指挥部（简称"南番中顺指挥部"），指挥林锵云，政治委员罗范群，副指挥谢立全，副指挥兼参谋长谢斌，政治部主任刘向东（同年8月，中区特委书记刘田夫调任南番中顺指挥部政治部主任，刘向东改任副主任）。3月，决定撤销南番中顺中心县委，成立中共南番中顺临时工作委员会，书记罗范群，领导南海、番禺、中山、顺德县地方党组织。12月，南番中顺临时工作委员会撤销，成立中共珠江特别委员会（简称"珠江特委"），书记梁嘉，领导南海、番禺、中山、顺德、新会县党组织。①

珠江三角洲的中共组织和部队的领导机构调整以后，珠江敌后的抗日游击战争进入了一个新的发展阶段。为了适应开展敌后游击战争的需要，1943年9月，南番中顺指挥部对驻中山境内的抗日游击队进行整编。中山八区抗日游击大队划归南番中顺指挥部领导，陈中坚任大队长，唐健任政治委员，全大队170余人。驻中山第九区的梁伯雄大队也隶属南番中顺指挥部。12月间，南番中顺指挥部着手组建一支直属指挥部的逸仙大队。与此同时，南番中顺指挥部决定在中山抗日游击大队的基础上，将中山县第二区、第九区原来由党掌握的隐蔽武装统一整编，建立一支公开的中山人民抗日义勇大队（简称"义勇大队"）。1944年1月1日，义勇大队宣告成立，大队长欧初，政治委员谭桂明，副大队长罗章友，政治处主任杨子江。1月下旬，义勇大队领导干部进行

---

① 珠江纵队史编写组编：《珠江纵史队》，112~114页，广东人民出版社1990年。

调整，罗章友任大队长，欧初任政治委员，郑兴任副大队长。义勇大队隶属南番中顺指挥部，下辖12个队（或中队），共350余人。3月，逸仙大队正式成立，下辖民族队、民权队、民生队（同年秋成立）等3个中队，政治委员谭桂明，副大队长彭福胜，副教导员李锋。①

为了开展海上游击战，进一步沟通珠江和东江游击区之间的联系，早在1943年3月正式成立海上游击队（称为"海鹰队"），中队长卢少彬，全队10多人。海鹰队在战斗中成长壮大，不到一年时间，全队有六七十人，已拥有4只船（其中1只是机帆船）。②

在南海坚持斗争的抗日武装，于1943年3月成立南海人民抗日独立中队（简称"南海中队"），对外称黄平部队，中队长黄平，指导员李群。1944年7月间，南海中队扩编为南三大队，大队长黄平，政治委员李群，教导员陆华。南三大队成立后，随即推进到南海、三水边境开辟新区。③

（五）珠江纵队成立

1944年8月，广东省临委和东江军政委员会根据广东抗日战争的发展，考虑到南番中顺游击区方面难于归东江纵队统一指挥"④，决定成立中区纵队，领导珠江和粤中地区的

---

①② 珠江纵队史编写组编：《珠江纵队史》，117~118页、121~122页、127~128页，广东人民出版社1990年。

③ 珠江纵队史编写组编：《珠江纵队史》，141~143页，广东人民出版社1990年。

④ 《林平关于东江军政委员会及游击队活动情况致中共中央、中央军委电》（1944年8月31日），见中国人民解放军历史资料丛书编审委员会编：《华南抗日游击队》（上），825页，军事科学出版社2008年。

部队。10月1日,南番中顺指挥部在中山县五桂山召开会议,宣布撤销南番中顺指挥部,正式成立广东省人民抗日游击队中区纵队(简称"中区纵队"),司令员林锵云,政治委员罗范群,副司令员谢立全,参谋长谢斌,政治部主任刘田夫。中区纵队下辖2个支队、4个大队、1个中队,共2 700人。①

中区纵队成立后,根据中共中央的指示和土洋会议精神,于1944年10月22日,中区纵队粤中主力大队近500人,向粤中挺进,开展粤中敌后游击战争。11月11日,广东省临委和东江军政委员会联席会议决定将中区纵队一分为二,在珠江地区活动的部队成立广东人民抗日游击队珠江纵队(简称"珠江纵队"),在粤中地区活动的部队用广东人民抗日解放军名义开展活动。会后将决定报告中共中央和南方局。14日,中共中央复电,完全同意广东省临委和东江军政委员会的决定。

1945年1月15日,珠江纵队正式宣布成立,司令员林锵云,政治委员梁嘉,副司令员谢斌,参谋长周伯明,政治部主任刘向东。珠江纵队下辖2个支队和1个独立大队,共1 700多人。②

珠江纵队是中国共产党在珠江地区创建和领导的一支人民抗日武装,在敌后抗日游击战争中成长壮大,成为广东抗

---

① 珠江纵队史编写组编:《珠江纵队史》,162~163页,广东人民出版社1990年。

② 珠江纵队史编写组编:《珠江纵队史》,175~176页,广东人民出版社1990年。

战的一支重要力量。

四、韩江两支人民抗日武装

（一）潮汕韩江纵队

1938年10月中旬，针对日军的南侵，中共潮汕中心县委在澄海县岐山乡召开了执委扩大会议（简称"岐山会议"）。出席会议的有潮汕中心县委全体执委，各县委主要负责人，以及岭青通讯处、汕头青抗会的中共党员负责人等近20人。中共闽西南潮梅特委书记方方在会上传达了中共中央关于华南工作一切为着准备抗日游击战争的重要指示，并强调潮汕党组织要全面转入以备战工作为中心。会议就加紧统战工作，推动国民党当局采取保卫潮汕的备战措施，广泛深入发动群众，组织民众武装，建立游击小组网，尽快在桑浦山、凤凰山、南山和潮、梅边界山区开辟游击支点，以及日本一旦侵占潮汕，党组织立即发动抗日游击战争等问题做了部署。

岐山会议后，闽西南潮梅特委陆续派军事干部黄玉屏、卢叨等到潮汕工作。卢叨任潮汕中心县委军事部长。潮汕各级党组织一面派党员、干部打入自卫团、自卫队、护乡队等武装组织中，掌握武装，一面通过各种渠道培训军事骨干，并且在铁路沿线、韩江两岸建立了一批秘密游击小组。

1939年6月21日，日军陆军在第二十一军司令官安藤利吉中将的指挥下，3 000余人在汕头附近登陆，分3路向汕头市外围、庵埠大举进攻。22日，汕头沦陷。接着潮安、澄海等县相继被日军占领。

日军在汕头登陆后，汕头市的共产党员、青抗会会员以及活动在桑浦山周围的各支武工队，根据中共潮汕中心县委的指示，到桑浦山集结。汕头青抗会负责人罗林、冯志坚、黄玉屏速赴市郊金砂乡将金砂工农抗日自卫队30多人集合起来，并与国民党保安第五团第三营营长李平（爱国进步军官）取得了联系，从该营领取七九步枪20多支、子弹和手榴弹一批，准备参加抗击日军。由于自卫队训练不久，没有实践经验，为避免不必要的牺牲，队伍由罗林等率领向桑浦山转移。同时，汕头市的共产党员、青抗会会员也按照潮汕中心县委的预定计划撤退到桑浦山一带集结。

6月24日，闽西南潮梅特委派常委姚铎（后叛变）和李碧山（即李班，越南人）赶到潮汕前线，传达特委关于在潮（安）澄（海）饶（平）汕（头）战区动员组织群众，迅速开展游击战争，正式建立人民抗日游击队等问题的重要指示。7月初，根据闽西南潮梅特委和潮汕中心县委的决定，将集结在桑浦山田心村的近300人的队伍进行整编，留下88名精壮青年组建抗日游击队，其他人员分散到各地开展抗日的群众工作。

7月7日，潮汕人民抗日游击队在桑浦山的宝云岩正式成立。这支队伍，党内命名为"潮汕青年抗日游击大队"，对外公开仍称"汕头青抗会武装大队"（简称"汕青游击队"）。大队长罗林，副大队长黄玉屏、冯志坚，指导员卢叨（后由王珉灿继任）。全队共80多人，下设5个武装分队，1个侦察班和宣传组、救护组、后勤班。许英、周昭烈、王武、陈刚予、陈良非分别任第一至第五分队的分队长,林克清任侦察班班长,江宁静为救护组负责人,陈美典任事务长。大队设立中共支部,不久改为中共总支部,王珉灿任书记。这是潮汕中共组织领导下的第一支人民抗日武装队伍。①

汕青游击队成立后,以桑浦山田心村为主要活动据点,向桑浦山外围出击:以黄玉屏带领2个分队东出桑浦山,向铁路以西地区活动;以罗林、冯志坚带领3个分队和侦察班向桑浦山南面挺进,向池边、蓬州一带发展。

7月下旬,潮汕中心县委在揭阳西淇召开会议,参加会议的有潮汕中心县委、潮(安)揭(阳)丰(顺)边县委的领导人和汕青游击队的干部。会议分析了日军侵占潮汕后面临的形势,研究汕青游击队的发展问题,决定在坚持独立自主的原则下,与国民党军独立第九旅(简称"独九旅")谈判,争取利用其番号进行公开合法的抗日武装斗争。

会后,汕青游击队先后派王珉灿、罗林、徐扬、杜桐等与独九旅谈判,达成了协议:独九旅确保汕青游击队保持自己的建制,不编入国民党部队,不调离潮汕,并配给枪支弹药和给养;汕青游击队接受"中国国民革命军独立第九旅游击队"(简称"独九旅游击队")的番号,并到独九旅所在地黄沙田接受军事训练。

1939年8月初,罗林等带领汕青游击队40多名队员往独九旅驻地集训。独九旅正式授予汕青游击队为"中国国民革命军独立第九旅游击队"的番号,委任罗林为队长,冯志

---

① 中共汕头市委党史研究室、中共梅州市委党史研究室合编:《韩江纵队史》,31页,广东人民出版社1995年。

坚、黄玉屏为副队长，王珉灿为秘书（兼任游击队秘密中共支部书记），集训队员改编为2个小队：第一小队队长林克清，政治战士李亮；第二小队队长周昭烈，政治战士陈子诚。游击队集训后派往潮安北厢地区驻防。第一、第二小队开赴防地后，留下队员成立第三小队，队长许英，政治战士谢龙。从此，汕青游击队开赴前线，开展敌后抗日游击战争。①

为了配合汕青游击队开展游击战争，中共潮揭丰边县委等通过各种形式，成立中共领导下的群众武装。在前线地区和缓冲区分别成立了金石大谢游击小组、彩塘金砂游击小组、宏安大寨游击小组、黄坑游击小组、邹堂乌美游击小组、鹤巢游击小组、新乡游击小组、英高厦游击小组、江东余厝洲游击小组和西前溪游击小组等。这些游击小组的建立，有力地配合了汕青游击队的作战。②

汕青游击队和各地的游击小组建立以来，在潮汕各级中共组织的领导下，坚持敌后游击战，先后取得莲塘战斗、深入敌据点活捉日军特务长加藤始助、乌羊山战斗、袭击潮安阁州伪自警团和配合友军反攻澄海城的胜利，使游击队声誉倍增，鼓舞了潮汕军民的抗日信心。

汕青游击队在敌后抗战中越战越强，在人民群众中的威信越来越高，使潮汕国民党顽固派深感不安。1939年11月下旬，独九旅突然成立"独九旅搜索大队"，取消"独九旅游击队"的番号，改称"独九旅搜索大队第一中队"，并派

---

①② 中共汕头市委党史研究室、中共梅州市委党史研究室合编：《韩江纵队史》，31~33页，广东人民出版社1995年。

副旅长吴履逊兼任搜索大队大队长,力图加强对人民抗日游击队的控制,并密谋以集训为名,一举消灭这支共产党领导的抗日武装。汕青游击队决定化整为零,留下两个武装小组,分别赴韩江西溪两岸敌占区活动。后来,黄玉屏领导的武装小组因行动不慎,站不住脚,撤到潮阳、普宁、惠来、南山国统区隐蔽整训,与中共潮(阳)普(宁)惠(来)中心县委所属的武装合并,组织潮普惠南人民抗日游击小队,共10多人枪,由黄玉屏指挥。[①] 另一支以卢叨、王珉灿带领的人民抗日武装小组,在中共潮(安)澄(海)饶(平)中心县委的领导下,活动于韩江三角洲一带,开展敌后游击战,并在战斗中发展。1940年4月整编为"潮澄饶敌后抗日游击小组"(简称"潮澄饶游击小组"),组长周昭烈。游击队与敌后中共组织密切配合,依靠群众,逐步形成以余厝洲为中心的游击支点,开展打击日伪的斗争。1941年秋,潮澄饶游击小组在潮安县江东区和澄海县上中区建成了两片游击支点网,队伍增至30余人,发展成为潮澄饶敌后抗日游击队,队长陈应锐,政委周礼平。1942年秋,潮澄饶敌后抗日游击队根据南方局的指示精神,在敌占区极端困难的情况下,为了有利于坚持斗争,先后建立起10多个堡垒乡村和一批堡垒户,并建立两条秘密交通线。同时,将游击小队中的军事骨干组成脱产的基干队,在各地堡垒村中吸收一批经过斗争考验的共产党员和基本群众为不脱产的队员。扩大游击小队活动范围,以沦陷区为主,也到缓冲区和国统

[①] 中共汕头市委党史研究室、中共梅州市委党史研究室合编:《韩江纵队史》,53页,广东人民出版社1995年。

区边缘活动,在隐藏中发展壮大抗日队伍。至1944年,队伍发展到六七十人,成为一支具有丰富的敌后斗争经验的抗日队伍。①

1944年10月26日,中共中央给林平和东江军政委员会、广东省临委发出指示,同意恢复和开展潮汕地区的抗日武装斗争。②

1945年3月9日,潮汕人民抗日游击队在普宁县白暮洋村成立。6月下旬,潮汕人民抗日游击队奉命正式宣布成立广东人民抗日游击队韩江纵队(简称"潮汕韩江纵队"),司令员兼政治委员林美南,军事顾问谢育才,下辖3个支队,近2 000人枪。③

潮汕韩江纵队在中国共产党的领导下,战斗在潮汕广大地区,为收复潮汕失地,争取全国抗日战争的最后胜利做出了重要贡献。

(二) 梅埔韩江纵队

在梅埔地区,早在1937年春,随着日军扩大对中国的侵略,松口、松源、雁洋、丙村、梅县、南口等地先后建立了秘密的"华南人民义勇军"。这是梅埔地区第一支秘密的抗日武装组织。1938年10月,从"抗大"、"陕北公学"结

---

① 广东省人民武装斗争史编纂委员会编著:《广东人民武装斗争史》,第三卷,187~188页,广东人民出版社1994年。

② 《中央关于广东游击战争应向西发展并打通琼崖联络致林平电》,见中共中央档案馆编:《中共中央文件选集》,第14册,388页,中共中央党校出版社1991年。

③ 中共汕头市委党史研究室、中共梅州市委党史研究室合编:《韩江纵队史》,114~116页,广东人民出版社1995年。

业回到广东的青年杜声闻、林启舟、丘健英、卓扬、魏凡等10多人（其中共产党员7人），以"东区服务队"①的名义，到梅县文福乡举办抗日民众组织自卫干部训练班，作为组织民众、训练民众的试点，建立一支平时坚持生产，战时适合作战的抗日游击队伍。与此同时，闽西南潮梅特委也派土地革命战争时期的老游击队员王志华（王长胜）到梅县松源举办干部训练班，为开展抗日游击战做准备。②

1944年冬，在广州的日军为了打通平汉、粤汉铁路线，大举向粤北进攻。在潮汕的日军也向北进犯丰顺县，已进到该县境内的猴子崬山脚的石角坎，有继续向北进犯兴梅的企图。11月，中共梅县中心县委书记李碧山（李班）将留在梅、埔一带的中共党员、干部集中到福建省平和县维新乡大科村大山上，成立一支抗日武装队伍，开展抗日游击战。李碧山负责打通与潮汕、闽西南武装的联系。这支武装队伍是抗日游击队梅埔韩江纵队的前身。

1945年2月13日，在福建省平和县长乐乡正式宣布成立抗日游击队韩江纵队（简称"梅埔韩江纵队"），梅埔韩江纵队负责人李碧山，下辖留守支队和第二支队，共30多人。梅埔韩江纵队成立后，根据中共中央《关于开展潮、梅、闽西南工作的指示》精神，深入山区，在饶（平）和

---

① 全称"广东民众抗日自卫团统率委员会东区服务队"。1938年10月在广州成立，由中山大学教授、十二集团军少将参议丘琮任队长，其宗旨为动员民众参加抗战。成立后到梅县、潮汕及东江地区开展抗日宣传活动，有的参加了抗日游击队。

② 王立朝：《对兴梅人民革命斗争的回顾》（上），见中共广东省委党史研究室编：《广东党史资料》，第10辑，20页、23页，广东人民出版社1987年。

(平)大(埔)丰(顺)边、梅(县)大(埔)丰(顺)边和(上)杭武(平)蕉(岭)梅(县)边地区,放手发动群众,建立抗日战略据点,发展抗日武装。到6月底,共成立8个支队,人数由30多人发展到180多人。①

但由于日军尚未入侵梅埔地区,日本便宣布无条件投降,因此梅埔韩江纵队尚未与日伪军直接作战,而是在与顽军的斗争中坚持和发展。

五、中区人民抗日武装

(一) 中共广东中区特委组织民众抗日的武装

1938年12月2日,日军一部渡过西江进犯鹤山县古劳一带。古劳守军进行抗击,战工队第一〇二队等抗日救亡团奔赴前线,配合作战,先后把日军击退。29日,日军第二二八联队及伪军挺进队近3 000人,从南海九江分两路入侵江门。接着鹤山、新会、开平、台山、高明等县(即这里所指的中区)大部分先后遭受日军侵犯。

中区人民在中国共产党的领导下,开展轰轰烈烈的抗日救亡运动,并利用各种形式来组织抗日武装。

1939年4月,针对日军占领江(门)(新)会地区的暴行,中共新会县委根据中区特委的指示,发表了《告全县同胞书》,号召各界民众,团结御侮,为最后打败日本侵略者而共同战斗,并采取紧急措施,派一批中共党员、"抗先"

---

① 中国人民解放军历史资料丛书编审委员会:《华南抗日游击队》(上),105页,军事科学出版社2008年。

队员深入农村，发动群众，坚持抗日斗争。

5月，中区特委在开平县塘口召开第一次扩大会议，中共广东省委书记张文彬到会指导。会议传达了中共六届六中全会精神，并根据中共中央和广东省委的指示，确定了中区中共组织的主要任务：深入发动群众，组织群众，团结各种抗日力量，坚持实行全面抗战路线；加强统一战线工作，揭露国民党顽固派消极抗日的阴谋；加紧在全区大力发展党员，扩大党的力量；派遣共产党员深入前线和沦陷区、半沦陷区，组织和发动民众武装抵抗日军的进犯，并为发展党领导的人民抗日武装斗争做准备。

中区特委第一次扩大会议后，中区各级中共组织团结各种抗日力量，推动国民党地方当局共同抗战，并深入发动群众，建立和掌握民众抗日武装。

中区特委为了团结国民党地方部队抗日，进一步加强与第四战区第五游击区纵队（简称"五游"）的统战工作，派一批中共党员到五游政训室开展政治工作。7月，中区特委取得五游的同意，以五游司令部的名义，在台山县的台城举办"中区游击干部训练班"。台山、新会、鹤山、恩平等县选派抗日游击骨干分子共228人参加培训，为期一个多月，学习军事基本理论，进行各种军事演习，掌握一定的游击战术和本领。训练班为中区各地中共组织开展民众抗日武装斗争输送了一批军事骨干。[1]

---

[1] 中共江门市委党史研究室编著：《广东人民抗日解放军史》，33页，广东人民出版社1996年。

此后，中共新（会）鹤（山）县工委①通过对国民党新会当局的统战工作，建立了新会县国民兵团第十五区区队（简称"新会十五区队"）。共产党员周仲荣、谢章兴、钟兆棠到区队工作。不久，成立了以共产党员为骨干的新会县自卫大队第三中队。此外，地方中共组织还在新会县的司前、田边等乡建立了抗日壮丁队，在荷塘乡组建了以"抗先"队员为骨干的新会民众抗日自卫团第四区独立第二中队，在旺冲乡成立了由中共组织直接掌握的旺冲抗日模范自卫队等。②

开平县的中共组织在中区特委的直接指导下，于1939年夏秋间，在开平、台山、恩平三县交界的赤水长塘洞，成立恩（平）开（平）台（山）长塘洞抗日自卫大队，队伍70余人，其中有共产党员参加。在护龙乡组织抗日自卫中队，共有90余人，中共护龙支部派出大部分党员参加，并在该中队起骨干作用。③

中区各地建立的民众抗日武装，为后来发展人民抗日武装斗争奠定了基础。

(二) 建立中共领导的秘密抗日武装

1940年春后，受国民党顽固派掀起反共逆流的冲击，中区的抗日斗争形势逐渐恶化。中区特委确定"组织上退却，政治上进攻"的斗争策略，使党的活动由原来比较公开转为

---

① 1939年5月，中区特委调整了新会、鹤山两县的中共组织，在半沦陷区成立中共新（会）鹤（山）县工委，在国统区内成立了中共江南区工委。

② 中共江门市委党史研究室编著：《广东人民抗日解放军史》，34页，广东人民出版社1996年。

③ 中共江门市委党史研究室编著：《广东人民抗日解放军史》，35页，广东人民出版社1996年。

分散、隐藏的斗争。1942年,国民党顽固派的反共活动更加猖獗。中区特委根据中共广东省委的指示,除保留中共新会县委①继续开展活动外,其他各中共组织暂停组织活动。

在此期间,中共新会县委根据广东省委关于在抗日前线和敌后地区,放手发动群众,采取小而多的方式发展人民抗日武装,开展独立自主的敌后游击战争的指示,加紧建立党领导的人民抗日武装,以适应中区抗日斗争形势的变化,开展独立自主的抗日武装斗争。

毗邻新会县的中山县第八区涯涌一带驻国民党挺进第三纵队第七支队第二大队,大队长是吴全。1942年秋,中共新会县委分析了吴部的情况,认为可以通过统战工作,派共产党员打入该部,开展秘密活动,发展抗日武装。随即派原中共江南区工委副书记赵彬利用与吴全是同乡的关系,到吴部当文书。此后,经赵彬的活动,中共新会县委先后派党员吴新到该部任中队长,派党员梅重青到该部任小队长。赵彬等中共党员继续做吴全的统战工作,正式向吴全提出建立一个独立小分队的建议。得到吴全的同意后,中共新会县委派了10多名共产党员进入独立小分队,由党员李峰任小队长,成立中共支部和特别小组,由中共新会县委直接领导。

与此同时,中共新会县委通过统战关系,派共产党员黄国明(黄伟民)等一批骨干,到新会外海麦园乡实力派武装伍朴大队,黄国明任中队长,黄便利用这一有利条件,为建

---

① 1941年5月,中区特委决定将原中共新(会)鹤(山)县工委和江南区工委撤销,分别设立中共新会县委和中共鹤山县委。

立党领导的独立武装做准备。①

1943年3—4月间,广阳守备区指挥部属下的中(山)新(会)游击区运粮护航总队(简称"护航总队")派到中山、新会交界边区驻防。该总队的总队长赵其休及其属下的第二大队的大队长赵仕浓均较为开明。中区特委和新会县委争取赵部共同抗日,建立较好的统战关系,派一批共产党员进入护航总队第二大队,被该总队任命其中的共产党员黄虹为第二大队副大队长,李继光为文书,李柏荣为副官。②

10—11月间,因驻中(山)新(会)交界的吴全部勾结日军,中山县八区抗日游击大队经南番中顺游击区指挥部同意,决定联合护航总队攻打吴全部。11月中旬,在攻打吴全部的前夕,根据南番中顺游击区指挥部和中共新会县委的指示,在吴全部里面的共产党员及独立小分队撤离:一部分进入中山县五桂山抗日根据地;一部分由赵彬率领,进入新会县古井三角沙一带开辟新的活动据点,后取得护航总队第二大队属下一个中队的番号;一部分转移到新会外海麦园乡的伍朴大队活动。同年冬,黄国明等共产党员在伍朴大队内秘密建立一支独立武装小队,陈仁任小队长,李安明任政治服务员。③

中共中区特委和新会县委在艰难环境下,经过几年的努

---

① 中共江门市委党史研究室编著:《广东人民抗日解放军史》,60~61页,广东人民出版社1996年。

② 1943年11月,中共中区特委撤销,改为特派员制。中共新会县委隶属珠江特委领导,武装系统则由南番中顺游击区指挥部统辖。

③ 中共江门市委党史研究室编著:《广东人民抗日解放历史》,61~62页,广东人民出版社1996年。

力，利用各种形式，建立党领导的秘密抗日武装，为发展中区的人民抗日武装斗争做积极的准备。

(三) 新鹤人民抗日游击大队成立

1944年初，南番中顺游击区指挥部决定加快发展中区的人民抗日武装，随即派指挥部政治部主任刘田夫到新会，指导新（会）鹤（山）人民抗日游击大队的筹建工作。3月，指挥部派出郭大同为军事特派员，并派军事骨干曹广、朱开到新会中共领导的秘密武装中充实力量，开办军事训练班，培养军事干部。指挥部还部署活动于中（山）新（会）交界一带的中山八区抗日游击大队用"泰山大队"的代号逐步向新会县南部发展。

同年3—4月间，刘田夫到新会检查和指导抗日武装斗争的情况，在新会礼乐先后听取了中共新会县委书记陈明江、独立小队长赵彬、中山八区抗日游击大队（即泰山大队）大队长陈中坚、政治委员李进阶等人的工作汇报后，向他们传达了指挥部的指示：江（门）会（城）地区的日军正准备物资，调动部队，有向西进犯的趋势，指挥部根据"敌进我进"的方针，要拖着敌人打，阻挠日军西进；党要广泛发动群众，武装群众，大力发展人民抗日武装；部队要与当地中共组织密切配合，发展敌后抗日武装斗争；指挥部辖下部分部队在适当时候挺进粤中。刘田夫还根据指挥部的指示做出具体部署：新鹤人民抗日游击大队要加紧建立；泰山大队要伺机向新会、台山、开平、恩平等地发展，首先挺进新会崖南，与独立小分队会合，继而向台山的兜平山、大窿洞山推进，开辟新的游击区，配合珠江地区部队行动；要做好地方实力派的统战工作,争取地方实力派留在敌后,共同抗敌。

根据南番中顺游击区指挥部的部署,陈明江等加快组建新鹤人民抗日游击大队的步伐。1944年4月间,陈利用伍朴大队共产党员黄国明的关系,在麦园乡举办军事干部训练班,共20多人,为期一个月。受训人员成为组建新鹤人民抗日游击大队的骨干。与此同时,中共新会县委将原来党所掌握的抗日武装,包括黄国明在地方势力伍朴大队的秘密武装30多人、田金乡的抗日"自卫队"、挂"挺五"纵队番号的中共掌握的新会县自卫大队第三中队(共产党员周国仪叛变,只从该中队拉出小部分成员)和各乡的自卫武装、看更队等,共90多人,于1944年5月集中在新会县田金乡,内部宣布成立新鹤人民抗日游击大队,暂设一个主力中队。10月上旬,在新会县司前松山村正式公开宣告新鹤人民抗日游击大队成立,改称为新鹤人民抗日游击队第二大队(简称"新鹤大队")。大队长兼政治委员陈明江,副大队长黄国明,政治处主任谭煦照(谭颂华)。这时队伍发展到200多人,下辖3个中队、1个直属手枪队。大队正式成立当天,向新会、鹤山两县人民发表了《告同胞书》,号召新鹤人民团结起来,奋起抗战,卫国保家,为争取人民自由和解放而斗争。[①] 新鹤大队组建后,活动于新会、鹤山交界地区,深入敌后,打击敌人。

---

① 中共江门市委党史研究室编著:《广东人民抗日解放军史》,64~65页、82~83页,广东人民出版社1996年。

(四) 中区纵队成立及粤中主力大队挺进粤中

1944年6月初,泰山大队政治委员李进阶从新会礼乐回到中山八区传达了指挥部关于加速挺进新会台山边的部署后,泰山大队做了挺进的准备工作。6月7日,伪军几百人及日军100多人,向中山八区黄扬山的泰山大队进攻,企图一举全歼这支人民抗日游击队。泰山大队领导及时采取紧急措施,组织突围,撤出黄扬山,转移到中(山)新(会)边。6月中旬,泰山大队挺进到新会崖南交贝石一带,与新会古井三角沙赵彬独立小分队会合。7月,两支游击队在新会崖南进行整编。整编后,大队长为陈中坚,政治委员为李进阶,副大队长为林兴华,政治处主任为赵彬,副主任为赵荣。大队下辖两个中队:原在三角沙活动的部队编为一个中队(称为"虎队"),中队长林兴华,副中队长戴耀;在交贝石活动的部队编为一个中队(称为"凤队"),中队长陈川,指导员赵荣(兼)。不久,大队接到南番中顺游击区指挥部的指示,抽调45人组成一个中队,戴耀任中队长兼指导员,开进新(会)鹤(山)边协助新鹤大队开展活动,做好迎接南番中顺游击区指挥部的部队挺进粤中的准备。[①]

10月1日,根据中共广东省委和东江军政委员会的决定,宣布撤销南番中顺游击区指挥部,正式宣布在内部成立中区纵队,司令员林锵云,政治委员罗范群,副司令员谢立全,参谋长谢斌,政治部主任刘田夫,副主任刘向东,领导珠江和粤中地区的部队。

---

① 中共江门市委党史研究室编著:《广东人民抗日解放军史》,64~65页、82~83页,广东人民出版社1996年。

20日,中区纵队粤中主力大队近500人,开始向粤中挺进,开展粤中抗日游击战。[1]

在高明县,1944年8—9月间,日军沿西江水道西进,在西江沿途两岸大肆烧杀掳掠,对抗日武装进行"扫荡",高明受到严重的威胁。

为了抗击日军的进犯,中共高明县特派员冯华、副特派员郑锦波(郑信)布置本县各地的共产党员发动群众,组建民众抗日自卫队,以抗击西进的日军。

然而,国民党高明县县长钟歧是一个消极抗战、积极反共的顽固派。他利用权势欺压人民,横征暴敛,搜刮民脂,对各处进行"清乡"、"清匪",并拟出要逮捕大批共产党员、进步群众的黑名单。钟歧的罪恶行径,激起民众的愤怒。高明县中共组织领导民众,联合地方士绅,展开一场"倒钟"运动,并于10月16日,成立了以共产党员为核心,有地方知名绅士参加的高明二区联防委员会(即"倒钟"委员会)及其所属二区联防总队。曾襄迁任联防委员会主席,曾日如任联防总队长,黄仕聪任联防副总队长。

21日,钟歧派到合水"清乡"的国民党西江江防司令部掩护大队第三中队以排长沈鸿光为首的30余人,因对钟歧不满,毅然宣布起义,以抗日游击队的名义,表示参加抗日救国,愿意接受共产党的领导,并加入"倒钟"的行列。24日,"倒钟"队伍攻入国民党高明县府,钟歧仓皇逃离。高明人民的"倒钟"斗争终于取得了胜利。

---

[1] 中共江门市委党史研究室编著:《广东人民抗日解放军史》,73页、76页,广东人民出版社1996年。

"倒钟"斗争胜利后，中区纵队派出军事特派员郭大同等前往高明，负责组建高明人民抗日游击队。经过一番筹备，11月9日，在高明县更楼圩忠义祠召开中共地方组织的干部大会上，郭大同传达了中区纵队领导关于组建人民抗日武装的指示，决定以小洞军事训练班学员、沈鸿光率领起义的官兵，以及参加"倒钟"斗争的积极分子为基础，组建高明人民抗日游击队第三大队（简称"高明大队"）。翌日，在小洞梁氏宗祠举行成立大会，公开宣布该大队正式成立，大队长黄仕聪，政委郑锦波，副大队长沈鸿光，参谋长劳光，副官谢冰。大队共有140余人，下辖两个连和一个直属政工队：第一连（长江连），连长谭秉国，指导员梁景光；第二连（黄河连），连长叶衍基，指导员陈全；政工队长陈励生。该大队发表了《建立抗日游击武装，建设自由幸福的新高明》的成立宣言，号召全县人民团结起来，紧急动员起来，组织起来，加速建立抗日游击部队，建设起新民主主义的抗日政权，打倒日本帝国主义。

高明大队成立后，与新鹤大队以及抵达的中区纵队挺进主力大队相互配合，在皂幕山区周围的新（会）开（平）鹤（山）高（明）交界山区活动。①

在台山县，泰山大队曾两次试图组织队伍开入台山县抗击日军，因遭国民党地方部队广阳守备区指挥部李景象部的阻拦，未能实现。

为了争取早日实现泰山大队入台山，中共台山县特派员

---

① 中共江门市委党史研究室编著：《广东人民抗日解放军史》，84~85页、87~88页，广东人民出版社1996年。

黄文康通过统战工作，争取了台山县开明人士、国民党县临时参议员、第三区区长陈觉生的支持，由他出面邀请泰山大队入台山抗日。经协商后，泰山大队于1944年9月30日组成了入台山部队共80余人，以"台山县三区抗日联防大队"的名义，从新会崖南出发，进入台山县境。第二天，队伍到达浮石，公开宣布成立台山县三区抗日联防大队（简称"三区抗日联防大队"）。为了方便开展工作，对外由赵彬（浮石当地人）挂大队长职，由林兴华协助军事指挥。在内部，原泰山大队领导成员不变：大队长陈中坚，政委李进阶，副大队长林兴华，政治处主任赵彬，副主任赵荣。

三区抗日联防大队成立后，积极开展敌后游击战，袭击盘踞在周围的日伪据点。在中共党员的发动下，群众参军参战，使队伍扩大到100余人。

11月底至12月上旬，部队进行短期整编和训练。中旬，根据中区纵队的决定，撤销原泰山大队和三区抗日联防大队的称号，公开宣布成立台山人民抗日游击队第四大队（简称"台山大队"）。中区纵队任命：台山大队长陈中坚，政委李进阶，副大队长林兴华，政治处主任赵彬，副主任赵荣，后勤副官李如璧、马健。大队下辖两个中队、一个直属手枪队和一个宣传队。第一中队长陈川，指导员李安明；第二中队长林兴华（兼），指导员李德光；手枪队队长周伍；宣传队队长李法。大队成立时发表了《告全县同胞书》，号召全县人民团结起来，坚持抗战，反对国民党假抗日、真反共的政策。①

---

① 中共江门市委党史研究室编著：《广东人民抗日解放军史》，90页、93~94页，广东人民出版社1996年。

台山大队成立后，以大隆洞山区为中心，发展台山南部及台（山）开（平）恩（平）三县交界的抗日游击区，与中区纵队主力部队开辟皂幕山游击基地的斗争南北遥相呼应，使中区的抗日游击战的发展呈现大好的局面。

（五）广东人民抗日解放军成立

1944年12月间，中区纵队在领导机关驻地鹤山县宅梧召开中区纵队领导及珠江、中区、西江三地中共组织负责人会议（简称"宅梧会议"）。会议传达了中共广东省临委和东江军政委员会联席会议的精神，将中区纵队建制的部队一分为二：在珠江地区的部队组建为广东人民抗日游击队珠江纵队，在中区的部队组建为"广东人民抗日解放军"。根据宅梧会议的决议，立即将中区纵队领导机关、挺进主力大队，以及中区各地人民抗日武装发展起来的新鹤、高明、台山三个大队，进行统一整编。

1945年1月20日，广东人民抗日解放军的筹建工作就绪，即向社会各界发表"通电"，宣告广东人民抗日解放军提出的抗日、团结、爱民三大主张，愿与各抗日友军精诚合作，共同抗敌；号召各界同胞，鼎力襄助，共同完成抗战救国之大业。"通电"的发表，宣告广东人民抗日解放军的正式成立。中共广东省临委和东江军政委员会决定：司令员梁鸿钧，政治委员罗范群，参谋长谢立全，政治部主任刘田夫，同时在部队系统成立了部队党委。该部下辖4个团共1 100多人。①

---

① 中共江门市委党史研究室编著：《广东人民抗日解放军史》，108页、115～116页，广东人民出版社1996年。

广东人民抗日解放军的成立,使中区从此有了真正独立自主的人民抗日武装,标志着中区的敌后抗日游击战全面兴起。它是广东几支抗日游击队的重要力量之一。它在中国共产党的直接领导下,与广东其他地方的人民抗日武装一起,为抗日游击战争的胜利发展而英勇奋斗。

六、南路人民抗日武装

(一) 南路曾建立的几支人民抗日武装

广州沦陷后,日军准备进一步在钦(州)廉(州)沿海登陆,企图占领南宁,切断南宁至越南这条桂越国际交通线。

面对日军将在钦廉登陆的形势,1939年11月,合浦县北海地区中共组织通过国民党合浦县第五区区长刘瑞图的关系,组成以共产党员为骨干的北海学生武装队,李梓明任队长,林振仁任副队长,庞文隽(共产党员)任指导员,共50多人枪。这是一支由北海中共组织掌握的抗日武装。这支武装日夜巡逻监视海上日军舰艇,抗击日军汽艇,保卫北海的海防和防空。

同月,日军从钦(县)防(城)地区登陆,沿邕钦线进攻广西南宁,东犯灵山。国民党驻军仓皇撤退,钦廉地区大部分沦陷。

面对日军的进犯,合浦、灵山、防城的中共组织积极发动群众,组织武装,开展抗日武装斗争。

同月,中共合浦县工作委员会(简称"合浦县工委")

派共产党员黄文法同抗日救亡骨干莫平凡、劳荫祖等发起组织灵山青年抗日游击队，劳荫祖任队长，莫平凡任副队长，全队共30多人。12月中旬，原第十九路军爱国将领、第二十六集团军总司令蔡廷锴率其部抵达灵山，决定组建群众抗日游击队。同月，南路第三抗日游击队在灵山成立，队伍很快发展到700多人。中共组织与南路第三抗日游击队司令部协商，决定灵山青年抗日游击队隶属南路第三抗日游击队司令部，在军事上由南路第三抗日游击队司令部指挥，但在政治上保持独立性。与此同时，中共组织还推动爱国人士梁振威组建灵山人民抗日游击队（群众称为"抗日敢死队"），共200多人，政治上接受共产党的领导。随后，这两支共产党领导的人民抗日武装随南路第三抗日游击队开赴邕钦前线抗击日军，配合第一七五师第五二四团防守泗峡坳作战。①

日军在钦防地区登陆后，广东南路和广西南宁等地相继沦陷，汉奸和奸商相勾结，在白石水一带收购粮食，运粮资敌。1940年4月下旬，在中共白石水区委的领导下，广大群众和中心小学校师生共2 000多人在白石水圩举行反汪肃奸大会。国民党顽固派对于白石水人民群众的爱国斗争不但不予支持，反而武装镇压。8月，中共南路特委、合浦中心县委②决定组建白石水武装大队，以白石水中心小学校长、共产党员张世聪为大队长，陆新为大队党支部书记，共200多

---

① 中国人民解放军历史资料丛书编审委员会：《华南抗日游击队》（上），29~30页，军事科学出版社2008年。
② 中共合浦中心县委于1939年2月成立，5月遭破坏，8月重建合浦工委。1940年5月重新成立合浦中心县委，归中共南路特委领导。

人。大队下辖3个中队，第一中队为脱产精干队伍，第二、第三中队为不脱产的武装民兵。从1939年6月至1941年2月，国民党顽军三次进攻白石水，张世聪领导白石水武装大队，先后击退顽军的进攻。①

1940年10—11月间，侵占桂南、钦防的日军先后撤退，转入越南北部。南路中共组织掌握的北海学生武装队、灵山青年抗日游击队、灵山人民抗日游击队先后解散。1941年8月，白石水武装大队根据中共广东省委书记张文彬的指示，把白石水的武装斗争转为政治斗争，将全部武器埋藏起来，解散队伍，用分散隐蔽形式坚持斗争。南路这几支人民抗日武装，虽然比较弱小，组建时间不长，但勇于牺牲，不畏强敌，鼓舞了南路人民抗日斗争的信心，为以后南路人民的抗日武装斗争奠定了基础。②

（二）抗日联防武装的建立

太平洋战争爆发后，日军为了进一步切断我国海上交通以及掠夺我国的物资以支援太平洋战争，决定占领广州湾，控制雷州半岛。1943年2月中旬，日军混成第二十三旅团开始进攻雷州半岛。

日军分别在雷州半岛东海岸的通明、下岚和广州湾西营（今湛江霞山）登陆后，雷州半岛和广州湾相继沦陷，与其

---

① 中共湛江市委党史研究室编著：《南路人民抗日解放军史》，42～44页，广东人民出版社1995年。

② 中国人民解放军历史资料丛书编审委员会：《华南抗日游击队》（上），30页，军事科学出版社2008年；中共湛江市委党史研究室编著：《南路人民抗日解放军史》，47～48页，广东人民出版社1995年。

相邻的廉江、化县、吴川等地成了抗日前线。此时,中共南路特委肩负起领导南路人民抗日武装斗争的重任,并做出紧急部署:南路广大共产党员紧急动员,号召全体党员坚守岗位,以"联防自卫,保卫家乡"为口号,团结群众,共同战斗;以武装抗日作为南路党组织的中心任务,加强敌后武装斗争的领导;在茂(名)电(白)信(宜)和钦廉国统区的中共组织,要广泛发动群众,支持前线敌后的斗争,并大力组织地下游击小组,发展群众抗日武装;加强统战工作,推动张炎在南路的原十九路军旧部共同抗日。[①]

南路人民在中共南路特委和各地党组织的领导和发动下,纷纷组建人民抗日武装,投入抗日的武装斗争。

3月,遂溪中共组织根据南路特委的指示,从东区、中区抽调一批中共党员和全县各地抗日游击小组骨干50多人,集中卜巢地区开展军事训练,并宣布成立卜巢山抗日游击中队,黄其炜为中队长,陈希哲为副中队长,陈同德为指导员。这是由共产党直接领导的人民抗日武装。与此同时,在遂溪县的西部、西北部和中部的中共组织先后在山家、山内、老马、金围、深泥塘和百桔仔等村建立抗日常备队、抗日自卫队,并在中部的深泥塘、龙湾、后田等村建立秘密游击小组,逐步形成了一些以乡为单位的抗日联防区和抗日联防武装。如:以原深泥塘村抗日自卫队为基础,成立了一支50多人枪的信和乡抗日常备队,队长卜建中,共产党员郑贤儒、卜国伟任副队长;驻界炮的遂溪抗日联防中队,约50

[①] 中共湛江市委党史研究室编著:《南路人民抗日解放军史》,59~60页,广东人民出版社1995年。

人，共产党员李锦章任中队长；豆坡乡抗日自卫队，次年组成了一支20多人的抗日联防队，共产党员李绍香任队长。这些都是由共产党掌握的乡一级的抗日联防武装。①

在海康县，1943年2月下旬，海康第一中学进步学生廖培南等在共产党员王福秋、陈质彬的教育推动下，在覃斗圩成立了海康三区青年武装抗日政治工作队，陈宏良任队长，廖培南任副队长，共30多人。3月上旬，海康中共组织派王福秋等一批共产党员参加该政治工作队，加强党对这支队伍的领导。3月底，中共海康特派员庄梅寿布置方茂盛在塘仔村组建一支30多人的抗日联防自卫队。海康中共组织还在土角、塘仔、英岭、下坑等村成立了秘密游击小组和秘密交通联络站。9月，海康国民党当局坚持反共立场，企图解散海康三区青年武装抗日政治工作队，海康中共组织为了保存这支队伍，派廖培南（已加入共产党）通过统战对象陈宏良征得国民党县长王光汉的同意，成立抗日自卫队。10月，海康三区抗日联防自卫中队成立，陈宏良任中队长，廖培南任副中队长。不久，该中队扩充为海康三区抗日联防自卫大队，共120多人，陈宏良任大队长兼第一中队长，廖培南任副大队长兼第三中队长。海康中共组织遂派一批中共党员到廖培南中队担任班长、排长，使该中队成为共产党掌握的抗日武装。②

---

① 中共湛江市委党史研究室编著：《南路人民抗日解放军史》，61～63页，广东人民出版社1995年。
② 中共湛江市委党史研究室编：《中共南路党史大事记》，129页，广东人民出版社1996年；中共湛江市委党史研究室编著：《南路人民抗日解放军史》，63～65页，广东人民出版社1995年。

在雷州半岛以北的廉江、化县、吴川等县，1943年3月，中共南路特委派陈信材（已恢复中共组织关系）、郭达辉（中共党员）等同张炎、詹式邦①等国民党在南路的爱国民主力量合作，建立和发展抗日群众武装，进行联防抗日自卫，成立吴川县抗日联防区委员会，詹式邦为主任，陈信材、招璧墀为副主任。在各地中共组织的配合和发动下，在吴川西南部、北部和东北部相继成立了3个抗日联防区，组织了3个联防大队：詹式邦兼西南联防区主任，陈信材兼副主任，陈汉雄（中共党员）任联防大队大队长；杨子儒（中共党员）任北部联防区副主任，张怡和任联防大队大队长；陈以铁（进步分子，后为中共党员）任东北部联防区主任兼联防大队大队长。3个联防大队共有400多人枪。后来，抗日联防队发展到吴（川）化（县）廉（江）边。中共组织在各地建立和发展秘密抗日游击小组，至1944年秋冬，在廉江、化县、吴川等地建立中共直接领导的秘密抗日游击小组达5 000人。②

与此同时，在灵山的中共组织，把大塘、峨嵋、旺圩等地的秘密游击队小组500余人组织起来，使之成为由中共组织掌握的抗日武装队伍。③

南路地区，尤其雷州半岛的人民抗日武装和抗日联防队，在南路各地中共组织的领导下，开展敌后人民抗日武装

---

① 詹式邦，吴川人，曾任国民党军第六十二军第一五二师第九〇七团团长，因遭国民党排挤而弃职回乡。
② 中共湛江市委党史研究室编著：《南路人民抗日解放军史》，70～71页，广东人民出版社1995年。
③ 中共湛江市委党史研究室编著：《南路人民抗日解放军史》，73页、103～110页，广东人民出版社1995年。

斗争，在打击日伪军的斗争中不断地壮大，为后来开展南路抗日武装起义，扩大人民抗日武装队伍奠定了良好的基础。

（三）雷州人民抗日游击大队成立

1944年秋，日军发动桂柳会战，驻雷州半岛的日军主力北进，留下的日军兵力甚为薄弱。广东省临委和东江军政委员会根据中共中央的指示，提出广东游击战争应向西发展，并选派得力的中共党员往南路，帮助南路发展敌占区武装游击队，并加强与张炎联系。

1944年8月，在日军北犯廉江、化县之际，遂溪县人民抗日联防大队正式成立（后该大队改称为雷州人民抗日游击大队），大队长马如杰（后唐才猷），政治委员陈兆荣，参谋林杰，联防区主任陈开濂。大队编为3个中队，共200多人。雷州人民抗日游击大队的成立，标志着雷州地区从抗日联防自卫发展到公开建立中共直接领导的人民抗日武装。游击大队成立后，部队在斗争中发展很快。10月后，游击大队先后与其他抗日武装合并整编为3个大队，近900人，分别在遂溪、海康、徐闻、廉江等地活动，开辟新区。[1]

（四）高雷人民抗日军和南路人民抗日解放军的成立

中共南路特委在加紧发展党直接掌握的人民抗日武装，积极开展敌后游击战的同时，积极与抗日爱国将领张炎联系，推动他与中共合作共同抗日。1944年9月，张炎奉第四战区司令长官张发奎之命，以战区中将参议身份，从广西柳州回南路视察。同时，詹式邦受张发奎的指派，以第四战区

---

[1] 中共湛江市委党史研究室编著：《南路人民抗日解放军史》，73页、103~110页，广东人民出版社1995年。

少将参议身份，统率第四、五沿海警备大队，负责电白、吴川沿海防务。张炎返抵南路后，积极发动原第十九路军旧部以及詹式邦等，开展人民抗日保家乡的武装斗争，并与人民抗日游击队并肩作战。国民党顽固派对此十分恐慌，密谋消灭张炎和共产党领导的人民抗日武装。①

在此紧急情况下，中共南路特委决定，在吴川、化县、廉江等地举行抗日武装起义。张炎和詹式邦也决定举行抗日武装起义，1945年1月14日，张炎和詹式邦率领警备大队700多人，在人民抗日游击队的配合下，攻打吴川县国民党顽军。张炎起义后，主动要求把部队编入人民抗日游击队，但未被中共南路特委接受。经双方协商，张炎起义部队于19日正式宣布为高雷人民抗日军，张炎自任军长，詹式邦为副军长，下辖两个团，约800人。高雷人民抗日军公开发表宣言，拥护中国共产党的领导，坚持团结抗日，反对妥协投降。②

与此同时，茂名、电白、信宜地区和钦廉四属地区（钦县、防城、灵山、合浦，现均属广西）的中共组织，也于1945年1—2月间，先后组建人民抗日武装。

1月19日，中共南路特委为加强对部队的领导，宣布将南路人民抗日游击队改称为南路人民抗日解放军，司令员兼政治委员周楠，参谋长李筱峰（即何维），政治部主任温焯华，下辖两个支队，一个独立大队，共3 000多人。③

---

①② 中共湛江市委党史研究室编著：《南路人民抗日解放军史》，114~115页、121页，广东人民出版社1995年。

③ 中共湛江市委党史研究室编著：《南路人民抗日解放军史》，121页、126~127页，广东人民出版社1995年。

南路人民抗日解放军建立后,与张炎组建的高雷人民抗日军相配合,解放了吴川县全境,并控制了吴(川)梅(菉)化(县)廉(江)边大片土地。中共南路特委计划以吴川为中心,建立吴(川)化(县)廉(江)边抗日根据地,广泛开展南路敌后游击战争。

七、农工党抗日青年团

(一)在广州市郊组织抗日青年团

农工民主党(简称"农工党")是一个历史比较悠久的革命政党(1930年在上海成立)。在抗日战争中,农工党在中国共产党的抗日民族统一战线的旗帜下,同中国共产党密切合作,为争取抗战的胜利而战斗。

"七七"事变前后,为了适应抗战的需要,农工党李伯球等在广州地区建立了"广州抗战教育实践社"、"抗战青年团"以及郊区的"乡村抗战胜利团"等群众性进步组织,进行抗日救国的活动。

1937年春夏之间,广东农工党派党员司徒卫中(又名司徒狮、司徒卫)、梅日新、潘日荣、王鸾凤、黄志深等,以"广州抗战教育实践社"的名义到广州东北郊同和乡开办民众夜校,宣传抗日救国。经过几个月的宣传教育和组织发动工作,至1938年夏,建立了9个识字班,由广州东郊扩展到北郊地区。每个班分为成人组、妇女组和少年组3个组,根据不同程度开展教育工作。他们做了大量的工作,提高了群众的觉悟,并在同和乡(今为镇)和东平乡分别发广州抗日青年团，有工人、农民和学生参加。这两个团共有五六百人。他们以出壁报、唱救亡歌曲、演街头活报剧、开办民众教育班等形式开展抗日救亡工作。为了适应战时的需要，在司徒卫中、梅日新等的领导下，从两个抗日青年团的人员中挑选了政治觉悟比较高、具有一定文化程度的青年，共有150多人，进行政治和军事训练。训练课程分别为：抗战形势教育，政治经济基础知识，反间谍、反汉奸的基本知识和训练，防空防毒的基本知识，游击战术基本知识，军事训练，等等。①

经过短期训练后，这支队伍武装起来了。当时敌机经常轰炸广州，汉奸在夜里为日本空军放信号指示目标。抗日青年团在同和公路段检查来往车辆，抓到一个身上带有信号弹的汉奸。

(二) 在粤北参加抗日救国活动

1938年10月，日军南侵广东。当日军逼近广州外围时，守军不战而退，李伯球、黄桐华等率领广州抗日青年团100多人到广州北郊马市岭村与司徒卫中、梅日新等领导的北郊武装青年60多人会合，共160多人，随即向粤北进军，途径从化、花县、清远、佛冈、新丰、英德，后在新丰沙田区羊石乡集中整训，进行政治和军事训练，在粤北地区开展抗日救国斗争。②

---

① 梅日新：《农工民主党在广州开展抗日斗争的回忆》，见广州市政协文史资料委员会编：《广州抗战纪实》，328～329页，广东人民出版社1995年。

② 梅日新：《农工民主党在广州开展抗日斗争的回忆》，见广州市政协文史资料委员会编：《广州抗战纪实》，241～242页，广东人民出版社1995年。

为了取得合法活动的地位和解决这支队伍的给养问题，通过与农工党有密切关系的第六十五军前敌总指挥部参谋长曾其清和第一五四师师长梁世骥（以上两人后来都参加了农工党）商议，取得第六十五军军长李振球的同意，把广州抗日青年团改编为第六十五军前敌总指挥部别动总队，钟岱为总队长，黄桐华为副总队长（后任第四战区北江挺进纵队副司令兼政治部主任，参加中国共产党），下设宣传队和武装中队。宣传队长肖怀德，下设3个宣传分队，每队有20多人。武装中队队长徐云胜，指导员张健中，教官钟国辉（后参加中国共产党），小队长何甘棠、何华、何文祥、何记清等。后来，把宣传队分为两个政工队：一队由徐云胜、梁树纲分任正、副队长，派往第一五八师；另一队由梅日新、何国炽分任正、副队长，派往第一八六师。政工队主要对士兵和驻地群众进行政治思想教育工作，还参加第一、第二次粤北战役。武装中队由司徒卫中率领，被输送到第六十三军的递步哨站去，转入新的战斗。①

（三）民众抗日游击纵队的建立及抗日游击活动

1939年2月，司徒卫中带领广州抗日青年团武装队伍20多人，到番禺、增城、龙门、从化、花县等地，开展抗日游击活动。他们通过递步哨的工作，在群众中宣传抗日，动员青年加入抗日队伍，发动群众支援游击队的给养等。他们建立新丰沙田哨站，从化吕田莫树哨站，龙门的芦下、中坪哨站，增城的派潭、腊圃、沙岗二龙、佛子庄、萝布哨站。

---

① 梅日新：《农工民主党在广州开展抗日斗争的回忆》，见广州市政协文史资料委员会编：《广州抗战纪实》，241~242页，广东人民出版社1995年。

与此同时,抗日青年团武装建立了3个中队,中队长分别为何煌胜、何国信、郑仁中。1940年建立了番(禺)增(城)从(化)龙(门)花(县)民众抗日游击纵队,司徒卫中为司令,下辖3个大队:第一大队长何文祥,第二大队长何甘棠,第三大队长郑仁中。每个大队分为3个中队,每个中队分为3个小队。此外,还有一个情报队,队长何作南,情报组长张静波、廖华。游击纵队发展到1 000多人,以帽峰山为抗日游击根据地。①

帽峰山在番禺、增城、从化三县交界处,距广州市区约40公里,面积约10平方公里,其东面为沙田,南面为矮樟、罗布洞,西南面为石船,北面为华坑高田。此山为高山峻岭,群山起伏,山深林密,西北面地势高,东南面地势较低,有较大的自然林,进可攻,退可守,有回旋余地,是较理想的抗日游击基地。游击纵队以帽峰山为中心,开展敌后的游击战争。

在广汕公路联和市东南门,日军设有检查站,不论男女老幼经过都要脱光衣服检查,不少妇女受其凌辱,群众恨之入骨。抗日青年团游击队决定拔掉这个检查站,为同胞报仇雪恨。游击队侦察敌情后,司徒卫中派何甘棠、何佳、何炳章率领敢死队10多人,埋伏在制高点做掩护,另外7人将快掣驳壳藏装在炭箩里,化装为卖炭妇女混在人群中。当他们接近敌人哨位前,便蹲下来假装脱衣服,听得一声暗号,迅速取出手枪,把哨兵4人打死。当日军大队人马赶到现场

---

① 梅日新:《农工民主党在广州开展抗日斗争的回忆》,见广州市政协文史资料委员会编:《广州抗战纪实》,246~247页,广东人民出版社1995年。

时，游击队已安全退回驻地。这一奇袭，令老百姓拍手叫好。①

此后，抗日青年团游击队不断袭击日军，毁日本军车，清除汉奸，捣毁日伪反动政权，破坏交通设施，等等，有力地打击了日伪军的嚣张气焰。日伪军视这支抗日队伍为眼中钉，妄图消灭之。

1941年5月，日军百余人，拼凑伪军、汉奸共400余人，围剿帽峰山抗日游击队。司徒卫中指挥队伍，相互配合，英勇作战。当敌军到游击队的哨位时，第九中队立即进行阻击，司徒卫中指挥部队，迎头痛击敌人，不断击退敌人的进攻。但在敌强我弱的情况下，游击队且战且退，冲出包围圈，退到同和乡榕树头、握山一带。这次战斗打死敌人90多人。②

据不完全统计，抗日青年团游击队经历过大小战斗10多次，共计打死日军军官9人，日本军曹9人，打死日伪军100多人，活捉和打死汉奸8人，缴获枪支弹药一批，抗日游击活动取得重大胜利。③

由于日伪军"围剿"以帽峰山为中心的抗日游击基地，加上国民党顽固派的不断打击，使游击队遭受严重损失。结果司徒卫中被国民党顽军逮捕，抗日游击队被迫解散。此后，农工党抗日青年团广泛运用各种社会关系，以公开职业为掩护，采取隐蔽的方法发动群众，继续进行抗日斗争。

---

①②③ 梅日新：《农工民主党在广州开展抗日斗争的回忆》，见广州市政协文史资料委员会编：《广州抗战纪实》，247页，广东人民出版社1995年。

第二节　华南抗日民主根据地的建立和发展

华南抗日民主根据地是华南各人民抗日游击队和人民群众在中国共产党的领导下，经过艰苦卓绝的奋战而逐步建立和发展起来的。其主要包括东江抗日根据地、琼崖抗日根据地、珠江抗日根据地等。这些根据地是华南人民抗日游击队和人民群众抗击日伪军的战略依托。它在华南的抗日斗争乃至全国抗日战争进程中发挥了重要的作用。

一、东江根据地

（一）曾、王两部建立抗日游击基地

1938年10月，日本侵略军在大亚湾登陆后，很快便占领了广州和东江下游广大地区。11月1日，中共中央组织部发出关于在敌占区组织游击队，开展游击战争，在东江、海陆丰等地建立抗日根据地的指示。

1938年底，曾生等领导的惠宝人民抗日游击总队和王作尧等领导的东宝惠边人民抗日游击大队，开始了东江敌后游击战。12月7日，惠宝人民抗日游击总队和当地民众武装收复淡水镇，建立了东江地区第一个抗日民主政权——惠阳县第二区临时行政委员会（1939年春改为第二区区署）。这是东江建立抗日民主政权的先声。1939年上半年，曾生领导的新编大队在惠阳县坪山建立了抗日游击

基地。王作尧领导的第二大队在宝安县的乌石岩、龙华建立了抗日游击基地,初步打开了东江敌后抗日游击战争的局面。①

(二) 第三大队开创大岭山抗日根据地

1940年9月中旬,中共东江前线特委在宝安县布吉乡上下坪村召开了会议,认真学习了中共中央的"五八指示",总结了东移海陆丰的经验教训,讨论并确定了建立以东莞、宝安、惠阳为中心的敌后抗日根据地,开始了独立自主的抗日游击战争的战略决策。②

上下坪会议后,部队随即兵分两路,挺进敌后。广东人民抗日游击队第三大队在林平、梁鸿钧和邬强的率领下,于10月初,挺进东莞县大岭山。曾生也从香港赶回部队,为开创大岭山抗日根据地而努力。

大岭山区在东莞县的东南部,包括大岭山、莲花山、水濂山、红山(又称摊尸山)等山岭。大岭山北面的黄旗山峰,像一根擎天柱俯瞰着莞城及一片平川,有莞太公路沿山区西缘穿过,直到太平、虎门;东面是广九铁路和莞樟公路;东南面与宝安的阳台山遥遥相对,相距约12公里;西南面是宝太公路。大岭山山系从北面向南逶迤曲折,形成一条弧形的山脉,地势险要。

大岭山区共有8个乡,有10万余人口,总面积130多

---

① 广东省人民武装斗争史编纂委员会编著:《广东人民武装斗争史》,第三卷,48页、51页,广东人民出版社1994年。

② 东江纵队史编写组编:《东江纵队史》,62页、64页,广东人民出版社1995年。

平方公里。这里具有建立抗日根据地，开展敌后游击战争的有利自然条件。同时，大岭山区的人民自鸦片战争以来的各个历史时期都具有革命的光荣传统。抗日战争爆发后，这里的群众抗日情绪高昂。中共东莞县委早在大岭山成立了区委，坚持开展党的活动。因此，创建大岭山抗日根据地有较好的群众基础和组织基础。

当时，日军长濑大队和伪军共3 000余人，分别驻扎在大岭山周围的莞城、石龙、厚街、太平、霄边等地，控制了莞太、宝太两条公路交通线。此外，还有国民党顽军和两股土匪伪军在大岭山周围设立据点。他们严重威胁着广东人民抗日游击队第三大队的活动。该队只有70多人，武器装备差，力量相当薄弱。①

针对敌强我弱的形势，第三大队根据上下坪会议确定的方针，放手发动群众、组织群众、武装群众，不断地扩大部队，在中共大岭山区委和香港市委的协助下，分别动员了五六十名当地青年和港澳青年参加第三大队。到1940年10月下旬，该队很快发展到近200人，组建2个中队、1个短枪队。第一中队（代号虎门队）队长彭沃，政治指导员陈胜（后韩藻光）；第二中队（代号大华队）队长陈其禄（后符东），政治指导员黄业、陈明（后陈一民）；短枪队长翟信。②

第三大队到达大岭山以后，在大岭山地方党组织的协助下，深入发动群众，建立青年会、妇女会和儿童团，先后在

---

①② 东江纵队史编写组编：《东江纵队史》，64~66页，广东人民出版社1995年。

各村成立了抗日自卫队。在这基础上，大岭山8个乡都成立了乡的联防抗日自卫队，共500多人。①

第三大队挺进大岭山不久，日伪军即来进犯。1940年11月初，驻扎在莞太公路厚街、桥头的日军200余人奔袭大岭山区的大岻村。第三大队短枪队立即向大岻村出击，遭到敌人猛烈火力的射击，遂撤回。敌人尾追向黄潭村进攻，遭到第三大队的阻击。经过4小时的激战，第三大队在大量杀伤敌人后，不宜恋战，掩护群众主动撤出战斗，向大环方向安全转移。

这次战斗毙伤敌共30余人。这是部队重返东、宝敌后的第一仗，大大地增强了大岭山区军民抗战胜利的信心和决心。青壮年踊跃参军，这就为创建大岭山抗日根据地打开局面。②

黄潭战斗后，根据上下坪会议确定的方针，认真总结战斗经验。第三大队在人数少、武器装备差的情况下，采取灵活机动的战术，打得赢就打，打不赢就走，打小仗，打巧仗，多打袭击、伏击战。第三大队主动出击，连续袭击霄边、锦厦、厚街、桥头、赤岭、篁村等地日伪军据点，破坏敌人交通运输和通信联络，惩办汉奸。与此同时，出其不意伏击敢于窜入大岭山骚扰和抢掠的顽军，打退顽军保安第八团1个营的来犯。1941年5月，该队连续2次反击东莞溼水乡地区伪军刘发如部的进犯。这些战斗打击了日伪军，也击退了顽军的进攻，得到了群众的拥护和支持，促使第三大队

---

①② 东江纵队史编写组编：《东江纵队史》，67~68页，广东人民出版社1995年。

的力量不断壮大和发展。第三大队组建第三中队（代号西征队），中队长谢阳光，政治指导员陈明。至此，第三十队从70多人发展到300多人，打开了东莞地区敌后游击战争的新局面。①

第三大队在开展敌后游击战争的同时，还进行根据地建设工作。第一，迅速发展党的组织，加强党的领导。该队进入大岭山后，把建党工作放在重要的地位，在各个乡村发展有坚定革命意志的同志入党，至1941年7—8月，有党员200多人，在连平、大沙等乡都建立了党支部，并配合东莞县委改组和加强大岭山区委。区委设在牛牯岭，黄庄平任书记。大岭山的坚强党组织，是建立抗日根据地的依靠。第二，大力开展民运工作，组织一支坚强的民运工作队，深入到群众中去进行宣传、发动和组织工作。1941年3月，该队专门成立了民运部，派原东团负责人叶峰任部长，从地方党组织和东团中调送了一批干部任民运工作队员，深入到大岭山区各个乡村，发动群众，建立各种抗日组织，建立和扩大各种人民抗日自卫队。第三，建立和发展抗日民主政权。该大队在发动群众的基础上，先后在连平、大沙、大塘、同沙、治平、怀德、杨西和霄边等8个乡建立民主政权。5月，成立了全区性的政权机构——连平联乡办事处和大塘联乡办事处。大岭山的抗日民主政权，坚持中共中央提出的"三三制"原则，坚决执行党的抗日民族统一战线政策，团结和吸收一些开明绅士参加民主政权，中共党员在民主政权中只占

---

① 东江纵队史编写组编：《东江纵队史》，67页，广东人民出版社1995年。

1/3。①

大岭山民主政权在根据地实行"二五"减租，减轻农民负担，动员群众参军参战，发动群众支援部队，处理一些民事纠纷等方面，都发挥了重要的作用。

(三) 第五大队创建阳台山抗日根据地

第三大队挺进大岭山的同时，广东人民抗日游击队第五大队在王作尧的率领下，留在宝安创建以阳台山为中心的抗日根据地。阳台山区位于大岭山的东南面，宝安县西部，东靠广九铁路，西临宝太公路至珠江口，南接宝深公路。

第五大队进入阳台山开创抗日根据地是一项非常艰难的任务。当时该队只有30余人的兵力，而面临的敌人是强大的。日伪军共有3 000多人驻扎在宝太公路沿线的松岗、沙井、西乡、南头、深圳、沙头角和布吉等地。顽军1 000多人驻扎在广九铁路沿线的林村、塘厦、石鼓、平湖、观澜等地，对该大队也有很大威胁。②

第五大队进入阳台山以后，首先开展锄奸肃特的活动，在望天湖、乌石岩一带镇压了一批罪恶大极的汉奸、特务，为民除害，得到了广大群众的拥护，为发动群众，打开局面创造了有利条件。与此同时，发展党的组织，加强党对抗日根据地的领导，于1940年10月成立中共宝安县工作委员会，王作尧任书记，刘汝琛任副书记。该队还帮助地方党组织发展新党员，先后在布吉、木古、白石龙、乌石岩、赤岭头、弓村、杨美、水径、山厦、平湖等地建立党支部。随

---

①② 东江纵队史编写组编：《东江纵队史》，70页、72~73页，广东人民出版社1995年。

后，又成立了龙华区委，赵学、杨德元分任正、副书记。宝安县和阳台山各地党组织的成立和发展，有力地促进了阳台山抗日根据地的创建。①

第五大队又于1941年成立了民运队，派出民运队员深入各个乡村，宣传党的政策，发动群众参加抗日斗争。在广泛深入发动群众的基础上，成立了阳台山抗日自卫队总队，曾鸿文任总队长，刘宣任政训员。同时，开展建立抗日民主政权工作。1941年5月，先后在龙华、布吉、乌石岩、望天湖等地建立了乡抗日民主政权，并成立了龙华联乡办事处。在开展抗日根据地的建设中，该队很注意开展统战工作，争取团结开明绅士。如争取龙华乡弓村老归侨、老国民党员卓凤康，由他担任龙华乡乡长和抗日自卫队队长。他积极为抗日游击队搜集情报、筹集物资。②

第五大队在阳台山进行根据地建设的同时，积极开展敌后游击战，在敌强我弱的情况下，运用灵活的战略战术，抓住战机打敌人的小分队；在敌人进攻时，主要和敌人兜圈子，打麻雀战，在战斗中保存自己的力量。如1941年1月，该队副大队长周伯明带领短枪队在上下坪一带活动，当日军10多人到上下坪骚扰时，游击队主动出击，打得敌人仓皇逃跑。这次出击，打伤并俘虏了日本兵1人，缴获步枪1支和弹药一批。之后，日军出动了100多人，闯到上下坪来围攻游击队。该队短枪队隐蔽在山谷丛林之中，神出鬼没地开展麻雀战，使日军疲于奔命。在游击队的打击下，日军不得不

---

①② 东江纵队史编写组编：《东江纵队史》，73~76页，广东人民出版社1995年。

撤回。①

当抗日游击队打击日本的消息传开以后,国民党顽军迅速调集1 000多人,从观澜向龙华、布吉和民治一带扑来,第五大队利用群山丛林的有利地形,积极主动奇袭顽军侧后。当顽军来进犯时,大队长王作尧率部迂回到顽军的背后白花洞、太平一带;同时,副大队长周伯明率领1个小分队,在杨美村抗日自卫队的配合下,奔袭清溪苦草洞顽军武器库,全歼守卫的顽军。②

第五大队进入阳台山以来,在敌后的抗战中不断发展壮大。苦草洞战斗后,大队重新组建,全大队约200人,分为两个中队:第一中队(代号石龙队),中队长阮海天,政治指导员卢克敏;第二中队(代号铁路队),中队长沈鸿光,政治指导员黎崇勋。大队为了协助惠阳党组织重建惠宝边以坪山为中心的抗日根据地,决定由副大队长周伯明带领20余人小分队开赴坪山、淡水一带,与当地抗日游击队会合。在当地党组织的协助下,动员老区的青年参军,收容在东移海陆丰时失散的干部和战士。这时,小分队很快发展到五六十人,成立第三中队(代号惠阳队),中队长陈力辉,政治指导员杨凡。到1941年5月,第五大队已从30余人发展到300余人,同时组织了8个抗日自卫队中队,共有600余人枪。该队的活动已从阳台山扩大到坪山、

---

① 东江纵队史编写组编:《东江纵队史》,73~76页,广东人民出版社1995年。

② 《曾生回忆录》,184~185页,解放军出版社1992年。

淡水一带。①

（四）创建以罗浮山为中心的抗日根据地

从1941年底起，日伪军加紧对大岭山和阳台山抗日根据地的"扫荡"，妄图消灭广东人民抗日游击队，摧毁抗日根据地。国民党顽军也配合日伪军的进攻。在日伪军及顽军的夹击下，大岭山抗日根据地和阳台山抗日根据地处于极端困难的境地，部分地区被顽军占领长达数月。

1943年2月，广东省临委和东江军政委员会在新界沙头角乌蛟腾村召开会议，确定了积极主动反击敌人的方针。会后，广东人民抗日游击总队向日伪军展开全面出击，对国民党顽军也给予有力的反击，使大岭山、阳台山抗日根据地进一步巩固和扩大。是年冬，日军发动打通广九铁路线战役，东江抗日根据地的主要部分被分割为路东、路西两区。11月中下旬和次年年初，路东、路西根据地的军民粉碎日军对大岭山抗日根据地的"万人扫荡"和对阳台山抗日根据地的多路围攻，取得胜利，保卫和扩大了根据地，为打开东江敌后抗日游击战争和抗日根据地的新局面，创造了良好的条件。②

1944年7月，在路西各区、乡抗日民主政权普遍建立的基础上，路西解放区抗日民主政权——东宝行政督导处（县级政权）成立，谭天度为主任，何鼎华、王士钊为副主任，下辖东莞、宝安两县在广九铁路以西抗日根据地的10个行

---

① 《曾生回忆录》，184～185页，解放军出版社1992年。
② 广东省人民武装斗争史编纂委员会编著：《广东人民武装斗争史》，第三卷，233～238页，广东人民出版社1994年。

政区，全区人口60多万。①

1944年7月25日，中共中央给广东省临委和东江军政委员会关于开展敌后游击战争做了具体指示：敌打通粤汉路仍势在必行，你处开展敌后游击战争之方针必须加紧进行。8月，广东省临委和东江军政委员会在大鹏半岛的土洋村召开联席会议，遵照中共中央的指示，确定全省军事和政治的方针，决定东江纵队首先应创立罗浮山以北，翁源以南，东江、北江之间的根据地，并向东江、韩江（潮汕在内）之间伸展，然后再准备向闽粤边、粤赣湘边、粤桂湘边展开，中区首先求得普遍发展，进而向西江、粤桂边及南路前进的战略部署。② 据此，东江纵队负担北进和东进的战略任务。为了适应武装斗争发展的需要，东江纵队决定进行整编，建立支队一级的建制。

1944年秋，东江纵队副司令员王作尧和政治部主任杨康华，奉命着手进行开辟以罗浮山为中心的抗日根据地的准备工作。

罗浮山位于东江以北，它的东南面是博罗县，西面是增城县，北面是龙门县，山势雄浑，是广州和广东省东南沿海通往内地的天然屏障，是战略要地。

1945年2月初，王作尧、杨康华率领第三支队第三大队和东江抗日军政干校等进抵罗浮山以南的长宁乡和以东的横河乡一带。2月中旬，第五支队、西北支队先后进抵罗浮山

---

① 东江纵队史编写组编：《东江纵队史》，231页，广东人民出版社1995年。

② 东江纵队史编写组编：《东江纵队史》，268~269页，广东人民出版社1995年。

地区。3月,第三支队开进博罗,会同第四支队、第五支队和独立第三大队、独立第六大队及博西独立大队,扩展以罗浮山为中心的抗日根据地,在罗浮山地区展开一系列战斗,横扫日伪军,反对顽军。与此同时,省临委领导机关和东江纵队司令部、政治部等机关先后进入罗浮山抗日根据地。这里遂成为华南敌后抗日游击战争的指挥中心,并与东江以北的抗日根据地和东江以南的抗日根据地连接起来。①

1945年4月,路东解放区抗日民主政权成立,由49名参议员组成路东参议会,由9名行政委员组成路东行政委员会(县级民主政权),叶锋任行政委员会主席,肖荫青、李思为副主席,下辖惠阳、东莞、宝安三县(在广九铁路以东,东江以南,淡水河以西,南至大亚湾、大鹏湾的抗日根据地)的6个行政区和1个特别区,全区人口约58万。7月,正式成立博罗县抗日民主政府。②

东江纵队在创建罗浮山为中心的抗日根据地的同时,向东发展,由叶基、曾源率领独立第四大队一部东进,与该大队在海丰的部分武装组建第六支队,创建了初具规模的海陆丰抗日根据地,成立了海丰县民主政府。黄宇、高健、黄闻率领原惠阳大队部分骨干队伍到惠东与地方中共组织领导的武装组建第七支队,创建惠东抗日根据地。1945年5月,成立了4个区政府,18个乡政府,3个镇政府,在这基础上建立惠东行政督导处(县级民主政权),练铁为主任,陈志期

---

①② 东江纵队史编写组编:《东江纵队史》,231～232页、287～300页、373页,广东人民出版社1995年。

为副主任,人口约48万。①

至此,东江纵队的抗日游击战争进入大发展时期,抗日根据地进一步巩固,并发展了新区。至抗日战争将结束时,东江抗日根据地和游击区发展到总面积达6万多平方公里,人口450万以上,成为华南敌后抗战的主要基地之一。②

二、琼崖根据地

(一)琼文抗日游击根据地的开辟

抗日战争爆发后,琼崖特委根据中共中央关于建立抗日民族统一战线的指示精神,与琼崖国民党当局经过一年多的谈判,将琼崖红军游击队改编为广东省民众抗日自卫团第十四区独立队。日军侵占海南岛之后,独立队根据抗战形势发展的需要,于1939年3月扩编为独立总队。接着,开辟了琼(山)文(昌)抗日游击根据地,包括琼山县的树德、三江、咸来、道崇、云龙、苏寻三和文昌县的大昌、潭牛、南阳等乡,纵横五六十里,外围直至东北面的海(口)文(昌)公路,西南面至海(口)加(积)公路,纵横近百里的游击区。在根据地内的各乡,都建立了农协、妇救、青抗和不脱产的群众自卫武装,县一级建立武装基干队。1940年3月至年底,琼山县的3个区先后建立了抗日民主政权。11月,文昌县在各乡成立民主政权的基础上,经过民主协商,选举成立了文昌县抗日民主政权。随后,在琼山县也成立了

---

①② 东江纵队史编写组编:《东江纵队史》,231~232页、287~300页、373页,广东人民出版社1995年。

抗日民主政权。这为独立总队在琼文地区进一步开展抗日游击战争打下基础。①

独立总队以琼文抗日根据地为依托，频繁出击，积极配合友军作战，严惩汉奸，狠狠打击日伪军。1939年3月7日，独立总队第一大队的第一、三中队，在文（昌）海（口）公路线上之罗牛桥伏击来自文昌的2辆日军军车，歼灭日军大佐指挥官以下官兵20多人，击毁日军军车1辆，缴获步枪5支。5月间，独立总队第二大队第四中队在海口市郊长村桥附近，袭击监督群众修路的日军。第四中队的战士化装成修路的群众一起出工，待敌人架枪分散后，战士们即拔出手枪，向敌射击，当场击毙敌人哨兵1人，缴获步枪5支，短枪1支，其他日军狼狈逃命。6月间，独立总队第一大队第二中队，组成短枪队化装成商贩，乘群众赶集之机，潜入文昌县城，袭击日军哨所，毙日军6人，缴获长短枪6支。7月中旬，第一大队第二中队派一支精干突击队，在文昌县伏击由码头至东郊圩公路上的日军，毙敌4人，并击毙东郊圩伪维持会长符玉光。9月2日，独立总队第一大队和第二大队的第五中队，在罗板铺的伏击战中，全歼敌人山本惣酋长以下官兵11名，焚毁军车1辆和缴获枪支弹药一批，曾获得蒋介石的传令嘉奖。②

（二）创建美合抗日根据地

独立第三大队在琼西南也积极开展游击战争，并于1939

---

① 琼崖武装斗争史办公室编：《琼崖纵队史》，108页，广东人民出版社1986年。

② 广东省人民武装斗争史编纂委员会编著：《广东人民武装斗争史》，第三卷，74~77页，广东人民出版社1994年。

年10月21日开始,在独立总队队附马白山的指挥下,和农民抗日武装协同作战,取得了那大镇围攻的胜利,击毙日军指挥官1名,毙伤日伪军80多名,缴获军用物资一批。那大镇战斗的胜利,使琼崖人民抗日武装军威大振,群众纷纷要求参军参战,为琼崖地区进一步开展抗日游击战争并为琼崖特委和独立总队西迁扫清障碍。①

为了适应变化发展的形势,便于领导海南岛抗战的全局,坚持持久抗战,中共琼崖特委和独立总队于1939年10月初决定到敌人力量比较薄弱的琼崖西部开辟相对稳固的山区抗日游击根据地。1940年1月下旬,中共琼崖特委、独立总队开始西迁,于2月中旬到达美合山区,开创美合抗日根据地。

美合山区位于琼山、澄迈、临高交界处,接近五指山区的白沙县边境。这里人口虽少,但山区比较宽阔,粮食丰富,地理位置比较居中,便于指挥全琼的抗日斗争;日伪军兵力空虚,顽军统治势力薄弱,周围又有共产党地方组织的活动,有利于抗日根据地的创建。

中共琼崖特委、独立总队到达美合山区后,立即开展抗日根据地的建设:第一,广泛发动和组织群众。独立总队抽调一批政工人员组成民运工作队,在澄迈县委的配合下,深入美合以及周围地区,宣传抗日和组织群众,号召广大民众积极参加抗战和支援抗日根据地的建设,并在澄迈县的仁兴、岭仓、岭南、和安,临高县的兰洋和琼山县的南坤等乡组织了农救会、青救会、妇救会等抗日民众团体,动员群众

---

① 广东省人民武装斗争史编纂委员会编著:《广东人民武装斗争史》,第三卷,74~77页,广东人民出版社1994年。

参军参战，还建立了一支50多人枪的美合自卫队，在其他各乡村也组织自卫队。第二，重视根据地中共组织建设和政权建设。琼崖特委在美合地区成立了中共美合特区委员会，谢斯德任书记，由琼崖特委直接领导。同时，在美合的外围和那大镇周围的南丰、陶江、洛基、清平、和祥等乡，成立中共大南区委和区政府，王昌为区委书记，符志行为区长，在琼崖特委的直接领导下，开展美合根据地的外围工作。第三，十分重视抗日根据地的经济建设。根据中共中央关于"一切自力更生"①的指示，琼崖特委和独立总队号召根据地军民充分利用美合地区的有利条件，自己动手，发展生产。为了调动农民的积极性，实行"三七"减租，减轻农民负担，并发动群众自愿投资，公私结合，办起消费合作社，繁荣根据地经济，以解决军民日常生活的需要。第四，创办抗日公学。琼崖特委根据中共中央关于"要把琼岛创造为争取九百万南洋华侨的中心根据地，创造为党在南方发展扩大影响的根据地，创造为培养干部的根据地，你们要在冯部地区开办大规模的干部学校"②的指示，在继续办好军政训练班和党校的同时，于1940年7月，在美合根据地创办琼崖抗日公学，培养对象是部队的战士骨干、党群干部和各地抗日青年。它以"抗大"为楷模，适合抗战的需要，为琼崖地区培养了一批骨干。③

---

①② 《中共中央关于琼崖工作给广东省委的指示》，见中共中央档案馆编：《中共中央文件选集》，第12册，245页，中共中央党校出版社1991年。

③ 琼崖武装斗争史办公室编：《琼崖纵队史》，115～118页，广东人民出版社1986年。

独立总队在创建美合抗日根据地的同时，积极开展敌后抗日游击战争。主动出击位于福来至和安公路的红石圩的日军据点，并与美合各乡自卫队配合，开展肃特锄奸活动，保卫了根据地。

部队在开展敌后游击战争中不断得到发展。美合以及周围各区、乡动员了100多名青年加入独立总队。总队的第三大队第九中队（原第十中队）扩编为第四大队，第三大队第八中队扩编为第五大队。

琼崖人民抗日武装的发展，美合抗日根据地的创建和扩大，引起了日伪军和国民党当局的震惊。1940年12月，国民党顽军制造了"美合事变"，向美合抗日根据地发动了猖狂进攻。"美合事变"后，于22日，琼崖特委电报中共中央，指出："顽军于本月15日，向我根据地进攻，经过两天剧烈战斗，我们虽然给予打击，但不能解决战斗，因此我们为着保存力量，已退出原有阵地，准备有计划于敌后进行游击战争。"[①] 琼崖特委、独立总队决定其领导机关重返琼文，巩固琼文抗日根据地，还决定由罗文洪、谢凤池组成美合留守处。罗文洪为中共美合根据地留守处特别支部书记，谢凤池任留守处主任，协助美合地方中共组织，坚持斗争。[②]

（三）抗日根据地的发展和各地民主政权的建立

1941年初，琼崖特委、独立总队以及特务大队抵达琼文

[①] 《冯白驹、琼崖特委关于美合事变后准备有计划地在敌后进行游击战争致中共中央电》（1940年12月22日），见中国人民解放军历史资料丛书编审委员会编：《华南抗日游击队》（上），395页，军事科学出版社2008年。

[②] 广东省人民武装斗争史编纂委员会编著：《广东人民武装斗争史》，第三卷，119页、384~385页，广东人民出版社1994年。

抗日根据地，开始了新的战斗。

随着抗日战争形势的发展和各地抗日民主政权的建立，迫切要求成立一个集中统一领导的全琼抗日民主政权。1941年11月，琼东北区人民代表大会在琼山县树德乡下昌村召开。代表大会按照"三三制"原则，选举成立了琼崖东北区抗日民主政府，选举政府委员13人，冯白驹任主席。①

在琼东南，早在1939年8月中旬，日军侵占万宁县城后，琼崖特委和独立总队，派陈克邱等6人短枪班到达万宁，在中共万宁县委领导下开展敌后游击战争，至1941年4月，建立了一支80多人的武装队伍——独立第九中队。以六连岭为游击根据地。10月10日，乐（会）万（宁）联县抗日民主政府成立，陈克邱任县长，陈乃石任中共乐万县县委书记。在乐万县委和县抗日民主政府领导下，先后在六连岭周围地区建立区、乡民主政权。②

"美合事变"后，由张开泰率领的第四大队西撤至儋（县）白（沙）昌（江）边区活动，开展敌后游击战争。这时，根据琼崖特委的指示，在儋县活动的两个游击中队即进入白沙县七坊乡，和第四大队合编成第三支队，张开泰任支队长兼政委，韦学仕任政治处主任。1942年初，第三支队到达万宁县六连岭抗日根据地，同活动于乐万地区的独立特务大队合并，支队长张开泰（后林伯熙），政治委员陈武英，

---

① 广东省人民武装斗争史编纂委员会编著：《广东人民武装斗争史》，第三卷，119页、384~385页，广东人民出版社1994年。

② 琼崖武装斗争史办公室编：《琼崖纵队史》，140~142页，广东人民出版社1986年。

参谋长符中权,政治处主任莫逊。第三支队下辖2个大队、4个中队和1个特务中队,共有300余人。从此,第三支队在敌后游击战争中,不断出击日军并取得胜利,使六连岭抗日根据地得到进一步的巩固和发展。①

在琼西的澄迈、临高、儋县地区,自从第二支队调离后的一年来,各县中共组织领导的地方抗日基干队坚持斗争。为了适应抗战形势发展的需要,1942年3月初,根据琼崖特委的决定,独立总队队附马白山等到达澄迈恢复和发展琼西的抗日游击根据地。马白山到达琼西以后,以澄迈、临高、儋县的抗日基干队为基础,组建第四支队。经过积极筹建,发动群众参军参战,6月,第四支队成立,马白山为支队长兼政委,下辖2个大队:第一大队长潘汉江,政治委员陈义清(后为陈岩);第二大队长符志行(兼政委),政治委员后为张诚军。他们分别活动于澄迈和临高、儋县地区。第四支队组建后,积极作战,牵制了大量日军,巩固和扩大琼西的澄迈、临高、儋县抗日根据地和游击区。②

从1942年5月起,日军为了把海南岛变成它支援太平洋战争的中转站和供给基地,集中其侵琼的几乎全部兵力,对琼崖独立总队和抗日根据地进行大规模的"蚕食"和"扫荡",使抗日根据地遭到严重的摧残。琼崖特委根据斗争形势发展的要求,决定除独立总队第一支队第二大队和第二支队第二、第三大队留在琼文抗日根据地,坚持内线斗争外,其主力挺出外线作战,开辟和扩大抗日根据地。第一支

---

①② 琼崖武装斗争史办公室编:《琼崖纵队史》,140~142页,广东人民出版社1986年。

队部及其第一大队西渡南渡江,向琼山县西部和澄迈挺进,与第四支队会合,以巩固和扩大琼西的抗日根据地。副总队长庄田亲自率领总队部警卫连和第二支队第一大队向琼东定安县挺进,与在定安县活动的挺进队及原在乐万地区的第三支队会合,发展和扩大琼东南的抗日根据地。①

1942年下半年,第一支队到达儒万山,开辟儒万山抗日根据地。儒万山位于琼山县第一、第二区和澄迈县第三区的交界地带,是沟通琼文地区和琼西地区的枢纽。这里灌木成林,交通不发达,容易防守。

第一支队到达儒万山后,积极恢复和整顿地方的党政组织,动员广大群众支援抗日部队;从政治上、思想上整顿和教育部队,提高指导员的政治素质;抓紧军事训练,为建立和巩固儒万山抗日根据地而斗争;并协助地方建立各乡的抗日民主政权。

(四) 白沙抗日根据地的建立

早在抗战初期,中共中央就明确指示,要在琼崖五指山区建立革命根据地,以坚持琼崖的长期抗战。1940年11月7日,中共中央书记处在对琼崖工作的指示中指出:认真在三十余万少数民族中进行艰苦联络工作。尊重他们的民族风俗习惯,使他们信任我们,不仅使他们不为敌伪利用,而且要使他们与我们一起抗敌。必须认识他们所在地的五指山脉一带山地,将是我们长期抗战的最后的可靠根据地。② 根据

---

① 琼崖武装斗争史办公室编:《琼崖纵队史》,143~144页、157~158页,广东人民出版社1986年。

② 《中共中央关于琼崖工作给广东省委的指示》,见中共中央档案馆编:《中共中央文件选集》,第12册,561页,中共中央党校出版社1991年。

中共中央的指示，琼崖特委致力于为创建五指山抗日根据地创造条件。

第一支队建立和巩固儒万山抗日根据地后，即派第三大队向六芹山挺进，开辟六芹山根据地。此时，冯白驹率领党政军领导机关也从琼文地区西迁六芹山，准备向五指山区的白沙县挺进，创建白沙抗日根据地，作为建立五指山根据地的第一步。1943年5—6月间，第一支队第二大队也撤出琼文抗日根据地，向澄迈、临高、儋县挺进，配合第四支队开展敌后游击战争，巩固和扩大澄迈、临高、儋县抗日游击根据地，为创建白沙抗日根据地创造条件。①

1943年8月，白沙县黎、苗族人民2万余人举行武装起义，后遭到国民党顽固派镇压。1944年1月，琼崖特委派廖之雄等党政军代表到达白沙，支持和帮助白沙人民反抗国民党顽固派的斗争。2月，组成白沙黎苗民族工作委员会，同时成立了昌（江）白（沙）边区政府，建立阜龙文头山根据地，作为琼崖抗日武装进军白沙腹地建立的前线基地。不久，第四支队第一、第二大队奉命进入白沙县的阜青乡和龙头乡，与白沙起义首领结合，在黎、苗族群众支持下，扫除国民党顽固派，成立了阜龙乡抗日民主政府。接着，第四支队第二大队又奉命进军白沙县牙叉乡一带开展斗争，协助成立白沙县临时抗日民主政府，王国兴任县长，吴文龙任副县长。②

---

① 琼崖武装斗争史办公室编：《琼崖纵队史》，161页，广东人民出版社1986年。

② 琼崖武装斗争史办公室编：《琼崖纵队史》，172～175页、177～179页，广东人民出版社1986年。

1944年秋，琼崖纵队正式宣布成立。1945年1月，琼崖党政领导机关决定迁驻阜龙文头山，并调集3个主力大队在琼崖纵队副司令员庄田和参谋长李振亚指挥下进军白沙，彻底肃清盘踞在五指山腹地的顽军据点，地方反动政权大部分相继垮台。琼崖纵队迅速扩大中心根据地，阜龙、红毛、细水、元门等13个乡的黎、苗族抗日民主政权相继成立。在这基础上，正式成立了白沙县抗日民主政权，詹力之任县长，王国兴、王昌任副县长，以五指山区为依托的白沙抗日根据地建立起来了。①

随着白沙抗日根据地的建立，琼崖各抗日根据地空前壮大，琼崖纵队已控制了全琼2/3的土地。人口占全岛一半，在100万以上。至日军投降时，琼崖抗日民主政权已发展到16个县，其中14个县建立起县级的抗日民主政权。敌后抗日根据地的建立和发展，是琼崖坚持长期抗战的可靠后方基地，为琼崖的抗日战争做出了重大的贡献。②

三、珠江根据地

（一）西海抗日游击基地的建立

1940年6月，中共南番中顺中心县委成立后，在顺德县

---

① 琼崖武装斗争史办公室编：《琼崖纵队史》，172~175页、177~179页，广东人民出版社1986年。
② 广东省人民武装斗争史编纂委员会编著：《广东人民武装斗争史》，第三卷，447页，广东人民出版社1994年；陈青山：《从琼崖红军到琼崖纵队》，见中共广东省委党史研究室编：《广东党史资料》，第11辑，139页，广东人民出版社1987年。

西海乡召开第一次会议。会议传达了中共广东省委关于把广游二支队改造成中共领导的人民抗日武装，发展珠江三角洲敌后抗日游击战争，建立敌后根据地的指示。

9月，广游二支队便在禺南大谷围一带建立起敌后游击区。10月中旬，禺南形势恶化，伪军占领沙湾、大石、钟村等乡镇，俊杰社副社长何文仙投降日伪军，当了伪联防大队长。广游二支队独立第一中队和第二大队为了保存力量，转移到西海乡、路尾围一带。独立第一中队驻路尾围，第二大队驻碧江。中心县委和广游二支队司令部对西海做了调查后，决定将西海乡及其周围作为广游二支队的抗日游击基地。

西海乡位于顺德县东北角，东面和北面与番禺县相连，北距广州约20公里，南离县城大良镇9公里，是顺德县的门户。它的地理位置十分重要，桑林、蔗林、蕉林密布，是平原地区开展敌后游击战争的好地方。这里的群众基础好，大部分受过革命的影响。

11月，中共南番中顺中心县委和广游二支队司令部派独立第一中队由路尾围开进西海。随后，中心县委和广游二支队司令部也进驻西海。

独立第一中队进驻西海后，在中心县委和广游二支队司令部的领导下，积极开展创建西海抗日游击基地的工作。他们宣传群众、组织群众、武装群众，使群众认识到人民抗日武装是他们的子弟兵，是他们的保卫者。他们协助中共西海支部积极发展党员，扩大党的队伍，建立妇女党小组，后发展为中共顺德县西海妇女支部。同时，他们发动群众，动员群众参军参战，努力扩大部队。经过努力，西海的进步青年和港澳回来的工人60多人参加独立第一中队，使部队迅速扩大到120余人；并将原来半武装性的"利农会"加以扩大，由30多人发展到80多人；还积极组织和健全各种抗日群众组织，使群众积极参加抗日斗争。

1940年12月3日，日军200余人偷袭西海，独立第一中队在林锵云、谢立全的指挥下奋起反击，毙伤日军10余人。日军遭到打击后逃回容奇。西海抗日游击基地经受第一次考验，逐渐得到巩固。独立第一中队还先后出击禺南的汉奸和日伪军，打击敌人的嚣张气焰，从而恢复和发展禺南敌后游击战争。

西海抗日游击基地的巩固和发展，以及人民抗日武装在禺南地区不断袭击敌人，使日伪军坐立不安。从1941年7月中旬开始，伪军第二十师副师长兼四十旅旅长李辅群为首的伪军头目，纠集2 000余人，进驻西海外围的三善、紫泥、龙湾、碧江、韦涌等地，对西海形成包围之势，企图消灭西海抗日游击基地。10月中旬开始，伪军分3路向西海发起进攻，广游二支队司令部立即按预先的军事会议做出的战斗部署，紧紧依靠人民群众，狠狠地抗击来犯的伪军。这次战斗，歼灭伪军1个团，击溃伪军2个团和1个护沙总队，毙敌前线团总指挥、副团长祁宝林以下200余人，俘虏110余人，其中有少校营长、连长、排长共14人，缴获枪支弹药一大批。还有百余伪军溺死于江中。这是珠江三角洲敌后抗战以来的著名战斗，被誉为"西海大捷"。它给伪军一次沉重的打击，极大地提高了西海以及珠江三角洲军民抗战胜利的信心和决心。①

西海大捷后不久，10月22日，日军1 000余人，在炮兵和3架飞机的配合下，从广州出发，分3路向西海进行报复性的"扫荡"。广游二支队奋起抗击，日军被迫狼狈撤退。这次战斗毙伤敌军30余人，保卫和巩固了西海抗日游击基地。它成为珠江三角洲敌后抗日游击战的坚强堡垒。②

（二）五桂山抗日根据地的开辟

1941年秋，日军为了发动太平洋战争，对驻扎在珠江三角洲的兵力重新做了调整和部署。驻南番顺地区的日军为巩固其占领区，不断对当地抗日军民进行"扫荡"。此时，根据变化了的形势，中共南番中顺中心县委派谢立全、梁奇达到中山县，对建立五桂山抗日根据地的可能性进行了深入的调查研究。9月上旬，中心县委召开会议，听取谢立全等的汇报。会议提出"经营番禺，发展中山"的方针，决定在西海抗日游击基地初步建立起来的基础上，开辟五桂山抗日根据地。

五桂山区位于中山县中部偏南，东临珠江口，绵亘于第一、四、五区之间，纵横三四十公里，面积100多平方公里，山峦起伏，地形险峻。这里群众基础较好，抗战时期"抗先"曾在这里活动，并建立了中共支部。中山县沦陷后，在五桂山区又建立了各种形式的抗日武装。因此，开辟五桂山抗日根据地，以发展壮大人民抗日武装力量，坚持敌后长

---

① 广东省人民武装斗争史编纂委员会编著：《广东人民武装斗争史》，第三卷，170页、180页，广东人民出版社1994年。

② 珠江纵队史编写组编：《珠江纵队史》，86～87页，广东人民出版社1990年。

期抗战,已具备了有利条件。

南番中顺中心县委会议后,即调广游二支队第一中队,由副中队长王锦鎏、政训员欧初带领,到中山县加强抗日武装力量。中心县委决定将原在第九区的抗日游击中队改称为第一主力中队,刚调入的广游二支队第一中队编为第二主力中队。10月下旬开始,第一、第二主力中队扫清五桂山外围的敌伪据点,为后来建立五桂山抗日根据地创造良好条件。[①]

1942年1月,谢立全、梁奇达在中山县第九区牛角沙召开干部会议,传达中心县委关于开辟五桂山抗日根据地的指示,并做了具体部署,决定把在中山县第九区河涌水网沙田地带活动的中山人民抗日武装,逐步转移到五桂山区。会后,由罗章友、董智带领一支先遣队进入五桂山区合水口、石门一带,建立活动据点。2月,第二主力中队党代表欧初带领60多人进入五桂山区。3月,第一主力中队40余人由卫国尧带领也进入五桂山。4月,中心县委决定将进入五桂山区的部队进行整编,组建中山抗日游击大队。5月初,中山抗日游击大队在五桂山区正式成立。这样,在中共南番中顺中心县委的领导下,开辟了以五桂山为依托的抗日根据地,为深入开展珠江三角洲敌后抗日游击战争创造了有利条件。[②]

10月上旬,南番中顺中心县委召开西海会议,会议决定将大部分部队从内线转到外线作战,在南番中顺地区开辟新

---

① 珠江纵队史编写组编:《珠江纵队史》,90~91页,广东人民出版社1990年。

② 珠江纵队史编写组编:《珠江纵队史》,92页、104~106页,广东人民出版社1990年。

区和扩大抗日游击区，提出进一步经营禺南，发展中山，开辟南（海）三（水）地区的方针。中心县委决定派阮洪川、黄友涯率领1个小分队留守西海，在原地坚持敌后游击战；派林锵云、谢斌和严尚民率领2个中队转移到禺南大谷围和榄核地区，指挥南番中顺地区各部队；派霍文、陈英率领20多人到南海、顺德交界的理教村，开辟南（海）三（水）边境地区。①

中心县委西海会议以后，各部队迅速开赴指定地区，放手发动群众，由原来只有1个西海抗日基地，发展到有西海、番禺和南三等3个抗日游击基地和五桂山抗日根据地。

以五桂山为中心的抗日根据地创建以后，珠江人民抗日武装在中共各级组织的领导下，集中力量，加强抗日根据地的建设。第一，建立抗日民主政权。1944年春，根据中共中央关于在游击区建立抗日民主政权的指示，南番中顺游击区指挥部发出《关于政权工作的决定》。该决定要求：加强党内外、军内外对于建立抗日民主政权的思想教育和政治教育；建立政权的方向，基本上要建立新民主主义的抗日民主政权。2月，成立了五桂山区民主建政党组和政权筹备处。经过两个多月的宣传发动和民主协商，先后成立了合水口、白企、贝头里、长江、石门、石莹桥等乡民主政权。4月中旬，成立了五桂山区抗日民主联乡办事处，选举归国华侨刘智明为主任，无党派人士甘宝芳（甘伟光）为副主任。10月，正式成立县一级抗日民主政权中山县行政督导处，叶向荣为主任，阮洪

---

① 珠江纵队史编写组编：《珠江纵队史》，92页、104~106页，广东人民出版社1990年。

川为副主任。同时，在其他抗日游击基地，也先后成立区、乡民主政权。后来，番顺行政督导处、南三乡政建设委员会等相继成立。第二，建立民众抗日团体。珠江地区的抗日根据地和各游击区的乡村，在抗日民主政权建立后，在部队的指导下，普遍成立了农会、民兵常备队、集结队、自卫队和抗日联防队等群众抗日武装，共有3 000余人。这些群众武装平时以农业生产为主，防奸防特，维持治安，战时则支持部队作战。同时，各区、乡还成立妇女会、姐妹会等，把妇女动员起来，为建设根据地发挥重要作用。第三，开展减租减息运动。1943年底，指挥部决定在珠江三角洲各抗日根据地和游击区开展减租减息运动。1944年起，提出地主对农民一律减收"二五田租"，放弃一切加租的做法，减少借款利息；农民一定按规定交租交息。减租减息的开展，促进了农业生产发展，改善了农民生活，调动了农民抗战的积极性，保证了抗战所需的人力、物力和财力的支援。[①]

珠江抗日根据地和抗日民主政权的建立、巩固和发展，是开展敌后抗日游击战争的依托，有了这样的战略基地，才有抗日战争人力、物力的支持，是坚持抗日持久战的根本保证。

四、其他根据地

（一）北江抗日根据地

根据中共广东省临委和东江军政委员会的指示，1945年

[①] 珠江纵队史编写组编：《珠江纵队史》，204~206页、208~210页，广东人民出版社1990年。

2月,东江纵队派遣以邬强为支队长、李东明为政委的北江支队和以蔡国梁为支队长、邓楚白为政委的西北支队各约400人挺进北江,在粤北开展抗日游击战争。

部队到达英德后,广东省临委委员梁广在鱼湾乡坝仔召开了部队和地方领导人的联席会议,传达了中共广东省临委关于建立北江抗日根据地的指示,分析和研究北江东岸的形势,决定了部队的行动方针以及地方如何配合部队等一系列问题。

根据会议确定的行动方针:北江支队在粤汉铁路以东建立抗日根据地,然后沿铁路向北发展,开展粤赣湘边的抗日游击战争;西北支队以英(德)清(远)边作为立足点,继续向小北江前进,发展粤桂湘边的抗日游击战争。①

在北江支队、西北支队进入英德之前,中共北江特委经过统战工作,以莫雄的第七战区挺进第二纵队(简称"挺二纵队")的名义,在英东成立第四大队,在路东工委书记谢永宽以及英德县委的直接领导下,活动于英(德)翁(源)等地。北江支队到达英德之后,第四大队协同北江支队在北江东岸开展抗日游击战,粉碎顽军的进犯。1945年6月,第四大队正式编入北江支队,使北江支队发展到1 000多人,自卫队和民兵2 000余人,活动地区由英东扩展到佛冈、新丰、曲江、翁源部分地区,先后在英德县的文光、黄塘、新兴、青塘、溪板、洪象、门园太、黄岗8个乡,佛冈县的白石乡,翁源县的新江乡,新丰县的遥田乡,曲江县的马坝、

---

① 东江纵队史编写组编:《东江纵队史》,289~290页、294页,广东人民出版社1995年。

乌石、沙溪乡等建立了抗日民主政权。在此基础上，7月12日，选举产生了县一级的抗日民主政权——北江东岸抗日动员委员会，主任委员陈清基，副主任委员陈自修、林栋材、朱小村、赖施民，管辖人口20余万。北江东岸抗日根据地在英（德）佛（冈）曲（江）翁（源）新（丰）边建立起来了。①

同年2月底，西北支队西渡过北江后，梁广在清远县黎洞的四甲召开了地方中共组织领导人和部队干部联席会议，分析和研究了北江西岸的形势，研究部队的行动部署，决定建立以清远县大罗山的文洞为中心的清（远）英（德）边抗日游击基地，并将从挺二纵队拉出的第五中队和第九中队合编为西北人民抗日同盟军，编入西北支队第三大队。

西北支队进驻文洞后，扫清了文洞附近的敌人，经过5个多月的艰苦奋战，控制了200多个村镇，建立了乡村基层的抗日民主政权和抗日自卫队等群众组织，至此，在北江西岸以文洞为中心的抗日游击基地建立起来了。②8月，东江纵队电令西北支队北上，迎接王震、王首道率领的南下支队，准备在五岭建立抗日根据地。③

（二）粤桂湘边根据地

为了贯彻土洋会议精神，打开广东抗战的新局面，1945年2月10日，中共广东省临委决定派珠江纵队一部挺进西

---

① 东江纵队史编写组编：《东江纵队史》，289～290页、294页，广东人民出版社1995年。

②③ 东江纵队史编写组编：《东江纵队史》，295页、316～317页，广东人民出版社1995年。

江之北与北江以西地区，再向连阳及粤桂湘边挺进。

珠江纵队派遣第二支队大部和独立第三大队一部以及纵队机关部分人员，由珠江纵队政委梁嘉、副司令员谢斌、政治部主任刘向东率领，共400余人，组成挺进西江部队。

为了迎接珠江纵队挺进西江，中共西江临时工委组织发动了广宁、四会两县武装起义，正式成立西江人民抗日义勇队，队长陈瑞琮，政委欧新，共200余人，开辟了广（宁）罗（汶）阿公坑和广（宁）四（会）边五指山抗日游击区。[①]（此处的五指山与海南的五指山同名，但不是同一地方）

5月15日，珠江纵队挺进西江大队从南海县黄洞出发，渡过北江，在三水县望楼岗击退日军袭击，于5月19日到达广宁县罗汶，与西江人民抗日义勇队会合，开辟西江地区敌后抗日游击战争。

珠江纵队挺进西江大队到达西江地区以后，国民党顽固派肇靖师管区补充团和驻石涧的别动军300余人，于5月23日向挺进西江部队进行"围剿"，妄图将它消灭。28日，顽军又组织近1 000人向横山的挺进部队进攻。挺进西江部队被迫进行自卫。同时，挺进西江部队根据部队挺进西江后的形势，决定分兵活动，摆脱顽军，争取主动，建立游击基地。部队一部由梁嘉、谢斌率领，留在绥江西岸，发动群

---

① 珠江纵队史编写组编：《珠江纵队史》，235~238页，广东人民出版社1990年；广东省人民斗争史编纂委员会编著：《广东人民武装斗争史》，第五卷，大事记，208页，广东人民出版社1995年；中共广东省委党史研究室编：《中共广东党史大事记》，255页，中共党史出版社1993年。

众,打击敌人。另一部由刘向东、陈端琮率领,东渡绥江,经扶罗口进入广(宁)四(会)边的五指山西南部和东南部开展活动。挺进西江大队经过4个月的奋战,开辟了以广宁为中心的广(宁)怀(集)四(会)清(远)高(要)边抗日游击区。此时,根据中共广东区党委①的命令,将活动于广(宁)清(远)边、广(宁)高(要)边、广(宁)四(会)边、广(宁)怀(集)边的部队,依次改编为珠江纵队直属第一、第二、第三、第四大队,共500余人,并北上向连县、乳源、曲江等县发展,挺进粤桂湘边,开辟粤桂湘边抗日根据地。②

(三)遂(溪)廉(江)边抗日根据地

1944年秋,日军为了打通湘桂交通线,集中兵力进行桂柳会战,派驻雷州湾的日军主力北上,造成南路地区日军兵力较空虚。中共中央指示广东省临委和东江军政委员会,从速在南路敌占区发展武装游击。

根据中共中央指示的精神,1944年8月,广东省临委和东江军政委员会,决定由连贯负责与南路联系,并派李筱峰等一批军政干部到南路,协助南路组织和发展抗日武装。遂溪县人民抗日武装在老马村举行抗日武装起义,正式成立由中国共产党领导的"雷州人民抗日游击大队",后整编为3

---

① 1945年3月6日,中共中央指示广东省临委和东江军政委员会合并,改为中共广东区党委。

② 中共肇庆市委党史研究室粤桂湘边纵队史编写组:《粤桂湘边纵队史》,6~9页,广东人民出版社1996年;广东省人民斗争史编纂委员会编著:《广东人民武装斗争史》,第五卷,大事记,208页,广东人民出版社1995年;中共广东省委党史研究室编:《中共广东党史大事记》,255页,中共党史出版社1993年。

个大队。这时中共南路特委做出决定,以遂溪敌后为依托,向南和向北做战略展开,除一部分队伍留在遂溪开展斗争外,其余分别向海康、徐闻以及廉江发展。1945年1月中旬,南路人民抗日游击队改称为广东南路人民抗日解放军,组建了3 000多人的人民抗日武装队伍,扩展了雷州半岛以至整个南路的游击区域,并与张炎组建的高雷人民抗日军相配合,解放了吴川县境,并控制了吴(川)梅(菉)化(县)廉(江)边大片地区,计划以吴川县为中心,建立吴梅化廉边抗日根据地。①

南路人民抗日武装的发展壮大,引起南路国民党顽固派的仇视和恐惧。1945年1月27日,国民党顽军1个团进攻化县中垌人民抗日部队。南路人民抗日解放军和张炎领导的高雷人民抗日军密切配合,击退了顽军的进攻。此时,中共南路特委决定放弃进攻高州的计划,改为由南路人民抗日解放军和高雷人民抗日军相配合进攻廉江,然后进军粤桂边,开辟廉(江)化(县)陆(川)博(白)边抗日根据地。

由于南路顽军的疯狂进攻,各县武装起义遭到严重损失,南路人民抗日解放军和高雷人民抗日军联合开辟廉化陆博边抗日根据地的计划遭受了挫折。2月,南路特委总结了各县起义的经验教训,并将起义的队伍进行整顿后返回原地开展活动,重点开辟廉(江)遂(溪)边。②

---

① 中共湛江市委党史研究室编著:《南路人民抗日解放军史》,127页,广东人民出版社1995年。

② 中共湛江市委党史研究室编著:《南路人民抗日解放军史》,137~138页、141页、143页,广东人民出版社1995年。

早在南路人民抗日解放军第一支队分别南下海康、徐闻,北上廉江、化县配合武装起义后,遂溪县的抗日武装在中共组织领导下继续发展,新建立了遂南抗日游击大队、第九独立大队等抗日武装。遂溪北区已建立遂北抗日联防委员会,主任梁立,副主任陈华荣,党代表陈攀,管辖区域包括遂溪中、北部和遂(溪)廉(江)边境,人口约9万。①

1945年2月初,根据中共南路特委的指示,遂溪县中共组织决定成立西北区抗日民主政府,创建抗日根据地,以策应南路各地的抗日武装斗争。2月下旬,成立了遂溪县西北区抗日民主政府,区长全德珠,副区长郑南。区政府建立了4个联防办事处(相当乡一级政权),管辖区域纵横240平方公里,人口达5万余人。②

2月初,廉江县中共组织根据南路特委指示,决定将各地的游击中队、联防队整编为抗日游击大队,并在日伪军力量较为薄弱的廉城以西、安铺以东、九洲江以南的新塘地区建立抗日根据地,使之与遂北、遂西北区连成一片。3月,成立了新塘区抗日联防委员会,主任林敬文,副主任陈熙华、李秀祥、欧兵。5月,成立了后塘仔抗日联防委员会,不久并入新塘抗日联防区。新塘抗日联防区纵横400平方公里,人口约3万。同月,大塘抗日联防区委员会成立,主任邹祯业,副主任邹培芝、钟其鉴,管辖范围纵横250平方公

---

①② 中共湛江市委党史研究室编著:《南路人民抗日解放军史》,137~138页、141页、143页,广东人民出版社1995年。

里，人口3万多。①

至此，遂廉边抗日根据地已基本形成。它是以遂溪西北区抗日联防区、遂溪北区抗日联防区、廉江新塘抗日联防区和廉江大塘抗日联防区为基础逐步形成的，人口共20万。②

遂廉边抗日根据地在中共南路特委的领导下，加强根据地的建设，扩大地方抗日武装，锄奸肃特，开展财政税收工作，发展生产，并配合南路人民抗日解放军进行反"扫荡"斗争，保卫根据地，使遂廉边抗日根据地在游击战中得到巩固和发展，为南路和华南抗战的胜利做出重大贡献。③

第三节 人民抗日武装对反共逆流的抗击

抗日战争转入相持阶段后，国民党顽固派从联共抗日转变为消极抗日、积极反共，接连掀起反共高潮。中共广东组织依据国内外形势的变化，执行中共中央的指示，巩固党的组织，领导军民在敌后坚持艰苦的斗争，反击反共逆流，度过了抗日战争最困难的时期。

一、国民党顽固派掀起反共逆流

（一）国民党五届五中全会后掀起了反共分裂的高潮

抗日战争转入相持阶段后，以蒋介石为代表的顽固派集

---

①②③ 中共湛江市委党史研究室编著：《南路人民解放军史》，143~149页、155~159页，广东人民出版社1995年。

团,虽然还继续主张抗战,但表现出很大的动摇性,其反共和对日妥协的倾向明显增长。1939年1月,国民党在重庆召开五届五中全会,会议虽仍声言"坚持抗战到底",但主要议题却是研究"如何与共产党作积极之斗争"。根据蒋介石在会上的演讲,确定了"防共"、"限共"、"溶共"、"反共"的方针,设立了"防共委员会"。会后,根据这一方针,陆续制定了《限制异党活动办法》、《异党问题处理办法》、《沦陷区防范共产党活动办法》、《处理异党实施方案》等一系列反共文件。11月,国民党五届六中全会进一步确定"军事限共为主、政治限共为辅"的方针。自此,国民党顽固派积极推行反共、反人民政策,对共产党领导的人民抗日力量实行政治破坏、经济封锁和军事"围剿"。从1939年到1943年,在全国先后掀起了三次反共高潮。

在广东,国民党省党部执行委员伍智梅在重庆参加五届五中全会后,回到广东传达贯彻。她于1939年5月到台山、开平、恩平等县布置反共活动,串联地方顽固派,召开座谈会,发表演说,大造反共舆论。时任省政府主席的李汉魂参加了五届五中全会后,于6月到韶关,积极贯彻会议的反共方针。他在省参议会中散布打击抗先、青抗、华侨服务团及共产党的言论,并连续开办党、政、军干部训练班,布置党政军干部分赴各地进行反共活动。① 国民政府军事委员会政治部主任陈诚于1939年11月到曲江发表反共演说,污蔑八

---

① 《张文彬关于广东工作报告》(1940年4月23日),见中央档案馆、广东省档案馆编:《广东革命历史文件汇集》,甲37卷,158页、160页,1986年印行。

路军"游而不击","延安无一伤兵",胡说"华北背包袱打游击的都是国民党员",号召要"严防共党活动"。① 在他们的鼓吹和指挥下,反共逆流在广东也逐渐展开并日益严重起来。

(二) 广东当局的反共分裂活动

广东国民党当局从政治上破坏国共两党团结合作抗日的统一战线,排挤打击共产党人和进步人士,借故逮捕抗日领袖人物,解散抗日群众团体,撤换进步的区、县长。从1939年春到1940年春,各地陆续发生这一类严重政治事件。诸如:1939年4月间,国民党改组第四战区政治部,由反共顽固分子丘誉接任政治部主任,将原政治部中抗日最得力的第三组彻底改组,排挤打击在该组工作的共产党员和进步分子尚仲衣(组长)、石辟澜(组员)、叶兆南(即孙大光,任秘书),以及在国民党新生活运动促进会妇女工作委员会工作的共产党员区梦觉等,将进步县长如李伯球(第三党)、祝秀侠等撤职。1939年3月到5月,在西江解散广宁"抗先",在肇庆恐吓与威胁西江青年团,强迫该团自动解散及其干部自动离境。6—7月间秘密通令解散岭东青年抗敌会、东江华侨归国服务团,停止对抗先总队部的经济供给,密令各县注意及防范"抗先"活动。在合浦,国民党军警、特务破坏中共合浦县委机关,逮捕县委书记、组织部部长等5人。8—9月间,查封和解散中山县抗日救亡团体战时妇协,暗杀妇女干部,解散中山县"抗先",搜捕其领导人。10

---

① 《张文彬关于广东工作报告》(1940年3月7日),见中央档案馆、广东省档案馆编:《广东革命历史文件汇集》,甲37卷,97页,1986年印行。

月,搜捕中共中山县委的领导人和共产党员。1940年春,台山、开平、恩平等地的"抗先"和各种抗日团体被国民党县党部下令停止活动。在兴宁,国民党当局于1940年1月一纸手令,解散拥有300多名会员的"抗先"。2月,在普宁解散拥有1 000多名会员的"抗先"。1940年2月,国民党东江当局了解到东江华侨归国服务团博罗队中有不少共产党员、共青团员,便捏造博罗队勾结土匪要攻打县城的罪名,悍然逮捕了队员25人,对他们进行残酷的严刑拷打。[①] 同年初到10月,潮汕各地的青抗会、妇抗会陆续被迫解散。

总之,从1939年春到1940年底,全省大多数的群众救亡团体、华侨和港澳同胞归国回乡服务团陆续被解散,共产党人和抗日爱国人士,被国民党顽固派公开迫害,各地共产党组织被破坏,抗日的统一战线被践踏。

在政治上进行反共分裂活动,破坏统一战线的同时,广东国民党当局大肆制造反共舆论,查封各地进步书刊。他们叫嚷"一个主义、一个政党、一个领袖、一个政府",鼓吹"反共不妨抗日","抗日必先反共"的谬论。第四战区政治部出版的《阵中日报》,专门宣传投降、反共、倒退的言论。1939年7月,曲江国民党当局用便衣队30人,趁生活书店职工参加"七七"两周年纪念活动之机,对该店进行非法搜查,中共西江特委办的《三罗日报》被查封。1940年5月,国民党东江当局下令解散"东团"的同时,也迫使该团主办

[①] 《中共广东省委给中央书记处电》(1940年2月23日),见中央档案馆、广东省档案馆编:《广东革命历史文件汇集》,甲37卷,33页,1986年印行。

的周刊《东江》停刊。岭东青年抗敌同志会通讯处的机关刊物《抗敌导报》，中共广州湾特别支部和琼崖民众抗日独立总队驻广州湾办事处主办的《南路堡垒》杂志，也于1940年5—7月间先后被迫停刊。由中共广东省委以统一战线名义公开出版并深受读者欢迎的政治刊物《新华南》也于1941年3月被国民党当局封闭。

（三）制造军事摩擦，企图消灭人民抗日武装力量

更为严重的是，广东国民党当局和全国反共高潮相呼应，制造了一系列反共军事摩擦，向共产党领导的人民抗日武装和抗日根据地发动军事进攻，企图削弱以至消灭人民的抗日武装力量。

在东江，广东国民党当局曾多次企图解除曾生部队的武装。1940年3月，顽固派纠集了3 000多兵力，分别对曾生所率驻惠阳坪山的新编大队和王作尧所率驻宝安乌石岩的第二大队等人民抗日武装进行围攻。顽军于3月9日占据坪山。这两支人民武装突围后向海丰、陆丰方向转移。在转移途中，新编大队先后在惠阳稔山半岛、高潭水口等地遭到顽军袭击。第二大队转移到惠阳淡水黄沙坑后，应国民党惠州当局之约，派40多人前往谈判，结果被无理扣押，其中6人被杀害。这次转移，几经挫折，曾、王两部由800多人减至100多人[1]，后在中共中央的正确指示和中共广东省委加强领导下，在中共地方组织的帮助下，于8月间胜利回到惠

---

[1] 《中共广东省委给中央并南方局报告》（1940年5月17日），见中央档案馆、广东省档案馆编：《广东革命历史文件汇集》，甲37卷，259页，1986年印行。

阳、东莞、宝安地区。

年底，国民党顽固派掀起第二次反共高潮，并于1941年1月，发动震惊中外的"皖南事变"。广东国民党当局也加紧进行进攻人民抗日武装力量的阴谋活动，不但动员舆论要"严整军纪"，而且和敌伪方面取得默契，调动兵力，向东莞、宝安的人民抗日根据地多次发动军事进攻。1941年春，国民党保安第八团一个营及挺进队共约600人，向东莞人民抗日游击队进攻，失败而退。5月，顽军第六挺进队及国民兵团约1 000人又向东莞人民抗日游击队进攻。9月，保安第八团一个营一个炮兵连三个挺进大队及东莞、宝安两个县国民兵团各一大队，兵力约1 300人，先向宝安、后向东莞的人民抗日武装进攻，烧杀掳掠，群众损失惨重。[①] 根据地军民经过近一个月抗击顽军的英勇战斗，未能打破顽军的进攻，大岭山区大部被顽军占领。据不完全统计，顽军在大岭山区杀害共产党员干部、民兵及积极分子60多人，设在绒旗墩的医务所中的多名伤病员与顽军英勇搏斗后，惨遭活埋。

1942年4月起，广东国民党顽军先后出动了第一八七师独立第九旅、保安第八团等正规军及徐东来、梁桂平两支地方部队共5 000多人，大举向东江抗日根据地发动进攻，用所谓"穷追、勤剿、杜绝"的办法，扬言要在3个月内消灭东江人民抗日武装力量。顽军这次进攻长达一年之久，所到

---

① 东江纵队司令部：《国民党军队进攻我队、勾结敌伪经过》（1945年1月9日），见广东省档案馆编：《东江纵队史料》，323～324页，广东人民出版社1984年。

之处，实行"三光"政策，被杀害的革命干部和群众超过3 000人。这是国民党军队杀人放火、奸淫掳掠最残酷的一年。① 为了打破国民党顽固派的军事进攻，东江人民抗日武装采取了积极防御的方针，既以分散对付敌人的集中，又相机集中兵力以歼灭敌人，并从内线转移到外线作战，深入敌后，开辟新区，使顽军始终未能实现其卑鄙目的。到1943年，国民党第一八七师由于一年来进行内战损失严重，调回后方整顿。广东国民党当局以叶敏予为守备区指挥官，调独立第九旅来继续进行反共内战。直到同年9月，日军进攻广九路，国民党军队不战而逃，东莞、宝安方面的反共内战才暂告停止。

在琼崖，新任广东省第九区行政督察专员兼保安司令员吴道南，于1939年6月到达后，也掀起了反共逆流。② 其表现为：撤换在各机关、各部队中被疑为共产党员或和冯白驹领导的琼崖独立总队有关系的工作人员；要独立总队取消总队部名义，缩编为游击大队，限制在300~400人之内，且要向国民党当局上缴各种战利品；要共产党停止各种活动，解散各种群众抗日团体，监视、拘捕以至暗杀进步人士等。1939年底，国民党顽固派的反共行为不断升级，反共摩擦事件不断增加。1940年8月，制造了震惊海内外的"符、韦血案"：琼侨回乡服务团总团团长符克，携带琼侨救济总会的公函和慰问品，同琼山县参议员韦义光（中共地下党员）

---

① 广东省档案馆编：《东江纵队史料》，324页，广东人民出版社1984年。
② 《张文彬关于广东工作报告》（1940年4月23日），见中央档案馆、广东省档案馆编：《广东革命历史文件汇集》，甲37卷，182页，1986年印行。

一起,到国民党琼崖当局驻地定安县榆林市,与守备司令王毅、专员吴道南研究救济方案,商讨团结抗日问题。琼崖当局竟在定安县龙塘乡设下埋伏,将符、韦二人杀害,埋尸山间。① 1940年10月,独立总队第二支队第二大队6名短枪队员在临高县沿海活动,被国民党临高县政警队强行缴械后杀害。12月,国民党琼崖当局更掀起了以进攻美合抗日根据地为主要目标的反共逆流。他们集中了保安第七团等顽军3 000多人,分5路向美合抗日根据地进攻。琼崖抗日游击总队第二支队第一大队和总部特务大队、第二大队对顽军进行顽强抗击。中共琼崖特委和独立大队总队部领导机关安全撤出美合村,去开辟新的根据地和游击区。国民党顽军占领美合后,进行疯狂的屠杀和掠夺,先后枪杀未及撤退的独立队伤病员、掉队人员及根据地群众100多人,抢走粮食、药品、纸张等物资。"美合事件"充分暴露了国民党顽固派破坏团结抗战、实行反共投降的真目的。② 1941年,他们还于3—6月多次向琼文抗日根据地进攻,受到琼崖抗日武装的坚决还击。到1942年春,独立大队取得了斗门战斗和大水战斗的胜利后,顽固派掀起的反共逆流才基本上被打退。

在珠江三角洲,国民党顽固派以"维持"社会治安为名,限制抗日游击队的发展。他们用种种手法破坏接受中共领导的广游二支队。1940年初,国民党顺德县党部书记长和顺德县县长组织一些人,提出要由他们成立一个统一指挥

---

① 卢权主编:《广东革命史辞典》,140页,广东人民出版社1993年。
② "美合事件"参阅琼崖武装斗争史办公室编:《琼崖纵队史》,124~127页,广东人民出版社1986年。

部，指挥各部队的行动的要求，企图以此来篡夺广游二支队第一大队的领导权。1942年2—3月间，国民党挺进第三纵队林小亚部勾结敌伪，执行国民党第七战区司令部关于捕杀中共南番中顺中心县委领导人的密令，并布置下属于5月7日伏击广游二支队司令员吴勤，致吴勤不幸中弹牺牲。[①] 国民党当局还宣布取消广游二支队，使该队进入更为艰苦的斗争时期。此后，国民党顽军对珠江三角洲、中区地区、南路地区的人民抗日武装力量和共产党组织进行多次军事进攻和破坏活动。

在潮汕，共产党掌握的"独九旅游击队"的番号被改变。反动当局还以"集训"为名，将游击队分散编制。抗战初期出现的团结抗日的大好形势，遂被反共顽固派葬送。共产党领导的潮汕各地的青抗会等，对此进行了坚决的斗争，并改变组织形式和活动方式，转入各条战线坚持隐蔽斗争。[②]

综上所述，国民党顽固派掀起的反共逆流，使得广东轰轰烈烈的、公开合法的抗日救亡运动和人民抗日武装斗争遭受极大困难，不得不转入秘密活动。中国共产党为坚持抗战、坚持团结、坚持进步，对国民党的反共言行进行有理、有利、有节的斗争。

[①] 中共广东省委党史研究室著：《中国共产党广东地方史》，第1卷，504页，广东人民出版社1999年。

[②] 中共广东省委党史研究室著：《中国共产党广东地方史》，第1卷，491页，广东人民出版社1999年。

二、中共广东组织的巩固与调整

(一) 执行中共中央和南方局的"隐蔽待机"方针

1942年6月粤北省委事件后，中共中央、南方局对广东党组织的指示，均由东江军政委员会负责传达贯彻。东江军政委员会成立于1942年2月，它实际代行广东省委职责。为了适应广东抗战形势发展的需要，1942年12月，中共中央决定成立广东省临时委员会，并于1943年1月正式成立。省临委成立后，东江军政委员会继续存在。

中共广东组织认真执行中共中央南方局和周恩来的工作指示，决定：除沦陷区党组织照常活动外，国民党统治区的党组织一律停止活动，割断与暴露地区的组织关系；已暴露的干部立即撤往游击区，其余干部找社会职业做掩护，进行"勤业、勤学、勤交友"的"三勤"活动，实行职业化、社会化、合法化；从事武装斗争的干部，不能同时领导秘密党组织，做秘密工作的干部，不能同时领导武装斗争，坚决执行"隐蔽精干，长期埋伏，积蓄力量，等待时机"的方针。各级组织完满完成了共产党组织的撤退及转移任务，避免了事态的恶化，保护了各级共产党组织和广大党员、干部，并深入扎根到人民群众中继续发展。

省临委成立后，根据一年来的形势特点，采取从实际出发，加强党委工作，提高质量、数量，加强党的领导作用的方针，并决定：东江、西江、北江等地的党组织仍停止活动，坚持个别联系；广州外围、珠江三角洲、前东江地区及广州、香港、澳门、广州湾4个城市，采取单线联系继续工作；中路、南路则候各地负责人来商讨后再行决定；潮梅方面也待了解情况后再决定整理办法。① 省临委指出：东江自1942年一年来的主要威胁是国民党的进攻，今后相当时间内还是如此。珠江三角洲主要威胁则是敌伪的"扫荡"，今后斗争会更尖锐和艰苦，仍要做长期复杂的斗争。根据省临委和东江军政委员会的指示，中共广东地方组织机构做了如下调整：撤销东（莞）宝（安）工委，成立东江前线临时工作委员会，领导原东江特委下辖的党组织；撤销南番中顺中心县委，成立南番中顺临时工作委员会（1943年底，又撤销南番中顺临工委，成立中共珠江特别委员会）；同年11月，中区特委将委员制改为特派员制，由特派员分片管理，下辖的党组织采取单线联系，继续活动。②

从1943年起，广东省临委、东江军政委员会根据中共中央《在全党进行整风学习运动的指示》精神，先后举办了各级干部的整风学习班，学习中央规定的整风文件。黄康于1944年1月被省临委、东江军政委员会派到珠江三角洲，指导该地区党、政、军的整风学习。中共广东各级组织和广大党员，随着整风学习的深入开展，进一步克服了主观主义、宗派主义，发扬理论联系实际的作风，增强了党性，加强了团结，提高了战斗力，为抗击国民党顽固派掀起的反共逆流

---

① 《林平致中央并恩来电》（1943年2月），见中央档案馆、广东省档案馆编：《广东革命历史文件汇集》，甲38卷，230~231页，1986年印行。

② 《林平致中央并恩来电》（1943年3月），见中央档案馆、广东省档案馆编：《广东革命历史文件汇集》，甲38卷，239~240页，1986年印行。

第四章 广东人民抗日武装斗争与华南抗日根据地的建立和发展

和粉碎敌伪的"扫荡"起了重要的作用。

(二) 逐步恢复党组织活动

中共广东组织经过一年多的巩固工作,到1944年,根据抗日战争形势的发展做出新的部署,逐步恢复党组织的活动。1944年10月2日,省临委召开会议,为着配合武装斗争,迎接大变化,拟将新旧沦陷区、前线及广州组织先恢复活动;香港、澳门照旧;可能被占地加紧环境准备,发展武装;国民党统治区坚持原来的方针,彻底审查,加强教育,团结群众。[①] 10月23日,省临委开会总结自成立以来的组织建设工作,认为自粤北省委、南方工委事件之后,广东党组织基本上执行了中共中央关于隐蔽待机的"16字"方针,保存了组织。党员都已职业化,分布到工农商学各界中,丰富了社会经验,增强了独立工作的能力。党员已初步审查,组织较为纯洁。这些都为广东党组织的新发展准备了基础。但广东党组织自停止活动以来,由于无法定期过组织生活,教育不深入,以致形成党内的自由散漫现象,党的发展和党的工作都受到一定程度的影响。目前,广东局势已发生大的变化,为了能更好地配合和领导抗日战争,担负起解放华南的重大责任。省临委决定广东党组织全面恢复活动,针对不同地区的情况,采取不同的方式:"游击区以东江纵队为活动范围建立一特委,以中区部队活动范围建立一特委组织";"西江及粤北新沦陷区,各设特派员,内已审查的部分先恢

[①]《林平致恩来并中央电——关于临委会议商讨的意见》(1944年10月2日),见中央档案馆、广东省档案馆编:《广东革命历史文件汇集》,甲38卷,313页,1986年印行。

复活动，其余加强联系及饬查教育"；"广州、香港保持特派员，用单线领导，基本上根据中央对城市工作指示方针"；"设法与南路、海南岛及潮梅、闽西南取得联系或派人开展工作。设法联系散处各地干部，并适当分配工作。吸收大批青年学生加以训练、培养"。① 经过各方面的共同努力，南路特委于1944年冬，琼崖特委于1945年春，先后与广东省临委取得联系。中共潮梅特派员林美南也于1944年10月与省临委取得联系，于11月全面恢复活动。

1944年冬，省临委所辖各地党组织全面恢复活动后，在组织体制方面有一系列变动：11月，撤销西江特派员，成立中共西江临时工作委员会；12月，撤销前北江特派员和后北江特派员，前北江地区的党组织与后北江地区的党组织合并，重组中共北江特别委员会；1945年1月，撤销前东江临工委，成立中共东江前线特别委员会，同时撤销中区特派员，成立中区特别委员会；2月，后东江地区党组织设立特委工作机构，仍采用特派员制；3月，撤销西江临工委，成立广宁中心县委和三罗中心县委。② 与此同时，省临委为了加强党和军队的统一领导，适应抗日游击战争的迅速发展，于1945年1月撤销珠江特委，其下辖的党组织，由珠江纵队党委及珠江纵队第一支队、第二支队、独立大队党委分别

---

① 《中共广东临委给恩来并中央电》（1944年10月23日），见中央档案馆、广东省档案馆编：《广东革命历史文件汇集》，甲38卷，320页，1986年印行。

② 以上摘自中共广东省委党史研究室编：《中共广东党史大事记》（新民主主义革命时期），250~251页，中共党史出版社1993年。

领导。

关于大城市工作：在广州，1942年前后，粤南省委和后东江特委先后派人到广州市区从事秘密活动，建立交通站和联络站。1943年，省临委派梁广从香港潜入广州，设立秘密活动机关，开展搜集情报、购买物资、传递文件等工作。1944年8月省临委在土洋召开工作会议。会议认为：必须坚决贯彻中共中央关于城市工作的指示，发展大城市的组织工作，运用合法、非法、有形、无形各种方式，中心放在伪政府、伪军上及产业、交通工人中。在城郊发展游击小组，建立城市周围及交通要道两侧的隐蔽游击区。香港工作由东江负责，广州工作由东江和中区负责。[1]

由于中共广东组织的全面恢复活动和组织体制的调整，适应了抗日武装斗争形势的需要，为夺取抗日战争在广东的全面胜利做了重要的组织保证。

（三）建立广东区党委

1945年4月，中共第七次全国代表大会在延安召开。中共广东组织派出代表参加。广东代表团成员是：古大存、区梦觉、唐初、方华、朱荣、李黎明、云广英。闽粤赣边区代表团成员是：方方、王维、伍洪祥、苏惠。香港代表团成员是：吴有恒、何潮、周材、周小鼎、钟明。会后，广东省临委于6月12日发出《纪念"七一"与庆祝"七大"胜利完成》的指示。指示中说："为了加强华南党的领导"，"中央批准建立广东区党委，这对于解放华南事业将会有着非常伟

---

[1]《中共广东省临委会工作决定摘要》（1944年8月），见中央档案馆、广东省档案馆编：《广东革命历史文件汇集》，甲38卷，308页，1986年印行。

大的意义和作用"。①

早在中共"七大"召开之前，即1945年2月10日，广东省临委鉴于全省党组织已得到很大发展，为了进一步加强中共对华南敌后抗战的领导，争取抗日战争的最后胜利，遂向南方局和中共中央提出"临委的机构已不能适应新的局面，因此新的领导机构的组成，则成为十分必要"，请做具体指示。② 中共中央于3月6日明确指示："中央决定将临委及军政委合并，改为区党委，实行领导一元化，领导广东包括南路一切党政军民工作，并暂时兼管闽粤赣党的工作。"③ 遵照中共中央关于建立中共广东区委员会的指示，1945年7月6—22日，广东省临委在罗浮山召开干部扩大会议。会议主要内容之一是建立广东党的统一领导机构，撤销广东省临委和东江军政委员会，成立中共广东区委员会，统一领导广东地区党务、政权和军事工作。广东区委管辖东江、粤北、粤中、西江、广州、香港、闽西南、潮梅、南路地区的党组织，并负责指导琼崖特委的工作。区党委机关设在罗浮山。区党委的成员有：尹林平、梁广、连贯、曾生、王作尧、梁鸿钧（当时已牺牲，但未获确切报告）、杨康华、罗范群、

---

① 《中央广东临委的通知》（1945年6月12日），见中央档案馆、广东省档案馆编：《广东革命历史文件汇集》，甲38卷，398页，1986年印行。

② 《中共广东临委给恩来并中央电》（1945年2月10日），见中央档案馆、广东省档案馆编：《广东革命历史文件汇集》，甲38卷，355页，1986年印行。

③ 《中共中央关于华南工作方针的指示》（1945年3月6日），引自中共广东省委党史研究室著：《中国共产党广东地方史》，第1卷，559页，广东人民出版社1999年。

林锵云、梁嘉、刘田夫、饶彰风、黄康、周楠、黄松坚。①书记尹林平,组织部部长梁广,宣传部部长饶彰风,统战部部长连贯,城市工作部部长黄康。②

中共广东区委于1945年7月召开第一次代表大会,分析了华南地区形势和对实际工作进行了布置,并成立和健全各地委领导机构:东江分三个区:一是江南地委(包括东莞、宝安、惠阳、港九、海丰、陆丰及中山),成立江南指挥部;二是江北地委(包括博罗、龙门、增城、从化、番禺、花县),目前由区党委直接领导;三是后东地委(包括紫金、河源、五华、龙川、和平、连平、新丰)与中路统一领导;另西北地委(包括广宁、四会、清远、阳山、连山及湘桂边的各县);北江地委(包括英德、佛冈、翁源、曲江、乐昌、始兴、仁化、南雄、乳源);潮汕地委、闽粤赣边区、闽西南均设特派员。城市工作,广州工委三人,港九设特派员。"为便利领导,中山工作划为江南地委,南、番、顺已直属广州市工委,成为城市工作的一部分。"③ 这次会议还决定迅速北进,创立战略根据地。

---

① 《林平致中央转恩来中央电》(1945年7月3日),《广东区党委致中央书记处电》(1945年8月12日),见中央档案馆、广东省档案馆编:《广东革命历史文件汇集》,甲38卷,409页、483页,1986年印行。

② 《广东区党委给中央电》(1945年7月31日),见中央档案馆、广东省档案馆编:《广东革命历史文件汇集》,甲38卷,486页,1986年印行。

③ 《广东区党委给中央电》(1945年7月31日),见中央档案馆、广东省档案馆编:《广东革命历史文件汇集》,甲38卷,486~487页,1986年印行。

三、敌后军民的艰苦斗争

针对国民党顽固派的反共逆流，中共中央于1939年7月7日发出《为抗战两周年纪念对时局宣言》，提出"坚持抗战，反对投降，坚持团结，反对分裂，坚持进步，反对倒退"的方针，要求国民党停止各种限制、排挤、污蔑、迫害抗日部队和共产党的行为。为正确开展反对国民党顽固派的斗争，中共中央提出必须坚持抗日民族统一战线，在统一战线中继续执行又联合又斗争、以斗争求团结的政策，以及发展进步势力、争取中间势力、孤立顽固势力的策略方针，对顽固派斗争要采取有理、有利、有节的原则。这些指示给中共广东组织领导军民深入敌后，坚持艰苦的抗日斗争指明了方向。

针对国民党顽固派对共产党领导的抗日力量进行政治破坏、军事围剿、经济封锁等活动，中共广东组织进行了针锋相对的斗争，一方面坚持对日战争，另一方面做自卫斗争，粉碎内战，在坚持艰苦斗争中发展壮大人民的力量。

（一）东江艰苦复杂的斗争形势

在东江，1942年这一年来，主要威胁是国民党的进攻，其后相当一段时间内还是这样，但呈现出更尖锐、更艰苦复杂的斗争态势。首先，敌伪将沦陷区的统治、伪军的整顿派遣统一起来，增调伪军第三十师到东江，普遍组织伪联防队，提高伪组织的职权；严密调查户口，将以前的良民证取消，改换出入证；经济上停止国币通用，发行伪币，加紧封锁和掠夺土产专卖；文化上加紧奴化教育宣传；行动上加紧对抗日人员和抗日根据地的搜查、逮捕、袭击、扫荡等。其次，国民党继续执行根据蒋介石指示决定的第七战区剿匪计划，并以"武装救国"骗人加入反共国军，甚至公开和敌伪联合，加强对抗日游击队的进攻。因此，东江地区出现更大的困难：粮食缺乏，民不聊生。土匪活动猖獗，土匪队伍、杂牌军、地方势力、挺进队之间发生着复杂的变化与分化，人民的抗日斗争更为艰苦。

东江抗日武装力量在中国共产党领导下，提出了"加强游击区内团结，积极扩大抗日游击战争"；"建立在游击区切实执行抗日自卫、统一自治、合作自生政策，取消各种新旧刮削民众不合理的税收和救济难民"；"给游击区内坚持抗战、保卫家乡、维持地方治安的一切人民抗日武装以合法地位"等主张①，并坚决执行"长期打算，埋头苦干，积蓄力量，等待时机"的基本方针，广泛开展抗日统战工作，克服过"左"倾向，多交朋友，团结各阶层。为财政经济做长期打算，自力更生，尽可能进行生产事业，厉行节约。对反共顽固派实行正确的斗争策略："在政治上针锋相对地打击国民党中央反动派，对广东当局采取严厉的批评；对中央化的地方顽固分子叶敏予应一打一拉，又打又拉；对地方反动派徐东来、黄文光……要针锋相对地坚决打击；对地方杂牌军及独九旅采取批评与劝告，又拉又打"；"在军事上是坚决的消灭地方反动军队，选择其最坏最弱的分别击败与消灭之；

---

① 张文彬：《我们的主张》（1942年1月下旬），见广东省档案馆编：《东江纵队史料》，43页，广东人民出版社1984年。

对参加内战的独九旅及杂牌军也要给以相当的打击，只要在军事上有把握的时候，绝不放过机会，同时要灵活地把握敌我顽军事斗争情况的变化，有计划地消灭敌伪，以发展武装和政治威信"。① 以这些正确的方针、政策、策略为依据，东江人民在敌后坚持了艰苦的斗争。

1940年9月，东江地区的人民抗日武装改称为广东人民抗日游击队，下辖第三大队和第五大队。部队挺进大岭山区和阳台山区，放手发动群众，实行人民战争，打退敌伪顽军的多次进攻。1940年11月，第三大队在黄潭战斗中打退日军200多人的进攻，歼敌数十人。1941年6月，该大队在民兵的配合下，把进犯大岭山区的日军长濑大队和伪军600多人，围困在百花洞一带，击毙日军长濑大队长以下50多人，取得百花洞战斗的胜利。驻广州日军首脑哀呼："这是进军华南以来最丢脸的一仗。"② 第五大队在宝安阳台山区亦取得粉碎敌人先后出动1 000多人的"扫荡"的胜利。部队在战斗中不断壮大，到1941年秋，发展到1 500多人，武装民兵近千人，建立了大岭山区和阳台山区两个抗日根据地。1941年1月下旬，广东人民抗日游击队进行整编，成立广东人民抗日游击总队。从1941年底起，抗日游击总队采取积极防御的方针，从内线转移到外线作战，深入敌后，粉碎国

---

① 《广东人民抗日游击总队总队部、政治部关于目前形势与工作的决定》（1943年9月5日），见广东省档案馆编：《东江纵队史料》，73页，广东人民出版社1984年。

② 张正、陈忠：《东江纵队概述》，见中共广东省委党史研究室编：《广东党史研究文集》，第3册，110页，中共党史出版社1993年。

民党顽军配合日伪军的夹击。1942年5月14日,惠阳大队在铜锣径伏击日军一个骑兵连,毙敌15人,伤敌20多人,打死敌军战马30多匹。1943年下半年,日军发动了打通广九铁路的战役。11月中旬,日军南支派遣军调集日伪军9 000多人,采取"铁壁合围"的战术,向东莞大岭山抗日根据地发动"万人扫荡",同时对宝安阳台山抗日根据地进行"多路围攻"。人民抗日武装在广大群众的支持和配合下,经过一个多月的顽强战斗,在外线不断出击敌人,粉碎日军大规模的"扫荡"、"围攻",使广九铁路始终无法正常通车,破坏了日军的战略部署。

据不完全统计,从1942年12月到1943年12月,广东人民抗日游击总队对日伪作战共110多次,毙、伤、俘日伪军1 000多人,争取了800多名伪军官兵起义、投诚,与此同时,还击退国民党顽军第一八七师、独立第九旅、独立第二十旅、保安第八团等正规军及地方部队共5 000多人的多次进攻。①

(二)琼崖人民武装坚持对敌伪顽的斗争

在琼崖,中共中央于1940年11月和12月,就琼崖工作对琼崖抗日游击队做了明确指示:"必须动员一切抗战力量,给反共派武装反共行为以坚决的打击。""对王毅和吴道南的矛盾,必须认真利用……要利用一切同乡、同学、同事、亲戚、朋友关系,派人去和各县保安队队长及队员进行联络交友工作";"对参加维持会和伪军队伍的两面派分子,

---

① 张正、陈忠:《东江纵队概述》,见中共广东省委党史研究室编:《广东党史研究文集》,第3册,113页,中共党史出版社1993年。

应该经过一定的社会关系,取得与他们的联络,利用他们的两面派行为";"为坚持抗战及解决给养问题,必须在一切可能地区立即开始建立独立自主的民主抗日政权,建立巩固的抗日根据地";"对当地开明士绅及知识分子,要吸收他们参加政权执行机关及参议会工作"。① 在宣传中应强调"全琼崖同胞团结起来,抗日救国","大敌当前,中国人不打中国人,中国军队不打中国军队","大家联合打日本,反对内战","反对亲日派挑拨内战,屠杀同胞"等口号。"一切宣传应站在自卫的及被迫不得已起而抵抗顽方进攻的立场。"② 琼崖抗日游击队正是遵照这些指示坚持抗日斗争的。

1940年12月,国民党顽军发动对美合抗日根据地的进攻后,又不断地向琼文等抗日根据地发起攻势。琼崖抗日游击队给予迎头痛击,目的是为了更好地坚持团结抗日。从1941年3月的罗蓬坡战斗到大水战斗的100多次大小战斗中,琼崖抗日武装共毙、伤、俘国民党顽军2 000多人。1941年冬,太平洋战争爆发后,日军为了巩固在琼崖的统治,推进太平洋战争,对琼崖增调大批兵力,对琼文抗日根据地进行封锁、包围,派飞机狂轰滥炸,实施"三光"政策。琼崖抗日军民在中共琼崖特委领导下,灵活运用人民战争的思想,制定了内线与外线作战相结合、主力部队与地方

---

① 《中共中央书记处对琼崖工作的指示》(1940年11月7日),见中共广东省委党史资料征集委员会编:《琼崖抗日斗争史料选编》,19~20页,1986年10月印(内部发行)。

② 《中共中央对海南军事、政治工作的指示》(1940年12月28日),见中共广东省委党史资料征集委员会编:《琼崖抗日斗争史料选编》,25页,1986年10月印(内部发行)。

武装相结合、军事与政治相结合的方针,广泛开展破击战、游击战、麻雀战、伏击战、袭击战,不断打击敌军,取得了一个又一个的胜利。

从1942年10月到1943年1月,琼崖抗日游击总队第一、第二支队,在坚持琼文抗日根据地反"蚕食"、反"扫荡"的艰苦斗争中,共毙、伤日、伪、顽军1 200余人。根据地的群众积极配合抗日游击队对敌作战,给部队送粮食,通情报,抢救伤员,破坏敌人的公路、桥梁、电线,实行坚壁清野,在山坡野岭坚持斗争,宁死不屈。文昌县有个儿童团团长,被日军包围后,临危不惧,拉响了手榴弹与敌人同归于尽。

1943年秋,日伪军近千人向乐万六连岭一带进行"蚕食"、"扫荡",国民党顽军守备第一团与日军勾结,从背后向抗日游击队进攻。乐万地区军民坚决进行斗争,组织民兵站岗放哨,配合游击队行动,在六连岭周围同敌人展开灵活的游击战,挫败了敌军的进攻。乐万地区人民反"蚕食"的斗争条件十分艰苦,经济上受到严重破坏,粮食歉收,饥荒严重,人民生活十分困苦。游击队和群众同甘共苦,开展生产自救。在艰苦的斗争中涌现了许多可歌可泣的英雄事迹。乐万县抗日民主政府庶务、女共产党员符英,在接运粮食途中被捕,敌人逼她供出共产党政权机关驻地,她宁死不屈,乳房被割掉,双腿被斩断,双眼被挖出,仍怒骂敌人,高呼抗日口号,直到流尽最后一滴血。①

---

① 琼崖武装斗争史办公室编:《琼崖纵队史》,166~167页,广东人民出版社1986年。

(三) 珠江三角洲人民武装反击敌伪扫荡，开辟新区

在珠江三角洲，1942年5月，顽军、伪军互相勾结，暗杀了广游二支队司令员吴勤。中共南番中顺中心县委召开紧急会议，决定在政治上军事上坚决回击反共逆流。一方面，公开发表《告各界同胞书》，揭露和抗议顽固派勾结日伪杀害吴勤的罪行；另一方面，决定由林锵云为广游二支队代司令，广泛出击各据点的顽军，活动范围不断发展。9月中旬，国民党第三挺进中队2 000多人与日伪军相配合，向顺德县西海抗日游击基地进攻。广游二支队和群众一起，反击敌人的"扫荡"，针对敌强我弱的实际情况，避敌锋芒，把游击队主力从内线转移到外线作战，开辟新的抗日游击区，执行经营禺南，发展中山，开辟南（海）三（水）地区的任务。

(四) 南路、粤东人民武装深入农村分散斗争

在南路，1940年6月至1941年3月，国民党保安军警千余人先后三次进攻白石水，均被中共合浦县委组织的群众自卫武装击退。中共广东省委书记张文彬从实行团结抗战和隐蔽待机的方针出发，指示将白石水武装斗争转变为政治斗争，撤退已暴露的党员干部。国民党顽军坚持反共，于1941年9月再次向白石水发动进攻，实行并村围闸，封村捉人，拘捕了数百名青壮年，把40多人投入监狱，致近20人死于狱中。中共合浦组织领导人民群众，继续以各种方式开展抗日斗争。

1943年2月，日军以4 000多兵力入侵雷州，驻军退至廉江、化县。雷州半岛、广州湾沦陷。中共雷州组织依据中

共南路特委的指示，派党员深入农村，普遍开展以联防自卫为主要形式的武装斗争，建立了一批抗日联防队、自卫队，和日伪军作战数十次。此外，还把一批党员和原青抗会骨干近百人，集中于遂溪县卜巢山，进行秘密军事训练，组成卜巢抗日游击中队。他们在锄奸和反对日伪"扫荡"中发动群众，培养了一批武装斗争骨干，成为开展抗日武装一股重要力量。

在潮汕，国民党掀起反共逆流后，原来的汕头青抗会武装大队化整为零，留下精干武装小组坚持敌后斗争，在斗争中从游击小组发展壮大为游击小队。到1944年秋，游击小队先后缴获日伪顽军长短枪100多支，黄金180多两及大批钞票、药品、衣物等，送往隐蔽的闽粤边、梅县的共产党地下组织的领导机关，为解决隐蔽时期领导机关的经济困难做出了重大贡献。

中共广东各级组织在敌、伪、顽军的夹击下，深入敌后，依靠人民群众，坚持敌后抗日游击战争，经受了严峻的考验，度过了抗日战争最困难的时期。

第四节 人民抗日武装在香港的活动和对国际人士的支援

1941年12月，日本发动太平洋战争后，接着侵占香港，统治达3年零8个月之久。其间，广东的人民抗日武装力量成立了港九大队，进行了反对日、伪、顽军的艰苦卓绝的斗争，主要是：抢救大批文化人和爱国民主人士，营救英、美等盟军，联合他们共同抗日，为巩固扩大国际反法西斯统一战线做出了杰出贡献，写下了可歌可泣的光辉篇章。

一、香港沦陷

在抗战初期，许多人以为香港是一块日本人不敢染指的"和平绿洲"。不少工商业者带着资金、设备和技术来到香港，还有大批难民涌进，使香港人口从抗战前的100万迅速上升到160万。由于上海等城市受战争的影响，交通阻断，因此大批军火和军用物资转从九龙沿广九、粤汉线北运，大批桐油、日用土特产、矿产等南下到九龙出口。①

（一）日本侵港蓄谋已久，港英当局应对准备不足

日本对占领香港蓄谋已久。1938年10月广州沦陷后，香港即处在日本直接进攻的威胁之下。1941年6月苏德战争爆发后，日本加紧实施其"南进"计划，准备发动太平洋战争，对香港志在必得。早在进攻香港的前一年，日本就在地形与香港相似的广州白云山一带进行模拟夜间突破演习，并在事前派间谍在港九地区进行详细调查，了解英军驻港的防务情况，在此基础上，确定了从陆地正面进攻香港的作战方针。1941年11月6日，日本大本营发出了以第二十三军第三十八师团为基干部队准备攻占香港的命令，并以日本第二遣华舰队和第四十五轰炸机队从海空方面协助，总兵力超过2万

---

① 中共广东省委党史研究室著：《中国共产党广东地方史》，第1卷，507页，广东人民出版社1999年。

人。相对于驻港英军来说，日军拥有绝对的海陆空优势。①

英国自第二次世界大战爆发后，在欧洲战场上受到德国的沉重打击。1940年6月，法国向德国投降，英国被迫撤出西欧大陆，其本土遭到德国空军的狂轰滥炸。1941年6月22日，德国撕毁了苏德互不侵犯条约，突然进攻苏联。同年12月，日本挑起了太平洋战争。英国受到德国法西斯的严重威胁，其首要任务是确保其本土的安全，而对于香港的防务则无暇兼顾。当时，杨慕琦任第二十一任香港总督，驻港的英国三军司令是莫德庇少将，海军司令是哥林逊准将。驻港英军的全部实力是：老式军用飞机5架（含3架鱼雷轰炸机和2架水陆两用战斗机），根本没有多少战斗力；各种舰艇12艘（包括驱逐舰1艘、炮舰3艘、鱼雷艇8艘）；陆军12 000多人（包括英军、印度军，以及2 000多名在战前3周才奉调来港、其中多数未经严格训练的加拿大新兵）。战前，英国虽已在新界的城门河谷至垃圾湾构筑了长达18公里的"垃圾湾防线"，但面对日军的进攻，却无济于事。

1941年10月底，港英当局派出高级军官到八路军驻香港办事处联系，要求建立合作关系，共同对付日军的进攻。廖承志致电中共中央请示同意，并与英方代表谈判数次。尹林平等也与港英代表商谈过关于给东江游击队提供武器装备等问题。但是由于港英当局对局势仍存在幻想，态度犹豫，致使谈判迟迟未能达成协议。②

---

① 刘泽生：《香港古今》，123页，广州文化出版社1988年。
② 《廖承志致毛主席周恩来电》（1941年10月25日、1941年11月14日），见中央档案馆、广东省档案馆编：《广东革命历史文件汇集》，甲38卷，163页、165页，1986年印行。

（二）日军突袭，英军投降

1941年12月7日上午8时（当地时间），日军以闪电式战术突然袭击珍珠港，摧毁了美军这一在太平洋上的海军基地。6个小时后，日本空军开始袭击香港，金钟兵房被投下第一枚炸弹。接着，启德机场、太古船坞、印度兵房和九龙城外的楼宇均被轰炸，香港顿时陷入一片火海之中。在短短的5分钟内，英国仅有的战斗机及其他民用飞机均被炸毁。日军舰队则在海上对香港进行封锁，迅速取得了对香港的制空权、制海权。与此同时，以日军第二十三军（司令官酒井隆中将）第三十八师团（师团长佐野忠义）为主力，下辖步兵第二二八、二二九、二三〇联队和第一炮兵队组成的步兵联队，在海、空军配合下，在大炮轰鸣声中，分两路越过深圳河，在未遭到重大打击的情况下长驱直入，于当天晚上到达新界大帽山一侧，其进攻速度之快，连日军自己也感到意外。次日，日英双方在城门炮台曾一度发生激战，英军不敌后撤。由于英军防卫力量不足和战略战术上的一系列失误，日军以军力上的优势和准备上的充足以及随机应变的战术，得以迅速前进。10日，日军对"垃圾湾防线"全线发动进攻，两天后将之攻破。11日，日军西线部队攻占青衣岛，东线部队攻占沙田。12日，日军一举攻占启德机场，进入九龙市区。13日，日军在没有任何抵抗的情况下，长驱直入尖沙咀。这样，新界及九龙半岛遂全部落入日军手中。

12月12日，港英当局通过在港的英国记者贝特兰向中共驻港代表廖承志提出双方派代表会晤，共同协商保卫港九问题。次日，廖承志、乔冠华、夏衍同港督代表辅政司金逊及贝特兰见面,中共方面表示:广东人民抗日游击队可以协同驻港英军保卫港九,但港英方面必须供应必要的武器弹药。金逊表示立即向港督报告,尽可能满足中共方面的要求,但事后却没有下文。[①] 英军在九龙失守后也撤到了港岛。

12月18日,日军步兵联队在炮火掩护下分3路向港岛强攻,先在北角登陆成功,占领了跑马地和浅水湾。20日,日军占领港岛东部并继续向纵深发展。英军曾组织过顽强抵抗,但终究是孤岛作战,军力对比悬殊,很快被日军分割,不得不退守东南之赤柱一隅及湾仔峡等零星据点,势穷力竭,已无还手之力。12月25日下午,港督杨慕琦竖起白旗,渡海到九龙日军统帅部所在地半岛酒店,向日军统帅酒井隆签字投降。杨本人作为战俘被送入集中营,驻港英军全部9 000多人都放下了武器。从日军发动进攻到英军投降,仅仅18天时间。英军死伤人数达4 000人,日军自认伤亡2 700多人[②],香港从此进入了3年零8个月的日占时期。

(三) 日占香港并实行军国主义殖民统治

日军占领香港后,抢掠烧杀,强奸妇女,无恶不作,整个城市陷入被毁灭的边缘。先是酒井隆在香港实行军政府统治,设军政府司令部于九龙尖沙咀半岛酒店,统理一切。1942年1月1日,军政府设立地方行政部。10日,召集上层社会133名知名华人开会,称日军占领香港,目标只是英国及其盟邦,中日同文同种,应该合作。12日,组织"新

---

① 李宏:《香港大事记》,80~81页,人民日报出版社1998年。
② 贺弘景主编:《香港的昨天、今天和明天》,132页,世界知识出版社1994年。

生委员会"，以备日军驱使。21日，宣布实行区役制度，将港九划分为18个区（港岛12个、九龙6个），设区政府。1942年2月20日，东京宣布香港为日本占领地，正式设立占领地总督部，任命陆军中将矶谷廉介为香港总督，平野茂为副总督。总督部设在汇丰银行大厦。酒井隆调离香港，结束了军政府时代。①

总督部成立后，设立一整套完整的殖民统治机构，大肆推行日化运动，以日本化代替英国化，改公元纪年为日本纪年，将有英国色彩的街道名称改为有日本色彩之名，如皇后大道改为中昭和通、德辅道改为中明治通等。原区政府改为区役所，新界、九龙划为10个区，加上香港的12个，共22个，每区设正、副区长各1人，管理物资配给、户籍调查、街道卫生、人口往来等地方事务。另设地方事务所，以日人为所长，统辖一切。撤销"新生委员会"，成立华人代表局和华人合作局，前者有代表13人，后者有代表21人。

区役所成立后，即实施配米制度，按口售粮，每人每天6两4钱（司马称16两为1斤），后又减为3两2钱。为了限制生活必需品供应，日本当局强行将大批香港居民遣返中国内地，硬性规定全港人口从1940年的160万锐缩减为50万。日军常在大街上随意捕捉市民，将他们用帆船运到内地岸边便赶下船不管。有的人被运到广州河南南石头，投入难民收容所，其中多被日军秘密地用细菌杀害。有许多船在途中被洗劫。有时日军将船驶到公海后，便惨无人道地开炮把

---

① 李宏：《香港大事记》，81~82页，人民日报出版社1998年。

船击沉或放火烧毁。因此，当时港岛及九龙各处海岸边，常可看到被海浪冲回的尸体，有的被炸得肢体不全，有的全身被烧焦，令人惨不忍睹。①

日军还把大批香港青年骗到海南岛做苦工。当时海南石碌一带发现了铁矿，需要大量劳动力，日军便利用香港大批青年失业、急于谋出路的心理，先后骗了7 000多人到海南岛当苦力。由于路途颠簸，加上劳动强度大，吃不饱，造成大批人员死亡。到日本投降时，这批人能活着的不到1/3，能回香港与家人团聚的，更是少得可怜。

日本当局严厉控制一切物资，加紧经济掠夺。仅在九龙仓库，掠走的物资总值达10余亿日元（当时币值），其中许多是极珍贵的稀有物品。如镭是制造飞机上用的夜光罗盘和精密钟表所不可缺少的，1克镭可以制造1 000个夜光罗盘，当时售价就高达2 000日元。日本在九龙仓库抢走的镭锭多达数千条。此外，日军在香港强制推行"军用手票"，停止使用港币，1元军票兑港币4元。到1945年8月日本投降前夕，据保守估计，日方以军票兑港币便掠去1 300万英镑。②

香港在日本军国主义殖民统治期间，各方面受到严重破坏。工商业几乎全部停顿，人民失业，粮食恐慌，抢劫四起；敌人一面大规模疏散居民，一面用残杀恐怖手段镇压。据统计，到1946年，工厂数急剧下降为366家，外贸基本

---

① 贺弘景主编：《香港的昨天、今天和明天》，136页，世界知识出版社1994年。

② 贺弘景主编：《香港的昨天、今天和明天》，134页，世界知识出版社1994年。

处于停顿状态，房屋被毁达1.9万单位，全港人口从1941年的160万锐减至1945年8月的60万。①

综上所述，可见日占时期的香港已成为日本在南太平洋作战中兵力调动、军需补给、舰艇维修、飞机中途加油的中转站和补给站。

二、港九大队的建立和发展

（一）中共武工队先后开进香港

日军攻占香港后，香港不仅成了日本在南太平洋上继续进行侵略战争的中转站和补给站，也成了侵略我国华南地区的基地。对于广东人民抗日武装队伍来说，香港同样具有重要的地位。早在香港沦陷前，港九地区已是广东人民抗日游击队的物资、药品、武器、弹药的重要补给地，也是部队在敌情紧张情况下进行转移和休整的一个理想地方。

基于香港这种重要的战略地位，广东人民抗日武装对香港是非常重视的。在日军攻占香港前，广东人民抗日游击队曾在后侧出击日军，如茜坑、马鞍岭的抗日自卫队，连续几个晚上袭扰驻在坑梓、坪山、葵涌的日军。广东人民抗日游击队第五大队的"铁路队"，在宝安石岩—龙华—布吉公路沿线，袭击向香港开进的日军后续部队。当日军大举进攻港九地区时，中共南方工委、中共广东组织、香港地区组织和东江抗日游击队紧急部署，一方面，在动员工人、市民积极

---

① 中共广东省委党史研究室著：《中国共产党广东地方史》，第1卷，509页，广东人民出版社1999年。

参战、保卫香港的同时，对香港失陷之后的组织工作和其他各项工作，做了必要的准备和安排；另一方面，立即派精干部队进入新界，挺进港九地区，开展抗日游击战争。

1941年11月9日，广东人民抗日游击队第五大队派曾鸿文带其助手紧随日军之后，插入新界元朗地区活动。不久，副大队长周伯明率领短枪队进入大埔以北、广九铁路两侧，配合曾鸿文开展斗争；随后组成武工队，由林冲任队长，并派黄高阳加强领导（周伯明返回大队部）。11日，第三大队派刘培、江水率领武工队进入西贡半岛的赤径、企岭下、深涌湾一带，随后分成小分队和海上护航队。小分队由江水带领留在西贡半岛活动；护航队由刘培负责，担负由沙鱼涌、坪洲、塔门至深涌湾的海上交通任务。此外，从第三大队"虎门队"抽调约20名指战员组成小分队，由惠阳刘黑仔（即刘锦进）带领10多名队员组成短枪队同时进入西贡。上述三支小分队共50多人，组成武工队，由黄冠芳任队长，在西贡地区及启德机场附近活动，一直伸展到狮子岭、慈云山、牛池湾一带。随后，第三大队又派黄国梁去加强对这支队伍的领导。到1941年底，广东人民抗日游击队进入新界及九龙地区已近百人。他们的任务是：放手发动群众，武装群众，打击日伪，铲除汉奸，肃清土匪，保护群众，收拾英军遗弃的武器弹药及其他军用物资，开展敌后游击战争，建立抗日游击根据地。

1942年1月10日，中共南委副书记张文彬致电中共中央："新界游击区已有所发展，外围武装正扩大中。"他还提出了坚持在新界开展游击战的意见。① 1942年2月，中共东江特委、广东人民抗日游击总队根据港九地区抗日斗争形势的发展，把活动在港九地区的几支抗日武工队统一编成港九大队（对外称港九人民抗日游击队），大队长蔡国梁，政治委员陈达明（后为黄云鹏），政训室主任黄高阳。1943年东江纵队成立，港九大队改为港九独立大队，直接归东江纵队司令部领导。

港九大队的活动地区包括港九市区，新界的元朗、荃湾及港九邻近各岛屿，如长洲、大屿山等。为了更好地开展抗日活动，先后组建了西贡中队、沙头角中队、元朗中队、市区中队、海上中队、大屿山中队。② 中共香港组织动员大批工人、学生和市民参加游击队，使队伍迅速发展壮大，从开始的100人左右发展到400多人。他们在日占期间活跃于港九地区，在发动群众、组织和武装群众、肃清土匪、打击敌伪、抢救文化人和营救国际友人、配合盟军作战等方面，都立下了赫赫战功。

（二）在港九地区开展游击战的特殊性

在港九地区开展游击战争，有其自身的特殊性。正如港九大队大队部在后来的总结中指出的那样，在港九地区开展抗日游击战，敌我双方都有利弊的不同条件，"地形上港九是现代化的城市，水陆交通发达便利，加以地区的狭隘分

---

① 《张文彬给中央并南委的报告》（1942年1月10日），见中央档案馆、广东省档案馆编：《广东革命历史文件汇集》，甲38卷，175～176页，1986年印行。

② 《曾生回忆录》，316页，解放军出版社1992年。

割，山脉孤立，树林缺劣，虽然便利于敌的兵力运动与指挥联系，布置迅速，不利于我们的运动和指挥联络；但另一方面我们也应该看出在这交通发达，交叉综错，机关炮台据点站岗林立地区上，加上敌人的兵力不足……要进行更全面性的更长期性的扫荡是困难的"。"敌要乘我之隙采取各种手段向我们进攻，我们是要乘敌之隙用各种方法向其进攻，削弱其力量……形成内线与外线，有后方与无后方，包围与反包围，大块与小块，起犬牙交错战争的奇观。"[1]

港九大队首先在新界地区开展城郊游击战，以奇袭、伏击为主，以打小仗、巧仗为主，以短枪为主。各短枪队活动于日军所驻的西贡、大埔、元朗、上水等圩镇以至九龙市区，打击日伪军，惩办汉奸、特务，时聚时散，声东击西，灵活机动，使敌伪防不胜防，闻风丧胆。其中由队长黄冠芳、副队长刘锦进（即刘黑仔）率领的短枪队，机智勇敢，运用机动灵活的战术，深入敌人据点，到处打击敌人，屡建奇功。刘黑仔成了神出鬼没的传奇式英雄人物。为了在新界地区站稳脚跟，扩大影响，游击队首先消灭了趁英军撤退之机而到处打家劫舍的地方土匪，为民除害，以安定民心，争取群众的支持，随后深入宣传发动群众，派出民运工作队员，通过各种形式把男女老幼组织起来。如南涌鹿头村共有七八百人，其中有人参加游击小组、民兵，有人参加姐妹会、兄弟会、儿童团，从而迅速成为抗日游击区。他们常常化装成各种人物，深入敌人心脏，速战速决地打击敌人。如

---

[1] 港九大队大队部：《粉碎敌人扫荡总结》（1944年2月26日），见广东省档案馆编：《东江纵队史料》，241页，广东人民出版社1984年。

牛池湾是西贡通往九龙的咽喉，敌人在此设立岗哨，对来往行人任意搜身检查，污辱妇女，短枪队员则伪装成妇女，趁敌检查时出其不意，袭击敌人，消灭了日军包括伍长在内的宪兵密探16人，为民除害，群众拍手称快。① 游击队先后在大埔、元朗、锦田、新田、大屿山等地，袭击日军兵营和哨所，歼灭了一部分敌军，缴获了一批武器。通过斗争，发展壮大了队伍，建立了新界大帽山根据地。

1943年秋，刘黑仔接到情报，得知日本华南派遣军司令部高级特务东田正芝大佐将要到介咸矿山视察，便组织短枪队员埋伏在敌人经过的路上。当东田正芝及其警卫人员进入伏击圈后，短枪队发起突袭，活捉了东田正芝及其他日本兵。1944年初，为了粉碎敌人对新界、九龙等地游击队的"扫荡"，刘黑仔率人潜入启德机场，炸毁日军的军用油库和飞机，迫使日军停止了"扫荡"。1944年秋，为了牵制日军打通广九铁路的行动，刘黑仔率领短枪队发动了一次攻打沙田4号隧道的战斗，消灭日军一个哨所。日军不了解游击队的底细，只好收缩兵力，暂时放弃打通港九铁路的计划。

（三）港九大队的扩展及其游击活动

根据对敌斗争的需要，港九大队先后在香港地区建立了市区中队、海上中队、大屿山中队、沙头角中队和元朗中队，在各地开展对敌斗争。

1943年冬，港九大队建立了市区中队（中队长兼指导员为方兰，原名孔秀芳，香港人），他们像一把尖刀插入敌

---

① 黄云鹏：《港九大队在广东人民抗日战争中的地位和作用》，见《论东江纵队》，143页，广东人民出版社1990年。

人的心脏,在市区开展游击战,起到里应外合的作用。市区中队的游击队员以职业为掩护,化整为零,分散到各个重要工厂和日敌要害部门,发动群众,和敌人做斗争。他们到处贴标语、发传单,开展政治攻势,教育广大同胞,鼓舞他们的斗志,分化瓦解敌人。在破坏日敌军工生产方面,一是组织工人消极怠工,把1天能完成的工作量拖到3天也干不完;二是组织工人偷走厂方物资;三是组织工人破坏生产设备和军械产品。在军事方面,他们刺探敌人情报,配合部队及美英盟军打击敌人。影响较大的一次是1944年4月进行的"四月大行动"[1]。为了牵制敌人"扫荡"西贡的兵力,市区中队除大量散发传单,展开政治攻势外,还进行重点爆破,炸毁九龙旺角窝打老道之4号火车铁路桥[2],迫使敌人很快收兵,粉碎了敌人的"扫荡"阴谋。

由于香港是一个海岛,九龙是个半岛,为了开展海上游击战,港九大队成立了海上中队。到1942年6月,队伍发展到近百人,活动于沿海地区,破坏敌人的海上运输线,保护抗日游击队的交通运输和来往客商,开展有声有色的海上游击战。1943年7月间,海上中队侦悉大鹏湾黑岩角有一艘日本海军运输船停泊修理,遂出动5艘武装船,利用夜色隐蔽接近敌船,仅几分钟就全歼船上的日本水兵,俘虏日本水

---

[1] 黄云鹏:《港九大队在广东人民抗日战争中的地位和作用》,见《论东江纵队》,143页,广东人民出版社1990年;《方兰:中共香港女游击队长》,载京报网2005年9月2日。

[2] 《我队全面出扰港九,敌寇空前惊慌》(1944年5月11日),载《前进报》,第59、60期合刊;广东省档案馆编:《东江纵队史料》,256页,广东人民出版社1984年。

兵7人，缴获船上全部武器和物资。1944年8月15日，根据渔民的报告，海上中队在大鹏湾的黄竹角海面，组织了一场截击日军炮艇的战斗。游击队员发挥近战、夜战的特长，趁着夜幕的掩护，摸黑接近敌船，出其不意地发起强攻，击沉敌船3艘，毙敌25名，俘敌30名，缴获武器弹药一批，大获全胜。① 1945年5月的一天，游击队捕捉到有利的战机，在日间袭击敌船。他们伪装成渔民，巧妙地靠近停泊在水头沙岸边的3艘敌船，伺机发动突袭，仅几十分钟便结束战斗，缴获敌船2艘和一批武器弹药、医药、器材、食品等物资。在3年左右的时间内，海上中队总计经历较大的战斗10多次，缴获敌船13艘，击沉4艘，俘虏日军48名，击伤日军28名，毙伤伪军38名，解救船员120人，缴获机枪3挺，长短枪42支，炮1门，高丽参数百斤，白报纸30多吨，烟叶80多吨，还有军用物资、药品等100多吨。②

大屿山是一个大岛，占港九地区总面积的1/5，地理位置十分重要。它不但控制着香港通往澳门、广州的航道，还监视香港通往太平洋的航道。港九大队于1942年8月成立了大屿山中队，开展了大屿山海岛游击战，配合盟军在太平洋上的反攻，破坏敌人巩固香港、广州两个中转站以支持其太平洋战争的部署。因此，敌人十分重视对大屿山的争夺与统治。1944年4月，日敌出动2 000多人，伪军600多人，中小型战舰、炮舰40多艘，飞机4架，由一名将级军官指

---

① 刘泽生：《香港古今》，135页，广州文化出版社1988年。
② 黄云鹏：《港九大队在广东人民抗日战争中的地位和作用》，见《论东江纵队》，143页，广东人民出版社1990年。

挥，对大屿山游击队进行海陆空联合大"扫荡"，历时21天。由于抗日游击队有群众掩护，熟悉地形，采取了敌上我下的办法，在山里转来转去，使敌人的"扫荡"扑空。5月，游击队转为主动出击，牵制了敌人的兵力，粉碎了敌人"扫荡"的企图。[①]

此外，港九大队的沙头角中队、元朗中队也进行了机动灵活的游击战。1944年4月，沙头角中队袭击了敌人在大埔元洲仔的据点之后，于同年冬，又深入大埔圩镇压了号称"杀人王"的敌人通译林老虎。不到一个月后，又在大埔圩击毙敌军便衣密探陈福。20天后，又生擒伪渔业会长林惠成。元朗中队经过调查了解，摸清敌情，深入元朗圩击毙密探队长苏安和飞龙队头目孙富顺，使汉奸走狗人人自危。游击队不断为民除害，深得人民群众的支持和拥护。

综上所述，说明港九大队是香港在日本占领期间与日伪军对抗的主要武装队伍，战绩显赫，深得人民群众的拥护和支持。日本投降后，港九大队于1945年9月28日发表了撤退港九新界宣言，高度评价了港九人民的抗日斗争："港九人民对于祖国是无限忠诚的，对于敌人是极端仇恨的。3年多的日子，他们虽饱受日寇的屠杀与迫害十分惨重，但他们对我队的帮助与支持却有加无已，他们的斗争实在是可歌可泣的。"[②]

---

① 黄云鹏：《港九大队在广东人民抗日战争中的地位和作用》，见《论东江纵队》，144页，广东人民出版社1990年。
② 《东江纵队、港九独立大队撤退港九新界宣言》，见广东省档案馆编：《东江纵队史料》，347页，广东人民出版社1984年。

三、抢救文化界人士和爱国民主人士

抗战以来,大批文化界知名人士和爱国民主人士先后到了香港。尤其在1941年初"皖南事变"后,许多在重庆、昆明、广州、桂林等地从事抗日文化工作的著名人士,由于无情揭露和抨击国民党顽固派消极抗日、积极反共的方针而遭受迫害,无法在国民党统治区立足,他们在中国共产党的组织和安排下,有计划地撤退到香港,建立新的抗日文化宣传阵地,掀起抗日民主运动的高潮。

(一) 在港文化界和爱国民主人士,中共营救行动

当时的香港成了爱国进步人士聚集宣传抗日、反对投降、主张民主、反对独裁的一个战斗据点。他们在香港出版了许多进步报刊,如宋庆龄主办的《中国大同盟》英文半月刊,以邹韬奋、茅盾、夏衍、金仲华、沈志远、胡绳为编委的《大众生活》,茅盾主编的《笔谈》半月刊,以梁漱溟为社长、萨空了为总经理、俞颂华为总编辑的中国民主政团同盟机关报《光明报》,救国会主办的《救国月刊》,郁风主办的《耕耘》,张铁生主办的《青年知识》,张明养主办的《世界知识》,马国亮、丁聪主办的《大地画报》,还有中国共产党领导的抗日统一战线报纸《华商报》等。他们组成的进步文化团体,有范长江主办的"国际新闻社",乔冠华、胡一声等主办的"香港中国通讯社",夏衍、司徒慧敏、于伶、金山等组织的"旅港剧人协会"等。[①] 这批进步文化人

---

① 连贯:《回忆八路军驻香港办事处》,见中共广东省委党史研究室编:《广东党史资料》,第18辑,35页,广东人民出版社1997年。

士和爱国民主人士以各种形式开展的抗日救亡运动，猛烈地抨击日伪的罪行和国民党顽固派的反共投降活动，必然会引起敌、伪、顽军的极端仇恨。日军占领香港后，封锁港九交通，实行宵禁，分区分段大肆搜捕抗日分子，限令这批文化人士前往"大日本地方行政部"或"大日本军报导部"报到，致使他们随时有被捕和被杀害的危险。一个名叫何久田幸助的日本文化特务，在香港各个电影院打出幻灯片，点名"请"梅兰芳、蔡楚生、司徒慧敏等人到半岛酒店"会面"，这说明形势是十分严峻的。

中共中央、南方局十分关注这种危急的情况，多次致电八路军驻香港办事处负责人及东江抗日游击队领导人，指示他们要不惜任何代价，积极营救和帮助这批文化人和爱国民主人士撤离港九，安全转移到东江抗日游击区，再护送到大后方。根据中共中央、南方局及周恩来的有关指示，中共南方工委副书记张文彬、八路军驻港办事处主任廖承志及各有关方面的负责人，先后在香港、宝安、惠阳召开会议，研究和部署有关抢救工作。会议认为，必须和敌人抢时间，趁敌人刚侵占香港，立足未定，情况尚不甚了解的时机，依靠群众的支持和帮助，以最快的速度，把文化界人士和爱国民主人士全部抢救出来。

抢救在港文化界人士和爱国人士的具体行动方案分为三步。第一步，设法寻找这批文化人和爱国民主人士，与他们取得联系，帮助他们转移到安全住地，然后秘密护送到港九游击队的活动基地，由南方局派驻香港的刘少文坐镇香港，负责联络和策应。第二步，通过宝安、惠阳游击区的交通线，从九龙撤退到东江抗日根据地，由尹林平负责部署。第三步，从东江抗日根据地到韶关、老隆再转到安全的大后方，由廖承志、连贯负责布置在国民党统治区的掩护地点和护送工作。港九大队在这次秘密大营救的行动中，主要担负第一、第二站护送的重要任务。在香港的营救工作指挥部设在湾仔洛克道的一栋楼房里。①

1942年1月2日，为了尽快安排好沿途的护送、接待工作，廖承志前往惠阳游击区，把香港的营救组织任务交给刘少文。临行前，廖承志把八路军驻香港办事处的机要干部潘静安留下来协助刘少文工作，并把营救对象的名单及身上仅有的几百元港币和美钞也交给了潘静安。

抢救工作的起点是从香港偷渡到九龙。首先通过熟悉香港情况的黄施民、潘柱、陈文汉（由粤南省委、香港市委派来协助刘少文、潘静安进行营救工作）等，按照廖承志提供的名单，在茫茫人海中一个个地把他们找出来。接着千方百计建立了一条往来于香港和九龙之间的秘密交通线：用重金雇用了一艘大船和几条小艇，停泊在铜锣湾避风塘中间。从1942年1月初起，每天黄昏，借着昏暗天色的掩护，一批批化装成难民的文化人，冒险绕过敌人的岗哨，被带到避风塘，登上事先在那里等候的小艇，再由小艇送到远离堤岸的大船上集中，到次日凌晨，趁海雾蒙蒙、能见度低的机会驶进海中，送到九龙红磡上岸，由交通员把他们带到指定地点。为了使大批文化人和爱国民主人士迅速疏散开，事先在九龙佐敦道、花园街、上海街、窝打老道等地建立了秘密集

---

① 贺弘景主编：《香港的昨天、今天和明天》，140页，世界知识出版社1994年。

中点,供他们食宿。第二天,再从九龙送出市郊。

从九龙市郊进入东江抗日游击区,分东、西两路进行。东路从九龙市区经牛池湾到西贡,然后在企岭下或深涌乘船渡大鹏湾,在大、小梅沙或沙鱼涌登陆,转入惠阳抗日根据地,由蔡国梁、黄冠芳、刘黑仔等率领的武工队负责护卫。第一批撤出香港的廖承志、连贯、乔冠华,后来的张文彬、张友渔,民主人士邓文钊、李伯球,电影明星胡蝶,国民党官员陈汝棠和余汉谋夫人上官德贤等人,都是从这条路线被护送走的。西路是从九龙市区穿过上海街到荃湾再过大帽山,到元朗十八乡,然后渡过深圳河到梅林坳,再到宝安白石龙抗日游击队总队部,由黄高阳负责,曾鸿文率武工队护送。邹韬奋、茅盾夫妇等大部分文化界人士都是从这条路线被护送走的。还有一部分被营救人士因年老体弱,或不宜跋山涉水的,则从香港偷渡到长洲岛,再过澳门转入内地,夏衍、蔡楚生、司徒慧敏、金山、金仲华等,都是从这条路线脱离虎口的。港九大队驻在长洲的陈亮明负责对他们的掩护和护送工作。何香凝、经普椿和柳亚子父女是营救的重要人物,他们于1月10日左右秘密乘小船到长洲,再换乘两艘大船直驶向海丰的汕尾港和马鬃港,他们在海上漂泊了几天几夜,缺粮缺水,后来由港九大队派人接送,送粮送水,才安全抵达目的地。① 宋庆龄则是在日军轰炸启德机场前6小时,乘坐最后一班飞机离开香港去重庆的。科普作家高士其,于1939年从延安到香港治病,香港沦陷时,因身体瘫

---

① 黄云鹏:《港九大队在广东人民抗日战争中的地位和作用》,见《论东江纵队》,144~145页,广东人民出版社1990年。

痪，不能跟随大队人马撤退，后由黄秋耘专程护送，在10多名回国就学的青年协助下，从香港乘船到广州，再经三水、清远到达韶关。

在整个抢救过程中，东江人民抗日游击队、港九大队均派出最有经验的交通员带路，派出武装人员在一些险恶路段护送，使被营救者顺利通过日军岗哨和土匪出没的地区。考虑到这批文化人和民主人士缺乏长途步行的经验，指挥部每次都派出两倍以上的游击队员或进步工人，装扮成同行的难民，护卫着这些人。经过两个多月的紧张战斗，被困留在香港的300多名文化界人士和爱国民主人士、爱国抗日的国民党官员和其他方面人士共800多人，均安全撤出香港，以后逐步实现第三步的转移。

（二）安全撤退，大批民族精英得到保护

抢救工作一直持续了半年时间，其中尤以1942年1—2月的工作最为紧张、惊险，成效最为显著。1942年2月，刘少文致电中共中央书记处："全体同志及朋友，在战争中均已离战区，安全撤退，现韬奋、茅盾、乔木等百余人已安全到东江曾、王部，夏衍等一部分人去澳门，再分别前往苏北及内地，何香凝、柳亚子等乘民船去汕尾寄居村间，现在疏散工作已大体结束。"[①]

由南方局、周恩来具体指导，张文彬、廖承志、尹林平等领导组织的抢救文化人及爱国民主人士工作，是一次秘密的大营救，是中国革命历史上的奇迹，具有重大的意义。这

[①]《少文致中央书记处电》（1942年2月），见中央档案馆、广东省档案馆编：《广东革命历史文件汇集》，甲38卷，185页，1986年印行。

次秘密大营救的胜利完成,保护了我们民族的一批精英,为祖国的解放事业和社会主义建设事业增添了重要力量。抢救出来的文化界人士和民主人士,都是各行各业出类拔萃的人物。他们在抗战胜利后,不顾国民党的迫害,投入到反独裁、反内战,坚持民主和平的斗争中。新中国建立后,他们中的许多人都参加了国家或地方的领导工作。这次秘密大营救,充分体现了中国共产党对进步人士的关怀和患难与共的精神,坚定了他们中的非共产党人士和共产党合作的信心和决心,为日后共产党与爱国民主人士、非党文化人之间的互相信任、团结合作打下了坚实的基础,促进了抗日民族统一战线和人民民主统一战线的巩固和发展。

四、营救国际人士,支援英、美等盟军

1941年7月7日,中共中央为纪念抗日战争四周年发表宣言,指出"英美及太平洋各国的抗日战争是正义的解放战争,英美对日的胜利就是民主与自由的胜利"。苏德战争爆发后,中共中央致电廖承志指出:"苏德战争是世界转变的枢纽。今天国际形势已根本变化,是法西斯与反法西斯两大阵营的对立,凡是帮助毁灭法西斯军事政治机构和有利苏联抗战胜利的都是好的、正确的、应该联合的。因此,我们应该改变过去反对帝国主义的观念,改善与英美在华人员的关系,促进中、苏、美、英反法西斯国家之联合。"[①] 同年12

---

① 连贯:《回忆八路军驻香港办事处》,见中共广东省委党史研究室编:《广东党史资料》,第18辑,35页,广东人民出版社1997年。

月9日，中共中央在关于太平洋反日统一战线的指示中指出："应该在各种场合与英美人士做诚恳坦白的通力合作，以增加英美抗战力量，并改进中国抗战状况。"正是遵照中共中央这些指示，广东人民抗日游击队为加强与盟军的合作，做了大量工作，为加强国际反法西斯统一战线做出了积极的贡献。

（一）营救国际友人

广东人民抗日武装在抢救大批文化界人士和民主人士的同时，还营救和帮助了近百名国际友人、英国军官及美、印、荷、比等国的侨民脱离日本帝国主义在香港统治的铁蹄。

1942年2月，港九大队成立时，即成立国际工作小组，把营救国际友人作为一项重要任务。国际工作小组由黄作梅任组长，成员有何明、谭干、林展等。该组成员和东江抗日游击队的其他成员，冒着极大危险，克服种种困难，从集中营里营救出大批英军官兵和各国侨民。

香港沦陷后，当时驻港英军全部9 000多人，都成了日军的阶下囚，被分别监禁在香港七姊妹、深水埗、亚皆老街3个集中营。港英文职人员和英国侨民主要囚禁在赤柱集中营，印度籍官兵囚禁在马头围集中营。他们在集中营里过着悲惨的俘虏生活。其中有些人，利用日军在占领初期对战俘监视不严的机会，从集中营里逃出来，但由于语言不通，对环境不熟悉，逃出来后也寸步难行。中共广东组织和抗日游击队给予他们极大的帮助，主要是做好掩护和护送的工作，同时在市区设立秘密联络点，利用各种关系，深入集中营与英军联系。1942年2—4月，被营救的人员有：港英警察司汤姆逊和波利斯屈特夫人，英军战地医院赖特，英海军军官摩利、戴维斯、都格拉斯、夏斯特、汤姆生，英陆军军官祁德尊、比斯尔、怀特，香港义勇军波吉生，英军士兵霍友斯、格尔拉夏等20多人。赖特是在蔡国梁等人的直接帮助下，经历了将近10天的艰难险阻，才摆脱日伪军的追踪截击，转移到惠州的。由于这些卓有成效的营救工作，港九大队的地位和作用也受到英盟军的重视。赖特、祁德尊到内地后，向英国国防部建议成立一个营救战俘的服务团。1942年7月，经英国国防部批准，在桂林成立了英军服务团，赖特任指挥官，祁德尊任该团驻惠州前方办事处主任。从此，开始了广东抗日游击队与英军合作，共同营救盟军官兵，互通军事情报等工作。

据不完全统计，经广东人民抗日游击队与英军服务团合作营救的国际友人共89人。① 1943年4月，林平给中央报告说："在一年多的工作中，由于我们抢救护送的，除最初与陈策同回的五十余人及疏散的二十余人不计外，计有英人十九人，内有军官七八人，政府高级人员一人，汇丰银行高级职员二人，义勇军及其他军人数名；白俄一人是无线电工程师；挪威人二名，印度人二十六名，内有军官数名，港政府高级职员。"② 国际友人被营救出来后，对广东人民抗日

---

① 黄作梅：《东江纵队营救国际友人统计》（1944年3月4日），见广东省档案馆编：《东江纵队史料》，广东人民出版社1984年。
② 《林平致中央转恩来电》（1943年4月20日），见中央档案馆、广东省档案馆编：《广东革命历史文件汇集》，甲38卷，257页，1986年印行。

游击队纷纷表示衷心的感谢。如1942年11月14日,抗日游击队帮助两个香港义勇军从香港逃出,他们于11月18日留下了给游击队的感谢信,写道:"离开了九龙以后,我们出乎意料,碰到了港九人民游击队,安全地在他们护送之下,到达他们的营部。他们是一群优秀的人,很客气地招待我们,同时我们发觉他们对他们的事业是很忠诚的,如果我们能力许可的话,一定毫不迟疑地和他们一样地去做。我们祝他们在建设自由中国的工作中得到顺利。"① 英国海军中尉葛荣于1944年7月17日由深水埗集中营逃出,经抗日游击队援助到达惠州。他给广东人民游击队留下的感谢信说:"你们的无畏的英勇,你们在敌人统治的地区中,进行了及进行着坚决的斗争,而获得任何人的景仰……我在你们处所获的伟大的仁慈与殷勤的款待,我的心充满着极真挚的,非文字所能形容的感谢。"② 英军服务团最高负责人赖特上校在返英国前也向东江纵队表示:"如果没有你们的帮助,我们是不会做出什么工作来的。"③在第二次世界大战结束后,赖特曾长期担任香港大学副校长。他逝世后,他的儿子赖翼云把他保留下来的资料编成一本书,名为《1942—1945年抗战期间的英军服务团》,书中对港九游击队在极其困难的

---

①③ 黄作梅:《东江纵队营救国际友人统计》(1946年2月19日《华商报》),见广东省档案馆编:《东江纵队史料》,697页,广东人民出版社1984年。

② 黄作梅:《东江纵队营救国际友人统计》(1946年2月19日《华商报》),见广东省档案馆编:《东江纵队史料》,689页、691~692页,广东人民出版社1984年。

条件下积极营救国际友人的行动给予了高度的评价。①

（二）营救美国飞行员脱险

1944年，盟军在各个战场上开始了反攻，美军的飞机也经常对香港的日军进行轰炸。港九大队的游击队员，进行了多次营救美军飞行员脱险的工作。

1944年2月营救美军第十四航空队克尔中尉是一次突出的事例。1944年2月10日，美军第十四航空队以20架战斗机保卫12架轰炸机，从桂林飞袭香港，与日机在香港上空展开激战。克尔中尉指挥一小队轰炸启德机场。他驾驶的飞机不慎被敌机击中，油箱起火，他的脸部和足部数处被烧伤，被迫跳伞，降落时，被风刮到北面的新界。日军派出步兵千余人向他降落的地方进行包围搜索，包围圈愈来愈小。在这危急关头，他被港九游击队一个小队员发现，先把他隐蔽起来，后又加以特别的保卫和精心的护理。经过长达半个月与敌人的巧妙周旋，克尔中尉终于由游击队利用黑夜时间经海路护送到东江纵队司令部，后再辗转回到桂林驻地，安全脱险。曾生司令员还接见了他。1944年6月11日的《前进报》用整版篇幅刊登了克尔自画的5幅描述脱险经过的漫画及充满激情的感谢信。信中说："中国的抗战已赢得全世界的景仰，而我们美国人也以能与你们如兄弟般一同作战而自豪，在战争里以及在和平的时候，我们永远是你们的同志。"②

---

① 贺弘景：《香港的昨天、今天和明天》，142页，世界知识出版社1994年。
② 黄作梅：《我们与美国的合作》（1946年3月28日《华商报》），见广东省档案馆编：《东江纵队史料》，669页，广东人民出版社1984年。

1944年5月26日，美国第十四航空队的一架轰炸机，轰炸停泊在大亚湾外海的日军运输舰时，被舰上的机枪射中，机上5位飞行员跳伞，刚好落在东江纵队海上中队的船队附近，距离约五六百米远。海上中队的队员迅速靠近他们，把他们救到船上，护送到东江纵队护航大队的大队部，在那里停留了两天，由尹林平派人送他们到南澳，从南澳乘船到大、小梅沙，再到东江纵队司令部红花岭。[①] 这5位飞行员是勒夫哥中尉、拉忽累尔中尉、沙克上士、康利上士和艾利斯上士。勒夫哥中尉在给东江纵队的致谢信中写道："我们美国人曾经读过、研究过历史上伟大的军队，但是在所有的历史上，在我们所有的学问中，我们从未见过一支像你们游击队一样勇敢的军队。有一天整个世界都会知道你们伟大的工作——而知道了一点你们过去和现在所做的事的我们，认为是一种光荣和特权来向你们致敬并称呼你们为我们的兄弟。"[②]

1945年1月16日，美国第十四航空队飞行员伊根中尉和美国海军后备队克利汉少尉驾机轰炸在香港的日本军事设施时，被日军高射炮击中。他们跳伞落在新界海面，被游击队两个短枪队员及老渔民周二伯父子发现，立即前往营救。日军出动两艘巡逻舰搜捕，追赶周二伯父子的渔船。正在紧急关头，游击队海上中队立即出击，掩护他们安全抵达鹅公湾。那时日军正对东江地区进行猛烈进攻，伊根等2人不得

---

① 《大亚湾风云》，347页，广东人民出版社1992年。
② 《华商报》1946年3月28日，见广东省档案馆编：《东江纵队史料》，669~674页，广东人民出版社1984年。

不在鹅公湾逗留到3月11日,才从国民党地区回到原来驻地。回去后,两人共写了6封感谢信给东江纵队领导人,衷心表达了对人民抗日武装的深深谢意,称颂了人民抗日军队的伟大斗争。①

(三) 建立情报站,加强与盟军的合作

广东人民抗日武装救援盟军的系列活动引起了美方的注意,华美军司令部决定与东江纵队进行合作。

1944年10月初,美军派遣一个情报组到达东江纵队驻地,要求共同建立电台和联络站,以搜集日军情报。该情报组只有两个人,一位是美国陆上技术资源委员会技术代表欧戴义,另一位是报务员(后被发现是国民党特务,被美军当局开除,改由一个游击队员代替了他的位置)。10月9日,东江纵队将情况向中共中央报告,毛泽东等中央领导人阅后,由周恩来代表中央于13日电复东江纵队说:"与欧博士谈话可表示合作,关于建立电台搜集情报侦察气象,训练爆破可以答应,如有其他要求,可先电延安请示。"② 17日,林平把曾生和欧戴义谈话情况向中央报告,表示"今后一切进行,我们当依照中央指示办理"③。遵照中共中央的指示,东江纵队设置联络处作为特别情报工作部门,任命袁庚为处长,主管广东沿海及珠江三角洲敌占区的情报工作,并负责

---

① 《华商报》1946年3月28日,见广东省档案馆编:《东江纵队史料》,669~674页,广东人民出版社1984年。

② 东江纵队史编写组编:《东江纵队史》,121页,广东人民出版社1995年。

③ 《林平给军委转恩来和中央电》(1944年10月17日),见中央档案馆、广东省档案馆编:《广东革命历史文件汇集》,甲38卷,317页,1986年印行。

与欧戴义联络，交换有关情报。随着战争形势的发展，情报工作的规模迅速扩大，情报站设置到东江地区所有日军占领的地方去，分布在南自香港，北至广州，东自海、陆丰，西至珠江东岸的范围。后来粤北、西江沦陷，又扩展到西、北江去，工作人员发展到200多人。他们都是东江纵队经过挑选的干部，都努力工作，付出了不少牺牲和代价，搜集到许多重要情报资料。

情报站在建立后近11个月的时间中，向美军第十四航空队和在华美军司令部提供了很多重要和宝贵的情报，主要有：启德机场、西乡南头机场、太古船坞、日军在港的机关、油库等情况；日本华南舰队密码和香港政府的文件；港九地图、传染病图表（极密）、沿港九路的日军工事图解以及日军在石龙以南、拜亚士湾海岸区、稔平半岛、太平、虎门、新界等地工事图解；日本在广州的货仓、船坞、工厂及政府机关的表册，并附日本地图标明位置；日军华南司令部宣传计划等多项。[①] 1945年初，盟军准备在中国东南沿海登陆作战。为了准备登陆资料，美国海军于3月9日派了甘兹上尉率领一个工作组到东江抗日根据地，进行沿海测量工作。东江纵队得到中共中央同意，大力协助他们的工作，使他们很快获得了所需要的重要资料。对此，甘兹上尉于3月11日写信给曾生司令员说："我要表示我对我所工作的地区中你的部队所给予的光辉的合作的真诚谢意，由于他们的努力，使我们获得工作上必需的情报……你的部队组织给我很

---

① 黄作梅：《我们与美国的合作》（1946年3月28日《华商报》），见广东省档案馆编：《东江纵队史料》，676~678页，广东人民出版社1984年。

好的印象,他们能力高强,纪律甚好。"①

广东人民抗日武装提供给盟军的情报,对盟军打击日本法西斯的战斗起了重要的作用。为此,东江纵队得到美军第十四航空队陈纳德将军、在华美军司令部以至华盛顿方面的赞誉,认为东江纵队联络站是美军在"东南中国最重要的情报站",所提供的情报"在质与量上都非常优越","对美国战略部队在中国组织的成功有着决定的作用"。②

(四)组织反战同盟,瓦解敌军

广东人民抗日游击队在抗日战争过程中,认真贯彻执行分化瓦解敌军和宽待俘虏的政策,以壮大反法西斯阵线的力量。为此,专门成立了敌工科,负责对日本俘虏的管理和教育,提高他们的觉悟,使他们和我方站在一起,进行反法西斯战争。经过教育,日军战俘志愿要求成立反战组织。1945年6月,先后成立了"日本人民反战同盟华南支部"、"台湾人民解放同盟"和"朝鲜人民独立同盟华南支部"。他们的中心任务是反对日本对中国的侵略战争,迫使日军撤出中国。他们积极进行反战宣传,还协助广东人民抗日游击队做好对其他日军俘虏的宣传教育工作。这种由本国同胞进行的宣传,在日军中起到很好的作用。

综上所述,东江纵队、港九大队在援救和支援英美盟军方面,与盟军真诚合作,对盟军在华南沿海作战并取得进攻

---

① 《华商报》1946年3月28日,见广东省档案馆编:《东江纵队史料》,681页,广东人民出版社1984年。

② 《华商报》1946年3月11日,见广东省档案馆编:《论东江纵队》,17页,广东人民出版社1990年。

日本的胜利，都具有极其重要的作用，为全世界反法西斯战争的最后胜利做出贡献。

第五节 抗战时期的广东少数民族和琼崖白沙起义

广东的少数民族具有求翻身解放而斗争的迫切性和坚定性，在抗日民族解放战争中，他们从自发斗争到自觉接受中国共产党的领导，与汉族人民团结战斗，为抗战胜利做出了重要贡献。1942年海南岛黎、苗族人民发动的白沙起义，更是其中可歌可泣的一页。

一、抗战时期的广东少数民族

广东的少数民族，包括瑶族、壮族、畲族、满族、回族、黎族和苗族等。这些少数民族，分布比较集中，除少数居住在城市外，大部分居住在偏僻农村、边陲山区以至高山密林之中，交通闭塞，经济、文化落后，主要从事农业、手工业、狩猎等。少数民族中除极少数上层分子外，绝大多数是劳动人民，受尽阶级压迫和民族歧视，政治上毫无权利，经济上饱受本民族地主阶级和汉族地主阶级的剥削和各种超经济的掠夺，生活极为贫困。他们处于整个社会的最底层，因而具有求翻身解放的迫切性和坚定性，且具有勤劳勇敢、不畏强暴、勇于反抗的光荣历史传统。他们和全国各族人民一起，为反对帝国主义和封建主义，进行了一系列不屈不挠的斗争。

广东的少数民族和汉族同胞具有相同的历史命运，在政治、经济、文化上长期交往，互相帮助，在反对反动统治阶级和民族敌人的斗争中，相互支持和配合，共同推动社会历史的前进。少数民族聚居地由于处在特殊的地理位置，有利于开展革命斗争，故往往成为革命斗争的基地和革命力量的积蓄保存地。抗日战争时期，中国社会各阶级、阶层，各民族和各派政治势力，都不同程度地参加到伟大的抗日民族解放战争当中。广东各少数民族在中国共产党的领导下，也积极参加了广东的抗日斗争，并做出了自己的贡献。

（一）满族

广东满族主要聚居在广州市。据史载，他们大多是清乾隆二十一年（1756）来广东驻防的八旗兵后裔。他们中的大多数都是被统治者和被压迫者。民国时期，他们和当地的汉族劳动人民一样，处于受压迫、受剥削的社会底层。居住在广州的满族同胞，和汉族同胞一样，具有反帝反封建的革命传统。

早在1938年上半年，即广州沦陷前，广州的满族热血青年，就积极参加了中共南方工委领导的广东青年抗日先锋队，从事抗日救亡的宣传活动。满族青年万杰、关庆余、赵增耀、汪子强等人，参加了设在惠福西路五仙观内的"青年群社"。他们采取多种形式，广泛进行抗日救亡宣传，大大激发了各族人民的爱国热情。不少满族青年直接参加抗日武装队伍，到前线杀敌救国。

1938年10月广州沦陷，日本帝国主义实行野蛮的殖民统治，一方面残暴镇压满族人民，另一方面则收买满族上层人物，作为他们的统治工具，企图制造满族内部矛盾，销蚀人民的抗日斗争意志。日寇收买了满族上层人士舒澹奄，拼凑了一个"满族留粤会"的组织，用以腐蚀、欺骗满族人民，挑拨民族矛盾。该组织一出笼，就受到满族人民的抵制，被视为"广州满族可耻可恨的一页"，丝毫未能发挥它的作用。这充分说明，除一小撮反动上层人物甘当日本帝国主义的走狗外，广大满族人民的反帝爱国精神是不可辱没的。

特别值得注意的是，著名的满族爱国人士舒宗鎏在抗日战争中的重要作用。舒宗鎏早年追随孙中山革命，北伐战争时任海军"民生"号舰长。1932年1月28日，日寇发动对上海的进攻，时任高级参谋和参议等职的舒宗鎏，和驻守上海的第十九路军及上海军民一起，坚持抗战一个多月。1933年11月，他积极参与了十九路军在福建成立抗日反蒋的人民政府的活动，并负责华侨事务和筹组海军事宜。当福建人民政府受到蒋介石的破坏后，舒宗鎏和李济深等抗日爱国将领逃往香港，组织中华民族革命同盟，继续抗日反蒋斗争。1937年"七七"事变后，舒宗鎏回到广东担任以余汉谋为总司令的第四路军参事，直接参加抗日战争。广州沦陷后，他和蔡廷锴等爱国将领到广东肇庆等地，召集国民党陆、海军余部，防守西江，抵御日军的侵略；在困难时刻，他主动出任广东绥靖公署西江行署参谋的职务，积聚抗战力量。1940年，李济深任军事委员会桂林办公厅主任时，舒宗鎏任办公厅下设的第二处（情报）处长，后任军事参议院参议等职。在此期间，他一方面和李济深深入桂粤南部，发动人民自卫抗日；另一方面利用职权，保护了陶行知、邹韬奋、梁漱溟等一批爱国民主人士，特别是很好地照顾和保护了皖南事变后被非法拘捕、曾交桂林办公厅二处看管的叶挺将军。当国民党政府要把叶挺转移重庆时，舒担忧途中有不测，坚持用飞机护送，使叶挺安全抵达重庆。上述事实说明，舒宗鎏是著名的抗日爱国民主人士，是满族的优秀代表人物，为抗日战争做出重要的贡献。①

(二) 回族

广东回族主要聚居在广州和肇庆两市，多从事小商贩、家庭手工业、店员和打杂工等职业，也有少数公务人员、自由职业者和工商业者。在旧社会，由于金融波动，物价飞涨，回民常遭破产、失业之苦，生活毫无保障，经常挣扎在贫困线上，对革命有迫切要求。抗日战争爆发后，回族人民纷纷投入抗日救亡运动。他们当中涌现了许多优秀人物。

萨旭云是广州回族早期的共产党员，1924年入党，参加过省港大罢工、广州起义。"七七"事变后，他从外地回到广州，积极投身抗日救亡运动。为了培养抗日救亡运动的骨干，他在小北路成立了一支壮丁队，集中训练回、汉等族男女爱国青年数百人，自任壮丁队小队长，不久，这支队伍编入抗日模范团，成为正式抗日部队，转战各地。广州沦陷后，萨旭云接受党组织的派遣，利用其舅父在惠福市场对面

---

① 姜樾等著：《南粤少数民族现代革命斗争史研究》，17页、51～56页，广东人民出版社1993年。

开设的鲜蛋摊档做掩护,从事抗日的地下斗争,以卖蛋送货为名,搜集敌人情报,侦察敌人动向,并担任向导袭击敌人哨所等。1943年,萨旭云在执行运输弹药、组织对敌爆炸任务时,不幸被叛徒出卖,遭日寇的追击和逮捕,忍受严刑拷打,最后慷慨就义。

回族青年军官杨康良、杨纪南兄弟为国捐躯的事迹也十分感人。哥哥杨康良于抗战爆发后即投笔从戎,被选派到贵州独山抗日军校学习,毕业后分派到第一五九师服役,在抗日前线英勇杀敌,屡立战功。1944年夏,他任该师某团上尉连长,参加了桂柳大会战,在桂平战役中壮烈牺牲,时年25岁。其弟杨纪南获悉哥哥入了军校,不胜敬羡,亦应考入了中央陆军军官学校桂林分校,可惜在野外演习时误食了毒菌而中毒身亡。他们兄弟俩为国献身的精神,极大地激励了许多回族青年。

据统计,当时仅在桂林分校第十五期学习的回族学员就有17名,第十八期学员有11名。他们在军校毕业后驰骋抗日疆场,直到抗战胜利。还有张永逸一家5人,先后参加革命,在回族中被誉为"革命世家"。大姐张自珍从事工人运动,1940年加入中国共产党,抗战时加入华南人民抗日游击队,从事繁重的医务工作。弟弟张永强在香港积极参加中共领导的工人运动,并于1941年加入共产党。在他们的影响下,弟张永逸、张永富,妹张惠雪在成年后也先后走上革命道路。

此外,日寇在占领广州期间,妄图推行"以华制华"政策,欲以回族知名人士马仁峰充当他们统治广州回民的工具，多次对马仁峰采取软硬兼施、威逼利诱的手段，均遭到马仁峰的坚决拒绝，誓不做汉奸，并积极支持儿子马景文报考桂林军校，投身抗日。马仁峰的爱国精神，在回民中产生较大影响。总之，广州回族人口虽然不多，但英勇抗战的优秀人物却不少。

（三）畲族

广东畲族分布在14个县市，主要聚居在河源市郊区及潮州、和平、连平、南雄、始兴、龙川等地。乳源、增城、饶平、丰顺、博罗、惠东等县市，也有他们的聚居点。这些聚居点大都处于崇山峻岭之中，生活条件十分艰苦。汉族地主依仗政治权势，巧立名目，强占畲族山林和良田，使畲族人民长年累月辛勤劳动而不得温饱，但他们从不屈服于统治阶级的压迫和剥削，持续与反动势力做不妥协的斗争。抗日战争时期，畲族人民积极投入了抗日救亡斗争。

共产党员蓝庆云是广东畲族的杰出代表。蓝庆云是和平县东水镇莫丰村人。他积极从事抗日宣传活动，通过办民众夜校、教唱革命歌曲，让群众懂得"国家兴亡、匹夫有责"的道理。他自编的夜校课本中有《抗日救亡一条心，团结抗日向前进》、《我中华在东亚，我们拼命保护她》等内容，他教唱的歌曲有《送郎上前线》、《大刀进行曲》等。他还通过舞狮队等民间喜见乐闻的娱乐形式，到龙川、和平、河源等邻村镇进行抗日宣传。特别是蓝庆云在当地党支部的安排下，利用当时国共合作抗日的有利时机，在莫丰村成立农会，组织抗日自卫队，并担任农会长，领导农民开展减租减息、开荒生产、救济贫民等活动，还率领抗日自卫队对当地不法地主进行针锋相对的斗争。

畲族人蓝梅昌，在抗日战争时期，也是积极从事抗日活动的优秀人物。他是龙川附城区涧洞乡人，于1943年被村中父老推举为该乡水楼村小学校长。他任校长期间，除办好学校教育外，还积极办夜校，传播文化知识和抗日救国的道理。抗战胜利后，他毅然弃教从戎，参加了当地革命游击队。于1949年8月，被国民党反动派逮捕，惨遭剖腹碎尸，壮烈牺牲。

此外，居住于凤凰山、罗浮山、莲花山、九连山各地的畲族人民，在抗战期间，响应中国共产党的号召，积极参加和支援抗日战争，为争取抗战胜利做出自己应有的贡献。

（四）壮族

广东壮族主要聚居在连山县南部的加田、上帅、小三江、福堂、永丰等乡镇，还有部分人居住在怀集县，少数人住在广州市。在旧社会，壮族同胞深受封建地主的压迫剥削，加上受国民党政府苛捐杂税、强行征兵等盘剥和迫害，不得不起来进行反抗斗争。

国民党政府的倒行逆施，在壮族人民心里播下了深仇大恨的种子。1940年，在连山县省洞乡月九村，终于爆发了一场抗暴反蒋的斗争。月九村青年韦协音被区长抓进监牢后逃回家乡，经常到各村串联，动员群众对抗国民党当局强行征兵，得到乡亲们尤其是青年们的支持。区长闻讯，于是年冬布置区分队秘密包围月九村，企图活捉韦协音。韦组织了各村壮民五六百人，赶到月九村实行反包围。经过一场激战，国民党兵死的死、逃的逃，区长当场被击毙。群众随即冲进区公所，将财产没收，烧毁档案文书，释放被关押的乡亲。这次斗争有力地打击了当地国民党反动势力的嚣张气焰。次年春，国民党连山县政府派出县大队围剿月九村，逮捕了10多名抗征兵的积极分子，当众把他们全部杀害，激起群众更大的愤慨。

经过一段时间的酝酿，一场更激烈、规模更大的斗争，于1944年秋爆发。壮民李信之，率领永丰、福堂、小三江、加田、上帅等地群众，掀起轰轰烈烈的"反蒋抗征"暴动。他们成立了"新中华民团司令部"，高喊"打倒张益长（县长），迎接新中华"的政治口号。暴动队伍占领了小三江，向县城太保进发，途中遭县军警的伏击，被迫撤回永丰圩。

1945年，国民党又派兵围剿壮民村寨，烧杀抢掠，残酷镇压暴动民众。同年底，小三江壮族人民又爆发了"三抗"（抗征兵、抗征粮、抗征税）运动，不断对国民党的反动统治进行斗争。

（五）瑶族

广东瑶族主要分布在连南、乳源、连山等县，其余的散居在连县、乐昌、曲江、翁源、始兴、阳山等县。瑶族人民深受封建压迫剥削，富有光荣革命传统。早在1924年大革命期间，连南三江地区就成立了"青年同志会"，积极宣传孙中山的三民主义。土地革命战争时期，瑶族同胞支持红军在瑶区建立了红军游击基地，为后来革命力量的发展奠定了基础。抗日战争时期，1938年春，连县县立中学部分学生，自发组织宣传队到瑶族地区东坡、星子等地进行抗日救亡宣传。同年10月下旬，中共广东省委常委、军委书记尹林平到连县,于11月初组成中共连阳特别支部。连阳特支派遣肖怀义等到连县东坡地区,从事开辟抗日据点的秘密活动,先后建立了三水瑶山和陂岭山两个抗日据点,动员和组织瑶族人民投身抗日战争。

(六) 黎族

广东黎族主要聚居在海南岛的保亭、琼中、白沙、陵水、乐东、昌江等县以及通什、三亚市镇内,还有些散居在万宁、琼海、屯昌、儋县、定安、临高等县的高山密林之中。黎族人民主要从事农业生产,饱受国民党反动派统治和汉族地主豪绅的残酷压迫剥削和民族歧视之苦,虽终年劳累却仍忍饥挨饿,生活苦不堪言。他们不甘于这种牛马生活,追求自由、光明和正义,为翻身解放斗争不止。在抗日战争的烽火岁月里,他们和全国人民一起进行了英勇的斗争,做出了重要的贡献。

黎族人民的革命斗争在两个战场上同时开展:一个是黎汉边缘地区,在中国共产党琼崖特委直接领导、组织下,建立抗日民主根据地,打击侵犯的日军,反对国民党顽固派的反共摩擦;另一个是在海南腹地的黎族人民,迫于民族压迫和阶级压迫,在中国共产党的革命思想影响下,爆发的自发斗争,即白沙起义。两个战场在战斗中汇成一股力量,纳入了中国共产党领导的革命轨道。

早在1939年3月,昌(感)乐(东)边界地区,就有300多名黎、汉族青年参加了抗日游击队。这支抗日武装是由当地各族人民捐献的100多支枪装备起来的。该地区的黎族人民,还普遍组织了民兵、青年抗日救国会、妇女抗日救国会、儿童团，担任站岗放哨、防奸防特、交通运输、生产支前等工作。1939年冬，琼崖游击队独立总队（即冯白驹部）的主力，在澄迈、临高两县交界的美合山区，建立了美合抗日民主根据地。这里地处澄迈、临高、屯昌、儋县、白沙5县的咽喉位置，山高林密，是汉、黎、苗各族杂居地区。随后，又在黎族聚居区和黎、汉杂居区，如儋县、白沙交界地区，万宁、乐东交界地区，保亭、陵水、万宁3县交界地区，先后建立了3个抗日民主根据地。① 到1943年底，在黎族地区，又建立了昌（感）白（沙）边界、感（恩）乐（东）崖（县）边界、万（宁）保（亭）边界、崖（县）保（亭）边界和陵（水）崖（县）边界等5个抗日民主根据地。② 据统计，抗日战争时期，海南岛的10个抗日游击根据地中有8个分布在黎族地区。它们是感恩县的五外岭、乐东县的鹦哥岭、琼中县的红毛、白沙县的阜龙、澄迈县的美合、儋县的大星山、万宁的六连岭和定安的母瑞山。③

这些游击队根据地，经常遭到日、伪、顽军的围剿、烧杀、抢掠，黎族人民坚定不移地和敌人们进行斗争。他们拿起一切可以利用的武器，配合独立总队作战，从岛西部的昌化江下游到崖县的望楼河，从定安的母瑞山到崖县的仲田岭，到处都活跃着黎、汉人民的抗日武装。根据地的每个山道要口，都有民兵警卫放哨。当敌人来犯时，整乡整村的群

---

①② 黎族简史编写组编：《黎族简史》，126页、128页，广东人民出版社1982年。

③ 姜樾等著：《南粤少数民族现代斗争史研究》，71~72页，广东人民出版社1993年。

众都投入战斗，连六七十岁的老人也不示弱。琼中县红毛乡有100多青年参加武装队伍；狮光乡有200多青年手持粉枪，配合琼崖纵队抗击日寇。在岛西南的感（恩）乐（东）崖（县）边界地区，日寇进犯特别频繁，黎族民兵表现了顽强的战斗意志，给敌人以沉重打击。光是田头、里眉两村的民兵和群众，在日寇"扫荡"的2年内，就对敌作战50多次。这两村的青年男子都组织起来，编成3~5人的战斗小组，广泛运用游击战术带着土枪、弓箭、埋伏于路旁或村边的茂密的灌木丛中，袭击敌人，往往能以少胜多。

此外，各抗日民主根据地遵照中共中央关于统一战线工作的指示，建立抗日民主政府，广泛团结黎族上层爱国人士，吸收他们参加民主政权工作。如昌（感）乐（东）边界地区的"西北团"、"西南团"（相当于乡的行政单位），就是按照"三三制"原则组成的乡级抗日民主政权。总之，黎族人民在抗战期间付出了巨大的代价。

（七）苗族

广东苗族主要居住在海南岛南部琼中、保亭、乐东县和三亚镇的山区。新中国成立前，他们深居崇山峻岭，烧山垦荒，多数没有土地和山林，以钩刀、锄头、斧头、镰刀作为主要的生产工具，过着山光人走的游徙生活，受到当地反动统治者各种苛捐杂税的盘剥、勒索、抓壮丁等重压，过着牛马般的生活，不得不为求生存解放而奋起抗争。他们在多次战斗洗礼中，锻炼了意志，积累了战斗经验，涌现了不少优秀人物。

苗族人民的革命斗争，较早接受了中国共产党的领导。

1927年，中共海南特委在定安的母瑞山等地建立了革命根据地，领导苗族人民进行土地革命，发展党、团组织。后来成为苗族人民革命领袖的陈日光，就在这时加入了中国共产党，并任区委委员和苏维埃政府副主席。土地革命战争时期，国民党反动派对革命根据地疯狂进攻，大部分苗村陷入白色恐怖之中。冯白驹领导的工农红军于1933年被迫撤离了母瑞山，撤出了苗区后，陈日光率领苗族人民深居吊罗山，坚持斗争。

1939年，日寇侵占海南，国民党琼崖警备司令王毅的部队，抵抗不力，逃到五指山区，到苗村烧杀掳掠，奸淫妇女，无恶不作。为了反抗国民党统治的暴行，陈日光的大儿子陈斯德组织领导苗民，以60支土枪，击退了国民党部队9个连的进攻。1943年冬，中共领导的琼崖抗日纵队成立了五指山琼崖革命根据地。陈日光得知陵水、保亭一带有共产党的活动，便千方百计派人与党组织取得联系，经当地上级党组织批准，成立了以陈斯德为团长的白保乐西南团的抗日武装组织，同时成立了由陈斯安（陈日光的二儿子）为大队长的海南苗族人民抗日后备大队。这两支武装，在配合琼崖纵队打击日、伪、顽军和建立五指山中心革命根据地的斗争中发挥了重要作用。[①]

综上所述，广东各少数民族在抗日战争时期，间接或直接地在中国共产党的领导下，通过各种形式，与汉族人民一起参加伟大的民族解放战争，并做出了重要的贡献。

---

① 姜樾等著：《南粤少数民族现代革命斗争史研究》，1~5页，广东人民出版社1993年。

二、琼崖的白沙起义

1943年8月12日，在海南黎族、苗族聚居的白沙县，爆发了由王国兴、王玉锦领导的声势浩大的起义，黎族历史上称为白沙起义或七月（农历）起义。它继承和发扬了黎族人民反抗强暴的光荣传统和艰苦卓绝的斗争精神，对黎族的生存和发展发生了深远的影响。白沙起义有着深刻的社会历史根源。

1935年6月，国民党广东省政府将海南岛黎族、苗族聚居的五指山地区划分为白沙、乐东、保亭3县。其中白沙县最大，所辖范围除现时的白沙县以外，还包括琼中县的大部分和保亭、乐东、昌江、儋县等部分地区，县城设在牙叉镇。全县划分为3个区、35个乡，人口15.3万余人，主要是黎族，其次是苗族和汉族。白沙县峰峦重叠，河谷纵横，森林茂密，五指山和鹦哥岭东西对峙，南渡江、万泉河、昌化江、珠碧江均发源于境内。这里土地肥沃，宜于粮食和经济作物生长，自然资源也十分丰富。但在反动统治者的压迫剥削下，却经济和贸易极不发达，生产力和文化十分落后，人民生活极端贫困。国民党当局对黎、苗族人民实行一套"剿抚兼施"的反动政策：一方面用飞机大炮轰炸屠杀，实行军事征剿；另一方面设立"琼崖抚黎专员公署"等反动机构，用小恩小惠来收买人心，笼络一些黎族上层反动分子，同时推行反动的保甲制度，强化社会治安，对黎、苗族人民进行严密的控制，使他们的生活雪上加霜。

(一) 日顽勾结迫害，激起黎、苗族人民武装反抗

1939年2月10日，日本侵略军在海南澄迈湾东北角入侵，随后占领海口、琼山直至三亚、榆林、崖县等地。大约经过半年时间，岛上沿海地区、交通要道以及重要城镇，均被日军占领。面对日军的侵略暴行，国民党军队不但不抵抗，反而争相逃命，在国难当头之际，更加重对黎、苗族同胞的压迫和剥削。当时国民党驻岛的军政机关有琼崖守备司令部、广东第九区专员公署、游击大队等，兵力共4000人左右。其统辖权均归保安旅旅长兼守备司令王毅掌握。这批人连同其家属约5000人，纷纷逃到白沙县，食、住、用等物全部从白沙黎、苗族人民身上榨取。如在红毛乡，国民党政府就规定每个保每月必须缴纳米20石，猪、牛肉及笋干各70斤，鱼100斤，鸡40只，木耳、酒各40斤，蜂蜜、蜂蜡、烟叶各120斤，白麻400斤，壮丁费200银元，此外，还有"抗战粮"、"官长粮"、"草鞋费"等名目繁多的苛捐杂税以及各种无休止的盖房子、修路、挖战壕、运粮、抬轿等无偿劳役。黎、苗族同胞在国民党军官兵的监视下服劳役，饱受折磨，连老人、孕妇、儿童也不能幸免。有些国民党官兵丧尽天良，竟砍下黎、苗族同胞的头颅取乐，杀人取胆汁冲酒喝。黎、苗族同胞遭受如此残酷的迫害和剥削，对国民党顽固派无不恨之入骨。

1940年11月，日寇铁蹄已踏进白沙县东北边缘的南丰一带。国民党琼崖当局和日寇由秘密勾结发展到公开合作。1942年夏，琼崖守备司令王毅，保安第七团团长董伯然，文昌县县长何定之，琼山县县长陈哲等，同日寇签订了"划地

分防"、"互不侵犯"、"共同防共"等反共卖国协定。他们已蜕变为日寇在海南的代理人,某些官员已堕落为汉奸。

与国民党顽固派的倒行逆施相反,具有革命传统和斗争精神的黎、苗族同胞,对日本侵略者进行坚决斗争。当日本军队不断向白沙县红毛乡等地进犯时,当地黎族人民奋起抗击,并派出几名青年向驻在附近的守军求援。但后者不但不予支援,反以"造谣惑众"罪名把他们逮捕,这就激起黎胞的极大愤慨。在这样的历史背景下,一场声势浩大的反迫害、求生存、求解放的武装起义,在黎、苗族同胞中逐渐酝酿成熟了。这场起义的主要矛头是反对国民党的反动统治,但实质上是反对日本帝国主义的侵略。

(二)起义的酝酿、组织

白沙起义的主要领导人王国兴,是五指山区红毛峒番响村人,18岁就承担了全家的生活重担。王国兴的父亲是红毛乡乡长,为人正直,在黎胞受欺侮时,能挺身而出,因而深得民心。他因不满国民党的反动统治而被当局以"抗丁抗税"的罪名逮捕入狱3年,饱受虐待,后虽以680块光洋赎出,但不到半年便去世。其妻因伤心过度于数日后也离开人世。父母双亡,给王国兴以很大的打击,他自此与国民党反动派结下了不共戴天的深仇大恨。1941年6月,白沙县改换县长,王国兴被任命为红毛乡乡长,统治当局名目繁多的摊派捐税,不断落到他头上再摊派给黎族乡民。王国兴因同情贫苦乡亲,经常因不能及时收缴税款和征粮等物品,而受到国民党当局的训斥、辱骂,甚至被抓去吊在屋梁上毒打。这样,王国兴对国民党反动派的仇恨就越来越深,终将像火山般爆发。

白沙起义的酝酿和准备是在1942年春开始的。是年春节后不久,红毛乡第三保保长王玉锦等几个保甲长到乡长王国兴家拜年,王国兴对他们说:"现在国贼(黎胞对国民党的蔑称)把(我)黎族人民压迫得太惨了,虽然是过年,但是大家连吃的都没有。我们应该怎么办呢?……能够天天睁着眼睛,看国贼来抓人抢粮、杀人、放火,坐以待死吗?"王玉锦接着说:"那么,按照大总管的意见,发动各村老百姓,大家都起来打国贼吧!"在座的人全部都表示同意。①7月,王国兴以布置摊派官粮为名,通知各保甲长到红毛德伦山开会,讨论如何进行反抗斗争。会上决定派人到各乡进行联络,发动群众。会后,王国兴写信给苗族首领邓明仁,约苗胞同时举行起义。1942年9月,王国兴又在红毛乡什亲山召开会议,到会者50多人。会议决定了起义日期、攻击目标、队伍组织等问题,并对准备武器,购买火药等工作进行了具体安排,一致推选王国兴为起义的总指挥。1943年春,为了检查和推动准备工作,王国兴在红毛乡什合茂村召开了16个乡100多人的大型筹备会议。会上,王国兴认真地逐一检查了各乡各保的准备工作,再次明确了起义的日期为1943年8月17日,即农历七月十七日丑时,鸡叫头遍时刻。②

---

① 中共海南省委党史办公室编:《琼岛星火》(12),白沙起义专辑,26~27页,1983年(内部发行)。

② 中共海南省委党史办公室编:《琼岛星火》(12),白沙起义专辑,28~30页,1983年(内部发行)。

1943年农历五月十三日,琼崖守备司令王毅等人制造了骇人听闻的"中平惨案"。他们诬指中平、南茂等地的苗胞"私通日寇",以颁发"良民证"为名,把苗族群众诱骗下山到集中地点,开枪杀害了1 900余人。[①] 这一消息传开,震动了整个白沙县,黎胞们义愤填膺,预感到自己总有一天会遭到苗胞同样命运。王国兴、王玉锦等10多人在群众强烈的要求和催促下,在农历六月(阳历7月)召集了白沙县第一、第二区的代表30多人开会,对起义做进一步的检查和部署。会议确定首先攻打驻在什存的国民党三县(白沙、临高、感恩)联络所,然后合力进攻驻在什响的守备第二团。会议还规定了起义的纪律,再三强调总起义的时间。接着,在第一区,以王亚福为首的各乡首领和第三区的部分乡领导,也召开起义前的动员会议,确定该区起义日期为农历七月十五日(8月15日)鸡叫头遍。后因白沙县反动县长曾祥训强令第一区各乡、保在7月15日前必须交齐"抗战粮"、"参议粮"以及猪、鸡肉等各种物品,还要抽壮丁,从而激起群众极大义愤。王亚福等领导人决定第一区起义提前到农历七月十二日。

(三) 起义的经过

1943年8月12日(农历七月十二日)起义在第一区首先爆发了。白沙及元门、牙叉等乡4 000多群众,在王亚福等人领导下,向驻在向民村和妹印村的国民党白沙县政府和驻在什空村的国民党白沙县中队同时发起进攻,国民党白沙

---

① 黎族简史编写组编:《黎族简史》,132页,广东人民出版社1982年。

县政府人员仓皇逃跑，沿途受到起义群众截击，国民党白沙县中队在逃跑时也被起义群众追击。起义军这一仗旗开得胜，毙敌20多名。8月16日，第一区起义军围攻驻长岭村的国民党琼崖游击大队陈文才部，第三区部分群众奋起响应。陈文才部见各军政机关均被击溃，无心抵抗，逃往石碌。次日，起义军乘胜前进，攻打驻在番加乡坡春村的儋县、临高、感恩三县的国民党县政府，因敌人早已闻风逃跑，只抓到一名仓库保管员和捡到一些档案文件。第一区起义群众从8月12日起，仅仅经过7天的战斗，便驱逐了白沙及牙叉、元门、细水等乡的国民党军政机关，歼灭和击溃了他们部分武装力量，获得暂时的局部的胜利。

第一区起义的消息，传到驻在第二区什存村的三县联络所，所长李有美派兵通知第二区红毛等各乡、保长于8月16日到什存开"紧急会议"，欲借此机会把王国兴、王玉锦等起义首领抓起来一起枪决。王玉锦在危急关头，急中生智，设法逃了出来，然后率领百余名起义群众把王国兴也抢救出来。起义黎胞从四面八方呐喊着向三县联络所冲去，经过1天激战，占领了三县联络所。8月18日，王老朋指挥的起义群众300余人，攻打从第一区逃出来的国民党感恩县和昌江县县长及其军队。19日凌晨，起义军500余人攻打驻毛贵乡的乐东县政府及其武装人员，打了一整天后，敌人趁起义军吃饭时突围逃跑。

王国兴、王玉锦领导的起义军占领三县联络所后向什响进发，随后与毛栈、毛贵的起义军，以及从白沙第一区前来支援的起义军共3000余人会师，合围国民党守备第二团。8

月26日，起义军发起对守备第二团的攻击。团长和士兵争相逃命，乱作一团。整个战役经过八九天时间，毙、伤敌人50余名。白沙第一、第二区声势浩大的起义，震动了五指山区，各地纷纷响应。保亭县第三区的首领，也发动了该区各乡村300余人响应起义，攻打驻该区大里村的国民党保亭县政府。

整个起义从8月12—26日，历时半个月，参加者达3万余人次，共毙、伤敌800余人，缴获步枪300余支，轻机枪1挺，物资、子弹一大批。起义过程充分表现了黎族人民为争取民族解放而英勇奋斗、团结一致、不怕牺牲的精神，在黎族史上写下了最光辉的一页。

国民党顽固派不甘于自己的失败，在逃窜1个多月后，又纠集了1 000余兵力，趁着海南全岛军民全力对付日寇"蚕食"，"扫荡"的机会，分3路向白沙县进行反扑：一路以守备第一团300余人，从加钗向红毛、毛贵、毛栈反扑；一路以第九区专员公署自卫大队400余人，从琼山林加乡向沙县及细水、元门、牙叉反扑；一路以琼崖游击大队陈文才部200余人，从儋县雅星乡向七坊、老雅、牙叉反扑。国民党各路军队卷土重来后，切断一切交通要道，对山区严密封锁，进行血腥大屠杀，又收买黎奸，诱降招安，重建乡、保政权。

这次起义虽是有领导、有组织的行动，但毕竟缺乏正确的斗争纲领和严密的战斗组织，计划也不完善，加上武器简陋，弹药不足，缺乏斗争经验，在国民党军队的强大优势兵力的反攻下，起义群众经过一段时间的抵抗，牺牲很大，被迫退到深山中坚持。第一区方面，起义群众退到莫道山、那凡山、元门黄猿岭、对俄岭。第二区方面，王国兴率领200余人上了鹦哥岭，王玉锦率领100余人上了什寒山，王老朋带领80余人上了毛兴岭。国民党军对起义军连续追剿，不但军事进攻，而且经济封锁，以日寇的"三光"政策对付黎、苗族同胞。在深山密林中的群众弹尽粮绝，极为艰苦。在乡村里的群众惨遭杀害，王国兴的一个女儿被国民党兵踢下水溺死。国民党军队的大屠杀连续几个月，全县有1万余名黎、苗族同胞被杀害，每个黎村、苗寨都洒遍了群众的鲜血。

（四）白沙民主政府和白沙根据地的建成

王国兴、王玉锦等领导人，在极端困难的情况下并没有气馁，他们从悲痛的失败教训中，深深体会到：黎、苗族同胞好像漂流在汪洋大海中迷失方向的船只，急需英明的舵手，否则会有沉没海底的危险，因此，他们坚决去寻找中国共产党。1943年10月，王国兴曾独自下山找共产党领导的红军，但因敌人把道路封锁得很严密，他本人又是敌人悬赏重金捉拿的对象，只好回到山上，之后又挑选适当人选分三个方向去寻找共产党和红军，均未能成功。最后，又派了吉有理等3人，乔装打扮，经多番周折，通过国民党和日寇的封锁线，长途跋涉了1个多月，终于在10月间到达儋县、临高边区抗日根据地，找到了临儋联县抗日民主政府负责人和琼崖游击队独立总队第四支队队长和政委，还到了澄迈县美厚山区独立总队司令部驻地，受到冯白驹司令员的接见。从此，黎族人民得到了中国共产党的领导，走上了真正的革命道路。

中共琼崖特委贯彻中共中央有关建立五指山区根据地的指示，并结合当时的情况，决定先派1个武装工作组前往鹦哥岭开展工作。工作组由廖之雄等4人组成，由吉有理带路，回到牙寒村与王国兴、王玉锦等见面。双方都万分兴奋和激动。自此，白沙起义的斗争就直接在共产党的领导下开始了新的起点。

武工组首先建立起斗争指挥部，不久，又建立起常备队，组织群众开展合法与非法、公开与隐蔽的对敌斗争：派人打进敌人内部刺探情报；设法同牙叉、白沙、元门等乡的起义首领取得联系，鼓励和支持他们继续斗争；所有起义武装上山隐蔽，采用游击战术打击敌人；开展锄奸活动，这些活动对扭转敌我斗争形势起了很大作用。1944年2月，琼崖特委认为必须加强对白沙地区的领导，为大部队进入五指山区建立巩固根据地做准备，于是增派干部前往，与已在白沙的廖之雄一起，组成"黎民工作委员会"，由朱家玖当主任，进入白沙开展工作。同时，在与白沙第一区接壤的南丰、陶江等4个乡，建立儋县第五区，并以此为根据地，就近及时支援白沙第一区黎族人民的斗争。1944年春，第四支队根据琼崖特委和总队部的指示，派出第一、第二大队，在儋（县）白（沙）边区党政群众的配合下，进入白沙县的阜青乡和龙头乡。他们坚决贯彻中国共产党的民族政策，与白沙起义的首领结合，团结黎、苗族群众，打击国民党顽固派，成立阜龙乡抗日民主政府。1944年4月，特委根据黎民工作委员会的工作进展情况，派澄迈县副县长吴文龙到白沙主持筹建白沙县抗日民主政府。与此同时,第四支队第一大队和第二支队第二大队奉命进入白沙牙叉乡那繁村、什来苗村一带,以军事斗争配合县政府的组织建设,成立白沙县临时抗日民主政府,由王国兴任县长,吴文龙任副县长。1944年秋,琼崖游击队独立总队改编为独立纵队,进一步明确了作战部署和各支队的任务,确定以白沙根据地为中心,发展全琼的抗日斗争。1944年冬,中共琼崖特委书记兼琼崖纵队司令员冯白驹会见了王国兴等人。特委根据当时斗争形势,认为必须把白沙起义的斗争引向更广阔的地区,与保亭、乐东两县的反顽斗争结合起来。同时,特委根据王国兴提出的关于增派干部和部队进入白沙腹地开展工作的要求,决定建立一支以黎族起义战士为骨干的武装组织,称"白(沙)保(亭)乐(东)人民解放团",任命王国兴为团长,郑心梓(郑放)、许世淮为副团长,王玉锦为参谋长,全团共30余人。[①] 解放团成立后,首先在毛立尖山建立了基地,然后派人四处联系起义骨干分子,不断出击敌人。1944年11月,中共琼崖党政军领导机关从澄迈迁到白沙县阜龙乡文头山,直接领导白沙地区的对敌斗争。1945年2月开始,琼崖纵队先后开进了5个主力大队,在解放团的配合下,打击国民党顽军。1945年6月,琼崖特委将第一、第二、第四3个支队的主力大队组成挺进支队,专门负责清除在白沙县的国民党顽固派残余势力,彻底解放白沙黎、苗族人民,完成建立人民政权的光荣任务。1945年8月,白沙县抗日民主政府胜利

---

① 中共海南省委党史办公室编:《琼岛星火》(12),白沙起义专辑,53页,1983年(内部发行)。

诞生,詹力之任县长,王国兴、王昌任副县长。① 白沙抗日民主政府和白沙抗日根据地的建成,为以后建成五指山中心根据地奠定了基础。

白沙起义给国民党顽固派以沉重打击,有力地配合了中共领导的琼崖抗日独立大队,打退国民党的反共高潮,粉碎日寇在海南岛对抗日游击队和根据地的"清剿"、"扫荡",为挺进五指山,建立革命根据地,夺取抗日战争的胜利创造了极为有利的条件。②

白沙起义的实践说明,黎、苗等少数民族的革命斗争,只有在中国共产党的正确领导下,才能取得胜利。

---

① 《琼崖抗日根据地概述》,见中共广东省委党史研究室编:《广东党史研究文集》,第3册,268页,中共党史出版社1993年。
② 本目内容除注明出处者外,均参见中共海南省委党史办公室编:《琼岛星火》(12),白沙起义专辑,1983年(内部发行)。

第 五 章

抗日战争的胜利

广东抗战是全国抗日战争的重要组成部分，是华南地区重要的抗日阵地。

面对敌伪顽军的侵略、投降、摩擦等暴行和阴谋活动，驻省抗日军队和全省各族人民，同仇敌忾，艰苦奋斗，经受到了严峻考验，付出了巨大的牺牲，与全国抗战的形势和国际反法西斯同盟军的部署紧密配合，积小胜为大胜，终于迎来了抗日战争的胜利，为胜利的进退有据打下了基础，为抗战胜利做出了重要贡献。

第一节 广东人民抗日武装力量的壮大

1943年，国际反法西斯战争的形势开始发生根本性变化，进入了胜利的决战阶段。苏联红军开始了战略反攻，美英联军在意大利西西里岛登陆，意大利政府向同盟国投降，德、意、日法西斯联盟开始瓦解。在太平洋战场上，盟军也逐渐转入战略进攻。在中国，国民政府的正规军在正面战场上，八路军、新四军在敌后战场上给日军以沉重的打击。华南地区的人民抗日武装不断粉碎日、伪、顽军的"扫荡"、"蚕食"，成为一支重要的抗日武装力量。

中国共产党领导的华南抗日武装，由东江纵队、琼崖纵队、珠江纵队、广东人民抗日解放军、韩江纵队（两支）、南路人民抗日武装等组成，总称华南抗日纵队。他们在与敌、伪、顽军斗争中，并经受了无数艰难挫折的严峻考验，成长为一支坚强的武装队伍。它驰骋在南粤大地，浴血奋战，为打败日本侵略者、解放中华民族做出了不可磨灭的贡献。

一、东江纵队

中国共产党领导的东江人民抗日武装，1938年成立时，称惠宝人民抗日游击总队和东宝惠边人民抗日游击大队，到1942年2月，称广东人民抗日游击总队，番号几经变更，一直以民众抗日武装面目出现。

（一）中共中央正式发布东江纵队为共产党领导的部队

1943年7月，林平致电中共南方局和周恩来，建议公布东江抗日游击队为共产党领导的部队。[①] 随后，南方局电示：广东人民抗日游击总队称为东江纵队[②]。9月20日，周恩来

---

① 《林平致恩来电》（1943年7月10日），见中央档案馆、广东省档案馆编：《广东革命历史文件汇集》，甲38卷，267页，1986年印行。

② 中共广东省委党史研究室著：《中国共产党广东地方史》，第1卷，528页，广东人民出版社1999年。

指示：东江游击队为中外共知的中共游击队，应发表宣言，公开宣布成立东江纵队；应该强调只有中国共产党领导的游击队，才能在敌后存在和发展。① 在上述国内外的有利形势下，为了继续加强对敌斗争，巩固和扩大抗日根据地，配合同盟国，彻底打败整个法西斯阵营，广东人民抗日游击总队遵照中共中央的指示，于1943年12月2日宣布成立广东人民抗日游击队东江纵队。纵队司令员曾生，政治委员林平，副司令员兼参谋长王作尧，政治部主任杨康华。他们联名发表了《东江纵队成立宣言》，宣称："从五年来的抗日自卫斗争中，使我们全体同志一致认清：中国共产党是中华民族与中国人民的救星。""我们成立广东人民抗日游击队东江纵队，在中国共产党领导下，为打败日本帝国主义，建设独立自由幸福的新中国而奋斗。""我们不但与中国共产党、八路军、新四军、各爱国党派及全国人民的斗争血肉相关，而且与国际反法西斯斗争形成一线。"② 东江纵队宣告成立后，即向中共中央军事委员会报告，表示"在中国共产党领导下为彻底解放中华民族而奋斗"③。这些宣言和报告，明确宣告了东江纵队成立的宗旨和统一战线等各项政策。

东江纵队成立时，下辖7个大队，即第二、第三、第五大队、惠阳大队、宝安大队、港九大队、护航大队，共1 400多人，暂未成立支队，活动地区包括惠阳、东莞、宝安、

---

① 中共广东省委党史研究室著：《中国共产党广东地方史》，第1卷，528页，广东人民出版社1999年。

②③ 《东江纵队成立宣言》（1943年12月2日），见中央档案馆、广东省档案馆编：《广东革命历史文件汇集》，甲45卷，201页，1986年印行。

海丰、陆丰、博罗、增城、龙门、港九,以及广州近郊,还控制了大鹏湾、大亚湾和珠江口。随着形势的发展,队伍人员及活动范围不断扩大。

东江纵队成立后,强调坚持共产党的领导,加强部队的思想政治工作,用无产阶级思想武装全体指战员,进一步提高部队的战斗力。为此,1944年1月21日,林平、杨康华联名发表《告东江纵队全体党员书》,指出:为了使东江纵队完成巨大的历史任务,每个共产党员要起积极的模范作用,要加强党性锻炼,加强团结,切实做好民众工作;要积极生产,厉行节约,自力更生,艰苦奋斗;要努力学习,力求进步。① 东江纵队政治部遵照中共中央在全党范围内开展整风运动的部署,于1944年3月发出了《关于在全队进行整顿三风的指示》,规定以《古田会议决议》、《整顿党的作风》、《论共产党员的修养》,以及1940年9月"上下坪会议决议"、1942年1月"白石龙会议决议"等文件作为学习内容②,责成各地应根据战斗环境特点、拟订半年内的整风具体计划,各领导同志必须以极大责任心完成整风运动这一伟大思想斗争。通过整风,提高了全队的马克思主义水平,加强了组织纪律性,使全体指战员,特别是领导干部,进一步克服了主观主义、宗派主义、军阀主义残余和游击习气等非无产阶级思想,精神面貌发生了深刻的变化,大大提高了部队的战斗力。

---

①② 东江纵队史编写组编:《东江纵队史》,94~95页,广东人民出版社1995年。

随着斗争的胜利发展，队伍不断扩大，东江纵队更加重视培养干部的工作。1944年7月，东江纵队军政干部学校正式成立，开设政治理论和军事课程，学员经过3个月的培训，政治、军事水平都有显著提高。1944年8月，纵队政治部又开办了规模较大的青年干部训练班，共举办了7期，每期一两百人，为部队培养了大批青年骨干。

在加强政治工作方面，纵队领导人林平于1944年1月发表了关于中国共产党在东江敌后前线地区实施各项政策问题的谈话，强调坚决执行抗日民族统一战线政策，团结各阶层人士，积极打击日本帝国主义。纵队政治部在不同时期及时发出做好各项宣传工作的指示，组织各种宣传队，揭露日军的侵略暴行和顽固派的反共投降阴谋，动员和教育群众行动起来和敌、伪、顽作坚决斗争。此外，还广泛开展杀敌立功竞赛、拥政爱民、拥军扩军运动和以射击、投弹、刺杀三大技术为主要内容的大练兵运动，激励战士和群众的革命意志和树立抗战必胜信心。东江纵队成为中国共产党领导下广东一支能打仗、能爱民、能生产的出色战斗队伍。它像一把钢刀插入敌人后方，在华南敌后深入开展抗日游击战争。

（二）东江纵队对敌伪顽的战斗、土洋会议

1944年1月，日本侵略军发动了打通平汉、粤汉、湘桂大陆交通线的作战，企图依靠中国大陆做垂死挣扎，以挽救其在太平洋战场上的失败。东江纵队在敌后进行了"以我为主"的斗争。从1943年底到1944年初，粉碎了日军对港九沿线及东莞、宝安地区的"万人扫荡"和伪军的"清乡"

"蚕食"，据不完全统计，该队与敌伪的大小战斗已在80次以上，缴获长短枪500余支，重机3挺，轻机4挺，俘虏伪军300余人，毙伤敌伪300余人。① 到1944年5月，5个月来，该队与敌伪大小战斗90余次，毙伤敌伪400余人，俘虏敌伪500余人，缴获轻重机枪13挺，长短枪600余支，子弹数万发。② 1944年6月，东江纵队组织北上部队渡过东江，经东莞、博罗等8个县，行程2 500里，沿途打击并牵制向粤北进攻的日军，使其不敢轻率前进。

针对日军北上、西进、南下的态势和广东面临全面沦陷的危险，以及华南抗日战场的战略地位，广东省临委和东江军政委员会向中央陈述了自己的意见，请中央予以指示。中共中央于1944年7月25日复电，指示广东省临委和东江军政委员会应向敌占区大力发展抗日武装斗争，其具体内容为：第一，凡敌向北侵占之地区，只要有久占意图，即应派出得力干部或武装小队至该地区与当地党员取得联系，尽量发展抗敌武装斗争；扩大珠江三角洲及其以西地区，希望广东我党武装能扩大一倍，并提高战斗力。第二，对国民党军队所在地区，我地方党仍应坚持"隐蔽待机"的方针勿变，但可斟酌实情抽调一部分干部转到游击队受训，参加游击工作。第三，要设法派人与琼崖游击队打通电台联系，如有可

---

① 林平：《关于中国共产党在东江敌后前线地区实施各项政策问题的谈话》（1944年1月21日），见广东省档案馆编：《东江纵队史料》，110页，广东人民出版社1984年。

② 《东江纵队政治部告内战官兵书》（1944年5月5日），见广东省档案馆编：《东江纵队史料》，411~412页，广东人民出版社1984年。

能，应派人到广州湾附近发展抗日武装。①

为了贯彻执行中共中央的指示，广东省临委、东江军政委员会及各地区负责人，于1944年8月初在大鹏半岛土洋村举行联席会议（即"土洋会议"），传达贯彻中共中央的指示。会议决定：在全省放手发动群众，开展抗日游击战争，建立和发展根据地、游击区，明确武装斗争是当前的中心工作。首先应创立罗浮山以北，翁源以南，东江、北江之间的根据地，并向东江、韩江之间（潮汕在内）伸展。然后，准备向闽粤边、粤湘赣边、粤桂湘边开展工作。战略方针是独立自主的游击战争，不放松向运动战发展。② 会议还对统战、宣传、政权、财政经济和城市工作等做了决定。根据"土洋会议"精神，东江纵队组成抗日先遣队，由东莞出发，穿过博罗，进入从化，伺机打击敌人，于9月西渡北江进入清远，一度解放清远县城，后发现敌军挥师西向，队伍退回增城。先遣队在北上途中，粉碎了国民党第六十五军一个团会同从化自卫队、清远滃江自卫团的进攻，截击了日本第一〇四团进攻广西的后续部队，取得了辉煌战绩，宣传了中国共产党抗日的路线、方针、政策，给粤北人民留下良好的印象，为东江纵队尔后挺进粤北打下了基础。

1944年8月底，日军藤本大队约700人和伪军第四十五

---

① 《中共中央对东江纵队开展敌后游击战争的指示》（1944年7月25日），见中共广东省委党史研究室编：《广东党史研究文集》，第3册，96页，中共党史出版社1993年。

② 《中共广东省临委会工作决定摘要》（1944年8月），见中央档案馆、广东省档案馆编：《广东革命历史文件汇集》，甲38卷，323～324页，1986年印行。

师、三十师2 300人,向东江路西地区进行"扫荡"。根据地军民连续英勇作战,到9月3日,共进行较大战斗10次,粉碎了敌伪军的"扫荡"。①

(三) 部队整编和抗日政权的建立

1944年9月,东江纵队根据"土洋会议"的决定和部队迅速发展的情况进行整编,建立支队编制:第一支队分布在广九路以西,东江以南,珠江以东,宝安深圳线以北;第二支队分布在广九路以东,东江以南,惠淡公路以西,大鹏湾以北;第三支队随纵队司令部驻惠阳、宝安交界;独立第一大队(港九大队)分布在香港岛、九龙、新界及附近的海面;独立第二大队分布在增城西南及广州近郊;独立第三大队分布在增城、从化、博罗边界;独立第四大队(护航大队)分布在大鹏湾、大亚湾、惠阳、海丰交界的平海、稔山沿海海面。此外,北上抗日先遣队活动于清远至增城一带。以后又陆续成立第四、五、六、七支队,北江支队和西北支队。这时,正是部队大发展时期,全体指战员为巩固老区,发展新区,在港九路两侧展开了一系列战斗。1944年10月至1945年春,东江纵队先后粉碎了敌伪顽军对沙井、霄边、宝安沿海地区、大鹏半岛等地的进攻,组织了对新塘火车站敌伪军、西乡伪警察所、伪军李潮的"抗红义勇军"的袭击。1945年1月,派出独立第四大队一部向海丰、陆丰、惠东方向发展,扩建为第六大队,会同第七支队在海丰、陆丰、惠东、紫金地区广泛开展对敌斗争,并与韩江纵队打通联系。1945年2

---

① 东江纵队史编写组编:《东江纵队史》,128~129页,广东人民出版社1995年。

月，北江支队和西北支队向粤北挺进，发展粤桂湘边的抗日游击战争。同时，纵队决定建立以罗浮山为中心的江北根据地，以便把指挥中心从东区南岸转移到罗浮山。经过几个月来一连串战斗，打开了博罗的局面，把东江两岸的根据地连成一片。5月，东江纵队司令部、政治部、后勤机关及军政干校等直属单位先后进入罗浮山根据地。这时，纵队已发展到9 000多人，建立了9个支队。

1944年1月31日，中共中央书记处发出了《建立东江抗日民主政权的原则》的指示，指出东江游击区的抗日民主政权的基本原则应该是新民主主义的、"三三制"的政权，选出的各级政府实行民主集中制，施政纲领可参照陕甘宁边区的纲领，联系当地实际情况制定。遵照中共中央指示，东江纵队在广泛开展游击战争的同时，在其活动地区内，大部分建立了抗日民主政权。1944年7月，在路西（广九铁路西侧）原乡、村民主政权的基础上，正式成立东宝行政督导处，这是东江地区最早的县级抗日民主政权，下辖东莞、宝安两县在港九路以西的解放区共10个行政区，人口40多万。1945年4月，路东（广九路东侧，惠阳和宝安、东莞各一小部分）在区乡民主政权普遍建立的基础上，在惠阳召开了首届参议会，选举产生了由49名参议员组成的路东参议会和由9个行政委员组成的路东行政委员会（也是县级政权），下辖6个行政区和1个特别区（包括港九一带），人口约58万。与此同时，成立了惠东行政督导处，属县级政权，下辖5个区民主政府和一个相当于区的乡民主政府，人口约

45万。①

抗日民主政权努力贯彻中共中央关于建立抗日民主政权的各项政策，首先是统一战线政策。1945年3—4月间，东江纵队政治部分别召开路西、路东和惠东国事座谈会，参加的有各界人士的代表共350多人。其中包括各阶层各党派及名流学者，如爱国知名人士张北昌、彭东海，爱国军人陈友芳，爱国名流张友仁，教育界名流肖荫青、邓怀汶，农工民主党李伯球等。座谈会广泛发扬民主，听取各界人士对根据地政权建设、减租减息工作以及对部队的意见、批评和建议。最后，各界代表一致通过《对于建设东江抗日根据地的施政纲领》，正式颁布全区实行，从而把根据地的建设推向一个新的阶段②。

随着东江纵队挺进北江和粤北，在新开辟的根据地内，也相继建立了民主政权。1945年1月，增城县永和区人民政府在一批乡村已成立民主政权的基础上建立。7月，以英德东部为中心的一部分地区，成立了乡村抗日民主政权，并于大镇召开各党派和无党派民主人士的国事座谈会，选举产生了北江东岸抗日动员委员会。同月，博罗县人民政府正式宣告成立，辖内人口约4万，占全县人口3/5左右。海丰县抗日民主政权也于这期间成立。此外，在根据地的边缘地区、游击区和敌占区，还有一些两面政权。上述抗日民主政权都

---

① 中共广东省委党史研究室编：《中共广东党史大事记》（新民主主义革命时期），259页，中共党史出版社1993年。

② 东江纵队史编写组编：《东江纵队史》，109~110页，广东人民出版社1995年。

是在中国共产党领导下,联合一切主张抗日的人们组成的统一战线的民主政权。这些政权有占所辖地区人口80%的群众参加,真正代表广大人民群众的利益,让人民享有真正的民主权利,对汉奸、反动派实行专政。抗日民主政权的主要活动是:深入发动群众,建立与健全农抗会、妇女会、青年抗日救国会、儿童团、抗日自卫队等各种群众团体;开展锄奸保卫工作,打击叛徒、特务、汉奸的破坏活动;深入开展减租减息运动,领导群众恢复和发展生产,组织生产救济,发行生产建设公债;开展拥军优抗,发展文化教育事业;等等。

到抗日战争胜利结束时,东江纵队先后建立了9个支队和几个独立大队,共11 000多人,并建立了东江、北江以及海丰、陆丰、惠阳、紫金、五华、英德、翁源、新丰、佛冈、始兴等广大解放区,总面积6万多平方公里,人口450万以上。① 据不完全统计,该纵队对日伪军作战共1 400余次,毙伤日伪军6 000多人,俘虏投诚约3 500人。② 在八年抗战中,东江纵队和琼崖纵队、珠江纵队等互相配合,给日伪军以沉重打击,牵制了在华南的日军约4个半师团8万多人,使日军既不能南进,也不能北上。

---

① 中共广东省委党史研究室编:《中共广东党史大事记》,243页,中共党史出版社1993年。
② 《东江纵队概述》,见中共广东省委党委研究室编:《广东党史研究文集》,第3册,118页,中共党史出版社1993年。

二、琼崖纵队

(一) 琼崖纵队的发展壮大

自1939年2月日本侵略军的铁蹄踏上海南岛的土地后,琼崖人民即在中国共产党领导下,成立琼崖人民抗日武装队伍。早在1938年12月,琼崖红军改编为广东民众抗日自卫团第十四区独立队,冯白驹任队长。1939年3月,该队改称广东琼崖抗日游击队独立总队,同年8月又改称广东琼崖抗日游击队独立第一总队。这支队伍团结各阶层人民,挑起琼崖抗日斗争的重担,在中共琼崖特委的领导下,开展敌后游击战争和建立抗日游击根据地。他们经过数年的艰苦斗争,粉碎了日伪军对全琼各地一系列的"扫荡"和"蚕食",进一步发展壮大,使根据地和游击区有了新的扩展。为了加强对各部队、各地区的抗日斗争的组织领导和指挥,1944年秋,经中共中央军委批准,在琼崖抗日游击队独立第一总队的基础上,成立广东省琼崖抗日游击队独立纵队(琼崖纵队),冯白驹任纵队司令员兼政治委员,庄田任副司令员,李振亚任参谋长,王白伦任政治部主任,陈石任政治部副主任。纵队下辖第一、二、三、四支队和挺进支队。琼崖纵队成立后,进一步加强了部队的军事机关、政治机关和后勤机关的建设:在司令部设作战、训练、侦察、通讯等科;在政治部设组织、宣传、民运、秘书等处。纵队还进一步明确了作战部署和各支队的任务,确定以白沙根据地为中心,开展全琼的抗日斗争。

（二）五指山白沙抗日根据地的开辟

白沙县是五指山区最大的一个县。五指山区是全岛的中心地区，是黎、苗族同胞主要的聚居地。白沙与近邻的保亭、乐东三县共有人口30多万，有充足的人力和物力资源。早在1940年11月，中共中央书记处就指示琼崖特委必须充分认识在五指山区建立根据地的重要性。为此，琼崖特委一直在寻找创造开辟五指山中心根据地的时机和条件。琼崖纵队成立后，即抓紧有利时机，把开辟五指山区白沙抗日根据地作为中心任务。

1943年8月，白沙黎族人民举行了声势浩大的武装起义，起义领袖王国兴多次派人寻找中共琼崖组织，终于取得联系。在琼崖特委领导下，白（沙）保（亭）乐（东）人民解放团加强了白沙根据地的创建工作。1945年1月，琼崖特委和纵队领导机关迁到白沙县阜龙乡文头山。3月，琼崖特委派出3个重点大队，在纵队副司令员庄田和参谋长李振亚的指挥下，在白保乐人民解放团的配合和人民群众的支持下，先后在光雅、可情、可任、那雅、乐利等地发动进攻，全歼国民党顽军守备第二团一个连和白沙县反动游击大队。从3月到6月，纵队共歼敌100多人，缴枪数十支。[①] 7月初，琼崖特委决定将挺进白沙的3个重点大队建成挺进支队，李振亚兼任支队长。挺进支队成立后，即向白沙腹地进军，击溃国民党顽军守备第二团。8月初，挺进支队采取昼伏夜行、突然袭击的作战方式，乘胜追击，袭击国民党游击

---

① 琼崖武装斗争史办公室编：《琼崖纵队史》，177页，广东人民出版社1986年。

大队的8个据点，解放了除石碌铁矿以外的白沙县全境，相继建立了阜龙、红毛等13个乡的黎苗族抗日民主政府，1945年8月8日，正式成立白沙县抗日民主政府，詹力之任县长，王国兴、王昌任副县长，琼崖特委和纵队的领导机关也随之迁入白沙县城牙叉。① 白沙县抗日民主政府的成立，标志着白沙抗日根据地的建成。

在开辟白沙抗日根据地的同时，其他支队也按照整体部署和围绕中心任务开展对敌、顽的斗争，建立抗日民主政权。第一支队的主要兵力在澄迈和澄（迈）临（高）边区开展斗争，巩固琼（山）澄（迈）临（高）山区根据地，留少数部队在琼文根据地坚持斗争。第二支队在昌（江）崖（县）乐（东）边界地区开展斗争，逐步向白沙发展，策应第四支队的行动。第三支队的主要兵力在乐（东）万（宁），并向陵（水）保（亭）崖（县）地区开展斗争。第四支队在儋（县）白（沙）一带，以主要兵力巩固阜龙地区，逐步向白沙腹地发展，同时以部分兵力，在儋县开展斗争，与创造白沙根据地的斗争互相配合。这样，到1945年8月下旬，挺进支队在鹦哥岭下与东路第三支队会师，占领了五指山腹地。这时，琼崖纵队发展到5个支队，共7 700多人②，在全岛建立的县级抗日民主政权16个，还有大批区、

---

① 琼崖武装斗争史办公室编：《琼崖纵队史》，178页，广东人民出版社1986年。

② 中共广东省委党史研究室编：《中共广东党史大事记》，262页，中共党史出版社1993年。

乡级民主政权，根据地人口达100万以上，占全岛人口近一半。①敌后抗战根据地成为纵队兵源和给养的主要来源和抗战后方基地。

（三）配合盟军，瓦解敌军，加速配合反攻的准备

1944年春开始，琼崖的抗战形势发生了很大变化，抗日游击战争在全岛普遍开展，形成对敌军反包围的态势，使敌军只能盘踞在一些孤立的城镇据点上。这时，盟军在太平洋已进入反攻。1945年1月6日，盟军的强大舰队已开入菲律宾吕宋岛的仁牙因港，开始吕宋岛的登陆作战。菲律宾战事结束，盟军必然迅速进入琼崖。盟国战舰已出现在琼崖北部海面，其飞机经常进入海南岛上空侦察，轰炸日军的军事设施。岛上日军实际上已处于内外受敌的状态，大都只能龟缩在据点里，修筑与加强防御工事，准备做垂死挣扎。在这种情况下，敌军内部反战厌战情绪不断滋长，为纵队开展敌军策反工作提供了有利条件。

1945年2月25日，琼崖特委发出通知，指出："鉴于盟军力量威胁琼崖之重，琼崖敌人阵营内部之动荡，各地伪军及台籍敌兵之不断叛变、反正，可见敌人统治之崩溃，时已迫近，为使这迫近更加迅速到来，应尽一切办法从敌人内部瓦解其军事力量，是重要的一着。为此，现做决定：调集各地陆续叛变出来之台籍士兵于一团，以成立台湾士兵解放委员会，而广泛号召，并就台籍士兵今后做有组织之活动，实

---

① 中共广东省委党史研究室编：《中共广东党史大事记》，263页，中共党史出版社1993年。

为重要。"① 纵队按照特委的通知，积极开展对敌军的工作，主要是通过打入日伪军政机关工作的人员进行策反，同时在日伪据点周围散发传单，加强政治攻势，动摇其军心。在纵队强有力的策动下，日伪军不断发生投诚起义事件。1944年冬，驻白马井镇台籍日军班长李水航和驻新州的一名敌军士兵，携带轻机关枪2挺、步枪10支、子弹200余发起义。起义后，又配合纵队军政人员，秘密策动驻那大日军台籍和印籍士兵20余名投奔抗日武装队伍。② 1945年4月，文昌县翁田乡深浪日军据点翻译官手岛，与查田、国占、清野、安东4名台籍日军带枪支弹药一批起义。在他们的带动下，驻文昌县的水北、宝芳、东郊等地的台籍日军亦相继携械起义。③ 各地伪政权也出现瓦解现象。儋县新丰、永隆、松林、排浦、南丰等乡的维持会长，陵水县第二区乌石维持会会长，都先后反正，投奔到抗日民主政府或琼崖纵队去。

1944年冬，盟军在太平洋战场转入反攻。琼崖特委于1944年12月15日做出加速反攻准备工作的指示："盟军会在什么时候在琼岛登陆呢？我们的估计，大约是在明年春夏间（如果没有其他变化的话），而琼崖战争的结束应在明年秋季，这是特委依据目前情况，可以这样假定的。由此，迎接盟军登陆与配合盟军作战的任务，现在已落在我们的肩上。解放三百万同胞，建设我琼崖的任务，历史已把它寄托

---

① 《中共琼崖特委通知二则》(1945年2月25日)，见中央档案馆、广东省档案馆编：《广东革命历史文件汇集》，甲40卷，437页，1986年印行。

②③ 琼崖武装斗争史办公室编：《琼崖纵队史》，180页，广东人民出版社1986年。

在我们身上了。"① 根据特委的指示,各地军民投入了紧张的反攻准备工作。1945年夏,挺进支队进入了五指山区;第一支队解放了琼山、文昌、澄迈3县一半以上的土地,小部队经常进入府城、海口郊区活动,袭扰敌人;第二支队在昌感地区解放了大片土地;第三支队向陵水、保亭、崖县挺进,解放了3个县2/3的土地;第四支队在临高、儋县积极打击日伪军,扩大解放区。

琼崖纵队在加强作战、配合盟军的反攻中,还努力拯救盟国被俘人员。在此期间,"共拯救英、荷、澳等盟国战友14人,印籍战友11人,英国机师1人,其他被俘的上海、广州、香港同胞不可胜计"②。1945年5月,到三亚地区执行任务的一架美国飞机失事,飞行员着陆在崖县荔枝沟一带,情况危急,后得到当地乡政府、民兵的营救。上述被拯救的盟国战友,在他们回国后,曾用飞机投下15箱礼物和一些枪支,向琼崖纵队致谢。③

1945年8月23日,挺进支队向毛栈、毛贵进攻,在什统黑与顽军保安第六团发生战斗,在战斗中缴获了敌军文件,从中得悉日本侵略军已无条件投降。④ 接着,侵琼日军也宣布无条件投降。

---

① 《中共琼崖特委关于加速反攻准备工作的指示》(1944年12月15日),见中共广东省委党史资料征集委员会编:《琼崖抗日斗争史料选编》,292页,1986年10月印(内部发行)。

②③ 蒲吾:《琼崖独立纵队奋斗简史》,见中共广东省委党史资料征集委员会编:《琼崖抗日斗争史料选编》,323页,1986年10月印(内部发行)。

④ 琼崖武装斗争史办公室编:《琼崖纵队史》,182页,广东人民出版社1986年。

在抗战期间，琼崖抗日部队对日伪作战2 200多次，消灭日伪军3 500多人，伤日伪军1 900多人，俘虏日伪军150多人，迫使日伪军起义反正300多人，缴获轻重机关枪51挺，掷弹筒11具，手提机关枪16支，长短枪2 100多支，各种炮弹400多发，各种枪弹75 000多发，各种物资一大批。① 琼崖纵队从最早只有300多人的独立队发展到5个支队共7 700多人，他们为琼崖的解放，做出了不可磨灭的贡献。

三、珠江纵队

（一）南番中顺游击区指挥部和民主政权的成立

广东人民抗日游击队珠江纵队，是在中国共产党领导下的珠江三角洲地区的人民抗日武装，它在抗日战争中建立、发展、壮大起来，经历了一个长期、曲折的战斗历程。

1938年10月广州沦陷后，珠江三角洲地区的南海、三水、番禺、顺德、中山等县也相继沦于敌手。当地人民群众在中共广东地方组织的领导、影响和帮助下，先后成立了抗日武装队伍，主要有：中共南（海）顺（德）工委领导的顺德抗日游击队，中共中山县委领导的乡警队和游击小组，广东省委直接指导成立的"广游二支队"等。到1943年春，中共广东省临委、东江军政委员会决定在珠江三角洲敌后实行部队与地方党分开的原则，于3月成立中共南番中顺临时

---

① 琼崖武装斗争史办公室编：《琼崖纵队史》，182~183页，广东人民出版社1986年。

工作委员会（书记罗范群），撤销中共南番中顺中心县委。12月，又撤销南番中顺临时工委，成立中共珠江特别委员会（书记梁嘉）。4月，南番、中顺游击区秘密成立指挥部，指挥林锵云，政治委员严风（即罗范群），副指挥谢礼传（即谢立全）、谢海农（即谢斌，兼参谋长），政治部主任刘铁山（即刘田庆）。① 临时工作委员会负责领导珠江三角洲各地党组织，游击指挥部统一领导珠江三角洲地区的抗日武装斗争。9月，指挥部转移到中山县五桂山区，全面领导珠江三角洲的抗日游击战争，致力部队的建设。

在中山，保留了中山第八区抗日游击大队、中山第九区梁伯雄大队的建制，建立了海上游击队。1944年1月，将上述队伍统一整编，成立中山人民抗日义勇大队。3月，成立了逸仙大队。在番禺、顺德，1943年春，将在禺南的部队整编为广游二支队禺南大队。1944年7月，禺顺部队分别编为广游二支队新编第二大队（原禺南大队）、广游二支队第五大队（原顺德大队）。在南海，1943年3月成立南海人民抗日独立中队，1944年7月将该中队扩编为南三大队，并向南海、三水交界的官窑一带扩展。与此同时，在部队各级进一步建立健全了党委、总支、支部，设立了政治机关和政治委员、教导员、组织干事等职位。

在游击指挥部的统一领导和指挥下，珠江三角洲敌后游击战争首先在中山迅猛发展，继而又在番、顺、南三边境打开新局面，并进一步向新会、鹤山边境扩展，呈现出从山区

---

① 《林平致中央军委电》（1943年11月23日），见中央档案馆、广东省档案馆编：《广东革命历史文件汇集》，甲38卷，276页，1986年印行。

到平原、从陆上到海湾,向日伪军和敌后全面出击并深入发展的大好形势。

在中山,人民抗日武装从1943年5月起,先后出击三乡、安定乡、翠微、唐家、横门等日伪军据点,在崖口、芋头山伏击敌人,并连续打破日伪军对五桂山区的六路、十路和四路围攻。海上游击队在珠江口西侧活动,多次出击日伪军、海盗和海上走私资敌的船只,并取得胜利,还进行了淇澳岛战斗,保护了渔民生产,沟通了游击指挥部与东江军政委员会和东江纵队的联系。

在番顺地区,面对日伪顽军互相勾结、四处出击跟踪搜索,以及部队粮食物资严重缺乏的处境,抗日游击队依靠群众,加强统一战线,战胜了重重困难。1943年冬,部队在禺南活动的区域扩展到近20个乡。1944年1月,部队取得了智歼日本特务密侦势力"十老虎"(卫金华等10兄弟)中的"八老虎"的战绩。同时,攻打日伪军在番禺的统治中心市桥镇,拔除了番禺新造、沥滘和顺德乌洲等多个日伪军重要据点。

在南海、三水边境活动的南海人民抗日独立中队,于1943年春至1944年春,秘密处决了澜石的汉奸霍柱和土霸梁亨,在理教、河滘、苏滘、杏市、沙头等地建立了抗日游击区,活动范围扩大到南海黄洞、三水沙头、南边等地。

随着珠江敌后抗日游击战争的全面深入发展,人民抗日武装也迅速扩大,从1941年的300多人发展到1944年9月的2 700多人,活动范围从原来只有西海一个抗日游击基地,扩展到建成了以五桂山为中心的抗日根据地和番顺边境、南三边境两个抗日游击区。

南番中顺指挥部在发展抗日游击战争的同时，抓紧根据地的政权建设，于1944年2月成立了五桂山区民主建政党组和政权筹备处，经过两个多月的宣传发动和民主协商，先后成立了合水口、白企、贝头里、长江、石门、石莹桥等乡民主政权。10月，召开中山县各区乡代表大会，正式选举成立中山县行政督导处。1945年3月，成立番顺行政督导处，在南三边，也建立了一批区乡民主政权。

（二）中区纵队在内部宣布成立

1944年，世界反法西斯战争进入战略反攻，德、意、日法西斯面临最后崩溃之势。这时，日本侵略者为了使中国大陆成为它垂死挣扎的基地，加紧实施其打通从东北到广州、南宁，直达越南的大陆交通线计划。从1944年3—5月，面对日军南下进行打通平汉线、湘桂线、粤汉线的作战，而国民党军队节节败退的局面，中共广东组织及其领导下的人民抗日武装所担负的深入敌后开展游击战，扩展华南敌后战场，直接配合盟军作战的任务，就显得特别重要了。

1944年7月25日，中共中央对华南开展敌后游击战争做了具体指示，指出："三角洲及其以西地区亦有可能扩大我现有武装，希望广东我党武装能扩大一倍，并提高战斗力。"[①] 为了贯彻执行中共中央的指示，中共广东省临委和东江军政委员会于8月在大鹏半岛土洋村召开联席会议（即"土洋会议"），深入讨论中共中央有关指示和战略部署，做

---

① 珠江纵队史编写组编：《珠江纵队史》，158页，广东人民出版社1990年。

出了关于今后工作的决定。其中对珠江和粤中地区的工作要求是:"首先求得普遍发展,然后向西江、粤桂边及向南路前进,使两方面配合,取得对广州的包围形势,将来会合于粤、桂、湘边界。"① 根据形势的发展,东江军政委员会认为:"南、番、中、顺游击区方面难于归东江纵队统一指挥,有成立中区纵队之必要,决定于最近正式成立司令部,发布宣言,公开接受党的领导。其司令部人选即由原来之秘密指挥部人员公开。……仍受东江统一的军政委员会之领导。"② 遵照东江军政委员会的决定,南番中顺指挥部于1944年9月下旬在五桂山区召开会议,该部领导人林锵云、罗范群、谢立全、谢斌、刘田夫、刘向东、严尚民和珠江、西江、粤中的中共地方组织的负责人梁嘉、谢创、冯燊、李国霖等出席。会议传达了中共中央有关指示和"土洋会议"精神,分析了广东面临的严峻形势,一致认为应该组织部队迅速挺进粤中,然后逐步向粤桂边推进,在勾漏山脉开辟抗日根据地。会议宣布中区纵队领导成员名单:司令员林锵云,副司令员谢立全,政治委员罗范群,参谋长谢斌,政治部主任刘田夫、副主任刘向东。10月1日,广东人民抗日游击队中区纵队在内部宣布成立③。纵队下辖2个支队、7个大队,共2 700多人,主要任务是开展珠江三角洲和粤中地区的抗日

---

① 珠江纵队史编写组编:《珠江纵队史》,158页,广东人民出版社1990年。
② 《林平致中央及军委电》(1944年8月31日),见中央档案馆、广东省档案馆编:《广东革命历史文件汇集》甲38卷,301页,1986年印行。
③ 中共广东省委党史研究室著:《中国共产党广东地方史》,第1卷,539～540页,广东人民出版社1999年。

游击战争。

中区纵队为执行挺进粤中的决策,决定将部队分为两部分:一部分留在珠江三角洲继续开展武装斗争;另一部分即纵队领导机关率主力大队500多人挺进粤中。挺进粤中的部队在10月20日从五桂山根据地出发,经新会、鹤山、高明、台山等地,与当地人民抗日游击队结合,经过一系列斗争,建立了以皂幕山、老香山为依托的新(会)高(明、要)鹤(山)抗日游击区和以台山县大隆洞为中心的滨海抗日游击区,全面开展游击战争。

(三)珠江纵队的成立和挺进西江

中区纵队的成立和中区主力部队挺进粤中,使珠江三角洲和粤中地区活动的抗日武装斗争进入一个新的发展阶段。但是,由于挺进粤中的部队继续向西发展,距离珠江三角洲地区越来越远,给指挥和联络带来不少困难。为了加强对珠江、粤中两地区武装斗争的领导和部队的建设,中共广东省临委和东江军政委员会于1944年11月11日开会决定,并经中共中央11月14日批准,将中区纵队一分为二:在珠江地区活动的部队,称珠江纵队;在粤中地区活动的部队,称广东人民抗日解放军[1],撤销原有中区纵队的建制。

1945年1月15日,珠江纵队在中山县五桂山根据地槟榔山公开宣布成立,发表了成立宣言。宣言说:"我们能继琼崖纵队和东江纵队成立之后,获得中国共产党的领导,是

---

[1] 《林平致恩来并转中央电》(1944年11月11日),见中央档案馆、广东省档案馆编:《广东革命历史文件汇集》,甲38卷,337~338页,1986年印行。

我们全体同志的无上光荣,也是中区同胞的无上光荣。"①珠江纵队直属省临委和东江军政委员会领导,统辖珠江三角洲地区(包括南海、顺德、番禺、中山、三水5县及广州)的人民抗日武装。纵队司令员林锵云,副司令员谢斌,政治委员梁嘉,参谋长周伯明,政治部主任刘向东。② 纵队下辖2个支队、1个独立大队,共1 572人。第一支队在中山县活动,第二支队在番禺、顺德活动,独立第三大队在南海、三水活动。纵队担负着繁重的战略任务,不仅要扩大珠江三角洲已有的力量,还要扩展新的地区。

1945年1月,日寇为对付美军反攻,占领了惠州、博罗,并在大亚湾、澳头登陆,沿海重镇重陷敌手。日军为巩固阵地,对东江纵队、珠江纵队进行残酷的"扫荡"。2月,珠江纵队接受了中共广东省临委和东江军政委员会布置的任务,"挺进清远、四会、广宁,打好基础,再向连阳、湘桂边挺进"③,并组织挺进西江的部队,配合东江纵队的战斗。5月10日,由梁嘉、谢斌、刘向东等组成的珠江纵队西江指挥部,率领第二支队和独立第三大队一部共450多人,挺进西江北岸,开辟以广宁为中心的新地区,配合东江纵队挺进粤北的北江支队和西北支队的战斗,同时和粤中部队相呼应,发展粤桂湘边的游击战争。林锵云、周伯明率领第一支

---

① 刘向东:《回顾珠江纵队》,137页,1984年(内部发行)。
② 《林平致恩来电》(1945年3月7日),见中央档案馆、广东省档案馆编:《广东革命历史文件汇集》,甲38卷,361页,1986年印行。
③ 《中共广东临委关于开展广东工作的决定给中央的报告》(1945年2月10日),见《广东区党团研究史料》(1937—1945)下,534页。

队、第二支队一部和独立第三大队一部，留在珠江地区继续坚持敌后武装斗争。

正当珠江纵队积极部署挺进西江的时候，驻广州的日伪军和番禺的伪警察3个大队共7 000多人，于3月间对活动在番禺、南海的抗日武装队伍和根据地发动了大规模的"万人扫荡"。他们采取"填空式"的"铁桶合围"战术，即占领一个地方就驻扎一个部队，向根据地步步进逼，逐步缩小包围圈，以达到消灭抗日武装的目的。珠江纵队第二支队在民兵的配合下，采取"你打你的、我打我的"机动灵活的战术，分3批转移到三水活动，进行了持续15天的反"扫荡"斗争，粉碎了敌人的"铁桶合围"，为部队挺进西江的准备工作赢得了时间。这时，广宁、四会两县的共产党组织，在中共西江临时工委的领导下，决定于1945年2月20日、21日分别组织武装起义，公开宣布成立"西江人民抗日义勇队"。义勇队下辖广宁大队、四会大队共200多人，分散在绥江两岸活动，开辟抗日游击根据地。3月底，中共广宁中心县委统一领导四会、清远、德庆等县的共产党组织，开展敌后斗争，迎接珠江纵队挺进西江的部队。5月15日，挺进西江的珠江纵队部队，在西江指挥部率领下，从三水县黄洞出发，偷渡西江，于19日在三水望岗楼击退日军的袭击，并于当月到达广宁县罗汶，与西江人民抗日义勇队会合。会合后，两部队对外统一用西江人民抗日义勇队名义发表宣言，呼吁国民党团结抗日。但国民党顽固派仍坚持消极抗日、积极反共方针，于5月下旬，对挺进西江的部队进行多次进攻。部队领导决定分兵活动，摆脱顽军，争取主动，发动群众，建立游击基地，打击敌人。到同年8月，终于粉碎了国民党顽军历时4个月的"围剿"，开辟了以广宁为中心的广宁、清远、四会、高要、怀集等县边境的抗日游击区，把部队整编为珠江纵队直属第一、第二、第三、第四大队的序列。12月，依次改称为广清区队、广高区队、广四区队、广怀区队；同时，加强与东江纵队西北支队的联系，准备北上挺进粤桂湘边，发展游击战争。

留在珠江三角洲的部队，在林锵云、周伯明率领下，继续开展游击战争，巩固抗日根据地。1945年5月，日伪军4 000多人，分兵6路，向五桂山、凤凰山根据地进攻，实行"铁桶合围"战术，企图以优势兵力聚歼珠江纵队第一支队，这就是"五九大扫荡"。这次"扫荡"历时一个月，其兵力之多，前所未有。日伪顽军尽管来势汹汹，却处处遇到珠江纵队游击队员的抗击，最后只能留下小部分兵力，盘踞在五桂山外围的平原地区，其余的撤回原地。珠江纵队第一支队得到林平的指示和东江纵队的支援，由林锵云、周伯明指挥，在支队长和政委的带领下，分3批共300多人，横渡伶仃洋到达宝安抗日根据地，同东江纵队会师，尔后，同东江纵队一部合并组成独立大队。珠江纵队留下少数部队在五桂山区坚持斗争。

1945年7月间，珠江纵队遵照广东区党委的指示，派出部队开赴粤北山区，迎接王震率领的南下部队。为此，把坚持在南三边境斗争的部队和第二支队一部，组成1个大队500多人，称珠江纵队独立第三大队，由郑少康率领挺进粤北。他们由三水经花县、清远、英德、翁源、始兴到达南雄，同司令员林锵云会合，同时和东江纵队挺进粤北的第五支队配合战斗。至此，珠江纵队几个主力部队，已先后由珠江三角洲敌后分批向省内各地进军。

四、广东人民抗日解放军

（一）挺进粤中，组编广东人民抗日解放军

广东人民抗日解放军（又称粤中抗日解放军）是由中区纵队挺进粤中的部队和原在粤中活动的3支游击大队合编而成的，是中共广东组织领导下的一支人民抗日武装。这支部队在粤中地区坚持对敌、伪、顽军的斗争，在困难和挫折的严峻考验中逐渐发展壮大。

日军于1938年10月21日攻陷广州，于次年春开始向粤中推进，先进犯江门、新会、鹤山等地，后于1941年，又陆续向开平、台山进犯，除以部分兵力据守水陆交通线外，其余大部分兵力沿西江北上，向广西进犯。这时期的粤中实际上是半沦陷区、半国统区。中共中区特委于1944年先后公开建立了3支人民抗日游击大队，活动于新会、开平、台山、鹤山边区一带。这3支游击大队就是新鹤人民抗日游击队、台山人民抗日游击队第四大队、高明人民抗日游击队第三大队。它们为后来配合中区纵队主力一部从中山五桂山抗日根据地挺进粤中，为开辟新的游击区和根据地打下了基础。

1944年10月1日，中区纵队在内部宣布成立后，纵队领导罗范群、谢立全、谢斌、刘田夫等率主力约500人，从中山县挺进粤中。当时的粤中地区包括高明、鹤山、新会、

开平、台山、恩平、阳春、阳江、罗定、云浮、高要、新兴等县，人口约600万。这里丘陵起伏、山岭连绵。国民党在这个地区的势力比较大，有邓龙光的第六十四军和挺三、挺五等杂牌军。因此，挺进粤中的部队在前进途中遇到不少困难。1944年10月，该部开始出发，实现从内线转到外线打击敌人的战略转移。到年底，队伍到达新会、高明、鹤山、开平、台山等县，沿途与国民党顽军几经战斗。该部队宣传群众，发动和组织群众，建立区、乡抗日民主政权，开辟了皂幕山、凤凰山等抗日根据地，主力部队发展到近2 000人，粉碎了国民党顽固派的"围剿"，在粤中基本上站稳了脚跟。

1944年11月，中共广东省临委、东江军政委员会决定把中区纵队挺进粤中的部队和原在粤中活动的抗日游击大队合编为广东人民抗日解放军。1945年1月20日，广东人民抗日解放军发布成立通电，宣告"本军本抗日、团结、爱民三大主张，在敌后、前线均愿竭诚与各抗日友军精诚合作，共同负起打退敌人进攻，缩小敌占区域，收复失地，建立民主根据地之责任"。①

1945年1月29日，广东人民抗日解放军在鹤山县宅梧镇举行了成立大会。该部的领导成员是：司令员梁鸿钧、政治委员罗范群、政治部主任刘田夫、参谋长谢立全。部队下辖第一、第二、第三、四团及独立营，共1 100多人，分3个片展开活动：第一团由部队领导机关率领继续西进，向云雾山区发展；第二、第三团和独立营由严尚民统一指挥，坚

---

① 中央档案馆、广东省档案馆编：《广东革命历史文件汇集》，甲46卷，162页，1986年印行。

持在皂幕山斗争；第四团以台山县南部为基地，伺机向恩平县运动，配合第一团西进。①

正当抗日解放军实施上述部署以第一团继续西进时，国民党顽军于1945年1月集结第一五八师第四七三团1 000多人，向高明大洞进犯。抗日解放军没有弄清情况，误把进犯的顽军1个团当成1个营，只派了200人左右的兵力，在凤凰山迎击。由于敌我兵力悬殊，抗日解放军遭受较大损失，牺牲了18人，副团长秦炳南等10多人被俘，并于一个月后在新兴被杀害。2月，国民党顽军集结了第一五八师全部、3个保安团、挺三、挺五和各县的警察队、联防队、地方土顽军共万余人的优势兵力，采取分进合击的战术，企图将抗日解放军压缩在皂幕山、老香山之间的狭小地带，在3个月内全部消灭。抗日解放军又一次面临着严峻的形势。抗日解放军司令部根据对敌我双方情况的分析，决定：第二、第三团各留一部分，分3~5人为一组，分散占领各个山头及要隘，与敌人打麻雀战，坚持根据地的斗争；第二团回到新会、江门一带活动；司令部率第一、第三团从顽军第一五八师来攻的两路之间突围，奔袭该师后方新兴县城，然后转移到云雾山区活动，力求在内线坚持，配合外线作战，调动敌人，伺机歼敌，以恢复和建立云雾山根据地。后来，由于情况变化，决定放弃进攻新兴县城的计划，留第二、第三团在皂幕山区对付敌人，司令部和第一团依原计划向恩平地区挺进。在进军途中，刚巧遇到大雨，部队连续行军三昼夜，非常疲

---

① 李祥锐：《广东人民抗日解放军概述》，见中共广东省委党史研究室编：《广东党史研究文集》，第3册，136页，中共党史出版社1993年。

劳,在新兴县蕉山村宿营时,受到顽军第一五八师的3路合围和猛烈炮火的袭击,损失严重,司令员梁鸿钧等60多名指战员伤亡,另有六七十人被俘。①

(二)休补整训,重新发展,打击敌伪顽军

蕉山战斗失利后,部队给养困难,士气低落,随后转移到恩平,得到当地中共组织和群众的热情支持和帮助,解决了给养和伤病员收容等问题。一批青年被发动前来参军,补充了队伍。经过一段时间休整和补充,部队的士气和战斗力逐渐得以恢复。

抗日解放军为了壮大部队,开辟云雾山游击活动区,于1945年3月中旬,以恩平抗日武装队伍为基础,再从第四团抽调部分骨干,组建成第五团,主要活动于开平、恩平一线;又以阳江、阳春(称两阳)抗日自卫队和地方共产党组织输送的部分骨干组建成第六团,主要活动在两阳山区。第一团在蕉山受挫后,在两阳山区的春湾、七星岭、大八、珠环等地,经过几次激烈战斗,摆脱了敌人的前堵后追,进入了云雾山区岑洞一带。云雾山区是十万大山的支脉,地跨恩平、开平、新兴、云浮、罗定、阳春、阳江等县,山高林密,地形险峻,是立足生根、开展游击战的好地方。部队领导在岑洞召开干部会议,总结挺进粤中以来的经验教训,并在此基础上,对部队进行了思想整顿和军事训练,领导也做了自我批评,使指导员们克服了悲观失望情绪,同心同德,团结一致,共渡难关,迎接新的胜利。经过政治、军事整训

---

① 中共广州市党史研究室编:《罗范群》,109页,广东人民出版社1996年。

后，部队深入广泛发动群众，使群众工作、统一战线工作得到进一步开展。

留在皂幕山根据地坚持斗争的第二、第三团，在内线进行英勇的斗争。国民党挺三、挺五、广阳指挥部、保安团以及开平、新会、高明、高要等县的土顽武装，倾巢而出，对皂幕山根据地进行灭绝人性的反复"清剿"，先后对鹤山县云乡，高明县小洞、平塘、大洞、布社等数十条大、小村庄进行烧杀掳掠。第二、第三团的干部战士，和当地群众团结战斗。为了摆脱顽军的前追后堵，部队决定分兵活动：第二团和独立营开出江门、新会前线，伺机打击敌人；第三团转移到高明老香山活动。在此期间，取得了出击高要白土镇国民党顽军梁恩部和伏击广州至梧州的日军运输船两次战斗的胜利，大大提高了部队的士气，鼓舞了西江两岸的人民群众。

1945年5月，苏联红军攻克柏林，直捣德国法西斯的巢穴，德国宣告无条件投降，日本帝国主义也随之面临日暮途穷的境地。在中国战场上，国民党顽固派一方面坐待胜利，另一方面积极部署反共反人民的新阴谋。共产党领导的八路军、新四军在全国各个战场上与垂死挣扎的日寇酣战，全力担负着抗击日寇的重任，不断取得重大的胜利。在广东，和全国形势一样，抗战朝着有利的方向发展。王震率领八路军一部南下已到达湖南；东江纵队正向粤北挺进；珠江纵队一部已进到粤西广宁、四会一带；粤中部队在云雾山已立足生根。但总的来说，粤中各地部队仍处在国民党军队的层层包围和处处封锁之中。为了适应出击日寇的需要，广东人民抗日解放军命令各团从山区跃出平原，一方面向驻守江门、新会前线的敌人出击，另一方面打击由广州湾经粤中向广州撤逃的日军。

1945年3月底，第一团主力乘敌不备，夜袭顽军恩平县中队，缴枪30余支。接着于4月25日夜袭春湾顽军和银行，歼灭顽军七八十人，缴获大批货币和物资。7月，司令部得知日军在广州湾集结了3 000多人，要经粤中逃往广州，当即决定率第一团开赴恩平大槐顶公路伏击过境的日军，歼灭了该敌殿后部队40多人。随后，第一团到达沙湖与第五团会合，先后在棉湖村、君堂圩袭击前来抢掠的日军，后又分兵3路，夜袭茅岗的敌伪驻军和前来追击的国民党顽军1 000多人。战斗结束后，部队向高明、鹤山县境进发，继续出击日寇，迅速恢复老根据地。坚持在新会、鹤山一带的第二团，也积极出击，打击敌伪，在大凹村歼灭日军1个班，接着在莲花山阻击追击的日军，杀伤敌人不少。转战在恩平、台山的第四团，乘日寇过境时，以勇猛的动作，夜袭广海，击毙日伪军30多人。① 在这期间，人民抗日解放军在不断打击日寇的斗争中，积小胜为大胜，发展壮大，在粤中一带声威大震。

1945年8月，正当广东人民抗日解放军在追歼日寇、打破国民党顽固派进攻和恢复抗日根据地的斗争中取得不断胜利的时候，传来了日本无条件投降的消息。这时第二团、独立营在中共新会县委配合下，攻打龟缩在新会县城的日伪

---

① 谢立全：《推进粤中》，125页、127页，广东人民出版社1980年。

军，摧毁两个伪警俱乐部，又散发传单，张贴标语，敦促江门、新会日军投降。9月29日，驻粤中日军正式签字投降。

广东人民抗日解放军在粤中坚持斗争，深入敌后，在敌我力量悬殊的艰苦环境下，经受了严峻的考验，从起初的数百人发展到后来的近1 400人，活动地区扩展到西江南岸11个县，2.7万多平方公里，人口约600万，成为华南抗日武装的重要组成部分，为抗日战争的胜利做出了应有的贡献。

五、韩江纵队

韩江纵队包括潮汕地区的广东人民抗日游击队韩江纵队和梅埔地区的抗日游击队韩江纵队两支队伍，前者又称韩江（潮汕）纵队，后者则称韩江（梅埔）纵队。

（一）韩江（潮汕）纵队

1939年6月汕头失陷后，中共潮汕组织组建了近百人的"汕头青抗会武装大队"，开展了抗日武装斗争。当国民党顽固派掀起反共逆流后，青抗会被强行解散。1942年"南委事件"后，中共潮汕组织贯彻中共中央"隐蔽精干、长期埋伏、积蓄力量、以待时机"的方针，暂停活动，深入群众，实现了由公开到隐蔽的转变。在沦陷区，中共潮汕组织负责人周礼平，在潮安县江东佘厝洲李日楷家建立了潮澄饶敌后游击小组指挥部。游击小组利用日伪之间的矛盾，灵活地打击敌人，并在斗争中发展壮大为游击小队。到1944年秋，游击小队先后缴获敌人长短枪100多支、黄金180多两和大批钞票、药品、衣物等，送往隐蔽的闽粤边、梅县的地下党领导机关,为解决部队的困难做出重要贡献。

1944年,敌后战场开始转入反攻,抗日战争出现了新局面。在此有利形势下,中共潮汕组织开始酝酿全面恢复活动和开展抗日武装斗争。经南委联络员(闽粤边委负责人)李碧山、原潮梅特派员林美南、潮汕沦陷区党组织负责人周礼平、潮(阳)普(宁)惠(来)南(山)党组织负责人林川等多次商议,决定一面派吴坚前往中共广东省临委汇报和请示恢复活动等工作,一面主动果断地准备恢复活动。吴坚于7月底出发,10月回到潮汕,传达了中共中央及广东省临委对潮梅工作的指示:(1)国民党统治区的工作,遵照中共中央7月25日电示执行。(2)敌后工作,一为开展潮汕敌后游击战争,一为进行汕头市等敌占城市工作。因此,党组织有恢复之必要。(3)将来可能成为战区的地方要做好准备工作,必要时恢复组织。(4)保持与省临委的联系,并派干部去受训练,然后回来分别担任开展游击战争与党的工作。[1]

正当潮汕党组织准备恢复活动的关键时刻,投敌叛变的原南委秘书长姚铎,于1944年7月由重庆潜回揭阳县,从事破坏活动,致潮梅党组织处境非常危急。潮梅特派员林美南随即接到中共中央南方局关于处决姚铎的指示,于11月12日将姚铎击毙于揭阳县城商业学校内,从而清除了隐患,使党组织转危为安,可顺利进行潮汕党组织恢复活动的

---

[1] 《林平给恩来并转中央电》(1944年10月10日),见中央档案馆、广东省档案馆编:《广东革命历史文件汇集》,甲38卷,315页,1986年印行。

工作。①

1944年11月,林美南在揭阳县大岭山下村召开揭阳县部分骨干会议,决定:(1)建立一支120多人的武装队伍,要求党员带头动员群众积极分子参军;(2)党员有枪的一律献出;(3)发动筹款。② 同月,周礼平在潮安召开潮(安)澄(海)饶(平)党员领导骨干会议,宣布成立中共潮澄饶县委,决定:(1)扩建游击支点,发展不脱产的秘密游击小组;(2)吸收经过考验的积极分子入党,壮大党的队伍;(3)秘密串联发动群众;(4)以敌后游击小队为基础,建立公开的武装队伍,开办游击战训练班,培训班排骨干;(5)把领导力量分为两线,周礼平负责公开的武装斗争,吴健民负责地下工作。同年12月,林川也于普宁县召开骨干会议,研究部署恢复组织活动和开展武装斗争事宜。③ 通过以上会议,筹建抗日武装的工作积极地、秘密地全面开展了。

1944年底至1945年春,侵华日军向潮汕腹地大举进犯,以求打通广汕线。守军节节败退,致潮汕地区除丰顺、饶平县城外,均沦入敌手。日军所到之处,烧杀掳掠,无恶不作。当地群众自发起来积极和敌人做斗争。在沦陷区不断扩大,日军力量更加分散,人民群众抗日情绪迅速高涨的形势下,中共潮汕组织加快了筹建抗日武装的工作。到1945年2

---

① 吴小坚:《潮汕地区的抗日武装斗争》,见中共广东省委党史研究室编:《广东党史研究文集》,第3册,152页,中共党史出版社1993年。

②③ 广东省人民武装斗争史编纂委员会编著:《广东人民武装斗争史》,第3卷,366页,广东人民出版社1994年。

月，揭阳、普宁等县筹集到近200支长短枪和一批作战物资、粮款，参加武装队伍的人员也基本确定。3月6日，中共中央对潮梅、闽西南工作发出指示，指出："沦陷区及可能沦陷区，如潮、揭、普、惠、澄、饶工作，可以经审查后恢复活动，以组织保卫家乡各种式样的地方性武装为主。""潮汕一带敌后游击战小组可以集中行动，并求发展。"① 这些指示，给潮汕党组织的工作指明了方向。经过几个月的筹备，1945年3月13日，潮汕人民抗日游击队在普宁县白暮洋村宣告正式成立，林美南任游击队党代表，王武任队长，曾广任政委，林川任政治部主任，谢育才任军事顾问。游击队下设2个中队和1个短枪班，共200多人。这支武装队伍的建立，给潮汕人民以巨大的鼓舞，在社会上引起很大反响，有力地支持了抗日游击战争的开展。游击队决定在横跨潮普惠南的大南山区建立抗日游击根据地，并在大窝村设立司令部。游击队在大南山站稳脚跟后，根据队伍刚成立、队员多数没有作战经验，但在本土作战、士气高涨、熟悉地形民情等实际情况，做出组织小型队伍机动灵活开展游击战的正确决策。他们组成两支各五六十人的突击队，深入敌后，伺机袭击敌伪军。他们先后在普宁晖含桥边伏击罪大恶极的日伪流沙圩维持会长，在白马圩捕杀勒收屠宰税的汉奸4名，在马栅村袭击小股日军，在德安大寨伏击日军运输车，活捉日本炮兵1名。5月6日，潮澄饶敌后的游击小队经过周密计划，奇袭了距日军司令部驻地庵埠镇以北仅7公里的

---

① 广东省人民武装斗争史编纂委员会编著：《广东人民武装斗争史》，第3卷，367页，广东人民出版社1994年。

彩塘镇，捣毁伪区公所、警察署、联防中队，俘虏大部分伪军警，缴获轻机枪1挺，长短枪40多支，弹药和物资一批。6月19日，游击队又乘胜袭击日伪在护堤公路上的重要据点东风伪警察所，俘虏全部伪警，缴获枪支弹药一批。此外，还分别袭击普宁麒麟伪警察所和南经伪第四区自卫班，俘虏伪警察所长以下官兵30多人，缴枪20多支。游击队对民愤极大的罪恶分子执行枪决，对大多数俘虏进行教育后释放，分化瓦解敌人，同时把没收的财物分给群众，用武器武装了自己。

经过几个月的战斗，队伍迅速发展壮大，到1945年5月，扩编为2个大队和1个警卫连，从成立时的仅200多人发展到1 100多人。6月下旬，潮汕人民抗日游击队根据中共广东省临委的指示，正式成立广东人民抗日游击队韩江（潮汕）纵队。① 林美南任司令员兼政委，谢育才任军事顾问。纵队下辖3个支队，近2 000人：第一支队队长周礼平，活动在潮安、澄海、饶平；第二支队队长林川，活动在普宁、潮阳、惠来、南山；第三支队队长古关贤，活动在揭阳、丰顺及五华、陆丰部分边界地区。7月，韩江（潮汕）纵队行政督导处在普宁县流沙圩建立了普宁县流沙区抗日民主政府。这是潮汕第一个区级抗日民主政府。

韩江（潮汕）纵队的成立和壮大，引起国民党顽固派的不安。他们害怕人民抗日武装力量的发展，竟不顾抗日大局，调集兵力对韩江（潮汕）纵队发动进攻。韩江（潮汕）

---

① 中共广东省委党史研究室编：《中共广东党史大事记》，263页，中共党史出版社1993年。

纵队坚持自卫立场，进行自卫战斗，并努力做好分化瓦解顽军的工作。1945年7月中旬，国民党顽军600多人，分3路对第一支队进行围攻。第一支队奋起抵抗，经过激烈战斗后，冲出了顽军的包围圈，但支队长周礼平和10名指战员不幸牺牲，10多人受伤。顽军竟凶残地砍下周礼平等9位烈士的头颅，悬挂在揭阳县城门，激起抗日军民的极大愤慨。第一支队重组领导班子，由副支队长李亮接任支队长，中共潮澄饶县委书记吴健民接任政委，带领队伍继续战斗在潮澄饶一带。7月，国民党揭阳县后备指挥所独立第一、第二中队共121人，经过中共潮汕组织和韩江纵队的争取教育工作后，宣布起义，并随即配合第二支队攻打揭阳县棉湖镇，击毙顽军20多名，俘区长、中队长以下顽军官兵100多人。该起义队伍被编入第二支队第四大队，这一事件在潮汕地区引起很大反响，促进了抗日战争的发展。第三支队在成立后次日，组织了袭击揭阳县政警第一中队的战斗，全歼该中队，缴枪近70支；随后，又奔袭揭阳县看守所，放出"囚犯"30多人。此外，还进行了攻破揭阳县上陇谷仓和在老虎径伏击顽军等战斗。

据不完全统计，从1945年1—8月，潮汕人民抗日武装对日、伪、顽军作战近40次，俘日伪军120多人，毙伤日伪军100多人，毙伤顽军200多人，缴获枪械武器及物资一大批。[①] 1945年8月，韩江（潮汕）纵队在激烈抗击日伪和反顽的自卫战斗中迎来了抗日战争的最后胜利。

---

① 吴小坚：《潮汕地区的抗日武装斗争》，见中共广东省委党史研究室编：《广东党史研究文集》，第3册，159页，中共党史出版社1993年。

(二) 韩江（梅埔）纵队

在梅埔地区，南委联络员、闽粤边委负责人李碧山（李班，越南人），于1943年下半年着手联络"南委事件"后分散在闽粤赣边以社会职业为掩护的共产党员，逐步恢复党组织的活动。1944年冬，驻潮汕的日军推进到丰顺县汤坑以北的石角坝等地，大有继续向兴梅进犯之势。面对日寇的侵犯，政府官员却北逃赣南。根据这种形势，李碧山于1944年间，又开始与闽粤边委、潮梅特委负责人朱曼平、林美南等商量恢复党组织活动及筹建抗日武装的问题。经过一段时间的筹备，抗日游击队韩江（梅埔）纵队于1945年2月13日在福建平和县长乐山寮正式宣布成立。① 纵队负责人李碧山在成立大会上指出，"把梅埔地区的抗日武装命名为韩江纵队是因为：（1）起点小，着眼于发展，将来要把整个韩江连成一片，共同抗日；（2）抗战初期，潮梅曾经建立过韩江工委，命名为韩江纵队，有利于党的统一领导；（3）学习东江，韩江抗日武装要以东江纵队为榜样，在斗争中发展壮大"。② 韩江纵队分为留守支队和第二支队。留守支队队长王长胜、政委张全福，负责恢复和巩固长乐地区；第二支队队长古关贤、政委黄维礼，负责向饶平及福建省的平和，广东省的大埔、丰顺方向发展，开展饶和埔丰边地区和凤凰山地区的武装斗争，同潮汕地区打通联系。同年3月，在李碧

---

① 中共广东省委党史研究室编：《中共广东党史大事记》，254页，中共党史出版社1993年。

② 广东省人民武装斗争史编纂委员会编著：《广东人民武装斗争史》，第3卷，369页，广东人民出版社1994年。

山主持下,第三支队和第四支队在梅埔边大埔县银江的豆荚坑成立。第三支队队长李健华、政委胡伟;第四支队队长邹子招、政委何献群。4月上旬,第五支队在丰顺八乡山成立。第三、四、五支队实为武工队规模,开始时只有七八个人,后来才发展到几十人。6月,第一支队在大埔县坪沙郑石寮成立,支队长程严、政委黎广可。与此同时,李碧山把留守支队和第二支队合编为韩江纵队的主力——第九支队,队长王长胜、政委张全福。

抗日游击队韩江(梅埔)纵队根据中共中央1945年3月6日《关于开展潮梅、闽西南工作的指示》的精神,深入山区,放手发动群众,建立抗日据点。经过4个多月的战斗,建立了上百个山区游击据点村,沟通了潮汕、闽西南党组织和东江纵队的联系,后来又恢复了同党中央的通报联系。该队武装力量从开始时的20多人发展到150多人。但是,驻闽粤赣边的国民党顽固派,积极调动保安团,对建立不久的这支小游击队进行"围剿",迫使韩江纵队不得不进行自卫战斗。6月上旬,福建平和县警200多人,向闽粤赣边的长乐游击队发动进攻,企图消灭留守支队和第二支队。长乐游击队奋起还击,迫使敌人退回县城。该游击队以后合编为第九支队,又在闽粤边和顽军进行多次战斗,消灭了平和县坪回自卫队,摧毁了坪回、小峰几处乡公所。7月下旬,第九支队和第一支队联合行动,挺进大埔县黄砂,收缴国民党广东省军管区副司令黄世途老家的枪支,并击溃来援的潭溪自卫中队,歼敌8名,缴枪30多支。随后,第九支队开往饶和埔地区;第一支队开往(上)杭武(平)蕉

（岭）梅（县）地区，与福建王涛支队二大队会合；第三、四支队活动在梅埔丰地区；第五支队在梅（县）兴（宁）丰（顺）（五）华地区发动群众，宣传抗日，建立据点，扩大武装队伍。

1945年8月上旬，平和县警大队和大埔县警大队联合"围剿"饶和埔地区的乐北抗日据点村，进行疯狂的掠夺和屠杀，企图消灭第九支队。第九支队被迫连续与顽军作战，支队长王长胜和政治部主任杜蓝川在战斗中牺牲。为纪念王长胜，第九支队改名为长胜支队。[①] 8月15日，日本宣布无条件投降，抗日游击队韩江（梅埔）纵队因而未有机会直接与日军作战。

六、南路抗日武装

（一）南路人民抗日解放军成立

1943年2月，日军以4 000多兵力入侵雷州半岛，守军仓皇撤退，雷州半岛、广州湾遂相继沦陷，廉江、化县、吴川、梅菉等地成了抗日战场。中共南路特委及时指出，抗击入侵日军是南路党组织的中心任务，号召全体党员肩负救国重任。于是，南路的抗日斗争从一般抗日救亡运动进入组织公开或秘密武装，开展抗日游击战争的新阶段。

中共南路特委号召全体党员坚守敌后抗战岗位，通过各种途径建立抗日武装。其一是把在广州湾等城镇和在学校隐

[①] 黄克庸：《韩江纵队在抗战期间的活动》，见中共广东省委党史研究室编：《广东党史研究文集》，第3册，131～133页，中共党史出版社1993年。

蔽的大批共产党员派到各地农村，建立发展多种形式的群众自卫武装；其二是在敌控制区边缘和日伪力量薄弱地区，以联防自卫做号召，联合包括国民党爱国人士在内的各阶层人民，建立抗日联防队、联防区；其三是在敌控制区以党支部、党小组为核心，建立秘密游击队和游击小组。此外，还派共产党员参加国民党乡、保武装组织，推动其积极抗日，并打入伪军进行分化瓦解工作。① 在中共南路组织的领导和推动下，遂溪县界炮、北坡、倍和等乡，海（康）遂（溪）边和徐闻北区等地建立了一批抗日联防队、自卫队，共2 000~3 000人，同日伪军作战数十次。在联防斗争的基础上，雷州半岛各县相继建立了由共产党领导的西田、山家、深泥塘、老马和扶桥等较稳固的抗日联防区。中共雷州组织把一批党员和原青抗会骨干近百人，集中在遂溪卜巢山，进行秘密军事训练，组成卜巢山抗日游击中队，培养了一批武装斗争骨干。在吴川，南路特委通过国民党爱国将领张炎的关系，动员詹式邦（曾任国民党军队的团长，与日军打过仗）起来抗日，推荐詹式邦出任吴川县县长。詹上任后，根据张炎的提议，撤换了县政府中的反动分子，安排一批共产党员和进步分子到县府中工作，从而为发展抗日武装力量创造了有利条件。在共产党的支持下，成立了吴川联防委员会，下辖3个防区共400多人。后来联防组织扩展到化县、廉江等地，从而稳定了廉、化、吴、梅的抗战局面，配合了雷州半岛的敌后抗战。

---

① 陈恩：《回顾雷州半岛敌后的抗日武装斗争》，见中共广东省委党史研究室编：《广东党史研究文集》，第3册，165页，中共党史出版社1993年。

1944年3月,中共南路特委书记周楠去重庆南方局汇报和请示工作。7月,周楠回到遂溪,召开干部会议,传达了南方局负责人董必武、王若飞对南路工作的指示。该指示强调,日军将要打通湘桂线,南路会变成敌后,必须加强党的建设,建立共产党直接领导的独立自主武装,搞好抗日民族统一战线,开展抗日游击战争,帮助琼崖特委和党中央保持联系。这次南路特委在遂溪召开的干部会议,为抗战后期南路地区的工作做了重要部署。①

1944年8月上旬,日军第二十三独立混成旅向廉(江)化(县)吴(川)边发动进攻,中共雷州组织迅速集结遂溪各地抗日联防队、游击小组200多人,在老马村举行武装起义,建立了雷州人民抗日游击大队。起义后,连续3次打破顽军的围攻,部队发展到800多人。10月,部队在遂溪进行休整,和其他抗日武装合并,整编为第一、第二、第三大队。第一大队南下海康、徐闻;第二、第三大队相继北上廉江、化县,同廉化吴梅人民武装相配合,伺机建立根据地。与此同时,南路特委派出黄景文等人加强与爱国将领张炎的联系,推动他与共产党合作抗日。

(二)张炎起义,高雷人民抗日军成立

1944年秋,南路形势骤然紧张,驻雷州半岛的日军除派第二十三旅团入侵广西,配合湘桂线日军作战外,还继续扩大占领区,吴化廉边境经常受到日伪军骚扰。11月下旬,日伪军混合队袭击吴川县瑞流乡,吴廉边人民抗日游击队在钩

---

① 黄其英:《南路人民抗日武装斗争》,见中共广东省委党史研究室编:《广东党史研究文集》,第3册,165~166页,中共党史出版社1993年。

镰岭堵住敌人。张炎（时任国民党军事委员会中将参议，奉第四战区司令长官张发奎之命，于9月份回到南路视察工作）闻讯，即令詹式邦（时任电梅吴挺进司令，负责电白、梅菉、吴川沿海防务）率警备第五大队赶来与游击队并肩作战，击毙中村中尉分队长等日军10多名。

这次战斗，是吴廉边人民抗日游击队同张炎、詹式邦合作抗日取得的首次胜利，给各阶层群众很大的鼓舞，推动了吴化廉梅地区人民抗日武装斗争的发展。但此举却引起国民党顽固派的嫉妒和不满，他们密谋消灭张炎和共产党领导的抗日武装，派出少将军统特务邓易南来往高州、吴川之间，侦察共产党的活动，监视张炎的动向。张炎回南路组织抗日武装，是执行李济深的指示，也符合共产党与李济深建立华南抗日联军的计划。但国民党高雷守备指挥部指挥邓鄂对张炎的活动处处加以牵制，并于1945年1月中旬派保安团围攻化县自卫队，杀害张炎的得力助手、化县县政府秘书兼总队副文邵昌，同时电令詹式邦将警备第五大队移交给县长邓侠指挥，还准备派保安团围攻张炎。在这种紧迫的情况下，张炎、詹式邦决定举行武装起义，并派人紧急通知南路特委，要求派游击队配合。1945年1月14日，张炎、詹式邦率部700多人，分3路攻下吴川县城塘㙍，迫使国民党吴川自卫大队5个中队400多人缴械投降。在南路人民抗日游击队的配合下，张部还收缴了地方顽固派的武装，迅速控制了吴川全县。张炎起义后，主动提出把部队改组为南路人民抗日游击队。经与中共南路特委协商，张炎领导的起义部队于1月19日宣布改编为"高雷人民抗日军"，张炎任军长，詹式邦任副军长，曾伟任政治部主任，下辖两个团共800多人。该军公开宣布在中国共产党领导下抗日，坚持团结抗战，反对投降妥协，受到广大人民群众的热烈欢迎。①

为了保存和发展抗日力量，中共南路特委于1945年1—2月间，先后在廉江、化县、吴川、梅菉、茂名、电白、信宜、合浦、灵山、钦县、防城等地相继举行武装起义。为了加强对抗日游击队的领导，1945年1月中旬，南路人民抗日游击队改称为南路人民抗日解放军②，周楠任司令员兼政委，李筱峰任参谋长，温焯华任政治部主任，下辖2个支队、1个独立大队，共约3 000人。第一支队由雷州人民抗日游击队组成。第二支队由廉化吴梅边区人民抗日游击队组成。稍后，由钦廉抗日武装组成第三支队和独立大队。南路人民抗日解放军和高雷人民抗日军两支队伍互相配合，控制了吴川全境。

人民抗日武装力量的壮大很快引起国民党当局的注意，他们迅速从广西调来第一五五师3个团2 000多人，前来进攻人民抗日武装力量。1945年1月27日，国民党顽军1个团进攻化县中垌，南路人民抗日解放军和高雷人民抗日军密切配合，歼灭了前来进攻的顽军1个连，击退顽军的进攻，在中垌胜利会师。中共南路特委在中垌召开紧急军事会议，邀请张炎、詹式邦等人参加。会议根据顽军已从信宜、高州南下进攻化县、吴川的形势，决定放弃原定南路抗日解放军

---

① 谭光义：《我党与张炎合作抗日概况》，见中共广东省委党史研究室编：《广东党史研究文集》，第3册，229～230页，中共党史出版社1993年。
② 《周楠致中央转董老电》（1945年4月30日），见中央档案馆、广东省档案馆编：《广东革命历史文件汇集》，甲46卷，325页，1986年印行。

与高雷人民抗日军配合进攻高州的计划,改为两军分别从南北两面会合进攻国民党廉江县政府所在地塘蓬,然后进军粤桂边,分路转移到廉(江)化(县)博(白)陆(川)边区,建立抗日根据地。2月1日,高雷人民抗日军在毫无准备的情况下遭顽军突然袭击,队伍被打散。张炎于2月3日带着10多名随从人员前往广西找李济深、张发奎商量今后抗日大计,不幸途中在广西博白被国民党顽军逮捕,于3月22日在广西玉林被蒋介石密令枪杀,英勇就义(1958年中央人民政府追认其为革命烈士)。南路人民抗日解放军主力也在廉江西部遭顽军优势兵力的围攻,伤亡数十人。

(三)建立遂廉边抗日根据地,抗击敌伪顽军

1945年2月5日,中共南路特委在廉博边的照镜岭召开紧急军事会议,决定从各队中抽出共800人组成主力部队,由李筱峰、黄景文率领,到合浦县白石水地区开展武装斗争,建立根据地;由张世聪率领一个支队领导钦廉四县(即钦县、防城、灵山、合浦四县)的武装斗争;周楠、温焯华等回遂溪坚持敌后斗争;其余的人员回吴化廉梅地区坚持斗争。

照镜岭会议后,挺进合浦的主力部队于2月11日抵达合浦白石水,遭国民党第一五五师第四六三、四六四2个团及国民党保安团合浦自卫大队的三面夹出,陷于被动挨打地位。李筱峰率领的队伍从博白、廉江撤回遂溪;黄景文率领的队伍几经转战,撤回遂廉边;张世聪率领的队伍在合(浦)灵(山)边也遭到顽军2 000多人的包围,张世聪在突围中牺牲。周楠等回遂溪后,召开领导干部会议,总结斗

争的经验教训，决定未发动武装起义的地区立即停止行动；已经发动武装起义的地区则抓紧对部队进行整顿，整顿后要继续扩大，在条件成熟的地区建立抗日民主政权。各地根据特委的部署开展工作。廉江以武装起义队伍为基础，先后组建了3个主力大队。化县、吴川的党组织，收集起义失散人员，恢复了独立大队建制。西北区抗日民主政权在遂溪山家等抗日联防区的基础上成立，下辖4个乡级的联防区办事处。在廉江廉西南半沦陷区成立新塘区抗日联防委员会。在廉化吴边半沦陷区成立大塘区抗日联防委员会。以上三处基本上连成一片，逐步形成较为巩固的遂廉边抗日根据地，人口约20万，成为南路主要的抗日游击根据地。经过各方面的努力，到1945年4月底，南路抗日武装拥有3个支队共3 200人，游击小组及自卫队共6 000人，活动地区西至钦廉，北至合浦、博白，东至高州，南至雷州。[1] 1945年5月间，南路各支人民抗日武装为了提高部队的素质和作战能力，统一整编为5个团共3 000多人。

南路人民抗日武装力量和根据地的发展，引起了日伪顽的恐慌。他们互相勾结，向人民抗日武装发起进攻。1945年5月间，国民党成立了粤桂南区指挥部，统一调遣该区范围的粤桂两省保安团及正规军第四十六军第一三一、一五八师。6月中旬，日伪军1 300多人分5路向新塘区进行"扫荡"。南路人民抗日解放军第三团在新塘联防武装密切配合下，奋起抗击，从南面保卫了根据地。6月下旬，驻廉江、

---

[1] 《周楠致中央转董老电》（1945年4月30日），见中央档案馆、广东省档案馆编：《广东革命历史文件汇集》，甲46卷，326页，1986年印行。

安铺、横山的日伪军400多人，分东西两路进犯遂西北区。南路人民抗日解放军第一团派出两个营迎击敌人，毙敌30多人，伤敌数十人。与此同时，国民党顽军第一五五师1个营纠集地方反动武装向合浦、灵山地区进行"扫荡"。合灵人民抗日游击队在灵山转战了七昼夜，牺牲了一批骨干，减员大半，其余队伍返回灵山东南山区坚持斗争。

正当南路人民抗日解放军打退日、伪、顽军的联合"扫荡"时，1945年7月中旬，向广州湾推进的国民党第四十六军主力到达廉江外围，并向南路人民解放军控制和活动的地区进逼。根据形势的变化，南路特委决定第一、二团留在雷州半岛坚持斗争，并与琼崖纵队取得配合，其余各县部队，包括第三、四、五团和博白、合浦、灵山的游击队，转向各县，依靠群众，坚持斗争。

到日本投降前夕，南路人民抗日解放军经过艰苦、曲折斗争的锻炼得到巩固和扩大，发展到7 000人，抗击和牵制了7 000～8 000名日伪军[1]，为打败日本侵略者贡献了自己的力量，也为抗战胜利后反对国民党反动派发动内战，开展南路、粤桂边的解放斗争打下了基础。

第二节　广东军队的反攻和日军的投降

1943年起，国际国内出现了对我国抗日战争极为有利的

---

[1] 黄其英：《南路人民抗日武装斗争》，见中共广东省委党史研究室编：《广东党史研究文集》，第3册，170页，中共党史出版社1993年。

形势。以广东为中心的华南地区成为进入战略反攻阶段的重要战场。

1944年末，国民政府最高统帅部为配合盟军作战，成立了中国陆军总司令部，策划对日军的反攻作战。1945年3月，张发奎第四战区所部编为第二方面军。4月，开始实施反攻作战计划，首先是肃清广西境内之日军。至7月，第二方面军在友军的配合下，先后收复了南宁、柳州、凭祥等地。

同时，中国陆军总司令部开始制订反攻广州的计划，由4个方面军配合作战，美国空军援助，以第二方面军为主力部队。7月下旬，陆军总司令部下达了向广州进攻的命令。第二方面军制订了先收复雷州半岛、再进攻广州的计划。8月15日，张发奎决定开始攻击时，日本已经宣布投降。张发奎接到上级的停止战斗、在原地待命的指示。

日本宣布无条件投降后，第二方面军指挥官张发奎和第七战区司令长官余汉谋受命为侵粤日军投降的受降主官。张发奎负责接收广州、香港、雷州半岛和海南岛等地日伪军的投降；余汉谋负责接收潮汕等地日伪军的投降。

1945年9月15日，张发奎飞到广州，举行入城广州的盛大仪式。次日，日军投降的签字仪式在中山纪念堂举行。张发奎接受了田中久一签署的投降书。28日，受余汉谋委派为潮汕受降主官的第十二集团军副司令长官徐景唐在汕头接收了日军田中久一的代表富田直亮少将签署的侵潮汕日军的投降书。

在查处华南日军罪行方面，经过审讯，在广州执行死刑的战犯有田中久一等30多名，共逮捕汉奸嫌疑犯人400余名，其中有大汉奸陈璧君、招桂章、李辅群等；大汉奸褚民谊、吕春荣等一批在审讯后被处死刑。

在接受日军投降时，成立了接收委员会。由于没有制订全盘计划，加之腐败等原因，接收情形十分混乱。

广东抗日战争的胜利是近代广东人民自鸦片战争以来反侵略斗争史上的一次伟大的全面的胜利，写下广东近代史上光辉的一页。

一、国际、国内形势的变化

（一）国际形势向有利于反法西斯阵线转变

1944年上半年至1945年春，国际、国内形势发生了重大变化，有利于中国的抗日战争朝向胜利方向发展，对广东的抗战产生了积极的推动作用。

国际方面，反法西斯阵线转入了战略反攻。在欧洲战场上，苏联红军自1944年1—10月，对德国法西斯及其仆从军连续进行了10次打击，取得了决定性的胜利，共歼灭德寇136个师，歼灭和俘虏德军近200万人，解放了被德寇侵占的全部国土，将战线向西推进了550～1 100公里，某些地段已经进入德国境内。在苏军的强大打击下，希特勒的法西斯国际联盟垮台了。德国原先的盟国罗马尼亚、保加利亚、芬兰、匈牙利先后退出了战争。这些国家的人民推翻了本国法西斯政权，建立了新政府，并把枪口转向德国侵略军。苏军的胜利，为1945年彻底打垮法西斯德国创造了极其有利的条件。1944年6月，英、美盟军在欧洲开辟了第二战场。到1945年初，苏、美、英军队分别逼近德国本土，德国法西斯面临最后的覆灭。1945年4月，苏军开始对柏林发起进攻。5月8日,德国正式签署了无条件投降书,第二次世界大战欧洲战场的战事宣告结束。德国无条件投降后,德、意、日3个法西斯国家只剩下日本,彻底打败日本帝国主义的时机已经到来。

在亚洲战场,从1943年起,英、美盟军在太平洋战场上已取得了战略主动权,向日军发起越岛进攻。他们的作战目标,首先是夺取散布在数千公里范围内的许多岛屿,最后进攻日本本土。至1944年9月,盟军在太平洋中部战区和西南部战区的作战部队便在菲律宾群岛附近会师,不仅威胁到菲律宾群岛,而且也威胁到日本本土至太平洋南部的海上交通线。在东南亚地区,盟军于1944年开始向缅甸境内的日军进攻。

(二)抗日战争已处于全面反攻阶段

在中国战场,当世界反法西斯战争形势发生有利转折的时候,中国共产党领导的敌后战场开始摆脱严重困难的局面,于1944年转入了局部的反攻,主要是在可能条件下攻击敌占沦陷城市,拔除日伪军在抗日根据地周围的据点,大量消灭日伪军,使沦陷区变成根据地。如华北晋察冀抗日根据地的军民,在1944年共作战4 400余次,毙伤日伪军2.29万余人,拔除敌据点碉堡1 600余个,解放人口758万余人。[①] 晋冀鲁豫抗日根据地军民共毙伤日伪军3.8万余人,收复县城11座,解放人口500余万。[②] 晋绥和山东抗日根据地也得到了恢复和发展。在华中,新四军主动地、有计划地对日伪军发动攻势作战。1944年,新四军共作战6 500余次,

---

①② 中共中央党史研究室著:《中国共产党历史》,上卷,622~624页,人民出版社1991年。

歼日伪军5万余人，解放国土7400余平方公里，解放人口160余万[①]。随着斗争形势的变化，华中抗日根据地先后发展为淮北、淮南、苏北、苏中、苏南、皖江、浙东和鄂豫皖8个抗日根据地，推动了各地区的抗日斗争。

日本军队由于在太平洋战场上接连失利，在中国战场上又受到中国共产党领导的人民抗日武装局部反攻的威胁，其占领区已日益缩小，兵力也大量消耗，面临失败局面，又不甘于失败，力图挽救危局。为了加强他们在太平洋上的防御力量，援救其入侵南洋的孤军，消除美国远程轰炸机的威胁，企图以中国大陆作为垂死挣扎的基地，使在中国大陆的日军与孤悬在南洋的日军能够联系起来，并建立本土及中国、朝鲜等占领区的防御体系，借以与同盟国作战，于是加紧实施其打通从东北到广州、南宁，直达越南的大陆交通线的战略计划。从1944年4月到1945年1月，日军接连发动了打通平汉线、湘桂线和粤汉线南段的战役。1945年初，日本当局指令其中国派遣军，以华北、华中和华南沿海地区为防御重点，企图挫败美军计划在中国南方沿海登陆和中国军队的反攻。在中国的日军按此调整兵力部署。侵粤日军的部署如下：第二十三军由第六方面军建制改归日军中国派遣军直辖，负责确保广东及赣南占领区，并防御美军在闽粤沿海登陆；第五航空军除以一部协助地面部队并扼制在华的美国空军活动外，集中主力在沿海口岸进行对美作战准备；第二十三军司令部驻广州；第一〇四师团司令部驻海丰；第一二

[①] 中共中央党史研究室著：《中国共产党历史》，上卷，622~624页，人民出版社1991年。

九师团驻惠阳；独立步兵第十三旅团司令部驻广州，负责广州防卫；第一三〇师团驻番禺、中山、顺德、新会地区，负责保证广州与香港之间的水陆路畅通；独立混成第二十三旅团司令部驻佛山；独立步兵第八旅团司令部驻清远县源潭圩；香港防卫队负责香港的防卫。日军遍布广东各地，使广东处于大部分沦陷状态。

日军调整兵力部署后，决定对国民党及其军队继续采取诱降、勾结的策略，对人民抗日武装采取进攻、消灭的策略，继续进行大规模的"扫荡"。

国民党顽固派面对日本帝国主义垂死挣扎的进攻，继续实行消极抗日政策。在日军进行打通大陆交通线的战役中，国民党军队连连败退，短期内丧失了鄂湘粤桂大片土地。在广东，国民党的兵力有7万人，但消极抗日、积极反共，甚至与日伪勾结，围攻共产党领导的抗日武装和抗日根据地，使亲者痛、仇者快。

华南敌后抗日战场在抗战中有着十分重要的战略地位。当英、美盟军在太平洋上的反攻作战取得胜利，接近中国南方海岸时，华南敌后战场的人民抗日武装力量就可以和盟军配合作战。因此，中共中央十分重视华南地区敌后游击战的开展和根据地的建设。到1945年春，华南抗日武装在斗争中不断发展壮大。东江纵队发展到9 200余人，拥有197万人口的根据地；海南的琼崖纵队已发展到7 700余人，拥有近百万人口的根据地；珠江纵队发展到1 500余人，在中山、番顺和南三地区建立了一批抗日民主政权，拥有140万人口的根据地和游击区；在粤中，广东人民抗日解放军有1 100

余人，发展扩大了抗日游击区，建立了一批区级抗日民主政权，还有南路人民抗日解放军和韩江纵队，分别发展到7 000余人和1 000余人。由此可见，广东人民抗日武装力量已遍布广东各地，具备了执行战略反攻任务、进一步开辟和扩大新地区的能力。

在全国，经过1944年的局部反攻，已经形成对日军占领的许多中心城市、交通线和海岸线的包围。日本侵略军在广东战场上的处境，同在全国战场一样，已陷入人民战争的汪洋大海之中。

二、人民抗日武装力量向粤北发展

1944年，国际反法西斯战争已由战略防御转入战略反攻，美军在太平洋战场展开逐岛进攻，国际法西斯势力面临崩溃。在中国战场上，共产党领导的八路军、新四军和各地人民抗日武装在局部反攻中不断扩大和发展；国民党军队在河南、湖南、广东的战场上接连败退，但却积极准备反共内战，妄图夺取抗战胜利的果实。针对形势的变化，中共中央制定了"发展两翼"的战略决策：在巩固华北、华中抗日根据地的同时，一方面发展华北，另一方面发展华东、华南。

（一）中共中央派遣南下支队开辟五岭抗日根据地，广东人民游击战争向北发展

在华南方面，为了创建新解放区，增强华南人民抗日武装力量，扩大对日军战略反攻的前进阵地，1944年10月31日，中共中央书记处决定派遣八路军第一二〇师第三五九旅

主力4 000多人，组成南下支队，以王震为司令员、王首道为政委，于1944年11月9日从延安出发，南下湖南的湘水、资水之间，建立以衡山为中心的根据地。① 随后，中共中央军委又决定组成以刘转连为司令员、张启龙为政委的八路军第二支队，与以文年生为司令员、雷经天为政委的八路军第三支队，合共6 000多人，作为第二梯队南下。② 南下支队的任务是挺进豫鄂湘敌区，打通南北通路，建立湘鄂赣抗日根据地，并以此为依托，继续向南发展，开辟以五岭（越城岭、都庞岭、骑田岭、萌渚岭、大庾岭）为中心的湘粤边抗日根据地，使华北、华中和华南三大敌后战场打成一片，南北呼应，彻底打败日本侵略者。到抗战胜利后，如果国民党发动内战，共产党领导的人民抗日力量就能进退有据，因而具有深远的战略意义。

为实现这一重要战略部署，中共中央于1944年7月15日指示广东省临委和东江军政委员会："敌打通粤汉路势在必行"，"凡敌向北侵占之地区，只要有久占意图，即应由你处派出得力干部或武装小队至该地区，与当地党员取得联系，尽量发展抗敌武装斗争"。③ 这是中共中央向华南敌后游击队做出的从内线作战转到外线作战的指示。

1944年8月，中共广东省临委和东江军政委员会召开联

---

① 中共中央文献研究室编：《周恩来年谱》，865页，中央文献出版社1998年。
② 《中共中央关于华南战略方针和广东区党委工作的指示》（1945年6月16日），见《南方局党史资料》，第4册，72页，重庆出版社1986年。
③ 《中共中央对东江纵队开展敌后游击战的指示》（1994年7月25日），见《论东江纵队》，148页，广东人民出版社1990年。

席会议（"土洋会议"），研究和制定了在全省开展敌后游击战争的战略方针和政策，决定向北发展，开展粤赣湘边游击战争。会后，东江纵队为了摸清日军进攻的态势，组成了由邬强率领的第三大队部分主力会同增城独立第二大队共400多人的挺进粤北先遣队。先遣队于8月底出发，于9月中旬奉命撤回罗浮山根据地。他们在半个多月的活动中，初步摸清北江一带的敌情、民情，打击了敌人，扩大了政治影响，完成了先遣北上的任务，为以后东江纵队挺进粤北打下了基础。

1945年1月，韶关沦陷，守军退缩到赣南地区，广东面临全面沦陷的危险。中共中央及时电示广东省临委："华南抗日武装斗争应由小北江入手，以湘粤赣边为主要发展方向，方能向北有所依靠，并便于造成更大的根据地，进行持久的斗争。"[1] 为了贯彻执行中共中央的指示，广东省临委决定派出两个支队进入北江，开展抗日武装斗争。以邬强为支队长、李东明为政委的北江支队约400人，以蔡国梁为支队长、邓楚白为政委的西北支队约500人，在省临委委员梁广的率领下，于1945年3月从增城出发，经从化、佛冈向英德挺进。该部在英德与中共地方组织和部队的领导人共同研究今后的行动方针，决定：北江支队以英德东乡为立足点，在铁路以东，沿铁路向北发展；西北支队渡过北江，进入英德、清远边界作为立足点，向铁路以西发展，续向小北江前进，发展粤桂湘边的抗日游击战争。两个支队按此部署

---

[1] 《中共中央电复中共广东临时省委》（1945年3月6日），见《论东江纵队》，40页，广东人民出版社1990年。

展开活动，团结一切抗日力量，建立抗日统一战线，坚持敌后抗战，打击敌伪顽军，巩固和发展抗日武装及根据地。如对挺进北江的国民党部队第二纵队司令莫雄做了大量统一战线工作，使莫雄接受共产党抗日的主张，同意共产党员在他的部队中秘密建立共产党组织，发展共产党员。

北江支队组织了从望埠到大坑口一线的破袭战，以一个主力大队的兵力袭击河头、沙口等敌据点，使河头至大坑口的铁路段陷于瘫痪，令日军震动很大。经过半年左右的战斗，北江支队发展到1 000多人，在北江东岸开辟了抗日根据地，成立了北江东岸抗日动员委员会的县级抗日民主政权，并扩展到佛冈、新丰，人口20多万。

西北支队在连江口南坑伏击日伪军的交通运输线，使从英德黎洞至清远白庙近60公里河段基本陷于瘫痪。该支队和清远抗日同盟军密切配合，建立了以高田、文洞为中心方圆数十公里的抗日根据地，人口近万。

北江、西北两个支队还多次粉碎了国民党顽固派军队的进攻。1945年8月中旬，他们接到中共广东区委的通知，迅速北上粤赣湘边，准备迎接王震南下大军，建立五岭抗日根据地。

（二）以粤赣湘边区为中心建立华南战略各根据地，东纵主力和珠纵部队北上

1945年6月，华南日军再次北上，占领北江东侧山地赣南地区，并将华南的大部兵力调往华北和华中，使其在华南的兵力大为削弱。根据这种形势，中共中央于6月16日指示广东省临委："必须在华南利用目前的有利条件，迅速建立抗日根据地，以便在敌人败退时，我华南武装能进退有据；在国民党发动内战时，你们能配合全国起来，制止内战。""华南战略根据地不可能以目前之东江地区为中心，依今日敌情及将来的变化，均应以湘、粤、赣边区为中心，并可东联闽、粤、赣，西联湘、粤、桂。""为实现此战略方针，你们应即派遣大的有力部队由负责的同志率领，随带大批干部，迅向北江地区发展，直至坪石、南雄之线，扩大游击根据地，以便在数月后，和王震、文年生各部打成一片。""现在小北江支队及在紫金的支队，亦应继续向北发展，以扩张左右两翼。"①

为了贯彻中共中央的指示，部署广东的工作，1945年7月6—22日，中共广东省临委在博罗县罗浮山召开干部扩大会议。会议的主要内容是深入学习和研究党的"七大"决议，总结抗战以来的经验教训，建立广东党组织的统一领导机构。会议做出了成立广东区党委及迅速北进、创立战略根据地等多项决定，指出今后的中心任务是创建进退有据的战略根据地，扩大解放区，扩大主力军，派出主力迅速北进。会议还决定派东江纵队主力会同原北江部队迅速北进，打开始兴、南雄、仁化、曲江、乐昌、乳源的局面，准备协同八路军南下部队开辟五岭根据地。1945年7月15日，中共中央军委指示广东省临委，再次强调建立五岭根据地的重要性，指出："华南问题的关键，在于你们能否在一年内（决

---

① 《中央关于华南战略方针和广东区党委工作的指示》（1945年6月26日），见《珠江纵队史》，219~220页，广东人民出版社1990年。

不可错过此种时机）建立起真正有群众基础的粤北、湘南、赣南山区根据地，以准备在一年之后，英、美、蒋军占领广州及平原地区之后，我军能有山地依靠，将华南斗争坚持下去，使你们日益发展着的主力军，获得回旋机动的群众条件、地理条件，以为将来之依靠。如果这一任务不能完成，那你们在一年之后就将遇到失败。"① 8月4日，毛泽东电示广东区党委，立即加强北江及小北江各部之兵力及领导，并从东江纵队派有力干部，于半月至一月内到达湘粤边，与王震、王首道部会合。② 8月11日，中共中央又指示广东区党委："你们应乘目前混乱状态而蒋、余两系军队又忙于进入广（州）韶（关）等大城市之际，仍以最大主力用极大速度迅向粤北发展，以便与湘粤边两周后可能到达之王震部队取得联系，造成我华南制止内战的主要根据地，这是最重要的一着，没有此，你们将无退路。"③

中共广东区党委、东江纵队接到中共中央的命令和多次指示后，迅速制订北上的部署和计划：抽调东江纵队主力1 200人首批北上，迎接南下部队；一个月后，再抽调主力1 000人第二批北上；三个月后，由纵队司令员曾生、广东区委书记兼纵队政委林平，亲自率领一个团兵力北上。④ 又

---

① 《军委关于创造湘、粤、赣、桂边根据地给广东区党委的指示》（1945年7月15日），见《珠江纵队史》，220页，广东人民出版社1990年。
② 《珠江纵队史》，222页，广东人民出版社1990年。
③ 中共中央：《收缴敌伪武装壮大自己》（1945年8月11日），见《珠江纵队史》，222页，广东人民出版社1990年。
④ 《论东江纵队》，41～42页，广东人民出版社1990年。

决定：以珠江纵队司令员林锵云、东江纵队副司令员王作尧、东江纵队政治部主任杨康华组成粤北党政委员会，统一指挥各部的北上行动。① 1945年8月15日，由林锵云、王作尧、杨康华率领东江纵队第五支队、珠江纵队第一支队反攻队、军政干校两个中队、鲁迅艺术宣传队、民运工作队等直属单位的干部及文艺工作者共1 200余人，从博罗县横河出发，经龙门、从化、新丰、英德、翁源，向北挺进，于8月底到达始兴，与始兴风度抗日自卫大队会合，成为北上主力的右翼。珠江纵队按照广东区党委的指示，于8月下旬由郑少康、梅易辰率领独立第三大队和第二支队共500余人，先后到达清远源潭村集结，组成挺进粤北部队。他们从三水出发，到达西北支队原活动地区清远县文洞，然后经英德东部北上，与清远人民抗日同盟军会合，向连县、连山推进，成为北上主力的左翼。该部于9月上旬，到达英德倒洞，与西北支队和北江支队会合，合编成北挺临时联合支队，继续北上。9月下旬，联合支队到达始兴，继续北上，先后在汤湖和东八岭遭到国民党顽军袭击，损失很大，后于12月上旬，辗转到达江西省大余县的天中洞，与东江纵队第五支队会师。12月中旬，北上部队合编为东纵粤北支队。

八路军南下部队冲破日、伪、顽军的重重阻拦，于1945年8月28日到达南雄县西北的百顺地区。因日本宣布无条件投降，战局发生了重大变化，广东北上部队未能及时抵达接应地点与南下支队会合。驻粤北的国民党军队对南下支队

---

① 《论东江纵队》，41~42页，广东人民出版社1990年。

实行合击、围攻，企图将其消灭。中共中央根据形势的变化，于9月7日电示：南下支队目前处境异常艰难，在日本投降、引起时局迅速变化的情况下，确实难以完成既定的任务，同意南下支队自行选择路线，北上与新四军靠拢。与此同时，八路军南下的第二、第三支队到达河南省新安地区时，也奉命北返。① 东江纵队、珠江纵队等挺进粤北的部队未能与八路军南下支队会合，按照中共中央的指示，在粤北山区独立作战，坚持斗争。

三、第二方面军反攻两广的计划

（一）第二方面军的组建及其在广西的反攻作战

1944年冬，世界反法西斯战争胜利的曙光显露，德国法西斯正处在垂死挣扎之中，日本法西斯在太平洋战场上也连连败退。在此有利的形势下，国民政府最高统帅部根据盟军关于加强合作，以尽快打败日本侵略者的要求，决定在中国战区更好地配合盟军作战，如切断日军在中国大陆的交通线，同时夺取华南出海口，取得盟军更多的军事援助，开展反攻作战等。为此，在云南昆明成立了中国陆军总司令部。何应钦出任中国陆军总司令部总司令，"负责西南各战区诸部队统一指挥及整训"，并策划对日军的反攻作战。中国陆军总司令部所辖部队有远征军卫立煌部，黔桂湘边区汤恩伯部，第四战区张发奎部，滇越边区卢汉部和杜聿明、李玉宝

---

① 中共广东省委党史研究室著：《中国共产党广东地方史》，第1卷，568页，广东人民出版社1999年。

两集团军，共28个军，86个师。①

1945年3月，中国陆军总司令部将所辖军队缩编为4个方面军。其中张发奎第四战区所部编为第二方面军，下辖3个军10个师：第四十六军，辖第八十八、一七五师和新九师；第六十四军，辖第一三一、一五六、一五九师；第六十二军，辖第九十五、一五一、一五七、一五八师。

4月，在湘西会战正激烈之时，中国陆军总司令部开始实施反攻作战计划，首先是肃清广西境内之日军。该计划主要由张发奎第二方面军担负。其时，盘踞桂境之敌为日军第二十一师团、第五十八师团，以及第十三师团之一部。

当月，第二方面军在友军的配合下，展开了收复南宁为主要目标的反攻作战。4月27日，第四十六军之第一七五师攻克都安，向南宁推进。5月初，第二方面军派出两个突击营截断邕龙公路，斩断了南宁日军与越南北部日军的联系。中旬，第六十四军一部潜过左江，进入南宁西南侧后活动，骚扰敌人。第六十四军主力则从西北方向向南宁压迫。同时，第二方面军还派出便衣队潜入南宁市区，策划内应。接着，第四十六军又推进到上林、宾阳附近，袭扰日军据点。邕宾路上的日军不堪压迫，逐渐放弃城郊据点，收缩防线。下旬，第二方面军得到日军准备撤退的情报，于26日令第六十四军主力向南宁市区发起进攻。日军无心恋战，分别沿

---

① 何应钦：《八年抗战之经过》，见浙江省中国国民党历史研究组编印：《抗日战争时期国民党战场史料选辑》，1986年；张发奎：《抗日战争回忆录》，见广东省政协文史资料研究委员会编：《广东文史资料》，第55辑，广东人民出版社1988年。

邕龙路和邕宾路向越南北部和柳州撤去。南宁光复。①

收复南宁后,第二方面军又乘胜追击,于1945年6月7日收复乐思,8日占领江明,7月3日克龙州、凭祥。其中第四十六军一部追敌逼近柳州,并于6月下旬配合第三方面军收复了柳州。

(二)第二方面军反攻广东的计划和行动

这时,中国陆军总司令部半年来努力编练阿尔发部队36个步兵师的计划也基本完成,开始制订反攻广州、取得港口的计划。柳州光复后,陆军总司令部迁往柳州,并在南宁设立指挥所。该计划规模宏大,准备以第一、二、三、四方面军和第三、七、九战区相互合作或配合作战,并有美国空军援助。其方案为:首先攻略桂林,夺取雷州半岛;然后分别攻击衡阳、曲江,及牵制越南北部之敌;以第二方面军为主力部队,并把从缅北空运来的新一军编入南宁第二面军战斗序列。其时,侵粤日军的布防是:广州及其外围地区(包括潮汕)驻有3个师团2个旅团,包括香港防卫队共约9万兵力;曲江及赣州一带驻有一个师团1.3万人;雷州(广州湾)驻扎一个旅团一个大队,约8 000之众;海南岛驻有3个警备大队和2个特务联队,约有2万兵力。

中国陆军总司令部的具体计划是:于9月1日前,第二方面军以一个军的力量攻下雷州半岛,作为补给基地,以主力从梧州攻击广州之正面,又将第二线部队布防桂境监视越

---

① 何应钦:《八年抗战之经过》,见浙江省中国国民党历史研究组编印:《抗日战争时期国民党战场史料选辑》,1986年;张发奎:《抗日战争回忆录》,见广东省政协文史资料研究委员会编:《广东文史资料》,第55辑,广东人民出版社1988年。

南北部敌军。① 陆军总司令部准备在第三方面军攻下桂林后，以一个军出贺县，进攻曲江，再南下配合攻击广州之敌。同时，第三、七、九战区出兵会同肃清赣州至曲江、翁源一带之敌，并各抽一个军由空运补充充足军械后，即向梅县、兴宁、五华地区推进，对汕头、陆丰、海丰迄稔山一带，选择敌军薄弱地点，攻占一个可通内陆之海口，于接收美军潜艇运来之装备后，以一部攻略汕头，以主力由龙南、河源之线向广州推进，从广州东面压迫敌人。②

陆军总司令部计划在进攻广州的同时，第三战区对南昌之敌实行牵制攻击，其他的一、二、五、六各战区亦对当面之敌进攻，以"阻止敌之兵力转用"；中美空军夺取战场的制空权，协助地面部队作战，并轰炸海上敌舰船。③

7月中旬，陆军总司令部下达了向广州进攻的命令。根据陆军总司令部的方略，第二方面军指挥官张发奎制订了先收复雷州半岛，然后视形势发展再进攻广州的计划。8月初，总部下达的具体作战方案是：以第六十二军及第六十四军主力，配置在越桂边境及合（浦）、钦（州）沿海，担任守备，监视越南之敌，保障南宁、百色安全；以第四十六军为基干，从廉江、化州，向雷州半岛之敌攻击，以雷州半岛内之伪军作为内应；新一军集中贵县、郁林公路沿线，做好作战准备，所辖第五十八师随时准备加入雷州作战；第五十

---

①②③ 何应钦：《八年抗战之经过》，见浙江省中国国民党历史研究组编印：《抗日战争时期国民党战场史料选辑》，1986年；张发奎：《抗日战争回忆录》，见广东省政协文史资料研究委员会编：《广东文史资料》，第55辑，广东人民出版社1988年。

四军守备南宁,并以一部随时策应龙州及钦州、防城之防卫;第八军集中田东准备策应两方面的作战。

此计划以第四十六军及新一军之第三十八师为主力进攻雷州半岛之日军,由邓龙光出任攻击兵团总指挥,统一指挥两部作战。其时,盘踞在雷州半岛的日军只有六七千人,第二方面军"期以牛刀杀鸡之力,一举而攻略雷州"。①

作战方案下达后,第二方面军决定于1945年8月5—10日,运送弹药和配置炮兵,准备充分后再下达攻击令。张发奎的参谋预计,对雷州进攻需要用弹药为五个基数,计划用水陆两路运输。但美军联络部的博文将军提议采用空运,认为空运只要一天即可完成。张发奎采纳了他的建议。8月5—10日,每日都是阴霾满天,空运受阻使得"攻击开始的日期不得不延迟一周的时间"。待张发奎决定于15日开始攻击的时候,日本正式宣布投降。16日,第二方面军指挥官张发奎,接到上级关于该部在原地停止战斗、静候指示的命令。第二方面军在广东的反攻作战计划至此未能实行。②

四、侵粤日军的投降

(一) 张发奎、余汉谋接受日军投降的准备

1945年8月15日,日本宣布无条件投降后,盟军统帅麦克阿瑟立即指示中国战区司令部负责该战区(台湾及越南

---

①② 张发奎:《抗日战争回忆录》见《广东文史资料》,第55辑,广东人民出版社1988年;何应钦:《八年抗战之经过》,见浙江省中国国民党历史研究组编印:《抗日战争时期国民党战场史料选辑》,1986年。

北纬16°以北地区,但中国东北地区除外)日军的投降事宜。

8月15日,蒋介石电令日本侵华派遣军总司令冈村宁次,立即"通令所属日军停止一切军事行动,并派代表至玉山接受中国陆军总司令何应钦之命令","军事行动停止后,日军可暂保有其武装及装备,保持现有态势,并维持所在地之秩序及交通,听候中国陆军总司令何应钦之命令"。17日,冈村宁次复电表示接受命令。后因玉山机场跑道被洪水冲坏,蒋介石电令日方受降代表飞往芷江接受命令。

8月21日上午11时,日本受降使节、侵华派遣军副总参谋长今井武夫一行8人飞抵湖南芷江,接受"投降应行准备之事项"。今井武夫向中国陆军总司令部递交了"驻中国台湾及北纬16°以北,安南地区内,所有日军之战斗序列,兵力位置,及指挥区分系统等表册"。

第二方面军指挥官张发奎也"奉令偕美军联络部的博文将军"和作战处长李汉冲由南宁飞到湘西芷江,"参加初步受降协商会议",接受侵粤日军的资料。

何应钦根据蒋介石的指示,将中国战区划分为15个受降区,指派"就近之最高军事长官分别受日军之投降"。其中规定,第二方面军指挥官张发奎和第七战区司令长官余汉谋为侵粤日军投降时的受降主官。张发奎负责接受广州、香港、雷州半岛和海南岛等地日伪军的投降;余汉谋负责接受潮汕等地日伪军的投降。①

24日,张发奎等人由芷江返回南宁,对受降做了精心的

---

① 中国第二历史档案馆编:《第二次世界大战中国战区受降纪实》,61~72页、78~123页,中共党史出版社1989年。

部署，具体划分了受降部队的任务：以邓龙光为粤南区指挥官，指挥第四十六军、雷州独立挺进队及沿海警备大队等部进驻雷州半岛和海南岛，负责湛江和海南岛的日军的投降事宜；命新一军军长孙立人指挥该军及第十八军之第八十九师等部队开赴广州、三水、顺德，接受当地日军的投降；令第十三军主力开赴并配置于广九铁路沿线，以一部推进香港，监视和接受该地日军的投降；指示第六十四军从合浦、廉江、化县向开平、台山和新会推进，监视和接受该处日军的投降。

第二方面军指定各处日军投降集结的地点分别是：第二十三军军部及其直属部队集中广州的河南；第十三独立旅团集中石围塘；第八混成旅团集中芳村花地；第一三〇师团集中新会；第一二九师团集中东莞；香港守备队集中宝安；海南岛守备队集中琼山。①

同时，余汉谋令第七战区之第六十五军派第一五四师从赣南开赴惠州，第六十三军驰赴汕头，接受日军第一〇四师团等部的投降，并令该地日军第一三〇师团的炮兵大队、步兵支队等前往汕头集中投降。②

9月1日，张发奎派出参谋人员作为先遣队飞赴广州，做好受降准备。9日，以中将高级参谋张励为主任的广州前

---

① 张发奎：《抗日战争回忆录》，见浙江省中国国民党历史研究组（等）编印：《抗日战争时期国民党战场史料选辑》，1986年。

② 关于在汕头投降的日军番号有不同的记载。根据"国民政府国防部史政局及战史编纂委员会档案"关于"中国陆军各地区受降主官姓名、受降地点及日军投降部队代表姓名、投降部队集中地点与番号表"，集中汕头投降的日军为第一二九师团汕头支队和第一三〇师团一部分。参见中国第二历史档案馆编：《第二次世界大战中国战区受降纪实》，502~504页，中共党史出版社1989年。

进指挥所一行百余人飞往广州,南宁民众万余人前往机场送行。

接着,第二方面军和第七战区的接收受降的部队先后开到预定的地方。投降的日军亦集中到了指定的地点。9月15日,张发奎偕主要幕僚飞到广州,随即"率领新一军的部队,举行广州进军的盛大仪式。汽车纵列,骑兵部队和全副美式装备的步兵,以雄壮威武的姿态,通过了庄严而辉煌的凯旋门,巡行了市区的主要街道","沿途受到全市夹道欢迎的民众的欢呼"。①

(二)在粤日伪军投降后的处理情况

1945年9月16日,在广州举行了侵粤日军投降签字仪式。仪式于上午10时在中山纪念堂举行,张发奎上将主持受降典礼。侵略华南的罪魁祸首、日军投降代表、日本华南派遣军第二十三军司令官田中久一及参谋长富田直亮、海南岛日军指挥官肥后大佐3人步入中山纪念堂,聆听张发奎下达签字投降的命令,然后,田中久一在投降书上签字,至此,广东人民的抗日战争胜利结束。

第二方面军司令张发奎上将受降。第二方面军参谋长的甘丽初中将、美军联络官博文少将等人亦参加。广东抗日战争至此正式胜利结束。广东人民欣喜若狂,举行集会游行,欢庆这历史性的伟大时刻。

9月28日上午9时,余汉谋上将以受降主官身份,指派徐景唐(第七战区第十二集团军中将副总司令)为潮汕地区

---

① 张发奎:《抗日战争回忆录》,见浙江省中国国民党历史研究组(等)编印:《抗日战争时期国民党战场史料选辑》,1986年。

受降官，在汕头"前进指挥所"礼堂，主持受降典礼，接收了日本第二十三军军长田中久一中将的代表富田直亮少将签署的侵潮汕日军的投降书。接着，徐景唐对侵略潮汕的日本派遣军发表第一号命令。至此，潮汕抗日战争胜利结束。[①]

潮汕各县市、局先后复员，接收伪机关，废止行使伪储备券，取消汕头伪政府的苛捐杂税。[②]

1945年10月11日，第六十四军军长、中国陆军海南区受降官、行政院特派员海南区接收协调委员会主席韩练成奉命率部抵海南岛受降。他到海口市后即将汉奸头子詹松年等处决，并释放了被俘的琼崖纵队人员。[③]

在粤日军签字投降后，根据张发奎的命令，分区集中在各地的日军13.7万人，从24日起"实施解除武装，进入指定的集中营"。广东受降部队共收缴日军大小武器约17万多件，并有飞机和舰艇。张发奎成立了"日本官兵管理处"，并在海南、东莞、顺德设立3个分理处，具体负责战俘的管制。当时物质供应紧张，但第二方面军出于人道主义精神，对战俘生活"施以优待"。基于"兄弟之邦"和同胞的考虑，张发奎又命令把朝鲜、台湾籍战俘与日籍战俘分离，不以俘虏身份待之，"拨还他们本身所有的财产"，以示"特别优待"。

在粤伪军有20余个单位，其中有4个正规师，约6.2

[①] 李凯等报道："重翻激动人心的历史的一页，八旬老人谈潮汕抗日受降"，载《汕头日报》2005年8月15日；沙东迅编著：《广东抗日战争纪事》，679~680页，广州出版社2005年。

[②] 沙东迅编著：《广东抗日战争纪事》，680页，广州出版社2004年。

[③] 广东省中山图书馆编纂：《民国广东大事记》，774页，羊城晚报出版社2002年。

万人。抗战胜利前夕，大部分伪军高级军官为找后路，都暗中受过国民政府军委会的委任。对此，张发奎、余汉谋先命令他们"严守纪律，不得妄动，并暂负所在地治安维持之责"。其后，根据国民政府军事委员会关于对伪军"以自动缴械解散为原则"的决定，张发奎将一部分伪军补充"国军或保安团队"，其余的则缴械解散。

为处理战犯和清算战犯的罪行，国民政府公布了《战犯处理条例》。12月，根据上级指示，第二方面军组织了"日军战犯调查组"，查处日军在华南的罪行。1946年1月，逮捕了第一批战犯嫌疑人21人，其中日籍7人，德籍纳粹分子14人；至4月，共逮捕战犯嫌疑人6批计622人，收容在广州南石头的"战犯拘留所"（1947年春，迁越秀山脚的三元宫）。该所收容的战犯嫌疑人最多之时710余名（其中还有侵越日军战犯嫌疑人）。在战犯嫌疑人中，有将官6名、校官19名。将官中有田中久一、第一三〇师团长近藤新八、独立第二十三旅团长下河边宪二、宪兵司令重藤宪文、特务机关长松井真二等。将官级战犯嫌疑人罪行严重的，及屠杀美军战俘的战犯嫌疑人，被押解南京或上海国际法庭审讯处理，其余的留在广州审讯处理。田中久一由同盟军上海国际法庭审理后判处死刑，并于1946年11月押返广州流花刑场正法。"在广州执行死刑的战犯有三十多名"，其中，校官占多数，宪兵尉官有确凿罪证的才判死刑。①

同时，国民政府还公布了《处理汉奸案例条例》。在国

---

① 广东省广州市委员会文史资料研究委员会编：《广州文史资料》，第6辑，175~179页，广东人民出版社1962年。

民政府军事委员会广州行营下设肃奸委员会，在汕头、湛江、海南等地成立了分会，负责对汉奸的处理。地方政府、地方参议会和国民党地方党部还共同组织了检举汉奸委员会，以检举汉奸。大汉奸陈璧君、招桂章、李辅群、郭卫民、范德星、骆秀礼、褚民谊、吕春荣、周应湘、汪宗准、何文灿、符永茂、李剑琴等很快就落入法网。先后共逮捕汉奸嫌疑人400余名，通缉者500余人。其中，大汉奸褚民谊、吕春荣、范德星、李剑琴和符永茂等在审讯后被处死刑，其余汉奸被关进监狱，大大伸张了民族正气。

1946年2月，开始遣返战俘和日侨，张发奎等人进行了精心的组织，按照汕头、海南、惠州、广州、东莞、大良的顺序有秩序地由美国轮船遣送。至4月下旬，13万日俘和日侨遣送完毕。台籍俘虏则另租轮船被送回台湾。①

（三）接收敌伪财产和企业的混乱情况

第二方面军在接受日军投降时，还成立了接收委员会，以协助地方政府接收日伪的财产和工商企业。可惜的是，国民政府行政院对于接收问题，没有制订全盘计划，举凡接收机关的派遣、接收部门的分类、接收物质的处理，都没有明确的规定。开始仅派有军政部、交通部、财政部、中宣部和航空委员会的特派员来到广东。这些特派员应接收何物、怎样接收，国民政府中央亦无具体明白的指示。事隔月余，国民政府所辖的经济部、农林部、教育部、社会部、海军部等

---

① 根据张发奎记述，遣送日俘和日侨的第一艘船是1946年3月21日由虎门开出的。见张发奎：《抗日战争回忆录》，见广东省政协文史资料研究委员会编：《广东文史资料》，第55辑，广东人民出版社1988年。

特派接收人员又陆续到来广东,同样因为缺乏周密的计划和明确合理的规定,结果造成接收情形十分混乱。

一是接收主体混乱。如军政部的特派员先行把海军的舰艇接收了,后又要移交给海军部的接收人员。再如,规定凡属国营性质的生产工业,须再移交经济部的接收人员,结果"甲移交乙,乙移交丙"的情形不断。在这过程中,损失和舞弊变得非常严重。①

二是接收物资方面的混乱。接收的物资没有详细、明确的分类和规定。如通讯器材,是属于军政部还是属于交通部等,都无章可循。结果,在接收过程中互相争夺和互相扯皮的事不计其数。

还有就是"多数接收人员的低能和贪污"。他们"为个人打算的多,为国家设想的少;藏匿埋没,折扣报销,贵贱调换,敲诈勒索,层出不穷"。② 面对严重的贪污之风,当局曾严厉惩治违法者,以杀鸡儆猴的手法对其他人予以警示,如枪毙了军政部特派员莫与硕及其办公室主任李节文,但是"亦不足以转变此种风气"。接收真正变成为"发胜利财"和"劫收"。国民党政府的腐败由此暴露无遗。对此,张发奎也说:"人民由希望的高峰跌进了失望的深渊。"③

---

①②③ 张发奎:《抗日战争回忆录》,见广东省政协文史资料研究委员会编:《广东文史资料》,第55辑,广东人民出版社1988年;广东省广州市委员会文史资料研究委员会编:《广州文史资料》,118~145页,第4辑;《广州文史资料》,175~179页,第6辑,广东人民出版社1962年。

五、广东抗战胜利的原因及其伟大意义

(一) 广东抗战胜利的原因

日本帝国主义的无条件投降,标志着世界反法西斯战争取得了彻底的胜利,标志着中国抗日战争的伟大胜利,也标志着广东抗日战争的辉煌胜利。广东抗日战争取得胜利的原因是多方面的。

首先是广东军民英勇抗战的结果,没有广东军民的团结抗战就没有广东抗战的胜利。"七七"事变后,日寇大规模入侵中国,广东军民和全国各地军民一样,同仇敌忾,坚决抵抗日本帝国主义的侵略,驱逐日本侵略者。数个师的驻粤军队开赴华东、华中前线,与敌寇浴血奋战。广东城乡掀起了前所未有的、轰轰烈烈的抗日救亡运动,并以各种方式支援华北、华东和华中前线的抗战。同时,广东军民抵御了日本海、陆军对广东的大小规模入侵和挑衅,对日机的狂轰滥炸也进行了英勇的抵抗。

1938年10月,日寇大举侵粤,广东军民英勇抗战。当日军大规模从大亚湾登陆偷袭时,尽管当局因为防卫战略失当,准备不足,兵力分散,但该地守军努力在惠州、博罗和增城阻滞了日军的攻势。此后,其他各地的守军和地方武装也尽力抵挡了日寇的进攻。

特别是广州失陷,广东军政机关迁移粤北后,广东军政当局比较顽强地抗击了日寇的进犯。在以后的抗战岁月里,广东军政当局以粤北为主要基地和阵地,坚忍地与日军及其

傀儡政权对峙，并于1939年发动了"夏季攻势"，频频派遣突击部队，反攻、袭扰日军，使日军不得安宁；1939年末和1940年5月，两次抵御日军大规模向粤北进犯，其中第二次粤北战役，打得比较顽强和比较主动，在一定程度上痛击了日军；后来又阻击或牵制了日军10余次不同规模的进袭；1945年初，抵御了日军南北两面向粤北的夹攻，进行了韶关保卫战；同年5月底至6月，又进行了河源、和平与赣南战役。不久，第二方面军在各方面的配合下，紧锣密鼓地收复广西省南宁等地，并准备进行反攻雷州和广州的作战。

同时，广东当局还建立了抗日游击队和地方抗日武装，开展游击战，以打击日伪军。有些游击队和地方武装相当英勇地抗击了日伪军的进犯。如1941年3月，日军进犯四邑时，挺进第七纵队所属部分地方武装，在阻击日军进攻台山及反攻台城时十分英勇，消灭了一部分日军。1945年7月日军再犯四邑时，在赤坎东南角的潭江附近的碉楼里，7个自卫团勇士坚守南楼3天3夜，打死打伤数十敌人，最后壮烈牺牲。[①] 再如，在潮汕，1939年6月29日，日伪军由潮州侵犯澄海，当时守城的主力自卫大队来不及集中，又无重型武器，遂将仅有的武装——两个"壮常队"和一个警察中队撤往城外，待入城日伪军饭饱酒醉松懈之时，突袭城内，伤毙日伪军30余人，缴获步马枪70余支，表现了相当的机智

---

① 彭秋平：《粤中区抗日战争七年亲历记》，见广东省政协文史资料研究委员会编：《广东文史资料》，第50辑，91~92页、98页，广东人民出版社1987年。有的说毙日军16人。

和勇敢。① 在八年抗战中，广东守军及其所属地方武装与敌伪军大小战斗数百次，其中进行了5次大的战役，近20次较大规模的阻击和牵制作战，共毙伤俘日伪军约2.5万人。② 仅保安团队就与日伪作战200余次，毙伤日伪军4 600余人，俘日军500余名，击落敌机7架，毙俘敌机师12名，击沉敌舰2艘，俘敌运输舰1艘。③

中共广东地方组织创立并大力发展了人民抗日武装，发动游击战争，建立敌后抗日游击根据地，开辟华南敌后战场。华南人民抗日武装从无到有，从小到大，先后建立了东江纵队、琼崖纵队、珠江纵队、广东人民抗日解放军、南路人民抗日解放军和韩江纵队等7支部队，共2.8万余人的抗日武装，开辟了有9.7万平方公里、人口1 000多万的敌后抗日根据地和游击区。对敌伪军作战3 000余次，毙伤日伪军9 000余人，俘虏日伪军近4 000名。④

此外，还有一些地方的民众自发组织起来抗击日寇。如清远湄江民众，在第一次粤北战役中英勇抗击来犯之敌，使敌"死伤30余人，毙敌颇多，且有虏获（生擒数人）"；英

---

① 卞稚珊：《澄海汕头沿海抗日的回忆》，见广东省政协文史资料研究委员会编：《广东文史资料》，第50辑，108～111页，广东人民出版社1987年。
② 此数字主要据上述主要战役广东军事当局的数字而统计的，估计有一定的水分。
③ 广东省政府编译室编：《战时粤政》，广东省政府编译室1945年印，转引蒋祖缘、方志钦著：《简明广东史》，786页，广东人民出版社1987年。
④ 中共广东省委党史研究室著：《中国共产党广东地方史》，第1卷，574～575页，广东人民出版社1999年。

德的则黄、黄塘两乡民众在此役中也表现相当英勇。①

其次,广东抗战的胜利是全国人民以及广大港澳同胞和华侨的大力支援、团结抗战共同取得的。广东的抗战是全国抗战的一个重要组成部分,没有全国人民的共同抗战,就没有抗日战争的胜利,也就没有广东抗日战争的胜利。全国人民的抗战沉重地打击了日本侵略者,歼灭和牵制大部分侵华日军,有力地支援了广东人民的抗战;全国各族人民的英勇抗战也鼓舞和激励了广东人民的抗日斗志,坚定了广东人民的抗战必胜的信心,为广东抗战胜利创造了必不可少的条件。

港澳同胞、海外华侨人数甚多,而广东毗邻港澳,靠近海外,尤以广东人为最多。港澳同胞和世界各地的华侨素有爱国、爱乡、反对外来侵略的优良传统。在抗战时期,他们从道义上声援、从经济上支持、从人力上支援,有不少人还回国回乡参军参战,为抗战胜利做出了重大的贡献。他们的爱国爱乡的业绩应永远铭刻在史册上,子孙后代都应永志不忘。

再次,全国和广东抗战的胜利与世界反法西斯战争的胜利是紧紧相连的。法西斯势力是在第一次世界大战后出现的一股人类最邪恶的势力,也是人类历史上最野蛮、最凶残的势力。作为世界法西斯的一部分的日本法西斯也是全世界人民的敌人。中国和广东人民的抗战是世界反法西斯战争的重要组成部分。世界人民的反法西斯斗争沉重地打击了法西斯势力,决定了法西斯灭亡命运,为中国人民(包括广东人民)抗日战争的胜利创造了条件。同样,中国人民(包括广东人

---

① 朱振声编纂:《李汉魂将军日记》,上集,第1册(下),253~255页,香港联艺印刷有限公司1977年。

民)的抗战也为世界反法西斯战争的胜利做出了重大的贡献。

(二) 广东抗战胜利的伟大意义

广东人民抗战的胜利,是近代广东人民自鸦片战争抵御外侮以来的反侵略斗争史上的一次最全面最伟大的胜利,写下广东现代史上最光辉的一页。

广东人民的抗战为全国人民抗战的胜利乃至世界反法西斯战争的胜利做出了自己的贡献。在八年抗战中,广东军民打死打伤及俘虏日伪军近5万人(不包括战后投降的13.7万人)[①],抗击和牵制了日伪军10万以上兵力。

广东人民的抗战及其胜利表现了广东人民不畏任何强暴,敢于与敌人血战到底的英雄气概。在八年抗战中,广东人民发扬了爱国主义精神,面对凶残的日本侵略者,在敌强我弱的极不利的情况下,敢于斗争,勇于斗争,坚持抗战,直至胜利。他们的英勇斗争精神和献身精神成为中华民族宝贵的精神财富。

---

① 此数字是根据如下几个数字统计的:国民党军在5次大的战役中约伤毙敌人2.5万人,地方团队伤毙日伪军5 100余人,海南岛国民党军伤毙日伪军4 500余人,中共领导的抗日武装共伤毙俘敌伪军13 000余人。总的来说也是一个估计数,未必准确。

第 六 章

抗战时期的广东社会

抗战时期的广东社会状况错综复杂多变，本章包括广州沦陷前广东经济情况、广东沦陷区的经济情况、广东国统区经济情况、广东敌后抗日根据地的经济情况、战时的广东人民生活的状况，还简要地总结了战时广东经济的特点和历史教训。

战时广东的民众动员和宣传舆论、文学艺术、教育、体育、卫生防疫、兵役、赈济等工作，在战时十分困难的条件下，取得不少成绩，也存在问题，并概括地揭露了日伪统治区文化教育，特别是奴化教育的情况。

第一节 战时的广东经济状况

1937年抗战全面爆发时的广东，还远离战火，正处于国民党统治相对稳定时期，被称之为国民党统治时期的"黄金时代"。陈济棠下台后至日机轰炸广州前，广东经济还在继续发展。

由于上海、武汉战事的影响,广州很快成为全国对外贸易之主要孔道和经济中心之一,贸易价值居全国首要地位,对稳定抗战初期的形势,发挥了极其重要的作用。

但从1938年8月底起,日机对广州及其周边地区进行狂轰滥炸,给广东经济带来严重的打击。广东社会经济转入战时生产轨道,省、市当局采取了战时财经措施,克服困难,为坚持全国持久抗战做出了巨大的贡献。

日军执行了"以华制华"、"以战养战"的侵略政策,对广东进行了严重的掠夺和破坏,对沦陷区商业进行严格的管制与垄断,加紧了商品倾销和对我战略物资的掠夺,横征暴敛,滥发日钞和军用票,不准使用法币,榨取中国人民的血汗,沦陷区的人民过着亡国奴的悲惨生活。

一、广州沦陷前的广东经济

(一)陈济棠下台后至日机轰炸广州前,广东经济继续发展

抗日战争全面爆发前的广东,正处于国民党统治相对稳定时期。当时,广东基本上由陈济棠主粤(1929—1936)。正如邓小平所指出的:"陈济棠治粤八年,确有建树。"① 陈济棠利用当时广东半自主的环境,进行建设,经过广东人民几年的努力,取得了不少的成就。因此,这一时期被称为国民党统治下广东的"黄金时代"。

---

① 邓小平接见陈树柏教授的讲话,载《羊城晚报》,1982年9月22日。

在1936年7月陈济棠下台至1938年8月底日机轰炸广东之前的2年多的时间里,"两广"事变基本上对广东影响不大。广东经济总的来说,还是继续向前发展的。此时全国各省的省营工业建设,广东首屈一指。至抗战爆发前夕,广东已陆续建成新厂12所,全部投资达国币3 500万元,规模之宏大,设备之进步,产品之精良,为各省之冠。到1937年上半年,广东币值稳定,经济状况日见活跃,且由于世界经济危机渐已复苏,对广东的出口也有所帮助。华侨汇款亦有大量增加;政局相对稳定,资金也较充裕。德国记者沙发1937年7月来广州访问后,也"深觉十年来广州建设有惊人的进步"①。

在1937年"七七"事变之前,日本早有预谋,在香港已设有掠夺华南经济的机关,派有专门经济学者负责主持,其手段是:制造伪钞,扰乱粤省金融,利用流氓土劣和奸商走私。

在1938年10月广州沦陷前,大规模的战火尚未燃及粤境,使广东又赢得了宝贵的一年多的建设时间。北方和东南沿海重镇的相继陷落,更加突出了南方通商口岸——广州的重要地位,使其很快成为全国对外贸易之主要孔道和经济中心之一。由于上海、武汉战事的影响,长江中游及西部各省之客货出入,大部分经由广州,于是广州对外贸易迅猛发展,而跃居全国首要地位。② 这对于稳定抗战初期形势及支

---

① 《国华报》,1937年7月26日。
② 广东经济年鉴编纂委员会编:《广东经济年鉴》(下)(续编),广东省银行经济研究室发行,1941年;黄增章著:《民国广东商业史》,103～105页,广东人民出版社2006年。

援抗战，发挥了极其重要的作用。

(二) 沪战对华南经济的影响

1937年上海淞沪抗战对华南社会经济造成重大影响，主要表现为以下几方面。

1. 广州纱市濒于停顿。

上海有中外商纱厂65家，约占全国半数，产品主要供给国内各地。粤商帮是采购能力最强和交通最便捷者。淞沪战事后，上海纱厂产量减少，输出困难，加上到1937年8月底以后，日机空袭广州，市面混乱，穗纱市停滞，交易极少。① 这种情形，影响广东战时纺织工业极大。

2. 商品输入受阻，物价飞涨。

因北平、上海战争影响，广州与北方之交通阻隔，商品输入稀少，市价飞涨，尤以粮食为最。如大米市价7月每担为8.3元，8月即涨价近10元。土制面粉货源已绝，洋面粉高达每担14元，比战前涨了1倍。后经官商合作平抑，10月下旬回落为9元。花生仁每担由18元涨至22元，大豆每担售价由14元升到17元。② 煤、海味、盐等货缺价昂，影响民生极大。

3. 外地流资大量入穗。

进入战时体制后，国内经济势力逐渐南移。粤财厅和中央政府银行在穗分行，执行宋子文等南下之指示，积极从事贴放发展生产。此外，以上海为首的外地各大商办银行，纷

---

① 《经济资料汇编》，载《中行月刊》，第15卷，第4~5期，48页。
② 《各地商情·广州》，载《中行月刊》，第15卷，第4~5期，61~62页。

纷移资于粤桂两省发展业务。①

4. 广州成为全国最重要的进口商埠和转口码头。

广州港原本主要是外贸型港口。战前该港往来外洋商船进口吨数，仅次于上海而居国内各港之次位。②沪战发生，日军封锁沿海，国民政府一度关闭虎门水道，使广州出口贸易几乎停顿。1937年10月，虎门水道重新开放，广州成为我国外贸的唯一孔道，贸易路线顿改旧观。由于北方大连、青岛、上海等主要港埠相继陷落，国内进出口货物多运至广州，经由香港中转输出。上海失陷后，中国进出口贸易重心南移广东，广州港外贸出入货值突告增加。如1936年进出口共计为7 339万元，占全国外贸进出口总值的4.4%；1937年增至1亿余元，1938年更达1.63亿元，在全国所占比重亦升至9.8%，为广州港民国时期最高之比例点。③

战时广州进口货物以面粉、杂粮为大宗，洋货因销途转弱，进口不多。出口以桐油、生丝、草席、药材及农产品为多。过去在上海办货者，如湘、鄂、赣等省客商，转赴广州采购，故1938年春，穗市商业渐趋繁荣。当年广州港对内贸易进出口货值入超额比上年降约500万元，但在全国所占比重也由6%上升至8%。④

不过，广州与孤岛上海的商业联系主要是通过非正常渠道。如1938年春，广州需求棉布甚殷，虽然沪战后战事西

---

① 《各地金融报告·广州》，载《中行月刊》，第16卷，第5期，70页。
② 程浩编：《广州港史》（近代部分），237页，海洋出版社1985年。
③ 程浩编：《广州港史》（近代部分），245页，海洋出版社1985年。
④ 程浩编：《广州港史》（近代部分），261页，海洋出版社1985年。

移，交通虽未恢复，日军又控制着交通线，但由于英、美等特殊势力及日本浪人与地方黑社会通过沟通日、伪军警等组织运输队包运，或由单帮运送等，故货运仍通。广州棉布客帮从20多家增至三四十家。① 广州沦陷后，沪布则由香港经拱北转运往西南各地。

面临战争的广州商务困难重重。自沪战后不久，日本即开始了对广州狂轰滥炸，日军的兵舰对广东沿海地区进行探测、炮击和侵扰，事实上的战争已在广东发生了。1937年8月31日，广州市区首遭空袭后，各行商务多自动暂停，"市况萧条，一如死市"②，幸经当局出示劝告复业，商务渐次恢复旧观。但社会还在严峻的战争气氛威胁下，经济形势难以稳定。

1937年下半年，广东各行业，"因受非常时期影响，而遭亏折者，十之八九"③；能获厚利者，除与民食所关之米及杂粮外，只有少数与战时所需有关的行业能盈利，如药棉业、电芯、电筒业等；但整个市况异常萎缩，许多商店停业。如广州银市于9月21日停市，直至11月中旬重开。珠宝、金饰、绸缎、古董、建筑、典当等业亦都纷纷停业。

在日机频频轰炸之下，1937年冬节销额不及上年冬节的1/3，旧历年关较往年确实逊色得多。

1938年春，广州市场因各省客帮云集采办，曾一度畅旺，市内之手工业亦随之勃兴。同时，南洋各埠来单订货较

---

① 《上海市棉布商业》，269页，中华书局1979年。
②③ 《各地金融经济报告·广州》，载《中行月刊》，第15卷，第4~5期，64页。

前激增，其中以手工业品及纺织品为最大宗。据海关统计，仅数月间，全省货物增加5倍。① 广州市长曾养甫以广州市已成为全国金融经济重心，在市郊划设商业区、住宅区、银行区、娱乐区等。旋因战事南逼，娱乐区、住宅区暂缓建设，而银行区、商业区仍在筹建之中。1938年5月以后，因敌机扩大轰炸，暂时的商业蓬勃气象，渐成过去，各业俱感冷淡，仅广州输往汕头之货，两个月内减少了1/2。② 端午节日，广州市区一连4日迭遭空袭，节日用品销额不及往时1/10。③

战时物价日趋高涨，市民生活大受影响，尤以米粮为最。其他舶来品如布匹、服饰等业都趁时涨价20%以上。港币一向在广州有特殊地位。1938年4月，港币高涨程度也达到甚至超过了战前金融风潮时的水平，带动了市面物价的再涨。④

抗战头一年，广州工商业总形势不妙。据广州市警察局报告：1937年全市工商业新张者3 762间，闭歇者5 396间，这种逆势主要是发生在下半年，显然是受战局影响。以资本而论，广州1937年全年工商业新张总资本额为282.9万元（毫券，下同），闭歇总资本额为480万元。⑤ 1938年颓势不减，即使以情况较好的第一季度而言，全季合计新张702间，资本总额为372.4万元，闭歇1 275间，资本总额为

---

① 《各地金融经济报告·广州》，载《中行月刊》，第16卷，第6期，102页。

②③④ 《各地金融经济报告·广州》，载《中行月刊》，第16卷，第6期，103页。

⑤ 《各地金融经济报告·广州》，载《中行月刊》，第16卷，第4期，50页。

1 310.1万元。①

(三) 广东社会经济转入战时生产轨道

日机轰炸下的广东工业、交通运输业在艰苦奋斗。广东军民同仇敌忾,把社会经济系统迅速转入战时生产轨道,将大批军需物资源源不断供给北方主战场,沉重地打击了日本侵略势力。

第一,民营工业救亡图存。在战时民族工业大迁徙中,内地工厂之迁粤者,为数不少。而原有工厂,虽在勉力支撑的环境下,仍埋头苦干,增加生产。1938年广州市仍保有棉纺织厂110家,棉针织厂36家。② 广东民营工业大都是小规模的手工业,受当局注意与扶植。如省建设厅于1938年初派员分区详细调查各工厂状况,以便决定贴放或投资协助。③

第二,省营工业励精图治。广东省经营经济建设在陈济棠主粤时已奠定了良好的基础。值此非常时期,省营企业为适应环境,在生产和推销方面,俱有变更。其资本总额仍为粤币5 000万元(国币约为3 500万元)。至1937年底,设在番禺市桥的新造糖厂照常开工;饮料厂按战时需要转产防毒用品,协助硫酸厂增产军用物资;纺织厂则以制造军用绑带等为多;水泥厂因战时营造物增多,加速增产,以应军用;麻袋厂因需求量大,加工赶制供不应求;肥田料厂不仅制磷肥,还加制氮肥,以供稻作之需。开工各厂有增无减。省物

---

① 《各地金融经济报告·广州》,载《中行月刊》,第16卷,第5期,71页。
② 关其学、刘光璞主编:《论经济中心——广州》,49页,广东高等教育出版社1987年。
③ 《各地金融经济报告·广州》,载《中行月刊》,第16卷,第4期,51页。

产经理处致力打通销路。赴穗采办工业品者，仍达10省之多，故所有出品，无不畅销净尽，每月营业总额超过100万元。①

1938年初，省营产品极为畅销，尤以水泥、麻袋、碳酸、酒精、纺织品等战时相关用品为最。省建设厅决定对各厂进行调整，以利增长。办法是将企业划分为两类：一类是前已计划扩充完毕，而产品为战时所必需者，如水泥厂、糖厂、饮料厂、硫酸厂等，则力予维护；另一类是无论已建成或未建成，其产品与战时有密切关系者，如肥田料厂、造纸厂、苏打厂、工业研究所等，则加以扩充，拨款500万元。②

1938年夏，日机重点破坏广州工业区域，致使省营各糖厂损失惨重，被迫停产。纺织厂亦因缺乏原料而停工。但水泥厂出产仍旺，日产达1 200桶，为各方争相订购，打破该厂历年之生产记录。肥田料厂自春耕后，销路突增。麻袋厂成绩优异，日产2 000个仍不能满足需要，故当局积极计划扩大生产。③ 另外，规模宏大、设备先进的广州造纸厂亦加速安装，并于当年9月投产。

第三，肩负重任的战时运输也在加速发展，广东沿海被封锁后，近海航线均停顿，对货运影响甚大。此时陆路交通的重要性显得更为突出。战前广东的交通在国内首屈一指。

---

① 《各地金融经济报告·广州》，载《中行月刊》，第15卷，第4~5期，64页。

② 《各地金融经济报告·广州》，载《中行月刊》，第16卷，第1~2期，82页。

③ 《各地金融经济报告·广州》，载《中行月刊》，第16卷，第4期，52页。

1938年，省内公路全长14 718.7公里。① 抗战爆发后，省公路处即筹划与邻省公路实行联运，以沟通内地交通。1938年中期，粤桂公路首先开始通车。其他的干线如韶关至连县、三水至广宁、仁化至翁源、韶关至大庾岭，以及闽粤等，在广州沦陷前大部分已修竣，行驶车辆4 100多辆，约占西南地区汽车总量2/3。② 因此，以广州为中心，东可直达福建、南至钦廉、西往广西、北上湘赣，大大方便了战时运输。

当时广东有5条铁路，包括粤汉、广九、广三、新宁、潮汕铁路，总长657.57公里。③ 战争爆发前夕开始铺设的黄埔支线将粤汉铁路和广九铁路连接起来，更有利于粤港的交通运输。

粤汉铁路通车之翌年即爆发全面抗战，其地位显得特别重要。1937年8月，粤汉与广九铁路开始实行联运。不久，每日进货量即达3 000余吨，较前增长10倍。虽日机空袭频繁，但粤汉铁路员工冒险犯难，坚持随炸随修，极力维持这条沟通海外的运输大动脉的畅通。每日在途车次多达140余列，少时亦有80列。据统计，自1937年10月至1938年9月，共运送兵员数百万人次，港九联运输入军需品上百万吨，其他物资的进出量，为数也大致相当。④ 广东铁路运输支援北方

---

①③ 广东省政府广东年鉴编纂委员会编：《广东省统计汇刊》，第1期，333页，广东省政府秘书处编译室1939年。

② 《西南六省社会经济之鸟瞰》，载《中行月刊》，第16卷，第6期，37页。

④ 广东省政府广东年鉴编纂委员会编：《广东年鉴》，第9编，第3章交通铁路，65~101页，广东政府秘书处编译室，1941年；黄增章著：《民国广东商业史》，104~105页，广东人民出版社2006年。

战场功不可没。为此,粤汉铁路多次受到中央的嘉奖。①

(四)省、市当局的战时财经措施

1. 竭力平衡财力收支。

战前广州社会安定,库收较平稳。作为特别市,1936年度广州市税入和税出预算均为1 196万元,在各大城市中仅次于上海而居第二位。②但自进入战时状态,所有税收大受影响,财政当局决定开源节流,裁减政费,将非生产机关一律裁撤,督促开征营业税等项,以裕库收。③1938年初,进一步调理战时税收,使财政更加巩固。7月,又以营业税为担保发行广东国防公债1 500万元④,以增加国防开支和财政金融之活力。

1937年度省库实收3 123万余元,实支3 094万余元,盈28.9万余元;1938年度省库实收1 120万余元,实支1 244.8万余元,亏124万余元。⑤

2. 扩大企业贷款。

一是举办小工商放款。中央、中国、交通、农民银行四大银行在粤分行贴放委员会正式通告成立,暂定贴放总额为国币3 000万元,并受理社会各方面贷款之申请。⑥年底,广州市贴放委员会决定贷出较大额款项。次年1月,广州市当

---

① 《中山日报》,1937年12月29日。
② 贾德怀:《民国财政简史》,下册,632页,商务印书馆1941年。
③ 《各地金融经济报告·广州》,载《中行月刊》,第15卷,第4~5期,66页。
④ 贾德怀:《民国财政简史》,下册,635页,665页,商务印书馆1941年。
⑤ 广东省政府广东年鉴编纂委员会编:《广东省统计汇刊》,第1期,20页,广东省政府秘书处编译室1939年。
⑥ 《各地金融经济报告·广州》,载《中行月刊》,第15卷,第4~5期,67页。

局饬令广州市立银行恢复举办小工商贷款，同时酌量增加贷款额，以提高救济效率。为鼓励粤省丝业发展，广东省银行举办了丝业贷款。1938年初，该行同贴发委员会签约贷款50万元，作为发展建设基金。① 省主席吴铁城亦饬令建设厅蚕丝改良局认真商榷推广优良蚕种，改良指导各县蚕丝经营，并拨款500万元，举办丝业放款。② 此举使得久居颓势的顺德、南海等地丝厂，终于陆续恢复开工。二是重点保证省营企业资金。财政当局将官办的广东丝业银行和广东实业银行次第归并于广东省银行，而饬建设厅与省银行合作，发展实业。其合作方法，是将建设厅所属各厂收支委托给省银行办理，即以省银行之资力，作为这些企业及技术人才后盾。三是积极扶植内外贸易。经济部曾考虑由中央等四大银行筹划，在粤设立一个大规模的茶叶总销售机关，专理华茶对外贸易；并饬令西南诸省成立贸易处，以办理外贸，由广东财政厅厅长兼任处长。为补救粤丝出口减少，1938年2月，省财政当局决定与越南以丝换米。因为越南需粤丝1.4万余包，价值粤币约1000万元。而广东亦需大量越南米，故丝米互换，实为良策。③

1938年5月，财政部暨贸易委员会规定广州出口商应向中央或交通银行依法办理一切手续和取得《承购外汇证明书》，并提交海关检查后，方允报关。④ 同时，又同粤府商

---

① 《各地金融经济报告·广州》，载《中行月刊》，第16卷，第1~2期，83页。
② 《各地金融经济报告·广州》，载《中行月刊》，第16卷，第5期，72页。
③ 《各地金融经济报告·广州》，载《中行月刊》，第16卷，第3期，65页。
④ 《重要经济法令》，载《中行月刊》，第16卷，第5期，114页。

定，凡邻省出口之对外贸易农产品免征专税，以利各内外商家出口货品，途经广州时能畅通无阻。① 因此虽然海岸交通全被封锁，但对外贸易却源源不绝。

广东历来是缺粮省份，战时问题更为严重。1937年底，省当局组织广东粮食委员会，从湘、赣等省购粮。翌年初，又与湘、桂、赣等邻省会商集资创设国米营运公司，资本额100万元，总办事处设在广州，并在长沙、梧州和赣州设分处。该公司于当年5月3日正式成立后，大量采办谷米，以缓民情，稳定社会秩序。②

3. 继续贯彻落实币制改革政策。

广东在战前已推行币制改革，以谋金融本位的统一。由中央等四大银行收回地方货币毫券，以毫券1.44元法定比率折合国币1元。1938年6月1日起，穗银市也改以国币为本位，并开始实施地方金融法。自1935年法币改革后，实行白银国有化即成为国民政府的既定政策。1938年初，粤省当局大力推行白银救国运动。仅3~5个月，各方收得白银已逾千万元（按：据专家估测，当时全省民间尚存白银至少有7 000万至1亿元之多）。③ 以上举措，既贯彻了币制改革政策，又稳定了省、市的战时金融体制。

日本侵华战争，给中华民族造成了空前的危机。面对侵略者叫嚣3个月灭亡中国的狂妄气焰，广东军民迅速有效地组织起来，充分利用日军战略进攻"先北后南"、渐进性的

---

① 《各地金融经济报告·广州》，载《中行月刊》，第16卷，第6期，104页。
② 《国内外经济大事记》，载《中行月刊》，第16卷，第5期，117页。
③ 《各地金融经济报告·广州》，载《中行月刊》，第16卷，第3期，65页。

时机,克服困难,坚持生产,支援前线,力挽狂澜,为坚持全国持久抗战做出了巨大的贡献。

广州进出贸易值比较表①

(粤海关部分)

单位:百万元

时间	类别	数量
1936年	直接进口洋货	30.9
	进口土货	106.2
	直接出口土货	42.5
	转口土货	38.3
1937年	直接进口洋货	45.2
	进口土货	314.8
	直接出口土货	63.8
	转口土货	27.5
1938年	直接进口洋货	56.9
	进口土货	105.7
	直接出口土货	106.7
	转口土货	23.0
1939年	直接进口洋货	3.9
	进口土货	4.1
	直接出口土货	5.3
	转口土货	1.2

---

① 广州地方志编纂委员会办公室、广州海关志编纂委员会编译:《近代广州口岸经济社会概况——粤海关报告汇集》,808~831页,暨南大学出版社1995年。本目编写得到张晓辉教授的帮助,特表谢意。

续上表

时间	类别	数量
1940年	直接进口洋货	14.3
	进口土货	12.4
	直接出口土货	15.6
	转口土货	2.4
1941年	直接进口洋货	43.0
	进口土货	103.0
	直接出口土货	82.2
	转口土货	15.1
1942年	直接进口洋货	24.7
	进口土货	216.4
	直接出口土货	139.7
	转口土货	105.9
1943年	直接进口洋货　　　　中储券	219.5
	进口土货　联准券5.5　中储券	227.7
	直接出口土货　　　　中储券	251.6
	转口土货　　　　　　中储券	293.6
1944年	缺	
1945年	直接进口洋货	844.8
	进口土货	4.5
	直接出口国货	309.8
	转口土货	3.0

二、广东沦陷区经济

(一) 日军执行"以华制华"、"以战养战"的侵略政策

1938年10月,日本侵占广州及珠江三角洲地区,1939年又先后侵占潮汕、海南地区。广东1/3土地,约1000万人口沦入敌手。其中包括广州、佛山、江门、汕头、海口等广东主要工商城市,以及富庶的珠江三角洲地区和矿藏丰富的琼崖宝岛。日本帝国主义侵略的目的就是掠夺财富和奴役人民。为了巩固其对沦陷区的统治,它采取"以华制华"的政治攻势和"以战养战"(即从中国掠取物资以支持其在华的侵略战争)的经济侵略政策。实行了疯狂的榨取与掠夺,造成百业凋零,物价腾贵,交通困难,人民失业,侨汇中断,经济濒于崩溃的绝境,人民死伤惨重,家破人亡,流离失所,饿殍载道,陷于水深火热之中。这是中国历史上最悲惨的年代。

(二) 日军对广东工农等业的掠夺与破坏

广东工业是日军首先注意和掠夺的主要目标。除广州石井兵工厂、湛江炮厂(当时中国最大的炮厂,在抗战中此两厂发挥了作用)、揭阳糖厂、梅菉麻织厂之机器尚能拆迁外,其余2000多间大小工厂多被炸毁、侵占或劫迁日本,损失严重。据估计,仅省营各厂损失即达1亿元以上。[①]

1945年春,日军又一次进攻湘南、粤北,使在战争条件

---

① 广东省档案馆藏6(二)第36号卷。

下艰难建立起的10多间工厂又遭到严重的破坏。8年来，人民生命财产、农、林、牧、副、渔业和交通、电信等方面的损失相当严重。①

日本帝国主义把占领区迅速变成它的殖民地，为所欲为，对国民经济进行疯狂的摧残和掠夺。凡关乎国民经济命脉的主要工矿企业，全部进行统制。有些轻工业企业，名义上容许私人自由经营，实际上也完全被日本控制。较大的工厂经常受到收买、合作、租赁的威胁。沦陷区的民族工业由于敌伪控制原料和日本产品的竞争，以及产品征购的打击，无法正常生产，陷入待料、停工、减产、倒闭的绝境。工人和城镇劳动人民的生活更加恶化。只有极少数丧尽天良、见利忘义的资本家投靠、勾结日军，走私、贩毒而大发国难财。

日伪为了"以战养战"，在广东经营了一些工业，主要集中在广州及附近的南海、番禺、顺德、花县等县和琼崖地区。在广州的工业企业约有150家，多是强占掠夺或没收公、私营各工厂设备改换名称或扩充设备而继续经营。在琼崖地区有100家左右，多为日军新办之重工业；在阳江县有南鹏钨矿场一个；在汕头有日军修车厂等；在广州湾有冰厂等。沦陷区的工业变成了日本工业的附庸。日本通过上述厂矿，夺去了中国巨量铁砂、钨矿、宝石等贵重物资，为其侵略战争服务。

在农业方面，日军对广东占领区的农村进行残酷破坏和

---

① 《社会部劳动局广州区厂矿调查总报告》，广东省档案馆藏6（二）第3 753号卷。

任意的霸占，无数农民死于日军的刀枪炮火之下。日军支持一切最落后的封建剥削制度和商业买办组织，收买汉奸、地主作为他们的走狗，凑合维持会之类的组织，建立起它在农村的基层反动统治，并使占领区的农业为其提供粮食、工业原料和农副产品，成为它的附庸经济。沦陷区内耕地面积大量缩减，农民生活空前恶化，不少农民逃避内地或参加抗日武装，土地大量荒芜，农业生产力急剧下降。

（三）日伪对沦陷区商业的管制与垄断

日伪对沦陷区的商业实行严格的管制垄断政策，其贸易机构又依靠军事政治力量低价收购各种产品，进行赤裸裸的掠夺。

日本对广东经济破坏的手段是：用洋纱、肥料高价换取米粮，又用米粮在沿海换取低价之盐，然后造成内地盐荒，提高盐价，再用盐换米粮；又用军票（根本没有发行准备金，纯粹是依靠暴力强制人民使用的废纸）来套取国币，强迫收买粮食等，使广东经济更加混乱、困难。

日本对非占领区采取封锁与走私相结合的政策。他们使用武装掩护进行物资出入口的走私以达到独占和扰乱中国市场的目的。[①]

1938年10月，广州及珠江三角洲地区沦陷后，日军在广东实行进出口贸易统制，限制其他国家的货运，规定往返穗港的英轮和往返穗澳的客轮都不准运输货物，以达到其垄断货运和贸易的目的，使广州外贸半殖民地化加深，正常的

---

① 刘荣基（当时任省农林局长）《广东建设厅农林局施政报告》（1940年9月），广东省档案馆藏6（二）第356号卷。

进出口贸易几乎处于停顿状态。

1938年前后,广州成为日本进行走私进出口贸易活动的基地。当时从港澳走私进口广州的商品数量,约超过粤海关合法贸易的2倍。

广州沦陷后,汕头、广州湾、澳门成为广东对外贸易的主要进出口。

1939年1月22日,日军当局在低税率下还要实行减免修改。出口税以货价2.5%为原则(原来为5%~10%),棉花出口暂时免税,开矿机器、冶炼机器、农用种子全部免税,其中有些项目减税达75%,这大大便利了日本侵略者倾销日货,搜刮中国的原料,大大影响了关税的收放,沉重打击了国民政府的税收。商人自低税的广东沦陷区进口货物,贩运或走私到国统区倾销,套取法币,给国统区的经济和财政带来了极大的破坏。

1939年春,日军暗中指使一些卖身投靠日军的船商出面在广州筹建"广东民船总公所"。到年底,被迫加入民船达2 000艘左右。这些民船随时为日军所征用,为其运送兵员和军用物资。日军当局对民船征收苛重的船舶税和收取额外的黑钱。①

日军侵占汕头港后,随即"港口封闭,贸易完全停滞"②。1941年,日军特准挂英国旗的商船1艘,每周进出汕头1次,但只能"载运邮件、游客和日用食品而已",进出

---

① 《社会部劳动局广州区厂矿调查总报告》,广东省档案馆藏6(二)第753卷。

② 《中国海关中外贸易统计年刊》,载《汕头口》,105页,1939年。

货物"只许日籍轮船载运"。日船有特许证书,享受优惠关税5%~10%,而其他国家要缴纳40%的关税。①

与此同时,日本侵略者同样独霸和控制粤西的广州湾、北海和海南岛海口港一线的航运。日军占领海南岛后,掠夺了大量铁矿和水晶。据《南海岛物产志》一书记载,1940—1944年海南铁矿总产量为3 392 897吨,而掠运去日本为3 382 634吨,占99%以上,此外,还掠走水晶矿石9万余吨,锡块数千吨。以上全为日船舰掠运。

1939年7月,日本侵略者为了独占省港澳的航运和控制货物输出,撇开中国政府,分别同英国和葡萄牙的驻广州领事馆签订协定,规定往返穗港的英轮和往返穗澳的澳轮,"不准运输货物,只准运载游客及粤地欧美人士之家用物品",唯日本轮船在穗港、穗澳间的运输中居独霸地位,独享其利。香港沦陷后,日本更独占了穗港、穗澳航线。至1943年夏天,航行于穗港澳间的木质机帆船达到132艘,其中50~200吨级就有127艘。

1940年7月,广东日伪当局派遣林佑根出任粤海关监督,以便日军控制。

1940年12月1日,日本侵略者为解决其军粮供应问题,通过伪广东省政府谷米管理处,做出了关于土谷米输入广州市的4条规定,主要内容是:凡领证运入广州的土谷米,须将总量的1/3缴交管理处拨为军粮,由该处给回公价钱款,其余2/3,准许自由贩卖;凡入市之土谷米,如超过100斤

---

① 《中国海关中外贸易统计年刊》,载《汕头口》,21页,1941年。

以上而未经管理处发证者，概以私运论，查获全数没收。这些规定，使日本侵略者得以通过粤海关完全控制了广州港土谷米的进口贸易，直接为其军事侵略中国服务。

1939年6月汕头陷于敌手，是年为广东进出口低迷的一年。广州进出口货值跌至926.5万余元，比1937年进口货值减少91.6%，为1938年总值的5.66%，几为1840年以来广州进出口货值的最低点，仅占同期全国进出口总值的0.74%，排全国第16位。可见广州进出口贸易衰滞不堪。①

1940年广州进口货值比1937年下跌75.55%，比1939年减少了68.36%，香港、澳门往来船只停顿。

1941年下半年，日本通过伪政府财政部颁发了关于15种货物一律禁止出口的规定，并饬令海关遵照执行。年底，规定生丝、茶叶、蚕茧、蛋类及其他制品等为特别商品，目的是供日本出口换取外汇。

1941年12月，太平洋战争爆发，香港、广州湾随之沦陷，澳门为葡萄牙租借地，虽然葡萄牙在战时为中立国，但澳葡当局实际上被日本人所控制。日本全部控制了粤海关，独占广州的进口贸易，使广州的进口贸易几乎停顿。日本由抗战前对华进出口贸易的第6位跃居首位，取代了英国的垄断地位，实际上是几乎独占广州外贸。

1941年，广州出口商品有所恢复和增长，总货值比

---

① 《民国二十八年海关中外贸易统计年刊》，卷一，上册，111页，1940年，广东省档案馆藏。

1937年增长28.4%。① 进口货值下降较少，比1940年下降了4.7%。

1941年，日伪在粤海关下各口岸走私进口的路线主要有3条：（1）香港至广州；（2）香港至澳门，再由澳门至广州或内地；（3）香港至潮州和汕头。其中第（1）、（2）条路线是日本直接和间接经办的。走私商品运到广州后，有的转运西南各地，有的通过粤汉铁路运输至华中各省，有的运往上海。至于走私出口的路线也是先从外省运入广州，而后偷运出境外。从外省输入广州的路线有2条：（1）由湖南常德到长沙、衡阳，然后南运曲江，再转船运达广州；（2）由广西至广州。从广州走私出口的路线有3条：（1）由广州经大塘、太平到香港；（2）由广州经增城至香港；（3）由广州经新塘改船运至东莞、太平至香港。

1942年1月1日成立的曲江关成了广东最主要的海关。②

1942年，广州出口商品贸易继续上升，出口货值增至164 463 053元，比1941年增长31.28%。

1943—1944年，广州进出口贸易仍然下降。特别是到了1945年上半年日本投降前夕，由于盟军加紧轰炸广州及其周边交通线，贸易几乎全部停顿。③

---

① 《粤海关十年报告（1932—1941）》，见张富强、乐正等译编：《广州现代化历程》，233页，广州出版社1993年。
② 黄增章著：《民国广东商业史》，108页，广东人民出版社2006年。
③ 《国民三十年至三十四年中国贸易概况》，载《民国三十五年海关中外贸易统计年刊》，卷1，1~2页，1948年，广东省档案馆藏。

纵观日本占领广州时期，广州进口商品结构有两个显著的特点，一个特点是在日本侵略者控制之下为其侵略华南的战略服务；另一个特点是广州成为日本进行走私进出口贸易活动的基地。

1939—1945年粤海关（广州）进出口商品货值表[①]

年份	货值			
	进口货值	出口货值	进出口货值	出超（+）入超（-）
1939	国币元 3 943 777	5 321 565	9 265 342	+1 377 788
1940	国币元 14 302 747	15 564 418	29 867 165	+126 671
1941	国币元 43 041 793	82 230 415	125 272 208	+39 188 622
1942	国币元 24 723 853	139 739 200	164 463 053	+115 015 347
1943	国币元 5 534 736			+5 534 736
	储备券元 219 526 520	251 590 857	471 117 377	+31 964 337
1944	储备券元 753 100 216	824 869 900	1 577 970 116	+71 769 684
1945	国币元 844 800 000	309 800 000	1 154 600 000	-53 500 000

广州沦陷初期，"本埠景象凄凉，秩序杌陧（音 wù niè，不安定之意——编者注），商务呆滞，毫无生气。易岁伊始，仍无佳况，白昼之间，抢劫公行，无日无之，迨至傍晚，则行人绝迹，街衢寂然。全城之内，人烟稀少，小商店开市者，不过数百家，盖仍未脱离战时状态也"。[②]

---

① 广州地方志编纂委员会办公室、广州海关志编纂委员会编译：《近代广州口岸经济社会概况——粤海关报告汇集》，1 131页，暨南大学出版社1995年。

② 张富强、乐正等译编：《广州现代化历程》，227～228页，广州出版社1993年。

1939年,广州的商务及对外贸易皆停留在这样一种状态之下,是年经海关管理出口的货物只有包邮一项,而且也被日军所管制。进口洋货半数以上实际均系上年输入,只因大批进口石油及押款案多起,退至本年始行付税,遂列入本年统计之内。所以1939年的广州外贸称之为"停顿",是毫不过分的。

1940年,广州外贸仍然停滞不前,进出口总值仅为1938年的18.25%;较之于1937年,进出口总值减少72.57%,进口货值减少68.36%,出口货值减少75.55%。而货物多由日本人包揽,均借日轮转运上海出口。

1941年,广州出口外贸仍然停滞不前,进出口总值仅为1938年的18.25%;较之于1937年,进出口总值减少72.57%,进口货值减少68.36%,出口货值减少75.55%。而货物由日本包揽,均借日轮转运上海出口。

1941年广州外贸进出口总值有较大增长,基本恢复到沦陷前的水平,与1938年相比,进出口总值为76.55%,进出口货值为75.58%,出口货值为77.07%,都达到了1938年3/4的水平,较1939、1940年有巨大增长,较战前的1936年也有较大的增长,但这完全是日本控制与独占之下的畸形发展。

1941—1945年,广州外贸的发展还是畸形的。1941年12月,日军偷袭珍珠港,太平洋战争爆发。此后,广州完全陷入殖民地的深渊,对外贸易为日军所独占。除日军轮船外,无他国船商进出广州口岸。尽管如此,这几年广州的对外贸易还是有巨大的畸形增长。详见上页表"1939—1945

年粤海关(广州)进出口商品货值表"。

1942年进出口较1941年增长31.28%,已基本达到广州沦陷前的水平。1945年增长则非常奇特,增长为102 932 792元,较之1941年,增长幅度高达821.67%,即8倍多。这只能有一种解释,那就是太平洋战争爆发后,日本帝国主义为了战略需要,凭借军力的淫威,通过广州疯狂地倾销日本过剩产品,掠夺我国资源。

1942年以后,海关统计中的"进口货值",仅指由日本及其盟国,或在苏德战争发生前,由苏联以及由德国用轮船或用潜艇等运来者而言。因此,本年进口货物总值较上年下跌18 317 940元,跌幅为42.56%。但本年出口的货值却大量增长,较上年增长57 508 785元,增幅达69.94%,这表明日本侵略者在广州大量掠夺战略物资。

1944年,广州"乃开始受太平洋战事之全部影响"。特别是1945年日本投降前夕,"盟军加紧轰炸本口及交通线,海上交通,只赖小型汽艇,勉予维持,因此贸易几乎全部停顿矣"。但即便如此,本年无论进口还是出口货值较之1942年都还是有惊人的增长。这说明日本帝国主义在垂死挣扎时更加紧了对广州的商品倾销和战略物资的掠夺,充分反映出这些年间广州外贸的发展是畸形的,不正常的。①

日本还通过金融、财政政策等方面,对广东大肆掠夺,如征收财产税、人头税、衣服税、皇军慰劳金、国防献金等

---

① 陈柏坚、黄启臣编著:《广州外贸史》(中),132~137页,广州出版社1995年。对个别统计作者做了订正。

苛捐杂税100余种，横征暴敛，榨取中国人民的血汗。

日军采取打击和排挤原在广东流通的法币和银毫券的政策，使日伪货币体系单一化。他们滥发日钞和军用票，大量掠夺中国人民的财富。禁止南北法币流通，宣布法币贬价令，后来不准人们持有法币，违者处徒刑并罚款，甚至死刑。他们把集中起来的大量法币和伪法币，向国统区套购物资，以供应其侵略的需要。又实行通货膨胀的政策，引起物价飞涨，给广大群众带来极大的灾难。

伪广东省治安维持会大部分的财政经费来源靠专营鸦片所得。初期从大连等地运回烟土，后期在禺北、东莞等地大量种植，除增加收入外，还可摧残中国人民的体质，使之永受日本奴役。①

总之，沦陷区人民过着亡国奴的悲惨生活，政治上毫无保障，经济上遭受百般的剥削压榨，生活极为痛苦。

三、广东国统区经济

日军占领了广州及珠江三角洲、琼崖、汕头等地后，驻粤主要军队退守粤北等地，临时省会设在韶关，尚能基本控制粤北、粤东、西江、南路、琼崖腹地等大部分，占全省2/3的地方和人口（2 000多万人）。这些地区多是广东原来经济、文化教育、卫生比较落后的地区。

---

① 许耀震：《沦陷时期广东的鸦片》（手稿），存广州市政协文史资料第43辑。

现代战争不仅是双方武力的对抗,也是双方经济实力、综合国力的对抗。抗战期间,由于日军封锁破坏,后方经济严重困难。显然,如果不能迅速恢复和发展生产,保障物资供应,势必严重影响持久抗战,甚至导致抗战失败。

广东军政当局为了适应抗战的需要,对发展国统区后方经济给予关注,做了较大的努力,在十分困难的条件下,取得了不少的成绩。

(一) 战时的广东农林业

省政府确定了后方经济以农业为重心,注意增加粮食、原料、外贸农产品和农副业的生产,并提出"以粮食生产与工业建设同时并进"的施政纲领。省政府认识到增加粮食生产、开垦荒地、改良水利、保育耕牛、防除病虫害等工作,均属农林建设之重要任务,并采取了相应的措施。

首先是增加粮食生产。

广东向来缺粮,每年缺粮1 000多万公担,岭东、琼崖、台山、开平等地区尤甚,其不足部分几乎全赖进口洋米供应。战时军需民用的粮食更为急需。抗战全面爆发后,省政府为适应长期抗战,使整个战时粮食管理办法有效实施起见,于1937年12月组织了广东粮食委员会。次年4月,中央军事委员会为调节粤、湘、赣三省米、盐起见,特组织粤湘赣盐粮糖调节委员会,总会设在军委会所在地,分会设于广州、长沙、南昌三处。广东以盐、糖换湘、赣的粮食,收到较好的效果。

发展本省农业,特别是粮食生产是解决本省粮食的根本办法。为此,省政府采取了如下措施。

一是发出大量农贷。1941—1943年共发农贷1.1亿多元。①

二是改良稻作。此项工作始于1939年,以国立中山大学农学院丁颖教授等人经数十年所育成的优良稻种为基础,制订实施计划,于10月成立稻作改进所负责推动,于是年晚造开始推广,并逐年分设4个指导区,25个指导分区,农业工作站裁撤前兼办稻作改进工作者,亦有15个单位。据历年推广结果,平均可较土稻种增产10%~30%,即每亩每年可增收60~180市斤。具体情况如下表所示。

优良稻种推广统计表②

年份	推广面积/市亩	逐年增加/%	增长数量/市担
1940	7 716	100	4 709
1941	116 376	1 503	91 882
1942	369 500	5 139	255 596
1943	966 584	11 869	532 536
1944	1 335 200	16 791	825 400*

*1944年之数字仅据17县报告,其余8县报告未齐。

三是改良肥料。1940年起,推广改良肥料,设立堆肥菌种、骨肥及绿肥等,以提高单位面积产量,设立堆肥菌种培养室1所及肥料厂5所,1940—1941年度,堆肥菌种224万多克,骨粉约35万市斤,绿肥扩大54万多市亩。

---

① 《广东大事记》,载《广东一月间》,1941年9月号;《本省水利贷款拟定分配表》(1944年1月),广东省档案馆藏6(二)第1 795号卷。
② 广东省政府编译室编:《战时粤政》,第一编,第30~31页和同书第66页的政绩交代比较表,广东省政府编译室1945年印。

四是大力推广冬种。过去广东特别是粤北对冬种不大重视。据中央农业试验所1938年之调查报告,广东冬季休闲稻田,占总面积76%。为了增产粮食,省政府大力推广冬耕冬种,并发放冬耕贷款,1940—1944年共贷出6 000余万元,结果冬种面积占稻田总面积50%以上,较战前增加1倍有余。1939—1943年共产粮食2.16亿市担,每年平均4 312万市担(包括杂粮,油菜等)。1940年冬作丰收,产量为各年之冠。该年冬耕成绩,经中央农林部考核,列各省前列。中央农林部一官员认为:"冬耕成绩以广东为最优。"

五是大力倡导开垦荒地。1940—1944年度共垦荒109万多市亩(编者按:同一书第96页谓,1939年至1945年7月40县市垦荒地65.3万市亩;第60页谓,1939年至1945年7月止,共垦荒地66.2万余市亩,说法不一)。①

六是推广种植杂粮(番薯、木薯、玉米等)备荒作物。1939—1943年国统区共产杂粮154 803 981市担。② 这是广东省战时粮食增产工作收效最大者。

七是开展农田水利建设。本省患旱、潦农田面积,估计不下千万市亩。自1940年6月在农林局增设水利课后,即派员查勘工作。至1942年农田水利处成立,即组织水利查勘队两队,共查130余万市亩,要求各县先做初步查勘,再由省府派员复勘。1940年6月,组织水利测量队2队,后增

---

① 广东省政府编译室编:《战时粤政》,第一编,第30~31页和同书第66页的政绩交代比较表,广东省政府编译室1945年印。

② 广东省政府编译室编:《战时粤政》,第一编,33页,广东省政府编译室1945年印。

加至5队。年施测总面积达84.65万市亩，另有4项水利工程正在开工兴建。小型水利工程则由各县兴办。从1943年起，推行一保一塘运动，到1945年6月止，共完成5500余宗，受益面积达87万市亩。这些对增产粮食都有不少的帮助。①

由于采取了上述种种措施，加上抗战头几年风调雨顺，故1938—1942年粮情较为平稳。"1940年（中国）以湘、鄂、赣、桂、粤五省收成尤佳。"② 1942年初，广东名列全国积谷竞赛之首位。即使如此，广东仍缺粮甚多。据1940年度统计，东莞、新会、台山、徐闻等14个县共缺粮1877多万旧担。

1942年冬，潦旱为患，晚造歉收。1943年入春以来，天气苦寒久旱不雨，致使禾秧枯萎。从4月起，沿海各县粮价暴涨，日伪军高价收买或武装抢粮，大粮户囤积居奇，供需失衡，内地奸宄又乘机操纵偷漏，县际间又封锁禁粜，粮食流通顿受阻遏，粮荒十分严重，饥民只得靠野菜、树皮、黄狗头、观音土等来充饥。是年全省因灾荒致死者达300万人。③ 有的地方还出现售卖人肉、人吃人的惨相。

广东省政府根据实况向中央政府请求三事：（1）饬令邻省准许粤民自由入境采购粮食；（2）饬令湘、赣、桂三省拨

---

① 广东省政府编译室编：《战时粤政》，第一编，35~36页，广东省政府编译室1945年印。
② 沈雷春编著：《中国战时的产业动员》，见《中国战时经济志》，第19册，39页，台湾文海出版社1985年。
③ 广东省地方史志编纂委员会编：《广东省志·民政志》，231页，广东人民出版社1993年。

粤省民粮120万市石；（3）拨巨款急赈。中央核复第1、2项俱予照办，第3项除拨700万元径交赣省府办理救济移民外，并拨1 000万元为粤省急赈之用。又请余汉谋司令长官拨军粮4.2万市石救济民食。① 1943年7月，召开全省行政会议，特别指出："以解决粮食为当前急务"，"实施方案：（1）厉行粮食增产；（2）加强粮食管理；（3）灵活粮食运输；（4）活动农村金融；（5）移民垦殖；（6）加紧救济"②。

省政府又将1942年度赋谷配拨军公粮余额约70万市石按核定价格发放，并举办施粥平粜。1944年初，订定本省防救粮荒紧急办法，将购入谷米及1943年度赋实配拨公粮稻谷37.8万余市担，1943年度赋实余谷75万余市石运屯各地，备济急需。③

由于采取了各项措施，1944年早造新粮上市，七八月间粮情渐趋缓和。④

其次是注意发展林、牧业等。

一是扩大原有林场，分为东、西、北、中4个林业促进指导区，7所示范林场，9所苗圃。至1941年6月，各县林

---

① 广东省政府编译室编：《战时粤政》，第一编，65页，广东省政府编译室1945年印。

② 李汉魂：《本省政府在抗战中所受影响及最近状况和今后设施》（1943年7月17日），载广东省政府编译室编：《战时粤政》，第一编，42页，广东省政府编译室1945年印。

③ 广东省政府编译室编：《战时粤政》，政绩比较表，76~77页，广东省政府编译室1945年印。

④ 广东省政府编译室编：《战时粤政》，政绩比较表，85页，广东省政府编译室1945年印。

场面积12.3万市亩,全省群众领荒造林面积达76.6万市亩。至1944年,乡、镇、保公有林58 833市亩,示范林场3 003市亩。① 又设有滑水山森林管理处,与广西省联合组织10万大山调查队。②

二是发展蚕桑。

1939年在乐昌设缫丝改良场,繁殖桑苗58万株,植桑面积17万市亩,至1944年增辟桑圃100亩,培育桑苗2.1万株;在西江设改良场一所,植桑苗80万株,后因战而停顿;又在阳山设天缫场一所,制就缝口线万余条。③

1940年建立畜疫防疗所并广设防疗分区。1940—1944年共制造血清61万余公撮(防治牛瘟),疫苗67.5万公撮,注射牛1.86万余只,治疗面成效达80%以上,已获得农民信任。1940年5月,在连县东陂酒壶岭设一畜牧场,以进行耕牛、羊种之改良、繁殖工作,但规模较小。

此外,本省稻作,受螟虫为害,据过去调查,每亩损失常达六七十斤,自1941年起,即实施稻螟防治工作。历年指导实施防治螟虫面积多至100余万亩,减少稻米损失甚多。④

---

① 李瑛:《粤省的农林建设》,载《广东一月间》,1941年6月号。
② 广东省政府编译室编:《战时粤政》,第一编,32~33页,广东省政府编译室1945年印。
③ 广东省政府编译室编:《战时粤政》,第一编,32~33页,广东省政府编译室1945年印;李瑛:《粤省的农林建设》,载《广东一月间》,1941年6月号。
④ 广东省政府编译室编:《战时粤政》,第一编,32页,广东省政府编译室1945年印。

(二) 战时的广东工业

战时广东工业建设困难极大，由于广州失陷时省营工业绝大多数未及内迁，几至荡然无存，其他民营工业损失也很大。自1939年省治迁韶关后，省政府曾谋复兴省营工业，但最初两年发展不快。自1941年太平洋战争爆发前后，国际形势紧张，工业品输入恐将断绝，省政府遂致力农政之余，重建省营工业。由于战时财力、机械、原料及人力等之限制，只能建立一些简单规模的示范性工业。根据实际情况，省当局遂决定建立中小型工厂，散布于各安全地区，以适应战时环境。经济建设的重心从敌占的珠江三角洲转移到抗战后方，尤以粤北为主。于是四处招聘技术人员，深入沦陷区及香港抢购机器。同时，准备大批车辆和其他运输工具。至1941年上半年止，省营工业仅建有电池、肥皂、药棉3个厂。1942年，成立工业试验所。至1944年，增设了9个省营厂，合共12个厂（一说13个厂）。还有广东企（实）业公司开办的8个厂，省银行经营的4个厂，省赈济会主办的24个厂，粤北各县公营的有19个厂。总之，抗战时期广东工厂之多甲于邻省。但上述各工厂，资本额最高的不过二三十万元，少的仅有数万元或更少，设备简陋，生产能力薄弱。

因为战时物资缺乏，工业品更缺，所以省政府鼓励和支持发展民营工业，利用内迁的资金和人力，并发出工业贷款，使得各类工业有所发展，但由于资本薄弱与原料、器材各种限制，基础异常脆弱。据省建设厅1942年初对民营工业等级统计，有工厂481家，资本总额94万多元，工人总数为1 891人,每厂工人平均为3.9人,可见规模甚小。其中较具新式工业规模的,仍以战前建立之工厂如揭阳捷和五金厂(资本6.5万元)、梅县大中华汽水厂(资本2万元)、潮梅玻璃厂(资本3万元)、协丰碾米厂(资本10万元)等数家,为民营工业之代表。

抗战期间设立的工业以纺织、制纸、火柴等小型轻工业为最多,而火柴、制碱、纺织等工业因原料不继而时有停工减产。

1943年,因各地物价飞涨,一般民营工业已岌岌可危,而新办工业更是困难重重,不易发展,部分地区旋又遭日伪破坏劫掠,奄奄一息。

为发展矿业,省政府组织地质队调查矿产地质。粤北各县锑、钨矿地质大部分已经勘探。省银行举办贷款,使矿商充实设备,增加生产,并简化承领手续,保护矿上开采。省建设厅组织开采英德县八宝山钨矿、乳源县八字岭煤矿,还有一些小型的民营矿业。[①]

省政府又推动和发展合作事业。广东战前仅有合作社90家,抗战时期大力发展合作事业,由建设厅设立合作处以主其事,从1939年至1944年5月,共拨合作贷款2.26亿余元。受训合作干部550人,受训社员及职员共达301 088人,至1945年4月底止,成立信用、生产、消费、运销、保全等各种合作社共15 041家,1944年经营总值达1.63亿元。

[①] 伍颛立主编:《广东工业》,50~51页,广东实业公司印行,1947年;广东省政府编译室编:《战时粤政》,第一编,35~38页,广东省政府编译室1945年印。

在中国工业合作协会("工合")东南区办事处推动下,广东建立工业合作社20余个,从事樟脑、碾米、造纸、皮革、缝纫等业①,但是后来在日军进攻下,均受到严重破坏。

(三)战时的广东交通和通信

交通和通信关乎经济、军事等的流通血脉。战前广东的交通特别是公路交通比较发达,日军进攻时,被占去和破坏的很多。为了战争的急需,主要集中在粤北发展公路交通,如兴筑了连贺路和星坪路,成为联络粤桂交通之重要公路。连贺路由连县三江圩起,经连山至广西之贺县止,粤境路段长63.5公里,于1941年底兴筑完成。星坪路由连县星子起,经湖南宜章至乐昌坪石长46.5公里,于1941年底完工。1939年初,本省仅存公路2 162公里,截至1944年底止,增筑至2 491公里,比前多329公里。1945年初,粤北战事发生,除上述两条公路被破坏外,还有韶兴、韶坪、韶庾、韶连、雄信、忠虔、仁犁、忠定、连东等共长1 249.5公里的公路也被破坏了。后修复翁新路全段,长46.5公里,于1941年底完工。罗信公路长204公里,于1942年8月完成。1939年至1945年7月共改善公路37宗,5 744公里(缺1945年数字),改善桥梁184座,涵洞164座。为加强养路工作,拨抢修费60万元。此外,增辟驿运路线6条。

1939年省会迁韶关,韶兴、韶连两路交通更为重要。为了加强管理,公路处派车辆经常行驶该两线,并于韶关至乐昌,韶关至三华,韶关至近郊黄冈、马坝、田螺冲、犁市等

---

① 广东省政府编译室编:《战时粤政》,第一编,35~38页,广东省政府编译室1945年印。

线，亦派客车行驶，又举办粤桂、粤赣闽省际联运。后因本省对外交通口岸被敌封锁，汽车及其他零件、车胎、燃料来源困难，又因外汇暴涨，行车成本增加，公路行车大受打击，当局乃采取如下措施：鼓动人民自备车辆行驶；严密管理车辆；设置修车场所；储备器材燃料；改装木炭车；奖励及管理民间制造人兽力车，通行于公路，以补汽车之不足；加强管制客货运价及管制车辆搭旅客。实施以来，尚见成效。①

广州失守后，本省各江大多沦敌，或受敌控制。为节省经费起见，省政府乃将一部分未能行驶职权之船务局裁并，后全部裁撤，所遗留登记及发照事宜，交由有关各县之税捐处办理，后为适应军、公、商运输起见，乃设置北江船舶大队，将北江船舶加以管制；其余各江船舶大队，俟北江大队办有成效，再行设置。1943年12月，奉中央军事委员会电饬，将该大队部结束，改设本省船舶总队部办理，后又奉中央军事委员会电令，将该总队结束，其业务移交第七战区兵站接办。②

战前航运岁收20余万元，1939年以后收入锐减，除各航运所经费（开支）外，尚余3万余元。

广州等地失守后，铁路交通基本停止了。

---

① 广东省政府编译室编：《战时粤政》，第一编，36~37页，广东省政府编译室1945年印；广东省政府编译室编：《战时粤政》，政绩交代比较表，81页，广东省政府编译室1945年印。

② 广东省政府编译室编：《战时粤政》，政绩交代比较表，91页，广东省政府编译室1945年印。

战时通信,电话尤为重要。省政府对此投入了较大力量。广州沦陷时,省内多年建设的电话线荡然无存,仅余韶关至坪石长 50 公里之电话线一段。为适应战时军政需要,电话通信以韶关为中心,东通兴宁,西南至茂名,北接湘赣边境,西及连山的鹰扬关,与重庆中央部办长途各线连接,均已畅通无阻。由 1939 年 1 月起至 1944 年 12 月止,架电话线 30 条,共长 3 374 公里,全省电话网大部分完成,沟通了广东及湘、粤、桂省际通信。1945 年 1 月韶关失守时,被破坏线路 1 367 公里。省府东迁后,复于东江架设 10 条新电话线,长 564 公里。到 1945 年 8 月,全省共有线路 2 571 公里。1939 年至 1945 年 8 月,修理电话线共长 4 725 公里。省府为加强通话效能,令乐昌、连县、仁化、乳源 4 县,将各该县电话交省长途电话所接管整理,至省府东迁,又令梅县、兴宁、龙川、紫金、和平等县,将指定话线,交该所接手整理。

(四) 战时的广东财政金融

广东战前 1937 年税收为 3 000 余万元。广州及珠江三角洲富庶地区相继沦陷后,1938 年税收锐减为 1 300 余万元[①],致使财政异常困难。省政府采取了节约支出、筹措公债、整理旧税、开征新税等措施。1939 年,汕头、琼崖相继沦陷,是年全省收入 2 754.6 万余元,支出 2 775.5 万余元,勉足敷支。1940 年全国口岸已被敌人封锁,唯广东还可以从东江的沙鱼涌和南路广州湾附近的麻章输入货物。省政府在宝安

---

① 《战时广东财政》,载《广东一月间》,1940 年 11 月。

和遂溪设两个税局，大抽"舶来品税"，使税收大大增加。①此外国统区税收人员与沦陷区和游击区争夺税收，亦为收入来源之一。1940年度，收入6 509.3万余元，支出5 407.7万余元，收入已超过战前1倍。② 1941年，更调整财务机构，加强税务管理，收入达1.65亿余元，支出1.51亿余元，遂打破本省历年以来财政之记录，不但保安政费足够开支，而且营业及投资支出达2 000余万元，使各项工厂得以重新建立。1941年，省财政并入中央财政系统，本省收支遂归中央统筹办理。1942年度为1.11亿余元，1943年度为1.38亿余元，1944年度为3.31亿余元，1945年为15.23亿余元（按：因货币贬值）。调整结果，已无预算以外之收支。因受战争影响，地税征收数大为减少，一般只占应征收数6.8%～7.5%。③

省政府实行整理自治财政，协助田赋征实，全国各省田赋，由征钱改征实物。1941—1944年，广东共征到各种田赋谷约830万石。④ 1945年本省战区扩大，征收工作更为困难，乃通令各县市局协助催征，以期挤征足额。

此外，还协征直接税、间接税，协助缉私及办理各种抚

---

① 秦庆钧：《在国民党政府机关当会计主任的回忆》（手稿），存广州市政协文史资料存稿第八辑。

② 广东省政府编译室：《战时粤政》，94～95页，广东省政府编译室1945年印；秦庆钧：《李汉魂主粤政绩概述》，载韦燕徽主编：《李汉魂将军北伐抗日实录》，政协吴川县委员会1988年。

③ 陈骏南：《广东田赋纪实及整理途径》，51～52页，广州中心印务局1947年。

④ 陈骏南：《广东田赋纪实及整理途径》，81～82页、91～101页，广州中心印务局1947年。

恤、编制财政统计等。① 但由于受战事影响，辗转拨付，不免延迟。各县公库虽已成立，但分支库尚未普遍，故对于经征、经收分工一事，未能切实办到，县财政委员会仍有未能切实执行职务者。各县支出浩大，税源不多，贫瘠县份故多收不敷支，县级公务员待遇，亦太过微薄；县银行招股困难，各地对筹设县银行办理不力；各种物价已较战前高涨百倍，财政问题难以彻底解决。②

广东省抗战时期各年度财政岁出入情况表③

单位：国币万元

年份	岁出入数	追加出入数	岁出入总数	指数
1939	2 742		2 742	100
1940	3 971	1 442	5 413	197
1941	5 994	9 637	15 631	570
1942	9 889	5 288	15 177	553
1943	19 568	5 244	24 812	905
1944	29 119	28 623（至7月底）	57 742	1 923
1945	82 447	34 666	117 113	4 271

针对日本对华金融战的策略，省政府在战略防御阶段，消极地防御敌人夺取法币，并稳定法币对内的价值；在战略相持和反攻阶段，积极地反击敌人的金融攻势，灵活运用广东省发行的通货——省毫券，打击敌人夺取法币及破坏省毫

---

① 《战时广东财政》，载《广东一月间》，1940年11月。
② 广东省政府编译室编：《战时粤政》，第一编，8~14页，广东省政府编译室1945年印；广东省政府编译室编：《战时粤政》，政绩交代比较表（上），37~46页，广东省政府编译室1945年印。
③ 广东省政府编译室编：《战时粤政》，第一编，94页，广东省政府编译室1945年印。

币券信用的企图，重新制定毫券与法币的比值，使库存毫券3 000多万元全部使用，初步稳定了广东战时金融。① 还颁布吸收存款竞赛办法，改善存提手续，增加储款利率，吸收社会游资，导向生产事业途径，推进节约建国储金竞赛运动。采取如下几个方面措施。

首先，调整并加强银行机构。1938年2月，广东省银行将实业银行、丝业银行合并，于4月增设农贷部。广州沦陷时，省行由广州迁曲江，广州市立银行迁香港。至1941年5月省行在省内设有各级机构多处，在省外7省和新加坡也设有分支机构。中央、中国、交通、农业、湖南、华侨等银行均在广东设有分支机构。② 因琼崖孤悬海外，环境特殊，经中央财政部特许发行地方券，对稳定当地的抗战经济起了良好的作用。省行还推广农贷，开展信托、储蓄业务，经营食盐、汽油，并在游击区发行生产贷款，对促进生产也起了好的作用。省银行随时体察地方情形，分别调整或增设分支，共有分支行处96个单位。全省自1943年起实行公库制度，先后由省行成立国库、支库66个，县市局库62个（1944年底98个）、支库66个，合共194个单位。

为了吸收存款，随时调整利率，改善手续，故存款数字逐年增加。1945年扩大计划吸收普通存款6.5亿元，由1月至6月，普通存款已达7.489余亿元，较原定计划增加0.989亿元。

此外还开展办理放款，发展汇兑、沟通侨汇、推行押

---

① 邝荫泉：《广东金融的首脑部》，载《广东一月间》，1941年6月。
② 沈雷春编著：《中国战时经济志》，第19册，载《中国战时的金融政策》，34~42页，台湾文海出版社1985年。

汇、购谷备荒、整理农工场、厂等业务。

其次,推广建置县银行。自1941年起至1945年7月止,已成立县银行者,计有高要等15个县市,已设筹备会者有乐昌等22个县。

再次,协调地方金融。为此,在维持币值、查禁敌伪钞票、筹募公债、推行乡镇公益储蓄、协助整理税务、争取侨汇等方面,采取了一系列的行动,取得了较好的效果。其中最显著者例如:从1938年至1945年6月止,共募得公债国币1.5 848亿元,美金310余万元。[1] 省行以吸收侨汇为中心工作,扩设海外行处(以美国为重点)使侨汇增加。[2] 详见下表。

粤侨汇情况表[3]

单位:国币亿元

年份	款额
1936	2.72
1937	3.38
1938	5.10
1939	10.20
1940	10.20

---

[1] 沈雷春编著:《中国战时经济志》,第19册,载《中国战时财力的总动员》,17~41页,台湾文海出版社1985年;广东省政府编译室编:《战时粤政》,第一编,10~11页,广东省政府编译室1945年印。

[2] 任泉:《广东西江我敌金融战策略》,载《广东一月间》,1941年6月;邝荫泉:《广东金融的首脑部》,载《广东一月间》,1941年6月。

[3] 广东经济年鉴编纂委员会编:《广东经济年鉴》(下)(续编),第19章,131~133页,广东省银行经济研究室发行,1941年。

这巨大的侨汇，使广东进出口贸易、外汇得以平衡，经济上得以维持，有力地支持了抗战大业。广大海外侨胞，为了支持祖国的抗战，还节衣缩食，向祖国做出了巨大的捐输。1937—1941年，华侨认销公债、航空献金约18亿元，投资6.8亿元。[①] 又据财政部统计，抗战8年，华侨捐款13.2亿多元[②]，还有大量的物资，其中粤籍华侨份额占大多数。这些巨大的捐输，对坚持抗战起到了重要的作用。

（五）战时的广东商贸

由于日军侵略破坏，广东市场萧条，商业一落千丈。广州失陷后，外货进口仍不少。洋货充斥市面，各地大富商囤积居奇。东江、兴梅顿成商人世界，走私严重，买卖投机，商业畸形发展。社会贫富悬殊，富者一掷万金，尽讲享受；贫者吃杂粮、树皮、马粪，在生死线上挣扎，饿死、失踪、离散者不知多少。政府大增捐税，搞专卖，行统制，对正常贸易大为不利。贪官污吏与奸商勾结走私，大干黑市买卖，更造成国家和人民的深重灾难。

战时广东物价情况。因国土沦陷，财源奇减，而军政开支却大增，故物价不断飞涨，人民生活异常艰苦。具体数字见下两表。

[①] 方堤：《敌人的吸管是锈烂的》，载《广东一月间》，1941年8月。
[②] 华侨革命史编纂委员会编纂：《华侨革命史》（下），659~660页，台北正中书局1981年发行印刷。

曲江（韶关）零售物价指数[①]

时间	物价指数	时间	物价指数
1937年6月	100	1941年6月	958.8
1939年6月	144.7	1941年12月	1 703.8
1940年6月	376.9		

广东省各地日用品零售物价总指数比较表[②]

（1940年1月为100）

时间	曲江	大埔	梅县	肇庆
1939年12月	93.35	77.51	88.03	89.88
1940年12月	231.30	276.33	220.40	260.94
1941年12月	650.37	822.39	627.11	605.86

1941年12月的物价指数比1937年6月增长了17倍，当时曲江（韶关）的物价在全国居中等地位，上涨的趋势与桂林相仿。

1941年太平洋战争爆发，物价指数大涨，大埔居首位，曲江、梅县、肇庆次之。

1942—1945年，广东全面的物价指数统计缺，现以人民生活的必需品——粮食的价格情况为例，以窥见当时物价上

[①] 广东经济年鉴编纂委员会编：《广东经济年鉴》（下）（续编），第13章，14页，广东省银行经济研究室发行，1942年。

[②] 广东经济年鉴编纂委员会编：《广东经济年鉴》（下）（续编），第12章，11~12页，广东省银行经济研究室发行，1942年。（按：两表中曲江的指数有所不同，可对照参考）

涨一斑。

广东粮价，1941年以北江、南路地区为最便宜，每元可购米两三市斤不等，即每市斤0.33～0.50元。每市石为33～50元，其余各地，高者每元可购1斤余，即每市石为90多元。1942年夏季，最高者开平县，中熟米每市石476元，最低者连县，每市石194元，全省平均334元。1943年旱灾，4月初，最贵之沿海各县，每市石尚在1000元内外，最高亦未超过1600元，但旬日间，竟突涨到四五千元。1944年最高为兴宁，每市石米2255元，最低为连县，每市石米为1558元。1945年6月26日，台山米价每市石13717元（最高），最便宜为紫金、饶平，六七月间不过2200余元[①]，比1940年涨价27至50倍，其他物价飞涨的幅度可想而知。

战时广东对外贸易经历了几个阶段的变化。

"七七"事变后至广州失守前，战事在华中长江下游进行，货运阻塞，遂大部分以广东粤汉铁路为货运的大动脉，广东成为全国对外贸易的唯一通道。中国外贸重心不得不向南转移，广州恰好成为接替这一重心的最佳选择。在这种有利条件之下，广州在1937—1938年的两年间出现了外贸的较大增长。详见下表。

---

① 广东省政府编译室编：《战时粤政》，第一编，68页，广东省政府编译室1945年印。

1936—1938年粤海关（广州）进出口商品货值统计表①

单位：国币元

年份	数量				占全国进出口总值的百分比
	进口货值	出口货值	进出口货值	出超（＋）入超（－）	
1936	30 905 425	42 486 866	7 339 2291	－11 581 441	
1937	45 166 170	63 845 966	109 012 136	＋18 679 796	6.07%
1938	56 945 897	106 693 552	163 639 449	＋49 747 655	9.87%

上表说明1937年、1938年广州外贸较战前的1936年均有较大增长，其增长幅度见下表。

1937—1938年广州外贸较1936年增长统计表②

单位：国币元

年份	数量					
	进口货值增长额	出口货值增长率/%	出口货值增长额	出口货值增长率/%	总值增长额	总值增长率/%
1937	14 260 745	46.14	21 359 100	50.27	35 619 845	48.21
1938	26 040 472	84.25	64 206 576	151.12	90 247 048	117.69

---

① 根据以下资料编制：1936—1938年《海关中外贸易统计年刊》有关统计数字编制，转引自陈柏坚、黄启臣编著：《广州外贸史》（中），129页，广州出版社1995年；广州地方志编纂委员会办公室、广州海关志编纂委员会编译：《近代广州口岸经济社会概况——粤海关报告汇集》，1 131页，暨南大学出版社1995年。

② 陈柏坚、黄启臣编著：《广州外贸史》（中），128～131页，广州出版社1995年。现对原统计数字做了一些订正。

上表说明，1937年、1938年，广州外贸无论是进口货值、出口货值还是进出口贸易总值，都比战前有较大的增长，特别是1938年，增长更多，足见广州外贸呈现出短暂的繁荣。1937年广州重新回到全国第三位的对外贸易位置。

1938年，广州对外贸易继续呈现上升趋势，出超数额也在上升。这一年进口货物以石油、煤油、汽油、柴油、米谷、棉纱等为大宗。迅速增长的进口商品，包括因武汉会战而运往华中的大量军火、战略物资。而出口土货的激增，纯因长江各省土货（如华中的桐油、赣南的钨砂等）无法经长江出口，而转由广州出口。

由上可见，1937—1938年广州对外贸易表面上增长迅速，更加繁荣，但实际上并非真正的繁荣，只不过是日本帝国主义侵略中国所造成的暂时的而且是畸形的现象而已。①

据香港出入口署的统计，我国抗战前12个月为7 200万港元，抗战后12个月为12 688万港元。由于增加澳门（由中山县转运）、广州湾为吐纳口，还有从厦门绕闽西南入大埔一线，故此时贸易仍畅通，造成空前有利的贸易顺差。汕头沦陷后，广东对外贸易仅余澳门及广州湾两线，但旋又辟香港—惠州交通线，使广东对外贸易依然畅通。1939年广州出超1 190余万元，打破历来入超局面。详见"1937—1939年广东对外贸易情况表"。

---

① 陈柏坚、黄启臣编著：《广州外贸史》（中），128～131页，广州出版社1995年。现对原统计数字做了一些订正。

1937—1939 年　广东对外贸易情况表[①]

单位：国币百万元

年份	洋货进口	土货出口	合计	出入超
1937	186	130	316	入超 56
1938	253	199	452	入超 54
1939	92.6	164.5	257.1	出超 71.9

1940年的广东对外贸易，因受敌轰炸破坏而减少。据海关统计，1940年上半年贸易额为进口6 300余万元，比上年同期之5 400万元，增加900余万元，出口4 600余万元，较上年同期之4 820余万元，减少220余万元，入超1 700余万元，1940年下半年出口更为锐减。1941年2月，日本海军再次在大亚湾登陆，强占淡水，截断东江国际交通线，使对外贸易大受影响。

1937—1941 年广东进出口贸易在全国的地位[②]

年份	进口贸易占全国对外贸易额/%	出口贸易占全国对外贸易额/%
1937	18.88	15.52
1938	28.58	26.11
1939	6.95	10.2
1940	10.70	5.75
1941（1—9月）	18.36	6.81

① 邝荫泉：《抗战后广东贸易的回顾》，载《广东一月间》，1941年7月。对统计数字做了一些订正。

② 黄增章著：《民国广东商业史》，108页，广东人民出版社2006年

1938年,广东出口商品销售地有60多个国家和地区,但到了1940年,只有20个国家和地区。而战争也使港澳对内地的依赖不断增强。

太平洋战争爆发后,广东对外贸易主要是与湘、赣、桂、闽等省的省际贸易;另外,广州、汕头等口岸已为日本人控制,并陆续开展对外贸易的运作,故当时广东实际上有两个贸易系统。

进口商品中,米谷仍为广东进口的第一大宗商品,矿物油为进口的第二大类。1940年矿物油的进口几乎是米谷进口数值的1倍;钢铁与机械零件在抗战初期进口品中也占重要地位,但1939年以后,已大为减少;糖、海产品、纸张均居次要地位。

出口商品中,针织品在1937年重新成为第一大宗商品,占出口总值的11.4%,但在广州和珠江三角洲失守后戛然而止。刺绣品居1937年出口额的次席,刺绣品和抽纱品加上其他编织针织品占广东1937年出口的首位,但汕头沦陷后的1940年已大大减少了(少于100万元),可见汕头的陷落对汕头经济的打击是致命的。

钨砂也是出口大宗,1940年占广东出口总值的近21%,是1936年的近40倍,之后由于对钨砂出口的检查非常严厉,合法出口值大大减少了。但实际上,钨砂是战时最主要的走私物资,利润丰厚,走私的数值比合法出口更多。①

---

① 黄增章著:《民国广东商业史》,108~115页,广东人民出版社2006年。

四、广东敌后抗日根据地的经济

（一）广东敌后根据地财政主要依靠根据地群众和侨胞、港澳同胞的支持

抗战时期，在中国共产党组织的领导下，在广东各地，先后建立了东江、琼崖、珠江、南路、粤中、韩江（两支）等数支人民抗日武装，并在艰难困苦的情况下各自建立了抗日根据地。由于受到日、伪、顽不断的围攻和"三光"政策、经济封锁的摧残，根据地的经济极为困难，加上1942—1944年接连发生严重的自然灾害，人民群众生活更加困苦。但广大抗日军民为了坚持抗战，毫不气馁，同心协力，艰苦奋斗，千方百计渡过了难关。

中共广东党组织领导的人民抗日根据地，是华南敌后抗战的战略基地。根据地的经济建设，对于巩固民主政权，保障军民供给，支持长期战争，起着重要的作用。

敌后抗日武装建立初期，人民抗日部队的给养由国民党当局发过一些，但很快就停止了，所以主要靠根据地广大群众和海外侨胞、港澳同胞的大力支援。1939年初，海外华侨寄给宋庆龄转交曾生抗日游击队的捐款，一次就达20万港元。1940年以前，曾生部队的被服、军鞋和药物，主要靠华侨和港澳同胞的捐助。数年累计，南洋惠阳属华侨救乡会共筹集抗战捐款1 000万元。[①] 这对东江抗日根据地与抗日武

---

① 东江纵队史编写组编：《东江纵队史》，26~27页，广东人民出版社1995年。

装的建立和发展起了很大的作用。广大海外琼侨和港澳琼胞积极响应共产党发出的"支援祖国,保卫家乡"的号召,先后成立援八(路军)、援四(新四军)委员会和援冯(白驹)委员会、琼崖华侨联合会等华侨抗日爱国团体,它们通过各种渠道募捐大批款项、物资、药品,大力支持琼崖的抗战,救济受难同胞。①

(二) 通过开展减租减息、征收抗日公粮等解决给养问题

太平洋战争爆发后,华侨、港澳同胞对根据地的支援被迫中断,根据地又遭到严重的自然灾害。中共党组织乃在香港成立财经小组,负责筹款和采购军需品以作弥补。人民抗日武装还在根据地内开展减租减息运动,征收抗日公粮,加上战斗缴获和没收汉奸的财产,以及缉私所得,基本解决了给养问题,打破了日伪顽的经济封锁。

毛泽东在《抗日时期的经济问题与财政问题》一文中指出:"发展经济,保障供给,是我们的经济工作与财政工作的总方针。"② 广东人民抗日根据地的经济工作,正是根据这一总方针进行的。因此根据地在敌伪顽固军队的封锁下,在缺少外援的情况下,依靠和组织群众,克服重重困难,自力更生,发展生产,开源节流,保证了自身的生存和发展。

抗日根据地为了解决经济问题,开展减租减息运动。毛泽东指出:"为着同国民党建立抗日统一战线……我党主动把抗日以前的没收地主土地分配给农民的政策,改变为减租

---

① 琼崖武装斗争史办公室编:《琼崖纵队史》,111~112页,广东人民出版社1986年。
② 《毛泽东选集》一卷本,864页,人民出版社1968年。

减息的政策，这是完全必需的。"① 广东各根据地大力贯彻中共中央的抗日救国十大纲领，特别是减租减息，提高农民抗战与生产的积极性，调整地主阶级与农民阶级的关系，争取地主阶级参加抗日，恢复和发展生产，巩固发展抗日民族统一战线。减租减息政策，是抗日民族统一战线的土地政策，是把坚持抗日民族统一战线和解决农民问题恰当地结合起来的政策。

广东各抗日根据地的减租减息运动，是按照中共中央关于抗日根据地的土地政策结合本地区具体情况进行的。减租的原则是"二五减租"。在东江抗日根据地，将原有的租额减少25%，使佃农所得一般占全年总收获量的62.5%，地主所得一般占全年总收获量的37.5%，最少不低于30%。减息的原则是月利不得超过4分，原历年所付利息超过原本一倍者，停息还本；超过原本两倍者，本息停付。在珠江三角洲抗日根据地，地主对农民一律减收"二五田租"（即100斤谷减收25斤），放弃一切加租的做法。借款利息减为每元单位不得超过1分2厘，反对押禾青、蔗青的所谓"对半利"、"倒四六"的高利贷，农民一律按规定交租交息。中共琼崖特委领导的抗日民主政府，于1941年10月10日，由琼崖东北政府颁布了《暂行土地条例》。在其施政纲领中提出并实施了减租减息，征收抗日救国公粮，又实行"三七减息"，发挥佃农的积极性，减轻群众的负担。珠江三角洲地区的减租减息条例，规定了10条办法和5条细则，以保

---

① 《毛泽东选集》一卷本，1 146页，人民出版社1968年。

证减租减息运动健康发展。东江地区于1944年春首先在路西地区派民运队员进行减租减息试点，取得经验后，于同年7月，召开路西党政军联席会议，讨论总结经验，推动运动进一步开展，其他地区也先后开展。

经过减租减息运动，农民生产和对敌斗争的积极性更为高涨。但是有一部分地区，由于对"双减"的意义认识不足，同时缺乏经验，以"命令"、"恩赐"代替深入的教育和发动工作，结果群众没有真正发动起来，"双减"运动冷冷清清，成效不大。针对这些问题，1944年12月间，中共广东省临委书记林平和东江纵队政治部主任杨康华，联名发出《关于开展减租减息运动的指示》，指明此运动的重要性，强调必须将减租减息变成群众性的运动，反对"一纸命令"、"恩赐"方式与观点，同时必须将这一运动与发展生产、组织农抗会、发展民兵及民主结合起来。在"双减"运动中既要反对无原则迁就地主，不重视和不敢发动"双减"的右倾偏向，又反对过"左"的偏向，正确执行抗日民族统一战线的土地政策。

为了使"双减"运动顺利开展，1945年3月9日，东江地区正式颁布《减租减息实施条例》与《退租退息实施条例》，对减租减息、交租交息、地权与佃权等政策做了明确的规定。关于减租，以租额低25%为原则；关于减息，抗战前之借贷，应以1.5分为计息标准，如付息原本一倍者，停息还本，超过原本两倍者，本利停付；抗战后的计息标准最高不得超过3分；如因"双减"发生纠纷，由地主、农民、政府三方面代表集议商处，政府有最后的决定权。

各区"双减"运动健康深入地进行，使广大农民不仅得到了经济上的切身利益，而且增强了自己的政治优势，更加拥护、支持部队和抗日民主政权。1942年，琼崖抗日根据地有2 600多青年和妇女主动参加支前工作。在捐募方面，全琼自3月8日至7月7日短短的几个月的时间就捐献1万元（法币，下同）和1 000多担粮食支援部队，还积极主动地帮助部队和抗日民主政府搞运输救护、收集情报、收集枪支子弹和缉私等。珠江三角洲的顺德西海抗日救国妇女会会长霍淑，将其父亲遗留下来的轻机枪1挺、长短枪10支和一批粮食送给部队，并动员其母亲变卖了13公顷田地，把所得款项全部捐献给部队。中山县翠亨村妇女谭杏，在大儿子杨日韶牺牲后，又亲自送了3个子女参加游击队，还把9 000元和几千公斤稻谷以及自己结婚时的金戒指、金项链送给部队。潮汕普宁厝寮村，一次就捐粮食400担。1944年秋收时，东江纵队在各地协助组织民族保卫秋收，还组织了大规模的割禾队，帮助群众抢收。群众丰收不忘部队，积极缴交抗日军粮，掀起献粮热潮，在抗战7周年纪念时，根据地群众发动了献粮、献金、献枪、献弹竞赛。惠阳坪山群众在大会上当即献谷1 500余担，代金10万元。惠阳全县献谷数目超出原定的两倍。事实证明，只有坚决执行"双减"政策，才能加强军政与民众的关系，才能巩固抗日根据地。

在各抗日民主政府工作人员大力宣传和调处下，农民与地主、债主之间的矛盾，大部分得到较合理的解决。多数开明地主赞成退租退息，支持抗日战争；少数地主顽抗耍赖，明减暗不减，欺骗政府和农民，则由抗日民主政府组织农民对他们作斗争。经过减租减息，农民的负担大大减轻，生活得到改善，积极拥护抗日民主政府和参加各种抗日救亡团体的活动，从而大大加强了共产党领导的敌后抗日游击战争的群众基础。

（三）成立经济组织，加强对经济工作的领导

1. 自力更生为主，加强领导。

各抗日民主政权在开展"双减"斗争的同时，还成立了经济组织，加强对根据地经济工作的领导，改善人民生活，保障部队的给养。在珠江地区，成立了五桂山区经济委员会，林锵云、欧初分别为正、副主任；中共广东区党委成立后，曾生为主任。

广东人民抗日游击队的经济来源，在抗战初期，主要靠根据地人民的支援和海外华侨和港澳同胞的捐助，国民党也提供一些。1940年1月26日，中共中央书记处对琼崖工作发出指示：中央不能拨款给你们，丝毫也不要靠国民党发饷，一切要自力更生，要依靠人民筹给，也可求助于华侨。11月7日，中共中央书记处又指出：对华侨募捐只能看作经费来源之一，必须准备在海道被封锁、捐款断绝也仍能生存。至于国民党政府津贴，只能看作偶然的靠不住的小部分来源。中共中央明确指出：必须从收救国公粮，收各种捐税及发展人民生产中去解决长期给养问题。

中共琼崖特委坚决执行中共中央的指示，在根据地民主政权的领导下，成立生产委员会，发动军民群众，发展农副业生产，增加经济收入，还发动群众办起消费合作社，实行自愿投资，公私结合。琼崖东北区民主政府发行"代用券"，

稳定金融市场。各级民主政府发放低利贷款，奖励合作社的发展。此外，还建立起税收制度和征收公粮制度。

东江纵队建军初期，主要是靠广大群众和海外华侨、港澳同胞接济。太平洋战争爆发后，海外侨胞和港澳同胞的支援中断了，东纵遂在香港成立财经小组，负责筹款，采购军需品。同时，遵照中共中央关于独立自主地"征收抗日捐税"的指示，在根据地与游击区的交通要道设立税站收税，以及向群众征收公粮。按照《征收抗日公粮与田赋暂行条例》和《征收税率条例》的规定，抗日公粮与田赋征收总额为土地总收量的9%，由地主和佃农平均负担。货物价值2 000元以下一概免税，货物价值2 000元至1万元的，依原税率7折征收，货物价值1万元以上者8折收税。1941年开始，部队在各地建立税站，以解决部队的经济供给。先后建立有路东、路西、惠东、博罗、港九等5个税务总站和100多个分站，税务工作人员达930余人。各级民主政府把征收公粮与对敌斗争、展开"双减"和积极组织群众恢复和发展生产结合起来，成立了生产建设总会和生产基金会，发行生产公债，用于水利建设和贷给农民购买耕牛农具。农民生产发展了，生活改善了，支援部队的热情也更高了。1944年12月，庆祝东纵成立一周年时，仅东莞一地，群众捐款就达17万多元，还捐献了一批枪弹、食品和用品。

珠江纵队在经济委员会的统一领导下，一方面自己动手，开荒种地；另一方面设粮站和税站，征收粮税，解决部队给养。仅番禺、顺德每年收缴军粮就达15万斤。中区部队在司前建立中区六邑税站，下设7个分站，统一管理税收，每年收稻谷5万多公斤，征收粮、税500多万元。此外，还有人民群众大力支援。如中山县的侨眷冯定笑，把自己的两条黄金和一些白银捐献出来支援部队。

2. 发展工业生产。

抗日民主政府成立生产委员会，领导和推动群众，发展敌后生产。在工业方面，主要是发展军需工业和民用工业。

在琼崖，创办了军械修理厂、枪榴弹厂等，民用工业则有印刷厂、造纸厂、农机修造厂、榨油厂、竹笠厂、炼盐厂等。这些工厂，土法上马，土法生产，产品不但满足根据地军民的需要，而且有的还远销外地。在建立公营工业的同时，也鼓励发展私营手工业。民主政府对私营手工业实行减免税照顾，鼓励外地人进入根据地开办手工业工厂，生产人民急需的生产和生活用品。

东江抗日根据地积极发展手工业，开发矿业、运输业、盐业、渔业，采取各种措施改善劳工关系。如实行10小时工作制，提高劳动纪律和生产效率，改善劳动条件和工人待遇，实行实物工资制或半实物工资制，废除一切不合理的包工制，禁止使用女工、童工从事妨碍身体健康的劳动，保障同工同酬和女工产前产后假期的工资等，从而促进了生产的发展。

3. 发展农副业生产。

各抗日根据地十分重视农副业生产，这是解决根据地军民吃饭穿衣的根本问题。在琼崖抗日根据地，民主政府组织军民开荒种稻、种菜、种棉花，还发展养猪等副业。在农忙季节，部队和机关人员，一面保卫生产，一面帮助农民抢收抢种。东江各抗日根据地的民主政府，采取了各种措施，领导农民发展农业生产，如鼓励农民开荒扩种，沤制土肥，改良土壤，选用良种，搞好农田水利，修建桥梁道路等。1944年底，东江地区面临粮荒，东江纵队司令部和政治部，深入发动群众，积极开垦荒山荒地，大量种植救急的又易于收获的农作物。各级政府协助农民购买种子，合理分配，通过发展生产来度过饥荒。珠江纵队在西海的驻军，根据生产自给的方针，开荒稻田近10公顷，蔗地5公顷多，除部分送给群众耕种外，其余由部队进行种植和管理，解决了部队的部分供给。

在组织发展农业生产上，各级政府、军队、自卫队、群众团体，成为生产运动中的领导骨干，他们协助群众，组织农会、生产救济会、妇女会等团体，负责筹集生产资金，解决种子、农具、耕牛等困难。根据地的妇女，更是生产的主力军。她们组成"帮耕队"、"变工队"，进行生产互助，帮助有困难的抗属或贫困老弱的人家。①

中共琼崖特委在创建美合根据地过程中，重视根据地的经济建设，号召根据地军民充分利用地区有利的自然条件，自己动手，发展副业生产，增加经济收入。还办起了消费合作社，以繁荣根据地经济，解决军民日常生活的需要。部队军械厂除了为部队修造枪弹外，还生产了一批农具，支援农业生产。

---

① 广东省人民武装斗争史编纂委员会编著：《广东人民武装斗争史》，第三卷，394~400页，广东人民出版社1994年。

4. 发展商业、贸易。

为了冲破敌、伪、顽的经济封锁和解决根据地内部生活必需品紧缺的问题，抗日民主政府制定了保护商人自由营业、开设农村市场的政策，并组织贸易委员会，从事对外贸易。琼崖根据地的贸易委员会，收购土特产品出口，进口纸张、药品、布匹和日用百货，供应军民需要；鼓励和保护外地商人到根据地来从事买卖活动，也促进了根据地内集市贸易的发展，从而活跃和繁荣了根据地经济，打破了敌人的经济封锁。东江抗日根据地开办商业合作社，鼓励商人做生意，促进物资交流。

5. 抓好财政工作，开源节流。

增加收入方面，主要途径是：（1）开展税收工作，规定一切公民须有纳税义务，纳税不要完全放在资本家和地主身上。琼崖东北区政府成立后，撤销了原有各级税务局，在各县民主政府内统一设立财政科，加强了财税管理。政府统一规定税收的月税率，实行单一税制。征收的税种主要有货物税、营业税、渔船税、运输船税、盐税、屠宰税等。民主政府规定的税率低于国民党统治区的，而且一种产品只纳一次税，沿途税卡不再重征，使商人有利可图，乐意进来做生意，政府也有了税源。东江抗日民主政府实行合理的税收制度，保护商业发展。工商业税实行单一税制，日常必需品一般税率为5%，奢侈品为10%，屠宰和烟酒税视情况自定。凡已纳税的货物，可在全区流通。凡根据地急需的物品，可以优惠免税。珠江纵队在各地设税厂（站），废除国民党政府名目繁多的苛捐杂税，代之以征收统一的抗日税，如收工商货物出入口税和海上护渔、护航、护蚝税等。税收工作不仅开辟了财政收入的主要源泉，有力地保证了战时急需的军费开支，而且还牢固地团结了广大小资产阶级和民族资产阶级，促进了生产的发展和市场的繁荣。（2）征收公、军粮。征粮是为了保证部队的给养，也是发展根据地各项事业的需要。琼崖根据地制定征收公、军粮等级法，即贫农每户每季（一年分春秋两季）纳公粮3升，中农纳6升，富裕中农纳1斗2升，富农纳2斗以上。对于每年收成得米达15石以上的富农和地主，则规定15石以上30石以下者应纳1/10，31石以上50石以下者应纳其2/10，51石以上100石以下者应纳其3/10等。至于军粮，也按公粮的征收等级征收，但贫农免征；军粮除征收外，原则上还向富裕户半价订购。东江抗日根据地规定抗日公粮征收总收成的7%，以地主和佃农平均负担为原则，在未实行"二五减租"的地方，地主和佃农各负担谷3斤半。自耕农每收成100斤征收7斤。每户每造收成100斤谷以下的，酌情减少，若收成在50斤以下的，佃农的抗日公粮免征，军烈属应征的抗日公粮8折征收，鳏寡孤独、残废赤贫者，酌情减免。地主和自耕农，除征收抗日公粮外，还征收实际所得的12%的土地税。珠江纵队在中山的部队，于1944年1月至8月，收到公军粮、税款共500万元（法币），曾卖出部分粮食购回布匹，制作军衣。番顺地区收购公粮15万斤，使部队给养有了保障。一般来说，在公、军粮分配上，逐步走向减轻人民负担的合理化，深得人民的拥护和支持。（3）发动华侨群众捐助。琼崖特委和民主政府派人到香港、新加坡、马来亚、泰国、越南等国家和地区，发动华侨捐款捐物，支援抗日。南洋琼侨和港澳琼胞积极响应中共的抗日号召，先后组织了援冯（冯白驹）委员会、援八（八路军）援四（新四军）委员会、华侨救济总会、华侨抗日回乡服务团、工商友爱社等抗日爱国团体，通过各种渠道，募捐了一批药品、物资和金钱，支援琼崖抗日根据地军民的艰苦斗争。仅新加坡华侨就捐献了30多万叻币的现金。此外，还发动人民群众捐献。抗日民主政府提出"一切为了抗战，有钱出钱，有米出米，有力出力"的号召，在各地方发动了颇有声势的群众捐献运动。人民节衣缩食，慷慨解囊，有的一次就捐了600多元光洋银元。（4）收缴敌伪顽军的物资，没收汉奸的土地、财产，还有缉私等收入。这些收入一部分分给贫苦群众，一部分补充部队的军需给养。（5）发行代用券。琼崖东北区民主政府于1942年发行了总额为20万元的"琼崖东北区政府代用券"，作为根据地货币，与法币和光洋等流通，对于解决财政困难也起了重要作用。

在节约开支方面。主要是严格财政制度，严明财政纪律，厉行节约，严惩贪污，反对浪费。财政支出则压缩开支标准，严格审批款项，账目条据清楚。对挪用公款和贪污行为，视情节轻重处理，情节严重的从严处理，甚至判处死刑。厉行节约方面，实行节衣缩食，严禁酿酒等一切耗费粮食的做法，部队内部严格反对一切物质的浪费，非必要用的，尽可能节省不用。

东纵曾提出开展生产运动口号，但由于部队经常处于分散战斗的环境，效果不明显。

总的来说，由于抗日根据地民主政府的政策、措施正确，使抗日根据地的经济工作取得了较大的成绩。

五、战时的广东人民生活

（一）广州沦陷前广东人民的生活

"七七"事变至广州沦陷前（1937年7月—1938年10月），广东政局相对稳定，工农业生产等方面都有较大发展，社会经济发展较快，物价较平，总的来说，人民的生活比以前有了较大的提高，是国民党统治时期的黄金时代。1937年各县早造丰收，为20余年仅见，（有的地方）收成比平常时年约加六成。① 由于粮食丰收，广州谷米市价继续下跌，花纱畅销继续高涨。② 1938年早造米丰收，米价低跌。③

但经济增长也有不容忽视的另一方面。据报载，当时"全省人口三千三百余万人，而产米数仅一亿一千三百余万担，每年不敷米尚达一千九百六十二万担，今幸早稻丰收，米价稍跌，佴随后、相次殊难持久。自端阳节后，东江、韩江附近各县，发生水灾，再过一两个月后，本省民食，仍会发生严重恐慌"④。我国每年购入洋米约1 200万担，粤省占700余万担，约占65%。⑤

生活刚刚有些改善的广东人民又遇上了战祸。从1937

---

①② 《国华报》，1937年8月18日。
③ 《中山日报》，1938年5月31日、6月23日、6月30日。
④ 《广东政府公报》，第377期，1938年8月30日。
⑤ 《中山日报》，1938年3月21日。

年8月31日起,日本飞机首次向广州及潮汕等地方发动袭击①,接着不断来袭,杀人毁屋,打破了广东人民的平静生活。这是广州乃至全省社会衰落的一个重要转折点。广州、汕头市内,部分妇孺纷纷离市返乡,各行商业因此而开始冷落萧条。到1938年6月初,在敌机肆虐下,广州市况萧条,人口仅存1/4,疮痍满目。②广州十室九空,商业完全停顿。③广州市工厂多迁移内地或香港复工。④ 7月2日,日机飞袭汕头,大举屠杀,汕市顿呈荒凉。⑤

祸不单行,战祸又加上天灾,宛如雪上加霜。佛山、三水、南海、东江、韩江、海丰、紫金等处先后发生水灾或风灾,沉船塌屋、死伤人畜无数,灾情惨重。随后各地又发生米荒。⑥全省失业增加,2万余失业劳工被拨往筑路运输。⑦1938年4月,广东各县苦旱,省政府令各属赶种杂粮。⑧

抗战期间,广东许多地方长期干旱,为三四十年所少见。⑨ 1938年5月3—4日,台风骤虐,潮汕惨罹浩劫,覆船数百艘,死伤达数百人。韩江水位因暴雨狂潮骤升二三尺,庐舍倾塌。⑩ 中旬,东、西江潦水暴涨,沉船数艘,溺

---

① 《国华报》,1937年9月1日。
② 《中山日报》,1938年6月9日。
③ 《越华报》,1938年6月11日。
④⑤ 《中山日报》,1938年7月5日。
⑥ 《越华报》,1937年8月23日、10月26日;《国华报》,1937年10月9日、10日、12日、14日。
⑦ 《越华报》,1937年10月23日。
⑧ 《越华报》,1938年4月21日。
⑨⑩ 《国华报》,1938年5月7日、19日、24日。

毙多人，农作物损失极大。①

战祸天灾使广东社会经济发生极大的变化。各地物价普遍上涨。广州物价约增20%②，尤以米类为甚。③ 生意难做，商店关门者多。1937年10月份，广州市新开商店170余间，倒闭者380余间。④ 11月份，广州新开商店253间，倒闭488间。⑤ 1938年1月，广州新开商店143家，倒闭352家。⑥ 当时广州市有商业同业公会123个，已调查86个，计有商店9 625家，平时全年营业额5.44余亿元（省券），店员人数10.7余万人，因空袭而歇业者1 507家，失业人数13 039人，歇业店户损失总值达106万元，其未歇业者每日营业只有3.5成，全体每日营业损失约为98.7万元。⑦ 农历年底，市场冷落，花市萧条。⑧ 广州商业区已遭敌机滥炸成焦土，惨不忍睹。⑨

1937年11月下旬，突然发生奇寒，这在广东实属少见。少食缺衣者更难度日，饥寒交迫。报载各地连续发生贫民倒毙、自缢之惨事。⑩

广东珠江三角洲的蚕丝业向来发达，但至此时因战争影

---

① 《国华报》，1938年5月7日、19日、24日。
② 《国华报》，1937年10月1日。
③ 《中山日报》，1938年3月19日。
④⑤ 《越华报》，1937年12月25日、26日。
⑥ 《广州日报》，1938年4月22日。
⑦ 《国华报》，1937年12月8日。
⑧ 《中山日报》，1938年1月27日。
⑨ 《越华报》，1938年3月18日。
⑩ 《国华报》，1937年11月23日、25日；《中山日报》，1937年12月30日；《越华报》，1938年1月9日、24日。

响，亦遭遇挫折。1938年8月，顺德龙江镇7 000余户蚕农出口丝价亏损、破产，请求政府迅速予以救济。①

(二) 广州沦陷后的广东人民生活

日军占领的地方，成了日本的殖民地，当地人民成了毫无自由的亡国奴，日军铁蹄所到之处，烧杀抢掠奸淫。军舰、飞机轰炸袭击，人民死伤累累，生灵涂炭，哀鸿遍野，为有史以来，广东人民遭受的最严重的浩劫和大灾难，人民生活苦不堪言。

1. 沦陷区人民的生活。

日军进行法西斯军事统治，人民在政治上毫无自由、民主和人权可言，在经济上遭到严厉的控制和剥夺，生活极端困苦、悲惨。劫后之广州及珠江三角洲地区满目荒凉，繁华街道已成平地，未焚店门前贴白纸，以示哀痛。有的民众，途遇敌兵，被拉去做苦工。日本浪人、地痞横行各地。② 各地烟赌妓寨林立，已成黑暗世界。繁盛之区已被焚掠一空。日军不时出来骚扰，以军用票强购物品，人民不堪其扰。③

日军侵占琼崖后，为掠夺铁矿物资源，1939—1944年，共强迫2.5万余人，分别在石碌、田独等矿区充当矿工。饥饿和沉重的劳役，使矿工每天死10人以上，多时达四五十人。6年中，矿工共死近万人，均集中掩埋在田独矿井以东

---

① 广州市文史研究馆编：《广州百年大事记》，下册，499页，广东人民出版社1984年。
② 《中山日报》（该报在广州沦陷前在广州出版，广州沦陷后在韶关、梅县出版，以下不注明者均为韶关版），1938年11月14日。
③ 《中山日报》（梅县版），1938年11月27日。

50米的坡地上，至今还见白骨成堆，惨不忍睹。① 至1944年10月，海南岛被日军杀害者25万余人，房屋被毁20余万间。② 敌人杀人的手法，竟有剥皮、绳绞、棒打、挖眼、斩手、挖心、肢解、狗咬、点天灯、钉四肢等20余种之多。③

1939年7月16日，日军在澄海大肆烧杀淫掠，杀死民众达700余人。1940年，因日军盘踞潮汕，灾害频繁，交通梗塞，米价腾贵，潮汕发生大饥荒。汕头出现人肉鬻售于市（按：售卖人肉不止汕头一地），潮安城有拾马粪充饥的，揭阳城饥民被迫抢米。④ 1940—1943年，潮汕大旱，兼又被日军蹂躏，兵祸米荒，海陆交通断绝，侨汇不通，人民生活极度困难。⑤ 潮汕地区至1940年9月初已饿死3 000余人，已成鬼市。⑥ 1940年，潮汕大饥荒，出现抢米风潮，又有出卖人肉或吃马粪者。奸商则囤积居奇，高价出卖，甚至资敌。⑦

1940年5月，广州粮荒严重，饿毙路尸及弃婴随处可见。⑧ 因粮食极度恐慌，广州全城骚动，市区连日发生抢米

---

① 卢权主编：《广东革命史词典》，119页，广东人民出版社1993年。
② 《中山日报》（梅县版），1944年10月30日。
③ 王钦寅：《琼崖抗战记》，琼崖国民党军事当局印，1950年；云实诚：《粤战场》，《大公报》，曲江分馆1943年印。
④ 饶宗颐总纂：《潮州志》第一册，430页、43页，古瀛志乘丛编，潮州市地方志办公室编印，2005年。
⑤ 宇光编：《汕头卫生大事记》，汕头市卫生志编纂领导小组办公室，1988年。
⑥ 《中山日报》，1941年9月7日。
⑦⑧ 广东省立中山图书馆编纂：《国民广东大事记》，659页、647页，羊城晚报出版社2002年。

案，饿死者每日在200人以上。① 由于广州柴荒、米荒严重，民众纷纷离市。② 原来为鱼米之乡的南海九江一带，敌伪横行，民不聊生，米珠薪桂，饿殍盈途③，比其他地方更甚。被日军占领的广州湾已成死市。④ 1942年6月，广州粮荒，每人每日只准购米6两，引起抢米风日炽。⑤ 广州敌人胆寒，实行灯火管制，禁止市民来往。⑥ 广州饿殍载道⑦，形同死市。⑧

日军还在广州、琼崖、三水等地设立了专供其泄欲的"慰安所"，摧残当地妇女。仅琼崖就有数千名妇女被逼为侵琼日军作慰安妇。⑨ 1939年11月17日，日军令伪广州妇女会将拘押在广州市光孝路原黄德光医院的妇女2 000多人，组成"姑娘慰劳团"，送往前线供日军摧残，不从者被杀害。⑩ 广州市内还有多个慰安所。⑪

广州疫症流行，市况萧条，每日死亡者达数十名。三水的西南镇亦发现疫症。惠阳哀鸿遍野。⑫

台山1941年"三三"之役，失去家庭的妇孺共有3 000

---

① 《中山日报》，1940年5月14日。
②③④ 《中山日报》，1940年8月2日、28日、1日。
⑤⑥ 《中山日报》，1942年6月8日、28日。
⑦⑧ 《中山日报》，1942年7月13日、17日。
⑨ 符和积：《侵琼日军慰安妇实录》，载《抗日战争研究》，第4期，1996年。
⑩ 广东省立中山图书馆编纂：《民国广东大事记》，631页，羊城晚报出版社2002年。
⑪ 《广州五大慰安所旧址藏身闹市中》，载广州《信息时报》，2004年7月7日。
⑫ 《中山日报》，1941年6月17日。

余人，抢救出难童300名，难妇120余名。广州四周10里之乡村被划为"无人地带"。南海有难民妇孺2万余名。省儿童教养院共有难童3 000余名。①

广州食盐严重缺乏，人心惶惶，从1941年11月5日起开始凭证售盐。售盐时，市民拥挤不堪，秩序大乱。② 1941年4月13日报载：日军前曾在广州抽壮丁3万人，送往南宁一带构筑工事，病死、累死了2/3，存活者不及1/3。③ 1941年4月，敌酋后宫淳又命令李讴一、陈耀祖征集壮丁10万人，拟编为保安队，以后用于太平洋战争。④ 1942年春，日军搞"集体并村"，使人在"人圈"里过着非人的生活，每年每人只配给布3尺。动辄加以"思想犯"、"政治犯"、"运输犯"的罪名。日伪还开展"金属收回强化运动"，四处搜刮金属，用以制造杀人武器。⑤

1943年2月2日，伪省宣传处宣布取缔市民使用短波收音机⑥，其目的是实行愚民政策，封锁消息。是年岁暮年货价极昂贵，比去年涨价数倍。四邑米荒严重，白米每担涨至1 008元。⑦ 商业凋零，交通阻滞，洋货惨跌，米价暴涨。⑧ 广州市暗无天日，饿毙自杀者数百人。⑨

---

① 《华商报》，1941年10月9日。
② 广州市文史研究馆编：《广州百年大事记》，下册，525页，广东人民出版社1984年。
③ 《中山日报》，1941年11月24日。
④⑤ 广东省立中山图书馆编纂：《民国广东大事记》，666页、692页，羊城晚报出版社2002年。
⑥⑦ 《中山日报》，1943年2月3日、8日。
⑧ 《中山日报》，1943年3月26日。
⑨ 《中山日报》，1943年4月29日。

日军在广东大拉壮丁。如1943年7月,日军在琼崖捕壮丁万人,送往仰光担任劳役。① 同年10月,日军在广州、香港强拉壮丁5 000余人,运往琼崖,又在琼崖强拉劳工2 000余人。此7 000余人集中在崖县,乘轮船押去南洋服苦役。②

从1943年8月12日起,(同)盟国飞机为了打击日军,连日轰炸广州,市面人心动摇,商人对伪券多不信用,故市价大跌。广州敌伪组织又勒购民谷,迫抽田捐。③ 8月23日,日伪公布广州户口清查完竣,不到50万人。实际上广州已很荒凉,满目疮痍,以致猛虎多次出现在广州近郊甚至市区。④

1943年12月3日,立法院政务视察团吴尚鹰视察广东后,在桂林一个招待会上说:"今年广东灾害严重,台山饿死20余万人,开平饿死10余万人。又闻汕头日饿死近百人,甚至有人吃人者。"⑤ 潮汕大旱,米价日涨数次,饿殍遍地。汕头每日死者近100人。达壕镇饿死近万人,占全镇人口1/4。海门死者尤多,饥疫死者达1.1万余人,由善堂收埋于莲花山下,即今之"万人冢"。潮汕地区有10余万人逃荒至福建和

---

①② 广东省立中山图书馆编纂:《民国广东大事记》,720页、726页,羊城晚报出版社2002年。

③ 《中山日报》,1943年8月22日。

④ 《中山日报》,1941年6月28日;广州市文史研究馆编:《广州百年大事记》,下册,521页,广东人民出版社1984年。

⑤ 广东省立中山图书馆编纂:《民国广东大事记》,729页,羊城晚报出版社2002年。

江西。① 1943年全省大旱灾，共死约300万人。②

1944年7月19日，广州电厂宣布停止市民用电，全市夜间已成为油灯世界。③ 广州柴米荒，金融大混乱，伪币狂跌，商人收购黄金。④ 自3月11日起，广州只从上午7时至下午3时半供应自来水，一般市民绝对禁止白昼使用电灯。广州物资日益减少，物价比后方贵1倍。⑤ 广州米价暴升，药价亦涨。每元仅购买得米8钱，饿殍载道，惨不忍睹，患疟疾而无力医治致死者甚众。⑥ 敌伪在沦陷区实行毒化政策，种罂粟遍地，随处皆毒。⑦

8月，广州物价不断暴涨，尤以米价上涨最烈，每担竟涨600余元；生油每斤上涨60余元；糖、面、豆类亦高涨1/3以上，甚至高涨1倍。市民生活困难不堪。⑧ 下旬，盟机迭炸汕头，市面冷落，市民纷纷内迁。⑨ 潮汕日军强派民伕运集存谷及铁轨。汕头市敌伪任意拘捕市民。⑩ 到了1944年9月下

---

① 王琳乾等编：《汕头大事记》，上册，189页，汕头市地方志编纂委员会办公室，1988年。
② 广东省地方志编纂委员会编：《广东省志·民政志》，231页，广东人民出版社1993年。
③ 广州市文史研究馆编：《广州百年大事记》，下册，543页，广东人民出版社1984年。
④ 《大光报》，1944年3月10日。
⑤ 《中山日报》，1944年3月21日。
⑥ 《大光报》，1944年5月11日。
⑦ 《中山日报》，1944年6月2日。
⑧ 梅嘉、求实编：《抗日战争时期的广东战场大事记》，见广东省政协文史资料研究委员会编：《广东文史资料》，第50辑，广东人民出版社1987年。
⑨ 《中山日报》（梅县版），1944年8月30日。
⑩ 《中山日报》（梅县版），1944年9月6日。

旬，侵粤敌寇已山穷水尽，强拉乡民当兵以壮声势，奸淫掳掠焚杀无所不至。10月19日，广州油价猛涨，每斤升到伪币538元；房租亦比前增价七八十倍。11月15日，广州市内物价全面上升，米粮每担上升至伪币8 000余元，生油每斤升至伪币640余元。12月4日，生油涨至每斤2.1万元。1945年2月15日，大米每担升至1.5万元。3月15日，广州米价又涨，由11日至15日，中上米每担较前涨1 200余元；22日起，每担上米又扳升2 000余元。杂粮及其他日用品亦随之涨价，市民莫不叫苦连天。4月7日，广州米价、金价狂涨不已，1周内竟突涨1倍以上，米价1日之内涨价10余次。从6月26日起，广州市影剧院全部停业，门口均悬大字木牌："税捐过重，无力负担，迫得停业"。8月2日，金价、粮价狂涨，比6月份高出1倍，米价比3日前突涨每担万余元。9日，金价每两又暴升10余万元；柴价亦由每担六七千元涨至一万四五千元。11日，伪省府以金价狂涨不已，无法控制，勒令广州全市金业停业6天。①

1945年6月1日，广州汪伪政府发行面额5 000元和10 000元两种"储备券"，刺激物价飞涨。到是月底，米价已涨至每担72万元。8月9日，广州物价暴涨，柴每担15 000元储备券，米每斤200元。②

在沦陷区内，商业凋零，商民苦不堪言，商业仅及原十

---

① 广州市文史研究馆编：《广州百年大事记》，下册，551页，广东人民出版社1984年。

② 广东省立中山图书馆编纂：《民国广东大事记》，764页、767页，羊城晚报出版社1992年。

分之二三。日伪强迫使用毫无预备金的军票交易,对粮糖专卖配给,对五金、矿产、生丝、皮草、纸张、烟草、爆竹等禁止出口。日本人在广州、汕头、佛山、江门、海口等地开设许多大小公司商号,如三井、三菱、日窒公司等。仅广州市日籍男女(不包括军队)六七千人,就开设大小商铺300多间,市场基本上为日商所控制。日军到处实行"三光"政策,全省绝大部分城镇,无一幸免于难。仅据广州市政府1946年调查,全市损失共1 925.65亿元(按当时币值计)。日军投降撤退时仍不死心,到处抢掠烧毁,被焚商品不计其数。各处城镇满目疮痍,瓦砾一片,商业精华尽毁。[①] 这是中华民族一场史无前例的大浩劫。

2. 国统区、游击区的人民生活。

抗战时期,广东敌占区约占1/3,国统区和游击区约占2/3。国统区人民生活虽困难,但比沦陷区略为好些。游击区为我敌争夺之区,战斗频繁,两面负担,人民生活十分困难。由于日军的不断侵扰和破坏,庐舍被毁占,田园荒芜,文化教育卫生等方面也遭到严重的破坏。国统区执政者虽采取了一些有利民生的政策和措施,但没有根本性的彻底改革措施。这些地区经济上原来就比较贫瘠落后,加上天灾和疫症流行。不少人家破人亡,妻离子散。在灾荒期间,甚至出现售卖人肉的悲惨现象。总之,日本侵华时期,除了一些贪官污吏、汉奸及一些发国难财的奸商之外,绝大多数的人民群众、公务人员和文教卫生等人员的生活都极为艰难。

---

① 广东省商业厅《广东商业志》编纂委员会编:《广东商业志》,上册,16页,广东省商业印刷厂,1992年。

1939年冬，东江、潮梅各属粮荒日亟，省临时参议会副议长黄枯桐等吁请救济东江民食。① 潮汕各地也吁请救济。② 1940年初，粤北各地凡敌踪到处，灾情严重，省政府拨300万元复兴战灾农村。③ 1940年，粤东春旱，潮梅米价飞涨未已，李汉魂亲往视察。④ 4月24日，南海县第二区狂风暴雨，并伴随地震及冰雹，沉没船只100余艘，溺死100余人，屋倒树折一空，灾情之惨为百年仅见。⑤ 28日，李汉魂指出："因去冬天旱歉收、奸商富户囤积居奇，发生米荒。"⑥ 8月，海陆丰、惠州、宝安、高明等地暴风雨为灾，省府、省赈济会拨款救济。⑦

据省政府统计室发表的曲江物价指数，1940年8月较战前1月（1937年6月）高涨4倍余。⑧ 10月，曲江趸售（批发）物价指数为593.4，较9月份增高59.64。零售物价指数共为560.16，较9月份增高87.13。⑨ 1941年四五月间，50天来，省会韶关米价恰好上涨了1倍。⑩ 6月，惠阳灾情严重，10余万人流离失所。⑪ 六七月间，东江流域暴雨、山

---

①② 《中山日报》，1939年12月14日、20日。
③ 《中山日报》，1940年2月7日。
④ 《中山日报》，1940年4月17日。
⑤ 广州市文史研究馆编：《广州百年大事记》，下册，513页，广东人民出版社1984年。
⑥ 《广东省政府公报》，第458～464期合刊，1940年9月31日。
⑦ 《中山日报》，1940年8月5日。
⑧ 《广东省政府公报》，第567期，1940年5月31日。
⑨ 《广东省政府公报》，第619期，1940年11月30日。
⑩ 《中山日报》，1941年5月21日。
⑪ 《中山日报》，1941年6月21日。

洪成灾。7月初，大风雨造成泛滥决堤，潮汕各县失收。①南路灾情以合浦北海渔业区蒙害最惨。② 9月，东江、南路风雨成灾，省赈济会拨款救济。③

当时公务员和文教卫生等人员的待遇低，生活也很困难。1942年1月29日，省务会议通过决定，改善公务员生活，发给生活补助金。④ 由于日寇的侵略，韶关市农历除夕市况萧条。⑤ 由于社会分配不公，形成了"肥了市场，瘦了文化；肥了公子，瘦了难民"⑥的现象。

1942年11月下旬，物价飞涨，韶关物价：油粘米每元4两（16两为1斤，以下同），猪肉每斤16～17元。潮汕大米每元只能购2两。⑦ 韶关物价连年上涨，以早米为例：1937年7月7日前，每司石毫洋5元；7月7日后，每司石毫洋6元；1938年10元；1939年15元；1940年33元；1941年74元；1942年410元。抗战5年，早米每司石涨82倍。⑧

1942年5月17日，韶关狂风骤雨，洪潦成灾，东、西河低洼地尽成泽国，公私损失严重。⑨ 清远水灾，湛江灾情

---

① 王琳乾等编：《汕头大事记》，上册，185页，汕头市地方志编纂委员会办公室1988年。（特引自饶宗颐总纂：《潮州志》第1册，潮州市地方志办公室2005年。）

② 《中山日报》，1941年7月25日。

③ 《中山日报》，1941年9月10日。

④⑤ 《中山日报》，1942年2月4、15日。

⑥ 《中山日报》，1942年3月23日。

⑦⑧ 广东省立中山图书馆编纂：《国民广东大事记》，705页、708页，羊城晚报出版社2002年。

⑨ 《中山日报》，1942年5月18日。

惨重。① 7月西江潦水日涨，为5年来罕见，灾情严重，驻军、专署拨款急赈。② 8月15日，潮汕、高要两地水灾严重，各乡吁请当局救济。③

据美国记者亚丹士指出：1942年秋，蝗虫为患，大部分谷米被毁；1943年春，天气又奇旱，收成仅及平时的30%。④

由于物价不断上扬，1943年3月，中央社会部派员来粤督导工商团体协助政府实施限价⑤，规定从5月1日起，韶关市每人每月粮食配额增至18市斤⑥，到7月减至15市斤，节余粮米用于救荒。⑦ 5月，粤北棉纱布限价，决定从10日起实行零售价不得超过整售（批发）价10%。⑧ 到8月份，韶关市政处将棉花、棉纱、布匹限价重新制定。1943年，全省大旱灾，加上疫症流行，除上述沦陷区外，国统区和游击区因饥饿和疾病而死的人也不少。

1943年5月10日，中山大学教授会发表宣言，要求改善生活，谓"节衣缩食于兹三载矣！所谓民国三十一年（按：即1942年）10月份增加薪俸与生活补助费者，皆未能实现"⑨。大学教师如此，中小学教师境况更差。从6月

---

① 《中山日报》，1942年5月18日。
② 《中山日报》，1942年7月27日、28日。
③ 《中山日报》，1942年8月16日。
④ 《中山日报》（梅县版），1944年3月5日。
⑤ 《中山日报》，1943年3月26日。
⑥ 《中山日报》，1943年4月24日。
⑦ 《中山日报》，1943年7月1日。
⑧ 《中山日报》，1943年5月3日。
⑨ 广东省立中山图书馆编纂：《民国广东大事记》，715页、718页、748页，羊城晚报出版社2002年。

21日起，韶关凭证（已发证900张）分几个点为贫民"施粥"，暂定以3个月为期。①

1944年春节期间，韶关、梅县等地市况仍极为冷淡，柴米油盐等俱涨价。② 省赈会拨巨款配发各县办赈，冬令施粥，收养难童。③ 东、西江各地将施行限价。④ 同年10月20日报载，潮州发生水灾、风灾，饶平尤为严重，省政府拨款100万元赈济。⑤

据报载，当时最接近敌占区的商业总枢纽——鹤山县沙坪镇的现状是："良田置荒，粮食堪虞，轿逾三千，挑夫数万，良田千顷，天旱置荒。富人一席酒，寒士半年粮，逾千万元资本商人不少。人口洋什颇多。海关上月收入为1 200万元，为全国分卡之冠。粤桂湘黔滇川商人云集，现冬景残年，市场呈淡。"⑥

同年，韶关旧历年关物价稍昂，鸡牲每市斤14元，猪肉每市斤64元，牛肉每市斤60元，红橘每市斤16元，金水橙每市斤14元。⑦ 此时侨乡台山、新会近貌是：社会繁荣，外强中干，教育发展，侨汇畅通。⑧

---

① 广东省立中山图书馆编纂：《民国广东大事记》，715页、718页、748页，羊城晚报出版社2002年。
② 《中山日报》（梅县版），1944年1月7日；《大光报》，1944年1月17日。
③ 《中山日报》，1944年1月13日、19日。
④⑤ 广东省立中山图书馆编纂：《民国广东大事记》，715页、718页、729页、748页，羊城晚报出版社2002年。
⑥ 《大光报》，1944年1月22日。
⑦ 《中山日报》，1944年1月24日。
⑧ 《大光报》，1944年2月1日。

1944年春,粤北久旱,农作物多枯死。①

到1944年3月下旬,报纸认为粤省粮荒已成过去。② 4月1日,韶关停止施粥。③ 是年春,风调雨顺,春种丰收,各地粮价继续下跌。④ 但好景不长,7月下旬,西江水灾,为60年来未见。⑤ 8月初,韶关恢复计口授盐。⑥ 到了8月下旬,韶关(基督教)青年会举行施粥,领施粥人限额增加,原为200人,增加100人。⑦

由于疾病流行严重和饥荒,韶关市1944年8月份人口死亡(198人)多于出生(184人)。⑧ 到9月份,韶关市人口出生数大于死亡数,男性死亡率较女性多,出生人数男女两性相等。人口比上月增加14人。⑨

东江1943年水、旱灾,1944年风灾,受灾县份代表到韶关请求减免田赋。⑩ 全省寇、灾严重,省赈会已配拨款各县施赈。⑪

1944年11月17日,尚未入隆冬,韶关已冻死人。其后又多次发生冻死人的事。⑫ 12月17—18日,韶关寒冷,水

---

① 《中山日报》,1944年2月7日。
② 《中山日报》(梅县版),1944年3月29日。
③ 《大光报》,1944年4月1日。
④⑤ 《中山日报》,1944年7月19日、24日。
⑥⑦ 《中山日报》(梅县版),1944年8月6日、27日。
⑧ 《中山日报》,1944年9月4日。
⑨ 《中山日报》,1944年10月7日。
⑩⑪ 《中山日报》,1944年12月29日。
⑫ 广东省立中山图书馆编纂:《民国广东大事记》,750页、751页,羊城晚报出版社2002年。

已结冰,连日均冻死人。18日起开始施粥,送棉衣。①

1945年初,韶关及粤北失守,粤北人民又遭到一次浩劫,人们纷纷向各地逃难,饱受流离颠沛之苦。省政重心也向东转移,最后省府在平远县大柘镇办公,而经济、文化中心则在梅县县城。8月,梅城米价、物价不稳定,时有涨落。

抗战时期的广东,由于日寇侵略,战乱严重,天灾频繁,疫症流行,兵荒马乱,民不聊生,经历了一次史无前例的浩劫。

六、战时广东经济的特点和历史教训

由上可见,在日军侵粤时,广东既有沦陷区,又有国统区,还有敌后抗日根据地及游击区,呈现出错综复杂的情况。广东既不同于全部陷于敌手的省区,又不同于未沦陷于敌手的西南大后方,因此,战时广东经济不仅与和平时期经济有不同,且与战时大后方和全沦陷省区的经济也有所不同。总而言之,战时广东经济有如下几个特点。

第一,它是在浩劫中奋斗挣扎的经济。广东在战前刚刚发展起来的工业,绝大部分未及搬迁而遭到日军的严重破坏和劫掠,后来在后方艰难重建的工业和手工业又在日军的进攻下惨遭反复破坏,奄奄一息,一直到抗战结束也远远没有恢复过来。

第二,在抗战中重建的后方工业和手工业,均以小型为

---

① 广东省立中山图书馆编纂:《民国广东大事记》,750页、751页,羊城晚报出版社2002年。

主，以日常生活日用品为主，没有大型的工业，仅仅是做些修修补补的工作；农林牧副渔业也在艰难困苦中支撑着，没有大的作为，解决不了大的问题。

第三，广东省经济原有四大强项，即侨汇、丝业、盐业、渔业，也由于日军侵占了沿海和珠江三角洲地区，均遭严重破坏，特别是侨汇和对外贸易，一度中断和受到严重的打击。

第四，广东有国统区、沦陷区、共产党领导下的敌后抗日根据地，还有游击区、两面政权，各种经济形态都存在，犬牙交错，又常有变化。其性质有封建的、半封建的、殖民地的、半殖民地的，还有新民主主义萌芽（如共产党领导下的减租减息、合作社等）等多种，在不同地域起着不同的作用。

残酷的战争、野蛮的破坏与掠夺、持久艰苦的斗争，给我们留下了极其深刻的历史教训。它痛切地告诫我们，贫穷落后易招挨打宰割，受苦受难，必须尽快地使我国繁荣富强起来，极大地增强综合国力，才能屹立于世界民族之林。

第二节 战时的广东文化教育卫生等事业

战时广东当局开展和控制民众动员和宣传舆论工作，开展战时的文学艺术活动，包括抗战初期文艺工作者在广东的活动，广州沦陷后文艺工作者在广西、香港和粤北的活动，香港沦陷后文艺工作者在粤北、广西等地的活动。活动形式包括歌咏、戏剧、音乐、绘画、摄影等。此外，本节还述及日伪统治区的文化概况。

本节论述的其他内容还有：抗战时期广东教育（包括小学、中等教育和职业教育、高等教育及国统区的体育活动）；广东日伪统治区的教育（包括小学、中学、高等教育及民众教育、奴化教育）；战时的广东卫生防疫、兵役、赈济等工作的概况。

一、战时广东当局的民众动员和宣传舆论工作

（一）成立动员宣传组织，领导开展民众动员工作

前面已叙述，抗战之始，粤省为适应战时工作的需要，即成立党政军联席会议。1938年4月，中央军事委员会颁发省（市）县动员委员会组织大纲，乃将党政军联席会议改组成为广东动员委员会，开展抗战的动员工作。广州沦陷后，该会工作陷于停顿状态，至1939年5月该会重新改组，恢复工作，设会址于曲江。省党部主任委员、省政府主席暨各厅厅长、保安处处长、驻军长官、军管区司令等为委员，由省府主席李汉魂兼任主任委员，设秘书处，以陆宗骐为秘书长，下有秘书室及第一、第二两组，分办日常事务。另设文化、经济、民运、交通、防护等5个设计委员会，聘各专家为委员，并各设总干事1人，干事若干人，负责设计。各县市则设县市动员委员会，由县市长兼主任委员，党部书记长、职业团体领袖及驻军高级长官为委员，下设秘书及文化、经济、民运、交通、防护5处。县以下各级则设区、乡

镇、村动员委员会。此外，省设动员工作团、动员剧团、海外戏剧宣传团、县区乡镇工作团，以为推动工作之核心。

与动员工作最有关系的广东省战时政治工作总队成立于1939年冬粤北大战之时，其参加战地工作，成绩颇著。其下先后成立4个大队、2个直属中队、1个直属艺宣传队。总队长由省动员委员会秘书长陆宗骐兼任，谢静生为副总队长，下设秘书室及教育、宣导、总务3处，分设教务、训育、宣传、指导、文书、出版、庶务等组，直属于省政府，大队下设区队，共有动员工作人员700余人。

1940年4月，由第七战区政治部、广东省政府、广东省动员委员会各派代表组织广东省军民合作总站，为各级站最高权力机关，并由上述3个机关分别派员兼任总副站长，推动全省设站事宜，指挥监督全省各地军民合作站业务。后复邀请广东绥靖主任公署、广东省党部各派代表一人参加总站之代表会议。

1940年5月，奉国防最高委员会颁发修正各省市动员委员会组织大纲，即遵令改组省动员会，仍设主任委员，下改设组训、征调、宣传、总务4股，各设主任1人，由委员兼任。各股设总干事1人，干事若干人。秘书长改为书记长，仍由陆宗骐负责。县市动员委员会并改设组训、征调、宣传、总务4组，每组设干事1人，并设书记长1人。直至1941年省动员会迁入省府合并办公，并以县市政府秘书兼任书记长。

1940年冬，广东省军民合作总站改隶广东省动员委员会指挥，同时组织机构并略予扩大，取消代表会议制，改设总站长、副总站长，并设总务、督导、宣传3组，派陆宗骐接长总站。1941年1月，总站奉命全归隶广东省政府，派陈藻文为总站长，丁鸿训为副总站长，广招干部，设班训练，派充各级站副站长，上下基层之组织，乃略见健全，军民合作业务之推行，亦普遍积极进展。

总站自成立之日起，即沿全省东南西北各军事交通线及军事补给线，以乡镇为本位，约每距离40华里，设立乡镇军民合作站一个，至1941年已成立者有255站，设立县军民合作站53站。其业务范围是：导向、征雇、供应、慰劳、救护、文化宣传。各级军民合作总站之设立，对军事作战及政治动员，均起到积极作用。

至1940年冬，广东省战地政治工作总队总队长陆宗骐辞职，由李钰继任，并派张益民兼任副总队长，内部机构和负责人也有变更。1941年7月，袁飞翰辞职，由袁晴晖接充总队长，改为12个工作队。各县战时政治工作队，由原有动员工作团改组合并，直属县政府，一等县30人，二等县20人，三等县及管理局10人，亦先后成立。

省动员委会及省政工总队为计划及策动全省动员工作之主脑，均设于战时省会所在地曲江。各县动委会、动员工作团及各县战时工作队分设于各县，策动各该乡村工作。

为增加干部人员之工作技术及政治修养起见，省内先后举办动员工作干部训练班、战时戏剧训练班、歌咏讲习班、宣传图书讲习班、政工人员训练班等。

动员工作要项凡23项。其主要者为：（1）发动民众参加抗战。粤北两次大战，省动员会及政工总队发动青年

1 000余人协助军队购粮、运输、搬运子弹、带路、传达、侦查、破路、破坏飞机场、救护伤兵及抢救难童等。（2）发动各机关团体组织战地服务委员会。第二次粤北大战，由省动员会发动韶关党政军各机关团体共12个单位组织战地服务委员会，领导民众，协助军队作战，收效最大。（3）办理战区善后工作。每次战役均派政工队员至战区发动大规模之慰劳宣传，同时协助政府做各种赈济工作。（4）办理战地流动医疗。省动员会设有防护组，组织战地流动医疗队，共有官兵140人，先后治愈军民逾7 000余人，并发动防疫工作。（5）协助组训民众。如由省政工派队一区队协同清远国民兵团组训滠江民众，成立后备基干队两大队，成为劲旅。（6）促进军民合作。宣传军民合作之重要，由政工队员协助当地军民合作站办理各种工作队，并发动官兵协助割种禾麦。（7）加紧对敌经济反封锁。劝导人民不走私漏税，发动民众扩大游击战，破坏敌伪在沦陷区之经济掠夺，切实禁止贩卖及使用旧货等。（8）推进宣传工作。文字宣传方面，如出版动员周报、动员导报、政工导报、政工通讯、政工月刊、《新潮》、《跃进》、动员丛书及壁报等；口头宣传，如电台广播、戏剧宣传，由艺术宣传队、流动剧团及动员剧团等担任。（9）护送归国华侨。派省政工队员协助省赈济会，至东江、西江、南路设站护送。

（二）成立教育文化等社团

1939年间，省党部通饬各县市党部查报办理教育会组织，已有的应即调整健全，没有的应即策动组织。1940年度重申前令，限饬办理。至年底止，本省教育会设立已颇普遍。1941年度，统限于是年5月以前，组织完成全省教育会，并饬各县所在地国民党党部在日伪控制区内秘密策动组织教育团体，暗中阻挠日伪奴化教育之实施，宣扬抗战建国之政策。全省1939—1941年教育会组成统计情况如下表所示。

1939—1941年教育会组成统计表①

年份	单位数	比上年度增减数
1939	88	
1940	128	+40
1941	134	+6

粤省文化运动，参照国民党中央社会部颁发的《抗战时期文化团体指导工作纲要》规定办理，通饬各县市党部将原有之各种文化团体进行整理。1939年、1941年，首先策动完成广东文化运动委员会，以为推动核心，出版多种文化书刊；其次组织县市文运会。按规定，"所有文化团体，均应在当地主管机关呈准立案后，方得正式活动，否则得严厉取缔之；各地文化机关因事迁移他处者，应分向迁出地及原驻地主管机关呈报备案，各地国民党党部应即随时严格考核"。至1941年止，此类文化团体（除教育会外）已有14个，见下表。

---

① 广东省政府广东年鉴编纂委员会编：《广东年鉴》，第6册，广东省政府秘书处编译室1941年。

1939—1941年文化团体组织统计表①

年份	戏团剧社	文化促进社	学术研究社	音乐社及其他	建设研究社	合计
1939	5	1	1	2	1	10
1940	7	3	1	2	1	14
1941	7	3	1	2	1	14

1939年、1940年间粤省当局通令发动组织自由职业团体，据各县市呈报，其成立各该项团体者15个，属于全省性的，有广东省粤北新闻记者公会、中国青年记者会粤北分会，已调整完成者有省西医公会、省中医公会。截至1941年止，已有各项职业团体数目如下表。

1939—1941年职业团体统计表②

年份	医师公会	律师公会	会计师公会	工程师公会	新闻记者公会	合计
1939	13				3	16
1940	18	1			3	22
1941	25	2			3	30

粤省体育团体在抗战期间已成立14个，其中有全省性者一个，先后指导举办游泳、爬山、球类、象棋、乒乓球等各项比赛，并举办国术训练班等。1940年令组织各县市体育会，限于7月底前完成。至1941年起，仍以组织各县市体育会及国术馆为中心，饬令各县市随时指导举办各项体育比赛，并

---

①② 广东省政府广东年鉴编纂委员会编：《广东年鉴》，第6册，广东省政府秘书处编译室1941年。

于9月间策动组织广东省体育访问团,选拔体育专长人员80人,于10月间出发湘桂两省比赛观光,举行省际各项球类比赛,借此提倡战时体育运动,以促进国人对体育之重视。

(三) 开展和控制宣传舆论工作

广州沦陷后,广东文化宣传事业遭受日寇的摧残,辗转播迁,其间曾有短期的沉寂,但经有关人士的努力,渐有起色。仅新省会韶关一隅,大报已有《中山日报》、《大光报》、《建国日报》等9家,杂志38家。国民党广东省党部为进行思想、舆论的强力控制,于1941年成立广东省文化运动委员会及广东省民众运动委员会。

据统计,1936年广东共有报纸77种,1937年39种,1939年25种,1940年72种(其中属于中央管理者有《中山日报》等3种,属于省党部直接管理者8种,属于省党部督导而由各县党部管理者38种),1941年共93种。全省商报25种。

战前,广东的通讯社,大都集中于广州及汕头两处,内地很少。自广州、汕头相继失陷后,本省通讯社尚能继续工作者寥寥无几。1941年以来,各地新闻从业员先后恢复原有通讯社已不少,而重新组织者亦多,且分设于内地,省内共有通讯社31个,成为沟通内地消息之桥梁。通讯工作并有显著的进步,即在新闻报道之外,兼及其他内容。

省会迁韶关后,国民党当局起初还容许《新华南》等进步刊物出版。但从1941年2月起,国民党严格控制舆论工具,取消《新华南》等进步刊物的出版登记证(实为封闭),宣传舆论渐循国民党的旨意进行。各种书刊的出版数量甚少。据1941年10月份调查,各县市出版书刊,除沦陷区外，出版书刊之县市共有19单位，共出78种；① 除沦陷区外，共有36县市设有书店，合共122间，印刷所53处。②

总起来说，在抗战期间，广东省政府、省党部为广东抗战的民众动员和宣传与舆论方面做了不少工作，对促进全省抗战动员，坚持持久抗战，争取抗战的最后胜利，起到一定的积极作用。但由于国民党坚持片面抗战路线，推行一党专政，在思想文化宣传舆论方面执行统制政策，坚持一个主义、一个政党、一个领袖的错误主张，取消了《新华南》等进步书报刊的出版，故产生了消极的乃至反动的影响和作用。

二、战时的广东文学艺术

（一）抗战初期文艺工作者在广东的活动

抗日战争初期，广东省国民党当局对文学艺术的控制有所放松。许多文艺工作者迅速行动组织起来，以文学艺术为武器，进行抗日宣传，发动群众、教育群众，鼓舞广大军民参加抗战。北平、天津、上海、南京等地沦陷后，一大批文艺界的著名人士，如郭沫若、茅盾、夏衍、巴金、靳以、欧阳山、司马文森、周钢鸣、马思聪、萨空了、郁风等人先后南下广东，在广州、香港等地活动，推动广东抗日文学艺术活动的开展，使文化界成为推动各种群众运动的动力。一时

---

① 《广东省政府公报》，第696期，1941年3月1日。
② 本目主要资料转引自广东省政府广东年鉴编纂委员会编：《广东年鉴》，第6册，广东省政府秘书处编译室1941年。

间，广东成为武汉以外的抗战文化中心。

抗日战争爆发后，广州文化人先后建立救亡呼声社、抗战教育实践社、广东文化界救亡协会等组织。广东文化界救亡协会又推动了广东戏剧协会、广东文学协会、华南绘画界救亡协会、歌咏团协会、国防协会、广州新闻界从业员抗敌协会、社会科学者抗敌协会等文化团体的成立。① 他们积极投身于汹涌澎湃的抗日救亡运动，以激情、热泪和鲜血，书写了广东文学艺术的新篇章。

1937年7月1日，广州诗坛社出版大型诗刊《广州诗坛》（该诗坛同年11月改名为中国诗坛社，其刊物也易名为《中国诗坛》，由蒲风、雷石榆主编），刊登了一批新创的诗歌，讴歌抗日救亡，声讨日寇侵略，呼吁民主团结。同时介绍外国优秀诗歌，探讨诗歌理论，发表诗歌评论。中国诗坛社汇集中了一大批有才华和进步的诗人和诗歌爱好者，"以新诗为武器"，去争取"民族的最后胜利"。

广东文学会成立后，"集中了一切广州的优秀文艺青年，开展许多研究、演讲、训练和通讯工作，提高了战时文艺的素质，并理出战时文艺的任务，建立了包括200多单位的通讯站，使文化运动扩大到各县和各村去"。② 由夏衍主编的《救亡日报》刊登了许多抗日救亡的文艺作品。随后，茅盾主编的《文艺阵地》创刊，在省港发行。该刊"是个战斗

---

① 中共广东省委党史研究室编：《省港抗战文化》，22～25页，广东人民出版社1994年。

② 中共广东省委党史研究室编：《省港抗战文化》，23页、125页，广东人民出版社1994年。

的文学刊物,它理论和创作并重"①,是抗战时期国民党统治区影响最大的文艺刊物。它吸引了许多作家和文学爱好者,对推进广东抗战文学的发展起了重要的作用。

此一时期,在广东出版发行的主要文艺刊物有:靳以主编的《文丛》,巴金主编的《烽火》,鸥外鸥主编的《广东群众》,欧阳山主编的《光荣》,罗海沙、赵如琳主编的《抗战戏剧》,等等。在香港,先后涌现的还有茅盾主编的《笔谈》,萧乾、杨刚主编的《大公报·文艺》,端木蕻良主编的《时代文学》、会刊《文协》,邹韬奋主编的《大众生活》,夏衍、杜埃主编的《华商报·灯塔》,杨奇主编的《文艺青年》,戴望舒主编的《星岛日报·星座》,章汉夫主编的《群众周刊》,等等。② 文艺工作者以这些刊物为阵地,以手中的笔为武器,为抗日救亡运动呐喊。

"七七"事变当天,广州诗坛社的黄宁婴、陈残云、陈芦荻、黄鲁等人星夜赶着写诗歌,编印了《保卫卢沟桥》的诗号外,并到街上散发。后来他们创作了许多诗歌在报刊上发表,在群众集会上或在广播电台上朗读。黄宁婴的《卢沟桥》诗写道:"六年来的屈辱,六年来的血账,让我们一朝来清偿!它来一个我杀一个,它来两个我杀一双!"雷石榆的《华南我们保卫你》一诗气势磅礴,曾在广州电台朗读。诗曰:"华南,我们保卫你!我们武装你,叫你像俄罗斯的

---

① 中共广东省委党史研究室编:《省港抗战文化》,23页、125页,广东人民出版社1994年。

② 中共广东省委党史研究室编:《省港抗战文化》,1~9页,广东人民出版社1994年;张振金:《岭南现代文学史》,178页,广东高等教育出版社1989年。

莫斯科,叫你像西班牙的马德里;不让敌人再越过一步雷池,再用反攻把敌人赶出中国的土地!"

后来蒲风出版了长篇叙事诗集《可怜虫》、讽刺诗集《阴暗的角落》、明信片诗《真理的光辉》、儿童诗歌集《儿童赤卫队》和《抗战三步曲》,写了许多他在战地的感受;黄宁婴出版了诗集《九月的太阳》;陈芦荻写有《我是海燕》、《湘赣车中》、《烈火歌》等诗作,抒发了他抗敌的决心;陈残云出版了诗集《铁蹄下的歌手》;楼栖发表了长篇叙事诗《鸳鸯子》。还有雷石榆的《1937年7月7日—1938年1月1日》、《新生的中国》、《小蛮牛》等诗集,何芷的《全民总动员》、《大众的歌手》、《民族解放的战歌》等诗歌,征军的《蒙古少女》,金帆的诗集《赴战壮歌》、《野火集》,零零(郑树荣)的诗集《自由的歌唱》、《抗战的山歌》,马荫隐的诗集《航》,肖野的诗集《战斗的韩江》,温流的诗作《最后吼声》,素庵(李全基)的诗作《咆哮》,黄雨的诗《残夜集》、《潮州有个许亚标》,等等。这些诗歌的主题都是讴歌抗战英烈的,如肖野的《碉堡》、《一朵红花的凋落》歌颂了抗日战士英勇杀敌和不怕牺牲的精神。①

抗战初期,作家们还写有大量的街头诗、朗诵诗或各种民间文艺形式的歌词。如黄宁婴的《边个重敢来》,符公望的《日本仔打横来》、《矮仔落楼梯》,李凌的《乞米龙》,文华的《教馆五字经》,山寿的《女工阿兰》,春草的《我是拖车佬》,华嘉的《农家苦》、《耕田歌》,欧阳山的《武

---

① 张振金:《岭南现代文学史》,186~224页、312~313页,广东高等教育出版社1989年。

装保卫华南》,等等。这些用方言和各种民间文艺形式撰写的短小诗作通俗易懂,流行很广,起了很好的动员民众、鼓舞民众的作用。①

在报告文学和杂文方面,广东文学协会发动文艺通讯员、作家和文学爱好者深入抗日救亡斗争的场景中,写下了许多通讯、特写、速写等体裁的文学作品。如司马文森有《广州四月的轰炸》、《死难者》、《为死难者复仇》、《在轰炸下》等速写,记述了在日寇大轰炸下的惨状,揭露和谴责了日寇的暴行。巴金以富有感染力的笔触,写下了《在广州》、《广州在轰炸中》、《在轰炸中过日子》等速写,描述了日机轰炸下广州的惨景,歌颂了广州人民互相帮助及顽强不屈的精神。

1938年5月,夏衍的报告文学《包身工》由广州离骚出版社出版。它述说了上海杨树浦日商纱厂纺织工人的悲惨生活。

丘东平是一位在抗战初期有影响的报告文学作家,他写有《第七连》、《我们在那里打了败仗》、《一个连长的战斗遭遇》和《我认识了这样的敌人》等报告文学。这些报告文学既有描述在淞沪会战中,抗日战士视死如归精神的,也有暴露国民党军奖惩不明弊端的,还有讲述民众认清日寇凶残的面目,决心与敌人搏斗到底的。②"七七"事变时,刘

---

① 张振金:《岭南现代文学史》,186~224页、312~313页,广东高等教育出版社1989年。

② 张振金:《岭南现代文学史》,228~229页,广东高等教育出版社1989年。

思慕目睹侵华战争在日本国内的反应，回国之后，据此见闻写成散文集《樱花与梅雨》。其中《战争在街头跳跃》、《东京漫步》等文，诉说侵略战争和狭隘的、狂热的民族主义对日本民众的腐蚀和毒害；《善跪的动物》描述了日本妇女的悲惨境地。这些作品是对敌国国情的描写，对揭露日本军国主义如何开动侵略战争的机器起着重要意义。

在小说创作方面，最值得注意的是1938年2月《救亡日报》连载集体创作的长篇小说《华北烽火》，它从卢沟桥抗战写起，至平津失陷，有20多位作家参与。其中沙汀写有《前夜》，艾芜写有《演习》，周文写有《怒火》，张天翼写有《左右为难》等。同年5月，《文丛》开始连载巴金的长篇小说《火》。茅盾在香港写了《第一阶段的故事》，刻画了众多人物，塑造了经过曲折终于走上抗日之路的空谈家的艺术形象。夏衍创作了《春寒》的长篇小说，描写了一个女知识青年，通过不断克服自己的缺点，坚决投身于抗日斗争的故事。丘东平的短篇小说《暴风雨的一天》、《友军营长》，描写新四军开辟敌后抗日根据地浴血战斗的故事。1938年，丘东平还与欧阳山、邵子南、草明、于逢等人创作长篇小说《给予者》，塑造了一个把全身心献给祖国的艺术形象。

同时，作家们创作了一批大众小说，如欧阳山的《三水两农夫》，反映三水农民与日寇的抗争。他还写有《好邻居》、《扬旗手》、《英烈传》、《爸爸打仗去了》、《长子》、《二次家庭》、《流血纪念章》等。女作家草明写有《被拯救的灵魂》、《诚实的小俘虏》、《梁五的烦恼》、《遗失的笑》、

《葬礼》、《南温泉的疯子》等。她的作品侧重描写妇女在抗战中的不幸和抗争。①

广州的南方出版社出版了日本反战小说《未死的兵》、（石川达三著，夏衍译）和沙汀的《华北的烽火》、《十月文萃》等书刊。

（二）文艺工作者在广西、香港和粤北的活动

日寇大举侵粤，广州等地沦陷后，文学工作者转移到桂林、香港进行创作活动。黄宁婴等在桂林复刊《中国诗坛》，司马文森创办了《文艺生活》，陈芦荻主编了《广西日报》副刊《漓水》，《救亡日报》也在桂林复刊。众多的作家、学者、艺术家云集桂林，桂林一时成为西南一个主要的进步文化中心。

1941年初的"皖南事变"后，为躲避国民党对进步文化人士的迫害，大批文化工作者转移香港。至5月底，邹韬奋、茅盾、范长江、张铁生、姜君辰、胡绳、戈宝权、胡风、章泯、丁聪、胡考、宋之的、千家驹、林林、廖沫沙、张尔华、于伶、于毅夫、黎澍、李凌、张友渔、韩幽桐、舒强、葛一虹、沙蒙、羊枣、胡仲持、沈志远、叶以群、周钢鸣、张明养、贺绿汀、金仲华、黄药眠、蔡楚生、叶浅予、萧红、袁水拍、林焕平、徐伯新、叶籁士等文化人均到香港。其时，英美等国与日本的矛盾日趋尖锐，港英当局对抗战文化活动的限制有所放松。进步文化人士在较有利的环境中，推动了香港抗日文化运动。这表现为许多进步报纸、杂

---

① 张振金：《岭南现代文学史》，313～314页，广东高等教育出版社1989年。

志的创刊，不少文化团体的建立，许多文化活动的开展。在此之前，香港已有《世界知识》、《文艺周刊》、《文艺阵地》、《文艺青年》、《文艺通讯》、《大地画报》、《中国诗坛》、《中国作家》（英文）、《戏剧与电影》等刊物。这时期，在香港创刊或复刊的报刊主要有：1941年4月的《华商报》，5月邹韬奋主编的《大众生活》，以及《时代文学》、《青年知识》、《笔谈》等，其中《华商报》和《大众生活》的影响较大。新成立的文化团体则有以宋庆龄为名誉会长、颜惠庆为会长的"中苏文化协会"，许地山等主持的"新文学会"、"世界语学会"，乔冠华等主办的"香港中国通讯社"，戈宝权创办的"中国文艺通讯社"，丁聪等主办的"新美术社"，司徒慧敏、章泯、宋之的等主持的"旅港剧人协会"等。原有的影响较大的文化团体是"中华全国文艺界协会香港分会"、"中华全国漫画家协会香港分会"、"中华全国木刻家协会香港分会"、"中国青年新闻记者学会香港分会"、"香港政治经济学研究会"等。众多的文化团体使香港抗战的文艺创作和宣传盛极一时。①

1939年3月，中华全国文艺界抗敌协会曲江分会在韶关成立，由何家槐、李育中和钟敬文等主持。1940年2月，中国文化协进会曲江分会成立，柳倩、胡耐安和钟天心等为理事。他们举办文艺活动，如1941年6月20日组织音乐运动会，在中山公园举行千人合唱会；联络和指导青年文艺爱好者开展工作；创办刊物，如《文艺阵地》、《文坛》（由李金

---

① 中共广东省委党史研究室编：《省港抗战文化》，5～8页，广东人民出版社版1994年。

发主编）；其后，出版有散文选集等。1941年1月，国民党广东省党部组织成立"广东文化运动委员会"，由李汉魂兼主任，下设研究、辅导、编译、出版各组。它先后组织了粤北音乐大合奏、抗战电影公映、粤北艺术工作者集会等活动，如举办民谣演唱会、万人大合唱。

（三）香港陷落前后文艺工作者在粤北等地的活动

1941年底，太平洋战争爆发，香港陷落，在港文化人士又历尽艰辛，前往粤北、桂林等后方继续开展文艺创作。在此之前，诗人黄宁婴在香港创作了一系列诗歌，收在《荔枝红》诗集中。1940年，他在经粤北、赣南、湘南辗转前往桂林的途中，写下了《我的车子》、《省界》、《彭三婆》、《镜子》等诗，其中不少诗描写了老百姓在战乱中的悲惨情景。在《路》、《希望》、《落日小景》作品中，述说了沦陷区的悲惨境况；《"汪主席"的肖像》则讽刺了大汉奸汪精卫。1944年，他创作名为《溃退》的长诗，描写了在豫湘桂战役中日寇的凶残，国民党军队的腐败无能，难民的悲惨。这是一部史诗性的优秀作品。[①] 广州失守后，陈芦荻在粤西、桂南一带抗日军中活动，有大批诗作问世，收为《驱驰集》。后来，他又出了《远讯》诗集，题材则以离乱、乡愁为多。[②] 在湘桂大溃退期间，他写的律诗绝句，以记述心中的忧闷为主。陈残云在粤北军中写下了《烽火下的抒情诗》；李育中出版了诗集《凯旋的拱门》，通过叙述广州沦

[①] 张振金：《岭南现代文学史》，195页，广东高等教育出版社1989年。

[②] 张振金：《岭南现代文学史》，198页、214~215页、218~219页，广东高等教育出版社1989年。

陷后奔走于香港、粤北、桂林一带的感受，抒发了深沉的爱国情怀。他写于抗战胜利时的《凯旋》一诗，讽刺了国民党不坚决抵抗，却以胜利者自居的丑态。黄药眠的《桂林的撤退》，"以宏大的气魄，全面地描写了桂林溃退的黑暗、动乱、悲惨的局面"，也是一部史诗性的长诗。鸥外鸥的诗大多是针砭时弊、反映现实的讽刺诗或抒情诗。雷石榆在西北抗战中写了大量的短诗，其中《胜利》一首记述了抗战胜利时人们狂喜的心情。① 1943 年，野曼（赖澜）与烨火、管火陵等人出版了《中国诗坛岭东刊》，野曼的诗作有《唱给北去的远离者》、《银发飘飘的歌者》。同时，芜军与许稚人在坪石主编《诗站》，芜军的诗《遥望》抒发了对国土家乡沦亡之痛和对故土亲人的思念，还有《我们沿着蓝色的江水》，描写作者随部队转战的激情。② 马冰山曾主编《岭东诗歌报》，后去了延安。他的诗《别了！母亲!》，通过描写儿子出征前向母亲深情告别而表现抗日将士的爱国之情。素庵的诗集《咆哮》、《祖国的爱》、《X 光》等抒发了一个赤子的爱国之心。③

1940 年，穆木天到粤北坪石中山大学任教，也写了不少诗，有《健全地活下去》、《北江岸上的歌者》、《我并不悲观》等作品。撤到粤北的香港作家的诗作也很多，其中许多人都向《星岛日报·星座》投稿。多产的如戴望舒写有《元旦祝福》、《致萤火》、《示长女》、《狱中题壁》、《我用残损的手掌》等，后来辑成《灾难的岁月》。袁水拍的诗集《向日

---

① ② ③ 张振金：《岭南现代文学史》，198 页、214~215 页、218~219 页，广东高等教育出版社 1989 年。

葵》、《冬天冬天》、《人民》，主要是控诉日寇暴行、反映人民的苦难，及讴歌反抗斗争的。还有蒋锡全的长诗《中国的春天》、《晴空》、《怀乡》，陶行知的歌谣体诗如《敬送赵老太太》等。①

广州沦陷后，广东抗战进入一个新阶段。作家们以新的体验撰写报告文学及速写。如钟敬文于粤北战役前后在前线撰有《抗日的民族老英雄》、《指挥刀与诗笔》、《牛背脊》、《残破的东洞》等速写，记述了粤北军民的英勇抗战及其战果，揭露了日寇的野蛮与凶残。他主编了报告文集《良口之战》（1940年《新军》杂志社）。司马文森写有《粤北散记》，内有19篇特写，记述了广州失陷后战乱情况，其中《记尚仲衣教授》一文，讲述中山大学教授尚仲衣奋力参加抗日救亡活动的动人事迹，很有感染力。华嘉作为《救亡日报》记者，曾发表过许多战地通讯和报告文学，后任香港《华商报》编辑兼记者。他写的《香港之战》，以亲身经历描述了香港陷落前后及出逃路上的情景；《海的遥望》是一部散文和报告文学集，记述抗日英雄的战斗故事；1944年写的《西行记》，记述了桂林撤退的动乱场面。于逢的《溃退》一文，以随军上士文书的亲身经历描述了惠广之战的所见所感。李育中的《缅甸远征记》，是一部很有特色的报告文学，描写中国远征军赴缅英勇作战的经过，塑造了师长戴安澜的感人形象。② 1940年，杜埃被派往菲律宾向华侨宣传

---

① 张振金：《岭南现代文学史》，300～303页，广东高等教育出版社1989年。
② 张振金：《岭南现代文学史》，237页、306页，广东高等教育出版社1989年。

抗日，在那里创办了《建国周报》。菲律宾被日本占领后，他参加了当地的抗日游击活动。后来，他把经历记述成文，在《文艺阵地》上发表，并辑成《吕宋平原》一书。著名学者黄药眠，则在香港失陷后回到家乡梅县，写成《美丽的黑海》的散文集，记载了他于20年代末30年代初在苏联的见闻。这一时期，秦牧开始以杂文走上文坛。他或抨击丑恶现象，或借古喻今，表述其政治见解，很有思想性和战斗性。楼栖写的杂文，说古论今，表达了自己的感受，辑为《反刍集》。著名作家茅盾主要写了《见闻杂记》、《脱险杂记》。前者描写抗战时期的后方生活，其中《白杨礼赞》脍炙人口；后者记述香港失陷后的景象和脱险经历。夏衍是一个多产作家，邹韬奋主编的《大众生活》每期都有他的文章，章汉夫主编的《群众》周刊也有为他开辟的专栏。夏衍在这段时间写的杂文后来辑为《此时此地集》、《长途》、《边鼓集》、《劫余随笔》。还有不少外省作家在抗战时期的香港或广东留下诗作。于逢主要从事小说创作，他与易巩合作写了《伙伴们》的佳作，这部长篇小说描述了仗义行侠的主人公雷公汉如何走上抗日前线的故事。他还出版中篇小说《乡下姑娘》和《深秋》；易巩发表了中篇小说《杉寮村》，反映潮汕半沦陷区民众的苦难生活和抗争；陈残云也有中篇小说《风砂的城》问世。1939年初，张恨水的长篇小说《潜山血》在香港《立报》副刊中连载。4月，萧红的长篇小说《旷野的呼喊》在星岛日报副刊上连载。茅盾发表了长篇小说《腐蚀》，另一部长篇小说《霜叶红于二月花》，因太平洋战争爆发香港沦陷，只写了一部分。许地山创作了

《铁鱼底鳃》，描写一位科学工作者潜心科学研究却报国无门的故事。萧红于 1940 年到香港后，创作了《小城三月》等一批短篇小说，写了中篇小说《马伯乐》和《北中国》，完成了长篇小说《呼兰河传》。端木蕻良创作了《大江》、《新都花絮》、《大时代》等一批短篇小说。骆宾基发表中篇小说《一个倔强的人》和自传体小说《姜步畏家史》等。①

（四）歌咏戏剧活动

歌咏和戏剧是最能鼓舞、教育群众的艺术形式。抗战初期，许多文艺工作者投身于歌咏和戏剧表演，演剧队和歌咏队如雨后春笋般涌现。1937 年 9 月，广州儿童剧团成立，团员很快发展至 130 余人，随后成立了春雷剧社。翌年，又成立广州抗战洪流剧团。至于抗战前成立的三大剧社——广州艺术工作者协会剧团（以下简称"艺协"）、锋社剧团、蓝白剧社也很活跃。据统计，广州地区先后成立的剧团、剧社有 130 多个，除上述三大剧社外，较大的有广州民族先锋剧社、中华海员抗敌剧社、七七剧社、民族前卫剧社、碧荔剧社，教育系统建立的有中山大学抗日剧社、广雅剧社、省立一中剧社，等等。② 广州市民众歌咏队也扩大到 1 000 多人。歌咏队、演剧队和宣传队走上街头，到工厂，下农村，演说、唱歌、演剧。一时间，"动员动员，全国要总动员！反

---

① 张振金：《岭南现代文学史》，296～297 页，广东高等教育出版社 1989 年。

② 中共广东省委党史研究室编：《省港抗战文化》，235～249 页，广东人民出版社 1994 年；张振金：《岭南现代文学史》，171～215 页，广东高等教育出版社 1989 年。

对暴力侵占,挣脱压迫锁链,要联成铁阵线,民族出路只有一条,生存唯有抗战"(何安东作曲,何芷作词的《全国总动员》);"工农兵学商,一齐来救亡,拿起我们的铁锤、刀枪,走出工厂、田庄、课堂,到前线去吧,走上民族解放的战场……"(周钢鸣撰《救亡进行曲》)等歌声和《义勇军进行曲》等抗日战歌响彻广州,传遍广东大地。

1937年8月,广东戏剧协会成立,庄严宣告,要"举起'救亡戏剧'之旗,向敌人的腹地冲锋","为民族的生存而斗争,为时代的使命而努力"。协会出版了会刊《抗战戏剧》。各抗日剧团和剧社纷纷编练节目,在市区,或到郊区、郊县的番禺、南海、东莞、清远、花县等地演出。演出的剧目有:《走私》、《汉奸子孙》、《父子兄弟》、《张家店》、《烙痕》、《最后一斗》、《三月好》、《重逢》、《S·O·S》、《九一八到来》、《月亮上升》、《秋阳》、《放下你的鞭子》等。"为了筹款赈灾和艺术上的磨炼也演出《黑地狱》、《回春之曲》、《我们的故乡》、《雷雨》、《日出》、《飞将军》等多幕剧。"[1]

剧协比较出色的工作是组织编演了《保卫卢沟桥》和大型历史剧《黄花岗》。前剧由章泯创作,为支援绥远抗战及四川赈灾而义演,后者是集体创作的,序幕由阮琪编写,第一、二、三、四幕和尾声,分别由罗海沙、周钢鸣、楼兆揭、蔡碧青、夏衍编写。剧本总整理是夏衍、阮琪、胡春冰,导演团由胡春冰、夏衍、黄凌霜、赵如琳、缪一凡、钟

---

[1] 中共广东省委党史研究室编:《省港抗战文化》,245页,广东人民出版社1994年。

启南、罗海沙等组成。《黄花岗》在纪念戏剧歌咏大会演出，其正、副主任分别由钟天心、胡春冰和马思聪出任，戏剧组组长为赵如琳，音乐组组长为陈世鸿。"参加演出和舞台工作者300多人，还有歌咏队、街头演出队，共动员了1 000多人参加。省府、市府、四路军总部及海军司令部属下的军乐队也参加演出"①。该剧于1938年3月28日总彩排，29—31日正式公演，产生了很大影响。

与此同时，广州以外其他地方的文艺演出和宣传活动也空前热烈。在潮安，"七七"事变后8个月内，组织的剧团有"青抗会、醒民剧社、金中剧社和八区区立中学的区中剧社、八区青抗分会、三区救亡剧团等七个独立团体"。其中，青抗会的戏剧组和醒民剧社实力较强，最为活跃。青抗会的"乡村巡回宣传队"20多个男女队员跑遍了全潮安的各个大小乡村，演出了街头剧、舞台剧，演出过《我们的故乡》、《扬子江暴风雨》、《曙光》、《活路》、《林中口哨》、《伟大的日子》、《咱们要反攻》等舞台剧；还演出过《打日本鬼子》、《公事公办》、《走江湖》、《马伯》等通俗话剧。醒民剧社演出了《青纱帐里》、《到前线去》、《毒药》等自编剧。金中剧社演出过《一颗炸弹》、《皇军的伟绩》、《在关内过年》、《放下你的鞭子》。区中剧社演过《春风秋雨》、《夜光杯》等节目。戏剧宣传给市民和乡民以"一种新的刺激，新的鼓动"，"在配合救亡宣传的意义上"，"可以说是相当成

---

① 中共广东省委党史研究室编：《省港抗战文化》，248页，广东人民出版社1994年。

功的"。①

广州和珠江三角洲沦陷后,艺协、蓝白和锋社的戏剧工作者参加第十二集团军政工队。他们成立独立区队,专门从事戏剧演出。其中,锋社的戏剧工作者参加了第一四五师政工队,在师部及各团开展文艺宣传。他们还出版油印小报《耕耘》。广州儿童剧团撤往广西一带宣传演出,直到1942年才返回广东,在西江的肇庆、德庆、郁南、新兴和粤北等地进行抗日宣传活动。

1939年初,军事委员会政治部第三厅下属的抗敌演剧一队来到韶关,在第四战区宣传演出,归属第四战区,改名为第四战区艺术宣传队。他们首先排练了《我们的故乡》义演;后借基督教青年会会址举办"戏剧讲座",培训戏剧骨干;参加战区干训团的训练,并为干训团组织文艺晚会,还到第十二集团军各部队驻地进行慰问演出。10月,他们又参加战区政治部巡回工作团,到东江一带活动,并与地方文艺界进行交流。1940年初,张发奎奉令赴桂,该艺术宣传队跟随开赴广西,结束了在广东的演剧活动。

1939年5月,锋社调为第六十三军政工队,李悲而任队长。他们出版《前线艺术》、《轻骑队》等刊物。1940年7月,以蓝白、艺协戏剧工作者为主体的第十二集团军政治大队改名为艺术宣传大队,以陈卓猷为队长,继续在粤北巡回演出。第一次粤北战役后,锋社由何芷执笔,创作多幕剧

---

① 中共广东省委党史研究室编:《省港抗战文化》,107~109页,广东人民出版社1994年。

《粤北丰碑》。该剧"描写军民合作,战胜日寇的故事"[①]。1940年2月,广东当局在韶关举行粤北大捷展览会时,锋社编演了长剧《羊城恨史》,艺协、蓝白戏剧工作者则编演《胜利大反攻》和以反汉奸为主题的《陈列室》等剧目,在中山公园上演,盛况空前。[②] 借此机会,他们还召开了全省戏剧工作者座谈会,商讨推进抗战戏剧工作的问题。

第二次粤北战役后,第六十三军政工队创作大合唱《良口烽烟曲》,何芷写词,艺专教授黄友棣作曲。大合唱分为开场曲和7个乐章:"良口颂"、"魔爪揉碎了村庄的和平"、"破路歌"、"粤北的铜锣响了"、"石榴花顶上的石榴花"、"血战鸡笼岗"、"怒吼吧珠江"。该曲的高潮在血战鸡笼岗,"人马声,枪炮声,血和火的迸发,动人肺腑,震人心灵"。该军政工队还抽调各团政工队的文艺骨干举办艺训班,并在部队基层开展实验演出。第十二集团军艺宣大队也到各部队开办士兵演剧训练班,建立了几十个士兵话剧队,培训了800多位士兵演员,出版了刊物《士兵戏剧通讯》。戏剧工作者们演出的剧目主要有:《凤凰城》、《麒麟寨》、《冲出重围》、《国家至上》、《魔窟》、《歼灭》、《飞将军》、《放下你的鞭子》、《张家店》、《最后一计》、《三江好》、《李连长》。在歌咏方面,演唱最多的是《义勇军进行曲》、《全国总动员》、《太行山上》、《大刀进行曲》、《救国军歌》、《团结起

[①②] 李门:《抗战时期国民党广东部队中的文化艺术活动》,见《广东文史资料》,第50辑,162页、163页,广东人民出版社1987年。

来》、《打走日本鬼》，也演唱过《黄河大合唱》。①

当时，活跃在广东的主要剧社还有复兴剧社、省政工艺宣队、剧宣七队等。省政工艺宣队公演了名剧《炸弹五百万》（原名《心防》，夏衍主作）、《八百壮士》。剧宣七队原为国民政府军事委员会政治部第三厅演剧队。1940年5月，第七战区成立后，到第七战区从事宣传活动，队长是吴荻舟。他们到韶后，先后排练了多幕话剧和歌剧《灯塔》、《塞上风云》、《秋收》、《军民进行曲》等。他们先后到过乐昌、坪石、始兴、南雄等地慰问演出，他们还与"七政大"建立了合作关系。②

"皖南事变"后，形势发生了变化，剧团的演剧活动受到限制。第十二集团军艺宣大队和第六十三军政工队被调回曲江，不在前线活动，各部队的士兵话剧队也瓦解了。但第七战区当局仍将专业的戏剧工作者组织起来，成立第七战区政治大队（后称艺宣大队），从事戏剧表演。他们演出过《大明英烈传》、《草木皆兵》、《忠王李秀成》、《天国春秋》、《蜕变》、《虎符》、《朱门怨》、《金玉满堂》、《祖国在召唤》等节目。剧宣七队演出了自编自导的《生产三部曲》、歌舞曲《新年大合唱》、音乐造型歌表演《黄河大合唱》、歌剧《农村曲》。他们在第七战区政治部定期举行的"国民月会"上演出《希特勒演讲》，演唱《苏州小调》、

---

① 李门：《抗战时期国民党广东部队中的文化艺术活动》，见《广东文史资料》，第50辑，164页，广东人民出版社1987年。
② 中共广东省委党史研究室编：《省港抗战文化》，260~267页、238~239页，广东人民出版社1994年。

《九一八》、《李大妈》、《丈夫去当兵》、《朱大嫂送鸡蛋》等歌曲。他们还于1942年8月起，在粤湘桂三省巡回演出达一年之久，共演出200多场次。主要节目有：《慈父》、《王老二当顺民》、《重庆二十四小时》、《风波亭》、《阴阳界》（又叫《沙坪之夜》）等。歌剧歌舞主要有《农村曲》、《新年大合唱》、《黄河大合唱》、《生产三部曲》等。①

由于剧团汇集韶关，广东剧协活动也较为活跃。1944年初，组织举办了戏剧节，各剧团都表演了节目。不久，七政大（艺宣大队）、剧宣队、广东省艺专实验剧团、中山大学剧团、中国艺联剧团参加了在桂林举行的西南戏剧工作者大会。其中剧宣七队演出了《法西斯细菌》、《军民进行曲》、《沙坪之夜》，七政大演出了《天国春秋》、《蜕变》，艺专实验剧团演出了《苏瓦洛夫元帅》、《油漆未干》，艺联剧团演出了《皮革马林》等节目。②

西南戏剧展之后，原艺协、锋社和蓝白的进步戏剧工作者转入东江纵队。另外，广东的抗战形势动荡，戏剧活动受到影响，比较活跃的只有剧宣七队。他们应中山大学邀请到坪石去演出；粤北沦陷后，又转移到赣南和粤东兴梅地区活动。③

在各地，抗战的戏剧活动也有开展。如在粤西，早在1939年，张炎主持的正气剧团，排练演出了《杜丝加》、《古城的怒吼》、《泰山鸿毛》、《南岛风云》等大型话剧，及《八百壮士》、《卢老虎》等独幕剧。1940年春夏间，开展

---

①②③ 中共广东省委党史研究室编：《省港抗战文化》，262～272页、238～239页、406页，广东人民出版社1994年。

"七区抗战智能比赛",茂名、电白、信宜、廉江、化县、吴川、阳江和阳春等地的话剧团队参加演出,共演出了100多个独幕剧。① 在东江,华侨回乡服务团属下的东江流动剧团,于1938年底成立,在东江巡回演出一年多。② 1938年12月,澳门四界(学术文化界、音乐界、戏剧界和体育界)救灾回国服务团前往西江的高明和鹤山一带进行抗日宣传。1940年春,琼崖华侨回乡服务团成立歌剧队到琼山、文昌等地演出,鼓舞抗日斗志。③

在香港,旅港的进步剧人成立了旅港剧人协会,开展演剧宣传。他们排练了《雾重庆》,揭露国统区官僚、投机商人利用抗战名义牟私利,反映了当局的腐败;还排练演出了《希特勒的杰作》、《北京人》等节目。④

专业舞蹈艺术在广东出现较迟。大约在1940年前后,舞蹈艺术家吴晓邦莅韶,在广东艺术专科学校开设了舞蹈专科班,培养了一批舞蹈专业骨干,创建了一支舞蹈专业队伍。⑤ 省立艺术院为培养艺术人才,经常开办短期训练班,如1941年6月结业的第三期短训班有60余名学员。⑥

粤剧方面,广州沦陷前一部分艺人避往港澳,甚至远走东南亚或美洲。留下来的粤剧艺人积极参加了抗日救亡活

---

①②③ 中共广东省委党史研究室编:《省港抗战文化》,308页、348页、364页、383~384页,广东人民出版社1994年。

④ 中共广东省委党史研究室编:《省港抗战文化》,227~230页,广东人民出版社1994年。

⑤ 广州市地方志编纂委员会:《广州市志》,卷十六,183页,广州出版社1999年。

⑥ 《中山日报》(韶关版),1941年6月29日。

动。1937年7月12日，八和粤剧协进会在海珠戏院演剧筹款，将筹到的款项汇出，慰劳第二十九军抗日将士。关德兴等爱国艺人本着"粤剧应该上火线的信念"，坚持为抗日宣传服务。觉先声剧团一直在广州演出，也有一些粤剧艺人组成"八仙班"在广州及近郊演出以求糊口。当时，广州有海珠、太平、乐善、民乐、宝华、河南、南关等戏院和4个露天剧场，但因战争影响，经济萧条，并因一些较有名声的戏班离穗而开业不足。

广州及珠江三角洲沦陷后，更多的粤剧艺人逃往香港。如觉先声剧团在广州失陷前已走避香港，并有名旦上海妹、丑生半日安加盟。但一些粤剧艺人救亡初衷不减，如关德兴组织"粤剧救亡团"，坚持在粤北为抗日救亡服务，剧目都以抗日救亡和宣传民族大义为题材。如演出《岳飞》等节目，很有教育意义，也很受欢迎，获余汉谋赠送题为"号召忠义"的锦旗。①

1941年12月，日寇占领香港，粤剧又一次受到打击。觉先声剧团在薛觉先、唐雪卿逃出香港后，于广西重组剧团，演出于湘桂粤滇等省。太平剧团马师曾等则逃到广州湾（湛江），组织抗战剧团，主要演员有罗丽娟、邝健廉（红线女）、梁冠南、甘燕鸣等。他们游演于广州湾、玉林、容县、柳州、桂林等地。1944年，抗战剧团改名为胜利剧团，红线女升为正印花旦，在梧州、都城、德庆、肇庆一带演出。该剧团演出的主要剧目是《刁蛮公主憨驸马》、《野花

---

① 朱振声编纂：《李汉魂将军日记》，上集，第一册（下），248页，香港联艺印刷有限公司，1977年。《中山日报》（韶关版），1941年6月2日。

香》、《秦桧游地狱》等。1944年7月,胜利剧团到桂林参加"保卫大桂林"救亡宣传,进行义演。桂林失陷时,胜利剧团道具损失过半,退往平乐、贺县等地山区演出。①

（五）音乐绘画摄影工作者的活动

在音乐方面,广州失陷前,广东音乐界踊跃参加了抗日救亡运动,创作了一大批抗日救亡的音乐作品。如何安东作曲的《奋起救国》、马思聪作曲的《武装保卫华南》等。其中,何安东作曲的《全国总动员》影响较大。再如广东音乐艺人吕文成等,创作了控诉日寇罪行的《泣长城》和鼓舞抗日军民斗志的《齐破阵》、《送征人》,还创作了宣传日寇必败的《樱花落》等乐曲。② 1938年4月,马思聪在广州举行音乐演奏会,筹款购买国防公债。

日寇占领广州和珠江三角洲后,广东音乐界的创作活动受到打击,但他们在港澳及韶关等地继续为抗日救亡而斗争。如马思聪多次在香港和韶关举办音乐会；胡蝶亦曾在韶关演唱名曲。③

全国抗战开始后,广东美术工作者奋力投身抗日救亡的创作活动,以绘画、版画等作品鼓舞军民参加抗战。他们成立华南绘画界救亡协会,创作了许多抗日救亡作品。油画家司徒乔创作了《放下你的鞭子》。版画家黄新波、赖少其等和诗人一起在街头搞诗画展览,编印《抗战诗画》,是为抗

---

①② 广州市地方志编纂委员会：《广州市志》,卷十六,92~93页、167页、172页,广州出版社1999年。

③ 《中山日报》（韶关版）,1941年7月4—5日,1942年9月14日,1943年12月7日。

战中诗与画的最早结合；还举办抗战木刻展。漫画家们不甘落后。如早于1936年，廖冰兄就在《群星报》上发表反对日本侵略、谴责国民党卖国的漫画《标准的奴才》等。"七七"事变后，他创作了百多幅宣传抗日必胜、日本必败的漫画在广州展出。漫画界出版了《漫画战线》、《漫画阵地》、《民众漫画》等刊物。华南绘画界救亡协会出版了《广州绘画》、《救亡画刊》。

广州失陷后，不少画家疏散到香港、澳门、粤北及内地继续从事抗日美术创作。国画大师高剑父创作了《追求光明》、《南国诗人》、《白骨犹深国难悲》等作品。国画家方人定创作了《行行重行行》等作品，在香港举办个人抗战画展。黄少强创作了《母子天涯》、《风雪哀鸿图》，以控诉日寇的罪行；创作了《仓皇出走图》、《豪华如梦图》，讽刺当局的腐败和抗敌的不坚决。关山月完成了《中山难民》、《铁蹄下的孤寡》、《渔民之劫》、《游击队之家》等国画，反映了在日寇铁蹄之下人民的苦难，讴歌了游击队员的乐观主义精神和必胜的信念。[①]

版画家赖少其在桂林所刻《抗战门神》，为当地人民所喜爱，此画于1939年春节家家户户张贴。1940年，全国木刻家协会广东分会在韶关出版《抗战木刻》双周刊，由刘仑任主编。同年7月，版画家黄荣灿在韶关举办个人版画展览。在此之前，他创作了题为《残暴的兽军》、《饥饿》等

---

① 广州市地方志编纂委员会：《广州市志》，卷十六，234~235页，广州出版社1999年。

木刻，具有较高的艺术性。①

漫画家廖冰兄随漫画宣传队到安徽活动，创作了《抗战必胜连环图》、《猫国春秋》等作品。《猫国春秋》由5组漫画组成，通过猫虎鼠等动物的拟人活动，揭露了当局的腐败和社会的黑暗。②

在摄影艺术方面，广东的摄影艺术工作者在抗战前就成立了一些摄影组织。如郑皓初、麦绍基、黄坚志等成立的红窗摄影研究社，何铁华等组织的白绿摄影学会，还有刘凤伍等建立的虹社。白绿摄影学会出版了《白绿》摄影集。1936年摄影爱好者沙飞（司徒传），就觉察日军有侵占南澳岛的野心。他到该岛考查日本浪人、特务的踪迹，拍摄了数十个镜头，以"南澳岛——日人南进的一个目标"为题，选择了20幅照片发表在邹韬奋主编的《生活周刊》第26期（1936年11月29日出版）上，以唤醒国人。是年底，他在广州长堤青年会举办影展，展出作品114幅。次年，广州还举办了多个摄影展。梁祖德的《青灯静夜独凝思》、《新建筑》、《巾帼英雄》、《无题》、《大众齐血汗》，雷鲁萍的《日中》、《人像》、《渔》、《倾斜》、《静物》，刘凤伍的《余者多少》和麦绍荣的《都会早晨》都入选第二届全国美展。"七七"事变后，广东的不少摄影艺术工作者积极投身于抗日救亡运动。

广州沦陷之后，摄影艺术工作者出走香港或后方，摄影

---

① 《中山日报》（韶关版），1940年6月24日、7月2日、7月7日。
② 广州市地方志编纂委员会：《广州市志》，卷十六，257~258页，广州出版社1999年。

组织停止了活动，但一些摄影爱好者继续拍摄了一些好作品。如薛子江拍摄的《日出而作》、《起跑》，于1939年和1940年连续两年获香港《箴士西报》（英文）主办的远东摄影冠军奖，《衡山初晓》、《环湖夕照》、《丹霞叠嶂》、《方井》等作品入选国际影展，《圆润净洁》获荷兰焦点影会颁发的阿姆斯特丹公共金牌奖，《饱历风霜》、《孤寡无依》入选伦敦沙龙展。1945年，梁祖德的《祷》也入选国际影展。①

（六）日伪统治区的文化艺术

日寇进占广州和广东其他要地后，极力利用文化艺术作为巩固其殖民统治和奴化沦陷区人民的工具。在广州，日寇发行了《南粤日报》、《广东迅报》、《南支日报》（日文报刊）。在香港，日本侵略者也办有《香港日报》（中文版和英文版两个版本）。② 同时，汪精卫伪政权也先后出版了《民声日报》、伪《中山日报》（原为国民党所办，后迁粤北继续出版，汪伪冒名在广州出版）、《公正报》和《中兴报》，其中《广东迅报》是侵粤日军的机关报。日寇在粤报业"规模相当大"③。为了吸引读者，日伪报纸的文艺版刊载了许多海淫海盗内容的小说和故事，同时，也刊载了许多宣扬日寇和汪伪政权"功绩"的诗歌、散文等。

日寇还狡猾地运用各种手段开展奴化宣传、反动宣传。

---

① 广州市地方志编纂委员会：《广州市志》，卷十六，312页，广州出版社1999年。
②③ 中共广东省委党史研究室：《省港抗战文化》，37页，广东人民出版社1994年。

如一个经常使用的手法就是利用飞机及邮政散发传单。因为这样可以将传单散发到广大的地区。其传单上的"主要口号为：'中日合作杀尽共匪'，'军民合作杀尽共匪'，'拥护汪精卫'，并宣传游击队生活恶劣等"。在沦陷区，日寇还常常召集所谓市民反共大会，强迫每家每户派人参加，并"设宣传班，强迫民众朗诵汪逆反共宣言等"。[①] 为了软化沦陷区的人民，日寇组织所谓"宣慰队"到广州市郊派送书本、传单、图画、杂志，吹嘘其侵略战功，歌颂汪精卫，宣传建立大东亚共荣圈和"王道乐土"。

1940年，由汉奸陈显谟出面，成立了所谓"发扬大和民族文化队"，组建了"东亚联盟协会"，并先后在番禺、花县、从化设有分社。他们利用这些反动组织，到各地去演戏、放电影，开展奴化宣传活动。汪伪广东政权也成立了所谓"中日文化协会广州分会"、"广东文化会"，网罗了一批汉奸和堕落文人，利用文艺活动，为日寇的侵略和汪精卫集团的卖国行径唱赞歌。[②]

日寇很重视利用粤剧为其反动统治服务，日本江南宪兵报道部在广州扶植成立了伪八和会馆，强迫艺人登台演出，以粉饰太平。开始，有嫦娥英为首的人寿年戏班、吴惜衣为首的新中华戏班，后来，还有以名驹扬为首的西兴剧团，分

---

① 中共广东省委党史研究室：《省港抗战文化》，37页，广东人民出版社1994年。

② 广州市地方志编纂委员会：《广州市志》，卷十六，20页，广州出版社1999年。

别在海珠戏院、乐善戏院演出。①

日寇占领香港后，部分粤剧艺人为生活所迫，回到广州组班演出。如有陈锦棠、邓碧云的锦添花剧团，新马师曾、陈艳侬的飞马剧团，陶醒非、文觉非的高升剧团，曾三多、卢海天的日月升剧团，罗家权、冯锦华的周丰剧团，何非凡、车秀英的大罗天剧团，罗品超、英丽明的百福剧团，还有自越南返穗的白玉堂、芳艳芬的兴中华剧团等。② 这样，粤剧演出大大增加。这些剧团上演的剧目多取材于外国流行的电影、小说，其"唱腔滥用时代曲，甚至塞进《支那之夜》、《满场飞》、《风流寡妇》等曲调"。它们重唱功轻表演，其文武生和正印花旦经常脱离剧情和人物，插科打诨，胡诌演词。③

三、战时的广东教育

（一）战时广东教育概述

总的来说，抗日战争时期的广东教育，一方面遭到严重的打击；另一方面，在当局的领导下，在广大教育工作者的努力和在社会各界的支持下，大中小学都得到一定的恢复。战时广东大、中、小学教育的基本情况，参考下列各表。

---

①②③ 广州市地方志编纂委员会：《广州市志》，卷十六，86页、62页，广州出版社1999年。

战时广东教育经费表①

单位：万元

年份	经费预算	实支经费	备注
1937	450	252	教育文化
1938	225	104	教育文化
1939		214	
1940		419	
1941		737	
1942		1 442	
1943		1 307	
1944		1 869	
1945		4 840	

战时广东小学教育基本情况②

年份	学校数/间	学生人数/人
1937	24 031	1 544 478
1938	15 820	971 510
1939	14 992	985 912
1940	16 245	1 055 991
1941	16 712	1 237 136
1942	18 509	1 734 335
1943	21 481	1 674 288
1944	22 408	1 529 013
1945	22 927	1 958 772

---

① 教育经费，要考虑物价上涨因素。广东省教育厅编：《广东省教育统计》，1947年。转引自蒋祖缘、方志钦主编：《简明广东史》，795～797页，广东人民出版社1987年。

② 广东省教育厅编：《广东省教育统计》，1947年。转引自蒋祖缘、方志钦主编：《简明广东史》，795～797页，广东人民出版社1987年。

战时广东中等教育基本情况①

年份	普通中学			师范学校			职业学校		
	学校数	学生人数	教职员人数	学校数	学生人数	教职员人数	学校数	学生人数	教职员人数
1937	241	55 739	5 566	42	7 367	789	24	4 409	727
1938	223	57 095	5 352	27	6 160	597	16	2 903	553
1939	219	58 165	4 350	25	3 701	465	15	1 551	314
1940	175	54 000	3 744	27	4 526	551	14	2 054	300
1941	187	61 897	3 801	27	5 714	615	14	2 330	295
1942	215	74 869	4 447	37	7 449	800	18	2 829	330
1943	289	87 346	5 868	48	1102	1 147	25	4 127	504
1944	336	81 259	5 750	52	10 435	1 206	36	3 930	584
1945	403	124 597	8 693	63	12 100	1 500	41	4 820	845

战时广东高等教育基本情况②

年份	大专学校数	学生人数	教职员人数
1937	7	5 178	1 137
1938	8	4 425	693
1939③	5	1 957	416
1940	7	4 859	1 040
1941	7	5 887	1 076
1942	9	6 734	1 282
1943	9	6 873	1 443
1944④	11	3 982 **	543 **
1945	13	10 990	1 462

①② 广东省教育厅编:《广东省教育统计》,1947 年。转引自蒋祖缘、方志钦主编:《简明广东史》,795～797 页,广东人民出版社 1987 年。

③ 1939 年,中山大学迁云南澄江,该校学生数、教职工数未计入。

④ 1944 年,因粤北战事,国立中山大学、私立中华文化学院(未准案)册籍散失,故数字较 1943 年度减少。

1938年，钟鲁斋博士和曾友豪博士（皆梅县人）在香港创办了南华学院。1939年秋，该院奉教育部令迁正校于梅县城北教溪口，为当时梅州乃至粤东地区最高学府。该院迁至梅县时仅有学生百余人，后发展到五六百人。该院在梅县办了7年。抗战胜利后，该院又奉令迁往汕头，有学生四五百人。为高等教育事业做出了一定贡献。①

为适应抗战的需要，国民政府和教育行政当局实施了战时教育政策，在学生的课程中增加了战时后方工作训练，如宣传、救护、防空及军事训练等，规定中学以上学生必须接受军事训练。在抗战的头几年，各学校都较认真开展训练，许多中小学组织学生到城镇、乡村进行抗日宣传，对提高广大民众的民族意识、鼓舞抗日斗志起了一定作用。但是，有的学校以影响教学和安全问题为理由，未认真开展，有的虎头蛇尾，有的则马虎应付，有的训练不讲效果。②

1943年3月，国民政府颁布了《国民教育法》，明确规定6周岁至12周岁的儿童，应接受基础教育；超过学龄未受基础教育的失学民众，应接受补习教育。12月，教育部制订了普及失学民众识字计划，规定分区分期扫除文盲。同年，教育部还训令广东等省规划开办水产专业教育。

尽管国民政府和教育部先后出台了一些发展教育的计划和政策，但因为战乱，经济不振，财政拮据，教育经费严重不足，当局又管理不善，且广大民众处于饥寒交迫之中，无力供子弟上学，结果这些计划和政策实际上都不了了之。

---

① 何国华：《民国时期的教育》，209页，广东人民出版社1996年。
② 《战时教育在岭东》，载《香港工商日报》，1939年1月15日。

1944年，日寇发动豫湘桂战役，战事波及岭南。翌年初，日军又调重兵南下构筑华南防线，企图阻止盟军登陆，故粤北、西江和东江等地再次遭日寇蹂躏，使广东教育又一次受到严重的摧残。如中山大学又被迫做一分为三的迁移，分别迁往仁化、连县和梅县，在梅县设校本部，连县设分校，仁化则设分教处，直至当年3月后才复课，设备图书损失惨重。同样，各地许多学校亦被迫停课或迁址复课。

（二）抗战时期广东的小学教育

1937年"七七"事变后，虽然日寇在一段时间内未大举犯粤，但日机轰炸、日舰骚扰不断，人心惶惑；加之经济财政日渐困难，教育已受到严重影响。不少学校被迫迁移或停课。有的就近择址复课，有的私立大中学校迁港澳复课。1938年10月日寇大规模侵粤后，教育更受到严重的摧残，从教育经费即可见其一斑：1937年广东省政府的教育文化预算是4 503 600元（国币，下同），实际支出是2 524 002元；1938年教育文化预算是2 251 800元，而实际支出是1 040 164元。预算和支出均直线下降。①

在初等教育方面，除战区的小学教育受战乱的严重破坏外，非战区的小学教育也因经费和战事等原因大受影响。许多原设在县城的学校被迫迁到乡村去，许多地方的小学停办了，即使在相对安宁的粤北，"多有全乡无一间学校的"②。

---

① 顾翊群：《抗战以来广东财政》，载许崇清主编：《新建设》，第1卷，第1期，94~95页，1940年。
② 黄继植：《广东实施新县制的教育问题》，载许崇清主编：《新建设》，第1卷第6~7期合刊，90页，1940年。

在台山，各县立中小学"陷于停顿状态"①。在鹤山，原有的小学"都纷纷停办"，直到 1940 年 5 月时，仍"没有一间能够复课"，该地的教育恢复回"旧时代的设帐授徒式的识字教育法"，"没有什么科目，读书而已"，"至于学费是每月四角或六角不等，最多是一元而已"。② 在粤东的兴宁，也因日机空袭和经费的关系，小学教育也受到很大影响。③

为恢复遭到严重破坏的教育，教部拟订各省师范教育设施方案。令饬各省教育厅制定各省若干年内师范教育整个设施。1938 年底，广东省教育厅制定了收容战区退出学生的办法，规定在兴宁、茂名、罗定、连县、琼山 5 县县府设点登记；非战区省立中学亦代办登记。凡非战区之学校，应先就现有班级中扩充名额，收容学生，至最大限度为止，如不能容纳时则另设班收容。经费属省立者由省库拨给；属县、区立或私立者，由县区乡或校董会自筹，必要时呈请酌拨省款补助。凡非战区，各县政府视需要情形，在未设小学的地方增设单级小学若干校，其经费由各县政府筹拨。同时，省教育厅派员到各地视察和指导。这样，从战区或临近战区退入内地的一些学生便有机会借读或寄读在非战区的学校。④ 非战区的教育逐步有些恢复或发展。如在粤东的兴宁，1939 年初有小学 472 间，入学学生 29 140 人，一年以后，小学增至 500 多间，入学人数达 6 万人以上。⑤

---

① 《香港工商日报》，1939 年 1 月 25 日。
② 张孤山：《民锋半月刊》，第 2 卷，第 8 期，23 页，1940 年。
③ 吴启燕：《岭东鏖战话兴宁》，载《新军》，第 2 卷，第 4 期，31 页，1940 年。
④⑤ 《香港工商日报》，1939 年 1 月 1 日。

1939年9月，国民政府颁布《县各级组织纲要》，实施新县制，推行所谓管教养卫合一的地方自治体制。据此，翌年4月，教育部制定了《国民教育实施纲领》，实施所谓新国民教育制度，规定：县政府设教育科，主管全县的国民教育；在乡镇设中心学校，在保则设国民学校，并均设"小学部"、"民教部"；在国民学校的"小学部"，以办理4年制小学为原则，但同时办理1年制、2年制之班级，招收6周岁至12周岁的失学儿童，施以义务教育；"民教部"以办理初级成人班、初级妇女班为原则，招收15周岁至45周岁之失学民众补习；中心学校的小学部以办理6年制小学为原则；民教部则以办理高级成人班及高级妇女班为原则。各项经费由政府拨充及自筹解决。纲领还规定，自民国二十九年（1940）8月起至民国三十四年（1945）7月的5年内，分三个时期普及国民教育（即小学教育）。广东、广西等14个省市首先全面推行。①

广东省政府和教育厅结合本省情况，制订了5年计划，主要内容是：每乡镇设中心学校1所，全省共计5 210所；现有2 210所，需新设3 000所。每1保或2保或3保应设保及联保之国民学校1间，全省共计46 415所，现有14 000所，需新设32 415所。所需开办费及设备费15 929 500元，师资培训费18 914 160元，经常费155 190 000元，共计是190 033 660元，由地方自筹110 243 700元，省库补助

---

① 《第二次中国教育年鉴》，第14编。转引自《中国现代教育史》，华东师范大学出版社1983年。

39 894 980元，中央补助3 989 480元。师资共需 134 510 人，现有小学教员 51 130 人，应增加 83 380 人。① 同时，省政府和教育厅努力采取措施推进国民教育（即小学教育）。1940年4—6月，在省干训团，对中心学校校长和小学教师进行培训，结业 291 人。7—9 月上旬，又在全省 34 个县开办了 200 个训练班，调集和征选准备任中心学校或国民学校的校长和教导主任的人员受训。培训后，经考试及格的结业者有 7 749 人。② 并拨出经费筹建学校和扩大招生班级。

到 1940 年秋，广东省小学教育的概况是：全省有学龄儿童 350 万人；有小学 24 031 所，小学教师 62 376 人，入学儿童 1 544 478 人；有私塾 6 109 间，塾师 6 109 人，入塾儿童 143 903 人。有民众学校（为成人扫盲办的）4 486 间，教师 8 960 人，参加扫盲者 158 046 人。全省共有文盲 11 796 757 人（保亭、乐东、白沙、安化未列入），计划当年扫盲 30%。③

翌年初，结合新县制的实施，省教育厅决定，先行实施新县制的曲江等 27 个县，要实现每乡镇都建立中心学校一

---

① 陈跃云：《一年来广东省施行国民教育概况》，载许崇清主编：《新建设》，第 2 卷，第 1 期，14～16 页，1941 年。

② 陈跃云：《一年来广东省施行国民教育概况》，载许崇清主编：《新建设》，第 2 卷，第 1 期，15～16 页，1941 年。黄麟书：《广东政治新阶段的教育》，载第七战区长官司令部编纂委员会编：《广东政治》，第 1 卷，第 1 期，36 页，1941 年。

③ 陈跃云：《一年来广东省施行国民教育概况》，载许崇清主编：《新建设》，第 2 卷，第 1 期，14 页，1941 年。此数字与《广东省教育统计》广东省政府教育厅 1947 年编印的统计数字有出入，据该表，关于学校数 24 031 间和入学儿童数 1 544 478 人是 1937 年的。

所，其40%以上的保成立国民学校的规划。而准备于当年8月开始实施新县制的揭阳等12个县，每县都要完成每乡镇中心学校1间，其30%以上的保要成立国民学校的任务。其余各县则要实现50%以上乡镇设立中心学校，20%以上的保要建立国民学校的计划。

据当年6月底的检查，非战区的60个县的2 350多个乡镇和24 440个保中，已经成立中心学校1 450间，国民学校58 531间。中心学校设立超计划的县有11个，完成计划的县有18个，未完成计划的县有31个。国民学校设立超计划的有20个县，完成计划的有2个县，未完成计划的有38个县。①

同时，省教育厅还审查了非战区64个县的教师的资格，至4月，审查17 561人，其中认定合格者11 861人，代用教师合格的1 158人，不合格的4 542人。

当时，小学教师的资格要求要有中等师范的学历，中学教师要求有大专以上学历，但实际上做不到。下表为1940—1945年广东省国民学校教员合格与不合格的统计表。②

---

① 黄麟书：《广东政治新阶段的教育》，载第七战区长官司令部编纂委员会编：《广东政治》，第1卷，第1期，34~36页，1941年。
② 广东省地方史志编纂委员会编：《广东省志·教育志》，82页，广东人民出版社1995年。据当时有关文章载，1940年有小学教员51 130人，陈跃云：《一年来广东省施行国民教育概况》，载许崇清主编：《新建设》，第2卷，第1期，14~15页，1941年。

1940—1945年广东省国民学校教员数统计表

单位：人

年份	国民学校教员数	合格者	不合格者
1940	39 874	17 169	22 705
1941	44 722	19 783	24 939
1942	56 019	23 468	32 551
1943	56 130	25 901	30 229
1944	59 532	26 014	33 518
1945	63 099	26 466	36 633

1941年暑假，省教育厅抽调各县未合格的教师到师范学校或中学进修3个月，在全省共设了12个班，每班50人，共600人。① 按教育部的指示，省教育厅还抽调乡、保学校校长入训练班培训，在10个区开办了17个班、95组，共4 890人入训，内容侧重精神、生活、知能和体格训练，为期1个月。②

抗战时期，小学教师的薪俸待遇情况各地不一。1940年春，国民政府先后颁布了《小学教员待遇规程》、《小学教员薪给支配及实施办法》，规定了小学教师最低薪给至少应以当地个人衣食住三者所需生活费的两倍为标准，每隔3年修订一次。③ 此规定没有制定出具体薪酬，显然是考虑到各地情况差别很大，故只规定一个原则。此外，还规定：资格加薪（分3个晋级差）、职务加薪（校长、主任按班级人数

---

①② 黄麟书：《广东政治新阶段的教育》，载第七战区长官司令部编纂委员会编：《广东政治》，第1卷，第1期，34~36页，1941年。

③ 熊明安：《中华民国教育史》，230~250页，重庆出版社1990年。

规模)、劳绩加薪(所教学生数超过定额每5人提1级)、年功加薪(连续工作增1年加1级)、努力加薪(教学、进修、著述优良发给奖金),每提1级一般为2元。1939年,粤东兴宁、梅县一带小学教师的薪金是每年200~400元,以年薪350元占多数,最低者每月16元,生活已成问题,要是积欠更为成问题。这是1939年初的情况。后来经济更为凋敝,物价高涨,小学教师的生活更加艰辛。其时,小学教师每周授课50节,每节半小时,平均每天8节,另一两小时课外活动指导。①

(三) 抗战时期广东的中等教育和职业教育

抗日战争时期,广东的中等教育和职业教育也受到严重摧残,但仍在艰难中坚持、恢复和发展。

中等教育分为师范学校、普通中学和职业学校3个部分。日寇发动侵略战争,尤其是大举侵粤后,广东的中等教育受到严重的打击。1937年,广东共有公、私立师范学校42所,学生7 367人,教师789人;翌年,减至学校27所,学生6 160人,教师597人;到1939年,更减至学校25所,学生3 701人,教职工465人。②

在职业教育方面,抗战前共有职业学校32所,184个班,5 065个学生。其中省立7所,县立8所,区立1所,私立16所。广州、汕头两地共占了19所。1937年抗战开始后减至24所,151个班,4 405个学生;次年再减至16所,

---

① 《战时教育在岭东》,载《香港工商日报》,1939年1月15日。
② 陈跃云:《一年来广东省施行国民教育概况》,载许崇清主编:《新建设》,第2卷,第1期,15~16页,1941年。

123个班,2 903个学生;1939年更减至14所,66个班,1 551个学生。

全省普通中学,战前有253所,另附设于师范学校的14所,学生共有62 893人,其中私立中学占49%。战事开始后,潮汕和广州就有20余间私立学校选择安全地点迁移,其中有10余间迁往港澳。第二年秋天,日军大举侵粤前,省教育厅"密令三角洲、东江潮属和西江下游各校,暂行休课或迁址复课"。据此,遵令迁址复课的共有69所,暂时休课的有广雅中学等40所。①

广东省政府北迁后,开始努力恢复中等教育。省教育厅拨款资助一些师范学校迁址复课。如省立韩山师范由潮安迁往揭阳古沟,韶州师范由曲江县城迁往仁化水南,雷州师范由广州湾迁至遂溪古庐山村,老隆师范由龙川铁场迁至鹤市,梅州女师由梅城迁往西厢保,肇庆师范由高要县城迁至德庆播植圩,钦州师范由县城迁往大寺。至1940年,先后有10余间师范学校迁址复课。

同时,省政府和教育厅拨款资助普通中学附设简师科或简师班、师范班和幼师班,以适应战时培养师资的需要。1941年省教育厅分别筹建了信宜简师和英德浛光简师。

省政府和教育厅还提高了师范生的补助,如从1941年起每个学生的膳费由原每月9元提高到12元,同年下半年再提为15元。从1943年1月起,则改为发实物,每人发副

---

① 黄麟书:《广东政治新阶段的教育》,载第七战区长官司令部编纂委员会编:《广东政治》,第1卷,第1期,34~42页,1941年。

食费28元和食米2市斗1市升。①

职业学校因为图书仪器、教具等抢运不及，许多已丢失，学校缺乏必要的教学器材，所以恢复很慢。至1941年秋，才有16所复课或开课。据统计，是年全省职业学校有省立6间，县立2间，区立1间，私立7间。其中14所共有38个职业高级班，36个职业初级班，学生2 098人。专业主要有农业、工业、商业、水产和护士等。这些学校分别是汕尾水产职业学校、高州农业职业学校、仲恺农业职业学校、合浦县立农业职业学校、喜泉农业职业学校等。

为发展职业教育，广东省政府和教育厅鼓励私人投资开设职业学校，并鼓励适龄青年选读。如为了鼓励青年学生报读职业学校，制定了职业学校的学生与师范生同一待遇的政策。1937—1945年广东职业教育学校概况如下表（表中数字与上述有些不同）②：

1937—1945年广东职业教育学校概况

年份	校 数/所				学生数/人	毕业生数/人	教职员数/人	经费数/万元
	省立	县市立	私立	合计				
1937	7	4	10	21	4 409	1 624	727	51.9 94 6
1938	6	4	6	16	2 903	1 230	553	40.520 0
1939	6	3	7	16	1 551	255	314	37.784 1
1940	6	3	5	14	2 098	342	300	43.525 1
1941	6	3	5	14	1 551		295	43.525 1
1942	6	3	5	14	2 330		330	61.338 1

---

①② 何国华：《民国时期的教育》，173页、193~194页，广东人民出版社1996年。

续上表

年份	校数/所				学生数/人	毕业生数/人	教职员数/人	经费数/万元
	省立	县市立	私立	合计				
1943				25	4 127		504	
1944				36	3 930		584	
1945				41	4 820		845	

省教育厅还指定设备条件较好的中等学校开设短期训练班和职业补习班，以培养更多有一技之长的青年。如在省立梅州中学设立了工商业补习班，在私立广东国民大学和省立岭东商业职业学校都开设了计政簿记训练班，在私立世德农业职业学校开办农业补习班等。

1941年秋，广东省教育厅又在兴宁筹设省立工业学校以培养织染技术人员、应用化学技术人才和简易机械技术人才。

普通中学教育恢复较快。1939年省政府和教育厅在东江、南路、中区和琼崖设立了临时中学或联合中学，收容失学学生，并拨款资助各地筹设中学，以容纳更多的学生。

1940年3月，省教育厅还指定东江临中、梅州中学、金山中学、南雄中学、肇庆中学、中区临中、高州中学、广州中学等8所中学为各个区的中学研究会的召集学校，计划定期召集区内中学教师代表商讨教学、训导和行政等问题，以提高教学质量，加强管理。

省政府还对由战区退入内地学校读书的中学生予以膳费补贴（该政策实施至1941年9月停止）。

为提高教师的素质，省教育厅利用1940年和1941年暑假，在韶关举办了中等学校教育讲习班，指示各中学选派3~7名教师参加。讲习班分国文、英文、数理化、生物和教育5个科组进行培训。

为加强监督和管理，从1941年3月起，省教育厅分区派出督学奔赴各地督察视导。

在各方面的努力下，到1941年秋，全省普通中学已恢复到248所（包括港澳和广州湾的中学在内），其中高中343个班，学生12 410人；初中1 178个班，学生46 674人，达到战前水平。[①]

关于中学教师的薪酬，在抗战初期，各地"大都照原薪七成至九成发给，广东省仅发五成"。1941年冬，国民政府教育部颁布"国立中学、师范职教员支薪标准"，规定月薪，校长是280~320元，高中部专任教员为140~200元不等，初中部专任教员是120~160元不等。1943年，为弥补物价上涨及提高教师待遇，国民政府规定月薪，校长为280~400元不等，高中部专任教师为280~300元不等，初中专任教师为168~280元。虽然有上述规定，但各地并非都能兑现，况且广东中学教师的薪酬各地也不一样。抗战初期，梅县的中学教师的年薪是500~1 000元（后来肯定减少），每周约需授课30小时，境况比小学教师要好些。[②]

那时，中小学办学的经费，即使是公立的学校，也是靠

[①] 黄麟书：《广东政治新阶段的教育》，载第七战区长官司令部编纂委员会编：《广东政治》，第1卷，第1期，34~42页，1941年。

[②] 《战时教育在岭东》，载《香港工商日报》，1939年1月15日。

多种来源。如粤东的兴宁县,"就县立中学的经费来说,除了每年由县政府在地税项下拨千元之外,完全靠学生入学费和多少校产的收入来维持","每区虽设有区立小学,但其经费也是靠各区的士绅捐助和一些前人遗留下来的校产收入维持","至各乡村的国民学校完全是私立的族学,自生自灭,县政府也没有补助和奖励"。①

(四) 抗战时期广东的高等教育

在高等教育方面,战前广东有专科以上学校8间,即国立中山大学、广东法科学院、广东商学院、广东教育学院、岭南大学、广东国民大学、广州大学和光华医学院。共有学生6 236人,教职员1 644人,经费大约4 641 500元。②

"七七"事变后,广东的大学有一些调整,广东法科学院并入中山大学,广东商学院改名为省立勷勤商学院,广东教育学院改为省立教育学院。广州沦陷后,中山大学远迁云南澄江;勷勤商学院先迁遂溪麻章,后迁信宜水口;省立教育学院始迁广西融县,再迁广东乳源和连县东坡,并易名省立文理学院;岭南大学、广东国民大学、广州大学和光华医学院都曾迁往香港。经过这些周折,一些学校被迫停办,如光华医学院。据统计,在学的学生减少了68%以上,经费减

---

① 吉飞斡:《关于实行新县制的几个问题》,载许崇清主编:《新建设》,第1卷,第6~7期合刊,6页,1940年。

② 关于高等院校,当时广东省教育厅厅长黄麟书说是7间。黄麟书:《广东政治新阶段的教育》,载第七战区长官司令部编纂委员会编:《广东政治》,第1卷,第1期,34~42页,1941年。

少了78%以上。①

1940年,广东省政府为恢复和发展广东高等教育,发起"大学归省"运动,其间拨款30万元资助中山大学迁回粤北乐昌坪石(年底迁妥)。光华医学院也在香港复课。到1941年秋,广东高校恢复到7所,在校学生也增至4 839人。是年底,香港沦陷,国民大学、广州大学和岭南大学在港教员和学生回到内地。广东省教育厅特呈教育部分别拨款援助它们迁址,其中岭南大学8万元,国民大学和广州大学分别为6.5万元和5万元。岭南大学农学院迁至乐昌坪石,广州大学迁到台山,国民大学迁往开平。翌年,在信宜的勤勤商学院和在连县的文理学院也先后迁到曲江。此后,战局相对稳定,高等教育有一些发展。

1940年,广东大专院校的教职员有1 040人,其中男教工967人,女教工73人,教授387人,副教授60人,讲师121人,助教86人,职员295人,教职兼任者94人。②

1943年广东省立大专院校表③

校别	校址	科系	学生数/人	每年经费数/万元
省立文理学院	曲江桂头	中文、史地、理化、生物、社教五系和体育专修科	324	46.048 3

---

① 黄麟书:《广东政治新阶段的教育》,载第七战区长官司令部编纂委员会编:《广东政治》,第1卷,第1期,34~42页,1941年。

②③ 何国华:《民国时期的教育》,207页,广东人民出版社1996年。

续上表

校别	校址	科系	学生数/人	每年经费数/万元
省立勷勤商学院	曲江桂头	工商管理、银行、会计三系	310	22.038
省立艺术专科学校	曲江上窑	戏剧、音乐、美术三科，并附设训练班与专科师范班	155	17.589

广东省政府还拨款30万元作为学生贷款基金，支持学生到外省攻读本省高等院校未开设的专业。1941年享受贷款基金的名额有937名，每人每月10元。

其时，广东的高等学校主要有法科、文科、医科、农科、理科、师范、商科和体育等专业。尽管条件相当艰苦，但广大高等院校的师生在积极支持或参与抗战的同时，努力开展学术研究。拿中山大学来说，农学院继续与国民政府中央实业实验所合作，进行稻谷良种试验，取得可喜的成绩。研究院文科研究所师生到云南、广西进行民族学调查研究。[①]理学院的吴尚时教授研究了云南澄江的地形及云南主要湖泊的成因，提出了自己的见解。孙宕越教授等著有《军事地理学》。两广地质调查所在"宜良澄江间，发现震旦纪之大陆冰川、冰矿层，及欧美所罕见之特种三叶虫中之美资虫化石，均有科学价值"。农学院师生在云南制作了许多农作物

---

① 黄义祥：《中山大学史稿（1924—1949）》，331~336页，中山大学出版社1999年。

标本、农作物病虫害标本、蚕丝标本、土系标本、木材标本、药用植物标本，并完成了对澄江土壤的调查。①

在坪石办校时期，中山大学的吴尚时教授著有《乐昌盆地纲要》，完成了广东省政府委托的《广东省政治经济图》6幅和分县图108幅。1943年3月，在全国地质年会上，中山大学理学院提交了论文11篇，其中有《广东省金矿之分布及其展望》、《粤北煤田论略》等。

同年5月，在重庆举行第十四届中华医学大会时，中山大学医学院提交了10篇论文，其中有《日本住血吸虫在粤北之传染》（病理解剖报告）、《阑尾炎症在我国之研究》、《胎儿软骨营养异常症之研究》、《南华肝硬化症研究之初步报告》、《粤北瑶山卫生考察报告》、《应用抗痘牛血清在天花治疗及预防上之观察》等。②

中山大学人文社会科学的教师发表的论著也俯拾皆是，如洪深的专著《敲门》，李笠的《史记订补》、《定本墨子闲话校补》、《中国文学述评》，朱谦之的《历史哲学大纲》、《黑格尔的历史哲学》、《中国思想对于欧洲文化之影响》，杨成志的《云南民族调查报告》，黄文山的《西洋知识发展史纲要》、译著《当代社会学学说》等。③

当时，大学教师的薪酬，按教育部1940年8月公布的标准是：助教每月最低80元，最高160元；讲师最低140元，最高260元；副教授最低240元，最高360元；教授最

---

①②③　黄义祥：《中山大学史稿（1924—1949）》，365~368页、380~393页、357~358页，中山大学出版社1999年。

低320元，最高600元。① 但因国家财政困难，难以兑现。据回忆，在坪石，中山大学教师的薪酬曾经是以米代金：30岁以上给米1石，28岁以上不足30岁给米8斗，不及26岁的给米3斗，夫妇同在一机关的另一方只给米3斗。②

四、战时广东国统区的体育运动

（一）广州沦陷前广东的体育活动

20世纪以后，欧美各项现代体育项目逐渐传到中国。广东作为开风气之先的省份，比较早接受和普及现代各项体育活动。一个显著的例子是各地都比较早成立有体育社团，如广州的基督教青年会、强华体育会、东山水上体育会、粤秀体育会、越秀体育会、南华体育会等；在海南文昌有钟声体育会，梅县有强民体育会，顺德有民众体育会，广州湾有群英武术社，开平蚬岗有启新体育协会。此外，佛山、南海、顺德、阳江都有精武体育会。各地体育会和学校带动了社会开展群众性的体育运动。③

抗日战争爆发后，广东的体育活动的正常开展受到很大影响。但在日寇占领广州之前，广州的体育活动还在进行。如在游泳和水球方面，较出名的东山游泳场、西郊游泳场、

---

① 熊明安：《中华民国教育史》，291～292页，重庆出版社1990年。
② 钟叔河等：《过去的学校》（回忆录），323～324页，湖南教育出版社1982年。
③ 冯钦：《抗日战争至解放前的广东学校体育》，载广东省体委文史办编：《广东体育史料》，第2～3期，27～28页，1987年。

大沙头游泳场、黄沙游泳场、石围塘游泳场和沙面游泳场都仍在开放，前去游泳锻炼的人不少。水球"赛事亦不断，岭南、中大、培英、广雅、培正、水体队、粤秀、南华会、西郊、警察、空军、粤汉铁路员工队（等）20多水球队作轮番比赛"①。在篮排球方面，广州大中学校的活动仍在进行。培英的篮球队曾赴香港比赛，取得"连战皆捷"的战绩。②足球和棋类活动也有开展。如在象棋活动方面，1938年3月，棋手们聚集香港，召开"香港象棋筹款购债大会"，把筹到的款项用以购买救国公债。③

在省内其他地方，各类体育活动也仍有开展。如梅县强民体育会继续发展，会员不断增加，达600余人，足球活动基本照常。1938年，海康的"铁心"足球队还出访广州湾，"取得三战三胜的成绩"④。喜爱排球的台山人，也经常开展排球活动。在徐闻，1938年还成立了"国技社"武馆。⑤

(二) 广州、香港沦陷后粤北及各地的体育活动

日寇入侵广东后，广东的体育活动受到很大打击。广州的大中小学停学的停学，外迁的外迁，体育团体或是解散，

---

① 李禾人整理：《广东水球运动》，载广东省体委文史办编：《广东体育史料》，第1期，79页，1992年。
② 李兆群：《逢知己，话家常》，载广东省体委文史办编：《广东体育史料》，第4期，56~57页，1984年。
③ 黄民驹：《广东三棋史略》，载广东省体委文史办编：《广东体育史料》，第3期，42页，1991年。
④ 吴流：《海康县体育活动记事》，载广东省体委文史办编：《广东体育史料》，第1期，30页，1986年。
⑤ 《徐闻县志·体育章》，载广东省体委文史办编：《广东体育史料》，第3期，37页，1988年。

或是停止活动。其他沦陷区的情况也是一样，体育活动都陷于停顿。而非沦陷区的体育运动也因战乱而大受影响。

粤北曲江成为战时省会后，战局相对稳定，由广州北迁的大中学校复课，尤其是一大批体育爱好者来到粤北，使体育活动在粤北逐渐开展起来。如学校复课后，体育老师们土法上马，因陋就简，制作简易体育器材和设备，开展体育教学和体育活动。当时号称华南三省"球王"的吴德亿任教于韶州师范，积极训练该校篮球队，开展篮球运动，"带动所及，不仅城镇学校组织篮球队，而且偏僻的山区农村学校也开展篮球运动"。北迁教会学校的垒球运动，也为当地中小学仿效。如连县的连州中学、燕喜中学、西溪中学、星子中学，靠近瑶山的三江小学也开展了垒球活动。1943年，"球王"李惠堂组建的"航建足球队"在韶关表演及比赛后，"促使青少年学生对较陌生的足球感兴趣，不少学校组织足球队，甚至连偏僻的连县东陂乡、星子乡及乐昌的杨梅乡也兴起足球运动"。田径运动也得到较广泛的开展。在体育运动发展的基础上，1943年，韶关、乐昌、南雄、始兴、英德、曲江、清远等县都举行了全县运动会，选拔运动员参加粤北运动大会。[①]

为推动体育运动的开展，在韶关成立了中华体育协进会广东分会。1941年，国民政府教育部规定，每年9月9日为体育节。1942年，广东滑翔分会在韶关成立，开办训练班，开展滑翔运动，后举办过滑翔机模型展览和滑翔表演。

---

① 冯钦：《抗日战争至解放前的广东学校体育》，载广东省体委文史办编：《广东体育史料》，第2～3期，27～28页，1987年。

各地体育活动也不同程度地恢复或有所发展。在普宁，因为汕头市一中和海滨中学迁来，以及外出体育爱好者的回乡，推动了当地篮球赛事。1940年，海滨中学参加在丰顺汤坑举行的第五区篮球比赛，获得中学组冠军。学校篮球运动的开展又推动了社会上篮球爱好者的活动。同年，流沙体育会成立，组织篮球队，开展了篮球活动。[1]

粤东的兴梅地区因受战乱影响比较小，体育活动尤其是篮球、足球活动较为正常。如在梅县，强民足球队、中华足球队、学联足球队、育联足球队等球队常开展比赛。在兴宁，1940年初，李桂才、王天赐成立"城江体育会"（后改名为岭东体育会），址设兴城后街，组建篮足球队，不久即访问梅县，"篮球数战皆捷，足球却不敌梅县强民队"。[2]翌年，岭东足球队出访五华，连战皆捷。1941年，梅县足球队（以强民队为主）参加韶关举行的省足球赛，获得冠军。后来，梅县足球队随广东体育访问团出访湘桂，每战皆捷。[3]

香港沦陷后，"球王"李惠堂回到家乡五华，组建足球队，于1942年夏出访梅县，因"球王"之名轰动一时。在五华队与梅县强民队的比赛中，后者以3∶1获胜。在这次足球赛的影响下，梅县校际足球赛和各足球队之间的比赛一

---

[1] 黄松：《普宁篮球运动史话》，载广东省体委文史办编：《广东体育史料》，第2期，21页，1985年。

[2] 张自中：《兴宁两个有名的民间体育会》，载广东省体委文史办编：《广东体育史料》，第2期，32～33页，1989年。

[3] 李存章：《温集祥和梅县强民体育会》，载广东省体委文史办编：《广东体育史料》，第4期，37页，1984年；梅县市体委：《梅县足球运动的兴起》，载广东省体委文史办编：《广东体育史料》，第1期，21页，1985年。

时热闹起来，促进了梅县足球运动的发展。后来，李惠堂在韶关组织航建足球队（以广东航空建设协会名义组建）。该队主力多为香港南华足球队员，如郭英祺、邹文治、李硕友、叶北华、谭均轩等。随后，他又出访兴梅，兴宁县组织兴梅华联合足球队迎战，但以0∶7败北。在梅县，3场比赛均以航建队获胜。①

1941年秋，兴宁富商罗焕新发起成立"东方体育会"，以李洁之为名誉会长，组织了篮球和足球队。篮球队球艺较好，常与岭东队及当地驻军比赛，还出访五华、梅县等地，屡战屡胜。报纸曾以"东方篮球队五战五捷，横扫梅县"为题作报道，轰动一时。该篮球队在富商罗荔圃支持下举行的"荔圃杯"篮球赛、闽粤赣边区总司令香翰屏举办的"翰屏杯"篮球赛中都夺冠。1943年，该队在韶关参加余汉谋的"长官杯"篮球赛中，先胜韶关3支名队，仅以几分之差败于"仲元校友队"，未进入决赛。②

受战事影响较小的南路和西江，体育运动也未中断。如1939年，海康足球队曾与驻军第一五九师足球队比赛。后海康足球队队员因生活无着而解散。同年8月，海康选手蔡朝贤在广州湾参加法国人田径赛获800米第一名。③ 1941年，海康一中学举行校运会，比赛项目有足球、篮球、排球、水

---

① 李广铸：《球王李惠堂在兴梅片断》，载广东省体委文史办编：《广东体育史料》，第2期，11~12页，1985年。
② 张自中：《兴宁两个有名的民间体育会》，载广东省体委文史办编：《广东体育史料》，第2期，32~33页，1989年。
③ 吴流：《海康县体育活动纪事》，载广东省体委文史办编：《广东体育史料》，第1期，30页，1986年。

球和田径,并进行了跳水表演。①

在新兴,体育活动开展得比较好。1940年,举行学生运动会,有篮球、排球、田径及环城跑等项目。1942年8月,县长黄植文主持举行武术比赛。10月,又举行全县运动会,参加比赛的运动员有600多人,历时7天,比赛项目有篮球、排球、铅球和跳高、跳远、短跑等。翌年10月举行"植文杯"篮球赛。1944年11月,又举行学生运动会。1945年春节,举办了"汉魂杯"篮球赛,共有10多支篮球队参加角逐。②

高要县的体育活动也较为活跃。1940年3月,三民主义青年团高要县团部,在高要县民众运动场举行青年篮球赛。肇庆中学、肇庆师范、高要县一中、高要简易师范、宋隆中学、新江中学、六步中学等学校、单位均派代表队参加。此后连续3年均有赛事。1944年,因日寇西犯而停止。③

在封川,渔涝区于1941年举行第一次农民公路长跑活动;3年后举行了第一次乒乓球比赛,有20多人参加。1944年,开建县县城(南丰镇)已建立了6支篮球队,其中有丰收队、工商联队、钟声队、驻军队等。队际之间常有比赛活动。有时还组织镇代表队到邻县,如广西的铺门、信都和广

---

① 吴流:《海康县体育活动纪事》,载广东省体委文史办编:《广东体育史料》,第1期,30页,1986年。
② 新兴县体委:《新兴县体育纪事》,载广东省体委文史办编:《广东体育史料》,第1期,55~56页,1987年。
③ 严沙森:《肇庆体育历史状况》,载广东省体委文史办编:《广东体育史料》,第1期,33~34页,1988年。

东的怀集、封川、都城比赛。①

（三）粤北运动大会

抗日战争时期，最能反映广东体育活动水平的是粤北运动大会。该运动大会在较充分准备的基础上，于1943年12月25—30日在韶关举行。李汉魂、黄麟书分别任正、副会长，省府委员王志远等多人任干事。李汉魂主持了开幕式，主席台两侧挂着"精神胜过技术，道德重于锦标"的对联。韶关市市长萧冠英、警备司令孔可权等人都出席了开幕式。蒋介石、余汉谋和薛岳等还为运动大会赠了锦旗。

参加粤北运动大会的运动员共1 000多人，分别来自省、市机关团体、大中学校及10多个县。如英德县派有男女选手72人，曲江县共有男女选手47人，乐昌县有男选手47人、女选手5人，南雄县共有男女选手52人，清远县共有男女选手28人，连县共有选手14名，始兴县有选手14名，阳山县、连平县和龙川县都派有选手参加。派选手参加运动大会的大中学校有中山大学、广州大学、韶州师范学校、侨二师、志锐中学、仲元中学等。

比赛的项目有7类，分别是：径赛、田赛、接力、球类（篮球、排球、足球分大型和小型，乒乓球）、合力（拔河）、国术（武术）团体赛、表演项目（千人操、滑翔机）。奖励名次1～4名，分别奖给奖章和奖状。男女选手以身高为标准分为甲、乙队。

这次运动会，个人项目最佳成绩：女子100米是龙川的

---

① 袁武清：《封开县体育纪事》，载广东省体委文史办编：《广东体育史料》，第1期，52页，1987年。（按：今封开县包括昔日封川、开建两县）

黄藏平，成绩14秒45；男子三级跳远为志锐中学的陈荣德，成绩12.15米；女子甲组铅球杨衡芬，成绩6.46米。县联队女子甲组跳远为南雄的罗绍滇，成绩3.59米；男子甲组跳高是清远的周发丰，成绩1.48米；男子甲组铅球是清远的谢家佑，成绩8.32米；男子万米赛为英德的陆跃衡，成绩是38分50秒。①

这次运动会的水平一般，原因主要是几所大学未参加，运动场地质量差，物质条件有限，运动员不能穿钉鞋。但是在抗战时期能够成功举办这样的运动会，说明广东体育运动有一定的基础，当局和各方面也做了极大的努力。

抗日战争时期，广东的体育活动是在困难重重的条件下开展的。城镇是体育活动开展的中心，参加者主要是大中学校师生、机关团体工作人员及社会上的一些体育爱好者。运动项目以篮球、足球和田径为主。1944年下半年因战局变化，粤北被占，广东省政府东迁，许多地方遭日寇蹂躏，使广东的体育活动受到更大的打击。

五、广东日伪统治区的教育

（一）广东沦陷区的小学教育

在广东，日伪统治所及，先后有广州、南海、佛山、番

---

① 李旋光：《抗日战争时期召开的粤北运动会》，载广东省体委文史办编：《广东体育史料》，第4期，40页，1985年；亦见《广东体育史料》，第4期，51页，1986年。按：此资料所载情况不大完整，有的单位名称只是简称，本书引用时未加改动。

禺、顺德、中山、新会、三水、东莞、宝安、增城、从化、汕头、潮安、澄海、雷州（湛江）等市、县及海南岛一些要地。日寇入侵前，这些地方的许多学校已迁往内地或港澳。日寇入侵后，这些地方的教育遭到严重的摧残，绝大多数学校被迫停办。汪伪政权建立后，为了粉饰其反动统治，欺骗和愚弄群众，开始筹办学校，开展奴化教育。

1940年4月，广东汪伪政权成立了伪教育厅，由大汉奸林汝珩出任伪厅长。教育厅设厅务会议，下设督学、第一至第五科和专门委员会。伪教育厅主持沦陷区的奴化教育。

日伪当局规定以"和平反共建国"为教育方针，并在中小学强制实行日语教学，"定日语为主要功课，考试如日语不及格者不能升级"[1]，以此作为对日本亲善程度的"主要标志"和实施奴化教育的重要手段。后因在社会上引起极大反感，日语课程被取消。日伪开展"新国民运动"后，大量印刷美化日本历史和肆意篡改中日版图的地理书，以及《新国民运动讲授大纲》等奴化宣传课本书籍，连学生的练习簿上都要印上汪伪政府的政纲和标语，借以向学生灌输奴化思想，妄图使青少年学生变成为日本统治的"顺民"。海南日军强化对教育行政权的控制，以消除民众的抗日思想。为培养上层的奴化人才，汪伪广东政府于1940年7月26日召开第18次"省务会议"，提出选派学生赴日本留学，以便"沟通中日文化，促进善邻友好关系"[2]。

---

[1] 顺德市人民政府：《本县沦陷期间敌伪奴化人民实施表》，1946年2月4日，原件藏顺德市档案馆。

[2] 广东省档案馆：《民国时期广东省政府档案史料选编（10）》，258页、466页，1988年编印。

在初等教育方面，伪广东省政府成立以前，伪广州市政府曾拨款5万元筹建公立小学22间。其规模共有153个班，入学儿童6 000人，教职工170余人。每月经费17 500余元。伪广东省政府成立后，拟订发展计划，第二期准备增开200个班。①

至1941年下半年，广州市市立小学增至近百间，有608班，学生27 490余人，教职员2 689人。私立小学也增至37间，学生3 340余人。还有11间的私塾。②

到1940年下半年，汪伪统治区其他地方的教育状况如下：汕头市开办公立小学3间，入学儿童千余人；私立小学12间，共有学生670余人。在南海，汉奸政府为取媚日本主子，首先在佛山和九江设立了日语学校各1所，并先后成立了县立小学5所，学生约有1 500人；设区立和乡立小学共10所，有学生近2 000人；私立小学76所，入学儿童约有5 000人。番禺设立了县立第一至第三小学，入学共700余人，有教职工25人；区立和乡立小学也有数间，学生近500人。中山分别设立县小学5间，市立小学1间，区立小学3间，联立小学5间，乡立小学27间，私立小学56间，在校学生共有16 563人，教职工605人。顺德设县立小学4间，日语学校2间，其他区立、乡立和私立小学也分别有数间，入学儿童达1 000余人，教职工共有45人。东莞公私立小学

---

① 伪广东省政府教育厅编：《广东教育概况》，2～3页，统计表，1941年。
② 伪广东省政府教育厅编：《广东省政概况》，第4编，37～38页，1943年。

共有8间，在学学生有1 500余人。花县、三水、增城等县也分别设立了公私立小学数间，各有学生数百人。

一年以后，广东沦陷区小学教育有一些发展。汕头市公立小学增至10间，有学生4 772人；私立小学14间，有学生2 363人。南海县立小学增加1间，区立、乡立、私立小学已有116间，共有学生4 746人。日语学校更发展成27间，入学学生2 350人。中山的公私立学校增至数百余间，入学人数近30 000人。顺德只增加了私立小学和私塾，共有学生近1 500人。东莞的公私立小学也发展到近百间，其中县立4间，私立91间，有学生3 200多人。三水有县立小学3间，私立小学15间，计有学生1 130余人。花县有县立小学2间，私立小学27间，分别有学生220人和700余人。澄海有县立小学2间，私立小学10余间，入学儿童1 200多人。在海南岛，日伪也在占领区建立或恢复了一些小学，如海口市区有3间小学，各有学生300人。[①]

汪伪政权统治下的小学教育，在学制上还是承袭日寇入侵前的体制，分为初级小学和完全小学，其各地开办的小学，以初级小学为多，尤其是私立小学。根据伪教育厅1941年关于小学教育的统计，相当部分的学校，特别是私立小学，只有数名教师，甚至有些小学只有一名教师者。适龄儿童的入学率很低，即使是广州，入学率也只有15%左右。[②]

强调奴化教育是汪伪政权统治下小学教育的显著特点。

[①] 伪广东省政府教育厅编：《广东教育概况》，2~3页，统计表，1941年。《广东省政概况》，第4编，37~38页，1943年。

[②] 伪广东省政府教育厅编：《广东教育概况》，2~3页，1941年。

其表现为：一是开设不少日语学校，二是灌输"中日友善"的思想。如在南海县，最早建立的是日语学校；在番禺，日语学校发展迅速，很快就建立27间，入学儿童达2 350余人。再如汕头市，到1940年就建立了5间日语小学。在一些地方，日伪还以"每个小孩上学给以三个铜仙、一只麦包引诱小孩和民众"①。汪伪政权把发展日语学校冠以有利"沟通中日文化"的美名。伪教育厅规定，小学德育的重要内容之一是向小学生们灌输"中日亲善"观念。

（二）广东沦陷区的中等、高等教育

在中等教育方面，广东伪政权成立后，伪教育厅计划于第一期内，建立省立中等学校7间，其中在广州市设4间，在汕头、佛山、江门各设1间。至1941年上半年，已开设省立第一女子师范，有学生282人，教职员47人（含附小教员）；广东大学附属中学，有学生541人，教职员51人，省立第一中学，有学生303人和教职员48人（含附属小学教职员）；省立第二中学，有学生413人，教职工44人；省立第三中学（在汕头），有学生288人，教职员32人；省立第四中学（在江门），刚"筹备就绪，定期招生"；省立第五中学（在佛山）则仍"在计划中"。②

此外，同时已开办的还有广州市市立第一中学，有学生

---

① 中国国民党中央执行委员会粤宣传委员会办事处编：调查资料第二辑，《潮汕沦陷区报告》（1940年），19页。转引自官丽珍：《对和平和人道的肆虐》，230页，中共党史出版社2001年。

② 伪广东省政府教育厅编：《广东教育概况》，中等教育，1页、70~71页，1941年。

286人，教职员25人（含附小教职工）；市立第一女子中学，有学生317人，教职工35人（含附小教职工）。番禺有八桂中学，学生169人，教职工26人。其他地方有：汕头市立第一中学，有学生191人，教职员14人；南海县立第一初级中学，仅有初中一年级，年级共3个班；中山有总理纪念中学、第三区初级中学、第五区凤山中学。①

私立中学可数者则有：执信中学，有学生156人；复兴中学，有学生15人；中华中学，有学生108人；明德中学，有学生258人；岭峤中学，有学生66人。

1941年4月，汪伪教育部为发展其所谓教育，培训师资，令所辖区域各县市，如原有师范学校确实不能恢复时，则在中学兼设师范科。但最后难以落实，伪教育厅哀叹"各县市能依照办理者亦属寥寥"②。

后来，虽然师范教育和中等教育有一些发展，但是规模有限。广州只开办了师范讲习所。1942年后，省立第一中学学生增至674人；省立第二中学学生增至557人；省立第三中学学生增至400人；广州市市立第一中学有学生380人。③

在职业教育方面，据1941年上半年的统计，设有省立第一职业学校（开设工程、电机训练、高级计政、计算训练、实用美术等科），私立广东女子美术职业学校（开设有高级刺绣、初级刺绣、缝纫科和日语科），私立会计职业学

---

① 伪广东省政府教育厅编：《广东教育概况》，中等教育，1页、70~71页，1941年。
②③ 伪广东省政府教育厅编：《广东省政概况》，第4编，教育，25页，1943年。

校（设有会计科、统计科），私立华南计政职业学校。

尽管汪伪政权从表面上看也重视中等教育，用以奴化沦陷区青少年，并粉饰门面，维持和巩固其反动统治。但是，其政权的反动性决定其教育事业难以发展。汪伪政权也不得不承认其中等教育"比之事变之前，能够弦歌继响者，仅十之三四耳"[①]。

在高等教育方面，汪伪广东政权成立后不久，即筹备成立伪广东大学。该校开始以光孝路原国立法科学院为校址（后迁入岭南大学旧址），1940年6月接收校舍，8月上旬开始招生，先后录取300名，于10月初开学。伪广东大学以伪广东教育厅厅长林汝珩兼任校长，杨廉文为教务长。到1941年上半年，该校开设文学院、法学院、理工学院、农学院等4个学院。其文学院开设了中日语言文学、史学、教育学3个系；法学院开设法律学、政治学、经济学3个系；理工学院开设了土木工程学、建筑工程学、数学、化学工程学4个系；农学院开设了畜产学、植产学2个系。全校共招有学生455人，其中文学院138人，法学院176人，理工学院66人，农学院75人。全校共有教职员109人。伪广东大学还附设实习小学一所，以提供教育系学生实习之用；在农学院附设了农事专修班。为吸引学生，该校设立了所谓奖学金制度，奖励"清寒子弟或成绩优异者，每月补助国币30元"。

汪伪政府为使其傀儡政权具有"合法性"，以维持其反

[①] 伪广东省政府教育厅编：《广东教育概况》，中等教育，1页、70~71页，1941年。

动统治，念念不忘向中学生和大学生灌输奴化思想，培养忠实奴才。其中高等教育（德育）训育原则是：训练学生反共睦邻思想，指导学生和平建国道德。培养学生在"思想方面彻底明了和平反共建国、中日亲善的意义"。大学训育的宗旨是"灌输和平反共建国真义"。

其冠冕堂皇的"和平"即投降之意。如伪广东大学开设所谓"日本维新史"、"东洋文化史"两科作为全校师生的必修课，聘请日本帝国大学的中村孝也、和田清来校讲授。

此外，汪伪政权还开展所谓民众教育，并于1941年开设民众教育馆，但是有其名无其实。其所谓中日文化协会广州分会还选派了少数公费留日学生，妄图培养高级汉奸。①

六、战时的广东卫生防疫工作

（一）广州沦陷前广东的卫生防疫工作

1938年1月前，广东省政府还没有设立卫生处，卫生防疫工作由民政厅兼管，只设有广州市卫生局。

战前的广东卫生防疫基础差，管理不善，恶性传染病（主要是霍乱）流行比较严重，死亡率也很高。如1937年7月中旬，海口霍乱死200人②，至8月上旬扑灭，但染病者700余人，死亡300人。③ 8月上旬，江门、新会城霍乱病流

---

① 伪广东省政府教育厅编：《广东教育概况》，综合性资料1941年；伪广东省政府编：《广东省政概况》，综合性资料1943年。
② 《国华报》，1937年7月20日。
③ 《国华报》，1937年8月11日，7月25日，8月1日。

行，两日内死数十人。① 各属时疫流行甚剧。海丰霍乱死800余人。② 截至1938年8月20日统计，东江26个县发生霍乱症21 262人，死7 499人，死亡率35.3%。③

因海南岛发现黑死病（鼠疫），1938年5月3日，中央内政部卫生署派员前往视察。④ 同年，海南定安县发生鼠疫，省卫生处派员前往查处。据查鼠疫在定安当时已有20余年历史，每春均发作；是年，定安4条村内有鼠疫症780例。廉江、遂溪、澄迈等地也有流行。⑤

1937年7月，全国抗战爆发后，广东立即开展医疗救护工作。黄雯等在广州创立广州万国医务团，后改名为华南万国医药救济会，从事医疗救济工作。各县市组织妇女救护队，限1个月内开始训练。⑥ 汕头市民参加战时救护队。⑦ 8月2日，省救护会筹备战时救护工作。⑧ 8月10日，省府令民政厅厅长发布广东省各县市妇女救护队训练办法。⑨ 其后，省御侮救亡会救护部筹组广州市战时掩埋队。⑩ 各县市御侮救亡会也设立救护队。⑪ 8月下旬，广州市尼姑也组织了救护队。⑫ 30日，省府令开办救护训练班。⑬ 次日，省府令各

---

① 《国华报》，1937年8月3日、6日。
②③⑧ 《中山日报》，1938年8月1日、4日、20日。
④ 《中山日报》，1938年5月4日。
⑤ 冼维逊编著：《鼠疫流行史》，广东省卫生防疫站，1988年。
⑥ 《中山日报》，1937年7月26日、8月11日。
⑦ 《国华报》，1937年8月6日、3日。
⑨ 《广东省政府公报》，第375期，1937年。
⑩ 《中山日报》，1937年7月26日、8月11日。
⑪⑫⑬ 《中山日报》，1937年8月12日、28日、31日。

县市迅速成立救护分会。① 广州市救护团成立，由广州市卫生局长朱广陶兼团长。② 12月19日，省府令各县卫生所限期成立。③

从1937年7月20日起，广州和香港医药医务界派出几支救护队北上参加抗日救护服务。④

12月29日，华中万国红十字会受（中央）卫生署委托补助，已在广州设立了广东万国红十字会，负责医治伤兵和救济难民。⑤

1938年1月，省府设立卫生处，左维明任处长，并在省内开始成立中、西、北、东4个战时卫生防疫区署，于3月中旬先后建成。⑥ 至3月中旬，琼崖13个县均已建有临时医院，共54所，以备战时使用。⑦ 6月中旬，省卫生处派员指导防治东、北江霍乱症。⑧

中央内务部卫生署医疗防疫队于1938年7月份奉派到粤工作。⑨ 接着，暹罗华侨西医救护队、澳门救护队等自费抵省服务。⑩ 9月中旬，第四战区发动组织流动式救护队。⑪

---

① 《中山日报》，1937年9月2日。
② 《国华报》，1937年9月1日。
③ 《广东省政府公报》，第393期，1938年2月10日。
④ 《国华报》，1937年7月21日，11月13日。
⑤ 广东省立中山图书馆编纂：《国民广东大事记》，573页，羊城晚报出版社2002年。
⑥ 冼维逊编著：《鼠疫流行史》，广东省卫生防疫站，1988年；《越华报》，1937年3月22日。
⑦ 《越华报》，1938年3月13日。
⑧ 《中山日报》，1838年6月21日。
⑨⑩ 《中山日报》，1938年7月20日、22日、27日。
⑪ 《中山日报》，1938年9月16日。

1938年，普宁县霍乱大流行，广东红十字分会派队前往支援救治，逐步平息。①

（二）广州沦陷后广东的卫生防疫工作

广州沦陷后，广东的卫生防疫工作，可分为以下几个方面说明。

1. 健全省级卫生机构。

广州沦陷后，省政府及卫生处迁移到了粤北。本省卫生行政，自1939年起，在强寇压境的形势下，逐渐开展，推进业务。开始时，本省各地卫生机构设立甚简，7年来根据实际需要，除健全省卫生处组织外，先后设置省级卫生机关有：省立医院、省立救济院、省立传染病院，在曲江、从化等地设10个妇婴卫生实验所、救护队和第一、二、三、四、五卫生诊疗所、中心妇婴卫生事务所、高级护士助产士职业学校、公共卫生人员训练所、南路设鼠疫防治所，在曲江、连县、茂名、老隆设4个药库和补助医院、伤兵收容所、战地卫生队、医疗防疫队、卫生工程队及环境卫生实验场等。卫生处还设有卫生实验所制造各种药品。② 凡此种种措施，皆应战时之需。

省卫生处推广公医制度，于1938年始设卫生事务所；1940年，据中央颁布法规，改为卫生院。同年6月，县各级卫生组织大纲颁布。至翌年底有73县成立卫生院及卫生分

---

① 宇光编：《汕头卫生大事记》，广东省卫生厅防疫站，1988年。
② 第七战区长官司令部编纂委员会编：《广东政治》，第2卷，第3期，1942年3月。

院16所（区级），乡镇卫生所610所。① 1941年9月，根据中央卫生署的指示，省卫生处在南雄、茂名、云浮、丰顺、乐昌建立灭虱治疥站。

1939年7月18日，省府令派刘景、张勇斌、黄雯为广东省救护委员会正、副主任委员。②

1939年10月，内政部卫生署在韶关设立防疫医院。③ 1940年12月25日，省府决定在曲江、龙川、兴宁、芦苞、高要、三埠、梅箓、合浦等处分设检疫站，以防止各地疫症波及全省。省卫生处常派员或派队分赴各县视察卫生防疫工作，督促各县卫生行政，施救疫症④，省卫生处还计划分期设立各县中医诊疗所⑤。

于1941年增设东江、西江补助医院。⑥ 6月初，在南路、东江增设防疫检查处。⑦ 卫生处还注意开展妇女卫生工作。

2. 健全县级卫生机构。

中央原定县卫生院编制，甲等院27人，乙等院21人，丙等院17人，但有些县份因财力支绌等原因，尚减用人员，医疗设备更难充实。（1939—1945年）6年来县各级卫生行政机构已初现规模。全省除战地县份外，已成立县卫生院79

---

① 第七战区长官司令部编纂委员会编：《广东政治》，第1卷，第4期，1941年12月。

② 第七战区长官司令部编纂委员会编：《广东政治》，第1卷，第2期，1941年10月；《广东省政府公告》，第44期，1939年8月1日。

③ 《中山日报》，1939年10月20日。

④ 《中山日报》，1941年1月14日；《广东省政府公告》，第660期，1941年1月18日。

⑤ 《广东省政府公报》，第672期，1941年2月1日。

⑥⑦ 《中山日报》，1941年6月3日。

间，区卫生院106间，乡镇卫生所501间，卫生员保健箱2 567个。在战时人力、财力、物力十分困难的条件下，各级卫生机构尚能逐年增加。①

3. 实行防疫保健。

第一，预防天花运动。历年均有办理，分春秋两季举行，以达到接种防疫苗人数占人口总数5%以上为标准。1939年，发现天花病例630宗，死亡170宗。1940年发现天花病例1 908宗，死亡496宗。1941年前8个月接获天花病例4 034宗，死亡750宗。②省卫生处每年均备制大量痘苗，补助各县及各医疗机关领用。全省接种人数，1939年为16.55万人，1940年为20.7万余人，1941年为28.2万余人，1942年为52.66万余人，1943年为91.66万余人，1944年为66.64万人，1945年未统计。1939—1945年，广东天花病例共14 253例，死亡2 401例，死亡率16.85%。③

第二，预防霍乱，开展夏令卫生运动。1942年夏，曲江流行霍乱；1943年东江各县及阳江县（死约1 000人）严重流行，经省卫生处努力防疫救治，开展夏令卫生运动，乃告止息。1944—1945年，卫生处特别预早注意配发疫苗分发各县，并饬提早注射，开展夏令卫生运动，虽闻有疫情发生，幸未致大流行。据不完全统计，注射人数：1940年5.65万

---

① 广东省政府编译室编：《战时粤政》，政绩交代比较表（上），33~38页，广东省政府编译室1945年印。
② 第七战区长官司令部编纂委员会编：《广东政治》，第1卷，第4期，1941年12月。
③ 中华人民共和国卫生部防疫司编：《中国国境口岸检疫传染病疫史》，表4~5，1985年。

人，1941年3.67万人，1942年18.85万余人，1943年42.73万余人，1944年9.6万余人。①

第三，防治鼠疫。南路一带及海南部分地区，为鼠疫惯发区域。省卫生处历经派定专人配拨疫苗，竭力防治。1941年11月，省卫生处在廉江县安铺成立粤南鼠疫防治所，专门负责南路地区鼠疫防治工作，加上当地隔离得宜，未致流行。1944年，因福建鼠疫蔓延剧烈，曾一度致广东大埔县有鼠疫数例发生。卫生处当即发放疫苗及鼠疫丸，严加防治，旋即制止。1944年注射鼠疫苗人数9 556人。1938—1945年，广东省卫生处记载据报全省鼠疫病677例，死亡462人，死亡率为68.2%。② 这仅是官方统计的数字，自生自灭没有统计的不知又有多少。

第四，举行抗疟运动。粤北疟疾流行甚烈，一般贫苦民众及公务员患病后无力就医，以致死亡率日高。省卫生处每年均有请求中央卫生署拨发抗疟药品，兼分发所属医疗机关及卫生院，免费诊治，并在省卫生处成立抗疟研究室。韶关小黄岗被指定为研究区域，发现疟蚊5种（内2种为省内以前未经发现）；后因卫生处疏散到连县、平远，均就地研究，并编印《广东抗疟》刊物。1944年12月，省赈济会配发奎宁丸50万粒救济各县疟疾贫民。③

---

① 广东省政府编译室编：《战时粤政》，政绩交代比较表（上），33~38页，广东省政府编译室1945年印。
② 冼维逊编著：《鼠疫流行史》，广东省卫生防疫站，1988年。
③ 广东省政府编译室编：《战时粤政》，政绩交代比较表（上），33~38页，广东省政府编译室1945年印。

第五,举办疫情报告。中央卫生署规定法定传染病症为鼠疫、霍乱、天花等9种,1941年增加疟疾及回归热。针对疫情,用最迅速方法依法报告至省卫生处以便设法扑灭及防止蔓延。实施以来,用密电传报迅速。据报疫苗者1940年为9 664人,1941年为17 899人,1942年为79 128人,1943年为12 913人,1944年为2 783人,1945年上半年为5 713人。

第六,分发疫苗。省卫生处试验工作,除一部分制成药及化验工作外,多侧重于疫苗之制造,并拨定专款在邻省及中央分头购买疫苗,分发各县卫生院应用。其中有大量的天花、霍乱、伤寒、鼠疫、脑膜炎、白喉等疫苗。[①]

第七,保健活动。由于婴儿产妇死亡率几乎占20%,省卫生处于1941年8月拟就各县妇婴卫生计划意见书,准备在各行政区设妇婴卫生实验室,各乡镇卫生所配备助产士;接着,举办了妇婴卫生助理员训练班。[②] 妇婴卫生工作,逐年均有进展,除卫生处颁发妇婴卫生实施方案,饬各县卫生院切实推行外,省府于1939年首设曲江妇婴卫生实验室1所,1940年增设高要等妇婴室3所,1942年增设始兴、连山、乳源等6所(后于1944年裁并,由当地卫生院继续办理),由中心妇婴卫生事务所督导指挥。办理以来,颇受当地人士称许。[③]

[①][③] 广东省政府编译室编:《战时粤政》,政绩交代比较表(上),33~38页,广东省政府编译室1945年印。

[②] 第七战区长官司令部编纂委员会编:《广东政治》,第1卷,第1~2期,1941年2月。

4. 其他事务。

学校卫生工作。省府曾编有《学校卫生实施方案》，通饬各卫生院办理，并在曲江择实验区学校施行，但各卫生院以人员不足及战时环境多未注意办理。历年来以1942年曲江等43县报告办理较佳，共管理学校444间，学生81 555人，健康检查78 172人，缺点诊治人数20 835人。[①]

开展卫生宣传。省府对卫生教育工作侧重于普遍及简明之文字及图画宣传，以便深入民间，以收广效。历年来发出防疫宣传画8 000份，《广东抗疟》小丛书1 500套（每套8小册），《广东抗疟》第1期500本，《防毒常识》1 000本，《战时营养食谱》1 500册。[②]

环境卫生工作。对公厕、水井沟渠等之改良与兴筑，省府除通饬各县卫生院切实督导办理外，在曲江等县份派出人员协助。唯本省属战地省份，因受时局影响，未甚见效。省卫生处积极要求实施环境卫生，并划定龙川、高要、茂名、连县为示范县，曲江为城市示范区，黄岗、西厢两乡为乡村示范区，取得一些效果。[③]

对医务员和医药的管理。1939年，开始举办战时卫生人员登记，其中合格医师202人，护士163人，助产士248人，牙医师1人，镶牙生（相当现在的初级牙医）25人，药师1人，药剂生（相当现在的药剂士）9人。先后订颁各种开业管理规则或注册章程。至1945年7月，共发出医师

---

①② 广东省政府编译室编：《战时粤政》，政绩交代比较表（上），33～38页，广东省政府编译室1945年印。

③ 《广东省政府公报》，第712期，1941年。

开业执照245张，护士1张，助产士45张，药剂士1张，牙科生38张，中医553张。关于医事人员管理，各县尚能悉力执行。①

办理中医领证。此事前由省府委托广州市卫生局办理。自省卫生处成立后，共发中医证书965张。自医师法颁布中医师条例废止后，本省由1944年元旦起，中医证书由中央核发，经分饬各县卫生院公布周知。②

对卫生人员进行培养训练。先是选送卫生人员赴中央受训。1939年间选送工程师、护士、助产士、卫生稽查等43名赴贵阳、重庆受训，至1940年7月返粤，分发卫生处及所属机关服务，推动业务，成效显著。原定继续选送，后因由本省自行训练，故遂中止。卫生干部人员后在本省训练，由本省地方行政干部训练团办理。有关人员于1941年4月调训，及招考护士助产士1班，卫生稽查1班，于1942年元月结业。旋设有本省公共人员训练所，共已训练学员3届（每届3～6个月），每届均设有护士班、助产士班及卫生稽查班各1班。1942年办理省立高级护士助产士学校，招收两届学生各1个班。③

对药商及成药的管理。省卫生处依照中央管理药商规则及修正管理成药规则，颁布有《广东省管理药商规则》和《修正管理成药规则》，通饬各县经常加强管理；④ 而成药之

---

① ② ③　广东省政府编译室编：《战时粤政》，政绩交代比较表（上），33～38页，广东省政府编译室1945年印。

④　第七战区长官司令部编纂委员会编：《广东政治》，第2卷，第2期，1942年。

化验,照规定,概呈中央化验。① 粤卫生试验所又制造大宗药品供应急需。②

太平洋战争爆发、香港沦陷后,广东的卫生防疫工作更为困难。港澳同胞成立"港澳归国侨民(按:实为同胞)救护医疗防疫大队"两队,分赴惠州、三埠等地工作,救护同胞。港澳与内地的联系被砍断后,药物、医疗器材等输入十分困难,内地药价飞涨,市面上假药及走私货充斥。为维护民众的健康,省卫生处拟订《非常时期卫生器材及药品统制管理暂行办法》,由省府通饬施行,打击不法分子。③ 许多药品要由中央拨给,但供给全省极为缺乏,幸统筹分配,另购制多量疫苗,故数年来尚可勉强维持。④

总的来说,在战时人力、物力、财力十分困难的条件下,广东的卫生行政工作人员和医务、医药从业人员为了抗日救亡,救死扶伤,发扬人道主义精神,尽了很大的努力,做出了贡献。但由于当时历史条件的限制,其作用未能充分发挥出来。

在中共广东组织领导的地区的广大医务和医药工作者,在抗战时期的卫生防疫、救死扶伤,发扬革命的人道主义等方面也做了大量的工作。

---

① 《中山日报》,1941 年 1 月 26 日。
② 《中山日报》,1941 年 5 月 11 日。
③ 第七战区长官司令部编纂委员会编:《广东政治》,第 2 卷,第 2 期,1942 年。
④ 广东省政府编译室编:《战时粤政》,政绩交代比较表,(上),33~38 页,广东省政府编译室 1945 年印。

七、战时的广东兵役

（一）有关机构的变迁

国民政府早于1933年6月17日公布《兵役法》，并命令自1936年3月1日起施行，兵役制度始告确定。广东省于1937年抗战军兴后，兵员补充紧急，开始征兵。1937年6月15日成立广东师管区筹备处，由胡朝俊任处长。11月，成立粤海、潮惠、岭南、高钦、琼崖5个师管区，各师区之下设3至4个团管区（县级）。11月16日，省主席吴铁城就任全省征兵监督。①广东兵役研究会于12月1日成立。②1938年1月3日，省奉令组织军管区司令部办理兵役。③1月中旬，广东军管区司令由国民党中央委员、省主席吴铁城兼充。省军管区司令部办理全省兵役及动员事宜。

1938年，全省划分为5个师管区，19个团管区，每团管区配属1个后补营，厉行征兵。军管区亦于是年5月1日成立。余汉谋、吴铁城就正、副司令职④，于6月20日举行宣誓典礼。⑤ 5月3—9日，广州举行雪耻及兵役扩大宣传周，在《中山日报》出专刊。⑥ 9日，广州各界举行雪耻大

---

① ② 《越华报》，1937年11月18日、19日。
③ 《越华报》，1938年1月16日。转引自广东省立中山图书馆编纂：《民国广东大事记》，575页，羊城晚报出版社2002年。
④ 《越华报》，1938年5月3日。
⑤ 《国华报》，1938年6月24日。
⑥ 广东省立中山图书馆编纂：《民国广东大事记》，588页、603页，羊城晚报出版社2002年。

会。吴铁城阐述雪耻及兵役意义。各县也举行雪耻兵役宣传。① 5月下旬,省军管区司令部拟加倍征壮丁训练。② 随后,广东国民军训处成立,准备举行军训运动宣传周。③ 8月3日,省府令各县厉行征兵。④ 9月上旬,粤军管区厉行征调兵役,制定县长办公役惩奖办法。⑤ 9月28日,省政府令各县市兵役股改为兵役科。⑥ 1939年2月7日,新上任的省主席李汉魂电转饬党政机关人员应率先送子弟参加兵役,李的3个儿子先后参军。3月16日,李汉魂接任广东军管区司令。⑦ 11月,奉命成立各县国民兵团,施行国民兵役,办理国民兵之组织管理与教育。国民兵之组织,分为地区编组[编为区乡(镇)保队甲班,为平时管理召集服役之用]。及年次编组(分编19岁至45岁各年队,为集合训练及征调服役之用)。国民兵团之下设常备队(为备兵源补充之用)、自卫队(为备地方警卫之用)、备役干部会(登记高中以上学生军事教育期满经考试合资格者),并于区队之下设后备队(为国民兵集合训练之所)、预备队(为应地方服役之用)。同月,组训团队业务,拨归军区办理,乃扩大组织成立各县国民兵团,并成立军区政治部,由军区派督导员到国民兵团设政训室,办理军训及妇女、少年组训任务。1940年

---

① 《中山日报》,1938年5月10日。
② 《越华报》,1938年5月3日、27日。
③④ 《中山日报》,1938年8月4日,9月10日。
⑤⑥ 广东省立中山图书馆编纂:《民国广东大事记》,588页、603页,羊城晚报出版社2002年。
⑦ 《广东省政府公报》,第416~440期合刊,1939年6月1日。

4月上旬，粤兵役协会改组成立，推定13名干事。① 1940年为求征补训合一起见，裁去各师区补充团，划定各军征区，由配属军派队接办，并派员兼任团区副司令。同年，曾应第一次粤北会战后补充兵员的急需，令各师区成立志愿兵团，招募志愿兵拨补各部队。1940年8月1—12日，广东省民国三十年（1941）度行政会议和第二次兵役会议同时在韶关举行。会议通过了兵役提案50多件。会后改组了兵役机关，撤销各县团管区，以每250万人口为度设1个师管区，师管区设征兵事务所。② 1941年，政治部结束，所管妇女及少年组训业务，先后划出，军训业务由军区编练处接办。同年春，为争取游击区壮丁，奉准成立北江募兵所，从事招募，后于是年10月底裁撤。1941年10月，为加强征补合一制度，将全省改划为10个师区，裁撤团区，以配属军副军长或资深师长兼任区司令，一直未变。1943年8月11—19日，广东省民国三十二年（1943）度行政会议和第三次兵役会议同时在韶关召开。会议决定明年以兵役、粮政为中心工作。③

（二）征兵程序与征拨概况

每年4—6月举行身家调查，同时处理免缓申请，7—9月举行体格检查，10月举行抽签，按签征集入营。至1944年，奉令实施年次征集（即按出生年次征集），壮丁质素因而提高，抗战力量随之增强。

至于征拨概况，本省配赋兵额，1937年、1938年、1939

---

① 《中山日报》，1940年4月11日。
②③ 广东省立中山图书馆编纂：《民国广东大事记》，672~673页、721页，羊城晚报出版社2002年。

年未有一定标准,仅因需要随案配征,1939年例额奉核定为15.6万名,征起数(即征实数152 712名)达97.89%(占年征额156 600名的97.52%)。

前任省主席兼军管区司令吴铁城自1938年5月起至1939年3月止,任期为11个月,奉配兵额226 458名,实征交121 455名,总核征交配额53%。李汉魂省主席兼军管区司令自1939年3月起至1945年8月止,任期6年又6个月,奉配兵额910 595名,实征交达720 503名,总核征交配额79%。详见下表。

广东历年征兵概况表①

单位:人

年度	年征额	奉配额	征实数	停征数	欠拨数	年实征百分比/%
1939(3月至年底)	156 000	204 342	152 712	51 630		97.89
1940	144 000	163 616	125 904	37 712		87.43
1941	144 000	169 739	109 909	59 700		76.29
1942	126 000	146 522	126 913		19 609	100.80
1943	119 700	118 317	104 404	5 265	8 648	87.22
1944	119 700	124 709	107 904	6 750	10 055	90.09
1945	116 000	30 302	27 235	2 370		

另有一说,从1937年7月7日至1945年8月15日止,八年抗战,广东共征兵925 874人,仅次于四川、河南、湖南,居

---

① 据此表计算,1939—1945年的实征数为754 981人,加上1938年5月—1939年3月的实征数121 455人,共为876 436人,与下述总实征数925 874人,相差49 438人。两者孰为可信待查。

第四位。抗战中,广东伤亡官兵70余万人。①

(三) 优待出征军人家属

本省1939年秋奉颁优待出征军人家属条例,各县乡镇普遍设置优待委员会,限1940年6月1日一律成立。据报组成县(市、局)优待会609个,乡(镇)优待会200个。琼崖师管区所属各县未呈报。自1941年至1944年底4年间,共筹集优待金22 821 274元,优待谷5 599余石,发放优待金29 749 130元,谷5 599石余,受惠人数459 814人(据1945年上半年优待金之筹发统计)。详见下表。

各县历年筹发优待金、谷数量表

| 年度 | 筹集数量 | | 发放优待 | 结存谷 | 结存金 | 受惠 | 备考 |
	金/元	谷/石	金/元	/石	/元	人数/人	
1941	1 525 010	3 778.84	1 071 807	3 773.84	453 203	98 250	57县局
1942	6 033 973	1 820.48	5 179 079	1 820.48	854 892	104 842	
1943	7 225 098		6 193 668	103 143	126 064		
1944	8 037 149		7 304 576		732 618	130 658	51县局

自1941年至1944年4年间,共筹发安家费298 232 000元,受惠壮丁161 119人(1945年上半年安家费之筹发未及统计)。

1943年由军管区发动在连县市和乡筹设征属子弟学校,收容征属学童200余名,其余各县因无此款均未创办,准当地中心学校尽量收容征属子弟免费入学。

---

① 广东省立中山图书馆编纂:《民国广东大事记》,768页,羊城晚报出版社2002年。

（四）国民兵组训与学校军训

1940年广东始办国民兵年次编组。1944年度据报共有区队167个，乡镇队2 760个，保安队31 712个，甲班353 589个。至于训练方面，壮丁每期训练两周后，即回原业，并于每月间以中队为单位，举行点阅一次；乡镇队普训者，由乡镇队附负责，专以召集年满19岁至35岁未训壮丁混合编成之，每年训练4期，每期2个月，以完成148小时。按期定每年举行国民兵运动会，及总点阅等。历年已训国民兵共162万余名。

各县国民兵团自1939年11月成立后，即将各县原有之自卫团集结队改编为国民兵团自卫队，各县原有之自卫团、普训队，改编为国民兵团预备队。截至1945年8月份止，全省各县自卫队共35个大队，183个中队，6个独立分队。本省为加强地方抗卫力量，于1940年11月成立连阳自卫队总队，以警卫省府生存根据地连县、连山、阳山等县。1941年6月，成立饶澄自卫总队，协同正规军警备潮汕前线。1944年8月，湘粤战事紧张，先后成立连阳自卫队3个大队，及罗信、连和、龙河、平蕉、韶兴等5个自卫大队，分驻各地，以维治安。1945年1月，省府、军区迁驻龙川，又因应需要，将连和、龙河、平蕉、韶兴等自卫大队分编为龙和自卫总队及军区特务大队，以资警卫。同年5月，更将连阳3个自卫大队，编并为2个自卫大队。1943年9月，全省成立后备队140个队，唯因财粮缺乏，复于1944年6月份起裁并为60个队。

1944年12月，省府、军区及省保安司令部会订本省加强地方团队组训方案颁行,规定各县后备队额为95个大队,448个中队,所有大、中队队部长官,经常设置,平时酌量集结轮训,战时全数集结守土。至1945年6月份止,全省各县集结16个大队,78个中队,并成立指挥所19个,准备有事时指挥作战。

为抗战需要,广东当局也对大中学校学生实施军训:高中以上及同等学校施行军训者,自1939年起至1943年止,由82间渐增至118间,管理教育都照颁布规定办理。1944年冬,专科以上校院,奉令停止军训,计11间;仍施训者实为107间。男生受军事训练,女生受军护训练,无军护教官者,同受军事训练。1939—1944年已训男生127 083人,女生14 545人。

(五)兵役的腐败现象

在抗战中后期,兵役制度出现了腐败现象,主要表现在:办理役政人员舞弊,壮丁公开买卖顶替,"于是有钱有势者,均可逍遥法外,不服兵役,而一般穷苦民众,则有'三不平'(按:即不平等、不平均、不平允)之感"。接收机关对应征壮丁则视之如囚犯。入伍壮丁行动不便,吃不饱,住不好,缺乏医药卫生。于是"壮者趁机潜逃,弱者困于疾病,能到达部队的,数量最多是十分之八,少则十分之五六"。① 1939年6月1日,国民党中央致函行政院称,国民党中央委员邓青阳视察广东区党务报告指出:"各县办理兵役多有不根据壮丁名册抽签,而以乡村人口摊派名额。

---

① 庞济:《建军中改进兵役之商榷》,载《阵中文汇》,第3卷,第1、2期合刊,1942年。

姑无论其抽签或摊派，其以钱买人替代者居60%以上，且其抽签亦非公平，常有乡长从中渔利及强族欺压弱族之弊。"①

总之，抗战时期广东的兵役工作和优抚工作均取得一定的成绩，为抗战胜利做出了一定的贡献。但兵役和优抚工作仍存在不少问题。如征兵任务未能百分之百完成，有逃避兵役的舞弊现象。

正如著名经济学家马寅初当时指出的那样："在前线拼命的，都是下层阶级，有钱的人抽到当壮丁，也可以出钱买一个人去顶替。在后方出钱的，又是一般中层阶级，总起来说，我们抗战，中等人出钱，下等人出力。至于有钱的上等人呢？既未出钱，又未出力，反而发了国难财。""国民政府吏治腐败，不能真正落实'有钱出钱，有力出力'的抗战最高原则。在八年抗战中，做出贡献最大、承担牺牲最重的都是中下层民众。"②优抚工作则由于国力贫弱和出现贪污舞弊现象而做得很差。国民兵组织训练很不够，在一般地区的作用不大，有些地方的国民兵还被利用来反共反人民，镇压人民的抗日活动。③

---

① 广东省立中山图书馆编纂：《民国广东大事记》，624页，羊城晚报出版社2002年。

② 马寅初：《我们要发国难财的人拿出钱来收回膨胀的纸币》，见《马寅初全集》，第Ⅱ卷，201页，浙江人民出版社1999年。

③ 本目除注明者外，其余资料均转引自广东省政府编译室编：《战时粤政》，26~28页、127~129页，广东省政府编译室1945年印。

八、战时的广东赈济

(一) 难民救济会广东省分会成立

早在1937年10月29日,广东省政府令派吴铁城、邹洪分任非常时期难民救济委员会广东省分会正、副主任。11月14日,难民救济会广东省分会成立。广东省战时振济①事业之兴办,始于1937年12月。其时由省主席兼民政厅厅长吴铁城依照非常时期救济难民战乱时期办法大纲,联合各机关团体组设该分会于广州,在各县、市成立支会,分别主理其事。然而此时广东省尚未沦为战区,故工作仅限于津、沪回籍难民之收容救济及空袭赈恤与沿海遭敌蹂躏渔民之抚恤而已。至于其组织机构,并兼任人员居多,尚未健全。至1938年6月10日,救济会两次共拨付10万元赈济广州灾民。②

(二) 广东省赈济会成立及其重要活动

日军入侵广州以后,凡日军所至,无不庐舍毁损,人民离散,哀鸿遍地,临时急赈收容,实属刻不容缓,而妇孺之抢救教养及难民永久生计之解决,尤为迫切。李汉魂于1939年元旦接掌省政后,即于1月4日在连县举行省府第九届委

---

① "赈"与"振"本同音而相通,常混用。抗战时期,李汉魂把通常的"赈济"改称为"振济",除原意救济之外,还有振奋精神,不仅要消极之救亡扶伤,尤需要积极之生聚教训之意。

② 广东省立中山图书馆编纂:《民国广东大事记》,591页,羊城晚报出版社2002年。

员会首次省务会议，决定以赈济难民为重要省政之一，并确切提示：战时赈济工作，不只要消极之救亡扶伤，尤需要积极之生聚教训。会议并决议通过战时救济事业纲要。[①] 1939年2月1日，将前非常时期难民救济委员会广东省分会改组为广东省赈济会[②]，即计划推进业务。省政府按月拨省济会经费，任用专任人员，健全组织机构，增强工作效能。同时另由省政府按月酌拨经费，在各行政区设置赈济区，以为省县间之中层监督指导机构。各县市局赈济会，亦一律遵照组织规程改组成立，构成本省赈济组织网。此外，各县复有输送站、收容所之设。全省共有输送站322站，收容所313所。为抢救各地难民，又设立救济队（内附医疗队）；为训练各地难童，又设立儿童教养院；为训练青年难民，又设立技工养成所；为训练妇女难民，又设立妇女生产工作团；而院团所之下为谋难民生活出路，又设立工厂、农场等。于是本省赈济事业由救死扶伤进而达到生聚教训之目的，消极（切实办理收容抢救赈恤等）与积极（办儿童教养院、妇女生产工作团、技工养成所及各工厂各垦区等）同时并举，成效颇著。

3月11日，省府公布广东省各县市赈济会规程。5月6日，省府公布广东省各县市局散赈办法。6月15日，省府令发非常时期难民移民条例。7月1日，省府公布施行广东省赈济会设置难民救济区办法。5日，省府派顾翊群为救灾准备金保管委员会主任委员，丘誉、吴鼎新等为常委。

---

① 《广东省政府公报》，第416～440期合刊，1939年。
② 广东省立中山图书馆编纂：《民国广东大事记》，617页，羊城晚报出版社2002年。

广东省赈济会设主任委员1人,由省主席兼任,常委5人,由委员互推,委员由省府聘任,无定额。下设秘书室、救济总队(总队长陈汝棠)。秘书室下设总务、财务、筹募、救济、查核、生产、会计、视导等组室。救济总队下辖各救济分队和各医疗队。

省赈济会的经费主要来源是中央拨款、省府拨款和港澳与华侨捐款。1939年2月至3月,省政府按月拨发3 000元;4月至9月,增拨至每月4 000元;10月至1940年2月,增拨至4 400元,3月以后增拨至8 000元。

救济总队部及各分队每月经常费共15 357元,由省库拨发。医疗队每月经常费355元,由省赈济会在赈款项下拨发。见下表。

广东省赈济会3年来赈济款来源比较表

单位:元

项目	合计	1939年	1940年	1941年
五年总计	12 070 503.49	1 403 029.21	4 432 437.41	6 235 036.87
中央拨款	2 010 199.56	492 486.09	1 279 249.60	238 463.87
省府拨款	527 043.25	72.24	166 971.01	360 000.00
国内机关团体私人捐款	98 076.53	381.05	41 545.43	56 150.05
港澳与华侨捐款	8 349 680.62	910 089.83	1 944 671.37	5 494 919.42
其他收入	90 503.53	90 503.53		

广东省赈济会3年来赈款支出分项比较表

单位：元

项别	总计	1939年	1940年	1941年
急赈费	9 043 607.41	1 286 390.21	2 801 258.39	4 955 958.81
拨发各区县散赈费	2 599 294.18	893 798.53	1 209 920.25	495 595.40
收容及给养费	184 709.92	53 339.47	35 282.14	96 088.31
医药费	153 522.02	3 103.99	106 314.39	44 103.64
指捐救济伤兵难民费	277 756.35	29 063.55	40 581.50	208 111.30
平粜费	190 812.14	80 072.24	110 739.90	
训练费	2 063 112.47	46 754.35	905 133.16	1 111 224.96
生产事业费	1 194 470.46	10 335.00	287 435.93	896 699.53
运费	80 668.60	9 701.24	9 523.13	61 444.23
电汇费	13 719.36	12 965.01	469.60	284.75
其他支出	2 121 763.16	132 257.33	84 077.39	1 905 428.44

此外，省赈济会在发放赈济品、医治伤病、举办平粜、灾害急赈、空袭赈恤、战役抚济等方面做了不少工作。

对港澳湾（按：湾即广州湾，当时为法国殖民地）同胞，1940年夏内迁安置3 000余人。1941年末太平洋战事起，香港同胞、南洋难侨纷纷回国，共安置99万余人，先后拨发救济款共30余万元，安置各地归侨和港澳湾同胞5 300余人，受特别救济者1 742人。

本省曾请由中央赈济委员会设立儿童教养院7个院及实

验、培德2间小学校，从中选入力行中学者850名、江村师范学校500名，北江农工职业学校960名，共收养之儿童不下13万人。1940年7月14日，中央赈济会嘉奖广东儿童教养院，给予院长吴菊芳考成奖状。①

总的来说，抗战以来，广东做了大量的赈济工作，取得了较大的成绩，对减少战祸和自然灾害所造成的损失，团结人民，教养生聚，坚持持久抗战起了良好的作用。1941年2月26日，中央赈济委员会副委员长屈映光视察广东省赈济会时指出，该会成绩列冠西南各省。② 因此该会受到中央多次好评和嘉奖。但由于当时综合国力甚弱，国弱民穷，广大人民群众的力量也没有充分地调动起来，经济承担的能力很小，其效果受到极大的限制，全省受惠人数所占的比例和数量仍很少。

---

① 广东省立中山图书馆编纂：《民国广东大事记》，650页，羊城晚报出版社2002年。详见吴菊芳编著：《广东省儿童教养院院史稿》，香港云艺美术熨金印制公司，1985年。
② 《广东省政府公报》，第696期，1941年3月1日。

第二编 解放战争时期的广东

第 一 章

国民党在广东统治的恢复

抗战期间,广东省会——广州市沦陷,省政府迁往粤北山区曲江县(今韶关市)。抗战胜利后,国民党广东省政府迁回广州,恢复和重建各级军政机构,恢复对广东的统治。在两年多的时间里,以张发奎、罗卓英为首的军政当局,在"建设三民主义的新广东"的旗号下,遵照国民党最高当局的旨意,一面接受日本军队的投降,接收日伪财产,惩治汉奸,编遣伪军,救济和安置灾民,遣送难侨等善后工作;一面对中共领导的抗日武装和各种进步势力进行"围剿"和镇压,以便恢复和巩固其对广东的统治。在这过程中,国民党当局的反动、贪婪、腐朽、无能的本性暴露无遗。

第一节 张发奎、罗卓英还治广东

抗日战争中,广东大部分土地沦为日本侵略者统治的重灾区。日本投降后,以张发奎、罗卓英为首的国民党广东军政首脑人物回到广州,重新建立起党、政、军、民等四大机构。

一、抗日战争胜利后的广东

唐宋以来,广东素称"经济繁荣之邦",经济、文化、教育、对外贸易和交通等各项事业的发展水平,仅次于江苏、浙江。但在八年抗战中,广东大部分土地沦陷于日本侵略者的铁蹄之下,饱受战乱摧残,民生凋敝,满目疮痍。据统计,当时全省共划分为101个县市,其中全部沦陷的有4个市16个县,即以广州为中心、位处珠江三角洲腹地的中山、顺德、南海、番禺、东莞、花县、三水等县市,以广州湾(今湛江市)为中心的徐闻、遂溪、海康等县市,以及矿产资源丰富的海南岛的一些县市,如海口市和临高、万宁、陵水、崖县、昌江、感恩等县市,还有汕头市;部分或大部分沦陷的有新会、台山、开平、恩平、鹤山、高明、高要、云浮、郁南、封川、开建、广宁、四会、清远、英德、曲江、乐昌、始兴、南雄、翁源、佛冈、从化、增城、博罗、惠阳、海丰、陆丰、惠东、普宁、揭阳、潮阳、澄海、潮安,以及海南岛的文昌、琼山、琼东、乐会、定安、澄迈、儋县、白沙、乐东、保亭等43县;县境保持完整、未遭日军蹂躏的仅有大埔、梅县、蕉岭、平远、兴宁、五华、龙川、连山、阳山等9个经济较为落后的山区县;其余33个县,县域虽未沦陷,但也经常遭到日军的袭击和骚扰,终日不得安宁。

由于战火摧残，日军烧杀抢掠，人民生命财产遭受惨重损失。据统计，战前广东人口约有3 500万人。战后3个月，即1946年12月广东省户籍调查统计，全省人口仅有3 080万人，较战前减少400多万人。① 不言而喻，造成广东人口锐减的直接原因是战乱。也就是说，在抗日战争期间，大批无辜平民被侵略军野蛮杀害，或因战乱，家园被毁，被迫背井离乡，流离失所，死于疾病和饥饿。据善后救济总署广东分署报告，战前全省公私房屋共4 350 000间，在战争中，被毁252 000间。"许多村庄已变成一片废墟，饥馑与疾病在全省九十七个县到处横行"②。"地处珠江三角洲的台山、顺德等县，仅有一半有奇之居民幸获生存，千百万村庄被战火焚毁殆尽。如海南岛，战前约有人口250万人，战争中至少有50万人被屠杀，或因饥馑疾病而渐渐走向死亡之路。"③

战争也使全省的工农业生产遭受严重破坏。据调查，各类工厂在战时被破坏，战后又因机件、原料和资金匮乏，多陷于停产状态。各种矿山也是如此。农业生产因堤围年久失修，稻田和坡地被弃置而成荒地者各为300万亩。战前，广东盛产柑橘，因战乱损失约6万市亩，有2/3的树苗被砍伐，使70余万以种果为生的农民丧失了生计。闻名中外的

---

① 《中山日报》，1946年12月11日。另，据当时的民政厅厅长李扬敬在训练团的报告为29 728 716人，其中男15 814 645人，女13 914 071人。见《新广东展望》，第二十三期，12页。

②③ 行政院善后救济总署广东分署编印：《善后救济总署广东分署九个月来工作概况》（1945年10月至1946年7月），1页，广东省立中山图书馆地方文献部藏。

岭南佳果香蕉，损失约6万市亩。蚕桑业几乎完全破产。公共林场大量被毁，损失惨重。农民赖以种地的耕牛，损失约15万头。

战前，全省公路战争中大部分被破坏，桥梁损毁尤甚。广东连接内地的交通大动脉——粤汉铁路，也遭到严重毁坏；经过抢修，虽已通车，但运输能力大大下降。连接香港的港九铁路等待修理，方可通车。

广东的渔业生产，向来比较发达，渔民多达80万人，拥有各类渔船35 000多艘，但在战争中，渔船大部分遭到破坏，渔民无法出海打鱼。剩下的渔船，也因损坏，不堪使用，致使比较发达的广东渔业生产，几乎摧残殆尽。渔产损失达330余万担。

上述情况说明，经过8年战乱，广东的国民经济生活和经济组织，几乎到了"麻痹之状态"[①]。

战乱期间，千百万人民因生计无着，不得不拖儿带女，背井离乡，四处流浪。日本投降后，人们纷纷返回家园，但面对的是房屋被毁，土地荒芜，商店关门，工厂倒闭，生计无着的局面，成了亟须救济的难民。当时全省难民有多少，未见有精确的统计数字。据善后救济总署广东分署的统计，从1945年10月分署成立至1946年7月底，仅广州市接受施粥、豆浆等营养救济的饥民便达457万多人。此外，派驻各地的工作队，如曲江、高要、海口、惠阳、汕头、台山等县

---

① 以上材料均见行政院善后救济总署广东分署编印：《善后救济总署广东分署九个月来工作概况》（1945年10月至1946年7月），1~2页，广东省立中山图书馆地方文献部藏。

市进行施舍救济活动，受救济者也有 30 多万人。据统计，广州、惠阳、博罗、曲江、肇庆等地设立的暂宿处、病丐所、教养所等收容机构，先后收容难民 141 335 人。还有种种原因未进收容所者，未统计在内。①

1946 年 1 月，国民政府行政院院长宋子文受蒋介石的委派前来广东视察。在欢迎宋子文的集会上，国民党广东省党部主任委员余俊贤在讲话中对当时广东的情况做过如下描述："抗战胜利了，但由于破坏，民众无法安居乐业；房屋破坏了，无钱可建，农具被毁，无钱添置，做生意的没本钱，做工的无工可做，教员无书可教，学生无书可读，这种困难，广东无力解决，要求中央帮助。"② 宋子文在致答词中说：在广州市内看到"地方破坏，市面萧条，民生困苦的情形，远超过尚未到达以前的想象"③。

人民由于找不到职业，无法维生，大批沦为乞丐；有的被迫铤而走险，靠偷窃度日；甚至成群结队上山为匪，打家劫舍，抢掠和勒索行人……凡此种种，致使这个时期广东社会秩序混乱不堪，盗匪成群，杀人越货，人民的生命财产得不到任何保障。

总而言之，经过日本侵略者的蹂躏，本来较为富庶的广东，已变得面目全非，城乡残破，百业萧条，人民饥饿，豺狼当道。怎样把一个饱受战乱危害的广东重新引上复兴之

---

① 行政院善后救济总署广东分署编印：《善后救济总署广东分署九个月来工作概况》（1945 年 10 月至 1946 年 7 月），3 页，广东省立中山图书馆地方文献部藏。

②③ 《中山日报》，1946 年 1 月 25 日。

路？这是对国民党广东当局执政能力的严峻考验！

二、广东军政领导机构的重建

抗战胜利后，负责接管和治理广东的主要领导机构是国民政府军事委员会委员长广州行营和广东省政府。前者主管军事，后者主管行政。现将它们重建的经过和任务分述如下。

（一）国民政府军事委员会委员长广州行营的建立和演变

广州行营是由第二方面军司令部改组而成的。1945年3月，第四战区改编为第二方面军，隶属陆军总司令部，司令官张发奎，副司令官夏威、邓龙光，参谋长吴石（后为甘丽初）。司令部驻广西百色。归其统领和指挥的部队有：第四十六、第六十二、第六十四、第五十四、第八军和新一军等6个正规军，还有粤桂南区总指挥部、高雷守备区和补给司令部。1945年8月15日，日本宣布投降，张发奎被国民党最高当局指派为广州地区司令长官，负责接受广州、雷州半岛、海南岛日军的投降。司令部也由广西移驻广州。1946年2月，第二方面军司令部奉令改编为军事委员会委员长广州行营，隶属中央军事委员会。行营主任张发奎，副主任邓龙光、徐景唐，参谋长甘丽初。

张发奎（1896—1980），字向华。广东始兴人。1912年考入广东陆军小学，并参加中国同盟会。同年，参加讨袁运动。1921年，任孙中山大本营警卫团营长。1923年，任粤军第一师独立团团长。1925年，先后参加东征讨伐陈炯明和南征讨伐邓本殷战争，任国民革命军第四军独立旅旅长，后升任第十二师师长。1926年，参加北伐。1927年，被武汉政府任命为第二方面军总指挥。"四一二"事变后，支持武汉政府东征讨蒋。汪精卫武汉"分共"后，率第二方面军余部回广州，打出"拥汪护党"的旗号与南京国民政府对峙。其后，又与李济深、黄绍竑等人公开进行反蒋活动。失败后，退居香港。抗日战争期间，先后担任国民党第八集团军总司令，第九战区第二兵团总司令，第四战区司令长官，第二方面军司令长官等职，先后参与指挥淞沪战役、武汉外围战、桂南战役。

广州行营下设秘书长官、高参室，以及参谋、军务、交通、总务、经理、民事、军法、军医等8个处和人事、电信监察2个科，还设有政治部。行营的任务是"绥靖"，主要是镇压中共领导的人民武装，维护国民党政权的统治秩序。1946年10月1日，行营奉国民党最高当局电令，改称"国民政府主席行辕"，其组织和职权"照旧"或"较前扩大"。

（二）广东省政府的改组

1945年8月13日，国民政府决定改组广东省政府，行政院任命罗卓英为广东省政府主席，组织第十届广东省政府。

罗卓英（1896—1961），字尤青，号慈威，广东大埔人。早年入保定军官学校学习。毕业后回大埔中学任教员，后升任校长。1924年，任国民革命军第一师炮兵连长，参加东征、北伐，迭升军团长、师长、军长。1931年率部参与围攻江西中央苏区。抗日战争时期，任武汉警备司令、第十九集团军总司令、第九战区副司令长官、前敌总司令等职，在上海、南京、江西等地抗击日军。1942年春，任中国远征军第一路军司令长官，率军入缅甸抗击日军。同年6月，率该路远征军主动撤回国境后，转赴印度蓝伽主持远征军训练。1943年，任军事委员会军令部次长、训练总监。1944年，任青年军总监。1945年，在国民党"六大"当选为中国国民党中央执行委员。

第十届广东省政府的其他成员是：委员兼民政厅长李扬敬，委员兼财政厅长杜梅和，委员兼教育厅长姚宝猷，委员兼建设厅长鲍国宝（因久未到职，后由谢文龙接任），委员兼秘书长罗为雄，委员肖次尹、蔡劲军、罗香林、黄文山、陈绍贤、黄范一、詹朝阳，共13人。①

改组命令公布时，省府主席罗卓英和其他主要成员尚在重庆，乃电令秘书长罗为雄为代表在广东平远大柘接受省府印鉴，开始视事，策划复员工作。罗为雄遵令着手组织广东省政府还治委员会，办理省政府回迁广州事宜。

9月13日，广东省政府职员首批400人，由罗为雄率领从平远启程，于9月21日晚抵达广州；其余分散各地的职员也陆续归来，于10月中旬全部抵达广州，归还建制。罗卓英暨李扬敬、杜梅和、姚宝猷、肖次尹、罗香林、黄文山、黄范一、詹朝阳等也分别于9月17、19两日乘专机抵粤，部署省政，接收伪政府，策划复员，下令机关职员开始

---

① 《国民政府广东省政府公报》，还治复刊第一号，广东省立中山图书馆地方文献部藏。

办公。罗卓英兼管的广东省保安司令部和军管区司令部也同时开展工作。①

9月9日，罗卓英发表《告广东全省同胞书》，表示广东省政府将遵照国家元首蒋委员长"与民生息"的指示，以"复员还业"、"政风政本"、"民生建设"3项作为施政中心。

9月20日，罗卓英向全省官民发表广播讲话，宣布全省当前急需办理3件大事：一是协助办理军事善后；二是维持交通治安；三是赶办救济抚辑。他要求，在最近2个月内，"务使久受战祸的同胞，早日脱出水深火热的境地"，"使饥者均可得食，寒者均可得衣，病残老弱均可得治疗扶养，荒废的田园庐舍均可得修理整顿，失业的青年和农工商各业人民都有机会就业"②。

10月22日上午9时，广东省政府主席罗卓英暨第十届省府委员李扬敬、杜梅和、姚宝猷、罗为雄、肖次尹、罗香林、黄文山、黄范一、詹朝阳（鲍国宝、陈绍贤、蔡劲军3人请假未到），在中山纪念堂宣誓就职。出席就职典礼的有省市党政军机关长官和各界人士，以及省府、保安、军区所属各机关职员官佐等共2 000余人。国民政府特派中央监察委员张发奎监督宣誓。誓词说道："余恪遵国父遗嘱，奉行

---

① 《本府主席暨全体委员告广东省同胞书》〔民国三十四年（1945）九月九日〕，见《国民政府广东省政府公报》，还治复刊第一号，广东省立中山图书馆地方文献部藏。

② 罗卓英：《对广东全省官民广播词》（1945年9月20日），广东省立中山图书馆地方文献部藏。

三民主义，服从法令，忠心及努力于本职。余决心不妄费一钱，妄用一人，并决不营私舞弊及授受贿赂。如违背誓言，愿受最严厉之处罚。"①中央监察委员、广州行营主任张发奎、国民党广东省党部主任委员余俊贤、广东省临时参议会议长林翼中以及两广监察使刘侯武都先后讲了话。最后罗卓英代表省府委员致答词。

罗在答词中宣布了省政府的5点施政纲领：（1）选贤任能，树立廉政风气；（2）扶植农工，改善人民生活；（3）健全县政，巩固宪治基础；（4）奖励科学，促进现代文化；（5）发展侨务，充实建设力量。②

第十届广东省政府的建立并迁回广州视事，标志着国民党在广东统治的恢复。以罗卓英为首的国民党广东当局上任伊始，给广东人民许下了诸多诺言，给广东的未来描绘了一幅美丽的图画，说要"与民生息"，要把广东这块民主革命的策源地建设成"三民主义的新广东"……国民党广东当局能否把诺言变成现实，人民将从他们的施政实践中进行检验。

三、广东省参议会的选举与建立

按照1938年4月7日国民党五届四中全会通过的《国民参政会组织条例》规定，参政会是"最高民意机关"，它代表"国民"对政府的工作实施监督。因此，参议会有听取

---

①② 《国民政府广东省政府公报》，还治复刊第三号，广东省立中山图书馆地方文献部藏。

政府施政报告，对政府工作提出质询和建议之权利。

广东省临时参议会是1939年在战时省会曲江（今韶关）成立的。成立临时参议会的目的是"调动与统一全省人民的意志，增加抗战力量"。因为处在战争环境，参议员不是自下而上由人民群众选举产生，而是由国民党当局指定的，所以参议员们并没有广泛的代表性；参议会也不是正式的民意机关，而是一个临时的议事机构。

广东省临时参议会的议长是林翼中。林翼中（1887—1984），原名家相，广东合浦（今属广西）人。1910年加入同盟会。1925年后历任国民革命军第十一师政治部主任、黄埔军校政治部主任教官、国民党广东省党部广州特别市党部执行委员、广东省政府委员、燕塘军校总教官、广东省民政厅厅长。1931年，当选为国民党"胡方四大"①的中央执委。其后，历任政务次长、三民主义青年团中央干事兼海外团务计划委员会主任、国民党监察院监察委员、广东省临时参议会议长、广东省参议会议长。1949年，去香港定居。1984年在香港病故。

1945年11月12日，南京国民政府发表公告，定于1946

---

① "九一八"事变后，经过上海和平会议，宁粤双方达成妥协，决定宁粤两方分别召开国民党"四大"。粤方"四大"于1931年11月18日在广州召开。会议过程中，汪精卫派和孙科派的代表200余人因不满陈济棠操纵大会，愤然离会，由香港北上上海，在汪主持下召开"四大"。故广州大会分为上海汪方"四大"和广州胡方"四大"。胡（汉民）方"四大"于1931年11月18日至12月5日在广州举行，该会修改了宁粤统一会议关于粤方中委的名额。会议新选出中央执行委员、监察委员和候补中央执、监察委员25人。林翼中是新选的中央执行委员之一。

年5月5日召开国民大会,"制定宪法,实施宪政,还政于民"。提出"实施宪政的前提条件是必须有过半数的县完成地方自治"。所谓"地方自治",按照《建国大纲》的规定,其标准是:"全县人口调查清楚,全县土地测量完竣,全县警卫办理妥善,四境纵横之道路修筑成功,而其人民曾受四权使用之训练,而完成其国民之义务誓行革命之主义者得选举县官以执行一县之政事,得选举议员以议立一县之法律,始成为一完全自治之县。"①当时的广东,能够达到这些标准的县可说是寥寥无几。从全国来讲,为数也不多。但是国民党当局为了制造民主假象,欺骗世人,借以掩盖其撕毁政协决议、发动内战、坚持专制独裁制度的本质,公然不顾中共及其他爱国民主党派和人士的强烈反对,强行召开伪"国大"。他们三令五申地要求各省加快成立参议会,为召开分裂的伪"国大"准备条件。

广东向来被称为民主革命的策源地,但是当时已成立临时参议会的县有65个,成立正式参议会的只有11个,仅占全省101个县的1/9。②为了紧跟国民党最高当局的部署,以罗卓英为首的广东省政府,在发布恢复各级行政机构的同时,也发布命令,要求各县尽快选举和产生各级民意机构。1945年9月30日,罗卓英与李扬敬联名给收复区各县发电报,要求他们在1945年10月底以前成立临时参议会。③10月7日又

---

①② 《国民政府广东省政府公报》,还治复刊第十一号,广东省档案馆收藏本。

③ 《国民政府广东省政府公报》,还治复刊第一号(电令),广东省档案馆收藏本。

给安全区（指抗日战争时期没有沦陷或未完全沦陷的县）发电报，要求他们尽快选举参议会，成立正式参议会。①

为了规范参议会的选举，1945年10月16日，广东省政府开会决定：设置县（市）参议员选举监督事务所，制定并通过了《广东省县（市）参议员选举监督事务所组织章程》。《章程》规定"选举监督由省政府民政厅厅长兼任"。事务所下设秘书和总务、选举、审核3个股。秘书"秉承选举监督之命，综理一切事务及审核一切文稿"②。

1946年3月15日，罗卓英和李扬敬又联名张贴布告，决定于同年4月25日选举省参议员，每县选举1名。当时全省共设置101个县（市），除连南因刚由"教化区"上升为县，不具备选举条件暂不进行选举之外，全省应选出参议员100名。按照有关规定，省参议员的选举由民政厅主持，省参议员由县参议会选举产生，故必须首先选举县参议员，组成县参议会。罗卓英在对全省人民的广播中提出，当选参议员必须是"才德兼备，有气节，有魄力的人"③。布告和广播发表以后，参议员的选举工作正式展开。为了争当议员，政客们使出浑身解数，四出拉票，全省各地上演了一连串的选举闹剧。

本来，参议员只是一个虚衔，不但没有实权，薪俸也不多。但在官本位的中国社会，只要捞上一个"公职"，就可

---

① 《国民政府广东省政府公报》，还治复刊第一号，广东省档案馆收藏本。
② 《广东省县（市）参议员选举监督事务所组织章程》（1945年10月16日），广东省立中山图书馆地方文献部藏。
③ 罗卓英：《民意的长城》（1946年4月16日），见《胜利后一年间罗主席重要言论集》，46页，广东省立中山图书馆地方文献部藏。

使人身价倍增。一些政客只要当上了参议员，就可以利用参议员的身份到处炫耀，捞取好处，名利双收。在选举中，一些人不择手段，富有者不惜拿出几万、几十万元进行宣传造势，吹吹打打，好不热闹。有的雇人拉选票，甚至对有选举权者进行贿赂、许愿，以致大打出手，无所不用其极。舞弊行为时有发生，以致选举官司不断。据不完全统计，在这次参议员选举中，发生纠纷者多达30多个县，占了全省的1/3。选后，对当选者进行资格审查中，又发现问题多多，如有的不是该县人，却被选为该县议员；有的在抗日战争时有过"附逆"行为，勾结日伪，欺压百姓；有的是担任现职的官员，本应是被监督的对象，却成了自我监督并监督别人的议员……

经过半年多的吵闹、纷争，到1946年9月，除个别县因为纷争未了、暂缓成立外，绝大多数县均先后成立了正式参议会。至此，国民党当局属意的各级民意机关已先后成立。在当局看来，广东"行宪"的条件已基本具备。

按照《省参议会组织条例》的规定，省参议会有以下职权：（1）建议省政兴革事项；（2）议决有关人民权利义务之省单行规章事项；（3）审议省经费支出之分配事项；（4）决议省政府交议事项；（5）听取省政府施政报告及向省政府提出询问事项；（6）接受人民请愿事项；（7）其他法律赋予之职权。①应该指出，国民党当局建立的参议会，没有也不可能真正代表民意。第一，参议员的产生，不论是

---

① 罗卓英：《民意的长城》（1946年4月16日），见《胜利后一年间罗主席重要言论集》，45页，广东省立中山图书馆地方文献部藏。

由上面圈定的还是选举产生的，最后都要由国民政府认可。所有议员，都是地主、买办、资产阶级中的政治代表，没有也不可能有占人口90%以上工农大众的代表。据统计，在省参议会的90多位参议员中，当过国民党政府县长的17人，时任县党部书记长21人，做过县参议会议长或议员的19人，当过省府委员或厅长的4人，时任国民党中委3人，国民党军队中将3人、少将6人，大学教授2人，报社社长2人。①由于议员的大多数都曾在或正在国民党的党政军中担任重要职务，因此有人评论说参议会是国民党的"干部会"。第二，按参议会组织条例，省参议会仅仅是个议事机构或咨询机构，只有建议和质询权，而没有立法权，对各级政府机构的人事任命和行政行为也没有否决权，因此，实际上是个只能高谈阔论、不干实事的"清谈馆"。第三，参议会的活动经费，包括议员们的车马费都须由政府部门讨论通过后方能拨付，因此，参议会的活动受到政府部门的经济制约。

1946年3月和10月，广东省参议会先后开过两次会议，每次会议的时间或接近或超过半个月之久。会议开幕时，仪式也都很隆重。到会的除了全体参议员之外，广东省的党政军各部门的负责人几乎都到会祝贺，甚至还动员了广州地区的机关、学校教职员和学生多达几千人参加，隆重热烈。会议期间，广东省政府的各个施政部门都到会报告工作，接受议员们的质询。在第二届第四次临时参议会的开幕式上，议长林翼中煞有介事地说：这次会议的任务是要说老百姓想说

---

① 《中国报》，1946年12月17日。

的话,并解除老百姓所受之痛苦。这些话语多么甜蜜和动听!对于未曾经历过民主政治的中国人来说,真是惊喜异常。然而随着会议的进程,国民党当局所标榜的"民主",便暴露其虚伪的本质,参议会的无所作为,使人民深感失望。

例如,战后的广东粮荒十分严重,成千上万失去生计和家园的难民亟待救济。当时担负救济工作的广东分署工作很不得力,引起人民群众强烈不满,要求彻查和改进。会上,许多参议员为此提出了尖锐的批评。有的议员指出:救济总署广东分署的许多救济措施不当,如把十分有限的救济粮食和物资交给商店出售,使得有限的救济物资被套扣,落入并不需要救济的富人手中,进行倒卖,借以发救济财,而广大难民却得不到应有的救济;救济署的一些工作人员利用手中分发救济物资的权力,营私舞弊,中饱私囊;不少县救济物和救济款发放已一个多月,但中间无端被人扣压,救济款物迟迟未能送到灾民手里。但救济署在工作报告中却隐瞒真相,虚报成绩,愚弄世人。有参议员说:"善后救济总署只是扯起招牌办理救济事业,不能彻底解除人民的痛苦,反而影响人民情绪,导致离心离德。"① 议员们强烈要求撤换那些不称职的工作人员,否则,救济署干脆"收档"。

然而救济署完全拒绝议员们的批评,发表声明为自己的行为辩解。说"本省善救工作,无不上承中央命令,下顺灾民暨社会舆情,悉力以赴"。参议员们的批评和指责,只不

---

① 《中山日报》,1946 年 3 月 29 日。

过是"误会"①。会议过后,善救署的工作依然故我,毫无改进,而省参议会对它毫无办法,人民群众深感失望。

又如,当时的广东吏治败坏,贪污成风,人民群众反映强烈。一些有识之士联名写信向上告状,控告地方官吏的种种不法行为。复员后,在不到一年的时间内,人民群众控告县长贪污渎职的县多达几十个,要求撤换县长。这些控告信不少被送到省参议会作为讨论的议题,有的还列入了大会提案。然而这些议题和提案大多被以"查无实据"为由,不予处理。人民群众要求惩治贪污,实行廉明政治的愿望,也无果而终。

事实说明,国民党当局极力吹嘘的"民意机关"——参议会,并不能真正反映民意,正像革命导师列宁早就揭露过的:是资产阶级的一块"遮羞布"。国民党当局迫不及待地拿起这块遮羞布,目的是为了掩盖国民党当局撕毁政协决议,推行内战、独裁、卖国的反动政策的丑恶面目。

四、中国国民党广东省党部

国民党是全国范围的执政党。国民党广东省党部对于广东省政府的施政方针负有指导、监督和保证的责任。

战后初期,国民党广东省党部执行委员会由以下14人组成,他们是:余俊贤、曾三省、李伟光、朱浩怀、谢鹤年、邓蕙芳、冼家锐、陈述经、陶林英、李东星、林乾祐、梁汉

---

① 《中山日报》,1946年9月5日。

耀、杨德隆、陆匡文。余俊贤为主任委员,曾三省为书记长。

余俊贤（1902—1994）,广东平远县人。国立中山大学毕业。1926年任国民党中央组织部干事,同年冬转任国民党广州市党部秘书。1928年春调广东省党部任科长。同年冬,奉派前往南洋荷属吧达维亚,任荷属东印度《民国日报》总编辑,兼荷印总支部筹备委员。1928年,济南惨案发生,余发表文章,鼓吹抵制日货。荷印政府在日本政府压力下,将余逮捕入狱;余出狱后,被驱逐出境。1929年冬,被国民党中央委派为菲律宾党部整理专员,完成任务后仍回国民党中央任职。1930年,又奉派赴菲律宾、澳洲、新西兰及太平洋诸岛视察。1931年,任广东省广州市党部特派员,驻香港。1932年,调回国民党中央组织部任海外组织科长,并创办海外党务工作人员训练班。1935年,在国民党第五次全国代表大会上当选为中央执行委员。1936年,兼任广州特别市党部常务特派员。1937年,转任广东省党部常务委员。1939年任侨务委员会常务委员,兼侨民教育处处长。1940年,兼任侨教总会筹备会常务委员。1941年,兼任华侨教育师资训练所所长。1942年夏,奉派出国考察侨务。1942年,创办南洋研究所。1945年,国民党第六次全国代表大会上再次当选为中央执行委员。同年8月,日本投降前夕,奉派回粤任广东省党部主任委员。

全面内战爆发后,国民政府财政十分拮据,国民党的活动经费也严重不足。为了节省开支,1946年8月,国民党中央决定压缩各级党部的编制,把全国各省的党部分为甲乙丙3个等级。广东被列为甲等,省党部的编制定为45～60人;

将处改为科,还裁撤了区督导员。省党部下设总务、组织、宣传3科,另设文化、民运、妇女等5个委员会。

1946年10月,根据六届二中全会决议的精神,国民党中央决定"革新党政,实施党员总清查"。这是因为是年3月国民党六届二中全会全面撕毁了与共产党签订的"双十协定"和政协决议,坚持国民党一党独裁专制所致。这种反复无常、背信弃义的行为,不但遭到中国共产党和其他民主党派的坚决反对,也引起国民党内一部分正直党员的强烈不满。他们对国民党统治集团的做法很不理解,产生思想混乱。广东的许多国民党员,也和其他省区一样,对当局这种背信弃义的行为表示异议。有人甚至在报刊上公开批评当局。国民党当局为了稳住阵脚,消除党内的离心倾向,决定实行"总清查",把那些"言论行动离开党的,一概排除出去"[1]。

国民党省党部主任委员余俊贤对这次"总清查"的意义解释说:"二中全会开幕时,刚在政协以后,当时不少同志思想发生动摇,甚至毁党违党,亦大有人在,如不彻底调整,刷新阵容,将来实无法再有力量奋斗,维持政权。"[2]

按照国民党中央的部署,这次"总清查"的目标有三:一是"淘汰信仰不笃,操守不坚及行为腐化之党员";二是"奖植对党忠实而工作努力之党员";三是"加强一般党员对党之组织关心"。清查的方法和步骤也有三:一是成立总清查委员会,审查党员;二是进行党员登记;三是发动党员互相检举。[3]

---

[1][2][3]《中山日报》,1946年10月29日。

第一章　国民党在广东统治的恢复

为了研究和部署"清查"工作，达到"革新党政"，增强战斗力的目的，1946年10月25日至31日，国民党广东省党部召开了第八次党员代表大会，到会党员代表105人。时任省党部执行委员14人全部参加了会议。还有蕉岭等11个县的县党部书记长也被指定列席了会议。这次会议的任务是："检讨以往工作的得失，并决定今后改进方针"。大会开幕时，国民政府主席广州行辕主任张发奎、副主任徐景唐、副主任邓龙光，广东省政府主席罗卓英，国民党中央委员罗翼群等也出席了会议。会议先后听取了省府主席罗卓英的施政报告，省府属下的民政、财政、建设、教育4厅和田粮、社会2处，以及省保安司令部的负责人也先后到会做工作报告，听取党员代表的审查和监督。会议闭幕时，选举了新一届省党部执行委员、候补执行委员和监察委员。执行委员为：余俊贤、曾三省、谢鹤年、李伟光、陶林英、陈述经、林乾祐、冼家锐、李东星、陆匡文、杨德隆、邓蕙芳、朱浩怀、梁汉耀等14人。候补执行委员为：卢崇善、钟晨辉、司马义、张启端、陈应棠、司徒义、陈伟烈等7人。监察委员为：陈宗周、罗伟疆、刘禹轮、冯次祺、吕治国、周胜皋、谭惠泉等7人。①

国民党当局以为，经过这次"清查"，把那些"信仰不笃"、"操守不坚"的"动摇分子"排挤出去，选出了新的领导机构，便可增强团结，提高国民党自身的战斗力，维持国民党的独裁统治。但这仅仅是国民党当局的主观幻想。因

---

① 《中山日报》，1946年10月31日。

为许多国民党员"思想动摇"、"行为消极"是国民党统治集团违背广大人民要求和平、民主、进步的强烈愿望，撕毁国共两党谈判和政治协商会议的决议，顽固推行内战、独裁、卖国的错误政策造成的。

军事委员会委员长广州行营（后改称国民政府主席广州行辕）、广东省政府、广东省参议会和国民党广东省党部是国民党统治广东的主要组织机构。这些机构的改组、重建并开始运作，标志着战后国民党在广东统治的全面恢复。这些组织的性质不同，其任务也不同。军事委员会委员长广州行营（包括以后的国民政府主席广州行辕）是国民党军事委员会的派出机关，主要负责广东、广西两省的军事活动。广东省政府是全省的最高行政机构，对上负责贯彻执行国民政府的政策法令，对下负责统领和指挥县以下的各级行政组织，全面管理全省的政治、经济、文化、教育、治安和各种公共事务，是全省的行政枢纽和权力中心，管的范围最宽，权力也最大。广东各项工作成就的大小，主要取决于广东省政府的领导。广东省参议会是"民意"机关，是统治阶级的议事和咨询机构。表面上代表人民监督政府，是"民主"政治的标志，但它没有实际权力，而且活动经费也要依赖政府部门调拨，故其活动常常受到行政部门的控制，充当统治阶级镇压人民革命的喉舌和工具。广东省党部代表国民党对广东各级行政组织进行指导和监督，保障行政组织的施政方针不能违背和脱离国民党的纲领与政策，它的存在和活动是地主买办阶级意志的集中表现。

第二节　广东省政府的复员还业活动

国民党在广东的统治恢复以后,开展了一系列复员还业活动:接受驻广东的日本军队投降,接收日伪财产,惩处汉奸,编遣伪军,恢复工农业生产和文教事业,宣慰海外华侨,等等。在这些活动中,接收大员们大发"胜利"财,如狼似虎,你争我夺,尽显贪婪本色。少数权贵把应属国家社会的财富据为己有,一跃成为大富豪,广大人民则继续蒙受饥寒交迫的苦难。

一、恢复与健全各级行政机构

抗战期间,广东各级行政组织均实行战时体制。第十届广东省政府还治以后,省府主席罗卓英于1945年9月9日和10日分别致电各"收复区"和"安全区"的专员和县(市、局)长,指示他们遵照上级命令做好复员工作。"收复区"的任务是,"恢复应有之行政组织",做好"办理接收"、"维持治安"、"恢复交通"、"紧急救济"等"急要工作"[①]。"安全区"的任务是:遵照9月3日国民政府主席蒋介石的诏示和本省有关政令,做好"维持治安"、"利便交

---

① 《罗主席电收复区各专员县(市局)长指示紧急措施令》(1945年9月9日),见《国民政府广东省政府公报》,还治复刊第一号,13页,广东省立中山图书馆地方文献部藏。

通"、"协助救济"、"运济粮食"、"协助耕作"等"急要工作"①。

10月2日，在罗卓英主持下，广东省政府召开第三次全体委员会议，讨论通过了《广东省复员计划大纲》，要求省府和各厅处局机关，迅速迁回广州，健全人事，办理复员；各区专员公署及其市政府管理局迁回原治，健全机构，办理复员，整编保甲及户政；整编警察机构；等等。②

10月19日，省政府第八次委员会议讨论通过了《广东省政府收复地区县市各级机构恢复办法》，规定原已实施新县制的县，其县府及以下各级机构，均应依照原来编制，一律恢复设置；未实施新县制的县，各级机构的恢复应按以下办法办理：(1) 县政府组织拟将政治科改为民政科，并设财政、教育、建设3科；(2) 县附属机关，应将战前原有重要单位，如救济机构、卫生机构、警察机构、电话所、看守所等恢复起来；(3) 各区应照战前区域划分，但一律暂不设署；(4) 乡镇公所，应照战前原定乡镇区域先行恢复成立，再依照广东省缩编乡镇办法进行调整，其人员编制应参照1945年8月所颁行之《广东省各县局乡镇公所编制及经费预算标准》办理；(5) 保办公处应先照战前划定各保选派

---

① 《罗主席电安全区各专员县（市局）长指示紧急措施令》(1945年9月10日)，见《国民政府广东省政府公报》，还治复刊第一号，14页，广东省立中山图书馆地方文献部藏。

② 《国民政府广东省政府公报》，还治复刊第一号（会议记录），7页，广东省立中山图书馆地方文献部藏。

保长，协助乡镇办理乡镇事务。①

按照上述规定，全省各县市以下行政机构，普遍进行了调整或重建。

在民政方面：调整管理局，将安化、梅菉、南山三个管理局改为县治；对一些有争议的县界，重新做了调整；实施新县制。从1940年起，全省已有65个县实施新县制，除琼东、昌江、南澳、乐东、保亭、白沙6县因地方贫瘠，情况特殊，经国民政府批准至1947年1月实施外，其余各县在1946年1—3月间均已相继实施新县制；裁减区署，全省各县共有342个区，其中设区署者238个，要求裁减至100个；完成民意机构的建设，到1946年底，各县市均已成立了正式参议会和乡镇民代表会；检核公职人员，整饬地方吏治（复员8个多月来，全省被检控的县市局长计86人，经查明确实有罪、被拘留查办者2人）；健全乡镇保甲组织。

在警政方面：健全警察机构，县市成立警察局；县以下划分若干警区，设立警察所或警察分驻所；充实警察装备，军政部和广州行营分别拨下步枪23 000支，机枪81挺，洋药一大批，用以装备警察；整顿警察人事，各县市警察局局长、中队长、所长、科长、督察长等官员均由省民政厅委派；制定警探员服务规则，改善警员素质，提高工作效能；提高警察待遇；加紧训练；等等。

在户政方面：办理户籍及人事登记，补助户籍经费。

在禁政方面：派出专员到各县铲除罂粟，全省铲除烟苗

---

① 《国民政府广东省政府公报》，还治复刊第三号（法规），17~18页，广东省立中山图书馆地方文献部藏。

24 900 余亩，收缴烟土 23 000 两，集中进行销毁。①

二、接受日军投降，接收敌产，审判日本战犯

（一）接受侵粤日军投降

1945 年 8 月 15 日，日本天皇宣告无条件投降。18 日，蒋介石电令中国战区陆军第二方面军司令长官张发奎，要他负责接受广州、香港、雷州半岛及其附近的日军第二十三军所属各部与海南岛日海军及其辅助部队之投降及接收事宜。

9 月 1 日，第二方面军司令部致电日军第二十三军司令官田中久一，向他通告中国战区最高统帅部和中国陆军司令部的命令，令其"从即日起应接受并遵照本司令官所发有关贵军投降之一切规定"，派遣熟悉全面情况的高级官员携带一切必要资料先到广西南宁（第二方面军司令部驻地）聆听有关投降的具体事宜。②

（二）接收日军物资财产

第二方面军司令部进驻广州后，国民政府中央各部、会派出的接收人员也纷纷抵达广州。1945 年 9 月 19 日，第二方面军司令部召集各路特派员、地方机关及军事首长开联席会议，商讨成立"广州受降区受降接收委员会"。按照第二方面军接收委员会组织条例，"接收委员会"由第二方面军

---

① 《国民政府广东省政府公报》，还治复刊第四号（特载），广东省立中山图书馆地方文献部藏。

② 《中国战区第二方面军备忘录》，见军委会广州行营参谋处编：《广东受降记述》，3 页，广东省档案馆藏本。受降情况，本书第一编第五章第二节已有叙述，此处不赘。

司令部、广东省政府、国民党广东省党部、广州市政府、国民党广州市党部、军委会军政部、国民政府交通部和财政部、国民党中央宣传部、航空委员会、第二军法执监部暨其他有关机关派员组成。第二方面军委派参谋长甘丽初中将为主任委员，第二方面军司令部第三处处长李汉冲、军委会高级参谋罗奇为副主任委员，军政部特派员莫与硕、第二方面军司令部秘书长麦朝枢、交通部特派员杜镇远、财政部特派员钟锷、经济部特派员林继庸、第二方面军司令部第四处处长黄思宗、广州市政府秘书长祝秀侠、空军第六地区司令张之珍、第二军法执监部吴仲禧、国民党中央宣传部特派员张湖生、新一军军长孙立人、国民党社会部广九区特派员张剑白、广九区粮政特派员张导民、教育部复员辅导委员会特派员张云、海军部特派员刘永诰、珠江水利局特派员杨华日、广东省保安司令部副司令韦镇福、广东省党部书记长曾三省、广州市党部委员沈家杰、第二战区兵站司令高广谦、农林部特派员张远峰等21人为委员。

此外，还设立海南岛接收分会，主任委员罗奇（兼），副主任委员为第四十六军军长韩练成。

接收委员会隶属第二方面军司令部，直接秉承司令长官之意旨，办理受降区内一切有关接收事宜。接收委员会下设编遣、调查、军务、交通、侨务、党务、政务、运补、航空、审查、总务等11个组。

9月21日，受降接收委员会宣告成立。办公处附设在第二方面军司令部内。同日，第二方面军司令部司令官张发奎发布（受总字第1号）命令，宣布从22日起，广州、雷州半岛、海南岛及其附近受降区内所有日伪一切武器装备、物资、军事设施、行政机关等接收工作正式开始。军政部特派员莫与硕负责接收陆海军的军事装备、军事生产和军事设施；交通部特派员李耀祥负责接收邮电、铁路、航政、公路等国有资产；财政部特派员钟锷负责接收一切国家财务、金融机关及其直属之国营事业；经济部特派员林继庸负责接收国营企业及经济部与战时生产局直属之事业；航空委员会空军第六地区司令张之珍负责接收海陆空军一切航空、防空部队及其器材暨附属设备；中央宣传部特派员张湖生会同国民党广东省党部、广州特别市党部代表负责接收文化宣传机关、民众团体及其产业；广东省政府主席罗卓英负责接收除保安部队之外的一切省属民、财、建、教、田赋、粮政及其他省营事业。接收工作到1946年1月底基本结束。

对于此次规模巨大、范围宽广和影响深远的接收工作，张发奎自我感觉良好。1946年6月15日，他在为国民政府军委会广州行营参谋处编的《广东受降记述》专辑写的序言中说道，此次"办理接收事宜，分别部居，秩然不紊"，"历时百日，始毕其事焉"。又说："吾于接收之余，尝浏览其册籍，则敌人侵粤以后，其军事设备，与部队番号、驻地、官兵人马数目、武器、弹药、器材、车辆、船舰数量，及仓库、机场、铁路、工厂、物资，以迄经济文化种种措施之统计，莫不瞭然于心目，未尝不叹其积虑之深，而悯其经国之失也。"① 换句话说，就是这次历时3个多月的接收工作，各

---

① 国民政府军事委员会广州行营参谋处编：《广东受降记述》，序，广东省档案馆藏本。

个部门能够分工协作,各司其职,井然有序。

然而,事实恰恰相反。由于国民党当局长期以来纪纲不振,吏治腐败,自上而下贪污成风,故这次接收工作,被接收大员们看作是千载难逢的发财致富的机会。他们利用手中的权力,不但把日本侵略者从中国掠夺去的财富和战争期间尚未消耗完的物资据为己有,把本应上缴归公的财物变成个人的私有财产;更为可恶的是,他们常常未经任何法律手续,也没有任何证据,随意把一些无辜的殷实富户扣上"汉奸"帽子,把他们的财产诬为"敌产",强行没收和霸占,从而把接收变成了"劫收"。经过这样的"劫收",那些被诬为"汉奸"的无辜百姓家破人亡,妻离子散,而接收大员们则个个满载而归,一跃成为腰缠万贯的暴发户。当时老百姓讥喻他们个个"三洋开泰,五子登科"①。更有甚者,被国民党当局视为骄傲的王牌军之一的新一军,也乘着开进广州受降的先机,以"接收"为名,大肆进行抢掠,军纪败坏,所作所为与日本侵略军当年攻陷广州时无异,故被老百姓鄙称为"新日军"。

在接收过程中,由于接收大员们贪婪掠夺,胡作非为,钱物肆意挥霍,保管不善,不登记,不造册,账目不清,有的根本没有账目,故人为造成的损失十分惨重。一些有识之士,包括一部分国民党人纷纷向最高当局进行控告,要求对接收工作进行清查。早在1946年3月1日至17日,国民党六届二中全会期间,就有一些中央委员提出:鉴于各地接收

---

① "三洋"是指捧西洋、爱东洋、要现洋;"五子"是指房子、车子、金子、婊子和衣服料子。

处理敌伪产业物资发生毛病，提议当局派员清查。接着，在3月20日至4月2日召开的第四届国民参政会第二次会议上，一些参议员对此事进行猛烈的抨击，并决议组织清查团前往全国各地进行清查。1946年8月中旬，"粤桂地区接收处理敌伪产业物资工作清查团"来到广州。粤桂两省清查团由国民党中央党部监察委员会、中央监察院和国民参政会的代表共同组成。团长是阳叔葆，团员有张良修、陆幼刚、胡文灿等7人。

8月14日起，清查团开始工作。经过10天的初步调查，发现广州地区的接收工作问题很多。23日下午3时，清查团在广州胜利大厦（今爱群大厦）召开座谈会，向各界人士报告初步调查情况。参加座谈会的有在广州的国大代表、省议会议员、机器总工会、市总工会、省妇女会、市青年团和各报通讯社记者等七八十人。清查团成员胡文灿在发言中说：若干接收人员在战前和战争期间都是穷光蛋，但到了接收敌伪产业物资之后，即变为富翁，拥有汽车大厦和摩登家私，任意挥霍金钱。在沦陷时期生产物资的一些工厂，在接收之后立时停工，机器股份分离，被服、药物、粮食被任意搁在仓库腐烂，而马路上却屡有冻馁者。汽车落在有权势者手里私营，而到军运时，只有商车、轮船被征用或勒索，有权势者乘机赚钱。机器总工会代表李盈在发言中揭露：南海盐步纸厂接收后，厂内物资机器尽为人所盗卖，致使工厂停工，厂内工人因失业而饿死者，日在数十人。①

---

① 《中山日报》，1964年8月24日。

胡文灿、李盈所揭露的并非个别现象，而是带有普遍性的。在清查工作告一段落时，"粤桂地区接收处理敌伪产业物资工作清查团"给国民党中央写了报告，详尽揭露了粤桂地区接收处理敌伪产业物资工作中存在的种种问题：

（1）关于工厂。有5间工厂为当地驻军机关越权接收，其中有应归国家者，亦有应发还商人者，迄今尚未依照规定办理。有4间工厂在沦陷时尚能开工，迨光复后，因接收机关管理不善，驻厂部队迭次摧残，各厂机器、皮带、毛毡、笠等等主要器材，悉被拆毁盗卖，以至迄今未能复工。

（2）关于仓库物资。仓库储存的物资颇为凌乱，迄今尚未整理就绪，尚有几个仓库账目尚未送来。仓库中的非军用品，照规定应移交处理局拍卖，然未移交者尚多。据处理局负责人面告，该局成立以来，拍卖物品所得现款仅5亿数千万元，已接收尚未拍卖者，多系不易卖出去之物，估计不过数千万元。

（3）关于仓库存粮。今年（1946年——编者注）5月军政部广州特派员办公处移交后勤部第三区补给区司令部时，大部分粮食已成为废品。查补给区7月中旬第一期废品表，即有稻谷30 000斤，黄豆100 700斤，梅干5 800桶，其他豆类230余包。各机关领去之后，间有转售商人者，大多数已霉烂，不堪应用。现各地仓库仍有大量粮秣，亦均已霉烂。广州光复以来，粮食奇缺，饿殍载道，乃仓库中存有如许巨款粮秣，几达一年，不加处理，以救灾民，任其霉烂，该团已请行政院令国防部对其负责者严加惩处，以平民愤。

（4）关于药品。各仓库药品及卫生器材，为数甚巨。确实数目,尚未有册列出。据缪培南司令说:"药品一项,用十年都用不完。"而人民贫病交加,无医缺药。①

从报告披露的情况可见,接收工作问题之多和性质之严重。但是,报告所披露的还仅仅是问题的一部分,实际情况比报告所说的严重得多。"清查团"在清查中发现的问题,"只有报告中央,建议办理,如属重大者,可直接报告蒋委员长"。该团并"无执行权"②。这就决定了揭露出来的问题迟迟得不到处理,从而造成更大的损失。从全省范围来看,这次接收工作存在的问题和造成的损失,因缺乏统计资料,已无从考证,但是接收大员,却个个成了人民憎恨的暴发户。其带来的直接后果是执政当局威信扫地,在政治上更加背离群众,为国民党政权的彻底垮台准备了条件。

(三) 逮捕、监押和审讯日本战犯

接受日本投降后,国民党广东当局即开展侵华日军战犯的调查工作。从1938年10月广州沦陷至1945年9月日本投降止,日本侵略军侵占广东主要地区长达7年之久。7年间,日本侵略军在广东实行了残暴的法西斯统治,杀人放火,奸淫掳掠,巧取豪夺,无恶不作。3 000万广东人民在日寇的蹂躏之下苦苦挣扎,终于迎来了抗日战争的胜利。人民在欢庆胜利的同时,也强烈要求对给中华民族带来深重灾难的日本侵略者予以严惩。

日本宣告无条件投降,日军被解除武装并被关进集中营

---

① 《中山日报》,1946年9月16日。
② 《中山日报》,1946年8月24日。

之后，1945年12月，第二方面军成立了战犯调查组，拟定了辖区内的《日本战争罪犯调查计划纲要》（简称《纲要》）。《纲要》规定，开展战犯调查的主旨在于"明瞭本辖区内日本官兵过去在中日战争期间之种种罪行，以适应盟军最高统帅部对日本战争罪犯之检举"。《纲要》规定的调查对象有6种人：第一，中队长以上之各级官佐。第二，滥用军法残害民众的部队和宪兵。第三，虐待俘虏的宪兵和特务。第四，任意残杀或奸淫民众，侵吞公私财物的官兵。第五，主持并组织伪组织和伪军以图危害民众者。第六，主持并推行烟赌者。还决定以第二方面军总司令部作为调查总机构，下设调查组，以司令部第二处上校课长汤炎光为调查主任，中校参谋叶仕超为调查员，并聘请美军驻华战略参谋处菲尔洛上尉、葛雷中尉协助，负责广州市区内所有日本战犯之调查工作；其他各地区由本部所属各军师部队及省政府保安司令部分工负责。具体分配是：新一军和第五十四军负责广州市和郊区；第四十六军负责海南岛地区；第二十四军负责江门地区；广东省政府和省保安司令部负责所属曾经沦陷各地区；第六十三军负责惠阳及东江地区。为使调查工作普遍确实，收到成效，《纲要》号召人民群众进行检举。1945年12月31日，第二方面军司令部颁布了《人民检举告发日本官兵罪行办法》，号召在日军侵华期间受过日军侵害的人们检举告发。①

---

① 国民政府军委会广州行营参谋处编：《广东受降记述》，128页、129页、130页，广东省档案馆藏本。

应该指出,号召受害人检举战犯的做法并没有错,但由于国民党当局长期欺压群众、与人民群众对立,造成群众对其不信任,加上"我同胞于抗战期间,流离失所,无所依凭,或合家被害,告发无人,或被害而不知日军之部队番号姓名,无从告发",故直至1946年5月,各地人民检举"有确实姓名、部队番号及罪行可考"之日本战犯,仅有232名,这与驻广东的日本侵略军的实际战争罪犯人数相去甚远。后来,按照国民党军委会的指示并征求人民公意,决定"将在战争中无恶不作之日军宪兵伍长以上之士官及部队长392名,全部集中禁押,并将其姓名及相片公布,以便人民指认检举"①。经过各方面调查取证,最后由国民党军委会明令逮捕的日本侵华军在广州地区的战争罪犯共计622人。其中中将3人,少将3人,上校4人,中校4人,少校11人,上尉41人,中尉11人,少尉16人,准尉33人,上士87人,中士222人,下士58人,兵长13人,上等兵12人,一等兵8人,军属10人,商人32人,其他54人。在战犯中,军阶最高的是日军第二十三军司令官田中久一中将、第一三〇师团长近藤新八中将、第一〇四师团长末藤知文中将、第二十三独立旅团长下河边宪二少将、南支宪兵队长重藤宪文少将、第九十二步兵旅团长平野仪一少将,他们被称为"作恶华南之六大战犯"②。

---

① 国民政府军委会广州行营参谋处编:《广东受降记述》,131页,广东省档案馆藏本。

② 国民政府军委会广州行营参谋处编:《广东受降记述》,132页,广东省档案馆藏本。

此外，还有德国、法国、意大利籍的间谍嫌疑犯 13 人也因间谍罪或叛国罪相继被捕，递交广东高等法院或移交相关国家审理。

三、检举与惩处汉奸，编遣伪军和游杂部队

第二方面军在接收日军投降工作的同时，也把肃清汉奸作为主要任务之一。在"受降接收委员会"内设立"审查组"（由第二方面军法监部兼理）负责此事。其后，奉命组设"肃奸专员办事处"，专负调查、逮捕及看管汉奸之责。后来，因肃奸工作需要，又将肃奸专员办事处改为"广东肃奸委员会"[①]。1946 年 7 月，广东省政府主席罗卓英、民政厅长李扬敬，联合转发了国民党行政院训令，转达了国民参政会第四届第二次大会通过的惩治汉奸议案。议案规定在日军侵华期间，"凡确有祸国殃民之奸恶行为者应从速依法检举"[②]。根据训令要求，国民党广东省党部和广州市特别党部联衔邀请广州市党、政、军、警、法、团体等机关代表举行座谈会，商谈肃奸事宜。会议认为，为了统一检举汉奸事权，扩大检举，需成立"广东肃奸委员会"。同年 10 月 15 日，广东省党部集合各机关代表开会，通过了《广东省检举汉奸委员会组织条例》，并经军事委员会委员长广州行营核

[①] 国民政府军委会广州行营参谋处编：《广东受降记述》，124 页，广东省档案馆藏本。
[②] 广东省政府主席罗卓英、民政厅长李扬敬签发：《广东省政府代电》（1945 年 7 月），广东省档案馆藏本。

准备案。按照条例要求，该会隶属军事委员会委员长广州行营，由第二方面军司令部、广东省政府、广东省党部、广州特别市党部、广州市政府、军法执行监、广东高等法院首席检察官、广东省参议会、广东省保安司令部、广州市警察局等10个单位各派高级官员1人为委员。后来又增加了三青团的代表，共计11人。他们是：余俊贤、曾三省（省党部）、江冷（广州市党部）、詹朝阳（省政府）、祝秀侠（市政府）、吴仲禧（军法执行监）、诸光祖（广东高等法院）、赵超（省参议会）、张祖华（省保安司令部）、陈鲁慎（三青团广东省党部）、袁公超（广州市警察局）。委员们推荐余俊贤为主任委员（后由李大超代理）、詹朝阳为秘书长。委员会下设总务、检举、逮捕3个组。委员会的职责是：发动全省机关团体及民众，从事检举汉奸工作；检举省区内大小汉奸；统一受理检举及处置汉奸事宜；防范及消弭一切汉奸行动或言论。① 在"省检委会"领导下，番禺、高要、惠阳、中山、三水、英德、博罗、遂溪、海口、台山、海康、顺德、东莞、澄海、潮安、德庆、曲江、始兴、南海、湛江、汕头等21个县市也先后成立了检举汉奸的组织机构。同年10月，国民党广东省政府还公布了《人民检举汉奸实施办法》（简称《实施办法》），提出："凡参加敌伪组织各级人员及附逆分子，均应检举之"，"凡属中华民国人民或机关团体，均应负检举汉奸之义务"。要求检举人等用书面形

---

① 《广东省检举汉奸委员会组织条例》（1945年10月15日），见《国民政府广东省政府公报》，还治复刊第二号，广东省立中山图书馆地方文献部藏。

式详述汉奸及附逆分子的犯罪事实与罪证，指出其藏匿地点等。还规定，对于举报有功者给予奖励。①

有了专门检举机构，又制定了《实施办法》，肃奸工作正式开展了。第二方面军的肃奸机构采取措施拘捕了一些臭名昭著的汉奸头目。例如，第二方面军进入广州之初，得悉大汉奸汪精卫的妻子陈璧君、伪广东省长褚民谊等一批伪政府官员仍蛰居广州，即令肃奸人员于9月20日将陈璧君、褚民谊和伪广东省府民政厅厅长周应湘、伪财政厅厅长汪宗华、伪建设厅厅长李荫南、伪教育厅厅长陈良烈、汪精卫女婿何文杰、褚民谊的秘书徐义宗、高齐员等9人逮捕，并奉国民党中央政府的电令递解南京审讯。

但是，肃奸工作开始时，由于国民党当局制定的法规或政策界限不明，因而这场政治斗争一开始就陷于混乱状态。例如，《实施办法》规定："凡曾参加敌伪组织各级人员及附逆分子，均应检举之。"日寇统治广东沦陷区长达7年之久，他们打着建立"大东亚共荣圈"的幌子，企图实现"以华治华"的目的，建立了许多伪组织，采用威逼利诱等种种策略网罗了一批中国人到敌伪组织中任职。这些都是伪职员，但情况各不相同，必须具体分析。其中确有一些卖身投靠、出卖国家民族利益、死心塌地为侵略者服务的汉奸。这种人不但要检举，而且要严惩。但也有一些由于政治或生活原因而被逼参加伪组织的，许多人是身在曹营心在汉，他们身上有污点，但并无罪恶。还有一些是为了斗争需要，接

---

① 《人民检举汉奸实施办法》（1945年10月），见《国民政府广东省政府公报》，还治复刊第二号，广东省立中山图书馆地方文献部藏。

受组织委派打进敌人内部，从事抗日活动的爱国者。总之，情况千差万别。如果不加区别，把凡是参加伪组织的都看作"附逆分子"或"汉奸"，必将打击面过宽，酿成冤假错案；而一些应该受到严厉惩处的真正汉奸却逃之夭夭。在日本侵略者占领广东期间，投靠日本侵略者，忠实为侵略者效劳的一些伪军头目，如黄克仑、彭涪华、陈孝强、黄志敏、李辅群、辛毓荣、朱荃、辛景熊、招桂章、冯璧峭等人及其统领的伪军，战后都被国民党当局授予"先遣军"的名义，令他们继续"维持社会治安"。国民党当局的这些做法，不仅在老百姓心目中引起极大的困惑，就是在国民党的参议员中也有很多人不理解。在1946年3月25日开幕的广东省第二届第四次参议会过程中，当肃奸委员会主任委员的代表冯次祺向大会报告肃奸工作时，参议员们质询说：为什么有些汉奸至今仍招摇过市，没有被缉拿归案？为什么有的汉奸在解送法院审讯时，被偷偷释放？当时社会上流行着这样的传言："大汉奸可免死，小汉奸没事，中汉奸而有孽钱者方传讯"。这些传言一针见血地指出了国民党一些人打着"肃奸"的旗号，进行敲诈、勒索钱财的卑劣嘴脸。

1947年5月，国民党广东省政府奉国民政府主席广州行辕令：转发行政院1月27日（从八字第二五四六号）函：关于"厉行检举伪组织相同机关汉奸一案"，列举了应予厉行"检举"的汉奸：（1）曾任伪组织简任职以上公务员或荐任职之机关首长者；（2）曾任伪组织特务工作者；（3）曾任前两款以外之伪组织文武职公务员，凭借敌伪势力侵害他人，经告诉或告发者；（4）曾在敌人之军事、政治、特务或其他机关工作者；（5）曾任伪组织所属专科以上学校之校长或重要职务者；（6）曾任伪组织所属金融或实业机关首长或重要职务者；（7）曾在伪组织管辖范围内任报馆、通讯社、杂志、书局、出版社社长、编辑、主笔或经理，为敌伪宣传者；（8）曾在伪组织范围内主持电影、报刊、广播台、文化团体，为敌伪宣传者；（9）曾在伪党部、新民会、协和会、伪参议会及类似机关，参与重要工作者；（10）敌伪管辖范围内之文化、金融、实业、自由职业、自治或社会团体人员，凭借敌伪势力侵害他人，经告诉或告发者。这个函件较之上述的《实施办法》明确了一些，着重从职务上规定了是否定为汉奸并予检举和处罚的界线，但是只看职务，不看实际表现，依然可能搞错，并且这个函件也来得太迟了。国民党广东当局明令规定，检举汉奸工作到1946年底截止，肃奸委员会的使命更早于1946年5月完成，把汉奸案件交法院及军法机关审理。在肃奸委员会的使命结束一年以后，才颁布检举和处罚汉奸的标准，这是典型的马后炮。

根据国民党军事委员会广州行营参谋处的统计，到1946年6月止，已伏法之奸逆有伪广东省维持会副委员长吕春荣、伪国民军军长范德星、伪雷州和平救国军总司令符永茂、敌谍黄美莲等。已逮捕正在审讯的汉奸计有伪高等法院院长陈鸿慈、伪广州要港司令招桂章、伪广州绥靖公署参谋长许廷杰、伪陆军第四十五师师长李辅群、伪广州市长张卓堃、伪警察局局长郭卫民等大小汉奸790余名；已定为汉奸被明令通缉者，计有彭东原、陈春圃、李道轩、汪屺、雷遇春、董锡光等200余人。

在清查汉奸的同时,国民党广东当局也收编和遣散伪军和游杂部队。

抗战后期,国民党最高军事统帅部为了准备反攻,接应盟军在广东沿海登陆,"曾密令广东军政长官尽量增植地方武力,争取敌后民众发动伪军反正。……以期造成一个便利盟军登陆的环境"。日本投降后,这些地方武力和伪军"已无所用",而"游杂部队庞大,地下武装人员复杂,及敌伪残军之顾虑,在在足以影响地方的治安和社会的秩序"①。因此,第二方面军司令长官张发奎率部进入广州接受日军投降的同时,也对游杂部队和伪军进行"迅妥的处置"。处置的办法,一是收编,二是遣散,并对"盘踞跋扈祸害地方之顽劣势力,分别加以剿灭"②。

应该指出,广东当局要"剿灭"的"顽劣势力"必须加以分析,即一方面确有相当一部分(例如伪军、土匪、散兵游勇等)是扰乱地方治安,危害社会秩序的势力,但另一方面也包含中共所领导的抗日武装。在国民党当局的心目中,后者甚至比前者更加危险,必须尽量"剿灭"。

与第二方面军司令部统领正规武装"剿灭顽劣势力"的同时,广东省保安司令部也积极进行配合,收编伪军和游杂部队多达5个团,共计12 000人,并把他们编并成为隶属保安司令部的保安团队。③这些保安团队,一方面与正规军相

---

① 《广东省政府代电》(1947年5月),原件藏广东省档案馆。
②③ 罗卓英:《对省参议会第一届第一次大会实施总报告》(1946年10月14日),6页,广东省档案馆藏本。

配合,"清剿"中共领导的抗日人民武装;另一方面负责维持社会治安,保护交通线,稳定秩序。

为了地主买办阶级统治的长治久安,还相继采取了以下一些措施和步骤:

第一,发布命令,规定日后"地方治安由省保安司令部负责",健全和充实保安团队,使之能够接替过去由正规军担负的任务。

第二,保安团队的主力,负责控制全省若干主要据点和交通线,保持机动态势,便于指挥和调动。

第三,执行建警计划,建立和充实民众武力,要求县市局长深入领会蒋介石的"用兵不如用民,教民要如教兵"的训示,扫除依赖正规军的心理,积极组训民众,筹措经费,健全地方警察,以便达成地方自治自卫的使命。①

四、修桥铺路,恢复交通

国民党广东当局把恢复交通作为贯彻蒋介石提出的"与民生息"方针的大事来抓,给予重要地位。1945年9月20日,罗卓英刚刚到任,在向广东省官民的广播词中说:"交通舒适是全民团结合作的必要条件,水陆运输和邮电通讯,必须求其畅行无阻,然后全省各地的军民,精神上物质上的一切生活,乃能互相联系,一切意志和力量乃能集中,一切

---

① 罗卓英:《对省参议会第一届第一次大会实施总报告》(1946年10月14日),6页,广东省档案馆藏本。

事业乃能尽速开展。……而后政治、经济与社会上一切工作的兴办乃能畅行无阻。"①

然而，在当时的中国，铁路、公路、水路、航空等交通都很落后。抗日战争期间，由于战争的破坏，水陆空交通不畅，邮路不通，给治安、粮食及物资运输调剂带来诸多困扰。1945年9月，国民党当局还治广东以后，组织人力物力对铁路公路等交通设施进行修复，但由于经费短缺，技术落后，进展十分缓慢。铁路方面，粤汉、广九两条干线和广三支线，是连接南北交通的大动脉。日军出于作战和侵略中国的需要，在占领期间，派兵重点保护这些路线，因而破坏尚不严重，战后很快便恢复了通车。公路方面，战前广东境内共有公路15 445公里，战争期间，先后被破坏的有15 020公里，仅剩425公里。战后经过一年的抢修，到1946年10月，先后有广韶、韶兴、梅汕、韶庾、韶坪、惠樟、广高、广九、琼崖环岛等短途线路恢复了通车，共计4 456公里②，不到战前的1/3。至于广汕、广湛两条贯穿全省的交通大动脉，因为没有经费，迟迟未能动工。水路方面，内河航运，渐臻畅通，来往船只，亦渐增多。但沿海航运则因船只缺乏，广州至汕头、湛江、海口、厦门、台湾、海防、西贡（今越南胡志明市）等国内外沿海城市，通航仍然困难。空运方面，战前粤桂两省合组之西南航空公司，战争期间已停

---

① 《胜利后一年间罗主席重要言论集》（1946年9月15日），广东省立中山图书馆地方文献部藏。
② 见《广东省政府罗（卓英）主席对省参议会第一届第一次大会施政总报告》（1946年10月14日）8～9页。

航。战后,两省要求国民党中央政府调拨飞机、拨付款项重新复航,但迟迟未有结果。电讯方面,战前有电话线6 000余公里,战争期间也遭到了破坏。胜利后,包括残存、修复和接收军线在内,共计4 548公里,也未达到战前水平,特别是主要干线,迟迟未能贯通,电讯也不通畅。

以上情况说明,广东当局虽然认识到交通的重要,一再声言要把它作为大事来抓,但因财力匮乏,心有余而力不足。特别是全面内战爆发以后,国民党当局更把有限的财力物力全部用于进行反共反人民反革命战争上面,更无力顾及广东交通事业。所以,直至1949年国民党溃败,被迫逃离大陆,广东的水陆交通、航运、空运均未恢复到战前水平。

五、宣布豁免农业税和"二五减租",减轻民负,恢复农业生产

1945年9月3日,在庆祝抗战胜利时,蒋介石发布命令:"凡我曾经陷敌各省,本年度的田赋各一律豁免一年,后方各省亦定于明年度豁免田赋一年,并责成主管机关和地方政府依照'二五减租'的原则,参酌各地实况,拟订减租办法。"[①] 据此,国民政府行政院于同年10月,颁发了豁免田赋和实行"二五减租"的命令。同年10月,刚刚成立的第十届广东省政府张贴出《豁免本省田赋布告》,转达了行政院的命令。布告说:"现奉行政院申江三电节开:'奉国府令,凡我曾经陷敌各省,应即予豁免本年度田赋一年,其他

---

① 罗卓英:《实行减租,增加生产》(1946年5月1日),见《胜利后一年间罗主席重要言论集》,59页,广东省立中山图书馆地方文献部藏。

后方各省，为今年军糈民食所赖，准俟明年度亦予豁免等因，兹规定办法如次：该省卅四年度应行征实征借之全年粮食（包括带征之县级公粮在内）一律全部豁免，由该省政府立即布告周知，并通知省临时参议会查照，省田赋粮食管理处应即停止征实征借，其在布告免赋以前业经完纳之粮，准由人民于卅五年度持凭粮票收据，抵完当年田赋'等因，奉此，自应遵照。除分行外，合行布告周知。"①与此同时，行政院还下达了实行"二五减租"的命令。

要而言之，阻碍中国农业生产力发展的主要障碍是封建主义的土地制度，要使长期停滞不前的农业生产得到恢复和发展，必须从根本上废除封建主义的土地所有制。这对于代表地主买办阶级利益的国民党统治集团来讲是根本不可能办到的。国民党当局宣布短期减免农业税和实行"二五减租"，虽不能触及封建土地制度的毫毛，但如能贯彻执行这两项政策可减少农民的些许负担，给长期处于帝国主义和封建主义剥削压迫下的困苦农民一个喘息的机会，也给千疮百孔、濒临破产的农业经济以一线生机，这无疑是一个善举。然而，习惯于讲空话大话并常常食言而肥的国民党统治集团，又故伎重演，张贴减免田赋和"二五减租"的布告墨迹未干，很快就弃如敝屣。

"减免田赋"，不减反增。1945年10月，国民党当局曾宣布沦陷区各省豁免田赋一年，从时间上推算，应是从1945年11月起至1946年10月止。可是，到了1946年春，国民

---

① 《广东省政府报告腾威随字第64970号》（1945年10月），见《广东省政府公告还治复刊》，第2号，5页，广东省立中山图书馆地方文献部藏。

第一章 国民党在广东统治的恢复

党当局决定撕毁重庆谈判和政治协商会议的协议，发动反共反人民的内战。为了准备内战，下令在全国范围内征调、采购粮食和物资，所有省区概不例外。1946年6月2日，广东省主席兼军粮筹购委员会主任罗卓英电令广州市政府，要求5、6两月内每月负责筹购军粮5 000大包。① 人所共知，1946年，广东春旱，全省粮荒严重，尤其是广州，粮食十分短缺，粮价最高涨至每100市斤10万元，开历史之先河。当时的报纸形容："饿殍载道，举市彷徨。"每天都有人饿死街头。据广州市卫生局掩埋队报告，仅5月3日一天，就收拾了64具死尸，还未全部收清。鉴于粮荒未过，当时的广州市政府以"本市并非产米区，粮食向赖各地运济"为由，请求免购，但"未能核准"。为了完成任务，广州市不得不于当日召开紧急会议，把广州市政府、市参议会、市党部和三青团、市商会、社会局、财政局、警察局、米业公会等单位的代表找来，成立"广州军粮筹购委员会"，负责主理其事，分配任务筹集款项，四出采购，强制完成。②

6月6日，国民政府财政、粮食两部在南京召开"实施改订财政收支系统会议"。会议的主要目的是继续实行征实，决定把财政系统划分3级，美其名曰整顿税收，杜绝苛杂和摊派，使公教团警人员公粮有着，以改善文武官员生活等。国民党当局为了增加粮食和财政收入，决定将前经明令本年度免赋之省份，改为分两年豁免，即1946年、1947年照额各征1/2。征实分四项，即征实、征借、公粮、积谷。田赋

---

①② 《中山日报》，1946年6月5日。

征实规定赋额每元征稻谷4市斗。按3（中央）、2（省）、5（县）比例分配。鉴于广东是缺粮省份，经交涉，决定每元征3市斗，与上年同。征借：决定征1借1，即征实每元4斗，征借亦是4斗。因广东缺粮特甚，经再三交涉，决定征1借半，即每元征实为3斗，征借为1斗半。征借所得，全归中央。公粮：规定带征3成，经商洽，每元征借1.5斗，与上年度同。积谷：每元带征5升，也与上年同。以上总计，每元合计征谷7.5斗，1946年广东减为6.5斗。表面看来，负担较其他省轻，但负担反而加重。因广东田赋，以前总额为400余万元，1945年举办田亩调查，改征临时地税，总额增至1 400余万元。过去每年征实，平均约得6成，现以7成计，赋额约为1 000万元。依此核计配额，计应征实300万市石，征借150万市石，公粮150万市石，积谷50万市石，共计650万市石。所以广东的负担不但没有减轻，反而比以前加重，超过了广东的承受能力。①

国民党当局规定，田赋从同年8月1日起开征，限2个月内完成。如果逾期，则依滞纳处分办法处理。为了满足全面内战和政府各项开支的需要，国民党最高当局几次下达命令，征实任务必须限期完成。广东当局也多次派出省府委员为首的各级官员，分赴各地督征。但因农民手里无粮，无法按期交纳。国民党广东当局虽然三令五申，并先后3次宽展期限，都未能奏效。直至同年12月23日，只征得115万市石，仅为原定目标的1/4，远远未能完成。②许多国民党政府

---

① 《中山日报》，1946年6月20日。
② 《中山日报》，1946年12月24日。

的基层干部，因为不能如期完成征实任务，先后受到申诫、记过乃至撤职处分。

田赋是国民党当局的主要财政来源，也是国民党统治集团发动反革命内战的主要经济基础。征实任务未能完成，不但给了国民党统治集团的内战政策以沉重打击，也预示着广东的农业经济潜伏着严重的危机。

"二五减租"，有名无实。除了9月3日的命令以外，蒋介石还专门下达手令："减租轻息，责成各级政府暨各主管机关照'二五减租'决议及其他政纲政策中有关民生之各项规定，限于本年11月12日以前照决议办法次第实施。"①国民党广东省政府收到这两个命令以后，并未立即开展减租活动。直至1946年5月1日，罗卓英发表题为《实行减租，增加生产》一文，传达了蒋介石有关"二五减租"的命令，并表示广东省政府"将根据广东的实际情形，依照中央命令，拟定各县减租实施办法，并认真督察考核，务其严密公平"②。1946年8月，在国民党最高当局下达减租令近一年之后，《中山日报》第一次报道了以下消息："当局以推行'二五减租'，不容稍有疏忽，业经规定实施'二五减租'为各县市局各乡镇本年度中心工作之一，并列为各县市局长及乡镇长主要考成之一，规定各县（市局）政府，应会同同级党部、青年团、参议会、法院、农会等有关机关团体，组织县（市局）'二五减租'委员会，办理宣传、督导、考核

---

①② 罗卓英：《实行减租，增加生产》（1946年5月1日），见《胜利后一年间罗主席重要言论集》，61页，广东省立中山图书馆地方文献部藏。

'二五减租'及裁决强制执行租佃纠纷事宜。"① 与此同时，当局还颁布了《广东省推行"二五减租"要领》、《广东省各县（市局）"二五减租"实施办法（准则）》、《广东省各县（市局）各乡（镇）"二五减租"委员会组织规程》、《广东省各县（市局）"二五减租"委员会组织规程》、《广东省各县（市局）"二五减租"纠纷案件处理程序》等5个文件。

根据文件的诠释，所谓"二五减租"是指"在本办法公布前订定租约或约定佃农应缴实物或货币额，在'二五减租'实施年限内一律减去百分之二十五（即四分之一）"②，并说这是国民党的"农民政策"，目的在于"佃农得沾实惠"。③

文件指出：为了实施这一政策，一方面应动员各方面的力量，采用多种多样的形式，向农民和地主进行宣传，"使农民了解政府对农民的德意，使地主了解减租办法之公允恰当"。另一方面，要组织建立县（市局）和乡（镇）两级"二五减租"委员会④，作为推行"二五减租"的组织机构。县（市局）减租委员会由县（市局）长及县党部书记长、三青团干事长、参议会议长、地方法院院长和县农会理事长暨常务理事各1人充任，并以县长为主任委员。县（市局）减租委员会的职责是宣传、推行、督导、考核等事宜。⑤ 乡

---

① 《中山日报》，1946年6月20日。
②③④⑤ 《广东省各县（市局）"二五减租"实施办法（准则）》，见《国民政府广东政府公报》，复员还治专刊第二十五号，广东省立中山图书馆地方文献部藏。

（镇）减租委员会由乡（镇）保长、当地党部或区分部书记、中心国民学校校长及乡（镇）农会常务理事和理事各1人充任，并以乡（镇）长为主任委员，其职责是关于"二五减租"的宣传、推行和调解。还规定："业主依本办法收租外，不得违法多收或额外需索，并不得因'二五减租'而借故撤佃。"① 《纠纷处理程序》规定，减租过程中如果发生纠纷，佃农或地主任何一方都可以向减租委员会提出申请，送交佃农居住之乡（镇）"二五减租"委员会调解，如果乡（镇）委员会调解不了或处理不公，可以交县（市局）减租委员会进行裁决，强制执行。②

从表面看来，这些规定对租佃双方都是公平的，某些条文还对佃农有利，但实际情形并非如此。且不论当时的国家本质上是地主买办阶级专政的国家，各级政府是代表封建地主利益的政府，就是从直接主理"二五减租"的县（市局）和乡（镇）两级减租委员会的组成人员分析，也可看到"二五减租"活动的虚伪性。从组织规程看到，参加委员会的委员多数是县长以下的大小官吏。须知，当时能够当官的基本上都是地主资产阶级家庭出身的头面人物，或者是他们的知识分子，或者本身就是地主、资本家。至于国民党统治下的"农会"，事实上也是国民党当局一手包办的御用工具，能够当选农会理事长或理事的很少是真正的农民，而是那些经过统治者挑选或者认可的人物。由这样一些人组成的减租

---

①② 《广东省各县（市局）各乡（镇）"二五减租"委员会组织规程》，见《国民政府广东省政府公报》，复员还治专刊第二十五号，广东省立中山图书馆地方文献部藏。

避公众舆论的责难，替自己在"二五减租"问题上行动迟缓进行辩解，1946年9月13日通过《中山日报》第二次报道了有关消息。报道说："二五减租"因"奉命过迟，去年未及举办，奉准展开本年补办"。这是说，广东省推迟了将近一年才开始减租，是经过国民党最高当局批准的。为了显示当局对于此项工作的重视和有紧迫感，报道重申了"本案并列入为各县市局本年度中心工作"的要求，并限9月底以前，各县市局乡镇，须将"二五减租"委员会名册，实施减租情形，"二五减租"概况调查表，报请核实。减租活动刚刚开始一个月，就要求汇报并核实成果，何其紧迫！

这次"二五减租"活动的成果，国民党广东当局的档案和报刊都很少有记载。据《中山日报》报道，至1946年11月19日为止，全省有南雄、平远等44个县成立了减租委员会。当时广东全省共有103个建制县（市），明令开展减租活动已几个月，建立起减租委员会的还不到建制县的一半。这种情况只能说明，全省一半以上的主要当权者们对"二五减租"仍是拖而不办，消极抵制。正如上面所述，由于当权者阶级利益的限制，他们绝不肯实行减租。至于已建立了减租委员会的县开展减租活动的情况如何，总共减了多少，农民得到多少实惠，各方面的材料都只字未提。由此可以推断，国民党广东当局开展减租活动有如镜花水月，在历史上几乎没有留下任何痕迹。

由于国民党当局在豁免田赋和"二五减租"这两个对刺激农业生产十分有利的重大事情上言而无信，只能把恢复农业生产的希望寄托在改善生产条件和改良耕作技术上，诸如兴办农田水利，推广优良品种，使用化学肥料，增加农业贷款，推动互助合作，等等。复员初期，广东当局在严重粮荒的巨大压力下，在这些方面也做了一些努力，取得一点成绩。如兴修水利，1946年计划建筑之水利工程，共有21处。当年完工的有惠阳马鞍围、曲江枫湾和老狱、潮安龙空洞等工程，使近40万亩农田受益，预计可增产粮食85万市担。还有各县自行建筑的小型水利工程，也都在进行施工。这都是应该肯定的。但应指出，改善生产条件和改良耕作技术都需要资金，广东当局自身并无资金来源，一切经费都依赖中央政府拨款。全面内战爆发后，以蒋介石为首的国民党政府把极其有限的资金都投在打内战上，开支浩大，财政赤字迅速飙升，收入远远不敷支出，连政府工作人员的工资都常常拖欠，哪还有力量投资农田水利和其他生产建设呢！所以，1946年以后，国民党当局无钱投入农田基本建设，生产条件越来越差，致使国民党统治下的广东农业经济不但得不到恢复，而且每况愈下，一年不如一年，直至国民党政权垮台逃离大陆时止，农业生产都未能恢复到战前水平。

六、复员文教事业

抗日战争期间，广东的文化教育事业遭受到严重的摧残和破坏，学校校址被占，图书设备散失，教师学生流失，一些学校迁往后方；在沦陷区，日伪为了长期统治广东，也开办了一些各级各类学校，设立了一些文化设施，以对广东人民特别是对青少年进行奴化教育，培养为日伪统治服务的奴才。这样，抗战胜利后，文化教育的复员工作便面临以下两方面的任务。

第一，接收敌伪文化机关和学校，清除奴化教育遗毒。1946年10月，罗卓英在省参议会第一届第一次大会的施政报告中说："本府认定久战之后，收复失地，固属重要，而恢复民心，尤为先着，教育为收复民心之最良工具，故复员开始，即彻底取消伪校，严格进行甄审各级伪校的教员学生，分别去留或感化，然后予以转学转业的处置，凡关于沦陷区内敌伪所遗留之奴化思想图书设备等，均一举而廓清之。"①这段话可以说是广东国民党当局在复员期间处置敌伪文化教育机关的指导思想和基本原则。按照这个指导思想和原则，广东省先后制定并颁布了《广东省收复区各级学校及社教机关处理办法》、《广东省收复区教育工作人员甄审委员会组织规程》、《广东省收复区教育工作人员训练办法》、《广东省收复区中等学校学生资格甄审委员会组织规程》、《广东省收复区中等学校学生甄审办法》、《广东省收复区中等学校学生训练办法》等一系列文件，作为接收处置敌伪教育机关和文化机构的工作依据。

鉴于接收工作量较大，情况复杂，为了明确责任，按照地区和不同层次，做了分工：在广州设立之专科以上学校，由教育部特派员负责接收，中等学校由省教育厅接收，小学由广州市教育局接收，各县市的中小学，则由教育厅分令各

---

① 罗卓英：《对省参议第一届第一次大会施政报告》，12页，广东省档案馆收藏本。

县市政府接收，然后向教育厅具报。①

按照上述原则和办法，对敌伪举办的各级各类学校和社教机关进行接收。到1945年11月，直接由省教育厅接收的中小学校共有伪广大附一中、伪省立一中、二中、六中、伪执信女中、伪德始中学、伪女师、伪一职、伪敏存中学、伪私立中华中学和伪执信附小、伪女师附小等12所。由教育厅接收的社教机关有伪省立民众教育馆、图书馆、滑翔分会、东亚研究所等4个。与教育部特派员会同接收和由各校先行接收的有伪鸣崧中学、伪华南计政学院、伪省一中、伪广东大学附二中等4所。由各县市代行接收者有伪省立第三、第四、第五中学和私立八桂中学等4所。经检查督导不合办学要求，被教育厅饬令停办或改组者有岭峤中学及国民助产学校两所。以上共计中等或职业学校20所，小学2所，社教机关4个。②

对敌伪学校资产的处理，如校址、图书、仪器等，如系占用原有学校或民房者，经查明有据，原则上发还原主；如系伪校自置者，则根据现有学校的需要，不论公校私校，都一视同仁，酌情分配。③

对伪校员生的处理，采取区别对待的方针，即大学生与中小学生不同，教员与学生不同。大学生要求较严，对中小学生要求较宽。对伪校学生的学业，与内地归来的学生同样

---

① 教育厅厅长姚宝猷：《在本省临时参议会的报告》（1945年11月），见《广东省政府公报》，还治复刊第六号，广东省立中山图书馆地方文献部藏。

②③ 教育厅厅长姚宝猷：《在本省临时参议会的报告》（1945年11月），见《广东省政府报告》，还治复刊第六号，广东省立中山图书馆地方文献部藏。

对待，给予关怀和便利，因学校虽为伪立，但青年学生却是国家可贵的财富，不应歧视。专上学校员生之处理，由教育部特派员负责，中等学校员生则由教育厅负责，小学教员则按教育厅订定的《收复区各县市小学教员登记甄试训练办法》分饬各县市办理。为了对收复区的员生进行甄别和训练，教育厅先后制定了5个相关法令，分别对中小学员工和中等学校学生进行甄别，甄别合格后，对他们进行爱国主义思想训练，考试合格后，学生按其成绩编入相当年级肄业，教职员则发给相关证明，让他们继续服务。据统计，自10月22日起至11月22日止，到教育厅登记参加甄别与训练的学生有4 467人，至于伪校教职员，据报有807人，但前往登记者只有42人。他们因为思想有顾虑，对登记、训练持观望态度。教育厅决定按规定办理，决不宽限。①

第二，恢复各级各类学校。复员初期，罗卓英提出"先求复校复学，再谋调整充实"的原则。按照这个原则，一些在战争中因为种种原因停办了的学校也陆续恢复起来，聘请教师，招收新生，请求复办。据统计，到1946年10月，国民教育已复员87%，小学已由21 601所增至22 917所，收容学生1 958 772人。中等教育已复员90%以上，由423所增至557所，收容学生141 416人。高等教育已全部复员，共有14所院校，收容学生10 990人。民众教育馆也由71所增至81所。图书馆由54所增至85所。体育场由78个增至

---

① 教育厅厅长姚宝猷：《在本省临时参议会的报告》（1945年11月），见《广东省政府公报》，还治复刊第六号，广东省立中山图书馆地方文献部藏。

91个。①广东省当局还调整了学校布局,将一些省立学校调至没有省校的地区,使全省各地区都有省立学校。

在学校复员过程中,通过督导检查,发现了许多问题。如许多学校设备十分简陋,有的甚至连桌椅都没有,班级人数过多,超过了每班50人的规定;有些学校虚报或匿报教员,学校已开始上课,教员尚未到位,有的学校私自聘请未经甄别与训练的教员;有的把补习学校冒称为工业学校,愚弄上级和社会;许多学校图书设备付之阙如;等等。在督导过程中,还发现广东教育有两种特殊现象:一是一些私立学校因经费支绌,难以维持,中途辄请改为省立;二是把教育"商品化",一些学校随意滥收学生,借此图利。

产生以上问题的主要原因,在于教育经费严重短绌。广东教育经费缺少,有其历史渊源。从1937年9月起,即抗日战争开始时,广东的教育经费被按照1936年的50%支付,折合国币还有五成,因货币连年贬值,教育经费更趋紧缩。后来虽有增加,但增加标准都是以上年为基数按成计算,所增无几。加上连年物价暴涨,货币贬值,故经费不但未见增加,反形短绌。与毗邻的福建、江西、湖南、广西比较,不论是绝对数,还是按人口、校数、学生人数比例计算,广东的教育经费都是最少的。当时国民党中央政府规定,教育经费应占财政总预算的15%~20%,而广东只有5.6%,远远低于中央政府规定的标准。1936年度,国民党中央政府核定拨付广东的教育经费是1.96亿元,这勉强可维持战时已经

---

① 罗卓英:《对省参议第一届第一次大会施政报告》(1946年10月),12页,广东省档案馆藏本。

紧缩的事业。后因学校复员需要，又增拨7 500万元，分给全省公私立中小学校，平均所得无几。还应指出，当时教育经费往往延迟几个月才能拨付下来，更大大影响各校教职员的生活和工作热情。由于经费短缺，且不能按时发放，师生生活无着，故1946年初广州地区曾发生多起中等以上学校师生罢教罢课事件，要求增加工资，改善待遇。

还有一个与教育经费密切相关的公粮公费问题。从1945年起，广东的公教人员和公费生一律发给公粮。由于粮食严重短缺，广东省再三压缩教育机关与学校教员和公费生公粮的名额。从1945年3月起，被裁减30%。公粮名额的减少，严重妨碍了教育事业的发展。

此外，当时还有一部分校舍被侵占，如上所述省立仲恺农业职校被用作集中营，关押战俘，执信女中被用作后方医院，私立知用中学被用作军营，驻扎军队。

总之，到1946年初，文教事业虽然得到了初步复员，但整个说来问题很多，非但质量不高，数量也严重不足。以小学为例，广东当时全省人口有3 000万人，共有国民学校（即小学）5 000余间，可收容儿童200余万人，而当时全省有适龄儿童400万人以上，故有一半以上适龄儿童无法上学。

七、宣慰海外华侨

国民党历来重视华侨。孙中山说："华侨是革命之母。"华侨对国民党也有很深的感情，对国民党的事业给予了重大的支持，并且做出了重大的贡献。广东是华侨最多的省份，素有"侨乡"之称。抗战胜利后，广东当局为了争取华侨支持政府复员，渡过严重困难，专程派员到海外宣慰华侨，开展侨务工作。

早在1945年8月，罗卓英受命主政广东伊始，在重庆逗留期间，与省府其他委员讨论广东粮荒问题时，即想到要争取海外华侨的帮助。当时，粮食部拟派马燦荣为特派员赴暹罗（今泰国）洽商购买粮食，罗卓英托其带信给暹罗侨领，代表广东省政府向旅居越南、暹罗的粤籍华侨表示慰问，并向他们转告"大战之后，必有凶年"的古训，请求暹罗侨领在侨胞中发动捐款，购米回粤，救济灾民。暹罗侨领没有辜负广东省政府和广东父老乡亲的期望，立即组织"救荒会"，发动募捐，采购粮食，接洽运输，办理相关手续，等等。他们冲破重重阻力，采购粮食，于1946年2月即把第一批大米安全运到了广东，以后又接连运来7批，共计15 957吨，有力地支援了广东人民度荒。

华侨的爱国热情，促使广东当局进一步提高了对华侨在祖国建设中重要地位的认识。1946年元旦，广东省主席罗卓英在祝辞中把"发展侨务，充实建设力量"列为建设新广东的五大方针之一。同年3月，广东省临时参议会第二届第四次会议开会时，又以大会名义向海外侨胞发了致敬电，对海外华侨在抗日战争中的报国之心和巨大贡献做了高度评价，同时也对侨胞支援家乡渡过难关、重建家园给予殷切期望。电文说："抗战军兴，万方同仇，维我侨胞，寄居异地，志复中原。或毁家而纾难，或归国以效忠。虽至海疆穷促，岛夷猖獗，田园荒芜，骨肉流离，犹复冒险犯难，茹苦含辛，全始全终，一心一德。用能剪彼群凶，申兹正义。同人等翘瞻海外，环顾域中，念疮痍之未复，如痌瘝之在抱。际兹大会，愿竭微衷。共谋桑梓之复兴，藉副诸君之雅望。特致电慰，诸祈藻鉴。"①

1946年5月初，广东粮荒日趋严重，从城市到农村，每天都有千百具饿殍陈列街头巷尾，惨不忍睹。为了进一步发动海外侨胞捐款购粮，度过粮荒，广东省政府第五十三次委员会议决定派遣主管侨务工作的詹朝阳委员前往越南、暹罗两国活动。5月9日，詹朝阳抵达香港。16日由香港飞抵越南西贡（今胡志明市）堤岸。29日由西贡转飞暹罗（今泰国）曼谷。6月15日，离曼谷回西贡。18日，回香港，21日抵穗。詹朝阳此行历时一个半月之久，会见了越、暹两国侨胞，一方面代表广东省政府慰问海外侨胞，另一方面协助当地侨领进行组织动员，发动侨胞慷慨解囊，购粮购物，支援家乡父老度荒。②

在越南，原来没有救济祖国粮荒之组织。詹朝阳到后，与当地侨领洽商，成立了"南圻救济祖国粮荒总会"，分头募捐。5月26日，又成立了"旅越华侨救济潮汕粮荒委员会"，并迅速募集饭焦（锅巴）2 000吨。5月28日，詹朝阳与法国驻越最高专员会晤，请他协助做好有关方面的工作，救济中国粮荒。法国方面提出以中国军队撤出越南作为交换条件。此事超出詹的职权范围，无法达成协议。嗣后订

---

① 《广东省临时参议会文件》（1946年3月）23页，广东省档案馆藏本。
② 《中山日报》，1946年8月1日。

立章程草约，以美元和布为交换条件，换米 12 000 吨。

在暹罗，侨领接到罗卓英 1945 年 8 月的信后，即于同年 11 月成立了"暹罗华侨救济祖国粮荒委员会"（简称"救委会"），并在各地设立 3 119 个分会，还成立了 329 个特别募捐队。在"救委会"和募捐队的积极发动下，募捐暹币 3 000 万铢。詹朝阳到暹罗后，至 1946 年 5 月 23 日，又募捐 819 万铢。侨胞们把募捐所得全部用来购买米粮，运回广东省救灾。由于"二战"后，世界许多国家都遭遇粮荒，联合国从全球救灾需要出发，对产粮国粮食出口进行严格控制，规定必须取得联合国救济总署的批准方可出口。1946 年 1 月，经过中国救济总署的交涉，终于获批准，暹罗侨胞支援广东省的第一批救济粮，平安运到广州。①

与此同时，海外侨胞对国民党官僚的腐败和华侨在国内所遭到的不公平待遇表示不满，当面向詹朝阳提出批评建议。侨胞的主要意见与要求是：开放侨汇；取缔海关苛勒；澄清吏治；设立华侨服务社；赈米必须专用，不得中饱私囊；取缔积压侨汇谋取私利的恶行；等等。②

为了加强和改进侨务工作，计划粤省福利事业，辅导粤侨从事经济建设，广东省政府决定将原来的"侨资垦殖委员会"和"粤侨通讯处"撤销，成立"粤侨事业辅导委员会"（简称"侨委会"），专门负责政府与侨胞之间的联络、辅导与合作事宜。该委员会的具体任务有二：一是指导及协助粤侨回国投资，开发省内实业，帮助他们解决投资中遇到的困

---

① 以上材料均见《中山日报》，1946 年 8 月 1 日。
② 《中山日报》，1946 年 8 月 2 日。

难;二是代表广东省政府宣达侨情,沟通声气,使双方能诚信相孚,促进广东经济建设。委员会设主任秘书1人,组员2人,技术专员3人;下设总务、调查、指导3个组,各设组长1人,组员9人,助理组员9人,雇员3人。"侨委会"还对原来垦殖委员会和通讯处的业务进行了改组调整:第一,将"侨资垦殖委员会"改组为"侨资垦殖社",着重负责垦区农业之改进,以救济收复区灾黎及归国之贫苦侨胞。第二,筹设侨乐社,招待返粤侨胞,该社侧重于康乐生活之改进,便利侨胞往来居停。第三,把"粤侨通讯处"改组为"粤侨文化社",负责华侨文化建设。文化社内附设通讯处和月刊社,负责报道本省社会经济文化动态,争取侨胞向国内投资,参加国家建设。[①]

"粤侨事业辅导委员会"成立以后,至1947年4月,主要做了以下一些工作。

第一,归侨利益之保障。首先是旅途安全保障:"侨委会"致电港澳有关部门,要求派员至码头查察,保护归国华侨免受非法敲诈;函请航政局,制止滥收归侨旅运费行为;派员至码头、车站,接待归侨,协助侨胞解除行旅困难;协助华侨办理出国护照。其次是产业保障:"侨委会"派员接待回粤侨胞,会同省府侨务处商讨解决侨产纠纷事宜;协助侨眷进行房产登记,办理一些华侨房屋、产业被盗卖或被侵占之诉讼纠纷。再次是企业保障。抗战胜利以后,华侨回省投资农工矿业者至为热烈,为保障投资华侨利益,"侨委会"

---

① 《粤侨事业辅导委员会之任务》,见《国民政府广东省政府公报》,还治复刊第十一号(元旦特刊),广东省立中山图书馆地方文献部藏。

受省府委托，拟定《广东省政府奖助华侨回省投资兴办实业办法》，提交省参议会和省务会议通过，并报请中央政府备案。最后是归侨情况之调查：制定回省侨民月报表，按期调查回省侨民旅居和经营事业的情况，以保障其安全。

第二，改善归侨福利。首先，"侨委会"联络动员华侨投资，在广州沙面创办侨乐社；各国归侨中，凡是侨领，"侨委会"均派高级人员迎送接待，帮助他们解决居停困难，并对他们进行访问或座谈，了解各国侨情，安排他们会见主管侨务或建设工作的行政长官，让他们了解国家建设的情况与计划。选定广州东山百子路附近作为建设华侨新村的地址，根据华侨的需要，建设不同规格和不同类别的华侨住宅，使他们回国以后有一个安身的地方，必要时也可以回来定居。

第三，引进侨资，发展生产。首先是搜集有关工、商、渔、盐、矿业、交通等生产建设资料和中央以及省颁布的有关实业法规，编撰《华侨投资广东实业要览》，供华侨投资广东实业时参考；辅导华侨投资开垦荒地、建设工厂、发展养殖、建立办事处、建设华侨新村等生产建设事业。

综上所述，在复员还业初期，国民党广东当局为争取海外华侨参加战后国家重建，制定了一些保护侨胞实际利益的政策和措施，做了一些有意义的工作。广大侨胞本着一贯的爱国爱乡的优良传统，积极响应祖国号召，慷慨解囊，以实际行动支援家乡人民抗灾度荒，为战胜饥荒做了不可磨灭的贡献。同时他们也热心家乡建设，积极投资生产事业。但是自从全面内战爆发以后，国民党当局便全力进行战争，既无心也无力开展生产建设。全国各地战火纷飞，生灵涂炭，盗贼蜂起，通货膨胀，物价飞涨，这种纷乱不堪的政治经济环境，使广大华侨投资家乡生产建设的热情遭到沉重打击。在这种环境下，国民党广东当局所开出的保护华侨利益的种种诺言，大都成了空头支票。

第三节　国民党广东当局的善后救济工作

第二次世界大战后，联合国给一些在战争中遭受破坏的国家拨下救援物资，中国也是受援国之一。广东由于难民众多，粮食匮乏，受到了国民党行政院救济总署的特殊照顾。但在分发救济物资过程中，黑幕重重，广大受难同胞的救命粮和御寒衣，也成了少数当权者中饱之物。

一、广东灾情的严重性和善后救济工作的迫切性

在旧中国，广东是一个相对富庶的省份，其经济、文化、教育、商贸以及交通事业都较为发达，仅次于江苏、浙江二省。抗战期间，日伪统治广东7年，使广东的经济、文化、教育事业遭到了严重的破坏。据国民政府行政院善后救济总署广东分署的调查统计，广东全省101个县市中，有91个县市曾经长期沦陷或半沦陷，3 000多万人口，至少有几百万人死于战火、饥饿或直接遭到日本军队的屠杀。全省房屋总数原为4 350 000间，被毁的多达252 000间，占全省房

屋总数的5.8%。在珠江三角洲地区，如顺德、南海、台山等地，仅有一半多的人口幸获生存，千百万村庄被焚毁殆尽。海南岛（今海南省）战前人口是250万人，战争期间至少有50万人被屠杀，或死于饥饿和疾病。据救济署调查人员报告，许多村庄已成废墟，饥饿与疾病在全省97个县市肆虐。①

战前，广东公路战争中大部被毁，桥梁损坏尤为严重。通往内地和香港的铁路干线和广九公路这两条主要交通动脉，需要全面修理，方能通车。工厂矿山遭到战争破坏，因机件、原料及资金缺乏，多数陷于停产状态。在农村，河堤、基围、水库、沟洫等水利设施因年久失修，致使稻田、旱田被弃置或丢荒者，各为300万亩。国内外驰名的岭南佳果大量减产，其中柑橘损失约6万亩，2/3的树苗被砍伐，使70万以上果农无以为生；香蕉损失约4万亩；荔枝、龙眼损失约6万亩。蚕桑丝业几乎完全破产，公营林场也损失严重。耕牛损失约15万头。②

广东渔业，向来较为发达，渔民达80万人。战前，约有35 000条渔船，大都被敌人破坏，留存者也已残破，不堪使用，故使渔业损失330余万担。

上述情况，说明广东受战争破坏之严重，整个国民经济生活和经济组织几达麻痹状态。③

更为严峻的是，战争结束的第二年，即1946年，广东

---

①②③　行政院善后救济总署广东分署编印：《善后救济总署广东分署九个月来工作概论》（1945年10月至1946年7月），广东省立中山图书馆地方文献部藏。

全省又遭受严重天灾。先是春天,全省发生大旱,无法按时播种插秧;到了7月中旬,南路、西江、四邑等28个县市又遭受水灾、风灾的袭击,使全省夏季收成仅达常年的56%。本来,广东是缺粮省份,正常年景,每年需要进口粮食75万吨左右作为弥补,才能让广东人民基本吃饱。现在全省早造减产将近一半,加上战后联合国对产粮国的粮食严加控制,不能自由出口,使广东无处购粮,粮荒更为严重。这对本已困难重重的广东战后救济工作来说无异于雪上加霜。

战后初期,广东的社会、经济状况,正像1946年3月广州行营主任张发奎在广东省临时参议会第二届第四次大会的讲话中所说的那样:"当我们看见劫后的故乡,到处都是断垣残壁,市廛冷落,田园荒芜,赭衣满道,哀鸿遍野,无数同胞所受的痛苦,正在如水益深,如火益热,这种情形,真是惊心动魄,触目伤神,实使我们不胜惆怅,不胜焦虑。我们应该立即认识到目前问题的严重,而所有这些严重的问题,都必须求得迅速而确实的解决。"[1]应该说,张发奎这段话准确而生动地概述了抗战以后广东经济与社会的衰败局面,说明广东善后救济工作的严重性与迫切性。

面对这种严峻局面,广东省当局自知责任重大,必须尽快开展救抚工作。早在1945年9月初,罗卓英就说过:"救济抚辑是战后各级政府最基本的事工,本省各县市政府对此责无旁贷。"他于9日致电全省各区专员、县长,要他们

---

[1] 《广东省临时参议会第二届第四次会议文件汇编》,29页,广东省立中山图书馆文献部藏。

"切实办理"①。9月17日，罗卓英和一部分省府委员抵达广州。20日，即以新任广东省府主席的名义向全省军民广播讲话，认为"赶办救济抚辑"是新一届省政府当前的"三件大事"之一，要求"本省各级政府必须负起责任，在最近两个月内办起初步的救济抚辑，务使久受战祸的同胞，早日脱出水深火热的境地"②。张发奎、罗卓英都没有讲错，救抚工作确实是广东当局战后的头等大事，能否办好这件大事，使全省人民满意，这是对以张、罗为首的广东国民党当局执政能力的又一次严峻考验。

二、善后救济总署广东分署的成立及其演变

早在第二次世界大战结束之前，联合国为集合各国力量，谋战后各国救济与善后，便于1943年11月9日由44个成员国的代表在美国首都华盛顿集会，签订了联合国善后救济公约，随之成立了联合国善后救济总署（简称"联总"），主理联合国战后一切善后救济事务。"联总"设总部于纽约，并在中国设立了办事处。1944年3月，中国国民政府行政院设立善后救济调查委员会，拟制了中国善后救济计划，并于9月30日送交"联总"。1945年1月，国民政府行政院公布了善后救济总署组织法，并正式成立了"中国善后救济总

---

① 罗卓英：《对广东全省官民广播词》（1945年9月20日），见《胜利后一年间罗主席重要言论集》，6~7页，广东省立中山图书馆地方文献部藏。

② 罗卓英：《对广东全省官民广播词》（1945年9月20日），见《胜利后一年间罗主席重要言论集》，6~7页，广东省立中山图书馆地方文献部藏。

署"（简称"行总"），隶属行政院。①"行总"成立后，即计划在受战争灾祸的省份设立分署。1945年8月，日本宣布投降，战争结束，善后救济工作立即展开。同年9月18日，国民政府委派凌道扬为善后救济总署广东分署署长。10月3日，奉总署令，颁发广东分署关防官章。凌道扬于10月9日自渝抵粤，筹建广东分署。10月16日，广东分署正式成立。11月1日，副署长李应林也到任。此后，从1945年12月1日至1946年3月，先后建立了各地工作队及部分附属机构，善后救济工作逐步展开。②

按照总署颁布的组织条例，广东分署成立伊始，只设赈务、储运、卫生、总务四个组及秘书、会计两个室。为了策划、督导及推动各项业务，又组织了善后救济调查委员会、特种委员会（负责米粮、煤炭、房屋三项问题之调查、设计及采购运输）、农林渔牧委员会、交通运输委员会、水利委员会、工矿委员会、工赈委员会、救济及社会福利委员会、经济调查委员会及视察室。1946年6月，成立渔业业务委员会，以代替裁撤之附属机构广东渔业总社，处理从日本人手里接收之渔轮、渔具。7月，成立编译室，负责发布新闻、撰拟报告，并把此前之统计与出版工作划入该室。10月，成立技术室，把此前成立之交通运输委员会、农林渔牧委员会及渔业业务委员会、水利委员会、工矿委员会、工赈委员会，分别改设交通、农渔、水利、工矿、工赈五课而转隶该

---

①② 行政院善后救济总署广东分署编印：《善后救济总署广东分署业务总报告书》（1945年10月至1946年7月），第一章第一节，广东省立中山图书馆地方文献部藏。

室。12月，又设立侨遣室。自此，分署的组织系统基本组建完成。①

1946年11月30日，由于善后救济工作出了种种问题，舆论反应强烈，凌道扬被广州市参议会参议员们投诉，被迫宣布辞职。总署改派李应林为署长，黄开禄为副署长。但分署的组织系统未变。

为使善后救济工作在全省各地顺利展开，根据总署规定，在全省各地设置工作队。开始，只有广州、粤北、潮汕、四邑、海南岛、南路雷州等6个工作队。后因工作量大，工作范围广，又陆续增设了5个工作队，共计11个工作队，并依数序命名。5月1日，因广州救济工作任务繁重，又重新恢复广州区工作队，专门负责办理广州市区的复员救济业务。自此，全省共有12个工作队。现将各工作队的驻地及其工作区域分述如下：

1. 广州区工作队：驻广州市，工作区域同。

2. 第一工作队：驻广州市，工作区域包括南海、番禺、中山、顺德、增城、东莞、从化、花县、宝安、三水等10县。

3. 第二工作队：驻台山，工作区域包括新会、台山、开平、恩平、赤坎、高明、鹤山等7县。

4. 第三工作队：驻曲江，工作区域包括曲江、清远、南雄、英德、佛冈、始兴、仁化、连县、连山、连南、乐

---

① 行政院善后救济总署广东分署编印：《善后救济总署广东分署业务总报告书》（1945年10月至1946年7月），第一章第二节，广东省立中山图书馆地方文献部藏。

昌、乳源、翁源、阳山等14县。

5. 第四工作队：驻高要，工作区域包括高要、云浮、罗定、广宁、四会、新兴、德庆、封川、开建、郁南等10县。

6. 第五工作队：驻惠阳，工作区域包括惠阳、博罗、海丰、陆丰、河源、龙门、新丰、连平、和平、紫金、五华、龙川等12县。

7. 第六工作队：驻汕头，工作区域包括汕头、潮安、潮阳、揭阳、澄海、饶平、普宁、惠来、丰顺、南澳、南山、大埔、梅县、蕉岭、平远、兴宁等16县市。

8. 第七工作队：驻梅菉，工作区域包括茂名、阳江、电白、信宜、化县、廉江、吴川、梅菉、阳春等9县。

9. 第八工作队：驻合浦，工作区域包括合浦、海康、钦县、防城、灵山、遂溪、徐闻、湛江等8个县市。

10. 第九工作队：驻海口，工作区域包括海口、琼山、文昌、琼东、乐会、澄迈等6县市。

11. 第十工作队：驻那大，工作区域包括儋县、临高、昌江、白沙等4县。

12. 第十一工作队：驻万宁，工作区域包括万宁、陵水、崖县、乐东、保亭、感恩等6县。

此外，还因特殊业务需要，分署单独与其他机关团体联合设立了一些附属机构，如西江难民运输站、善后机械修理厂、广东渔业总社、面包制造厂、卫生工程队、滑水山锯木厂、雷州半岛垦殖区、珠江水利工粮组、广州华侨复员招待所、汕头华侨复员招待所、广州妇女手工场、难童教养所、汽车管理所、惠阳曳引机复耕区等14个附属机构。①

继工作队和附属机构建立后,分署又拟具《各县市局善后救济协会组织通则》,与广东省政府一起规定各县市局应一律组织善后救济协会,并须报上级核准。协会归分署及广东省政府监督指挥,并由各辖区内工作队流动督导。协会组织通则规定设委员7~15人,由当地党部、县政府、县参议会、联合国牧师、银行、医院、公正士绅中选任,以县市、局长为主任委员,内设总务、救济、善后、卫生4股,每股设主任1人,由委员负责,并设干事若干人,由各机关抽调。协会成立后,当即将分署拨下的救济物资分别办理辖区内散赈、收容救济、以工代赈及社会福利等业务。嗣后发现各县市协会多未按章推行,故将组织章程修改,加设副主任委员1人,由外籍盟友或牧师充任,协助主任委员办理会务;并规定发放救济物资时,应征得驻该区工作队的同意,否则不予核销;协会开会时,应请该区工作队派员指导。②

各区工作队和各县市善后救济协会成立以后,遂成为分署在全省展开善后救济工作的网络。

到了1947年初,分署接到"行总"命令,要求到1947年8月31日结束工作。于是从1947年3月起,分署便制订计划,逐步压缩机构,裁减人员,做好结束的准备。首先把

---

① 行政院善后救济总署广东分署编印:《善后救济总署广东分署业务总报告书》(1945年10月至1946年7月),第一章第三节,广东省立中山图书馆地方文献部藏。

② 行政院善后救济总署广东分署编印:《善后救济总署广东分署业务总报告书》(1945年10月至1946年7月),第四章第一节,广东省立中山图书馆地方文献部藏。

未经上级批准设立的西江难民站和广东渔业总社,以及其他一些作用不大的附属机构撤销,或与其他单位合并,然后逐步裁减或撤销一些地区工作队。至于分署本部,也从1947年3月起,大量裁减人员,直至10月底,宣布分署完成了其历史使命,为时两年的善后救济工作基本结束。①

三、善后救济总署广东分署的善后救济工作

(一) 实施紧急救济,解救失去生活依靠的"三民"②,改善公教人员生活

由于抗日战争是在外国援助下(苏联出兵中国东北,美国对日开战并向日本本土投掷原子弹)突然结束的,国民党当局事前既无充分准备,事后又因交通阻滞,物资不能交流,生产停顿,经济失调,物价飞涨,使千百万由大后方归来的黎民百姓顿失生活依靠,嗷嗷待哺的饥民,触目皆是。为使千千万万饱受战火摧残的灾民不致饿死冻死,善后救济分署不得不采取种种措施,实施紧急救济。

1. 开展施粥、施饭活动。

在广州,复员头5个月内,各种社会秩序尚未恢复,社会政治、经济、财政、金融等各部门仍然处于战乱状态。但不论是本省、邻省从后方归来的人民或华侨,都以广州为集

---

① 行政院善后救济总署广东分署编印:《善后救济总署广东分署业务总报告书》(1945年10月至1946年7月),第一章第四节,广东省立中山图书馆地方文献部藏。

② "三民"系难民、义民、贫民的统称。

散地，致使广州流动人口骤增，刺激广州物价飞涨，许多失去生计又无积蓄的贫苦人民，只好流浪街头，沿街乞讨。当时的广州及其附近的城镇，难民饿死街头者，日有所闻，情况十分悲惨。目睹这种悲惨局面，善后救济分署决定普遍展开施食活动，计先后在广州市设立18个营养粥站，12个施饭站，5个廉价食堂，1个营养豆浆场，14个施奶站，1个廉价面包房和数十个供应站。据统计，截至1946年7月底，施饭、施粥受济人数达2 239 410人，廉价食堂受济人数达1 751 934人，营养豆浆及施奶受济人数达586 228人。在曲江、高要、海口、惠阳、汕头、台山等县市，9个工作队先后举办施食工作，受济人数也达303 417人。

2. 发放救济寒衣。

复员期间，难民不但无食，衣着也极困难，同样需要救济。在广州，"联总"运到旧衣1 000箱，旧鞋500大包，特由广州市邀请省市党部、省市参议会、广州行营等25个机构监督散赈，共计发出58 045份，受济者58 045人。此外，还发给中国妇女生活互助社、广东战时儿童保育会、广东新生活妇女工作委员会、广东妇女生产工作团等救济团体缝纫机20部，供为难童、难民缝制衣服之用。

3. 建立收容所，收容过境难民。

战后由各地涌来广州之难民难侨，与日俱增。他们大都一无所有，食宿均待救济。救济署除供食救饥外，还在广州和其他城镇建立收容所，展开收容工作。这样既可使难胞们免于露宿街头，又便于集中管理，统一安排遣送返回原籍。在广州市计先后设立暂宿处3间，病丐所1间，流丐教养所

1间，贫民教养所1间，贫民收容所10间，女子公寓1间，归侨招待所1间，竹器编制训练班1所，女子缝纫班1所。此外，在惠阳、博罗、曲江、肇庆等地也各设收容所1间。全省合计收容难民难侨141 335人。此外，1946年5月，广东分署还拨米400吨给广东省政府社会处，由该处联合7个机关共同组织"广州市赤贫民众救济委员会"，设立了3个难民宿舍，并将部分难民的收容管理工作移交该会办理。据统计，该会每月收容8 000余人。截至1946年7月，广州市区仍有难民宿舍11所，收容难民15 266人。

4. 雇请舟楫车辆，输送难民回乡。

尽速输送难民返回原籍，协助其恢复生产，或帮其寻找工作，是急赈中一项较为复杂的工作。为了把这项工作做好，救济分署饬令工作队在广州、梧州（属广西）、肇庆、曲江、坪石、南雄、海南、台山、湛江、惠州等地设立输送站。各地难民难侨无力返回原籍者，由就近各站先行输送来广州，然后由分署雇佣车辆船只，遣送回乡。截至1946年7月底，遣送回本省各县，或邻省湘、桂、闽、赣、皖、苏、浙等省的难民共计17 198人。归侨由各地输送来穗者2 641人，输送台胞回籍者3 880人，输送战时被迫往海南做苦工的难民及台胞4 358人（尚有16 000人待运）。此外，尚有20 000余亟待出国的华侨。据统计，截至1946年7月，共计输送回乡的难民有21 439人，等待输送者尚有58 000人。

5. 给慈善机关团体供应米粮，救济孤寡残病人员。

广州市的慈善救济机关团体、难童孤儿院、难民宿舍和医院、老人院、聋哑院等，请求分署救济。分署派人调查核实后，也对这些慈善机构进行散粮，或一次过每人15磅，或每日每人发给0.5磅至2磅，截至1946年7月底止，共发给107个单位粮食739.264磅，受济人数22 091人。同时，还协助广州市各团体设立23个散赈站，发给全市100 000贫苦市民暹罗捐米1 000吨，平均每人18斤。此外，还由香港分别运往汕头3.178吨、湛江449吨、海南岛672吨，在当地发放。

6. 办理农村急赈，帮助农民度荒，恢复生产。

全省101个县市，全部沦陷或受日本侵略军直接、间接蹂躏或掠夺者，达90%以上，多数农民财产被洗劫一空，若不迅速进行救济，农村经济将陷于崩溃。为此，分署特通过各地工作队深入农村，将粮食、衣物和营养品散赈广大农民。截至1946年7月底，分别配给广州工作区粮食2 383.94吨，第一工作区（广州附近各县）21 411.67吨，第二工作区（四邑一带）1 121.47吨，第三工作区（粤北各县）979.49吨，第四工作区（西江一带各县）582.90吨，第五工作区（惠州一带各县）978.38吨，第六工作区（汕头一带县属）1 515.74吨，第七工作区（高州一带县属）854.33吨，第八工作区（钦廉一带县属）1 044.61吨，第九、第十、第十一工作区（海南岛各区）共1 067.54吨。这些物资的散赈，既挽救了大批饥饿的灾民免于死亡，又缓和了粮荒，稳定了粮价。

7. 举办冬令赈款，帮助贫苦人民过冬。

分署鉴于灾情惨重，特根据各县战时损失程度，拨发冬令紧急赈款27 650 000元，分配于全省85个县市局，要求各县会同中外慈善团体及民意机关共同办理散赈工作。同时，拨给广州市紧急救济会13 222 000元，办理广州市冬令救济；拨给各慈善救济机关3 624 000元，供他们开展救济之用。鉴于海南岛灾情特别严重，另拨80 000 000元给海南16县做急赈之用。与此同时，为了改善广州市民的生活，还向他们发放贷款，允许每人贷款20 000元，共贷出5 627 000元。以上合计发放冬令赈款130 123 000元。

8. 开展廉价计口售粮，抑制粮价。

1946年春，广东粮荒十分严重，广州粮食奇缺，粮价犹如脱缰之马，不断飞涨，一日几价，最高时期竟突破每百斤10万元的历史记录，严重影响社会安定和经济复员。分署为了协助省政府安定民心，征得"总署"同意，将一部分救济面粉分期分批配给粮商，由粮商按规定价格配售给广大市民，市民每日可购得一定量之廉价面粉，减轻市场压力，使粮价得以稳定。分署与粤联总共同商定，第一期批发价为每磅82.5元，零售价为每磅90元，从1946年1月11日起，由面粉发售处负责发售事宜。在此期间，为了使公教人员生活得以改善，也准许各机关、学校、团体按价领取。此次廉价售粮活动，从1月16日起至2月28日止，共配售面粉3 700大包及39 037小包，共计得款190 411 239元。由于分署及时抛售了大量平价面粉，有助于广州市一定时期内粮价回落，为度过粮荒做了一定的贡献。

9. 给文化界配给营养品。

鉴于文化界和公教人员待遇微薄，生活清苦，分署特将英国红十字会捐赠的战俘口粮20 480份，按单位名册分配给全市文化界及公教人员。①

总之,在全省粮荒严重时期,广东分署利用从"联总"领到的粮食物资,与广东省行政当局互相配合,把有限的粮食物资用于救济嗷嗷待哺的千百万灾民以及待遇微薄、生活清苦的公教人员,为度过粮荒、稳定社会秩序起到一定的作用。

(二) 协助复员医疗卫生机构,开展防疫活动

沦陷时期,本省医疗卫生机构惨遭破坏,药物匮乏。战后全省只有医院93间,病床4 252张,平均每8 000人才有病床1张。在医疗卫生条件极度落后的情况下,不论城市还是农村,各级行政当局都无力顾及人民健康,致使天花、鼠疫、霍乱、白喉、脑膜炎、疟疾等疫症在各县发生和流行。如不采取措施进行防治,势必到处蔓延,后果不堪设想。

"行总"广东分署成立伊始,即由卫生组组织卫生工程队及医疗队2队,派往各县调查疫情,并协助各地复员卫生设施。分署采取了以下3项措施。

1. 辅导医疗机构的复员。

由于经费缺乏,全省公私医院不能开办者甚多。为求各地医院早日复员,广泛开展救护防疫工作,分署特给他们提供以下帮助:

(1) 补助经费:计拨给省立第一、二、三临时医院开办费各100 000元,广州市河南第一难民收容所500 000元,广

---

① 行政院善后救济总署广东分署编印:《善后救济总署广东分署九个月来工作概况》(1945年10月至1946年7月),广东省立中山图书馆地方文献部藏。

东省立医院修缮费1 230 000元，省卫生试验室1 000 000元，德庆惠爱医院500 000元，光华医院复员费2 000 000元，中山大学医院1 000 000元，第一防疫医院每月经费2 100 000元，补助琼山、汕头市等16县市设置隔离病室各300 000元，以上共计87 300 000元。此外，拨给全省21个医院经费5 020 000元。

（2）补助粮食：补助岭南大学护养院、博济乡村医院、李福林医院等9所医院或检疫所等医疗机构粮食115 386吨。

（3）补助病床：每月补助21间医院免费病床365张，以充实各医院的收容力量，至9月底，受惠人数52 500人。

2. 推广防疫医疗活动。

广东地处亚热带，容易发生瘟疫，为了防治瘟疫流行，必须切实做好防治工作。为此，除补助省内各医院、卫生院经费、药品和对难民贫民施行免费治疗外，还先后组织了第一、第二、第五、第九、第十、第十一等医疗防疫队，加上总署配给的医疗防疫大队，分别派往汕头、台山、海南岛等地；红十字会救护队第75中队，派往粤北曲江做流动防疫治疗；将附属第一防疫医院派驻广州方便医院，设立病床，广泛开展赠医施药及卫生防疫工作。此外，为杜绝传染媒介，还组织了DDT喷射队，到各防疫医院、传染病院、学校机关、公共场所、污水沟等轮流喷药。还在各县普遍施种牛痘、注射防霍乱疫苗，发放防鼠疫、疟疾等药物，对饮用水实施消毒，防止疫病的发生。

3. 给医疗机构配发药品、医疗器材和营养品。

计有救护车、药物、疫苗、服装、棉毡，以及奶粉、砂糖、豆类、肉类等物品。

这些措施，使一部分医疗机构不同程度地得以复员，为救死扶伤，减少或防止瘟疫流行起到了好的作用。[①]

（三）积极开展善后复员建设事业，提高国民生产力

广东分署认为，战争结束初期，因遭受战争破坏，黎民百姓流离失所，丧失生计的人很多，在这种情况下，迅速而广泛地开展急赈救灾活动是完全必要的，但解决问题的根本办法在于积极开展善后工作，推动一切与民生有关的经济建设事业的恢复和发展，提高国民生产力，才能消除战争带来的不良后果，避免更大灾祸的降临。因此，分署在大力开展紧急救灾活动的同时，还会同省府有关部门广泛采用"以工代赈"的方式，开展善后复员建设活动。

1. 修复全省水陆交通。

省公路干线，战时多被破坏。因交通运输不便，给救济复员工作带来诸多障碍。1946年春，分署与省公路处联系，共同商订修筑计划。分署决定，拨面粉350吨，先将广九公路修复，以便国际救援物资能够由香港运回内地救灾。广九公路全长154公里，估计全部修复需用民工170 000人，约需国币270 000 000元。该路于4月10日开始施工，6月底全部完工，7月10日正式通车，每日可由香港运入物资1 000吨，缓和了国际救援物资的运输压力。其后，又采用同样办法，先后修复了由惠州至紫金、五华，四会至广宁，高要至

[①] 以上材料均见行政院善后救济总署广东分署编印：《善后救济总署广东分署九个月来工作概况》（1945年10月至1946年7月），广东省立中山图书馆地方文献部藏。

阳春几条山区公路，有力地支援了善后救济工作。在水路方面，珠江河床因为长期没有疏浚，泥沙淤积，河床越来越浅，影响航运畅通。1946年4月，分署邀请"联总"海港专家和海关水利局等方面的代表，共同商讨珠江的疏浚计划。经过申请，"联总"调拨挖泥机两部，输送管道1 000米，修理器械和零件一批，拖曳船2只，木船20只，支援珠江河道的疏浚工作。因为工程需要，决定成立"珠江河道工程委员会"，所需测量费用4 500 000元，由分署垫支。此外，为了改善水上运输，经过申请，总署拟拨木船25～50艘，登陆艇20艘，1 500吨登陆船1艘，以供应广东内河及沿海航运的需要。水运能力的改善和提高，使救济物资的运输，省内外交通，都得到改善。

2. 清理广州市内濠渠。

当年贯通广州市的有3条主干濠渠——东濠、西濠和玉带濠。抗战以来，淤泥、垃圾长年淤积，严重影响环境卫生，传染疾病，危害市民健康。分署成立伊始，即与市工务局商量，计划进行清除。预计工程长7 000英尺，宽20英尺，每天需用民工1 368人（决定在难民中挑选），组成挖泥与运输两个大队，采用以工代赈的办法，发给每人每日折合面粉2斤14市两（司秤）。该项工程由1946年2月11日开始，4月2日完工，共挖掉淤泥330 000立方米，重约15 000吨，改善了广州市的市容和环境卫生。

3. 修复全省水利工程。

广东水利年久失修，灾害频仍，非旱即涝，是粮食连年减产的重要原因。广东分署成立后，旋即会同珠江水利局拟定修复全省水利工程计划，以便协助农村复员，辅导粮食增产，谋求本省连年粮荒的缓解。修复工程主要有以下各项：

（1）修筑石牌乡陂塘。当时的石牌乡邻接广州市郊，地理位置冲要。在日本统治期间，该乡也遭到摧残，农田灌溉设施被破坏殆尽。1946年春，分署采用以工代赈的方式，拨面粉2 240磅，国币307 700元，修筑该乡的主要灌溉陂塘渠道，并聘请中山大学、广州联总和分署等单位派员前往监督。此次工程完工后，可灌溉农田13 000亩（8.7平方公里）。

（2）抢修芦苞水闸。芦苞水闸全长101公尺（101米），拱卫着三水、南海、广州等县市的安全。日伪统治期间，因年久失修，已失去节制效用，亟须赶在汛期到来之前抢修完成。为此，分署特拨借面粉400吨，交由珠江水利局负责修理。1946年3月开始动工，7月24日完成，拱卫面积达3 270 000亩（2 180平方公里），受益农田2 000 000亩（1 333平方公里），受益人口2 300 000人。

（3）修筑清远河堤。清远河堤是本省防潦的主要设施之一，全长20.505公里，保卫人口7万人，农田20余万亩，村庄600余座。1946年3月，分署会同珠江水利局、国际救济委员会广东分会、加拿大红十字会等机关团体联合组织工程队，出发该地修筑。分署发动5 000个工人前往参加，拨面粉200吨。截至7月13日止，计完成土方323 000立方米，铺草皮112 000平方米，累计工作人数256 616人。虽然未能全部完工，但已对险要地段进行修理，当北江水涨时，农田未遭淹没，初步显示了效益。

（4）修理全省35个大小基围。分署成立后，连续收到全省各地基围董事会的申请，要求分会补助粮食，修理各地崩坏的基围。分署经过与珠江水利局商议，决定将德庆、高要、高明、鹤山、新会、四会、三水、南海、东莞、博罗、吴川等11县的大小基围35座进行修理。分会先后拨出面粉467 700磅（折合208.8吨）。因为各种原因，未能全部完成。据已完成的统计，可保护农田2 770 000亩，受益人口约2 781 550人。由于以工代赈，直接救助了105 470人。

此外，水利工赈会还拨米粮270吨自行修筑了宝安、东莞之碧桃涌、花县之花山及从化之司南乡等一些防洪水利工程。

4. 策划复员全省之工矿业。

由于战争破坏，国民经济破产，致使复员初期，本省的工矿事业，不论公营还是私营，都几乎全部陷于停顿状态，无法开工生产。若不加以恢复，全省3 000多万民众，将永远不能摆脱经济恐慌之灾难。有鉴于此，广东分署于1946年11月间，邀请本省各方面的专家成立工矿委员会，在技正郑藻修的发动与率领下，先后对广州、顺德、潮汕、粤北等地的一些较大的企业进行了调查，了解它们战时遭受的损失以及它们当前的需要。然后根据各厂矿的实际需要，分清轻重缓急，请求总署给予救济。从1946年1月起，先后收到公私厂矿共73个单位的申请，其中已有37个单位的申请提交总署审核。各厂矿也已积极进行恢复生产准备，一旦总署核准，器材设备运到，便可恢复生产。

5. 协助农民改善生产条件，增加粮食生产。

前面反复讲到，广东是严重的缺粮省份，每年约需进口大米750 000吨。1946年春旱夏涝，灾情严重，使得大量农田荒废，未能复耕，粮食产量锐减，缺粮更多。为了使粮食生产状况有所改善，分署采取了以下一些措施：

（1）帮助农民购买耕牛。在旧中国，耕牛是农民种田的主要助手，但复员初期，全省农村耕牛十分缺乏。分署对全省农户缺牛情况进行登记，通过总署从其他省区购得耕牛、骡马等共计3 084头，缓解了部分农村缺牛耕种的压力。

（2）推广优良品种。分署有计划地从有关省区购得优良稻种2万市担，在全省推广了25万亩，预计每造可增产稻谷13万市担。

（3）防治病虫害。分署与中山大学农学院合作，以石牌乡为试点，进行防治三化螟虫的典型试验，取得良好效果，嗣后把有关技术向全省推广。

（4）发放化学肥料。旧中国农民种田很少使用化肥。战后，分署把联总拨来的化肥14 500吨投向水稻生产。为使这批珍贵的肥料能得到充分利用，达到增产目的，分署召集了国内外一批农业专家进行研究，决定把它投放到南海、番禺、顺德、中山、三水、台山、开平、惠阳、潮安、潮阳等10个农业生产基础较好的县，并进行使用化肥的技术指导，以期达到最大的增产效果。

（5）开垦雷州半岛及海南岛的荒地，扩大耕种面积。

此外，分署还在一些地区防治牛瘟、发放菜种、实行农村工赈等活动，对保护和发展农业生产也起到促进作用。

6. 协助农民恢复广东特产的生产。

蚕丝、柑橘和鱼类是广东的著名特产，也是广东经济中的重要门类，在日伪统治时期都大大萎缩了。为了复员广东农业经济，分署也注意到要重点恢复具有广东特色的经济。

（1）计划救济蚕丝业。本省蚕丝，在国内外久负盛名，但因敌伪残暴统治，蚕丝业几乎全部崩溃，丝农及厂商都被蹂躏得家破人亡，十家有九家无力恢复生产。有鉴于此，分署派遣专家到顺德进行调查，拟订救济计划。7月下旬，适值中美农业合作团蚕丝组的专家来粤考察，分署立即派专家陪同，前往各产区调查考察，共同拟定了复兴粤省蚕丝事业的方案，并电请中蚕公司在粤分设机构，协助推广。

（2）筹设柑橘繁殖场。广东柑橘，本来遍布各地，栽植面积达30万亩，以种植柑橘为生者也多达数10万人，但日伪统治时期，柑橘损失达2/3。为了维持和推广柑橘特产，广东分署经过与中山大学、岭南大学商谈，决定采取以工代赈的方法，恢复广东柑橘繁殖场，以期通过繁殖场的示范、帮助，复兴本省的柑橘事业。

（3）发展渔业。渔业本是广东一大经济命脉，但在沦陷期间，渔业是受破坏最为严重的行业，渔船被征用、毁坏，渔农被杀，或四处流浪。为了恢复渔业生产，广东分署于1946年1月设立广东渔业总社，利用接收日本渔船和各种新式渔业设备，计划恢复和改善渔业生产。但当工作正在进行之际，接到总署命令，认为渔业总社的业务与分署的任务不相符，故于6月15日把渔业总社裁撤掉，另组"渔业业务委员会"，继续办理渔业复员工作。分署为了救济万山群岛一带的渔民，拨米50吨，并派员前往万山岛指导渔民组织合作社，以推广赈济业务和恢复渔业工作。①

　　上述情况表明，在复员初期，广东省行政当局在联合国善后救济总署财力物力的援助下，在行政院善后救济总署广东分署的具体策划与密切配合下，为了让广东尽快摆脱战争带来的损失，使千千万万在饥饿线上垂死挣扎的灾民尽快脱离苦海，免于饿死、冻死、病死，恢复工农渔业生产，是做了许多工作的，并且是有成效的。但必须看到，由于半殖民地半封建统治制度的落后与黑暗，特别是各级官吏腐败，贪污成风，彼此钩心斗角，争权夺利，从而使善后复员救济工作出现许多不应出现的问题。

四、国民党广东当局善后救济工作的若干问题

　　善后救济总署与一般的行政机关不同，它不是常设的政权机构，而是在战后一段时间内专门负责联合国救济物资和货币的管理与分配的权力机构。这个机构虽然不是行政机关，但与行政机关有密切的联系，它的各项工作不但需要各级政府的密切配合、监督与指导，而且各级救济组织的成员大多是由行政官员担任的，负责人多是同级政权组织中的主要领导。因此善后救济工作的好坏直接关系到各级政府的形象。在善后救济工作中，广东当局有两个主要问题没有处理好。

---

　　① 以上材料均见行政院善后救济总署广东分署编印：《善后救济广东分署九个月来工作概况》（1945年10月至1946年7月），广东省立中山图书馆地方文献部藏。

（一）救济物资的发放问题

在第二次世界大战中，中国是经历战争时间最长，受战争危害较严重的国家之一，因此联合国救济总署给中国的援助也较多。广东又是中国接受联合国救济物资最多的省份之一。1946年6月12日，分署署长凌道扬说：联合国分配给中国的米粮是11.5万吨，总署答应给广东一半，联总给中国的化肥是5 000吨，总署也给广东一半，联总给中国工矿器材价值4 500万美元，总署给广东的份额占1/4至1/5，约1 000万美元。① 当然这里讲的只是其中一次的物资分配，不可能每次分配时广东占的份额都有这么多，但总的来说，当时的广东还是受国民党最高当局特殊关照的。

广东分署所掌握的大批善后救济物资，尤其是粮食和其他食品，对广东人民来说，是极为珍贵的礼物。如何处置好这批物资既是对广东善救分署，也是对广东行政当局的重大考验。然而正是在这个问题上暴露了国民党广东当局大大小小官员们致命的弱点。他们表面上是文质彬彬、道貌岸然的正人君子，实际上却是一批贪婪成性的"硕鼠"。

按照救济物资分配章程的规定，救济物资的分配由工作队全权办理，各县市救济协会进行协助。工作队和救济协会是分署开展全省救济工作的"经络"。广大灾民必须经过工作队和救济协会的认可方能领到救济物资或救济款。然而，有的工作队和救济协会不是以此造福广大灾民，救助他们尽早脱离苦海，而是从中大发救济财。据档案记载，全省12

---

① 《中山日报》，1946年6月13日。

个工作队中有7个因为有贪污舞弊行为被人投诉,其中尤以广州工作队和琼崖工作队问题最多,反应最为强烈,以致引起联合国总署的怀疑。联总于8月初派遣大批工作人员来粤视察和检查,并直接参与粤省善救分署各机构和工作队的救济工作。①1946年8月26日,广州市参议会举行第六次会议。会上,参议员纷纷就善救工作提出质询,矛头直指分署领导,认为救济工作的种种流弊,多系署长所为,或纵容其部属所为。参议员们除了揭露救济署和工作队在发放救济物资过程中的贪污舞弊行为之外,还提出质问:救济物资的分配有没有标准?是什么标准?批评粤省救济工作只是济标,并无济本,待分署结束以后,大批难民将何以处置?如此等等,表示了对救济工作的强烈不满。②9月5日,凌道扬通过报纸发表声明,对广州市参议会的质询和批评进行申辩。在声明中,凌道扬列举了分署成立以来所做的工作和取得的成绩,矢口否认分署及其所属机构有贪污舞弊行为。

凌道扬的声明避重就轻,回避了人民关切的贪污救济款物问题,因而无法消除社会舆论和广大人民的怀疑与不满。广州市参议会通过了撤办贪污渎职之凌道扬案。8月11日,广东善救会审议委员会举行记者招待会,张发奎也出席了。总署主任秘书钟耀天说,市参议会通过的议案不当。议长陆幼刚、副议长沈家杰当即驳斥说:市参议会此次纠举凌道扬案,并非为凌氏郑重声明的那样简单。说市参议会接到市民之密告甚多,均经参议会之审慎研究考虑及数月来之调查。提案时,经全体参

---

① 《中山日报》,1946年8月3日。
② 《中山日报》,1946年8月27日。

议员整日之研究,绝不是凌氏之所谓草率。① 双方争议不休。1946年11月30日凌道扬被迫宣告辞职。

海南岛的善后救济工作存在问题更多,争执也更为激烈。当事者双方都告到广东省政府罗卓英那里,甚至把官司打到最高统治者蒋介石处,要求蒋出面裁决。

事情的起因是:1946年国民政府行政院拨下救济款8 000万元给海南岛放赈。旅渝琼崖同乡会闻讯,即推举国民党军事委员会少将参议韩云超、韩亮仙、潘访先、吴敬民等4人为代表回琼监赈。韩等回琼后,自称是由行政院指派,负责监放赈款及"行总"运琼的救济物资,要求蔡劲军在办公处内划拨地方给他们办公,并要求第九工作队队长陈洪范将所有运琼救济物资与他们一起共同发放。陈因未接到上方命令,遂向分署请示。6月3日分署回电说:"本分署运琼救济物资由该队全权处理。至旅渝同乡会代表等仅会同配赈奉拨救琼赈款8 000万元。"②韩等认为被琼崖当局冷落一边,深感失望。

据旅渝琼崖同乡会给国民党当局的电报称,琼崖"办赈数日,本会迭接故乡人士函电及由乡来人报告,均认为黑幕重重,请予检举"。同乡会要求派回琼监赈的代表们"查复"。据回琼代表之一的吴敬文说:他们一行"回抵海口后,始悉该项赈款已发放完毕"③。代表们即向第九工作队查询发放情形。据各县民众反映:"第九工作队内有人擅将各种

---

① 《中山日报》,1946年9月13日。
②③ 《丘伯通给罗卓英的报告》(1946年12月9日),27页、29页,南京中国第二历史档案馆藏。

救济物品出售。"① 工作队副队长王大芹即时否认。

7月26日,韩云超等4人在起诉书中除了控告蔡劲军、陈洪范设计诱捕囚禁监账代表、侵犯人权之外,主要是控诉蔡劲军、陈洪范二人互相勾结,将救济物资私相授受、共同舞弊的情况。如:第九工作队在配发面粉时不过磅,以半袋当整袋进行发放,短斤缺两;私自领取感恩、万宁两县面粉,进行拍卖,私相授受;物资报关单与实物数量、质量不相符;白沙县救济会的人拍卖救济物资,工作队不予干涉;配发的名义上是美国面粉,实是碎米、杂粮均有的冒牌货;任用私人,琼崖善后救济协会成员均系蔡、陈二人私党;等等。要求广东省政府和救济分署"严行查办","以肃纲纪","维护人权"。②

对于这样一个群众十分关切、争议很大的贪污救济物资案件,广东省当局却用非常草率的态度来处理和对待:第一,广东省视察室仅仅指派国民党省党部委员丘伯通一人前往琼崖调查;第二,视察室竟然把韩等人的控诉书下发给蔡、陈本人,要他们自己"查复"。

丘伯通接领任务后,也同样轻率从事,走走过场,向上级交差。丘于1946年11月4日抵达海口,为时1个月零5天向"各方密查",于12月9日写出了调查报告,呈交省府主席兼视察室主任罗卓英并广东分署李、黄正副署长。在一

---

① 《丘伯通给罗卓英的报告》(1946年12月9日),29页,南京中国第二历史档案馆藏。

② 以上材料、引文,均来自《丘伯通给罗卓英的报告》(1946年12月9日),南京中国第二历史档案馆藏。

个月中，丘伯通先后找了当地党部、青年团、商会、参议会及军校同学会等一些上层人士进行调查。这些人并没有参与救济工作，并不了解情况，且与蔡、陈两位审查对象有着千丝万缕的关系。而对那些直接参与救济工作，例如对参与救济物资的接收与发放、搬迁、储运、过秤最了解真实情况的人员却从不接触。这样的"调查"怎能了解到真实情况？根据这样的"材料"写成的"报告"，当然不能查出问题。对于韩等在起诉书中列举的作弊事实，丘伯通采用分析、推理的办法，认为控告人列举的舞弊行为不是"不察"、"误会"，就是"查无实据"。竭力为蔡劲军、陈洪范辩护，开脱罪责。调查报告的结论是：韩云超等人的起诉动机"是意气用事"，"似附有政治作用"，是"以倒蔡为主要目的，倒陈次之"①。

蔡、陈二人收到韩云超等人对他们的起诉书后，恼怒异常。蔡劲军除断然否认对救济物资有任何作弊行为外，还对韩云超等人进行反诉，说韩等"造谣惑众，诬蔑公务员"，要求上级对他们进行"惩处"，"以杜刁风，而维正义"。②陈洪范在给蔡劲军转罗卓英的报告中，对韩等起诉书中开列出的十项舞弊事实逐条进行驳斥，并且反诉韩等自封"行政院配赈委员"，招摇撞骗；说韩等在行政院拨下的8 000万元的赈济款中先行扣下240万元作为"旅费"，这是"侵吞

---

① 《丘伯通给罗卓英的报告》（1946年12月9日），3页、4页，南京中国第二历史档案馆藏。
② 《蔡劲军给罗卓英报告》（1946年8月24日），原件存南京中国第二历史档案馆。

救济款",应予严惩。①此外,还动员善后救济总署广东分署琼崖办事处全体职员、善后救济总署广东分署第九工作队全体队员以及琼崖善后救济协会全体委员分别向上级写报告,一方面为蔡、陈开脱,说他们"办事严明",保证他们对救济物资"丝毫无苟,涓涓无染",另一方面攻击韩云超等人在"颠倒是非","竟效奸匪之作风,淆乱社会视听","别具心肠",故意与政府为难,等等。要求给韩云超等人治罪,"以杜效尤,而伸正气"。②

国民党当局收到双方的控诉与反控诉材料后,不做任何表示,既不派人调查,更没有对当事人做出处理,不了了之。是非真相如何,至今仍是迷雾一团,成了一桩历史悬案。

(二)关于难民的收容与遣散问题

与紧急救济相比,难民的收容、遣散和安置是更为复杂和困难的问题。国民党广东当局对这个问题的处理,较之紧急救济问题更加草率,不得人心。

据不完全统计,复员初期,从大后方各省辗转来到广东的难民(包括难侨和台湾同胞等)有 11 万余人,其中绝大部分集中在广州。由于战火摧残,难民们几乎一无所有,无家可归,只得露宿街头,依靠行乞度日。这种悲惨景况,不但影响广州的市容与卫生,且影响社会治安。1946 年 4 月间,广东省政府主席罗卓英饬令省社会处出面,邀集善后救济总署广东分署、市社会局、市警察局、省保安司令部政治

---

①② 《琼崖善后救济协会林涪、王晓章等 17 人给罗卓英的信》(1946 年 10 月),原件存南京中国第二历史档案馆。

部、省卫生处、市卫生局、省市党部、省市三青团、市参议会、市记者工会等机关团体共同组织"广州市赤贫民众救济委员会"，隶属于广东省粮食调节会议，由省社会处处长李东星兼任主任委员，省参议会议长林翼中为副主任委员，广州市参议会议长陆幼刚、善后救济总署广东分署署长凌道扬等13人为委员，下设总干事一人，由省社会处第三科科长曾杜友兼任；设立总务、管训、督导、卫生4个组，分别由善救广东分署、市警察局、省市党部和省市三青团、省卫生处等单位派出负责人兼任各组组长。赤贫民众救济委员会经费规定由省、市政府和广东分署按2∶2∶6比例分担。

7月底，广东善后救济审议委员会感到广州市积滞的难民、灾民越来越多，认为有统一救济之必要，于是决定将赤贫民众救济委员会扩大为"广州市难民救济委员会"，隶属于广东省善后救济审议委员会之下，继续办理收容救济贫难民众工作。经费仍按上述比例由3家共同分担。该会由省社会处、省卫生处、省保安司令部政治部、广东善救分署、市社会局、市警察局等机关的首长共同组成，主任委员改由市社会局局长黄仲榆兼任，下设总干事1人，仍由省社会处第三科科长曾松友兼任，并由广东救济分署派员担任总务组、市警察局派员担任管训组、市社会局和善救分署广州区工作队担任调配组、省卫生处派员担任卫生组、省保安司令部派员担任督导组等各组组长，展开救济贫民难民工作。

广州市赤贫救济委员会成立后，于5月1日起，借用河南凤凰岗新民村日俘集中营设立第一收容所，开始收容赤贫民众。不到一旬，即告满员，故于5月22日在西村湾东路设立第二收容所，但请求入所的贫苦难民仍然很多，拥挤不堪。又于6月17日在芳村培英中学校址内增设第三收容所，大量收容无家可归的义民、难民与灾民。据统计，3个收容所平均每月收容8 000余人，至7月31日止，共计收容15 266人。后来，因为难民太多，且情况各异，于是又根据不同情况，分类设立收容机构，如暂住所、招待所、孤儿院、安老院、教养院、育婴堂等等，以适应各类难民的不同需要。此外，在一些交通枢纽市镇，也聚集了许多难民等候疏散，于是又先后在曲江、肇庆、海口、惠阳、博罗等地增设了一些临时收容所或暂宿处，供过境难民作临时栖宿之用。据统计，全省共有各类收容机构23个，到1946年9月30日止，共计收容遣送难民79 508人，华侨（包括遣送出国或接回原籍）15 349人，台湾同胞15 712人。

国民党广东当局的难民收容工作，在1946年9月以前，尽管也存在不少问题，不尽如人意，但运转还属正常。但至1946年8月下旬，善救分署广州工作队突然发出通知，谓："奉分署令，全市各义民宿舍统限于本月底一律结束。9月1日起义民将一律遣散。原因是义民在广州市内逗留，有玷市容，故特将义民移至郊外，并一律遣送还乡。此事已经决定实行，不容请愿。"① 同时还宣布，从9月1日起，停发救济米粮与物资。善救分署的这一通知，有如晴天霹雳，使广大难民毫无思想准备。为了促使当局收回成命，8月26日下午4时，各收容所难民推举代表举行记者招待会，散发《敬告

---

① 《中山日报》，1946年8月27日。

各界人士书》，向各界呼吁，寻求援助。《敬告各界人士书》说："义民向来服从政府命令，对于遣散还乡，大可接受。惟关于善后问题，未得完善。要求合理善后补助，亦无答复。哀我义民，历尽八年艰苦，一旦流离，无衣无食，其何以处？且一经遣散，如有不遵者即以武力驱逐，在此环境下，各义民认为生死关头已届，但呼吁无门，请新闻界予以援助。"①

广东分署和广东行政当局对于难民代表的呼吁，置若罔闻。广东当局的遣散也是有名无实，使难民"回乡不得，觅食无门"。难民们无计可施，不得不于10月1日派出代表到广州区工作队队部请愿，结果遭到殴打与驱逐。②广大难民失去了生计，又重新流离失所，露宿街头，成群结伙，再度行乞，仅靖海路永安堂楼下就聚集了乞丐200~300人。③还有的为生活所迫，走上了入室偷盗或拦路抢劫的歧途。继难民重新沦为乞丐甚至劫匪之后，12月14日，又有等待出国的华侨500余人，集体赴沙面善后救济会，请求发放寒衣。④总之，自10月以后，沦为乞丐、等待救济和要求救济的贫苦大众越来越多，又重新恢复了3月以前难民满街流浪、无处安身的悲惨局面。国民党广东当局的难民收容遣散工作可以说是半途而废，天怒人怨。

其实，造成这种局面的总根源在于国民党统治集团要进行内战。自从全面内战爆发以后，国民党当局背弃了"减免田赋"、"实行二五减租"的诺言，全面恢复了"征兵、征粮"的反动政策，极大地加重了人民的负担，导致农村土地

---

①②③④ 《中山日报》，1946年8月27日。

荒芜,城市工厂倒闭,商业萧条,不但千千万万遣送回乡的难民因为在农村无法生存又重新流回城市,而且还增加了许多新破产的农民和失业工人大军,要求当局收容、救济。同时,自1946年6月国民政府财粮会议决定三级财政体制以后,广东的财政状况不但没有改善,反而更加拮据。因为省政府的主要财政收入是税收,而税收计划则因工农业破产、商业萧条而无法完成。在这种情况下,财政赤字逐月上升,公教人员的工资和生活津贴都无钱发放,要向银行贷款维持。还应指出,1946年9月和11月广东省政府主席罗卓英先后两次受到国民政府中央监察院的"申诫",原因都与经济问题有关:一次是3月间,广东为增加财政收入未经允许私征护河费,违反了财政纪律;一次是5月间,省政府公务员因要求改善福利待遇,聚众闹事,造成砸毁审计处办公室事件,罗被指控犯了"管理不善"之过。①在内外交困的情况下,广东当局是泥菩萨过江,自身难保,哪还有力量收容和救济难民呢?所以,广东当局对千千万万难民撒手不管的"草率"而"残酷"的决定,是自身危机的表现。

综上所述,在"复员还业"活动开始时,以张发奎、罗卓英为首的广东当局给人民许下许多美好的诺言,但经过一年的实践,这些诺言一个也没有兑现。正像1946年10月10日国民党省参议员凌维素在第一届省参议会的发言中说的那样:"省政复员已逾一年,但政治、经济、教育各部门,不但迄未改善,且日渐落后。以言政治,贪污横行,治安混乱,毫无建设;以言经济,都市工商凋敝,农村破产,粮荒

---

① 罗卓英被国民政府"申诫"文原件由南京第二档案馆收藏。

日深，外货泛滥，财政入不敷出，刺激物价飞涨，民不聊生；以言教育，各级学校未能恢复旧观，青年求学无门，使大批失学青年终日彷徨，经济危机日深，生活维艰，人民苦无出路，以致社会道德沦丧，民气消沉。长此以往，不但本省永无建设希望，抑民族复兴，亦难有成效。其所以至此之由，实因当前制度亦未能配合社会要求，其中尤以委派县长流弊甚大。"① 凌维素是忠实的国民党员，前后担任两届省参议员，是 CC 系②的重要人物，他的讲话，当局不会认为是共产党在"造谣诽谤"。他对广东复员工作成绩不佳的原因分析有待商讨之外，对复员一年以后广东政治、经济、教育状况的描述则是符合事实的。

第四节　率先发动内战，反复"清剿"人民武装

为了抵御日本帝国主义者的侵略，收复国土，中国共产党除了继续领导十年内战时期建立的琼崖纵队在海南抗战外，还在广东大陆建立了东江纵队等抗日武装进行抗日活动。抗战胜利后，为了和平，国共两党在重庆谈判中达成协议，将散布在广东各地的抗日武装撤往华东解放区。但国民

---

① 《中山日报》，1946 年 10 月 19 日。
② CC 系指国民党内以陈果夫（国民党中央常务委员兼组织部长）和陈立夫（陈果夫之弟、国民党中央执行委员会秘书长）为首的特务组织。1929 年 11 月，陈果夫、陈立夫遵照蒋介石的授意建立了特务组织"中央俱乐部"，又称"C·C"团或"CC 系"。CC 是英文"central club"的缩写，也有人把它理解为二陈的简称。

党广东当局擅自撕毁协议，否认广东有中共领导的人民武装存在。经过谈判斗争，以东江纵队为代表的人民武装胜利北撤，但大部分仍然滞留广东。

一、竭力"围剿"人民武装

张发奎、罗卓英上任伊始，就反复强调，要把肃清"匪患"、维持社会治安作为全省施政工作的重点。张、罗所说的"匪患"，有两种含义：既包括那些专以打家劫舍谋取不义之财的土匪，又包括被其污蔑为"土匪"、"奸匪"的人民武装。在国民党当局看来，中共领导的人民武装，是对国民党统治秩序的主要威胁，必须彻底"肃清"，地主买办阶级的统治才能稳固，他们才能"安居乐业"。所以张发奎反复强调："绥靖"是"复员工作中最重要的工作"[1]。

正因为如此，日本刚刚宣布投降，国民党军队就已开始对在抗日战争中建立和发展起来的中共领导的广东人民武装发动了接二连三的进攻，制造了许多流血事件。

为了策划"反共"军事活动，1945年10月20日至30日，张发奎在广州行营主持召开"粤桂两省绥靖会议"。参加会议的有广东、广西两省的军政要员，中心内容是：研究如何贯彻执行蒋介石下达的2~3个月内肃清"奸匪"的指令。[2]

---

[1] 俞同：《血腥统治的动摇》（1947年2月），见中央档案馆、广东省档案馆编：《广东革命历史文件汇集》，甲56卷，234页，1989年印行。

[2] 《中山日报》，1945年10月21日至31日。

粤桂两省绥靖会议后，广东全省内战随即开始。国民党当局在广东用于内战的兵力空前强大。在东江：由于东江是中共广东省委和东江纵队司令部的所在地，故被列为进攻的重点地区，使用的兵力也最多，计有新一军之第三十师、第三十八师、第五十师，第五十四军之第三十六师，第六十三军之第一五三师、第一五四师，第六十五军之第一八六师，保安第二、第十、第十二团，加上地方团队陆如钧、赖耀廷、钟超武、萧天来，还有伪军吴东权、陈培等部，以及收编为惠陆先遣队的龟龄岛伪海军，总共4万（一说7万）余人。在琼崖：有第四十六军之第一七五师、第一八八师、新十九师，保安第六团以及各县团队，共计1.5万人。在中区、西江：有第六十四军之第一五六师、第一五九师，保安第一、第八、第九团，以及各县团队，约1万人。在南路：原有3个师，后来两个师调琼崖。在粤北：开始为第六十五军之第一六〇师，该师随余汉谋调浙江后，继为第五十四军之第八师，后来是第六十四军之第一三一师，以及江西两个保安团。在潮梅地区：有第一八六师，第七战区挺进队之第一、第二两个支队，保安第二团，保安第五大队、第六大队，中美合作第十三班特务营，以及兴梅各县地方团队等。总之，这时国民党用于广东内战的总兵力共有正规军6个军11个师的番号，连同地方武装及伪军59个团，占了当时国民党驻广东总兵力的90%以上。①

---

① 俞同：《血腥统治的动摇》（1947年2月），见中央档案馆、广东省档案馆编：《广东革命历史文件汇集》，甲56卷，236页，1989年印行；广东省立中山图书馆编纂：《民国广东大事记》，780页，羊城晚报出版社2002年。

第一章 国民党在广东统治的恢复

国民党当局企图倚仗其处于绝对优势的军事力量,彻底消灭人民武装,摧毁根据地的民主政权,恢复地主买办阶级的统治。他们的策略是:军事上,采用"网形合围"、"反复扫荡"和"填空格"战术,企图对人民武装逐个包围歼灭。例如在东江江南地区,国民党军队把一切公路和大小交通线严密封锁,禁绝行人,每日都出动兵力对四周的村庄乃至高山深谷反复搜索,无处不到。而每到一地,必分兵几路,进行包围,妄图使人民军队无立足之地和掩藏之处。政治上,摧毁民主政权,恢复和强化保甲制度,强迫人民实行"五家联保",组织"联防队"、"军民稽查处",烧杀抢掠,迫缴军粮。对于民主政权和人民团体的工作人员及其家属实行两手策略:一方面,实行屠杀政策,砍头示众。例如,宝安县龙华乡民主乡长周振华被杀害后,还被挖去眼睛、撬掉牙齿。东莞樟木头乡农会委员关佛生年仅5岁的儿子,被活生生地抛到池塘里淹死。东宝中学校长的母亲,已70余岁高龄,也被捕施刑。一位人民军队女战士被捕后,先是被轮奸,然后裸体示众。国民党军队的野蛮暴行,与日本侵略军无异,令人发指。另一方面,又对人民军队及其家属进行威逼利诱,强迫"自新"。他们发传单威胁说"不自新只有死路一条"。①国民党当局得意地把对人民武装和民主力量这种斩尽杀绝的政策称为"拔根政策"②。国民党当局还对抗日民主根据地的军民,大批逮捕,投进监狱。据不完全统计,在此期间,惠阳、东莞、广州、曲江、阳山、乳源、茂名、

---

① ② 俞同:《血腥统治的动摇》(1947年2月),见中央档案馆、广东省档案馆编:《广东革命历史文件汇集》,甲56卷,237页,1989年印行。

潮安、翁源等原抗日根据地军民,被关进监狱者多达 2 000 余人。侥幸逃脱者,被迫背井离乡,流亡海外,仅逃到香港者就多达数万人。国民党当局的残暴政策,给人民生命财产造成的损失,难以统计。

然而,这种斩尽杀绝的政策,并未能达到消灭人民武装的预期目的。早在国民党军队对人民武装进行"围剿"之前,中共中央根据当时的形势和十年内战的经验,预见到国民党当局必将对广东人民武装进行"围剿",于1945年9月10日给广东人民武装下达了"分散坚持"的指示。① 16日,中共广东区委为贯彻中央的指示迅速做出部署。遵照中央的指示和广东区党委的部署,各根据地的人民武装化整为零,分成小股分散潜藏到全省各地区、各行业,淹没在人民群众的汪洋大海之中,使得国民党的大军对各根据地进行"围剿"时,除了遭遇原地坚持的小股人民武装的抵抗之外,找不到决战的目标。例如在东江地区,在国民党军队对惠阳、东莞等根据地进行"网形合围"之前,人民武装除了留下一小部分兵力在原地坚持外,已将主力分别转移到紫金、河源、五华等县,以及连平、和平交界的九连山区,使国民党的数万大军在东莞、惠阳"反复扫荡"、"填空格"时,找不到人民武装的主力。又如在南路,在国民党的大军开始"围剿"的时候,南路人民解放军即已跳出包围圈,把主力转移至粤桂边的十万大山,使国民党军队很长时间都无法弄清南路人民解放军的去向。所以,国民党出动几万大军对抗

---

① 《中共中央致广东区党委、林平电》(1945年9月),见广东省档案馆复印件。

日民主根据地的"围剿",虽然把根据地的民主政权捣毁了,把群众组织打散了,但人民军队并没有被消灭。正如1946年1月6日,张发奎在香港各界欢迎会上说的:"十月(指1945年)下旬开过绥靖会议,但是任务始终未曾达成。要问几时达成?我不欺骗同胞,要看政治组织能否臻健全,交通通讯有无保证。"又说:"所谓绥靖意思就是清剿奸匪,可惜他们善用游击战术,兵来匪去,飘忽无踪。所以东宝一带,当局曾策动大兵进攻,但有一个团进军两周,还未遇过一个奸匪打过一粒子弹。"① 张发奎讲话时,粤桂两省绥靖会议制定的两个月"肃清"人民武装的期限已过,但是"任务始终未曾达成",甚至有些部队连一个"奸匪"也未遇到过,说明国民党当局调动几万大军费时两个月之久的"绥靖"工作遭遇了失败。以后能否达到目标,连张发奎这个粤桂两省的最高军事指挥官也开始改变腔调,不敢做出保证。

二、撕毁重庆谈判协定,阻碍东江纵队北撤

在张发奎主持召开粤桂两省绥靖会议之前,国民党政府与中共代表正在重庆进行和平谈判,并于1945年10月10日签订了《政府与中共代表会谈纪要》(简称《双十协定》),在协定中,双方确认,必须避免内战,实行和平民主建国的方针。为了争得全国人民渴望已久的和平民主,在谈

---

① 《华商报》,1946年1月7日。

判中中国共产党主动提出，在国民党政府"公平合理的整编全国军队"等条件下，中共可迅速将其所领导的而散布在广东、浙江等南方8个解放区的抗日军队着手复员，并从上述地区逐步撤退应整编的部队至陇海路以北及苏北、皖北的解放区集中。

《双十协定》公布以后，国共两党的代表继续就一些悬而未决的问题进行谈判，并于1946年1月10日签订了《关于停止国内军事冲突的办法》(简称《停战协定》)的协议，并定于1月13日午夜起生效。根据《停战协定》，在北平设立由国民党政府、中国共产党和美国政府各派1名代表组成的军事调处执行部，负责监督停战协定的执行。执行部下设若干军事调处执行小组。到广东的是第八执行小组。

1月25日，北平军事调处执行部第八执行小组的国民党代表黄伟勤少校、中共代表方方少将、美国代表米勒上校一行抵达广州，监督广东的停战活动。

然而，被一时胜利冲昏头脑的国民党广东当局对第八执行小组的到来不但不欢迎，反而处处进行阻挠。他们一面派出特务严密封锁第八执行小组的住地，阻止他们与广东人民武装代表接触；一面由广东军事当局公开发表谈话，说"广东没有中共的军队，只有'土匪'"[1]。为了揭穿国民党广东当局的谎言，中共广东区委把广东军事当局抵制第八执行小组调处活动的情况电告中共中央，并通过报刊发表谈话，介

---

[1] 转引自《中共广东区委会发言人发表重要谈话》(1946年2月15日)，见中央档案馆、广东省档案馆编：《广东革命历史文件汇集》，甲56卷，3页，1989年印行。

第一章 国民党在广东统治的恢复

绍广东人民武装成长壮大的战斗历程，让广大人民了解事实真相。

中共广东区委的谈话获得了海内外公正人士的同情与支持，而国民党广东当局的谎言则遭到了内外舆论的谴责。为了摆脱这种被动局面，张发奎急忙向蒋介石请示对策。蒋介石回答说"照原定计划进行"①。蒋介石所说的"原定计划"，是指1946年2月5日他给广州行营下达的密令。密令说："长江以南不在停战协定范围之内，贵行营辖区内残匪希加紧清剿，限期肃清。"②

张发奎接到蒋介石的密令以后，即于当天下午在广州举行记者招待会，重申广东没有中共部队的谎言。张发奎说："行营从未奉到辖区内有中共部队番号、驻地及驻军数目之通知，各方亦无此种情报，事实在粤专扰乱治安者，仅系地方零星土匪及伪军之残余与逃亡之日兵，其行动在任何方面观察，均不能承认其为军队，故本人实无法应中共代表之要求，妄行承认此种寇类为中共部队。"③ 张发奎的谈话是一个经过精心策划的政治阴谋，他把人民武装与土匪、伪军、日本兵这些"寇类"相提并论，为以"剿匪"为名疯狂进行反革命内战制造借口；同时，又可搪塞军调部第八执行小组在广东的调停活动，把《停战协定》在广东变成一纸无用

---

① 转引自《尹林平致中央并转北平叶参谋长电》，见中央档案馆、广东省档案馆编：《广东革命历史文件汇集》，甲56卷，1页，1989年印行。
② 《蒋介石给张发奎电》（1946年2月5日），原件存广东省档案馆。
③ 转引自《曾生致中央电》，见中央档案馆、广东省档案馆编：《广东革命历史文件汇集》，甲51卷，13~14页，1989年印行。

的空文。

2月13日,军调部第八执行小组拟出巡东江大鹏半岛,了解那里的军事冲突情况。张发奎为了给"广东没有中共部队"的谎言提供印证,于第八执行小组出发前一周,对活动在大鹏半岛的人民武装发动了更大规模的进攻。除了原已进驻的第六十三军之第一一五师之外,又增调新一军之第三师、第五十四军之第三十三师和保安第十二团,并出动空军和海军,对大鹏半岛发动了新的进攻,力图在执行小组到来之前把人民武装就地歼灭,或者赶出大鹏半岛。还教唆人说谎,如果执行小组问起大鹏的驻军情况,要说"三个月前此地即已被国军占领",借以掩盖其破坏《停战协定》、发动内战的罪行。①

为了揭露张发奎破坏《停战协定》的阴谋,2月16日,中共中央发言人发表谈话,指出张发奎否认广东有中共部队的谈话和阻挠第八执行小组执行任务的行为是"违抗军令军纪,破坏停战命令与北平执行部尊严的错误行动",要求各有关方面采取必要的步骤,纠正国民党广东当局这些错误言行,使停战命令得以实施,保障国内和平。②与此同时,中共广东区委也通过报刊发表谈话,向各界人士讲明真相,动员各界人士向有关各方写信、发电报,揭露广东当局撕毁《停战协定》的罪行,并要求各方人士组团前来广东考察,弄清事实真相,督促广东当局履行《停战协定》,停止内战。

---

① 广东省人民武装斗争史编纂委员会编著:《广东人民武装斗争史》,第四卷,34页,广东人民出版社1995年。
② 《解放日报》,1946年2月17日。

为了解决广东的停战问题，东江纵队政委林平奉中共中央和南方局的命令，于3月9日抵达重庆。11日，林平向中外记者发表谈话，介绍东江纵队成长壮大的战斗历程、在抗日战争中建立的功勋，以及该部的现状；揭露广东国民党当局背信弃义，否认东江纵队的存在，并以"剿匪"为名，发动内战，破坏《停战协定》，干扰第八执行小组的调处工作；希望各界人士主持公道，迫使广东当局执行《停战协定》，"使停战命令能在全国范围内生效，不因各地实力对比不同而有所歧异"①。

由于中国共产党人的坚决斗争，也由于海内外各界人士的同情和声援，迫使国民党当局不得不改变态度。3月12日，重庆三人委员会给驻广州的第八执行小组传来电报，确认东江纵队为中共部队，以曾生为负责人。②这样，国民党广东当局否认广东省有中共部队的阴谋宣告失败。

3月27日，军事三人小组在重庆怡园开会，参加会议的有中共代表周恩来、国民党政府代表张治中、美国代表吉伦。经过商谈，就广东人民武装问题达成了3点协议：（1）华南有中国共产党领导的武装力量；（2）华南中共武装力量北撤2 400人，不撤退的可以复员，发给复员证，政府保证复员人员的生命安全，财产不受侵犯，就业居住自由；（3）北撤人员撤退到陇海路以北。撤退船只由美国负责。关于北撤的具体问题，商定三方代表到广东再谈。③

---

① 《华商报》，1946年3月12日。
② 《华商报》，1946年3月14日。
③ 《曾生回忆录》，455页，解放军出版社1992年。

为了落实华南中共武装力量北撤的协议，重庆三人委员会决定派军事代表团到广州协助第八执行小组的工作。军事代表团的成员也由三方代表组成，他们是：国民政府代表皮宗阙上校，中共代表廖承志，美国代表柯夷上校。军事代表团于3月31日上午乘专机抵达广州，东江纵队政委林平、国民党军事委员会委员长广州行营主任张发奎也同机到达。①

4月1日上午，军事代表团成员会见了张发奎。下午三方代表与第八执行小组成员一起就东江纵队北撤问题进行谈判。谈判开始时，张发奎重弹广东没有中共武装的老调。廖承志当即质问说："你老是口口声声说广东无中共武装，那你们过去发了那么多限共、溶共、反共的密令，是针对谁的呢？""目前你们又制定了绥靖密令，又是针对谁的呢？难道不是针对中共武装的吗？"②

几句话问得张发奎瞠目结舌，无言以对。柯夷和皮宗阙也不支持张发奎这种无理纠缠，谈判得以正常进行。经过反复争论，到4月2日，广州行营才与第八执行小组就东江停战和东江纵队北撤问题签署了联合决议。这个决议的主要内容是：广东省内的中共武装人员2 400人在大鹏半岛集中，用美国轮船运往山东烟台；中共武装人员集中和登船准备，从第八执行小组派人出发调查之日起，时间为1个月，如需宽限日期，要呈报三人委员会决定；在中共武装人员集中大

---

① 广东省人民武装斗争史编纂委员会编著：《广东人民武装斗争史》，第四卷，40页，广东人民出版社1995年。
② 《曾生回忆录》，455页，解放军出版社1992年。

鹏半岛期间，驻大鹏半岛附近的国民党军队应后撤若干距离，以供中共武装人员集中；中共武装人员集结及行军、登船过程中，广州行营应令其所属不得有任何攻击行为，保证中共武装人员的安全；中共武装人员集中转移过程中，广州行营同意借款给他们购粮，并同意在运输、医疗等方面给予一切可能的协助；为执行上述协议，第八执行小组应派出东江以南、东江以北和粤北三个联络小组赴上述三个地区进行调查，协助中共武装人员集中登船，联络小组均由国民政府、共产党和美国三方的代表共同组成；等等。①

为了贯彻执行上述决议，中共武装人员代表曾生少将、国民党广州行营代表王衡少将以及军调部第八执行小组成员，从4月9日起就东江纵队北撤的具体细则进行商谈，并于18日就东江纵队各部集中地点、国共两军的军事分界线、北撤部队的行军路线、通信器材等问题达成初步协议。②

在执行上述这些协议的过程中，国民党当局又出尔反尔，横生枝节，制造事端，妄图阻止东江纵队北撤。例如，按照4月2日的协议：东纵北撤人员的置装费、用粮费、医疗费、复员人员安置费等共需国币10亿元，应由广州行营拨付。但广州行营只答应借给北撤人员购粮款，其余的不愿承担。经过中共代表据理力争，才勉强答应借款2亿元，并附加一个先决条件，即要求中共先在河北南口、石家庄、沧州等地向华北执行组送交国民党军队所需的粮食，然后广州

---

① 《曾生回忆录》，455~457页，解放军出版社1992年。
② 《曾生回忆录》，462页，解放军出版社1992年。

行营才给东纵北撤人员借款。①又如,在东纵北撤人员集中、行军过程中,国民党军队不断地对北撤人员进行袭击、暗杀,谋害北撤人员。②

6月2日,国民党军队趁江北部队开始集中的时机,以1个营的兵力袭击驻增江河畔的蓝蛇洞一带的人民武装,杀死战士8人,抓走7人,其中被抓7人中2人被杀害。

6月13日,粤北人民武装南下到达英德龙口集中时,国民党在周围埋伏了两个团的兵力,并派遣特务3人,身怀短枪,图谋潜入人民武装领导机关,暗杀人民武装的指挥员。但特务们未及动手,即被抓获。经审讯,特务供认是受国民党粤北支组代表黎国熹中校的指使。中共代表当即提出抗议,黎国熹恼羞成怒,不但不承认错误,反而动手打奉命押解国民党特务的战士。③

6月中旬,东江纵队东进指挥部率领北撤人员到达惠阳县多祝(今属惠东县)西南牛皮嶂下的园潭时,国民党保安第七团出动两个营的兵力向北撤部队进攻。由于东进指挥部早有警惕,随时做好战斗准备,当来犯的保安团进入人民武装防区时,人民武装立即进行反击。经过1个多小时的战斗,歼灭了保安团一个营,另一个营见势不妙,慌忙撤退。国民党当局军事上吃了亏,便在政治上反咬一口。他们振振有词地向第八执行小组诬告"共军违背停战协定,袭击国军",要求"火速调处"。当第八执行小组江南支组前来调

---

① 《曾生回忆录》,463~464页,解放军出版社1992年。
② 《曾生回忆录》,468页,解放军出版社1992年。
③ 《曾生回忆录》,469页,解放军出版社1992年。

查事情真相时，人民武装的代表把缴获的国民党当局下达给保安团向人民武装进攻的命令展示出来。在事实面前，国民党代表无法抵赖，理屈词穷，十分狼狈。①

6月下旬，各路东纵北撤人员经过长途跋涉，冲破国民党当局设置的种种障碍，全部抵达大鹏半岛，其他各根据地，如潮汕、南路、粤中、西江等地奉命参加北撤的人员，也分别由香港辗转来到大鹏湾，准备登船北撤。在北撤人员候船期间，突然收到美方来电，谓因飓风袭击，负责运送北撤人员的船只可能迟到。国民党广州行营接到这个消息，兴奋异常，急令其参谋处制定围歼集中于大鹏半岛人民武装的战斗计划，扬言要"瓮中捉鳖"、"一网打尽"。国民党军事当局的这个罪恶阴谋，被长期隐蔽在国民党军队中的中共地下党员获悉，立即报告中共广东区委。中共广东区委迅速做出3项决定：第一，立即向周恩来、叶剑英报告，通过重庆军事三人小组和北平军事调处执行部揭露国民党当局的阴谋；第二，由方方向第八执行小组提出抗议；第三，通过香港进步报刊，把国民党当局的阴谋公之于众。与此同时，人民武装在军事上也进行紧急部署，做好应变准备。

国民党当局眼见阴谋已经败露，其罪恶计划未敢实施。

6月29日下午2时，负责运载人民武装北撤的美国军舰开进大鹏湾。当天下午，北撤人员开始登舰。30日凌晨，美舰载着2 583名广东人民武装北撤人员，离开大鹏湾。经过5个日夜的航行，于7月5日凌晨抵达烟台。北撤人员终于

---

① 广东省人民武装斗争史编纂委员会编著：《广东人民武装斗争史》，第四卷，46页，广东人民出版社1995年。

冲破国民党当局的重重阻拦，实现了战略转移的目的。①

三、肆意篡改重庆协议，"围剿"琼崖独立纵队

1945年9月下旬，国民党第四十六军奉蒋介石之命进驻琼崖。当局宣称，第四十六军进驻琼崖的任务是接受日本投降，维持地方治安，不是"剿共"。但不久就改变了腔调，琼崖当局在报刊上谩骂琼崖纵队是"盗"、是"匪"，扬言要"肃清奸匪"，并且派遣大军深入解放区，擅自划区接防，把坚持敌后抗战8年的琼崖纵队完全撇在一边，独占胜利果实。②

《双十协定》公布以后，国民党当局一方面要琼崖纵队派代表到海口谈判，商讨"维护和平"、"合作建琼"的意向；另一方面又在"受降"与"接防"的名义掩护下，抢占战略要点和交通要道，大量攻占琼崖纵队控制的地区，加紧内战部署。到1945年底，第四十六军第一七五师和省保安第六团控制了澄迈、临高、儋县一线，第一八八师进驻加积、定安、万宁一线，新编第十九师占领了昌江、感恩、崖县一线，形成了对琼崖纵队领导机关和主力部队所在地白沙的包围，基本上完成了琼崖内战的部署。③

---

① 广东省人民武装斗争史编纂委员会编著：《广东人民武装斗争史》，第四卷，47~48页，广东人民出版社1995年。
② 广东省人民武装斗争史编纂委员会编著：《广东人民武装斗争史》，第四卷，51页，广东人民出版社1995年。
③ 广东省人民武装斗争史编纂委员会编著：《广东人民武装斗争史》，第四卷，60页，广东人民出版社1995年。

以冯白驹为首的中共琼崖特委和琼崖纵队司令部领导机关认识到时局的复杂性,一方面派代表到海口与琼崖当局会谈,争取琼崖的和平民主事业;另一方面也加紧做好战争的准备。在军事上,决定采取自卫作战的方针。为了保存力量,决定将领导机关转移到六芹山一带,将主力部队分散,挺出外线,防止国民党军队的突然袭击。①

1946年1月13日,停战命令下达当天,蒋介石即在南京召开军事会议。名义上是整军,实际是准备发动全面内战。第四十六军军长韩练成奉命到南京参加会议。韩刚离开琼崖,张发奎即派广州行营副主任徐景唐、参谋长甘丽初到海口接手"接收协调委员会"的工作,同时帮助第四十六军第一八八师师长海竞强(韩练成到南京开会期间代理第四十六军军长)部署"剿匪"工作。国民党军的作战方案是:把第四十六军编成15~18个强力突击队,分两个攻击波向琼崖特委和琼崖纵队领导机关所在地——白沙合围。第一波使用9个营,向白沙地区进攻;第二波用6~9个营,在外围搜捕突围人员。②

2月14日,由第四十六军组成的突击队分3路向白沙解放区进攻,企图一举扑灭琼崖纵队领导机关和琼崖纵队主力挺进支队。但在第四十六军发动进攻之前,琼崖纵队领导机关和挺进支队已按计划转移至儋县南丰市,后又转移至澄迈六芹山。白沙解放区只留下县府领导的地方武装和民兵在原

---

① 广东省人民武装斗争史编纂委员会编著:《广东人民武装斗争史》,第四卷,60~61页,广东人民出版社1995年。

② 广东省人民武装斗争史编纂委员会编著:《广东人民武装斗争史》,第四卷,60~61页,广东人民出版社1995年。

地坚持。国民党军队进攻10多天,到处扑空,一无所获,还处处遭到解放区地方武装和民兵的袭扰。国民党军队察觉琼崖纵队领导机关的行踪后,立即掉转矛头,以第一七五师两个团和保安第六团的全部兵力,猛扑六芹山,攻占了六芹山周围的中兴、仁兴、合岭、和安等边沿据点,完成了对六芹山的包围,继而分路穿插,深入六芹山腹地反复"清剿"①。

为了打破第四十六军对六芹山的"清剿",琼崖纵队令挺进支队副支队长张世英,率领该支队部分武装在仁洞坑设伏,打死打伤国民党军50多名。战斗后,挺进支队留下第一中队在六芹山坚持,牵制国民党军,大部队则转移到澄临外线,寻机歼敌。②

由于挺进支队第一中队继续留在六芹山活动,国民党军以为琼崖纵队领导机关和挺进支队主力仍在六芹山,便集中3个团的兵力,配合地方武装,采取"填空格"战术,村村驻兵,步步进逼。国民党军队还强迫人民群众离开家园,控制群众口粮,企图断绝琼崖纵队粮食与情报的来源。琼纵留守部队则分成若干游击小组,每组3~4人,分散活动,在国民党军进军的必经路上设埋伏,打冷枪,挖陷阱,把国民党军队紧紧拖在六芹山区,支援主力在外线作战。③

第四十六军在向六芹山"围剿"的同时,也向琼崖纵队其他解放区进攻,其中第一八八师两个团进攻万宁县六连岭

---

① 广东省人民武装斗争史编纂委员会编著:《广东人民武装斗争史》,第四卷,第62页,广东人民出版社1995年。

②③ 广东省人民武装斗争史编纂委员会编著:《广东人民武装斗争史》,第四卷,62页,广东人民出版社1995年。

解放区；第一八八师另一个团加上地方武装，进攻琼（山）文（昌）地区；第一七五师一个团和地方武装进攻临（高）儋（县）地区。琼崖纵队则采取避强击弱的作战方针，在第四十六军大部队来进攻时，或留下少量武装在当地游击，大部转移外线，或趁国民党军出动，后方空虚，袭击其后方，迫使国民党军回援。①

经过3个多月"两个阶段"的作战，国民党军不但未能消灭琼崖纵队，而且处处遭到伏击，疲于奔命，损兵折将，十分被动。为了挽回败局，1946年5月，张发奎再次飞抵琼崖，斥责第四十六军"剿匪不力"，确定"政治瓦解与军事消灭并进"的策略。南京国民党当局也拍来电报，召韩练成上京当面训示，并先后派徐景唐、韦镇福前往海南督"剿"。6月，国民党广东省前进指挥所指挥官邓龙光也奉命来到琼崖，在海口召开紧急军事会议，制订了新的"清剿"计划。在国民党最高当局的压力下，第四十六军重整旗鼓，对琼崖纵队和解放区发动新的"清剿"。其中第一七五师及保安第六团进攻儋县、临高、澄迈地区；第一八八师进攻万宁、定安、文昌、琼山地区；新编第十九师进攻陵水、昌感地区。国民党当局吸取前一阶段大部队进攻连连扑空的教训，改用以"分散对付分散"的方针，"纵横合击"、"张网捕鱼"，用抢光、烧光、杀光的"三光"政策来对付解放区军民，企图摧毁解放区军民生存条件，达到消灭琼崖纵队的目的。②

---

① 广东省人民武装斗争史编纂委员会编著：《广东人民武装斗争史》，第四卷，63页，广东人民出版社1995年。

② 广东省人民武装斗争史编纂委员会编著：《广东人民武装斗争史》，第四卷，63页，广东人民出版社1995年。

琼崖纵队领导经过研究，认为国民党军队越分散，空隙也越大，人民武装机动作战的机会也越多。按照敌变我变的原则，决定采取适当集中，攻歼分散之敌的作战方针。从5月中旬至7月初的两个多月时间内，先后在新盈港、北黎、文昌、琼山、洛基、万宁等地袭击国民党军，或攻占国民党军控制的港口、据点，或伏击国民党军的部队、车辆，或捕捉帮助国民党军为害乡里的土豪劣绅，等等，使进犯解放区的国民党军接连遭受沉重打击。第四十六军第三阶段的"围剿"，再次无功而返。

同年9月，国民党当局因北方战场接连打败仗，大量有生力量被歼，战场兵力不足，不得不将第四十六军调往山东战场。第四十六军负责"肃清"琼崖纵队的使命以失败告终。①

第四十六军北调之前，该军参谋处奉命发表了9个月来的"剿匪总结"，说经过9个月的作战，共俘歼"奸匪"11 000多人，缴获机枪1挺、步枪500多支，尚存"残匪"6 000多人。同时第四十六军也阵亡3 763人（负伤数目没有公布）。还说：有形的"匪"已被击溃，但无形的"匪"与日俱增。在分析剿"匪""未竟全功"的原因时说：由于政治不修明，行政上无能，贪官污吏枉法和通"匪"容"匪"，致"匪"能"此剿彼窜"，人民从"匪"者日众，担心"大军一去，今后治安堪虞"。②

---

① 广东省人民武装斗争史编纂委员会编著：《广东人民武装斗争史》，第四卷，64页，广东人民出版社1995年。

② 《正报》，1947年3月8日。

本来，在重庆三人小组谈判中达成广东人民武装北撤的协议规定："广东和海南岛的中共军"①均由美国协助运往山东。但是到了广州之后，张发奎公然篡改协议，北撤的武装把海南岛排除在外。张发奎以为琼崖纵队孤悬海外，远离中共中央，难与大陆人民武装互相呼应，借助第四十六军这样一支装备精良、训练有素的正规军，可以把琼崖纵队就地歼灭。但实践证明，以张发奎、罗卓英为首的国民党广东当局又一次犯了低估人民武装战斗力和生存能力的错误。经过9个多月残酷战争的考验，琼崖纵队数量是减少了，但政治素质和军事素质却得到极大的锻炼和提高，国民党广东当局日后依靠地方武装进剿，更加力不从心。

四、实行"清乡"、"集训"，迫害留粤人民武装人员

东纵北撤以后，国民党广东军事当局有两大任务：其一，是继续进行琼崖内战，借助第四十六军之力消灭琼崖独立纵队（前文已述）；其二，是对解放区进行"清乡"，"肃清"未能参加北撤的人员。

由于这时全面内战即将爆发，驻粤的国民党正规军已大部调走，广东的"绥靖"任务主要由保安团负责。1946年6月1日，国民政府广东省主席兼保安司令罗卓英和副司令韦镇福主持召开了全省治安会议，制订了全省"绥靖"计划。计划的主要内容是：（1）建立各县的民众自卫队；（2）加

---

① 俞同：《血腥统治的动摇》（1947年2月），见中央档案馆、广东省档案馆编：《广东革命历史文件汇集》，甲56卷，240页，1989年印行。

紧编制保甲；（3）实行联剿、连保、连坐法。① 所谓连保、连坐，按照韦镇福的解释就是："一方面促使民众切实互相连保，以清乱源；一方面则斩草除根，断其蔓延。"② 这个计划的实质是把原来解放区的人民政权摧毁，消灭人民武装的留粤人员，恢复和强化地主豪绅阶级在农村的统治。

6月中旬，还在东江纵队前往大鹏半岛集结北撤途中，国民党最高当局即迫不及待地给广东驻军下达密令：一俟东江纵队北运期满后，即将仍留在广东各地之中共武装一律视为"土匪"，进行"清剿"。③ 须知，按照北撤协议规定的期限，是从执行组开始调查之日算起，为期仅1个月。这就是说1个月之内如还未撤走，就不再是"中共武装人员"，而是"土匪"，都在"肃清"之列。为了尽快"肃清"人民武装，6月至8月，以张发奎为首的广东国民党军政要员，不断在广东各地穿梭视察，先后在北江、粤赣边、韩江、中区、琼崖、东江等人民武装活动过的地区召开"治安"会议，策划部署"清乡"，限令各区7、8两月完成"绥靖"工作。④ 省府各厅长、委员及政务视察团分别巡视各县，严格督促下属执行，按期肃清"奸匪"。人民武装刚刚撤离，国民党当局立即开始"清乡"，矛头首先指向原东江解放区。"广东当局通饬各县政府，将东江纵队复员人员即行逮捕，东宝一带设有检查站多处，一经发觉带有政府发给复员证的

---

①② 《中山日报》，1946年6月3日。
③ 《碧山致中央并梁广电》（1946年6月15日），原件由广东省档案馆收藏。
④ 广东省人民武装斗争史编纂委员会编著：《广东人民武装斗争史》，第四卷，72页，广东人民出版社1995年。

壮丁即予逮捕。"①

在东莞梅塘乡,国民党广东当局在"清乡"工作中,首先把民主政权摧毁,建立以当过汉奸或做过土匪的人物为主要成员的乡公所。如正乡长翟连夸曾勾结伪军陷害过抗日人民,副乡长李宁从前是以剪径偷牛为业的土匪。汉奸、土匪与国民党东江保安司令徐东来互相勾结,狼狈为奸,残杀民兵和抗日军人家属,并对他们进行抄家勒索;向农民强收军谷,征实征购;强迫农民退还所减租息。由于国民党当局实行白色恐怖,以前参加过抗日的民兵为了躲避"抗日罪",个个远走他乡。有一个民兵因无力在外谋生,冒险回家,第二天便被当局杀害。如果民兵本人不回来,国民党当局就抓他的父母妻子前来问罪。有的家庭猪牛被牵走了,房屋被拆光了。有一位被群众民主选举当过乡长的老先生,因本人已病故,当局就把他的母亲抓来抵"罪",把她枪毙了。径口村有两位开明绅士,也被国民党当局抓去折磨致死。一位曾赞助过创办战时中学的老先生被迫流浪在外,不敢回乡。总之,在国民党广东当局的眼中,凡是参加过共产党领导的抗日武装或曾和共产党合作抗日的人统统有"罪"。②

在其他地区,广东当局"一方面是下密令,如严密注意乡中外来生面人,注意新到职的公务人员等。如教育厅长姚宝猷巡视西江时,连保校教员的履历也被抄了去"。"另一方面是由防军和各专署不断召开各县各乡联防的绥靖清乡会议。会议的主要任务,在于肃清'异党分子'和民主分

---

① 《华商报》,1946年7月28日。
② 《梅塘乡血泪连篇》,载《正报》,新8号,1946年10月1日。

子"。"七月初旬，云浮清乡工作开始，组织清乡联防队，为了逮捕一个做过抗日工作的青年，保安副司令亲自出马来抓。广宁也进行了四次清乡，抓去一批无辜民众，候价而赎。"①

总而言之，国民党当局进行"清乡"的对象，不但是人民武装未能参加北撤的人员、共产党员和其他民主分子，而且包括一切曾经和共产党合作或支持过抗日的人民群众，甚至连老人小孩也不放过。因为在国民党当局心目中，上述这些人都是威胁其统治的"乱源"或"蔓延"，都必须连根铲除，概莫能外。

国民党当局在抓紧"清乡"的同时，也没有放过对复员人员的迫害。7月17日，国民政府主席广州行营发表公报，谓奉中央政府命令，举行中共复员人员"集训"②。所谓"集训"，实际是公开设立集中营，把已经复员或尚未复员的中共武装人员统统关进集中营，对他们强加进行"三民主义"的政治训练，勒令他们"悔过"、"自新"，改变政治立场和政治信念，发表声明谩骂共产党，叛变革命，否则将长期监禁，甚至杀害。

国民党当局这个命令遭到中国共产党的坚决反对。8月1日，刚刚北撤到达烟台的东江纵队全体指战员发表通电，斥责国民党顽固分子"豺狼成性，竟乘生（编者注指东江纵队司令员曾生）等北走，更肆毒闾里，残杀同胞，实属令人发指"。号召父老乡亲们主持正义，团结起来，打击国民党

---

① 《西江通讯》，载《正报》，新5号，1946年9月1日。
② 《中山日报》，1946年7月17日。

当局的暴力,"坚持人不犯我,断不犯人,人若犯我,迫我至于绝境,自不能束手待毙"的原则。① 9月1日,中共广东区委发言人也发表谈话,指出国民党当局这样做是公然撕毁有关东纵北撤问题的协议,践踏自己的诺言,是一种背信弃义的行为。协议规定:"在广东各地中共复员人员及其家属,请政府保证不受歧视,并且一样享受新复员法之待遇,同时并保障其生命安全及居住就业等一切自由,并要求行营发给中共复员士兵以复员证,行营代表王衡少将表示可保证政府不歧视奉公守法的中共复员士兵。"发言人质问张发奎:"根据这协定中哪一条去设立集中营,并对不肯投入集中营者加以捕捉屠杀,或加以'股匪''散匪'名字予以肃清?"②

广州行营发言人辩解说:广东当局已"三令五申,严饬各县对中共复员人员,不得歧视,并应保证其安全","此次奉中央命令,集训中共复员人员,纯为加强中共复员人员之安全保证"。③ 广州行营发言人这个辩解,真是欲盖弥彰。中共广东区委发言人警告说:"将军们应该好好考虑一下子,东江纵队尚存的人数其实岂止张发奎所说的七百人,他们原来就有一万多,而且他们每个人都不是孤单的,你企图迫到这些人出卖人民气节是决不可以的,你迫到他们绝对无法回归家园过着和平的生活,迫得他们到处流浪,终于迫上梁山,到那时为了保存他们自己的生命,不得不起而自卫时,

---

① 《东江纵队北撤人员重要通电》,载《正报》,新4号,1946年8月21日。
② 《驳张发奎——中共广东区党委发言人谈话》,载《正报》,新5号,1946年9月1日。
③ 《中山日报》,1946年7月27日。

一切后果就只有你们自己负责了。谁存心要将人头来作酒杯,谁就会发觉自己饮的只是一杯鸩酒。"①

然而,这时国民党当局已利令智昏,完全不顾中共广东区委的警告,一意孤行,坚持要设立集中营,对中共复员人员进行迫害,结果被他们抓来"集训"的复员人员寥寥无几,连同从原已被抓进监狱的政治犯在内,也只有30余人。绝大多数留粤人员为了自身的生命安全,遵照中共中央的指示和中共广东区委的安排,分散隐蔽,潜伏下来,使国民党当局消灭东江纵队留粤人员的计划完全落空。

东江纵队留粤人员躲避国民党当局"清乡"、"集训"的主要方法有二。

其一是分散转移。根据各人的情况,或投亲靠友,隐姓埋名;或漂洋过海,到国外谋生;或转入大城市,自谋职业……总之,把自己隐没在人民群众的汪洋大海之中,使国民党的警察、特务找不到他们的去向。

其二是躲进深山野林,长期埋伏,坚持原地斗争。鉴于国民党当局一再撕毁协议,践踏诺言,中共广东区委为了防备国民党当局重新挑起内战,也为了保障复员人员的生命安全,保护人民群众的利益,决定在广东大陆保存一部分武装力量。这些武装力量是防卫性质的,不再使用原来的番号,以分散的形式进行活动,主要任务是为了保存自己,等待时机。他们分散在江南、江北、九连、五岭、瀚江、西江、中区、中山、潮汕、梅埔、南路等过去人民武装活动过的广大

---

① 《驳张发奎——中共广东区党委发言人谈话》,载《正报》,新5号,1946年9月1日。

地区，共计约 3 070 人，其中粤北 150 余人；九连山区 60~70 人；瀚江 120 人；东江南部 20 人，北部 40 余人；后东地区 20 余人；南路 1 000 多人，在十万大山坚持斗争；西江 300 人；中区 140 多人；中山 120 人；潮汕 60 余人；梅埔 70 多人。为了加强对留粤人员的领导，中共广东区委还建立了特派员制度，使各地留粤人员能够保持与中共广东区委的联系，了解全国各地革命斗争的情况，听取上级指示，以便有效地保存自己，并且不失时机地开展革命活动。①

隐蔽在全省各地的武装人员，根据各地的自然条件，进行生产自救，过着极其艰苦的生活。如隐蔽在山区的人员，普遍以 3~4 人为一组，开进深山野林，以山洞、枯井、茅寮为家，以打柴、烧炭、采药、做木屐等为业，白天生产、学习，晚上下山做群众工作，既解决经济问题，又继续从事革命活动。居住在海边的人员则以船为家，以打鱼、养蚝为业，维持生存。②

由于地区广阔，留粤人员隐蔽形式多种多样，加上人民群众的拥护、支持，甚至拼死保护，所以很少被国民党当局发现。同时由于不做公开活动，不打武装斗争的旗帜，给国民党当局造成了"匪患"已经"肃清"，"治安状况大有进步"的假象③，从而使留粤人民武装有效地保存了自己，使国民党的"绥靖"、"清乡"、"集训"政策遭到了失败。

---

① 广东省人民武装斗争史编纂委员会编著：《广东人民武装斗争史》，第四卷，76~78 页，广东人民出版社 1995 年。

② 广东省人民武装斗争史编纂委员会编著：《广东人民武装斗争史》，第四卷，80~83 页，广东人民出版社 1995 年。

③ 《张发奎在广东行政会议上的讲话》（1946 年 9 月 15 日），见《中山日报》，1946 年 9 月 16 日。

第 二 章

张发奎、罗卓英主政下的广东

张发奎、罗卓英接管广东后，随即开展"三民主义新广东"的建设。他们找人草拟了一份《广东省五年建设计划总纲》，规定了建设"新广东"的政策、要点、范围、期程、机构、人才等①，但该计划未及实施，甚至尚未公布，即束之高阁。广东当局全力投入内战，开展"三征"，摧残进步势力，图谋巩固和强化封建、买办法西斯统治。在这过程中，各级官吏胡作非为，贪污腐化，导致经济崩溃，百业萧条，民生痛苦，社会矛盾重重，从而为人民革命力量的发展准备了条件。

第一节 镇压人民民主力量，推行反动统治

国民党广东当局乘东江纵队北撤之机，加大了"绥靖"、

---

① 广东省政府编：《广东省五年建设计划总纲》（1946年11月），广东省立中山图书馆地方文献部收藏。

"清乡"力度,摧残进步文化,强化封建法西斯统治;同时,为了支持全面内战,公然违背免征赋税、实行"二五减租"的诺言,加紧征兵、征粮、征税,激化社会矛盾;各级官吏搜刮民财,买官卖官,丧失民心。

一、镇压人民革命力量

抗战胜利后,以张发奎、罗卓英为首的国民党广东当局,其政治目标是把广东建成封建买办阶级统治的基地,作为支持蒋介石集团进行全面内战的大后方。当以东江纵队为主力的人民武装北撤后,广东当局认为主要障碍已经扫除,复员的任务基本完成,广东进入了建设"三民主义新广东"的历史阶段。1947年3月16日,罗卓英在干训团第24期开学典礼会上做了题为"认识国策,开创生机"的讲话,说"今日是战后复员时期已过,全国的复员工作也已大体完成","广东为长江以南最安定的省份,处此时局已呈明朗的情势下,尤当积极进行建设","把握时机,争取环境,要在安定中求建设,从建设中求进步"。① 为了保持一个"安定"的社会环境,国民党当局在广东加紧进行"绥靖"、"清乡",企图肃清中共领导的未能北撤的人民武装。

在抗日战争中,中共领导的广东人民武装发展迅速,到抗战结束时已有1万多人。由于国民党广东当局的再三阻挠

---

① 罗卓英:《认识国策,开创生机——在干训团第二十四期开学典礼训词》(1947年3月16日),载《新广东展望》,第26期,6~7页。

与刁难，北撤的人民武装仅有2 583人，只是广东人民武装中的一小部分，大部分仍然留在广东，尤其是长期战斗在海南岛的琼崖纵队，因为国民党当局单方面撕毁重庆谈判协议，故意刁难，不能北撤，仍然驻留海南岛。

东江纵队北撤后，广东当局在军事上有两大目标：一是集中优势兵力，"围剿"斗争历史最长，但却孤悬海外的琼崖纵队；二是对广东大陆人民武装活动的原根据地进行"清乡"，"肃清"未能北撤的人员。①

1945年9月，国民党广东当局便调集驻在广东的兵力向琼崖纵队进攻。初期，负责攻打琼崖纵队的是第四十六军。从1946年2月到5月，经反复"清剿"，虽然给琼崖纵队造成很大的困难和损失，但琼崖纵队的主力仍然保存。5月中旬，张发奎亲自飞抵琼崖督战，提出"政治瓦解和军事消灭并进"的策略，仍然未能奏效。7月中旬，罗卓英、韦镇福也飞抵琼崖打气，还是未能如愿。9月，由于国民党军队在华北战场大量被歼，内战主战场兵力不足，第四十六军（后改为师）两个师（后改为旅）被调赴华北。只剩新十九师（旅）驻守榆林港。不久该师也被调走。②从此以后，进攻琼崖纵队的主要兵力是保安队。

8月中旬，广东省保安副司令韦镇福率领3个保安总队（原保安团）过琼崖，加上原来协助第四十六军"剿匪"的

---

① 罗卓英：《认识国策，开创生机——在干训团第二十四期开学典礼训词》（1947年3月16日），载《新广东展望》，第26期，6~7页。
② 俞同：《血腥统治的动摇》（1947年2月），见中央档案馆、广东省档案馆编：《广东革命历史文件汇集》，甲56卷，243页，1989年印行。

2个总队,共计5个总队的兵力(相当于5个团,占全省10个保安团兵力的一半),制订了以6个月为限,分3期进行"清剿"的计划。①

9月1日,国民党当局成立了"琼崖剿匪指挥所",由省府驻琼崖办事处主任蔡劲军兼任总指挥。②蔡劲军独揽琼崖军政大权。

琼崖纵队乘第四十六军北调、国民党在琼崖兵力减少的时机,从9月起开始自卫反击,先后攻入万宁、黎圭、阳江等县市镇。12月27日,在那大市附近,将保安第二总队第一大队击溃,并歼灭其中一个连。这些战斗,初步改变了琼崖的战争形势。10月7日,《上海新闻报》评论说:自第四十六军调走后,海南岛已成为人民武装活动的世界。张发奎也不得不承认:"海南岛的清剿工作本人向极重视,……但因剿匪部队言语不通,地形不熟,剿匪进展,颇为迟缓。"③

对于留在广东大陆的复员人员,国民党广东当局则开展全省规模的"绥靖清乡",企图把他们"彻底肃清"。东纵北撤后的几个月内,张发奎的足迹遍及广东全省,到处召集党政军头目开"绥靖会议"。由于驻扎广东的正规军已大部调走,所以从7月1日起,广东的"绥靖"任务便由保安团负责。6月1日,省保安司令部正副司令罗卓英、韦镇福召开全省保安会议,制订了"绥靖"计划,主要办法有三:一是

---

①② 俞同:《血腥统治的动摇》(1947年2月),见中央档案馆、广东省档案馆编:《广东革命历史文件汇集》,甲56卷,243页,1989年印行。

③ 俞同:《血腥统治的动摇》(1947年2月),见中央档案馆、广东省档案馆编:《广东革命历史文件汇集》,甲56卷,244页,1989年印行。

各县建立民众自卫队,以补兵力之不足;二是恢复保甲制度,让"好人"当保甲长;三是实行联剿、连保、连坐法。这些办法的实施,实质是把已建立的人民民主政权推翻,重新恢复地主豪绅阶级的统治,建立一支地主豪绅掌握的武装,作为国民党统治的基础和维持地主豪绅统治的杠杆。至于连保、连坐法,按照韦镇福的解释,是"一方面促使民众切实互相连保,以清乱源,一方面则斩草除根,断其蔓延"①。这实际是封建社会"株连九族"政策的重演,企图把一切同情和支持中国共产党政策的人民斩尽杀绝。

国民党广东当局首先对准东江解放区,对准未能参加北撤的复员人员。据《华商报》1946年7月28日报道:"广东当局通饬各县政府,将东江纵队人员即行逮捕,东莞、宝安一带设有检查站多处,一经发觉带有政府发给复员证之壮丁即予逮捕。"②韦镇福还亲自到东江指挥"清乡"工作。广州行营则以"帮助"复员人员重新就业的名义,宣布对复员人员进行"集训"。7月17日,广州行营发布了有关中共复员人员一律进行"集训"的命令,企图对复员人员实施"政治训练",然后强迫他们"自新",效忠国民党当局,否则就要长期监禁,以至杀害。③ 详情前文已有叙述。

---

① 俞同:《血腥统治的动摇》(1947年2月),见中央档案馆、广东省档案馆编:《广东革命历史文件汇集》,甲56卷,242页,1989年印行。
② 《华商报》,1946年7月28日。
③ 《中山日报》,1946年7月17日。

二、摧残进步文化，实行思想禁锢

早在1946年夏，广东当局就开始了对进步文化的摧残。为了破坏人民群众和平民主的正义要求，广东当局费尽心思，搞了一个"双包案"，即指使特务，蒙骗一些政治上比较幼稚或思想较为落后的学生群众，建立一些由国民党当局一手包办的"组织"（如伪"学联"）和组织发动游行，说是以"行动"对付"行动"，以"组织"对付"组织"。

1946年5月4日，国民党当局以三青团特务分子为骨干，组织"反苏大游行"，强迫学生参加。当游行队伍先后经过"华商报正报（广州）分社"和"兄弟图书公司"门前时，一批暴徒手持木棍、铁斧、铁尺等分别闯进华商报正报广州分社和兄弟图书公司，乱打乱劈，形同大盗临门，把铁闸打破，见人便打，见书便毁，还抢走了该分社和公司的一批财物，打伤了一批职员，最后扬长而去。暴徒走后，警察、宪兵姗姗来迟，佯装"了解"事实"真相"，虚应差事。这是国民党广东当局一次有预谋、有计划、有组织的摧残进步文化的行为，企图嫁祸青年学生，掩盖自己的罪行。[①]第二天，中央社在报纸上发表消息说，"若干学生以该报等为共党张目，激于义愤，群以石子投掷华商报正报（广州）分社及兄弟图书公司"，明目张胆地歪曲事实真相，为特务暴徒开脱。[②]

[①②] 民主同盟编：《民主星期刊》，第9期，8页、10页（1946年5月11日）。

国民党广东当局这种摧残进步文化的暴行遭到民主人士的强烈抗议。民主同盟南方总支部、华商报正报广州分社、中国文艺协会港粤分会及民主人士蔡廷锴、李章达、张文分别发表谈话或声明，谴责广东当局这种"破坏民主和平，撕毁政协决议"的罪恶行为，要求广东当局惩办肇事者，赔偿损失，并保证以后不再发生此类事件。①

但是，摧残进步文化、实行思想专制是国民党广东当局早已定下的方针。同年5月5日，郁南县政府在一份代电中披露了这一意图，内文如下。"特密：现奉广东省政府本年四月四日民字第二六二号电开：'奸党发动宣传攻势，最近出版书刊报纸多种，发表荒谬言论，肆意抨击本党，散播毒素，颠倒是非，企图煽惑青年，查广州已陆续发现自由世界、文艺生活、愿望、学生知识、学习知识、民主生活、文艺新闻、中国学生导报等反动刊物十余种，除密饬有关机关切实查禁外，希即详查各该辖境，反动文化分子活动情形，反动刊报名称，斟酌当地情况，妥拟对策，秘密监视查禁，并饬各中等以上学校主管，密切注意学生之思想言论，以遏奸萌，仍将遵报情形具报。'等因奉此自应遵办，除分电外，合行电仰遵照，严密监视为要。县长陈让湖辰微教材印。"②由此可见，摧残进步刊物，管制青年思想自由是国民党广东当局早就定下的方针政策。5月4日捣毁华商报正报广州分社和兄弟图书公司事件，只不过是执行这个方针的一场预演，规模更大并且公开的暴行将会接踵而来。

①② 民主同盟编：《民主星期刊》，第11、12期合刊，10～11页（1946年6月1日）。

果然，正像人们所预料的那样，一场摧残进步文化、钳制青年思想言论的事件相继发生。6月5日，广东当局再次派出特务闯入广州西关光明书店，放火焚烧图书。6月29日下午6时，由广州市警察局出面，派出武装警察几批，手持"警察行字H458号"密令，分别查封了冼福记、蔡锦记、友联报社、南中文化企业公司、华商报正报广州分社、兄弟图书公司、广州书报杂志供应社等书店报社及印刷所，以及人民报、文艺出版社（出版文艺生活和文艺新闻）等13家报社和书店。①警察查封时没有讲明任何理由。第二天，官方报纸报道说："迩来市面黄色小报杂志读物，充斥市场，颠倒黑白，淆乱市民视听"，而上述各书店"贩卖该项读物"，故市警察局将各该书店"予以封闭"。②

众所周知，华商报正报广州分社、兄弟图书公司、广州书报杂志供应社从不销售黄色小报杂志，销售的多是民主文艺书刊；人民报立场公正和平；文艺出版社出版的杂志均为文学性质；至于南中文化企业公司、冼福记、蔡锦记和友联报社，与其他印刷所、报摊之经营方针毫无二致，即对民主性质之报纸杂志，不分轩轾，都予承印和经售。当局居然给它们安上"贩卖黄色读物"的罪名而强行查封，才真正是"颠倒黑白"，"淆乱视听"。其实，当局的真正用意在于想把当时中国各地风起云涌的争取和平的巨浪加以阻遏，使之不至蔓延到南中国来。因为当时国共两党正在进行和平谈判，国民党统治集团利用谈判争取时间，积极部署内战，而

---

①② 《抗议"六二九"暴行》，民主同盟编：《民主星期刊》，第13期，8～9页（1946年7月3日）。

上海、杭州、重庆等地的工商界、文化界和青年学生一致起来反对内战,争取和平。国民党广东当局害怕上述这些书店、报社、刊物把各地人民的和平呼声传播到广东,所以才给它们加上"莫须有"的罪名进行扼杀。

此后,广东当局又接二连三地派遣特务对广州进步文化进行摧残,直至1946年8月,先后被广州当局查封的报纸杂志单位达40多家。整个广州的文化园地,就像被飓风刮过一样,满目荒凉,百花飘零殆尽,看不到鲜花绿叶。在广州,像样的书店,全市总共不过9家,其中商营或半商营的不到半数。他们还经常受到恐吓和威胁,只敢卖些旧书和课本,靠官版和少数沪版图书来点缀门面。至于书报摊,由于民主报刊被严密封锁不准进口,只好搜集一些印有"省党部特准入口"字样,色彩斑斓的诲淫小报,供市民在茶楼或厕所消遣。仍然允许继续出版的报刊有36种,但其中领取当局特别津贴的就有11家,其余的也必须接受党部介绍来的"人才"参与或指导。① 国民党以此控制报刊,操纵舆论。总之,国民党广东当局为了对付民主报刊,首先出动武班特务对民主报刊进行打、砸、抢、封;接着又指使文化特务领取大笔津贴,接连主办和出版了13种反共小报,实行"以数量对质量"的方针来占领文化阵地,散播封建法西斯思想,鼓吹要"在民众的思想上也来一次'绥靖'"②。然而,这些

---

① 梁鼎:《劫后的广州文化现状》,载《正报》,旬刊新3号,1946年8月。见中央档案馆、广东省档案馆编:《广东革命历史文件汇集》,甲56卷,99页,1989年印行。

② 《华商报》,1946年8月21日。

文化特务们都很不争气，不久就因为互相敲诈和互揭阴私而自己打起架来，于7月25日被国民党当局下令一律停刊。在特务们严格控制下的广州文化界，正像有人形容的那样"书店摆残书，报摊卖淫报"；"豺狼满道途，报刊清一色"。①

广东当局实行思想禁锢，是以学校教师和青年学生为主要对象的。国民党当局向各地发出通知："各县请教师已奉到'生人勿用'的命令，以防'复员'人员潜入。"在广州，学校在发新聘书之前，也要经过"彻底的清查"。②青年学生的思想行为受到严格控制。首先是剥夺青年学生的言论、集会、出版自由。学生主办的一切刊物都必须经过学校当局审查，甚至一张号召同学参加聚餐或班会活动的通知，都必须经过训导长的检查才能张贴，否则很快就会被撕毁。学生的每个集会（如班会、系会或其他集会）训导处都要派人监视，诚恐学生有"不轨"行动。当局还在学生中搜罗和训练特务，随时监视学生的言行，如发现有人看进步书刊，就会被秘密登记，抓来审讯。中山大学有3个学生无端失踪，保安部后来加以证实，诬称"他们与一大劫案有关，只因检查时检出反动书籍，因此引起外间讹传"③。学生自治会本是学生自己的组织，干部人选应由学生民主选举，但人选都不

---

① 梁鼎：《劫后的广州文化现状》，载《正报》，旬刊新3号，1946年8月。见中央档案馆、广东省档案馆编：《广东革命历史文件汇集》，甲56卷，99页，1989年印行。
② 《华商报》，1946年8月21日。
③ 《正报》，第30期，10页，1947年3月22日。

经过学生酝酿提名，而由训导长圈定。为了给这种专制行为辩解，有的训导长在上"三民主义课"时竟然宣称："中国目前是不需要民主和自由的，其实，今日在大呼争民主自由的是小部分人的主张，尤其是共产党人大张其词罢了。"①

对新闻界更是严格统制，实行"公务人员联保制"。在联保具结书上明文规定："绝对不能把职务消息向外泄露，否则给予严格处罚。"②

国民党当局对广州行营属下的文艺团体也不信任，严密进行统制。行营政治部的第五、第六两个演出大队因为演唱小曲《五块钱》受到申斥。每个剧本上演之前都要反复进行审查，一连五六次都未能通过。结果，演员们觉得无所作为，只好集体申请复员。

三、召开四大会议，强化专制统治

1946年9月中旬至10月底的一个半月时间内，国民党广东当局连续召开了全省行政会议、第一次正式省参议会会议和第八次全省党员代表大会，连同1945年10月在广州行营召开的"粤桂两省绥靖会议"一起，被罗卓英称为"四个有意义有价值的大集会"③。从范围来讲，这是党政军民

---

① 易生：《广州大学来简》，见民主同盟编：《民主星期刊》，第8期，10页（1946年5月4日）。
② 《正报》，第30期，10页，1947年3月22日。
③ 罗卓英：《广东省一年来复员工作报告》（1946年10月7日），载《新广东展望》，第23期，5页、7页。

的大集会。召开这些会议的目的，按照罗卓英的解释，在于"将全省党政军民联成一气，结为一体，通诚协力，互相策励，以加速新广东建设的完成"①。

罗卓英就任广东省政府主席以来，多次在各种不同场合或集会上反复地念叨着要建设"新广东"或曰"三民主义的新广东"。罗卓英所讲的"新广东"的含义是什么？广东当局谁也没做过解释。但是我们知道：自从1945年8月罗卓英被任命为广东省政府主席起，直至1947年8月被免职时止，整整两年内，广东的政治经济制度从来没有进行过任何一项改革，这时的广东和战前的广东相比较，政治经济制度没有任何区别，依然是半殖民地半封建社会，依然是地主买办阶级的统治。如果说有变化的话，就是罗卓英上台以后，一批又一批地更换县长，据统计，两年内前后更换了76人。有的上台仅仅3个月就被更换。结果，主持广东政务的是一批完全听命于蒋介石集团、忠实于以四大家族为代表的地主买办阶级利益的新人。战前的广东，在相当长的一段时间里，由地方实力派统治，常常不听蒋介石集团的召唤，有时甚至闹独立性，往往使蒋的命令行不通。有鉴于此，蒋介石集团吸取了教训，实行长官大换班。

国民党当局乘战后接管日伪统治的机会，大力贯彻"中央化"的方针，委派大批嫡系军政大员率领军队和特务接管广东全省各级要害部门的主要职务，排斥或控制地方实力派。这是罗卓英的"新广东"的真实含义。四大会议是在蒋

---

① 罗卓英：《广东省一年来复员工作报告》（1946年10月7日），载《新广东展望》，第23期，5页、7页。

介石集团基本上完成广东中央化的情况下召开的，各个会议内容和侧重点虽然有所不同，但中心目标只有一个，就是巩固和强化以四大家族为代表的地主买办阶级的统治，积极支持蒋介石集团在全国进行专制独裁，扩大内战。

（一）粤桂两省绥靖会议

这次会议是1945年10月20日至30日在张发奎主持下召开的。会议确定以武力消灭中共领导的广东人民武装的方针。围绕这个方针通过了一系列决议案，例如"确保水陆交通安全，以利国计民生"（第30案）；"收缴民间武器，以杜乱源"（第37案）；"匪类自新应集中训练感化，使成为三民主义信徒，以谋根绝匪患，而奠定长治久安"（第62案）；等等。会议结束，广东内战立即开始。由于一年来"绥靖"工作未能达到预期目的，正规军又大部北调，致内线兵力不足。针对这种情况，1946年9月25日，在全省行政会议即将结束的时候，张发奎又召集全体参加行政会议的人员（包括全省的党政军民组织机构的主要负责人）举行军政座谈会，继续部署"绥靖"工作。会上，由行营参谋处长报告"绥靖"工作，认为"绥靖工作未有效果"。会上张发奎给与会人员散发了一份《指示纲要》，说："复员逾年，地方治安，未臻良好"，"故现阶段地方行政，应以绥靖工作为重点，集全力以赴之"。为此，除了切实执行1945年"绥靖"会议通过的各项决议案之外，还必须划定地区，提出适当人选，"组织地方临时自卫机构，协助维持治安"。临时机构的名称为"清乡督导委员会"、"清剿委员会"或"联防办事处"等。临时机构所需经费，应在"合法范围内，妥为筹拨"，如"运用寺庙尝产"或"向殷商大户劝捐"等。

"所有辖区内之民众自卫队，均应归其指挥。"纲要还提出要"健全基层组织，慎重挑选乡保甲长"；提出"三分军事，七分政治"的清剿原则，厉行清查户口，健全保甲组织，严格执行连保连防连坐等措施，要求各县县长应切实担负起"巩固地方治安，恢复社会秩序的责任"。① 纲要还涉及财政、生产、交通等方面与绥靖有关的问题。因此，从某种意义上说，这次座谈会实际上是一次新的全省范围的"绥靖"工作会议。

（二）全省行政会议

全省行政会议是 1946 年 9 月 15 日至 26 日举行的。到会的除了额定的专员、县长和省级各机关的主管长官、省府委员等 109 位代表之外，还邀请了广州市各机关的长官到场观礼。会议开幕时，广东省的党政军民主要负责人都参加了会议，如国民政府主席广州行辕主任张发奎，国民党中央委员罗翼群、陈逸云、伍智梅、陈耀垣，省党部主任委员余俊贤，委员谢鹤年、曾三省、李伟光、冼家锐，市党部委员沈家杰、张希哲，广东高等法院院长史延程，两广考铨处长陈仲经，审计处长李悦义，省参议会议长林翼中、副议长关鼎新，市参议会议长陆幼刚，妇委会主任委员陈辉表，行辕秘书长麦朝枢，总参议冯次祺，第六十四师师长黄国梁，宪兵第十六团团长周致祥，暨省府主席罗卓英以及省府各委、厅、处、局、行、所等单位的首长，共计 230 余人。会议由省府主席罗卓英主持，并先后 3 次讲话。罗卓英在开幕式的

---

① 张发奎：《广东卅五年度行政会议人员举行军政座谈会提示纲要》，1946 年 9 月 25 日。国民政府军事委员会委员长广州行营刊发，广东省立中山图书馆地方文献部藏。

讲话中对全省一年的工作做了总评价，宣布这次会议的议题。他说：日本投降之初，省府适于其时奉令改组。本人于去年8月19日回到广州，迄今已一年又15天。一年来，本省政治尚不太差。复员伊始，省府即以治安、粮食、交通三者作为工作重心。今天检讨起来，许多任务尚未完成。又谓这次会议的重点议题有四：一是在三民主义和建国大纲精神的指导下，扫除官僚政治；二是完成复员尚未完成的工作；三是安定地方秩序，促进社会繁荣；四是改良政风，养成廉正风气，以建设三民主义的新广东。①大会第三日，罗再次讲话，强调此次会议"须指出民众之痛苦与民众之需要，以求解决与满足"。大会第六日，罗第三次讲话，提出仍要把治安、粮食、交通三大问题作为施政中心。②

张发奎在开幕时说："自从胜利光复，至今一年。在这一年当中，因为广东过去经敌人蹂躏，一切建设给敌人摧残，以致一切复员，均未能达成上级赋予之使命。""广东今后应注意粮食及治安两问题。本省在复员初期，需遣送10余万之日军俘虏过境，军队亦有5个至6个军，加以风灾、旱灾，遂使粮食成为当时最头痛而最严重的问题。时至今日，仍是困难严重，可是已不致如过去之困难严重，但是如不根本去解决，实在无法完成复员建设的使命。"谈到治安问题，他说："在光复初期，遍地是匪，加以共党武力未撤，东江匪情更烈。经过努力之结果，现在可以说是除海南岛比较猖獗外，各地都很平静，匪患可以说是肃清了。"③

余俊贤在开幕时说："我们当前的两大敌人是贪污和官僚

①③ 《中山日报》，1946年9月16日。
② 《正报》，新8号，158页，1946年10月1日。

作风。无可讳言，提起政治，一般民众都会联想到贪污。尤其是贪污两字，被有政治作用的人拿来作攻击本党的借口。实际上，真正苦干的行政干部着实不少，同时，贪污也确有其人。我们以为，目前一般公教人员待遇的低微，这是造成贪污的主因。所以，提高公教人员的待遇，为政府当前的主要课题。""其次，要铲除官僚政治。一般口头禅什么'不求有功，但求无过'，'多一件，不如少一件'，等等，都是官僚政治的表征。我们希望官吏要找事做，不要'等'事做。许多做官的会用手段，对上奉承，对下大可不理，蒙上欺下，官运仍一样亨通。比方下级对上级的工作报告书，都是写得一篇好文章，但多半是虚伪。这种门面工作，是不切实际的，推卸责任。这种官僚作风必须扫除，政治才能上轨道。"[1]

罗、张、余三人是当时广东政、军、党三方面的主要负责人，他们在讲话中都从各自的角度对广东的政局做了评价。罗卓英分管政府工作，认为一年来"本省政治尚不是太差"，只是复员工作"许多任务尚未达成"。[2]张发奎分管军事，主要负责"剿匪"。他对一年来的"剿匪"成绩自我感觉相当不错，认为"除海南岛比较猖獗外，各地都很平静，匪患可以说是肃清了"。但对全省的复员工作，张的看法和罗卓英不同，张发奎认为过去困难重重至今仍是困难重重，一切复员"均未能达成上级赋予的使命"[3]。这无异于当着全省大小官员的面给了罗卓英一记耳光。至于余俊贤，他分管党务，对广东的工作起"监督"作用。他在讲话中，对一

---

[1][2][3] 《中山日报》，1946年9月16日。

年来广东的政绩不做评价,而集中对现职官僚队伍的政风提出批评,不得不承认官僚队伍中"有人"贪污,有人只做官,不做事,有弄虚作假、欺上瞒下等不良风气,并且宣称:"贪污"和"官僚作风"是"我们当前的两大敌人"。①但是,他又为当时的贪污腐化现象辩护,缩小贪污腐败的严重程度,为贪官污吏开脱罪责。事实上,第一,当时广东的大小官吏贪污不仅仅是"有人",而是一种普遍现象,从上到下尤其是县政人员更为严重。会议第七日,民政厅厅长李扬敬在施政报告中披露:"查光复后一年之广东县政,莫不乌烟瘴气,差强人意者,实又凤毛麟角","贪污舞弊的事件,触目皆是","县政人员贪污舞弊,为构成县政腐败的主要原因"。②第二,当时批评或痛斥国民党官吏贪污者,绝大多数都不是"别有用心,有政治作用的人",而是广大人民出于对国家民族前途的忧虑,对把人民财产据为己有的社会蛀虫的鄙视和仇恨。第三,当时有贪污行为的公教人员中确实有人是因为"待遇低微",而当局又常常拖欠工资,物价飞涨,确为生活所逼,但更多的是为了聚敛财富,贪图享受,其根源是国民党统治已形成一整套卖官鬻爵制度。人所共知,当时有相当大的一部分公职都是当事人花了巨大代价买来的,上任以后,还要连续不断地给上司和关系人送礼。这样的官僚制度促使大大小小的官吏们必须靠贪污来捞回买官送礼所付出的代价。

全省行政会议开了整整10天,通过了107宗提案。罗

---

① 《中山日报》,1946年9月22日。
② 《中山日报》,1946年9月16日。

卓英把提案归纳为改善县级公务员待遇；解决本省粮食问题；加强禁政，根绝烟毒赌博；整理自治财政，改革征收机构；健全人事制度，加强基层组织；审议五年建设计划等5个类别。会议议题虽多，但治安、粮食、交通三大问题依然是施政重点。三大问题围绕一个中心，就是"剿共"。因此，可以说这次行政会议的中心议题是：巩固与强化国民党的独裁统治，支持蒋介石集团扩大内战。

（三）广东省参议会第一届第一次会议

全省第一届第一次正式参议会会议是1946年10月10日至25日举行的，为时半个月。出席会议的有各县选出的参议员96人。开幕式由罗卓英主持，张发奎、罗卓英、余俊贤等党政军负责人分别到会讲话。11日，会议进行选举，林翼中、何彤分别当选为正副议长。12日，正副议长宣誓就职，会议改由正副议长主持，并于当天举行预备会议，进行分组，推选提案审查委员，起草大会宣言。14日起，为时7天，由省府及其属下各机关分别向会议做工作报告，并分小组对收到的提案进行审查、提出初步处理意见，交大会审议。21日至23日，讨论通过议案，共计通过提案221宗。24日，选举驻会委员，计选出黄汉山、郭英殊、凌维素、杨伯履、李伟光、陈喜清、刘平、陈继烈、杨德隆9人为第一届驻会委员会委员。至此大会宣布闭幕。

省参议会被国民党当局宣称为"全省最高民意机关"，这次大会被说成是"民主政治的先声"（罗卓英语），但当时的社会舆论对此的评价恰恰相反。

首先，从参议员的选举过程及议员的成分构成来看，根本代表不了民意。国民党当局为了给其专制统治披上"民主"的外衣，再三下达命令，限期成立各级参议会，以便"普遍地自由地作正当发挥监督政府、协助政府，奠立起现代民主政治的优良基础"①。1946年3月16日，广东省政府发表公告，限令各县定期依章选举参议员，成立县参议会。再由县参议会选举省参议员。公告出来后，全省各地各种不同政治派别或有不同政治背景的代表人物赶紧四处活动，拉帮结派，拉选票，或封官许愿，甚至大打出手，用种种卑劣手段竭力争夺这个"肥缺"。到最后，选上省参议员的大部分都是经过有势力者的撑腰，花费了巨额金钱，或费尽心机，倚仗权势得来的。这样的"民主"选举与正常的民主政治有天壤之别，和广大人民群众更丝毫没有联系。据统计，在当选的96名省参议员中，做过县长的17人，现任县党部书记长21人，做过县参议长或参议员的19人，当过省府委员或厅长的4人，现任国民党中央委员3人，国民党军中将3人，少将6人，报社社长2人，大学教授2人。②这77位身份显赫的参议员，除了大学教授不算官衔之外，其余75人都是或大或小的现职或离任的官员。参议员这样的政治结构只能代表"官意"，根本不能代表"民意"，和当局再三吹嘘的"现代民主"有着天壤之别。

其次，从会议的全过程分析，也是没有民主可言的。会议时间虽说有15天，但开幕和闭幕式，祭扫烈士墓，选举

---

① 罗卓英：《广东省一年来复员工作报告》（1946年10月7日），载《新广东展望》，第23期，7页。

② 《中国报》，1946年12月17日。

正副议长、驻会委员、编组等程序或礼仪性活动占了整整4天，听取政府各部门工作报告21个，用了整整7天。采访会议的新闻记者报道说，这些报告都是官样文章，讲的和听的都知道是"例行公事"，"讲的是漫天说谎，砌词掩饰，听的也作耳边风过，心不在焉"，被人们比喻为"疲劳轰炸"。

据报，这些报告印成书面材料分发给参议员时，每份重达1斤有多。由于报告冗长乏味，参议员们提不起兴趣。例行报告期间第一天就有12人缺席，以后缺席的人数更是一天比一天增加。到会者，也是各人干各人的事，有的埋头看小报，有的嗑瓜子，有的写打油诗、画公仔，有的干脆打瞌睡。原来参加竞选议长的几位大人物，也都有其"精彩"表现。余俊贤放弃了竞选，自开幕式发表讲话以后，再也没有来过。罗翼群、林正煊二人落选了，开会时几乎每天都迟到两小时。报告人为了逃避议员的质询，暴露丑闻，有的报告一结束就借故离开会场；有的议员被力加劝阻，不要公开质询，招惹麻烦；有的刚开始提出质询，就被会议主持人借口"时间已到"，搪塞过去。通过议案应是让代表们表达意志的时候，但4天时间内要通过提案221宗，平均每天55宗。23日一天居然要决议200多宗。由科长一人在会上宣读，有的还未听清，就千篇一律地宣告："无异议，照该审查意见通过。"参加会议的议员尚且如此，至于广大人民群众连过目的权利都没有，只能会后从一篇空空洞洞的大会宣言中去寻找其中的奥秘了。为了表示"民主"，大会设立了"民众投诉箱"，但直至闭会时止，"还没有一个老百姓去应景"

(见《星岛日报》)。另设立了一个"请愿民众代表接待所",但也无人光顾,"依旧是参座们的休息室,只有三两人在那里私语"(见广州《建国日报》)。广大人民对这次会议始终保持漠视,说明人们对国民党包办的假民主根本不抱什么希望。人们对它的评价是"一幕连戏子们也不满意的戏"①。

(四)广东第八次国民党党员代表大会

这次大会是紧接着参议会开幕的,从10月25日至31日,为期7天。到会代表105人,赤溪(1953年并入台山县)、花县、乳源3县代表因资格审查不合格,未能参加会议。时任省党部执行委员余俊贤、曾三省等14人列席了会议。另,蕉岭等11县的书记长15人也应邀列席了会议。出席会议的代表,绝大部分都是各县反共反人民的骨干分子,实际上是国民党统治集团的广东干部会议。大会开幕时,广州行辕主任张发奎、副主任徐景唐和邓龙光,省府主席罗卓英,在粤中央委员罗翼群等应邀出席。这次会议的任务是"检讨以往工作的得失,决定今后改进方针"。②

由于国民党是执政党,按会议日程规定,26、27、28日3天,由省政府主席以及民政、财政、建设、教育、田粮、社会和保安司令部等几个主要部门的负责人做施政报告,听取大会的批评监督。其实这些都是例行公事,报告内容和上述几次会议没有多少差别,没有新鲜的东西。

---

① 《正报》,社论:《评"广东省参议会"》1946年11月2日,见中央档案馆、广东省档案馆编:《广东革命历史文件汇集》,甲56卷,147页,1989年印行。

② 《中山日报》,1946年10月25日。

值得人们注意的是，28日，国民党省党部主任委员余俊贤做了关于开展党员总清查的讲话。为什么要进行总清查呢？余说：因国民党六届二中全会开幕时，刚刚开过全国政治协商会议，当时不少国民党党员思想动摇，言论行动消极，甚至违党毁党，亦大有人在。如不彻底进行调整，刷新阵营，将来实无法再有力量奋斗，维持政权。所以，准备在党内实行总清查。如有言论行动离开党的，一概排除出去。①余俊贤的讲话，实质也就是这次代表大会的主旨。

　　众所周知，1946年1月10日至31日，有国民党、共产党、民主同盟、青年党和社会名流代表在重庆开了政治协商会议，经过热烈的讨论，最后就改组国民政府、施政纲领、军队、国民大会、宪章法案等5个方面的问题达成了协议。3月1日至17日，国民党召开六届二中全会，公然撕毁政治协商会议的有关决议。国民党统治集团这种背信弃义的行为，不但遭到中国共产党和民主同盟的坚决反对，连许多正直的国民党员也不理解，对国民党当局的错误做法提出了批评，有的还在行动上对蒋介石集团坚持内战独裁的反动政策进行消极抵制。这种情况全国有，广东也有。国民党统治集团认为这种现象绝不能容忍，所以国民党六届二中全会决定要"革新政治"，"改革党务"。广东国民党实行总清查的决定就是贯彻六届二中全会改革党务的决定。在党内要"彻底调整，刷新阵容"，把"思想动摇"、"行动消极"、"违党毁党"者，"一概排除出去"。总而言之，如何进行"清党"，

---

①《中山日报》，1946年10月29日。

是这次代表大会所要解决的主要问题。

大会经过讨论,做出以下一些决定:第一,最近3个月内,全省各县市同时举行"党员总清查",把政治协商会议后"思想发生动摇,言论行动消极"者"一概排除出去"。为此,各县市将特设专门机构办理此事。第二,贯彻六届二中全会提出的"革新政治"、"改革党务"的决议,选举"革新分子来负责本省党务"。第三,在组织工作方面,强调要争取农民、工人和知识青年参加国民党,因为农民"占全国人口百分之八十",工人"易为异端邪说所迷惑",知识青年"能力较强"。鉴于政协会议后一部分党员思想动摇、言论行动消极的情况,决定进一步加强特务活动,在党内,"组织各级党部的监察网",实行对"党员活动的监视",在党外,则"以党为体,以政为用","派员深入各民众团体","由点线及于全面,由城市及于农村",做到无孔不入。第四,在宣传工作方面,决定充分利用党报、电台、政府设立的宣传机构,建立周密的宣传系统,应用一切方式,深入每个角落,"争取主动"。①

31日,大会选举了新一届国民党广东省执行委员和监察委员后闭幕。第一届执行委员和候补执行委员有余俊贤、曾三省、谢鹤年等21人,监察委员有陈宗周、罗伟疆、冯次祺等7人。当局认为这次选举真正达到了用"革新分子来负责本省党务"的目标,其纯粹程度,张发奎把它誉为"十余

---

① 《如何建设广东为三民主义的模范省》,载《中山日报》,1946年11月2日。

年来所未见"。①

上述说明，国民党广东当局经过一年的复员，基本上恢复了封建地主买办阶级在广东的政治统治，实现了国民党统治集团把广东"中央化"、"特务化"的目标。在一个半月的时间内，广东当局接连召开党政军民四大会议，目的在于做好党政军民的协调工作，进一步巩固和强化封建法西斯统治，把广东变成可靠的后方基地，支撑全国内战，实现国民党统治集团梦寐以求的、用武力消灭以中国共产党为代表的和平民主力量，统一全中国的目的。

四、强行"三征"暴政，激化社会矛盾

"三征"是征兵、征粮、征税的统称。现将情况分述如下。

（一）征粮

田赋征实，余粮征购，军粮征借三者原叫"小三征"，本是抗日战争时期紧急筹措军粮、供应前线的临时办法。这种办法自1941年实行以后，弊端百出，黑幕重重，被认为是"行政上最大的污点之一"，"如同疫症一样，早成病民、扰民、害民的两大虐政"。②当时正是抗日战争最险恶也是最艰难的时刻，全国人民为了支持神圣的抗日战争，虽然自身生活十分艰难困苦，但为了争取最后胜利，毅然咬紧牙关，

---

① 《正报》，第13期，14页，1946年11月9日。
② 千家驹：《战云笼罩下的中国经济》，载《经济通讯》，1946年第7、8、10、11、20、21期合订本，广东省立中山图书馆地方文献部藏。

担负起这副足食足兵的沉重担子。抗战胜利后,当蒋介石宣布沦陷区豁免田赋一年的命令时,全国人民无不欢欣鼓舞,"真如死囚奉到大赦令一样"(《文汇报》语)。既然"三征"政策这样不得人心,抗战胜利后,军队复员,这种临时办法自当取消,予人民以休养生息的机会。但是,国民党统治集团却不肯这样做。他们为了独占抗战胜利果实,决心发动全面内战。为了内战需要,初则以征购军粮名义,廉价抢购粮食;继则食言而肥,宣布自1946年7月1日起,恢复田赋征实。1946年6月,全国财粮会议期间,蒋介石在会上说:"政府一定得举办征粮……其原因是共产党想赤化中国,政府不得不有所准备。"① 为了执行蒋介石的指令,8月,广东省政府第六十五次省务会议通过决议,1946年度的田赋征实,与全国各省一样开始实行。罗卓英在《告全省民众书》中不加掩饰地宣告,进行征实的首要目的是为了内战。他说:"卅五年度(即1946年度)田赋征实,首在军粮获得供应。"②

1946年度,广东全省田赋征实总额最初是650万石(其中征实300万石,征借和公粮各150万石,积谷50万石)。后以"广东一向是缺粮省份"为由,向南京政府申请减免,经南京当局最终核定,征实300万石不变,征借和公粮各减100万石,连同积谷共计征450万石。③

国民党统治集团宣称,这是对广东人民的照顾,其实不

---

①③ 《正报》,第29期,6页,1947年3月15日。
② 罗卓英:《告全省民众书》,转引自《正报》,第29期,6页,1947年3月15日。

然。据1946年1月5日《大光报》载:"战前田赋值百抽一,每亩一百元之产价只征一元,当时一元只值实谷十斤许,……而现在一元赋额,则征实六斗五升,相差之数甚巨。"① 即使在抗战期间,1942年度赋额每元也只征2市斗,1943年是5市斗。所以,以谷的数量计算,现在所征已为战前6倍半,若以元计算,则比战前增加了几万倍。不止如此,国民党当局还规定:1942年度下半年以来的历年"积欠",也一律追征。②

然而,经过抗日战争的摧残,加上不断的自然灾害,连年歉收,广东农民已经穷困至极,根本无力完成当局规定的征实指标。但广东当局不理会人民的艰难,一定要如数交纳,达到指标。为了完成征实任务,从8月起,广东省各级政府把大部分精力都用在征实和征兵上,层层施压。直至10月底(第一次限期),全省只征到30余万石,仅及原定指标的1/15。当局又加大压力,到11月底多征了17万石,共47万石,但也只有原定指标的1/10。这种情况引起"最高领袖"蒋介石的焦急和恼恨,亲自给广东省当局下达手令催征:"该省卅五年度田赋开征已久,据报收数甚微,进度迟缓,须知本年度征粮,关系国家军务,不得因循敷衍,贻误事机!"③在蒋介石淫威的压力下,广东省当局竟然不顾人民的死活,除了田赋机关人员全体出动外,又派省政府委员、

---

① 千家驹:《战云笼罩下的中国经济》,载《经济通讯》,1946年第7、8、10、11、20、21期合订本,广东省立中山图书馆地方文献部藏。
② 《正报》,第29期,6页,1947年3月15日。
③ 《正报》,第29期,7页,1947年3月15日。

各厅厅长全部出动，分赴各区督征，限令年底之前征足。为此，还颁布了"加强督征考核办法"，严令各级县乡保甲人员火速出动抢征，明令催征人员用"全力紧急严挤"、"逐保挨户验串扫征"、"加开夜工"、"新年例假照收"等严厉手段搜刮农民手中的粮食。各县当局在"施政功绩以三征成绩为标准"的压力下，为了保住乌纱和职位，纷纷成立"督征团"、"坐催队"，下乡强征。"不管人民投河上吊，但求征粮任务完成"。[1] 从上到下，各级大小官员一齐出动，东催西逼，鸡犬不宁。即使这样，也无法完成任务。直至1946年除夕，也仅仅征得120余万石，不够原征额的1/3。广东省当局对此十分震怒，立即下令给70多个县的县长以记过处分，并且还定出"逾期罚息办法"（凡逾期缴纳者要多纳5%～20%）和"传案追缴法"（即政府出面捉人逼交），继续向人民施压。[2]

其实，征粮定额未能如期完成的根本原因在于农民手里没有粮食。人尽皆知，广东向来严重缺粮，加上抗战胜利一年多来，天灾人祸连绵不断，1946年春天大旱，夏季又是大涝，受灾范围达70多个县。在灾情严重、大闹粮荒、成千上万灾民饿死街头的悲惨时刻，广东行营居然下令大"购"军粮，规定广东每月须担负13.5万余大包（每包重180

---

[1] 力耕：《抢尽民间最后一粒谷》，1947年3月，见中央档案馆、广东省档案馆编：《广东革命历史文件汇集》，甲56卷，354页，1989年印行。

[2] 《前锋日报》，1947年2月11日。

斤）。①名义是"购"，实际是抢，因为"购"粮的价格仅及市价的1/10。这一连串的天灾人祸早已把广大农民弄得家徒四壁，十室九空，农民靠挖树根、吃野菜度日，哪里还有粮食交纳田赋呢？

可是，广东当局为了完成征购指标，居然散播"本省各地普遍庆丰收"的谎言，田粮处负责人更是言之凿凿："全省晚造丰收达50县"②。事实恰恰相反，1946年晚造不是丰收，而是严重歉收。据《前锋日报》10月6日报道：本省"早季禾稻失收达71县，晚造报灾已达16县"③。到了11月，在铁的事实面前，当局不得不承认灾歉县份已达20个，其后还陆续报来。有些县份本是灾歉，而县长出于某种个人目的，故意延迟不报。据善救分署粮食调查队1946年12月的报告："今年冬季广东仍将遇严重粮食恐慌，从总收入而言，本年度之生产数目（据每亩产量）仍比正常时期少8%~12%，有的省份（如湖南、广西、广东）甚至竟达40%。"④据省田粮处报告，正常年景，战前广东每年缺粮。1946年每亩产量比正常年景减少这样多，可见广东缺粮之严重，而新的粮荒很快又降临了。据1946年12月4日《越华报》披露："各县市局所报急待救济难民人数为7 978 016人。上列数字只为70余县市局所报，尚有十余县未据报

---

① 张发奎在香港侨团欢迎会上的演讲。引自《正报》，第29期，7页，1947年8月17日。
② 《正报》，第29期，7页，1947年3月15日。
③ 《前锋日报》，1946年10月6日。
④ 《正报》，第29期，8页，1947年3月15日。

到。"①估计1946年全省灾民为800万至1000万,其中有部分(约30%)可能找到职业,可以自力更生,但全省1946年冬等待救济的灾民仍有500万至700万。当时广东全省人口是2 860万,需要救济的灾民竟占全省人口的1/5至1/3。据广州市卫生局掩埋队报告:1946年,仅广州市饿死的路尸就有7 000余具,平均每月超过580具。②城市如此,农村情况更加悲惨。广东省政府地政科长下乡出巡回来以后说:"农民多以杂粮为活,生活之苦,达于极点!"③全省粮荒严重到这种程度,可是国民党广东当局仍然再三催逼征粮,铁心要把人民逼上绝路。

这时,为了达到把粮食"征"到手的目的,有些县竟然下令用"封割"和"抢割"的残酷手段。如顺德县府命令:"各区晚造收获无论已否经过田亩申报,一律须事先完纳本年新赋方准收获。"④ 意思是说,农民必须先缴完田赋才准下田收获,否则,将由政府没收,抵偿田赋。在珠江三角洲,如南海、番禺、中山、顺德、新会等县,居然掀起军队动用武力抢割民田的风潮。省保安司令部设立的"沙区指挥所"的"护沙队",居然出动队员劫夺稻禾。据报载:"中山大小榄地方被'匪'200余人携机枪20余挺,小钢炮2门,分头抢割民稻。同晚,9区突然有汽船一艘,载有番号不明武装10余人,纠集当地土匪,由该乡土霸率领至民田

---

① 《越华报》,1946年12月4日。
② 《正报》,第29期,8页,1947年3月15日。
③ 《中山日报》,1946年12月24日。
④ 《越华报》,1946年11月25日。

抢割禾稻。"①在番禺沙湾附近的大坳沙,军队用"密集火力扫射,并带有禾镰绳索,准备抢割"②。11月25日,在顺德罗五沙,"有沙区自卫队数十名,声称奉令剿匪,进占围馆……并立即抢割谷粒,前后运去17船"③。中山县"海丰农场为护沙队占领,派百余人抢割,并准备船百卅艘,将抢得之谷运至澳门,并扬言在三天之内将田禾割尽"④。由政府出动武装抢割农民稻谷的行为,已远远超越了"征"的范畴,而与江洋大盗武装抢劫无异!

此外,因催征而抓人甚至杀人的行为更是随处可见。省田粮处提出的催征办法中公然提出"挤征":要以征赋成数为标准,作为提高县级人员待遇的"鼓励",督促人员"悉力以赴",把粮食从农民嘴里"挤"出来。在这种政策的"鼓励"下,到处成立"督征团"。"督征团"所到之处,真是鸡飞狗跳、鬼哭狼嚎。番禺县九如乡乡长和田赋稽征员"派队四处拘拿农民,且乱枪击毙农民李标"⑤。南海县金溪乡金利村第七保长蔡恒,因该保滞纳田赋,被田赋办事处派人拘留。⑥紫金县督征大队到农民家里催征,适户主外出,其妻因不明事理,得罪了催征人员而被拘留。户主回来后,闻讯前往探望,也被拘留。⑦ 在当时,出动政府官员催逼公购粮、肆意抓捕拘押农民的犯罪行为,比比皆是。

---

①③ 《建国日报》,1946年11月26日、28日。
② 《越华报》,1946年11月29日。
④ 《星岛日报》,1946年11月28日。
⑤ 《越华报》,1947年1月9日。
⑥ 《越华报》,1947年1月29日。
⑦ 《建国日报》,1947年1月9日。

（二）征兵

征兵和征粮一样，也是国民党统治集团套在人民头上的一根绳索，黑幕重重，弊端百出，是使人民痛苦不堪的又一虐政。

国民党统治集团为了扩大内战，1946年9月3日宣布恢复征兵，要求1946年度征集60万人。为了征兵，抗日战争时期设立的军、师、团管区及国民兵团等兵役机构也立即恢复起来。广东也不例外。

按照国民党政府国防部的规定，1946年度广东临时兵额为39 600名。除琼崖方面"情形特殊"暂不配征外，其余地区一律按照人口比例由各县征足。当时全省人口有3 000多万，平均每750余人需出适龄壮丁1名。所谓琼崖"情形特殊"，按省保安副司令韦镇福的解释，是因为琼崖有"匪患"。要根绝"匪患"，"99%是政治，军事仅属百分之一而已"。① 韦镇福的解释，只是为了掩人耳目，笼络人心，事实是琼崖正在大打内战。当内战造成人员损失时，要就地抽丁补充，所以在征兵问题上琼崖并没有例外。

根据国民党政府国防部颁布的《新兵役法》，凡年龄在18~35岁的男子，都是适龄壮丁，均应参加抽签，若被抽中，就有服兵役的义务。国民党的军队由于风气不正，纪律败坏，扰民害民，内战内行，外战外行，故军队在人民心目中形象很差，不受人民欢迎。老百姓中流传着这样的顺口溜："好铁不打钉，好男不当兵。"当兵的不是流氓、地痞，

---

① 思健、龙达：《征兵在广东》，载《正报》，第32期，9页，1947年4月5日。

就是无业游民，有正当职业的男儿是不会去当兵的。同时，中国人长期饱受战乱之苦，渴望和平，国民党当局征兵打内战，屠杀自己的同胞兄弟，更加不得人心。因此，当国民党统治集团下达恢复征兵命令，公布新兵役法以后，老百姓都持否定态度，尤其是适龄青年，更是终日提心吊胆，害怕被征入伍。为了逃避兵役，人们想出了种种办法：或者流亡海外，或者四处流浪，或者"上学"（四乡小学有 20～30 岁的"小学生"出现）或者……总之，是千方百计钻兵役法的空子，以求躲过抽丁这一关。

为了保证兵源，国民党统治者针对老百姓不愿当兵的思想，制定了一套严厉的惩治方法。新兵役法规定："聚众持械反抗兵役者处死刑。"[1] 广东军管区认为这种办法只能对付老百姓，但乡镇保甲长从中作弊怎么办？于是又专门制定出一个《漏丁处罚办法》，规定："每甲漏丁二人以上者甲长提充兵役，每乡镇漏丁廿五人以上者乡镇保长撤职，乡队附提充兵役。"[2]与征粮一样，向下层层施加压力。国民党统治者，特别是那些负责征兵工作的大小官吏也看准了老百姓不愿当兵的心理状态，认为有机可乘，从中敲诈勒索，营私舞弊，大发征兵财。在征兵过程中，上演了许许多多既黑暗又丑恶的人间闹剧和悲剧。

第一，申请免役或缓役。兵役法规定适龄壮丁有某种特殊原因者，可以申请免役或缓役。对于没有组织力量的人民来说，当然希望能够免役或缓役。于是寻找理由申请免役或

---

[1][2]　思健、龙达：《征兵在广东》，载《正报》，第 32 期，9 页，1947 年 4 月 5 日。

缓役者甚多。这就给了乡镇保甲长们开了一条贪污勒索的路子。按规定，领取免役或缓役申请书，每份缴印刷费50元。但到了乡公所拿一份申请表起码收费3 000元，保长代填申请书一份收费千余元，填好之后又要保长盖章担保，至少需要数万元。有些地方，乡长接到县府的征兵命令之后，立即召集保甲长秘密开会，布置敲诈办法和分赃比例。之后，各保分别召开"保民大会"，增大配征数目，造成人人自危的气氛。然后猫哭老鼠，假仁假义公布缓役申请、独子申请、侨胞回国申请等条例，让壮丁们根据情况提出申请。保甲长们则根据申请对象的"肥瘦"，分别进行敲诈。有的一份申请书索价高达三四万元，盖章担保10多万元，办好这些申请手续需耗费20万~30万元。可是申请依然没得到最后批准，还要参加抽签。[1]

在广州，申请免役或缓役的人更多，有些群众团体也出面代为申请。如省商业协进会、市总工会、市牙医工会等群众团体都亲自出马，以某某壮丁担任"重要职务"为由，请求政府缓召。当然，在群众团体担任职务的人不会很多，更多的是以家庭原因无法应征。据广州《中山日报》载："广州各区壮丁申请免役缓役者占90％以上，原因多为独负家庭责任。"[2]1946年2月，国民党中央政府兵役局长徐恩平来广东巡视征兵情况时对记者说："据报广州适龄壮丁仅五万人，而申请免役者竟至五万人，在役政上简直是一大笑话。"[3]然而，在广大人民看来，这不是笑话，而是对国民党统治集团

---

[1][2][3] 思健、龙达：《征兵在广东》，载《正报》，第32期，9页，1947年4月5日。

大打内战的反动政策的一种消极抵制。

第二，募集"志愿兵"。国民党当局对于人民的抗征行动也许早有预见，所以也预留余地，给不愿应征的人留下一条"以钱换命"的退路——募集"志愿兵"。根据《临时征兵实施纲要》规定："各地区难民及失业壮丁如有志愿从军者，仍尽先募集，以补征募之不足。""现在一般执行征兵机关，自应先行募集有志愿从军之难民及失业壮丁，然后办理服役壮丁之抽签。"①由于国民党当局的种种反动政策造成大量农民破产，大批工厂倒闭，从而制造了千千万万难民和失业者群。他们当中有不少人为了钱，可以用"志愿"之名，顶替中签壮丁。为了购买"志愿兵"，广州市成立了"广州兵役协进会"，用摊派方式筹集"新兵慰劳金"，规定每名"志愿兵"发"慰劳金"22万元。即用22万元购买一名"志愿兵"，以便完成当局摊派的征兵名额。虽然买到一批，但仍然不足数。于是又派人到香港招募拟遣散回乡的难侨接收过来，弥补兵额不足。其他市县也仿效广州的办法，派员来广州难民队伍和失业群体中搜集"志愿兵"，凡愿当兵者除包食宿旅费外，经检查合格后也发一笔慰劳金。于是1947年初催征紧急时刻，广州街头出现了一股历史上从未有过的购买壮丁热潮。②

用"志愿兵"顶替的办法，对农村乡保甲长来说又增加了一条新的财路，而对中签壮丁家庭却是一场新的巨大灾难。在农村，乡保甲长们接到征兵的指标后，就顿生邪念。

---

①② 思健、龙达：《征兵在广东》，载《正报》，第32期，1页，1947年4月5日。

比如，上面要求这个乡征兵5名，他们抽签就抽10名，留5名做预备丁。然后乡保长奔走于中签者之间，对他们进行恐吓、胁迫，讨价还价，看谁出的价高，就将谁除名或找人代替。这样，迫使一些壮丁卖田卖地，家破人亡。在揭阳棉湖区，一个乡民被敲诈了100万元。在梅县龙坛，一个农民，卖尽了祖父遗下的10担种田，才将名字除去。在宝安，每名中签壮丁顶替费是70万元。在高要、四会要价更高，每名130万元。如果拿不到买命钱来，只有提前送命。南海县第四区一名壮丁因之上吊；高要西康乡一名壮丁跳河自杀；在饶平，一个农民先把妻子儿女杀死，然后自己上吊身亡。这是买卖壮丁制度酿成的一幕幕悲剧。①

第三，四处抓丁，强拉入伍。国民党当局采用上述征兵、募集"志愿兵"等办法，都无法完成征兵定额，只好出动警察、宪兵到处抓丁，被抓到者要么交钱，要么入伍当兵，没有其他路可走。广州《建国日报》收到退伍军人李伟光的来信，诉说在广州被抓壮丁的经过。他从韶关坐车刚到广州，前往广西会馆寻找住地时，半路碰到某区长带领警察围捕壮丁，把他抓住。和他一起被捕的共有64人，带回区公所，编入新兵队伍。在海丰县东山乡，上级征兵命令一下，乡长随即通知全乡壮丁集中抽签。等人到齐时，乡长一声命令："统统拿下！"便把参加抽签的20多人全部拘捕。乡长说他们都是中了签的。但如果肯交30万元赎金就可以放人。蕉岭县属下一个镇，趁农民赶集时，突然宣布戒严，

---

① 思健、龙达:《征兵在广东》，载《正报》，第32期，10页，1947年4月5日。

堵住路口，把所有18～35岁的壮丁统统抓起来。通知家属前来认领，出钱赎回，没钱赎者顶替当兵。此外，有些政府部门还经常到旅店抓人，半路设卡拦截，目的都是为了抓壮丁，敲竹杠。仅梅县一个乡，一次拦路敲诈过往行人就掠夺了几百万元。乡保长们常以抓壮丁为名，不但劫财，还胡乱杀人。陆丰一个镇，乡长因敲诈未遂，枪杀了一名19岁的青年，反诬他是"不稳健分子"。大埔县一个农民，因征兵问题与保长发生争执，被活活打死。梅县一位青年农民因控告保长虐待壮丁，结果遭到暗害。①

总而言之，因为征兵问题而发生的抓人、劫财、害命的恐怖现象，天天都有发生，一些乡保长因征兵问题犯下的罪行，罄竹难书。人民群众对此恨之入骨。

灾难的总根源在于国民党统治集团的内战政策，只要内战未结束，广大人民因征兵问题而流淌的血和泪就不可能完结。广东当局虽然绞尽脑汁，使出种种残忍卑劣的手段催征，但到1947年1月止，只征得2.2万人，仅及原额3.4万人的60%。这时又传出消息，中央政府兵役局长徐恩平将来广东视察。于是1947年1月，广州行辕和广东省军管区立即联合组成视察组前往各地坐催。军管区严令各师团管区限于2月底征足，各师团管区严令各县政府于2月10日前征起八成，月底征足。于是各级政府的官员们又大大忙碌起来。惠阳县长亲往各区乡镇出巡，县府军事科长到各地区坐催，夏教乡保长以"玩忽役政"之罪被拘留，限期清送。开

---

① 思健、龙达：《征兵在广东》，载《正报》，第32期，11页，1947年4月5日。

平军事科长被免职,一年内不准任用。惠来县采用封屋抄家办法,企图弄足兵额交差。中山县由地方团队亲自下乡,像"剿匪"一样把壮丁包围逮捕。……伴随这些措施而来的,又是千千万万善良人民的血和泪。①

截至 1947 年 3 月,1946 年度的临时征兵还未满额,1947 年的征兵任务又下来了。国防部规定,1947 年征兵原定 6 月开始,但因前线吃紧,便提前到 4 月开始进行。广东当局奉令后,因"根据以往经验,随时均有提前配征可能",为免临时周章,决定于 3 月 1 日开始举行壮丁调查,整理户籍,发身份证,提前做好新的征兵准备。果然,3 月中旬,省军管区即连续接到国防部两个命令:一个是"年满 20 岁至 23 岁各年次之壮丁,即日起不准出国";一个是中签壮丁逃避兵役者,所遗留的动产将被拍卖,房屋田地由乡镇公所"代管"。②

这两个命令表明,新的更加严酷的"虐政"又要开始了。

(三) 征税

征税的主要对象是广大工商业者。名目繁多并且日益沉重的税捐是继通货膨胀和外货倾销之后,套在民族工商业者身上的又一条巨大的绳索。

1946 年以来,国民党当局不但恢复了抗战胜利时所取消的税捐,而且增加了一些新的税捐,如货物税、营业税、所得税、印花税等等。9 月,又开始征收特别过分的所利得

---

①② 思健、龙达:《征兵在广东》,载《正报》,第 32 期,12 页,1947 年 4 月 5 日。

税。税额也大量增加，由1.2万亿增加到3.6万亿，较1946年增加了3倍。广东当局除了开征国民党中央政府明令规定的增设麦粉、水泥、皮毛、茶叶等7种货物统税并提高棉纱、烟叶、盐等旧税税率之外，还巧立名目，进一步提高税率。例如营业税和所利得税，最初规定每半年评定一次，但从1946年下半年起改为每月查征一次。而税率则不论盈亏，一律按营业收入额1.5%缴纳。还规定，征额统由税务局评定，商人不能提出异议。这种办法不但加重了商人的负担，也为税务人员进行敲诈勒索、贪污受贿大开方便之门。例如在广州，税务局规定1946年下半年筵席税由原来每天360万元，提高到每天2 800万元，引起商人的强烈反对和坚决抵制，集体抗交，并向上告状。斗争结果，减为每天800万元，仍较原来增加1倍多。又如，把旧房捐改为土地改良物税，重新估定房屋产价，从中提高税率。尤其不合理的是：追征1945年度营业所利得税。再说，广州是1945年9月光复的。光复之前，在日伪统治下，人民被迫使用伪券。光复后，国民党当局毫无根据地规定伪券与法币之比是200∶1。这使手持大量伪券的商人的巨额财富顷刻化为乌有。更加令人费解的是，有些商行是在光复以后开业的，但也毫无例外地要追征开店之前的"所利得税"。①

除了上述这些"法定"的税捐之外，还有名目繁多的摊派。以广州为例，1946年广州市的工商行号负担的非法税种有：粮食救济基金、警费义捐、新兵慰劳金、马路修理费等

---

① 李维之：《内外夹攻下的广东工商业》，载《正报》，第26期，9页，1947年2月22日。

等。至于全省各地,这种非法摊派就更多,正如国民政府财政部视察钟孟谋在视察广东之后说的:"所谓汽车捐、冥镪捐、牛皮捐、特种娱乐捐、船舶出入口货脚捐、旅店附加捐、屠宰附加捐等,甚至街市小贩也要纳捐,乡愚挑柴一担也要抽捐"。他认为:"在此元气未复之南路地区,竭泽而渔,恐非善策,广东地方财政之杂乱,言之痛心。"① 其实这种杂乱现象不但存在于南路,而且存在于整个广东,存在于国民党统治的一切地区。1946 年 10 月,广东召开全省商会代表大会时,一家报社的记者访问了 37 个单位的代表,其中有二十几个代表都异口同声地哀叹税捐压迫之痛苦。②

在国民党当局沾沾自喜地夸赞"税捐逐月增加","充裕市库收入"的背后,却凝聚着广大中小商人的血泪。广东当局为了迫使商人交纳营业税,竟然想出一些前无古人的收税办法:"先行派员分赴欠缴营业税各商户催收;倘不缴纳则以书面催收;仍不缴纳则会警催收;如仍顽固不缴则通传其缴纳;通传后仍不理会,为惩罚其欠缴营业税及藐视政府则停其水电,以示处罚。"③由于停止水电的处罚措施,不但激起商户的公愤,连省参议会也表示反对,于是改为"勒令停止营业"。

国民党广东当局不顾人民死活,强行"三征"暴政,激化了各种社会矛盾。

---

① 《越华报》,1947 年 10 月 17 日。
② 李维之:《内外夹攻下的广东工商业》,载《正报》,第 26 期,9 页,1947 年 2 月 22 日。
③ 《商报》,1947 年 4 月 13 日。

第一，加剧了国民党统治集团与广大农民之间的矛盾，迫使农民进行反抗"三征"暴政的斗争。农民是"三征"暴政最早也是最大的受害者，因此农民也最先起来反抗"三征"暴政。1946年8—9月间，国民党当局恢复了征实与征兵，农民反抗征实征兵的斗争也随之发展起来。在南海九江，该乡沦陷期间受日伪严重摧残，有1 000多户的大村庄，房屋全被烧光，人口死亡迁徙过半。但战后征实征购的份额也和其他乡村一样，负担庞大数目，农民无力负担。当田粮处长黄秉勋出巡来九江时，农民向黄跪下哀求，请求减免，但依然不准。乡民在愤恨中举行暴动，把县府派来征收田赋的职员全部杀死。①8月中旬，汕尾人民反对当局抢购军粮出境，全城市民动员起来，"壮年人拿着粗重的木器，轮流的把守着各个街道要口，不让走漏一粒粮。老弱妇孺就帮着监视和侦探。知识分子就积极的（地）进行宣传。墙头贴着标语：'运走一粒粮，我们就跟他拼掉一条命'"②。规模如此之大，动员如此之广，斗争如此有组织性，这是少见的。番禺沙湾（指南沙）的沙农，因抗缴抽收自卫谷，实行武力抵抗。③1947年元旦，惠阳人民集合了300余人，把坪山谷仓赋谷300余石搬掉。他们理直气壮地说："这是我们的谷，应该还给我们。"④

---

① 《大光报》，1947年1月14日。
② 叶伯超：《记汕尾人民反抢购斗争》，载《群众》，第13卷，第1期，22页，1949年10月20日。
③ 《西南日报》，1947年1月20日。
④ 林东：《坪山抗征开仓》，载《正报》，新23号，10页，1947年2月1日。

农民反抗征兵的行动更加普遍,由个别反抗发展到集体反抗,由消极逃避发展到武装抵抗。个别的反抗行动主要是向异地逃亡避征。如"从汕头搭船出洋的壮丁每星期都有三四千人"①。集体的抗征行动,如在广宁,1946年11月,六堡农民因反抗征税征兵集合了100多人包围联保办事处进行示威。在惠阳,有些人被迫上山落草,第三区、第五区有些围村的壮丁组织起来,日间轮流放哨,黑夜就到野外宿营,躲避征兵人员抽丁。② 1947年1月18日,在南海小塘乡,县府军事科长派员到该乡强行抽丁,乡民逃避一空。征兵人员诡称召开保长会议,诱骗保甲长出席,加以拘留威胁。乡民鸣锣告警,瞬间集合数百人,架起机枪,包围催兵人员,并鸣枪示威。催兵人员害怕,要乡长调解,护送出境。③

农民群众的反"三征"斗争,由个别到集体,由自发到有组织,由抗征抗粮到开粮仓抢赋谷,实行自救。农民群众斗争是对全国爱国民主运动的有力支持与配合,是对国民党统治的沉重打击。

第二,"三征"暴政也加深了国民党统治集团与工商业者之间的矛盾,迫使商人起来进行抗税斗争。按照商人的阶级特性,一般不容易组织起来,但是当遇着连续不断的金融物价风暴,加上繁重的苛捐杂税,把他们逼进死胡同,无路可走时,也不得不联合起来抗争。本节上面讲到的反抗筵席税斗争,虽然没有完全达到预期目的,但也迫使广州市当局

---

①② 江风:《逃港壮丁访问记》,载《正报》,新20号,22~23页,1946年12月30日。

③ 1947年1月20日,广州各报均有报道。

做了较大的让步。反抗筵席税风波的同时，还开展了广州市反迫交筑路捐的斗争。缘起是，广州市政府以筑路为名，强迫商家缴交巨额筑路捐。商家认为市政府的规定很不合理，便联合起来向市政府上书，要求改变收捐比例和办法。请愿书说："其捐款之法，系以各店面积计算，多者一二百万，最少者亦数十万"，并且，"市府实系多收，且从前旧路之沥青，仍可应用，而市府未计算在内，故不允缴交"。广州市当局虽然理亏，但依然决定"不得不强制执行，下令水电厂及电话局等，如各商店抗不缴纳，则将其水电电话等停止供用，以为制裁"。商家被迫动员起来，"已由巨商许灵筠等发起，集议应付，如当局催迫过甚，实行截止水电时，则采取有效行动以为对抗"①。

人民群众的反"三征"斗争，使国民党当局的粮源、兵源、财源锐减，入不敷出，财政危机一触即发；同时也锻炼了人民群众，其政治觉悟迅速提高，失去对国民党统治者的信任，促使国民党统治集团在政治上陷于孤立。

五、官吏贪污成风，政府威信扫地

1945年9月9日，罗卓英刚刚就任广东省政府主席时，在《告广东全省同胞书》中表示"我们誓下最大的决心，整肃官常，为人民保障合法之自由；刷新县政，为地方奠定民治之基础"，"嗣后无论官吏人民，在庄严法纪之下，不容有

---

① 《星岛日报》，1947年4月12日。

贪污违纪的行为"。①此后，又在一连串的讲话或报告中，一再信誓旦旦，要"树立廉正风气"，"厉行廉洁政治"等等，并把"严惩贪官污吏"作为五大施政纲领中的重要一项。②

然而，近两年来的实践证明，罗卓英完全违背了自己向全省人民所做的承诺。1947年8月，美国总统特使魏德迈来广东访问后，对蒋介石说：广东政治之腐化、贪污、无能，为"全国之冠"③。魏德迈走后不久，国民政府副主席孙科也来到广州，他在欢迎大会上的讲话也对广东光复以后两年来政治、经济、教育等方面的情况做出评价。他说："政治风气，年来也败坏不堪，大概是因为接近港澳的缘故，商业化的气息，非常浓厚，任何大事小事，均非钱不行，所以广东吏治情形，便非常腐败。"④政治腐败的内容是多方面的，核心问题是官吏贪污。

张发奎、罗卓英主政广东的第一项工作是接收敌伪财产，这也是战后广东各级官吏肆无忌惮地进行贪污的开始。日伪统治时期，广东是日本帝国主义者侵略华南和整个东南亚的后方基地。为了支持侵略战争，日本侵略者不但在广东储存了准备3年作战的物资，还在广州、海南等地建立了许多工厂。据不完全统计，日本在广州区的工厂至少有150个

---

① 罗卓英：《告广东全省同胞书》，1945年9月9日，《胜利后一年间罗主席重要言论集》，3页，广东省立中山图书馆地方文献部藏。

② 罗卓英：《建民国 进大同》，1946年元旦，见《胜利后一年间罗主席重要言论集》，21页、23页，广东省立中山图书馆地方文献部藏。

③ 凌维素：《"相思病"与广东政治》，见《广东政治经济批判》，5页，1947年印，广东省立中山图书馆地方文献部收藏。

④ 《大光报》，1947年9月27日。

单位，海南区100个单位，在阳江、汕头、湛江等重要市镇，也有不少工厂和矿场。主要交通工具如轮船有260余艘，大小汽车不下1万辆，电讯、交通、卫生器材及其他作战物资不计其数。这些厂矿和物资本应收归国家，作为人民的公共财产，但是经过国民党接收人员形同巨盗般的劫收，仅仅半年时间统统化为乌有。

1946年8月23日，在"敌伪产业物资清查团"举行的各界代表招待会上，省参议员黄佩纶把接收工作形容为3个三部曲："第一个三部曲是：最先入城的是先遣军，再来是杂牌军，最后是新一军；① 第二个三部曲是：接收了的物资多变少，好变坏，坏变没有；第三个三部曲：其一是'分'，其次是'卖'，等到不能交代时，就以一把火烧了了之。"②

接收人员为了掩盖自己的贪污或劫掠罪行，居然把日本人投降时交出的物资清册销毁掉，使人根本无法追查，故接收人员实际劫收了多少公共财产，成了一笔糊涂账。

接收人员之所以敢这样做，有以下两个重要原因：

第一，因为当时国民党最高当局对此事充耳不闻，所以接收人员越来越心狠，一次不足再来第二次、第三次，直至把仅剩的物资全部抢光。据物资清查团的成员伍根华报告："广州大沙头有接收过来的500吨浅水船100多艘，这些船的机器都被拆走了，船壳则放在那里霉烂。"广州市机器总工会代表李盈报告："广东最大的纸厂——盐步纸厂在敌伪

---

① 编者注：由于新一军军纪败坏，老百姓把它称为"新日军"。
② 以上材料均见《广东的三劫》，见南中通讯社资料室编：《广东风云》，13～14页，1947年。

盘踞时,每日可出卷烟纸6 000磅,包装纸1 000磅,但在接收后,所有厂内的马达、皮带和其他物资,可拿则拿,可拆则拆,弄得分头离析。"日伪创办的"广东化工厂"前后被劫夺11次,看守人员因拒绝洗劫而几乎丧命。结果该厂除一部分笨重机器因嵌进水泥无法移动而幸存外,其余一概荡然无存。中山大学在日伪统治时期并无破坏,但自国民党军队驻扎过后,校内设备被搜刮一空,连学生上课的桌椅板凳也被抢光。复员后,学生晚上只能睡地板。军队把刮来的东西送到香港出卖。①

在海南岛,由于日本人在那里的建设颇多,于是各种名目的接收人员纷纷飞去,你争我夺,丑态百出,空军居然也接收农场,最后只剩两段铁路的铁轨因为无法装进腰包而无人问津。日本投降时,遗留在琼崖的汽车有2 500余辆,经接收后,因发动机被盗运私卖,剩下车厢锈坏者达千辆以上。其中有的被挂上外来牌照占为己有,有的被偷运到外地出卖,"车轮车胎过港,汽油机件腾空"的现象司空见惯。在海口,私自拍卖的旧货充斥市场。广州湾各地之货栈库房堆满了劫来的物资。当局对此充耳不闻。据省参议员黄佩纶报告:敌伪统治期间,海南岛有170多间工厂,接收前还照常开工,接受后统统停止生产,任凭机器生锈。②

第二,广东当局最高军政长官自身不正,上行下效,助长了贪污劫掠的风气。张发奎是华南地区最高的军事长官,他乘接受日伪投降之便,最先率部进入广州,对广州地区的

---

①② 《广东的三劫》,见南中通讯社资料室编:《广东风云》,14页,1947年。

敌伪物资进行接收，大发接收财。在接收过程中，张发奎掠夺了多少财产，难以统计。据已知材料，他接收了广州沙面珠江路54号一幢三层楼作为"公馆"，又接收了法政路日本人为汪精卫陈璧君夫妇建造的全广州最漂亮的花园式别墅作为"官舍"，收受了敌伪手中的全部汽车，明受了陈璧君为贿赂他而专门铸就的一副金十八罗汉，还有金元硬币数十箱，绸缎布匹堆满了几房间，以及敌伪在华南最大最新式的印刷机，等等。他开设的"怀远书店"以及该书店所在的一条街的商铺都由其妻一手经营。此外，由于发了接收财，张还在香港购买房地产。接收后，他的第三子张嘉斌、旧部李仲生、参谋次长冯次祺等，都作为官僚资本的代表投资商业机构。①

由于张发奎自身贪婪，其部下也狐假虎威，到处"绑票勒索，打家劫舍"，"烧杀奸淫，无恶不作"。例如：张发奎的卫士排的一位班长向豪贤路某商号勒索巨款，事情败露，以至于被枪毙；跟随张20年之久的少将参议庄清源与后被枪决的李节文一起处理汉奸李辅群遗产时，从中中饱私囊，被法院拘押；张发奎的特务团在广州北郊包烟庇赌，在从化、增城一带劫掠行凶，在始兴清化司前欺压民众，行凶杀人，甚至连张发奎外甥女也遭到强奸，如此等等。这一连串令人发指的强盗行为，都是在张发奎这位最高军事长官的影响、纵容、包庇之下干出来的。张发奎自身不正，他又怎能

---

① 碧星：《张发奎为什么苦闷?》，载《群众》，第36期，16页，1947年10月2日。

惩治别人在接收过程中的贪污掠夺行为呢！①

至于广东最高行政首长罗卓英发了多少接收财，至今未见材料。但据报道，在接收过程中，突然膨胀起来的有两家最大的企业，一是广东实业公司，二是广东省银行。两家企业都是广东省政府直接经营的官商合办的企业，掌握着广东全省的经济命脉。

广东省实业公司的董事都是由省府委派的，其中大多数又都是担任重要职务的军政官员，如谢文龙、罗翼群、区芳浦、冯次祺、李大超、蔡劲军、詹朝阳、蓝逊、费鸿等9人。其中除费鸿1人系商方代表外，其余8人都是军政机关首长或有政治背景的当红人物。公司总经理蓝逊是个官商两栖人物，既是省参议员，又是广东省党部第三区的代表，也是广州市商会的代表。该公司经营工业、农业、贸易、运输等各种业务，单是工业一项，就握有糖厂2家，饮料厂、纺纱厂、制冰厂、麻织厂、交通器材厂、机器厂、印刷厂等各1家。其中糖业产量占了全省80%以上，纺织业占了95%以上，可见其规模之大。

广东省银行的分支行处，不仅遍布全省，而且远及省外以至海外许多重要地区，总计超过100个以上单位。这样庞大规模的垄断企业，在当时的条件下，盈利应该很多，但公布出来的数字却少得令人难以置信：实业公司利润只有6亿元，省银行只有4亿元。这样稀少的利润额还赶不上当时一家普通的商号。并且这些数字也只是名义上的，真正入库的

---

① 碧星：《张发奎为什么苦闷？》，载《群众》，第36期，16～17页，1947年10月2日。

还要少。

据行家估算，一向被称为广东省"一大富源"的顺德糖厂，1946年至少应赚100亿元以上，但入账的只有20亿元。这种极不正常的情况引起人们的怀疑，以至省参议会通过提案：彻查广东实业公司的账目。但当查账人员奉命到达该公司时，却遭到公司总经理罗楚材的拒绝。谓省参议会查公司的账，依法不合。接着省政府也致函省参议会，表示不得派参议员到该公司查账。

罗卓英更严重的问题在于卖官鬻爵。按照国民党的吏治制度，县处级官员由省主席任免。罗卓英正是利用这个权力出卖官职，从中渔利。据一位自称是"省府幕僚"的人士调查，1946年的时价：一等县县长每任国币5 000万元，田粮处副处长每任国币2 000万元，税捐处主任每任国币3 000万元；二等县县长每任国币4 000万元，田粮处副处长每任国币1 500万元，税捐处主任每任国币2 000万元；三等县县长每任国币3 000万元，田粮处副处长每任国币1 000万元，税捐处主任每任国币1 500万元。县长以8个月为一任，田粮处副处长以18个月为一任，税捐处主任以12个月为一任。逾期如欲留任者须照当时的物价指数重新议价。港穗两地成了买官卖官的交易场所，各方政客集中省港两地进行幕后交易，炒买炒卖，到1947年，一个三等县的县长也炒至国币1亿元以上。①

根据罗卓英在任两年各县人事更动的记录，县长至少卖

① 《卖官鬻爵图》，见南中通讯社资料室编：《广东风云》，35~41页，1947年，广东省立中山图书馆地方文献部藏。

了 70 个以上。也就是说，即使按最保守的估计，罗卓英出卖县长职位的收入也有 21 亿元。不止如此，县长上任以后，还需根据各县贫富的程度不断地向省主席进贡。因此，据估计，罗卓英在两年任期内，仅拍卖县处级官员一项的收入就达 30 亿元。①

由于买卖县处级官员有如此丰厚的收入，所以在罗卓英主政广东的两年内，县长更动频繁，成了广东政治的一大特色。任何县长在上台的那一天，就应做好随时被撤差和卸任的准备，不然要吃大亏。海南岛某县一位县长由上任到下台，前后不到 3 个月，其他在半年内被撤换者更是多数，能做满一年以上者算是例外。1947 年 8 月罗被免职前半个月，他竟一气撤了 30 个县长，在他接到免职令的前一天，还委派了 7 个，还有一批亟待放任，但免职令已下，未能如愿。

由此可见，罗卓英在上任初期，信誓旦旦地要"澄清吏治"，"惩办贪污"，"树立政风政本"等等冠冕堂皇的言词，全是骗人的鬼话，他和张发奎一样本身就是一个靠权势起家的暴发户。他贪污了多少财物已无法统计，但在他免职以后，其官邸大小上下日夜忙碌，收拾箱笼珠宝、衣物一大批，广东实业公司还专门派了两艘船来往于广州与大埔（罗的家乡）之间，专门为他载运亲属和财物。②

由于县长一职是用高价买来的，并且任期短促，故县长

---

① 《卖官鬻爵图》，见南中通讯社资料室编：《广东风云》，35～41 页，1947 年，广东省立中山图书馆地方文献部藏。

② 胡星原：《罗卓英之撤退》，见《纵横天下》，第二卷，第四期（1947 年 11 月 1 日）。

们一到任马上就要索取回报。回报的办法之一就是如法炮制，高价出卖区长、乡长、田粮主任、中小学校长等等一切应由县长任免的大小官员。此外，还通过征粮、征兵、征税、救济、救灾等与职务有关的活动对人民群众进行敲诈勒索，搜刮民脂民膏，谋取丰厚的利润，加倍取得回报。

这里仅举台山县长伍仕焜为例。伍担任县长不过一年多，据《前锋日报》记载，伍共贪污70亿元左右，其贪污主要来源有：一是田粮舞弊。台山粮额数万石，均系折价，缴省粮价仅3万，但伍每石收至6万。二是吃兵额。县政警中队每队只有18人，竟报418人，共吃空额400人。三是卖警长和粮仓管理员。新昌警长卖港币2 000元，三个月一换，粮仓管理员也卖2 000元。四是收赂款。台山农村唱戏必有赌博，每台戏3~5日，须送礼1 000万元，否则派兵捉人。五是吃救济品。某次工赈米5 000石，除在县府门前筑牌坊用去1 000担外，其余去向不明。六是吃税捐。全部收入一半交公，一半归己。①

上梁不正下梁歪。省和县的主要官员带头贪污，县以下的各级大小官吏也不甘落后，层层效法，亦步亦趋，互相攀比，形成了广东政坛上的又一奇特现象——贪污"相思病"。贪污"相思病"一词是民政厅长李扬敬首创的。按照他在1947年5月省参议会第一届第二次会议报告中的解释，就是官吏贪污，是由对方引起的。首先是官吏本身贪污起，后来地方绅士见官吏贪，自己也贪起来，最后官吏与官吏间、绅

---

① 《贪污展览》，载《正报》，第35期，12页，1947年4月26日。

士与绅士间，层层互相勾结，于是便产生了贪污"相思病"。李扬敬这样解析贪污的成因是不正确的，但却说明：当时广东政坛上官吏贪污已形成一种社会风气，是司空见惯的现象。据1946年11月广东省民政厅的统计，从1945年9月到1946年8月止，被控告的县、市、局长及乡镇长多达195人，罪名除贪污外，也有聚赌抢劫，强占民妻者。① 其后，1947年1月，李扬敬在记者招待会上报告说：去年一年之内被告发贪污渎职之县、市局长共96人，罪名成立的至少41人，查办中的40余人。据《中山日报》计算："被控贪污渎职者竟达全省行政单位总数的90%以上，其中罪名成立者亦达40%之多，真可谓洋洋大观。"②

这种多如牛毛的贪污现象遭到社会舆论的猛烈抨击。1946年11月12日《前锋日报》批评说："怪事处处有，莫如广东多，不仅贪污舞弊重重，并且官与官争之事迭见，官常之败坏，虽则古已有之，而似乎于今为烈。"③ 这是说，当时广东政坛内的贪污舞弊行为超过了历史上的任何朝代。

即使是统治集团内部也承认自身的腐败。两广监察使刘侯武说："广东每一县每一机构，无不满布贪污气象，层层舞弊，短报中饱，政府收入连经费在内，亦得不到人民所出20%。"④ 刘侯武的意思是：广东人民勒紧裤带，忍饥挨饿，被迫向政府交纳的血汗钱粮，80%以上都装进了贪官污吏的

---

① 《建国日报》，1946年11月28日。
② 《中山日报》，1947年1月19日。
③ 《前锋日报》，1946年11月12日。
④ 见1949年2月省港各大报。

腰包。罗卓英自己也不得不承认："贪污得太厉害，的确是十分痛心的现象。"①

然而，对这种无官不贪的腐败现象，广东当局不但没有下决心整治，反而继续纵容包庇。1946年10月，在全省行政会议期间，就有16个县的县长被控贪污渎职，要求当局彻查。但是当局并没有把控告材料交有关方面立案侦查，而是在会议结束不到半个月，即匆忙通过报刊说："行政会议期间，16个县长被控事项，经调查，多与事实不符，又乏确证，而不少被称立控人，亦不知指控之事实。"仅仅半个月的时间，就能够查清16个县长的贪污舞弊案情，这不能说是国民党当局办案效率高，只能说明它是在敷衍应付，有意纵容包庇。

紧接行政会议召开的是省参议会议，李扬敬在会上发表所谓贪污"相思病"的宏论之后，立即掀起轩然大波。一些参议员认为这是有意侮辱民众代表，纷纷进行斥责，要求李再次出席会议，回答议员的质询。李即回民政厅，吩咐各经办人员，将所有各种各样的贪污案件搬出来，准备到会上摊牌，回答参议员的抨击。当局闻讯，认为如果这样做，不但会将所有贪污丑态揭穿，而且还可能挑起新的事端，于是赶忙派出一些"特务秘书"到会场活动，"晓谕"那些提出动议的代表收回提议。在"特务秘书"的"晓谕"下，风波逐渐平息下来，贪污丑闻也再次被掩盖。不但如此，在这次参议会上，参议员不断地向李扬敬和罗卓英提出质问："被

---

① 罗卓英：《在省临时参议会上的报告》（1946年4月），广东省立中山图书馆地方文献部藏。

控县长为何至今不办"时，省府发言人居然回答说：省府须有保障县长的政策，严禁妄控县长，以确立政府威信。[①]保护官吏贪赃枉法，居然成了政府的"政策"。为了维护"政府威信"，公然禁止议员起诉渎职官员，保护贪污。其后果必然是贪污现象泛滥成灾，以至于无法控制，完全失去人民群众的信任。

第二节　百业萧条，经济倒退，民不聊生

在国民党当局的强征暴敛政策和外国商品源源入侵的内外夹攻下，广东经济陷入全面危机。农业生产萎缩，工商业破产倒闭，通货膨胀，国民经济不但未能恢复，而且日益倒退。

一、农业生产日趋萎缩，走向崩溃

中国是一个以农立国的国家，农业经济在国民经济中向来占据主要地位。农业生产的状况如何，直接关系到社会的稳定。

张发奎、罗卓英主政广东两年，农业生产连续遭到天灾与人祸两方面的沉重打击，一蹶不振，生产萎缩，民不聊生。

[①] 《中山日报》，1946年10月20日。

首先是天灾。1946年先是春旱,许多地方几个月不下雨,早稻无法播种插秧。及至盛夏,水稻即将成熟时,又遭台风暴雨侵袭,致使粮食严重减产,有些地区甚至颗粒无收。1947年夏,又遭到廿年仅见的大水灾,灾害席卷70个县,洪流滚滚,白浪滔天,整个广东似乎快要陆沉了。

本来,这种雨水不均的自然现象是经常发生的,酿成的灾害之所以这样严重,主要是因为在半殖民地半封建的旧中国,农业经济是以个体经济为主要成分,生产规模小,技术落后,抗击自然灾害的能力很差,加上连年战乱,历届广东政府只向农民征粮征税,很少组织领导农民兴修水利,进行农田基本建设,致使很大一部分农田成了"望天田",缺乏排灌设施,形成小雨小灾、大雨大灾、无雨旱灾的脆弱农业生态环境。

1946年,广东省政府利用联合国救济总署拨给广东的救济物资,采用"以工代赈"的形式修了一些水利工程,但规模都很小,数量也不多,加上官吏的层层贪污克扣,偷工减料,工程质量差,对于20年一遇的大洪水,根本起不了调节作用。以惠阳马鞍围为例,该项工程被罗卓英称为"胜利复员后全国最大的水利工程"①,修好后广东省政府拟与美国潘宜公司合作,在此开办机械化农场。罗卓英命建设厅长谢文龙亲自负责,并向农民银行、广东粮食救济会和行政院水利委员会等单位借款,还要求地方围董筹款,总共筹得款项15亿元;联合国救济总署拨来赈米12.7015万吨,再加

---

① 桐庐:《马鞍围惨案》,载《群众》,第24期,20~21页,1947年7月10日。

10万个半义务的民工，投入浩大。按计划，该项工程共筑9公里新围，修葺21公里旧围，使新旧堤相互连接，从而增加大量耕地，并使20万亩农田有水无灾，预计每年增产粮食45亿斤。从1946年12月开工，至1947年5月11日完工，为时近半年。罗卓英为了给自己树立纪功碑，彰显"政绩"，把该围新筑的水闸命名为"慈威闸"（罗别号慈威）。但是该围建成不到1个月，便于6月7日深夜11时全面崩溃，导致全围20个大小村庄全部被水淹没，20万亩农田全部受淹，受灾的5万居民中淹死无数，其余的被大水围困，挨冻受饿，惨不忍睹。特别是距慈威闸较近的横沙村，因全村居民正在睡梦中，毫无防备，600多口人全部被淹死，房屋财物冲得一干二净，5万亩农田全部失收。事后查明，堤围是在"慈威闸"两旁首先崩塌的，原因是工程处与承包商勾结，偷工减料。闸的两边堤墙达不到设计高度，尚欠土方1000多立方，致使大水漫过堤顶，导致水闸两边堤围崩塌10多处。大水冲入堤内，咆哮肆虐，使其他地方连续崩塌，大小缺口多达50余处。尤为令人吃惊的是，承包商以经费不足为由，居然从旧堤取土筑新堤，使旧堤由原宽2.4丈缩减到只有4尺，堤面的草皮被铲光，致使这条从明朝万历年间建成从未倒塌过的旧堤也一并倒塌。①

马鞍围惨案不但再次暴露国民党广东当局的腐败，而且也暴露其在自然灾害面前的无能，办事马虎，形同儿戏。马鞍围崩塌以后，罗卓英先后两次乘飞机到现场视察。视察后

---

① 桐庐：《马鞍围惨案》，载《群众》，第24期，20~21页，1947年7月10日。

第二天，即6月26日，他向新闻界做了一个"救灾与肃奸并重"的报告，在报告中只谈观感，谈不出任何事实和材料，也不谈省政府如何救灾，只说："本人已命令受灾各地先起而自救，然后待人救。"意思是救灾与政府无关，所谓"待人救"，主要是把希望放在港澳同胞与华侨的捐款上。罗在报告中更感兴趣的是"肃奸"，谓"奸匪"一定会"利用天灾制造人祸"，一定会"煽动民变"，所以"一定要加紧注意治安"，"万勿疏忽"！[①]罗在视察马鞍围后的报告说明，他最为关心的不是如何帮助广大灾民脱离苦海，而是自己的政绩。视察后，他说："慈威闸顶尚浮水面"，"两堤大致均尚完好"。[②] 如此冷酷无情的政府，怎能组织领导人民战胜自然灾害呢！

其次是人祸。张、罗主政广东的两年，天灾频仍，人祸更是连绵不断。对于广东农业生产打击最为沉重的首先是"三征"暴政。国民党最高当局于1946年6月决定恢复征实，9月宣布恢复征兵。但在广东，早在5月粮荒最为严重的时期，千千万万人民忍饥挨饿，靠野菜、树根充饥，大量灾民饿死街头巷尾的悲惨时刻，广州行营就要广东省每月负担军粮13.5万余大包（每包180斤），以解决进驻广东的军队和遣送日本战俘的粮食问题。[③] 行营下令各级政府负责征

[①] 张登：《揭发罗卓英祸首大阴谋》，载《正报》，第45期，9页，1947年7月5日。

[②] 桐庐：《马鞍围惨案》，载《群众》，第24期，21页，1947年7月10日。

[③] 力耕：《抢尽民间最后一粒谷》，载《正报》，第29期，7页，1947年3月15日。

"购"。所谓"购",其实只是名义上的,因为在"购"的过程中,并没有贯彻自愿和等价这样两个市场交换的基本原则,而是依靠权力强行摊派,强买强卖,每担军粮售价只及市价的1/10。强购的对象除了一部分粮商之外,主要还是农民。这是抗战胜利后,广东农民遭到的第一场浩劫。

国民党最高当局为了发动内战,1946年6月在全国财粮会议上决定恢复征实征借。广东省政府宣告从8月起开征。同年9月起恢复征兵。自此以后,广大农民便在"三征"暴政的煎熬之下苦苦挣扎,艰难度日。加上高利贷的盘剥,把农民身上的膏血榨干,使之不但无法扩大再生产,有些农户甚至连简单再生产也无法维持,被迫典田卖地,卖儿鬻女,以至完全丧失生产手段,彻底破产。部分农户虽然没有破产,但由于生产条件越来越差,加上物价飞涨,收入也逐步减少,一年不如一年。

总之,在天灾人祸的双重打击下,抗战胜利以后的两年,广东的农业生产不但未能恢复,而且日趋萎缩。

二、民族工商业破产倒闭,日益萧条

1946年上半年,由于后方游资的复员,物资需求旺盛,广东民族工商业曾有过短暂的繁荣,新设工厂增加,商业交易频繁,一时曾出现蓬勃发展的景象。但民族工商业的兴旺局面只是昙花一现,十分短暂。全面内战爆发后,民族工商业迅速走向衰落,工厂大量倒闭,商业衰颓。

据广东建设厅调查统计,1946年初广州市共有民营工厂

987家，其中织布厂229家，印刷厂157家，成药制造厂132家，装造厂89家，机器厂64家，针织厂73家，火柴制造业15家，石印业14家，碾米厂14家，橡胶业42家，酿酒业38家，化砂玻璃业26家，烟丝切制业25家，化妆品业25家，土油榨面业23家，煤油业11家，机制饼干面类6家。广州以外各县市，已登记注册的工厂有顺德制糖厂45家，汕头、东莞、罗定、高要、饶平、潮安等县共有火柴厂7家，故全省民营工厂至少有1 000家以上。①

公营工业，如把敌伪举办的也统计在内，光复前至少有数百家，但接收之后，几乎散失殆尽。幸存的，计有经济部主办的21单位，军政部的18单位，资源委员会的19单位，省营的6单位。其中经济部经营的有卷烟、化工、火柴、汽水、橡胶、制冰、制药、炼气、锯木、制造、机器等等；军政部经营的有制呢、被服、制革、修车、修械、电讯器材修理、营养品制造等等；资源委员会经营的多属重工业，也较多的在海南，主要有铁矿、石油、钨矿、化学、电力、水泥、酿造等；省营的主要有建设厅经营的士敏土（水泥）厂和实业公司的制糖、纺织、饮料、酿造、制冰等。②

经过半年来内外因素的冲击，各工厂企业不论是民营还是公营，日子都不好过，80%都已经关闭。例如卷烟业，1946年全盛时期共有烟厂120多家，到了1947年2月，仅剩20余家，而且还只是断断续续地开工。橡胶、织布、棉

---

①② 李维之：《内外夹攻下的广东工商业》，载《正报》，第26期，7～8页，1947年2月22日。

纱、火柴、化妆品、制药等各类厂家也莫不如此。①

公营企业本来享有资金融通和减免税收两项优惠，并有省政府作后盾，但其命运也与民营差不多。例如经济部经营的工厂，除炼气厂与制冰厂略有盈余之外，其他的都亏损严重，其中化工一厂、二厂及其附属的第二、第三两个火柴厂，海口的第一、第二机器厂及制烟、饮料、制药等厂都已先后停工，锣木厂已开始标售。军政部经营的厂矿，因内战需要，各厂生产尚能维持，但产量也在不断减少，如制革厂，从敌伪时代每日生产皮700张，减到每日至多300张。省营的士敏土厂生产能力不到战前的1/3，而且每月也只能开工10~20天。纺织厂开工锭子不足1万枚，只有战前的一半。其余如饮料、酿造等厂都因亏损严重被迫停工。盈利的只有顺德糖厂，但其利润来源不是依靠经营，而主要靠对蔗农的剥削。如在敌伪时代每担蔗可换糖7斤，改省营后只能换5.5斤。由于经营不善，无利可图，省政府已决定将建设厅经营的化工厂、丝织厂，实业公司的麻织厂、机器厂等七八家企业拍卖。他们打的旗号是"免贻与民争利"，其实也是因为亏损。②

至于商业，则普遍呈现萧条歇业的景象。据广州《建国日报》调查，1946年倒闭的商号仅广州一地就有20 000余家，平均每条街道都有商号倒闭或改名，比较繁荣的一德路倒闭的商号就有30余家。全市原有电池业150多家，几乎无一幸存；盐业原有300余家，仅剩100家左右。这种衰败

---

①② 李维之：《内外夹攻下的广东工商业》，载《正报》，第26期，8页，1947年2月22日。

情形，并不限于某些行业，而是遍及各行业，未倒闭的虽然还在维持营业，但也亏损不堪，大都是依赖1946年上半年兴旺时赚下的盈余在支撑门面而已。①

造成民族工商业迅速倒闭的原因是：

第一，恶性通货膨胀与货币贬值浪潮的冲击。国民党政府为了维持庞大的军队，发动内战，无限制地发行钞票，充作军费。据估计，自抗战胜利至1946年底，国民党政府的钞票发行额至少增加了10倍，总额达到4万亿至7万亿元。钞票的过量发行，导致黄金和美元价格各涨了3倍，港币涨了6倍，反之，法币的价格则降低了80%左右。货币贬值导致物价高涨。1946年上半年，广州物价上涨了3～4倍。尤其是米价，每百斤由年初的2万元涨至6月间的8万元。到了下半年，由于社会购买力下降和走私货物汹涌而至，使物价由下跌以至趑趄不前。这种趋势，更加速了工商业的危机。例如卷烟业，1946年5—6月间，进口烟与国产烟价格相差不多，而进口烟质量较国产好，人们都买进口烟，导致国产烟由于没有销路而宣告破产。化妆品业和纺织业也都是这样。②

第二，美货的倾销给民族工商业造成极大伤害。由于广东濒临港澳，外国商品（主要是美国货）通过港澳大量走私进入广东。广东全省，尤其是广州，到处都充斥着美国货。国民党统治集团为了争取美国支持其扩大内战，不惜出卖主权。1946年11月国民党政府与美国签订了《中美友好通商

---

①② 李维之：《内外夹攻下的广东工商业》，载《正报》，第26期，8～9页，1947年2月22日。

航海条约》(简称《中美商约》)。条约规定：美国人有在中国"全境内居住、旅行及经商"和从事"商务、制造、加工、科学、宗教及慈善事业"的权利；美国商品在中国之"征税、销售、分配或使用"，享有"不低于现在或将来所给予"中国"国民、法人、团体之待遇"；美国船舶可以在中国"开放之任何口岸、地方或领水内"自由航行和停泊等等。①这个条约的签订为美国商品无限制地进入中国，大开方便之门，并提供了法律保证。这对刚刚复兴而又十分脆弱的民族工商业，是致命的打击。因为美国科学发达，技术先进，使仍然没有完全摆脱手工劳动为基础的中国商品，不论在数量、质量或款式上，都不是美国货的对手，致使国货滞销，民族工业纷纷倒闭破产。

第三，官僚资本的压迫与摧残。官僚资本对于民族工商业不是扶持、帮助，而是利用权势进行压迫与摧残。例如，1946年9月，国民党当局以防止走私为由，禁止上海纱布运销广州。消息一出，广州纱布急剧涨价，20支双马纱由每包150万元涨至343.2万元，12磅细纱由每吨7万元涨至12.6万元。嗣经广东商人联合呼吁，改为"限制南运"。广州每月需纱至少2万件，但只获准南运2 967件，仅及实际需要的1/10，导致广州数万家织造工厂被迫关闭，10余万工人失业。然而在此期间，走私并未停止。而中纺公司乘广州纱价暴涨之机运来棉纱1 000多件，高价出售，获取暴利。迨至11月，香港政府为救济香港纺织业原料短缺的危机，一

---

① 黄美真、郝盛潮主编：《中华民国史事件人物录》，405~406页，上海人民出版社1987年。

方面禁止纱布经香港出口,另一方面又从日本组织大批廉价纱布来港,促使纱布价格回落。在外力推动下,广州纱布价格也随之下降。此时正值年关,纱商亟待将积存的纱布销售出去,换来现款。在此关头,中纺公司突然宣布用与日纱相差不多的价格开配棉纱,导致市场棉纱滞销。这无异于落井下石,使民族资本家既吃纱价上涨之苦,又受纱价下跌之害。①

又如运输业。广东善救分署利用自己拥有众多新型载重车辆,又可以不用缴纳公路养路费的优势,与民营运输业竞争。普通商用汽车行驶韶关至坪石段一次包车运费需25万元,而分署的车辆只需18万元,致使民营运输商找不到客源。②

再如造船业。胜利初期,广州的造船业本来是十分发达的,但由于不堪征调军运和种种苛勒之苦,数月之间,被官僚资本吞并殆尽。③

尤应指出的是,广东实业公司本是省府主办的企业,为了谋取暴利,进行囤积居奇,推销洋货,与民争利,不但为广东商人同声诟病,也为省参议会所斥责。总之,只要有官僚资本经营的领域,他们就要对民营企业进行排挤压迫,导致民营企业破产。

第四,苛捐杂税的压迫。国民党政府除滥发钞票,导致货币贬值,物价狂涨,从而给民营工商业带来极大伤害之外,还通过苛捐杂税和摊派对民族工商业进行压榨。这也是

---

①②③ 李维之:《内外夹攻下的广东工商业》,载《正报》,第26期,10页,1947年2月22日。

导致民族工商业迅速衰败的重要原因。①有关这方面的详情，在"三征"暴政一节中已做过陈述，这里不赘。

三、侨汇逃港，内地侨汇锐减

广东是华侨最多的省份，侨汇收入在全国各省中也名列前茅。这本是广东经济的一大优势，但抗战胜利一年后，广东的侨汇收入却逐月减少。

据1946年11月25日广州《建国日报》报道：1946年8月由美洲和南洋各地汇入国家银行的汇款是国币110亿元，9月减至80亿元，10月又减至60亿元。3个月内减少及半。与此相反，香港外国银行的侨汇则日益增加。又据汕头中国银行统计，9月份侨汇收入共8 800余万元，10月份降至2 400余万元。②侨汇逐月锐减，完全是由国民党当局一手造成的。国民党统治集团为了弥补内战经费的不足，制定了一连串的政策和措施侵吞侨胞的血汗钱。

第一，垄断经营，手续烦琐。抗战胜利后，邮路恢复，侨汇源源不断而来。国民党政府财政部规定：侨汇只能由中国银行专营，其他银行不准插足。但侨眷居住分散，且多数在农村，而中国银行的布点很少，有些县没有设立行处，而且，由于许多地方邮路不通，银行只得登报招领。待侨胞得到信息时往往已过去数月。同时，由于路途遥远，侨眷到银

---

① 李维之：《内外夹攻下的广东工商业》，载《正报》，第26期，8~10页，1947年2月22日。

② 《星岛日报》，1946年11月8日。

行领取汇款,不但需出旅费,还要找商店担保,而负责担保的商店则要索取3%~10%的担保费。担保找到以后,还要等2~3天才能领到。如果汇单数目较大,等候时间就更长,因为银行不是说重庆未有通知,就是说现钞不够,侨眷们只好徘徊等候。一位台山侨眷控诉说:"新昌的中国银行,要两家店担保,店铺担保额累积起来不能超过资本额,而弄妥这些,也要从早到晚地在行里等,有时直等到深夜才能领出来。路途较远出门不多的侨属,尤其是妇孺,真是麻烦极了。"一些侨属摇头叹气:"我们不是领赈济呵!单就汇单说来,我们已经吃亏不少了,还要这样麻烦,难道要我们饿死吗?"后来,经广东省银行(属中国银行系统)的同意,准许无铺保的侨眷可由各乡镇长盖印证明领取,但找乡镇长写证明同样要钱。①

第二,压低汇率,盘剥侨胞。1945年7月,国民党第六次全国代表大会后,规定1美元侨汇可兑国币500元(是法币原价的24倍),但当时黑市已经涨到1400元,说明中国银行收到1美元侨汇即可赚取900元的高额利润。但即使区区500元,中国银行还要想法克扣刁难。1946年8月,美洲侨团安良工商会在给蒋介石的电报中说:

> 查三十四年(即1945年)七月十四日(即国民党"六大"规定每美元"津贴"500元法令公布之日)以前,侨胞自中国银行纽约分行电汇、航空邮汇火急救家款项,经过数月,甚至一两年以上积存国内中国银行尚未有交款者,此项

---

① 桐庐:《还我血汗钱》,载《正报》,第27期,8~9页,1946年8月6日。

积存侨汇,不仅因其延交以至侨眷无款购粮而饿毙者,日有所闻,当时国内物价,已突飞猛涨,苟非此项积存侨汇亦享有二十四倍津贴,无以救家人之死亡,于是侨胞自七月十四日起纷纷向中国银行纽约分行,请求将积存侨汇停止付款,或即退汇,以期获得二十四倍之补助,该行对停付退汇手续,谓电告国内总行办理,每项收取电费美金七元五角,孰料……国内中国银行,对此退汇电讯,置若罔闻,反按照百分之百津贴,即照汇款原数加给一倍补助办法,尽速将积存侨汇交清。查一般侨请求纽约分行发电退汇时间为七月八月,而侨眷来函则谓国内各地分行交款时间为十月十一月。又查美致国内电报一两日可达,纽约分行则稽延三数月后,始向侨胞宣称国内总行复电,已将积存汇款付讫。尽管收取七元五角之电费,国内分行尽管将积存依百分之百从速付讫惟恐不及,以侨眷不获二十四倍之补助为得计,对于物价高涨,侨眷以百分之百"补助"不敷购粮而饿毙者日见其多,中国银行亦视若无事!①

这封电报详尽地控诉了中国银行采用卑劣手段克扣侨胞养家汇款的血腥事实,说明中国银行是吮吸侨胞的血汗钱、吞噬无数侨眷生命以肥私的寄生虫。然而,这样做的结果是使侨胞对它失去信任,不得不另找途径汇款回家,使中国银行收不到侨汇。

第三,积压侨汇,制造人间悲剧。故意扣压侨胞的汇款信件,以达到延期支付,挪用侨胞的汇款充作其他用途,是

---

① 桐庐:《还我血汗钱》,载《正报》,第27期,9页,1946年8月6日。

中国银行剥削侨胞惯用的手法。这使侨胞利益受到严重损害,并酿成一幕幕人间惨剧。1946年4月22日,《建国日报》收到"四邑"一位女士的投诉:

我们一家六口是靠侨美芝加哥的父亲和哥哥汇款维持的,从香港沦陷起就受到中国银行积压侨汇的痛苦,往往收到父亲电汇的通知信,半年仍无下文,持信询之行员,则说:总行无电通知,无可查。……常常连接父亲和哥哥来信,说前月有十万元,去月有十万元电汇,然而年老的母亲,只有持着这些信,眼看儿孙饥饿啼哭,不禁老泪纵横。……自从去年九月胜利后,满以为交通恢复,不要再吃压积的苦,然而残酷的事实来了。……去年八月父亲电汇的二十万元,九月末旬,我们已经收到了信,一直等着中国银行的通知单,到今年一月十八日才收到。相隔半年,我们吃亏多少?那时米每担才五千元,一月十八日已三万了。①

类似"四邑"这位女士这样侨汇被积压的事是常有的,所以"四邑"一带经常发生"望山婆"(即侨眷)拿着汇票上吊的惨案,因为凭票拿不到钱,生计全无,只好寻死。在潮汕,因侨汇被积压而饿死或自杀的事也很普遍。有一位妇女,丈夫前往槟榔屿多年,家里妻子和儿女3人,全靠侨汇维生,侨汇断绝时,先后饿死2人,仅剩一个儿子给人放牛。他收到父亲来信,说去年曾汇5万元回来,问收到没有?儿子只好拿着信流泪。更令人气愤的是,梁陇乡一位中年妇女,7年未有丈夫的信息,以为已经去世。因生活无

---

① 《建国日报》,1946年4月22日。

着，被迫嫁给弥高乡某批局主人做二房。1946年春，该批局主人把搁存的大批海外来信拿来晒太阳。这位妇女无意中捡到她的前夫寄给她11万元的信。这位妇女不堪刺激，自缢身亡。①

正是由于中国银行采取上述这些卑劣的手段掠夺侨胞的血汗钱，并且导致了许许多多的人间悲剧，广大侨胞因为不堪忍受中国银行的残酷掠夺，被迫把侨汇转往香港，导致国民党政府的侨汇收入连年锐减，这完全是国民党当局自己栽种出来的苦果。由于中国银行的再三克扣刁难，一位侨胞在一篇通讯中预见："我相信不出半年，全部侨汇，会转到香港去，因为买办银行固然吸血，但是还能迅速依时。"②"迅速依时"，这是广大侨胞对侨汇最起码的要求。中国银行由于不能满足这个要求，侨胞只好把侨汇转移香港。侨汇大量逃港，使广东省政府本已萎缩的财源近乎枯竭，导致财政危机进一步加深。

四、金融风暴接连爆发，物价狂涨

由于农业生产日趋萎缩，民族工商业萧条，侨汇收入锐减，使国民党政府的财政收入远远不敷庞大的战争消耗。为了支持内战，除了以出卖国家主权为代价，换取美国的援助外，主要的是靠发行钞票。为了满足需要，国民党政府在纽约、伦敦和上海三地同时印钞，仅上海一地就要求每天印钞

---

①② 桐庐：《还我血汗钱》，载《正报》，第27期，10页，1946年8月6日。

230亿元。据估计,从抗战胜利至1946年底的一年多,国民党政府的钞票发行额至少增加了10倍,总额达到4万亿至7万亿元。①

滥发钞票带来的直接后果是货币贬值,从而引发抢购黄金、外币的风潮,物价飞速上涨。依照1946年一年计算,广州市黄金和美钞价格各涨了3倍,港币涨了6倍。换句话说,即一年内法币贬值了500%~600%。法币贬值引起物价高涨,1946年1—6月,一般物价上涨了3~4倍,尤其是米价,由年初的2万多元一担,涨至6月间的8万多元一担。到了下半年,物价下降呈趑趄不前的趋势,主要是因为人民手里无钱,社会购买力下降,加上走私货物汹涌而至,供大于求。②

正当广大人民被货币贬值、物价飞涨,搞得焦头烂额,为生活问题而焦虑之际,官僚资本却乘机兴风作浪,制造金融风暴,操纵物价,从中渔利。1947年初,国民党当局又发行每张面值5 000元的巨钞。官僚资本即乘机推波助澜,引发金融风暴。2月10日,金融风暴首先在上海爆发,次即波及广州。

广东的官僚资本,是在日本投降后形成的。权贵们利用种种特权,窃取大批敌伪资产,用"劫收"的方式,掠夺房屋、汽车、家私、古董、工厂、农场、仓库,以及其他贵重物资,经过交易行程,变为黄金、美元、港币,进而又利用职务之便,与银行勾结,设立各种各样的行庄,从事垄断物

---

①② 李维之:《内外夹攻下的广东工商业》,载《正报》,第26期,8~9页,1947年2月22日。

资，炒卖黄金外钞，操纵物价，使资本积累迅速扩大。由于他们消息灵通，知道法币将要贬值，除将大量法币转成黄金外币外，还将巨额公款存入银行套息，据为己有。

在金融风暴中，官僚资本凭借手中雄厚的经济实力，疯狂抢购黄金、外币，大批囤积粮食、物资，使广州的米价、物价、金价等飞速上涨。同时，全市的公共汽车也因汽油供给不继，陆续停驶。发电厂和其他工厂也因缺煤，有立即陷于停产之虞。一时间，整个市场秩序全被打乱。

金融风暴发生后，广东当局经过研究，采取了禁止外币私人买卖，停止黄金交易，禁止私人钱庄的本票、银票在市面发行流通，禁止黄金、白银出口，限制携带法币、外币进出国门，取缔非法经营钱庄商号，不准以黄金、外币作为买卖和订立契约的计算标准等7项紧急措施，由广州市有关单位的官员、警察、特务等联合出动，强制执行，才使金融风暴逐渐平息。①

这次危机虽然暂时被强力镇压下去了，但引发危机的根源并未消除，只要有风吹草动，官僚资本又会掀起新的风浪。到了4月，国民党当局又发行面额高达1万元的巨钞，加上国民党军队在战场上连打败仗，人心惶惶，新的金融风暴果然再次爆发。连日来，广州物价伴随着金融黑市的波动，又步步上涨。1947年4月的下半月第一周（14至20日），物价平均上涨了13%。南海县各市镇米价每担日涨数千元。电白县3天内米价由每担7万元涨至17万元。4月20

---

① 杜梅和：《在省府各机关联合纪念周上的报告》（1947年2月17日），载《中山日报》，1947年2月21日。

日，一日之内物价指数平均上涨10%。黄金每两由84万元涨至101万元。港币已升至1：376元，仍在往上涨。国民党当局想故伎重演，再次出动大批警察特务捕捉商人，但已无大效，涨风仍然无法遏止。①到了25日，物价金融市场逐渐平息下来，原因主要是此时香港当局采取禁止买卖美汇，禁止黄金入口，人民持有之黄金须按公价售予政府等措施。港府的目的在于整顿香港自身的金融秩序，但在客观上帮助国民党广东当局摆脱了困境。②

连续发生金融风暴，引起物价狂涨的根本原因在于国民党统治集团滥印钞票，造成货币严重贬值。因此，元凶应是以蒋介石为首的国民党统治集团，但是广东当局控制的官僚资本，如广东实业公司、广东省银行等为了谋取小集团的私利，不顾人民死活，进行投机操纵，炒买炒卖，推波助澜，也起了极为恶劣的作用，所以他们至少也是一群罪不容赦的帮凶。

两次金融风暴使权贵们再次大捞一把，脑满肠肥，发了不义之财，但对广大人民来说，却是一场极为深重的灾难。大批民族资本由于经不起货币贬值、物价狂涨的打击，导致工厂倒闭、商店关门，纷纷破产。民族工商业迅速走向萧条。

受害最为严重的是广大工薪阶层，如工人、教师，以及中下层公职人员等。他们的薪金是相对固定的，在一日数涨的物价浪潮冲击下，实际收入一落千丈，以致无法维持起码

---

①② 《广东一周瞭望：物价继续上涨》，载《正报》，第35期，13页，1947年4月26日；第36期，17页，1947年5月3日。

的生活水准。

在金融风暴期间，中下层公务员人心惶惶，无心办公，大家坐在一起谈米价。其中有人对记者说："受薪阶级薪俸所入是硬性规定，在物价慢涨时节，薪俸天天递减，在狂涨的现在，月终拿来一月辛劳的代价，几乎已等于零，比方一个月入15万元的中级公务员，在以往他可以勉强维持一家三口的起码生活，但现在连十天的开销也不够……假如物价还是勇往直前迄无止境的话，简直就等于被撤职了，而一家数口，将来就只有集体自杀。"①

据《前锋日报》报道："记者昨日偶遇中山大学一教授，谈及广州生活程度与工作待遇问题，彼潸然泪下，据称目前月薪仅30万元左右，上有父母，下有妻儿，每日两顿饭，也难饱腹。抗战时在坪石虽然吃粥度日，但还可贮下一万数千元，供家人摆卖烟摊或小零食店，可是目前拿十万元出来，也无法供家人摆卖烟摊。生活之苦，确难支持。"②有的教授激愤地说："这种情形如果再继续下去，人民不暴动抢劫，我的头砍了去！命也不要了。"③在当时，大学教授的工薪在工薪阶层中算是比较高的。大学教授的生活状况尚且如此，中小学教员的状况就更不堪设想了。

由于广大人民实际收入大幅度减少，故1947年春，广州市3/5以上的大中小学生因经济困难而被摒弃在学校门外；那些有幸免于失学的青年，也多是在饥饿和"游击食

---

① 《前锋日报》，1947年2月10日。
② 《前锋日报》，1947年2月6日。
③ 《华商报》，1947年2月17日。

饭"中勉强维持学业。那些公费生更是忧心如焚："我们大学生不能生活了,公费每学期四万两千元,一天的白饭就要三千元,怎样搞?"①

至于千千万万苦力、小贩和城市贫民,他们对于"百元一两"的大米和"一碗千元"的白米饭是连想也不敢想的,只有挤进平价食堂的候饭队伍中去,才能勉强维持生命。以广州第二平价食堂为例,自1947年2月1日起,就餐的人数从每日七八千人增加到每日1.6万人。每餐100元的确很便宜,但由于"粥少僧多",常常经过挤和打,还是有很多人在寒风中站了一天而吃不上饭,不得不拖着沉重的脚步往回走,有的中途终因冻饿而倒毙街头。②

以上这些,就是金融风暴中酿造出来的一幕幕催人泪下的人间惨剧。

第三节 加强特务统治,镇压学生运动

经济危机引发社会危机,人民革命浪潮日益高涨。为了防止人民革命浪潮波及广东,国民党广东当局进一步加强特务统治,摧残进步文化,镇压学生运动。

---

① 《华商报》,1947年2月17日。
② 桐庐:《日益深重的城市社会危机》,载《正报》,第29期,15页,1947年3月15日。

一、加强特务对文化事业的统治

国民党广东当局以制造"五四"①和"六二九"②事件为起点,进一步加强了在文化领域的特务统治,封锁和破坏进步文化,窒息人民要求和平民主的呼声,维持以四大家族为首的封建买办统治。国民党广东当局封锁与破坏进步文化的主要手段有:

第一,在广州,继雇佣特务和流氓地痞袭击和捣毁进步书店和报社之后,又放出种种谣言或写信,对未被查封或捣毁的书店、报社或印刷部门进行威胁和恐吓,令他们惶惶不可终日,不敢贩卖、出版和印刷进步书刊,否则也将被捣毁或查封。这些被恐吓和威胁的书店,只靠出卖旧书、课本和少数官版图书装点门面。往日经营进步书刊,读者众多,生意兴隆,门庭若市的好景不再,当下来光顾的只有外地来穗购买课本的学生,此外便无人驻足,冷冷清清,门可罗雀。

---

① 1946年5月4日广州地区2.3万学生在中山纪念堂召开五四运动纪念大会,宣布成立"广州学生联合会"。国民党当局企图利用学生的爱国热情进行反共,张发奎、罗卓英先后讲话,并发出反共通电,谓中共"若冥顽不灵,则指日皆亡"。会后示威游行,途中有人砸了《大公报》、《华商报》、《正报》广州分社和惠爱东兄弟图书公司、广州书报杂志供应社,6人被殴伤。事后,蔡廷锴、李章达、张文等联名致函张发奎、罗卓英,要求当局惩凶、赔偿损失。

② 1946年6月29日《华商报》广州分社、《正报》广州办事处、兄弟图书公司、广州杂志图书社、南中文化企业公司、友联报社、冼福记、蔡锦记等8家出版社被广东当局查封。后《人民报》、《现代日报》筹备处,民生出版社、《现代杂志》、民主与文化社、中华全国艺术协会港粤分会亦被封。30多种期刊被勒令停刊,300多名进步人士被搜查逮捕,蔡廷锴、李章达被限期出境。

国民党当局这样做的目的，是使这些书店亏损，无法经营，被迫关门。

第二，在一些县城，国民党广东当局认为这些地方民主势力较小，不怕"有碍国际视听"，因此便像郁南县那样用县政府和国民党县党部的名义发表公告，或直接通知书店，禁止他们贩卖所有的杂志，以阻止民主思想的传播。

第三，加强邮件检查。当时国民党当局表面上撤销了邮电检查机构，其实是把检查人员秘密安插在邮电机关，继续检查人民的来往信件，或者故意扣压，迁延发送时日。邮局还借口亏本，拒绝收寄邮件包裹，以阻止进步出版物的传播和促使杂志社因减少发行量而亏损倒闭。

第四，国民党当局还动用国库资金，收买报馆，或采用参股形式进行渗透，然后把特务、爪牙派进报馆，干预报馆言论，促使舆论转向。

第五，国民党广东当局还在省政府内增设"新闻处"，专职负责对新闻事业的统制。

由于国民党广东当局采取了上述种种手段，强化了文化专制统治，人民没有说话的自由，也没有看书看报的自由，使得曾经繁荣一时的广东文化事业，在白色恐怖统治中逐步枯萎窒息。①

---

① 梁鼎：《劫后的广州文化现状》，载《正报》，新 3 号，24~25 页，1946 年 8 月 11 日。

二、镇压爱国学生运动

(一) 破坏"援沈"大游行

1946年12月24日,北平发生美军强奸北京大学女学生沈崇事件。消息传出,激起全国各地人民的极大愤慨,各地纷纷举行示威,强烈抗议美军的暴行,要求惩办肇事者,要求美军撤出中国。

不久,消息传到广州。广东人民也和其他各地人民一样,表示了极大的义愤,使沉闷已久的南粤大地突然响起震耳的雷声。

自从1946年5月以来,广州接二连三地发生特务暴徒摧残进步文化、搜捕进步人士的恐怖行为。人们为了自保,不得不三缄其口。学生没有可读的课外书刊,比较用功的学生,读书也成了危险的"罪证"。青年学生们只好靠打桥牌,上茶馆谈天说地来消磨日子。"沈案"消息传来,被压得透不过气来的学生再也忍不住了。于是,久已沉寂无声的中山大学,突然热闹起来。在宿舍,在校道,在教室,在民主墙前,到处都写着:"请记住:美国人给我们的圣诞礼物——强奸!""同学们,为了正义,献出良心来吧!""南中国的沉默,是南中国青年的耻辱!""美军滚出中国去!""美军一日不撤离,中国一日不得安宁!"等标语口号。学生们用各种方式,表达心中压抑已久的愤懑。①

---

① 马无:《南中国青年不耻辱》,载《正报》,第22期,7页,1947年1月18日。

1947年1月4日晚，在石牌福利食堂聚集着300多位被"沈案"激怒起来的同学，其中一位站起来说："同学们，不要怕红帽子压在我们的头上，不要怕反动者的阴谋。我们只知道，我们是中国人。中国人是不能被侮辱的！我们有良心，要为我们的良心而发出呼吁！用热情用行动来表示我们的抗议。"为了组织好抗议行动，学生们决定成立"沈案后援会筹备会"，并决定6日上午召开全体同学大会。①

6日上午10时，大会在学生宿舍前的广场举行，到会的学生有1 000多人。与会者首先为被侮辱的同学致以沉痛的默念。与会者认为："今天在这里，不用再辩论，是政治问题还是法律问题，也不光是说话的时候了，我们要向京沪学生看齐，我们要联合全市各校罢课示威游行，表示我们的抗议。"会议还通过以下决定：要求美军立即撤出中国；向美国总统特使马歇尔和美国驻华大使司徒雷登发出通电，抗议美军暴行并要求美国政府向中国人民道歉；通电全国，响应全国人民的正义要求；致函慰问被侮辱的女同学及其家属。还决定7日开始罢课，游行示威。会议正式成立了"国立中山大学沈案后援会"，推举25位同学为委员。并立即发动同学捐款，作为活动经费。②

国民党当局对于学生的爱国行动不但不予支持，反而处心积虑进行压制和破坏。差不多在"沈案"消息传到广州的同时，广州市各学校当局即接到市党部的严厉警告：防范学生"援沈"巡行，否则校长应负其咎。与此同时，国民党中

---

①② 梦坚：《广州学生怒吼了》，载《正报》，第22期，4页，1947年1月18日。

央政府教育部也急电各大学当局，制止学生采取行动。国民党广州市党部还就如何对待学生的爱国行动问题专门开会研究，有人提出："虽说奸党要煽动风潮，但这究竟看来是爱国行为，要是我们正面出而压制，这无异公开宣布我们不爱国。"① 为了逃避骂名，国民党当局决定故伎重演，继续玩弄两面派的手段——上演"双包戏"，与广大学生对着干，企图把学生的爱国行动引向歧途。他们知道中山大学的学生成立了"沈案后援会"，也通过中央社宣布成立所谓的"广州学生沈案后援会"；中山大学"沈案后援会"决议进行罢课，组织游行示威，"广州学生沈案后援会"就以"不荒废学业的后援"为名，宣布如有冒用广州市学生名义举行游行，决请政府制裁。学生的斗争锋芒指向帮助国民党打内战的美军，他们就强调"王水祥案"② 来转移学生的视线。

在中山大学6日举行的全体学生大会上，反动小丑也做了"热烈"的"援沈"表演，并企图夺取领导权，但因破绽败露，未能得逞。在大会即将结束时，中山大学的训导长来到会场，并发表讲话说："我同情这事件，也同情大家对这事件的表示，但是，大家要冷静，这是美军私人行为，这

---

① 马无：《南中国青年不耻辱》，载《正报》，第22期，7页，1947年1月18日。

② 1946年11月26日，香港九龙印籍（一说葡籍）街警富埃德无故击毙花生小贩王水祥，引起港九同胞极大愤怒，一致声讨，史称"王水祥案"。12月初，广州市也成立了"王水祥案后援会"，声援港九同胞的斗争。详见《大光报》，1946年11月27日、12月4日。

是法律问题……"①训导长的讲话，实际代表了国民党当局的态度。他们所谓"同情"是假，真正的用意是企图以"私人行为"来掩盖美军的侵略及其在中国犯下的种种暴行，以"法律问题"为幌子，要求学生不要"越轨"，静候"法律解决"，不要搞游行示威，不要罢课。总而言之，不要要求在中国胡作非为的美军撤出中国！但是青年学生已经觉悟，不再上当受骗，训导长想把学生的斗争锋芒引上歧途的阴谋不但未能得逞，反而遭到学生的奚落，灰溜溜地走下讲台，无人理睬。②

中山大学在挫败了当局的阴谋以后，如期举行示威。参加游行的除了中山大学1 000多名学生以外，还有文理、文化学院、中山大学附中等校的学生参加，沿途还有一批批市民自动加入，使队伍越来越壮大。游行队伍由汽车开路，车头高挂着"抗议美军在华暴行示威巡行"的横额，高呼"反对美军暴行！""请美军退出中国！""中国不是殖民地，我们不愿做奴隶！""请美国改变对华政策！"等口号，路经惠爱路、汉民路、一德路、太平路、上下九、第十甫、大同路……到达六二三路时，学生要求通过西桥进入沙面，但遭到军警的阻拦。学生派出代表先后两次向张发奎交涉，都被拒绝。学生忍无可忍，不畏强暴，强行冲刺，终于从东桥冲破铁丝网的拦阻，进入沙面，到达美国领事馆前示威。经过5个多小时的游行，学生队伍重新回到平山堂解散，游行胜

---

①② 梦坚：《广州学生怒吼了》，载《正报》，第22期，4页，1947年1月18日。

利结束。①

这次游行是1946年"五四"游行后半年多以来的第一次。1946年"五四"以后，国民党广东当局加强了在广东的特务统治，经常逮捕迫害进步人士，"白色恐怖"笼罩广东。在这种环境下，学生们不顾个人安危，敢于藐视国民党当局的恐吓与威胁，敢于冲破国民党当局的重重阻挠，胜利地组织了这次爱国行动，表明在全国革命形势的影响和推动下，广东青年学生的政治觉悟与爱国热情有了很大的提高，预示着新的革命高潮又将在广东兴起。

广东当局不甘心失败，立即对学生实施报复，并以新的恐怖对学生进行威胁，妄图压制刚刚开始复兴的学生运动。2月14日，趁放寒假，留校学生不多之机，学校当局开除了左克宇、周岳森、余开森、蒋同政、黄云琛、王宗道、陈家宝、饶经训、王沛、王宾等10名"热心民主运动与同学福利工作"的学生，"罪名"是"侮辱师长，鼓动学潮"，并以无法保证无学籍学生安全为名，迫使该10位同学立即离校。接着还放出种种传闻：将有130多个学生被迫退学，因为校方无法保证他们的安全；将派遣军队搜查石牌学生宿舍；开除学生是某某机关强迫学校执行的，制造紧张空气。与此相呼应，中山大学训导长也发表非正式谈话：行辕要检查宿舍，学校是拒绝的；无其他党派关系的自由分子的学生，学校是绝对负责他们的安全的；有凭据地逮捕学生，学

---

① 梦坚：《广州学生怒吼了》，载《正报》，第22期，7页，1947年1月18日。

校是无法抗拒的。①这些传闻和谈话的散布,预示着新的更大的"白色恐怖"即将来临。

当局放出的这一连串恐怖消息并未能把学生的革命热情吓倒。3月2日,中山大学有11个学生社团和数位教授联名张贴公告,声援被开除的学生,并有400多位同学在公告上签名表示援助。因为大家已经认识到,这绝不仅仅是10位被开除同学的命运,而是全体学生的命运。②一场新的民主与反民主的较量又将在南粤大地展开。

(二)镇压学生"反饥饿、反内战、反迫害"运动

1947年5月中旬,为了反对国民党统治集团的内战卖国罪行,挽救教育危机,南京、上海、北平、天津等地的大专院校的师生先后举行罢课、罢教,进行"反饥饿、反内战、反迫害"的示威游行,但遭到了国民党统治集团的武力镇压,酿成了严重的流血事件。消息传到广州,引起广州大专院校学生的强烈震动。

22日晚,中山大学学生举行时事座谈会,讨论学运与公费问题。到会学生近千人,情绪相当激动。同学们要求用行动来表示,召开全体同学大会,进行罢课,示威游行,响应和支援京沪等地同学的正义斗争。

中山大学召开全体同学大会是以803位同学共同签名的形式发起的。消息一传出,引起学校和国民党当局的恐慌。中山大学训导长把一位指挥唱歌的同学叫去,警告说:"你们要活动,就到学校以外去。如果破坏了学校的秩序,我没

---

①② 谷:《暴风雨将袭击广州》,载《群众》,第7期,16~17页,1947年3月13日。

有别的办法,只有请你们出去!"接着,校长也贴出布告,谓接教育部电,如果参加罢课游行,立即开除学籍。①

当天晚上,在中共地下组织的领导下,召开了积极分子会议,讨论如何面对当局的压力。有人主张,为了避免牺牲,保存力量,不要召开大会。但是多数人认为,现在正面临全国学运高潮,召开大会是全体同学的要求,我们不能因怕牺牲而脱离群众。在群众的支持下,我们有信心击破任何压力,故应大胆地、勇敢地率领群众向前冲;但也应谨慎小心,警惕敌人的阴谋破坏。最后一致决议:如期召开全体同学大会,同时要吸收以往的经验教训,把力量组织好,稳扎稳打,注意斗争策略,根据群众的情绪来采取适当的行动。

国民党当局得到中山大学学生将要举行全体大会的消息,蓄意进行破坏。23日晚,国民党广州市党部委派黄珍吾连夜赶到石牌,召集三青团干部会议,决定了对付学生大会的三个步骤:抢先占座位;争取主席团;如争取主席团失败,就捣乱会场。②

24日上午10时,中山大学全体学生大会在体育馆如期召开,到会的学生2 000多人,把会场挤得满满的。国民党和三青团的学生抢先占领座位。一些"特种人物"也在会场出现,使会场形势非常紧张。为了振奋同学的斗志,会议首先在"你、你、你这个坏东西,市面上日用品不够用呀!你一大批一大批运到战场上去……"的歌声中开始。歌声犹如一颗炸弹,立即把国民党和特务的威风打了下去。在选举主

---

①② 梦坚:《中大罢课前后》,载《正报》,第41期,7页,1947年6月7日。

席团时，三青团首先推出一位候选人，会场当即响起"狗狗狗"的呼喊声。举手表决时，这位由当局属意的候选人只得了寥寥的37票。当介绍到其他同学时，会场立即响起热烈的掌声，表决时手臂如林。选举结果，主席团的5个成员全部都是民主派的同学。①国民党当局篡夺大会领导权的阴谋遭到了挫折。

大会在讨论学运问题时，一位同学首先介绍了全国各地学运的情况，指出"为了改善生活，增加副食费，我们要响应和支持京沪同学的要求"。第二位同学发言提醒大家："今天到了很多特务，不是人是狗，我们要注意他们的阴谋，会场决不要乱。"第三位起来发言的同学，慷慨激昂，指出："我们要生活安定，要增加力量，反对内战，争取和平！"这时，一位三青团广东支团部派来冒充学生的人站出来发言说："我们要反对内战，但要追究内战的责任，我们要求国民党共产党放下武器，尤其是共产党。"②这种貌似公允，实际是把内战的责任推到共产党身上的谬论，当即遭到几位同学的驳斥，并指出这是"狗"的理论。后来又有一个年近40岁的人想起来发言，群众怀疑他的身份，要求他拿出学生证，报出所在院系。此人面目被揭穿，被学生骂是"狗"，在一片喊打声中被主席团请出了会场。特务们眼见众寡悬殊，破坏会场的阴谋无法得逞，不得不相率离去。③国民党

---

① 梦坚：《中大罢课前后》，载《正报》，第41期，7页，1947年6月7日。

②③ 梦坚：《中大罢课前后》，载《正报》，第41期，8页，1947年6月7日。

当局破坏大会的阴谋遭到了惨败。

大会讨论提案时,一致决议罢课3天,响应京沪同学的号召。大会最后通过以下几个提案:(1)要求教育经费增加到占全国总预算的15%;(2)通电京沪同学,响应"六二"大游行;(3)通电中央大学慰问受伤同学;(4)要求半公费生和自费生全部改为公费生;(5)否认广州市学联会的中大代表。大会还决定组织一个以中共党员为核心、由45名成员组成的中山大学学生工作委员会(以下简称"工委会"),领导学生运动,并当场募捐了60万元的活动经费。①

大会完全挫败了国民党当局的阴谋,达到了预期的目的,取得了初步的胜利。但是斗争并未结束,新的更加严重的斗争和考验还在后面。

为了执行中山大学全体学生大会组织游行示威的决定,响应京沪学联"六二"反内战、反饥饿游行的号召,"工委会"积极进行示威游行的组织准备工作。在中山大学校内,一方面通过组织球赛,主办文艺晚会,举办漫画展览,组织流动歌唱队等生动活泼的形式,对学生进行宣传、教育工作,不断提高同学的政治觉悟,鼓舞斗志,增强必胜的信念;另一方面,以积极分子为核心,在各学院成立"工委会"的支援会,加强与广大同学的联系,把他们团结在"工委会"的周围,不断扩大"工委会"的群众基础。在校外,分配专人负责与兄弟院校联络,不断将中山大学的决议和工作步骤传送出去,帮助兄弟院校做好组织发动工作。经过深

---

① 梦坚:《中大罢课前后》,载《正报》,第41期,8页,1947年6月7日。

入的串联发动，中山大学附中、广州文理学院、广州华侨师范学校、中华文化学院、国民大学、岭南大学、广州大学等院校的同学都积极响应，准备与中山大学采取一致行动。①

广州市国民党当局获悉学生将在"六二"举行游行示威的消息，29日晚，在黄珍吾的主持下，召开紧急会议，决定了对学生游行进行分化、阻挠和破坏。"工委会"获悉国民党当局将出动军警宪特对游行进行武力镇压的情报，立即进行研究，决定出奇制胜，把游行提前到5月31日举行，并组织力量连夜做准备工作。为了鼓舞同学们的斗志，"工委会"向同学们表示："为了完成游行的目的，工委会的45个委员，已下了决心，准备接受任何的打击和牺牲！"②工委委员的决心，使同学们深受感动，个个心头燃起团团烈火！

31日早上8时，游行队伍在学生宿舍前的广场集合完毕。为了表示决心，出发前列队在孙中山铜像前宣誓，表达"反饥饿、反内战、反迫害"的斗争意志。国民党当局为了阻挡学生游行，禁止一切车辆前往中山大学运载游行的学生。学生只好徒步出发。③

中山大学2 000余学生组成的队伍经过1个多小时的长途跋涉，于中午11时许抵达中山大学附中平山堂，与中山大学先修班和附中的数百名学生会师，加上中华文化学院、法商学院、文理学院、广州大学、国民大学等校闻讯赶来的代表（因游行时间提前，上述院校来不及组织队伍，故只派代表参加）共计2 000多人的游行队伍向市区迈进。④

①②③④　梦坚、宋林、道道、琼之：《南国儿女们光辉壮烈的斗争》，载《正报》，第42期，3～7页，1947年6月14日。

游行队伍由一辆汽车开路，走在前头的女同学高举着"国立中山大学学生挽救教育危机暨反饥饿反内战示威大游行"的巨幅横额，学生们举着写有"反对内战，反对饥饿"、"改善学生生活，提高教育经费"、"内战不止，人民饿死"、"反对征兵征粮，取消苛捐杂税"、"反对新闻封锁，要求言论自由"等表达广大人民内心愿望的小旗，呼喊着口号，唱着"向京沪杭同学看齐"的歌声阔步前进，并沿途向围观的群众散发传单、漫画，书写标语，发表演说，引起人民群众的同情和共鸣。①

队伍由惠爱路（今中山路）转向汉民路（今北京路）、泰康路，再转至靖海路……当队伍到达长堤路（今沿江路）一景酒家时，忽然冲出一群身穿黑绸衣的大汉，在一位穿黄中山装的人物的指挥下，手持木棍和其他器械，向游行队伍发动突然袭击。他们不停地向游行学生乱击，首先把开路的汽车玻璃打碎，把车上的同学打晕，把车上的宣传品捣毁。走在前面的女同学，因为猝不及防，大多数被打得头破血流，其中一位女同学被暴徒用铁钩刺进乳房，再往外拉，把乳房捣烂，血流如注，受了重伤。男同学也因手无寸铁，无法抵御，有10多人被打倒在地，昏迷不醒，鲜血直流。有的暴徒还站在被打倒的同学身上直跳，致使其肋骨被轧断。暴徒们的兽行引起同学们极大的愤怒，为了生存自救，不得不奋起自卫，徒手与暴徒展开搏斗，抢夺他们的凶器进行还击。沿途的群众和商店店员路见不平，纷纷出来援助学生，

---

① 梦坚、宋林、道道、琼之：《南国儿女们光辉壮烈的斗争》，载《正报》，第42期，3~7页，1947年6月14日。

有的打开店门让被暴徒追赶的学生进屋躲避，有的帮助救护受伤的学生。有的把手中的扁担、木棍之类送给学生作自卫武器，有的为学生呐喊助威，高喊着打死这些败类。在学生的奋力反击下，暴徒们被迫撤退。在人民群众的热情支援和掩护下，大义凛然的学生队伍，不畏强暴，一边自卫，一边继续前进。后来又在长堤中央银行前和海珠路口先后两次遭到暴徒袭击，甚至有特务掏出手枪向同学射击。在搏斗中又不断有同学受伤，并有一些同学被捕，有的失踪，生死不明。一个被学生抓到的暴徒供认是广州市社会局以50 000元的高价对他们进行收买，让他们冒充工人来殴打学生的。①

国民党当局暴力镇压学生的真相已经大白。为了减少伤亡，保存实力，游行指挥部决定，中止游行，把队伍带回平山堂集会。会上决定罢课进行抗议，并决定在中山大学召开紧急会议，商讨应急措施。

晚上8时，2 000多名同学集中体育馆开紧急会议，一致通过以下决议：（1）要求国民党当局惩办凶手陈曙然（市社会局督导，行凶暴徒的指挥者）；（2）要求释放被捕同学；（3）要求当局负责医治全部受伤同学，赔偿损失；（4）全校绝食一天，捐款慰问受伤同学；（5）三青团限三天内退出中山大学，如不退出，全体同学把他们赶出去；（6）罢课抗议政府暴行；（7）定五月卅一日为中山大学学生日，永远纪念。②

大会进行过程中，附中同学跑来报告，说当局出动军队、宪兵包围了平山堂，捕捉中山大学学生。于是大会提前

---

①② 梦坚、宋林、道道、琼之：《南国儿女们光辉壮烈的斗争》，载《正报》，第42期，3~7页，1947年6月14日。

结束，要求大家做好应变准备。①

深夜2时，保安司令部参谋长郑干棻亲率2 000余宪特把中山大学包围起来，在路口、通道、宿舍前架起机枪，军警宪特枪上膛、刀出鞘，特务手持名单，闯入宿舍抓人，还闯入女生宿舍，肆意对女同学进行侮辱，其恶行与日本侵略军无异。特务们把梅龚彬、丘琳、廖华扬3位教授拉起来，用绳索捆绑，押往三青团部。

国民党当局的暴行，激起中山大学师生无比的愤怒，纷纷起来，冲破国民党军队的封锁线，把三青团部重重包围，要求立即放人。领队军官见群情难以遏制，被迫答应以15个同学和16位教授作为人质前往行辕，作为释放梅龚彬教授等被捕师生的条件。

当人质被押送到保安司令部时，保安副司令韦镇福说："这次是请你们来开一个座谈会。""你们中大学生接受中共煽动，昨日在广州示威，而且打伤工人，打碎中央银行玻璃，并在墙壁上用粉笔书写打倒现政府的口号，这是不是超越学生应做的范围！本处为着维护社会秩序的安宁，才把你们学校中的中共分子请来问话，我并无逮捕学生。梅教授也是我派人请他来这里谈话的，因为很多次学潮和金融风潮都与他有关。"他还威胁说："你们以后如有暴动的事情发生，本副司令职责攸关，决当负起责任来维护社会秩序。……"②

接着，政治部主任黄文超也出来讲话，说："什么叫做反内战？难道政府剿匪可以叫做内战吗？你们叫官兵放下武

---

①② 梦坚、宋林、道道、琼之：《南国儿女们光辉壮烈的斗争》，载《正报》，第42期，3～7页，1947年6月14日。

器，是不是叫政府束手挨打？……你们要反饥饿，现在饿了谁？你们当中哪个饿了？赶快说！你们叫反对征兵征粮，那么政府的兵源从哪里来？你们的公费从哪里来？你们一面要增加副食费，一面叫人民不要纳粮，何以你们糊涂到这个地步！"他还说："你们的宣传车里有八十条大棍，游行为什么要带武器，不是蓄意打架么？你们昨天从沙河出来的同学只有300多人，为什么到了平山堂就有2 000多人？那些不明来历的分子是哪里来的？"①

韦、黄二人的讲话，清楚地表达了国民党当局的一贯立场：不承认中国有内战，只有"剿匪"；不承认人民在挨饿，而实施"三征"暴政是完全必要的；对自己一手制造的大规模流血事件不但不准备改辕易辙，而且还要强化特务统治，更残酷地镇压学生运动。韦镇福说："本人八年戎马生涯，生命早已置之度外，你们认为我的处理不对，派人来暗杀我好了！"②这就彻底暴露了国民党当局与人民为敌到底的顽固立场，绝不可能对它存有任何幻想！这样的政府，离被人民彻底抛弃已为期不远了。

"五卅一"事件以后，国民党当局继续指使暴徒假扮工人"复仇"行凶，乘坐卡车冲入石牌，并在沙河一带严密把守，见到教师和学生模样的人即行殴打，连续不断地制造新的流血事件。据不完全统计，在事件中被打成重伤住院的学生有19人，轻伤的50~60人，失踪或被毁尸灭迹的无从统计。但是，青年学生的血不会白流。事件深深地教育了广大

---

①② 梦坚、宋林、道道、琼之：《南国儿女们光辉壮烈的斗争》，载《正报》，第42期，3~7页，1947年6月14日。

青年学生,彻底抛弃了对国民党政权的幻想,勇敢地走向农村,与农民群众相结合,拿起武器,走上推翻国民党政权的道路。

第四节 社会危机的加深,人民武装的发展

国民党当局的倒行逆施,导致社会危机深重。人民为了生存,被迫拿起武器,开展武装斗争,人民武装斗争迅猛发展。张发奎、罗卓英相继被免职。

一、社会危机日益加深

在张发奎、罗卓英统治下的广东,由于政治腐败,经济萧条乃至崩溃,文化事业凋零萎缩,导致社会危机日益深重。1947年2月的旧历年关,带给广东人民的不是期待和欢乐,而是一场前所未有的惶恐与灾难:金融风暴席卷南粤大地。在金融风暴的猛烈袭击下,大批工商企业破产倒闭。年关倒闭的商店仅广州市就有2万余家。这是社会危机深重的重要标志,也是国民党当局送给广东人民的新年"礼物"。在经济危机的带动下,各种社会矛盾纵横交错,互相推动,愈演愈烈,致使广东全省充满了人间悲剧。国民党在广东的统治已是风雨飘摇,岌岌可危。

第一,失业浪潮汹涌,大批贫苦人民啼饥号寒,陈尸街头。旧历年关,广州大批商号关门倒闭,10万店员、学徒失

业。2月的金融风暴，给工业生产造成致命打击。由于物价狂跌，产品售后无法弥补高价原料的成本。厂家为了资本保值，需大量购买黄金，但在风暴中黄金交易全被广东当局强行冻结，不能如愿。加上社会购买力低微，产品积压，资金无法周转，以致被迫停工的厂家高达70％，失业工人多达8万人，连同眷属在内，生活受威胁者足有30万人之多。那些继续开工的厂家，也只是勉强维持，为了支撑危局，不得不节省人力物力的开支，裁减工人过半，延长工作时间，改上下午班为全日班，压低工人工资50％，以图降低成本，渡过难关。当时被称为广州工业支柱的纺织业和卷烟业，情况也是如此。纺织业已停工或半停工者达50～60家；仍在坚持生产的厂家，也都减少产量，裁减工人，因此失业的工人达3万名之多。卷烟业景况更糟，由于大量走私外国香烟（美国还筹划在广州建卷烟厂），致使国产烟销售困难，加上金融物价的冲击，更使卷烟业一蹶不振，原有100余家颇具规模的卷烟厂，仅剩20余家，大批卷烟工人失业。据统计，1947年春，广州全市失业工人、学徒多达15万人。有些工人因为受到饥饿的煎迫，主动向厂家提出自动减薪，支持厂方继续开工，但厂主仍然不同意，要求工人"自图别业"[1]。但在经济普遍萧条的情况下，哪里有业可"图"呢？所以失业工人的命运或者是沦为乞丐，或者变为路尸。

由于大量工人失业，加上农村破产流浪进城的农民，使整个广州急需救济的贫民满目皆是，但国民党当局视而不

---

[1] 桐庐：《日益深重的城市社会危机》，载《正报》，第30期，14～17页，1947年3月22日。

见，继续忙于内战。正当米价每市担突破20万元大关的时候，张发奎做的是饬令省市政府"限于3月10日以前筹备完竣办理国民身份证事宜"①，准备新一年的征兵；罗卓英则电令各专员县长注意治安防范，"不得疏虞"②。也就是说，当广大人民在饥饿战线上苦苦挣扎的时候，国民党广东当局的主要负责人所关心的是"征兵"、"剿匪"，坚持内战，他们"出巡"各地召开"绥靖会议"，部署"剿匪"、"清乡"，而且还罔顾人民的困苦，继续"切实催收田赋"，"以迅速有效之征收方法"勒收捐税③，把广大人民推向苦难的深渊。

军政当局的主要负责人对救济工作敷衍塞责，而那些负责救济工作的人则趁机搜刮，盗窃贪污。仅2月上旬，就连续发生贪污救济物资的事件：广州冬令救济会保存的救济衣被窃几十大箱；善救分署广州工作队继陈翰章因贪污被捉之后，又出现赈米80大包变米糠、变沙石的奇闻；海口善救分署办事处职员潘光杰盗取赈米物资百余吨；善救分署广州工作队开办的平价食堂一天之内就贪污450万元；等等。由于广大灾民得不到及时救济，致使大批饿死冻死街头。据广州市卫生局统计，1947年2月，饿死冻馁的路尸每日至少7具，最多时达21具，全月平均每天10具，共计308具。④

第二，盗贼蜂起，社会治安紊乱。由于饥寒交迫，全省城乡劳动力无以就业，社会救济时有时无，生活来源没有保

---

①②③④ 桐庐：《日益深重的城市社会危机》，载《正报》，第30期，14~17页，1947年3月22日。

障,有人被迫铤而走险,以致盗贼蜂起,社会治安十分混乱。据不完全统计,1947年2月一个月内广州市较大的盗劫案就有36宗,其中打劫者6宗。更值得人们注意的是,劫犯中有3个是现役军人(保安司令部第一总队第三大队第十三小队班长农秀华及其勤务兵),8个是退役失业军人。打单犯中有一个是第三公路处现役警卫班长夏其伟。① 由此可见国民党的官兵已经盗匪化,兵匪不分。维持治安的人本身就是破坏治安者,抓土匪者本身就是土匪,致使治安越"治"越乱,社会秩序严重失控。

更为可悲的是,一些盗匪把坐牢视为生活出路。不但不以为耻,反而觉得侥幸。2月2日,警察捕获惯偷叶锦。叶在交代犯罪经过时说:"距今三个月零三日前,民因盗窃单车被捕入狱,三日前大赦出狱,惟出狱后,四顾茫然,觅食无处,舍行窃一途,别无他法,今失手被擒,正幸食宿有所。"②由于生活所迫,也使不少青少年走上犯罪的道路。3月上旬,广州市先后发生3起少年团伙的劫案,其中有少年犯8人,被捉后,都是供认不讳,滔滔不绝地炫耀其行窃的技术和手段,以显示自己的精明,毫无犯罪感。有人甚至留恋监狱生活,一个青年盗窃犯对记者说:"我不愿出去,出去做什么好呢?我是不愿做贼的。"③饥饿贫困已使人忘记了是非和廉耻。这不单是个人品质问题,而是社会问题,国民

---

① 桐庐:《日益深重的城市社会危机》,载《正报》,第30期,14~17页,1947年3月22日。

② 《前锋日报》,1947年2月3日。

③ 《建国日报》,1947年1月18日。

党统治集团对此罪责难逃。

第三，自杀、疯癫、卖淫等社会悲剧比比皆是。贫苦人民由于生活所迫，前途渺茫，找不到出路，自杀现象连绵不断。据不完全统计，从1947年2月1日至3月上旬的一个多月时间内，仅广州市自杀案件就有15起之多。禺北蚌湖（今广州市白云区蚌湖镇）教师崔韶，是岭南大学学生，一边上学，一边当小学教师，以微薄的薪酬供养母亲和弟妹全家6口人，但学期开始被解聘。由于自家房屋窄小，只得寄居亲戚家，但亲戚只准他搭住几天。因一家生活所逼，本人求职无门，全家生活无着，走投无路，不得不服安眠药自杀。① 3月7日，广州大同路一位年约60岁的老妇，横卧马路等待汽车过来碾死。当被司机救起时，她诉说寻死的原因说："当此百物腾贵之秋，两餐无法维持，故出此下策。"② 2月28日，广州长堤丰宁码头有一位失业青年先后投河4次，都被人发现救起，他诉说投河原因是兄弟三人被征入伍当兵，杳无音讯。他在家种地，又因田租太重，无法生存，只得来广州打工，但又无着落，饥寒交迫，觉得人生毫无趣味！③ 因为生活困难，压力过重，导致精神分裂者，仅3月1日至7日一个星期之内广州就发生3起。

一位少女被亲生母亲强迫在珠江游艇上卖淫，被警察拘留，其母亲出面求情保释，泪流满面地说："因生活驱使，

---

① 《星岛日报》，1947年2月7日。
② 《前锋日报》，1947年3月9日。
③ 《前锋日报》，1947年3月1日。

实非所愿。"①

　　类似上述种种人间悲剧，在当时的广东，可谓随处可见，日有所闻。这些悲剧的主角虽然各有各的苦衷，但都有一个共同点：就是衣食无门，求生无路。是谁在连续不断地制造这些人间悲剧呢？怎样才能使这些悲剧不再接二连三地重复上演呢？这个重大的社会问题使每个有责任感的中国人都在认真地进行思考。

　　第四，民不聊生，民心思变。由于人民厌恶内战，国民党当局征兵征粮的工作，在广东向来成绩不佳，多次受到蒋介石来电申斥。南京行政院限令广东1946年底要把田赋征足。为此省府委员和各厅厅长都于1946年12月中旬分途到各区督征，还颁布了《加强督征考核办法》，采取种种严厉手段，层层施压，决心要把广大人民压榨得一无所有而后已。当局使用增大斗称，额外浮收（新会多收15%，有的高达30%），滥征附加，强增附额（中山小榄原额是900公顷，由于承包商辗转包办，竟增至1 800余公顷）、追征稻谷等办法加重人民的负担。省地政局一位科长察看了东江、赣江中游一带农村后感慨地说："土地普遍集中，高利贷剥削盛行，农民多以杂粮为活，生活之苦，达于极点，整个农村社会危机四伏，民心思变。"②这如实地反映了农村广大人民的生活和思想状况。

---

　　① 桐庐：《日益深重的城市社会危机》，载《正报》，第30期，14～17页，1947年3月22日。
　　② 项康：《苦难重重　民心思变》，载《正报》，第17期，15页，1946年12月18日至26日。

上述这些严重的社会问题，是以蒋介石为首的国民党当局实行内战、卖国、独裁三位一体的政策以及广东当局残民以逞的罪恶行为所造成的。广东人民经受了八年抗战的摧残和苦难，又经历了两年内战、催粮逼税所遭受的盘剥和折磨，已经觉悟到再也不能继续忍受如此非人的生活煎熬，因而纷纷起来抗争，进行自救。在广州，全市学生开展反对超额收费的大请愿，表示不达目的绝不罢休。以中山大学为代表的广大教师要求提高薪俸，改善待遇，否则将进行罢教。广大学生进行罢课，抗议国民党当局的内战政策，认为内战促使经济危机不断加深。广大商人联合起来请愿，要求减低捐税。特别是遍及全市工厂作坊的广大工人，为了维持起码的生活，要求增加工资，反对工厂关门，要求继续开工而举行的交涉活动和罢工斗争此起彼伏，仅1947年3月上半月，即有18起之多，而且大都以工人的胜利而告结束。①这些事实表明，广大人民对国民党当局已经由期待到绝望，并表示了极度的愤懑。在农村，广大农民的反"三征"斗争更是风起云涌，遍及全省各地。城市人民的斗争呈现与农民斗争逐渐结合起来的趋势，使国民党当局在广东统治的基础日益脆弱。当二月金融风暴被当局用政治力量强压下去时，罗卓英惊魂未定地感叹道："老百姓实在太好了，不然的话，那情形只要一声动手就什么都完了！"②但是，罗卓英未免高兴得太早了，国民党当局被人民"动手"推翻的日子已为期不远。

---

①② 桐庐：《日益深重的城市社会危机》，载《正报》，第30期，14～17页，1947年3月22日。

二、人民武装斗争的恢复发展与
国民党当局的"剿匪"活动

(一) 人民武装斗争的恢复与发展

由于国民党的正规军大部乃至全部北调，南方兵力空虚，加上国民党当局一系列的倒行逆施，引起人民强烈不满，再加上连年水旱天灾，当局救灾很不得力等等，导致民不聊生，民怨沸腾，民变蜂起，人心思变，使国民党的统治危机四伏。这些情况，都有利于革命力量的发展。

1946年11月6日，中共中央发出《对南方各省工作的指示》，要求广东区党委"凡有可能建立公开游击根据地者，应即建立公开游击根据地。原有各根据地，如海南岛，如南路、中路、西江、北江、东江、闽南、闽西，应鼓励原有公开或半公开武装，紧紧依靠群众继续奋斗"。①同年11月17日，中共中央又给广东区党委负责人发来电报，要求广东区党委"在党内消除过去认为广东特别长期黑暗，因而必须无了期埋伏之思想；广东党今后中心任务即在于全力布置游击战争"。② 根据中央指示，1946年11月27日，中共广东区委做出了"恢复武装斗争"的决定，号召未能北撤的人民武装重新拿起武器，建立武装队伍，打击国民党反动势力，保

---

① 《中央对南方各省工作的指示》（1946年11月6日），见中共中央档案馆编：《中共中央文件选集》，第13册，512页，中共中央党校出版社1991年。

② 《中共中央给方方、林平电》（1946年11月17日），见中央档案馆、广东省档案馆编：《广东革命历史文件汇集》，甲56卷，152页，1989年印行。

卫人民利益。① 为了统一思想认识，贯彻执行中共中央的指示和中共广东区委的决定，中共广东区委于1947年1月在香港湾仔召开扩大会议（史称"湾仔会议"）。会后，又在香港先后举办了5期干部培训班，组织在香港和广东省各地的干部学习中共中央的指示和广东区党委的决定，总结工作，统一思想，提高认识，为在广东境内恢复武装斗争做好思想上和干部上的准备。②

在中国共产党准备恢复广东的武装斗争过程中，国民党广东当局却津津乐道地夸耀"剿匪"成绩。1947年1月6日，张发奎在广州各界联合纪念周报告一年来的绥靖工作时说："经过今年春天三个月的围剿，各股匪先后均被肃清。"③ 18日，省府委员兼第九行政区督察专员蔡劲军在报告琼崖政务时也说：琼崖第一期的"清剿"任务"满意完成"，"现在土匪（编者按：这是国民党当局对中共领导的琼崖独立纵队的污蔑）主力已被击溃，基层组织粉碎无遗，投诚自新者尤众。"④

在国民党当局看来，中共领导的人民武装主力已被打垮，"股匪"已被肃清，剩下的只是"散匪"而已。为了彻底肃清这些"散匪"或"残匪"，广东省参议会于1月27日提出了17条办法，主要内容有：在广东无正规军的情况下，

---

① 中共广东区委《关于恢复武装斗争的决定》，未见原文，本书所引是根据1956年10月广东省军区编写的《第三次国内革命战争史》23页的记载。
② 广东省人民武装斗争史编纂委员会编：《广东人民武装斗争史》，第四卷，95~96页，广东人民出版社1995年。
③ 《中山日报》，1947年1月7日。
④ 《中山日报》，1947年1月19日。

应"运用现有保安团队配合各县地方武力分期挨次清剿";"严令各县确实举办联防联剿连保连坐法,避免土匪流窜及藏匿";要选择"匪患"严重地区划为"清剿区",派遣大员率队督剿;要切实遵照编制充实队警缺额,补充弹械,增强实力;要按国防部颁布的方案,组织训练民兵自卫队,健全民众武力,配合保安队员剿匪;清查户口,健全乡镇保甲组织,物色可靠人选,做好剿匪善后工作;严格登记和管理民枪;剿抚兼施,开自新之路,动员父老训诲子弟来归;整饬剿匪部队纪律,不得扰民,改善部队形象;等等。①

省参议会的这些办法,可谓是地主买办阶级的政治代表们为了维护自身的统治,费尽了心机,绞尽了脑汁。29日,在罗卓英亲自主持下,广东军政当局在省保安司令部召开了1947年度第一次治安工作会议,参加会议的有省府各厅、处首长,军管区司令部的代表,保安司令部和政治部科长以上的官员,共计30余人,研究和部署"清剿"、"残匪"和"散匪"的办法。②

会议结束不久,省保安副司令韦镇福即到海陆丰、潮汕等原来人民武装较活跃的地区进行视察,回来后于2月9日发表谈话说:"本省治安渐告安靖,目前剿匪除琼岛外,各地都已进入新阶段,即由派大队围剿时期,已进到个别缉捕与清乡矣!"他矢口否认社会上流传的本省治安不良的说法,认为那是传播者故意造谣,"别有作用"③。

10日,广州行辕也通饬各县:嗣后各地如发生匪情劫

---

① 《中山日报》,1947年1月27日。
② 《中山日报》,1947年1月30日。
③ 《中山日报》,1947年2月9日。

案，务应迅速据实上报，不得蒙蔽，粉饰太平，违者一经查觉，定予严惩。①

1947年初，国民党广东的军政民当局接二连三地发表谈话、开会、视察、制定治安条例，目的只有一个，就是乘广东人民武装的主力——东江纵队北撤之机，彻底消灭未能参加北撤的人员，以便把广东建成支撑全国内战的大后方。但形势的发展恰恰和国民党当局的主观愿望相反。有如上述，1947年春，广东出现了有利于人民革命力量发展的大好形势。

在广东境内，除了琼崖纵队为了抗击国民党当局的武力围剿而不得不坚持自卫斗争之外，较早起来反抗国民党独裁统治的是南路地区广大人民。抗日战争时期，南路人民在中共领导之下抗日，建立起"南路人民抗日解放军"。东江纵队北撤时，南路人民武装除极少数参加北撤以外，绝大部分都留在原地坚持活动，分散隐蔽，等待时机。广东区党委做出关于恢复武装斗争的决定以后，1947年1月22日，中共南路特派员在湛江召开了雷州、廉江、化县、吴川等县的特派员联席会议，根据中共中央和广东区党委的指示，做出了放手发展人民武装队伍，开展游击战争，建立游击区，实行"赤色割据"的决定，并决定以廉江北部的粤桂边作为南路游击战争的活动中心，"南联遂溪，东联化（县）吴（川），西联合（浦）灵（山），北出广西"，创建粤桂边根据地。②

湛江会议后，南路人民武装迅速发展。他们频频出动，袭击国民党的警察所，摧毁国民党区乡政权，镇压反动头

---

① 《中山日报》，1947年2月10日。
② 广东省人民武装斗争史编纂委员会编：《广东人民武装斗争史》，第四卷，97~98页，广东人民出版社1995年。

子，破仓分粮，收缴地主武装，引起国民党当局的恐慌。2月18日《中山日报》报道："因各地防军北调，南路匪患死灰复燃，四出骚动，匪氛甚炽，抢劫焚杀，无日无之，尤以化县、吴川、茂名、廉江、梅菉（梅菉为吴川县治所在，非县设置——编者注）等县为最烈。"① 为了镇压人民武装的活动，第七区行政专员林时清，奉命设立第七区保安指挥部，"清剿"南粤各地"土匪"，指挥部设于化县杨梅圩，负责指挥各县县长及武装力量。②

3月8日，遂溪县县长、剿匪总指挥戴朝恩在由湛江往遂溪途中被人民武装设伏击毙。戴朝恩是国民党在南路地区的一个重要头目，有"铁胆"之称。他被击毙，在南路地区引起轰动。国民党当局一片慌乱，湛江市宣布戒严；廉江县政府急电省府，谎称县城已被攻破，请求火速派兵增援；在广州任职的一些高雷籍的官绅，不断向广州行辕进言，提议增兵南路；国民党湛江市党部书记长陈有恒因"剿匪不力"被免职；廉江、化县县长则因谎报或瞒报"匪情"，各被记大过一次；前"雷州独立挺进队"副司令梁传楷因害怕重蹈戴朝恩的覆辙，迟迟不敢接任遂溪县县长之职。③

与统治阶级的惶恐不安相反，南路广大人民则受到巨大的鼓舞。人民群众奔走相告，欢庆胜利。青年知识分子投奔革命，农民踊跃参加游击队，争相进入游击区，人民武装的声威远播海内外。南路出现了前所未有的大好革命形势。

①② 《中山日报》，1947年2月18日。
③ 广东省人民武装斗争史编纂委员会编：《广东人民武装斗争史》，第四卷，98页，广东人民出版社1995年。

鉴于各地人民武装活动频繁，3月13日，广州行辕召集有关机关开会，研讨维护治安的办法。由于这时广东兵力空虚，无法派出大军"围剿"，提出的办法仍是老一套："侧重如何加强各县基层组织，充实自卫力量。"[①] 同时，南路人民革命形势的迅猛发展，使广东军政当局昼夜难安。为了稳住阵脚，安定人心，3月14日，省保安司令部出面发表谈话，故意缩小人民武装力量的规模及其影响，说："自戴朝恩殉职后，外界人士每误听奸党散播之谣言……以致忐忑不安。据确实情报，遂溪县境，仅有张怡和一股散匪70余人流窜山区，抢劫粮食。戴因勇于负责，亲率团队深入搜剿，误被暗算。殊非匪势大使然。"他还自我安慰说："粤南治安静谧。"[②]

在省保安司令部自欺欺人地发表谈话之时，全省凡是过去曾经有人民武装活动的地方，如粤赣湘边、闽粤赣边、粤东梅埔地区、中区以及粤桂湘边等地区，普遍都有人民武装重新活动。香港"湾仔会议"以后，中共广东区委按照中共中央的指示，把留在香港的干部派回内地，把未能北撤而散布在各地坚持隐蔽斗争的武装人员迅速集合起来，以各种名义，重新举起武装斗争的旗帜。人民武装广泛发动群众，开展游击战，袭击国民党的区乡公所，收缴国民党"自卫队"的枪械，破仓分粮，反抗"三征"，镇压反动分子，沉重打击了封建统治阶级的嚣张气焰。

（二）国民党当局围绕广东治安问题的争吵

人民武装的积极活动和迅猛发展，也加深了统治阶级内

---

①② 《中山日报》，1947年3月15日。

部的矛盾。各地的地主豪绅被人民武装的革命活动搞得惶惶不可终日,纷纷联名向广州行辕和国民党广东省政府请愿,要求派兵前往"清剿",但是这时全国内战正酣,国民党的军队在北方战场上大量被歼,主要战场兵力已经严重短缺,根本无力顾及广东,故广东当局应对蓬勃发展的人民游击战争只能依靠地方武装和基层组织。

2月27日,广州行辕将1946年5月制定的《行辕辖境匪患地区及交通沿线乡镇保甲及居民维护治安办法》进行修订,重新公布施行。它规定:"各县如有劫案发生,应由该县县长及劫案发生地之乡(镇)保甲长,限于半个月内缉匪破案追赃给领,如预期不能破案交匪者,应遵照本条例规定在半个月内如数赔偿。"① 它还具体规定了负有责任的各方赔偿的比例,按照责任的大小进行摊派。广州行辕这样规定的目的本来是想以经济责任约束下层官吏,促使他们认真承担起"剿匪"的责任,但结果适得其反。乡镇保甲长们由于既无力"剿匪",又害怕承担经济责任,故在本地发生案件时干脆隐瞒不报,于是当局便认为各地"治安静谧"②。

但是,人民革命的烽火是任何人也掩盖不住的。国民党当局在无兵可调的情况下,只得依靠保安团、地方民团或警察上阵,实行乡镇与乡镇、区与区、县与县乃至省与省之间的"联防"。1947年春,广州行辕与广东保安司令部的负责

---

① 国民政府主席广州行辕:《行辕辖境匪患地区及交通沿线乡镇保甲及居民维护治安办法》,载《中山日报》,1947年2月27日。

② 《中山日报》,1947年4月27日。

人张发奎、邓龙光、韦镇福等频繁召集地方官员开"联防会议",商讨肃清"匪患"办法,组织联防,并对一些"剿匪"不力的官员进行申诫。其中粤南地区的廉江、化县两县县长因"谎报匪情",不但遭到申斥,还受到记过处分。这是杀鸡儆猴。①

鉴于"治安形势颇行恶化,各地匪氛乘隙活跃"②罗卓英把"匪患"最为严重的第七、第八两区的专员林时清和林荫根电召来省,商讨紧急对策。

为了防止人民武装的袭击,4月1日,广州行辕颁布了《守备城镇村落新办法》。所谓"新"办法,只不过是把抗日战争时期日本侵略军在华北实行的堡垒政策搬过来,限令各地于4月底前建立碉堡。③

11日,广东省保安司令部公布了《绥靖清乡暂行办法》。制定这个办法目的在于"绥靖地方,严防匪徒潜匿乡间活动"④。它规定:行政区设清乡督导组,隶属专员公署,由专员兼任委员,县党团书记分别兼任副主任委员;县属各区设清乡队,由区长兼任队长,警察所长任队副;清乡的主要任务是,清查户口,健全保甲,实行五户联保,以防止"匪患"的滋生蔓延。⑤

12日,广州行辕再次召集各机关首长开治安座谈会,商

---

① 《中山日报》,1947年4月17日。
② 《中山日报》,1947年4月14日。
③ 《中山日报》,1947年4月1日。
④⑤ 广东省保安团司令部:《绥靖清乡暂行办法》,载《中山日报》,1947年4月11日。

讨肃清"散匪"的办法。①

为了激发中下级官员"剿匪"的积极性，14日，广州行辕还颁布了治安奖惩办法，鼓励各级官员努力"剿匪"。对于"剿匪"不力者，从严惩处。

19日，广州行辕专就粤南"绥靖"问题做了以下3条决定：第一，粤南匪情需按日上报；第二，剿匪部队需注意军风纪，坚决执行命令；第三，该区行政专员未经批准不得擅离职守。为了加强粤南的剿匪，当局成立了"南路联剿指挥部"，把省保安部参谋长郑干棻调湛江，兼任"粤桂南清剿区"副指挥官。② 不久，广州行辕又让副主任邓龙光亲自率部前往粤南"清剿"，以示对南路问题的重视。③

29日，广东省参议会驻会委员开会，商讨治安问题。经过讨论，做出以下5点建议：第一，电请中央派大军来粤；第二，电请海军部派舰艇来粤；第三，请审计处点验各地保安队，彻查吃空名额现象；第四，发动地方组织武力，充实治安剿匪力量；第五，督察剿匪部队的军风纪。④

5月8日，广州行辕举行记者招待会，张发奎亲自主持，由第二处报告两广"匪情"，说两广共有"匪"15 000人，分布于闽粤边、赣江、东江、北江、粤桂边、海南等处。张发奎在招待会上说："本年三月以前，本省土匪确已肃清，一般情形，甚为安定。惟国军北调以后，各处土匪又死灰复燃，尤以四月各县请兵平匪之电报，如雪花飞来。中共确无

---

① 《中山日报》，1947年4月12日。
②③ 《中山日报》，1947年4月19日、24日。
④ 《中山日报》，1947年4月30日。

部队在本省,但中共可以收编土匪供其使用。土匪乌合之众,军队为有组织的并经过训练……全省土匪不及万人,而军队有10个团。此外,还有各县的保警及民枪军。与匪比较,不独人数相差甚远,素质上军队亦较优良。但为什么不能肃清土匪?其中当然是吏治不良,军纪败坏,乡民畏匪,宁愿送枪与匪,而不敢与匪对抗,尤不能机动应变,兼之土匪可以杀人放火,不负法律之责任,而政府一切行动,必须以法律为根据,因是困难甚多……"①

张发奎的讲话,可以说是通篇谎言。他企图用谎言来掩盖事实真相,推卸自己的责任,搪塞地主买办阶级代表人物和舆论的责难。但有一点是符合事实的,就是承认广东当局一年多来"剿匪"成绩不佳,"困难甚多",对前景缺乏信心。

5月14日,《中山日报》一篇题为《扫除悲观失望心理》的社论云:"今日在一般知识分子中间,流行着一种失望悲观的空气,国内的局面,是日见艰难,战火蔓延,莫知所止,而经济崩溃,业已迫在眉睫。""一看今日的中国社会,其失望程度之深,恐慌幅度之大,痛苦范围之广,实在史无前例。"②《中山日报》是国民党广东当局的重要喉舌。它在社论中所描绘的"失望悲观的空气",当然不包括革命的知识分子,而是那些拥护国民党统治或对国民党当局存有幻想的知识分子及其政治代表的心态。这说明,国民党的统治已经陷入了空前的危机,离彻底崩溃为期不

---

① 《中山日报》,1947年5月9日。
② 《中山日报》,1947年5月14日。

远了。

广东当局"剿匪"的失败,也引起统治集团内部的争吵,其中最为突出的是海南岛。自第四十六军北调以后,海南岛的"剿匪"工作由省府委员兼海南办事处主任蔡劲军负责。3月9日,蔡劲军在"粤桂绥靖会议"上报告琼崖近况时说:"自四十六军离开后,琼崖绥靖由省保安司令部琼崖指挥所负责,所用兵力仅及四十六军的四分之一,赖军民合作,政军密切配合,已于去年12月完成第一期清剿计划。今年两个月来,实行全面扫荡,残余股匪已不能在平原地带活动,窜向五指山附近山林地区潜伏,匪患肃清为期不远。"[1]蔡劲军的报告引起旅穗琼崖反共人士的强烈不满。3月16日,琼崖旅穗同乡会在广州开会,就琼崖问题提了4个提案,其中之一是蔡劲军治理琼崖问题。提案说:"查蔡劲军主持琼政年余,办理未善,以致匪祸益亟,民不聊生,应请政府迅予撤究。"[2]会议决定推举杨德隆、云实诚、赵克刚等10人为代表到广州行辕请愿;推举曾三省、陶林英、云实诚等10人赴南京向国民党六届三中全会请愿;并通电全国各地琼崖同乡会呼吁采取一致行动。

19日,琼崖旅穗同乡会分别向广州行辕和广东省政府提交请愿书,历数蔡劲军主持琼崖政务以来种种过错,尤其揭露和批驳蔡劲军关于琼崖"剿匪"成绩的谎言。指出蔡"所称第一期琼崖剿匪任务完成者,殆系欺人自欺之词。缘近三月,文昌所属白延铺前等10余重要市镇,连续被匪洗

---

[1] 《中山日报》,1947年3月10日。
[2] 《中山日报》,1947年3月18日。

劫，损失惨重"。蔡氏常常用图表数字来表示"剿匪"成绩，"盖此等图表数字，仅穷三数员工日夜之力以成之，并非真有事实根据"①。蔡劲军立即组织拥护自己的力量进行反击。20日，即琼崖旅穗同乡会递交请愿信的第二天，先后有3批琼崖各界人士和官佐分别致电罗卓英，为蔡劲军辩护，说蔡治琼有功，"剿匪"得力，请求省政府给予嘉奖。②双方针锋相对。

22日，琼崖旅穗同乡会又举行记者招待会，报告蔡劲军的治琼措施，历数蔡劲军治琼一年多的劣迹：在政治方面，税收苛重，挟持选举，强征兵役，钳制舆论，交通梗阻；在治安方面，一再谎报"剿匪"成绩。该会称1947年2月以来，琼文地区接连不断地发生"匪"案，12日甚至府城（原琼山县政府所在地，即今之府城镇）也被"群匪"攻入，损失惨重。蔡报告的琼崖"奸匪"数目前后矛盾。如2月3日先后有两次报告，第一次报告说琼崖尚有"匪"3 000人，第二次报告又说是4 000余人。而省保安司令部则说有5 000余人，广州行辕则说有6 000余人，琼崖特工说的更多，有7 000余人。各方前后差别很大。而蔡报的较其他方所报的少得多。事实是，抗战时期，"琼崖纵队"有3个支队，现在已增加到6个支队。国民党广东省党部书记长曾三省在招待会上讲话说，蔡的"所作所为，俱无以对琼崖人"。发言人列举种种事实，"证明蔡劲军报告治琼崖政绩之

---

① 《中山日报》，1947年3月19日。
② 《中山日报》，1947年3月20日。

虚伪"。曾三省希望"新闻界前往琼崖实地考察,以明真相"。①

琼崖统治阶层两派的纷争说明:面对人民革命力量的迅速成长壮大,对能否荡平"匪患",不但互相指责,并已失去信心。

5月18日,省保安部参谋长郑干棻报告说:南路匪情已沉寂。当即有人提出质疑:事实上各地"匪患"甚炽,情形究竟怎样?郑回答说:此系根据"粤桂南区指挥部南路指挥所"的报告。可见军事当局为了安定人心,故意谎报军情。

25日,广东省参议会举行第二次大会,治安问题成了会议的中心议题。大会在讨论提案时,有关治安问题的提案计达31件之多。为了维持全省治安,肃清"匪患",参议员们提出的办法还是老一套,如"加强自卫组织"、"严办瞒报匪情的官吏"、"检验吞食保警的空额"等等。有议员感叹说:"要想天下太平,除非肃清贪污。"②

鉴于人民武装活动频繁,神出鬼没,广东当局担心军政首脑机关受袭击,故广州市治安当局不得不宣布:从5月31日起,广州实施全市戒严。③

6月8日,广东省政府颁布《清匪保乡会组织办法》(以下简称《办法》),饬令各县组织"清匪保乡会"。《办法》规定:清匪保乡会设正副主任各1人,委员若干人,"由县(市)府聘请地方公正绅士及热心剿匪人士,各姓族

---

① 《中山日报》,1947年3月24日。
② 《中山日报》,1947年5月25日。
③ 《中山日报》,1947年5月31日。

长耆老充任之"。该会的职责共有10项：（1）纠察"剿匪"部队军纪，检举贪污，以扶植社会正气；（2）凭借本县（市）地方武力协同"剿匪"部队清除"匪患"；（3）策动民众协助部队情报、运输、补给、救护、向导等工作；（4）协助政府办理清乡工作；（5）督促本县市乡镇筑碉工作之实施；（6）协助推行保甲制度，办理连保连坐；（7）深入乡村宣达"剿匪"保乡真义，策动"土匪"自新自首；（8）勒令"匪亲"召回为"匪"子弟，或筹集"剿匪"奖金；（9）办理军民合作事宜；（10）宣尉慰劳被"匪"患残害之忠良抚恤事宜。①

《清匪保乡会组织办法》的出台，标志着广东的治安形势发生了重大变化。人民革命武装活跃于全省各地，使国民党军政当局疲于奔命，只能寄望于把各地的地主豪绅组织起来，镇压各地的人民起义，维护农村地主豪绅阶级的统治。

1947年6月26日，广东省保安司令部遵照南京国民政府的命令，改组为"广东省保警处"。保警处系由原省保安司令部和省民政厅警政科合并而成，其任务是负责全省保安队和各县警察的指挥与组训工作，维持社会治安与秩序。7月1日，省保警处在广州正式成立。处长陈沛，副处长黎铁汉、李国俊。②

（三）国民党统治集团"戡乱"动员令在广东的贯彻实施

6月30日，国民党中央常委会和中央政治会议召开联席会议，决定加强剿共军事和实行党团合并，以便集中力量应

---

① 《中山日报》，1947年6月8日。
② 《中山日报》，1947年6月26日。

付全国战乱。7月4日,国民政府举行国务会议,蒋介石提出的所谓"厉行全国总动员,以戡平共匪叛乱,扫除民主障碍,如期实施宪政,贯彻和平建设方针案"①。继后,又发布了《戡平共匪叛乱总动员令》。18日,国民政府委员会召开第七次国务会议,在蒋介石亲自主持下,通过了《动员戡乱完成宪政实施纲要》,决定取消共产党的国民大会代表和政府委员名额,共产党的现任参政员亦予以除名。②从此,国民党最高当局以"戡乱"为名,加紧搜刮其统治区的人力、物力、财力,剥夺人民的民主权利,开始大肆搜捕、监禁和屠杀广大工人、学生和民主人士。

广东当局紧跟蒋介石,亦步亦趋,全力以赴。

第一,层层动员,大造反动舆论,欺骗群众。7月6日,蒋介石动员令发布后的第二天,广东省当局即纠合一批御用社团,如广东省机器工会、广东省商会、广州市商会、广东省邮务工会、酒楼茶室业职工会、女权运动大同盟、河民船员工会、中华海员工会广州分会、广州市妇女会、广东省农会、渔会、妇女生活互助社、农业妇女协会、妇女教育协进会、文艺协会广东分会、戏剧协会、美术音乐协会、粤剧协会、歌乐协进会等等联名致电南京国民政府,表示"拥护总动员,戡平共乱"③。7日,全省各界举行"七七"10周年及"七九"誓师北伐纪念大会,广东省和广州市的政要如邓龙光、罗卓英、华振中、余俊贤、丘誉、林翼中、刘侯武、陆幼刚、黄珍吾、陈辉青、林作民及各机关代表数千人出

---

① 《中山日报》,1947年6月26日。
②③ 《中山日报》,1947年7月19日。

席，通过拥护总动员法案。同日，罗卓英发表《我们纪念"七七""七九"应有之认识》一文，宣布"本省已不复为安定的后方省份"，"应视为面临着反动集团的前方，要与奸匪展开激烈的斗争"。① 9 日，广州市参议会决定发表通电，拥护总动员令，请求国民党政府明令讨伐中共。10 日，广东省参议会也开会决定拥护总动员令，并决定召开大会，制造声势。② 19 日，由省参议会负责组织、召集并主持的"广东各界民众拥护全国总动员讨共戡乱运动大会"在广州举行，奉命到会的有学校、社会团体百余个，人数达 2 万余人。会上除各单位代表发言外，还散发《告民众书》，对中国共产党进行了攻击和毁谤，并通电全国，向蒋介石发致敬电，表示拥护总动员令。③

其时，广东最高军事长官张发奎因拟赴海南准备就任海南省主席（3 月，国民党六届三中全会和立法院先后通过了将海南行政区改为海南省的决议），身在南京，未能参加上述这些集会，但也于 7 月 19 日发表《国民对总动员应有的认识》一文，表示拥护蒋的总动员令，与广东军政当局保持一致。④

第二，调兵遣将，调整组织，增强"剿匪"实力。7 月 19 日，国民党政府和中央党部下达指令，认为"广州行辕区匪患日重，绥靖工作亟待开展，地方党政军更应密切配合，加强联系，以期集中力量，根绝匪源，特比照绥靖区各

---

① 《中山日报》，1947 年 7 月 7 日。
② 《中山日报》，1947 年 7 月 10 日、11 日。
③④ 《中山日报》，1947 年 7 月 19 日。

行辕办法，授权该行辕直接指挥监督辖区地方行政及党务工作"①。

8月4日，广东党政军举行联席会议，参加会议的有邓龙光、徐景唐、余俊贤、欧阳驹、丘誉、高信、甘丽初、黄珍吾、华振中、麦朝枢、雷鸿堃、陈沛、黎铁汉、胡常青（刘建修代）、廖秉儿、龚少侠、陆匡文等党政军负责人。会议通过了《组织省市剿匪总动员工作委员会》等议案。同日，省参议员驻会委员也召开会议，认为"广东匪势坐大，原因在民众组织不健全"。为此，制定了一个《组织民众自卫队办法》，提交政府部门施行。它规定：民众自卫队的组织应分为4个层次：第一，以现有之保安团作为全省"剿匪"的机动部队，机动使用；第二，将全省划分为若干个"清剿"区（或绥靖区），每区编组1个自卫总队，总队之下根据需要组编2至4个大队，作为该区的基干队；第三，按照"匪"情、民力与财力，每县编组和集结1个大队作为县之基干队，负责"搜剿"县属境内之"奸匪"；第四，各乡村集中所有民枪，组编1个后备大队或独立中队，负责乡村的防守与自卫，必要时还可调动其参加县属境内的搜剿任务。民众自卫队的指挥机构："清剿区"（或绥靖区）设指挥部，统一指挥该区部队和民团；县设指挥所，统一指挥全县的武装。各级自卫队长的人选，应遴选当地有军事知识并热心"剿匪"之公正人士充任。自卫队的枪械配备：县以下的自卫队以利用民枪为主，但"匪"情严重的县，如民枪不

---

① 《中山日报》，1947年7月18日。

敷需要，应备价向政府"领"用。区自卫总队采用志愿兵制，其武器由省政府装备。自卫队的经费，主要由各地自筹，不足部分由政府补足。①

18日，省警保处决定编练民众武力，并计划由当地殷实乡民任小队长，中队长以上官佐则由政府委派。这与省参议会关于组织民众自卫队的建议相吻合。

19日，省参议会驻会委员再次开会研讨治安问题。他们认为本省治安形势已"渐呈机机状态，尤以琼崖高雷地区为甚"。原因：一为兵力不敷分配，无法聚歼；二为官民隔阂，难期密切合作。据此，驻委会提出要采用"治标与治本相结合的办法"，提交省府迅速切实施行。其主要内容是整饬军风纪，务求达到军民合作；澄清吏治，树立政府威信，以达军民同心协力；等等。② 20日，省府又召集治安问题座谈会，由罗卓英亲自主持，邀请民、财、教、建各厅厅长和省府秘书长丘誉、委员詹朝阳、肖次尹、罗香林、黄文山、黄范一，以及警保处等单位负责人出席。与会者认为，粤省政务应以"剿匪第一，治安第一"为要务。③ 9月14日，省府通令各县，要求9月底以前撤销各级联防机构。原因是本省绥靖部署已重新调整。为"简化指挥机构，以利事功"，以前各区县（市局）所成立之县际乡际联防委员会、联防办事处、联防办公所等临时机构，已无继续设置的必要。④ 17日，

---

① 《中山日报》，1947年8月4日。
② 《中山日报》，1947年8月18日、19日。
③ 《中山日报》，1947年8月21日。
④ 《中山日报》，1947年9月14日。

广州行辕明令将广东全省划分为6个"清剿区",即琼崖、粤桂边、粤北、粤东、中区和粤闽边,其中琼崖、粤桂边、粤北等3个当局认为"匪患"特别严重的地区,分别由蔡劲军、陈沛、韦镇福兼任指挥官。①

第三,在"剿匪"部队内实行奖惩制度,激励士气。由于国民党当局的内战政策不得人心,影响到"剿匪"部队内部士气低落,官兵都不愿为统治者卖命,贪生怕死的人数很多,且时有士兵开小差。为了激励士气,当局便采取了一连串的奖惩措施。

为了制止士兵逃亡,广州行辕于9月初发出通令,禁止在征兵中"强拉勒征,与雇请冒名顶替",因为这样做会"引诱各部队中现役士兵逃亡后,予以收容代服兵役"。②但是,仅凭行辕一纸禁令,无法防止招兵工作中的种种弊病,更无法稳定军心,提高士气,于是,广东当局又出台一项新措施,提高军警的物质待遇。可是,其时广东仓廪空虚,财力枯竭,根本拿不出钱来,只得从纳税人身上打主意。9月中旬,省府委员会在讨论到本省治安问题时,认为"各县警察待遇微薄,遂致警力不足,影响地方治安甚大。为此,应设法提高待遇"。但是,"现在各县市财政窘绌异常,节流不易,开源困难",决定将屠宰税增加一倍,以此来提高警察的待遇。③这就是说,广东当局把提高警察待遇的责任转嫁到尚能买得起肉的老百姓身上。

---

① 《中山日报》,1947年8月17日。
② 《中山日报》,1947年8月7日。
③ 《中山日报》,1947年9月18日。

与此同时，广东军事当局还频频派出大员到全省各"剿匪"前线进行"督剿"，并先后对一些"剿匪不力"的单位或个人进行处罚。10月10日，省警保处长陈沛在赴南路督剿期间，经与各部队首长和地方人士会商，对"剿匪"部队颁布了12项禁令。这就是：不服从命令者杀；临阵退缩者杀；泄漏军情者杀；窃卖械弹者杀；窃械潜逃者杀；擅取民物者杀；强买强卖者杀；奸淫妇女者杀；包庇烟赌者杀；私运违禁品者杀；吃空肥私者杀；借端推诿观望不前者杀。①

由于国民党的军队和警察风纪太差，与真正的土匪没有多大区别，因此根本得不到人民群众的拥护和信任。陈沛试图颁布这些禁令来约束"剿匪"部队，改变他们在老百姓心目中的形象，改善军民关系，振奋士气，提高战斗力，只是幻想。由于国民党的军警是地主买办阶级用来压迫人民的工具，不可能得到人民的拥护，也不可能有真正严明的纪律。

三、罗卓英、张发奎被免职

上述情况说明，自从7月4日国民党最高当局发布《戡平共匪叛乱总动员令》两个多月来，广东当局无论在宣传舆论上、组织纪律上和军事部署上都做了种种调整，企图动员各种力量把蓬勃发展的人民革命运动镇压下去，消灭广东境内的人民武装，但是由于广东社会矛盾重重，根深蒂固，无法消除，特别是国民党当局的"三征"政策，更加深和激化

---

① 《中山日报》，1947年10月23日。

了各种社会矛盾,加上水、旱、风等自然灾害,人民穷困已极,不起来造反已无法生存。即使统治阶级绞尽脑汁,采取种种高压政策和欺骗手段,实行所谓"军事与政治并重"的方针,也无法止息人民的反抗斗争。在中共广东区委的领导下,广大农民举起反"三征"的旗帜,与城市人民的"反内战"、"反迫害"、"反饥饿"斗争互相呼应,形成汹涌澎湃的革命浪潮,强烈地冲击并动摇国民党反动统治的根基。广东人民武装不但没有被消灭,反而越"剿"越多,深深地扎根于人民群众的土壤之中。人民武装与人民群众打成一片,时聚时散,灵活机动,经常出其不意,连续不断地袭击国民党的地方武装、警察局、区乡公所等基层组织,致使国民党的基层政权陷于瘫痪,政令不通,"剿匪"部队顾此失彼,疲于奔命,遭受重大损失。例如,各地储存的赋谷,是国民党当局费了九牛二虎之力才征集起来的,谷仓常常被人民武装打破,谷物成为战利品,分给劳苦大众,并充作人民军队的军粮。据不完全统计,至1947年9月中旬,全省先后有31个县市的谷仓被人民武装打破,使国民党损失赋谷3.5335万市担,又114 220市斤。① 须知,赋谷是国民党军队和公教人员生活的重要来源,是国民党统治的物质基础。赋谷被夺,直接威胁到国民党统治者的生存。因此,统治阶级对人民武装的发展深感忧虑。1947年10月,《中山日报》发表题为《广东境内的治安问题》的社论中说:"广东境内的治安问题,渐见严重。粤南诸县的匪氛,固已由来甚久,

---

① 《中山日报》,1947年9月13日。

而粤北若干地区，亦时有股匪出没，……晚近甚至连广州附近的县份，如东莞、增城、惠阳、博罗、龙门、宝安等地，亦发生了不安的情况，……与一年前相较，已有天壤之别，即与半年前相较，亦大大不同。"①

国民党最高当局不但对张发奎、罗卓英未能肃清广东的"匪患"感到不安，而且对复员以来整个广东的施政效果深感不满。作为广东行政当局主要负责人的罗卓英，就因为复员接收和救灾不力，征兵征粮任务完成不好等问题遭到国民党最高当局两次申诫，广东省内的地方绅士和一些群众团体也向最高当局投诉，指斥罗的"客家主义"使一般广东人极为不满，尤其是广东的元老，几乎竟没有一个满意他的。因此，罗早已成为众矢之的。②

国民党最高当局权衡利弊，决定把张发奎、罗卓英两位军政主要负责人先后调离广东。9月20日，国民政府发布命令，免去罗卓英本兼各职，并任命宋子文为广东省政府委员兼主席。11月15日，国民政府又令，免去张发奎、徐景唐国民政府主席广州行辕正、副主任职，派宋子文兼广州行辕主任（18日，又兼广东军管区司令），黄镇球为副主任。

宋子文是国民党政权的股肱，是近代中国政坛上有巨大影响力的重量级人物。他到广东任职，地主买办阶级曾寄予很高的期望。宋子文能否解决堆积如山的广东社会问题，满足地主买办阶级的期望呢？历史的答案是：不能！

---

① 《中山日报》，1947年9月13日。
② 胡星原：《罗卓英之撤退》，载《纵横天下》，第二卷，第4期，1947年11月1日。

第 三 章

宋子文主政下的广东

张发奎、罗卓英下台后，国民党最高当局不顾内部部分政治势力的反对，把因财政政策失误导致全国金融危机而被迫下台的前行政院院长宋子文派来广东，总揽广东的军政大权。

宋子文到任后，针对前任的一些弊端，提出自己的施政方针和工作重点，试图补救，但由于换汤不换药，不仅于事无补，反而火上浇油，使国民党在广东的统治危机不但没有改善，而且更进一步加深，不可救药。

第一节　人民解放战争转入战略进攻，宋子文临危受命

在人民解放战争由战略防御转入战略进攻的历史关头，宋子文临危受命，全面接掌广东大权，改组广东省政府，有针对性地施行一些方针政策措施，试图改变困境，挽救危局。

一、人民解放战争转入战略进攻

全面内战进入第二年,战争形势发生了根本性的变化。遵照中共中央和中央军委的战略决策,中国人民解放军转入了全国规模的进攻。1947年6月30日,晋冀鲁豫野战军在刘伯承、邓小平的率领下,在鲁西南地区强渡黄河,越过陇海线,挺进大别山,揭开了全国解放战争战略进攻的序幕。接着,晋冀鲁豫野战军的太岳兵团,在陈赓、谢富治的率领下,于8月下旬由晋南强渡黄河,挺进豫西地区,与晋冀鲁豫野战军相呼应。华东野战军的主力部队,也在陈毅、粟裕的率领下,于8月初挺进鲁西南,9月下旬进入豫皖苏地区。人民解放军三路大军相继挺进中原,进入国民党统治区域作战,大量歼灭国民党的军事力量,先后开辟和扩大了鄂豫皖西、桐柏、江汉、豫陕鄂、陕南、豫皖苏等中原解放区。人民解放军这些战略举动,不但粉碎了国民党统治集团继续将战争引向解放区,企图彻底破坏解放区军民生存条件的罪恶计划,而且威胁到国民党统治的中心地域。毛泽东对人民解放军的战略举动给予了高度评价,说:"这是一个历史的转折点。这是蒋介石二十年反革命统治由发展到消灭的转折点。这是一百多年以来帝国主义在中国的统治由发展到消灭的转折点。"①

中国人民解放军的战略进攻,使国民党统治集团深感危

---

① 毛泽东:《目前形势和我们的任务》(1947年12月25日),见《毛泽东选集》,第四卷,1 244页,人民出版社1991年。

机的严重。他们知道国民党军队在全国各个主要战场接二连三地打败仗,大量有生力量被歼,丧师失地,长江以北各省区将很快变成共产党领导的人民天下。为了挽救危局,他们一方面从全国各地抽调一切可以抽调的兵力增援东北、华北、西北等主要战场,与人民解放军决一死战;另一方面也开始考虑退路,他们把目光转向长江以南各省区,企图巩固和加强南方各省的统治,使之既可作为继续支撑全国内战的大后方,也可防备万一,作为战略退却的基地。

在长江以南的各省区中,广东具有特殊的重要地位。

第一,广东是孙中山先生的故乡,是旧民主主义革命的策源地,旧民主主义思想在广东有较深的影响。以蒋介石为首的国民党统治集团虽然从 1927 年起就背叛了孙中山,但在许多不明真相的人的心目中,蒋介石是孙中山事业的"合法"继承人,是国民党的"正统",因敬仰孙中山而继续拥戴以蒋介石为总裁的国民党。

第二,广东毗邻港澳,是我国对外联系的重要通道,也是开展对外贸易的重要口岸。

第三,广东华侨众多,侨汇收入在旧中国十分短绌的外汇收入中占了很大比重。

第四,广东人民武装主力——东江纵队北撤以后,留在原地坚持的人民武装遵照中共中央的指示,暂时停止了武力反抗国民党统治的活动,潜藏隐蔽,以待时机,故国民党当局误以为人民武装已被"肃清","治安良好"。全面内战爆发后,人民武装相继恢复了活动,给国民党当局以很大的困扰,但在最高统治者的心目中,较之北方各省,广东人民武装毕竟是"零星股匪",再三扬言,不需费多大力量,至多"三个月"或"半年"便可"肃清"。

基于上述种种考虑,国民党最高当局认为,广东是可以而且必须重点建设和经营的战略基地,以防万一长江以北各省不保,可以依靠长江天险做屏障,实行"划江而治",把广东作为日后的统治中心。为了实现这一目标,蒋介石委派与自己有亲戚关系的、信得过的重量级政治人物宋子文到广东主持军政要务。

二、宋子文主粤和广东省政府的改组

1947年9月20日,南京国民政府行政院发布命令,任命宋子文为广东省政府委员兼主席。11月14日,国民党军事委员会发布命令,任命宋子文兼国民政府主席广州行辕主任。18日,行政院举行第30次会议,决定任命宋子文兼任广东省军管区司令。这样,宋子文便先后接替罗卓英和张发奎,全面包揽了广东的军政要务。

宋子文(1894—1971),祖籍广东文昌县(今属海南省),在上海出生。少年时期在国内读书,毕业于上海圣约翰大学,后赴美国留学,先后获哈佛大学经济学硕士和哥伦比亚大学博士学位。1917年回国,任汉冶萍煤铁公司秘书。1923年起,任孙中山大元帅府秘书。1925年7月,广州国民政府成立,历任广东革命政府中央银行行长、国民政府委员,广东省政府商务厅厅长、财政厅厅长,国民政府财政部部长、商业部部长、军事委员会委员等职。1926年1月,在国民党第二次全国代表大会上当选为中央执行委员，并任中央党部商务部部长。6月，出任国民政府中央军事委员会委员，国民政府常务委员。1927年3月，在国民党二届三中全会上，被选为中央政治委员会委员。1927年"七一五"事变后，宁汉合流，先后担任南京国民政府财政部部长，中央银行总裁，财政委员会委员长，行政院副院长，全国经济委员会委员长，中央、中国、交通、农民四大银行联合办事处理事会副主席，先后任国民政府外交部部长、行政院院长、最高经济委员会委员长、驻美国特使等重要职务。

国民党当局任命宋子文主政广东，在国民党统治集团中引起激烈的争议。因1947年宋子文在担任行政院院长期间，为筹措内战经费，遵照蒋介石的指示，采取"开放外汇，抛售黄金"的掠夺政策，导致恶性通货膨胀，货币严重贬值，物价腾飞，爆发了全国性的金融危机。在危机中，大批工厂倒闭，商店关门，民族资本损失惨重，广大人民生活痛苦不堪，而以四大家族为首的军阀官僚政客则从中渔利，大发不义之财。

由于此次金融风暴，震撼了国民党统治集团，造成全国人民对国民党当局的信任危机，故在统治集团内部引起激烈争吵。政学、CC等派系通过新闻媒体对宋子文大加挞伐，国民政府监察院则派员进行调查，写成报告，对宋子文进行弹劾。在强大的压力下，宋子文不得不在1947年3月辞去行政院院长职务。然而仅仅时隔半年，人们对金融风暴的惊悸尚未消除，9月间在国民党六届四中全会上，蒋介石便亲自出马为宋开脱，说舆论界对宋子文的种种指责是"诬蔑"，并操纵选举机器,让宋再度当选为国民党中央执行委员会常务委员。紧接着,国民政府行政院便先后宣布宋子文为广东省政府委员兼主席等一连串任命。

尽管南京当局对宋子文的新任命在全国引起诸多非议,但在广东的统治阶层中,不少人却把宋子文来广东任职,看作是国民党最高当局对广东的厚爱,是转换广东时局、挽救危局的契机,对宋寄予厚望。1947年9月22日,即宋子文新任命发布的第三日,广州《中山日报》发表了题为《粤省改组与省政前途》的社论,说宋本是中央级的大员,让他主政广东,"必如庖丁之解牛,恢恢乎游刃而有余"。说广东各界对他"抱有极大的希望","希望他能够确切认识广东方面的复杂环境与困难情形,充分了解广东人民的意愿和痛苦之所在,以一种大无畏的精神,积极树立一种新的风气,为广东的人民解除多年以来生活上的痛苦,同时并出其余绪,将广东的财政状况,作一整理,经济方面,加以收拾,使广东得以成为真正的复兴根据地"。①

当宋子文被任命为广州行辕主任时,统治阶层中有人质疑:"文人主持军事"是否合适?《中山日报》专门对此做了解释,说:"宋不但长于经济政治,对于军事亦颇娴熟。20年来,对于国军之整军建军工作,研究殊多。十八年宋长(掌)财部时,为谋整顿税收,曾成立全国性之税警总团,该团装备精良,纪律严明,战斗力极强,有模范军队之称。"又谓该团日后经过抗日战争的不断改编与磨炼,成了赫赫有

---

① 《中山日报》(广州版),1947年9月22日。

名的新一军,是国民党军队的五大王牌军之一。①由此可见,广东国民党统治阶层对宋子文主粤期望甚殷,想借助他的能力与声威带领广东走出政治、经济、军事困境,挽救国民党在广东的危局。

9月30日,宋子文乘专机抵达广州,到机场迎接的有张发奎、罗卓英、余俊贤、欧阳驹等广东军政首脑和各界人士1 000多人,可见广东军政界对宋子文的重视。10月3日,宋子文开始主事。4日上午10时,新旧两任省府主席在中山纪念堂举行交接仪式。参加典礼的有广东省和广州市全体军政要员和群众团体等各方面的代表2 000多人,规模之浩大,场面之隆重,在广东历届省府主席到任时是少见的。罗卓英、张发奎、林翼中先后发表讲话。省参议长林翼中代表南粤人民对宋提出施政期望,希望宋在今后的施政中侧重做好救灾、治安与交通、澄清吏治、经济建设和革新县政等五方面的工作。②宋子文在致答辞中也把妥善处理水灾善后、改善治安与交通,以及澄清吏治三大问题作为全省工作的当务之急。但是宋子文对今后广东的工作仍然把握不定。同日下午,宋举行记者招待会,在回答新闻记者提问时说,"治粤方针,尚待全部计拟"③。

宋子文虽然已经到任,并开始视事,但当时宋以下"一切人事,仍然照旧"④,各级官员,有待调整。为了解决省府人事等重大问题,10月25日,宋子文在杜梅和的陪同下,

---

① 《中山日报》,1947年11月16日。
②③ 《中山日报》,1947年10月4日。
④ 《中山日报》,1947年10月5日。

乘机飞沪转南京，晋谒国民党最高当局。11月11日，南京国民政府行政院在院长张群主持下，举行第29次会议，决定任命邹琳为广东省政府委员兼秘书长，徐景唐为委员兼民政厅长，胡善恒为委员兼财政厅长，姚宝猷为委员兼教育厅长，谢文龙为委员兼建设厅长，肖次尹、韩汉英、詹朝阳、黄文山、黄范一、周景臻、黄晃为委员；同时免去委员兼秘书长丘誉、委员兼民政厅长詹朝阳、委员兼财政厅长杜梅和本兼各职。①这些任免事项，标志着以罗卓英为主席的第九届省政府任期的结束和以宋子文为主席的第十届省政府组建的完成。

三、宋子文的施政方针与工作重点

以宋子文为首的新一届国民党广东省政府的施政方针与工作重点是什么？宋子文执政一年以后，广东省政府秘书处编撰的《广东省政府一年来施政概要》是这样说的："宋主席抵省以后，正视当前现实，乃决定以'从动荡中求安定，从困苦中求更生'为行政指针，以修复围堤，购配粮食，巩固治安，整饬吏治，筹划经建，安定金融为工作重点。"②

这说明，宋子文上台时，广东的"现实"较之罗卓英上台时已发生很大变化。罗卓英上台时，抗日战争刚刚结束，为时8年的抗日战争，日本侵略者的蹂躏，战火的破坏摧残，给广东人民带来的灾难很多。但结局是日本侵略者投

---

①② 《广东省政府一年来施政概要》（1947年至1948年），孙中山文献研究室馆藏本。

降，人民得到了渴望已久的和平，心中充满了胜利的喜悦和对未来的期盼。罗卓英是以抗战功臣和胜利者的身份走上广东的政治舞台的，因而踌躇满志，雄心勃勃。然而，经过两年的实践，罗卓英施政下的广东的"现实"比抗战结束时还要糟：全面内战代替了和平，独裁代替了民主，官场上贪污成风，豺狼当道。各种社会问题堆积如山，矛盾日趋尖锐。

面对这种"现实"，宋子文上台时的心态自然与罗卓英不同，不敢再唱高调，故而推出"从动荡中求安定，从困苦中求更生"的施政方针，力图摆脱这种"动荡"与"困苦"的政治经济局面，寻求一个"安定"的环境，使风雨飘摇的国民党统治得以"更生"。

为了挽救危局，取得各种政治势力的支持，宋子文抓住当时人民最为关切的问题，如修复堤围、购配粮食、巩固治安、整饬吏治、筹划经建、安定金融等6项作为工作重点。从当时广东的现实情况看，宋子文的施政方针和工作重点应该说是比较中肯的，问题是在当时全国的政治与经济形势下，这些工作能否如宋子文之愿顺利完成。

第二节　广东当局穷于应对天灾人祸

宋子文到任后的首要任务是修复堤围，抵御洪水，采购粮食，赈济灾荒。

一、修复堤围，防止洪灾

宋子文接任时，1947年夏的特大洪水已退，救灾工作也初步告一段落，但是灾后重建工作刚刚开始。被洪水冲垮的堤围，有待修复，灾民安置，有待完成。为了防止水患重演，新一届广东省政府便以修复堤围作为施政"急务"。为此，专门组织了"广东省堤工委员会"，负责主持修堤工作。1948年1月10日，宋子文亲自主持堤工委员会与赈济水灾委员会常务委员联席会议。宋在讲话中提出了3点要求：第一，抓紧时间，推进修复工作，依限完成；第二，各有关厅局长应出巡督促，各县长和工程技术人员，如能努力征足民工，迅速完成工程者给予奖励，否则，严加撤惩；第三，加大宣传发动，促使全省居民踊跃应征。①省府调派了工程技术人员，分赴各受灾县实地勘查和测量，并根据查测结果拟定修复标准和计划，照章实施。

由于被冲垮的堤围多，修复工程浩大，所需费用较多。而国民党把本来十分短绌的财政经费的绝大部分都用于反共反人民战争，拨给修复堤围的经费很少，加上1947年春金融风暴余波未息，物价节节升高，货币贬值，故原定的工程拨款无法维持。为了筹措足够的工程费用，广东省政府不得不广开筹集经费渠道：一是向银行借贷；二是向美国中华救济团和物资救济分配委员会请求救济；三是向国内外热心人

---

① 《中山日报》，1948年1月11日。

士寻求赞助。经过多方努力，先后筹得工程费660万金圆，使修复工程得以按计划开展，至1948年基本竣工。所幸1948年没有再发大水，终于安全度过了汛期，1947年的水灾惨剧没有重演。

二、采购粮食，计口配售

广东虽然气候温和，雨水充沛，但多丘陵，山多田少，故历来都是缺粮省份。据国民党当局统计，即使在正常年景，每年缺粮约600万担。[1]1947年夏的水灾严重，粮食减产，加上国民党当局为了支撑内战，即使荒年，军粮和田赋依然不减，这样，广东的缺粮情况就更加严重。从1947年冬起，粮食危机开始显现，全省各地粮价有如脱缰野马，节节攀升。以广州市为例，1947年10月宋子文刚到任时，《中山日报》在一篇报道中讲到："粮食涨风未戢，市民惶惶不可终日。迩日来，一般物价脱羁奔升，日常必需品，如米粮亦比上月涨30%以上，且涨势仍未遽止。"为了控制粮价，宋"特饬田粮处，广辟粮源，严防商人囤积居奇，以有效抑止"[2]。但事物的发展有其自身规律，不是广东当局一纸禁令就能解决的。同年11月26日，上米每担又涨至80万元，较之10月的每担60万元，上涨了20万元。并且涨潮汹涌

---

[1] 《大光报》（广州版），1948年12月30日。
[2] 《中山日报》，1947年10月16日。

澎湃，无法遏止。①次日，即 27 日，上米更涨至每担 100 万元。②

11 月 26 日，广州市社会局颁布了取缔抬高米价"办法"，采取行政手段进行控制：由市警察局派员与粮食市场联络，规定米粮最高限价，在各粮店门前公布；派出警察到各粮店门前巡视，对违令者进行干预。③

这种办法，最多只能在短期内限制粮商的投机倒把行为，无法解决供需严重失调的矛盾。为了增加市场的粮食供应量，广东当局征得国民党政府粮食部的同意，把应该上调中央的 1946 年度的征粮拨出 40 万吨用于急救。其中 20 万吨按市场价九折出售给市民，20 万吨按市价五折出售给灾民；同时，还向"四联总"申请贷款，向国内外购置粮食。④

为了解决粮荒问题，1947 年 12 月 9 日，成立了"广东省粮食经理委员会"。同日，省务会议通过了《粤省粮食经理委员会组织规程》，规定该会的任务是：向省内外、国内外采购粮食；组织粮食的包装、运输、加工、储藏；购储粮食的发放和计划调配；筹集购粮基金。该会由民政厅、田赋粮食管理处、中央银行总经理、中国银行经理、交通银行经理、广东省银行总经理以及省府主席特派一人等共 7 人组成，民政厅长徐景唐为主任委员、田粮处长黄秉勋任副主任

---

① 《中山日报》，1947 年 11 月 26 日。
②③ 《中山日报》，1947 年 11 月 26 日、27 日。
④ 《中山日报》，1947 年 12 月 9 日。

委员。①

12日，宋子文在广东省参议会第三次会上讲话，在谈到粮食问题时说："正在尽力向各省收购，已购有相当数量，但需款巨大。"然广东财政"万分拮据"，"只得东挪西借"，"竭其所有"，否则，"明年的治安与民生问题，必致不堪设想"。②

15日，宋子文下令严密查缉偷运粮食出口；同时，组织"广东粮食购销委员会"，派员分赴各县调查缺粮情况，订出计划，拟向暹罗（今泰国）及湖南、湖北、广西等产粮省采购粮食，并向中国银行贷款千余亿作为购粮资金。省田粮处也派员分别到湘鄂桂三省产粮区和暹罗接洽商议购粮。经过努力，直至1948年6月，其采购和征集到粮食共计82万担，其中广西30万担，湖南31万担，湖北1万担，暹罗6万担（含华侨捐赠），美国援华救济粮14万担。

前面提到，在正常年景，广东每年缺粮600万担，1947年水灾，使全省很大一部分农田减产或失收，粮食缺口更加严重。当局经过多方努力，才筹得区区82万担，对于解救广东的粮荒，只是杯水车薪。

为了摆脱困境，当局把有限的粮食投放于一些粮食特别困难的城市，如广州、汕头等。即使在这些城市，也无法敞开供应，故从4月1日起，广州市如同南京、上海、天津、北平等城市那样，实行粮食配购制度。"这个配售制度是按户发给米票，凭票购米。每人一票，每票依指定日期在一月

---

① 《中山日报》，1947年12月11日。
② 《中山日报》，1947年12月12日。

内分三次购米十五市斤。"①为了取信于民，实行配购制度头一天，宋子文亲自上街买米，"以身作则"，但广大市民反应冷淡。当时广州全市居民共 140 万人，领取米票的只有 70%，有 30% 的市民迟迟不去领取。原因是：第一，配给米价只比市价便宜 5%；第二，配售米质低劣，"糠碎砂粒甚多，且煮成饭时，并无饭香味，缺乏黏性"，故一般市民不愿去"讨取这一点小便宜"。②

为了抑制粮价，当局采取了许多政治和经济手段，但是由于粮食储备不足，加上当时愈演愈烈的金融危机，国民政府滥发纸币，造成恶性通货膨胀，导致法币严重贬值，粮食和各种物价飙升，大米每担日涨数十万元，甚至 500 万元，速度之快，为历史上前所未有。到了 7 月，即使由政府定价的配售粮，也大幅涨价，例如广州，每担配售粮高达 760 万元，汕头更甚，每担涨至 1 400 万元，陆丰更是全省之冠，每担达 1 900 余万元。③

粮价奇高，市场秩序紊乱，不但收入较低的市民无法承受，即使靠工资收入维生的广大中下级公务人员也无法承受。他们只好"白昼办公，晚上拉车，或摆烟档，或兼营其他小生意，以求弥补一家数口最低生活费用"④。即使如此，财政厅厅长胡善恒还提议停发公务员的"公粮"。此议引起广大公务员的抗议，财政厅公务员将"善恒"二字缀成对联

---

① 《广东一周瞭望》，载《正报》，第 34 期，2 页，1948 年 4 月 10 日。
② 《星岛日报》，1948 年 4 月 6 日。
③ 《大光报》，1948 年 7 月 1 日。
④ 《广东一周瞭望》，载《正报》，第 37 期，2 页，1948 年 5 月 1 日。

进行讽刺，联云："到任仅半年，查实理财确不善；公粮额两石，按月缩减是有恒。"①由于物价飞速攀升，货币严重贬值，迫使私立学校收费一律以粮食为准，大学8担，专科7担，高中6担，初中5担。②

粮食和物价大幅度上涨，使相当一部分市民无法正常生活。他们为了生存，被迫采用各种非正常手段与当局对抗。在此期间，全省各地都先后发生抢粮事件，其中最为突出的是"赤坎事件"。7月5日，湛江赤坎因粮价飞升，瞬间由每担1 000万元涨至1 800万元，引起群众恐慌和愤怒，以致动手抢劫粮店。当局派出军警镇压，抢粮群众则拿起石头棍棒进行还击。

对于各地的抢粮事件，国民党当局不去检讨自己的施政方针，而是故伎重演，除了动用暴力镇压之外，就是利用舆论工具，进行歪曲宣传，把责任转嫁到中国共产党身上，说发生抢粮是群众受"奸党"挑动，甚至说发生粮荒，是因为中共"全面叛乱，破坏生产，阻碍交通，以致供应失败"③。

国民党最高当局为了缓解财政危机，搜刮民脂民膏，支撑内战，于1948年8月19日宣布实行币制改革，发行金圆券代替法币。由于没有必备的经济基础，新旧币比值又不合理，故新币刚开始发行，就引起人民的怀疑和不满，采用种种办法进行抵制。人们拒绝到银行兑换新币，而用余钱尽量

---

① 《广东一周瞭望》，载《正报》，第37期，2页，1948年5月1日。
② 《大光报》，1948年7月18日。
③ 谢镇南：《加强戡乱，安定民生》，载《中山日报》，1948年3月18日。

抢购黄金、外币，囤积物资，从而进一步引起物价暴涨。尤其是以粮食为代表的各种民生必需品，不但天天涨价，而且时时涨价，早、午、晚的价格各不相同。为了稳定人心，国民党当局硬性规定，所有物价都必须以8月19日宣布币改时的价格为准，有逾越者一律追究法律责任。但是许多商家根本不予理睬，该涨价时照样涨价，当局派人查核时就以关门闭市相对抗。

在广大人民的激烈抵制下，当局的规定无法推行，不但物价飞速上涨，工商业瘫痪，税收锐减，而且京沪等地发生了抢米风潮，以致引起罢工、罢教，局面无法控制。在这种情况下，当局不得不将限价和金融政策"尽情修改"①。政策改变后，物价也如氢气球一般，迅速攀升。据广州市物价会1949年1月评判：以米价为标准，1948年"'8·19'至今，物价约增40倍"②。

对于这次储粮度荒，宋子文自我做了较高的评价。1948年12月29日，宋子文向广东省参政会第五次大会做施政报告，在谈到粮食问题时说："一年以来，是最所注意的，想尽种种办法，分别在国内外购运。从今年4月起，广州实施配售粮食，6月起，汕头亦开始配售。迄至今日，从未停顿，较之其他城市，差为满意。照目前情形，明年秋收以前，本省粮食，决无丝毫问题。广东向来缺粮，一年来赖国

---

① 宋子文1948年11月20日举行记者招待会，载《大光报》，1948年11月21日。

② 《大光报》，1949年1月9日。

内外购运,得以安度。"①还说:较之京沪等地,"广州未曾发生抢购之风,物资亦能供应,特别是粮食一项,省府有充分准备,民食不至恐慌。其时凡由外省来到广州的人,都惊讶广州物资充足,市面繁荣,人心镇定"②。

对于宋子文的自我标榜,省参会的议员们没有人提出质疑,也就是表示认可。然而,事实并不像宋子文所说的那么美好。表面看来,当时全省各大中城市,不像罗卓英主政时期那样,乞丐成群,饿殍遍地。这是因为广大人民经过几年的观察与等待,已逐渐认清了国民党统治集团的面目,对他们失去了信心,不指望当局能救民于水火,只得自谋出路。在有人民武装活动的地区,人民从人民武装的言行中看到了光明和未来,决心跟共产党走,投身革命行列;在没有共产党和人民武装活动的地区,人民看不到未来,有些人被迫走上危害社会的错误道路,他们或拦路打劫,或入室偷盗,甚或三五成群,占山为王,落草为寇。这也正是以宋子文为首的广东当局费了九牛二虎之力进行"剿匪",而"匪患"不但未能"肃清",反而越"剿"越多,"治安"形势"日益严重"的原因所在。

至于宋子文所描绘的"广东未曾发生抢购之风","物资充足,市场繁荣"等等,更是一种假象。因为经过国民党的苛捐杂税,币制改革,层层搜刮,人民的荷包已经被抢掠一空,手上无钱,而物价又十分昂贵,连起码的日常生活用品都无钱购买,哪里还有余钱抢购呢?所以宋子文的描述,

---

①② 宋子文:《在广东省国民参政会议第一届第五次会议上的施政报告》,载《大光报》,1948年12月30日。

完全是为了在统治阶级面前表"功",是自欺欺人的一种自我安慰!

第三节 "改革县政"与"整饬吏治"

澄清吏治,是宋子文来广东就职时向广东人民许下的诺言之一,也是他在广东任职一年多的施政重点之一。1947年10月3日,宋子文在新一届广东省政府委员就职典礼的讲话中说:官风不正,吏治败坏,"是民众所渴望整饬的一件事,我们必须具极大的决心,惩办贪污,树立廉洁的风气"①。宋子文认为:"战后,广东吏治是全国最差的一个省"②,故必须立下"极大的决心"进行整治。

一、调整县政

宋子文认为:县市是"地方行政的基础",也是"地方自治的基础,县长及其僚属是接近民众的人员,所以吏治问题,当以县为中心"。③ 宋子文主粤一年来,一直把县政作为澄清广东吏治的重点,为此花了不少时间和精力,并投入了相当多的力量,试图改变县政的丑恶形象,挽救国民党在

---

① 1947年10月3日宋子文在就职广东省政府主席典礼大会上的讲话,载《大光报》,1947年10月4日。

②③ 1948年10月宋子文向新闻界报告主粤一年来的施政概况,载《大光报》,1948年10月3日。

广东的统治。

(一) 重新划分与调整县级机构，精简人员

1947年10月，广东省政府根据行政院的命令，对县政进行调整。命令包含紧缩县级机构、调整县级财政、减少县长兼职、限制县长以及县长和县吏的提拔等5个方面的内容。10月26日，按照行政院的要求，广东省政府颁布了县政改革方案，其中说到："复员以来，各县政府组织，先后扩充至八科六室，组织庞大，经费困难，不但工作效率未能增强，且影响建设事业的开展，故有彻底改革的必要。"县政改革方案，根据国民政府以前颁布的县制设置办法，把广东所属各县分别定为5个等级。级别不同，机构设置也不同，一等县设5科2室，五等县只设3科1室。同时，一些县级附属机构也做了精简，例如警察局，只限一、二、三等县才设置，税捐稽征处则只设两课。①当局这样做名义上是为了提高工作效率，但主要是为了节省开支，度过财政危机。为了进一步节约行政经费，同年12月2日，省府又做出决定：从1948年1月起，紧缩行政机构，裁汰冗员，其中要求省府裁员1/5，县府裁员2/5。②

即使如此，也无法改变行政经费严重短绌的困难局面。因为其时人民解放战争已进入战略反攻阶段，国民党军队的有生力量被大量歼灭的同时，统治区的人口和面积也日益缩小，田赋、税收锐减；曾经全力支持国民党统治集团进行反共反人民战争的美国政府也对战争前途渐失信心，对国民党

---

① 《中山日报》，1947年10月23日。
② 《中山日报》，1949年12月2日。

政府的援助逐步减少。在美援和税收减少的情况下，为了解决庞大的战争经费，国民党当局只得靠滥发钞票来维持，从而导致货币贬值，物价狂涨。货币贬值与物价狂涨，两者互相推动，恶性循环。在这种局面下，行政经费虽然有所增加，但无法跟上物价飙升的步伐，所增经费被物价抵消，导致行政经费不增反减。

由于物价以一日数倍的速度上升，不但危害广大人民的生存，也严重影响了靠工资维生的公教人员的正常生活。为了生存，广大公教人员强烈要求加薪，罢教罢工浪潮席卷全国，广东也不例外。

为了消弭公教人员的不满情绪，1947年11月6日，广东省政府决定从10月份起，按照行政院提出的办法，调整省级公务员待遇，规定委任级公务员每人每月10万元，荐任级20万元，简任级50万元。①其他公务人员的待遇也先后做了调整。由于物价飙升，货币贬值，公务人员工资待遇的增幅之大也是前所未有的。1948年4月20日，广东财政厅负责人对记者称，谓已收到电报，证实广州区公务员工资待遇增加28万倍，广东省为24万倍。按照公务员新待遇计算，全省共需860亿元，而中央的财政拨款只有640亿元，

---

① 国民政府的官衔制度，文官阶分为特任、简任、荐任、委任四个等级。特任官是文官的第一级官阶，由总统或政府主席颁布特殊命令任命，如中央政府的部长，驻外国大使等；简任官是文官的第二级官阶，由总统或国民党主席任命，如中央政府各部的次长、局长，各省的厅长等；荐任官是文官的第三级官阶，由主管长官推荐给中央政府任命，如县长等；委任官是文官的第四等级，由主管长官任命。

公务员工资缺口高达212亿元。①

由于财政缺口太大,公务员工资名义上涨了,但工资经常不能按时发放,拖欠时间,少则一两个月,多则半年甚至一年,待工资发到手时,物价已上涨了几倍十几倍乃至千百倍,工资所值已大打折扣。许多公务员靠工资已无法维持个人生活,还须家庭扶养。为了生存,那些手中有权的,便利用权力胡作非为,敲诈勒索平民百姓,贪污盗窃国家财产;那些手中无权或不愿同流合污的,则另找门路谋生,或到其他部门兼职,或利用工余时间做生意,赚点小钱养家糊口。

由于广大公务员生计无法维持,从上至下人心涣散,无心政务,宋子文想通过紧缩机构,裁撤冗员,改善待遇等措施来达到"澄清吏治",实现"树立清廉政风"的诺言,根本无法兑现。

(二)甄选县长

在罗卓英主政广东时期,任用亲信,买卖各级官位现象成风,严重损害了国民政府的形象和威信。为了改变这种局面,宋子文主政广东以后,再三标榜自己不任用私人,并把建立甄选县长制度作为整饬吏治的一项重要措施。他说"地方行政的重心,实在县长","县长优良者,一切庶政,均能推行尽利,奸匪亦不易潜入,治安即可无虞。反之,县长不良,则一事无成,弊端百出"。②

1947年11月3日,广东省政府第九次省务会议决定组

---

① 《大光报》,1948年4月20日。
② 宋子文:《在广东省国民参政会议第一届第五次大会上的施政报告》,载《大光报》,1948年12月30日。

织"县长甄选委员会",审查县长资格。该委员会由民政厅厅长徐景唐、省府秘书长邹林、财政厅厅长胡善恒、粤高等法院院长史延程,以及"社会贤达"钱树芬、林翼中、余俊贤等7人组成,由徐景唐为主任委员。①10日,民政厅公布了《甄选委员会章程》。《甄选委员会章程》说设置甄选委员会是"为整饬吏治,应付当前事实"。所谓"当前事实"②,无疑是指罗卓英时期形成的那种任用私人,买官卖官的丑恶现象。

与此同时,广东省政府还公布了《广东省县长甄选办法》。它规定了甄选县长的6条原则,即必须在以下6种人中挑选县长:一是中央考选合格的县长分发本省任用者;二是本省县长考试合格者;三是本府各厅处局荐任以上人员,工作成绩特优,具有相当资格者;四是曾任县市局长,著有考绩者;五是主席及民政厅长,为适应绥靖县份之需要,所提之适当人选;六是各方保举之人员,具有相当资格者。除了有上述各方举荐的条件之外,还应注意甄选对象的品德、经验、才识、能力、仪容(包括体格)、思想。甄选委员会对符合上述条件的人员进行甄别,合乎条件者方可取得县长资格,在民政厅登记,作为备用人选,遇有县长缺额时,由民政厅长签呈省主席核交省务会议通过,方能派用。派用时,被派用人还应找人保举,并将派用人与保举人同时公布。③

---

① 《中山日报》,1947年12月2日。
② 《中山日报》,1947年12月10日。
③ 广东省民政厅编:《甄选委员会章程》,载《中山日报》,1947年12月10日。

甄选委员会于1947年12月15日正式成立，即对甄选对象进行甄选。除审查甄选对象的学历与资历外，还就其品德、经验、才识、能力、仪容（包括体格）、思想等项当面考询，总平均70分以上者为合格。1948年8月初，宋子文下令暂停受理甄审县长资历工作。甄选委员会成立8个多月时间，先后甄审县长案件398人，其中因证件不齐或未缴证件者107人，中途退出者5人，经审查合格者108人，不合格者34人，待考询者126人，甄审后被任用者63人。①

与甄选县长的同时，民政厅还对在任县长进行考核。考核的标准主要是以治安、征兵和征粮3项成绩做依据，考核不合格者进行调整。据统计，到1948年10月宋子文主粤一周年时，先后更换县、市、局长84人，占了全省县、市、局长的80%以上。更换的原因主要是："推行县政不力，考核不及格者，或因人地、舆情不恰，被控罪状，及呈请辞职或调省任用。"②

对于广东省当局的这套县长甄选办法和措施，宋子文认为达到了纠正买官卖官的不良现象的目的，谓"今日本省已不复有买卖县长的传说"③，但并未能达到杜绝任人唯亲，选拔贤才的目的。在当时的制度下，"无论任何机关，在任用人员时，大半都赖亲戚朋友，或是同乡同学之关系的保

---

① 《大光报》，1948年8月8日。
② 《省政一年的评价——对于宋主席就任周年的观感》，载《大光报》，1948年10月5日。
③ 宋子文报告主粤一年来施政概况并答记者问，载《大光报》，1948年10月3日。

荐。工作努力的人员，因为长官的更动，即不免于去职，能力低劣的，只要有人推荐，也可滥竽充数"①。对于广东当局这套甄选办法和措施，广大人民并不认可，就连当时国民政府立法委员黄玉明也说：这种办法"只是利人求官，并非以官求贤，气节之士更不趋焉"②。至于大面积地连续不断地频繁更换县长的做法，《大光报》评论说，"影响县政甚大"。③怎样影响，社评没有论述，但稍有政治经验的人都知道，频繁更换政务官员，只会导致政策紊乱和人心动荡，其影响绝不可能是正面的、积极的。可见，宋子文甄选和更调县长的各种举措，并没有达到预期的效果。

二、清查贪污积案，不了了之

官吏贪污，这种丑恶的社会现象由来已久，在国民党统治时期，更是十分普遍。抗战胜利后，接收敌伪资产，被国民党的各级官员视为发财致富的大好时机，利用手中的权力疯狂地进行掠夺，把大量本应收归国家的财物据为己有。他们争先恐后，你抢我夺，把"接收"变成了"劫收"，闹得乌烟瘴气，民怨沸腾。宋子文到任时，虽然时隔两年，人民群众要求彻查之声经久不息。1947年11月30日，由"广州

---

① 宋子文报告主粤一年来施政概况并答记者问，载《大光报》，1948年10月3日。
② 《国民党立法委员黄玉明畅谈粤政》，载《大光报》，1948年9月24日。
③ 《省政一年的评价——对于宋主席就任周年的观感》，载《大光报》，1948年10月5日。

市海外同志会"、"小卢同志社"、"联义社"和"铁血同盟会"等团体联合发起,组织了"广东民众检举贪污委员会"。为表示反贪决心,该会于12月5日在黄花岗烈士墓前举行宣誓。两广监察使刘成禺也派秘书参加,到会的有上述各团体派出之委员20余人。①

当时,群众反映最为强烈的是广东实业公司。这是广东省政府属下的官办企业。总经理罗楚材,是罗卓英的弟弟。当时省政府的一部分重要官员,如邱誉、谢文龙、杜梅和等都是实业公司的董事。该公司从日伪手中接管了一批重要厂矿,如顺德糖厂、广州士敏土(即水泥)厂、纱厂等等。这些厂矿在日伪统治时期运转良好,获利丰厚,但一经广东实业公司接手经营,即出现严重亏损,几至倒闭。这种状况引起各方的怀疑和不满,纷纷要求彻查。

1947年12月10日,广东省参议会第三次大会通过了吴质文等42位议员的临时动议,组织"清算委员会",清查广东实业公司经办的各种业务,以整顿本省公营事业的议案。该案列举了实业公司15项贪污舞弊行为。"清算委员会"由原提案人、新当选之省银行监察人以及省参议会第三届驻会委员共同组成,并于20日召开第一次会议,出席会议的有许赓梅、罗翼群、郑仲楚、廖强方、陈述经、李遴汉、朱江、李伟光、崔亚基、冼维祺等。会议决定:清算工作由本委员会独立进行,暂不邀请其他机关参与;函请宋子文支持,给本会工作提供便利,并饬令实业公司知照;每周四开

---

① 《大光报》,1947年11月27日、12月6日。

会一次；推选许赓梅为召集人。25日，举行了第二次会议，改推高信为召集人，并负责起草本会组织大纲。1948年1月2日，委员会再次举行会议，讨论修改清算委员会组织大纲。组织大纲又规定：清算委员会设于省参议会内，其任务是：清算实业公司过去之业务状况；清查实业公司营业账目，收支账目；清查实业公司财产、人事、行政及其他一切活动状况。组织大纲规定，本会由省参议会驻会委员9人，新选之省行监委4人和原提案1人组织之。清查时间为3个月。①8日，清算委员会再次开会，由高信主持。清算委员会报告晋谒宋子文经过：宋表示甚欢迎清查实业公司，但行政院来函，谓由省参议会清查实业公司，于法令"未甚妥适"，拟请省府以其他名义委任，授权清查，而负责者，仍为现任清算委员会。到会省参议员一致反对，主张维持省参议会第三次大会的决议，自行清查，不应受省府聘请或委任。同时，必须联同监察使署、会计、审计和省府等机关进行。②22日，省府第十七次会务会议通过谢文龙、李禄超、钱树芳等19人为清查委员，清查实业公司前总经理账目。这样，清算委员会便由民意机关和省府指定的人选共同组成，有了法令依据。

同年6月中旬，清查完竣，由清算委员会写成书面报告，送交省参议会第四次大会讨论、审议，并于7月10日将清查结果编造报告书。报告书将贪污弊案分为三类：一是有确凿证据者；二是有重大嫌疑者；三是处置失当者。前两

---

① 《大光报》，1948年1月4日。
② 《大光报》，1948年1月9日。

类属司法范畴,拟送交广东高等法院依法究办,后者属工作过失,拟予行政处分。然而,由于该案牵涉当权者的切身利益,遭到重重阻拦和庇护,最后不了了之,当事人未受到任何处分和追究。

在清查实业公司的同时,还清查了一部分贪污积案。早在宋子文到广东任职前,省参议会已通过撤查救济总署广东分署的舞弊积案的动议,但未被当局采纳。在清查实业公司期间,又有一些参议员重提此案,促请政府办理。国民政府行政院函复说:已分别函令两广监察使署及司法行政部门促办。

此外,还根据各方举报,撤查更调了一批县市局长。据统计,到1948年10月,宋子文到广东任职一周年时,先后更调了县市长84人,被控贪污渎职,经查明属实予以拘留者3人,将案移交法院侦讯者13人,免予置议者20人。[①]这种结果,再次说明广东国民党当局的清查贪污,不过是蒙骗世人,敷衍了事而已。

三、订颁县政"改革"方案

国民党统治下的广东,县政困难日深,人事制度混乱,公务员待遇微薄,贪污成风,办公经费短绌,各级人员多不安心工作。至于县政府辖下的税捐处、田粮科、警察局等部门,其业绩如何,对县政影响巨大,但这些部门的人事权悉

[①]《省政一年的评价——对于宋主席就任周年的观感》,载《大光报》,1948年10月5日。

由其上级主管机关（如财政厅、田粮处、警保处）直接委派，县长可以指挥监督，但无权任免和奖惩其官员，致使这些部门多不与县长合作。田粮、税捐部门多是营私舞弊、贪污成风的温床；而警察局则吃空额，克扣粮饷，贩卖枪支弹药，杀人越货，黑幕重重，使国民党当局政令无法施行。为了改变县政纷乱局面，1948年3月16日，省政府第二十四次会议决定由钱树芬、胡善恒、毛松年、邹琳等负责拟订整顿县政办法；由黄文山、胡善恒、肖次尹、郭汉鸣、毛松年负责拟订田赋征收改进办法；由华振中、徐景唐、黄镇球、陶林英等负责兵役改进办法。1948年6月9日，省务会议原则上通过了县政改革方案，但人事与经费两项规定须提交有关方面做进一步研究。因该方案规定田粮、税捐、警察等单位主管由县长荐用，为避免今后各主管人员与县长同去留，应由省人事处拟订补充办法，加强对县人事管理的考查。23日，县政改革方案修改后，提交省务会议讨论时，多数委员认为，该方案规定县长有任命警察局局长、税捐处处长、军事科科长和田粮科科长的权力，深恐公布施行过程中，将有若干县的这些部门的主管会发生变动，引起人心不稳，政局动荡。为了慎重，建议先找一些县进行试点。8月18日，省府决定中山、番禺、新会3县作为县政改革的试点。

为杜绝当时普遍存在的警察机关吃空额现象，6月15日，省府颁布了各县市局警察机关名额查照惩处办法，要对吃空额的主管进行处罚。该办法规定：空额逾1/3者，主管官即撤职查办，其上一级主管官和县长撤职；空额逾1/4者，主管官撤职查办，其上一级报请撤职，县长记大过2

次；空额逾 1/5 者，主管官撤职，上一级主管官记大过 2 次，县长记大过 1 次；空额 1/5 以下者，按情节轻重分别议处。①

宋子文做了上述改革或颁布了改革措施以后，结果如何？1948 年 10 月，他在就职一周年对全省父老说：不敢讲有多大实际改进，只能说"县长人选，已经责成民政厅虚心选择"；"县政改革措施，亦正积极推进"。② 可是到了 11 月 22 日，宋子文便电饬各县市长，谓："近迭据密报，各级地方公教人员多有营私舞弊，包庇烟赌，侵蚀公粮，冒吞空额，并有勾结地方人士，朋比为奸，抽收行规等情。……兹特严重申，嗣后如仍有干犯法纪，贪污渎职或纵属横行，一经发觉或被告发有据，决依戡乱时期非常法令，从严惩处，决不宽贷。"③

这个电令说明，宋子文主粤以来，虽然采取了一些措施整饬吏治，或颁布了一些法令，但收效甚微。人民群众极端厌恶的各级公职人员"营私舞弊，包庇烟赌，侵蚀公粮，冒吞空额"等腐败现象不但继续存在，而且很多。为什么会这样？宋子文认为除了人事制度不能建立和健全等历史因素之外，还和全国的形势有关。12 月 29 日，他在省参议会第一届第五次大会所做的施政报告中说："就目下情形，尤其这半年来，无论军事、政治、经济，任何一项工作，都直接和中央有关，任何问题不是一省可以单独解决的。在戡乱时

---

① 《大光报》，1948 年 6 月 15 日。
② 《大光报》，1948 年 10 月 4 日。
③ 《大光报》，1948 年 10 月 23 日。

期,广东所负的使命,较其他各省为重大,必须解决的问题,也就是整个国家所须解决的问题。"[①]而当时全国的形势,对国民党当局极其不利,可以说风雨飘摇,大厦将倾。国民党当局无论军事、政治、经济都打了大败仗。人民解放战争已进入全面战略进攻阶段,国民政府首都南京已面临威胁,正准备南逃广州,人心涣散,士气低落,各级官吏准备趁乱大捞一把后逃跑。在这种局面下,宋子文在广东的政治改革措施不过是纸上谈兵,谁也不会当真了。

第四节 乏善可陈的经济建设和失败的货币改革

由于长期战乱的摧残,广东也和其他各省一样,经济不但没有发展,而且日益萎缩,物资匮乏,价格高昂,人民生活极端困苦。宋子文被统治阶级誉为擅长主理经济的干才,他主政广东,广东上层人士对他寄予厚望,希望他发挥管理经济的专长,对振兴广东经济、改善民生有所作为。1947年9月22日,宋子文主政广东的任命刚刚发布,《中山日报》即发表了题为《粤省改组与省政前途》的社论,其中说到:"希望他(指宋子文——编者注)能够确切认识到广东方面的复杂环境与困难情形,充分了解广东人民的意愿和痛苦之所在,以一种大无畏精神,树立一种新的风气,为广大的人

---

① 《大光报》,1948年12月30日。

民解除多年以来生活上的痛苦，同时并出其余绪，将广东的财政状况，作一整理，经济局面，加以收拾，使广东得以成为真正的复兴根据地。"① 10月3日，在宋子文就职广东省主席的典礼上，省参议会议长林翼中致欢迎词，希望宋子文在任内开展"经济建设"，改善人民生活。②宋子文致答词时，强调广东的"当务之急"是"救灾"、"搞好治安与交通"、"澄清吏治"，对于"经济建设"问题没有回应。因为当时国民党的统治已处于风雨飘摇之中，根本不具备开展经济建设的条件，只能做一些补修罅漏的项目。

一、乏善可陈的经济建设

（一）农业方面

第一，修复农田水利。1947年夏，广东遭遇了百年一遇的特大洪水，全省101个县中，有70余县受到不同程度的灾害。崩坏堤围22 000米，被淹农田780余万亩。宋子文到任后，以修复堤围作为治粤六大工作重点之一，调派大批技术人员分赴各受灾县勘测设计，作为修复工作的依据。1947年12月，成立"广东省堤工委员会"，主持施工，并成立各县民工总队和设置工程监理事，负责征集民工和监理事宜。至1948年6月，修复堤围已按原计划全部完成，共计维修79处，全部完工者31处，完成90%以上者7处。一年来，

---

① 《中山日报》，1947年9月22日。
② 《中山日报》，1947年10月4日。

完成塘坝坡圳等小型水利工程1 600处。①维修工程的经费由省政府筹措，故宋子文自夸地说："所有此项工款，并不要人民摊还分文。"②

第二，推广优良品种和发放农贷。为了增产粮食，当局贷款给广州市郊和番禺等18县，购买优良稻种，其中早稻1 835市担，晚稻5 328市担，可种稻田140万市亩，增产稻谷约70万担。为了解决农业生产资金不足的困难，当局集中办理农贷，其中粮食生产6 000亿元③，蔗糖250亿元，其他205亿元，渔业120亿元，农田水利1 865亿元，合作金库905亿元，建仓库350亿元。④

（二）工业方面

抗战胜利后，国民党广东当局从日本人手里接收了一些工厂、矿山。由于接收大员们以权谋私，你争我夺，原材料被抢光，机器被拍卖，致使这些工厂、矿山元气大伤，迟迟无法恢复生产。宋子文接任后，着手对一些工厂进行整顿，使之恢复了生产。

---

① 《迈步中的广东省政》，见《宋子文主粤周年特刊》，载《大光报》，1948年10月3日。

② 1948年6月23日宋子文在省参议会的施政报告，载《大光报》，1948年6月25日。

③ 指法币。其时法币已严重贬值。据报载，1948年3月22日，齐眉米每市担225万元，丝苗米234万元，银粘233万元。其后，涨风不止，一日一涨，甚至一日三涨，至1948年7月19日，齐眉米每市担涨至3 300余万元。有价无市，交易陷于停顿。所以，6 000亿元之数看来很庞大，但实际只相当于米粮26万担左右，实际款项并不多。

④ 谢文龙：《向广东省参议会驻委会的报告》，载《大光报》，1948年5月28日。

第一，纺织厂。到1948年1月，纺织厂共有锭子1 600锭。1947年底，该厂每月产纱510条，到1948年4月，增至每月747条，计从1947年11月至1948年4月止，产纱1 456 673磅，与1946年11月至1947年4月产纱803 791磅相比，增加81%。

第二，士敏土（即水泥）厂。原有制土机3套，抗日战争时拆、毁各一，只有一套开工。1947年向上海行总订购制土机一套及2 500kW发电机连锅炉一具，并将毁坏的制土机修复。经过半年整理，产量增45%。

第三，顺德糖厂。自1947年12月开榨至1948年5月，共计145天，比上季增产原糖6.03%，砂糖14.07%，桔水10.79%，产糖率提高0.61%。

第四，麻织厂。从1948年5月起，该厂平均月产麻包45 000个。新购置107kW柴油发电机3具，自行发电。

第五，制冰厂。1948年5月，产量比上季度增加11%。

此外，还新建有第二纺织厂、市桥糖厂和新造糖厂。①

（三）采矿业方面

第一，煤矿。广东煤矿资源缺乏，燃煤历来靠从北方采购。由于战事，来源断绝，只得向台湾采购，但台煤价格昂贵，且供应不足。经过勘探，发现广东与湖南交界的南岭蕴藏煤矿约5 000万吨以上，经省府与资源委员会联合开采经营，每月可产煤500~3 000吨。为了运煤，建筑了狗牙洞至韶关铁路支线，与粤汉铁路衔接。由于购买和开采同时进

---

① 谢文龙：《向广东省参议会驻委会的报告》，载《大光报》，1948年5月28日。

行,使广东各地因为缺煤经常停电的状况有所改善,发展到有3个月的存煤,燃煤问题初步得到缓解。①

第二,海南铁矿。该矿是抗战胜利后从日本人手里接收过来的。由于接收大员们贪污抢掠,机器损失严重,故无法恢复生产。该矿品质优良,省府与资源委员会商定,将日本人开采剩下的矿砂外销,所得外汇留作恢复铁矿生产与筹建海南钢铁厂之用(直到全国解放,该钢铁厂仍未能建设起来)。

(四)交通与通信方面

第一,铁路。主要要求当局增拨车辆和构筑狗牙洞支线,提高运输能力。

第二,公路。计划贯通东、南两干线。南路由佛山至湛江;东路除海丰、博罗两县外,其余于1948年内通车。复员以来,修通公路5 482公里,其中民营路段3 320公里。

第三,电讯。无线部分,由省府与交通部合作共建;有线部分,第一步求广州与各行政区沟通,第二步求各县电线沟通。半年来,南面广州至陈村、番禺线路已架设完成;东面广州至增城也架设过半;北面广州至花县、清远线也正在架设;西面由交通部架设,共架设电话线124公里,正在架设180公里。②

第四,黄埔开港。建设黄埔港,是孙中山生前的遗愿。

---

① 宋子文:《向省参议会第四次大会的施政报告》(1948年6月23日),载《大光报》,1948年6月24日。

② 谢文龙:《向广东省参议会驻委会的报告》,载《大光报》,1948年5月28日。

国民党统治中国20余年，未能建设起来。在国民党对大陆的统治行将结束的时候，宋子文在困难重重的条件下，开始进行建设，也是形势所迫。因为解放战争已进入战略决战阶段，长江以北的半个中国，或已成为解放区，或是两军交战的战场，而广东与北方的陆路交通已经断绝，运送物资只能靠海路。因此，黄埔港是广东与海内外联系的主要通道。黄埔港的开辟已成了国民党当局的燃眉之急。经过协调后决定：水道疏浚工作，由水利部珠江水利总局负责；码头修建由交通部广州港工务局担任；仓库建筑和其他港务工作，由广东省政府与"三行二局"（指中央、交通、农民银行和珠江水利总局、广州港务局）以及交通部有关机关，共同组织"黄埔港兴业公司"。资金来源由各方筹集，其中行政院拨款7 500亿元，省政府向"四联总处"①贷借3 000亿元，兴业公司筹集2 000亿元。粤汉铁路修筑支线，直达黄埔码头，广州市至黄埔港修建了柏油马路。②

此外，还开始建设瀺江水电厂和南石纸厂。

上述所举，是宋子文治理广东一年多在经济建设方面的"成绩"。这些"成绩"不但不能满足广大人民的要求，也与广东统治阶层对他的期望相差甚远。

---

① 指国民政府中央银行、中国银行、交通银行和农民银行联合总办事处。

② 宋子文：《向省参议会第四次大会的施政报告》（1948年6月23日），载《大光报》，1948年6月24日。

二、币制改革失败，经济加速崩溃

进入1948年，国民党当局经济战线也和军事战线一样困难重重，面临崩溃。因为随着军事上的接连失败，经济上能控制的地区日益缩小，生产萎缩，税收锐减，外援也逐年减少。庞大的国家财政开支，全靠印刷钞票维持，导致法币严重贬值。据统计，到1948年夏，法币的流通量已达640万亿元，是抗战前1937年6月的45万倍。为了应对庞大的财政支出，纸币的面值越来越大。1948年7月19日，面额25万元一张的关金券开始面世。钞票面值越高，物价增幅也越大。据"四联总处"所编上海、南京、汉口的批发物价指数，已为抗战前上半年的600多万倍，天津为750万倍，广州为450万倍，重庆为280余万倍。按上海物价计算，全部流通中的法币总购买力只等于抗战前上半年法币的1亿元左右。法币在人民心目中已完全失去信用。都市里的大宗买卖用黄金美钞计算，农村普遍以粮食做价格标准，偏僻地区恢复使用银元，有些地方干脆进行物物交换。法币到了末日！[①]

为了挽救由于法币破产而引起的国民经济崩溃，国民党统治集团经过密谋策划，在没有任何物质基础做保证、起码的条件都不具备的情况下，决定用行政手段施行币制改革。1948年8月19日，南京国民政府通过电台发布了《国民政府财政经济处分令》，同时发布《金圆券发行办法》、《人民

---

① 李伟：《溃败的王朝——民国高层腐败实录》，200页，湖北人民出版社2008年。

所有金银外币处理办法》、《中华民国人民存放国外外元外汇资产登记管理办法》、《整理财政及加强管制经济办法》等。这些"命令"和"办法"的内容归结起来主要是：（1）由"命令"发布之日起，以金圆为本位币，十足准备发行金圆券，限期（10月20日前）收兑已发行的法币及东北流通券；（2）限期收兑人民持有的黄金、白银、银币及外国币券，于9月30日前兑换金圆券，逾期任何人不得持有，违者严办；（3）限期登记管理本国人民存放国外之外汇资产，违者予以制裁；（4）整理财政并加强管制经济以稳定物价，平衡国家预算及国际收支；（5）法币兑金圆券的比例是300万法币兑换金圆券1元。黄金每市两兑金圆券200元，白银每市两兑金圆券3元，银币每元兑金圆券2元，美国币券兑金圆券4元。其他外国币券按中央银行外汇汇率兑换；（6）全国各地物价及劳务价格都按1948年8月19日当地价格依照兑换率折合金圆券制订（简称"8·19"限价）。

国民党当局把这次币制改革看作自身生死存亡的一场决战，因而投入了巨大的政治力量。8月20日，国民党中央机关报《中央日报》发表社论说："要知道改革币制譬如割去发炎的盲肠，割得好则身体从此康强，割不好，则同归于尽。"① 为了"割好盲肠"，打胜这场战役，除了蒋介石亲自坐镇指挥，还向各省市派遣"管制督导员"，协助与监督各地贯彻上述各项法令的实施。广东省政府主席宋子文被委兼任广州区经济管制督导员，霍宝树协助督导。

---

① 李伟：《溃败的王朝——民国高层腐败实录》，203页，湖北人民出版社2008年。

国民党统治集团的币制改革方案，不但引起广大百姓的恐慌，甚至遭到国民党部分高官的质疑和反对。8月20日，在上海银行行长招待上海立法委员的宴会上，时任国民政府财政部长的俞鸿钧对人说："王云五①的币改方案我本来反对。在庐山会议上，总统一开始就表示势在必行，我就不敢讲话了。"吴国桢②则破口大骂王云五，连乌龟王八等脏话都骂了出来，还说如果要王云五做上海区经济管制督导员，他宁可连市长都不干。③广大平民百姓因为没有条件在报刊上表达自己的声音，更多的是用种种实际行动来表达自己的担心和抗议。

在广州，改革币制方案公布后，市场引起极大波动，物价普遍上升30%。其中，米价上涨幅度惊人，齐眉米每市担高达5 500万元，丝苗米5 050万元，银粘米4 100万元；金融市场骚动，外币价格狂升，港币开市155～175，最高达184单位；花纱布匹有价无市。商家因为对新币缺乏信任，担心货物卖出以后买不回来，故把纱布和各种货物囤积起来，犹疑观望。

21日，广东省和广州市政府遵照中央政府的命令，分别发出通令，饬令各级官员与民众，切实遵守中央法令，拥护改革币制，平抑物价，安定社会秩序。与此同时，蒋介石也发表书面谈话，要求全国人民与政府合作，贯彻币制改革。

---

① 王云五，当时担任国民政府行政院副院长，是此次币改方案的制订者。
② 吴国桢，当时任上海市长。
③ 李伟：《溃败的王朝——民国高层腐败实录》，203页，湖北人民出版社2008年。

23日，金圆券开始发行。在国民党政府派出军警宪特层层戒备的高压氛围下，国民党统治区开始兑换金圆券，物价亦呈下降趋势，银行、钱庄、信托公司和信用合作社等金融机构，在休业两天后也重新恢复营业，并以金圆券作为存放款等项目的记账单位。

同日，宋子文以兼广州区经济管制督导员的身份召集广东省和广州市各有关机关首长，举行金融物价座谈会。到会的有欧阳驹、林翼中、陆幼刚、余俊贤、陈述经、黄镇球等省市各方领导人物30余人。宋子文在讲话中说：此次改革币制，关系"国家民族之前途"，"只可成功，不可失败"。金圆券发行后，目前当然有不可避免之困难，而在广东人民所感受之痛苦，较之其他各地为甚，因广东过去实施紧缩通货，制止游资南流及取缔投机等关系，故在8月19日前，由上海汇款至广州，升水高在40%左右。上海港币黑市，其时每元已值法币200余万元，而广州只合150万元。现在金圆券发行，全国兑换比例一律，规定每元港币仅225万元，此与上海原值相近，而在广州之原值则增加几达一倍，物价自亦随之波动。……这种情形，其他地区不会有。望百粤人民深明大义，忍受困难，支持改革。①宋子文的讲话，说明了一个严峻的事实：此次币制改革，使广东人民遭受了巨大的经济损失。

由于兑换比例不合理，促使广东各地物价暴涨。25日，省参议会驻委会举行会议，对因币改引起的物价上涨问题进

---

① 《大光报》，1948年8月24日。

行专题研究。会议认为，行使新币后，市场一般新定价格均较19日前涨100%以上。驻委会推举代表于26日晋见宋子文，面陈一切。代表们提交的书面意见是："查此次改革币制，中央已宣示一切，物价以十九日为标准，不准投机囤积，办法至善。讵广州物价，在前四天期间，平均暴涨一倍有奇，而当局不加限制，由各行商自定公价，如米价19日法币4 600万元，竟定金圆券21元，伸法币6 300万元，旅店三四百万元一房者，定金圆券2～3元，伸法币600万至900万元，不胜枚举。应请政府迅即依据19日物价，比照金圆券价格公布，切实执行。以贯彻法令，完成币制改革，而根绝投机，以维民生。"[1]同时，广州市参议会也开会讨论币制改革与物价问题，有议员批评政府"只顾资本家，不顾市民"[2]。全国立法委员黄玉明呼吁：要对广州公务员待遇进行补救。"因广州靠近香港，市场交易几以港币为本位，因之物价高涨为全国之冠，港币比率突高一倍，故到目前，广州物价较京沪高两倍，故广州公务员所得离维持生活之数相差甚远。"[3]

在省市参议会参议员的要求下，26日，广州市召开物价评定会议，评定公共汽车、金银首饰、戏院、花生、大米、鱼、家禽、蛋、面粉、盐等人民日常生活必需品和一些公益事业的价格。同日，粤穗的立法委员何春帆、郑丰、陈逸云、伍智梅等10余人也举行座谈会，表达了与黄玉明同样

---

[1]《大光报》，1948年8月26日。
[2][3]《大光报》，1948年8月24日。

的意见，请求政府改善公务员待遇，并反对限制纱布南运。①

上海在金圆券发行后发生一系列风波：金、银、外币黑市哄抬物价，店铺关门，以致发生抢购物资。广东国民党当局为了防止上海事件在广州重演，开始动用警力维持秩序，强制推行币制改革。26日，广州市警察局局长黎铁汉向各分局局长和有关单位首长发布命令：为保证币制改革之成功，所有员警与经济警察，须经常出动，严厉执行金融管理与平抑物价法令，如有违法买卖黄金外币，一律拘捕。②除了出动武力进行戒备，还加强了宣传攻势。28日，广州绥靖公署与广东省政府联合招待新闻界，由绥署政工处长谢镇南、省府新闻处长程克祥分别就改革币值问题发表讲话，要求新闻界协助政府，引导群众"正确"对待币制改革。

在全国各地公务员的强烈要求下，国民政府行政院公布了文武公职人员薪饷支给办法，提高文职人员待遇，增减成数以总额计算，各地有所区别。28日，广州市政府接行政院来电，穗区公务员待遇，照中央规定京沪区之数增加45%，即京沪区规定基数为40元，另加原薪额20%，300元以上薪额者加原薪额的10%。穗区照此计算再增加45%。该待遇由8月份起实行。③

公职人员的待遇问题解决了，但影响广大人民生计的物价问题未能解决，而且统治者内部意见分歧，存在激烈争议。

---

①② 《大光报》，1948年8月27日。
③ 《大光报》，1948年8月29日。

9月11日,省参议会驻委会举行第九次会议,鉴于广州市评定物价较8月19日前高涨一倍有余,尤以公用事业为甚,参议会致电总统,拟请总统严饬经济督导员彻查究办。①12日,广州市政府发言人发表谈话,批驳省参议会致总统电,谓评议物价系根据法令,手续完备。公用事业费价格较前为低,民生日用品,如柴、米、油、肉、蛋、豆、面等,绝无超过一倍,有的甚至较8月19日前为低。又谓陈副议长(指省参议会副议长陈述经)的提案不实,对穗情似甚隔膜。②经管会穗区物资调节委员会14日下午开会,商讨有关物资调节、增加生产、平价配售等问题,决定:(1)充实物资对象为民生日用必需品,如米、煤、木炭、花生油、花纱、布匹等;(2)各项必需物资应设法自津、沪等地购运来穗,以成本价配售市民。③

14日,省参议会驻委会再次开会,再议穗市物价问题,对广州市政府的批驳表示不满。广州市长欧阳驹对记者说,此次争论绝非只为评定物价问题,而另有"深意"存在。省参议会驻委会决定请求总统派大员来穗彻查物价,并请两广监察使提出纠举。

21日,两广监察委员会举行会议,决定分别致函省市政府,除了应该切实复评物价,饬令银行钱庄增资,检查仓库,严限私人银行钱庄除将外汇缴存国家银行外,还应转饬各县市政府遵照经济紧急措施法令,迅速切实平抑物价,安

---

① 《大光报》,1948年9月12日。
② 《大光报》,1948年9月13日。
③ 《大光报》,1948年9月15日。

定人民生活。

在各方的要求和压力下，广州市物价审议委员会连日开会，对民生日用品价格进行复评，最终结论是：认为米柴肉蛋、旅业、理发等定价适当，维持原价，只有公共汽车票定价较高，拟减为0.12元。但是，公共汽车公司提出，减价问题困难重重，因为劳方表示不能减薪，资方则提出没有零钱辅币，难以执行。

这样，币制改革以来关于物价问题持续了一个多月的争论，以维持原议而告终。广大人民继续经受高昂物价的煎熬，生活的担子越来越重。

人民的诉求既然无法从国民党政府中得到满足，只得依靠自身的力量进行反抗和抵制。新的币制不但未给人民带来好处，反而带来痛苦，因此人民也如同不信任法币一样不信任金圆券，千方百计地兑换金银外币，存储、抢购物资。不但抢购粮食、油糖、布匹等基本生活用品，也抢购金银外币，甚至抢购棺材。商人们担心货物出售以后无法按原价重新进货，只好关门歇业，从而导致商业萧条，工厂倒闭，整个国家经济陷于停顿状态。为了维持正常的经济秩序，仅靠动用警力已难于应付，于是广东当局学习蒋经国在上海组织"戡乱建国大队"的做法，组织"经济调查队"。1948年9月23日，国民党广州特别市党部为协助政府推行新币制，特选"优秀党员"组织经济调查队，调查经济金融、物价、节约等方面的情况，提供执行机关参考。调查队设总队部，总队部下设24~30个区队，每队10~20人。调查队遍布全市各处，作为推行新经济措施之助力。调查队由高信兼任总队长,刘伟森、张希哲任副总队长。

9月30日,经济调查队举行记者招待会,由总队长高信主持并报告调查队的工作动机、工作对象和工作展望。调查队的工作动机是协助政府币制改革成功;工作对象是发改币财者、囤积居奇者、投机炒卖者、违反限价者、走私漏税者、其他破坏改币者。①

为了镇压人民的反抗,国民党当局企图学习蒋经国在上海的"打虎"精神,震慑一切敢于反抗和抵制货币改革的人,为改革扫除障碍。10月3日,广州市复员青年军人和广州青年服务队,为协助政府维持经济政策,响应上海"打虎"运动,在长堤青年会礼堂举行动员大会,市社会局长朱瑞元,团管区代表陈俊林暨青年会会员1 200余人到会。大会主席陈富源在讲话中号召广州青年"向上海学习","向蒋经国先生学习","毫不客气地向豪门开刀"。②

由于解放战争正在进行战略决战,国民党军事上遭遇惨重失败,北方时局吃紧,官僚地主豪门大量逃来广州,导致游资滚滚南流,促使物价持续普遍上涨,特别与外汇有关的货品报升更快,数日内便报升15%,两天后再升10%。③从而大大突破了"'8·19'限价"。黑市交易更加猖獗,当局无法控制。

7日,广州区经济管制督导员宋子文为了稳定金融秩

---

① 《大光报》,1948年10月1日。
② 《大光报》,1948年10月4日。
③ 《大光报》,1948年10月6日、7日。

序，下令严缉扰乱金融分子。① 8日，为了控制游资南来，打击物价涨风，广东省政府实施限制携钞办法，规定从11月1日起，旅客入境限带1 000元。②

尽管当局调动了各种政治力量，采取了种种措施，但是市场物价继续波动，物价普遍涨停，尤其是谷米，市场整日都停止交易。

这种经济混乱的局面不止广东一省，而是全国性的。如何挽救危局，成了国民党统治阶层必须解决的急迫问题。

为了挽救危机，行政院院长翁文灏于10月底主持召开全国经济管制会议，上海、天津、广州等经济区的督导员应召进京参加会议。会议讨论的中心是物价问题，对于应否继续实行限价问题分成两派意见，发生了激烈的争论。③ 由于经济问题严重，行政院院长翁文灏遭到立法委员和监察委员们的猛烈攻击，要求行政院立即拿出办法，合理调整限价，否则应该自动辞职。④

在统治集团激烈争论的时刻，原来坐镇北平指挥北方战事的蒋介石于30日回到南京，当晚召集翁文灏、张厉生、孙科、于右任、陈立夫等首脑人物30余人开会，就当前的军事、经济问题做指示。蒋说，"剿匪"事拟有新部署，并有把握。至于当前的经济形势，是由于人民心理不健全所致。

31日，行政院举行临时会议，通过了《经济紧急处分

---

① 《大光报》，1948年10月14日。
② 《大光报》，1949年10月9日。
③ 《大光报》，1948年10月27日。
④ 《大光报》，1948年10月30日。

令、整理财政及加紧管制经济办法的补充规定》，提出："为改善经济管制起见，决议补充办法如下：（1）粮食依照市价交易，自由运销；（2）六大都市配售粮食，仍由政府积极办理；（3）纱布、糖、煤、盐，由中央主管机关核本定价，统筹调节，其他重要物品，包括民生日用品及工业原料，授权地方政府参酌供应情形，依核本定价的原则，加以管理；（4）地方妨碍粮食及其他货物流通之措施，未经行政院核准者，一律禁止；（5）对于市场投机囤积行为及黑市买卖，继续严格取缔；（6）公用及交通事业，应核计成本，由主管官署核定，调整价格。"①

这个补充办法的核心是取消限价。对取消限价，商人欢迎，但国民党的立法委员不满，国民党中央政治委员会认为"这是治标之计"②。

补充办法的通过与施行，标志着"8·19"限价政策的结束。国民党立法院激烈质询：为何放弃限价？11月2日，行政院召开紧急会议，翁文灏提出辞职，政府委员们表示与翁同进退，提出总辞。③

限价取消后，市场物价急剧上涨，议价也形同虚设，黑市风行，上海、南京发生抢购风暴。广州市场物价有如禾雀乱飞，一周内物价涨高一倍半。7日，又继续报升70%以上。尤其是大米，涨势没有止境，8日一天，米价涨幅高达

---

① 《大光报》，1948年10月31日。
② 《大光报》，1948年11月2日。
③ 《大光报》，1948年11月3日。

40%。①

物价连续攀升，永无止境，金圆券也如同法币一样，迅速贬值。为了维持庞大的军政费用开支，当局又故伎重演，日夜开动印刷机器，大量印金圆券。金圆券的发行量已大大超过了限额，导致严重贬值。从而宣告，从8月19日开始至11月1日的货币改革以失败告终。

币制改革的失败，标志着国民党政权的经济基础已经崩溃，国民党在大陆的统治离彻底垮台已为期不远了！

第五节　扩充保安团，"清剿"人民武装

为了挽救垂危的反动统治，宋子文在广东实行军政合一，增加反共兵力，大搞"动员戡乱"，对省内的人民武装，发动两期"清剿"，结果以失败告终。

一、更换军事长官，强化指挥系统

1947年11月14日，国民政府下达命令，分别免去张发奎和徐景唐的国民政府主席广州行辕正副主任职务，由宋子文和黄镇球分别接任。18日，国民政府行政院第三十次会议，又决定任命宋子文兼粤省军管区司令。

对于宋子文的上述任命，社会各方均有议论，说"文人

---

① 《大光报》，1948年11月8日、9日。

主持军事，集政治军事于一炉"，似有不妥。①但是国民党最高当局仍然相信宋子文有驾驭军事力量的能力，坚持原来的任命。而宋子文也决心不辜负当局的期望，继续他昔日在建立与改编税警总团时进行整军与治军的做法。

为了弥补宋子文没有实战经验的缺陷，国民政府把职业军人出身、拥有中将军衔的黄镇球派回广东，充当宋子文的副手。

黄镇球，广东梅县人，保定军官学校毕业。历任国民党军队的排连营团旅长，1934年任防空学校教育长，1937年兼任防空总监，1945年调任国民党军队后勤总司令，1947年夏，调任国防部参谋次长。11月19日，黄镇球到广东就职。

与此同时，国民政府还把国防部副厅长张炎元调来广东任警保处副处长，充当兼警保处长黄镇球（原处长陈沛）的助手。原任副处长黎铁汉核准辞职。

11月24日，在广州召开了"两广绥靖座谈会"，到会的有广东、广西两省的主要军政首脑30余人。已经调任战略顾问委员会的张发奎也应邀出席。宋、张在讲话中都认为，自1946年6月以来，虽然连续不断地进行军事"剿匪"，然而"匪"患不但未能肃清，反而"日形严重"。宋子文认为，"原因最大的是军政配合不够，因此不能使剿匪军事发挥最大效果"，还认为："绥靖是治标的办法，根本要图，乃在政治安定，与经济建设平头推进。"②张发奎则以

---

① 《中山日报》，1947年11月16日。
② 宋子文：《在两广绥靖座谈会上的讲话》，载《中山日报》，1947年11月25日。

前任军事主官的身份对任职两年来两广绥靖工作进行检讨，认为两年来，先后开过两次绥靖会议，"对绥靖方针，曾作详细检讨，惟事实表现，均不能尽满人意，不独未将匪患肃清，且近来匪势反见猖獗"。他认为："剿匪部队的缺点，政治不修明，社会经济状况恶化，与广东毗邻港澳的特殊环境"等等，均是"不能达到预期效果之原因"。①两位前后任军事主官讲话的侧重点各有不同，但有一个共同点，就是都强调"剿匪"工作不能单靠军事，而必须军事与政治、经济全面配合，为此，必须从组织上采取相应措施，让各级行政首长兼任绥靖指挥官，实行"军政一元化"。②

1947年10月，宋子文下令裁撤各区保安部和县联防处，改设"绥靖区指挥部"（后因怕与全国大绥靖区同名，引起混乱，故改称"第×区绥靖指挥部"）。指挥部由各专区行政督察专员兼指挥官，另设副指挥官及参谋长各1人，统一指挥辖区内的军警团队，担负"剿匪"及维持水陆交通全责。③

宋子文虽然强调政治安定与经济建设平头推进"是绥靖的根本要图"，但在当时，搞好治安和恢复交通毕竟要靠军事，而且是"当务之急"，故地县一级的行政长官必须懂军事。因此，他决定行政专员和县长由现职或退职军人担任。

---

① 张发奎：《在两广绥靖座谈会上的讲话》，载《中山日报》，1947年11月25日。
② 黄镇球：《在省参议员绥靖座谈会上的讲话》，载《中山日报》，1947年12月21日。
③ 《中山日报》，1947年10月22日。

1947年10月，宋到任之初，在下令设立"剿匪指挥部"的同时，还先后约见了在粤的一些退役将领，邀请他们重新出山，为桑梓效力。当时全省划分9个行政专区，经过物色和挑选，9个专区的行政专员兼绥靖指挥官全是军人。他们是：第一区何彤，第二区叶肇，第三区陈文，第四区张光琼，第五区喻英奇，第六区鲁举直，第七区刘其宽，第八区张瑞贵，第九区韩汉英。规定绥靖区指挥官的职责是："承行辕主任之命，指挥辖区军事，并承省主席之命，督察辖区行政"，"以剿匪安民为主要任务，务使达到地方平靖，抢劫不生，交通畅达，民生安乐之目的"。① 全省100余县的县长也多是军人，尤其是那些"匪"势严重的县市长，一律由军人或军人出身的人担任。

这种大量起用军人主持地方政务的做法，在当时引起社会上一些人的质疑。在1947年12月4日广东省参议会第一届第三次大会上，当民政厅厅长徐景唐做报告后，有参议员质询说："军人主县政，终归失败，何以不选文人？"徐回答说："军人主政未必失败，现时选用县长亦未必尽属军人。"还说，"军人亦可干政治，否则，老来岂不饿死？"②1948年6月23日，宋子文向省参议会第四次大会做报告后，有议员再次质询："军人主持县政，多用连排长为干部，似欠妥善。"宋回答说："戡乱时期，多用军人为县长，实乃难免，

---

① 《中山日报》，1947年10月21日。
② 徐景唐：《在省参议会第一届第三次会议上的施政报告》，载《中山日报》，1947年12月5日。

但清剿工作完成后，情形自当不同。"① 在同一次会议上，民政厅厅长徐景唐做工作报告以后，有参议员再次询问："军人当政，此项政策成绩如何？今后是否仍然沿用此项政策？"徐答："军人当县长，省府从未订有此项原则（政策），而法律亦无规定军人不能任县长，总之用人唯才，不论文武。"②

宋徐二人的回答，各有各的考虑，但却说明一个事实，当局为了"剿匪"或"戡乱"的需要，大量起用军人兼任地方行政长官。据统计，到1948年5月中旬止，宋到广东任职仅7个月，已先后更换县市局长57人。③在宋子文任内，新更换的县市局长有多少是军人，现在已很难查考，但从当时的政治形势推断，军人应是多数或大多数。其后，根据战争的需要，宋连续不断地更换县长，实现"军政一元化"，强化军人专制制度，企图达到巩固国民党统治的目的。

二、扩充全省保安团，增强反共兵力

宋子文接任时，国民党在广东已基本上没有正规军。用以"剿匪"的主要是保安队。当时保安部队有10个总队，号称16 000人，但空额甚多，实际只有八九千人，而且待遇微薄，士气不高，服装不整，纪律废弛，装备不良，战斗力

---

①② 《大光报》，1948年6月25日。
③ 徐景唐：《在省参会驻委会报告》（1948年5月21日），载《大光报》，1948年5月22日。

较差。宋认为这是"剿匪未能如期成功"的"重要原因"。①他接任后，即着手大力整顿和补充保安部队。1947年11月初，宋的南京之行，征得国民党最高当局的同意，决定保留原有10个保安部队的编制并大力进行整补之外，另新编5个总队（后来，原有的保安队和新编总队一律改为保安团）。保安团的整编和新编，都按国民党正规军的编制，待遇也与正规军相同，每个团1600人，一律美式装备。事实上，由于内战的需要，新增兵力远远不止此数。到1948年10月止，除原有的10个保安团之外，又新编了6个按正规军编制的保安团，11个独立营，1个炮兵营，1个汽车大队，1个刑警队。为了统一指挥，还成立了3个旅部。同时，为适应培训军事干部的需要，还成立了一个干部训练班，成立了无线电器材修理库。②经过近一年的整补、扩编和训练，本是地方武装的保安团，事实上完成了向国民党正规军的转变。这使得在全国内战爆发后，因正规军北调而兵力空虚的广东，又重新有了国民党的正规武装。这些武装是宋子文在广东"剿匪"的主要力量。

与大力整编保安团队的同时，广东当局还对各县的保安警察进行了整顿，要求充实其缺额，加强其训练，补充其械弹，使之成为战斗队伍，协助保安团的"清剿"工作。针对当时警察中普遍存在的吃空额现象，1948年6月15日，省府颁布了各县市局警察机关名额查照惩处办法。该办法在当

---

① 《中山日报》，1947年11月9日。
② 《迈步中的广东省政》（宋子文主粤周年特刊），载《大光报》，1948年10月3日。

时的政治、经济和社会环境下，很难贯彻实施，事实上变成一纸空文，警察团队中吃空额现象依然普遍存在。

为了增强"剿匪"力量，维护摇摇欲坠的统治，广东当局还下达命令收编游杂部队。当时游杂部队名目繁多，情况复杂。有的是日本侵略者占领广东时期，人民为了保卫家乡而自发组织起来的抗日队伍，抗战胜利后，因国民党当局拒不承认他们的合法地位，只好自谋出路。有的是因为社会治安日益恶化，为了防备土匪打家劫舍，保卫人民生命财产而自动组织起来的自卫队。有的是宗族姓氏之间为了争夺资源进行械斗而组织起来的武装。还有的是为了生计而被迫占山为王，打家劫舍，是真正意义上的"土匪"，如此等等。国民党当局对这些游杂"部队"，本来不屑一顾，不肯给他们以任何地位和名分。如今，由于反共反人民战争需要大量兵源，而人民厌恶内战，逃避兵役，征兵十分困难，故广东行辕于1948年2月决定对游杂部队进行收编。收编的原则是：给予正式番号，按照国军待遇，驻防原地，但需接受警保处的指挥，随时抽调。[1]国民党当局认为收编游杂部队可以一箭双雕，既可让他们为国民党统治效劳，增强反共反人民战争的力量，又可以让他们不再扰乱治安，减轻社会负担。

这样，经过近一年的整编、扩编、收编，使国民党在广东的兵力比宋子文刚就任时增加了"三倍"以上[2]，有了内战的本钱。因此黄镇球敢于大言不惭地说，广东的剿匪"三

---

[1] 《中山日报》，1948年2月15日。
[2] 宋子文：《在省参议会第一届第四次会议的报告》（1948年2月23日），载《大光报》，1948年6月24日。

个月后见成效，六个月内有办法，当有确实把握肃清匪患"①。

三、大搞"动员戡乱"，"清剿"人民武装

（一）组织"戡乱建国动员委员会"

1947年7月4日，国民政府国务会议通过了由蒋介石提出的《厉行全国总动员，以戡平共匪叛乱，扫除民主障碍，如期实施宪政，贯彻和平建国方针案》（简称《方针案》）。随后，蒋介石发布了《戡平共匪叛乱总动员令》（简称《总动员令》）。7月18日，国民政府又通过了《动员戡乱完成宪政实施纲要》（简称《实施纲要》），要求动员全国的人力、物力、财力进行"戡乱"，肃清以中共领导的武装力量为代表的人民革命力量。

以宋子文为首的国民党广东当局，为贯彻上述这些《方针案》、《总动员令》以及《实施纲要》，不遗余力。《总动员令》、《实施纲要》发布以后，广东各派反动政治势力因张发奎、罗卓英即将离任，多持观望态度，故全省各地的"戡乱建国委员会"迟迟未能组织起来。宋子文到任后，1947年12月4日，其助手、广州行辕副主任兼警保处处长黄镇球在省参议会第一届第三次会议上向大会做报告说：行辕决定分别督促各县组织戡乱动员委员会。② 21日，省府颁布的绥靖区指挥官职责中规定：指挥官的职责之一是"督促

---

①② 黄镇球：《在省参会第一届第三次会议上的报告》，载《中山日报》，1947年12月4日。

各级民意机关，及有关机关团体，成立戡乱救国动员委员会，唤起民众，经常揭发共匪罪恶"①。1948年1月4日，省府向各县（市）发出电令，指示各县（市）迅速组织戡乱建国委员会，要求："（一）各县（市）组织戡乱建国委员会，以民意机关之议长为主持人；（二）戡乱建国委员会之任务是：（1）加强民众组织与地方自卫武力；（2）发动地方人力物力，从事戡乱建国；（3）鼓励民众从军；（4）沟通军民关系，加强军政配合；（5）慰劳国军，救济难民，推行绥靖政策。"② 22日，省参议会驻委会开会，研究各县戡乱建国委员会筹建情况。

为了给各县市做出榜样，并有章可循，3月2日，省参议会邀集省市各界代表，举行"粤戡乱建国动员委员会"成立大会。会议由省参议会议长林翼中和广州市参议会议长陆幼刚共同主持。会议通过了《粤戡乱建国委员会组织规程》暨各县市动员会组织通则及工作要领。会议还推举省市参议会、省市党部、民社党广东省党部、青年党广东省党部、省政府、市政府、广州行辕、省机器工会、省总工会、市总工会、市商会、省妇女会、市妇女会、省农会、省教育会、市教育会、省警保处等19个单位为常务委员。③

3月5日，省参议会通饬各县市，要求各县市依法组织戡乱建国委员会，并限于本月底以前成立。④从此以后，除了一些已被人民革命武装控制的县市，其余的都先后依照

---

① 《中山日报》，1947年12月21日。
② 《中山日报》，1948年1月4日。
③④ 《中山日报》，1948年3月6日。

"粤穗戡乱建国委员会"的样板和组织规程，成立了"戡乱建国动员委员会"。

"戡乱建国动员委员会"由各级参议会牵头组织，表面是个"民意机关"，但从该会的发起与组织过程、目标与任务、组织原则和成员构成等来分析，完全是一个由国民党最高当局一手策划的官方机构，目的在于通过它来协调、动员和组织国民党当局所控制和掌握的党政军群等方方面面的力量进行"戡乱"。而他们所说的"乱"，是指以中国共产党为代表的人民革命运动。当时蒋介石和国民党当局反复宣传说，"共产党违反政令、军令"，"兴兵作乱"，"破坏国家建设"，所以必须把各方面的力量动员和组织起来，进行"戡乱"，即以军事、政治、经济、文化等一切手段来消灭人民革命武装，消灭中国共产党。

（二）组训民众，加强政治控制

国民党当局在和中国共产党的长期斗争中，深知仅仅依靠武力是不行的，必须在军事围剿的同时，加强对人民群众的政治统治，与共产党争夺群众。争夺的办法就是宋子文所说的"组训民众"，即把人民群众置于国民党控制的政治组织和各种群众团体之中，对人民群众实施军事训练和反共的政治教育。

1947年12月1日，广州行辕接到国防部命令，要求"所有民众武力限于12月15日前整编完成，听候检点，集中使用"①。7日，省府根据行政院命令，颁布了《县各级民

---

① 《中山日报》，1947年12月1日。

众自卫组织编制》,规定:县市要组织民众自卫队,由县长兼总队长,由一中校军人任副总队长,一少校或上尉任总队副。副总队长和总队副由总队长保荐,报请保安司令部核准。民众自卫队设常备中队,设中队长、分队长、特务长、文书、正副班长等职,均由现役官兵专任,待遇与保安队相同,武器弹药由县政府配备。乡组织民众自卫大队,大队长由乡镇区长兼任。保组织民众自卫中队,中队长由保长兼任,分队长由甲长兼任。①

按照这个"命令"和"编制"组织起来的"民众自卫队",其实是一支打着"民众自卫"旗号而组建的、为各级地方官吏领导和指挥的又一支地方武装。这种"自卫队"是当时国民党当局"组织民众武力"的主要形式。"自卫队"的任务是配合军队对人民革命武装进行军事围剿,保护国民党县以下的各级地方政权。

1947年12月14日,广州行辕召开绥靖座谈会。宋子文在会上提出要求:实施军事配合政治的策略;马上组织民众武力,配合军队围剿;实行一保一兵,保证兵源;广设炮垒,对人民革命武装实行重重围堵。②17日,民政厅厅长徐景唐在省府广播台宣讲"剿匪"问题时,认为"匪势猖獗",原因在于老百姓"生活困难","政治未能清明","人民认识不清"。据此,徐认为"剿匪"的"根本办法"在于"组织民众"、"剿抚兼施"、"澄清吏治"、"开发实业"。③这

---

① 《中山日报》,1947年12月14日。
② 《中山日报》,1947年12月15日。
③ 《中山日报》,1947年12月18日。

些办法集中到一点,就是必须努力改善国民党的形象,争取民心,否则要从根本上肃清"匪患"是不可能的。

1948年2月16日,广州行辕副主任黄镇球在省党部纪念周报告绥靖工作时说:现在绥靖工作和以前不同之处,除了实行"分区清剿"之外,就是"组训民众武力,以协助军队"。因此,他要求与会者协助做好三件事:"加强戡乱宣传";"发动组训地方民众";"建立明辨是非之风气"。①徐景唐与黄镇球的讲话,说明以宋子文为首的广东省政府把"争取民众"作为"剿匪"的一个新的重要策略。之所以如此,是因为当时全国的形势已经发生了根本性的变化。解放战争第二年,国民党军事上和政治上都接连不断地打了败仗,军队大量被歼,统治地盘日益缩小;广大人民的爱国民主运动日益高涨,国民党统治集团已处于全民的包围中,处境日益孤立。为了改变这种局面,除了在军事上争取摆脱处处挨打的被动局面之外,还要加强对人民群众的欺骗宣传和政治控制,企图蒙骗群众,摆脱孤立局面。广东当局再三强调要"组训民众",其目的不外乎此。

1948年3月3日,广东省政府颁布了《民众编组训练办法》,主要内容有两方面:

其一是编组。为健全基层组织,各乡镇保甲按户籍法规编组,"务使辖内民众每个人之有无职业,个性思想行为,均能了如指掌"。保甲之内,"人必归户,户必归里"。编组完成后,须定期检查,一月或半月总检查一次,并不时抽

---

① 《中山日报》,1947年2月17日。

查，做到"一个坏人不能隐藏，一句流言不能传播，一个逃兵不能走脱"；对"一时不察，误入歧途"之民众，经3人以上担保，允许自新，不咎既往；以乡为单位，组织民众指导委员会，由当地有名望的绅士为主任委员；每保设民众指导站，由当地名流任站长。该会或站负责解答民众疑问，指导民众选举、训导、履行纳税、当兵等义务；组织民众劳动服务队，由县（市）府或乡镇中热心服务人士或在乡军人任队长，为过境军队或境内驻军提供运输、担架、向导、征集粮草、采购等服务；组织民众宣传队，由学校校长或当地名流任队长，选择"忠实"分子任队员，负责"宣扬三民主义，拥护国民政府，服从最高领袖"等等，免使民众"误入歧途"；组织在乡军人负管理之责，为"剿匪"做贡献。

其二是训练。依照组织规定，实施军事训练，使能担任情报、向导、通讯、运输、防奸、守望、消防、救护、清洁、工务、服务等义务工作；由国民党党部与地方名流等组成轮回教育队，向广大民众和青年学生灌输"三民主义"、"共匪阴谋"、"公民义务"、遵守宪法法律、法令等常识；厉行新生活运动，使一般民众均能"明礼义，知廉耻，负责任，守纪律"，"发扬我国固有之道德，而挽救此正气消沉之局面"；由各"戡乱建国委员会"主持，举行"戡乱月会"，由乡长或社会名流讲解"国家动员令，奸匪阴谋，国民应尽之义务"和绥靖期间民众应注意的事项；由文化馆负责在公共场所张贴或树立标语、出墙报、放电影加大反共宣传力度，让群众相信国民党。①

---

① 《中山日报》，1948年3月3日。

这个《民众编组训练法》虽有军事和政治两方面的内容，但其侧重点在于政治，即把群众严密控制在保甲和种种组织机构里，并对他们反复进行反动宣传，以达到束缚人民思想行动自由的目标。

　　为了和共产党争夺群众，特别是广大农民群众，当局还一度打着试行土地改革，实行孙中山"耕者有其田"的理想为幌子。1948年6月18日，在广东省参议会第四次大会上，省参议会议长林翼中说，为"适应戡乱的需要"和"建立与民主宪政相因应经济制度"，彻底解决民生问题，必须进行"土地改革，以达到国父'平均地权、节制资本'的民生主义最高理想"。①经过讨论，会议通过了相关提案。提案说："为戡乱清源，改善农民生活，收拢民心，拟请政府建订妥善办法，实行'耕者有其田'政策案。"②7月初，广州市政府接到命令，在郊区石牌村进行"耕者有其田"政策的示范。但一开始就遭到一些人的抵制。省参议员池方发表谈话说："石牌早已是耕者有其田，更且是耕者不敷其田。因该区有5亩以上田者，似未得见，实即无大地主存在。以人口计，石牌一乡因人口增加，可耕之田不足，佃农之在石牌，实即同宗兄弟子侄，因其无向外谋生之能力，遂向太公或有田而不耕者批田耕种，与一般佃农有别。自划入郊区后，田主大部分从事商业，而将田批与别人。今耕者有其田，田主为保田计，自必取回耕种，如此反而耕者无其田矣。乡民称：如市府确行此法，会促成兄弟叔侄间感情破

---

① 《大光报》，1948年6月19日。
② 《大光报》，1948年7月1日。

裂，引起纠纷，民心流失。请政府慎重考虑。"①因此石牌村这个"示范"点尚未开始起步，即遭夭折。省参议会的提案和当局的有关土改命令，也再无人提起，变成了一纸空文。这也说明，国民党当局打出"耕者有其田"的旗号，只是为了欺骗群众而已。

总之，国民党广东当局采取这些"组训民众"的措施，并没有收到预想的效果。广大人民已对国民党失去信心，转而把希望寄托在中国共产党身上。工农群众和青年知识分子千方百计摆脱国民党当局的控制，投身革命的人越来越多，而国民党当局则越来越孤立。

(三) 实行军政合一，发动全面"清剿"

宋子文接替罗卓英、张发奎执掌广东军政之后，广东的军政最高职务已不是从前那样由两人分任，而由宋一人承担，并且区县两级多由军事指挥官兼任行政首长。这种军政一体化的做法，是宋子文主政广东期间，"剿匪"工作的一个重要策略。宋子文认为，实行这个策略，可以"使剿匪军事发挥最大效果"。②

军政合一之后，便决定"分区清剿"，层层负责。广东当局把全省9个行政专区划分为9个清剿区，成立9个"清剿指挥部"，由行政专员兼任总指挥（后改称"清剿司令"）。1948年2月16日，黄镇球在国民党省党部纪念周报告绥靖工作时说："现行三分区绥靖办法，与过去不同之处，在加强专员及清剿司令职权，区内警察、保安队均由其布

① 《大光报》，1948年7月5日。
② 《中山日报》，1948年2月17日。

置，并组训民众武力，以协助军队。"① 这就加大了专员兼司令的责任和权力，不但指挥保安团，而且指挥地方警察和民众武力。4月29日，黄镇球向省参议会驻委会做报告说："剿匪工作，过去由行辕及省府主持，动须请示，权力过于集中，剿匪力量致未能尽量发挥，且因通讯未得健全，对于权力交给专员，统一指挥辖内军政，且授以直接监察考核区内各保安团队、县警察等人事经理之权，力矫过去权力过于集中之弊。"② 这是说，把"剿匪"的主动权由省下放给专区，便于各区使用兵力。

1948年7月，湛江"赤坎事件"发生后，当局鉴于南路"匪情"严重，又把属于雷州半岛的遂溪、钦县、海康、防城和湛江等5县市划为第十清剿区，派粤桂副总指挥张君嵩兼司令官。

各区军政部署完成后遂准备主动出击，全面"清剿"。罗卓英主政广东时，内战战场主要在北方，广东人民革命武装斗争刚开始恢复，故他认为广东是"大后方"，"匪患"不严重。宋子文主政广东时，解放战争已进入战略进攻与决战阶段，战线南移，南京已受到威胁，国民党准备把大本营迁移到广州。这时的广东，人民革命武装也十分活跃，力量发展很快。为了保住广东这块反共基地，宋子文决定投入在广东的全部兵力，主动出击，全面"围剿"活跃在广东各根据地的人民革命武装，妄图一举消灭之。1948年6月23日，宋子文在向省参议会第四次大会上做施政报告时谈到自己的

---

① 《中山日报》，1948年2月17日。
② 《大光报》，1948年4月30日。

策略说:"自从兄弟接省府及行辕的职务以后,改采主动出击的战略,注重机动性的运用,随时袭击追剿,……半年以来,在各区的战果,虽未能获得全胜,但已有相当的进步。"①

为了消灭人民革命武装,广东当局在连续不断地进行军事"围剿"的同时,还对人民武装活动的根据地实行严密的经济封锁。1948年7月22日,广东省政府依照国民政府行政院的规定,拟订并颁布了《广东省匪区经济封锁办法》。该办法规定:在革命根据地周围建立封锁线,在线上交通路口设检查站,由军队负责对进出人员和物资进行检查;禁止金银及其他金属、粮食、布匹、纸张、机械、枪弹、化学用品、交通工具、通讯器材等军用和民用物资进入根据地,企图把根据地的军民困死、饿死。②

以宋子文为首的国民党广东当局在完成了上述种种准备和周密计划以后,于1948年内,对活跃在广东境内及与之相邻的闽、赣、湘、桂边的人民革命武装先后进行了两期"全面清剿"。

1947年12月中旬,宋子文委派了各区的"清剿"指挥官,要求他们于一个星期内到任,并要求各区于25日前成立"剿匪指挥部"。1947年12月20日,警保处邀约省参议会议员举行"绥靖"座谈会。会议由黄镇球主持,各区指挥官也参加了会议。黄镇球在会上部署了"绥靖"工作计划,认为实行"分区清剿"的办法,"是大别山剿匪行之有效的

---

① 《大光报》,1948年6月24日。
② 《大光报》,1948年7月25日。

经验",即"用大部队进行追剿,追散以后再来收拾"。①

1948年2月,广东当局派出大军对广东人民革命武装展开了"第一期全面清剿"。国民党军队的作战方针是:"分区扫荡,重点进攻"。其兵力部署是:以驻防广东的第六十九师与保安第五、第八团重点进攻粤北地区;以保安第一、第二、第九、第十团和桂南之兵力进攻南路;以保安第十二团和福建之兵力进攻兴梅。

1948年4月29日,黄镇球向省参议会驻委会报告"剿匪"的效果时说:"自各边区总部及清剿区先后成立,实施清剿以来,至本年三月间,东江股匪蔓延之势,经已大刹,有如强弩之末,其他各地蔓延之匪势,亦已大挫";但"根绝本省匪患,非单纯靠军事可以成功,必须加强民众组织及地方自卫武力,健全基层政治机构,配合运用,方克期成。故宜以军事力量一面扫荡,一面整顿民众组织"。②

为了"根绝""匪患",广东当局又从1948年5月起,积极策划"第二期清剿"。"第二期清剿"从是年6月开始启动,动员的兵力计有15个保安团、12个保安营、3个补充旅和所有地方武装。其作战方针是:"肃清平原,围困山地",即一面集中兵力,组成若干机动兵团,实施重点进攻,攻击人民革命武装主力;一面组织地方武装,分区联防,划区"清剿",健全保甲,巩固政治统治。

但是,国民党当局矛盾重重,弱点甚多,不论军事上、政治上和经济上都是十分虚弱的。这表现为:兵力不足,补

---

① 《中山日报》,1947年12月21日。
② 《大光报》,1948年4月30日。

充困难；后勤保障不力，粮钱不继；政治黑暗，官员腐败，人民强烈不满；统治阶级内部派系纷争，尔虞我诈；等等。这些矛盾，广东当局是无法解决的，因此"第二期清剿"计划也注定和从前一样，以失败告终。

1948年10月，宋子文就职一周年时，他认为上任以后增加了两倍以上警保力量，"第六十九师北调以后，仍能维持，治安不致恶化"①，"一般看来均有进步"。但"剿匪易，清匪难"。②其实，对国民党当局来讲，广东的"治安形势"非但没有什么"进步"，而是相反。1948年12月28日，宋子文在省参议会第五次大会上的施政报告中不得不承认："现在的时期，的确是历史上空前的危险时期。"③

宋子文把形势看得这样严峻，是因为到了1948年底辽沈战役已经结束，淮海、平津战役正在进行，国民党的主要军事力量大部被歼，人民解放军从数量与质量上都超过了国民党军队，国民党的统治危机深重，败局已定。在广东，1948年宋子文策划的"全面清剿"，人民革命武装不但没有被消灭，而且在反"清剿"斗争中经受了锻炼和考验，迅速成长壮大，人数越来越多，装备也得到了改善，战斗力更强。除了早已成立的琼崖纵队，1949年1月经中共中央军委批准，按人民解放军的正规编制又成立了粤赣湘边纵队和桂滇黔纵队，为配合解放军南下解放全广东奠定了坚实的基础。

与人民革命武装成长壮大相反，在一年的"全面清剿"

---

① 《大光报》，1948年10月4日。
② 《大光报》，1948年10月3日。
③ 《大光报》，1948年12月29日。

中，宋子文费了很大力气整顿和扩充起来的保安团队，在战斗中死伤不少，甚至成连成排地被歼灭，加上得不到人民群众的支持，士气十分低落，经常有人开小差，拖枪逃跑，以至进行起义，投入人民革命的怀抱。

1948年12月19日，"粤桂南区清剿总指挥部"副总指挥兼第十清剿区司令张君嵩少将偕第十清剿区副司令邓伯涵及广东省绥靖公署点验组组长颜伟青等，到遂溪城召开第十清剿区部队长官会议，并对保安第十团点验兵员。由于全国解放战争的胜利发展，国民党军队中爱国将领率部起义的影响，中国共产党统一战线政策的感召，陈一林[①]也萌生了起义之意。他在得知张君嵩等要来的消息后，于18日夜与其亲信密谋起义。19日晨，陈一林以迎接长官为名，集合全体官兵，并于事前在操场周围布置了伏兵。上午10时，当张君嵩、邓伯涵、颜伟青等一行抵达操场时，即遭伏兵密集火力的射击。张君嵩、邓伯涵、颜伟青等一行28名官兵全被击毙。当天下午，陈一林又率部攻打湛江，并派员与人民革命武装联系，宣布起义。

陈一林起义对国民党广东当局是一次沉重的打击。1948年12月28日，宋子文在回答参议员的质询中说："保十团事件，事出意外，且系仓促发生，事前显无计划。"他否认陈一林是受了人民革命的影响，谩骂陈一林系"心理失常，神经错乱"[②]。

不论宋子文和广东当局怎样解释陈一林事件，但从此以

---

① 陈一林原是国民党第十清剿区（驻遂溪）第十保安团团长。
② 宋子文：《答广东省参议会议员的质询》（1948年12月28日），载《大光报》，1948年12月29日。

后国民党当局不敢再讲"广东治安情况良好"、有"进步"等一些自欺欺人的谎言,而不得不面对现实,感到自身统治面临着巨大危机。1948年12月30日,黄镇球在省参议会第五次大会的报告中,不得不承认广东"匪情""严重",遍布琼崖、东江、南路、闽粤边等全省各地,人数多达32 000人。①这就是说,以宋子文为首的广东当局进行了一年的"全面清剿",不但没有把人民武装"肃清",反而越来越多。这就等于明确宣布宋子文"清剿"计划的失败。

为了维持摇摇欲坠的统治,1948年12月6日,广州绥靖公署开会,讨论严密各地部署,应付突然事变。9日,广州警备司令部成立,由黎铁汉兼警备司令。10日,蒋介石下达命令,全国各省市除新疆、西康(1955年撤省,其金沙江以东的雅安地区划归四川,金沙江以西的昌都北区1956年划归西藏)、青海、台湾及西藏外,一律戒严。27日,广东划为"警戒地域",实施戒严,禁止集会、游行、请愿,取缔言论、新闻、出版物之妨害军事者,禁止罢工、罢课、罢市。②

1949年1月21日,蒋介石以"中华民国总统"名义,免去宋子文本兼各职,任命薛岳为广东省政府委员兼主席,余汉谋为广州绥靖公署主任,委派张发奎为海南特别行政区长官兼海南省筹备委员会委员。③

宋子文主政广东1年零4个月,在两期"清剿"失败后黯然下台。

---

① 《大光报》,1948年12月31日。
② 《大光报》,1948年12月27日。
③ 《大光报》,1949年1月22日。

第 四 章

国民党在广东统治的终结

辽沈、淮海、平津三大战役后，国民党的主要军事力量已被消灭，它在大陆的统治彻底垮台已成定局。在国内外各种力量的压迫下，蒋介石不得不采取以退为进的策略，一方面宣布辞去中华民国"总统"职务，宣告"引退"；另一方面继续以国民党"总裁"的身份，在幕后进行指挥操纵。

为了挽回残局，国民党统治集团由"代总统"李宗仁出面玩弄假和平阴谋，企图阻止人民解放军渡江，达到"划江而治"的目的。他们一面派出代表到北平（今北京）与中共谈判；一面聚合残余军事力量构筑长江防线，抢占战略要地，迁都广州，做出退守台湾和西南各省的准备，继续负隅顽抗。

以毛泽东为首的共产党人洞悉国民党统治集团的阴谋，一面派出以周恩来为首的代表团与国民党代表团进行谈判，争取以和平方式解决国民党的残余军事力量，减轻战争损失，推翻国民党的反动统治，解放全中国；一面积极进行军事准备。当国民党统治集团拒绝签署和平协议时，立即发起渡江战役，向全国进军。仅用一年时间，即解放了江南各省，解放广州和广东全境，彻底消灭国民党在中国大陆的统治，成立了中华人民共和国，开创了中华民族历史的新纪元。

第一节　中国人民解放军各边区纵队的建立

东江纵队北撤以后，留在广东大陆的人民武装尚有3 000多人，分布在粤北、后东、九连、潆江、东江、南路、西江、中区、潮汕、兴梅、广州等广大地区。按照国共两党的协议，留在广东的人民武装停止了武装活动，但是国民党广东当局却悍然撕毁协议，对留粤武装人员反复进行"清乡"、"清剿"，强迫"自新"，企图把留粤武装人员彻底消灭。为了自身安全，留粤武装人员遵照中共广东区委的指示，实行分散、转移、潜藏隐蔽，以待时机的方针。

全面内战爆发后，1946年11月，遵照中共中央的指示，广东区委做出恢复武装斗争的决定，并指定方方（中共中央代表）、尹林平直接领导广东武装斗争。为了统一认识，培训干部，1947年初，在香港召开广东区党委扩大会议，并连续举办了5期军事干部训练班，为全面恢复和发展武装斗争准备了思想条件和干部条件。

1947年5月，中共中央香港分局（1949年4月改称华南分局）成立，方方任书记，尹林平任副书记。分局决定将广东及其周边划分为粤桂边、粤桂湘边、闽粤赣边、粤赣湘边、粤中、琼崖6个战略区，并分别选派大批干部到各战略区加强对游击战争的领导。香港分局和各战略区领导抓住国民党军队在北方大量被歼，驻广东正规军大部北调，兵力空虚之机，广泛发动群众，大力发展人民革命武装，接连粉碎了国民党广东当局的"围剿"，迅速扩大游击区域，直至1948年底、1949年初，人民武装已发展到8万余人。为了加强领导，迎接和配合中国人民解放军解放华南，广东的人民武装先后成立了6个边区纵队，有条件的根据地还成立了边区人民政府。

以下分述解放战争时期广东各地人民武装与人民政权成立和成长壮大的过程。

一、琼崖纵队和琼崖临时人民政府的成立

1945年9月，广东省琼崖抗日游击队改称广东省琼崖游击队独立纵队，下辖5个支队，共7 700余人。根据"双十协定"，中共中央拟将琼崖纵队和东江纵队一起撤往山东解放区。但因国民党广东当局顽固坚持不承认琼崖共产党和琼崖纵队，故该部未能"北撤"，继续留在海南岛坚持斗争。在中共琼崖特委的坚强领导下，琼崖纵队依靠根据地军民，团结一致，英勇战斗，先后粉碎了国民党第四十六军和保安团连续不断的残酷"清剿"，因战斗伤亡和病饿等非战斗减员2 100余人，但到1947年底，队伍又恢复到6 800余人。同年10月，琼崖独立纵队为加强部队建设，于白沙县毛栈乡便文村（今属通什市毛阳镇）召开了首次全纵队军人代表

大会，全面总结了1938年12月云龙改编以后部队建设的经验教训，强调要发扬人民军队的优良传统，坚持党对军队的绝对领导，依靠人民群众，进行人民战争。会议期间，接到中共中央军委来电，正式命名该部为中国人民解放军琼崖纵队。纵队司令员兼政治委员冯白驹，副司令员李振亚、吴克之、马白山（后），副政治委员黄康（后），参谋长马白山、符振中（后），政治部主任林李明、黄康（后兼）。部队领导机关：司令部下设作战、军训、军务部以及机要、管理科和电台；政治部下设组织部、宣传部、秘书科和文工团；后勤部下设军医科、财经科、供给科和军工局。全纵队辖3个总队、8个支队。

1948年7月，琼崖纵队粉碎了国民党军队新的进攻，解放了保亭、乐东两县全境，使五指山根据地连成一片。从此，琼崖国民党当局军事上已被迫从攻势转为守势，军事主动权掌握在琼崖纵队手中。其后，琼崖纵队连续发动了秋、春、夏三次大攻势，不断歼灭国民党军的有生力量，把主战场引向国民党统治区。随着战斗的胜利，琼崖纵队也不断成长壮大，到1949年春季攻势结束时，已发展到1.6万人，1950年3—5月，更迅速增加到2.5万多人，为配合和迎接人民解放军渡海作战、解放海南，建立了卓越功勋。

琼崖纵队遵照毛泽东关于建设革命根据地的理论，在开展武装斗争的同时，积极开展土地革命和政权建设，凡是有条件的地方，都建立了县区乡等基层政权，为日后建立琼崖人民政权积累了经验。

大革命失败后，1927年7月，中共琼崖特委将琼山、文昌等10县的农民武装统一编成"琼崖讨逆革命军",举行武装暴动,反抗国民党的叛变行为。1927年11月,琼崖特委将琼崖讨逆革命军改编为工农革命军(或称红军),开展游击战争,创建琼崖革命根据地。1928年8月12日,琼崖第一次工农兵代表大会在乐会县第四区高垉村召开,选举产生琼崖第一届苏维埃政府人民委员会。直至1933年5月,琼崖第二次反"围剿"失败,苏维埃政府停止活动,但工农革命军继续坚持游击战争。抗日战争爆发后,根据国共两党协议,琼崖红军改编为中共领导的抗日武装——琼崖抗日独立总队(后改为纵队)。1941年11月10日,在琼崖召开琼崖东北区人民代表大会,选举产生琼崖东北区抗日民主政府,实行"三三制"原则,共有委员13人,由冯白驹任主席。在艰苦的战争环境中,抗日民主政府积极开展经济建设和文化建设,开展民运工作,有力地支持琼崖抗日武装,并使抗日根据地日益扩大和发展。至1945年日本投降时,全岛16个县都建立了县一级的抗日民主政府,琼崖抗日民主政府管辖的人口达100万以上,占全琼人口一半。1945年9月,改称琼崖民主政府,冯白驹任主席;1948年2月,增补何浚为副主席。琼崖民主政府领导人民建设五指山革命根据地,开展反奸反霸、减租减息和土地改革运动,有力地支持琼崖纵队作战。1949年7月,改为琼崖临时人民政府,主席、副主席仍分别由冯白驹、何浚担任。设有财政、民政、教育、工商、农业、交通、司法、保安等8个厅和秘书处,管辖北、东、西、南区4个专署(共19个县4个特别区)和1个少数民族自治区行政委员会。1950年5月,海南解放后,成立了海南军政委员会，琼崖临时人民政府撤销。①

二、粤赣湘边纵队和东江人民行政委员会的建立

东江纵队北撤后，留在东江、粤北地区坚持隐蔽斗争的武装人员有470人。国民党广东当局为了把广东作为支撑全国内战的后方基地，巩固封建买办阶级的专制统治，不但加紧征兵、征粮、征税（统称"三征"），而且对人民武装活动的地区频繁开展"清乡"、"清剿"行动，妄图彻底消灭留粤中共武装人员。留粤中共武装人员为了自身安全和保卫人民利益，被迫起而自卫。

1946年8月，粤北地区的留粤武装人员分别举起"崇（义）、仁（化）、汝（城）人民反征救命团"、"（南）雄、（大）庾、信（丰）人民义勇大队"、"始兴人民反征大队"、"始兴人民反征自救团"等旗帜，公开反抗国民党的暴政，开展自卫斗争，号召和鼓舞群众。九连、漭江、江南、江北地区的武装人员，也以"东纵复员人员自卫队"的名义，重新拿起武器，反击国民党当局的"绥靖"、"清乡"，镇压横行乡里的土豪劣绅，保存革命力量和保护人民利益。

1946年11月底，中共广东区委关于恢复武装斗争的决定下达以后，各地留粤武装人员深受鼓舞，迅速行动起来，

---

① 广东省地方史志编纂委员会编：《广东省志·军事志》，199～200页，广东人民出版社1999年；广东省立中山图书馆编纂：《民国广东大事记》，857页、978页，羊城晚报出版社2002年；卢权主编：《广东省革命史辞典》，88～94页，广东人民出版社1993年。

发动群众，开展反"三征"斗争，打击和摧毁国民党的基层政权和组织，破仓分粮，粉碎国民党的"清乡"、"清剿"。至1947年春，东江地区已建立4个边区工委和1个地委，并相应建立了基层党组织和武装队伍。它们是：中共九连地区工委，统辖"东江人民抗征队"、"连和人民义勇队"、"河西人民自救队"；江北地区工委，统辖"增龙从博人民自救队"、"龙从人民保乡队"、"东江人民解放军独立第十队"、"博龙河人民解放军"、"清从佛人民义勇大队"；江南地区工委，统辖"惠东宝人民护乡团"、"惠紫人民自卫大队"、"海陆丰人民自卫队"；瀚江地区工委，统领粤赣先遣支队；五岭地委，统领粤赣湘边人民解放总队。同年冬，各部在反"清剿"斗争中，建立和发展游击基地，扩大了部队，先后扩建成广东人民解放军江南支队、江北支队、粤赣边支队、粤赣湘边区人民解放总队，共计11 790人。

人民革命武装的迅猛发展，引起国民党统治集团的恐慌。1948年，宋子文主粤后，加大了对人民武装的"清剿"力度。以宋子文为首的国民党广东当局，经过精心策划，制订了新的"清剿计划"，确定实行"分区清剿"、"军政结合"、"整训团队"、"剿抚兼施"的方针，分两期对人民武装实行"清剿"，扬言"广东治安三个月有办法，六个月见成效"。但结果与国民党当局的主观愿望相反。经过一年的艰苦战斗，人民武装和人民群众虽然遭到重大损失，但由于他们采用灵活机动的战略战术，并有广大人民群众的积极支持，踊跃参军参战，到1948年12月，人民武装不但没有被消灭，反而越来越多，增加到15 254人。

为了加强领导，1948年12月15日，中共中央华南分局决定成立粤赣湘边区党委，由华南分局副书记林平（尹林平）兼任边区党委书记。边区党委除管辖原来的五岭、瀚江、九连、江南、江北5个地委外，珠江三角洲地委也划归其领导。粤赣湘边区党委第一次全体会议于同年12月下旬至1949年1月中旬，在惠阳县安墩召开。会议期间，中国人民解放军粤赣湘边纵队奉中共中央军委命令于1949年1月1日正式成立。纵队司令员兼政治委员林平，副司令员黄松坚，副政治委员梁威林，参谋长严尚民，政治部主任左洪涛。下辖东江第一、第二、第三支队，北江第一、第二支队，湘南、赣南支队及粤湘边北上先遣队，共1.5万余人。

纵队成立后，随即发动春季攻势，建立了海（丰）陆（丰）惠（阳）紫（金）五（华）和新（丰）连（平）河（源）龙（川）边两块战略基地。5月，又发动南北线攻势，先后解放龙川、五华、紫金、和平、新丰、连平、海丰、陆丰、河源、翁源、桂东、汝城、定南、大庾等县城和广大农村，并与闽粤赣边纵队联合作战，建立了由福建龙岩到广东河源，由平远到海陆丰，纵横一千数百里的解放区，为配合与迎接中国人民解放军南下解放全广东做了重要准备。

随着根据地的建立和扩大，从1948年冬至1949年上半年，东江地区一些县如河源、九连、连和、惠（阳）紫（金）五（华）、海丰、陆丰、路东（惠阳）、惠东、龙川、博东等先后成立了县一级人民政权。为了统一和加强革命根据地行政工作的领导，以适应革命事业发展的需要，1949年7月，粤赣湘边区东江人民行政委员会成立。谭天度为主任，叶锋为副主任。下分3个行政区督导处：第一区行政督导处（江南地区），刘宣为主任；第二行政区督导处（九连地区），黄中强为主任；第三行政区督导处（江北地区），陈李中为主任。该委员会共辖16个县及兴宁县部分地区，人口300多万。东江人民行政委员会的建立，为动员与领导人民群众支援前线，发展生产，恢复经济起了积极作用。1949年12月，随着东江行政区域的正式划分，东江人民行政委员会宣布撤销。①

三、闽粤赣边纵队和潮梅行政委员会的建立

闽粤赣边纵队是由东纵北撤以后，留在潮汕、梅埔和闽粤边等粤东地区坚持斗争的武装骨干发展、扩大而成。

1946年秋，粤东地区继续精简武装人员，潮汕特委只留下直属武工队20多人，潮澄饶地区武工队20多人，梅埔地委特务队20多人，闽西南边地委和闽南地委仅留下1~2个班特务队。留粤武装人员主要从事隐蔽斗争，保护人民群众利益。

1946年11月，中共广东区委做出恢复武装斗争的决定，由于没有电台，闽粤边区工委直到1947年2月才得到讯息。

---

① 广东省地方史志编纂委员会编：《广东省志·军事志》，200~201页，广东人民出版社1999年；卢权主编：《广东省革命史辞典》，96~99页，广东人民出版社1993年；广东省人民武装斗争史编纂委员会编著：《广东人民武装斗争史》，第四卷，158~163页、188~197页、262~271页，广东人民出版社1995年；惠州市党史研究室编：《中国共产党惠阳地区历史大事记》，177~187页，中共党史出版社2008年。

3月，闽粤边区工委改为闽粤赣边区工委，仍由广东区委领导。按照广东区委要求，闽粤赣边区工委陆续组织武装骨干，发动群众，开展反"三征"斗争，把武装斗争与群众斗争结合起来，确定闽粤边游击战争实行"先粤东后闽西南"的方针，并着令原闽粤边王涛支队司令员刘永生从闽西带领闽粤边区工委特务队骨干13人，与梅埔地委特务队16人集结于大埔县平沙乡，于同年5月成立粤东支队。

粤东支队成立后，在大埔、丰顺、平远等县活动，袭击国民党的乡公所、自卫队，打击反动官僚恶霸，没收反动势力的枪支，壮大武装队伍。与此同时，粤东各县的党组织也积极行动，先后在各县成立游击队。

1947年春，潮汕特委派往香港参加军事学习班的干部带回中共中央和广东区委关于恢复武装斗争的指示，特委即着手扩大武装队伍。3月，普宁、揭阳、潮阳相继建立武装小组，连同原来特委的直属武工队、潮澄饶武装小组和潮揭丰边经济工作队，共50多人。6月，潮汕特委改为潮汕地委，由香港分局直接领导。分局指派原珠江纵队政治部主任刘向东任潮汕地委副书记，分管军事工作。潮汕各县随即组织各地武装骨干，取出埋藏枪支，筹集粮食以及其他物资，为全面恢复武装斗争准备条件。各地党组织还组织地下民兵，建立情报交通网，以配合开展游击战争。6月，潮汕地委将直属武工队，普宁、潮阳县武装小组，以及原属潮汕韩江纵队的部分军事骨干70多人，集结于揭阳县天宝堂（在今揭西县南山镇境内），成立潮汕人民抗征队，司令员刘向东，政治委员曾广（潮汕地委书记）。

6月下旬，闽粤赣边工委扩大会议决定成立闽粤赣边人民解放总队，总队长刘永生，政治委员魏金水。边区工委机关也从闽西转移至大埔县甜竹一带山区。8月，又相继成立了闽南支队和闽西支队。

人民武装深入发动群众，反抗国民党当局的横征暴敛，摧毁反动政权和反动武装，袭击国民党的县政府，开仓济贫，打破国民党军队的"围剿"和"扫荡"。在取得一连串武装斗争胜利的基础上，普遍建立武工队，先后开辟了大南山、南阳山、五房山、凤凰山等根据地。抗征队很快扩编为2个大队，12支武工队，共700余人。

1948年8月，成立闽粤赣边区党委，书记魏金水，除辖梅州、闽南、闽西地委外，原潮汕地委也归其领导，并分出一部分地区成立韩东（后改称韩江）地委，共辖5个地委。部队也扩编为闽粤赣边纵队，司令员刘永生，政治委员魏金水。下辖5个支队：粤东支队改编为梅州支队，支队司令员郑金旺，政治委员廖伟；潮汕人民抗征队改编为潮汕支队，司令员刘向东，政治委员曾广；韩东地委以潮澄饶丰抗征队和武工队为基础，成立了韩江支队第十一团，团长许杰，政治委员张震；闽南、闽西支队不变。到1948年底，纵队总人数达8 260人。1949年1月1日，奉中共中央军委命令，该部正式命名为中国人民解放军闽粤赣边纵队，司令员刘永生，政治委员魏金水，副司令员兼参谋长铁坚，副政治委员朱曼平，政治部主任林美南，下辖第一（原梅州支队）、第二（原潮汕支队）、第四（原韩江支队第十一团扩编而成）、第七（原闽西支队）和第八（原闽南支队）等5个支队，2

个直属团，部队增至1万余人。同年夏，又将原国民党保安第十二团等起义部队改编为闽粤赣边纵队暂编第三支队，支队司令员魏汉新，政治委员陈柏麟。边纵成立后，相继发动了1949年春季攻势，截击国民党军第十二兵团残部，配合南下野战军解放了边区36个县、市；胜利完成接应中共中央华南分局领导机关从香港迁回粤东解放区，并护送到江西赣州（分局在此召开具有重要历史意义的华南分局赣州会议），为解放广东和华南地区做出重要贡献。在战争胜利和根据地扩大、巩固的基础上，1948年7月28日，潮梅人民行政委员会在揭阳南山小学成立，主任委员林美南，副主任委员李洁之、黄声，下辖潮汕和兴梅的17个市、县、局，人口300余万。潮梅行政委员会在领导潮梅人民支援前线，繁荣经济，发展文化教育，准备接管城市等工作做出了积极贡献。①

四、粤中纵队的建立

粤中纵队前身是广东（中区）人民抗日解放军。1946年6月，广东（中区）人民抗日解放军57名团以上干部随东江纵队北撤山东，其余多数复员，只留下140多名武装骨干，分别在台（山）开（平）赤（坎）、两阳（阳江、阳

---

① 广东省地方史志编纂委员会编：《广东省志·军事志》，202~203页，广东人民出版社1999年；广东省立中山图书馆编纂：《民国广东大事记》，928页，羊城晚报出版社2002年；卢权主编：《广东省革命史辞典》，78~79页，广东人民出版社1993年。

春)、恩(平)新(兴)边和新(会)高(明)鹤(山)4个地区坚持,执行"保存力量,待机发展"的方针,为日后恢复武装斗争奠定基础。1947年初,中共广东区委关于恢复武装斗争的决定传达到粤中,分散各地进行隐蔽斗争的人员,迅速重新集结,组织复员人员归队,取出埋藏武器,重新建立武装组织。2月,在新高鹤地区建立了"新高鹤人民抗征自卫大队",在台开赤地区建立了4个武工队;3月,在两阳地区组建了春北、漠南两支武工队;5月,在新恩边地区成立了"新恩人民保乡自卫大队"。

7月,为了加强对武装斗争的领导,各地党组织抽调了一批共产党员充实部队,使武装组织迅速巩固和发展。先后组建了中共中区特派员直属基干队——朱德队和挺进"三罗"(罗定、云浮、郁南)地区的两支小分队——德怀队、王震队。还将两阳地区漠东、漠南武工队分别扩编为雪枫队、彭湃队;将台南武工队扩建为台山人民解放军,德怀队扩建为云浮人民自卫队;并新建了新兴人民游击独立大队和尖鹤人民救乡独立大队。人民武装组织举起反"三征"的旗帜,号召与发动群众,打击国民党的乡村政权与反动武装,破仓分粮,救济劳苦大众,不断壮大武装队伍。到1948年2月,人民武装已发展到400多人。

1948年3月,武装斗争开始转入"大搞"阶段。香港分局决定成立粤桂边区党委广南分委和军分委(12月改为粤中分委、军分委),任命冯燊为分委书记兼军分委主席,谢创、吴有恒、欧初为分委常委(吴、欧还兼军分委副主席),以加强并统一领导茂(名)电(白)信(宜)地区和原中区所属各县党组织和人民武装。

为了打破宋子文对南路人民武装的"围剿",支援和扩大粤中地区的武装斗争,粤桂边区党委从粤桂边主力部队中抽调一部分兵力组成东进支队(近800人),由司令员兼政治委员欧初率领,挺进粤中,沿途打破国民党军的围追堵截,历时50天,穿越10个县,行程千余里,于同年5月抵达恩(平)阳(春)边,与中区部队会合,有力地支持了粤中地区武装斗争的恢复和发展。

粤中人民武装为了粉碎国民党军队的"清剿",采取"分散搞发展,集中打敌人","内线坚持与外线作战相结合"的游击战术,与数倍于己的国民党武装力量周旋,逐渐转变了斗争态势,到1948年9月以后,开始由防御转为进攻,由分散游击转为集中兵力歼敌,先后取得了布辰岭和连州等较大战斗的胜利,使人民武装的影响和活动范围进一步扩大。到1949年上半年,相继建立了皂幕山、大隆洞、天露山、云罗阳边等根据地,使各游击区连成一片。7月18日,中国人民解放军粤中纵队宣告成立,司令员吴有恒,政治委员冯燊,副司令员欧初,副政治委员兼政治部主任谢创。下辖第二、第四、第六支队,滨海总队和独立第一团,共6 800人。为配合南下大军解放粤中,在阳江地区歼灭南逃的国民党军队做出了重要贡献。①

---

① 广东省地方史志编纂委员会编:《广东省志·军事志》,203~205页,广东人民出版社1999年;广东省人民武装斗争史编纂委员会编著:《广东人民武装斗争史》,第四卷,124~126页、172~176页、204~207页、278~282页、320~323页,广东人民出版社1995年。

五、粤桂边纵队的建立

粤桂边纵队前身是南路人民抗日解放军。日本投降后，面对国民党重兵压境，中共南路特委决定，以第一团为主组成主力部队突围西进十万大山，开辟新区；其余各团分别返回遂溪、海康、廉江、化县、吴川、梅菉、茂名、电白、信宜等县，组成精干小分队、武工队，坚持自卫斗争。

1946年6月，东纵北撤，全面内战爆发，南路人民武装迅速恢复斗争，部队发展很快，由6月的500人到9月增加到1 600多人。1947年1月，中共南路特派员吴有恒，召开雷（州）、廉（江）、化（县）、吴（川）特派员联席会议，传达中共中央和广东区委关于恢复武装斗争的指示，决定乘国民党正规军全部北调、新来的保安团立足未稳之机，放手发展人民武装，开展游击战争，实行"赤色割据"。3月8日，人民武装设伏击毙南路著名的反共头子"雷州独立挺进队司令"兼国民党政府遂溪县县长戴朝恩，引起国民党广东当局的恐慌，却极大地鼓舞了广大人民。南路党组织决定因势利导，扩大人民武装，将各地游击队整编为团的建制，成立粤桂边区人民解放军，吴有恒任代司令员。17日，以遂溪4个游击队为基础，组建粤桂边区人民解放军新编第一团；24日，将廉江独立大队扩编为新编第三团；25日，人民武装连续攻下南安、同南两个乡公所，在大塘村与化（县）、吴（川）部队会合，又将化吴部队扩建为新编第四团。3个主力团建立后，从3月22日至4月14日，不到一个月的时间，人民武装转战遂溪、廉江、化县，连战告捷，所到之处，破仓分粮，接济贫苦百姓，群众革命热情更加高涨，踊跃参军，部队迅速发展到5 000余人，使遂、廉、化、吴游击区连成一片。1949年4月29日，中共中央香港分局正式批准成立粤桂边区人民解放军，任命庄田为司令员，唐才猷为副司令员，温焯华为政治委员，欧初为政治部主任。6月，又任命左洪涛为参谋长。至年底，部队发展到17个团、5个独立大队、5个独立营，共计7 000余人。

粤桂边区人民武装的迅猛发展，引起时任广东省政府主席宋子文的恐慌，宋子文迅速调集两广保安团近万人，对粤桂边区实行重点"清剿"。由于敌我力量悬殊，加上工作和作战指挥上失误，致使化（州）、吴（川）地区的革命斗争遭到严重挫折，导致1 400多位干部和群众惨遭杀害。为了打破宋子文的"清剿"，中共粤桂边地委遵照香港分局的指示，将人民武装主力分成东西两路，突破敌军包围，转到外线作战：一路由欧初率领，挺进粤中；一路由谢王岗率领，挺进十万大山，致使宋子文的重点"清剿"计划宣告破产。

1948年6月，中共粤桂边区委员会及临时军委成立，梁广为边区党委书记兼军委主席，冯燊、黄其江、温焯华（后）为委员。为贯彻香港分局"积极放手大搞武装斗争"的方针，边区党委认真总结化吴斗争受挫的经验教训，在全区部队中开展整党整军，加强思想建设和组织建设。在此基础上，积极寻找战机，主动出击。人民武装先是于7月10日袭击湛江，取得胜利；继而北上恢复化吴老区，南下扩展海（康）徐（闻）新区；十万大山、六万大山、桂中南、茂（名）、电（白）、信（宜）等地区的部队也频频出击，巩固和扩大游击根据地，使边区斗争由被动变为主动。

1949年，粤桂边人民解放军先后组织了强大的春季与夏季攻势，大量歼灭国民党保安队和地方武装，策动了部分国民党军起义，打通了雷州半岛至十万大山的边区走廊，把全区各主要根据地连成一片，从而堵住了国民党军的南逃出口，为迎接南下野战军进入粤桂边区作战，全歼白崇禧集团及余汉谋集团残部，创造了条件。8月1日，中国人民解放军粤桂边纵队宣告成立，司令员兼政治委员梁广，副司令员唐才猷，参谋长杨应彬，政治部主任温焯华。同年底，部队发展到2.5万余人，下辖8个支队，31个团，6个独立营和10个大队，有力地配合了南下大军进行粤桂边战役，为解放粤桂边区做出了重大贡献。①

六、粤桂边区部队的建立

粤桂边区部队的前身是西江人民抗日义勇队和珠江纵队直属第一、第二、第三、第四大队。抗战胜利后，广东区党委根据新的形势和斗争需要，及时地调整了部署：1945年12月，撤销广宁中心县委，成立中共西江特委；同时，精简

---

① 广东省地方史志编纂委员会编：《广东省志·军事志》，205~206页，广东人民出版社1999年；广东省人民武装斗争史编纂委员会编著：《广东人民武装斗争史》，第四卷，131~137页、181~184页、213~219页、282~286页，广东人民出版社1995年；卢权主编：《广东省革命史辞典》，98~99页，广东人民出版社1993年。

机构，整顿部队；将人民武装分散整编为几个区队，即广（宁）清（远）边区队（代号为和平区队）、广（宁）四（会）边区队（代号为民主区队）、广（宁）怀（集）边区队（代号为团结区队）、广（宁）高（要）边区队（代号为建国区队），共1 000余人。

1946年6月，谢斌、陈明、蔡雄等20名领导骨干跟随东江纵队北撤，其余大部分散转移，从事其他职业做掩护，留下继续坚持斗争的武装人员仅300人。人民武装执行"长期打算，保存力量，待机发展"的方针，进行艰苦的隐蔽斗争。

全面内战爆发后，人民武装根据广东区党委恢复武装斗争的指示，发动群众反"三征"，锄奸肃特，除暴安良，挫败国民党的军事"清剿"和政治"清乡"，保存了干部和武装。到1947年初，部队发展到500多人，活动地区也扩大许多，到处撒下革命种子。

1947年7月，中共粤桂湘边区工委在广宁寮炭岗村成立，工委书记梁嘉（原珠江纵队政委），副书记钱兴（原中共广西省工委书记）。同时，成立粤桂湘边区人民解放军，代司令员兼政治委员梁嘉，副政治委员钱兴，政治部主任李殷丹，参谋处主任李海。下辖连阳挺进大队（代号飞雷队）、广德怀挺进队、广德怀人民抗暴义勇总队、怀南人民抗暴大队、怀集人民抗征义勇队、广四清边区队、广怀清边区队、广四边区队、广高边区队、连县人民抗征大队星江区队、连县东陂人民抗征队、桂东游击队、全灌农民解放支队等等，武装斗争的烽火遍及西江两岸。

1948年2月，中共粤桂湘边区工委军事委员会成立，梁嘉兼军委主席，周明任副主席。为粉碎宋子文的军事"清剿"，边区工委和军委又将辖区做了调整，成立连江、绥江、桂东三个地（工）委，部队按支队建制进行合并，成立连江支队、绥贺支队和桂东独立团。人民武装在战斗中成长壮大，至1948年底，反"清剿"斗争结束时，粤桂湘边人民解放军已发展到3 200多人。

1949年1月，粤桂湘边工委和军委根据全国、全省解放战争的大好形势，决定开展春季攻势，人民武装广泛出击，频繁战斗，3个多月进行大小战斗50多次，歼灭敌军500多人，人民武装迅速发展到7 000多人。7月23日，粤桂湘边区工委、军委决定向中央军委申请，建立中国人民解放军粤桂湘边纵队。由于当时华南分局正从香港迁回内地，报告未能送达中央军委审批，故延迟至1993年8月24日，才被中央军委批复确认。纵队司令员兼政治委员梁嘉，政治部主任王炎光，司令部参谋处主任林锋。纵队下辖连江支队、绥贺支队和独立团，共13个团又4个大队，共1.1万余人（未包括桂东、桂北8 700余人的人民武装）。据不完全统计，解放战争期间，粤桂湘边部队共歼敌1.735万人，其中毙伤3 920人，俘虏11 730人，争取起义1 700多人，为配合南下野战军解放粤桂湘边做出了积极贡献。①

---

① 广东省地方史志编纂委员会编：《广东省志·军事志》，207~208页，广东人民出版社1999年；卢权主编：《广东省革命史辞典》，98~99页，广东人民出版社1993年。

第二节 余汉谋、薛岳接掌广东军政大权

国民党统治集团在即将垮台的前夕,决定委任粤军将领主政广东,争取广东地方势力的支持。余汉谋、薛岳、张发奎等粤军将领也企图东山再起,密谋策划"粤人治粤"的计划。但薛的计划尚未实施,国民党中央党部和政府也相继迁来广州。广州成了国民党政权新的政治中心,组织指挥一切,薛岳等人的"粤人治粤"计划也随之成为无法实现的"残梦"。

一、国民党统治的全面危机与蒋介石下野

1949年开始,人民解放战争进入第三年。经过三大战役,国民党统治集团赖以发动内战、维持反动统治的主要军事力量已基本上被消灭,全国政治形势发生了根本变化,国民党的统治摇摇欲坠,陷入全面危机。

国民党统治的危机首先是从军事失败开始的。全面内战开始时,国民党拥有全国政权,军事上也占有很大优势,国民党军队在数量和武器装备上远远优于人民军队,并且背后还有美帝国主义者的大力支持。

正因为这样,国民党当局才敢于冒天下之大不韪,不顾人民的强烈反对,悍然撕毁政协决议和停战协定,发动全面内战,并扬言3个月或至多半年时间内消灭共产党领导的人

民革命武装。但由于国民党的内战政策不得人心，战争的发展进程与他们的主观愿望完全相反。经过3年较量，人民革命武装不但没有被消灭，反而越打越多，越战越强。国民党军队大量有生力量被歼灭，大批官兵被俘或者起义投诚，武器装备也落入了人民军队手中。由于中共实行优待俘虏、去留自愿的政策，大批被俘的国民党官兵，经过教育，转变政治立场，投身革命行列，成了"解放战士"。"解放战士"的加入，壮大了人民军队的力量。尤其应指出的是，被蒋介石集团视为命根子、并引以为傲的五大王牌军，这时已经全部被歼，以黄埔系为代表的蒋介石集团的嫡系部队，也所剩无多，蒋介石的政治赌本基本输光。国民党军队中仍有较强战斗力的是以李宗仁、白崇禧为首的桂系军队，总兵力有40万左右，但因长期受蒋介石集团的排挤，与蒋介石集团矛盾重重，不愿听从蒋介石的指挥和调遣。其他地方军阀眼见蒋介石集团大势已去，也都三心二意，各有打算。总之，国民党当局名义上仍然拥有100多万军队，并继续统治着华南、西南、西北广大地区，但由于战线漫长，派系林立，军心涣散，无法组织起坚固的防线，失败已成定局。

军事上的失败，引发和加深了政治上的矛盾。首先是国民党统治集团与人民大众之间的矛盾。抗战胜利以后，人民渴望和平，休养生息，也渴望改革腐朽落后的政治经济制度，走上国家富强、人民康乐之路。但国民党统治集团却坚持内战、独裁、卖国的反动政策，与人民为敌的一系列倒行逆施，致人民陷于水深火热之中。为了生存，人民不得不起而自救，以青年学生为先锋，全国各地掀起了一波又一波的反饥饿、反迫害、要和平的政治浪潮，抗议国民党当局祸国殃民的反动政策，使国民党统治集团陷入全民的包围之中。其次，在统治集团内部，也四分五裂、矛盾重重。战争的失败，在统治集团各派系之间彼此互相指责、推卸责任。在失败面前，一向自视甚高、专横独断的蒋介石的威信，扫地已尽，其领袖地位日益动摇，许多文武官员不肯再听蒋的瞎指挥和随意摆布。特别是以桂系为代表的地方实力派，不但不肯听从蒋的指挥和调配，还或明或暗地进行倒蒋活动，要把蒋从最高统治者的地位拉下来，取而代之。国民党的反动统治已处于风雨飘摇之中。

国民党统治集团在遭受军事危机与政治危机的同时，还面临着严重的经济危机。逐年增加的苛捐杂税使人民无法负担，再加上推行币制改革，滥发钞票，使全国经济陷于崩溃。

国民党的统治危机，也招致了一向支撑蒋介石政权的美国的不信任，它通过美国驻华大使司徒雷登等提出更换中国国民政府领导人的计划。

在内外交困的情况下，蒋介石被迫采取以退为进的策略，于1949年1月21日通过南京中央社播发文告，宣布"引退"，"于本月21日起，由李（宗仁）副总统代行职权"。①

---

① 《大光报》，1949年1月22日。

二、余汉谋、薛岳临危受命及其治粤措施

(一) 余汉谋、薛岳联手主政广东与"粤人治粤"方针的组织实施

1949年1月21日,在蒋介石宣布第三次下野当天,国民政府行政院开会,决定批准宋子文辞职;同时任命陆军总司令余汉谋兼任广州绥靖公署主任,任命薛岳为广东省政府主席,并决定成立海南特别行政区,任命张发奎为行政长官兼海南建省筹委会主任。①

余汉谋(1898—1981),字幄奇,广东高要人。早年入保定陆军军官学校第六期步兵科学习。1919年加入北洋军第一师,任排长。1920年加入粤军第三师,任连长、营长,参与陈炯明叛变。后靠拢孙中山,任广州宪兵司令部副官长。1925年参加第二次东征。1927年任第十一师副师长,于东江堵截南昌起义部队。1928年任副军长。1930年任第一军军长。1931年率部入赣,参与指挥对工农红军的"围剿"。1932年任赣湘闽粤第六绥靖区纵队指挥官。1936年两广事变中,被蒋介石收买发表拥蒋通电,反对陈济棠。后任广东绥靖主任兼第四路军总司令。抗日战争爆发后,先后担任第四战区副司令长官、第二集团军总司令、广东绥靖主任,参与指挥粤北战役。1940年任第七战区司令长官。曾被选为中国国民党第四、第五、第六届中央执行委员会委员。1945年

---

① 《大光报》,1949年1月22日。

日本投降时在汕头任第七战区受降主官。1946年调任衢州绥靖公署主任。1948年任陆军总司令。1949年任华南军政长官。1950年5月在海南战败，率残部逃往台湾，先后担任台湾"国民政府总统府"战略顾问、国民党中央评议委员等职。1981年12月27日病死于台北。

薛岳（1896—1998），原名薛仰岳，字伯陵，广东乐昌人。1907年11岁时入广东陆军小学当插班生，1909年毕业。1910年加入同盟会。1914年考入武昌陆军第二预备学校，1916年12月毕业。1917年升入保定陆军学校步兵科。1918年12月参加粤军。1919年正式加入援闽粤军，任上尉参谋。1921年任粤军第一师机枪营营长。1922年护卫孙中山到广州，负责警卫总统府。陈炯明叛变时，与警卫部队一起掩护孙中山撤离。同年10月，任东路讨贼联军第八旅第十六团团长、参谋长。1924年3月，孙中山将原属中央所辖粤军和东路讨贼军改编为建国粤军，薛任第一师副官长，后为参谋长。1925年8月，国民政府将所部粤、湘、滇军统一整编为国民革命军，薛任第一军第十四师副师长兼第十四团团长。1926年7月，由第十四师调往第一师，任副师长兼第三团团长，参加北伐。半年后，晋升为第一军第一师师长。1927年蒋介石发动"四一二"事变，实行"清党"，薛被怀疑有"左"的倾向，被免去师长职务，怅然南下广州，靠拢李济深，任第八路军第二师师长。12月，参与镇压广州起义。旋被任命为第四军副军长。1933年5月，任国民革命军第五军军长。11月，任第六路军总指挥，参加第五次"围剿"红军行动。红军长征后，薛担任前敌总指挥，奉命率部尾追红军。从江西起途经湖南、贵州、四川等省，行程2万余里，企图消灭红军，但以失败告终。抗战期间，先后担任第十九集团军总司令、第三战区前敌总指挥、第一战区前敌总司令、第九战区副司令长官、司令长官，参与指挥淞沪战役、武汉会战、三次长沙会战。在此期间，先后任过贵州省主席、湖南省主席。日本投降时，担任第五受降区受降主官，负责接受南昌、九江地区日军投降事宜。全面内战爆发后，1946年5月，任徐州绥靖公署主任，率部进攻苏北、山东解放区，因战败被免职。1947年5月，担任国民政府参军长。1948年10月，改任总统府战略顾问委员会顾问，回乐昌老家闲住。12月，被任命为广东省政府主席，后任海南防卫总司令。1950年4月海南解放，逃往台湾，先后担任"总统府"战略顾问委员会顾问、国民党中央评议委员会委员、"行政院"政务委员、"光复大陆设计委员会"主任委员等职。1998年5月3日病死，终年102岁。

余汉谋、薛岳、张发奎3人的任命，是蒋介石下野前的蓄意安排。

前面说到，蒋介石下野不是出于自愿，而是在内外交困、寸步难行的情况下，被迫交出权力的。他的下野，也不是从此远离政治，回乡养老，而是退居幕后进行操纵，时刻准备复出。因此，下野前后，在政治上和军事上做了一系列安排。委派余、薛、张3人掌握广东和海南军政大权，是其重要的一着。

余汉谋、薛岳和张发奎都是广东人，也都是国民党军队诸多派系中有名的粤军将领。在长期的军旅生涯中，他们和蒋介石虽然有过这样或那样的矛盾，甚至参加过反蒋活动，但坚持反共和坚持内战的基本立场与蒋是一致的，因而受到蒋的信任。尤其是三大战役以后，蒋介石的嫡系将领中，或战死、或被俘、或投诚、或起义，继续为蒋卖命的高级将领已经寥寥可数。这时实力最强的是以李宗仁、白崇禧为首的桂系，但桂系是美国正在扶持准备用来取代蒋介石的主要政治力量。为了牵制桂系，蒋不得不重新起用与桂系有过矛盾的薛岳等粤籍将领。

与此同时，长江以北各省已经解放，位于长江南岸的国民政府首都南京已是战争前线，国民党当局准备南迁广州，以广州为基地，积蓄力量，待机反扑。为了稳定华南，拱卫广州，必须起用粤籍将领，取得广东地方势力的支持。

薛岳在接到广东省主席的任命前，正在乐昌老家赋闲，接到任命后，觉得有了东山再起的机会而心中窃喜，但又深感国民党统治已陷入全面危机，政局千疮百孔，举步维艰，在风雨飘摇中主政广东，手上既无兵力又无钱财，难以有所作为，故迟迟不肯到职。而其前任宋子文眼见大厦将倾，急于脱身，前往美国当"寓公"，故先后两次派人前往乐昌"促驾"，但薛岳迟迟未肯动身。

为了弄清薛岳的意图，宋子文派秘书做代表再往乐昌"促驾"。薛向来人提出，要求宋子文离任前留下1 300万港元作为新一届省政府的启动资金。宋子文虽然觉得这是讹诈，但为了早日脱身，只得答应薛的要求。宋还托人转告，经过当时虽已不任"总统"，但仍是国民党总裁的蒋介石同意，把宋子文任内扩建和新建的保安部队除少部分交给陆军总司令余汉谋外，大部分归薛管辖，并决定把日本投降时在广州缴交的全部武器装备以及美国援助的部分武器统统交给他支配。薛认为要钱要枪的目的已经达到，当即派遣亲信赴香港办理收款手续。1949年春节刚过，立即前往广州上任。①

1月26日上午9时，薛岳的就任新职典礼在中山纪念堂隆重举行。到会者有当时在广州的邹鲁、戴季陶、余汉谋等国民党要员以及广东省、广州市各界代表和群众3000余人。宋子文未到场，由省府秘书长邹林代表宋子文办理移交。

民社党中央副主席徐傅琳到会并讲话，建议薛"改良政治，慎重用人"。②陈济棠、林翼中、余俊贤以及青年党广东省党部主任委员池在青也先后讲话。最后，薛岳致答词，号召"要搞好大团结"，"解除人民痛苦"。③

在当时的情况下，薛岳说的"解除人民痛苦"只不过是骗人的鬼话，而"搞好大团结"，则是他治理广东的宏愿。薛刚到任，便把当时两位粤籍重要将领余汉谋和张发奎请到家里，密商如何合作问题。在谈话中，薛向余、张提出"团结大广东"、"四、九、七战区大联合"的口号。人所共知，抗日战争时期，张发奎是国民党军第四战区司令长官，薛岳是第九战区司令长官，余汉谋是第七战区司令长官，薛岳说"四、九、七战区大联合"就是要求3个原战区司令长官及其所部的"大联合"；所谓"团结大广东"就是要以3位司令长官及其部属为基础，团结其他广东地方势力。张发奎称赞薛

---

① 王心钢：《民国上将薛岳》，311页，珠海出版社2009年。
②③ 《大光报》，1949年1月27日。

岳"团结"二字"提得好",说"这些年,我们彼此争夺,被老蒋渔翁得利,曾威震南北的粤军被瓦解得七零八落,再不讲团结,就完了"①。由此可见,薛岳在致答词中发出"要搞好大团结"的号召,可以说是他从政多年的经验总结。

2月2日,薛岳应邀到广东省参议会做施政报告。他说:在广东的施政原则是政治自由、经济民主、军事自卫;施政纲领是生民、养民、教民、卫民、管民、用民,达到安民、便民、足民的目的;施政重点,第一步是求安,而要达到"安"的目的,必须加强经济力量和军事力量。②

必须指出,国民党统治下的旧中国是半殖民地半封建社会,地主买办官僚专政,特务横行,人民既没有民主,也没有自由。尤其是全面内战爆发后,当局以"剿匪"、"戡乱"、"维护国家安全"等名义颁布了一系列"法规"、"条令",把人民应该拥有的民主、自由权利剥夺得干干净净。1948年召开"国民大会",颁布"宪法",说是"还政于民",但仅是一纸空文,从来未曾兑现。"国民大会"以后,国民党统治的封建买办法西斯专政的本质没有变,中国社会的半殖民地半封建性质也没有变。薛岳在省参议会上声称的施政三原则中"政治自由"和"经济民主"完全是一句空话,而"军事自卫"这一条则反映了当局面临的严酷现实。经过两年多的军事较量,国民党的军事力量已所剩无几,不可能再对解放区和人民军队发动新的进攻,只能被动挨打,进行"自卫"。

---

① 王心钢:《民国上将薛岳》,312页,珠海出版社2009年。
② 《大光报》,1949年2月3日。

至于薛岳的六点施政纲领中,"生民"指什么?未见薛本人的解释。其余五点,薛在和张发奎、余汉谋的密谈中则一一做了说明。他说:"我把它(指五点施政纲领——编者注)概括为'五政':一为'管民之政',就是要健全省、县、乡、保、甲各级基层组织,发挥其职能,彻底清查户口;二为'教民之政',就是发展教育,要使民众明白为人做事的道理,养成伟大的人格,成为一个良好的公民;三是'养民之政',就是要发展农业,振兴工业,使民众有饭食;四是'卫民之政',加强武装和保安力量,保卫民众的生命财产安全;五是'用民之政',就是取之于民,用之于民,发动群众,取得民心。"①薛岳还说这一套不是新发明,他在任湖南省主席时就试行过,并"获得了良好的效果",只是由于抗日战争的影响,才被迫中断。②那么当时解放战争正在进行,而且国民党统治又面临着空前的危机,为什么又要实施"五政"呢?这是因为薛岳对当时的形势做了完全错误的判断。他说:"据我保守估计,我们至少有两至三年的时间来治理广东。到时,第三次世界大战爆发,美国必然会插手中国事务。我们就可以广东为坚实基地,再来个北伐,收复被共军占领的地方。"③

为了实行"粤人治粤"的方针,把广东打造成为"坚实"的反共基地,薛岳在与张发奎、余汉谋密商后,开始组织实施自己的治粤计划。

其一,是重整军队,扩充兵力。在国民党军队中,粤军

---

①② 王心钢:《民国上将薛岳》,314页,珠海出版社2009年。
③ 王心钢:《民国上将薛岳》,312页,珠海出版社2009年。

英勇善战,"曾威震南北"①,但全面内战爆发后,被蒋介石集团调往前线作战,已基本打光,"特别是第六十二、六十三、六十四和第三十九这四个军基本上成了'空军',好在国防部保留了番号,允许他们回广东重建"(余汉谋语)②。当时广东虽有5个军的番号,但都残缺不全,缺员甚多,总共只有4万多人。薛岳决定让时任陆军总司令的余汉谋负责粤军正规部队的重建,薛本人则负责抓地方保安部队,拟在宋子文任内已建成15个保安团的基础上,再建5个保安团,然后把它扩充为5个保安师的建制,使保安团兵力扩展至23 000人左右。加上驻广东、赣南的李弥、胡琏、刘安祺三个兵团,薛岳认为,广东的军事力量便相当雄厚。③

其二,改组省政府,掌控实权。薛岳经过策划并经国民政府行政院第四十三次院务会议批准,成立了第十二届广东省政府:省府主席薛岳、省府委员兼秘书长李扬敬、委员兼民政厅长王光海、委员兼财政厅长区芳浦、委员兼建设厅长谢文龙、委员兼教育厅长张建,以及省府委员香瀚屏、黄范一、韩汉英、吴逸志、陆匡文、萧次尹、黄晃。他们全都是广东人,并且不少是薛岳的老部下。此外,同年3月中旬,薛岳把所谓的"精忠报国团"的主要骨干梁勃、陈阵、方兴、薛纯武、薛仲述等陆续召来广州,在专署、县(市)或保安团队担任职务,作为自己的依靠力量。

其三,是改变管理体制,扩大势力范围。一是接受张发奎的献策,以汕头为中心,建立一个包括潮汕、兴梅、闽

---

①②③ 王心钢:《民国上将薛岳》,314页,珠海出版社2009年。

南、闽西4个地区在内的"闽粤边区",让自己的亲信和副手吴奇伟担任"剿匪"总指挥,从而把这个拥有20多个县、1 000多万人口的闽粤边区纳入吴奇伟的辖区,扩大了粤系的掌控范围;二是要求把广州市由院辖市改为省辖市,以便增加财政收入。建立"闽粤边区"的建议很快得到了国民政府国防部的批准;而把广州市改为省辖市的要求则遭到各方的强烈反对,迟迟未能如愿。

(二)关于广州市改制问题的争论

广州是旧民主主义革命的策源地,毗邻港澳,是中国的南大门,也是当时中国的商业与金融中心城市之一。由于地位重要,故被国民党政府定为行政院的直辖市,行政级别与广东省相同。由于战争的影响,自然灾害频仍,经济萧条,税收锐减,全省的税收还不及广州一个市。而广州是院辖市,故其税收统归中央支配。为了解决经费困难,薛岳到任以后,通过各方积极疏通,拟把广州改由省政府管辖。但薛岳的建议不但降低了广州市的行政级别,直接损害了广州市各级官员的利益,同时也侵犯了国民党中央政府的利益,故也为蒋介石集团所反对。因为改由省管,不单使中央政府的收入减少了,使当局本已十分拮据的财源雪上加霜;还因为为了阻止桂系势力入粤,蒋介石在广州市许多要害部门都安插了自己的亲信。但是薛岳不肯善罢甘休,而是以捍卫华南战事需要为名,对此项提议,锲而不舍。

8月14日,李宗仁在广州召开军事会议,研究全国军事问题,决定"在华南实行两广合作,固守广州"。为此,

"决定广州市改为广东省辖市"。①

这个决定一公布,在广州市掀起轩然大波,一片反对声浪。为了平息众怒,29日,行政院发言人不得不出面解释,说"行政院只决定在'戡乱时期'暂时授权广东省政府监督、指挥广州市政府,而不是改广州市为普通省辖市"。同时,行政院还将命令分别下达给广东省、广州市政府,从9月1日起实行。②对于行政院发言人的解释,广州市政府的大小官员和参议会的议员们表示:行政院的命令含混不清,拟呈请行政院解释清楚"指挥"、"监督"的"范围"和"权限",并威胁说,如果得不到满意的答复,官员们将"拟随市长共进退"。③

9月5日,行政院第二次向广东省和广州市政府发出指令,说省政府指挥市政府,不仅限于"剿匪"事,而是监督、指挥全部市政。④7日,广州市临时参议会召开座谈会,到会参议员仅20余人,但都反对行政院关于由省指挥、监督市的命令,决定派代表晋见行政院院长阎锡山,请他收回成命,否则将诉诸全体市民。⑤为了给行政院施加压力,他们还动员一些群众团体,如广州市总工会、农会、市工会、市工业会等联合发出代电,要求行政院收回成命。⑥10日,广州市临时参议会代表7人,由议长陆幼刚率领,前往行政

---

① 《大光报》,1949年8月14日。
② 《大光报》,1949年8月29日。
③ 《大光报》,1949年8月31日。
④ 《大光报》,1949年9月5日。
⑤ 《大光报》,1949年9月7日。
⑥ 《大光报》,1949年9月9日。

院请愿。行政院秘书长贾景德接见请愿代表时说：此案"是由总统府交办的"。① 13 日，广州市参议会再派袁良骅等 6 人为代表晋见阎锡山，请求收回成命。②

为了争取舆论协助，壮大声势，缓和省、市政府之间的矛盾，13 日，薛岳亲自出马，在广州法政路公馆举行晚餐会，招待广州各报业负责人。薛在会上说："广东目前工作要点为团结与动员人民反共，故军令政令务求统一。行政院规定广州市政府暂由广东省政府指挥、监督，广州市政府并不改隶，对广州利益并无损害，请舆论界代为解释。"③ 与此同时，15 日，广东省、广州市国民党党部也召开社团工作座谈会，由高信主持，省、市各业工会的理事长应邀出席了会议。与会代表表示，工会愿支持和配合反共动员工作，还说，广州仍为特别市的地位不变，也服从广东省政府指挥、监督。④ 17 日，薛岳又设宴招待留穗的省参议员，就省指挥、监督广州市问题再次做了说明，请求他们支持。⑤

经过各方的再三解释，一些代表人物的态度发生了改变。20 日，广州市临时参议会召开座谈会，到会参议员 19 人，由袁良骅主持。到会的议员们表示：由于行政院已说明，广州特别市的地位不变，只是临时由省政府指挥市政。为顾全大局，决定拥护此项决定。今后如有人超越维护市制

---

① 《大光报》，1949 年 9 月 10 日。
②③ 《大光报》，1949 年 9 月 14 日。
④ 《大光报》，1949 年 9 月 16 日。
⑤ 《大光报》，1949 年 9 月 18 日。

的范围而引起政治、人事纠纷,同人等概不负责。①

至此,为时两个月的广州市改制问题的纷争,以双方妥协而宣告结束。薛岳未能实现把广州改为省辖市的意愿,但却取得了对广州的指挥权与监督权。正因为如此,广州市长欧阳驹很不满意,9月30日,以"院辖市已名存实亡"为由,呈请辞职。次日,行政院批准了欧阳驹的辞职请求。②

然而,半个月后,即10月14日,广州宣告解放。广州这座富有革命传统的美丽城市终于回到人民的手中,由人民当家作主。对于国民党广东省的大小官员和参议员们来讲,这场争论不论谁胜谁负都是过眼云烟,薛岳的"粤人治粤"计划也成为泡影。

第三节　国民政府南迁广州及国民党统治的总崩溃

蒋介石"引退"后,国民党统治集团四分五裂,总统府仍然留在南京,行政院则搬来广州,其他下属机构也分驻各地,互相牵制。其后"代总统"李宗仁也到了广州,主持危局。蒋介石抛出了假和平方案,以图欺骗群众,挽回败局。中共遵从人民的意愿,与国民党代表进行认真的谈判,并达成了和平协议。但是,蒋介石等国民党最高当局拒绝接受和

---

① 《大光报》,1949年9月21日。
② 《大光报》,1949年10月1日。

平协议，彻底暴露其假和平的阴谋，加速了国民党统治的崩溃。

一、四分五裂的国民政府南迁广州

1949年1月21日，蒋介石发表"引退"文告当天，即率领一些亲信和随从回浙江奉化溪口老家。24日，国民党中央宣传部发表紧急通报，称蒋"仍以总裁地位"继续指导国民党"致力革命"，要求国民党党员"继续接受总裁之指示"。①

为了对国民党当局进行遥控，蒋在溪口老家架设电台，继续向各地发号施令。国民党的军事、政治、经济方针，人事变动，以及各种重大措施，都必须事先征得他的同意，否则就难以实施。李宗仁名义上是"代理总统"、"国家元首"，但处处都受到蒋介石的干扰和掣肘，无法贯彻自己上台执政的初衷。

蒋介石的掣肘使李宗仁极为不满，蒋与桂系之间的矛盾更加激化。这时在国民党统治区域，除了蒋桂之间的明争暗斗、互相牵制之外，其他地方实力派也无不拥兵自重，各有图谋。国民党实际上已没有统一的、能够指挥全局的政治领袖与权力中心，陷于四分五裂的状态。

1月25日，薛岳到任当天，南京国民政府的一些政要李宗仁、孙科、吴铁城、顾祝同、吴忠信等商定，把中央政府

---

① 广东省立中山图书馆编纂：《民国广东大事记》，931页，羊城晚报出版社2002年。

迁到广州，宣布从2月3日起南京停止办公，5日开始在广州办公。但以李宗仁为首的总统府仍留南京，处理国共和谈事宜，并决定由外交部通知各国驻华使馆。①2月1日，国民党中央党部也迁到广州。②

依常理，国民政府行政院和国民党中央党部都相继迁到广州，广州应该成为国民党统治的政治中心了。其实不然，不但作为执政党的领袖——国民党总裁蒋介石常驻溪口，政府首脑——"代理总统"李宗仁仍驻南京。还有，按照中华民国宪法"五权分立"原则而设置的立法院、监察院、考试院、司法院等政权机构的官员们，一部分追随"代总统"仍然留在南京，一部分追随行政院长孙科来到广州。立法院要在南京开会，而来穗的委员们则去电表示反对。可见这时的"国民政府"，已完全处于"分裂"状态。遇到重大问题需要做决策时，因有权参与决策的人不在一地，必须一方当事人（或派代表）到另一方驻地与其他成员商讨，一次不行，就要来回奔走两次或多次，才能取得妥协，做出决定。

2月4日，行政院长孙科、副院长吴铁城等一行飞抵广州，宣布行政院在广东招待所开始办公。③为了回答外界对行政院南迁动机的质疑，2月6日，孙科在广州召开记者招待会，谓他"和李宗仁没有意见不合"④。

---

① 《大光报》，1949年1月27日。
② 广东省立中山图书馆编纂：《民国广东大事记》，933页，羊城晚报出版社2002年。
③ 《大光报》，1949年2月5日。
④ 《大光报》，1949年2月7日。

与孙科开记者招待会同一天,立法院长童冠贤、监察院长于右任也飞抵广州,对外声称他们此行是"来广州视察工作,不是劝孙科回南京"①。但是,童、于的表态仅过了一周,2月14日,留在南京的监察委员50余人,便在出席李宗仁的茶话会上发难,公开表示:"行政院不应迁穗办公。"② 在各方的质疑和反对声浪中,孙科内阁遭遇了信任危机,3月8日不得不宣布总辞职。③

孙科是继翁文灏之后,由蒋介石授意组织内阁的,从1948年11月至1949年3月8日,前后任职仅4个月,距李宗仁担任"代理总统"只有1个多月。

孙内阁总辞,不但表明李、孙两人之间政见不合,也表明蒋、桂两派之间矛盾的加深和发展。孙科辞职后,李宗仁认为最合适的人选是张治中,因为新内阁的主要任务是与共产党进行和平谈判。在国民党的军政大员中,张向来不愿与共产党打仗,故有"和平将军"之称,并且张既得到蒋介石的信任,又与共产党的领袖毛泽东、周恩来等有较深的友谊。但是张再三表示,只同意作为和谈代表,而不同意组阁。李宗仁继而想让有过反蒋活动记录的顾孟余接任,但学者出身的顾孟余眼见国民党大势已去,也不肯临危受命。在两次碰壁以后,李宗仁想到何应钦。李宗仁认为,在国民党的军政要员之中,何应钦既有威望,又颇受蒋介石的信任,与桂系之间也曾有过共同作战的经历,双方相处较好。为了

---

① 《大光报》,1949年2月8日。
② 《大光报》,1949年2月16日。
③ 《大光报》,1949年3月9日。

请何出山，李宗仁一方面托正准备去溪口会见蒋介石的张治中代为转达自己的意愿；另一方面，直接给何应钦写信，发出组阁邀请。何接信后，开始时顾虑重重，不敢接受。李宗仁亲自与何面谈，发出邀请。何袒露自己不敢受命的原因，说："德邻兄，不是老弟不帮你的忙，你是了解蒋先生脾气的，没有他的允许，这件事万万不能做，希望理解我的苦衷。"①李宗仁只好叫总统府秘书长、蒋介石的亲信吴忠信给蒋打电话，征求意见。蒋回答说："让德邻自己安排一切，我是退休的人，能说什么呢？"②何应钦听出这是蒋的弦外之音，仍然不敢答应。李宗仁只得再与正在溪口的张治中联系，请张帮助做蒋的工作。经过张治中再三劝说，蒋才勉强同意让何组阁，并打电话给何说："既然德邻想让你担任那个职务，接受下来吧！"③ 有了蒋的允许，何应钦才敢受命。

3月17日，国民党中央常务委员会也在广州召开会议，决定追认孙科辞职，并同意何应钦为行政院院长。21日，何应钦组阁完成。经代总统李宗仁任命如下：行政院院长何应钦，副院长贾景德，秘书长黄少谷，内政部长李汉魂，外交部长傅秉常，国防部长徐永昌（后何应钦），财政部长刘攻芸，教育部长杭立武，司法行政部长张知本，经济部长孙越崎，交通部长端木杰，蒙藏委员会委员长白云梯，侨务委员会委员长戴愧生，主计长庞松舟，政务委员张群、莫德惠、张治中、朱家骅、贺耀祖，给民社党、青年党各预留政务委

---

①②③　李仲明：《何应钦大传》，306~307页，团结出版社2008年。

员1名。① 24日，何应钦在南京就任行政院长职务。

何应钦内阁的主要任务是主持与中国共产党进行和平谈判，因而何内阁的首次会议便是决定与中共和谈的代表人选。由于国民党当局要求和谈的真正目的不是为了和平，而是为了阻止人民解放军渡江，以便"划江而治"，拖延时间，整军经武，准备再战。这与中共和广大人民要求结束内战，用和平方式推翻国民党的独裁统治的愿望背道而驰。

当国民党统治集团拒绝在双方代表共同商定的国内和平协定上签字时，人民解放军立即遵照中共中央军委毛泽东主席和朱德总司令发布的向全国进军的命令，发起渡江战役，于4月21日突破长江天险，于23日解放南京。

南京解放后，国民党的统治即将覆灭。如何挽救危局？蒋介石和李宗仁以及蒋桂两派之间的矛盾更加尖锐，且走向白热化。李宗仁、白崇禧等一些国民党高级将领认为，长江防线之所以不堪一击，是由于蒋介石擅自改变国防部原定的江防计划，另搞一套的结果。南京失守后，国民党政权必须大撤退。退到哪里？蒋、李之间又各有各的打算。李宗仁、白崇禧等人认为，南京失守，上海也将不保，故而主张放弃京沪等地，把守卫京沪的汤恩伯部主力撤向浙赣线与南浔线，与驻守华中的白崇禧部互为犄角，固守湘、赣，防止人民解放军进入西南；而蒋介石的计划则是固守京沪，争取时间抢运物资，撤往福建沿海，最后退到台湾。

为了协调双方矛盾，4月22日，李宗仁、何应钦、白崇

---

① 广东省立中山图书馆编纂：《民国广东大事记》，944页，羊城晚报出版社2002年。

禧、顾祝同等一些国民党高级将领飞往杭州晤蒋（人称"杭州会议"，但李宗仁说不是开会）。在晤谈中，李宗仁要蒋放权，不要随意插手干扰他行使职权，说："你如果要我继续领导下去，我是可以万死不辞的。但是现在这种政出多门，一国三公的情形，谁也不能做事，我如何能领导？"①蒋介石一再表示："不论你要怎样做，我总归支持你！"②由于蒋这样表态，使李宗仁觉得不好再提具体要求。

但事后，李宗仁又觉得，从以往与蒋相处的数十年中，深知蒋介石的为人，"说话照例是不算数的，嘴里说得好听，做起来他还是不会放手的"③。于是，4月23日，从南京撤退准备飞往广州与政府会合途中，李宗仁突然改变航向，直飞桂林。据李说，原因主要是："南京三个月的惨痛教训对我太深刻了。在蒋先生的幕后控制下，政治无法改革，军队无法调遣，人事无法整顿，军政费无法支付，经济完全崩溃，守江谋和的计划无法实施。……凡此种种，均系蒋先生有意出此，让我早日垮台。"④李宗仁对随员说，自己改飞桂林，为的是与蒋彻底摊牌。⑤

"代总统"李宗仁退到桂林，国民党总裁蒋介石"隐身"奉化，使已搬到广州的国民党政权群龙无首，分崩离析。这种局面，使撤到广州的国民党军政要员们深感忧虑。

---

①②③　李宗仁口述，唐德刚撰写：《李宗仁回忆录》，371页，中华党史出版社2011年。

④　李宗仁口述，唐德刚撰写：《李宗仁回忆录》，372页，中华党史出版社2011年。

⑤　郭彬蔚：《蒋介石与李宗仁》，197页，团结出版社2009年。

为了防止国民党统治垮台,从4月23日起至5月8日的半个月时间内,国民党中央常务委员会、国民政府行政院、立法院、监察院等党政机构以及"国民大会代表联谊会"、广东省参议会等"民意"机关,纷纷派出代表前往桂林"劝驾",或者拍发电报,劝说李宗仁来穗主持政务。

目睹这种纷乱局面,美国政府也很着急。4月30日,美国驻广州领事馆大使衔代办克拉克到桂林晤见李宗仁。克拉克表示,只要李宗仁能继续在华南、西南组织抵抗,美国就有可能在"未受共产党控制的区域内,对坚持反共的力量提供援助",并称"美国政府今后不再援助蒋介石",希望李宗仁尽快赴穗,"在广州组织一个与蒋氏截然分开的政府,否则不易改变美国政府的态度"。他还表示,"如果有一种第三势力存在,美国必乐于出面援助"①。这是示意李应依靠"第三势力"②。

为了稳住李宗仁,并给国民党统治集团打气,4月27日,蒋介石发表《告全国同胞书》,说"愿以在野之身,拥护李代总统和何院长领导作战,奋斗到底",并且再次口出狂言,说反共战争"三年可以胜利"③。5月初,蒋还口头上答应由居正、阎锡山、朱家骅、李文范等人共同商定并经李宗仁认可的飞穗重主中枢大政的6个先决条件:"关于指挥权者:力求扭转军事颓势,国防部应有完整之指挥权,蒋先

---

①② 韩信夫、姜克夫主编:《中华民国大事记》,903页,中国文史出版社1997年。

③ 广东省立中山图书馆编纂:《民国广东大事记》,954页,羊城晚报出版社2002年。

生不得在幕后指挥;关于人事权者:全国官吏任免,由总统暨行政院院长依据宪法执行之,蒋先生不得从幕后干预;关于财政金融者:中央金融、企业等机构,概由行政院主管部会监督,任何人不得从中操纵,中央银行运台存储之银元、金钞,需一律交出,支付军政费用;关于行政范围者:各级政府需依据宪法规定,向总统及行政院院长分层负责,不得听受任何个人指导,在穗之政府机关,应率先奉行;关于党政者:国民党只能依普通政党规定,协助从政党员,不得干涉政务,控制政府;关于蒋先生今后出处:希望蒋先生暂时出国赴欧美访问,免碍军政改革。"①

对这些"先决条件",除了不同意出国亡命之外,其余5条蒋介石都满口答应,还说"五年之内绝不干预政治"。②虽然如此,李宗仁还是担心蒋介石再次"食言",不肯交出大权,但又觉得,"蒋既有此诺言,我就应赴汤蹈火"③。

5月6日,立法院在广州举行会议,到会立法委员192人,由院长童冠贤主持。会议通过在广东增练9个军,中央负担粤省保安部队经费,加强广东机场、公路、电讯等军事设施,组训民众等4项"紧急措施",咨行政院执行,以巩固"行都"(广州)军事、财政形势,并再次致电李宗仁,尽快来穗主持政务。④5月8日,李宗仁在专程前往桂林"迎

---

① 李宗仁口述,唐德刚撰写:《李宗仁回忆录》,374页,中华党史出版社2011年。

②③ 李宗仁口述,唐德刚撰写:《李宗仁回忆录》,374~375页,中华党史出版社2011年。

④ 广东省立中山图书馆编纂:《民国广东大事记》,957页、1211页,羊城晚报出版社2002年。

驾"的阎锡山、朱家骅、陈济棠陪同下,乘机抵达广州。

李宗仁在广州机场发表书面谈话,诬称中共"破坏"和谈,"一意孤行",他只有作战到底,要求官民上下一心,协助政府完成"安邦"、"定乱"的责任。①

李宗仁来到广州,即与何应钦、白崇禧研究作战计划,重新调整驻鄂、湘、赣、粤、闽及宁、陕、甘等省部队的部署,旨在保卫华南,稳定政局。5月上旬,白崇禧致电驻江西上饶的胡琏,让胡琏兵团协同华中部队防守赣江上游地区,阻止人民解放军进入赣南,南下粤东;但蒋介石密令胡琏率部从抚州、汀州直退潮汕,以保存实力。

紧接着,左翼宋希濂部也擅自离开湘西,撤至鄂、川边境的恩施,使常德、芷江一线空虚,华中白崇禧部面临着陷入人民解放军包围的险境。当何应钦打电话要宋率部速回湘西驻守时,宋说:"我撤到恩施去是老总(指蒋介石)的命令。"何说:"我是行政院长兼国防部长,负责指挥全国部队,你必须服从我的命令!"宋回答说:"我不知道什么行政院长、国防部长,老总(指蒋介石)要我怎么办,就怎么办!"②此事完全应验了李宗仁来穗前的担心,再次暴露了蒋介石公开许下的"愿以在野之身,拥护李代总统和何院长领导作战"、"五年之内绝不干涉政治"等"诺言"是一派谎言,继续躲在幕后操控、指挥,充当太上皇角色。

李宗仁、何应钦在军事上指挥不灵的同时,国民党当局

---

① 广东省立中山图书馆编纂:《民国广东大事记》,957页,羊城晚报出版社2002年。

② 程思远:《李宗仁先生晚年》,65~67页,文史资料出版社1985年。

在财政上也完全陷入绝境。蒋介石不肯兑现原来答应将运往台湾的国库银元、金钞交给李宗仁的诺言致使国民政府财源枯竭，军政费用毫无着落。为了解决军政人员吃粮问题，5月16日至19日，何应钦遵照李宗仁的命令，在广州召集西南军政首脑开会，拟采用1948年广西推行的田赋征实征借办法，征一借半；征实部分三七开，中央得三成，地方得七成；征借部分归中央。但是这种办法遭到四川、贵州两省的反对。几经讨论，毫无结果。①军事上指挥不灵，财政上又陷绝境，加上派别之间明争暗斗，使何应钦心力交瘁，无力支撑残局，遂于5月21日向李宗仁递交辞呈。李宗仁虽一再挽留，立法院等亦请何打消辞意，但何表示："如要我继续干下去，我只有两条路可以走：一是逃亡，二就是自杀。"②

何应钦本是蒋介石所倚重的股肱大员，也属于黄埔系，就任行政院长也经过蒋的首肯，但由于这段时间，何的军事、经济主张与李宗仁一致，而与蒋退守台湾的部署相违，故同样得不到蒋的支持。从3月24日就任，到5月21日辞职，为时不足两个月，同样是个短命内阁。何应钦下台后，黄埔系的将领愈发不听命令，战局更难收拾。国民党在大陆的统治，离彻底垮台为期不远了。

何应钦辞职后，李宗仁本想请居正出来组阁，但因蒋

---

① 李仲明：《何应钦大传》，326～327页，团结出版社2008年。
② 李宗仁口述，唐德刚撰写：《李宗仁回忆录》，379页，中华党史出版社2011年。

"授意CC系立委设法阻挠"①，立法院未能通过。6月3日，李宗仁改提阎锡山。李认为："阎善于观风转舵，素以手腕圆滑著称。以他出掌行政院，自为蒋氏所喜。所以一经提名，立刻便得到立法院的绝大多数同意而正式组阁。"② 阎受命后，于5日飞台湾见蒋，商谈入阁人选与施政方针。同日，即飞回广州，对记者说，本届内阁是"作战内阁"，任务是争取军事胜利，稳定金融，提高公务人员及士兵待遇，组训民众，加大地方职权等。③

6日，李宗仁批准何应钦辞职，同时批准阎锡山担任行政院长职务。

在李宗仁批准阎锡山担任行政院长当天，即6月6日，行政院召开各部会次长会议。按照"作战内阁"的要求，政府机关再次裁员，并进行疏散。中央各机关人员只留用1/3，遣散2/3，留用人员7/10撤往重庆，只留3/10在广州办公，撤往重庆的首批人员6月8日启程。为了稳定人心，对外说是"分地办公"，不是"迁都"。④

6月11日，国民党中央政治委员会开会通过阎锡山内阁名单：院长阎锡山，副院长朱家骅，秘书长贾景德，副秘书长倪炯声，国防部长阎锡山（兼），外交部长胡适（叶公超代），内政部长李汉魂，财政部长徐堪，经济部长刘航深，教育部长杭立武，交通部长端木杰，司法行政部长张知本，

---

①② 李宗仁口述，唐德刚撰写：《李宗仁回忆录》，383页，中华党史出版社2011年。

③④ 广东省立中山图书馆编纂：《民国广东大事记》，966页，羊城晚报出版社2002年。

蒙藏委员会委员长关吉玉，侨务委员会委员长戴愧生，政务委员张群、吴铁城、陈立夫、徐永昌、黄少谷、万鸿图（青年党）、王师曾（民社党）。12日，李宗仁发布任命。①

同日，国民党中央常务委员会通过蒋介石关于设立最高决策机构"非常委员会"的提议，推选蒋介石任主席，李宗仁任副主席，居正、孙科、于右任、何应钦、阎锡山、吴忠信、张群、吴铁城、陈立夫、朱家骅为委员。该委员会将从事党务之改革，以求配合新内阁之"战时施政方针"。②

虽然国民党中央常务委员会接受了蒋介石关于成立"非常委员会"的提议，并推蒋为"非常委员会"主席，事实上是让蒋重新登台掌握军政大权，李宗仁也几次表示要加强"团结"，挽救危局，但是国民党统治集团并未结束党政分离状态。"代总统"李宗仁在广州主持政务，国民党总裁和"非常委员会"主席蒋介石仍在台湾、奉化等地主持党务，继续进行遥控。为了结束这种分裂局面，6月16日，李宗仁、阎锡山联名致电蒋介石，坚请他"莅穗主持大计"。③18日，蒋介石自台湾高雄复电李、阎，谓："时局艰难，兄等持颠扶倾，辛劳倍尝，感佩之余，时用系念，辱承约晤，能不遵行？兹拟于短期内处理琐事完毕，决定行期，另电奉

---

① 广东省立中山图书馆编纂：《民国广东大事记》，967页，羊城晚报出版社2002年。
② 韩信夫、姜克夫主编：《中华民国大事记》，926页，中国文史出版社1997年。
③ 广东省立中山图书馆编纂：《民国广东大事记》，968页，羊城晚报出版社2002年。

告。"①但是，直到26日，整整过了一周，蒋介石仍未来穗，也未"决定行期"。6月20日，国民党中央常委在广州开会，参谋总长顾祝同、次长肖毅肃报告军事工作。顾、肖说胡宗南部将退入四川，保卫广东的兵力只有白崇禧的3个军。吴铁城质问说："上海败兵何以退守福建而不调来广东？刘安祺部撤出青岛，何以调海南而不调来粤北？国防部是否只守沿海诸岛，而不制定保卫华南的计划？这是谁的主意？"顾祝同回答说："都是由总裁亲自决定的。"② 6月21日，蒋介石仍然不来广州，而是飞往福州召开军事会议。他对与会人员说，他是以"国民党总裁"身份领导大家和共产党作战。他强调"台湾是党国复兴基地，福建是台湾的屏障"。会议讨论了福建的防务并决定成立东南军政长官公署，统一指挥浙、闽、粤、台4省军政事宜。③原来蒋介石迟迟不到广州，是因为忙于布置退守台湾。由此可见，直到这时，蒋桂之间的矛盾依然如故，国民党统治集团依然四分五裂。

由于蒋介石在幕后处处掣肘，以李宗仁为首的国民党政府依然困难重重，举步维艰。6月18日，上台只有7天的阎锡山向李宗仁报告拟议的施政方针，李宗仁询问几天来处理政务情况时，阎回答说："束手无策，坐以待毙。"他进而解释说："我们今日一切无数字，一切无专责，认识分歧，主

---

① 韩信夫、姜克夫主编：《中华民国大事记》，903页，中国文史出版社1997年。
② 广东省立中山图书馆编纂：《民国广东大事记》，969页，羊城晚报出版社2002年。
③ 广东省立中山图书馆编纂：《民国广东大事记》，970页，羊城晚报出版社2002年。

张各异,军事影响财政,财政累倒金融,金融减低收入。财政又影响军事及庶政,中央及地方一切脱节,指挥不灵,解款扣留,要款无度,军队命令不行,作战无法部署。"① 阎锡山在山西执政30多年,有山西"土皇帝"之称。太原被人民解放军包围前夕,因故离开太原,故得以脱逃。此时,他由一个地方"土皇帝"变成国民党中央政府首脑,在内心欣幸之余,已开始感受到临危主持全国政局的艰辛和苦涩。阎锡山的回答真实无误地道出了这时国民党当局已陷入军事、政治、经济全面危机,分崩离析,行将崩溃的困境。

国民党当局深知危机的严重性而又无计可施。26日,李宗仁、阎锡山再次联名致电蒋介石,促其来穗。与此同时,在广州的立法委员180人也联名发函,促蒋尽早来穗主持危局。②

然而,蒋介石仍然置若罔闻,继续忙于经营部署建立他的"党国复兴基地"。7月1日,蒋介石在台湾设立国民党总裁办公室。办公室下设设计委员会,以及党务、政治、财政、经济、军事、宣传、研究等8个组。③这实际是在为日后退守台湾,重组蒋氏政权打基础。

在忙完上述这些"琐事"之后,蒋介石便在其亲信王世杰、黄少谷、俞济时、沈昌焕、夏世功、周鸿图、曹圣劳等

---

① 韩信夫、姜克夫主编:《中华民国大事记》,929~930页,中国文史出版社1997年。

② 广东省立中山图书馆编纂:《民国广东大事记》,971页,羊城晚报出版社2002年。

③ 广东省立中山图书馆编纂:《民国广东大事记》,974页,羊城晚报出版社2002年。

人陪同下，于7月14日由台南飞抵广州。他在机场发表书面谈话，谓"共匪"窥视广东，声称要"团结全党，拥护政府，为国家独立，人民自由而奋斗"。①

蒋介石到达广州后，立即忙于召开各种会议，与军政首脑人物会商，发指示，做部署，十分忙碌。15日，蒋介石在梅花村32号寓所接见国民党要员，并和李宗仁、阎锡山多次会谈，还开茶话会招待国民党一些中央委员，给他们打气，要大家不要悲观。会上，还分发了事前拟就的《国民党改造纲领》、《国民党改造实施程序》、《国民党非常委员会筹备组织条例》、《总裁交议本案意见书》等文件。晚上，在广州绥靖公署召开国民党中央政治委员会和中央常务委员会联席会议。②

16日，蒋介石到黄花岗烈士墓前致祭。致祭后，会见国民党要人和各界代表人士，鼓吹"反共救国"。随后，出席并主持国民党中央常委会，正式成立国民党中央非常委员会，作为最高决策机关，隶属中央执行委员会，代行中央政治委员会职权。蒋介石任非常委员会主席，李宗仁任副主席，阎锡山、居正、张群、吴铁城、陈立夫、朱家骅、何应钦、孙科、吴忠信、于右任、白崇禧等13人为委员，秘书长洪兰友、副秘书长程思远。③下午，召开非常委员会第一次会议，讨论阎锡山提出的《扭转时局方案》，主张保卫华

---

①② 广东省立中山图书馆编纂：《民国广东大事记》，978页，羊城晚报出版社2002年。

③ 与6月11日的名单对照，增加了白崇禧为委员，并增加了正、副秘书长人选。其他无变化。

南、西南、西北，而以台湾、广州为反共基地；还决定成立非常委员会东南分会，由陈立夫任主任委员；成立非常委员会西南分会，由张群任主任委员。①

同日，蒋介石还在广州大德路海军联谊社开茶话会，招待广东省参议会议员和国民党广东省党部委员，征求他们对保卫华南的意见，表示"要与粤共存亡"②。

18日，国民党再次召开中央常务委员会，通过蒋介石提出的《中国国民党改造案》。③ 同日，国民党决定成立"军事三人小组"，由李宗仁、阎锡山、顾祝同组成，负责指挥全国的军事活动。④

19日，蒋介石在广州召集高级将领开会，部署保卫华南、广州的计划。⑤

蒋介石在紧锣密鼓地完成了上述一系列军事、党务以及组织、人事部署后，于20日晚乘"太康"号舰前往虎门视察。21日晨回到黄埔，准备回台湾。李宗仁、阎锡山、余汉谋、薛岳等前来送行。李宗仁还与蒋在军舰上晤谈多时。上午9时，蒋乘招商局"华联"号轮，在军舰护卫下途经厦门

---

①② 广东省立中山图书馆编纂：《民国广东大事记》，979页，羊城晚报出版社2002年。

③ 广东省立中山图书馆编纂：《民国广东大事记》，979~980页，羊城晚报出版社2002年。

④ 广东省立中山图书馆编纂：《民国广东大事记》，980页，羊城晚报出版社2002年。

⑤ 广东省立中山图书馆编纂：《民国广东大事记》，981页，羊城晚报出版社2002年。

去台湾。①

蒋介石离开广州后，军事交由三人小组执行，非常委员会由李宗仁主持。蒋介石则穿梭于台湾、重庆、广州等地进行操控。②

25日，国民党中央非常委员会决定以广州梅花村32号陈济棠住宅为办公地址。③

在国民党统治集团密谋策划，调兵遣将，企图以台湾、广州为基地，固守东南、华南、西南一线，进行垂死挣扎之际，中国人民解放军第四野战军遵照中共中央军委的命令，以雷霆万钧之势，迅速向中南进军。7月底，前锋进入湖南，先后占领了慈利、临澧、桃源、常德等县市。针对白崇禧集团"本钱小、极机灵，非万不得已决不会和我解放军作战"的特点，中央军委主席毛泽东于7月16日致电第四野战军前委："应采取远距离包围迂回方法……占领他的后方，迫其最后不得不和我作战"的方针。④

人民解放军这种大迂回、大包围、大歼灭的作战方针，完全打乱了国民党军的作战部署，引起国民党统治集团的恐慌。为了摆脱被歼的命运，阎锡山赶忙调飞机50架，加速中央机关的疏散工作。8月1日，国民政府部分迁往重庆；国防部宣布在渝穗两地办公。同日，国民党总裁办公室在台

---

①② 广东省立中山图书馆编纂：《民国广东大事记》，981页，羊城晚报出版社2002年。

③ 广东省立中山图书馆编纂：《民国广东大事记》，982页，羊城晚报出版社2002年。

④ 中国人民解放军军事科学院：《毛泽东军事文选》（内部本），339~340页，中国人民解放军战士出版社出版发行1981年。

北草山成立，下分研究、事务两个部。5日，国民党中央常务委员会决定"行都"设广州，为了稳住阵脚，安定民心、军心，对外仍然声称不是搬迁，而是分地办公。从8月8日起，国民党政府分批迁往重庆。①

从1949年2月5日起，孙科将行政院迁到广州，到8月8日国民政府迁往重庆，为时仅仅半年。国民政府的再次搬迁，标志着国民党统治集团以广州为基地进行挣扎的残梦完全破碎，国民党在广东统治的覆灭指日可待。

二、国民党统治全面崩溃

以蒋介石、李宗仁为首的国民党当局，本以为拒绝了《国内和平协定》以后，可以继续擎起反共反人民战争的大旗，依靠广州为基地，重新组织力量，争取国际援助，再来一次北伐，重温统治全中国的旧梦。然而，这时国民党不论军力、经济力和政治组织力都已完全空虚，根本没有"周旋"的能力了。

（一）军事上兵力严重不足

士气低落，军心涣散，兵源枯竭，后方兵力严重不足，且后备力量无以为继。这时，"从新疆到台湾这样广大的地区和漫长的战线上，国民党只有一百一十万左右的作战部队了"②。在广州这个国民党新的政治中心、"行都"所在地

---

① 广东省立中山图书馆编纂：《民国广东大事记》，986~987页，羊城晚报出版社2002年。

② 《毛泽东选集》，第四卷，1447页，人民出版社1991年。

带,其时只有被解放军打残的余汉谋、薛岳余部重建起来的粤系部队3个军,加上在三大战役中先后被击溃而侥幸逃脱的胡琏第十二兵团残部、沈发藻的第四兵团残部以及刘安祺的第二十一兵团残部,号称10个军28个师,共12万余人;另有地方武装2万余人,总兵力为15万人。[①]这些部队的官兵有如惊弓之鸟,并对国民党当局拒绝国内和平协定的行为也不理解,乃至不满,厌战情绪严重,因而不愿继续为国民党统治集团卖命,军心动摇,士气低落,战斗力很差。

为了弥补兵力不足,国民党当局加紧招募新兵。但是从内战开始以来,当局连年都无法完成招兵数额,此时更是困难重重,招募不到新兵入伍。例如,1949年广州市计划招兵9 000名,但1—6月,只征得838名,不足原计划的1/10。据6月19日统计,连续4天,只征得1名。[②]征兵工作实际已经停顿。广州市如此,广大农村也不例外。因为这时的广东,1/3的农村人口已经解放,尚未解放的也普遍有中共地下党或游击队在活动,广大农村青年纷纷参加中共领导的游击队,而不愿被卖到国民党军队中充当"猪仔兵"。据新会县政府第五科向县参议会报告,该县1949年应征兵额为7 227名,至10月止只征得1 507名,不足1/4。[③]

国民党的募兵人员为了完成招兵任务,只得采用一些非

[①] 广东省地方史志编纂委员会编:《广东省志·军事志》,538页,广东人民出版社1999年。

[②] 广东省立中山图书馆编纂:《民国广东大事记》,969页,羊城晚报出版社2002年。

[③] 广东省立中山图书馆编纂:《民国广东大事记》,1 014页,羊城晚报出版社2002年。

常手段。其一是抓壮丁。"抓壮丁"是解放战争时期国民党招兵常用的手段,这时更习以为常。他们派遣工作人员到街头巷尾寻觅,发现合适的对象即非法绑架,带回兵营进行处置,或通知家人用钱来赎,进行敲诈;没人赎的便强迫入伍。这种暴力敲诈行为,引起群众强烈不满,从1949年8月12日起,广州街头连续多日发生群众自发围殴"猪仔头"(指乱抓壮丁者)事件。其二是以"收容"、"安置"为名,蒙骗流亡学生入伍当兵。由于战乱,全国各地不少学生失学。其中有不少人流浪到广州。这些失学青年成了国民党当局招兵的对象。据1949年7月1日传媒披露,约有6 000名流亡学生被骗乘船渡海去台湾当兵。①其三是从监狱囚犯中选兵。1949年6月9日,广东地方法院典狱长尹屏东称:奉(广州)绥靖公署之命,将挑选强壮适龄囚犯(不包括刑期15年以上者)送台湾服兵役。②其中南海县有56人,东莞县7人。③

　　以上事实说明,国民党当局的内战政策本来就不得人心,拒绝签署国内和平协定更是违背民意,广大人民以拒绝服兵役的行动进行反抗和抵制,致其兵源枯竭。

　　在国民党当局深感兵力捉襟见肘的时候,出现了多宗国民党官兵起义投向人民的事件。广东也有仿效响应者。其中

---

① 广东省立中山图书馆编纂:《民国广东大事记》,974页,羊城晚报出版社2002年。
② 广东省立中山图书馆编纂:《民国广东大事记》,967页,羊城晚报出版社2002年。
③ 广东省立中山图书馆编纂:《民国广东大事记》,1 013页,羊城晚报出版社2002年。

影响最大的是粤东起义。1949年5月14日,国民党广东省保安副司令吴奇伟、广东第九行政督察公署专员兼保安司令李洁之、广东省保安第十三团团长曾天节、第十二团团长魏汉新、保安警察独立第一营营长蓝举初,以及魏鉴贤、肖文、张苏奎等发表起义宣言,宣布加入人民解放军行列。同日,曾天节、蓝举初分别在龙川和蕉岭率部起义。17日,魏汉新及梅县县长张君燮在梅县县城、保安第十团第一营营长张澜进在五华宣布起义。18日,李洁之等在兴宁率广东省第九行政督察专员公署、保安司令部、保安独立第九营、兴宁县政府起义。

(二) 经济上全面崩溃

国库空虚,财源无继,粮食匮乏,无力支撑庞大的战争消耗。国民党当局的财政来源主要靠税收。由于连年战乱,致工农业生产大量破产、倒闭,商业凋零,税收日益萎缩。加上这时东北、华北、华东等经济较为发达的地区都已相继解放,国民党在这些地区税源断绝;即使在仍然控制着的华南、西南、西北数省,也有相当一部分成了人民武装的根据地或者游击区,国民党当局同样难以征收赋税。税收锐减,致使主要靠税收维持的国民党政权,财政赤字十分庞大。1949年9月15日,行政院长阎锡山在"爱国公债筹募委员会"第一次会议上说:"国库月收入1 500万~2 000万银元,月支出至少4 500万银元,不敷月达2 000万银元,外汇金银储蓄有限,难以应付战争需要"。怎样解决财政难题呢?阎锡山"要求国人破产保产,毁家纾难。富绅应倡导认捐,限期完成，不得迟误。若筹款失败，戡乱军事必受打击"①。

其实这个办法并不是阎锡山的发明创造，早在同年5月13日，国民政府立法院在广州召开的第十九次会议上通过了一条重要议案：向宋子文、孔祥熙、张嘉璈②三位富豪借款10亿美元，以一半充作军费，一半用以平衡金融。③但是立法院的提案很快为宋、张两人所拒绝。16日，时在香港的宋子文在动身赴法国前对记者嘲弄地说："那种建议，正足以表示那班人员的脑筋如何，因为据余所知，目前中国政府和私人存在美国的外汇资产总金额不过5亿美元，岂非捕风捉影。"④5月18日，张嘉璈致书行政院，说他"在任期间奉公守法，以薪水收入开支，并无多余的个人财产"。⑤

29日，行政院在阎锡山主持下举行院务会议，认为监察院关于强制执行征借宋子文、孔祥熙、张嘉璈在美存款10亿美元案，因恐引起外交麻烦，决定改由政府向各富户筹借

---

① 广东省立中山图书馆编纂：《民国广东大事记》，1 003页，羊城晚报出版社2002年。

② 张嘉璈，长期从事金融和铁道交通事业，先后担任中国银行副总裁、总经理，铁道部部长，交通部部长等职。解放前夕赴澳大利亚，后定居美国。1979年病死。

③ 广东省立中山图书馆编纂：《民国广东大事记》，958页、960页，羊城晚报出版社2002年。

④⑤ 韩信夫、姜克夫主编：《中华民国大事记》，913~914页，中国文史出版社1997年版；孔祥熙如何回答，未见有关材料，其时孔已定居美国。总之，立法院的建议，一概被3位富豪所拒绝。6月24日，国民政府监察院第五十二次会议也做出决议：要求行政院迅速强制执行立法院关于向孔祥熙、宋子文、张嘉璈征借10亿美元的决议。参见广东省立中山图书馆编纂：《民国广东大事记》，970页，羊城晚报出版社2002年。

财产，将来仍由政府偿还。①

为了执行向"富户"筹集战争经费的决议，7月5日，行政院成立了"战时经费筹募委员会"，并在行政院副院长朱家骅主持下开了首次会议，决定推行财产税，发行银元公债3亿元，筹募爱国捐赠银元1亿元。②结果是分文未得，因为阎锡山讲话后不到一个月，广州便宣告解放，所有国民政府的机关大员都迁往台湾或重庆，而"富绅"们则宛如丧家之犬，狼狈逃窜了。

本来大量滥印钞票是一个既简单易行又成本低廉的办法，只要开动印刷机，即可财源滚滚，要多少有多少。全面内战爆发以来，国民党当局连年都是采用这种办法解决浩大的战争经费开支的。然而无限制地发行钞票的结果，导致恶性通货膨胀，货币完全贬值，以致在国内外完全失去信用，市面上被人民拒绝使用。国民党当局滥发钞票的结果先是搞垮了法币，继而搞垮了金圆券，因为这种没有本金保证的纸币一文不值，无异于一张废纸。当时的国民党统治区已无公众认可的法定货币，市场交易已是五花八门，有的用港币，有的用银元或铜板，有的以物易物，一片混乱，给国民经济造成沉重打击，也给老百姓生活带来极大的祸害。为了改变这种混乱局面，1949年7月2日，李宗仁颁布《银元及银元券发行办法》，准备再次实行币制改革，以银元为本位，由

---

① 广东省立中山图书馆编纂：《民国广东大事记》，972页，羊城晚报出版社2002年。

② 广东省立中山图书馆编纂：《民国广东大事记》，975页，羊城晚报出版社2002年。

中央银行发行。每元银元券等于硬币银元1元，现兑发行，各省只能发行1元以下的辅币券。银元券分1元、5元、10元、50元和100元5种，辅币券分5分、1角、2角和5角4种，限在2个月内将金圆券收回，并在广州等9个城市率先兑现。《银元及银元兑换券发行办法》还规定黄金、外币可以持有，但不能买卖。①财政部还派人去各地收集白银，用以铸造银元。但是，国民党政府新的币制改革尚未出笼，人民解放军的刀锋已指向华南，当局忙于搬迁和逃命，新的币制改革法案尚未出笼，便已夭折。

美国在策划李宗仁上台取代蒋介石时，曾经通过驻华使节向李宗仁口头承诺，李上台后美国将继续给予中国武器和经济支援。但李上台后，美国政府以各种借口不肯兑现自己的诺言。李宗仁"正式请求他（美国驻华大使司徒雷登——编者注）敦促美国政府借给中国十亿美元，或者至少五亿，以帮助制止通货膨胀。……但大使很顽固，拒绝了我们的请求，说由于蒋介石先生仍在幕后控制着政府，中国的局面没有改变，美国对远东外交政策已定，现在绝不能改变"②。

司徒雷登所说"中国的局面没有改变"，除了认为蒋仍在幕后操纵，国民政府"腐败"、"无能"之外，还对当时国民党与共产党进行和平谈判不满。他认为国民党败局已定，无可挽回，美国决定放弃中国，故不但不肯继续给国民

---

① 广东省立中山图书馆编纂：《民国广东大事记》，974页，羊城晚报出版社2002年。

② 李宗仁口述，唐德刚撰写：《李宗仁回忆录》，361页，中华党史出版社2011年。

党政府以物质援助,甚至李宗仁要求美国政府发表一个声明,对李宗仁为代总统的国民政府表示道义上的支持,增强国民党在和平谈判中的地位,这种廉价要求也被拒绝。①

1949年8月19日,美国驻广州的新闻处停止工作。同日,美国驻广州领事馆停止办公,降下美国国旗取道香港回国。② 24日,美国驻穗总领事馆80余人全部取道回国。③

9月17日,英、美、法三国外长在华盛顿开会,英、法两国也表示支持美国放弃中国的政策。④这样,李宗仁盼望得到美国援助,挽救经济与军事危机的期望便成为泡影,在外交上也陷于孤立。

与美援断绝的同时,侨汇也渐趋枯竭。在相当长的一段时间内,在国民政府的财政收入中,侨汇占了相当大的比重,是外汇收入的重要来源。但是到了1949年8月,侨汇"几乎陷于停顿"⑤。主要原因是华侨通过银行或邮局汇款回国,汇出时用的是外币,在国内支付给收款人的却是国内发行的屡经贬值的纸币,为了避免损失,广大侨胞只好通过外国银行办理外汇业务,导致办理外汇业务的中国银行生意全

---

① 李宗仁口述,唐德刚撰写:《李宗仁回忆录》,362页,中华党史出版社2011年。

② 广东省立中山图书馆编纂:《民国广东大事记》,991页,羊城晚报出版社2002年。

③ 广东省立中山图书馆编纂:《民国广东大事记》,993页,羊城晚报出版社2002年。

④ 广东省立中山图书馆编纂:《民国广东大事记》,1 004页,羊城晚报出版社2002年。

⑤ 广东省立中山图书馆编纂:《民国广东大事记》,989页,羊城晚报出版社2002年。

无。为了改变这种局面，国民政府财政部于8月13日颁布了《华侨汇款办法》，授权中国交通和广东等9家银行办理侨汇业务；同时，规定侨汇可兑换银元、银元券、黄金和港币。① 但是，由于国内银行黄金、银元、港币短缺，银行信誉很差，《华侨汇款办法》难以实行，侨汇不多，反映亦不好②，故侨汇收入没有多大改善。

以上这些事实说明，这时国民党当局财政已经崩溃，财源枯竭，并且找不到应对方法。

国民党当局在财政崩溃的同时，粮食也十分匮乏。这时，由于广州是国民党的"行都"，国民党的党政机关人员及其家属云集广东，大量残兵败将也纷纷退守广东，使广东省和广州市人口骤增。但是，由于广东历来都是缺粮省份，即使在正常年景，也需要从外省调运或从外国进口粮食。1949年夏，南方各省又发生水灾，以湘、粤、桂三省最为严重，其中粤省受灾多达25个县，灾民达300万人。③这进一步增加了粮食的困难局面。

为了解决粮荒，当局唯有不顾人民死活，提高粮食税。1949年5月16—23日，行政院长何应钦在广州主持召开财务、金融、粮食工作会议。到会的有张群、白崇禧、陈济棠、陈诚、张发奎、顾祝同以及西南各省政府主席和主管厅长。李宗仁也到会发表讲话。会议决定向西南各省征收巨额

---

①③ 广东省立中山图书馆编纂：《民国广东大事记》，989页，羊城晚报出版社2002年。

② 广东省立中山图书馆编纂：《民国广东大事记》，990页，羊城晚报出版社2002年。

军粮。广东本来已闹粮荒，1949年又有25个县（占当时广东建制县的1/4）遭受水灾，但6月28日的省务会议仍然通过1949年征收田赋（含征实、征借、公粮、积谷4项）高达5 234 775石。① 这对正闹粮荒的广东人民无异于雪上加霜。廉江县仓无存粮，但国民党军队云集，粮食供应困难，县政府仍然决定向老百姓强行"征借"粮食，规定：凡家中存谷3石以上者，一律"征借"②。人民为了活命，不得不起来抗争，能拖则拖，能躲则躲，能按期交纳者少之又少，远远达不到征借指标。1949年7月19日，广东中山县集贤乡横栏联保农民300余人包围催征人员，拒交1948年所欠田赋。③ 1948年的任务尚且无法完成，1949年的指标毫无指望。

总之，到了1949年，国民党当局要钱没钱，要粮没粮，经济上已陷于全面崩溃。

（三）政治上分崩离析，众叛亲离

高官辞职成风，公务人员纷纷自动离职。国民党统治集团由于政治上腐败无能导致军事上惨败和经济上崩溃，而军事惨败和经济崩溃又反过来加促政治上的分崩离析。

国民党最大的政治危机是与占全国90%以上人口的工农大众和广大知识分子的严重对立，其直接导致早已掀起的遍

---

① 广东省立中山图书馆编纂：《民国广东大事记》，972页，羊城晚报出版社2002年。

② 广东省立中山图书馆编纂：《民国广东大事记》，970页，羊城晚报出版社2002年。

③ 广东省立中山图书馆编纂：《民国广东大事记》，980页，羊城晚报出版社2002年。

及国民党统治区的广大农民反"三征"（反对征兵、征粮、征税）斗争和青年学生的"反内战、反饥饿、反迫害"运动。到了1949年这些抗争已进一步发展为响应中国共产党的号召，踊跃参加游击队，拿起枪杆，投身到推翻国民党统治的革命行列，使国民党统治集团陷于人民大众的汪洋大海之中。这些情况在本编中已有叙述。

尤为严重的是，这时国民党的政治危机已深入到统治集团内部。主要表现在以下两方面。

第一，许多高级官员接连辞职。国共和谈破裂后，从5月末到9月中旬的3个多月时间内，仅在广州一地就先后有10多位厅级以上高官辞职。5月30日，经国民党中央通过、代总统批准，同意行政院院长何应钦辞职。这是国共和谈破裂后最先辞职的国民政府高级官员。紧随其后，许多中央部级和省厅级的官员也接连辞职。6月16日，时在美国的外交部长胡适电请辞职（阎锡山要求暂时不公开胡未曾就职的消息）。24日，李宗仁相继发布命令，同意总统府秘书长翁文灏（此前曾任行政院长）和中央银行总裁刘攻芸辞职。与此同时，陆军总司令张发奎也获准辞职。29日，广东省建设厅厅长谢文龙辞职（谢在罗卓英任广东省政府主席时已担任该职）。30日，广州绥靖公署副主任缪培南辞职；同时免去徐景唐的绥署副主任职务，但到8月13日，又宣布经行政院批准徐景唐辞职。8月18日，广东省财政厅厅长区芳浦辞职。9月6日，广州市临时参议会议长沈家杰辞职。30日，担任广州市长多年的欧阳驹辞职。如此等等，高级官员辞职者接连不断，大有树倒猢狲散之象。

这些中央或地方高级官员辞职的"理由"各有不同：或因障碍重重，阻力太大，政令无法推行；或因上下左右之间不团结，工作难以开展；或因身体有"病"，不堪重负……具体原因虽然有别，但有一点是相同的，就是他们对时局感到悲观、失望，不愿继续充当国民党政权的殉葬品。他们辞职以后，也大都举家出走，或搬去香港，或迁往国外，继续留在大陆者寥寥可数。

第二，与高官纷纷辞职的同时，一般工作人员也自动离职。当局为了减轻财政负担，决定精简机构，大量裁减工作人员。本来在国民党当局撤离南京时，中央机关除了那些高官厚禄的官员随同所在机关搬到广州或台湾等地以外，一般工作人员已有相当一部分被遣散或者自动离职。到了广州以后，由于统治地区大大缩小，国库空虚，财源枯竭，既无必要也无财力维持原有编制的官僚机构和公务人员。于是6月4日，行政院开会决定各部会第二次裁员1 000余人，只留用原有人员的1/3。①

由于时局动荡，人心思变，广东省和广州市在精简机构和裁减人员问题上紧跟中央部署。5月2日，广东省和广州市政府开始着手精简机构，裁减人员，准备应变。消息一出，人心浮动，自愿离职者达八成以上。② 5月11日，广东省和广州市召开党政军负责人联席会议，讨论抗洪、应变、

---

① 广东省立中山图书馆编纂：《民国广东大事记》，966页，羊城晚报出版社2002年。

② 广东省立中山图书馆编纂：《民国广东大事记》，956页，羊城晚报出版社2002年。

疏散、裁员等问题。为了应变，省政府决定从本月中旬起裁员2/3，被裁人员发3个月恩饷作遣散费。国民党广东省党部也同样裁员2/3。①13日，广东省政府召开省务会议，落实联席会议有关决定，决定各厅、处、室裁员1 000余人，只留400人。但人心思去，愿留者不足额。②

党政机关公务人员是构成政权大厦的砖瓦木石，而国民党政权中这种高官纷纷辞职，下级公务人员争相离职的情况是国民党政权大厦即将全面倾覆的重要标志。

总而言之，这时的国民党统治，不论军事、经济、政治都已开始崩溃，彻底垮台的命运已定，无力回天。即使如此，1949年4月27日，蒋介石在《告全国同胞书》中仍然口出狂言，要反共到底，并说"三年可以胜利"。③这种毫无价值的政治大话，不仅骗不了一般的平民百姓，连蒋介石本人也不相信。

三、中国人民解放军发起广东战役与广东大陆的解放

（一）广东战役发起前的准备

国民党最高当局拒签《国内和平协定》以后，中共中央军委主席毛泽东和中国人民解放军总司令朱德立即联名发出命令，命令中国人民解放军向全国进军，"坚决、彻底、干

---

①② 广东省立中山图书馆编纂：《民国广东大事记》，958页，羊城晚报出版社2002年。

③ 广东省立中山图书馆编纂：《民国广东大事记》，954页，羊城晚报出版社2002年。

净、全部地歼灭中国境内一切敢于抵抗的国民党反动派，解放全国人民，保卫中国领土主权的独立和完整"①。人民解放军立即渡过长江，从1949年4月20日至5月20日短短一个月内，先后解放了南京、上海、武汉、西安、榆林、太原、大同、青岛、杭州、苏州、九江、南昌等一大批大中城市，国民党的党政军人员纷纷逃离，作鸟兽散。7月，人民解放军的前锋已逼近华南，广东战役发起在即。

为了迎接和配合人民解放军主力解放华南，解放广东，1949年5月7日，以方方为首的中共中央华南分局发出《对大军渡江后华南工作的布置》的电报，要求各地党委在大军到来前将农村完全解放，以利于大军集结力量解放城市和追歼残敌；同时，要抓紧接管城市的准备工作，以利于大军立即、有计划地接收；要求各边区成立临时行政委员会，建立县、区、乡级政权，准备大批城市干部，供军事管制委员会分配工作；还要求大力加强部队教育，开办革命青年训练班，培养财经干部。②1949年5月23日，中共中央也给香港分局来电，谓："人民解放军秋季或冬季可能攻占两广，请你们通知所属各区在夏秋两季有步骤地加强工作，特别是加强广州及其他城市的工作，着重工厂及学校的工作，各游击区必须加强自己的活动，准备迎接解放军主力的到来。"③

---

① 《毛泽东选集》，第四卷，1 451页，人民出版社1991年。

② 广东省立中山图书馆编纂：《民国广东大事记》，957页，羊城晚报出版社2002年。

③ 广东省档案馆、中共惠州市委党史办公室编：《粤赣湘边区革命史料》，440页，广东人民出版社1989年。

按照中共中央和华南分局的要求,具有光荣革命传统的广东人民,为了迎接和配合人民解放军主力进军华南、解放广东,做了一系列及时而又富有成效的准备工作。

1. 建立和健全党的组织机构。

为适应革命形势发展的需要,1949年4月8日,中共中央将香港分局改为中共中央华南分局,书记方方,副书记尹林平;8月1日,为了加强解放华南以及华南解放后对华南地区工作的领导,中共中央对华南分局进行改组,任命叶剑英为华南分局第一书记,张云逸为第二书记,方方为第三书记;9月6日,改组后的中共中央华南分局正式成立;9月11日至20日,华南分局在江西赣州召开扩大会议,讨论华南党政军各级领导机构和干部配备问题,并报请中共中央批准,任命云广英为华南分局秘书长,黄松坚为组织部部长,古大存为统战部部长。

其时,广东各地党组织已有很大发展,并普遍建立和健全了各级领导机构。其中有琼崖、粤赣湘边、闽粤赣边、粤桂边4个边区党委,粤中临时区党委和粤桂湘边(西江区)工委。边区党委和工委属下共有24个地委。全省除南澳、封川、开建3个县外,均建立了县级以上的党组织。[①] 全省102个县、3个市,共有党员3万多人。[②]

广东各地党组织的发展及其领导机构的建立和健全,为广东的解放和广东解放后的治理工作奠定了坚实的基础。

[①②] 广东省立中山图书馆编纂:《民国广东大事记》,999页,羊城晚报出版社2002年。

2. 扩大人民武装，使农村根据地连成一片。

广东各地的人民武装，经过几年反"围剿"斗争的锻炼，这时已发展到8万余人。为了配合南下大军解放广东，经中共中央军委批准，除了早前成立的琼崖纵队和粤赣湘边纵队外，又于8月1日相继成立了粤桂边纵队、粤中纵队和粤桂湘边纵队（未对外公布）。① 各个纵队的人民武装按照华南分局关于"在大军到来前将农村完全解放"的指示精神，根据各地的形势和条件，积极开展活动，发动攻势作战，努力扩大根据地或游击区。

活跃在粤北地区的粤赣湘边纵队，从1949年7月中旬起，在河源、新丰、龙门等县开展攻势作战，8月27日解放了龙门县城，全歼该县保安营，俘获该县县长谢明轩。花县、新华、九佛也有人民武装活动。故此时，北起新丰、佛冈，南至广九铁路沿线，东至东江河畔，西至粤汉铁路，除了派潭、福和等几个国民党军据点外，革命根据地已连成一片，形成了对广州的半个包围圈。②这时，全省解放区人口已达1 350万，占全省人口40%以上。全省1/3以上地区已初步建立了人民政权和民兵、农会、青年、妇女等群众组织③，这就为南下大军集中力量攻打广州等大中城市和追歼国民党残军创造了有利条件。

---

① 广东省立中山图书馆编纂：《民国广东大事记》，985页，羊城晚报出版社2002年。

② 广东省立中山图书馆编纂：《民国广东大事记》，995页，羊城晚报出版社2002年。

③ 广东省立中山图书馆编纂：《民国广东大事记》，999页，羊城晚报出版社2002年。

3. 制定政策，培训干部，为全面接管广州等大中城市做准备。

1949年7月10日，中共中央华南分局总结了潮汕接管工作的经验，要求在城市接管工作中参照执行。22日，华南分局发出《加紧准备迎接南下大军的工作指示》和《接管城市经验总结》，把潮汕经验总结为："事前充分准备，迅速完整接收，打通上下关系，集中指挥权力，分别先后缓急，逐步实行管理。"①

为准备接管广州，8月，中共中央华南分局在潮梅地区成立了"华南工作团"，从各地抽调了400名干部进行集训，由黄焕秋、周钢鸣、张海鳌负责。同时，还从东江抽调3 000余名干部集中大鹏半岛，成立"教导团"（后改为4个独立教导营），由周楠、钟明、杨应彬、左洪涛负责集训。10月，广州解放时，这些干部与南下大军一道参与了广州市的接管工作。②

10月2日，中共中央华南分局发出《关于成立广州市接管工作委员会的通知》，委员会书记朱光，云青（云广英）、肖桂昌为副书记。朱光、云青、肖桂昌、洪学智、李凡夫、谢育才、伍晋南、布鲁（陈泊）、张云天、林克泽、廖似光、陈健等12人为委员。16日，华南分局又发出《关于广州市接管工作的指示》，要求根据干部条件，定出步骤，

---

① 广东省立中山图书馆编纂：《民国广东大事记》，981页，羊城晚报出版社2002年。

② 广东省立中山图书馆编纂：《民国广东大事记》，996页，羊城晚报出版社2002年。

干部未到可缓接,没有干部暂时不接,以免引起紊乱。①

4. 成立支前司令部,保证充足的人力和物力支援南下大军作战。

9月16日,中共中央华南分局做出《关于支前工作的决定》,指出南下大军即将进入广东,解放广州市和广东全境,号召全省党政军民紧急动员起来,以全力支援大军作战,争取战役迅速胜利。②

按照华南分局的指示,全省各地纷纷成立支前机构,迅速掀起迎接南下大军支援前线的热潮。9月18日,华南分局决定成立北江人民临时行政委员会,委员会主任黄松坚。随后成立粤北支前指挥部,由黄松坚兼支前指挥部主任,统一指挥五岭、潖江、九连和粤汉铁路以西地区的支前工作。粤北地区各县也分别成立了支前司令部或支前指挥所。在潮汕地区,成立了潮汕党政军民迎接南下大军动员总会,各县、区、村也按系统成立欢迎大军动员委员会。与此同时,东江、珠江、西江、中区和南路地区也都成立了支前机构。各游击纵队除了配合南下大军作战外,还派出整营整连的指战员深入农村,筹集粮食和物资,做好供应工作。凡大军路经之处,均有群众欢迎、慰劳,设立茶水站、歇足亭、供应处,热情为大军服务。各地还组织大批民工开展战勤工作,抢修公路和桥梁,搬运物资,运送伤病员。据不完全统计,

---

① 广东省立中山图书馆编纂:《民国广东大事记》,1 012页,羊城晚报出版社2002年。

② 广东省立中山图书馆编纂:《民国广东大事记》,1 004页,羊城晚报出版社2002年。

到1949年12月底，全省共借粮2 098 800担，柴薪178 800担，组织民工1 614 000人次，修复公路1 069公里，捐献杉木187 800根，捐慰劳款40亿元（指旧人民币，含广州和香港的捐款），收容安置伤病员4 500多人。①

鉴于当时国民党的金融制度已经崩溃，市场上已没有统一的流通货币，为了安定民心，稳定经济，中共中央南方局在人民解放军即将进军广东的同时，也出台了新的货币政策。7月8日，南方人民银行总管理处在揭阳县河婆镇（今属揭西）成立。其下设潮汕分行（在河婆）、东江分行（在老隆）、梅州分行（在梅县），总管理处总经理蔡馥生，副总经理赵元浩。8月17日起，发行"南方券"，至9月底，共发行1 000万元，其比值为南方券2元折合港币1元。在"南方券"发行前，广东在已解放地区发行了"流通券"，作为临时货币。如在潮汕地区发行"裕民券"（裕民银行在潮汕）400多万元，新陆银行（在陆丰，后改为东江银行）发行"流通券"60万元，九连发行"流通券"6万元，大埔发行"流通券"1万元。到1950年4月全省已经解放，南方人民银行的使命宣告结束，由中国人民银行接管。②

7月17日，新华社发表声明，谓日后解放华南、西南时，只收兑银元，不收兑国民党政府发行的银元券、银元公债及地方发行的货币，致使国民党政府正在发行的银元券市

---

① 广东省立中山图书馆编纂：《民国广东大事记》，1 004页，羊城晚报出版社2002年。
② 广东省立中山图书馆编纂：《民国广东大事记》，976页，羊城晚报出版社2002年。

价大跌①，从而给了正在进行货币改革，准备用银元券取代金圆券的国民党政府以沉重打击。

根据地发行的"南方券"虽然是在广东解放前后发行的一种地方货币，流通时间很短，但它对配合广东解放、接管城市、稳定市场经济秩序、安定民心起了积极作用。

以上是广东人民在中共中央华南分局领导下为迎接南下大军解放广东所做的主要准备工作。这是广东人民在中共领导下经过长期斗争积累起来的革命成果。正是有了这些革命成果做基础，使南下野战军得以顺利地进入广东作战，并在很短时间内歼灭盘踞在广东境内的国民党残余势力，解放全广东和整个华南。

（二）广东战役发起前的形势和赣州会议的作战部署

广东战役发起前，国民党在广东的总兵力计有15万人，其中正规军12万余人，地方武装2万余人。8月14日，代总统李宗仁在广州召开军事会议，参加者有白崇禧、胡宗南、陈济棠、阎锡山、顾祝同、秦德纯、邓文仪、马步芳、马鸿逵等中央或地方的军政首脑。会议决定进行兰州决战，由两马和胡宗南3部合围解放军，并出动空军支援。在华南，则决定实行"两广合作，固守广州"，并决定广州改由广东省辖。②6月20日，李宗仁、白崇禧、薛岳、余汉谋会商决定，以余汉谋为华南军政长官，统一指挥广东境内部

---

① 广东省立中山图书馆编纂：《民国广东大事记》，979页，羊城晚报出版社2002年。

② 广东省立中山图书馆编纂：《民国广东大事记》，989~990页，羊城晚报出版社2002年。

队。但余汉谋坚持以白崇禧部必须入粤作为就任的先决条件。①

余汉谋为执行国防部"巩固粤北，确保广州"的指令，在粤汉铁路（今京广铁路南段）曲江（今韶关）至广州段两侧布置了7个军：以第三十九军和第六十三军防守以曲江为中心的粤北地区，前沿伸至乐昌、南雄；以沈发藻第四兵团之第二十三军和第七十军部署在英德、翁源、清远地区；以刘安祺第二十一兵团之第三十二军和第五十军部署在花县、从化、增城地区，构成3道防线，企图阻止人民解放军入粤。另以第一〇九军、警卫团、宪兵团驻守广州。将胡琏第十二兵团之第十军和第十六军部署在潮安、汕头地区，策应广州方向作战；将第六十二军和第六十四军分别驻守湛江、海南岛，控制通往雷州半岛及海南岛通道作为退路。②

7月17日，中共中央军委指示中国人民解放军第四野战军司令员林彪、第二政治委员邓子恢："陈赓三个军，十五兵团两个军统由陈赓率领，经赣州、南雄、始兴南进，准备以三个月时间占领广州。"③第四野战军决定，由配属给"四野"的第二野战军第四兵团（司令员兼政治委员陈赓）及"四野"的第十五兵团（司令员邓华、政治委员赖传珠）、两广纵队（司令员曾生、政治委员雷经天）、粤赣湘边纵队（司令员兼政治委员林平），共22万兵力组成进军华

---

① 广东省立中山图书馆编纂：《民国广东大事记》，992页，羊城晚报出版社2002年。

②③ 广东省地方史志编纂委员会编：《广东省志·军事志》，538页，广东人民出版社1999年。

南的东路军，由陈赓统一指挥，实施广东战役。

9月7日，中共中央华南分局第一书记、广东省军区司令员兼政治委员叶剑英在江西赣州主持召开作战会议。到会者有方方，第四兵团司令员兼政治委员陈赓、副司令员郭天民、副政治委员兼政治部主任刘志坚，第十五兵团司令员邓华、政治委员赖传珠、第一副司令员兼参谋长洪学智、政治部主任肖向荣，两广纵队司令员曾生、政治委员雷经天。

会议开始的第二天，毛泽东代表中央军委对赣州会议及进军华南发出指示：首先对赣州会议的召开，表示"极为欣慰"，要求"会议内容应照中央迭次电示及面告剑英者扼要做出决定"；还认为"方方等同志领导的华南分局及华南各地党委和人民武装有很大的成绩，新的华南分局及即将进入华南的人民解放军主力，应对此种成绩有足够而适当的估计，使两方面的同志团结融洽，互相学习，互相取长补短，以利争取伟大的胜利"。① 9日，中央军委又指示"四野"的林彪、邓子恢："陈赓、邓华两兵团，第一步进占曲江、翁源，第二步直取广州，第三步邓兵团留粤，陈兵团入桂，包抄白崇禧的后路。"②

为贯彻中央军委的指示，华南分局在叶剑英主持下，于9月11日至24日，在赣州先后召开了分局扩大会议和高级干部会议，对进军广东进一步做了详细的讨论和部署，规定

---

① 《中共中央军委对赣州会议及进军华南的指示》，转引自广东省地方史志编纂委员会编：《广东省志·军事志》，1 001页，广东人民出版社1999年。

② 广东省地方史志编纂委员会编：《广东省志·军事志》，539页，广东人民出版社1999年。

了广东各游击纵队的任务，决定动员全省人民全力进行支前工作，以及关于接管广东、广州的事项，以保障战役的全面胜利。①

赣州会议分析了当时敌我两军的态势，讨论了中央军委关于进军华南和广东的历次指示，制定了广东战役的作战方案：决定以第四兵团之第十三、第十四、第十五军为右路军，首先夺取曲江，而后主力沿粤汉铁路南进，以一部兵力沿北江西岸直插三水，切断广州守军西逃之路，从西、西北面包围广州；以第十五兵团之第四十三军和第四十四军为左路，先占翁源、新丰，然后主力直插广州，以一部兵力出增城，截断广（州）九（龙）铁路，防止广州守军东逃，从东、东北面包围广州；以两广纵队、粤赣湘边纵队和粤中纵队为南路，以部分兵力切断广州与潮汕地区国民党军的联系，主力沿东江两岸进至东莞和珠江三角洲地区，从南面构成对广州的包围。②

9月12日，中共中央军委批准了广东战役的作战方案。③

（三）广东战役的发展进程与广东大陆的解放

9月28日，广东战役联合指挥部兼司令员和政治委员叶剑英、副司令员陈赓签发"战联字第一号作战命令"，广东战役正式打响。

---

①②　广东省地方史志编纂委员会编：《广东省志·军事志》，538～539页，广东人民出版社1999年。

③　广东省立中山图书馆编纂：《民国广东大事记》，1 000页，羊城晚报出版社2002年。

1. 人民解放军突破国民党军的粤北防线。

参与广东战役的人民解放军各部，于9月中旬即已按照中央军委9月8日"一面开会，一面即可命令两兵团开始向南进军"①的指示，向预定地域集结。其中右路第四兵团向湖南汝城、江西上饶开进；左路集结于江西南康、信丰；两广纵队向江西兴国以南地区开进。9月22日，第四兵团先遣部队第十五军第四十五师率先进入广东，与广东人民武装粤赣湘边纵队北江支队会师于梅岭关，随即向南雄、始兴推进。23日晚，第四十五师在北江第二支队协同下奔袭南雄，歼灭驻守南雄的国民党军第六十三军五五八团团部及1个连，生俘200余人，解放南雄。南雄解放后，第四十五师即向始兴推进。国民党始兴县县长兼自卫总队长饶纪锦于解放军抵达前一天率部起义，并歼灭了国民党守军第三十九军二七一团大部，解放了始兴，为人民解放军进取曲江开辟了道路。

南雄、始兴的解放，动摇了余汉谋的粤北防线，加上人民解放军发起衡宝战役，迫使白崇禧将驻守在郴州、乐昌的国民党第九十七军和第四十六军北调，使国民党军的"湘粤联合防线"东段宣告瓦解，余汉谋成了孤军。

10月2日，人民解放军按照广东战役的原定部署，右路第四兵团在粤赣湘边纵队配合下，从三面进军攻击曲江：第十四军从湖南汝城出发，长途奔袭，于5日占领乐昌，次日先头部队第四十师以急行军速度南进，进至并展开于曲江西北的黎铺头地区；第十三军从江西大余出发，6日，先头部

---

① 广东省地方史志编纂委员会编：《广东省志·军事志》，1 001页，广东人民出版社1999年。

队第三十八师进占仁化,即顺势向曲江急进;第十五军第四十三师于5日由曲(江)始(兴)公路向曲江东南迂回,第四十五师沿公路前进,逼近曲江。至6日夜,第四兵团各部形成了对曲江的三面包围。

解放军突入粤北,代总统李宗仁先后于10月4日、7日两次召开军事会议,研讨解除曲江之围,但苦无对策。国民党军无力坚守曲江,余汉谋急令第三十九军退守英德以南地区,仅留第六十三军守曲江,企图沿粤汉铁路节节抵御,破坏交通,阻滞解放军南进。但第六十三军害怕被歼,于6日下午弃城南逃。7日凌晨,解放军解放曲江,打开进入广东的北大门,沿着通往广州的道路疾进。

在右路军合围曲江的同时,左路第四十三军由江西南康出发,经大庾、南雄、始兴,向翁源挺进。部队抵达始兴时,翁源守军闻风逃窜,人民解放军于6日进抵翁源,与粤赣湘边纵队北江第一支队会合。第四十四军从江西信丰出发,经龙南、虔南(今全南)、连平,向新丰挺进。新丰守军也不战而退。第四十四军于9日进占新丰,并按预定路线向广州前进。

9月30日,两广纵队从赣江东北之江口出发,取道信丰、定南,于10月8日进入广东和平。9日,两广纵队领导及部分机关到达龙川,与粤赣湘边纵队领导人胜利会合。根据华南分局的决定,由曾生、雷经天、林平组成中共广东战役南路军前线委员会,统一指挥南路军的行动。10日,南路军前委发布"战字第一号命令",两广纵队与粤赣湘边纵队经河源向广州东南地区进军。

2. 解放广州市和珠江三角洲。

人民解放军突破粤北防线，迅速向广州进军，迫使余汉谋改变部署，急忙将从粤北防线撤下来的第三十九军配置于英德、佛冈地区，第六十三军置于清远地区，与布防在从化、花县、增城地区的第五十、第三十二、第一〇九军一起，在广州北至东北的100多公里组成一道保卫广州的"最后防线"，企图阻滞解放军前进步伐，争取时间，保证设在广州的国民党中央党政军机关"安全转移"。为了继续欺骗人民，稳住阵脚，10月10日，余汉谋与薛岳等国民党当局还煞有介事地在中山纪念堂召开"双十节"庆祝大会，扬言"誓死保卫广东"、"决与大广州共存亡"。①

为了早日解放广州，多消灭一些国民党的残余力量，陈赓命令参与解放广州的部队急速前进。10月9日，右路第四兵团第十五军第四十五师进至英德，在粤赣湘边纵队北江第一支队配合下，将扼守英德车站和遥步圩铁桥的国民党第三十九军第九十一师第二七二团大部歼灭，英德城内的地方武装闻风而逃，英德解放。10日，第四十五师乘胜前进，将国民党第三十九军第九十一师之第二七一、二七二团残部歼灭。12日，右路军第十四军第四十师奔袭清远。驻守清远的国民党第二十三军第二一一师、第二一三师4 000余人不战而逃，清远解放。

在右路军追歼国民党军，解放英德、清远的同时，左路第十五兵团抵达新丰后，即向广州攻击前进。第四十三军的

---

① 广东省立中山图书馆编纂：《民国广东大事记》，1 018页，羊城晚报出版社2002年。

第一二七、第一二八师奔袭佛冈、花县。10日，第一二七师在北江第一支队配合下作战，于12日，将有全部美械装备、号称"钢铁团"的国民党军第三十九军第一〇三师第三〇七团2 000余人全部歼灭，解放佛冈。与此同时，第一二八师奔袭花县，全歼国民党守军第五十军一个营和保安营，于3日拂晓，解放花县。第四十四军由新丰直接进军广州。12日，第一三二师追击国民党第五十军第一〇七师第三二一团，于13日将其大部歼灭，并在东江第三支队配合下，解放从化县城。与此同时，第一三一师在东江第三支队独立三营的配合下，解放增城，歼灭国民党第一〇九军第九六三团，并于当天下午占领石牌车站，切断广九铁路。

至此，余汉谋防守广州的"最后防线"全线崩溃，解放军从西、北、东三面进逼广州市。

在"最后防线"崩溃前夕，李宗仁于10月11日召集行政院院长兼国防部部长阎锡山、参谋总长顾祝同、华南军政长官余汉谋、广东省政府主席薛岳以及广州卫戍司令李及兰开会，决定将总统府和行政院迁往重庆，将广东省政府迁往海南岛。12日晚，顾祝同在东山余汉谋公馆召开紧急军事会议，决定将守城部队分两路撤往雷州半岛和海南岛。会后，国民党的高级官员争相逃命。13日，李宗仁等逃往桂林，阎锡山、顾祝同逃往台湾。14日凌晨，余汉谋、薛岳、李扬敬等从黄埔乘船逃往海南岛，李及兰逃往澳门。① 广州国民党守军也纷纷撤逃，整个广州陷于一片混乱之中。

---

① 广东省地方史志编纂委员会编：《广东省志·军事志》，542页，广东人民出版社1999年。

在溃逃前，国民党统治者提出"总撤退、总破坏"的行动口号，一方面变本加厉地屠杀革命群众，一方面计划炸毁广州的水厂、电厂以及交通和军事设施。为了让广州完好地回到人民手中，中共广州地下组织通过各种渠道和手段，揭露国民党当局的阴谋，号召人民积极行动起来，保护国家财产和人民利益，领导和团结各种进步力量进行护厂、护校斗争。西村发电厂、五仙门发电所的工人成立了工人自卫队、警卫组等，日夜巡逻，防止国民党破坏；自来水管理处的工人成立了抢修队，保证居民用水；中山大学师生员工提出"反迁校、反破坏"口号，把学校的贵重仪器和物资转移到安全地方，挫败了国民党当局的"迁校计划"。护厂、护校斗争的胜利，使一批重要的工厂、学校完整地回到人民手中。但是，国民党当局罔顾人民利益，特地从台湾派来"行动小组"，肆意进行破坏活动。14日中午，相继炸毁了白云机场、石井仓库；18时，又用炸药炸毁了连接珠江南北的海珠桥，使耗资102.2万两白银建起来的大桥毁于一旦，正在桥上行驶的车辆、行人和附近居民，江面上航行的船只未能幸免，死伤2 000多人。这是国民党当局溃逃前欠下广大人民的又一血债。

为歼灭溃逃的国民党军，解放军第十五兵团命令第四十三军的一部攻占白云山等阵地，主力沿广花公路向广州攻击前进；第四十四军一部沿广（州）增（城）公路，一部沿广九铁路向广州攻击前进。第四十三军先头部队第一二八师率先进入广州，未遇抵抗。14日19时，该师第三八二团进入市区。21时，先后占领了国民党总统府、广州绥靖公署、广东省政府、广州市警察局等重要目标。这时,国民党第五十军第一〇七师和联勤税警团等残部1 000多人,以及数十辆满载汽油和军用物资的汽车拥滞在黄沙车站,准备乘车从广(州)三(水)铁路西逃。三八二团立即发起攻击,激战两小时,将国民党残军全部歼灭,并击沉满载国民党军的大船3艘和小船数艘。与此同时,第四十四军的先头部队第一三二师第三九六团也从东郊进入广州市区。接着,后续部队也源源跟进,占领了全市各个重要目标。

在人民解放军进入广州市区的同时,担任国民党广州市保安警察独立大队大队长的中共地下党员程长清,策动广州市警察局2 000名保警人员起义;广州13个警察分局和自卫队也在其他地下党员策动下起义。国民党军联勤总部第三补给区监护第二营营长也率部起义。华南最大城市、被国民党当局定为"行都"的广州于10月14日宣告解放。

10月21日,叶剑英、方方等率领华南分局机关进入广州,成立中国人民解放军广州市军事管制委员会,主任叶剑英,副主任赖传珠。① 28日,广州市人民政府成立,市长叶剑英,副市长李章达、朱光、梁广。②

在第十五兵团解放广州的同时,南路军两广纵队第一师和粤赣湘边纵队独立第六团也于13日抵达河源,于15日攻占博罗,两县保安营被迫投诚。14日,两广纵队第二师、粤

---

① 广东省立中山图书馆编纂:《民国广东大事记》,1 020页,羊城晚报出版社2002年。
② 广东省立中山图书馆编纂:《民国广东大事记》,1 021页,羊城晚报出版社2002年。

赣湘边纵队独立第二团，在东江第一、第二、第三支队的配合下，直取惠州。惠州国民党守军第一〇九军第一九六师闻风逃离。15日，惠州解放。

16日，两广纵队第一师、第二师两个团、炮兵团和粤赣湘边纵队独立第六团，在第一师副师长邬强统一指挥下，在博罗包围国民党第一〇九军第一五四师，使该师副师长郑荫桐于19日率部起义。18日，粤赣湘边纵队独立第一、第二、第三团及第四支队进占东莞、宝安县城。19日，两广纵队第二师和粤赣湘边纵队占领虎门要塞，切断国民党军从珠江口南逃的通道。29日，成立珠江三角洲作战指挥部，曾生为司令员，林平为政治委员，统一指挥两广纵队、粤赣湘边纵队及番禺、顺德、中山独立团，追歼珠江三角洲残敌近2 000人，解放了大小横琴、大铲、高栏、淇澳、三灶等沿海岛屿。至此，美丽富饶的珠江三角洲全部解放。

3. 阳江围歼战与广东大陆的解放。

当第十五兵团进入广州时，第四兵团先头部队也到达广州近郊。陈赓从各方获得的信息判断，国民党残军的去路只有两条：或由佛山、开平，经沿海各县撤至雷州半岛，逃往海南岛；或经三水、高要等县，逃向广西。按照中央军委的指示和国民党军的动向，陈赓命令第四兵团一律不进广州，乘胜追歼逃敌。

第四兵团第十四军占领清远后，即乘船南下，直插三水，先头部队第四十师第一一八团置两岸国民党军于不顾，于10月15日晨抵达三水黄塘，在黄塘上岸，迅速占领三水县城，当晚又占领高要，从而卡住北江与西江之会合点，堵住了国民党军西逃入桂的通道。16日，第四十师在三水西南镇附近追上掩护主力撤退的国民党第三十九军第一〇三师，迫使该师3 000余人起义。当日，并在四会击溃国民党军第四兵团部，俘获500余人。

解放军第十四军军长李成芳从投诚的国民党军中获悉，国民党军除第六十三军和第一〇九军沿西江向粤桂边境逃窜外，第二十一、第四兵团以及第三十九军残部均向阳春、阳江方向撤退，准备逃往海南岛。陈赓当即命令李成芳指挥第十四军和第十五军第四十三、第四十四师以及第十三军第三十八师向阳江追击；第十三军主力向高州（今茂名）前进。陈赓指示各部，应以精干部队实施平行追击或超越追击，从两翼前出，断敌退路，协同尾追部队形成合围。

根据陈赓命令，李成芳把部队分成3路：以第四十二师（欠第一二四团）及第四十师第一二〇团为西路，由三水经高要、阳春迂回至阳江西侧；以第四十一师（欠第一二三团）及第四十师一一八团为中路，由西南经高明、恩平直插阳江；以第四十三和第四十四师为东路，由佛山经鹤山、台山插至阳江南侧，防止敌军从海上逃窜；以第三十八师为预备队，随西路跟进。

参加广东战役的第四兵团于9月下旬从江西出发，连续行军作战20多天，体力消耗很大，相当疲劳，但为了追歼国民党逃军，仍然昼夜兼程，以高昂的士气和惊人的毅力，克服疲劳和饥饿，奋勇追击。至10月21日晚，中路追至恩平圣堂圩，东路追至开平，均与国民党军尾部开始接触，追上了原本距离100公里的国民党逃军。

22日,陈赓再次发布命令,要求各部坚决将逃至阳江、阳春的国民党残军歼灭。他强调指出:西路部队的行动迅速与否至关重要,到达阳春后应继续猛追,取捷径直出阳江的程村圩占领阵地,堵住国民党军西逃之路。23日,西路部队解放阳春县城,即乘船向阳江疾进。当晚,西路部队追至阳江西北的双捷圩,得知国民党第二十一兵团等部夜宿白沙圩,准备于24日往电白县西逃,即令第四十师第一二〇团、第四十二师第一二五团星夜前进,断其逃路。

在第四兵团追歼国民党军进程中,粤中纵队积极配合,而纵队司令员吴有恒随东路第十五军前线指挥部协助指挥作战。10月17日,粤中纵队独一团和第六支队在鹤山县宅梧圩将国民党第三十九军第九十一师残部包围。随后协同解放军第十四师第一一八团迫使国民党第九十一师投诚。23日,又协同解放军摸进恩平县那扶镇国民党保安第四师师长住房,令其率所部投诚。

24日,东路部队从恩平向阳江疾进,一部占领北津港,主力抵近漠阳江东岸。中路部队也由台山向阳江县城压缩,与粤中纵队滨海总队恩(平)阳(江)台(山)独立大队会师,逼近阳江县城,国民党县长逃离。国民党县政府秘书、中共地下党员陈华代行县长职务,即令国民党军、政、警人员准备办理移交,阳江顺利解放。至此,逃至阳江地区的国民党残军已被三面包围。

国民党军发现被包围后,立即渡过漠阳江,准备从西面突围。其时,西路部队主力尚未到达,控制阳江至电白公路的仅有第一二五团,要阻击数万企图突围的国民党逃军,力量对比悬殊,压力很大。但是该团毫不畏怯,占领有利地形,加紧构筑工事,在白沙圩附近顽强阻击。25日,经过一天激烈战斗,前后打退国民党军多次猛烈进攻,使国民党军的突围企图未能得逞。当晚,后续部队源源赶到,将国民党军4万余人全部压缩在白沙圩至平冈圩之间东西宽约5公里、南北长约10公里的狭小地带内。

国民党军向西突围未成,于26日,转而向南移动,企图沿海滨向西逃跑,但逃路也被解放军控制。26日拂晓,第四兵团发起总攻,10多支突击部队以锐不可当之势,向国民党军阵地发起冲击。至中午12时,国民党逃军4万余人全部被歼,阳江围歼战胜利结束,实现了中央军委关于将国民党军歼灭于广东境内的战略意图。

27日,第四野战军给第四兵团发来嘉奖电,说:"这一胜利对于解放琼崖和解放广西均有重大意义。对于你们坚决执行毛主席指示,连续十昼夜穷追猛打精神,特予表彰。"[1]

人民解放军在阳江围歼国民党逃军期间,国民党第十二兵团于10月24日全部撤出潮汕地区,乘船逃往金门、台湾。闽粤赣边纵队于同日解放潮安县城(今潮州市),同时解放汕头市。向粤桂边挺进的人民解放军第十三军主力,至11月4日,先后解放了罗定、信宜、茂名等地,封闭了白崇禧集团由广西向雷州半岛和海南岛撤逃的通道。至此,广东大陆除钦州、合浦(两地今均属广西)地区外,基本上解放,广东战役胜利结束。

---

[1] 广东省地方史志编纂委员会编:《广东省志·军事志》,545页,广东人民出版社1999年。

1949年11月6日，广东省人民政府成立，省政府主席叶剑英，副主席方方、古大存、李章达，秘书长云广英，副秘书长杨应彬、左洪涛。①

17日，广东省军区成立，司令员兼政治委员叶剑英、第一副司令员邓华、第二副司令员洪学智、第三副司令员曾生、第一副政治委员赖传珠、第二副政治委员尹林平、第三副政治委员冯白驹。②

广东战役历时34天，共歼国民党军6.2万人（其中生俘4.1万余人，起义、投诚和接受改编1万余人）。③广东战役是继衡宝战役后，人民解放军执行中央军委大迂回、大包围作战方针取得的又一重大胜利。这个胜利也为解放广西和海南岛创造了有利条件。

第四节　海南岛和沿海岛屿的解放，国民党在广东统治的终结

广州市和广东大陆解放时，以薛岳为首的广东省政府撤往海南。海南岛和广东沿海岛屿的解放，不但标志着国民党广东省政府垮台，也标志着国民党在广东的统治完全覆灭。

---

① 广东省立中山图书馆编纂：《民国广东大事记》，1 021页，羊城晚报出版社2002年。

② 广东省立中山图书馆编纂：《民国广东大事记》，1 023页，羊城晚报出版社2002年。

③ 广东省地方史志编纂委员会编：《广东省志·军事志》，545页，广东人民出版社1999年。

一、海南岛的解放

（一）国民党在海南岛的兵力部署

广州解放时，按照国民党当局的安排，以薛岳、余汉谋为首的广东军政人员撤往海南，继续与中共和人民解放军作战。1949年12月1日，国民党当局撤销广州绥靖公署和海南警备总司令部，将两军事机构组建成海南防卫总司令部，总司令薛岳，副总司令李扬敬、韩汉英、李玉堂、李铁军、欧震，统一指挥驻守海南岛的海、陆、空军作战。

国民党在海南岛的兵力计有：陆军5个军和特种兵部队一部；海军第三舰队和海军陆战队一个团，各种舰船50艘；空军第一、第三、第十、第二十大队，战斗机、轰炸机和运输机共45架；陆、海、空三军总兵力10万人。国民党把在海南的驻军共编为四路军，第一路军司令李玉堂，第二路军司令李铁军，第三路军司令容有略，第四路军司令陈骥。其中，陆军番号分别是：第四军、第三十二军、第六十二军、第六十三军、第六十四军，以及教导师、保警第一师、暂编第十三师。其兵力部署是：以第三十二军（辖第二五二、第二五五、第二六六师）为第一路军，担负琼东区的守备任务；以第六十二军（辖第一五一、第一五三、第一六三师）、暂编第十三师、教导师为第二路军，担负琼北区的守备任务；以新编第四军（辖第五十九、第九十、第二八六师）、第六十四军（辖第一三一、第一五六、第一五九师）、海南警备第二师为第三路军，担负琼西区的守备任务；以第六十三军（辖第一五二、第一八六、第三二一师）、海南警备第三师、琼南要塞司令部和海南防卫司令部特务团为第四路军，担负琼南区的守备任务；另外从各防区抽调5个师作为预备队；海军舰艇和空军飞机部署于琼北地区，封锁琼州海峡，负责阻挠解放军登陆。①薛岳依仗海空军优势，组成环岛立体防御体系，并命名为"伯陵防线"，自吹这是"东方的马其诺防线"，妄图凭借这道防线和琼州海峡天险，阻止解放军登陆海南岛，长期维护国民党对海南岛的统治。

（二）中共中央军委关于解放海南岛的战略决策与第四野战军的作战计划

1949年12月18日，毛泽东让中央军委转告林彪："以四十三军及四十军准备攻琼崖"，并总结了进攻金门失败的教训，对进攻海南岛的作战做了原则性的指示："渡海作战完全与过去我军所有作战的经验不相同，即必须注意潮水和风向，必须集中能一次运载至少一个军（四五万人）的全部兵力，携带三天以上粮食，于敌前登陆，建立稳固滩头阵地，随即独立进攻而不要依靠后援。"②

12月27日，第十五兵团致电中央时表示："努力争取在旧历年前进攻海南岛。"后因准备工作来不及，又于1950年1月5日致电中央，要求改期。1月10日，毛泽东再次发出《关于大力做好解放海南岛的准备工作的指示》说："既

---

① 广东省地方史志编纂委员会编：《广东省志·军事志》，548页，广东人民出版社1999年。
② 《毛泽东军事文集》，第六卷，62~64页，军事科学出版社、中央文献出版社1993年。

然在旧历年前准备工作来不及,则不要勉强,请令邓、赖、洪①不依靠北风而依靠改装机器的船这个方向去准备,由华南分局与广东军区用大力于几个月内装置几百个大海船的机器(此事是否可能,请询问华南分局电告),争取于春夏两季内解决海南岛问题。"毛泽东还进一步分析了攻打海南岛的有利条件,指出:"海南岛与金门岛情况不同的地方,一是有冯白驹②配合,二是敌军战斗力较差。只要能一次运两万人登陆,又有军级指挥机构随同登陆(金门岛是三个不同建制的团又无一个统一的指挥官,由三个团长各自为战),就能建立立足点,以待后续部队的继进。"毛泽东还指示林彪:"请要十五兵团与冯白驹建立直接电台联系,并令冯白驹受邓、赖、洪指挥,把琼山、澄迈、临高、文昌诸县敌军配备及敌海军情况弄得充分清楚,并经常注视其变化。""同时由雷州半岛及海南岛两方面派人(经过训练)向上述诸县敌军进行秘密的策反工作,勾引几部敌军于作战时起义,如能得到这个条件,则渡海问题就容易得多了。"③

为了贯彻执行中央军委和毛泽东关于解放海南岛的战略决策,第四野战军前委决定以第四十军和第四十三军并配属加农炮兵第二十八团、高射炮兵第一团和第九团与工兵一部共10万人,组成渡海作战兵团,由第十五兵团司令员邓华、

---

① 邓、赖、洪,指邓华、赖传珠、洪学智,当时分别任第四野战军第十五兵团司令员、政治委员和第一副司令员兼参谋长。

② 冯白驹,当时任第四野战军琼崖纵队司令员兼政治委员。

③ 《毛泽东关于大力做好解放海南岛的准备工作的指示》,1950年1月10日,转引自广东省地方史志编纂委员会编:《广东省志·军事志》,1 007页,广东人民出版社1999年。

政治委员赖传珠、副司令员兼参谋长洪学智指挥,解放海南岛。

1950年2月1日,邓华、赖传珠在广州主持召开作战会议,参加者有洪学智、肖向荣,第十二兵团副司令员兼第四十军军长韩先楚、第四十三军军长李作鹏、政治委员张池明、琼崖纵队副司令员马白山、参谋长符振中等。中共中央华南分局第一书记叶剑英到会做了重要指示。会议分析了敌我双方的情况,认为:解放军参战部队士气高昂,战斗力强;海南岛海岸线长,登陆点多,便于偷登和强渡;有琼崖纵队的接应,有根据地和游击区可以立足,有人民群众的支援等有利条件。不利条件是:没有海空军掩护,只有陆军,且无渡海作战经验,许多士兵不习水性,不会游泳,船只不足,困难较多。驻守海南岛的国民党军虽是残兵败将,士气低落,但有海空军掩护,武器装备较好,又有琼州海峡作为屏障,必然继续负隅顽抗。与会者认为,在敌我双方优劣条件对比下,如何乘木船突破国民党军的封锁,渡过琼州海峡,成了战役成败的关键。若一次以一个军登陆,船只问题难以解决,且无法对付敌军海空军的阻拦。因此,会议采纳冯白驹关于先派小部队分批偷渡,并先送一批弹药给琼崖纵队,以增强琼崖纵队的力量的建议①,决定采取"积极偷渡、分批小渡与最后登陆相结合"的作战方针。②

---

① 广东省地方史志编纂委员会编:《广东省志·军事志》,549页,广东人民出版社1999年。

② 广东省立中山图书馆编纂:《民国广东大事记》,1 026页,羊城晚报出版社2002年。

广州作战会议的作战方针与方案,得到第四野战军前线指挥部的同意。毛泽东也复电说:"此种方法如有效,即可提早解放海南岛。"①

(三)海南战役的准备

1.全力投入支前工作,筹集大批船只和物资。

1950年1月,中共中央华南分局在广州召开广东各地党代表会议。华南分局书记叶剑英在工作报告中,把解放海南列为当年的首要任务。②1月2日,中共中央华南分局发出《关于支援海南岛作战的决定》,要求"我各级党政机关必须以全力支援并迅速筹集大量船只、船工、经费、器材和进行各种应有的充分准备,才能取得胜利保证"③。为了保证支前工作的顺利开展,广东省和有关地区分别成立了支前司令部,由主要领导干部亲抓支前工作。广东省成立支前司令部,尹林平任司令员,方方任政治委员;南路专员公署成立南路支前司令部,李进阶任司令员,刘田夫任政治委员;海南岛成立支前委员会,由冯白驹为主任委员。

在各级支前司令部的领导下,各地抽调了大批干部,专门负责支前工作。经过几个月的紧张工作,据统计,共征集和装修木帆船2 863艘,招募船工12 400人、民工96 300人,筹集粮食750 000担,银元(光洋)1 360 000枚,抢修

---

① 广东省地方史志编纂委员会编:《广东省志·军事志》,549页,广东人民出版社1999年。

②③ 广东省立中山图书馆编纂:《民国广东大事记》,1 025页,羊城晚报出版社2002年。

公路1 300公里,桥梁130余座①,为解放军渡海作战提供了人力和物力的保证。

2. 参战部队迅速集结,刻苦训练,掌握渡海作战本领。

担负海南战役的第十五兵团第四十和第四十三军,于1950年1月5日至18日分别进驻雷州半岛徐闻县城以西的三塘港、乌石港、北海市(今属广西)和徐闻县城以东的海安港、外罗港、湛江港、阳江一带,进行渡海作战的训练和准备工作。加农炮团进驻徐闻县城以南沿海地区,掩护部队海上训练。高炮团进驻徐闻县城以西的三塘港及以东的海安港一带,掩护集结的船队和起渡场。琼崖纵队也迅速调整作战部署,第一总队进至琼东、定安地区,第五总队进至乐东地区,独立团进至文昌地区,发动攻势,伏击或袭击国民党驻军,扩大沿海游击区,控制登陆场,准备迎接登陆部队。

由于参战部队多数指战员都是来自内陆地区,多不习水性,更未见过大海,故进入集结地域,面对波涛汹涌漫无边际的大海,不少人心生疑惧。针对这种情况,各参战部队从党内到党外,深入细致地进行思想动员工作,传达、学习毛泽东和中央军委的有关指示,分析有利条件,增强胜利信心;与此同时,深入分析各种困难,开动脑筋,献计献策,寻找克服困难的办法。经过广泛深入的思想动员,使广大指战员逐步消除了疑虑,增强了必胜的信念,以旺盛的斗志积极投入战前训练。指战员们学游泳,走浪桥,打秋千,学掌舵,练摇橹,练射击,等等。经过3个月的艰苦训练,不仅

---

① 广东省地方史志编纂委员会编:《广东省志·军事志》,550页,广东人民出版社1999年。

克服了晕船，适应了海上生活，而且学会了划桨、摇橹、拉帆、掌舵以及识别风向等本领，掌握了海上作战的技术，还培训了6 000多名战士水手，为渡海作战提供了技术保障。

海南战役的最大困难是如何突破国民党利用海军和空军对琼州海峡的联合封锁。为此，各参战部队发扬军事民主，召开"诸葛亮会"，发动指战员出谋献策，研究对付国民党军舰和飞机的办法。指挥部总结和推广第四十三军第一二八师第三二八团四连一排长鲁湘云用木船打军舰的经验，将部分木船改装成"火力船"。第四十军炮兵主任黄宇首先带领一些会做木工和铁工的战士，在木帆船上安装汽车发动机，把步兵小炮和高射机枪固定在船上，成为战士们所称的"土炮艇"。经过试验和推广，制造了一大批"土炮艇"，再把众多"土炮艇"集合起来，编成"土舰队"，用以对付国民党的飞机和军舰。后来的实践证明，这种"土舰队"在渡海作战中发挥了巨大作用，为解放海南立下不朽的功勋。

（四）解放海南岛战役的进程与海南岛的解放

1. 先遣部队分批偷渡。

按照1950年2月初召开的海南岛战役作战会议确定的"积极偷渡，分批小渡与最后登陆相结合"的战略指导方针，1950年3月5日19时，第四十军第一一八师第三五二团"渡海先锋营"799人在师参谋长苟在松、团长罗绍福以及琼崖纵队侦察科科长率领下，分乘木船13艘，从雷州半岛灯楼角起渡，顺风向预定登陆地点琼西北白马井方向疾驶。中途风突然停止，只得靠划桨摇橹航行，速度很慢。6日拂晓，遭遇国民党军船同向航行。苟在松命令船队伪装民船，尾随国民党军船前进。至13日，船队驶近预定登陆地点时被国民党军察觉，发生战斗。在紧急关头，琼崖纵队政治部副主任陈青山率领接应部队向国民党军据点发起攻击，拔除了据点，开辟了登陆场。14时许，先遣营击退国民党军的阻击，登陆成功。

第一个先遣营偷渡成功后，第四十三军第一二八师三八三团第一营1 000余人组成第二个渡海先锋营，由团长徐春芳率领，琼崖干部林栋协助，于3月10日13时，分乘21艘木帆船从湛江市东南的硇洲岛起渡，向琼东北地区的赤水港至铜鼓岭一带前进。入夜，当船队驶至琼州海峡东口主航道时，突然风雨交加，激浪猛扑船头，致使一些船只帆篷撕破，桅杆折断，船舱进水。指战员们与狂风恶浪搏斗了15个小时，被迫于11日9时左右，在赤水港至铜鼓岭一带长达30公里地段分散登陆。负责接应的琼崖纵队独立团与县委书记叶明华、县长李光邦率领民兵前来接应，把登陆部队一批批接到预定集合地点，突破国民党军1个团的封锁，于12日到达文昌游击区。13日，薛岳调动6个团的兵力向文昌扑来，企图围歼第2渡海先锋营。先锋营在琼崖接应部队支援下，经过激烈战斗，将国民党军击溃，并歼其1个营。尔后，转入琼山根据地休整。

两个先锋营先后偷渡成功，增强了海南岛上的接应力量，但总体看来，接应力量依然不足。因此，第十五兵团决定继续派部队向琼北偷渡。3月26日，第四十军以第一一八师第三五二团主力、第三五三团二营和炮兵大队共3 000人，组成第一个先遣偷渡团，在琼崖纵队副司令员马白山和第一一八师政治部主任刘振华率领下,分乘81艘木帆船从灯楼角起渡,向琼北的临高角驶去。起航后1个多小时,东北风骤停,船队只得划桨前进。至下半夜,海上大雾弥漫,航队难以保持队形。团指挥下令各营,要求在失去统一指挥的情况下,各船各自为战,只进不退,即使单船也要登陆。偏离大队的20多只战船,准备在玉抱港附近登陆,遭到国民党2艘军舰和数架飞机的猛烈攻击。第三五二团二营四连的2艘战船立即转舵,迎战军舰、飞机,把火力引向自身,战至最后一颗子弹,以大部分指战员的牺牲为代价,掩护主力抢滩登陆。担负接应的琼崖纵队第一总队和第四十军先遣营,因登陆地点改变,未能接到,但在预定登陆地点与国民党军展开激战,牵制了国民党两个师的兵力,减轻了偷渡团的压力。偷渡部队在当地党政组织和民兵接应下,于27日5时至8时,陆续在偏离原登陆点临高角以东20公里的玉抱港一带分散登陆。登陆后,经过3天的鏖战,先后打破国民党第六十二军、第六十四军10多个营的层层阻击和尾追,于29日晚,在美厚村与琼崖纵队第一总队会师。

第一先遣团偷渡成功后,第四十三军也很快组成以第一二七师第三七九团和第三八一团一营共3 733人,组成第二个先遣偷渡团,在师长王保东、政治委员宋维栻率领及琼北地委宣传部部长陈说协助下,分乘88艘木帆船,于3月31日22时40分从雷州半岛东南端的博赊港、海仔港起渡,向海口市以东的铺前港进发。4月1日3时许,在穿越海峡中流后,遭到国民党3艘军舰的炮击,加强团的队形被打乱。在此关头,担任护航任务的"红五连"3艘火力船,立即迎着军舰冲去，迫使它进行隔舷战。当离军舰50米时，火力船上的战防炮、迫击炮和各种轻重武器立即向军舰开火，直打得军舰浓烟滚滚，不断发出求救信号。其他2艘军舰害怕挨打，不敢前来救援。中弹的军舰孤立无援，只好拖着浓烟逃跑。加强团主力船队继续前进。在琼崖纵队独立团、第三总队一团和先遣营的接应下，除第三七九团第三营第八、第九连因偏离航向，误在国民党守军较强的海口市白沙门登陆，大部分壮烈牺牲外，主力于4月1日在预定地点登陆，与接应部队胜利会师。

2. 解放军渡海部队强行突破"伯陵防线"，胜利登陆。

一个月内，解放军先遣部队分两批4次偷渡成功后，极大地鼓舞了渡海作战部队胜利的信心。4月10日，渡海作战兵团决定以第四十军主力和第四十三军一部组成第一梯队，于13日前集结，待风向、潮汐有利时起渡，登陆点是琼岛北部的马枭港。登陆后占领滩头阵地，抗反击、打增援，保证后续部队登陆。以第四十三军主力组成第二梯队，在第一梯队登陆后立即起渡，协同第一梯队歼灭国民党军。同时，命令琼崖纵队和先遣部队，牵制国民党军，接应主力部队渡海登陆。

16日19时30分，渡海部队第一梯队第四十军第一一八师（欠三五二团）、第一一九师、第一二〇师第三五八团和第四十三军第一二八师（欠三个营），共2.57万余人，在韩先楚、解方（第四十军副军长）率领和琼崖纵队参谋长协助下，分乘350艘战船，分东西两路编队，从雷州半岛南部港湾同时起航，向预定登陆地点航行；同时，第二梯队第四十三军军部和第一二九师、第一二七师第三八〇团及第三八一团两个营,也在第四十三军军长李作鹏、政委张池明率领下,跟随第一梯队前进。

船队离岸 8 海里时,便遭到国民党巡逻机的轰炸、扫射,渡海部队进行还击。下半夜,船队又遭到国民党舰队的攻击。渡海部队的火力船迅速展开,迂回到国民党舰队侧后,利用其火力死角,充分发挥近战威力,对准军舰的指挥塔、轮机舱、炮塔等要害部位猛烈射击,打得国民党军舰上的官兵不知所措。经过激战,击沉国民党军舰 1 艘,击伤 2 艘,创造了木船打军舰的奇迹。

渡海部队经过彻夜激战,第一梯队靠近了海南岛。琼崖纵队第五总队第五团、第三总队第二团、第一总队第七、第八、第九团和第四十军、第四十三军先遣部队,在马白山、刘振华等指挥下,也到达临高海边,扫清沿岸守军据点。同时,以一个团和两个营的兵力阻击临高、美台、加来等地出援的国民党援军,以 1 个团和 2 个连的兵力夺取国民党军的炮兵阵地,接应第一梯队登陆。

17 日 6 时,第一梯队战船靠近临高预定登陆点,不顾守军的疯狂射击,冲向海岸。当离岸五六十米时,即跳入大海向岸上冲击,突破滩头阵地,占领和巩固登陆场。第四十军的登陆部队击溃国民党守军第六十四军第一三一师 2 个团的阻击,连续攻克 9 个地堡群,占领了守军的核心阵地临高山,包围了临高县城,继续向纵深推进。19 日拂晓,在美台包围歼灭国民党军第四军第一五六师师部及 1 个团。同日,又奔袭第六十四军军部,占领加来。

与此同时，第四十三军第一二八师主力也在玉抱港、雷公岛登陆，占领才芳岭、桥头等据点，歼灭国民党第六十四军1 200余人，包围了花场港。薛岳赶忙调集4个团的兵力开赴福山，企图阻止登陆部队向纵深发展，保障海口市侧翼的安全。18日晨，登陆部队第一二七师先遣加强团将国民党援军击溃，占领福山。至此，登陆部队第一梯队控制了琼北地区海岸各要点，突破了自吹"固若金汤"的"伯陵防线"，为大军解放海南岛扫清了道路。

　　3. 琼北围歼战与追歼残敌，解放海南全岛。

　　攻岛部队第一梯队登陆后，薛岳还误以为是"小股部队偷渡"，立即调集兵力，企图将威胁海口市安全的登陆部队消灭。19日，薛岳将国民党第六十二军第一五一、第一五三、第一六二师集结于澄迈地区，并命令驻海口市的第三十二军第三五二师向澄迈地区增援。20日晨，解放军第四十三军第一二八师在澄迈县城以北的黄竹、美亭与国民党第二五二师一部遭遇，第一二八师将其包围，进行攻击。同时，解放军第一二七师先遣团迅速开进美仁地区，构筑工事，准备打援。薛岳为解第二五二师之围，命令第六十二军和暂编第十三师、教导师及第二五二师另1个团，增援黄竹、美亭，对解放军第一二八师进行反包围。薛岳得意忘形地吹嘘说"登陆共军即将全歼"，并准备在海口举行"祝捷大会"，为国民党军打气。

　　邓华司令员闻讯，决定将计就计，乘薛岳主力试图围攻第四十三军登陆部队之机，在澄迈及其以北地区展开大规模的围歼战，消灭薛岳的主力部队。邓华一面命令第四十三军登陆部队坚守阵地，顶住数倍于己的国民党军队的进攻；一面命令第四十军主力急速东进，将进攻第一二八师的国民党军反包围；同时命令琼崖纵队第三总队及独立团积极协助登陆部队作战。

4月21日拂晓，国民党第六十二军等部在飞机、大炮的支援下，向第一二八师阵地发起猛烈进攻。第一二八师迅速调整部署，以少数兵力抗击外围敌军进攻，而集中主力于内线，力争将已被包围的国民党军尽快歼灭，消除腹背受敌之忧。敌我双方都在作殊死搏斗，战况十分惨烈，双方伤亡都很大。

为了消灭薛岳调至美亭地区的机动部队，第四十军主力7个团于19日夜从临高出发，不顾国民党飞机的狂轰滥炸，向美亭疾进。到达澄迈后分成两路北上，于21日抵达美亭东西两侧，将围攻第一二八师的国民党军包围，形成内外夹击的态势。这时，战场上出现包围与反包围、内线与外线互相交错的复杂态势。由于互相交错，距离又近，故双方都不敢打炮，阵地上短兵相接，不时进行肉搏战。22日，登岛部队第四十军、第四十三军和琼崖纵队第三总队及独立团，同时向国民党军发起总攻。这时，薛岳才如梦初醒，意识到他所面对的不是"小股偷渡部队"，而是人民解放军的主力。他害怕己方全部被歼，慌忙命令残部向海口市撤退。此次围歼战，歼灭了国民党军第三十二军第五二五师全部，重创第六十二军、暂编第十三师和教导师等部，使薛岳苦心经营的环岛防御体系核心阵地——琼北守备区土崩瓦解。

为了不给国民党军以喘息之机，解放军渡海部队与琼崖纵队乘胜向国民党军海南防卫总司令部驻地——海口市发动攻击。23日晨,第四十军第一一九师一部协同第一二八师,在琼山地区歼灭国民党第六十二军两个师大部,解放了琼山县城。8时,第一一八师与第一二七师先遣团向海口市发动攻击,国民党守军仓皇撤逃,海口市顺利解放。

国民党军在琼北受重创之后,薛岳眼见大势已去,为了避免全军覆没,于4月22日下令全线向南撤退。第一路撤往乐会、万宁地区;第二路撤往陵水、保亭地区;第三路撤往北黎、八所地区;第四路海、空军集结于榆林和三亚地区。同时要求台湾当局火速派舰船和飞机来榆林、三亚等地接运部队撤离海南岛。22日傍晚,薛岳、陈济棠等负责守卫海南岛的军政大员,率先乘飞机逃往台湾。①

24日下午,第十五兵团指挥所获悉薛岳残部已分别南撤,即命令所部分为东、西、中三路迅猛追击。

东路追击部队由第四十军主力和第四十三军第一二八师组成,在琼崖纵队第三、第五总队和独立团的配合下,从海口市、文昌地区出发,经万宁、陵水直插榆林、三亚地区。中途先后截击了国民党第三十二、第六十二军残部,消灭国民党军近6 000人,并生俘国民党中将副军长1人。29日至30日,第一二八师、第一一九师及琼崖纵队第五总队等追击部队一举占领榆林港和三亚机场,全歼来不及登舰、登机逃跑的国民党军残部。

与此同时,西路(第一一八师一部)和中路(第四十三军军部率领第一二九师及第一二七师第三八〇团)追击部

---

① 广东省地方史志编纂委员会编:《广东省志·军事志》,555~556页,广东人民出版社1999年。

队也昼夜兼程,实施远距离追击,于4月30日至5月1日,先后占领了北黎、八所两港,将来不及逃跑的国民党军第二八六师和第九十师一个团截住,生俘第二八六师少将副军长以下3 500余人。①

在解放海南岛战役中,海南岛各族人民在中共党组织和琼崖根据地人民政府领导下,积极配合登岛部队作战。他们拿起各种武器,开展游击战争,扼守交通要道,伏击国民党军车辆,切断国民党军逃路,迟滞国民党军逃跑时间,为登岛部队歼灭国民党残军创造有利条件。他们还积极为追击部队运送物资,在追击部队所经路上设立物资供应点,为追击部队补充给养,设立医疗站,抢救伤病员。部队所到之处,各族人民热情地给部队送米送菜、腾住房、搭床铺、帮战士洗衣服等。各族人民的积极支援,给了解放军广大指战员以巨大的鼓舞,进一步增强了必胜的信念。

5月1日,海南岛全境解放。根据中共华南分局的指示,成立海南岛军事管制委员会,邓华任主任,冯白驹等为副主任;同时成立海口市警备司令部,王东保任司令员,宋维栻为副司令员。

解放海南岛战役,从1950年3月5日第一个先遣营偷渡琼州海峡开始,至5月1日解放北黎、八所两港口结束,前后历时58天,攻破了国民党军的海陆空立体防御体系,共计歼灭国民党军5个师9个团,计33 150人,其中生俘26 469人,缴获飞机4架,击落4架,击沉军舰1艘,击伤5艘,以

---

① 广东省地方史志编纂委员会编:《广东省志·军事志》,555~556页,广东人民出版社1999年。

及坦克、战车、火炮等军事物资一大批，取得了重大胜利，并开创了世界战争史上首例以木船打军舰的奇迹。①

二、沿海岛屿的解放——国民党在广东统治的终结

（一）南澳岛的解放

驻守南澳岛的国民党军是新编陆军第五十八师第一、第二团，加两个警卫营，共1 700余人；另有保安队100余人。该师是1950年初才由地方武装和新兵编成的，装备较差，缺乏正规训练，官多兵少，士气低落，战斗力不强。第一团负责守备南澳岛北部，第二团守备东部，警卫营守备西到西南部，保安队守备前江、云澳。②

人民解放军第十五兵团第四十一军第一二一师于1950年1月接受解放南澳的任务。1月23日，该师分别抵达饶平县的柘林、黄冈、钱东地区，着手战斗准备工作。

解放南澳岛是第四十一军第一次担负渡海作战任务，缺乏必要的装备和海上作战经验。为了胜利完成任务，从1月23日至30日，在当地政府和人民群众的大力支援下，仅用7天时间就征集到各种船只380艘，其中三桅渔船23艘，二桅渔船51艘，一桅渔船242艘，还有机帆船20艘，其他船只44艘。各级地方政府成立了船只管理委员会，负责船上

---

① 广东省地方史志编纂委员会编：《广东省志·军事志》，556页，广东人民出版社1999年。

② 广东省地方史志编纂委员会编：《广东省志·军事志》，546页，广东人民出版社1999年。

的管理教育，器材供应和船只的检查、修理、分配等任务。①

作战部队进行了 20 多天的艰苦训练，让指战员适应水上生活，防呕吐，并学会游泳、划船、摇橹、架帆、掌舵等等本领。在此基础上进行作战训练，把各种船只分门别类进行编队，以利于保持战斗队形；步兵和炮兵也分别练习登船、登陆和海上射击等作战技能。经过训练，部队基本掌握了航海知识和海上作战要领，士气更加旺盛。

2月18日，第一二一师决定以第三六三团、第三六二团、师山炮营作为主攻部队；以第三六一团为第二梯队。第三六三团负责攻打南澳西半岛，第三六二团攻打东半岛，第二梯队集结于埠尾山下待命。23日2时30分，战斗开始。师山炮营首先起航，于拂晓进入案屿、凤屿发射阵地。守岛的国民党军发现后，派出2艘汽船来袭，防守上、下田鞍的国民党军也开枪、开炮进行射击，企图阻止解放军登岛。第一二一师山炮营冒着敌军炮火强行登陆，抢占滩头，架炮还击，击中敌军汽艇一艘，士兵纷纷跳水逃命，另一艘逃回金门。10时，山炮营全部进入案屿、凤屿发射阵地，架炮向南澳国民党军据点射击。

步兵团原定下午2时起航，因风力不顺，延迟了3个多小时。第三六三团第一营于17时30分首先起渡，其后各营也接连起渡，先后于18时左右抵达南澳岛。18时15分，第三六三团第二营率先从大猴澳登陆，直插隆澳（今南澳县城），其他各营也先后登陆，直奔隆澳。20时，第三六三团

---

① 广东省地方史志编纂委员会编：《广东省志·军事志》，546页，广东人民出版社1999年。

占领隆澳，国民党守军除一部分在滩头被歼外，大部逃入山中。第三六三团第二营于19时25分起渡，插向青澳。第三营占领云澳。第一营直插深澳。至24时，各部先后到达指定位置，国民党军残部逃入山中。24日，国民党由金门派2艘军舰前来增援，发现南澳岛已被解放军占领，即向南澳开炮。第一二一师山炮营开炮还击，击中其中1艘，其余两艘逃回金门。24、25两日，第一二一师开展全岛大清剿，国民党守军全部被俘，南澳岛宣告解放。

南澳岛战斗共歼灭国民党守军第五十八师1 375人，其中毙伤27人，生俘广州绥靖公署第一挺进纵队少将副司令2人，第五十八师少将副师长1人，缴获各种武器装备一大批。①

（二）万山群岛的解放

海南岛解放后，国民党海军总司令桂永清奉台湾国民党当局之命，将原驻海南岛的海军第三舰队调往万山群岛，与岛上的地方武装李崇诗部共同担负万山群岛的防守任务，统归"粤南群岛指挥部"指挥。司令部设在垃圾尾岛（今桂山岛），由海军第三舰队中将代司令齐鸿章兼任司令。下辖海军第三舰队及南山卫巡防处、海军陆战队第二旅、青年军第二〇八师第一营、从海南岛撤逃到这里的4个连和李崇诗的"广东突击军"等共计3 000余人。有"太和"号护卫舰，"永宁"、"永定"、"永康"号扫雷舰，"中海"号登陆舰和炮艇共30余艘，总吨位约1万吨。大部分舰艇和陆战

---

① 广东省地方史志编纂委员会编：《广东省志·军事志》，547页，广东人民出版社1999年。

队主力驻守垃圾尾岛,部分驻守担杆列岛等。"广东突击军"1 200余人,分驻在担杆列岛、外伶仃、大小万山和东澳等岛屿。他们企图依仗海上优势,阻止人民解放军解放万山群岛,达到"控制万山,封锁海口,策应大陆,准备反攻"的目的。①

1950年4月底,第十五兵团遵照中央军委和中南军区的指示,分析了敌情,决定派遣以第四十四军第一三一师为主,加上广东军区江防部队和部分炮兵联合攻打万山群岛。这是人民解放军历史上第一次陆海军协同作战。为实现统一指挥,建立由第一三一师和广东江防部队首长联合组成的指挥所。指挥所设在中山县唐家湾(今属珠海市)。参战部队有:第一三一师步兵第三二九团、第三九三团,广东军区江防部队,广东珠江军分区炮兵团,第一二三师炮兵营,中南军区炮兵100毫米加农炮连,第五十军无后座力炮连,第一三〇师步炮连等。总兵力共1万余人。另配属"先锋"、"奋斗"、"解放"、"前进"、"劳动"号5艘炮艇,509号和"突击"7、10、11、12、14、15、16、17号共9艘登陆艇,"桂山"号步兵登陆舰,"国楚"号坦克登陆舰等各种舰艇共16艘,运输船8艘,总吨位近1 000吨。

江防部队数量不算少,但装备十分陈旧。最大的舰艇,一艘是美制的"桂山"舰,排水量358吨,装有76.2毫米火炮2门,25毫米火炮4门,算是江防部队的"旗舰";另一艘是"国楚"舰,是第一次世界大战期间英国制造的。其

---

① 广东省地方史志编纂委员会编:《广东省志·军事志》,557页,广东人民出版社1999年。

余的都是型号不一的小炮艇和小登陆艇,设备陈旧,残缺不全,有的连航海仪器和通讯设备都没有,只好用指南针、普通地图和报话机来保持联络。舰艇人员也大都来自陆军,缺乏航海技术。①

联合指挥所根据战区地形和敌我双方的情况,决定采用近战夜战的打法,"以打兵舰为主,逐岛攻击,依岛攻岛,突然奔袭,稳步前进"②的作战方针,制定了分三步走的作战方案。

第一步,攻占垃圾尾岛。

5月8日,参战部队在中山县沿海集结,进行战斗动员和准备。25日2时,万山群岛战役正式开始。江防部队派遣16艘炮艇、登陆艇和8艘民船,运载第一三一师第三九二团和第三九三团各一营、一个山炮连,配属10门大炮,组成火力舰队由第三九三团副团长郭庆隆任队长,江防部队炮艇副队长林文虎为副队长,率领"桂山"号登陆艇和"先锋"、"奋斗"、"解放"、"前进"、"劳动"号炮艇,分两路奔袭垃圾尾岛国民党海军舰艇锚泊地,掩护运输船队运载的第三九二团第三营登陆垃圾尾岛、中头洲岛和中心洲岛;第三九三团一个营登陆三角山和大头洲。由于指挥员缺乏经验,航海、通讯设备不全,致使航行中各船队之间失去联系。

---

① 广东省地方史志编纂委员会编:《广东省志·军事志》,558页,广东人民出版社1999年。

② 广东省地方史志编纂委员会编:《广东省志·军事志》,557~558页,广东人民出版社1999年。

4时许,"解放"号炮艇在没有后续船跟进的情况下,单独突入垃圾尾岛海区。该艇进入马湾港后,发现港内有20多艘国民党海军艇舰停泊,相当于"解放"号吨位的300多倍。在"解放"艇上指挥的林文虎,是原东江纵队一位身经百战的优秀指挥员。他不顾敌我力量悬殊,在征得党代表同意后,勇敢地下达了"冲进去"的命令。

"解放"号冲进马湾,集中火力向敌军指挥舰"太和"号射击,使"太和"号中弹起火。国民党海军第三舰队代司令齐鸿章中弹负重伤,返台湾后毙命。同时,国民党海军的"中海"号也中弹起火。驻守垃圾尾岛的国民党守军不知所以,在情况未明的情况下,彼此互相射击和碰撞,乱作一团。

天明雾散,国民党守军发现港湾内只有解放军一艘小炮艇和一艘不大的登陆艇,于是组织力量进行还击。"解放"号多处被击中,前主炮发生故障,炮手身亡。在这紧急关头,林文虎身先士卒,前去排除故障,不幸中弹牺牲。其时,全艇19名指战员已有13人伤亡。艇长不顾身体有伤,沉着地驾驶炮艇冲出火网,安全返航。①

"解放"号冲出重围后,解放军的"桂山"号遭遇国民党海军集中炮击,舰体多处中弹。舰长牺牲,报务员身负重伤,通讯联络中断,机舱也中弹起火。队长郭庆隆当机立断,率领50多名陆军战士抢滩登陆,与国民党守军展开激战。多次打退国民党守军的冲锋,进行肉搏战。但因力量悬殊,子弹手榴弹都打光,队长郭庆隆壮烈牺牲,指战员也大

---

① 广东省地方史志编纂委员会编:《广东省志·军事志》,559页,广东人民出版社1999年。

部分献出了宝贵的生命。

在"解放"号和"桂山"号与国民党军激战时,部署在垃圾尾岛东侧海域的"先锋"号、"奋斗"号与国民党军"25"号、"26"号炮艇遭遇,经过战斗,迫使"25"号敌军投降,"26"号被击沉。①

26日晚,停泊在垃圾尾岛港湾的国民党海军舰艇除留少量干扰交通线外,主力撤至三门岛、外伶仃岛和担杆列岛。第三九二团当晚攻占赤滩岛。27日又先后攻占垃圾尾岛、大洲岛。28日,攻占大、小蜘洲岛。外伶仃岛的国民党守军被迫撤往台湾,参战部队胜利完成了万山群岛战役的第一步作战计划。

第二步,攻占大小万山等岛屿。

垃圾尾岛战后,台湾国民党当局增派"太"字号护卫舰2艘,"中"字号登陆舰2艘,"永"字号扫雷舰4艘和大型炮艇等10艘舰艇驶至万山群岛,并由马壮谋接掌"粤南群岛指挥部",企图以其优势的舰艇封锁海面,阻止解放军攻占其余岛屿,进而炮击解放军已占岛屿,迫使解放军撤出。

解放军联合指挥所根据国民党军的新部署,决定巩固已占岛屿,打破海上封锁,攻占东澳、白沥、大小万山等岛屿,实施第二步作战计划。

29—30日,参战部队先后打破国民党海军4艘舰艇的海上封锁和4艘舰艇对三角山的攻击,击伤其3艘,迫使其全部撤退。31日2时,第三九二团攻占东澳岛。6月5日,向

---

① 广东省地方史志编纂委员会编:《广东省志·军事志》,559页,广东人民出版社1999年。

大、小万山岛发起攻击，占领两岛，继而乘胜先后攻占白沥、贵洲、竹洲、横洲、黄茅等岛屿，胜利完成了第二步作战计划。

第三步，攻占三门、担杆、佳蓬等岛屿。

大、小万山岛解放后，台湾国民党当局从海军第一舰队调遣吨位较大的驱逐舰"信阳"号、炮艇"营口"号和"泰安"号前来增援，还派出大、小舰艇10余艘游弋于外伶仃、三门岛海域，企图诱歼解放军江防部队舰艇。解放军参战部队为了攻占三门诸岛和外伶仃岛，完成第三步作战计划，决定于6月上、中旬进行休整，总结经验。6月10日，第三九二团攻占隘洲岛。在岛上设观察哨，侦察国民党舰艇的动向。经过侦察，得知三门岛上没有国民党守军，他们白天在三门岛海域巡逻，夜间返泊外伶仃岛或担杆列岛。联合指挥部决定在三门岛设伏，给予敌舰致命打击。

27日，国民党海军"永"字号扫雷艇被三门岛预伏的炮舰击伤。国民党军"信阳"号驱逐舰、"营口"号炮舰、"太"字号护卫舰等一齐出动，企图报复。江防部队"福林""国楚"等舰待其进入伏击圈后，与三门岛上的炮兵同时开炮，将敌"信阳"号、"永"字号击伤，国民党官兵纷纷跳水逃生。伏击战以较小伤亡取得了胜利。27日战斗后，国民党军退守担杆列岛。7月1日，解放军攻占外伶仃岛，胜利完成第三步作战计划。

国民党海军在三门岛、外伶仃岛受创后，收缩到担杆列岛海域。时值台风季节，舰艇无处停泊，供应日益困难，于12日，被迫撤到台湾。国民党在担杆、加蓬岛上的守军一部分逃散，一部分撤走，仅留"广东突击军"第八特务营 140 余人驻守。8 月 3 日，第三九二团突袭登陆，攻占担杆列岛，守军全部被俘。4 日，乘胜攻占直湾、北尖、佳蓬各岛。7 日，进占蚊尾洲岛，万山群岛全部解放。至此，国民党在广东的统治彻底终结。

万山群岛之战，历时 75 天，解放大小岛屿 40 多个，歼灭国民党军 700 余人，击沉国民党海军舰艇 4 艘，击伤 11 艘，缴获各种战船 11 艘，大炮、枪支、弹药一大批。作战部队受到中央军委、中南军区的嘉奖。①

---

① 广东省地方史志编纂委员会编：《广东省志·军事志》，561 页，广东人民出版社 1999 年。

第 五 章

解放战争时期广东的经济与文化

抗战结束后，美蒋勾结发动全面内战。国统区形势迅速恶化，金融波动，恶性通货膨胀，物价飞涨，捐税奇重，美货倾销泛滥，使国民经济几乎破产。农民极度贫困，大片土地弃耕。土地普遍集中，高利贷剥削盛行，整个农村危机四伏，民心思变。战后初期，本省民营工商业曾有"昙花一现"的景气，但旋即形势急转直下，大批企业倒闭破产。经济全面危机是由统治当局的压迫和掠夺引起的，此时美国资本全面渗入本省，国民政府中央及地方官僚资本亦在膨胀并排斥民营经济，社会发展陷入畸形状态。

第一节　封建官僚制度沉重剥削
与压迫下的农业

20世纪40年代后期，受全面内战的影响，广东农村形势日趋恶化。封建土地制度原封不动，田赋和苛捐杂税繁多，农民负担沉重。农田水利失修，水旱灾害频仍。土地荒芜，农林牧渔等业的年产量大幅度下滑。兵荒马乱之中，农民被迫流离失所。

一、封建土地制度原封不动，"二五减租"束之高阁

20世纪40年代，广东农村的封建土地占有制度未受到任何触动。1947年，就地域而言，四川之佃农占该省总农户的47%，比例为全国最高，广东次之，占46%。在各省中，广东的自耕农最少，仅占22%。半自耕农以浙江占38%为最高，广东次之，为22%。①广东境内河道纵横，在滨海及河汊地区，每每淤积成田，是为沙田。民国时期，全省沙田估计有6万余顷，其中已测绘5万余顷，本可征税400多万元。但因实征册籍直至抗战初期尚未完全编成，加以战时沙田区大部沦陷，故从未如实征收过。沙田原系官产，人民须办理承领手续，才能取得耕种权。清代即已开始举办沙田登记，颁发执照，并据此征税。因沙田面积逐年有增，散布辽阔，经界不易确定，给了强势者霸占抢夺之机。1947年1月31日，省政府会议修正通过了《广东省沙田地籍整理大纲》。②自1948年起，全省又重新测编整理田赋籍册，终因战乱，无果而终。

为了缓解农村尖锐的租佃矛盾，1945年10月31日，国

---

① 主计部统计局编印：《中华民国统计年鉴》，91页，中国文化事业公司1948年。

② 《民国时期广东省政府档案史料选编（9）》，304页，广东省档案馆1988年编印。

民政府行政院令各省实行"二五减租"。翌年 7 月 12 日，广东省政府会议遵照国民政府行政院令颁办法，拟具"本省推行二五减租要领"、"本省各县（市局）二五减租实施办法准则"、"本省各县（市局）二五减租委员会规程"、"本省各县（市局）乡（镇）二五减租委员会组织规程"、"本省各县（市局）二五减租纠纷案件处理程序"等 5 种，决议修正通过。但省政府所颁关于减租的文件，在试行过程中，遭到基层政权和地主的反对，难以实施。如潮汕地税之重，令自耕农和一般小地主都受不了，地主遂提高地租额，"所谓二五减租，在潮汕只是一纸法令而已"。战后南路地租形式仍是古典的，也是超经济的，徭役地租和实物地租都存在着，尤以后者最为风行。除了谷物地租外，有些地方（如信宜一、二区和茂北等地）还附加家禽、糯米等，每年一次缴给地主。这里的高利贷者不是商人，而是地主，还包括一部分官僚在内，如地税实物的征收者及管理者等。他们既是地租剥削者，又是高利贷者。因此，高利贷资本不但未分解封建制度，反而加深了封建地主的统治。南路高利贷资本带有掠夺性，利率惊人的高，通常年利率在 50% ~100%。[①] 连国民政府农林部的调查亦认为，广东历任主政者都忽视减租护佃工作，为了避免"引起佃业间之纠纷，骚动社会影响治安"，省、县政府"多属敷衍塞责承转了事"。[②] 1949 年 2 月

[①] 狄超白主编：《中国经济年鉴》，中编，108 页、105 页，香港太平洋经济研究社 1947 年。
[②] 中国第二历史档案馆编：《中华民国史档案资料汇编》，第 5 辑，第 3 编，财政经济（6），165 页、175 页，江苏古籍出版社 2000 年。

18日,省主席薛岳为实施"二五减租",制定了《广东省二五减租实施计划》,而省政府会议仅仅是将之交予土改会议及粮政会议"会同研究"而束之高阁。①

二、田赋和苛捐杂税繁多,农民负担沉重

战后,国民党在广东的统治腐败不堪。据省民政厅统计:在1945年9月至1946年8月的控案中,被控县、市局长及乡镇长共195人。据广州行辕主任张发奎称:人民控告官吏的事实有"巧立名目、擅征苛捐杂税,及擅向人民摊派,包庇烟赌,抽收陋规,甚至强占民业,抢割田禾"等。国民党两广监察使刘侯武考察粤桂回到广州后,斥责广东贪污贿赂之风尤甚,"每一县每一机构,无不满布贪污气象,层层舞弊,短报中饱,政府收入连经费在内,亦得不到人民所出百分之二十"②。

1945年抗日战争胜利结束不久,全国豁免田赋一年。国民政府田赋粮食管理处通知:广东省免田赋、地价税及土地增值税一年,旧欠田赋亦缓征一年。1946年5月24日,省务会议通过《借征军粮办法》,决定清收各县积欠的田赋。8月1日,广东和全国一样,正式恢复田赋征实,征额较往昔猛增,加重了农村的负担。该年度田赋征实"首在军粮获得

---

① 《民国时期广东省政府档案史料选编(10)》,187页,广东省档案馆1988年编印。
② 引自《1946年广东的政治》,见中央档案馆、广东省档案馆编:《广东革命历史文件汇集》,甲56卷,1989年印行。

供应",定额为650万石,后因省内灾荒,经民众"哀求减免",仍征450万石(征实300万石,征借150万石)。由于有"督征团"、"坐催队"下乡强征强抢,终于完成了任务。①农村经济之残破,连省地政官员视察东江、韩江一带后,也承认"土地普遍集中,高利贷剥削盛行,农民多以杂粮为活,生活之苦,达于极点,整个农村危机四伏,民心思变!"②

据粮食部档案记载:1947年度广东省征实、征借定额分别为250万石和41.7余万石,实收额分别为160万石和26.7余万石,共计完成64%③,农村不堪重负。如海丰县田赋额已超过全县米谷的产量,农民纷纷弃家逃亡,乡长遂将欠户之房屋一一予以封闭。④1948年度继续推行田赋征实政策,经核定广东应征比上年多1/3。因国统区战火、水灾严重,故"中央希望粤省多负担一点"⑤。该年度广东省征实、征借及"戡乱"特捐配额均为250万石,但粮食部估计中央只能收到191万余石。⑥1949年6月,省务会议通过是年田

---

① 力耕:《抢尽民间最后一粒谷——一年来的广东田赋征实》,载《正报》,第29期,7页,1947年3月15日。

② 项康:《苦难重重民心思变》,载《正报》,第20期,15页,1946年12月30日。

③ 中国第二历史档案馆编:《中华民国史档案资料汇编》,第5辑,第3编,财政经济(1),772~773页,江苏古籍出版社2000年。

④ 狄超白主编:《中国经济年鉴》,78页,香港太平洋经济研究社1948年。

⑤ 《谁在制造广东的粮荒》(1948年7月17日),见中央档案馆、广东省档案馆编:《广东革命历史文件汇集》,甲57卷,1989年印行。

⑥ 中国第二历史档案馆编:《中华民国史档案资料汇编》,第5辑,第3编,财政经济(1),755~756页,江苏古籍出版社2000年。

赋（征实、征借、公粮、积谷4项）共为523.4万余石①，但在兵荒马乱中，根本就无法完成。广东本为缺粮大省，近年大灾不断，粮价飞涨，6月21日，省政府会议决定："为实施保值起见"，将田赋征实部分，折征银元。②

三、农业生产政策及其措施难以奏效

20世纪40年代后期，由于全面内战和国民党统治区经济混乱，广东农村形势恶化，荒歉严重。国民党政府虽也颁布并采取了一些增进农业生产的政策及措施，但在兵荒马乱之中，已很难奏效。

由于战后广东缺粮状况仍然极为严重，1945年11月23日，省政府会议通过"发动全省扩大冬耕运动、增加生产、以裕民食"一案，说："查本省为缺粮省份，战后交通未复，外米接济尚未通畅，必须自行设法增加粮食生产，而推行冬耕，实为目前增产最有效之措施。"办法是由建设厅拟具冬耕实施办法、奖惩办法及保护办法；由农林局组织冬耕督导团，分赴各县负责协助发动冬耕，并指导一切技术事宜；由广东省银行、农民银行、各县县银行，举办冬耕贷款；行政院善后救济总署广东分署，赶运适合冬耕作物、肥料等。③

---

① 广东省立中山图书馆编纂：《民国广东大事记》，972页，羊城晚报出版社2002年。
② 《民国时期广东省政府档案史料选编（10）》，201页，广东省档案馆1988年编印。
③ 《民国时期广东省政府档案史料选编（9）》，37页，广东省档案馆1988年编印。

冬耕不失为重要的农业减灾方略，1945年推广冬作面积为1 531万余亩，次年增至1 909万余亩；但由于农民担心冬作的作物生长期会影响春耕作物的种植，一旦减弱行政力量对冬作的推动，就会自动对田地实行休闲，故在20世纪40年代后期，冬作有退缩的迹象。①

1946年5月，成立了广东省农业推广委员会。国民政府农林部华南区推广繁殖站、广东省农林处稻作改进所在台山、恩平、开平三县进行改良稻作，但在工作中遇到诸多困难，如农民知识缺乏，对良种持怀疑态度，佃农没有资金购买良种等，而农田水利及交通问题也是良种推广的障碍。②

1947年1月10日，省政府会议通过农林处呈《本省人民合作垦殖杂粮暂行办法》、《县各级合作社推行垦荒种植杂粮暂行办法》，鼓励人民垦殖。但土地垦殖效果并不显著，截至7月底，全省垦殖土地面积共计7 680亩，均为省营，垦民仅1 050人。③

国民党当局的农业工作得到了美国方面的技术援助。1946年5月22日，行政院善后救济总署和联合国救济总署共同组成农业调查团，飞赴琼崖调查农业。同时，由中美两国农业专家23人组成的中美农业技术合作团开始工作。他们于1948年编制农业技术合作计划，就粮食增产方面，选

---

① 吴建新：《民国广东的农业与环境》，347~348页，中国农业出版社2011年。

② 吴建新：《民国广东的农业与环境》，153页，中国农业出版社2011年。

③ 主计部统计局编印：《中华民国统计年鉴》，72页，中国文化事业公司1948年。

定全国8个缺粮区域分设中心据点办理，其中"两粤区"中心据点设在广州，并在曲江、柳州、梧州、桂平、潮州等地设附属据点。①

农业贷款也得到一定程度的重视，战后广东省农贷逐年有所增长。如中国农民银行办理紧急救济农贷，至1946年8月31日止，共对广东43县贷款，借贷社团为108个，借款农民9 471人，贷款累计额为2亿余元法币，占该行贷款总额的4.98%。②据该行业务考察报告称：1945年至1947年间，广东农贷所占比例分别为1.58%、3.25%、6.39%。③另据四联总处核定各省农贷统计，1946年广东款额居第10位，而1948年6月时已上升为第7位。④

广东农村合作事业在抗战时期曾得到较大发展。抗战结束后，设于广州的省合作事业管理处，在103个县全面推广合作社，但组社实数不及战时的一半。⑤1948年11月初，该管理处呈文给省政府，提出为促进合作事业，试行义务辅导制，将全省划分为22个辅导区。⑥不久，随着国民党统治

---

① 中国第二历史档案馆编：《中华民国史档案资料汇编》，第5辑，第3编，财政经济（6），236页，江苏古籍出版社2000年。
② 根据狄超白主编：《中国经济年鉴》（太平洋经济研究社1947年版）上编66页表资料整理计算。
③ 中国第二历史档案馆编：《中华民国史档案资料汇编》，第5辑，第3编，财政经济（2），962页，江苏古籍出版社2000年。
④ 中国第二历史档案馆编：《中华民国史档案资料汇编》，第5辑，第3编，财政经济（3），452页、572~573页，江苏古籍出版社2000年。
⑤ 黄增章：《国民党广东当局的合作事业》，见《广东文史资料》，第63辑，广东人民出版社1990年。
⑥ 《民国时期广东省政府档案史料选编（10）》，110页，广东省档案馆1988年编印。

的崩溃，旧合作事业也烟消云散。

四、农田水利失修，水旱灾害频仍

战后农田水利建设耗资不少，但收效却甚差。1941年至1947年6月底，广东举办农田水利贷款近11.4亿元法币，而完工工程只有4处，受益田亩仅19万亩。① 战后，珠江水利局主持围筑西江、东江、北江及韩江300余公里干堤，工程浩大，得到中央政府核定拨发的工程款和善后救济工粮支持，每天有3万民工干活。这是当时全国号称仅次于治理黄河的第二大水利工程。1947年5月11日，惠阳马鞍围水利工程落成典礼由省主席罗卓英主持举行，到会人数达万人。但罗氏大吹大擂的此项工程却不堪稍后而来的洪水一击。宋子文出任省主席后，动员230余万民工，自1948年1月至4月，共恢复73处堤围，然而当洪水一来，时论讽"其功效亦如纸糊的一般"②。

耕地荒芜，加以战后灾荒和大旱，疠疫蔓延。如1946年初，雷州半岛鼠疫流行，首季即死亡约600人。入夏后，广州霍乱肆疟，死亡146人。抗战惨胜，旋又爆发全面内战。广东当局于1946年9月恢复征兵，在乡村大捕壮丁，加上各种劳役，造成农村劳动力极端缺乏。繁重的地租、税捐、兵役、劳役、高利贷及恶性通货膨胀，使农民陷于极度

---

① 主计部统计局编印：《中华民国统计年鉴》，98页，中国文化事业公司1948年。
② 香港《华商报》，1948年12月26日。

贫困，难以抵御灾难，甚至连简单再生产亦难以维持。大片田地弃耕，农民流离四方。据联合国善后救济总署（简称"联总"）统计，1946年春，广东灾民已达150万人。另据救济机关同年底调查结果，全省嗷嗷待哺的贫民达800万人，如将未获结果的其他县市列入，则待救济的难民可能超过千万，即占本省总人口的1/3。①

战后广东物资匮乏，民生痛苦。1945年12月15日，联总首批救济物资运抵广州。至翌年2月，尽管洋米、外省粮煤及各种救济物资不断运粤，但省内仍供应不足。联总广东分署署长凌道扬亦以本省粮荒严重，"前途无限隐忧"，多次请求行政院善后救济总署（简称"行总"）和联总救济本省粮荒。②

1947年春旱，尤其在潮汕一带，大半田土龟裂，并先后发生60年来所未见的蝗灾。4月，广东潮属紧急救济委员会电省政府云："因潮米飞涨，饿殍道载。"③ 5月至6月，淫雨月余，酿成数十年罕见之大水灾，损失惨重，尤以珠江三角洲及东江为最。计有648.8万余亩农田被淹，冲塌房屋15万多间，崩缺堤围1 071处，受灾人口达617万余人（其中死亡2.4万余人），再加上农具及牲畜等损失，粗略估计共

---

① 狄超白主编：《中国经济年鉴》，上编，118~119页，香港太平洋经济研究社1947年。
② 《善后救济总署广东分署周报》，第1卷，第5期，1946年5月21日和第25期，1946年10月8日。
③ 《民国时期广东省政府档案史料选编（9）》，349页，广东省档案馆1988年编印。

达法币 44 465.8 万余元①，灾情之重于此可见一斑。

1948年4月，海陆丰由于大旱，贫民以番薯根为生。广州自4月1日起凭证计口授粮，汕头6月11日亦开始配售粮食。这年又是特大水灾年。6月上旬，广东各江淫雨连绵，河水暴涨，灾害重来。全省灾情虽不及上年夏季之惨，但就四邑一带而言，则较上年损失尤巨，大雨为患，百年罕见。这年风灾频繁，据省有关部门的统计，全省有37个县市遭受风灾，损失巨大。②

1949年7月初，省政府迭收各县电报水灾严重，西江水位超过往昔水患的记录，堤围崩溃，人民流离失所。至同月下旬，省内25个受灾县已有灾民300万人。省政府虽拨款急赈，仍不能解决问题，遂发动本省救灾募捐运动，并请中央当局拨银元500万予以救济。③ 实际上国民政府垮台在即，谁也顾不上去赈灾。耕者离其阡陌，织者离其机杼，农村经济已经彻底瘫痪。

五、土地荒芜，生产萎缩，农民流离失所

经过八年抗战，全省可耕地至少已荒芜了30%。战后，仍有大片田地弃耕，如1946年至1949年间，全省丢荒地占

---

① 广东省水灾紧急救济委员会编：《广东全省水灾紧急救济委员会会刊》，12页，广东文化事业公司，1948年。
② 《民国时期广东省政府档案史料选编（10）》，16页，广东省档案馆1988年编印。
③ 《民国时期广东省政府档案史料选编（10）》，208页、211页，广东省档案馆1988年编印。

耕地总面积的40%，粤桂湘三省饿死1 750万人①，大批农民流离四方。

粮食在农业生产中占有最重要的地位。据1947年估计：广东籼稻产量约占全国总产量的12.6%，仅次于四川、江苏居第3位；小麦产量约占全国总产量的1%。② 战后本省农作物生产情况，详见下表。

战后广东农业生产情况统计表（1945—1949）

单位：种植面积 千市亩；产量 千市担

种植种类	1945年		1946年		1947年		1949年	
	面积	产量	面积	产量	面积	产量	面积	产量
籼粳稻	41 133	124 498	40 479	129 256	39 376	96 892	66 301	121 024
小麦	4 354	6 270	4 659	3 878	4 846	5 621	1 100	530
玉米	315	523	331	556	327	634	—	—
大麦	2 424	3 030	2 351	2 092	2 383	2 430	—	—
高粱	76	81	76	89	77	95	—	—
谷子	264	325	248	310	265	355	—	—
糜子	39	46	—	—	39	51	—	—
甘薯	6 003	60 390	6 423	47 404	5 903	66 468	13 063	91 460
豌豆	1 088	838	1 121	650	1 187	793	—	—
蚕豆	754	912	799	735	861	935	—	—

---

① 郝庆平、岳琛编著：《中国近代农业经济史概论》，295~296页，中国人民大学出版社1987年。

② 狄超白主编：《中国经济年鉴》，48~49页，香港太平洋经济研究社1948年。

续上表

种植种类	1945年 面积	1945年 产量	1946年 面积	1946年 产量	1947年 面积	1947年 产量	1949年 面积	1949年 产量
大豆	648	1 140	—	897	613	1 110	1 000	700
花生	2 573	5 096	—	4 065	2 479	4 661	1 101	1 212
芝麻	71	45	—	43	65	46	80	40
油菜子	1 561	1 405	—	929	1 577	1 091	420	83
烟叶	175	294	—	320	—	—	45	45

本表依据许道夫编:《中国近代农业生产及贸易统计资料》，47~50页、170~171页、217页，上海人民出版社1983年。

上表共计15种农作物中，产量下降的有8种，即籼粳稻、小麦、大麦、大豆、芝麻、花生、油菜子和烟叶，后4种产量剧减；产量上升的有7种，即玉米、高粱、谷子、糜子、豌豆、蚕豆和甘薯，唯甘薯产量剧增。可以说，广东至关重要的农作物（除甘薯外）产量都下降了，这充分地表明了战后全省农业生产整体衰颓的状况。

蚕桑业曾为全省农业经济的支柱，但自19世纪30年代初世界资本主义经济危机的冲击和抗战时期日本侵略者的摧残后，生产大伤元气，战后仍不景气。据1946年广东省农林处统计：珠江三角洲桑田仅余31.7万亩，蚕户有15.5万户。[①] 顺德是本省主要的蚕桑产地，据估计：1946年全县栽桑面积共约10.4万亩，其余桑田多已改种甘蔗。桑农较多的地

---

① 陈真编:《中国近代工业史资料》，第4辑，194页，生活·读书·新知三联书店1961年。

区，如桂洲、水藤、龙江等乡，仅占户口的30%，其他各乡镇只占约10%。① 蚕桑业在民国短短几十年间可谓历尽沧桑。

战后广东省畜疫防治工作的条件有了改善，取得一定成绩。如1946年防疫注射牛只26 486头，1947年64 839头。除了防治牛瘟，对其他的畜禽病害，也在防治的范围内。② 但总的来讲，禽畜养殖明显地趋于衰颓，如下表所示。

战后广东禽畜养殖情况统计表

单位：千头

禽畜种类	1944年	1946年	1947年	1949年
鸡	17 006	16 523	18 035	—
鸭	5 643	6 146	5 923	—
鹅	1 293	1 384	1 356	—
水牛	1 423	1 387	1 193	1 204
黄牛	1 369	1 472	1 459	1 301
猪	3 359	3 527	4 260	4 107
山羊	302	336	300	40
马	17	19	15	—

本表依据许道夫编：《中国近代农业生产及贸易统计资料》，298页、327页，上海人民出版社1983年。

广东面向海洋，陆地又有广阔的河湖水面，故水产业历来占有重要的地位，是我国水产事业比较发达的省份之一。据调查，战前全省海洋渔业有渔船1.49万艘，渔业人数50余万，每年捕鱼量近70万担。抗战时渔业遭到惨重损失，

---

① 狄超白主编：《中国经济年鉴》，中编，96页，香港太平洋经济研究社1947年。
② 吴建新：《民国广东的农业与环境》，208页，中国农业出版社2011年。

战后仍不景气，估计1947年有渔船9 612艘（内机动渔船仅15艘），渔民22万余人，全年捕鱼量约40万担。①

第二节　外资排斥和内战影响下的工矿业

抗战结束后，国民政府各部门分别对日接收了原沦陷区的日伪企业。广东省政府重新组建了以广东实业公司为骨干的地方官营工业体系，并恢复生产。美国资本以"合作"的方式，大量渗入粤省，国民政府资源委员会也将经营重点逐渐南移广东。抗战胜利之初，广东民营工矿各业曾呈现短暂的繁荣景象。全面内战爆发后，受美货倾销泛滥，苛捐杂税奇重，通货恶性膨胀等影响，国统区社会经济形势恶化，工矿企业经营困难，陷入破产倒闭的境地。

一、政府各个部门对"收复区"企业的接收

抗战结束后，国民党"接收大员"蜂拥而至，对于广东原沦陷区工厂的接收，殊属纷乱。中央和地方一齐插手，形成所谓的"国营"与"省营"之分。广州的接收，简直是"抢的世界"，"军队与机关争，大机关与小机关争，机关与

---

① 杨家骆主编：《大陆沦陷前之中华民国（三）》，1 313页、1 319页，台湾鼎文书局1973年。

人民争,争得糊里糊涂"。① 国民政府中央各部专注于接收日伪企业,这些单位的设备较为完整。战前,日本并不重视在华南投资,只是战时基于军事上的需要,才兴办了相当数量的企业。国民政府经济部将全国沦陷区划分为东北、冀热察绥、鲁豫晋、苏浙皖、湘鄂赣、粤桂闽及台湾等7大区,其中粤桂闽区特派员办公处驻广州。该区日伪产业以广州、海南岛为中心,总计接收工厂95单位(以化学工业居首位,计50单位。其次为饮食品工业,计17单位。五金、电器及服饰品等业,数量最少)、矿场4单位、电气事业10单位。若以接收资产计,广州最多,约占93.7%。② 军政部在广州接收了制呢、被服、修械、电工器材、汽车修理、制革、制药等12厂。资源委员会则接收了广州电厂和海南岛的矿山、银行、航运、电力、机械、畜牧农场等一大批企业。交通部在广州区接收船舶511艘,共有3.8万余吨,还有广州石油联合油糟所、泰记酒精厂、丰田自动车厂、海口丰田自动车厂办事处及榆林工场等。③

1945年11月6日,广东省清理逆产委员会成立,罗卓英任主任。广东省政府收回的原省营企业,多已残缺不全。如广州西村水泥厂在日本投降时被严重破坏,有2/3的设备被拆毁,生产力只及战前的1/3。其他如顺德糖厂、纺织厂、

---

① 孙健:《中国经济史——近代部分(1840—1949年)》,730页,中国人民大学出版社1989年。

② 中国第二历史档案馆编:《中华民国史档案资料汇编》,第5辑,第3编,财政经济(4),686~691页,江苏古籍出版社2000年。

③ 中国第二历史档案馆编:《中华民国史档案资料汇编》,第5辑,第3编,财政经济(7),122页、399页,江苏古籍出版社2000年。

饮料厂、机器厂等,虽于战后复工,但"一切设备均不如战前,生产效率亦较战前递减"①。广州电厂于1946年4月由广州市政府与资源委员会签约合办,容量仅及战前的1/9。硫酸厂和肥料厂合并为化学工业厂,1948年划归资源委员会管辖,改造为制钢厂。麻织厂仍迁回梅箓,虽未直接遭受战火蹂躏,但几经迁移,实力耗损甚大。广东实业公司将抗战后期被日军严重破坏的交通器材厂、机器厂、印刷厂加以整顿继续经营。至于残存于粤北各地不能复业的工厂,则由省建设厅成立放存各地物产保管委员会负责加以清理。

二、省营工业的恢复生产

按照广东省政府制订的战后5年经济建设计划,首在发展农工业,拟建公营工厂80家。经济建设的资本则"着重于外资侨资和中央补助"。因此,时论评价道:"该计划的中心在经济,经济的中心在工业,工业的中心在外资。"② 省营企业在战时一再惨遭浩劫,元气大伤。战后复员,因人力、财力、物力之局限,如资金周转不灵、动力供应不足、机器设备简陋、技工缺乏、原料昂贵、人谋不臧等,再加以美货倾销、内战扩大等不利影响,故恢复工作进展缓慢。

面临原有省营企业残破不堪的状况,1945年11月23日,广东省政府会议通过"尽速恢复本省各公私工厂、救济

---

① 陈真编:《中国近代工业史资料》,第3辑,1 173页,生活·读书·新知三联书店1961年。

② 《正报》,第42期,14页,1947年6月14日。

失业、以裕民生"案。据建设厅等所拟具之办法云："（1）由本府函请经济、交通、军政各部门特派员：将所接收敌伪工厂，迅速开工，并划一职工名称待遇。将所接收或查封之敌伪工厂，不能自行开工者，请即交由省营或承商，迅速复工。其主权如查明有据，原属民营非敌伪产业者，应即发还原主复工。（2）省营工厂，由建设厅尽速设法复工生产。（3）补助民营工厂复工，并由省府代为解决困难，务使早日生产。（4）请四联总处各国家银行及省银行，举办工业贷款。（5）由广东实业公司，积极推销本省手工业及农产品，以济农工。"①11月27日，省政府会议又通过《调整本省经建事业之经营系统原则》，决定将省营企业划归两个部门管理，即：以经营为目的的工厂由广东实业公司统辖；具有研究实验性质、示范调剂生产及救济实业性质的单位，则归省建设厅管理（该厅管辖的实际上只有广州西村水泥厂，而1947年10月15日省政府会议通过宋子文的提议，将该厂又改拨给实业公司集中经营）。② 据统计，广东实业公司拥有股本法币11亿元（官股10亿元，商股1亿元），省营工业全部资产约达15亿元。③ 但战后国民党统治区的恶性通货膨胀势如脱缰之马，除去呈天文数字般货币通胀的虚假因素，省营企业全部资产与战前比较，已相差上百倍。

---

① 《民国时期广东省政府档案史料选编（9）》，38页，广东省档案馆1988年编印。

② 《民国时期广东省政府档案史料选编（10）》，4页，广东省档案馆1988年编印。

③ 黄增章：《民国时期广东省营工业概况》，载广东省方志办编印：《广东史志》，1989年第2期。

广东实业公司是战后广东省营企业之骨干,总公司设于广州。除将接收过来的各厂先后复工外,又增建新厂。1946年至1947年,省营纺织厂、顺德糖厂、水泥厂、饮料厂、麻织厂等均相继投产,所出制品商标均为"五羊牌",不过其生产能力仍很低下。另又增设新厂,如与上海穗新实业公司(实为申新纺织总公司第二、第五厂所组织)合办广东第二纺织厂,于1948年1月10日订约,由申新总公司派人到广州筹办。① 该厂资本额50万美元,拥有纱锭2.3万枚,于当年7月正式投产。1948年9月,在同东京盟军总部几经周折交涉后,终于将原省营造纸厂机器设备从日本北海道运回广州重建。

广东实业公司的内部经营管理相当腐败,受到舆论界的强烈谴责。其主事者滥支浮报,营私舞弊,丑名四溢,被人们讥讽为"广东省贪污的渊薮"。公司所属糖厂盘剥蔗农,不付现款,只给低质之砂糖以作抵充,并虚报盈利。据省参议会估计:仅顺德糖厂的年利即少报达10倍! 1947年12月,省参议会曾通过"清查实业公司提案",但因"牵涉太多"而未查出眉目。② 1948年1月20日,省政府会议决定组织清查委员,"前往彻查具报"③。1949年2月16日,省参议会公布了广东实业公司前总经理蓝逊、罗楚材两任舞弊

---

① 上海社会科学院经济研究所编:《荣家企业史料》,下册,650~658页,上海人民出版社1980年。

② 狄超白主编:《中国经济年鉴》,31页,香港太平洋经济研究社1948年。

③ 《民国时期广东省政府档案史料选编(10)》,52页,广东省档案馆1988年编印。

案清查报告书,揭露该公司所属制糖厂、饮料厂、纺织厂及运输部门等均有贪污行为。①

三、美国资本大量渗入广东

国民政府与美国资本合作,将广东变成美蒋在中国大陆的主要后方基地。1945年11月18日,美军舰队司令柯克抵达广州,与宋子文商谈开发海南岛资源及黄埔、榆林开港事宜。1946年11月4日,《中美友好通商航海条约》签订,美国在中国获取了更多的权益。魏德迈率领美国使团来华考察时,曾建议国民党缩短东北战线,努力开发华南。国民党统治当局采纳了这个建议,决定开发华南经济,以实现其"军事北上、经济南下"之决策。

此后,美国即扩大在广东的工商业务。1947年3月下旬,粤省主席罗卓英与美商潘尼公司多次接洽,经南京中央政府同意后,成立了所谓"接收外资办法"30项协议,允许该公司取得在广东投资的特权。在美国善后经济总署的支持下,余汉谋等人集股创办了广东省中国农业机械公司,资本额100万美元,厂址设在广州。② 省参议会也通过了省政府提出的所谓"利用外资发展本省实业案"。由美商潘尼公司投资2亿美元,代理接洽经营广州市煤气、水泥、玻璃、

---

① 广东省立中山图书馆编纂:《民国广东大事记》,937页,羊城晚报出版社2002年。

② 陈真编:《中国近代工业史资料》,第3辑,945~946页,生活·读书·新知三联书店1961年。

肥料、造船、汽车装置制造、粤北八字岭煤矿及全省农田水利特种工程等事业共8项（本来还有开港、筑路、水力发电等3项，因"各方攻击甚烈"，在参议会讨论该案时被迫删去），并可对揭阳新西沙锡矿公司、乐昌中山煤矿公司进行投资经营。① 10月1日，美国炼油大王之孙洛克菲勒到穗，会见张发奎、宋子文等政要，商谈投资华南、开矿及辟港等事宜。

宋子文主粤后，依赖美国资本的扶植，适应美国侵华的需要，主张"以广州为中心，开发粤省和华南经济，俾使华南农工业能支持国府全面肃清各地共军"②。他积极与美商洽谈广东矿藏开发及投资工商业等问题，使约定的营业纷纷着手兴办。魏德迈、司徒雷登、巴大维等美国"专家"、"顾问"先后赴粤访问，调查情况，大肆搜集经济情报，潘尼公司亦重新提出在广东庞大的实业投资计划。

1948年3月，美国实行赞助华南复兴计划，资金由出售救济米所得的钱拨付。同年下半年以后，美国经济合作署官员曾多次赴粤考察中美经济合作情况，并继续为华南提供所谓的"美援"。

---

① 狄超白主编：《中国经济年鉴》，31～32页，香港太平洋经济研究社1948年。

② 《宋子文与华南经济的开发》，载《工商天地》，第2卷，第4期，1948年4月。

四、资源委员会经营重点南移广东

抗战胜利以后,广东在国统区的经济地位显得愈加重要。1946年12月下旬,国民政府资源委员会委员长钱昌照等抵达广州,参与了广东省5年经济建设计划的研究,并赴琼崖考察工业,认为海南岛资源丰富,不亚于台湾。1948年1月,新任资源委员会委员长翁文灏赴穗,同宋子文商谈后发表"合作推进广东工矿事业联合声明",决定双方合作,创办制糖厂、钢铁厂、南岭煤矿公司,并完成瀚江水电厂工程。

此后,资源委员会便将其工作重点转移到华南。1948年,当孙越崎接任委员长后,亦赴粤同宋子文商讨发展工业的问题。其主要内容有:(1)从台湾拆迁多余的糖厂设备到广东建厂;(2)积极勘察瀚江水力资源,准备建水力发电站;(3)在广州创办钢铁机械厂,安置从东北撤出来的一部分工程技术人员;(4)主持粤北南岭煤矿的勘探工作。[①] 根据商妥的方案,资源委员会派出了驻广州钢铁机械厂、广东糖厂筹备处、瀚江水力勘测队及南岭煤矿的负责人和工程技术专家。

此举得到美国的支持。1948年6月,美国派出"美援调查团"到中国,由严家淦陪同前往华南地区视察交通和工矿事业。结果,粤汉铁路得到400万美元,资源委员会在华

---

① 全国政协文史资料委员会编:《回忆国民党政府资源委员会》,292页,中国文史出版社1988年。

南和台湾的企业也得到400万美元的援助。

广州电厂被资源委员会接收后,与广东省政府会商合营,1946年发电2.75万千度。翌年达到8.21万千度。① 广东糖厂筹备处于1948年9月1日在广州成立,由蔗糖技术专家冼子恩任主任。其任务是分期分批将台湾10个糖厂拆迁到广东,逐步成为全省蔗糖生产垄断组织。首先是从花莲港将日榨蔗能力为1 000吨的寿丰糖厂拆运到番禺市头建厂。1949年5月,又收购接管广东地方军人开办的东莞糖厂,维持经营。

经过近两年的努力,资源委员会在广东建立起一个工业体系,所属单位主要有:驻广州办事处、南岭煤矿、广州电厂(与广东省政府合办)、海南电厂、广州特殊钢厂、海南铁矿局、广州冶金机械厂、广东糖业公司、瀚江水力勘察队、中国石油公司广州营业所等。②

在全国内战和美货倾销的摧残下,1948年国统区社会经济已残破不堪,民营工厂大批停业或倒闭,而广东官营工业却反呈兴旺。如省营纺织厂有纱锭近2万枚,接近战前的水平;西村水泥厂购置新设备,生产能力亦达到战前的水平;规模宏大的广东纺织二厂正式投产;饮料厂全年汽水和啤酒生产量分别达约45万瓶和近10万瓶;梅菉麻织厂日产麻袋

---

① 杨家骆主编:《大陆沦陷前之中华民国(三)》,1 550页,台湾鼎文书局1973年。
② 中国第二历史档案馆编:《中华民国史档案资料汇编》,第5辑,第3编,财政经济(5),110~111页,江苏古籍出版社2000年。

约5 000个,已接近战前的水平。①

造成这种异常现象的原因主要在于:国民政府投资方向和重点放在华南,伴随国民党军队在战场上节节失利而来的北方资本南撤,客观上也为广东省营企业注入了财力;美蒋合作,大量"美援"投入广东,弥补了地方官营资本力量的不足;省营垄断资本实行严厉的统制政策,如广东实业公司拥有许多特权和优惠条件,压抑民营企业的发展。

然而,官营企业的景气只能是昙花一现。国民党统治覆灭前夕,有计划地掠夺本省物质财富。1949年7月8日,省政府会议决议通过省主席薛岳所交之议案,拟具省政府、省保安司令部公物迁运委员会物资调运处及该处香港办事处编制预算表。10月,国民党逃离广州时,官营企业的许多机器设备被劫走或破坏,以致无法开工生产。

五、民营工矿业经营步履维艰

广东民营工业在战前已有约2 000家,抗战结束时仅存400家。因资金缺乏,动力不足,设备不能补充,原料供应困难,民营工厂大都无法复工。已开工者亦资金微薄,设备简陋。"家庭手工业式的小型工厂,在全部民营工业中,则占着相当的数量,如织布业、橡胶业、卷烟业、火柴业、电池业,大部分都是家庭手工业式的小工业"。但战后广东民营工业曾有一个繁荣时期,1946年春,"各种工业都相当蓬

---

① 黄增章:《民国时期广东省营工业概况》,载广东省方志办编印:《广东史志》,1989年第2期。

勃"。据省建设厅于同年11月底统计，已来办理过登记手续的工厂，广州共有987家，顺德有四五家（制糖厂），汕头、东莞、罗定、高要、饶平、潮安等6县有7家（火柴厂）。①

自全面内战爆发后，由于金融波动过于剧烈，影响物价飙升，加以洋货大量涌进倾销，而国民党统治当局税捐又非常苛重，使生产成本大为增高，各种工业遭受严重的困难，生产日趋衰落。据估计，广东民营工厂倒闭"至少在全数之半"，残存者亦"奄奄一息"。②另据1947年对广州市制造业473家工厂的调查，其中合乎国民政府《工厂法》者有269家，不合乎《工厂法》者有204家，占43.1%；汕头市受调查121家企业，合乎《工厂法》者仅15家，其余均不合要求，占87.6%。③1948年3月中旬，省建设厅工业调查团领队江海筹分析广东工业衰颓之原因时，指出5点，即外货充斥、资本不足、原料缺乏、金融波动、销路狭窄。④著名经济学家许涤新撰文分析摧残广东工业的主要因素有5点，首先"当局的苛捐杂税是一个致命伤"，其余为恶性通货膨胀、外汇率暴涨、来自香港的走私美货独占广东市场、

---

① 狄超白主编：《中国经济年鉴》，中编，89~90页，香港太平洋经济研究社1947年。
② 伍连炎：《论广东民营工业的发展》，载《实业导报》，第1卷，第5期，1947年。
③ 彭泽益编：《中国近代手工业史资料》，第4卷，555~556页，中华书局1962年。
④ 广东省立中山图书馆编纂：《民国广东大事记》，878页，羊城晚报出版社2002年。

民间贫困而社会购买力低下等。①

战后美货泛滥，充斥华南市场，严重压迫了当地的民族工业。受害最烈的是卷烟、化妆品、牙刷、电池等轻工业。1948年6月，在美国的扶植下，日货又卷土重来，从水、陆两路进入广州，严重冲击了广东省民族工商业。同月15日，广州市商会曾通电各省、市商会，响应杭州市商会的倡议，反对日货倾销。这年全市工厂经常停工者达60%左右，而火柴、橡胶、卷烟、纺织、五金等类企业，关闭者更高达百分之七八十。② 在外国资本和本国官僚垄断资本的双重打击下，民族资本企业处境十分艰难。当时内地各大厂家为避战乱和经济萧条而掀起迁港潮，据香港《华侨日报》报道："广州工业逃港也极汹涌"，涉及棉纱、织布、丝绸、化工、橡胶、印刷、五金、搪瓷、毛织、麻包、火柴等行业，为数上百家。③

广东轻纺工业相对比较发达，在轻重工业结构上，以农产品加工为主的轻纺工业占有绝对的优势。如1949年，全省轻纺工业产值为5.7亿元，占工业总产值的90.5%，比同期全国平均高出17%。④

至1949年，广州全市共有工厂3 100多家（其中雇用100名职工以上者仅74家），职工共6.4万人，工业总产值约2.38亿元（按1957年不变价格计算，包括手工业），工

---

① 许涤新：《广东工业的危机》，见中央档案馆、广东省档案馆编：《广东革命历史文件汇集》，甲56卷，399页，1989年印行。
② 梁荣主编：《论广东150年》，63页，广东人民出版社1990年。
③ 邓开颂、陆晓敏主编：《粤港澳近代关系史》，330页，广东人民出版社1996年。
④ 吴郁文主编：《广东省经济地理》，221页，新华出版社1986年。

业总产值中（不包括手工业）消费资料占82%。生产生活资料的工厂占当年总厂数的94%，拥有职工总数的90%以上。全市民营"重工业"，只有104家规模甚小的机器修配厂和一些产量极微小的化工企业。每厂平均不到1台电动机，厂均2.6千瓦动力及21名职工，厂均拥有资本额仅13 770元。不仅工厂所需机械设备、化工原料，甚至连稻米、棉花、烟叶等农产品原料也仰赖国外输入。全市的生产水平与战前的1936年相比，下降了22%。[①]

就全省而言，1949年时共有工矿企业7 736家（包括手工作坊），职工10万余人，平均每家企业只有10余名职工。[②] 虽然广东最早使用机器缫丝，但直至1949年，全省织造业大都还在使用手拉脚踏人力铁木机。相当部分的制糖厂，还停留在"牛拉碾蔗、锅灶熬炼"的土法生产水平上。生产管理落后，工业产值很低，这年为6.3亿元，只占全省工农业总产值的18.9%。[③]

六、风雨飘摇中的各行各业

（一）轻纺工业

首先，缫丝业。战后广东缫丝业仍是一片萧条，国际市场被美国垄断，倾销尼龙织品和人造丝，没有粤丝的发展空

[①] 中共广州市委宣传部编：《光辉的十年——广州市解放十年来的伟大成就》，37页、166页，广东人民出版社1959年。
[②] 梁荣主编：《论广东150年》，11页，广东人民出版社1990年。
[③] 吴郁文主编：《广东省经济地理》，221页，新华出版社1986年。

间。在国内因蚕丝成本高、售价低，育蚕缫丝，实属艰难。经过长期战乱，蚕农无力购置农具，丝商亦无资本购备机器和修建厂房。

1946年冬，广东省农林处调查统计，本省虽有丝厂50余家，但能开工者只有10余家，外销几至绝迹，主要供内销。以后几年间，生产形势每况愈下。至1949年时，省内尚无装有蒸汽设备的丝厂，复工者共计不足10家，产量更为萎缩。如下表。

战后初期广东生丝产量表（1946—1949）

单位：担

年份	1946	1947	1948	1949
产量	13 068	10 500	12 000	7 744

资料来源：1946年、1949年的数据为中国蚕丝公司中南区调查小组和广东省人民政府农林厅等编印的《广东蚕丝业调查报告》，1951年印本，第3部分"贸易"，第1节"广东贸易历史情况"。原单位为司担，现已换算为担；1947年、1948年的数据含厂丝和土丝，见陈真编的《中国近代工业史资料》，第4辑，194页、107页，生活·读书·新知三联书店1961年。

纱绸是广东特有的一种丝织品，工厂集中于顺德、佛山、广州等地。因战后西南各省都盛行穿纱绸，故该业兴盛，日夜赶工，仍供不应求。但纱绸业几十年来技术上均无进步，且多为小厂，难以发达。据省农林处1946年冬调查统计，广东丝织厂仅有小规模的10余家，制成的产品亦极有限，各地市场大半停止供应。[①] 至1949年，全省丝织业除

---

① 陈真编：《中国近代工业史资料》，第4辑，194页，生活·读书·新知三联书店1961年。

佛山还有一点残余外，其他皆丧失殆尽。

其次，棉纺织业。战后广东棉织业发展不稳。初因南洋各国及国内各地需求量较大，各厂生产曾蓬勃一时，广州有大小手织厂900余家，开机约8 000部。① 由于广州、香港布商大量收购佛山土布外销，开拓国际市场，佛山土布业复苏，全市有手工作坊500余家，工人数千名。② 织造业是湛江各业中较为兴盛的行业之一，尤其在战后发展较为迅速，有织布厂和作坊几十家，主要生产下档布料，供应本地平民需求。③

全面内战爆发后，自1946年9月起，本省土布生产一落千丈。由于沪纱限制南运，广州纱价猛涨，甚至高于布价，棉织工业无法再生产。农村购买力日渐疲弱，内销市场狭窄。港英政府又禁止纱布出口，于是偷运到港的土布，无法运往南洋，外销停顿。而英国、澳大利亚、印度所产布匹乘时大量运入香港，成为土布的强势竞争对手。这年冬天，广州手织厂残存约300家，开工不足3 000部织机，且均告亏本。④

1947年2月，国统区爆发金融风潮，国民政府施行经济紧急措施，管制结汇和出口，对纱布实行严格控制，花纱南运困难。广州织布业以成本过高、亏折过重而相继停工。经历再次倒闭风后，所存企业仍有1/3因缺乏原料而开工不足。土布虽可免税出口，但须结汇（即企业或个人按政府规

---

①③④ 狄超白主编：《中国经济年鉴》，15页，香港太平洋经济研究社1948年。

② 《佛山织布行业史浅记》，载《佛山工商史话》，第1期，1987年。

定的外汇牌价，向银行买进或卖出外汇），各厂商实难顺利出口。加以金融不断波动，原料奇缺而价格高攀，致使棉布成本倍增，无法外销竞争。内销市场向以本省南路、东江及广西为主，闽湘两省次之。由于农村购买力普遍低落，适逢本省大水灾，各县市场突缩，这一年的销量尚不及上年的一半。国内外订货几至绝迹，广州土布织造业可谓"内外夹攻走投无路"。① 就连所存之54家电机织造厂，除资本雄厚者外，亦多无法支持，纷纷迁往香港经营。

广东织布业分布极不平衡，至解放前夕，省内纺织工业高度集中于广州及其附近各县。其中广州拥有大小厂场上千家，占全省总数的3/4以上；从业人员2万余人，占全省同业总人数的1/2以上。本省稍具规模的企业主要是官营性质的，如省营纺织厂、广州棉纺织二厂、省毛纺厂等，都坐落在广州市内。若再加上附近的佛山、南海、顺德，则集中了全省95%以上的纺织企业。但民营各厂场，设备简陋、厂房陈旧、技术落后、资金薄弱，生产效率极为低下。1949年全省棉纱产量仅1.5万件，生产棉布5 000万米（人均不及1.7米）。②

（二）一般轻工行业

第一，卷烟业。本省卷烟业集中于广州。战后初期，广州卷烟业蓬勃一时，拥有场厂200多家③，其中大小机制卷

---

① 彭泽益编：《中国近代手工业史资料》，第4卷，475~476页，中华书局1962年。
② 吴郁文主编：《广东省经济地理》，297页，新华出版社1986年。
③ 《社会部劳动局广州区厂矿调查报告》（1947年），广东省档案馆藏。

烟厂有69家。但自1946年5月起,洋烟、沪烟相继涌入广东市场,特别是洋烟(以美货为主)倾销泛滥,使昙花一现的民族烟厂"率皆陷于崩溃惨境"。机制烟厂倒闭至只剩9家,一个月内工人失业达上万名。① 连规模均大的东亚烟厂亦告停工,拍卖给振华烟厂。在汕头市,刚复员时有卷烟厂48家,至1946年底已倒闭16家。市面上洋烟充斥,中等收入以上的市民,均以吸食洋烟为时髦。在曲江,大小卷烟厂场有300余家,工人5 000余名。但自1946年五六月大量倒闭后,只剩下10多家。②

1947年,国民政府输入临时管制委员会限制烟叶进口后,广州市各烟厂商号,因国外原料锐减,土产烟叶又不适宜制销而被迫停业者,为数甚多。洋烟倾销是巨大的威胁,据估计:洋烟流销广州最多时曾占市场总销量的70%以上,这主要是靠走私入口的。而港制卷烟(主要是英美烟公司产品)在东江流域,走私十分猖獗。广州卷烟各厂商虽迭向政府呼吁,要求查缉私烟入口,"然竟置若罔闻,(烟厂——编者注)全部破产,仅属时间问题"③。至1949年时,广州能开工的烟厂仅残存振中、国光和大中国等3厂。

第二,火柴业。抗战结束后,广东火柴制造业发展比较稳定,因市场竞争不大,销路却很广阔。除澳门有规模较大

---

① 狄超白主编:《中国经济年鉴》,30页,香港太平洋经济研究社1948年。
② 狄超白主编:《中国经济年鉴》,中编,95页,香港太平洋经济研究社1947年。
③ 张逸宾:《抢救当前中国卷烟工业》,载《经济周报》,第3卷,第9期,12页,1946年8月。

的昌明厂外，香港无火柴厂家。虽有大批美国化学火柴推上市面，但质与量都不见得好，价格也较土制火柴贵，只在城市里有一定销路。而在农村，人们仍愿购买土制火柴。1946年，广州、顺德、佛山有数家较大的火柴厂，其他家庭工场有100多家。产品除供本省各县外，还有部分销往赣南和南洋一带。①

潮汕火柴业新兴厂家如同雨后春笋，规模较大的有励华、耀昌、华侨、利生、光华、东明、永顺、民生等数厂，皆用机器制造。其余小厂以手工制作，约有百多家。但至20世纪40年代末，这些企业因物价高涨、工资及原料昂贵而多已停业。②

1949年，广州火柴业由于金融物价剧烈波动、原料供应不足、产品销路滞阻，造成生产困难，各厂纷纷停业，仅存16家，业务极端萎缩。③

第三，树胶业。日本投降后，广州市各大小树胶厂先后复工，家庭手工业也大量增加。1946年，全市有大厂30余家，小场厂200多户。④ 由于外地客帮商人大量采购各种橡胶产品，刺激广州树胶工业加快发展，并划分为轮胎、电线、胶鞋及杂制品（即橡胶水喉管、橡胶雨衣布、夹布胶

---

① 狄超白主编：《中国经济年鉴》，中编，91页，香港太平洋经济研究社1947年。
② 香港《华商报》，1949年6月18日。
③ 林金枝等编：《近代华侨投资国内企业史资料选辑（广东卷）》，211页，福建人民出版社1989年。
④ 伍连炎：《论广东民营工业的发展》，载《实业导报》，第1卷，第5期，1947年。

管、胶电池壳）等业。据1948年广州市橡胶制品工业同业公会调查，加入会员有61家，主要设备为机械混合车112部。① 另据该会1949年调查，这年6月，全市有较大树胶厂27家（其中20家没有动力设备），家庭手工业占全行业企业总数的2/3以上。②

第四，制药业。民国时期，广东药剂业分为中、西成药两大类。在西成药业方面，战后上海新亚、信宜大药厂等在广州设立分厂，资本与规模都比较大。另外，国民政府军政部广州特派员公署将所接收的日伪武田制药厂、广州岳阳制药厂、三友制药厂等合并，组建广州制药厂，设备相当齐全，产品多而销路广。此外，新生、华侨、国民、新光、宝隆等厂亦纷纷创立，规模大小不一。由于西成药服用携带方便，疗效快，利润高，故发展较快。至1949年时，广州西药制剂厂已有60余家，基本形成一支能与中成药厂平分秋色的劲旅。③

在中成药业方面，以广州、佛山等地最为集中，有制造企业上百家，其中许多都有悠久的历史，如陈李济、敬修堂、保滋堂、潘务庵、马百良、黄中璜、王老吉等。老字号多是典型的家庭手工作坊，雇用三几个工人，前店后厂，手工生产。

---

① 陈真编：《中国近代工业史资料》，第4辑，695页，生活·读书·新知三联书店1961年。
② 林金枝等编：《近代华侨投资国内企业史资料选辑（广东卷）》，194～195页，福建人民出版社1989年。
③ 汤国良主编：《广州工业四十年》，97页，广东人民出版社1989年。

值得一提的是，1949年广州星群中药提炼厂用最新科学方法提炼中药，制成现代化的方剂，便利了中医药的发药及病者的服用，进而使中医可以医院化，在我国医药史上被誉为"划时代的创举"。①

　　第五，油漆业。广州所产油漆，主要供给本省市场。因创立油漆厂需要相当的设备和资金，故该业以华侨投资居多。战后在广州创办的主要有岭南油漆厂、万国油漆厂、广和油漆厂等。此外，还有一些家庭手工作坊。

　　第六，化妆品业。省港为我国民族化妆品业的发源地，但战后受美货倾销之摧残，广州国产老字号产品无人过问。香港广生行在广州创办的4家分行号均濒于破产，使广生行元气耗损约七成。②

　　另外，在造纸业方面，直至1949年，全省仅有江门纸厂和几家小厂能维持生产，年产纸仅千余吨，品种限于光纸、包纸、火柴纸及一些土纸而已。③

　　战后初期为广州制皂业的全盛时期，全行业月产量最高曾达4.5万箱。1949年，厂数超过80间，但其产销量却因洋皂及沪皂之竞争而日趋下落。④

　　玻璃业本小利微，经营灵活，其发展起伏不大。至20世纪40年代末，全省有大小玻璃工厂店号54家，原料多采

---

① 《广州市制药工业综合调查报告》（1950年10月），广东省档案馆藏。
② 陈真编：《中国近代工业史资料》，第1辑，181页，生活·读书·新知三联书店1961年。
③ 吴郁文主编：《广东省经济地理》，318页，新华出版社1986年。
④ 林金枝等编：《近代华侨投资国内企业史资料选辑（广东卷）》，214~215页，福建人民出版社1989年。

自新加坡、越南等地。至1949年,因输入原料甚少,外销力弱,导致全行业均不景气。①

战后广州制革业复苏,开业有44厂,月产鞋面革3万余张,鞋底革和带子革8 000张。产品质量在中、下等货方面占有优势,扩销至华中、华北一带。但走私舶来品越来越多,造成极大冲击。到1948年下半年后,该业复陷于困境。②

战后初期,因内地对电线的需求量较大,广州增多了10余家电线厂。各厂都有名牌产品,远销内地和港澳。但1948年后,该业经营陷于困境。③

广东小麦产量极少,所需面粉主要靠从国外或外省进口。1949年北方大批企业南迁,上海福新面粉公司第五厂资本家将其汉口面粉厂机器拆至广州,厂房以购进大星皮革厂而改建,员工亦大半由汉口调来。8月开工,生产能力为日产3 000包,但仅出产2 000包,因缺乏原料,赖购美麦以维持。④

广东夏季炎热天气时间较长,有利于饮料品业的发展。民营亚洲、浩然等厂都有大量生产。据1946年不完全统计,

---

① 陈真编:《中国近代工业史资料》,第1辑,196页,生活·读书·新知三联书店1961年。

② 《广州市私营制革工业综合调查报告》(1950年12月20日),广东省档案馆藏。

③ 《广州电线制造业》,见《广州文史资料选辑》,第27辑,广东人民出版社1982年。

④ 上海社会科学院经济研究所编:《荣家企业史料》,下册,668~669页,上海人民出版社1980年。

广州市有大小汽水厂十六七家,主要供广州市及附近地区消费。一般销路较好,不过该业受时令影响,旺淡不一。①

(三) 机器修造和电力业

首先,机器修造业。广州机器修造企业规模小、设备简陋陈旧、技术落后,只能进行一些简单机械的修理,仿制蒸汽机、电动机、碾米机、汽车零件及纺织机械的零配件。据统计,1947年全国有机械工厂1 505家,广州有24家,居于10余位。而同年广州市工商辅导处的调查是:全市有机器厂152家(疑包括机器翻砂、红炉冷作工厂等在内)。② 绝大部分私营小厂仍属于手工生产,全市近百家企业所有职工才3 000多人。省内其他各地只有佛山、汕头、湛江及韶关等处零星分布着一些极其简陋的机械修理厂,并非真正的制造业。

其次,电力业。在战后收复区,广州市发电容量为2.8万千瓦,次于上海、江苏、天津、青岛、北平(北京),居第6位。广东省(不计广州市)则为788千瓦,居各省第10多位之后。③ 经过短暂恢复后,据经济部统计处1946年12月报告:全国注册电气事业现存厂家之发电总容量为44.6万千瓦,广东为近3.6万千瓦,次于沪鲁苏居各省第4位。④

---

① 狄超白主编:《中国经济年鉴》,中编,91页,香港太平洋经济研究社1947年。

② 陈真编:《中国近代工业史资料》,第4辑,838~839页,生活·读书·新知三联书店1961年。

③ 陈真编:《中国近代工业史资料》,第4辑,895页,生活·读书·新知三联书店1961年。

④ 中国第二历史档案馆编:《中华民国史档案资料汇编》,第5辑,第3编,财政经济(4),97页,江苏古籍出版社2000年。

(四) 传统手工业

广东手工业生产历史悠久,具有鲜明的地方特色和民族传统,行业众多,产品多样,技艺水平高,在国内外市场上享有盛誉。战后初期,由于国内外市场的某些需求和国统区经济重心的南移,在土布、抽纱、制药、烟花爆竹、牙雕等部门,呈现了短暂的繁荣,但不能从根本上扭转全局的颓势。

同近代工厂相比,广东作坊手工业占有压倒的优势。由于大机器工业始终未获得健康的发展,除了少数官营企业外,民间工业仍以手工操作为主。即便在主要城市里,除了广州市工厂工业比重稍高于作坊手工业外(百分比数为56.87∶43.13),作坊手工业也居于主导地位(在省内第二大城市汕头,此百分比数为12.40∶87.60)。[①]

粤省陶瓷生产一直是以家庭手工作坊形式生产,经营方式落后,产量有限。据1926年《中国矿业纪要》载:广东陶瓷年出产值为500万元。[②]而1949年时,全省陶瓷产值仅为233万元,除了极少数艺术陶瓷外,都是普通的日用器皿。[③]

南海县石湾镇素有陶都之称,战后由于普通家用陶瓷炊具颇形畅销,运往香港不少,但价格高出战前两三倍。至1949年,全镇有小作坊400户,从业人员2 800余名。[④]

潮州枫溪是广东另一个著名的陶瓷产地,产品精良,几

[①] 彭泽益编:《中国近代手工业史资料》,第4卷,556页,中华书局1962年。

[②] 杨大金:《现代中国实业志》,上册,412页,商务印书馆1940年。

[③] 吴郁文主编:《广东省经济地理》,320页,新华出版社1986年。

[④] 治水:《佛山石湾陶瓷工业简史》,载《工商史苑》,41页,1992年第1期。

可与江西瓷器媲美。该业在抗战沦陷时受到严重的破坏，战后初期得以复苏，1947年时有商号370余家，从业人员近4 000人。但随着国内形势的动荡，1949年全行业陷于半停顿状态。①

抽纱是潮汕地区土产中输出额最大宗的货物，战后迅速恢复，产品畅销于海内外。据中国抽纱业公会1945年11月的报告，潮汕各地有抽纱工人44万，约占当地人口总数的1/7。②1949年潮汕抽纱业陷于困境，汕头本有抽纱行号上百家，仅6月中旬几日内，倒闭及自动停业者即达三四十家。③

广绣是中国四大名绣之一，与京绣、苏绣、湘绣齐名，20世纪三四十年代战乱不已，该业遂一蹶不振，技艺失传，艺人转行，广绣接近湮没。1949年时，广州全行业仅剩30余人，陷于"人亡艺绝"的悲惨境地。④

战后本省民营蔗糖业有所恢复，但由于农村蔗基鱼塘的逐渐衰落，制糖业的发展受到很大局限。据报载，1947年全省有民营糖厂52家（顺德县占50家）。⑤这些大都是向省建设厅办理过登记手续的工厂，比一般的手工作坊进了一步。

葵扇业是新会县（现江门市新会区）主要特产之一，战时大受挫折，此后一直未能重振，1949年，全县葵扇产量只及盛时的1/3左右。

---

① 《枫溪镇陶瓷志》，未刊稿，广东省政协文史委员会存。
② 狄超白主编：《中国经济年鉴》，中编，94页，香港太平洋经济研究社1947年。
③ 香港《华商报》，1949年6月18日。
④ 彭泽益编：《中国近代手工业史资料》，第3卷，43页，中华书局1962年。
⑤ 《蔗基鱼塘逐渐衰落》，载《广州日报》，1998年3月8日。

东莞烟花爆竹曾执全国同业生产、出口之牛耳，战后又有复兴，1948年，出口额约占当时世界烟花爆竹总销售量的30%。①

（五）采矿业

广东山多田少，矿产种类较多，分布于全省。采矿业以民营为多，主要是手工操作，缺乏近代化大规模的开采。战后省营厂矿既未努力复业，民营厂矿因政府低价强制收购，无法正常经营，公私矿区，多数停办。据统计，截至1946年12月，全省新旧矿区共计1 280余处，总面积7万余公顷，分布于70多县。省建设厅为了扩充省营，阻止民营，以"越出法规"为由，制定整理办法，取缔了"违法"矿区690处，总面积4.4万余公顷。但据1947年报告，已复工矿区只有49处，不及应保留矿区的1/10。②

至1947年6月底，广东省现存有国营矿业区45个，面积47.6万余公亩；民营矿业区297个，面积141.6万余公亩（其中煤矿55个，34.7万公亩；铁矿2个，0.58万公亩；钨矿34个，13.1万余公亩；锑矿16个，4.8万余公亩；锡矿106个，48.1万余公亩；钼矿5个，0.64万公亩；铅矿4个，0.26万公亩；砒矿6个，0.98万余公亩；石膏矿3个，0.83万余公亩；瓷土矿10个，0.7万余公亩）。③

---

① 罗鉴：《东莞炮竹烟花业兴替述略》，见《广东文史资料》，第14辑，1964年编印。
② 狄超白主编：《中国经济年鉴》，32页，香港太平洋经济研究社1948年。
③ 主计部统计局编印：《中华民国统计年鉴》，115~124页，中国文化事业公司1948年。

据国民政府主计部 1948 年 6 月对全国矿藏量的统计,煤总储量估计为 2 657.3 亿余公吨,广东约 3.33 亿公吨,占总储量的 0.13%;铁总储量估计为 21.5 亿余公吨,广东约 5 215.5 万公吨,占总储量的 2.41%。[①] 本省油页岩及有色金属矿藏比较丰富,在全国占有相当重要的地位,如下表。

油页岩及有色金属矿藏储量统计表(1948 年 6 月)

单位:公吨

矿种	全国总储量	广东储量	广东占全国%	广东位次
油页岩	11 892 百万	825 百万	6.9	3
钨矿	2 035 300	328 100	16.1	2
锑矿	3 802 870	1 183 000	31.1	2
锰矿	29 688 720	18 661 000	62.9	1

资料来源:主计部统计局编印:《中华民国统计年鉴》,109~111 页,中国文化事业公司 1948 年。

广东煤炭工业十分落后,创办稍有规模并利用机械开采者,只有官营之狗牙洞煤矿和商办富国煤矿。富国煤矿购有进口矿山机械设备,并建有轻便铁路,进行较大规模采掘,是省内产量最多的无烟煤矿。其战后经营状况仍不佳,最高年产量仅 2 万余吨(战前 1936 年鼎盛时产煤 17 万吨)。至解放前夕,已处于停工状态。[②] 1948 年 8 月 1 日,粤汉铁路狗牙洞煤矿支线正式通车,首趟列车运煤 600 吨从坪石开往

---

① 主计部统计局编印:《中华民国统计年鉴》,106~107 页,中国文化事业公司 1948 年。

② 《红工矿区发展的今昔》,见《曲江文史资料》,第 4 辑。

广州。

海南田独铁矿在抗战结束后停闭。1947年初，国民政府资源委员会设立该矿办事处，准备于当年恢复生产。① 海南矿砂主要供应日本需求，至1948年9月止，由榆林运往日本的矿砂达25万吨。此时，资源委员会又与外国公司续订海南矿砂20万吨输日合约。②

直至20世纪40年代末，省内仍未建成略具规模的冶金工厂，当年整个冶金行业产值仅1 100万元，只占全省工业总产值的1.7%（其中90%为有色金属加工的产值）。③

第三节　落后的交通运输与邮电通信业

战后广东的交通运输得到恢复与重建，但经营状况普遍不景气。英美航运势力在华南沿海航线卷土重来。广州港在全国的地位迅速上升。民用行业和邮电通信业获得一定程度的发展，但各业仍处于落后状态。

一、处境艰难的铁路运输

广东是我国最早开筑铁路的省份之一，但发展却十分缓

---

① 狄超白主编：《中国经济年鉴》，上编，14页，香港太平洋经济研究社1947年。

② 广东省立中山图书馆编纂：《民国广东大事记》，908页，羊城晚报出版社2002年。

③ 吴郁文主编：《广东省经济地理》，257页，新华出版社1986年。

慢。历经战乱，至1949年全省仅有线路559公里，占全国铁路总长度的2.5%。按当时全省面积计算，每平方公里只有线路0.25公里，低于全国平均密度。① 铁路建设标准低、设备差、行车组织管理落后，省内几条铁路多不衔接。

粤汉铁路是本省最重要的铁路运输线路，抗战时期，其沿途设备多被破坏。1945年8月，日本刚宣布投降，国民政府即令粤汉路局限期于8个月内全线修复通车。有关当局于是年9月派员分段接收，查勘工程后，利用战时残存的及湘桂路的一部分器材，东拼西凑，终于在1946年7月1日勉强全线通车。行车速率每小时仅5至10公里，超过20公里者极少，故运输效率大为降低。又因赶时间，所用器材庞杂，路基不坚固，桥梁为木架便桥，缺乏通信设备，以致通车后频频出事，出轨覆车事件竟破全国纪录！被时论抨击为"全国管理最不善最腐败"的线路。② 粤汉铁路黄埔支线则于1947年12月1日开通。

广三铁路在抗战时期被日军拆除路轨移作他用，战后又修复，于1946年9月1日全线恢复通车，旋即正式营业。

战后国民政府撤销原广九铁路局，划归粤汉区铁路局管辖，成为粤汉铁路广九段。但该路英段，需待国民政府与英方洽商决定后再办。广九铁路业务仍以直通港穗为多，如1947年载客257.3万人（直通客占181.6万人），货运13.6

---

① 吴郁文主编：《广东省经济地理》，326页、341页，新华出版社1986年。

② 狄超白主编：《中国经济年鉴》，170页，香港太平洋经济研究社1948年。

万吨（直通占13.1万吨）。①

据1947年2月国民政府行政院关于交通工作报告称，海南岛全岛铁路干支线共长约290公里，其中干线长200公里（由榆林港至三亚约20公里，由三亚至北黎约180公里），为原日军海军设施部所筑，从各矿厂运输产品往榆林港转运日本。另有三亚港、汐见、田独、石碌等4条支线，长约90公里，均系运输矿厂产品专线，全是窄轨。战后海南岛铁路已由交通部接收，划归粤汉路局管辖，设管理处，但营业清淡。1946年9月，两次遭受台风破坏，损失甚巨。② 1947年虽局部修复，经营仍处不佳状态。

据国民政府交通部1949年7月所编交通业务概况称：粤汉、广九（华段）、广三等铁路营业，由于"沿线军运繁重，军运费半价计账，无现款收入，因此军运愈多，客货运量愈少，路收愈绌，每月入不敷出，仰赖国库补贴维持"。粤汉铁路为华南运输大动脉，运输秩序无法改善，处境日益艰危，甚至连员工薪费都不能及时发出，局长因而辞职。③

二、通车里程萎缩的公路运输

抗战结束后，省公路处奉命抢修韶关——广州、广州——九龙、梅县——汕头、大庾岭——南雄——韶关等干

---

① 狄超白主编：《中国经济年鉴》，173页，香港太平洋经济研究社1948年。

②③ 中国第二历史档案馆编：《中华民国史档案资料汇编》，第5辑，第3编，财政经济（7），212~213页，江苏古籍出版社2000年。

线，以供国民党军队接收广州、汕头之用。该处还于1946年制定《广东省五年公路建设实施方案》，主要任务是修复主干公路。翌年又进行调整公路系统。连贯沿海各县交通的广汕、广越公路共长1 683公里，因缺乏器材而致修复工程进展缓慢，至1947年仍有1/5尚未恢复竣工。①

广东路政当局允许民间经营公路，以增进修复速度。至1948年底，共修复公路6 826公里（其中民营占3 320公里），但实际通车只有5 234公里。②

据国民政府交通部统计处资料记载：截至1947年6月底，广东省公路里程共达14 516公里，居各省之首位。已通车为5 530公里，次于甘肃、四川及新疆而居第4位，未修复达8 986公里。③

三、短暂繁盛的水路运输

交通部珠江区航政局于1945年9月25日在南宁复局，不久随军东迁广州，从事接收敌伪船舶、清理各江航道、船舶检验登记、护航、整理码头等工作。同年底，该局还会同珠江水利局、广东省建设厅、粤海关、江防布雷总队、粤越区海军特派员办公处等，筹组珠江区沉船起捞委员会。1946

---

① 狄超白主编：《中国经济年鉴》，178页，香港太平洋经济研究社1948年。
② 黄增章：《民国广东公路路政大要（下）》，载广东省方志办编印：《广东史志》，1990年第2期。
③ 主计部统计局编印：《中华民国统计年鉴》，287页，中国文化事业公司1948年。

年1月25日,珠江区航政局改名为广东区航政局,辖两广及福建业务。

据交通部统计资料,截至1947年6月底,全国共有轮船3 348艘,总吨数为88.3万余吨,其中广州区1 272艘,载重12.3万余吨。① 1948年6月底,全国共有轮船4 288艘,总吨数为108.3万余吨,其中广州区1 524艘,但仅11.4万余吨。广州地区船只以小型为多,绝大部分都属民营航业。从种类上分,海轮占411艘,5.4万余吨;江轮占1 113艘,约6万吨。②

(一) 沿海航运

战后英商航运势力卷土重来,而美国更是后来居上,很快即成为广东航业之新霸主。自1946年起,美商进出广东轮船吨位、运量均超过英国,居于首位。这年11月4日,《中美友好通商航海条约》在南京签订。此后,美国即扩大其在广州地区的"工商业务"。

粤商沿海航业也有发展,如新创立同兴船务行(行驶于广州——湛江线)、景泰轮船公司(穿行于南北洋及沿海各埠)等。③ 此外,轮船招商局扩展业务,其南洋线设有汕头、广州等分局和海口办事处,1949年初,分别在广州、汕

---

① 主计部统计局编印:《中华民国统计年鉴》,277页,中国文化事业公司1948年。
② 中国第二历史档案馆编:《中华民国史档案资料汇编》,第5辑,第3编,财政经济(7),505~506页,江苏古籍出版社2000年。
③ 骆超平等主编:《广东地方名人录》,111页、144页,广东新闻出版社1948年。

头、湛江设一、二、三等分公司。① 民生实业公司也由内河走向海洋，设立广州分公司，拥有数艘新型轮船，从事沿海运输。

战后广州港的地位迅速上升，如1946年1—8月，我国各主要港口进出船舶，上海占65%，广州占15%，居于第2位。②

（二）内河航运

因战时珠江航道阻塞，直至复员之初尚未畅通，英国率先行动，于1946年2月，由英海军将广州附近水雷扫除，以往专驶省港之间的定期船只，随即恢复航运。

战后初期，广东内河航运呈现一时之繁荣，航运公司纷纷建立，如珠江、荣发、海丰广记、三昌、粤桂、荣利、利源、工商等航业公司。另还有华侨投资创办的航业公司，如1946年美洲华侨余毓桢等合资创办鸿兴航业公司、大华安海公司、同溢船务公司等。自此，广东机动船运输业初步沟通四乡。

1946年上半年，广州航运业较为兴旺，因大后方军民复员，多由黔桂南下，故一时营业繁盛，省梧线尤为拥挤。但军队先后过境20余万，供应浩大，而差费却有限，使客运盈余往往赔补军运，无利可言。被征用于军公运输的轮船、拖渡、民船等，达400艘之多，而官方所给公价为每吨每海

---

① 中国第二历史档案馆编：《中华民国史档案资料汇编》，第5辑，第3编，财政经济（7），153~154页、509页，江苏古籍出版社2000年。
② 狄超白主编：《中国经济年鉴》，上编，56页，香港太平洋经济研究社1947年。

里80余元，仅及运输成本的1/10（经航运商争取后才有所增加）。西江上游航线军运，其给值以广西区为标准，且按1942年所定规章办理，使被征用船只每日损失约20万元。轮船公司被征一两次，即告不支而停业。① 自1946年6月以后，复员人数减少，航运业营业遂转清淡。又因部分商品受政府统制不能自由运销，如广东至福建、广东至上海以往主要运载棉纱布匹货品，自实行统制后，行商裹足不前。省港线自政府管理进出口贸易办法实施后，货运已暴减，"内河各江之航运，更属冷落不堪"②。

20世纪40年代末，国民党统治濒临崩溃，省内社会秩序混乱，官、兵、匪患猖獗，勒索钱财，甚而封船征船逃海，民营船舶毁坏遗失或避往港澳者甚众。又因统治当局切断对华东、华北的航运，且燃料价格昂贵，各项税率提升等，以致航业公司经营普遍转淡。

（三）港口码头建设

广东港口码头建设进展缓慢，货物吞吐量很低。据国民政府交通部公布：1947年广州港吞吐量为834万吨，汕头港最多为500万吨，海口港128万吨，其余各港均只有几十万吨。③ 1949年，全省除了广州、黄埔、湛江及海口等港略有码头设施外，其他内河港口多处于自然状态。作为内河水运

---

① 狄超白主编：《中国经济年鉴》，上编，52页，香港太平洋经济研究社1947年。
② 狄超白主编：《中国经济年鉴》，中编，101页，香港太平洋经济研究社1947年。
③ 杨家骆主编：《大陆沦陷前之中华民国（三）》，1 016～1 017页、1 022～1 023页，台湾鼎文书局1973年。

条件最优越的西江航道,亦无导航设备,行驶之船舶多为自划木船,甚至还靠人力拉纤。

20世纪40年代末,国民政府修建黄埔港码头、仓库,并改善水陆联运设备,救济物资及南运军需品等,均赖该港接运。黄埔港码头于1948年11月28日正式启用,实际只筑了400米码头,港区内草长及膝,一片荒凉景象。① 湛江港拟为西部铁路新干线之起点,由湘桂黔铁路工程局兼办,但后因经费拮据,1949年时已处于半停顿状态中。②

四、短暂复苏的民用航空

抗战结束后,广州与各地的航空运输逐渐恢复。1945年11月18日,中国航空公司(中美合办)穗港、穗沪两航线通航。直至翌年8月,中国、中央(官营)、大华(民营)三大航空公司开辟了国内各大中城市至省港航线,以及国际航线。

西南航空公司于战后初期复业,仍由两广政府筹办,定于1947年元旦开展业务,先开办广州至桂林、广州至海口、广州至汕头等3条航线,拥有飞机3架。③ 以后由政府拨给缴获的日机多架,不仅开通了连接华南各大城市的航线,还

---

① 中共广州市委宣传部编:《光辉的十年——广州市解放十年来的伟大成就》,49页,广东人民出版社1959年。

② 中国第二历史档案馆编:《中华民国史档案资料汇编》,第5辑,第3编,财政经济(7),509页,江苏古籍出版社2000年。

③ 狄超白主编:《中国经济年鉴》,上编,49页,香港太平洋经济研究社1947年。

延伸到港台等地。但正当其准备举借外债、大展宏图时，1948年却被粤省主席宋子文下令结束了。①

1948年7月1日，成立广州航空站，并修补跑道和兴建停机坪，装置夜航设备等。广州机场定为国际机场，海口、汕头等地设国际辅助机场。同年底，中央航空公司奉国民政府令，由上海迁往广州第二基地，将员工和眷属3 000余人，以及大部分公物、器材等，分别运抵广州。中国航空公司总站亦于同时迁穗。翌年8月，中央航空公司又因战事逼近广州而再迁香港，耗资巨大。②

五、发展不平衡的邮电通信

广东是我国近代邮电通信事业比较发达的省区之一。据1947年底调查，全省共有邮政局所4 423个，数目居全国之首；邮路里程4万余公里，仅次于四川省，居全国第2位。③1948年3月2日，全国邮政总局局长霍锡祥到广州视察邮务，称赞广东邮政成绩优良，为全国之冠，随即颁发了奖状。④

1947年4月22日，广东省政府会议通过由建设厅长途

---

① 忻平等主编：《民国社会大观》，456页，福建人民出版社1991年。
② 中国第二历史档案馆编：《中华民国史档案资料汇编》，第5辑，第3编，财政经济（7），577页、682页，江苏古籍出版社2000年。
③ 杨家骆主编：《大陆沦陷前之中华民国（三）》，1 002～1 003页，台湾鼎文书局1973年。
④ 广东省立中山图书馆编纂：《民国广东大事记》，877页，羊城晚报出版社2002年。

电话管理所架设佛山至容奇段电话线工程计划及预算书。① 1948年1月10日，交通部第6区电信管理局（设于广州）与香港水线无线电公司签订广州至香港长途电话合同，采用多路制超短波无线电话机械和其他无线电通信方式通话。② 4月1日，广州至澳门的长话亦开通。翌年8月1日，海南至台湾的长话开通。截至1949年，广东共有长途电话电路52路，通达省内65个县市，但电信设备大都陈旧，型号不一。③

第四节　日渐萧条的商业和对外贸易

战后广东国统区社会经济濒于崩溃，另一面却呈现畸形的繁荣。美国取代英国成为广东外贸的第二大贸易伙伴，主要进出口商品结构发生很大变化。国统区的外贸渠道南移，广东对外贸易额占全国的比例大幅度上升。国民政府顽固坚持输出垄断政策，使广东对外贸易形势更加恶化，粤港间走私泛滥成灾，正常贸易陷入困境。

一、畸形发展的商业

广州是华南的中心城市，抗战结束不久，人口即得以恢

---

① 《民国时期广东省政府档案史料选编（9）》，357页，广东省档案馆1988年编印。

② 中国第二历史档案馆编：《中华民国史档案资料汇编》第5辑，第3编，财政经济（7），816~818页，江苏古籍出版社2000年。

③ 梁荣主编：《论广东150年》，313页，广东人民出版社1990年。

复。据1947年7月14日国民政府内政部公布统计,广州市有127.6万余人。1948年后,因受时局影响,我国商业中心南移,广州市人口增长较快,同年底时已达145.6万余人。①市内商业亦复苏,据市地政局统计,截至这年年底,广州中心区有店铺2.45万家。据1948年4月估计,在广州商行中,外埠帮占50%,外商占30%,本埠帮仅占20%。②

1946年,广州百货商店恢复到233家,从业人员1 416人③,但远不及往昔盛况。这年,台山旅美华侨朱英南等人开始集股创办广州美华百货公司,有资本5.7万美元。该公司于1948年11月正式开业,信誉良好。④广州新新百货公司是由中山旅澳华侨黄在扬、黄在朝等创办,前身为1910年开业的真光公司。战后该公司集中名贵日用华洋百货,"样样俱备,生意兴隆"⑤。广州先施百货公司于1948年复业,但业务萎缩,勉强维持至解放。

广州行口业以代客买卖为主,赚取佣金。1946年初,该业盛极一时,各江来货,堆积如山,货价俏利,市面畅流。但下半年后,交通方便,各地货价拉平,"走水"的单帮客,办货来往,渐渐地不但无钱可赚,而且开支日大,反而时时

---

① 广东省立中山图书馆编纂:《民国广东大事记》,846页、926页,羊城晚报出版社2002年。
② 广东省档案馆、广东省惠阳地区税务局合编:《东江革命根据地财政税收史料选编》,174页,广东人民出版社1986年。
③ 商业部百货局编:《中国百货商业》,13页,北京大学出版社1989年。
④ 朱英南:《广州美华百货公司及其经营管理》,见《广州文史资料选辑》,第29辑,广东人民出版社1983年。
⑤ 《广州新新百货公司广告》,骆超平等主编:《广东地方名人录》,172页,广东新闻出版社1948年。

要亏本。因此大家相率停手,不走单帮,不再办货。到年底,行庄关门求顶者达数十家。①

洋货地摊,以太平南路(今人民南路)所售最为名贵,也是中心点。1946年以降,地摊阵地逐渐扩大,所营洋货,大都是美军离华返国时留下来的剩余物资。由于奸商、海军、退伍军人的武装走私,大批洋货滚滚而来,再转售给地摊,故该业经营甚为兴旺。

广州市内比较有名望的洋服店,如怡安泰、黄谦等10余家在战后已经复业。下九路和第十甫路新开设女装洋服店4家,其余的中小服装店全市达400多家。②

广州有大小制鞋店成千家,销路和产量相当可观。

战后广州商业一大特点,即从事中间剥削的居间商占很大的比重,在全市50余个行业中,属居间性的行业即占了40多个,其营业额占商业营业总额的约30%。③ 由于商业投机性严重,加上恶性通货膨胀,市场物价一日数涨,商人囤积居奇,投机倒把,社会上抢购物资成风,商业紊乱,人民怨声载道。1948年10月,因金圆券价值大跌,市内商场更加混乱,许多行业处于停业状态。④

1949年,广州市场异常混乱,官僚资本多拍卖物资外

---

① 狄超白主编:《中国经济年鉴》,中编,100页,香港太平洋经济研究社1947年。

② 狄超白主编:《中国经济年鉴》,中编,92页,香港太平洋经济研究社1947年。

③ 中共广州市委宣传部编:《光辉的十年——广州市解放十年来的伟大成就》,70页,广东人民出版社1959年。

④ 香港《华商报》,1948年10月18日。

逃。5月底,全市商号有1/3以上停业,大量物资流向香港。7月下旬,长沙、衡阳战事告急,国民党军运频繁,官方物资如棉花、植物油、钨砂、锑矿等纷纷运穗,而南下商货已告停顿。广州民营工商业面临严重危机,又倒闭行庄500家和其他杂货行300多家,全市商业陷于崩溃。①

然而一方面是社会经济濒于崩溃,另一方面某些行业却是畸形繁荣。如全市发展赌档2 000余家,高级茶楼酒室200多家、冰室、餐馆上百家,旅馆、舞厅、高级时装店、化妆品公司等也不断增加。②

二、政府管制下的对外贸易

(一) 战后广东的对外贸易概况

抗战结束后,美、蒋将经济重心偏向南方,美国资本加强了对华南地区的资源掠夺和商品倾销,国统区的外贸渠道亦南移,故广东对外贸易额占全国的比例大幅上升。如1946年至1949年,广东对外贸易进口值在全国所占比例从7.89%跃至18.73%,同期外贸出口值在全国所占比例从16.46%跃至24.68%。③ 广州港在全国对外贸易港埠中的地位亦迅速上升。如1946年至1949年间,广州港外国商船进

---

① 广州市文史研究馆编:《广州百年大事记》,下册,658页、664页,广东人民出版社1984年。

② 中共广州市委宣传部编:《光辉的十年——广州市解放十年来的伟大成就》,165~166页,广东人民出版社1959年。

③ 广东省地方史志编纂委员会编:《广东省志·对外经济贸易志》,50页,广东人民出版社1996年。

出口总吨数从124万吨升为186万吨，占全国的比例从10%跃至27%；同期，广州港对外贸易货值占全国的比例从4%跃至21%。①这种情形，恰是半殖民地外贸畸形发展的反映。

广东国际贸易额统计表（1946—1949）

单位：美元

年份	洋货进口价值	土货出口价值	进出口贸易总额	入超－或出超＋
1946	51 350 000	36 070 000	87 420 000	－15 280 000
1947	55 000 000	58 760 000	113 760 000	＋3 760 000
1948	23 800 000	29 790 000	53 590 000	＋5 990 000
1949	33 060 000	40 140 000	73 200 000	＋7 080 000

资料来源：广东省地方志编纂委员会编：《广东省志·对外经济贸易志》，50页，广东人民出版社1996年。按：1947年至1949年广东外贸出现的"出超"现象并非正常，因为当时走私严重，进口走私量极大，海关无法统计，故"出超"与实际情况并不符合。

20世纪40年代末，广东主要出口商品结构起了很大的变化，生丝贸易大衰退，绸缎、丝织品、针织品的出口亦衰落；而其他地区经粤出口的桐油大增。1946年至1948年，桐油出口均列首位。经华南出口的猪鬃也逐年增加，1949年占到输出土货之首位，达680万余美元。这是官僚资本为劫掠外汇，从内地空运广东出口所造成的。矿砂及五金出口也比战前增加。此乃国民政府将钨、锑、锡等重要战略物资贱价供给列强的结果。战后出口商品中，有所增加的还有生猪、药材等项。以1947年为例，占出口总值前3位的分别为：桐油，价值1 217万余美元；生猪，价值949万美元；

---

① 程浩编著：《广州港史》（近代部分），298页，海洋出版社1985年。

矿砂及五金，价值 235 万余美元。

战后广东进口商品结构也有了较大变化，米谷及面粉的进口从 1936 年的第 1 位降至第 5 位以下，主要原因是大批美援的所谓"救济米"进口，不列入海关统计。其他进口商品的变化，以 1947 年为例：化学药品居首位，值 765 万余美元，占进口总值的 13.9%；矿物油第二位，值 659 万余美元，占 12.5%；五金第 3 位，值 536 万余美元，占 9.8%；染料颜料第 4 位，值 514 万美元，占 9.3%；麻制品第 5 位，值 222 万余美元，占 4.1%；车辆及船艇第 6 位，值 100 万美元，占 1.8%。①

在抗战前，英国一直是广东外贸的第二大贸易伙伴，但在战后，其地位已被美国所取代。美货在粤省进口货值中所占的比重约为 1/2，如 1946 年为 57.2%，1947 年为 50.2%，1948 年为 48.4%，远远超过了其他国家和地区。在广东的出口中，美国所占的比重也很大，如 1946 年为 38.7%，使香港从首位退居第二位（占 28.2%）。1947 年后，美国仍占 20% 以上。②

在美国的扶植下，战后日本经济很快得到恢复，日货在粤卷土重来，货品主要有呢绒、花布、搪瓷、日用品、药品……以走私、假冒美货及由进口商正当输入等三种方式大量倾销。据市场上权威人士估计，外货在广州所占的地位，

---

① 广东省地方史志编纂委员会编：《广东省志·对外经济贸易志》，46 页，广东人民出版社 1996 年。
② 徐德志等编：《广东对外经济贸易史》，176 页，广东人民出版社 1994 年。

第一是美国，其次为英国，日本则跃居第三位。①

(二) 国民政府的输出入管理制度

战后，国民政府为了加强对外贸的垄断和控制，实施严格的输出入管制政策，造成了严重的不利影响。

1946年初，国民政府公布内地输往香港的若干货物须先行购结外汇，这对粤港商场及船务公司影响甚大，造成交易与货物运输大减。因为：办理结汇手续相当严密，商货运到后，除办理报关外，又增加了一道程序；有了结汇制度后，贸易商货物在香港不论盈亏，都要先向指定银行交付高于货值的现款，故商家若不准备加倍的本钱，便不能经营；官方结汇价比市面时价低，也使办货者吃亏。

随后，国民政府实行《修正进出口贸易暂行办法》，贸易商运货往内地也多了一道手续，即必须到海关申领入口许可证。而且所受限制更严，如规定凡由港澳输入之货品，除生产器材和5项限额分配货品（煤油、车胎、客车、糖、烟叶）应呈上海输出入临时管理委员会核办外，其余须向广州市指定银行申请输入许可证，每日只准申领一次，每次货值不得超过6 000港元。② 办理领证手续烦琐费时，货值限额定得很低，在当时国统区物价、汇率动荡不定之秋，经营正当贸易要冒相当大的风险，故进出口商为避免损失，多踌躇不前。

1947年2月，国统区爆发金融大风潮，物价飞涨，国币

---

① 彭泽益编：《中国近代手工业史资料》，第4卷，541页，中华书局1962年。

② 香港《华商报》，1946年12月3日。

惨跌,由香港输入内地的货物因成本奇昂而滞销。贸易商因官方汇率和黑市价相差甚远、国币贬值、进口关税骤增等,经营成本涨了1倍以上。

6月11日,国民政府输出入管理委员会华南分会(简称"华南输管会",是战后国民政府在广州设置的控制外汇、对华南地区外贸进行管理的机构,其职权是对进出口商施以调查、登记及核配外汇额等)成立,辖粤桂闽3省,并暂管滇黔两省。7月初,国民政府颁布《输入申请及结汇新办法》,不仅申请手续繁杂,且限额亦低。如华南地区每月进口额限于10万港元,平均每家商行仅有200港元①,实在难以开展业务。由于粤港商界的抗议,迫使统治当局不得不调高了配额。

国民政府的外贸管制极为腐败,特别是官商勾结,操纵控制,为所欲为。如货物从报关到放行,中间环节增多,腐败行贿成风,故报关行(这是代客办理货物报关的劳务性行业,主要办理报关、验关、纳税和代理转运等手续,也有一些兼营代理船务,是进出口贸易的辅助行业。该行须向海关领牌营业,接受海关的监督,工作于海关和进出口商户之间,亦可视为海关的附属商行)生意兴隆。广州是华南对外贸易中心,据1935年统计,全市经营外贸业务的报关行共有97家②,而战后初期突增至160多家。

刚开始时,广州每家进出口商行尚可配得相当的外汇,

---

① 香港《华商报》,1947年7月5日。
② 关其学、刘光璞主编:《论经济中心——广州》,68页,广东高等教育出版社1987年。

后因商行越开越多，华南输管会便于1947年9月调整登记办法，要检查申请商的贸易合同及外国领事馆发的签证，以防骗取外汇额。因制度的不完善，给官商以可乘之机，其以不正当手段搞到外汇配额证，然后转手出售牟利。到翌年春，广州出入口贸易商行骤增至数百家，不少是靠卖证赚钱，使国民政府的外汇管理完全失效。①

另据香港《华商报》1947年6月10日揭露，在广州市面上，官府颁发的输出入许可证已成为有价证券，同港币价一样公开出售，官商特权阶层由此而大发横财。

1949年2月11日，迁逃到广州的国民政府行政院又公布了一个"出入口连锁制"的管理贸易办法。据称其目的在于鼓励出口和增加重要物资的进口，但其内容与过去相比，毫无改进之处，故粤港贸易商行反应极为冷淡。7月1日，输出入管理委员会广州办事处宣布签证结汇新办法，随后又规定申请手续及限额，华南沿海各通商口岸1 862家进口商每月平均分配金额总数仅10万美元。所谓"新办法"引起港粤商界的强烈反对。此一时期，香港和广州各业代表都纷纷开会以响应。②

（三）广东进出口商的激烈抗争

商界认为政府加强外贸输出入管理的问题在于：其规定

---

① 李少陶：《旧海关的附属商业机构——广州报关行》，见《广州文史》，第46辑，广东人民出版社1994年。

② 《输出入管制新办法问题——广东资料总结第1号》（1949年8月6日），见中央档案馆、广东省档案馆编：《广东革命历史文件汇集》，甲58卷，1989年印行。

实施未尽配合广东现实环境需要，以致各工商厂家，每因不能获得如期所需原料进口而相继停工。如以卷烟业而言，只许输入烟叶，卷烟纸及配属原料则不准输入；电池业、橡胶业等亦类此待遇，每一商号不能兼获一类以上之商品输入，故障碍业务至大。再因输入限额太少，各种工业必需原料进口奇缺，不足供应一般工厂需求，使许多工厂几乎辍业停工，"影响所及，不仅本省工商界痛苦不堪，即整个华南社会经济均陷危机"。在出口方面，生丝、水结、云纱、抽纱、爆竹、烟叶、草席、桐油及各种植物油、土纸、染色纸、药材、锡箔、神香、五金制品、橡胶、电筒、土布、各种矿产品、农产品等，则以结汇牌价过低，影响输出推广，往往因在国际市场上不划算，经营商不感兴趣。然而"进口结汇，须根据输出数为衡量。（如此）无形影响进口，以致应行大量输入之原料，不能进口，而国产向外推销，亦无从振兴"①。

1947年7月21日，广州市商会召集各业公会代表座谈，决定组织输入研究会，汇集各行意见，向有关当局条陈改善输管制度。该会成立后，多次开会，对于输入数额、输入货品种类、自备外汇输入必需器材及原料、结汇牌价及展限登记等，分别论列详尽，"以期改善，而挽工商危机"②。据其调查，广州市内各业每月需输入品价值，共约1 700万美元。因进口限额极少，"使各正式商人无业可营，反之则走私日

---

① 《广州市商会周年特刊》，23～25页，广州市商会1947年9月编印。
② 《广州市商会二周年纪念特刊·会务报告》，10页，广州市商会1948年编印。

形猖獗"。例如当年第二季度,每家输入额仅 92.32 美元,"连同血本,仍未足供各商行一天皮费,后虽奉准增额一倍,仍属为数无多"。商界同仁还请求政府改变出口牌价参差不齐之状况,准许广州输出结汇牌价与上海牌价划一,"以免形成不同价格,妨碍华南出口贸易"①。

9月,国民政府输管会主任张公权南下视察,广州市商会又请求实施进出口连锁制度及自备外汇输入必需品和生产器材,并组设广州进出口联营股份有限公司。②

10月,国民政府输管会公布《华南进口商登记暂行办法》,其规定甚严。如登记办法对以前临时输入管理委员会广州办事处核准合格的进口商,亦要求重新登记;又规定须提供银行入口信用状,旨在考核进口商之资历经验,但凡香港各银行所发出者,皆不生效力。而广州进口商,由于交通及外汇管理关系,多在香港订货,故银行信用状,则均由香港开出,由此生出困窘;另还规定自 1947 年 10 月 27 日以后,进口商与香港厂商所订合约,属于无效,等等。按此办理,则广州的进口商不合格者"为数不少"③。经广州市商会请求延缓,此项登记展限至 12 月 10 日截止。

1948 年 1 月 14 日,广州市商会致国民政府行政院院长电云:自输管制度颁行后,"不特未能获致预期之效果,且

---

① 《广州市商会周年特刊》,27~28 页,广州市商会 1947 年 9 月编印。
② 《广州市商会二周年纪念特刊·会务报告》,10 页,广州市商会 1948 年编印。
③ 《广州市商会二周年纪念特刊·会务报告》,14 页,广州市商会 1948 年编印。

适得其反，以致进出窒息，走私猖獗，工商交困，百业凋零，国计民生，均蒙不利"。3月以后，广州市商会和广州市进出口商业同业公会等迭向有关部门呈函，要求改善限制进口商输入办法和外汇管理办法，指出广州大小数千家工厂，获准重新登记者仅及1/10，"煮豆燃豆萁"，在此工商业凋敝之秋，"实为不智之举"。5月28日，省市参议会亦电请政府改善管理外汇及进出口贸易办法，称现行管理外汇办法规定输出品所得外汇及由国外汇入之款均须向指定银行按照官定牌价结汇，使正当出口贸易不堪损失，而华侨持有之外汇也不愿受此结售之损失而徘徊于国门之外，"不特影响生产增加失业，且迫使群趋于走私黑市之途"。此电得到广州市商会等一致响应。①

然而，国民政府顽固坚持各种管制，使广东对外贸易形势更加恶化。1949年2月15日，广州市商会致电工商部，言辞颇为激烈，指斥"政府迄未能彻底实行三民主义，以致全国人民财富逐渐集中于少数特殊权力者之手，而陷今日国家财政经济于整个崩溃之境"②。呈文强烈要求撤销输管制度及输管会各级机构、撤销金融管理局及广州市商品检验局、取消出口结汇办法、撤查清除海关及税务机关积弊等，以解除工商业的困苦。

---

① 《广州市商会二周年纪念特刊·会务报告》，16～17页，广州市商会1948年编印。
② 中国第二历史档案馆编：《中华民国史档案资料汇编》，第5辑，第3编，财政经济（6），406～407页，江苏古籍出版社2000年。

三、粤港间走私泛滥失控

在国民党的腐败统治下，正当商贸难做，商人纷纷转向不法之途。1946年，国民政府实行贸易管制，凡重要的进出口物资均在严格控制之中。商人从事贸易限制严而手续繁，出口必须结汇，加以内地国币贬值，物价高昂，经营极为困难。要想维持生意，不得不另寻出路。正如某出口商所讲："现在的出口贸易，如不走私，已无法经营了。"[①] 另外，由于官僚资本垄断贸易，广东市面商品短缺，与香港的差价悬殊，也助长了走私活动的猖獗。

由于环境促成，香港仍为对内地贸易的走私基地，而与香港仅一水之隔的广州，则成了走私进口的门户。大量私货经过广东辐射整个国统区，其恶劣风气较战前更盛。据《广东情况调查》所载，全省走私路线多达10条，其中有3条直达广州。1946年9月，港粤当局加强缉私，出动警察、税差在火车、轮船上进行检查。走私者遂改变路线，陆路多由香港新界粉岭越过老虎坳扒山岭偷运入内地；海道则以小渔船分批偷渡；或经澳门偷渡拱北关卡，径往江门等地。1947年初，广东当局加强了缉私的工作，使水客性质的走私单帮受到打击而趋于淘汰。[②]

然而，面对私枭中的"豪门资本"和"特殊人物"，缉私力量则显得力不从心。正如香港舆论界所尖锐指出的：若

---

① 香港《华商报》，1946年7月18日。
② 《经济与商情》，香港《星岛日报》，1947年4月18日。

干国内官僚资本大实业机构"能冲破一切缉私网"①。1947年6月17日,美联社广州电云:广州行辕发言人宣布扣留了一个犯有利用海军舰舶从香港偷运无线电器材、西药等货的嫌疑犯。该发言人不得不承认华南走私很有组织,并有"有势力的人物"作为其后台。②据10月29日海关税务署统计,在这年全国17 886件缉私案件中,以粤海关走私案最多。③

由于"走私商大多与沿途军警关卡及交通人员相沟通"④,故其势无法遏制。凡私枭包运私货,都要收取高额佣金,由货主每次按值付给"运费"。普通货品一般收费30%以上,若是内地禁止进口的奢侈品,则收费高达100%。⑤

战后华南走私活动的另一显著的特征,是驻华美军取代了日本,成为特大走私贩子。1946年11月,美、蒋签订所谓《中美友好通商航海条约》。于是,驻华美军、美舰、美机,利用其可以自由进出中国海港、机场以及内河的特权,勾结官僚资本和国民党军官大肆走私。据香港当局公布:仅由香港走私进入国统区的货物,每月至少有5万吨,多时有

---

① 郑大明:《香港工商业的演变》,见《香港商业年鉴》,香港新闻社1949年。

② 香港《华商报》,1947年6月18日。

③ 广东省立中山图书馆编纂:《民国广东大事记》,857页,羊城晚报出版社2002年。

④ 上海市医药公司等编:《上海近代西药行业史》,212页,上海社会科学院出版社1988年。

⑤ 《经济与商情》,香港《星岛日报》,1947年4月18日。

10余万吨。①

1946年底,粤海关重新组成华南缉私舰队,拥有43艘舰艇,实力居全国之首。翌年又成立了游缉总队,约有1个师的兵力,由广东盐务局调用,实由粤省主席宋子文控制。②虽然广东缉私机构拥有庞大的武装和组织,并严密设置缉私网,也曾相当程度地打击了私枭的气焰。但由于管理不善、用人不当,以致某些缉私人员贪污腐化,执法犯法,竟使缉私机构变成走私机构!还有的缉私部门滥设交通检查站,利用职权,敲诈勒索行旅,或以变卖所查私货牟利为目的等,病商扰民,莫此为甚。

走私者手段狡猾,诡计多端,"连海关亦为之束手无策"③。除利用轮船特制暗窦藏私外,私枭还专营走私电扒、机帆船等,配置精良武器,逢关过卡,能用金钱贿赂则以金钱开路,否则开枪抵抗。④ 私货由港澳直入珠江三角洲各处,再分批运至广州,进而扩散全国各地。如上海黑市上的西药即有相当一部分是由香港经广州再循粤汉铁路辗转而来的。⑤

港粤走私贸易漏洞巨大,据《星岛日报》所载文章估计,1946年由香港运入华南的私货价值约3700万美元,由

---

① 李新等主编:《中国新民主主义革命时期通史》,第4卷,103页,人民出版社1962年。
② 《民国时期广东盐业发展概况》,载广东省方志办编印:《广东史志》,1991年第2期。
③ 程浩编著:《广州港史》(近代部分),171~172页,海洋出版社1985年。
④ 广州海关编志办公室:《广州海关志》,268页,广东人民出版社1997年。
⑤ 上海市医药公司等编:《上海近代西药行业史》,212页,上海社会科学院出版社1988年。

华南向香港走私出口的货物价值约3 000万美元。① 至国民党统治崩溃前夕，时局更加动荡，走私如同脱缰之马，成失控之势。据粤海关统计：仅1948年首季，该关所经办辖区内缉获的走私案件即多达2 000余起。当时，港粤间走私货物超过正当交易额的1倍以上。② 到1949年8月17日，粤海关估计每月走私出口总值超过正式报关者达10倍以上。③

具有讽刺意味的是，病入膏肓的国民政府曾寄希望于港英、澳葡政府的"合作"，于1948年相继签订了《中港关务协定》、《中国和澳门缉私协定》及《中澳（门）关务协定》等，其主要内容在于缉私，但这一切并未真正发挥什么实际作用。

四、粤港正常贸易渐陷困境

在日本投降至全面内战爆发之前，粤港间商贸关系逐渐恢复并得到一定的发展。首先，航路的开通。抗战胜利后，香港与华南沿海商埠的运输又繁忙起来。特别是当1946年2月，英国海军在珠江三角洲水道完成扫雷后，各国轮船随即恢复省港航运。其次，因战乱而中断多年的海外联系重新接通。海外华侨以粤籍为多，每年供华侨消费而出口的广货市场潜力巨大。战后初期，南洋市场极缺中国药材、食品和其

---

① 《经济与商情》，香港《星岛日报》，1947年4月18日。
② 郑大明：《香港工商业的演变》，见《香港商业年鉴》，香港新闻出版社1949年。
③ 广州市文史研究馆编：《广州百年大事记》，下册，668页，广东人民出版社1984年。

他商品。因此，当这些货物经香港转运到国外后，备受欢迎，"华侨欢尝祖国特产"，商人"利市百倍"。① 再次，广东与香港的关系，可以说是唇齿相依的。香港光复之初，对外交通尚未恢复以前，日用品和副食品等大都仰赖广州输送。起初货运使用机帆船，当省港轮船、广九铁路火车通行后，广东与香港的经贸联系更为密切。

广东在内地与香港的商贸往来中，仍占据主要地位。如1946年首季，华南输往香港的货物价值为3 867.8万余港元，比华中和华北输港货值之和还多。而香港输往广州的货物，"可以说凡是香港有的入口货都有运到广州去的"②。九龙港是香港对内地输出之一大口岸，多数物品由此运往广东。据战后国民政府交通部发表的数据，九龙港的总吞吐量约达3 000万吨。③

1947年首季，香港入口贸易仍以华南居首位，共值7 417万港元，美、英位于其后（分别约为5 894万和2 877万港元）；出口贸易则以马来西亚占首位（6 214万港元），华南居其次（4 745万港元），美国居第三位（4 330万港元）。④ 这一年，广东对香港输出货物（包括内地省份的转口货）中，以油脂（包括桐油）居首位。由于美国大量需求，一批批桐油沿粤汉铁路运抵广州，以便转口香港外销，油价因收购太

---

① 香港《华商报》，1947年1月7日。
② 《贸易调查·困苦万般的省港贸易》，香港《华商报》，1947年7月18日。
③ 杨家骆主编：《大陆沦陷前之中华民国（三）》，1 016页，台湾鼎文书局1973年。
④ 《经济与商情》，香港《星岛日报》，1947年4月22日。

甚而上涨约25%;①猪鬃出口（1—10月）销售价值2 569.8万港元；生丝出口（1—11月）47 000关担（广东区所产为4 000关担，约占8.5%）；全年出口茶叶83 934市石，约占全国出口额的25.7%。②

此外，香港对广州的输出突增，实因上海商帮难以申请到海关所发之输入许可证，其得知香港货物运往广州相对较容易，于是纷纷抵港，采购货品先运到广州，再辗转输往上海，将广州变成一个临时商品过往站。同时，美国战后"援华"物资亦大量中转到华南。如1947年2月，原定运往上海的4万吨美国"剩余物资"和"救济物资"（内多交通通信器材）改变计划，决定由香港转运往广州。③

但全面内战爆发不久，粤港贸易即呈现危机。如1946年6月，省港线上每船货运载位仅为1/3，港汕线轮船有些甚至空驶返回香港。1947年上半年，广东金融波动甚大，物价高涨，由香港输往广州的各货，因成本奇昂而滞销；而由广州运往香港的国货，也以香港售价报跌及结汇时官价与黑市价相差太悬殊而无利可图。④

1948年，随着国统区经济危机加深，粤港正当贸易急剧萎缩。如1月至5月，华南对香港输出货值为92 815 871港元（上年同期为127 790 272港元）；从香港输入货值为41 476 333港元（上年同期为92 756 701港元）⑤，下降幅度相当大。

---

① 香港《华商报》，1947年3月20日。
② 狄超白主编：《中国经济年鉴》，139~140页，香港太平洋经济研究社1948年。
③ 香港《华商报》，1947年2月14日。
④ 香港《华商报》，1947年4月28日。
⑤ 香港《华商报》，1948年7月12日。

1949年初，国民党军队封锁长江沿岸，切断了粤港通过汉口对中原地区的贸易，九龙海关和粤海关的税收锐减。此时，港商已经另辟蹊径，与华北及东北广大解放区的贸易蓬勃展开，近代以来的粤港贸易关系已行将终结。

第五节　陷于崩溃的财政与金融

抗战结束后，国民政府中央以法币彻底统一了广东的货币市场，但旋即陷入恶性通货膨胀，法币、金圆券相继大贬值，丧失信用，被港币取而代之。20世纪40年代末，银元又成为主要货币，甚至原始社会盛行的以物易物交换方式复现。国统区游资大量南逃，广东的银行、银钱等业以金融投机为主要业务。

战后初期，国民政府实行财政改制，划全国为中央、省、自治（县）三级财政，对国税和地税做了相应的调整。由于恶性通货膨胀，币值速跌，广东省政府的财政预算根本来不及编订追加，唯靠滥发纸币维持，财政制度陷于总崩溃。苛捐杂税有增无已，招致全体商民的强烈反对。

一、入不敷出的财政税收

（一）战后财政体制与预算

第一，恢复中央、省、县三级财政。抗战期间，国民政府以"抗战建国需要"为由，将全国财政大权归诸中央，省财政厅实际沦为所谓"监督自治财政"的机构。抗战结束后，各省政府向国民党中央索要财权，国民政府财政部遂于1946年7月公布实行《财政收支系统法》及其施行条例，划全国为中央、省、自治（县）三级财政。该法明确规定：中央税包括所得税、遗产税、印花税、关税、货物税（含盐税、矿产税、货物出厂税及取缔税）、特种营业税（对银行、信托、保险、交易所等征收），以及省、县土地税的30%；省财政课税收入只占土地税的两成和营业税的五成，以及契税附加，故税源严重短缺，财力受到极大的制约；县（市）税为契税、房捐、屠宰捐、营业牌照税、使用牌照税、筵席及娱乐税，以及土地税的五成和营业税的五成。①

第二，省政府财政收支预算。战后初期，中央政府忙于受降接收，对财政问题不屑注意。直到1946年7月，才恢复省级财政，却对其收入加以极大限制，凡各省开支不足则由中央"补助"。由于实行财政改制，"各省政府以改制之初，田赋尚未开征，划归省县各税，亦均收数未旺，省级政费多属支绌万分"，四联总处遂给各省政府贷款，其中广东省为26亿元，以省田赋实物收入作抵。②自这年财政收支系统改订后，省市财政乃开始独立。

国民政府经济困难万分，于1946年10月起停止补助各省行政经费，广东省政府收支截至年底时，不敷之数已达法币70亿元以上，于是取消离职公务员的复员费，并计划裁

---

① 金鑫等主编：《中华民国工商税收大事记》，324页，中国财政经济出版社1994年。
② 中国第二历史档案馆编：《中华民国史档案资料汇编》，第5辑，第3编，财政经济（3），354页，江苏古籍出版社2000年。

员2 000人。省财政厅厅长杜梅和与省主席罗卓英还相继飞赴南京乞求贷款。为填补省行政经费的短绌，省政府除田赋催征外，于是年10月开始征收土地税，加征房警捐，并提高营业税税额。①1947年9月，行政院又制定整理省市财政办法，公布施行。各省随即着手整理，但"成果尚未显著"②。

战后广东省政府的财政预算形同儿戏，如1945年度全省经费预算为30.48亿元，翌年为140.32亿余元，1947年度更达621.22亿元③，而实际支出更无法统计。由于恶性通货膨胀，币值速跌，财政当局根本来不及编订追加，唯有靠滥发纸币来维持。本省1948年全年预算岁出为4 813.1亿余元，岁入为1 010亿元，仅占岁出的1/4强。④此后不久，中央法币、金圆券、银元券等先后沦为废纸，不论中央和地方，财政制度均陷于总崩溃。

第三，设省金库和造币厂。本省各市县公库制在抗战时期已陆续实施，1946年6月28日，省财政厅以财政收支系统已修订，应筹设省库，于是拟具《省库组织规程》、《省库收支处理办法》等，经省政府委员会决议修正通过。至

---

① 项康：《人民苦难又加深》，载《正报周刊》，第13期，1946年11月9日。
② 中国第二历史档案馆编：《中华民国史档案资料汇编》，第5辑，第3编，财政经济（1），284页，江苏古籍出版社2000年。
③ 主计部统计局编印：《中华民国统计年鉴》，238页，中国文化事业公司1948年。
④ 《粤港等地区政治经济文化及社会动态等情报汇集》（1948年6月），见中央档案馆、广东省档案馆编：《广东革命历史文件汇集》，甲57卷，1989年印行。

1948年6月底，本省已成立省库分支机构76个，加上正在筹备中的3个，共计为79个。①因战后局势及财政状况都急剧恶化，公库制度难有实效。

1949年，国民政府在国统区推行银元券，并设广州造币厂筹备处（后改称广东省政府第一造币厂），准备开铸新银元。这一倒行逆施尚未及实施，即随着国民党统治的崩溃而寿终正寝。

（二）战后税收体制的变革

首先，国税系统。1948年4月，国民政府财政部向国民大会做整理地方财政施政报告时称：全国的课税分为3类，即：（1）国税以所得税、遗产税、印花税、关税、货物税、盐税、矿税、特种营业税等为主干；（2）省税以营业税为主干；（3）县税以土地税或田赋、契税、土地改良物税或房捐、屠宰税、营业牌照税、使用牌照税、筵席税、娱乐税为主干。②

1948年10月底，财政部将全国划分为8个区，广东归于闽粤区，该部派出督导团至各区考察督导财政、金融及税收工作。翌年8月1日，广东区直接税局和货物税局合并改组，成立财政部广东区国税管理局，下设14个国税稽征局及48个稽征所。③

---

① 中国第二历史档案馆编：《中华民国史档案资料汇编》，第5辑，第3编，财政经济（2），665~666页，江苏古籍出版社2000年。
② 中国第二历史档案馆编：《中华民国史档案资料汇编》，第5辑，第3编，财政经济（1），573页，江苏古籍出版社2000年。
③ 梅州市税务局编：《广东省梅州税务志》，29页，1989年。

其次，地方税系统。营业税主要划归省财政，按照1942年修订的《营业税法》，该税一律以实际营业额为计算单位。战后1948年初，实施修订税率，按课征标准：以营业收入额计者征收3%、以营业收益额计者征收6%、以营业资本额计者征收4%。[1]

县地方税捐向来由各县税捐处掌管。1947年初，国民政府将县税捐征收处改称县税捐稽征处，历任处长或主任均由省财政厅委派。据同年《广东财政统计》记载：全省有一等处14个、二等处4个、三等处8个、四等处26个、五等处23个，共计75个，另还有27个县不设处。

（三）商民的抗税斗争

美蒋勾结发动全面内战，更在国统区大力搜刮财力、物力和人力。苛捐杂税有增无已，招致全体商民的强烈反对。

据当时报刊所载，引起工商业者强烈的抗议和反对的主要有粮食营业税、洋面粉入口税、临时财产税、进口商特种营业税、营利事业所得税、土地改良物税，以及自卫特捐等，且征收花样翻新，如直接税改由各同业公会分摊包销、货物税改征实物、营利事业所得税分摊包缴、税收改征银元等，病商扰民甚重。时论称广州"各项税捐林立，其新办之税捐章则，因属新订，名目亦多，难以分清，即旧有者，办法另行改订，与前迥异，至缴纳手续，尤为分歧，是以我辈商人，虽愿遵缴而苦于不知门径"[2]。

抗战胜利后，国民政府批准全国粮食业营业税自1945

---

[1] 梅州市税务局编：《广东省梅州税务志》，47页，1989年。
[2] 《穗市商人苦捐税如毛》，香港《华侨日报》，1947年11月9日。

年10月至1946年9月免征一年。届期后，因广东各地粮食价格暴涨，粮荒更加严重，广州市米粮业同业公会特提请继续豁免粮食业营业税一年。① 经国内各地同行一再力争，1946年12月2日，中央批准自该年10月11日至1947年9月10日再免征一年。此次届期后，全国各地灾歉频仍、粮源缺乏、调节维艰。各地粮商为求减轻成本，再请减免粮食业营业税。全国商会联合会电广州市商会迅即派代表于10月10日前往上海，会同各地粮商团体，晋京（南京）继续请愿。适广州市税捐稽征处以运输、粮食业营业税免征期满，致电市商会转嘱粮行各商遵照，恢复纳税。市商会及市米粮业同业公会遂呈报市政府，请准免征。1948年1月8日，市政府已批"电部请予核免"，但"仍候核复"。②

财政部核定本省1946年度直接税额后，广州市商会以税额过重，呈报财政部核减所得税，"用恤商艰"。呈文中指出：战后"一般工商事业，仍属于风雨飘摇之中"，而所定税额"难免竭泽而渔，民不堪命"，且"征税手续，过于麻烦，办理亦多窒碍"。③

广州直接税局于1947年实施印花税贴现办法，并核定各商店之营业额按旬办理统贴，无异强行征税。各店均感不满，认为"实与印花税征收原意，有所出入"，因据财政部规定，凡各商号拟采统贴办法时，须呈部核准，唯确认该号账簿记录健全、信用昭著，方准照办。而广州各行号，多未改用新式

---

① 《广州市商会周年特刊》，30~31页，广州市商会1947年9月编印。
② 《广州市商会二周年特刊·会务报告》，29页，广州市商会1948年编印。
③ 《广州市商会周年特刊》，24页，广州市商会1947年9月编印。

账簿，且未经政府认可合格者，该局竟径核定数额稽征，实施统贴办法，依章难以自圆其说，故商界"咸盼予以改善"。①

1948年度营利事业所得税稽征办法公布后，全国各地商人对该税按上年度应纳税总额，增加6倍预先缴纳一节，都认为与现行税法大相径庭，纷纷吁请政府收回成命，以恤商艰。广州市商会先后接到杭州、浙江、曲江、高要及顺德容奇等省、市（县）、镇商会电报，均作一致之呼吁。广州市商会开会决定响应，一面电请财政部收回成命，一面电请税局暂缓执行，派出7名代表于4月中旬赴市直接税局交涉，但遭到拒绝。②6月下旬，国民政府财政部准备开征临时财产税，税率自5%起，累进高至60%，工商界对此强烈反对。③

1949年4月28日，广州市货税局公布以物价指数征收货物税，各项税收突增10余倍，遭到全市工业界反对。卷烟、火柴、汽水等业工厂决定停工3天，以示抗议。④

二、侨汇侨资锐减与逃离

（一）侨汇的大量逃离

广东侨汇总额，以美元计，1945年为2 210万美元，1946年骤增至11 050万美元。此后则连年下降，1947年为

---

① 《广州市商会周年特刊》，24页，广州市商会1947年9月编印。
② 《广州市商会二周年特刊·会务报告》，30页，广州市商会1948年编印。
③ 《市商会电呈立法院反对征收财产税》，载《前锋日报》，1948年7月6日。
④ 广州市文史研究馆编：《广州百年大事记》，下册，651页，广东人民出版社1984年。

6 800 万美元，1948 年仅 5 610 万美元。① 从占全国侨汇总额的比例看，战后广东年均仍保持占 85% 的水平。据财政部上海金融管理局 1948 年初的考察报告称：侨汇之解付，以粤闽为多，尤其是广东四邑的台山、赤坎、江门等地为最，中国银行在此所设行处，即是为"配合经营侨汇之特殊任务而专设的"。②

抗战结束后，国民政府加强了外汇控制，由中央银行掌握外汇的管理权。关于侨汇政策，中央银行规定中国、中国农民、交通银行及闽粤两省银行、邮政储金汇业局为指定侨汇经营行局。官方限制侨汇由指定行局专营，使办理手续繁杂，耗费浩大。更由于恶性通货膨胀、国民政府实行外汇全面管制和不合理的汇率制度，官方牌价与黑市价格完全脱节，侨汇业的经营遂转入黑市，非法金融机构的活动十分猖獗。法币急剧贬值，侨汇在汇率上吃亏，故自 1947 年起"侨汇逃避"问题日趋严重。如通过中国银行汇回的侨汇越来越少，本应汇往广州的侨汇约有 90% 以上都逃至香港。至 1948 年该行接做的侨汇只有 60 万美元，翌年 1 月至 5 月仅 700 美元，可以说"广东的侨汇已逃避一空了"。③

(二) 华侨投资的失败

战后 4 年间，华侨在广东投资的企业总计为 3 745 家，

---

① 林家劲等编著：《近代广东侨汇研究》，101 页，中山大学出版社 1999 年。
② 中国第二历史档案馆编：《中华民国史档案资料汇编》，第 5 辑，第 3 编，财政经济（2），798 页、800 页，江苏古籍出版社 2000 年。
③ 《华南工作团参考资料》（1949），见中央档案馆、广东省档案馆编：《广东革命历史文件汇集》，甲 58 卷，1989 年印行。

资金总额约 4 309 万元，平均每户资本仅 1 万余元，是历史上的最低水平。①

自抗战胜利至 1947 年初，由于国内外政治经济环境的变化，华侨投资于广东出现了一个短暂的高潮，战后投资总额的 3/4 即在此时投入。当时华侨投资仍集中于房地产业、商业及金融业，分别占投资总额的 61.39%、15.09%、7.88%，对工业、交通、农矿等业的投资合共不及 12%。②这表明需资较多的生产性事业得不到发展，而投机性较强的和需资较少的商业性投资却气氛浓厚，反映出华侨对国内政局不稳、经济紊乱持有戒心，不愿全力以赴，仅用其国外资金的有限部分进行尝试性的投资。

战后华侨投资高潮转瞬即逝，最直接的因素是国统区的恶性通货膨胀，导致社会经济的总崩溃。1948 年后，广东侨资企业大量倒闭。在恶性通胀的情况下，任何投资都免不了受虚盈实亏的损失，侨汇宁愿以外币存款方式保存着，成为变相游资，结果正当的投资必然萎缩。战后美货泛滥倾销亦为一要素，广东轻工业原料不少须仰给予外洋，成本一般较高，再加以生产设备差、技术低、质量劣，产品销售已不利，当然挡不住美货倾销的旋风。

在半殖民地半封建的旧中国，华侨资本家最终仍逃脱不了失败的命运。近代华侨投资广东的经历就是一部惨痛的失

---

① 林金枝等编：《近代华侨投资国内企业史资料选编（广东卷）》，64 页、66 页，福建人民出版社 1989 年。

② 林金枝等编：《近代华侨投资国内企业史资料选编（广东卷）》，65 页，福建人民出版社 1989 年。

败史。如广州是华侨投资最多的地方,所创办的企业共有715户,到1950年初仅存149户;投资额约3 711万元,1950年时仅存约228万元(只及原投资额的6.1%)①,可见其惨状!

三、金融体制从混乱到崩溃

(一)官办与民办的金融机构

首先,迅速膨胀的银行业。战后广东银行业走上了以从事金融投机为主要业务的畸形发展道路,又由于国统区大批银行的南迁,使广东的银行数目有很大的增长。

抗战结束后,原敌伪银行(如伪中央储备银行、日本横滨正金银行、台湾银行、德华银行)在穗分行都被国民政府中央银行接管。海南的日本银行分行及伪琼崖银行等,分别被中国银行、中国农民银行、广东省银行接收。

战后本省的银行业情况比较复杂,有从后方复员的、有顶受旧牌号另起炉灶的、有在原来基础上增资改组的、有通过支付内线从外省迁来的,等等。由于银行类型多样,其人事背景、资金来源、经营作风等均各有不同。

新创办的银行并不多,除广东省银行、广州市立银行、五华商业信托银行、华美银行、金华实业储蓄银行等复员广州外,新成立的有:广州华侨联合银行,1946年9月设于长堤;正和商业储蓄银行(1944年创办于重庆,国民党政要

---

① 林金枝等编:《近代华侨投资国内企业史资料选编(广东卷)》,147页,福建人民出版社1989年。

白崇禧等投资入股。抗战结束后在上海、广州设分行。1948年1月，经营重心移至广州）于1949年春改组为珠江银行。① 为加强对海南岛的控制，国民党派陈济棠出任海南特区行政公署长官。他筹建了海南银行，于1948年在海口设总行，另在文昌、加积、榆林等地分设支行。②

川帮商业银行战后在广州金融界异军突起，几年内迁来者有和成、美丰、聚兴诚、亚西实业、重庆商业等多家，在当时广州市合法开业的商业银行中占有相当的地位。

1945年10月后，中央、中国、交通、农民四行，以及中央信托局广州分支机构纷纷回穗复业。中央银行在广州设一等分行，韶关和汕头设二等分行，湛江设三等分行。1947年初，邮政储金汇业局已在广州设立分局，在汕头、海口及湛江等地设办事处或代理处。同年11月1日，中央合作金库在广州建立分库。

据统计，1946年底广州有金融机构（包括总、分支机构）148个，居各大城市第4位；广东省有金融机构106个，居各省之第9位。③

1949年春，中央银行总行随国民政府迁穗，其业务、发行、国库等3个局的对外业务都归广州分行办理，广州分行实际已担负起总行所有对外业务，成为国民党统治在大陆的

---

① 罗翼群：《我参加正和商业银行经过始末》，见《广东文史资料》，第6辑，广东省政协文史资料研究委员会1962年编印。
② 《海口市银行业概况》，载《海口文史资料》，第2辑，1985年1月1日；《广东金融志资料》，51～52页，1986年第3期。
③ 中国第二历史档案馆编：《中华民国史档案资料汇编》，第5辑，第3编，财政经济（3），485～486页，江苏古籍出版社2000年。

最后金融堡垒。

其次,从事投机的银钱等业。与战前相比,广东银号资力已大为削弱,正常业务难以开展。据统计:1949年,财政部补行注册,总共核准广州市银号注册者为32家(不计找换店)。全省共有银钱业店铺(包括找换店,俗称"剃刀门楣")800余家①,其营业大都集中于从事金钞投机和黑市拆放,以谋取高额利润。

广州银业公市是本省唯一的综合性金融贸易市场,战后不久复业。1947年2月,国统区爆发金融大风潮,各地物价飞涨。2月12日,广东省政府采取紧急措施,金融停业3日,严禁黑市,并饬令银业公市停止与港澳的汇兑。4月26日,省政府颁布执行《取缔银钱店号办法》。10月10日,省主席宋子文颁布《禁止黄金外币交易条例》,查禁金钞买卖并冻结沪粤汇兑,遏制游资南流,企图以此来稳定本省金融物价。②13日,广州市公布《黄金外币买卖处罚办法》。19日,又宣告严禁买卖法币、取缔不合法的银号钱庄、取缔黑市,并组织金融密查队,严惩非法交易者。12月29日,财政部金融管理局成立,其任务是监察银行及钱庄的账目,严管金融。但广州金融市场随即转入地下,以流动的方式继续进行黑市交易。

1946年,广州有金铺大小300多间,但生意非常清淡。因战后人们普遍贫困,金铺数目多,竞争激烈,取佣低廉,

---

① 《广东金融志资料》,20页,1987年第2期;24页,1986年第3期。
② 广州市文史研究馆编:《广州百年大事记》,下册,597页、607页,广东人民出版社1984年。

铺租等开销却很大。不过由于社会上游资多，大都从事投机事业，成为商场上之怪现象。官僚资本亦出资在金融市场兴风作浪，对金铺行业影响很大。开平、台山之间的三埠为著名的侨乡，大量侨汇未投资于生产事业，而是成为游资进行黄金投机和土地之炒卖。此地金铺林立，计长沙有 20 余间、新昌有 30 余间、荻海约 10 间、开平的赤坎亦有三四十间。因美钞黑市价昂，与官营银行所定之外汇比率相差甚远，加上手续繁杂，故一般侨胞多汇款至香港，而三埠之金铺则便利提取及找换款项。①

　　战时广州典当业已不景气，1945 年 7 月，当押店多数又自动停业。随着国统区恶性通货膨胀，社会游资充斥，经营典当业风险增大，不但无利可图，甚至会受到货币急速贬值的损失，故该业遂成为历史的陈迹。

　　抗战结束后，本省保险公司得以恢复，但主要以英美商、港商、官僚资本及沪商之势力为大，尤其是外国资本和官僚资本保险公司占据了垄断地位。如老牌的美国垄断金融巨头美亚保险公司（American Asiatic Underwriters）于 1945 年到广州开展业务，经营重心不断南移。1947 年后，由于经济危机和恶性通货膨胀，大部分保险机构都已不能支撑，纷纷停业。1948 年，广州的中外保险公司已从盛时的 127 家降至 27 家，且都是分支公司或代理机构。②

---

　　① 狄超白主编：《中国经济年鉴》，中编，103～104 页，香港太平洋经济研究社 1947 年。

　　② 中国保险学会编：《中国保险史》，122 页、217 页，中国金融出版社 1998 年。

（二）势如脱缰之马的恶性通货膨胀

第一，法币、金圆券、银元券的大贬值。战后不久，广东省禁止伪"中储券"流通。1945年11月1日，开始兑换"中储券"，与法币的比率为200∶1。此外，法币不断贬值，币面越来越大，粤省毫券及大洋券愈加显得额小值低，因而未再公布截止收兑日期即自行消失了。至此，国民政府中央才算是实现了彻底统一广东货币制度之目的。

战后广东金融界业务经营愈加不正常，官僚资本财力雄厚，以合法地位，操纵和控制金融市场，煽拨金融、货币风暴。随着国统区恶性通货膨胀的发展，法币发行量呈天文数字般增长，最终完全丧失了货币机能，形同废纸。1947年，宋子文刚抵广州上任，就碰到汹涌澎湃的10月涨潮，金融物价不断暴涨。他急忙于10月9日在省财政厅召开金融紧急座谈会，议订制裁黑市及平抑物价的政策，并以中央银行董事长的资格，致电中央银行总裁张公权令四行二局冻结沪穗汇兑。① 他又施加高压，于当月中旬接连封闭广州23家银号，该市银业遂沉落地下，然而黄金、港币之价格却越压越高。

1947年12月16日，中央银行广州分行发行2 000元面额的"关金券"，每张折合法币4万元。翌年8月19日，中央银行开始发行金圆券，并规定每元银币可兑换金圆券2元。该行官员林维英奉派视察广州后，认为穗分行对于收兑

---

① 香港《华商报》，1947年10月13日。

外币、金银等工作,"积极推进,成效昭著"。① 但仅过了10个月,此兑换率即已改为1∶5亿! 其实这只是官方公布的兑换率,实际上当时广州金融市价已升至1∶8亿左右。

1948年10月,因金圆券价值大泄,全国经济异常混乱,国民政府在上海等地进行"打虎",广东政府亦在省内强行压价,引起商界恐慌。广州市最大银号之一的巨福号由于政府经济管制,全体职员被武装拘捕,无法营业而自动结束。中央银行决定收兑金银和外币,于10月23日通电各分行,凡在长江流域以北者,一律运集上海;珠江流域暨西南各省运集广州。不到1个月,运集广州即有黄金15 359市两、美钞48.9万余元②,其余还在陆续起运中。11月1日,为财政当局宣布停止收兑金钞之首日,经济管理人员大肆出动搜查,旅客携带外币亦属违法。③

徐州失陷后,南京、上海方面吃紧,国统区金融中心南移,官立银行纷纷迁徙,内汇市场出现一个新局面,即广州将起主导作用,逐渐取代上海,一切金融上的大变动,都要首先反映于广州市场。

1949年4月,华南经济危机重重,金融乱倒风炽,贸易衰退,统治当局搜刮银元,滥发大钞,输出转移证将成废纸,甚至连银行支票都没有人愿要。金圆券发行数额高达约

---

① 中国第二历史档案馆编:《中华民国史档案资料汇编》,第5辑,第3编,财政经济(3),852页,江苏古籍出版社2000年。
② 中国第二历史档案馆编:《中华民国史档案资料汇编》,第5辑,第3编,财政经济(2),324页,江苏古籍出版社2000年。
③ 香港《华商报》,1947年11月3日。

300万亿元，国民政府行政院施政报告亦不得不承认："人民到处拒用，金融局面，已形成朝不保夕之势。"① 自5月后，广东省大部分地区已拒绝使用金圆券。6月3日，省政府召开会议，认为"自各地拒用金圆券后，金融动荡，民生疾苦，影响军事政治经济匪浅"，"为消除危机，协助中央稳定金融，便利公私收付，特定发行广东大洋票辅币，……并定为缴纳本省税捐及一切公私款项之通用货币"。② 会议决定通过《广东省大洋票辅币发行办法》及组织发行准备金管理委员会规程等，规定由省政府授权省银行办理，大洋票以元为单位，每元等于政府厂铸银元1元。大洋票辅币为角、分，采用10进位制。③ 据8月30日省银行呈报：截至8月18日止，各县仅发行流通大洋券辅币3.65万元；广州地区至20日止，也不到34万元，共计实际流通量只有37.6万余元。④

国民政府迁至广州后，由代总统李宗仁于7月2日发布命令，施行《银元及银元兑换券发行办法》，规定中华民国以银元为单位，同时由中央银行发行银元兑换券和银元辅币券。中央银行广州分行随即和广州造币厂筹备处（后改称广

---

① 中国第二历史档案馆编：《中华民国史档案资料汇编》，第5辑，第3编，财政经济（1），304页，江苏古籍出版社2000年。
② 《民国时期广东省政府档案史料选编（10）》，194页，广东省档案馆1988年编印。
③ 中国第二历史档案馆编：《中华民国史档案资料汇编》，第5辑，第3编，财政经济（3），931页，江苏古籍出版社2000年。
④ 《民国时期广东省政府档案史料选编（10）》，236页，广东省档案馆1988年编印。

东省政府第一造币厂）签订合同，准备铸造新银元，但未及完成广东已解放。

由于国统区纸币丧失信用，银元又成为主要货币，1949年7月，广州市税收及公营事业一律以银元为本位。8月3日，统治当局强制执行银元本位制，规定全市各商号必须以银元标价进行交易。

银元券遭到一片反对声，海口、汕头等市商会纷纷致电中央要求兑现。银元券的发行亦受到重大挫折，1949年7月中旬和下旬，广州连续发生两次挤兑风潮，民众纷纷将银元券兑换银元，中央银行被迫宣布限制兑换。据档案记载：自1949年7月4日至10月9日，中央银行广州分行共兑出银元 23 258 398 元，兑入银元 1 597 688 元，兑出大于兑入 21 660 710 元。同期付出银元券 3 376 359 元，收入银元券 24 887 069 元，收入多于付出 21 510 710 元。① 银元券同样不能挽救国民党的失败，仅仅几个月就崩溃，成为国民政府最后发行的也是最短命的一种纸币。

当法币严重贬值时，原始社会盛行的以物易物交换方式复现。如以粮食为计价和支付工资，在农村成为普遍的现象。据记者报道：在西江、北江农村，以谷物作计算单位，物物交换，废弃纸币。买田、买屋、买牛等，或用谷子，或以牛换屋、以田换牛等。报酬亦以实物支付，如对教师付酬用谷、请尼姑和尚作丧事付柴米等。② 这种以实物为本位的

---

① 《银元本位制的恢复》，载《广东金融志资料》，1986年第2期。
② 杨培新：《旧中国的通货膨胀》，109~110页，生活・读书・新知三联书店1963年。

现象实为金融变态情况下的一场历史的大倒退。

第二,市场物价飞涨不止。恶性通货膨胀发生在抗战结束以后。日本刚投降时,人们欢欣鼓舞,社会经济形势较好,物价一度回落。但此景不长,粮价很快即带头飞涨。如1945年10月广州每市石米价为4 500法币,年底即升至9 700元。1946年后更是逐月倍增,1月时每石为12 500元,5月已高达79 800元。①

全面内战爆发后,军费支出急剧上升,造成严重的财政赤字。国民政府为了弥补巨额赤字,大量印发钞票,社会经济混乱,物价指数和货币发行量均呈天文数字般飞涨。据经济部统计处报告称:若以战前1937年上半年物价基期为100,则1946年度广州趸售物价总指数上涨3 537倍,零售物价指数上涨4 893倍,分别居于各大城市第5位和第4位。②另外据社会部统计处资料:仍以上项战前基期为100,广州产业工人真实工资指数在1946年底仅为69.6③,可见其生活水平处于下降状态。

1947年2月,国民党统治区爆发"黄金潮",法币通胀开始进入崩溃阶段。据新闻媒介报道,广东各地民众"听到这个消息,便拼命将藏有的纸币一元不剩地推出去,各店见收到他们的纸币买不回货物的原量","于是一时只好停业,

---

① 许道夫编:《中国近代农业生产及贸易统计资料》,96页,上海人民出版社1983年。
② 中国第二历史档案馆编:《中华民国史档案资料汇编》,第5辑,第3编,财政经济(6),456~457页,江苏古籍出版社2000年。
③ 中国第二历史档案馆编:《中华民国史档案资料汇编》,第5辑,第3编,财政经济(3),504~505页,江苏古籍出版社2000年。

从此大家对纸币的信用都丧失了,他们渐渐开始以实物作为本位"。① 若以战前1937年上半年的粮价基期为100,1947年6月广州的粮价已涨了1.8万多倍,是1942年底的4.2倍。②

据1947年6月上海报载:法币每万元在香港仅值港币2.4元,而"冥钞"每万元尚需港币4.8元,故很多住民敬祖烧纸,都以较"冥纸"便宜一倍的"法币"来代替。③粤港两地民俗相同,从中可得知法币之可悲地位。宋子文出任广东省主席后,广东物价继续猛涨,1947年11月和翌年1月相继爆发以粮价上涨为引导的经济大风暴,大米每担价格从44万元升至140万元(黑市)。④

1948年上半年,广东物价数度剧烈波动。从1月至4月,港币计涨547%,黄金计涨567%,米价每担由74万法币涨至520万法币,计涨700%。⑤当时立法委员黄玉明为广东公务员呼吁时,曾云其是国币收入、港币生活,广东物价居全国之冠。工人们的处境异常艰难,据官方发表的数字,这年初广州全市失业者多达25万人,占全部劳工数的40%以上。⑥

---

① 杨培新:《旧中国的通货膨胀》,84页,生活·读书·新知三联书店1963年。

② 主计部统计局编印:《中华民国统计年鉴》,214页,中国文化事业公司1948年。

③ 沙英:《中国四大家族的危机》,70页,光华书店1948年。

④ 绿波:《从广州看宋子文(广州通讯)》,见中央档案馆、广东省档案馆编:《广东革命历史文件汇集》,甲57卷,1989年印行。

⑤ 广东省档案馆、广东省惠阳地区税务局合编:《东江革命根据地财政税收史料选编》,173~174页,广东人民出版社1986年。

⑥ 中国第二历史档案编:《中华民国史档案资料汇编》,第5辑,第3编,财政经济(6),361~362页,江苏古籍出版社2000年。

20世纪40年代末，广东基要商品（食物、纤维、燃料、金属、建筑器材、杂项等）比战前腾涨了数百万倍！若以1937年上半年基要商品趸售物价总指数为1，则1947年2月为10 852，1947年12月为89 612.5，1948年1月为188 176，1948年8月为5 807 000。①

如此严重的恶性通货膨胀，表明了国民党政府的极其腐败与无能，人们对其丧失了信心，终于演化成为无可挽回的全面崩溃。

第三，社会游资大量外流。战后国统区游资大量南逃，通过广州流入港台乃至国外。其具体顺序是：先由广州行庄与上海行庄订立契约，议定最高款额；同时由广州方面物色香港联号，或径派人驻港联系和交收外汇。从事此项投机业务，离不开黑市买卖、私套侨汇、走私金钞、出口物资和设地下电台、秘语电话等。一般都逐日折算，三方填补，取得账目平衡。这种三角套汇关系（金钞投机），即沪—穗—港的联汇弧形曲线，把国内资金由法币兑变为港币而逃出境外。在广州的金融投机行庄中，比较典型的有其昌（与香港永隆银号联手操作）、道亨（总号在香港）、汇隆（在香港、澳门、美国有联号）等，与香港投机商关系尤为密切。②

1946年，由广州私运香港之白银估计价值400万美元。翌年初，北方巨资纷纷汇往广州抢购黄金与外汇，国民政府虽颁有《汇入解款限制条例》，亦无济于事。4月中旬，游

---

① 吴冈编：《旧中国通货膨胀史料》，190~191页，上海人民出版社1958年。
② 邱庆铺：《解放前几年间的广州金融投机活动》，载《广州文史资料》，第26辑，1982年。

资逃港高达 400 余亿法币,按当时外汇汇率折算,大约相当于 1 200 余万港元。①为了防止金融投机及三角套汇,国民政府于 1947 年 12 月 28 日设立广州金融管理局,以掌管广东的金融事务。但金融管理局成立后,没有做好本职工作,只是随着整个金融市场的变动、涨落进行一些无关大局的检查,无法根本扭转局面,故遭到金融界的强烈反对,屡屡要求财政当局将其撤销。

国民政府对游资活动的大本营——香港采取封锁政策,尽管法令已经颁布,但地下黑市却充耳不闻,何况省港密迩,政策及措施实难切实执行。仅 1948 年 4 月前期,涌入广州的资金即高达法币数万亿元。②特别是北方某些巨亨成箱空运大额钞票往穗的消息时有所闻。1948 年 10 月 12 日,宋子文致中央的密电云:"迩来大量游资南流,尤因时局关系,香港市场渐行活动",对此"必须取缔游资及加强检查管制"。广东省政府自当月起,规定凡携现金到广州者,不得超过 1 000 元;严禁商场使用港币;严密查缉非法持有外币和现金交易;严厉管制物产等。中央银行亦限制商业行庄及商民携带现钞赴穗,并限制沪粤汇款。③

但游资的汹涌难以遏制,据估计:仅三四年间,单经商业银行、银号和地下投机金融商"套汇",帮助国内资金外

---

① 《经济与商情》,香港《星岛日报》,1947 年 4 月 22 日。
② 中国近代金融史编写组编:《中国近代金融史》,310 页,中国金融出版社 1985 年。
③ 中国第二历史档案馆编:《中华民国史档案资料汇编》,第 5 辑,第 3 编,财政经济(2),38～39 页、154～155 页,江苏古籍出版社 2000 年。

逃至少合当时港币20亿元以上,折合美金5亿余元。①

第四,港币占据广东市场。港币大量流入广东,始于抗战时期,特别是中期以后。法币恶性膨胀,急速贬值,人们更趋向使用港币。1936年至1945年,港币在粤流通额从7 348万元增至1.3亿余元。战后香港仍为转口贸易、走私及黑市交易的中心,港币更是进口商搜罗的对象。仅几年间,港币发行总额成倍增长,并大量流入广东境内。如1946年为2.1亿余元,1948年3.6亿余元,比1945年增长近3倍。②国统区金融混乱,法币不断贬值,如1947年2月20日,广州中央银行开始收兑港币,兑率为2 500元法币换1元港币;到翌年4月16日,此兑率已降为13 000∶1;1948年8月25日,再降为2 500 000∶1。③

国民政府发行的纸币缺乏信用,遭到市面拒用。随着法币、金圆券、银元券等"国币"先后丧失货币机能,港币作为英国政府扩展在华经济势力之手段,遂取代了南中国货币的地位。据上海《大公报》记者报道:1948年华南各地,尤其是在广州,一切地产租赁买卖及物品交易等,都以港币为计算标准。许多货物价格跟随黑市港币的消长而涨落,厂商将产品改定港币售价,出口货物的价格也以港币为本位。各侨乡更是普遍使用港币,珠江三角洲农民出售农产品后,

---

① 邱庆铺:《解放前几年间的广州金融投机活动》,见《广州文史资料选辑》,第26辑,广东人民出版社1982年。
② 《广东金融志资料》,17~18页,1986年第1期。
③ 广州市文史研究馆编:《广州百年大事记》,下册,597页、616页、623页,广东人民出版社1984年。

多搜购港币以保存币值。机关、学校乃至个人，不论数目多少，都抛出国币改购港币，作为储蓄手段。①这年下半年，广州市大多数商店都已经以港币为本位。

1949年夏，华南各地金融极度紊乱，在广东省内大部分地区，港币已占领了市场，成为人们的流通手段、支付手段、储蓄手段，连商品标价乃至政府税收，都以港币为本位及收支工具，华南简直已沦为港币的世界。10月29日，国民政府财政部不得不承认："广东一带地方市面，现仍以港币为交易之媒介，各地商品并以港币为基数标价。"②

港币发行量至1949年6月，已超过9亿元，其中2/3在中国内地流通，估计其分布为华南占88%（其中广东约占90%）。③

第六节 文化教育与体育卫生

战后广东省政府推行全面"复兴"计划，各地文化、教育、新闻、医疗卫生、体育及宗教事业得到一定程度的恢复和发展。但国民党加强"党化教育"，垄断新闻，钳制舆论，对进步势力实行高压迫害，以维护独裁统治。

---

① 吴冈编：《旧中国通货膨胀史料》，244页，上海人民出版社1958年。
② 杨培新：《旧中国的通货膨胀》，98页，生活·读书·新知三联书店1963年。
③ 《华南分局关于华南港币处理意见》（1949年10月），见《中共中央华南分局文件汇集》。

一、广东省政府的文化政策

（一）文教事业"复兴"计划

1945年9月27日，国民党中央宣传部接收中华电影联合公司广州分公司办公室及"华影"在澳门、汕头、湛江等办事处家具，广州长寿戏院、新华戏院放映机。同月，国民党中央广播事业指导委员会指派专业人员飞粤为广州区广播电台的接收专员。①

10月2日，省政府会议通过《广东省复员计划大纲》，其中关于教育文化部分规定："接收日伪之教育文化机关及事业"、"恢复各级教育文化机关及事业"、"肃清日伪奴化教育"、"加强社教工作"、"清查及保管地方文献"等。11月6日，省政府会议又通过《广东省政府施政纲领》，第四部分为"奖励科学，促进现代文化"。具体提出："设置学术讲座及学术奖金，鼓励科学之探求与发明"、"设置国外留学名额，及派遣专才出国考察"、"发展职业教育，培养技术人才，以应建设需要"、"分区增设科学馆、博物馆、图书馆、体育场，以提高民众对于学术之兴趣"、"培养大量师资，遍设民众教育馆，限期扫除文盲"等。②

1946年后，省政府又制定了一系列有关文件，通令各县

---

① 中国第二历史档案馆编：《中华民国史档案资料汇编》，第5辑，第3编，文化，149页，江苏古籍出版社2000年。
② 《民国时期广东省政府档案史料选编（9）》，7~8页、27~28页，广东省档案馆1988年编印。

（市、局）设立修志馆、文献馆、艺术馆、民众教育馆、图书馆及体育场，并分别拟具编制表。

1947年9月初，省政府会议奉行政院令，以广州河南士敏土厂原为孙中山组织大元帅府大本营开府圣地，应保存永为纪念，并拨中山文化教育馆西南分馆馆址；决议"原有厂址遵照院令保存永为纪念，拨由中山文化教育馆西南分馆管理使用"①。

（二）垄断新闻与封禁报刊

战后初期，广东省、广州市政府均成立新闻处，对于新闻事业，遵照国民政府颁布的《出版法》进行监管。关于新闻的发布，广州市政府于1946年8月12日制定《市政府发布新闻办法》，广东省政府于1947年制定《各区、县、市局新闻组、股工作纲领》，根据所谓"剿匪戡乱"精神实行舆论钳制。1948年3月23日，国民政府主席广州行辕还制定《统一发布新闻办法》。②

国民党实行独裁统治，钳制言论，对进步报刊实行高压迫害。如1945年12月底，在广州28家报纸中，已有《民众日报》、《广州晨报》、《光粤报》等13家被查封。翌年2月13日，广州《自由世界》、《新世纪》、《文艺新闻》、《学习知识》等4家杂志突然被社会当局强制禁售，引起全市文化界的一致抗议。《文艺新闻》杂志社不顾禁阻，另寻印刷

---

① 《民国时期广东省政府档案史料选编（9）》，545页，广东省档案馆1988年编印。

② 梁群球主编：《广州报业（1827—1990）》，181～182页，中山大学出版社1992年。

厂如期出版。广州14家杂志还准备创办联合刊物，以扩大出版自由运动。① 5月4日，香港《华商报》广州分社、香港《正报》广州营业处，被国民党暴徒捣毁。此后，香港民主报刊被严密封锁不准入口。6月29日，中国国民党民主促进会机关刊《现代》半月刊被勒令停刊。同日，广州《人民报》、《华商报》广州分社、《正报》广州营业处和正在筹办的《现代日报》报社等，被强行封闭。至此，统治当局封闭了40多家民主报纸杂志社，所存的《大光报》、《越华报》等36种报纸杂志中，有11种接受政府的"特别津贴"②，沦为御用新闻媒体。

1947年5月31日夜，统治当局查封《每日论坛报》，并逮捕报社社长章导、总编辑及职员67人。其后又逮捕《建国日报》总编辑李诵、上海《大公报》驻广州记者陈凡。在白色恐怖下，一些在半官方或商办报社任职的进步新闻工作者，被迫出走。1948年2月下旬，中国国民党革命委员会刚在广州创办不久的《星期报》周刊被查封停刊。12月初，统治当局厉行新闻检查，《观察》、《世界知识》等报刊被查封，《中国四大家族》、《列宁传》等75种图书被列为禁书。③

据国民政府内务部于1949年编印的全国新闻报纸杂志

---

① 香港《华商报》，1946年2月19日、2月23日。
② 梁鼎：《劫后的广州文化现状》，见中央档案馆、广东省档案馆编：《广东革命历史文件汇集》，甲56卷，1989年印行。
③ 广东省立中山图书馆编纂：《民国广东大事记》，875页、921页，羊城晚报出版社2002年。

社处分登记册载：广州被勒令定期停刊的有《现象报》、《西南日报》、《国华报》；被查禁的有《学生报》、《生活导报》、《新文艺》、《现代生活》、《联合增刊》等。被查禁的香港报刊有《华商报》、《正报》、《自由世界》、《青年知识》、《中国农村》、《文萃》、《文艺业刊》、《自由》、《民潮》、《中国文摘》、《国讯周刊》等。①

二、广州的报业及文化事业单位

抗战胜利后，广州沦陷前停办的报业陆续复刊，抗战期间在粤北等地创办的报刊也相继迁穗出版，再加上新创办的报刊，故报业数量大增。据国民政府内政部编全国各省市新闻报纸通讯社杂志发行概况统计表，截至1948年9月，全国共有4 797家单位，广东为403家，约占8.4%。②战后广东的报业具有各种不同的性质和风格。

（一）国民党系统的报业

此类报业中比较重要的有：（1）《中山日报》，为国民党广东省党部机关报，1945年10月10日在广州复刊，社长胡春冰。（2）《和平日报》，其前身为《扫荡报》桂林版，1946年3月25日在广州出版，由国民党军事委员会委员长广州行营政治部新闻处经营。发行人先后为张泰祥、黄珍

---

① 中国第二历史档案馆编：《中华民国史档案资料汇编》，第5辑，第3编，文化，304～322页，江苏古籍出版社2000年。
② 中国第二历史档案馆编：《中华民国史档案资料汇编》，第5辑，第3编，文化，184～185页，江苏古籍出版社2000年。

吾,1948年3月28日停刊。(3)《华南日报》,1946年1月创刊,由省政府主办。要闻版全部采用中国通讯社稿,经常发表社论、星期论文、省政府文告等。1948年11月30日停刊。(4)《岭南日报》,1947年元旦出版,由省党部主办。采用中国通讯社及国内各地电讯稿,1948年3月28日停刊。该报曾与《和平日报》、《中山日报》、《广州日报》出联合版,同年5月1日,该4报联合版改名《广东日报》,由省政府主办。1949年3月29日再改为《中央日报》(广州版),由国民党中央宣传部部长陶希圣兼任社长。广州解放前夕,自动停刊。(5)《中正日报》,1945年11月由广西迁广州,发行人王侯翔。该报主要新闻采用中央通讯社稿,比较重视体育、文娱报道。(6)《大光报》,战后由韶关迁广州,社长陈锡馀。以广告、国内外新闻、各地通讯、副刊等内容为多。①

(二) 半官方及商办的报业

主要有:(1)《建国日报》,1945年12月由粤北老隆镇迁广州出版,其前身为《阵中日报》。社长李育培以自由主义者姿态出现,所聘记者、编辑既有保守落后的,也有思想进步的。该报曾因报道官场腐败和学生运动,多次受到当局警告、停刊处分。(2)《劳工新闻报》,1948年6月23日创办,由国民党广东省党部农工运动委员会秘书李励文主持,目的为协助国民党操纵农工运动。因销路少而难以维持,后出售予他人经营,1949年12月18日停刊。(3)《前锋日

---

① 梁群球主编:《广州报业(1827—1990)》,150~152页,中山大学出版社1992年。

报》，前身为《六邑前锋报》，1945年10月从开平县长沙镇迁至广州。由华侨集资的"六邑文化事业公司"经营，社长刘伟森。该报主要面向商人和华侨、侨眷，刊登华侨与侨乡的新闻较多。（4）《粤商报》，1947年9月1日由单镁馀创办，不热衷于政治，其志在赚钱盈利。（5）《原子能》周刊，1946年4月创办，为战后广州最早出现的小报。标榜"敢于不避权贵，大胆揭露内幕"，对国共两党均进行攻击。①

战后广州地区出版的此类报纸还有《公评报》、《现象报》、《越华报》、《国华报》、《商报》、《诚报》、《广东英文报》等，均创办于全面内战爆发之前。

(三) 进步性质的报业

主要有：（1）《光粤报》和《广州晨报》，1945年8月24日和26日相继出版，这是战后在广州最早出版的中国报刊。后者社长梁若尘，得到中共广东区委的支持，销路不断增加，影响较大。短期内曾3次被封，1945年11月底报社财产被统治当局没收。（2）《人民报》，1946年3月1日创办于香港，4月1日迁到广州，社长李伯球。6月19日被查封后，该报人员又另出周刊和半月刊，当年8月再遭查封。(3)《每日论坛报》，1946年10月10日创刊，社长章导。翌年5月31日被查封。（4）《广州工人》，中共外围组织"广州工人协会"主办，不定期出版，铅印小报。自1948年底至1949年夏，共出版五六期，对广州工人进行护厂斗争

---

① 梁群球主编：《广州报业（1827—1990）》，153～155页，中山大学出版社1992年。

有一定作用。(5)《广州学生》,是"广州学联"(由中共广州市委领导)主办的油印小报,不定期出版。新闻取源于香港《华商报》和新华社电讯稿。①

(四) 文化事业单位

抗战结束后,各种文化机构在广州创办,活跃一时。如1945年11月27日,广东美术协会成立复员委员会,以胡根天为理事。12月1日,进步的兄弟图书公司在广州开业。1946年1月30日,广州新民学社、野草学社、自然科学学社、南燕剧社、中师剧团、合唱团、文化社团联合会等数十个团体先后成立。3月7日,广州15家杂志社组成联谊会,以《现代生活》、《自由世界》、《国民》为团体干事。当时许多进步文化人汇集广州,从事出版、文学、艺术、电影工作。9月19日,广东省文献馆举行成立会,到会有200人。11月3日,文化教育协会成立,选出黄珍吾、罗香林、王星拱、姚宝猷等为理、监事。1948年11月12日至14日,广州12个科学团体首次联合年会召开,到会代表达230余人,由土壤学会的邓植仪主持。大会代表发言强调要以科学支配权威,大会宣言强调科学自由、科学化为建国第一要务。②

战后广州纷纷成立通讯社,先后约近百家,大致可分为官办、半官办、民办等3类情况。民办通讯社一般规模很小,设备简陋,有的仅一两人支撑;有的甚至没有正式的办

---

① 梁群球主编:《广州报业(1827—1990)》,148~149页、154~155页,中山大学出版社1992年。

② 广东省立中山图书馆编纂:《民国广东大事记》,778~917页,羊城晚报出版社2002年。

公处,而设于私宅之中;有的并不经常发稿,甚至也有不发稿的;有些未向政府办理登记手续,凭通讯社之名,从事其他活动,或借端敛财,或敲诈勒索。① 至20世纪40年代末,这些通讯社大量倒闭,据1949年2月广州市政府公布,市内共有通讯社51家,数量已不及上年的一半。②

战后广州建有不少文化事业单位,如省文教馆、中山图书馆、省立图书馆、市立博物馆、省立民众教育馆、市立民众教育馆等。恢复之初,广州市立图书馆有藏书12万册,其中大部分为接收汪伪政府之图书,并增设有关本市文献资料,以资各界阅读参考。图书馆之建设有增加,据统计,1946年底,全省有图书馆85所,1948年初增至95所。③

在广州和汕头两大城市,都设有戏剧业商业同业公会,分别为中华民国电影戏剧商业同业公会全国联合会的甲级和丙级会员。

三、学校教育和社会教育

(一)广东省政府的教育政策

抗战胜利后,广东省政府的教育政策包括:接收日伪学校、恢复原有学校、增拨本省教育复员费、增进管理教育效

---

① 梁群球主编:《广州报业(1827—1990)》,158页,中山大学出版社1992年。

② 广东省立中山图书馆编纂:《民国广东大事记》,934页,羊城晚报出版社2002年。

③ 广东省立中山图书馆编纂:《民国广东大事记》,821页、870页,羊城晚报出版社2002年。

率、推行国语教育、联合办理社会教育、修订新学制、推行"党化教育"和军训制度。继续加强对学校特别是中等以上学校的控制，亦为一项重要任务。1945年10月23日，省教育厅明确规定：收复后之广州各校师生，须一律接受甄审及训练，才能到校任职或学习；并拟定办法6条，侧重"思想"、"纪律"，对受训期发现有"思想不纯"及有叛国行为者，即行严处。国民党广东第八次全省党员代表大会于1946年10月31日闭幕，决定加强"党化教育"。广州市教育局于该会议刚一结束，即制定《加强党义教育》的要项，强迫市立中学执行。①

1945年9月25日，广东省政府会议讨论认为："各级学校，亟待恢复"，决定"关于恢复学校一项，由教育厅负责办理"。② 9月28日，省政府会议通过决议，聘请罗香林兼任省立文理学院院长，并将省立勷勤商学院改名为省立法商学院，聘请黄文山兼任院长。12月7日，省政府会议同意教育厅所提，将省立江村师范学校改名为省立勷勤师范学校，以纪念古勷勤（即国民党元老古应芬）。1946年1月15日，省教育厅宣布：扩充省立学院及专科学校；增设省立农学院、技艺专科学校、体育专科学校、女子师范学校；扩充科学仪器制造厂等。9月1日，广东省、广州市教育当局组设扫除文盲运动委员会，计划两年内扫除全省文盲，并决定先从广州市着手。所需经费除了向中央及地方政府请拨外，拟

---

① 《正报》，第13期，14页，1946年11月9日。
② 《民国时期广东省政府档案史料选编（9）》，2页，广东省档案馆1988年编印。

向海外华侨团体、社会人士、各慈善团体及国际救济机关请求援助。10月9日，省推行识字运动委员会在教育厅举行成立会，厅长姚宝猷称：广州市文盲占全市人口30%以上，全省有文盲约1 300万至1 500万人。①

在教育经费方面，1946年2月25日，省政府会议修正通过增拨本省教育复员费法币1.25亿元预算分配表。7月5日，省政府会议通过奉行政院增拨本省教育复员费4亿元法币分配预算。翌年9月9日，省政府会议修正通过教育厅"为发展本省国民教育起见"而拟之《广东省各县（市局）劝勉捐拨祖尝租息办理国民教育实施办法》。9月23日，省政府会议通过由教育厅拟具之本省各县（市局）劝勉寺庙捐资，拨充中心国民学校及国民学校基金办法。②

省政府会议于1946年5月31日修正通过本省小学教员总登记及检定实施细则、各县（市局）小学教员登记审查委员会组织规程。11月9日，又通过由教育厅厅长"为发扬省立中学教员专业精神，增进管教效率起见"所拟具之广东省立中等学校教员派用办法。③

1947年2月28日，省政府会议通过由教育厅所拟具之"本省推行国语教育实施计划"。3月14日，又通过由教育

---

① 广州市文史研究馆编：《广州百年大事记》，下册，589页、591页，广东人民出版社1984年。
② 《民国时期广东省政府档案史料选编（9）》，114页、195页、460页、475页，广东省档案馆1988年编印。
③ 《民国时期广东省政府档案史料选编（9）》，171页、260页，广东省档案馆1988年编印。

厅拟订之"本省中等以上学校联合办理社会教育,划定区域实施办法"。① 8月25日至27日,省教育会第3次大会召开,到会代表有80余人。

1948年7月,省政府修订新学制,规定各级学校的学生适龄范围,即6岁以下为幼稚园、6～10岁为国民学校,10～12岁为中心国民学校,12～15岁为初级中学(简易师范学校、初级职业学校),15～18岁为高级中学(师范学校、高级职业学校等),18岁以上为大学。②

(二)全省学校教育概况

抗战结束后,汪伪政权所办的公立学校,由省、市教育机关接收,私立学校多数停办。战时疏散于内地的原广州各公、私立学校等,则相继迁回。一些新的各级各类学校也不断建立。

1. 高等教育。

战后广东高等教育有所发展,各大专院校纷纷复员回到广州。如中山大学、岭南大学等都迁回广州原址复课。1945年秋,私立广东国民大学由粤北迁回广州。私立中华文化学院从乐昌坪石迁回广州,翌年5月改名为文化大学,后有文科、法科共10个系,以及研究部和专科等,学生1 000多人。1946年8月,广东省立艺术专科学校(原省立战时艺术馆,1940年创办于曲江)迁至广州,分美术、音乐、戏

---

① 《民国时期广东省政府档案史料选编(9)》,324页、331页,广东省档案馆1988年编印。
② 广州市政协文史资料研究委员会编:《广州近百年教育史料》,98页,1983年内部发行。

剧3科，并成立实验剧团。①

据国民政府教育部档案记载：1947年广东共有专科以上学校17所，其中大学5所、独立学院6所、专科学校6所。② 至解放前夕，广州市区有中山大学（国立大学，为全省教育之重点）、岭南大学、国民大学、广州大学、珠海大学、海南大学（由海南岛华侨捐建）、文理学院、法商学院、文法学院、广东中医学院、广州法学院、省体育专科学校、省艺术专科学校、省海事学校、广州市艺术专科学校、南方专业学校等16所大专院校，在校学生共约1.5万人，以习工商学科者为多。③

2．中等教育。

据国民政府教育部档案记载：1946学年度广东共有中等学校583所，共计学生16.9万人。④ 同年，省市教育当局重修中学课程表，设有公民训练、体育、童子军、军事训练（男生）或看护（女生）、国文、外国语、算学、博物、生理卫生、生物、化学、物理、矿物、历史、地理、劳作、图画、音乐等课程。⑤

---

① 广州市文史研究馆编：《广州百年大事记》，下册，563页、589页，广东人民出版社1984年。

② 中国第二历史档案馆编：《中华民国史档案资料汇编》，第5辑，第3编，教育（1），624～625页，江苏古籍出版社2000年。

③ 林林：《略谈准备广东的文教工作》，1949年9月25日，见中央档案馆、广东省档案馆编：《广东革命历史文件汇集》，甲58卷，131页，1989年印行。

④ 中国第二历史档案馆编：《中华民国史档案资料汇编》，第5辑，第3编，教育（1），640～641页，江苏古籍出版社2000年。

⑤ 广州市政协文史资料研究委员会编：《广州近百年教育史料》，110～111页，1983年内部印行。

战后公立的职业学校（中等专科）只有省一职、市职、省高级护产职校、省仲恺高级农业职校等4所。由于青年求职不易，各类私立职业学校遂乘机纷纷成立，数量比战前增加许多。其中不少职业学校有一定水平，培养出有一技之长的人才。但也有部分职业学校是以办学牟利为目的，办学商业化，质量无一定保证。

据教育部发表的1947年度教育报告称，广东有中学609所，学生近17万人。另据省教育厅统计，1948年全省有中学507所，学生14万余人。①

3. 初等教育。

据国民政府教育部发表的教育报告称：1946年度广东共有国民学校及小学27 664所，共计学生230余万人。② 1947年度广东有国民学校27 603所，学生230.1万余人。另据省教育厅统计，1948年全省有小学28 080所，学生248.3万余人。③同年初，教育当局订颁的小学课程设置表，规定初小设有公民训练、音乐、体育、国语、算术、常识、美术、劳作等；高小设有公民训练、音乐、体育、国语、算术、社会、自然、美术、劳作等。课外集体活动内容为朝会、周会、纪念周、课外运动、童子军、自治团体活动。

4. 幼儿教育。

战后本省幼儿教育事业逐步恢复，据1947年底的统计，

---

①③ 广东省立中山图书馆编纂：《民国广东大事记》，870页、932页，羊城晚报出版社2002年。

② 中国第二历史档案馆编：《中华民国史档案资料汇编》，第5辑，第3编，教育（1），645页，江苏古籍出版社2000年。

广州市立幼稚园单独设置的有4间，附设在公立小学内的有8间，在园儿童为1 200余人；私立幼稚园单独设置的有9间，附设在私立小学内的有16间，在园儿童为2 200余人。①据省教育厅统计，1948年全省共计有幼稚园45所。②

5. 社会教育。

战后因民生未能迅复原态，失学儿童日增，为解决此问题，国民政府行政院善后救济总署广东分署于1947年初特草拟广州市分区推行清贫学生工赈、普及市民识字教育计划，目标在于使市内困苦之中等以上学校学生由4 000余人增至1.2万余人，各于课余时，依照以上工赈办法参加本市普及识字教育工作，从而获得生活上的救济。凡12～35岁之文盲市民，皆可参加识字运动，预定受教人数大约为100万人。③广州平民学校亦恢复，采取抗战前的办法，附设于部分小学内。计自1946年春至1948年间，共设置了612个班，在学儿童共2.5万多人。除民众学校外，另自1947年3月起，曾举办民众识字班249个，招收儿童共9 103人（不包括扫盲性质的民众学校）。

此外，广州各类补习学校蜂起，多以营利为目的，社会上称之为"学店"，误人子弟者居多，市教育局亦无力管理。据1948年调查，广州全市有学龄儿童10万多人，除在各类各

---

① 广州市政协文史资料研究委员会编：《广州近百年教育史料》，266页，1983年内部印行。

② 广东省立中山图书馆编纂：《民国广东大事记》，932页，羊城晚报出版社2002年。

③ 《行政院善后救济总署广东分署半月刊》，第1卷，第44期，15页，1947年2月28日。

级学校就读者外，仍有4万人失学，实为一大社会问题。①

6. 慈善教育。

据中山大学社会系调查，战后广州共有儿童救济及福利机构24所，其中较著者有：（甲）圣灵孤儿院，创于1909年，主办机构为加拿大无原罪女修会。有孤儿220人，除施以小学教育外，并教以编织、刺绣、缝纫等女工，成品出售，资补院中经费。（乙）圣婴院，创于1909年，主办机构亦为加拿大无原罪女修会。有120名女婴，经费全赖捐助。（丙）肇庆贤后孤儿院，创于1915年，由肇庆天主教堂主办，专收贫苦及残废孤儿。除读书并教授谋生技能，有儿童80名。② 此外，行政院善后救济总署广东分署与社会局合办之广州难童教养所于1947年2月成立，不久即收容难童300人。③

（三）教育质量及教职员待遇

战后广州的学校，以数量而言，公立学校并没有增加，私立学校除少数外，日趋商业化。整个教育质量尚属低下。如1947年1月，省教育厅曾对广州公、私立25间中学的高一、初一年级学生进行数学抽考，结果平均成绩仅二三十分。同年5月，又对广州公、私立30间中学的高二、初二进行语文抽考，结果平均成绩只有40多分。④

---

① 广州市政协文史资料研究委员会编：《广州近百年教育史料》，271～273页，1983年内部印行。
② 《儿童福利通讯》，第11期，18页，1948年2月3日。
③ 《行政院善后救济总署广东分署半月刊》，第1卷，第46期，7页，1947年3月31日。
④ 广州市政协文史资料研究委员会编：《广州近百年教育史料》，122页，1983年内部印行。

据1946年12月省教育会向中央宣慰特使申诉,该会原址已被国民党省党部和统计处"接收",另外省女师和3所市立中学也被"接收大员"变成了营房、医院及办公厅。①

广州市教育局于1946年制定本市中小学教职员工薪级别,共分22级,第一级为400元,第二十二级为75元。该规定颁布不久,由于市面恶性通货膨胀,不得不用底薪加成办法发薪。但加成办法以月计增,根本赶不上逐日猛涨之物价。教职员的生活极度艰难,有的学校师生被迫在街头拍卖衣物,甚至出现大学教授摆摊出卖旧衣物之惨状。至解放前夕,广州市中、小学教职员的工薪加成,已加至4.5万多倍,然而物价则上涨了数十万倍乃至百万倍。工薪已无实际意义。因此,公立学校向学生征收"学米",每个学生每月交米2市斤,以补贴员工的生活。私立学校则以外币收费,计发工薪也用外币,因此教职工的待遇反较公立学校高且有一定保障。②

四、医疗与体育事业

(一)广东省政府的医疗卫生政策

1945年10月2日,广东省政府会议通过《广东省复员计划大纲》,其中关于卫生部分规定:"(1)接收日伪卫生

---

① 香港《华商报》,1948年1月4日。
② 广州市政协文史资料研究委员会编:《广州近百年教育史料》,122页、217~218页,1983年内部印行。

机构及器材药品。（2）恢复及整理公私立医疗机构。（3）增设医疗院所。（4）训练医务人员。（5）筹设制药厂所。（6）加强医政及防疫工作。（7）整理环境卫生。"翌年2月2日，省政府会议决议自本年度起裁撤下属各卫生区署，并增设9个卫生督导专员。1947年1月10日，省政府会议通过本省各县卫生院组织规程、各县卫生分院组织规程、各县乡（镇）卫生所组织规程及编制表。4月4日，省政府会议决定规复卫生处卫生试验所及鼠疫防治所。1948年4月6日，省政府会议同意将卫生处妇婴卫生实验室改名为妇婴保健所。①

（二）行总广东分署的卫生工作

行政院善后救济总署广东分署为恢复收复区卫生事业，曾拟具计划，拨助物资，实行工赈；并派员分区督导，协助修复各卫生医疗院所38个。省卫生署拨款兴建者有14个。至1947年初，各县卫生院已有基础者45个，尚待修复者36个，无基础者19个。②

（三）各地医院基本状况

省会广州是医院较为集中之地，主要有博济医院、柔济医院、惠爱医院、两广浸会医院、中法韬美医院、达保罗医院、光华医院、方便医院、第一市立医院、中国红十字会广州分会附属医院、国防部军医署海陆空联勤总医院等。这些医院大都在战前已开办，战后虽逐渐恢复，但不及往昔之盛。

---

① 《民国时期广东省政府档案史料选编（10）》，8页、91页、108页、282页、350页，广东省档案馆1988年编印。

② 《行政院善后救济总署广东分署半月刊》，第1卷，第48期，5页，1947年4月30日。

据1950年出版的《广州市公私立医院概况统计》记载，上年共有外国教会或外国人兴办的医院7间、私立医院20间、公立医院10间，共计有病床3 641张，医务人员1 375人。

粤西各县医疗卫生事业非常落后，如徐闻、海康、钦县、防城等县除卫生院外，无其他任何医疗机构。有的县如遂溪等甚至无一卫生机构。湛江公共医院是粤西地区唯一的大医院，但战后尚未完全恢复。唯该市西营医院、赤坎医院（原均为法国所办，被国民政府接收后，改为市立医院）有病床约90张。合浦县医院和北海普仁医院均为外国教会所办，因经费困难而减少病床。①

战后广东各卫生机关工作虽已复员广州，但因各项仪器大部分尚未运到，防疫经费又极其缺乏，故"一切设施尚未普及，与卫生行政预期目的，相差尚远。盖本省医药缺乏，不足供病者之需求，医药利益，除都市少数人外，农村民众，无从享受。又急性传染病之流行，如天花、白喉、伤寒、赤痢，以至脑膜炎等，年有发现。此外，地方病如疟疾、麻疯（风）病，其他传染病，如肺痨、梅毒，无不影响人民健康，增加疾病死亡人数"。至1947年初，本省流行病中以疟疾散布最广，几乎遍及全省，病例达12万余宗；鼠疫惯发于粤南；霍乱从广州向外传播；天花则散发于各地。总计全省该年度各种传染病例达15.6万余宗。②

---

① 《善后救济总署广东分署周报》，第1卷，第6期，2~4页，1946年5月28日。

② 《行政院善后救济总署广东分署半月刊》，第1卷，第48期，5~6页，1947年4月30日。

（四）体育事业

广东是我国体育运动开展较早且较为发达的省份之一。1946年，行政院善后救济总署广东分署因本省缺乏设备完善之运动场，为协助广州市东较场修复，以备当年10月10日国庆大典应用起见，饬令广州区工作队修筑东较场，拟于2个月内完工。① 翌年初，广东省政府会议修正通过《省立体育场组织章程及编制表》。据统计，战后全省共有体育场90余个。

1947年6月2日至10日，在广州市东较场举办了广东省第15届体育运动大会。开幕典礼到2万人，结果破了两项省纪录，该会还拍了新闻片公开放映。② 1947年3月和1948年，又分别举行了广州市第九、第十次环城赛跑。

1948年4月中旬，第七届全国运动会预选赛在广州中正体育场举行。5月5日至16日，全国运动会在上海江湾体育场举行，广东参赛选手170余人取得了很好的成绩。男子项目方面：排球与香港并列第一，垒球获亚军，网球单打获第一，拳击重量级和轻乙级均获第一；女子项目方面：田径获第三，排球获第四，网球单打和双打均获第一，垒球获第一，乒乓单打获第四。③

同年9月9日，又召开了体育节，全省体育界联欢聚餐并举行了乒乓球、武术及西洋拳等表演。

---

① 《善后救济总署广东分署周报》，第1卷，第10期，10页，1946年6月25日。

② 广东省立中山图书馆编纂：《民国广东大事记》，841页，羊城晚报出版社2002年。

③ 广东省立中山图书馆编纂：《民国广东大事记》，887～888页，羊城晚报出版社2002年。

征引书目

一、论著、期刊

《毛泽东选集》，人民出版社1968年版和1991年版

中国人民解放军军事科学院：《毛泽东军事文选》（内部本），中国人民解放军战士出版社1981年

《毛泽东军事文集》，第六卷，军事科学出版社、中央文献出版社1993年版

《曾生回忆录》，解放军出版社1992年版

《马寅初全集》，第Ⅱ卷，浙江人民出版社1999年版

中共中央文献研究室编：《周恩来年谱》，中央文献出版社1989年版

解放军军事科学院军事历史研究部编著：《中国人民解放军战史》，第二卷，军事科学出版社1987年版

广东省人民武装斗争史编纂委员会编著：《广东人民武装斗争史》，广东人民出版社1994年、1995年版

琼崖武装斗争史办公室编：《琼崖纵队史》，广东人民出版社1986年版

王钦寅：《琼崖抗战记》，琼崖国民党军事当局1950年印

中国人民解放军历史资料丛书编审委员会编：《华南抗日游击队》，军事科学出版社2008年版

东江纵队史编写组编：《东江纵队史》，广东人民出版社1995年版

丁身尊主编：《广东民国史》，下册，广东人民出版社2004年版

中共广东省委党史资料征集委员会、中共广东省委党史研究委员会编：《特支十年》，广东人民出版社1988年版

沈雷春编著：《中国战时的产业动员》，见《中国战时经济志》，第19册，台湾文海出版社1985年版

王辅：《日军侵华战争》，辽宁人民出版社1990年版

谌小岑：《抗战初期我在广州的见闻》，见《广东文史资料》，第50辑，广东人民出版社1987年版

林俊聪：《孤岛喋血》，汕头群众艺术馆1996年印行

中共南澳县委党史征集领导小组办公室编（林俊聪执笔）：《孤岛血战》，1987年

周圣英主编：《浴血雄风》，花城出版社1995年版

逄复主编：《侵华日军间谍特务活动纪实》，北京出版社1993年版

王正之：《西江间谍战》，广州华美文化艺术研究社1946年印

沙东迅：《揭开"8604"之谜——侵华日军在粤秘密进行细菌战大曝光》，花城出版社1995年，补充新版，中国文史出版社2005年版

增城党史丛书：《增江怒涛》，内部印刷

梅嘉、求实编：《抗日战争广东战场大事记》，见广东省政协文史资料研究委员会编：《广东文史资料》，第50辑，广东人民出版社1987年版

官丽珍：《对和平与人道的肆虐》，中共党史出版社2001年版

中共肇庆市委党史研究室粤桂湘边纵队史编写组：《粤桂湘边纵队史》，广东人民出版社1996年版

珠江纵队史编写组编：《珠江纵队史》，广东人民出版社1990年版

中共汕头市委党史研究室合编、中共梅州市委党史研究室合编：《韩江纵队史》，广东人民出版社1995年版

中共江门市委党史研究室编著：《广东人民抗日解放军史》，广东人民出版社1996年版

沙东迅著：《粤海抗战史谭》，中国文史出版社2005年版

莫世祥、陈红：《日落香江——香港对日作战纪实》，广州出版社1997年版

耿成宽、韦显文编：《抗日战争时期的侵华日军》，春秋出版社1987年版

龚辉主编：《中国抗战画史》，香港欧亚文化事业公司1969年版

广东民众抗日自卫团统率委员会编：《倭寇侵华简史》，1938年印

刘达之：《抗战八年的台山》，1946年初版，1987年重印

《广州空战纪实》，广东人民出版社1995年版（编著者暂缺）

中国第二历史档案馆编：《抗日战争正面战场》，江苏古籍出版社1987年版

蒋纬国主编：《国民革命战史》第三部《御侮抗日》，台湾黎明文化事业公司1978年版

日本防卫厅战史室编：《日本海军在中国作战》（中译本），中华书局1991年版

全国政协《粤桂黔滇抗战》编写组编：《粤桂黔滇抗战》，中国文史出版社1995年版

黄慰慈、许肖生著：《华侨对祖国抗战的贡献》，广东人民出版社1991年版

郭少音：《南澳血战记》，汕头启明书店、香港青年救亡出版社1938年版

黄美真、张云编：《汪精卫国民政府成立》，上海人民出版社1984年版

广州市人民政府参事室编：《广州八年抗战记》，1987年7月印刷

广州市政协文史资料委员会编：《广州抗战纪实》，广东人民出版社1995年版

纪学仁主编：《日本侵华战争的化学战》，军事谊文出版社1995年版

纪道庄、李录主编：《侵华日军的毒气战》，北京出版社1995年版

黄美真、张云编：《汪精卫集团投敌》，上海人民出版社1984年版

蔡德金、李惠贤编：《汪精卫伪国民政府纪事》，中国社会科学出版社1982年版

中华人民共和国卫生部防疫司编：《中国国境口岸检疫传染病疫史》表4～5，1985年印

冼维逊编著：《鼠疫流行史》，广东省卫生防疫站1988年印

何国华：《民国时期的教育》，广东人民出版社1996年版

中国第二历史档案馆编：《第二次世界大战中国战区受降纪实》，中共党史资料出版社1989年版

中共中央党史研究室著：《中国共产党历史》，上卷，人民出版社1991年版

蔡祖铭：《第二次世界大战史简编》，军事科学出版社1983年版

蒋祖缘、方志钦主编：《简明广东史》，广东人民出版社1987年版

华侨革命史编纂委员会编纂：《华侨革命史》（下册），台北正中书局1981年发行印刷

吴菊芳编著：《广东省儿童教养院院史稿》，香港云艺美术熨金印刷公司1985年印

伍顽立主编：《广东工业》，广东实业公司1947年印行

贾德怀编：《民国财政简史》，下册，商务印书馆1941年版

陈柏坚、黄启臣编著：《广州外贸史》，广州出版社1995年版

广东省档案馆、中共广

东省委党史研究委员会编：《广东区党、团研究史料（1937—1945年）》下册，广东人民出版社1988年版

张晓辉著：《民国时期广东社会经济史》，广东人民出版社2005年版

黄菊艳著：《抗战时期广东经济损失研究》，广东人民出版社2005年版

张富强、乐正等译编：《广州现代化历程》，广州出版社1993年版

黄增章著：《民国广东商业史》，广东人民出版社2006年版

陈骏南：《广东田赋纪实及整理途径》，广州中心印务局1947年印

熊明安：《中华民国教育史》，重庆出版社1990年版

广东省地方史志编纂委员会编：《广东省志·教育志》，广东人民出版社1995年版

黄义祥：《中山大学史稿（1924—1949）》，中山大学出版社1999年版

张振金：《岭南现代文学史》，广东高等教育出版社1989年版

黎族简史编写组编：《黎族简史》，广东人民出版社1982年版

姜樾等著：《南粤少数民族现代革命斗争史研究》，广东人民出版社1993年版

刘泽生：《香港古今》，广州文化出版社1988年版

贺弘景主编：《香港的昨天、今天和明天》，世界知识出版社1994年版

中共广东省委党史研究室编：《广东党史研究文集》，中共党史出版社1993年

中共中央组织部地方党部资料：《对广东工作的意见》，复制件，存广东省档案馆

云广英：《抗日战争时期的八路军广州（韶关）办事处》，见中国人民解放军

历史资料丛书编审委员会编：《八路军新四军驻各地办事机构》（四），中国人民解放军出版社 2009 年版

黄振位：《中共广东党史概论》，广东高等教育出版社 1994 年版

广州市地方志编纂委员会：《广州市志》，卷十六，广州出版社 1999 年版

广东青运史研究委员会、广州青运史研究委员会编：《抗先研究》，广东人民出版社 1989 年版

《广东青年工作报告》（1938 年 11 月），原件存广东省档案馆

广州青年运动史研究委员会编：《广州学生运动史》，华南理工大学出版社 2002 年版

台湾《广东文献》，第 14 卷，第 2 期，台北市广东同乡会 1971 年印行

三青团广东支团部编：《六年来广东团务概况》，韶关文化印刷服务社 1945 年印，存广东省档案馆

广东省商业厅《广东商业志》编纂委员会编：《广东商业志》，广东省商业印刷厂 1992 年印

梁山等：《中山大学校史》，上海教育出版社 1983 年版

广东经济年鉴编纂委员会编：《广东经济年鉴》（下）（续编），广东省银行经济研究室 1941 年、1942 年发行

中共广州市委党史研究室编著：《中共广州地方史》（新民主主义革命时期），广东人民出版社 1995 年版

广东青运史研究委员会、共青团广东省委员会编：《广东青年运动史》，广东高等教育出版社 1994 年版

中共广东省委党史研究室编：《省港抗战文化》，广东人民出版社 1994 年版

第七战区司令部编：《第七战区抗战纪实》，1945 年印

云实诚:《粤战七年》,前锋报社1946年版

郑泽隆著:《军人从政——抗日战争时期的李汉魂》,天津古籍出版社2005年版

禹硕基等主编:《日本帝国主义在华暴行》(集体分工撰文),辽宁大学出版社1989年版

《列强在中国的租界》编辑委员会编:《列强在中国的租界》(集体分工撰文),中国文史出版社1992年版

中共广东省委党史研究室著:《中国共产党广东地方史》,第1卷,广东人民出版社1999年版

夏衍著:《夏衍杂文随笔集》,生活·读书·新知三联书店1980年版

日本防卫厅战史研究所战史室著、天津市政协编译委员会译:《昭和二十年(1945)的中国派遣军》,中华书局1982—1983年版

方永刚:《蒋介石在1949》,团结出版社2009年版

王克俊、沈醉等著:《蒋介石·1949》,中国文史出版社2009年版

陈锡亮:《抗日战争期间的澳门》,华南师大历史系硕士论文打印稿

今井武夫:《回忆录》,中国文史出版社1987年版

王舜祁著:《蒋介石三次下野》,团结出版社2008年版

郭彬蔚:《蒋介石与李宗仁》,团结出版社2009年版

程思远:《李宗仁先生晚年》,文史资料出版社1985年版

李仲明:《何应钦大传》,团结出版社2008年版

王心钢:《民国上将薛岳》,珠海出版社2009年版

广东省军区编:《第三次国内革命战争史》,1956年印

李军昇著：《广东省经济编译》，1939年印，广东省立中山图书馆地方文献部收藏

凌维素著：《广东政治经济批判》，1947年印，广东省立中山图书馆地方文献部收藏

李伟：《溃败的王朝——民国高层腐败实录》，湖北人民出版社2008年版

沙英：《中国四大家族的危机》，光华书店1948年版

中共广州市委宣传部编：《光辉的十年——广州市解放十年来的伟大成就》，广东人民出版社1959年版

杨培新：《旧中国的通货膨胀》，生活·读书·新知三联书店1963年版

杨家骆主编：《大陆沦陷前之中华民国（三）》，台湾鼎文书局1973年版

孙健：《中国经济史——近代部分（1840—1949年）》，中国人民大学出版社1989年版

程浩编著：《广州港史（近代部分）》，海洋出版社1985年版

吴郁文主编：《广东省经济地理》，新华出版社1986年版

关其学、刘光璞主编：《论经济中心——广州》，广东高等教育出版社1987年版

汤国良主编：《广州工业四十年》，广东人民出版社1989年版

上海市医药公司等编：《上海近代西药行业史》，上海社会科学院出版社1988年版

全国政协文史资料委员会编：《回忆国民党政府（资源委员会）》，中国文史出版社1988年版

吴平主编：《华南革命根据地货币史》，中国金融出版社1995年版

邓开颂、陆晓敏主编：《粤港澳近代关系史》，广东人民出版社1996年版

中国近代金融史编写组编：《中国近代金融史》，中国金融出版社1985年版

林家劲等编著：《近代广东侨汇研究》，中山大学出版社1999年版

中国保险学会编：《中国保险史》，中国金融出版社1998年版

商业部百货局编：《中国百货商业》，北京大学出版社1989年版

梁群球主编：《广州报业（1827—1990）》，中山大学出版社1992年版

梁荣主编：《论广东150年》，广东人民出版社1990年版

忻平等主编：《民国社会大观》，福建人民出版社1991年版

徐德志等编：《广东对外经济贸易史》，广东人民出版社1994年版

赵春晨、雷雨田、何大进：《基督教与近代岭南文化》，上海人民出版社2002年版

粟屋宪太郎、吉见义明著：《毒气战的真相》，载日本《世界》，1985年9月号

郑泽隆：《日伪政权在广东的奴化宣教概述》，载《广东史志》，1999年第3期

云实诚：《粤战场》，《大公报》曲江分馆1943年印

洪流主编：《石辟澜》，广东党史资料丛刊专刊编辑部1993年

台北《中央研究院近代史所集刊》，第31期，中央研究院近代史研究所1999年

二、历史文件与资料

中共中央档案馆编：《中共中央文件选集》，中共中央党校出版社1991年版

中央档案馆、广东省档案馆编：《广东革命历史文件汇集》，1989年印行

中央档案馆等编：《细菌战与毒气战》，中华书局

1989年版

广东省政府广东年鉴编纂委员会编:《广东年鉴》,广东省政府秘书处编译室编1941年

广东省立中山图书馆编纂:《民国广东大事记》,羊城晚报出版社2002年版

广东省政协文史资料研究委员会编:《广东文史资料》有关各期

广东省广州市委员会文史资料研究委员会编:《广州文史资料》有关各期

中共广东省委党史研究室编:《广东党史资料》《广东党史研究文集》有关各期

中共广州市委党史研究室:《广州党史资料》有关各期

中共广东省委党史研究室编:《中共广东省党史大事记》,中共党史出版社1993年版

中共湛江市委党史研究室编:《中共南路党史大事记》,广东人民出版社1996年版

李宏:《香港大事记》,人民日报出版社1988年版

宇光编:《汕头卫生大事记》,汕头市卫生志编纂领导小组办公室1988年印

南方局党史资料征集小组编:《南方局党史资料》,重庆出版社1986年版

《日本军国主义侵华资料长编》(上),四川人民出版社1987年版

《琼崖抗日斗争史料选编》,1986年(内部印行)

中共海南省委党史办公室编:《琼岛星火》,第12册,白沙起义专辑,1983年(内部印行)

《民国二十八年海关中外贸易统计年刊》,卷一,上册,1940年,广东省档案馆藏

《民国三十年至三十四年中国贸易概况》,载《民国三十五年海关中外贸易统计年刊》,卷一,1948年,广东省档案馆藏

广东省档案馆编：《东江纵队史料》，广东人民出版社1984年版

中共广州市委党史办编：《沦陷时期广州人民的抗日斗争》，1985年

中共广州市委党史研究室编：《广州沦陷区的日日夜夜》，花城出版社1998年版

《广东党史资料》，第7~20辑，广东人民出版社1986—1992年版

中共广东省委组织部、中共广东省委党史研究室、广东省档案馆编：《中共广东省组织史资料》，中共党史出版社1986年版

《广州外县工委史料》，广东人民出版社1988年版

广州市政协文史资料委员会：《广州近百年教育史料》，1983年内部发行

广东省档案馆编：《民国时期广东省政府档案史料选编》，1987年编印

黄仲文编：《民国上将余汉谋年谱》，台湾商务印书馆1990年版

陈传钢编：《动员纲领与动员法令》，新知书店1938年版

沙东迅编著：《广东抗日战争纪事》，广州出版社2004年版

广州地方志编纂委员会办公室、广州海关志编纂委员会编译：《近代广州口岸经济社会概况——粤海关报告汇集》，暨南大学出版社1995年版

《抗战八年来敌军用毒经过报告书》，国民政府军政部1946年印

广东省政府编译室编：《战时粤政》，广东省政府编译室1945年印

广州市政厅编：《广州市政概要》，1922年

广东省体委编：《广东省体育史料》，1987—1992年各期

刘荣基（时任省农林局长）：《广东建设厅农林局施

政报告》，1940年8月，广东省档案馆藏

《中国海关中外贸易统计年刊》，载《汕头口》，1939年、1941年

中共韶关市委党史办编：《粤北抗战资料选编》，中共韶关市委党史办1985年版

程浩编著：《广州港史》（近代部分），海洋出版社1985年版

汪伪《广东省政府公报》，第4期，1940年8月

汪伪政权编：《广东省政概况》，1943年

汪伪政权编：《广东省政概况》，中等教育，1941年

《广东省政府公报》，1937—1944年各期，广东省档案馆藏

汪伪《广东省政府公报》，1940—1944年，广东省档案馆收藏

《"中共研究院"近代史研究所集刊》（台北），第31期

中共广东省委党史研究室编：《省港抗战文化》，广东人民出版社1994年版

唐章：《广州市工运报告》（1941年下半年），中华全国总工会工运史研究室资料40221卷

广东妇女运动历史资料编纂委员会编：《广东妇女运动历史资料汇编》，1988年印

中国人民解放军历史资料丛书编审委员会编：《八路军新四军驻各地办事机构》（四），解放军出版社2009年

中共广东省委党史资料征集委员会编：《琼崖抗日斗争史料选编》，1986年

庄田：《琼岛烽烟》（革命回忆录），广东人民出版社1979年版

刘向东：《回顾珠江纵队》，1984年（内部印行）

谢立全：《推进粤中》，广东人民出版社1980年版

卢权主编：《广东革命

史辞典》，广东人民出版社1993年版

饶宗颐总纂：《潮州志》第一册，潮州市地方志办公室编印2005年版

王琳乾等编：《汕头大事记》，上册，汕头市地方志编纂委员会办公室1988年版

钟叔河等：《过去的学校》（回忆录），湖南教育出版社1982年版

朱振声编纂：《李汉魂将军日记》，香港联艺印刷有限公司1977年版

韦燕徽主编：《李汉魂将军北伐、抗日实录》，吴川政协出版1988年

中共湛江市委党史研究室编著：《南路人民抗日解放军史》，广东人民出版社1995年版

汪伪《粤海关海港检疫所职员表》，存南京中国第二历史档案馆

关志昌：《李汉魂的一生》，台北《传记文学》，第51卷，第3期

陈利克、廖新强：《李汉魂》，载《民国高级将领列传》，第四集，解放军出版社1989年版

李宗仁口述，唐德刚撰写：《李宗仁回忆录》，中华党史出版社2011年版

《国民政府广东省政府公报》（简写为《广东省政府公报》）（1945年至1946年），广东省立中山图书馆地方文献部收藏

《国民政府广东省政府公报》（简写为《广东省政府公报》），还治复刊第一号（电令），还治复刊第十一号，广东省档案馆收藏本。

国民政府军委会广州行营参谋处编：《广东受降记述》（1946年6月15日），广东省档案馆收藏

《抗战胜利后一年间罗（卓英）主席重要言论集》，1946年度广东省行政会议秘书处编印，广东省立中山图书馆地方文献部收藏

罗卓英：《在广东省临

时参议会上的报告》（1946年4月），广东省立中山图书馆地方文献部收藏

《广东省政府罗（卓英）主席对省参议会第一届第一次大会施政总报告》（1946年10月），广东省立中山图书馆地方文献部收藏

罗卓英：《广东省一年来复员工作报告》（1946年10月7日），广东省立中山图书馆地方文献部收藏

《广东省第一届第一次参议会文件》，广东省立中山图书馆地方文献部收藏

《民国三十五年度广东省行政会议文件》，广东省立中山图书馆地方文献部收藏

张发奎：《广东三十五年度行政会议人员举行军政座谈会提示纲要》（1946年9月30日），广东省立中山图书馆地方文献部收藏

何应钦：《八年抗战之经过》，载浙江省中国国民党历史研究组编印：《抗日战争时期国民党战场史料选编》

中国第二历史档案馆编：《第二次世界大战中国战区受降纪实》，中共党史资料出版社1989年版

刘黎平：《1941年日本飞机广州坠落真相：疑引擎失灵被击落》，载《广州日报》2013年6月1日

行政院善后救济总署广东分署编印：《善后救济总署广东分署九个月来工作概况》（1945年10月至1946年7月），广东省立中山图书馆地方文献部收藏

行政院善后救济总署广东分署编印：《行政院善后救济总署广东分署业务总报告书》（1947年10月21日），广东省立中山图书馆地方文献部收藏

广东省政府编：《本省水灾之急赈与善后》（1947年7月13日），广东省立中山图书馆地方文献部收藏

广东省政府编：《广东省五年建设计划总纲》（1946年

11月),广东省立中山图书馆地方文献部收藏

行政院善后救济总署广东分署编印:《广东粮食概况》(1946年),广东省立中山图书馆地方文献收藏

《广东肃奸志》,广东省档案馆收藏

广东省政府函电,广东省档案馆收藏

广东省档案馆、中共惠州市委党史办公室编:《粤赣湘边区革命史料》,广东人民出版社1989年版

林亚廉等编:《中共中央华南分局文件汇集》,中央档案馆、广东省档案馆1989年版

中国第二历史档案馆编:《中华民国史档案资料汇编》,江苏古籍出版社2000年版

《商务部劳动局广州区厂矿调查报告》(1947年),广东省档案馆藏

《广州市制药工业综合调查报告》(1950年10月),广东省档案馆藏

《广州市私营制革工业综合调查报告》(1950年12月20日),广东省档案馆藏

《广州市各国教育事业调查表》《修订中国基督教调查录》,广东省档案馆藏

上海社会科学院经济研究所编:《荣家企业史料》,上海人民出版社1980年版

彭泽益编:《中国近代手工业史资料》,第4卷,中华书局1962年版

陈真编:《中国近代工业史资料》,第3辑,生活·读书·新知三联书店1961年版

陈真编:《中国近代工业史资料》,第4辑,生活·读书·新知三联书店1961年版

吴冈编:《旧中国通货膨胀史料》,上海人民出版社1958年版

广东省档案馆编:《华侨与侨务史料选编(广东)》,第2卷,广东人民出版社1991年版

许道夫编:《中国近代农业生产及贸易统计资料》,

上海人民出版社1983年版

广东省档案馆、广东省惠阳地区税务局合编：《东江革命根据地财政税收史料选编》，广东人民出版社1986年版

《解放战争时期闽粤赣边区——潮汕地区财政税收史料选编》，汕头市税务局1986年版

马强主编：《民国时期广州穆斯林报刊资料辑录（1928—1949）》，宁夏人民出版社2004年版

广东年鉴编纂委员会编：《广东年鉴》，广东人民出版社1987年版

骆超平等主编：《广东地方名人录》，广东新闻出版社1948年版

狄超白主编：《中国经济年鉴》，香港太平洋经济研究社1947年版

主计部统计局编印：《中华民国统计年鉴》，中国文化事业公司1948年版

《香港商业年鉴》，香港中华总商会1952年版

广东省地方史志编纂委员会编：《广东省志·大事记》，广东人民出版社2005年版

广东省地方史志编纂委员会编：《广东省志·民政志》，广东人民出版社1993年版

广东省地方史志编纂委员会编：《广东省志·军事志》，广东人民出版社1999年版

广东省地方史志编纂委员会编：《广东省志·对外经济贸易志》，广东人民出版社1996年版

广州市地方志编纂委员会编：《广州市志》，卷一，广州出版社1999年版

广州市地方志编纂委员会编：《广州市志》，卷十三，《军事志》，广州出版社1995年版

广州市地方志编纂委员会编：《广州市志》，卷十七，广州出版社1998年版

广州市档案馆编著：《侵华日军在广州暴行录》，中国档案出版社2005年版

中国人民政治协商会议、广东省广州市委员会文史资料研究委员会编（简写为：广州市文史研究馆编）：《广州百年大事记》，下册，广东人民出版社1984年版

广东省政府秘书处编译室编：《广东省统计汇刊》，1939年

金鑫等主编：《中华民国工商税收大事记》，中国财政经济出版社1994年版

广州海关编志办公室：《广州海关志》，广东人民出版社1997年版

梅州市税务局编：《广东省梅州税务志》，1989年编印

《枫溪镇陶瓷志》，未刊稿，广东省政协文史委员会存

杨大金：《现代中国实业志》，商务印书馆1940年再版

韩信夫、姜克夫主编：《中华民国大事记》，中国文史出版社1997年版

黄美真、郝盛潮主编：《中华民国事件人物录》，上海人民出版社1987年版

广州市政府：《广州市民房被敌机轰炸损失调查统计表》，1937年9月22至27日，广州市档案馆4-01（6）197号

广东全省防空司令部：《广东省空袭损失统计表》（1937年至1939年合编），广东省档案馆401-6194-3号

《汕头市警察局关于汕头市遭敌机空袭的报告》，1946年2月27日，广东省档案馆11-1-272号

香港王玉棠：《九一八事变后粤西地区的反应及抗战末期日军进犯西江的实况》，载《抗日战争与中国历史》，辽宁人民出版社1994年版

许耀震：《沦陷时期广

东的鸦片》(手稿),存广州市政协文史资料第43辑

秦庆钧:《在国民党政府机关当会计主任的回忆》(手稿),广州市政协文史资料存稿第八辑

广州市政协文史资料研究委员会编:《广州文史资料选辑》

湛江市政协文史资料研究委员会编:《湛江市工商史料》,第1辑

曲江县政协文史资料研究委员会编:《曲江文史资料》,第4辑

《工商史苑》,1992年第1期

日军所绘《华南传染病发生概见图》,广州市档案馆藏

《广东青年工作报告》,广东省档案馆藏

《中共南方工作委员会给中央的报告》(1937年9月1日),广东省档案馆藏

《在党的领导下的一支抗日武装游击队——汕头青抗会武装游击队活动简介》,汕头市档案馆藏

余俊贤:《中国国民党广东省党部工作报告》(1937—1946),广东省档案馆资料下F1.2068,12~18页

《广西敌伪》,临2-1-1889卷、临2-1-403卷,广州市档案馆藏

《粤海关海港检疫所职员表》,南京,中国第二历史档案馆藏

《广东省政府1939年5月20日训令》,广东省档案馆藏

《敌伪》,33宗1-523卷、23宗1-941卷,广州市档案馆藏

日本防卫厅防卫研究作战史室编:《中国事变陆军作战史》,中华书局1979—1983年版

吉见义明、伊香俊哉著,易雪颜、沙东迅译:《日军的细菌战——来自陆军总部的真相》的《旧日本军细菌部队关系图》,载日

本《战争责任研究》，1993年总第2号

日本陆上自卫队卫生学校编，沙东迅、易雪颜译：《大东亚战争卫生史》有关广东的内容，载沙东迅著：《揭开"8604"之谜——侵华日军在粤秘密进行细菌战大曝光》，花城出版社1995年版

《各项事件传闻录》（粤海关英文档案资料），广东省档案馆藏

Consular Office Records，美国国家档案馆藏

三、报刊

1. 新中国成立前报刊

《民国日报》（广州版）

《中山日报》（广州版、韶关版、梅县版、汪伪广州版）

《越华报》

《广州日报》

《新华日报》

《申报》

《国民报》

《大光报》

《华声报》

《香港工商时报》

《香港工商日报》

《国华报》

《中国报》

香港《华商报》

《工商晚报》

香港《星岛时报》

《新加坡南洋商报》

《救国时报》（法国）

《每日新闻》

《导报》

《华侨先锋》，1947年第9卷第1~2期合刊

《新建设》，1941年第1卷第1、3、6期

《救亡呼声》，1937年第1卷第10期

《阵中文汇》，1941年第1卷第1~2期合刊，第2卷第1~2期合刊、第3期，1942年第3卷第1~2期合刊

《新华南》，1946年6月第2卷第6期

《战地文化》，1941年第1卷第5~6期合刊

《新军》，创刊号，1939年。1940年第2卷第1期、第2～3期合刊、第4期、第9期

《中行月刊》，1937年第15、16卷

《广东省统计会计》，1939年第1期，广东省政府秘书处编译室编印

《中国海关中外贸易统计年刊》，1939、1948年，广东省档案馆藏

《广东政治》，1941年第1卷第1、2、4期，1942年第2卷第2、3期

《纵横天下》，1947—1948年第1、2卷

《经济通讯》，1946—1947年第3～47期

《正报》（周刊），1946—1948年第1～50期

《群众》，第7～39期

《民潮》，第3～10期

《民主星期刊》，中国民主同盟南方总支部编

《广东风云》，南中通讯社编，1947年

《广东一月间》，1940—1943年

《抗战周年纪念特辑》，（中央）军事委员会印行，1938年

《广东省建设月刊》《新广东展望》，第6～23期，国民政府广东省地方行政干部训练团编印

《实业导报》，1947—1949年第1～3卷

《善后救济总署广东分署周报》，第1卷第6期，1946年5月

《行政院善后救济总署广东分署半月刊》，第1卷第44期，1947年2月

广东省水灾紧急救济委员会编：《广东全省水灾紧急救济委员会会刊》，广东文化事业公司1948年

《广州市商会周年特刊》，广州市商会编，1949年

《广州市商会二周年纪念特刊·会务报告》，广州市商会编印，1948年

《中华基督教会广东协会第18届年会特刊》，1947

年7月，广东省档案馆藏

《两广浸信会联会特刊》，第8、9期合刊，1946年11月，广东省档案馆藏

《两广浸信会联会特刊》，第5卷第2期，广东省档案馆藏

2. 新中国成立后报刊

《近代史研究》，1995年第6期

广东《学术研究》，1995年第1期

《广东史志》，1988年第4期，1989年第2期，1990年第2期，1991年第2期，1999年第1、3期

《抗日战争研究》，1992年第1期，1996年第2期、第4期，1998年第1、2、4期

《军事史林》，1992年第6期

日本《世界》，1985年9月号

《广州日报》，1995年7月7日、2005年8月16日、2012年10月22日、2013年6月1日

《亚太经济时报》，1994年12月18日

《羊城晚报》，1997年5月19日

《华声报》，1985年8月27日

广州《南风窗》，1994年第8期

《南方日报》，1951年4月8日，1994年7月18日，1995年10月10日、11月6日

《阳江日报》，1997年5月25日

《广东青运史》，1985年第4期

《香港联合报》，1995年10月6、7日

《汕头日报》，1995年7月17日

《民国档案》，2000年第2期

日本《新潟日报》，1994年11月6日

广州《信息时报》，2004年7月7日

图片提供单位：广东革命历史博物馆

后　记

　　这是《广东通史》的最后一册（第六册）。本册的脱稿付印之时，就是全书完成之日。至此，编者可以长舒一口气了。全书的编写始于1988年，至今已历时26年了。迁延至今的原因：一是全书的篇幅浩大，总计近600万字；二是其历史进程的时间跨度大，即使不算先秦的年代，也有两千余年；三是内容庞杂，举凡政治、经济、文化、军事、民族、民俗、华侨等问题均有所涉及；四是史料零散，搜集殊为不易；五是可供借鉴的相关研究成果甚少，许多难题需靠我们自己索解；六是编写人手少，且几经变动易人，还有其他许多事务拖累，不免妨碍撰稿进度；七是编写经费短缺，数年来，可供支配的费用，实在够不上阔人们几顿豪宴的消费，言之扼腕。

　　但是，无论如何，经过同仁们的不懈奋斗，这一艰巨而又吃力不讨好的任务总算完成了。在这最后一册完成之前，我们总担心这套书会半途而废。现在，这块心头大石总算落地了，真是谢天谢地。在此，首先要感谢编写者们的无私奉献。因为这是一个大的集体项目，不是个人单独署名的专著，对个人的名和利都没有太大的好处。为了编写好这部前所未有的大型史书，他们义无反顾，都把个人名利置之度外了。这种奉献精神，令人肃然起敬。还要感谢广东高等教育出版社的领导和同志们对本书出版的大力支持。要是没有他们的支持，这套书是无法出版的，因为我们无论如何也拿不出一大笔出版经费。这套书是逐册分开出版的，拖了十几年才出完，而且印数不多，绝对是个赔本的买卖。但是广东高等教育出版社恪守免费出版的承诺，坚定不移地把它一册一册地出齐。为此，我们要对广东高等教育出版社表达最诚挚的感谢，并致以崇高的敬礼。

本册分为第一、第二编。第一编主编沙东迅，第二编主编郑应洽。

第一编（抗日战争时期的广东）撰稿人的分工如下。

第一章　第一节第一目郑可益，第二、第三目沙东迅，第四目郑可益；第二节第一、第二目沙东迅，第三目左双文、王涛；第三节郑可益；第四节郑可益；第五节沙东迅（林俊聪提供了部分资料和意见）。

第二章　第一节左双文、王涛；第二节第一、第二目左双文、王涛，第三目沙东迅；第三节左双文、王涛。

第三章　第一节沙东迅，第二节王付昌，第三节王付昌，第四节郑可益，第五节左双文、王涛，第六节王付昌。

第四章　第一节郑可益，第二节郑可益，第三节李燊芳，第四节李燊芳，第五节李燊芳。

第五章　第一节李燊芳；第二节第一、第二目李燊芳，第三、第四、第五目王付昌。

第六章　第一节第一目沙东迅（张晓辉提供了部分资料和意见），第二、第三目沙东迅，第四目沙东迅（李燊芳提供了一些资料），第五、第六目沙东迅；第二节第一目沙东迅，第二、第三、第四、第五目王付昌，第六、第七、第八目沙东迅。

第二编（解放战争时期的广东）撰稿人（单位均为暨南大学），分工如下：

第一章郑应洽，第二章郑应洽，第三章卢宁，第四章杜应娟，第五章张晓辉。

最后，由全书主编方志钦、蒋祖缘统稿。

编　者
二〇一三年四月